Großkommentare der Praxis

Löwe-Rosenberg

Die Strafprozeßordnung und das Gerichtsverfassungsgesetz

Großkommentar

27., neu bearbeitete Auflage

herausgegeben von
Jörg-Peter Becker, Volker Erb, Robert Esser,
Kirsten Graalmann-Scheerer, Hans Hilger, Alexander Ignor

Fünfter Band
Teilband 1
§§ 151–157

Bearbeiter:
Markus Mavany
Sachregister: Christian Klie

DE GRUYTER

ISBN 978-3-11-058836-1
e-ISBN (PDF) 978-3-11-059009-8
e-ISBN (EPUB) 978-3-11-058869-9

Library of Congress Control Number: 2016295880

Bibliografische Information der Deutschen Nationalbibliothek
Die Deutsche Nationalbibliothek verzeichnet diese Publikation in der Deutschen Nationalbibliografie; detaillierte bibliografische Daten sind im Internet über http://dnb.dnb.de abrufbar.

Datenkonvertierung und Satz: jürgen ullrich typosatz, 86720 Nördlingen
Druck und Bindung: CPI books GmbH, Leck

www.degruyter.com

Die Bearbeiter der 27. Auflage

Jörg-Peter Becker, Vors. Richter am Bundesgerichtshof a.D., Obernburg
Dr. *Johannes Berg*, Richter am Bundesgerichtshof, Karlsruhe
Dr. *Camilla Bertheau*, Rechtsanwältin in Berlin
Gabriele Cirener, Richterin am Bundesgerichtshof, Karlsruhe
Dr. *Volker Erb*, Professor an der Johannes Gutenberg-Universität Mainz
Dr. *Robert Esser*, Professor an der Universität Passau
Dr. *Karsten Gaede*, Professor an der Bucerius Law School, Hamburg
Dr. *Klaus Ferdinand Gärditz*, Professor an der Rheinischen Friedrich-Wilhelms-Universität Bonn
Kerstin Gärtner, Richterin am Kammergericht Berlin
Dr. *Dirk Gittermann*, Richter am Oberlandesgericht Celle
Dr. *Sabine Gleß*, Professorin an der Universität Basel
Dr. Dr. h.c. *Karl Heinz Gössel*, em. Professor an der Friedrich-Alexander-Universität Erlangen-Nürnberg, Richter am Bayerischen Obersten Landesgericht a.D., München
Dr. *Kirsten Graalmann-Scheerer*, Generalstaatsanwältin in Bremen, Honorarprofessorin an der Hochschule für öffentliche Verwaltung in Bremen
Klaus-Peter Hanschke, Richter am Kammergericht Berlin
Dr. *Pierre Hauck*, Professor an der Universität Gießen
Dr. *Hans Hilger*, Ministerialdirektor im Bundesministerium der Justiz a.D., Bad Honnef
Dr. Dr. *Alexander Ignor*, Rechtsanwalt in Berlin, Apl. Professor an der Humboldt-Universität zu Berlin
Dr. *Christian Jäger*, Professor an der Friedrich-Alexander-Universität Erlangen-Nürnberg
Dr. *Matthias Jahn*, Professor an der Goethe-Universität Frankfurt am Main, Richter am Oberlandesgericht Frankfurt a.M.
Dr. *Björn Jesse*, Richter am Landgericht Berlin
Dr. *Pascal Johann*, Rechtsanwalt in Frankfurt a.M.
Dr. *Daniel M. Krause*, Rechtsanwalt in Berlin
Dr. *Matthias Krauß*, Bundesanwalt beim Bundesgerichtshof, Karlsruhe
Dr. Dr. h.c. mult. *Hans-Heiner Kühne*, em. Professor an der Universität Trier
Detlef Lind, Richter am Kammergericht Berlin
Dr. *Holger Matt*, Rechtsanwalt in Frankfurt am Main, Honorarprofessor an der Goethe-Universität Frankfurt am Main
Dr. *Markus Mavany*, Richter am Amtsgericht Wittlich
Dr. *Eva Menges*, Richterin am Bundesgerichtshof, Karlsruhe
Dr. *Andreas Mosbacher*, Richter am Bundesgerichtshof, Karlsruhe, Honorarprofessor an der Universität Leipzig
Dr. *Ali B. Norouzi*, Rechtsanwalt in Berlin
Dr. *Günther M. Sander*, Richter am Bundesgerichtshof, Honorarprofessor an der Humboldt-Universität zu Berlin
Dr. *Frank Peter Schuster*, Professor an der Universität Würzburg
Dr. *Wolfgang Siolek*, Vors. Richter am Oberlandesgericht Celle a.D.
Dr. *Carl-Friedrich Stuckenberg*, Professor an der Rheinischen Friedrich-Wilhelms-Universität Bonn
Dr. *Michael Tsambikakis*, Rechtsanwalt in Köln, Honorarprofessor an der Universität Passau
Marc Wenske, Richter am Bundesgerichtshof, Karlsruhe
Dr. *Raik Werner*, Richter am Oberlandesgericht München

https://doi.org/10.1515/9783110590098-202

Vorwort

Der LÖWE-ROSENBERG feierte im Jahr 2014 seinen 135. Geburtstag und ist damit das älteste weiterhin aktuelle Erläuterungswerk zur Strafprozessordnung und der mit ihr verbundenen Gesetze. Ein Großkommentar hat die Aufgabe, den Erkenntnisstand und die rechtlichen Probleme des Strafverfahrensrechts möglichst vollständig darzustellen und Wege zur Lösung auch entlegener Fragen aufzuzeigen. In einem an Praxis und Wissenschaft gleichermaßen gerichteten Werk müssen dabei der Praxisbezug theoretischer Streitfragen und die historische Entwicklung heute gültiger Normen deutlich werden. Die Entwicklungsgeschichte der Strafprozessordnung und der Strafgerichtsverfassung seit dem Inkrafttreten der Reichsjustizgesetze, nebst dem Strafverfahrensrecht der DDR und dem Recht der Vereinigung Deutschlands, sowie die Entstehungsgeschichte der einzelnen Vorschriften sind sorgfältig darzustellen.

Die fast 140-jährige Entwicklung des Strafprozessrechts in Deutschland, die fortlaufenden Änderungen sowie eine sich zunehmend verfeinernde und immer stärker ausdifferenzierende wissenschaftliche Entwicklung und Rechtsprechung bilden eine stetige Herausforderung. Ein Großkommentar muss sowohl den Rückgriff auf die Grundprinzipien ermöglichen als auch die Ausdifferenzierung dokumentieren und soweit erforderlich bewerten und systematisieren.

Inhaltlich wird die Konzeption des LÖWE-ROSENBERG auch in der 27. Auflage im Wesentlichen beibehalten. Zudem werden der Einfluss der Menschenrechte, des Rechts der Europäischen Union und der Rechtsprechung internationaler und europäischer Gerichte auf das Strafverfahrensrecht und das Recht der Strafgerichtsverfassung sowie die Rechtsprechung nationaler Gerichte hierzu eingehend berücksichtigt. Die gesonderte Kommentierung der für das Strafverfahren bedeutsamen Vorschriften der EMRK und des IPBPR wird weitergeführt.

Auf der Grundlage dieser Konzeption ist jeder Autor für den Inhalt seiner Kommentierung verantwortlich.

Die zunehmende Flut der Veröffentlichungen hat inzwischen einen Umfang erreicht, der es nicht mehr in allen Bereichen möglich macht, den Grundsatz der vollständigen Dokumentation des Materials uneingeschränkt zu erfüllen. Es bleibt daher der Verantwortung eines jeden Autors überlassen, ob und in welchem Umfang er eine Auswahl trifft.

Für die 27. Auflage sind derzeit fünfzehn Bände geplant, insgesamt voraussichtlich 13.000 Seiten. Das Werk wird bandweise erscheinen und soll im Jahre 2021 abgeschlossen werden. Sechs Herausgeber werden den Kommentar weiterhin betreuen, jeweils zwei Herausgeber sind als Bandredakteure verantwortlich. Die Autoren werden im Autorenverzeichnis eines Bandes genannt; ergänzend wird auf die Verzeichnisse im Nachtrag der 26. Auflage verwiesen.

Verlag, Herausgeber und Autoren werden bemüht sein, die hohen Erwartungen zu erfüllen, die sich mit dem LÖWE-ROSENBERG seit jeher verbinden.

Der hiermit vorgelegte Band 5 Teil 1 enthält die umfassende Kommentierung der Vorschriften zur Öffentlichen Klage (§§ 151 bis 157 StPO). Sie aktualisiert nicht nur die Kommentierung der Vorauflagen – der neue Autor setzt auch neue deutliche, durch wissenschaftliche Überlegungen, zugleich praxisgerecht begründete Akzente. Der Bearbeitungsstand ist August 2019; teilweise konnten auch noch später erschienene Rechtsprechung und Literatur berücksichtigt werden.

Berlin, im September 2019 — Die Herausgeber

https://doi.org/10.1515/9783110590098-203

Hinweise für die Benutzung des Löwe-Rosenberg

1. Inhalt der Kommentierung

Der Löwe-Rosenberg kommentiert die StPO, das EGStPO, das GVG und das EGGVG mit Ausnahme der nur den Zivilprozess betreffenden Teile, sowie – mit dem Schwerpunkt auf den strafverfahrensrechtlich besonders bedeutsamen Regelungen – die EMRK und den IPBPR. Wenig bekannte oder schwer auffindbare strafverfahrensrechtliche Nebengesetze, deren Wortlaut für die Kommentierung erforderlich ist, werden bei den einschlägigen Erläuterungen im Kleindruck wiedergegeben.

2. Erscheinungsweise und Stand der Bearbeitung

Die 27. Auflage des Löwe-Rosenberg erscheint in **Bänden**, deren Erscheinungs-Reihenfolge von der des Gesetzes abweichen kann. Die Bände werden in der vom Gesetz vorgegebenen Reihenfolge durchnumeriert.

Der **Stand der Bearbeitung** ist dem Vorwort jedes Bandes zu entnehmen. Die Autoren sind bemüht, besonders wichtige Änderungen und Entwicklungen auch noch nach diesem Stichtag bis zur Drucklegung des Bandes zu berücksichtigen.

3. Bearbeiter

Jeder Bearbeiter (in der Fußzeile angegeben) trägt für seinen Teil die alleinige inhaltliche Verantwortung. Die Stellungnahmen zu Rechtsfragen, die an mehreren Stellen des Kommentars behandelt werden, können daher voneinander abweichen. Auf solche Abweichungen wird nach Möglichkeit hingewiesen.

4. Aufbau der Kommentierung

Neben der umfassenden Einleitung zum Gesamtwerk sind den Untereinheiten der kommentierten Gesetze (Bücher, Abschnitte, Titel), soweit erforderlich, **Vorbemerkungen** vorangestellt, die das für die jeweilige Untereinheit Gemeinsame erläutern.

Der den Vorbemerkungen und den Kommentierungen der einzelnen Vorschriften erforderlichenfalls vorangestellte Abschnitt **Geltungsbereich** enthält Hinweise auf zeitliche und örtliche Besonderheiten. Der Abschnitt **Entstehungsgeschichte** gibt, abgesehen von ganz unwesentlichen Änderungen, die Entwicklung der geltenden Fassung der Vorschrift vom Erlass des jeweiligen Gesetzes an wieder. Fehlt er, so kann davon ausgegangen werden, dass die Vorschrift unverändert ist. Der Hinweis auf **geplante Änderungen** verzeichnet Änderungsvorschläge, die sich beim Abschlusszeitpunkt der Lieferung im parlamentarischen Gesetzgebungsverfahren befinden.

Die Erläuterungen sind nach systematischen Gesichtspunkten gegliedert, die durch Überschriften oder Stichworte hervorgehoben sind. In der Regel ist den Erläuterungen eine **systematische Übersicht** vorangestellt. Soweit angebracht wird sie bei besonders umfangreichen Erläuterungen durch eine **alphabetische Übersicht** ergänzt. Bei den Erläuterungen selbst werden für jede Vorschrift (zur Erleichterung des Zitierens) durchlaufende Randnummern verwendet.

https://doi.org/10.1515/9783110590098-204

5. Schrifttum

Der Kommentar enthält am Anfang jedes Bandes ein allgemeines Literaturverzeichnis, das nur die häufiger verwendete oder allgemeine Literatur enthält. Den Vorbemerkungen und den Kommentierungen der einzelnen Vorschriften sind Schrifttumsverzeichnisse vorangestellt, die einen Überblick über das wesentliche Schrifttum zu dem jeweils behandelten Thema geben.

6. Zitierweise

Literatur, die in diesen Schrifttumsverzeichnissen enthalten ist, wird im laufenden Text im allgemeinen nur mit dem Namen des Verfassers (ggfs. mit einer unterscheidenden Kurzbezeichnung) oder der sonstigen im Schrifttumsverzeichnis angegebenen Kurzbezeichnung zitiert, doch wird bei Veröffentlichungen in Zeitschriften vielfach auch die genaue Fundstelle nachgewiesen. Sonst sind selbständige Werke mit (gelegentlich verkürztem) Titel und Jahreszahl, unselbständige Veröffentlichungen (auch Beiträge in Festschriften u.ä.) mit der Fundstelle angegeben. **Auflagen** sind durch hochgestellte Zahlen gekennzeichnet; fehlt eine solche Angabe, so wird aus der Auflage zitiert, die im allgemeinen Schrifttumsverzeichnis angegeben ist. Hat ein Werk Randnummern, so wird nach diesen, sonst nach Seitenzahl oder Gliederungspunkten zitiert.

Befindet sich beim Zitat anderer **Kommentare** die in Bezug genommene Stelle im gleichen Paragraphen, so wird nur die Randnummer oder (bei deren Fehlen) der Gliederungspunkt angegeben; wird auf die Erläuterungen bei einem anderen Paragraphen Bezug genommen, so wird dieser genannt. Entsprechend wird auch im LÖWE-ROSENBERG selbst verwiesen. Bei diesem wird, wenn nichts anderes angegeben ist, auf die gegenwärtige 27. Auflage verwiesen. Ist der Band mit den Erläuterungen, auf die verwiesen werden soll, noch nicht erschienen, so ist, soweit dies sachdienlich erschien, in Klammern ergänzend die genaue Fundstelle in der 26. Auflage angegeben.

Zeitschriften werden regelmäßig mit dem Jahrgang zitiert. Ausnahmen (Bandangabe) bilden namentlich ZStW, GA (bis 1933) und VRS; hier ist regelmäßig die Jahreszahl zusätzlich angegeben. Bei der Angabe der Fundstelle eines amtlichen Verkündungsblattes wird die Jahreszahl nur angegeben, wenn sie von der Jahreszahl der Rechtsvorschrift abweicht.

Entscheidungen werden im allgemeinen nur mit einer Fundstelle angegeben. Dabei hat die amtliche Sammlung eines obersten Bundesgerichtes den Vorrang, sonst die Fundstelle, die die Entscheidung mit Anmerkung oder am ausführlichsten wiedergibt.

7. Abkürzungen

Die verwendeten Abkürzungen, namentlich von Gesetzen, Verwaltungsvorschriften, Entscheidungssammlungen, Zeitschriften usw. sind im Abkürzungsverzeichnis nachgewiesen.

Inhaltsverzeichnis

Abkürzungsverzeichnis

AA	Auswärtiges Amt
a.A.	anderer Ansicht
aaO	am angegebenen Orte
Abg.	Abgeordneter
AbgG	Gesetz über die Rechtsverhältnisse der Mitglieder des Deutschen Bundestages (Abgeordnetengesetz – AbgG) vom 18.2.1977 i.d.F. der Bek. vom 21.2.1996 (BGBl. I S. 326)
abl.	ablehnend
ABl.	Amtsblatt
ABlEG	Amtsblatt der Europäischen Gemeinschaften; Ausgabe C: Mitteilungen und Bekanntmachungen; Ausgabe L: Rechtsvorschriften (zit.: ABlEG Nr. L ... /(Seite) vom ...)
ABlEU	Amtsblatt der Europäischen Union (ab 2003); Ausgabe C: Mitteilungen und Bekanntmachungen; Ausgabe L: Rechtsvorschriften (zit.: ABlEU Nr. L .../(Seite) vom ...)
ABMG	Autobahnmautgesetz für schwere Nutzfahrzeuge vom 5.4.2002 (BGBl. I S. 1234)
Abs.	Absatz
Abschn.	Abschnitt
abw.	abweichend
AChRMV	Afrikanische Charta der Rechte der Menschen und Völker vom 26.6.1981, deutsche Übersetzung EuGRZ 1990, 348
AcP	Archiv für die civilistische Praxis
AdoptG	Adoptionsgesetz vom 2.7.1976 (BGBl. I S. 1749)
AdVermiG	Adoptionsvermittlungsgesetz vom 27.11.1989 (BGBl. I S. 2014) i.d.F. der Bek. vom 22.12.2001 (BGBl. 2002 I S. 354)
a.E.	am Ende
AEPC	Association of European Police Colleges
ÄndG	Änderungsgesetz
ÄndVO	Änderungsverordnung
a.F.	alte Fassung
AfkKR	Archiv für katholisches Kirchenrecht
AfP	Archiv für Presserecht, Zeitschrift für Medien- und Kommunikationsrecht
AG	Amtsgericht; in Verbindung mit einem Gesetz: Ausführungsgesetz
AGIS	Beschluss des Rates der Europäischen Union vom 22.7.2002 über ein Rahmenprogramm für die polizeiliche und justitielle Zusammenarbeit in Strafsachen – AGIS (ABlEG Nr. C 203 vom 1.8.2002, S. 5)
AGGewVerbrG	Ausführungsgesetz zum Gesetz gegen gefährliche Gewohnheitsverbrecher und über Maßregeln der Sicherung und Besserung vom 24.11.1933 (RGBl. I S. 1000)
AGGVG	Gesetz zur Ausführung des Gerichtsverfassungsgesetzes (Landesrecht)
AGS	Zeitschrift für das gesamte Gebührenrecht und Anwaltsmanagement
AGStPO	Ausführungsgesetz zur Strafprozessordnung (Landesrecht)
AHK	Alliierte Hohe Kommission
AIDP	Association Internationale de Droit Pénal
AJIL	American Journal of International Law
AktG	Gesetz über Aktiengesellschaften und Kommanditgesellschaften auf Aktien (Aktiengesetz) vom 6.9.1965 (BGBl. I S. 1089)
AktO	Anweisung für die Verwaltung des Schriftguts bei den Geschäftsstellen der Gerichte und der Staatsanwaltschaften (Aktenordnung)
allg. M.	allgemeine Meinung
Alsb.E	Die strafprozessualen Entscheidungen der Oberlandesgerichte, herausgegeben von Alsberg und Friedrich (1927), 3 Bände
Alt.	Alternative
a.M.	anderer Meinung
AMRK	Amerikanische Menschenrechtskonvention vom 22.11.1969 (Pact of San José), deutsche Übersetzung EuGRZ 1980, 435
amtl.	amtlich

https://doi.org/10.1515/9783110590098-206

amtl. Begr.	amtliche Begründung
Anh.	Anhang
AnhRügG	Gesetz über die Rechtsbehelfe bei Verletzung des Anspruchs auf rechtliches Gehör (Anhörungsrügengesetz) vom 9.12.2004 (BGBl. I S. 3220)
Anl.	Anlage
Anm.	Anmerkung
AnwBl.	Anwaltsblatt
AöR	Archiv des öffentlichen Rechts
AO	Abgabenordnung vom 16.3.1976 (BGBl. I S. 613) i.d.F. der Bek. vom 1.10.2002 (BGBl. I S. 3866)
AOStrÄndG	Gesetz zur Änderung strafrechtlicher Vorschriften der Reichsabgabenordnung und anderer Gesetze vom 10.8.1967 (BGBl. I S. 877)
apf	Ausbildung Prüfung Praxis – Zeitschrift für die staatliche und kommunale Verwaltung
APR	Allgemeines Persönlichkeitsrecht
APuZ	Aus Politik und Zeitgeschichte (Zeitschrift)
ArbGG	Arbeitsgerichtsgesetz vom 3.9.1953 i.d.F. der Bek. vom 2.7.1979 (BGBl. I S. 853)
ArchKrim.	Archiv für Kriminologie
ArchPF	Archiv für das Post- und Fernmeldewesen
ArchVR	Archiv des Völkerrechts
arg.	argumentum
Art.	Artikel
ASIL	The American Society of International Law
AsylVfG	Gesetz über das Asylverfahren i.d.F. der Bek. vom 2.9.2008 (BGBl. I S. 1798), zuletzt geändert durch Art. 1 des Gesetzes vom 4.12.2018 (BGBl. I S. 2250)
ATDG	Gesetz zur Errichtung einer standardisierten zentralen Antiterrordatei von Polizeibehörden und Nachrichtendiensten von Bund und Ländern (Antiterrordateigesetz – ATDG) v vom . 22.12.2006
AtomG	Gesetz über die friedliche Verwendung der Kernenergie und den Schutz gegen ihre Gefahren (Atomgesetz) vom 31.10.1976 (BGBl. I S. 3053) i.d.F. der Bek. vom 15.7.1985 (BGBl. I S. 1565)
AufenthG	Gesetz über den Aufenthalt, die Erwerbstätigkeit und die Integration von Ausländern im Bundesgebiet (Aufenthaltsgesetz – AufenthG), neugefasst durch Bek. vom 25.2.2008 (BGBl. I S. 162); zuletzt geändert durch Art. 1 des Gesetzes vom 12.7.2018 (BGBl. I S. 1147)
aufg.	aufgehoben
Aufl.	Auflage
AUILR	American University International Law Review
AUR	Agrar- und Umweltrecht
AuR	Arbeit und Recht (Zeitschrift)
ausf.	ausführlich
AuslG	Gesetz über die Einreise und den Aufenthalt von Ausländern im Bundesgebiet (Ausländergesetz) vom 9.7.1990 (BGBl. I S. 1354), außer Kraft getreten am 31.12.2004
AusnVO	Ausnahme-(Not-)Verordnung (1) VO zur Sicherung von Wirtschaft und Finanzen vom 1.12.1930 (RGBl. I S. 517) (2) VO zur Sicherung von Wirtschaft und Finanzen vom 6.10.1931 (RGBl. I S. 537, 563) (3) VO zur Sicherung von Wirtschaft und Finanzen und zum Schutz des inneren Friedens vom 8.12.1931 (RGBl. I S. 743) (4) VO über Maßnahmen auf dem Gebiet der Rechtspflege und Verwaltung vom 14.6.1932 (RGBl. I S. 285)
AV	Allgemeine Verfügung
AVG	Allgemeines Verwaltungsverfahrensgesetz (Österreich)
AVR	Archiv des Völkerrechts
AWG	Außenwirtschaftsgesetz vom 28.4.1961 (BGBl. I S. 481)
Az	Aktenzeichen

AZR-Gesetz	Gesetz über das Ausländerzentralregister (AZR-Gesetz) vom 2.9.1994 (BGBl. I S. 2265) i.d.F. der Bek. vom 23.12.2003 (BGBl. I S. 2848)
BAFin	Bundesanstalt für Finanzdienstleistungsaufsicht
BAG	Bundesarbeitsgericht
BAGE	Sammlung der Entscheidungen des Bundesarbeitsgerichts
BÄO	Bundesärzteordnung, neugefasst durch Bek. vom 16.4.1987 (BGBl. I S. 1218); zuletzt geändert durch Art. 5 des Gesetzes vom 23.12.2016 (BGBl. I S. 3191)
BAK	Blutalkoholkonzentration
BAnz.	Bundesanzeiger
BaWü.	Baden-Württemberg
Bay.	Bayern, bayerisch
BayAGGVG	Bayerisches Gesetz zur Ausführung des Gerichtsverfassungsgesetzes und von Verfahrensgesetzen des Bundes vom 23.6.1981 (BayGVBl. S. 188)
BayBS	Bereinigte Sammlung des Bayerischen Landesrechts (1802 bis 1956)
BayObLG	Bayerisches Oberstes Landesgericht
BayObLGSt	Sammlung von Entscheidungen des Bayerischen Obersten Landesgerichts in Strafsachen
BayPAG	Gesetz über die Aufgaben und Befugnisse der Bayerischen Staatlichen Polizei (Polizeiaufgabengesetz – PAG) i.d.F. d. Bek. vom 14.9.1990 (GVBl. S. 397), zuletzt geändert durch § 1 des Gesetzes vom 18.5.2018 (GVBl. S. 301, 434)
BayRS	Bayerische Rechtssammlung (ab 1.1.1983)
BayStVollzG	Bayerisches Strafvollzugsgesetz
BayVerf.	Verfassung des Freistaates Bayern vom 2.12.1946 (BayBS. I 3)
BayVerfGH	Bayerischer Verfassungsgerichtshof
BayVerfGHE	s. BayVGHE
BayVerwBl.	Bayerische Verwaltungsblätter
BayVGH	Bayerischer Verwaltungsgerichtshof
BayVGHE	Sammlung von Entscheidungen des Bayerischen Verwaltungsgerichtshofs mit Entscheidungen des Bayerischen Verfassungsgerichtshofes, des Bayerischen Dienststrafhofs und des Bayerischen Gerichtshofs für Kompetenzkonflikte
BayZ	Zeitschrift für Rechtspflege in Bayern (1905–34)
BB	Betriebs-Berater (Zeitschrift)
BBG	Bundesbeamtengesetz vom 14.7.1953 (BGBl. I S. 551) i.d.F. der Bek. vom 31.3.1999 (BGBl. I S. 675)
Bbg.	Brandenburg
BbgVerfG	Brandenburgisches Verfassungsgericht
BC	Business Compliance (Zeitschrift)
Bd.	Band
BDG	Bundesdisziplinargesetz vom 9.7.2001 (BGBl. I S. 1510)
BDH	Bundesdisziplinarhof (jetzt Bundesverwaltungsgericht)
BDSG	Bundesdatenschutzgesetz i.d.F. der Bek. vom 14.1.2003 (BGBl. I S. 66)
beA	besonderes elektronisches Anwaltspostfach
BeamtStG	Gesetz zur Regelung des Statusrechts der Beamtinnen und Beamten in den Ländern (Beamtenstatusgesetz – BeamtStG) vom 17.6.2008 (BGBl. I S. 1010)
Begr.	Begründung
BegrenzungsVO	Verordnung über die Begrenzung der Geschäfte des Rechtspflegers bei der Vollstreckung in Straf- und Bußgeldsachen vom 26.6.1970 (BGBl. I S. 992) i.d.F. der Bek. vom 16.2.1982 (BGBl. I S. 188)
BEG-SchlußG	Zweites Gesetz zur Änderung des Bundesentschädigungsgesetzes vom 14.9.1965 (BGBl. I S. 1315)
Bek.	Bekanntmachung
Bek. 1924	Strafprozeßordnung i.d.F. der Bek. vom 22.3.1924 (RGBl. I S. 299, 322)
Bek. 1950	Strafprozeßordnung i.d.F. der Bek. vom 12.9.1950 (BGBl. I S. 629)
Bek. 1965	Strafprozeßordnung i.d.F. der Bek. vom 17.9.1965 (BGBl. I S. 1373)

Bek. 1975	Strafprozeßordnung i.d.F. der Bek. vom 7.1.1975 (BGBl. I S. 129)
Bek. 1987	Strafprozeßordnung i.d.F. der Bek. vom 7.4.1987 (BGBl. I S. 1074)
ber.	berichtigt
BerathG	Gesetz über Rechtsberatung und Vertretung für Bürger mit geringem Einkommen (Beratungshilfegesetz) vom 18.6.1980 (BGBl. I S. 689)
BerlVerfGH	Berliner Verfassungsgerichtshof
BerRehaG	Gesetz über den Ausgleich beruflicher Benachteiligungen für Opfer politischer Verfolgung im Beitrittsgebiet (Berufliches Rehabilitierungsgesetz – BerRehaG) vom 23.6.1994 (BGBl. I S. 1314)
Beschl.	Beschluss
Bespr.	Besprechung
BeurkG	Beurkundungsgesetz vom 28.8.1969 (BGBl. I S. 1513)
BewHi.	Bewährungshilfe (Zeitschrift)
BezG	Bezirksgericht
Bf.	Beschwerdeführer
BFH	Bundesfinanzhof
BFHE	Sammlung der Entscheidungen des Bundesfinanzhofs (BFH)
BfJG	Gesetz über die Errichtung des Bundesamtes für Justiz = Art. 1 des Gesetzes zur Errichtung und zur Regelung der Aufgaben des Bundesamtes für Justiz vom 17.12.2006 (BGBl. I S. 3171)
BGB	Bürgerliches Gesetzbuch vom 18.8.1896 (RGBl. S. 195) i.d.F. der Bek. vom 2.1.2002 (BGBl. I S. 42, ber. S. 2909 und BGBl. 2003 I S. 738).
BGBl. I, II, III	Bundesgesetzblatt Teil I, II und III
BGer	Schweizerisches Bundesgericht
BGH	Bundesgerichtshof
BGH-DAT	Datenbank der Rechtsprechung des Bundesgerichtshofs auf CD-ROM, herausgegeben von Werner Theune
BGH (ER)	Ermittlungsrichter beim Bundesgerichtshof
BGHE Strafs.	Rechtsprechung des Bundesgerichtshofes in Strafsachen auf CD-ROM, herausgegeben von Mitgliedern des Gerichts
BGHGrS	Bundesgerichtshof, Großer Senat (hier in Strafsachen)
BGHR	BGH-Rechtsprechung in Strafsachen (Loseblattsammlung)
BGHRZ	BGH-Rechtsprechung in Zivilsachen (Loseblattsammlung)
BGHSt	Entscheidungen des Bundesgerichtshofs in Strafsachen
BGHZ	Entscheidungen des Bundesgerichtshofs in Zivilsachen
BGSG	Gesetz über den Bundesgrenzschutz (Bundesgrenzschutzgesetz – BGSG) vom 19.10.1994 (BGBl. I S. 2978)
BGSNeuRegG	Gesetz zur Neuregelung der Vorschriften über den Bundesgrenzschutz (Bundesgrenzschutzneuregelungsgesetz – BGSNeuRegG) vom 19.10.1994 (BGBl. I S. 2978)
BHRJ	Business and Human Rights Journal
BinnSchiffG	Gesetz betr. die privatrechtlichen Verhältnisse der Binnenschiffahrt (Binnenschifffahrtsgesetz) vom 15.6.1895 i.d.F. der Bek. vom 15.6.1898 (RGBl. S. 868)
BinSchiffVfG	Gesetz über das gerichtliche Verfahren in Binnenschiffahrts- und Rheinschiffahrtssachen vom 27.9.1952 (BGBl. I S. 641)
BJM	Basler Juristische Mitteilungen
BJOG	An International Journal of Obstetrics and Gynaecology
BKA	Bundeskriminalamt
BKAG	Gesetz über das Bundeskriminalamt und die Zusammenarbeit des Bundes und der Länder in kriminalpolizeilichen Angelegenheiten (Bundeskriminalamtgesetz – BKAG) vom 7.7.1997 (BGBl. I S. 1650)
Bln.	Berlin
Bln.GVBl.Sb.	Sammlung des bereinigten Berliner Landesrechts, Sonderband I (1806 bis 1945) und II (1945 bis 1967)

Blutalkohol	Blutalkohol, Wissenschaftliche Zeitschrift für die medizinische und juristische Praxis
BMI	Bundesminister(-ium) des Innern
BMinG	Gesetz über die Rechtsverhältnisse der Mitglieder der Bundesregierung (Bundesministergesetz) vom 17.6.1953 (BGBl. I S. 407) i.d.F. der Bek. vom 27.7.1971 (BGBl. I S. 1166)
BMJ	Bundesminister(-ium) der Justiz
BNDG	Gesetz über den Bundesnachrichtendienst vom 20.12.1990 (BGBl. I S. 2979) i.d.F. der Bek. vom 9.1.2002 (BGBl. I S. 361 ff.)
Bonn.Komm.	Kommentar zum Bonner Grundgesetz (Loseblattausgabe)
BORA	Berufsordnung für Rechtsanwälte i.d.F. der Bek. vom 1.11.2001
BPolBG	Bundespolizeibeamtengesetz i.d.F. der Bek. vom 3.6.1976 (BGBl. I S. 1357)
BR	s. BRat
BRAGO	Bundesgebührenordnung für Rechtsanwälte vom 26.7.1957 (BGBl. I S. 907); ersetzt durch das Rechtsanwaltsvergütungsgesetz (RVG)
BRAK	Bundesrechtsanwaltskammer
BRAK-Mitt.	Mitteilungen der Bundesrechtsanwaltskammer
BranntWMonG	Branntweinmonopolgesetz vom 8.4.1922 (RGBl. I S. 405; BGBl. III 612-7)
BRAO	Bundesrechtsanwaltsordnung vom 1.8.1959 (BGBl. I S. 565); zuletzt geändert durch Art. 3 des Gesetzes vom 30.10.2017 (BGBl. I S. 3618)
BRat	Bundesrat
BRDrucks.	Drucksachen des Bundesrats
BReg.	Bundesregierung
Brem.	Bremen
BRJ	Bonner Rechtsjournal
BRProt.	Protokolle des Bundesrates
BS	Sammlung des bereinigten Landesrechts
BSG	Bundessozialgericht
Bsp.	Beispiel
BT	Bundestag
BTDrucks.	Drucksachen des Bundestags
BtG	Gesetz zur Reform des Rechts der Vormundschaft und Pflegschaft für Volljährige (Betreuungsgesetz – BtG) vom 12.9.1990 (BGBl. I S. 2002)
BtMG	Gesetz über den Verkehr mit Betäubungsmitteln (Betäubungsmittelgesetz) vom 28.7.1981 (BGBl. I S. 681) i.d.F. der Bek. vom 1.3.1994 (BGBl. I S. 358)
BTProt.	s. BTVerh.
BTRAussch.	Rechtsausschuss des Deutschen Bundestags
BTVerh.	Verhandlungen des Deutschen Bundestags
BVerfG	Bundesverfassungsgericht
BVerfGE	Entscheidungen des Bundesverfassungsgerichts
BVerfGG	Gesetz über das Bundesverfassungsgericht vom 12.3.1951 i.d.F. der Bek. vom 11.8.1993 (BGBl. I S. 1473)
BVerfGK	Kammerentscheidungen des Bundesverfassungsgerichts
BVerfSchG	Gesetz über die Zusammenarbeit des Bundes und der Länder in Angelegenheiten des Verfassungsschutzes und über das Bundesamt für Verfassungsschutz (Bundesverfassungsschutzgesetz) vom 20.12.1990 (BGBl. I S. 2954)
BVerwG	Bundesverwaltungsgericht
BVerwGE	Entscheidungen des Bundesverwaltungsgerichts
BV-G	Bundesverfassungsgesetz (österreichische Verfassung)
BW	Baden-Württemberg
BWahlG	Bundeswahlgesetz neugefasst durch Bek. vom 23.7.1993 BGBl. I S. 1288, 1594
bzgl.	bezüglich
BZRG	Gesetz über das Zentralregister und das Erziehungsregister (Bundeszentralregistergesetz), neugefasst durch Bek. vom 21.9.1984 (BGBl. I S. 1229, 1985 I S. 195); zuletzt geändert durch Art. 1 des Gesetzes vom 18.7.2017 (BGBl. I S. 2732)

2. BZRÄndG	Zweites Gesetz zur Änderung des Bundeszentralregistergesetzes (2. BZRÄndG) vom 17.7.1984 (BGBl. I S. 990)
bzw.	beziehungsweise
CAT	siehe UN-CAT
Causa Sport	Die Sport-Zeitschrift für nationales und internationales Recht sowie für Wirtschaft
CCBE	Council of the Bars and Law Societies of the European Union
CCC	Constitutio Criminalis Carolina
CCJE	Consultative Council of European Judges
CCPR	siehe HRC
CCZ	Corporate Compliance Zeitschrift
CD	Collection of Decisions Bd. 1 bis 46 (1960 bis 1974), Entscheidungen der Europäischen Kommission für Menschenrechte über die Zulässigkeit von Beschwerden
CDDH	Steering Committee for Human Rights (Europarat)
CDE	Cahiers de droit européen (Zeitschrift)
CDPC	European Committee on Crime Problems
CEAS	Common European Asylum System
CELJ	China-EU Law Journal
CEPEJ	European Commission on the Efficiency of Justice
CEPOL	European Police College (Budapest)
CERD	Internationales Übereinkommen zur Beseitigung von jeder Form von Rassendiskriminierung (CERD) vom 7.3.1966
CERT	Computer Emergency Response Team
CETS	(vgl. CTS)
ChE	Chiemsee-Entwurf (Verfassungsausschuß der Ministerpräsidentenkonferenz der Westlichen Besatzungszonen. Bericht über den Verfassungskonvent auf Herrenchiemsee vom 10. bis 23.8.1948) (1948)
ChemG	Chemikaliengesetz i.d.F. der Bek. vom 20.6.2002 (BGBl. I S. 2090)
CJ	Corpus Juris
CJEL	Columbia Journal of European Law
CMLRev	Common Market Law Review
COSI	Ständiger Ausschuss für die operative Zusammenarbeit im Bereich der inneren Sicherheit (EU)
CPP	Code de procédure pénale
CPS	Crown Prosecution Service
CPT	Committee for the Prevention of Torture – Europäischer Ausschuss zur Verhütung von Folter und unmenschlicher oder erniedrigender Behandlung oder Strafe (Europarat)
CR	Computer und Recht (Zeitschrift)
CRC	Übereinkommen über die Rechte des Kindes vom 20.11.1989 (BGBl. 1992 II S. 122)
Crim.L.R.	Criminal Law Review
CrimeLawSocChange	Crime, Law and Social Change (Zeitschrift)
CSW	Cross-Border Surveillance Working Group
CWÜAG	Ausführungsgesetz zum Chemiewaffenübereinkommen vom 2.8.1994 (BGBl. I S. 1954)
DA	Dienstanweisung
DAG	Deutsches Auslieferungsgesetz vom 23.12.1929 (BGBl. I S. 239), aufgehoben durch IRG vom 23.12.1982 (BGBl. I S. 2071)
DAJV-Newsletter	Zeitschrift der Deutsch-Amerikanischen Juristen-Vereinigung e.V.
DAR	Deutsches Autorecht (Zeitschrift)
DAV	DeutscherAnwaltVerein
DB	Der Betrieb (Zeitschrift)
DDevR	Deutsche Devisen-Rundschau (1951–59)
DDR	Deutsche Demokratische Republik
ders.	derselbe

DERechtsmittelG	Diskussionsentwurf für ein Gesetz über die Rechtsmittel in Strafsachen, im Auftrag der JMK vorgelegt von der Bund-Länder-Arbeitsgruppe Strafverfahrensreform (1975)
DG	Disziplinargesetz (der Länder)
Die Justiz	Die Justiz, Amtsblatt des Justizministeriums Baden-Württemberg
Die Polizei	Die Polizei (seit 1955: Die Polizei – Polizeipraxis)
dies.	dieselbe
Diss.	Dissertation
DiszO	Disziplinarordnung (der Länder)
DJ	Deutsche Justiz, Rechtspflege und Rechtspolitik (1933–45)
DJT	Deutscher Juristentag (s. auch VerhDJT)
DJZ	Deutsche Juristenzeitung (1896–1936)
DNA-AnalyseG	Gesetz zur Novellierung der forensischen DNA-Analyse vom 12.8.2005 (BGBl. I S. 2360)
DNA-IFG	DNA-Identitätsfeststellungsgesetz vom 7.9.1998 (BGBl. I S. 2646; 1999 I S. 1242)
DNP	Die Neue Polizei
DNutzG	Gesetz zur effektiveren Nutzung von Dateien im Bereich der Staatsanwaltschaften vom 10.9.2004 (BGBl. I S. 2318)
DÖD	Der Öffentliche Dienst
DÖV	Die Öffentliche Verwaltung
DOGE	Entscheidungen des Deutschen Obergerichts für das Vereinigte Wirtschaftsgebiet
DPA	Deutsches Patentamt
DR	Deutsches Recht (1931 bis 1945) Decisions and Reports (ab 1975): Entscheidungen über die Zulässigkeit von Beschwerden; Berichte der Europäischen Kommission für Menschenrechte; Resolutionen des Ministerkomitees des Europarates
DRechtsw.	Deutsche Rechtswissenschaft (1936–43)
DRiG	Deutsches Richtergesetz, neugefasst durch Bek. vom 19.4.1972 (BGBl. I S. 713); zuletzt geändert durch Art. 9 des Gesetzes vom 8.6.2017 (BGBl. I S. 1570)
DRiZ	Deutsche Richterzeitung
DRpfl.	Deutsche Rechtspflege (1936–1939)
DRsp.	Deutsche Rechtsprechung, herausgegeben von Feuerhake (Loseblattsammlung)
Drucks.	Drucksache
DRZ	Deutsche Rechts-Zeitschrift (1946 bis 1950)
DSB	Datenschutz-Berater
DSteuerR	Deutsches Steuerrecht (Zeitschrift)
DStR	Deutsches Strafrecht (1934 bis 1944)
DStRE	Deutsches Steuerrecht Entscheidungsdienst (Zeitschrift)
DStrZ	Deutsche Strafrechts-Zeitung (1914 bis 1922)
DStZ	Deutsche Steuer-Zeitung
dt.	deutsch
DtBR	Das Deutsche Bundesrecht, Gesetzessammlung mit Erläuterungen (Loseblattausgabe)
DtZ	Deutsch-Deutsche Rechts-Zeitschrift
DuD	Datenschutz und Datensicherheit (Zeitschrift)
DuR	Demokratie und Recht (Zeitschrift)
DVBl.	Deutsches Verwaltungsblatt (Zeitschrift)
DVO	Durchführungsverordnung
DVollzO	Dienst- und Vollzugsordnung
DVOVereinf.VO	Verordnung zur Durchführung der Verordnung über Maßnahmen auf dem Gebiete der Gerichtsverfassung und der Rechtspflege vom 8.9.1939 (RGBl. I S. 1703)
DVOZust.VO	Verordnung zur Durchführung der Verordnung über die Zuständigkeit der Strafgerichte, die Sonderstrafgerichte sowie sonstige strafverfahrensrechtliche Vorschriften vom 13.3.1940 (RGBl. I S. 489)
DVP	Deutsche Verwaltungspraxis – Fachzeitschrift für die öffentliche Verwaltung
DVR	Datenverarbeitung im Recht (Zeitschrift)
DWiR	Deutsche Zeitschrift für Wirtschaftsrecht

E	Entwurf
E. & P.	International Journal of Evidence & Proof
ebda.	Ebenda
EA	Vertrag über Gründung der Europäischen Atomgemeinschaft i.d.F. nach dem 1.5.1999
EAG	Europäische Atomgemeinschaft
EAGV	Vertrag zur Gründung der Europäischen Atomgemeinschaft vom 25.3.1957, Ges. vom 27.7.1957 (BGBl. II S. 753), Bek. vom 27.12. 1957 (BGBl. 1958 II S. 1)
EAJLG	European-Asian Journal of Law and Governance
EAkte	Elektronische Akte
EAkteJEG	Gesetz zur Einführung der elektronischen Akte in der Justiz und zur weiteren Förderung des elektronischen Rechtsverkehrs vom 5.7.2017 (BGBl. I S. 2208)
EAW	European Arrest Warrant, siehe EuHb
EB	Ergänzungsband
EBA	Europäische Beweisanordnung
EBAO	Einforderungs- und Beitreibungsanordnung i.d.F. der Bek. vom 1.4.2001
ECBA	European Criminal Bar Association
ECG	European Cooperation Group on Undercover Activities (ECG)
ECJ	siehe EuGH (European Court of Justice)
ECLAN	European Criminal Law Academic Network
ECOSOC	Wirtschafts- und Sozialrat (UN)
ECPI	European Criminal Policy Initiative
ECPT	Europäisches Übereinkommen zur Verhütung von Folter und unmenschlicher oder erniedrigender Behandlung oder Strafe vom 26.11.1987 (ETS 126; BGBl. 1989 II S. 946)
ECRI	European Commission against Racism and Intolerance/Europäische Kommission gegen Rassismus und Intoleranz
ECRIS	European Criminal Records Information System
EDS/EDU	Europäische Drogeneinheit (Vorläufer von Europol)/European Drug Unit
EDV	Elektronische Datenverarbeitung
EEA	Europäische Ermittlungsanordnung/European Investigation Order (EIO)
EFG	Entscheidungen der Finanzgerichte (Zeitschrift)
EG	Vertrag zur Gründung einer Europäischen Gemeinschaft i.d.F. nach dem 1.5.1999 (vor dem 1.5.1999: EGV); Europäische Gemeinschaft
EGBGB	Einführungsgesetz zum Bürgerlichen Gesetzbuch vom 18.8.1896 (RGBl. S. 604) i.d.F. der Bek. vom 21.9.1994 (BGBl. I S. 2494)
EGFaxÜbk	Abkommen vom 26.5.1989 zwischen den Mitgliedstaaten der Europäischen Gemeinschaften über die Vereinfachung und Modernisierung der Verfahren zur Übermittlung von Auslieferungsersuchen (BGBl. 1995 II S. 969)
EGFinSchÜbk	Übereinkommen vom 26.7.1995 über den Schutz der finanziellen Interessen der Europäischen Gemeinschaften (PIF-Übereinkommen; ABlEG Nr. C 316 vom 27.11.1995, S. 49
EGFinSchG	Gesetz zu dem Übereinkommen vom 26. Juli 1995 über den Schutz der finanziellen Interessen der Europäischen Gemeinschaften (EG-Finanzschutzgesetz – EGFinSchG) vom 10.9.1998 (BGBl. II S. 2322)
EGG	Gesetz über rechtliche Rahmenbedingungen für den elektronischen Geschäftsverkehr (Elektronischer Geschäftsverkehr-Gesetz – EGG) vom 14.12.2001 (BGBl. I S. 3721)
EGGVG	Einführungsgesetz zum Gerichtsverfassungsgesetz vom 27.1.1877 (RGBl. S. 77)
EGH	Ehrengerichtshof in Anwaltssachen
EGInsO	Einführungsgesetz zur Insolvenzordnung vom 5.10.1994 (BGBl. I S. 2911)
EGKS	Europäische Gemeinschaft für Kohle und Stahl
EGKSV	Vertrag über die Gründung der EGKS vom 18.4.1951 (BGBl. II S. 447)
EGMR	Europäischer Gerichtshof für Menschenrechte
EGMR (GK)	Europäischer Gerichtshof für Menschenrechte (Große Kammer)

EGMR (K)	Europäischer Gerichtshof für Menschenrechte (Kammer)
EGMR Serie A/B; Reports	Entscheidungen des Europäischen Gerichtshofs für Menschenrechte, Sammlung in deutscher Übersetzung, Band, Seite; ab 1996: Reports of Judgments and Decisions)
EGMRVerfO	Verfahrensordnung des Europäischen Gerichtshofs für Menschenrechte (Rules of Court) i.d.F. der Bek. vom 14.11.2016 (www.echr.coe.int)
EG-ne bis in idem-Übk	Übereinkommen vom 25.5.1987 zwischen den Mitgliedstaaten der Europäischen Gemeinschaften über das Verbot der doppelten Strafverfolgung – EG-ne bis in idem-Übk (BGBl. 1998 II S. 2227)
EGOWiG	Einführungsgesetz zum Gesetz über Ordnungswidrigkeiten vom 24.5.1968 (BGBl. I S. 503)
EGStGB 1870	Einführungsgesetz zum Strafgesetzbuch vom 31.5.1870 (RGBl. S.195)
EGStGB 1974	Einführungsgesetz zum Strafgesetzbuch vom 2.3.1974 (BGBl. I S.469)
EGStPO	Einführungsgesetz zur Strafprozeßordnung vom 1.2.1877
EGV	Vertrag zur Gründung einer Europäischen Gemeinschaft i.d.F. vor dem 1.5.1999 (nach dem 1.5.1999: EG)
EGVollstrÜbk	Übereinkommen vom 13.11.1991 zwischen den Mitgliedstaaten der Europäischen Gemeinschaft über die Vollstreckung ausländischer strafrechtlicher Verurteilungen
EGZPO	Einführungsgesetz zur Zivilprozeßordnung vom 30.1.1877 (RGBl. S. 244)
EhrenGHE	Ehrengerichtliche Entscheidungen (der Ehrengerichtshöfe der Rechtsanwaltschaft des Bundesgebietes und des Landes Berlin)
EHRLR	European Human Rights Law Review
EhrRiVG	Gesetz zur Vereinfachung und Vereinheitlichung der Verfahrensvorschriften zur Wahl und Berufung ehrenamtlicher Richter vom 21.12.2004 (BGBl. I S. 3599)
Einf.	Einführung
EinigungsV	Vertrag zwischen der Bundesrepublik Deutschland und der Deutschen Demokratischen Republik über die Herstellung der Einheit Deutschlands vom 31.8.1990 (BGBl. II S. 889)
EinigungsVG	Gesetz zu dem Vertrag vom 31.8.1990 zwischen der Bundesrepublik Deutschland und der Deutschen Demokratischen Republik über die Herstellung der Einheit Deutschlands – Einigungsvertragsgesetz – und der Vereinbarung vom 18.9.1990 vom 23.9.1990 (BGBl. II S. 885)
Einl.	Einleitung
EIO	siehe EEA
EIS	Europol-Informationssystem
EJB	Beschluss des Rates (2002/187/JI) vom 28.2.2002 über die Errichtung von Eurojust zur Verstärkung der Bekämpfung der schweren Kriminalität (ABlEG Nr. L 63 vom 6.3.2002, S. 1), geändert durch Beschluss 2003/659/JI des Rates vom 18.6.2003 (ABlEU Nr. L 245 vom 23.9.2003, S. 44) und den Beschluss 2009/426/JI des Rates vom 16.12.2008 zur Stärkung von Eurojust (ABlEU Nr. L 138 vom 4.6.2009, S. 14
EJF	Entscheidungen aus dem Jugend- und Familienrecht (1951–1969)
EJG	Gesetz zur Umsetzung des Beschlusses (2002/187/JI) des Rates vom 28. Februar 2002 über die Errichtung von Eurojust zur Verstärkung der Bekämpfung der schweren Kriminalität (Eurojust-Gesetz – EJG) vom 12.5.2004 (BGBl. I S. 902)
EJKoV	Verordnung über die Koordinierung der Zusammenarbeit mit Eurojust (Eurojust-Koordinierungs-Verordnung –) vom 26.9.2012 (BGBl. I S. 2093)
EJN	Europäisches Justitielles Netz/European Judicial Network
EJTAnV	Verordnung über die Benennung und Einrichtung der nationalen Eurojust-Anlaufstelle für Terrorismusfragen (Eurojust-Anlaufstellen-Verordnung –) vom 17.12.2004 (BGBl. I S. 3520)
EJTN	European Judicial Training Network
EKMR	Europäische Kommission für Menschenrechte
EKMRVerfO	Verfahrensordnung der Europäischen Kommission für Menschenrechte i.d.F. der Bek. vom 29.5.1991 (BGBl. II S. 838)
EL	Ergänzungslieferung

eIDAS	elektronische Identifizierung und Vertrauensdienste für elektronische Transaktionen im Binnenmarkt
eIDASDG	Gesetz zur Durchführung der Verordnung (EU) Nr. 910/2014 des Europäischen Parlaments und des Rates vom 23. Juli 2014 über und zur Aufhebung der Richtlinie 1999/93/EG (eIDAS-Durchführungsgesetz) vom 18.7.2017 (BGBl. I S. 2745)
ELJ	European Law Journal
ELRev	European Law Review
EMCDDA	European Monitoring Centre for Drugs and Drug Addiction
EmmingerVO	Verordnung über Gerichtsverfassung und Strafrechtspflege vom 4.1.1924 (RGBl. I S. 23)
EMöGG	Gesetz zur Erweiterung der Medienöffentlichkeit in Gerichtsverfahren und zur Verbesserung der Kommunikationshilfen für Menschen mit Sprach- und Hörbehinderungen (Gesetz über die Erweiterung der Medienöffentlichkeit in Gerichtsverfahren – EMöGG) vom 8.10.2017 (BGBl. I S. 3546)
EMRK	Konvention zum Schutze der Menschenrechte und Grundfreiheiten vom 4.11.1950 (BGBl. II S. 685, 953) i.d.F. der Bek. vom 22.10.2010 (BGBl. II S. 1198) 1. ZP-EMRK vom 20.3.1952 (BGBl. 1956 II S. 1880) 2. P-EMRK vom 6.5.1963 (BGBl. 1968 II S. 1112) 3. P-EMRK vom 6.5.1963 (BGBl. 1968 II S. 1116) 4. ZP-EMRK vom 16.9.1963 (BGBl. 1968 II S. 423) 5. P-EMRK vom 20.1.1966 (BGBl. 1968 II S. 1120) 6. ZP-EMRK vom 28.4.1983 (BGBl. 1988 II S. 662) 7. ZP-EMRK vom 22.11.1984 8. P-EMRK vom 19.3.1985 (BGBl. 1989 II S. 547) 9. P-EMRK vom 6.11.1990 (BGBl. 1994 II S. 490) 10. P-EMRK vom 25.3.1992 (BGBl. 1994 II S. 490) 11. P-EMRK vom 11.5.1994 (BGBl. 1995 II S. 578) 12. ZP-EMRK vom 4.11.2000 13. ZP-EMRK vom 3.5.2002 (BGBl. 2004 II S. 982) 14. P-EMRK vom 13.5.2004 (BGBl. 2006 II S. 138) 14bis P-EMRK vom 27.5.2009 15. P-EMRK vom 24.6.2013 (BGBl. 2014 II S. 1034) 16. P-EMRK vom 2.10.2013
ENeuOG	Gesetz zur Neuordnung des Eisenbahnwesens (Eisenbahnneuordnungsgesetz – ENeuOG) vom 27.12.1993 (BGBl. I S. 2378)
ENFSI	European Network of Forensic Institute
EntlG	Gesetz zur Entlastung der Gerichte vom 11.3.1921 (RGBl. S. 229)
Entsch.	Entscheidung
entspr.	entsprechend
Entw.	Entwurf
Entw. 1908	Entwurf einer Strafprozeßordnung und Novelle zum Gerichtsverfassungsgesetz nebst Begründung (1908), E 1908, MatStrR-Ref. Bd. 11
Entw. 1909	Entwürfe 1. eines Gesetzes, betreffend Änderungen des Gerichtsverfassungsgesetzes, 2. der Strafprozeßordnung (1909), E 1909 RT-Verhandl. Bd. 254 Drucks. Nr. 1310 = MatStrRRef Bd. 12; Bericht der 7. Kommission des Reichstags 1909 bis 1911 zur Vorbereitung der Entwürfe 1. eines Gesetzes betreffend die Änderung des Gerichtsverfassungsgesetzes, 2. einer Strafprozeßordnung, 3. eines zu beiden Gesetzen gehörenden Einführungsgesetzes = MatStrRRef. Bd. 13
Entw. 1919/1920	Entwürfe 1. eines Gesetzes zur Änderung des Gerichtsverfassungsgesetzes (1919), 2. eines Gesetzes über den Rechtsgang in Strafsachen (1920), E 1919/1920, MatStrRRef. Bd. 14
Entw. 1930	Entwurf eines Einführungsgesetzes zum Allgemeinen Deutschen Strafgesetzbuch und zum Strafvollzugsgesetz 1930, EGStGB-Entw. 1930, RT-Drucks. Nr. 2070 = MatStrRRef. Bd. 7
Entw. 1939	Entwurf einer Strafverfahrensordnung und einer Friedens- und Schiedsmannsordnung (1939), StPO-Entw. 1939, Nachdruck 1954

EP	Europäisches Parlament
EPA	Europäisches Patentamt
EPO	siehe ESA
EPPO	European Public Prosecutor's Office / Europäische Staatsanwaltschaft
EPZ	Europäische Politische Zusammenarbeit
ERA	Europäische Rechtsakademie (Trier)
ERA-Forum	ERA-Forum (Zeitschrift)
ErbR	Zeitschrift für die gesamte erbrechtliche Praxis
erg.	ergänzend
Erg.	Ergänzung; Ergebnis
ErgBd.	Ergänzungsband
Erl.	Erlass; Erläuterung(en)
ESA	Europäische Schutzanordnung/European Protection Order (EPO)
EStG	Einkommensteuergesetz
ETS	European Treaty Series; Übereinkommen des Europarates (fortlaufend nummeriert; www.coe.int; ab 1949)
EU	Vertrag über die Europäische Union
EuAbgG	Europaabgeordnetengesetz vom 6.4.1979 (BGBl. I S. 413)
EuAlÜbk	Europäisches Auslieferungsübereinkommen vom 13.12.1957 (ETS 024; BGBl. 1964 II S. 1369); 2. ZP EuAlÜbk vom 17.3.1978 (ETS 098; BGBl. 1990 II S. 118; 1991 II S. 874)
EUAlÜbk	Übereinkommen vom 27.9.1996 aufgrund von Artikel K.3 des Vertrags über die Europäische Union über die Auslieferung zwischen den Mitgliedstaaten der Europäischen Union (ABlEG Nr. C 313/11 vom 23.10.1996; BGBl. 1998 II S. 2253)
EuArch	Europa-Archiv
EUBestG	Gesetz zu dem Protokoll vom 27. September 1996 zum Übereinkommen über den Schutz der finanziellen Interessen der Europäischen Gemeinschaften (EU-Bestechungsgesetz – EUBestG) vom 10.9.1998 (BGBl. II S. 2340)
EUC	Charta der Grundrechte der Europäischen Union
EUCARIS	Vertrag über ein Europäisches Fahrzeug- und Führerscheininformationssystem
EuCLR	European Criminal Law Review (Zeitschrift)
eucrim	Journal for the Protection of the Financial Interests of the European Communities
EuDrogenÜbk	Übereinkommen vom 31.1.1995 über den unerlaubten Verkehr mit Drogen auf hoher See zur Durchführung des Art. 17 des Übereinkommens der Vereinten Nationen vom 20.12.1988 gegen den unerlaubten Verkehr mit Suchtstoffen und psychotropen Stoffen (ETS 156; BGBl. 2000 II S. 1313)
EuG	Europäisches Gericht erster Instanz (Luxemburg)
EuGeldwÜbk	Übereinkommen vom 8.11.1990 über Geldwäsche sowie Ermittlung, Beschlagnahme und Einziehung von Erträgen aus Straftaten (ETS 141; BGBl. 1998 II S. 519)
EuGH	Gerichtshof der Europäischen Union
EuGH Slg.	Entscheidungen des Gerichtshofs der Europäischen Union (EuGH) – Amtliche Sammlung
EuGHG	Gesetz vom 6.8.1998 betreffend die Anrufung des Gerichtshofs der Europäischen Gemeinschaften im Wege des Vorabentscheidungsverfahrens auf dem Gebiet der polizeilichen Zusammenarbeit und der justitiellen Zusammenarbeit in Strafsachen nach Art. 35 des EU-Vertrages – EuGHG (BGBl. 1998 I S. 2035; 1999 II S. 728)
EuGRAG	Gesetz zur Durchführung der Richtlinie des Rates der EG vom 22.3.1977 zur Erleichterung der tatsächlichen Ausübung des freien Dienstleistungsverkehrs der Rechtsanwälte vom 16.8.1980 (BGBl. I S. 1453)
EuGRZ	Europäische Grundrechte-Zeitschrift
EuHb	Europäischer Haftbefehl/European Arrest Warrant (EAW)
EuHbG	Gesetz zur Umsetzung des Rahmenbeschlusses über den Europäischen Haftbefehl und die Übergabeverfahren zwischen den Mitgliedstaaten der Europäischen Union (Europäisches Haftbefehlsgesetz – EuHbG) vom 21.7.2004 (BGBl. I S. 1748) und vom 20.7.2006 (BGBl. I S. 1721)
EuJCCCJ	European Journal of Crime, Criminal Law and Criminal Justice (Zeitschrift)

EuKonv	Europäischer Konvent
EUMC	siehe ECRI
EuOEÜbk	Europäisches Übereinkommen vom 24.11.1983 über die Entschädigung für Opfer von Gewalttaten (ETS 116; BGBl. 2000 II S. 1209)
EuR	Europarecht (Zeitschrift)
EuRAG	Gesetz über die Tätigkeit europäischer Rechtsanwälte in Deutschland vom 9.3.2000 (BGBl. I S. 182)
EuRhÜbk	Europäisches Übereinkommen über die Rechtshilfe in Strafsachen vom 20.4.1959 (ETS 30; BGBl. 1964 II S. 1369; 1976 II S. 1799); ZP EuRhÜbk vom 17.3.1978 (ETS 99; BGBl. 1990 II S. 124; 1991 II S. 909); 2. ZP EuRHÜbk vom 8.11.2001 (ETS 182)
EURhÜbk	Rechtshilfeübereinkommen der Mitgliedstaaten der Europäischen Union vom 29.5.2000, ABlEG Nr. C 197 vom 12.7.2000, S. 1; ZP EURHÜbk vom 16.10.2001 (ABlEG Nr. C 326 vom 21.11.2001, S. 1)
EurJCrimeCrLJ	European Journal of Crime, Criminal Law and Criminal Justice
EURODAC	Daktyloskopische Datenbank im Rahmen von Asylantragsverfahren
Eurojust	Europäische Justitielle Clearing- und Dokumentationsstelle (Den Haag)
Europol	Europäisches Polizeiamt (Den Haag)
EuropolG	Europolgesetz vom 16.12.1997 (BGBl. II S. 2150)
EuropolÜbk	Übereinkommen vom 26.7.1995 auf Grund von Artikel K.3 des EUV über die Errichtung eines Europäischen Polizeiamtes, ABlEG Nr. C 316 vom 27.11.1995, S. 1
EuropolVO	Verordnung (EU) 2016/794 des Europäischen Parlaments und des Rates vom 11. Mai 2016 über die Agentur der Europäischen Union für die Zusammenarbeit auf dem Gebiet der Strafverfolgung (Europol) und zur Ersetzung und Aufhebung der Beschlüsse 2009/371/JI, 2009/934/JI, 2009/935/JI, 2009/936/JI und 2009/968/JI des Rates, ABlEU Nr. L 135 vom 23.5.2016, S. 53
EuroPris	European Organisation of Prison and Correctional Services
EuStA	Europäische Staatsanwaltschaft
EuTerrÜbk	Übereinkommen zur Bekämpfung des Terrorismus vom 27.1.1977 (ETS 90; BGBl. 1978 II S. 321, 907)
EUV	Vertrag über die Europäische Union
EUVEntw	Entwurf einer Europäischen Verfassung i.d.F des am 18.6.2004 zwischen den Staats- und Regierungschefs erzielten Konsenses (Dokument der Regierungskonferenz CIG 86/04 vom 25.6.2004)
EUVereinfAlÜbk	Übereinkommen vom 10.3.1995 aufgrund von Artikel K.3 des Vertrags über die Europäische Union über das vereinfachte Auslieferungsverfahren zwischen den Mitgliedstaaten der Europäischen Union (ABlEG Nr. C 78 vom 30.3.1995, S. 1; BGBl. 1998 II S. 2229)
EuVKonv	Entwurf eines Vertrags über eine Verfassung für Europa – vom Europäischen Konvent im Konsensverfahren angenommen am 13.6. und 10.7.2003 – dem Präsidenten des Europäischen Rates in Rom überreicht am 18.7.2003
EuZ	Zeitschrift für Europarecht (Schweiz)
EuZA	Europäische Zeitschrift für Arbeitsrecht
EuZW	Europäische Zeitschrift für Wirtschaftsrecht
evt.	eventuell
EWG	Europäische Wirtschaftsgemeinschaft
EWGV	Vertrag zur Gründung der Europäischen Wirtschaftsgemeinschaft vom 25.3.1957 (BGBl. II S. 766)
EWiR	Entscheidungen zum Wirtschaftsrecht
EWR-Abk.	Gesetz zu dem Abkommen vom 2.5.1992 über den Europäischen Wirtschaftsraum
EYHR	European Yearbook on Human Rights
EZAR	Entscheidungssammlung zum Zuwanderungs-, Asyl- und Freizügigkeitsrecht
EzSt	Entscheidungssammlung zum Straf- und Ordnungswidrigkeitenrecht, 1983 bis 1990 (Loseblattausgabe)

f., ff.	folgende
FamFG	Gesetz über das Verfahren in Familiensachen und in den Angelegenheiten der freiwilligen Gerichtsbarkeit (FamFG), Artikel 1 des Gesetzes vom 17.12.2008 (BGBl. I S. 2586, 2009 I S. 1102); zuletzt geändert durch Art. 13 des Gesetzes vom 18.12.2018 (BGBl. I S. 2639)
FAG	Gesetz über Fernmeldeanlagen vom 6.4.1892 i.d.F. der Bek. vom 3.7.1989 (BGBl. I S. 1455); ersetzt durch das TKG
FamPLG	Gesetz über Aufklärung, Verhütung, Familienplanung und Beratung vom 27.7.1992 (BGBl. I S. 1398)
FamRZ	Zeitschrift für das gesamte Familienrecht
FAO	Fachanwaltsordnung i.d.F. der Bek. vom 1.3.2016, zuletzt geändert durch Beschluss der Satzungsversammlung vom 7.12.2017 (BRAK-Mitt. 2018 S. 29)
FG	Finanzgericht/Festgabe
FGG	Gesetz über die Angelegenheiten der freiwilligen Gerichtsbarkeit vom 17.5.1898 i.d.F. der Bek. vom 20.5.1898 (RGBl. S. 771)
FGO	Finanzgerichtsordnung, neugefasst durch Bek. vom 28.3.2001 (BGBl. I S. 442, 2262, 2002 I S. 679); zuletzt geändert durch Art. 8 des Gesetzes vom 12.7.2018 (BGBl. I S. 1151)
FGPrax	Praxis der freiwilligen Gerichtsbarkeit
1. FiMaNoG	Erstes Gesetz zur Novellierung von Finanzmarktvorschriften auf Grund europäischer Rechtsakte (Erstes Finanzmarktnovellierungsgesetz) vom 30.6.2016 (BGBl. I S. 1514)
2. FiMaNoG	Zweites Gesetz zur Novellierung von Finanzmarktvorschriften auf Grund europäischer Rechtsakte (Zweites Finanzmarktnovellierungsgesetz) vom 23.6.2017 (BGBl. I S. 1693)
FinB	Finanzbehörde
FinVerwG	Gesetz über die Finanzverwaltung vom 6.9.1950 (BGBl. I S. 448) i.d.F. der Bek. vom 30.8.1971 (BGBl. I S. 1426)
FLF	Finanzierung Leasing Factoring (Zeitschrift)
FlRG	Gesetz über das Flaggenrecht der Seeschiffe und die Flaggenführung der Binnenschiffe (Flaggenrechtsgesetz) vom 8.2.1951 i.d.F. der Bek. vom 29.10.1994 (BGBl. I S. 3140)
FIU	Financial Intelligence Unit
Fn.	Fußnote
FN A	Fundstellennachweis des Deutschen Bundesrechts, Bundesrecht ohne völkerrechtliche Vereinbarungen und Verträge mit der DDR
FN B	Fundstellennachweis des Deutschen Bundesrechts, Völkerrechtliche Vereinbarungen und Verträge mit der DDR
FO	Fernmeldeordnung i.d.F. der Bek. vom 5.5.1971 (BGBl. I S. 541)
FoR	Forum Recht (Zeitschrift)
FP-IPBPR	(1.) Fakultativprotokoll zum Internationalen Pakt über bürgerliche und politische Rechte vom 19.12.1966 (BGBl. 1992 II S. 1247)
2. FP-IPBPR	2. Fakultativprotokoll zu dem Internationalen Pakt über bürgerliche und politische Rechte zur Abschaffung der Todesstrafe vom 15.12. 1989 (BGBl. 1992 II S. 390)
FPR	Familie Partnerschaft Recht
FRA	Agentur der Europäischen Union für Grundrechte/Agency for Fundamental Rights
FRONTEX	Europäische Grenzschutzagentur
FS	Forum Strafvollzug – Zeitschrift für Strafvollzug und Straffälligenhilfe (früher ZfStrV)
FS (Name)	Festschrift, auch Festgabe usw. (angefügt Name des Geehrten)
FuR	Familie und Recht
G 10	Gesetz zur Beschränkung des Brief-, Post- und Fernmeldegeheimnisses vom 26.6.2001 (BGBl. I S. 1254), zuletzt geändert durch Art. 12 des Gesetzes vom 17.8.2017 (BGBl. I S. 3202), (Gesetz zu Artikel 10 Grundgesetz)
GA	Goltdammer's Archiv für Strafrecht, zitiert nach Jahr und Seite (bis 1933: Archiv für Strafrecht und Strafpolitik, zitiert nach Band und Seite)
GASP	Gemeinsame Außen- und Sicherheitspolitik
GBA	Generalbundesanwalt
GBl.	Gesetzblatt

GBl./DDR I, II	Gesetzblatt der Deutschen Demokratischen Republik, Teil I und II (1949 bis 1990)
GedS	Gedächtnisschrift (angefügt Name des Geehrten)
gem.	gemäß
GemDatG	Gesetz zur Errichtung gemeinsamer Dateien von Polizeibehörden und Nachrichtendiensten des Bundes und der Länder vom 22.12.2006 (Gemeinsame-Dateien-Gesetz) (BGBl. I S. 3409)
GemProt.	Gemeinsames Protokoll
GenG	Gesetz betreffend die Erwerbs- und Wirtschaftsgenossenschaften vom 1.5.1889, neugefasst durch Bek. vom 16.10.2006 (BGBl. I S. 2230); zuletzt geändert durch Art. 8 des Gesetzes vom 17.7.2017 (BGBl. I S. 2541)
GenStA	Generalstaatsanwaltschaft
GerS	Der Gerichtssaal (1849–1942)
Ges.	Gesetz
GeschlkrG	Gesetz zur Bekämpfung der Geschlechtskrankheiten vom 23.7.1953 (BGBl. I S. 700)
GeschO	Geschäftsordnung
GETZ	Gemeinsames Extremismus- und Terrorismusabwehrzentrum
GewO	Gewerbeordnung vom 21.6.1869, neugefasst durch Bek. vom 22.2.1999 (BGBl. I S. 202); zuletzt geändert durch Art. 1 des Gesetzes vom 29.11.2018 (BGBl. I S. 2666)
GewSchG	Gesetz vom 11.12.2001 zur Verbesserung des zivilgerichtlichen Schutzes bei Gewalttaten und Nachstellungen sowie zur Erleichterung der Überlassung der Ehewohnung bei Trennung (Gewaltschutzgesetz – GewSchG; BGBl. I S. 3513)
GewVerbrG	Gesetz gegen gefährliche Gewohnheitsverbrecher und über Maßregeln der Sicherung und Besserung vom 24.11.1933 (RGBl. I S. 995)
GG	Grundgesetz für die Bundesrepublik Deutschland vom 23.5.1949 (BGBl. S. 1)
ggf.	gegebenenfalls
GKG	Gerichtskostengesetz vom 5.5.2004 (BGBl. I S. 718); zuletzt geändert durch Art. 4 des Gesetzes vom 12.7.2018 (BGBl. I S. 1151)
GKI	Gemeinsame Kontrollinstanz (jeweils eingerichtet bei Europol und Eurojust)
GKÖD	Gesamtkommentar Öffentliches Dienstrecht
GLY	German Law Journal (Internet-Zeitschrift; www.germanlawjournal.de)
GmbH	Gesellschaft mit beschränkter Haftung
GmbHG	Gesetz betreffend die Gesellschaften mit beschränkter Haftung vom 20.4.1892 (RGBl. S. 477); zuletzt geändert durch Art. 10 des Gesetzes vom 17.7.2017 (BGBl. I S. 2446)
GMBl.	Gemeinsames Ministerialblatt
GmS-OGB	Gemeinsamer Senat der obersten Gerichtshöfe des Bundes
GnO	Gnadenordnung
GNotKG	Gesetz über Kosten der freiwilligen Gerichtsbarkeit für Gerichte und Notare (Gerichts- und Notarkostengesetz) vom 23.7.2013
GoJIL	Göttingen Journal of International Law (Online-Zeitschrift)
GoltdA	s. GA
GRC	Europäische Grundrechtecharta
grds.	grundsätzlich
GRECO	Group of States against Corruption
GreifRecht	Greifswalder Halbjahresschrift für Rechtswissenschaft
GRETA	Group of Experts on Action against Trafficking in Human Beings
GREVIO	Expertengruppe zur Überwachung des Übereinkommens zum Schutz von Frauen vor Gewalt und häuslicher Gewalt (CETS 210)
GrSSt	Großer Senat in Strafsachen
Gruchot	Beiträge zur Erläuterung des deutschen Rechts, begründet von Gruchot
GRUR	Gewerblicher Rechtsschutz und Urheberrecht (Zeitschrift)
GRURInt	Gewerblicher Rechtsschutz und Urheberrecht International (Zeitschrift)
GS	Gesetzessammlung
GSNW	Sammlung des bereinigten Landesrechts Nordrhein-Westfalen (1945–56)
GSSchlH	Sammlung des schleswig-holsteinischen Landesrechts, 2 Bände (1963)
GStA	Generalstaatsanwalt

GSZ	Zeitschrift für das Gesamte Sicherheitsrecht
GÜG	Gesetz zur Überwachung des Verkehrs mit Grundstoffen, die für die unerlaubte Herstellung von Betäubungsmitteln mißbraucht werden können (Grundstoffüberwachungsgesetz – GÜG) vom 7.10.1994 (BGBl. I S. 2835)
GuP	Gesundheit und Pflege (Zeitschrift)
GÜV	Gesetz zur Überwachung strafrechtlicher und anderer Verbringungsverbote vom 24.5.1961 (BGBl. I S. 607)
GV	Gemeinsame Verfügung (mehrerer Ministerien)
GVBl.	Gesetz- und Verordnungsblatt
GVBl. II	Sammlung des bereinigten Hessischen Landesrechts
GVG	Gerichtsverfassungsgesetz vom 27.1.1877 i.d.F. der Bek. vom 9.5.1975 (BGBl. I S. 1077)
GVGA	Geschäftsanweisung für Gerichtsvollzieher
GVGÄG 1971	Gesetz zur Änderung des Gerichtsverfassungsgesetzes vom 8.9.1971 (BGBl. I S. 1513)
GVGÄG 1974	Gesetz zur Änderung des Gerichtsverfassungsgesetzes vom 25.3.1974 (BGBl. I S. 761)
GVG/DDR	Gesetz über die Verfassung der Gerichte der Deutschen Demokratischen Republik – Gerichtsverfassungsgesetz – vom 27.9.1974 (GBl. I S. 457), zuletzt geändert durch Gesetz vom 5.7.1990 (GBl. I S. 595)
GVO	Gerichtsvollzieherordnung
GVVG-ÄndG	Gesetz zur Änderung der Verfolgung der Vorbereitung von schweren staatsgefährdenden Gewalttaten vom 12.6.2015 (BGBl. I S. 926)
GVVO	Verordnung zur einheitlichen Regelung der Gerichtsverfassung vom 20.3.1935 (RGBl. I S. 403) in der im BGBl. III Gliederungsnummer 300-5 veröffentlichten bereinigten Fassung
GWB	Gesetz gegen Wettbewerbsbeschränkungen vom 27.7.1957 i.d.F. der Bek. vom 26.8.1998 (BGBl. I S. 2546)
GwG	Gesetz über das Aufspüren von Gewinnen aus schweren Straftaten (Geldwäschegesetz – GwG) vom 25.10.1993 (BGBl. I S. 1770)
GWR	Gesellschafts- und Wirtschaftsrecht (Zeitschrift)
GYIL	German Yearbook of International Law (Zeitschrift)
Haager Abk.	Haager Abkommen über den Zivilprozeß vom 17.7.1905 (RGBl. 1909 S. 409)
HalbleiterschutzG	Gesetz über den Schutz der Topographien von mikroelektronischen Halbleitererzeugnissen (Halbleiterschutzgesetz) vom 22.10.1987 (BGBl. I S. 2294)
Hamb.	Hamburg
HambJVBl.	Hamburgisches Justizverwaltungsblatt
Hans.	Hanseatisch
HansGZ	Hanseatische Gerichtszeitung (1880 bis 1927)
HansJVBl.	Hanseatisches Justizverwaltungsblatt (bis 1946/47)
HansOLGSt	Entscheidungen des Hanseatischen Oberlandesgerichts in Strafsachen (1879 bis 1932/33)
HansRGZ	Hanseatische Rechts- und Gerichtszeitschrift (1928–43), vorher:
HansRZ	Hanseatische Rechtszeitschrift für Handel, Schiff-Fahrt und Versicherung, Kolonial- und Auslandsbeziehungen sowie für Hansestädtisches Recht (1918 bis 1927)
HbStrVf/*Verfasser*	Handbuch zum Strafverfahren, hrsg. von Heghmanns/Scheffler
HdR	Handwörterbuch der Rechtswissenschaft, herausgegeben von Stier-Somlo und Elster (1926 bis 1937)
Hess.	Hessen
HESt	Höchstrichterliche Entscheidungen, Sammlung von Entscheidungen der Oberlandesgerichte und der Obersten Gerichte in Strafsachen (1948–49)
HGB	Handelsgesetzbuch vom 10.5.1897 (RGBl. S. 219)
HKÜ	Haager Übereinkommen über die zivilrechtlichen Aspekte internationaler Kindesentführung vom 25.10.1980
h.M.	herrschende Meinung
HmbStVollzG	Hamburgisches Strafvollzugsgesetz
HRC	Human Rights Committee – UN-Menschenrechtsausschuss

HRLR	Human Rights Law Review
HRN	Hamburger Rechtsnotizen (Zeitschrift)
HRR	Höchstrichterliche Rechtsprechung (1928 bis 1942)
HRRS	Online-Zeitschrift für Höchstrichterliche Rechtsprechung im Strafrecht (www.hrr-strafrecht.de)
HRSt	Entscheidungen zum Strafrecht, Strafverfahrensrecht und zu den Nebengebieten (Höchstrichterliche Rechtsprechung) (ab 1996)
HRLJ	Human Rights Law Journal
Hs.	Halbsatz
HSOG	Hessisches Gesetz über die öffentliche Sicherheit und Ordnung
HStVollzG	Hessisches Strafvollzugsgesetz
HUDOC	Human Rights Documentation des Europarates
HuV-I	Humanitäres Völkerrecht – Informationsschriften
HV	Hauptverhandlung
IAGMR	Interamerikanischer Gerichtshof für Menschenrechte
ICC	siehe IStGH
ICC-Statut	siehe IStGH-Statut
ICJ	siehe IGH
ICLQ	The International and Cooperative Law Quarterly
ICLR	International Criminal Law Review
ICPA	International Corrections and Prisons Association
ICTR	Internationaler Strafgerichtshof für Ruanda
ICTY	Internationaler Strafgerichtshof für das ehemalige Jugoslawien
i.d.F.	in der Fassung
i.d.R.	in der Regel
i.e.S.	im engeren Sinne
IFCCLGE	International Forum on Crime and Criminal Law in the Global Era (Peking)
IGH	Internationaler Gerichtshof ICJ (Den Haag)
i.H.v.	in Höhe von
IKV	Internationale Kriminalistische Vereinigung
ILEA	International Law Enforcement Academy
ILO	International Labour Organization (Internationale Arbeitsorganisation)
InfAuslR	Informationsbrief Ausländerrecht
INPOL	Informationssystem der Polizei
INTERPA	International Association of Police Academies
InsO	Insolvenzordnung vom 5.10.1994 (BGBl. I S. 2866); zuletzt geändert durch Art. 24 Abs. 3 des Gesetzes vom 23.6.2017 (BGBl. I S. 1693; 2446)
IPBPR	Internationaler Pakt über bürgerliche und politische Rechte vom 19.12.1966 (BGBl. 1973 II S. 1534)
IPBPRG	Zustimmungsgesetz zu dem Internationalen Pakt über bürgerliche und politische Rechte vom 15.11.1973 (BGBl. II S. 1533)
IPWSKR	Internationaler Pakt über die wirtschaftlichen, sozialen und kulturellen Rechte vom 19.12.1966 (BGBl. 1973 II S. 1570)
IRG	Gesetz über die internationale Rechtshilfe in Strafsachen i.d.F. der Bek. vom 27.6.1994 (BGBl. I S. 1537); zuletzt geändert durch Art. 3 des Gesetzes vom 27.8.2017 (BGBl. I S. 3295)
i.S.	im Sinne
i.S.d.	im Sinne des/der
IStR	Internationales Steuerrecht – Zeitschrift für europäische und internationale Wirtschaftsberatung
i.S.v.	im Sinne von
IStGH	Internationaler Strafgerichtshof ICC (Den Haag)
IStGHG	Gesetz über die Zusammenarbeit mit dem Internationalen Strafgerichtshof vom 21.6.2002 (BGBl. I S. 2144)

IStGHSt	Gesetz vom 4.12.2000 zum Römischen Statut des Internationalen Strafgerichtshofs vom 17. Juli 1998 – IStGH-Statutgesetz (BGBl. II S. 1393)
ITRB	IT-Rechts-Berater
Iurratio	Zeitschrift für Stud. Iur und junge Juristen
i.V.m.	in Verbindung mit
IWG	International Working Group on Police Undercover Activities
i.w.S.	im weiteren Sinne
JA	Juristische Arbeitsblätter für Ausbildung und Examen
JahrbÖR	Jahrbuch des öffentlichen Rechts der Gegenwart
JahrbPostw.	Jahrbuch des Postwesens (1937 bis 1941/42)
JAVollzO	Jugendarrestvollzugsordnung vom 12.8.1966 i.d.F. der Bek. vom 30.11.1976 (BGBl. I S. 3270)
JBeitrO	Justizbeitreibungsordnung vom 11.3.1937 (RGBl. I S. 298)
JBl.	Justizblatt/Juristische Blätter (Österreich)
JBlRhPf.	Justizblatt Rheinland-Pfalz
JBlSaar	Justizblatt des Saarlandes
JGG	Jugendgerichtsgesetz vom 4.8.1953 i.d.F. der Bek. vom 11.12.1974 (BGBl. I S. 3427)
JICJ	Journal of International Criminal Justice
JIR	Jahrbuch für internationales Recht
JK	Jura-Kartei
JKassO	Justizkassenordnung
JKomG	Gesetz über die Verwendung elektronischer Kommunikationsformen in der Justiz (Justizkommunikationsgesetz – JKomG) vom 22.3.2005 (BGBl. I S. 832)
JKostG	Justizkostengesetz (Landesrecht)
JLCJ	Journal of Law and Criminal Justice
jM	juris – Die Monatsschrift
JMBl.	Justizministerialblatt
JMBlNRW, JMBlNW	Justizministerialblatt für das Land Nordrhein-Westfalen
JMK	Justizministerkonferenz (Konferenz der Landesjustizministerinnen und -minister)
JoJZG	Journal der Juristischen Zeitgeschichte
JOR	Jahrbuch für Ostrecht
JöR	Jahrbuch des öffentlichen Rechts
JP	Juristische Person
JR	Juristische Rundschau
JRP	Journal für Rechtspolitik
JSt	Journal für Strafrecht
JugG	Jugendgericht
JugK	Jugendkammer
JugSchG	Jugendschöffengericht
JugStrafgG	Gesetz über die Zusammenarbeit mit dem Internationalen Strafgerichtshof für das ehemalige Jugoslawien (Jugoslawien-Strafgerichtshof-Gesetz) vom 10.4.1995 (BGBl. I S. 485)
Jura	Juristische Ausbildung (Zeitschrift)
JUFIL	Journal on the Use of Force and International Law
JurBüro	Das juristische Büro (Zeitschrift)
JurJahrb.	Juristen-Jahrbuch
JuS	Juristische Schulung (Zeitschrift)
Justiz	Die Justiz, Amtsblatt des Justizministeriums Baden-Württemberg
JV	Justizverwaltung
JVA	Justizvollzugsanstalt
JVBl.	Justizverwaltungsblatt
JVEG	Gesetz über die Vergütung von Sachverständigen, Dolmetscherinnen, Dolmetschern, Übersetzerinnen und Übersetzern sowie die Entschädigung von ehrenamtlichen

	Richterinnen, ehrenamtlichen Richtern, Zeuginnen, Zeugen und Dritten (Justizvergütungs- und -entschädigungsgesetz) vom 5.5.2004 (BGBl. I S. 718)
JVerwA	Justizverwaltungsakt
JverwB	Justizverwaltungsbehörde
JVKostG	Gesetz über Kosten in Angelegenheiten der Justizverwaltung vom 23.7.2013 (BGBl. I S. 2586)
JVKostO	Verordnung über Kosten im Bereich der Justizverwaltung vom 14.2.1940 (RGBl. I S. 357) – ersetzt durch das JVKostG mit Wirkung zum 1.8.2013
JVollz.	Jugendstrafvollzugsordnung: s. auch JAVollzO
JVollzGB	Gesetzbuch über den Justizvollzug in Baden-Württemberg
JW	Juristische Wochenschrift
JZ	Juristen-Zeitung
1. JuMoG	Erstes Gesetz zur Modernisierung der Justiz (1. Justizmodernisierungsgesetz) vom 24.8.2004 (BGBl. I S. 2198)
2. JuMoG	Zweites Gesetz zur Modernisierung der Justiz (2. Justizmodernisierungsgesetz) vom 22.10.2006 (BGBl. I S. 3416)
Kap.	Kapitel
KAS	Konrad-Adenauer-Stiftung
kes	Zeitschrift für Informations-Sicherheit
KFZ	Kraftfahrzeug
KG	Kammergericht/Kommanditgesellschaft
KGJ	Jahrbuch der Entscheidungen des Kammergerichts in Sachen der freiwilligen Gerichtsbarkeit, in Kosten-, Stempel- und Strafsachen (1881–1922)
KJ	Kritische Justiz (Zeitschrift)
KO	Konkursordnung vom 10.2.1877 i.d.F. der Bek. vom 20.5.1898 (RGBl. S. 612)
KoDD	Koordinierungsdauerdienst (Eurojust)
KOM	Dokument(e) der Europäischen Kommission
KonsG	Gesetz über die Konsularbeamten, ihre Aufgaben und Befugnisse (Konsulargesetz) vom 1.9.1974 (BGBl. I S. 2317)
KostÄndG	Gesetz zur Änderung und Ergänzung kostenrechtlicher Vorschriften vom 26.7.1957 (BGBl. I S. 861)
KostRMoG	Gesetz zur Modernisierung des Kostenrechts vom 5.5.2004 – Kostenrechtsmodernisierungsgesetz (BGBl. I S. 718)
2. KostRMoG	Zweites Gesetz zur Modernisierung des Kostenrechts vom 23.7.2013 – 2. Kostenrechtsmodernisierungsgesetz (BGBl. I S. 2586)
KostMaßnG	Gesetz über Maßnahmen auf dem Gebiet des Kostenrechts vom 7.8.1952 (BGBl. I S. 401)
KostO	Gesetz über die Kosten in Angelegenheiten der freiwilligen Gerichtsbarkeit i.d.F. der Bek. vom 26.7.1957 (BGBl. I S. 861) – ersetzt durch das GNotKG mit Wirkung zum 1.8.2013
KostRÄndG 1994	Gesetz zur Änderung von Kostengesetzen und anderen Gesetzen (Kostenrechtsänderungsgesetz 1994 – KostRÄndG 1994) vom 24.6.1994 (BGBl. I S. 1325)
KostRspr.	Kostenrechtsprechung (Loseblattsammlung)
KostVfg.	Kostenverfügung, Durchführungsbestimmungen zu den Kostengesetzen
K&R	Kommunikation und Recht (Zeitschrift)
KrG	Kreisgericht
Kriminalist	Der Kriminalist (Zeitschrift)
Kriminalistik	Kriminalistik, Zeitschrift für die gesamte kriminalistische Wissenschaft und Praxis
KrimJ	Kriminologisches Journal
KrimPäd.	Kriminalpädagogische Praxis (Zeitschrift)
KriPoZ	Kriminalpolitische Zeitschrift
Krit.	Kritisch
KritV/CritQ/RCrit	Kritische Vierteljahresschrift für Gesetzgebung und Rechtswissenschaft/Critical Quarterly for Legislation and Law/Revue critique trimestrielle de jurisprudence et de législation

KronzG	Gesetz zur Einführung einer Kronzeugenregelung bei terroristischen Straftaten (Art. 4 des StGBÄndG 1989) vom 9.6.1989 (BGBl. I S. 1059)
KronzVerlG	Gesetz zur Änderung des Gesetzes zur Änderung des Strafgesetzbuches, der Strafprozeßordnung und des Versammlungsgesetzes und zur Einführung einer Kronzeugenregelung bei terroristischen Straftaten (Kronzeugen-Verlängerungs-Gesetz) vom 16.2.1993 (BGBl. I S. 238)
2. KronzVerlG	Zweites Gesetz zur Änderung des Gesetzes zur Änderung des Strafgesetzbuches, der Strafprozeßordnung und des Versammlungsgesetzes und zur Einführung einer Kronzeugenregelung bei terroristischen Straftaten (2. Kronzeugen-Verlängerungs-Gesetz) vom 19.1.1996 (BGBl. I S. 58)
KSI	Krisen-, Sanierungs- und Insolvenzberatung (Zeitschrift)
KSZE	Konferenz für Sicherheit und Zusammenarbeit in Europa
KSzW	Kölner Schrift zum Wirtschaftsrecht
KUG	Gesetz über das Urheberrecht an Werken der bildenden Künste und der Fotografie vom 9.1.1907 (RGBl. S. 7)
KUP	Kriminologie und Praxis (Schriftenreihe der Kriminologischen Zentralstelle)
KuR	Kirche und Recht (Zeitschrift)
KUR	Kunst und Recht (Zeitschrift)
k + v	Kraftfahrt und Verkehrsrecht, Zeitschrift der Akademie für Verkehrswissenschaft
KVGKG	Kostenverzeichnis (Anlage 1 zum GKG)
KWKG	Gesetz über die Kontrolle von Kriegswaffen i.d.F. der Bek. vom 22.11.1990 (BGBl. I S. 2506)
LegPer.	Legislaturperiode
Lfg.	Lieferung
LFGB	Lebensmittel-, Bedarfsgegenstände- und Futtermittelgesetzbuch
LG	Landgericht
LJV	Landesjustizverwaltung
LKA	Landeskriminalamt
LKV	Landes- und Kommunalverwaltung (Zeitschrift)
LM	Nachschlagewerk des Bundesgerichtshofs (Loseblattsammlung), hrsg. von Lindenmaier/Möhring u.a.
LMBG	Gesetz über den Verkehr mit Lebensmitteln, Tabakerzeugnissen, kosmetischen Mitteln und sonstigen Bedarfsgegenständen (Lebensmittel- und Bedarfsgegenständegesetz) i.d.F. der Bek. vom 9.9.1997 (BGBl. I S. 2297)
LMG (1936)	Gesetz über den Verkehr mit Lebensmitteln und Bedarfsgegenständen (Lebensmittelgesetz) vom 5.7.1927 i.d.F. der Bek. vom 17.1.1936 (RGBl. I S. 17)
LPartG	Gesetz über die Eingetragene Lebenspartnerschaft (Lebenspartnerschaftsgesetz) vom 16.2.2001 (BGBl. I S. 266)
LPG	Landespressegesetz
LRE	Sammlung lebensmittelrechtlicher Entscheidungen
Ls.	Leitsatz
LuftFzgG	Gesetz über Rechte an Luftfahrzeugen vom 26.2.1959 (BGBl. I 57)
LuftVG	Luftverkehrsgesetz i.d.F. der Bek. vom 27.3.1999 (BGBl. I S. 550)
LuftVO	Luftverkehrs-Ordnung i.d.F. der Bek. vom 27.3.1999 (BGBl. I S. 580)
LV	Literaturverzeichnis, Schrifttumsverzeichnis
LVerf.	Landesverfassung
LVG	Landesverwaltungsgericht
LZ	Leipziger Zeitschrift für Deutsches Recht (1907 bis 1933)
MABl.	Ministerialamtsblatt
MarkenG	Gesetz über den Schutz von Marken und sonstigen Kennzeichen (Markengesetz – MarkenG) vom 25.10.1994 (BGBl. I S. 3082, 1995 I S. 156, 1996 I S. 682); zuletzt geändert durch Art. 1 des Gesetzes vom 11.12.2018 (BGBl. I S. 2357)
Mat.	s. Hahn

MatStrRRef.	Materialien zur Strafrechtsreform, herausgegeben vom BMJ, Bd. 1–15 (1954–1960) (s. auch Entw.)
MBl.	Ministerialblatt
MDR	Monatsschrift für Deutsches Recht
MedR	Medizinrecht (Zeitschrift)
medstra	Zeitschrift für Medizinstrafrecht
MEPA	Mitteleuropäische Polizeiakademie
MiStra.	Anordnung über Mitteilungen in Strafsachen vom 15.3.1985 i.d.F. der Bek. vom 29.4.1998, bundeseinheitlich
MittKV	Mitteilungen der Internationalen Kriminalistischen Vereinigung (1889 bis 1914; 1926 bis 1933)
MMR	MultiMedia und Recht (Zeitschrift)
MOG	Gesetz zur Durchführung der Gemeinsamen Marktorganisation vom 31.8.1972 (BGBl. I S. 1617)
MONEYVAL	Committee of Experts on the Evaluation of Anti-Money Laundering Measures and the Financing of Terrorism
Mot.	Begründung zur Strafprozeßordnung bei Hahn (s. dort)
MR	Medien und Recht (Österreich)
MRG	Militärregierungsgesetz
MSchrKrim.	Monatsschrift für Kriminologie und Strafrechtsreform
MSchrKrimPsych.	Monatsschrift für Kriminalpsychologie und Strafrechtsreform (1904/05 bis 1936)
MStGO	Militärstrafgerichtsordnung i.d.F. der Bek. vom 29.9.1936 (RGBl. I S. 755)
Muster-Entw.	Muster-Entwurf eines einheitlichen Polizeigesetzes, verabschiedet von der JMK am 10./11.6.1976, geändert durch Beschluss der JMK vom 25.11.1977
MV	Mecklenburg-Vorpommern
m.w.B.	mit weiteren Beispielen
m.w.N.	mit weiteren Nachweisen
NachtrSichVG	Gesetz zur Einführung einer nachträglichen Sicherungsverwahrung vom 23.7.2004 (BGBl. I S. 1838)
NATO-Truppenstatut	Abkommen zwischen den Parteien des Nordatlantikvertrags vom 19.6.1951 über die Rechtsstellung ihrer Truppen (BGBl. 1961 II S. 1183, 1190), Bek. vom 16.6.1963 (BGBl. II S. 745)
Nds.	Niedersachsen
NdsAGGVG	Niedersächsisches Ausführungsgesetz zum Gerichtsverfassungsgesetz vom 5.4.1963 (GVBl. S. 225)
NdsRpfl.	Niedersächsische Rechtspflege
n.F.	neue Fassung
N.F.	Neue Folge
Nieders. GVBl. Sb. I, II	Niedersächsisches Gesetz- und Verordnungsblatt, Sonderband I und II, Sammlung des bereinigten niedersächsischen Rechts
NJ	Neue Justiz (bis 1990 DDR)
NJECL	New Journal of European Criminal Law
NJOZ	Neue Juristische Online-Zeitschrift (nur über beck-online abrufbar)
NJVollzG	Niedersächsisches Justizvollzugsgesetz
NJW	Neue Juristische Wochenschrift
NKrimpol.	Neue Kriminalpolitik (Zeitschrift)
NLMR	Newsletter Menschenrechte
noeP	Nicht offen ermittelnder Polizeibeamter
NordÖR	Zeitschrift für Öffentliches Recht in Norddeutschland
NotVO	s. Ausn. VO
NPA	Neues Polizei-Archiv
NRO	Nichtregierungsorganisation

NRW	Nordrhein-Westfalen
NRWO	(österreichisches) Bundesgesetz über die Wahl des Nationalrates (Nationalrats-Wahlordnung 1992)
NStE	Neue Entscheidungssammlung für Strafrecht
NStZ	Neue Zeitschrift für Strafrecht
NStZ-RR	NStZ – Rechtsprechungs-Report (Zeitschrift, ab 1996)
NuR	Natur und Recht (Zeitschrift)
NVwZ	Neue Zeitschrift für Verwaltungsrecht
NWB	NWB Steuer- und Wirtschaftsrecht (Zeitschrift)
NWVBl.	Nordrheinwestfälische Verwaltungsblätter
NZA	Neue Zeitschrift für Arbeitsrecht
NZA-RR	NZA-Rechtsprechungs-Report Arbeitsrecht
NZI	Neue Zeitschrift für Insolvenzrecht
NZM	Neue Zeitschrift für Miet- und Wohnungsrecht
NZS	Neue Zeitschrift für Sozialrecht
NZV	Neue Zeitschrift für Verkehrsrecht
NZWehrr	Neue Zeitschrift für Wehrrecht
NZWiSt	Neue Zeitschrift für Wirtschafts-, Steuer- und Unternehmensstrafrecht
OASG	Gesetz zur Sicherung der zivilrechtlichen Ansprüche der Opfer von Straftaten (Opferanspruchsicherungsgesetz) vom 8.5.1998 (BGBl. I S. 905)
OBLG	Oberstes Landesgericht
OECD	Organisation für Wirtschaftliche Zusammenarbeit und Entwicklung
OEG	Gesetz über die Entschädigung für Opfer von Gewalttaten vom 11.5.1976 (BGBl. I S. 1181) i.d.F. der Bek. vom 7.1.1985 (BGBl. I S. 1)
OER	Osteuropa-Recht
OG	Oberstes Gericht der DDR
OGH	Oberster Gerichtshof (Österreich)
OGHSt	Entscheidungen des Obersten Gerichtshofes für die Britische Zone in Strafsachen (1949/50)
ÖJZ	Österreichische Juristen-Zeitung
OLAF	Europäisches Amt für Betrugsbekämpfung (Office Européen de Lutte Anti-Fraude)
OLG	Oberlandesgericht
OLG-NL	OLG-Report Neue Länder
OLGR	OLG-Report
OLGSt	Entscheidungen der Oberlandesgerichte zum Straf- und Strafverfahrensrecht (Loseblattausgabe, bis 1983)
OLGSt N. F	Entscheidungen der Oberlandesgerichte zum Straf- und Strafverfahrensrecht, Neue Folge (Loseblattausgabe, ab 1983)
OLGVertrÄndG	Gesetz zur Änderung des Rechts der Vertretung durch Rechtsanwälte vor den Oberlandesgerichten vom 23.7.2002 (BGBl. I S. 2850)
OPCAT	siehe UNCAT
OpferRRG	Gesetz zur Verbesserung der Rechte von Verletzten im Strafverfahren (Opferrechtsreformgesetz – OpferRRG) vom 24.6.2004 (BGBl. I S. 1354)
2. OpferRRG	Gesetz zur Stärkung der Rechte von Verletzten und Zeugen im Strafverfahren (2. Opferrechtsreformgesetz) vom 29.7.2009 (BGBl. I S. 2280)
3. OpferRRG	Gesetz zur Stärkung der Opferrechte im Strafverfahren (3. Opferrechtsreformgesetz) vom 21.12.2015 (BGBl. I S. 2525)
OpferschutzG	Erstes Gesetz zur Verbesserung der Stellung des Verletzten im Strafverfahren (Opferschutzgesetz) vom 18.12.1986 (BGBl. I S. 2496)
OrgKG	Gesetz zur Bekämpfung des illegalen Rauschgifthandels und anderer Erscheinungsformen der Organisierten Kriminalität (OrgKG) vom 15.7.1992 (BGBl. I S. 1302)
OrgStA	Anordnung über Organisation und Dienstbetrieb der Staatsanwaltschaften
ÖRiZ	Österreichische Richterzeitung
ÖRZ	Österreichische Raiffeisen-Zeitung

OStA	Oberstaatsanwalt
ÖstAnwBl.	Österreichisches Anwaltsblatt
öStVG	Österreichisches Strafvollzugsgesetz
ÖStZ	Österreichische Steuerzeitung
OSZE	Organisation für Sicherheit und Zusammenarbeit in Europa
ÖVerfG	Österreichischer Verfassungsgerichtshof
OVG	Oberverwaltungsgericht
OWG/DDR	Gesetz zur Bekämpfung von Ordnungswidrigkeiten (der Deutschen Demokratischen Republik) vom 12.1.1968 (GBl. I S. 101), zuletzt geändert durch Gesetz vom 29.6.1990 (GBl. I S. 526)
OWiG	Gesetz über Ordnungswidrigkeiten, neugefasst durch Bek. vom 19.2.1987 (BGBl. I S. 602); zuletzt geändert durch Art. 3 des Gesetzes vom 17.12.2018 (BGBl. I S. 2571)
OWiGÄndG	Gesetz zur Änderung des Gesetzes über Ordnungswidrigkeiten, des Straßenverkehrsgesetzes und anderer Gesetze vom 7.7.1986 (BGBl. I S. 977)
PaO	Patentanwaltsordnung vom 7.9.1966 (BGBl. I S. 557); zuletzt geändert durch Art. 5 des Gesetzes vom 30.10.2017 (BGBl. I S. 3618)
ParlStG	Gesetz über die Rechtsverhältnisse der parlamentarischen Staatssekretäre vom 24.7.1974 (BGBl. I S. 1538)
PartG	Gesetz über die politischen Parteien (Parteiengesetz) neugefasst durch Bek. vom 31.1.1994, BGBl. I S. 149
PaßG	Paßgesetz vom 19.4.1986 (BGBl. I S. 537)
PatG	Patentgesetz, neugefasst durch Bek. vom 16.12.1980 (BGBl. 1981 I S. 1); zuletzt geändert durch Art. 4 des Gesetzes vom 8.10.2017 (BGBl. I S. 3546)
PAuswG	Gesetz über Personalausweise vom 19.12.1950 (BGBl. I S. 807) i.d.F. der Bek. vom 21.4.1986 (BGBl. I S. 548)
PD-I	Practice Direction – Institution of Proceedings (EGMR)
PD-IM	Practice Direction – Interim Measures (EGMR)
PD-JS	Practice Direction – Just Satisfaction Claims (EGMR)
PD-RfA	Practice Direction – Request for Anonymity (EGMR)
PD-SEF	Practice Direction – Secured Electronic Filing (EGMR)
PD-WP	Practice Direction – Written Pleadings (EGMR)
PflVG	Gesetz über die Pflichtversicherung für Kraftfahrzeughalter i.d.F. der Bek. vom 5.4.1965 (BGBl. I S. 213)
PJZS	Polizeiliche und Justizielle Zusammenarbeit in Strafsachen
PKH	Prozesskostenhilfe
PKHÄndG	Gesetz zur Änderung von Vorschriften über die Prozeßkostenhilfe (Prozeßkostenhilfeänderungsgesetz – PKHÄndG) vom 10.10.1994 (BGBl. I S. 2954)
PlenProt.	Plenarprotokoll, Stenographische Berichte der Sitzungen des Deutschen Bundestages
PNR	Passenger Name Record
POGNW	Polizeiorganisationsgesetz (des Landes NRW) i.d.F. der Bek. vom 22.10.1994 (GVNW S. 852)
PolGBW	Polizeigesetz (des Landes BW) i.d.F. der Bek. vom 13.1.1992 (GBl. S. 1)
Polizei	s. Die Polizei
PostG	Gesetz über das Postwesen i.d.F. der Bek. vom 3.7.1989 (BGBl. I S. 1449)
PostO	Postordnung vom 16.5.1963 (BGBl. I S. 341)
PostStruktG	Gesetz zur Neustrukturierung des Post- und Fernmeldewesens und der Deutschen Bundespost (Poststrukturgesetz – PoststruktG) vom 8.6.1989 (BGBl. I S. 1026)
Pr.	Preußen
prALR	Allgemeines Landrecht für die Preußischen Staaten
PräsLG	Präsident des Landgerichts
PräsOLG	Präsident des Oberlandesgerichts
PräsVerfG	Gesetz über die Änderung der Bezeichnungen der Richter und ehrenamtlichen Richter und der Präsidialverfassungen der Gerichte vom 26.5.1972 (BGBl. I S. 841)

PrGS	Preußische Gesetzessammlung (1810–1945)
PrG	Pressegesetz (Landesrecht)
Prot.	Protokoll
ProzeßkostenhG	Gesetz über die Prozeßkostenhilfe vom 13.6.1980 (BGBl. I S. 677)
Pro-Eurojust	Vorgänger- und Gründungseinheit von Eurojust
PrPG	Gesetz zur Stärkung des Schutzes des geistigen Eigentums und zur Bekämpfung der Produktpiraterie (PrPG) vom 7.3.1990 (BGBl. I S. 422)
PrZeugnVerwG	Gesetz über das Zeugnisverweigerungsrecht der Mitarbeiter von Presse und Rundfunk vom 25.7.1975 (BGBl. I S. 1973)
PStR	Praxis Steuerstrafrecht
PTNeuOG	Gesetz zur Neuordnung des Postwesens und der Telekommunikation (Postneuordnungsgesetz – PTNeuOG) vom 14.9.1994 (BGBl. I S. 2325)
PUAG	Gesetz zur Regelung des Rechts der Untersuchungsausschüsse des Deutschen Bundestages (Untersuchungsausschussgesetz – PUAG) vom 19.6.2001 (BGBl. I S. 1142)
PV	Personenvereinigung
PVG	Polizeiverwaltungsgesetz
PVR	Praxis Verkehrsrecht
RA	Rechtsanwalt
RabelsZ	Rabels-Zeitschrift für ausländisches und internationales Privatrecht
RAG/DDR	Rechtsanwaltsgesetz der Deutschen Demokratischen Republik vom 13.9.1990 (GBl. I S. 1504)
RAHG	s. RHG
RANotz.PrG	Gesetz zur Prüfung von Rechtsanwaltszulassungen, Notarbestellungen und Berufungen ehrenamtlicher Richter vom 24.6.1992 (BGBl. I S. 1386)
RAO	Reichsabgabenordnung vom 13.12.1919, aufgehoben durch AO vom 16.3.1976
RAussch.	Rechtsausschuss
RB	Rahmenbeschluss (Art. 34 EU)
RBEuHb	Rahmenbeschluss des Rates (2002/584/JI) vom 13.6.2002 über den Europäischen Haftbefehl und die Übergabeverfahren zwischen den Mitgliedstaaten (ABlEU Nr. L 190 vom 18.7.2002, S. 1)
RBerG	Gesetz zur Verhütung von Mißbrauch auf dem Gebiet der Rechtsberatung vom 13.12.1935 (RGBl. I S. 1478); aufgehoben durch Art. 20 des Gesetzes vom 12.12.2007 (BGBl. I S. 2840)
RdA	Recht der Arbeit
RdErl.	Runderlass
RDG	Gesetz über außergerichtliche Rechtsdienstleistungen (Rechtsdienstleistungsgesetz – RDG) vom 12.12.2007 (BGBl. I. S. 2840)
RDH	Revue des Droits de l'Homme
RDIDC	Revue de droit international et de droit comparé
RdJB	Recht der Jugend und des Bildungswesens (Zeitschrift)
RdK	Das Recht des Kraftfahrers (1926–43, 1949–55)
RdM	Recht der Medizin
RDStH	Entscheidungen des Reichsdienststrafhofs (1939–41)
RDStO	Reichsdienststrafordnung vom 26.1.1937 (RGBl. I S. 71)
RDV	Recht der Datenverarbeitung
Recht	Das Recht, begründet von Soergel (1897 bis 1944)
recht	Information des Bundesministers der Justiz
RefE	Referentenentwurf
Reg.	Regierung
RegBl.	Regierungsblatt
RegE	Regierungsentwurf
RegE TKÜ	Entwurf der Bundesregierung eines Gesetzes zur Neuregelung der Telekommunikationsüberwachung und anderer verdeckter Ermittlungsmaßnahmen sowie zur Umsetzung der Richtlinie 2006/EG vom 18.4.2007

RehabG	Rehabilitierungsgesetz (der Deutschen Demokratischen Republik) vom 6.9.1990 (GBl. I S. 1459), aufgehoben durch StrRehaG
Res.	Resolution
RevMC	Revue du Marché commun et de l'Union européenne
Rev.trim.dr.h.	Revue trimestrielle des droits de l'homme
RG	Reichsgericht
RGBl., RGBl. I, II	Reichsgesetzblatt, von 1922 bis 1945 Teil I und II
RGRspr.	Rechtsprechung des Reichsgerichts in Strafsachen (1879 bis 1888)
RGSt	Entscheidungen des Reichsgerichts in Strafsachen
RGZ	Entscheidungen des Reichsgerichts in Zivilsachen
RheinSchA	Revidierte Rheinschiffahrtsakte (Mannheimer Akte) i.d.F. der Bek. vom 11.3.1969 (BGBl. II S. 597)
RHG	Gesetz über die innerdeutsche Rechts- und Amtshilfe in Strafsachen vom 2.5.1953 (BGBl. I S. 161)
RHGDVO	Verordnung zur Durchführung des Gesetzes über die innerdeutsche Rechts- und Amtshilfe in Strafsachen vom 23.12.1953 (BGBl. I S. 1569)
RhPf.	Rheinland-Pfalz
RiA	Recht im Amt
RichtlRA	Grundsätze des anwaltlichen Standesrechts – Richtlinien gem. § 177 Abs. 2 Satz 2 BRAO vom 21.6.1973
RiG/DDR	Richtergesetz der Deutschen Demokratischen Republik vom 5.7.1990 (GBl. I S. 637)
RiJGG	Richtlinien zum Jugendgerichtsgesetz
RiStBV	Richtlinien für das Strafverfahren und das Bußgeldverfahren vom 1.12.1970 (BAnz. Nr. 17/1971), i.d.F. der Bek. vom 1.2.1997 mit spät. Änderungen, bundeseinheitlich
RiVASt	Richtlinien für den Rechtshilfeverkehr mit dem Ausland in strafrechtlichen Angelegenheiten
RIW	Recht der Internationalen Wirtschaft (Zeitschrift)
RKG(E)	Reichskriegsgericht (Entscheidungen des RKG)
RL	Richtlinie
RMBl.	Reichsministerialblatt, Zentralblatt für das Deutsche Reich (1923–45)
RMilGE	Entscheidungen des Reichsmilitärgerichts
Rn.	Randnummer
ROW	Recht in Ost und West (Zeitschrift)
RpflAnpG	Gesetz zur Anpassung der Rechtspflege im Beitrittsgebiet (Rechtspflege-Anpassungsgesetz – RpflAnpG) vom 26.6.1992 (BGBl. I S. 1147)
RpflAnpÄndG	Gesetz zur Änderung des Rechtspflege-Anpassungsgesetzes – RpflAnpG vom 7.12.1995 (BGBl. I S. 1590)
Rpfleger	Der Deutsche Rechtspfleger
RpflEntlG	Gesetz zur Entlastung der Rechtspflege vom 11.1.1993 (BGBl. I S. 50)
RpflG	Rechtspflegergesetz vom 5.11.1969 (BGBl. I S. 2065)
RpflVereinfG	Rechtspflege-Vereinfachungsgesetz vom 17.12.1990 (BGBl. I S. 2847)
RPsych	Rechtspsychologie (Zeitschrift)
Rspr.	Rechtsprechung
RT	Reichstag
RTDE	Revue trimestrielle de droit européen
RTDrucks.	Drucksachen des Reichstags
RTh	Zeitschrift für Logik und Juristische Methodenlehre, Rechtsinformatik, Kommunikationsforschung, Normen- und Handlungstheorie, Soziologie und Philosophie des Rechts – eJournal
RTVerh.	Verhandlungen des Reichstags
RuP	Recht und Politik (Zeitschrift)
RVerf.	s. WeimVerf.
RVG	Gesetz über die Vergütung der Rechtsanwältinnen und Rechtsanwälte – Rechtsanwaltsvergütungsgesetz vom 5.5.2004 (BGBl. I S. 718)

RVO	Reichsversicherungsordnung vom 19.7.1911 i.d.F. der Bek. vom 15.12.1924 (RGBl. I S. 779)
RW	Rechtswissenschaft – Zeitschrift für rechtswissenschaftliche Forschung
RZ	siehe: ÖRiZ
R&P	Recht und Psychiatrie (Zeitschrift)
r+s	Recht und Schaden (Zeitschrift)
S.	Satz, Seite
Sa.	Sachsen
SaAnh.	Sachsen-Anhalt
SaBremR	Sammlung des bremischen Rechts (1964)
SächsArch.	Sächsisches Archiv für Rechtspflege, seit 1924 (bis 1941/42) Archiv für Rechtspflege in Sachsen, Thüringen und Anhalt
SächsOLG	Annalen des Sächsischen Oberlandesgerichts zu Dresden (1880 bis 1920)
SAM	Steueranwaltsmagazin
SchAZtg	Schiedsamtszeitung
SchiedsmZ	Schiedsmannszeitung (1926 bis 1945), seit 1950 Der Schiedsmann
SchiedsstG	Gesetz (der Deutschen Demokratischen Republik) über die Schiedsstellen in den Gemeinden vom 13.9.1990 (GBl. I S. 1527)
SchlH	Schleswig-Holstein
SchlHA	Schleswig-Holsteinische Anzeigen
SchrR	Schriftenreihe
SchrRAGStrafR	Schriftenreihe der Arbeitsgemeinschaft Strafrecht im Deutschen Anwaltverein
SchRG	Gesetz über Rechte an eingetragenen Schiffen und Schiffsbauwerken vom 15.11.1940 (RGBl. I S. 1499)
SchrRBRAK	Schriftenreihe der Bundesrechtsanwaltskammer
SchwarzArbG	Gesetz zur Bekämpfung der Schwarzarbeit und illegalen Beschäftigung vom 23.7.2004 (Schwarzarbeitsbekämpfungsgesetz – SchwarzArbG), BGBl. I S. 1842
SchwGBG	Gesetz zur Verbesserung der Bekämpfung der Geldwäsche und Steuerhinterziehung vom 28.4.2011 (Schwarzgeldbekämpfungsgesetz), BGBl. I S. 676
SchwJZ	Schweizerische Juristenzeitung
SchwZStr	Schweizer Zeitschrift für Strafrecht
SDÜ	Übereinkommen vom 19.6.1990 zwischen dem Königreich Belgien, der Bundesrepublik Deutschland, der Französischen Republik, dem Großherzogtum Luxemburg und dem Königreich der Niederlande zur Durchführung des am 14.6.1985 in Schengen unterzeichneten Übereinkommens betreffend den schrittweisen Abbau der Kontrollen an den gemeinsamen Grenzen (Schengener Durchführungsübereinkommen; ABlEG Nr. L 239 vom 22.9.2000, S. 19)
1. SED-UnberG	Erstes Gesetz zur Bereinigung von SED-Unrecht (Erstes SED-Unrechtsbereinigungsgesetz – 1. SED-UnberG) vom 29.10.1992 (BGBl. I S. 1814)
2. SED-UnberG	Zweites Gesetz zur Bereinigung von SED-Unrecht (Zweites SED-Unrechtsbereinigungsgesetz – 2. SED–UnBerG) vom 23.6.1994 (BGBl. I S. 1311)
SeeAufgG	Gesetz über die Aufgaben des Bundes auf dem Gebiet der Seeschiffahrt (Seeaufgabengesetz – SeeAufgG) vom 24.5.1965 i.d.F. der Bek. vom 27.9.1994 (BGBl. I S. 2802)
SeemG	Seemannsgesetz vom 26.7.1957 (BGBl. II S. 713)
SeuffBl.	Seufferts Blätter für Rechtsanwendung (1836–1913)
SFHÄndG	Schwangeren- und Familienhilfeänderungsgesetz (SFHÄndG) vom 21.8.1995 (BGBl. I S. 1050)
SFHG	Gesetz zum Schutz des vorgeburtlichen/werdenden Lebens, zur Förderung einer kinderfreundlicheren Gesellschaft, für Hilfe im Schwangerschaftskonflikt und zur Regelung des Schwangerschaftsabbruchs (Schwangeren- und Familienhilfegesetz) vom 27.7.1992 (BGBl. I S. 1398)
SGb	Die Sozialgerichtsbarkeit (Zeitschrift)
SGB	Sozialgesetzbuch SGB I – Sozialgesetzbuch, Allgemeiner Teil (1. Buch), vom 27.12. 2003 (BGBl. I S. 3022)

	SGB II – Sozialgesetzbuch, Grundsicherung für Arbeitsuchende (2. Buch), vom 24.12.2003 (BGBl. I S. 2954), SGB III – Sozialgesetzbuch, Arbeitsförderung (3. Buch), vom 27.12. 2003 (BGBl. I S. 3022), SGB IV – Sozialgesetzbuch, Gemeinsame Vorschriften für die Sozialversicherung (4. Buch) vom 24.7.2003 (BGBl. I S. 1526), SGB V – Sozialgesetzbuch, Gesetzliche Krankenversicherung (5. Buch) vom 27.12.2003 (BGBl. I S. 3022), SGB VI – Sozialgesetzbuch, Gesetzliche Rentenversicherung (6. Buch) vom 29.4.2004 (BGBl. I S. 678), SGB VII – Sozialgesetzbuch, Gesetzliche Unfallversicherung (7. Buch) vom 27.12.2003 (BGBl. I S. 3019), SGB VIII – Sozialgesetzbuch, Kinder- und Jugendhilfe (8. Buch) vom 27.12.2003 (BGBl. I S. 3022), SGB IX – Sozialgesetzbuch, Rehabilitation und Teilhabe behinderter Menschen (9. Buch) vom 23.4.2004 (BGBl. I S. 606), SGB X – Sozialgesetzbuch, Verwaltungsverfahren (10. Buch) vom 5.4.2004 (BGBl. I S. 718), SGB XI – Sozialgesetzbuch, Soziale Pflegeversicherung (11. Buch) vom 27.12.2003 (BGBl. I S. 3022), SGB XII – Sozialgesetzbuch, Sozialhilfe (12. Buch) vom 27.12.2003 (BGBl. I S. 3022)
SGG	Sozialgerichtsgesetz, neugefasst durch Bek. vom 23.9.1975 (BGBl. I S. 2535); zuletzt geändert durch Art. 9 des Gesetzes vom 12.7.2018 (BGBl. I S. 1151)
SGV.NW	Sammlung des bereinigten Gesetz- und Verordnungsblatts für das Land Nordrhein-Westfalen (Loseblattsammlung)
SIAK	Zeitschrift für Polizeiwissenschaft und polizeiliche Praxis (Österreich)
SichVG	Gesetz zur Rechtsvereinheitlichung der Sicherungsverwahrung (SichVG) vom 16.6.1995 (BGBl. I S. 818)
SIRENE	Supplementary Information Request at the National Entry (nationale Kontaktstelle des SIS)
SIS	Schengener Informationssystem
SJIR	Schweizerisches Jahrbuch für internationales Recht
SJZ	Schweizerische Juristen-Zeitung/Süddeutsche Juristenzeitung (1946–50), dann Juristenzeitung
SkAufG	Gesetz über dieRechtsstellung ausländischer Streitkräfte bei vorübergehenden Aufenthalten in der Bundesrepublik Deutschland (Streitkräfteaufenthaltsgesetz – SkAufG) vom 20.7.1995 (BGBl. II S. 554)
s.o.	siehe oben
SortSchG	Gesetz über den Schutz von Pflanzensorten (Sortenschutzgesetz) vom 20.5.1968 i.d.F. der Bek. vom 4.1.1977 (BGBl. I S. 105)
SozVw	Die Sozialverwaltung (Zeitschrift)
SprengG	Gesetz über explosionsgefährliche Stoffe (Sprengstoffgesetz – SprengG) vom 13.9.1976 (BGBl. I S. 2737) i.d.F. der Bek. vom 17.4. 1986 (BGBl. I S. 577)
SprengstG	Gesetz über explosionsgefährliche Stoffe (Sprengstoffgesetz) vom 25.8.1969 (BGBl. I S. 1358, ber. BGBl. 1970 I S. 224), aufgehoben durch SprengG vom 13.9.1976
SpuRt	Sport und Recht (Zeitschrift)
SR	Soziales Recht (Zeitschrift)
SRÜ	Seerechtsübereinkommen der Vereinten Nationen vom 10.12.1982 (BGBl. 1994 II S. 1799)
StA	Staatsanwalt, Staatsanwaltschaft
StAG/DDR	Gesetz über die Staatsanwaltschaft der Deutschen Demokratischen Republik vom 7.4.1977 (GBl. I S. 93), zuletzt geändert durch Gesetz vom 5.7.1990 (GBl. I S. 635)
StaatsGH	Staatsgerichtshof
StaatsschStrafsG	Gesetz zur allgemeinen Einführung eines zweiten Rechtszuges in Staatsschutz-Strafsachen vom 8.9.1969 (BGBl. I S. 1582)

StÄG	s. StRÄndG
StAZ	Das Standesamt (Zeitschrift)
StBerG	Steuerberatungsgesetz, neugefasst durch Bek. vom 4.11.1975 (BGBl. I S. 2735); zuletzt geändert durch Art. 8 des Gesetzes vom 30.10.2017 (BGBl. I S. 3618)
StGB	Strafgesetzbuch, neugefasst durch Bek. vom 13.11.1998 (BGBl. I S. 3322); zuletzt geändert durch Art. 14 des Gesetzes vom 18.12.2018 (BGBl. I S. 2639)
StGB/DDR	Strafgesetzbuch der Deutschen Demokratischen Republik vom 12.1.1968 in der Neufassung vom 14.12.1988 (GBl. I S. 93), zuletzt geändert durch Gesetz vom 29.6.1990 (GBl. I S. 526)
StGBÄndG 1976	Gesetz zur Änderung des Strafgesetzbuches, der Strafprozeßordnung, des Gerichtsverfassungsgesetzes, der Bundesrechtsanwaltsordnung und des Strafvollzugsgesetzes vom 18.8.1976 (BGBl. I S. 2181)
StGBÄndG 1989	Gesetz zur Änderung des Strafgesetzbuches, der Strafprozeßordnung und des Versammlungsgesetzes und zur Einführung einer Kronzeugenregelung bei terroristischen Straftaten vom 9.6.1989 (BGBl. I S. 1059)
StORMG	Gesetz zur Stärkung der Rechte von Opfern sexuellen Missbrauchs vom 26.6.2013 (BGBl. I S. 1805)
StPÄG 1964	Gesetz zur Änderung der Strafprozeßordnung und des Gerichtsverfassungsgesetzes vom 19.12.1964 (BGBl. I S. 1067)
StPÄG 1972	Gesetz zur Änderung der Strafprozeßordnung vom 7.8.1972 (BGBl. I S. 1361)
StPÄG 1978	Gesetz zur Änderung der Strafprozeßordnung vom 14.4.1978 (BGBl. I S. 497)
StPÄG 1986	Paßgesetz und Gesetz zur Änderung der Strafprozeßordnung vom 19.4.1986 (BGBl. I S. 537)
StPÄG 1988	Gesetz zur Änderung der Strafprozeßordnung vom 17.5.1988 (BGBl. I S. 606)
StPO	Strafprozeßordnung vom 1.2.1877 i.d.F. der Bek. vom 7.4.1987 (BGBl. I S. 1074)
StPO/DDR	Strafprozeßordnung der Deutschen Demokratischen Republik vom 12.1.1968 in der Neufassung vom 19.12.1974 (GBl. 1975 I S. 61)
StraFo	Strafverteidiger Forum (Zeitschrift)
StrafrAbh.	Strafrechtliche Abhandlungen, herausgegeben von Bennecke, dann von Beling, v. Lilienthal und Schoetensack
StraftVVG	Gesetz zur Verfolgung der Vorbereitung von schweren staatsgefährdenden Gewalttaten vom 30.7.2009 (BGBl. I S. 2437)
StRÄndG	Strafrechtsänderungsgesetz 1. ~ vom 30.8.1951 (BGBl. I S. 739) 2. ~ vom 6.3.1953 (BGBl. I S. 42) 3. ~ vom 4.8.1953 (BGBl. I S. 735) 4. ~ vom 11.6.1957 (BGBl. I S. 597) 5. ~ vom 24.6.1960 (BGBl. I S. 477) 6. ~ vom 30.6.1960 (BGBl. I S. 478) 7. ~ vom 1.6.1964 (BGBl. I S. 337) 8. ~ vom 25.6.1968 (BGBl. I S. 741) 9. ~ vom 4.8.1969 (BGBl. I S. 1065) 10. ~ vom 7.4.1970 (BGBl. I S. 313) 11. ~ vom 16.12.1971 (BGBl. I S. 1977) 12. ~ vom 16.12.1971 (BGBl. I S. 1779) 13. ~ vom 13.6.1975 (BGBl. I S. 1349) 14. ~ vom 22.4.1976 (BGBl. I S. 1056) 15. ~ vom 18.5.1976 (BGBl. I S. 1213) 16. ~ vom 16.7.1979 (BGBl. I S. 1078) 17. ~ vom 21.12.1979 (BGBl. I S. 2324) 18. ~ vom 28.3.1980 (BGBl. I S. 379) – Gesetz zur Bekämpfung der Umweltkriminalität 19. ~ vom 7.8.1981 (BGBl. I S. 808) 20. ~ vom 8.12.1981 (BGBl. I S. 1329) 21. ~ vom 13.6.1985 (BGBl. I S. 963) 22. ~ vom 18.7.1985 (BGBl. I S. 1510)

23. ~ vom 13.4.1986 (BGBl. I S. 1986)
24. ~ vom 13.1.1987 (BGBl. I S. 141)
25. ~ vom 20.8.1990 – § 201 StG – (BGBl. I S. 1764)
26. ~ vom 24.7.1992 – Menschenhandel – (BGBl. I S. 1255)
27. ~ vom 23.7.1993 – Kinderpornographie – (BGBl. I S. 1346)
28. ~ vom 13.1.1994 – Abgeordnetenbestechung – (BGBl. I S. 84)
29. ~ vom 31.5.1994 – §§ 175, 182 StGB – (BGBl. I S. 1168)
30. ~ vom 23.6.1994 – Verjährung von Sexualstraftaten an Kindern und Jugendlichen – BGBl. I S. 1310)
31. ~ vom 27.6.1994 – 2. Gesetz zur Bekämpfung der Umweltkriminalität – (BGBl. I S. 1440)
32. ~ vom 1.6.1995 – §§ 44, 69b StGB – (BGBl. I S. 747)
33. ~ vom 1.7.1997 – §§ 177, 178 StGB (BGBl. I S. 1607)
34. ~ vom 22.8.2002 – § 129b StGB (BGBl. I S. 3390)
35. ~ vom 22.12.2003 – Betrug und Fälschung im Zusammenhang mit unbaren Zahlungsmitteln (BGBl. I S. 2838)
36. ~ vom 30.7.2004 – § 201a StGB (BGBl. I S. 2012)
37. ~ vom 18.2.2005 – §§ 180b, 181 StGB (BGBl. I S. 239)
40. ~ vom 22.3.2007 – Strafbarkeit beharrlicher Nachstellungen (Anti-Stalking-Gesetz) (BGBl. I S. 354)
41. ~ vom 7.8.2007 – Bekämpfung der Computerkriminalität (BGBl. I S. 1786)
42. ~ vom 29.6.2009 – Anhebung der Höchstgrenze des Tagessatzes bei Geldstrafen (BGBl. I S. 1658)
43. ~ vom 29.7.2009 – Strafzumessung bei Aufklärungs- und Präventionshilfe (BGBl. I S. 2288)
44. ~ vom 1.11.2011 – Widerstand gegen Vollstreckungsbeamte (BGBl. I S. 2130)
45. ~ vom 6.12.2011 – Umsetzung der Richtlinie des Europäischen Parlaments und des Rates zum strafrechtlichen Schutz der Umwelt (BGBl. I S. 2557)
46. ~ vom 10.6.2013 – Beschränkung der Möglichkeit zur Strafmilderung bei Aufklärungs- und Präventionshilfe (BGBl. I S. 1497)
47. ~vom 24.9.2013 – Strafbarkeit der Verstümmelung weiblicher Genitalien (BGBl. I S. 3671)
48. ~ vom 23.4.2014 – Erweiterung des Straftatbestandes der Abgeordnetenbestechung (BGBl. I S. 410)
49. ~ vom 21.1.2015 – Umsetzung europäischer Vorgaben zum Sexualstrafrecht (BGBl. I S. 10)
50. ~ vom 4.11.2016 – Verbesserung des Schutzes der sexuellen Selbstbestimmung (BGBl. I S. 2460)
51. ~ vom 11.4.2017 – Strafbarkeit von Sportwettbetrug und der Manipulation von berufssportlichen Wettbewerben (BGBl. I S. 815)
52. ~ vom 23.5.2017 – Stärkung des Schutzes von Vollstreckungsbeamten und Rettungskräften (BGBl. I S. 1226)
53. ~ vom 11.6.2017 – Ausweitung des Maßregelrechts bei extremistischen Straftätern (BGBl. I S. 1612)
54. ~ vom 17.7.2017 – Umsetzung des Rahmenbeschlusses 2008/841/JI des Rates vom 24. Oktober 2008 zur Bekämpfung der organisierten Kriminalität (BGBl. I S. 2440)
55. ~ vom 17.7.2017 – Wohnungseinbruchdiebstahl (BGBl. I S. 2442)
56. ~ vom 30.9.2017 – Strafbarkeit nicht genehmigter Kraftfahrzeugrennen im Straßenverkehr vom (BGBl. I S. 3532)

StraßenVSichG	1. Gesetz zur Sicherung des Straßenverkehrs (Straßenverkehrssicherungsgesetz) vom 19.12.1952 (BGBl. I S. 832) 2. Zweites ~ vom 26.11.1964 (BGBl. I S. 921)
StREG	Gesetz über ergänzende Maßnahmen zum 5. StrRG (Strafrechtsreformergänzungsgesetz) vom 28.8.1975 (BGBl. I S. 2289)

StrEG	Gesetz über die Entschädigung für Strafverfolgungsmaßnahmen vom 8.3.1971 (BGBl. I S. 157)
STREIT	Feministische Rechtszeitschrift
StrFG	Straffreiheitsgesetz – 1949 vom 31.12.1949 (BGBl. I S. 37) – 1954 vom 17.7.1954 (BGBl. I S. 203) – 1968 vom 9.7.1968 (BGBl. I S. 773) – 1970 vom 20.5.1970 (BGBl. I S. 509)
StRG	Gesetz zur Reform des Strafrechts 1. ~ vom 25.6.1969 (BGBl. I S. 645) 2. ~ vom 4.7.1969 (BGBl. I S. 717) 3. ~ vom 20.5.1970 (BGBl. I S. 505) 4. ~ vom 23.11.1973 (BGBl. I S. 1725) 5. ~ vom 18.6.1974 (BGBl. I S. 1297) 6. ~ vom 26.1.1998 (BGBl. I S. 164)
StRR	StrafRechtsReport – Arbeitszeitschrift für das gesamte Strafrecht
StrRehaG	Gesetz über die Rehabilitierung und Entschädigung von Opfern rechtsstaatswidriger Strafverfolgungsmaßnahmen im Beitrittsgebiet (Strafrechtliches Rehabilitierungsgesetz – StrRehaG) vom 29.10.1992 (BGBl. I S. 1814) i.d.F. der Bek. vom 17.12.1999 (BGBl. I S. 2664)
st.Rspr.	ständige Rechtsprechung
StudZR	Studentische Zeitschrift für Rechtswissenschaft Heidelberg
StUG	Gesetz über die Unterlagen des Staatssicherheitsdienstes der ehemaligen Deutschen Demokratischen Republik (Stasi-Unterlagen-Gesetz – StUG) vom 20.12.1991 (BGBl. I S. 2272)
StuR	Staat und Recht (Zeitschrift DDR, 1950 bis 1990)
StuW	Steuern und Wirtschaft (Zeitschrift)
StV	Strafverteidiger (Zeitschrift)
StVÄG 1979	Strafverfahrensänderungsgesetz 1979 vom 5.10.1978 (BGBl. I S. 1645)
StVÄG 1987	Strafverfahrensänderungsgesetz 1987 vom 27.1.1987 (BGBl. I S. 475)
StVÄG 1999	Strafverfahrensänderungsgesetz 1999 vom 2.8.2000 (BGBl. I S. 1253)
StVG	Straßenverkehrsgesetz vom 3.5.1909 i.d.F. der Bek. vom 19.12.1952 (BGBl. I S. 837)
StVO	Straßenverkehrsordnung vom 16.11.1970 (BGBl. I S. 1565, ber. 1971, S. 38)
StVollstrO	Strafvollstreckungsordnung vom 1.4.2001 (BAnz. Nr. 87) bundeseinheitlich
StVollzG	Gesetz über den Vollzug der Freiheitsstrafe und der freiheitsentziehenden Maßregeln der Besserung und Sicherung – Strafvollzugsgesetz – vom 16.3.1976 (BGBl. I S. 581)
StVollzGK	Strafvollzugsgesetz-Kommissionsentwurf, herausgegeben vom Bundesministerium der Justiz
StVollzK	Blätter für Strafvollzugskunde (Beilage zur Zeitschrift „Der Vollzugsdienst")
1. StVRErgG	Gesetz zur Ergänzung des 1. StVRG vom 20.12.1974 (BGBl. I S. 3686)
1. StVRG	Erstes Gesetz zur Reform des Strafverfahrensrechts vom 9.12.1974 (BGBl. I S. 3393)
StVZO	Straßenverkehrs-Zulassungs-Ordnung vom 13.11.1937 i.d.F. der Bek. vom 28.9.1988 (BGBl. I S. 1793)
s.u.	siehe unten
SubvG	Subventionsgesetz vom 29.7.1976 (BGBl. I S. 2034)
SVR	Straßenverkehrsrecht (Zeitschrift)
SZ	Süddeutsche Zeitung
SZIER	Schweizerische Zeitschrift für internationales und europäisches Recht
TerrorismusG	Gesetz zur Bekämpfung des Terrorismus vom 19.12.1986 (BGBl. I S. 2566)
TerrorBekG	Gesetz vom 9.1.2002 zur Bekämpfung des internationalen Terrorismus (Terrorismusbekämpfungsgesetz) (BGBl. I S. 361)
TerrorBekErgG	Gesetz zur Ergänzung des Terrorismusbekämpfungsgesetzes (Terrorismusbekämpfungsergänzungsgesetz) vom 5.1.2007 (BGBl. I S. 2)

TFTP	Terrorist Finance Tracking Program
ThUG	Gesetz zur Therapierung und Unterbringung psychisch gestörter Gewalttäter (Therapieunterbringungsgesetz) vom 22.12.2010 (BGBl. I S. 2300, 2305)
Thür.	Thüringen
TiefseebergbauG	Gesetz zur vorläufigen Regelung des Tiefseebergbaus vom 16.8.1980 (BGBl. I S. 1457)
TierschG	Tierschutzgesetz vom 24.7.1972 (BGBl. I S. 1277)
TKG	Telekommunikationsgesetz (TKG) vom 25.7.1996 (BGBl. I S. 1120)
TKÜG	Gesetz zur Neuregelung der Telekommunikationsüberwachung und anderer Ermittlungsmaßnahmen sowie zur Umsetzung der Richtlinie 2006/24/EG vom 21.12.2007 (BGBl. I S. 3198)
TKO	Telekommunikationsordnung vom 16.7.1987 (BGBl. I S. 1761)
TMG	Telemediengesetz vom 26.2.2007 (BGBl. I S. 179)
TREVI	Terrorisme, Radicalisme, Extremisme et Violence Internationale (1975) – Koordinierungsgruppe
TVöD	Tarifvertrag für den öffentlichen Dienst
TV/L	Tarifvertrag für den öffentlichen Dienst der Länder
Tz.	Teilziffer
UCLAF	Unité de Coordination de la Lutte Anti-Fraude
UdG	Urkundsbeamter der Geschäftsstelle
ÜAG	Gesetz vom 26.9.1991 zur Ausführung des Übereinkommens über die Überstellung verurteilter Personen vom 21.3.1983 – Überstellungsausführungsgesetz (BGBl. 1991 I S. 1954)
ÜberlG	Gesetz zur Überleitung von Bundesrecht nach Berlin (West) (Sechstes Überleitungsgesetz) vom 25.9.1990 (BGBl. I S. 2106)
ÜberstÜbk	Übereinkommen über die Überstellung verurteilter Personen vom 21.3.1983 (ETS 112; BGBl. 1991 II S. 1006; 1992 II S. 98); ZP ÜberstÜbk vom 18.12.1997 (ETS 167)
Übk	Übereinkommen
ÜF	Übergangsfassung
UFITA	Archiv für Medienrecht und Medienwissenschaft
UHaftÄndG	Gesetz zur Abänderung der Untersuchungshaft vom 27.12.1926 (RGBl. I S. 529)
UN	Vereinte Nationen
UNCAT	Übereinkommen (der Vereinten Nationen) gegen Folter und andere grausame, unmenschliche oder erniedrigende Behandlung oder Strafe vom 10.12.1984 (BGBl. 1990 II S. 246) OPCAT – Fakultativprotokoll vom 18.12.2002 zum Übereinkommen gegen Folter und andere grausame, unmenschliche oder erniedrigende Behandlung oder Strafe; Gesetz vom 26.8.2008 (BGBl. 2008 II S. 854)
UN-CAT	United Nations Committee against Torture – UN-Anti-Folter-Ausschuss
UN-FoltKonv.	Siehe UNCAT
UNHCR	United Nations High Commissioner for Refugees – Hoher Flüchtlingskommissar der Vereinten Nationen
UNO-Pakt	s. IPBPR
UnterbrSichG	Gesetz zur Reform des Rechts der Unterbringung in einem psychiatrischen Krankenhaus und in einer Entziehungsanstalt vom 16.7.2007 (BGBl. I S. 1327)
UrhG	Gesetz über Urheberrecht und verwandte Schutzrechte (Urheberrechtsgesetz) vom 9.9.1965 (BGBl. I S. 1273)
UVollzO	Untersuchungshaftvollzugsordnung vom 12.2.1953 i.d.F. der Bek. vom 15.12.1976, bundeseinheitlich
UZwG	Gesetz über den unmittelbaren Zwang bei Ausübung öffentlicher Gewalt durch Vollzugsbeamte des Bundes vom 10.3.1961 (BGBl. I S. 165)
UZwGBw	Gesetz über die Anwendung unmittelbaren Zwanges und die Ausübung besonderer Befugnisse durch Soldaten der Bundeswehr und verbündeter Streitkräfte sowie zivile Wachpersonen vom 12.8.1965 (BGBl. I S. 796)

VA	Vorzeitige Anwendung (internationaler Übereinkommen)
VBlBW	Verwaltungsblätter für Baden-Württemberg (Zeitschrift)
VDA	Vergleichende Darstellung des deutschen und ausländischen Strafrechts, Allgemeiner Teil, Bd. 1 bis 6 (1908)
VDB	Vergleichende Darstellung des deutschen und ausländischen Strafrechts, Besonderer Teil, Bd. 1 bis 9 (1906)
VerbrbekG	Gesetz zur Änderung des Strafgesetzbuches, der Strafprozeßordnung und anderer Gesetz (Verbrechensbekämpfungsgesetz) vom 28.10.1994 (BGBl. I S. 3186)
VerbringungsverbG	Gesetz zur Überwachung strafrechtlicher und anderer Verbringungsverbote vom 24.5.1961 (BGBl. I S. 607)
VereinfVO	Vereinfachungsverordnung 1. ~, VO über Maßnahmen auf dem Gebiet der Gerichtsverfassung und Rechtspflege vom 1.9.1939 (RGBl. I S. 1658) 2. ~, VO zur weiteren Vereinfachung der Strafrechtspflege vom 13.8.1942 (RGBl. I S. 508) 3. ~, Dritte VO zur Vereinfachung der Strafrechtspflege vom 29.5.1943 (RGBl. I S. 342) 4. ~, Vierte VO zur Vereinfachung der Strafrechtspflege vom 13.12.1944 (RGBl. I S. 339)
VereinhG	Gesetz zur Wiederherstellung der Rechtseinheit auf dem Gebiete der Gerichtsverfassung, der bürgerlichen Rechtspflege, des Strafverfahrens und des Kostenrechts vom 12.9.1950 (BGBl. I S. 455)
VereinsG	Gesetz zur Regelung des öffentlichen Vereinsrechts (Vereinsgesetz) vom 5.8.1964 (BGBl. I S. 593)
VerfGH	Verfassungsgerichtshof
VerfO	Verfahrensordnung (siehe EGMRVerfO)
Verh.	Verhandlungen des Deutschen Bundestages (BT), des Deutschen Juristentages (DJT) usw.
1. VerjährungsG	Gesetz über das Ruhen der Verjährung bei SED-Unrechtstaten vom 26.3.1993 (BGBl. I S. 392)
2. VerjährungsG	Gesetz zur Verlängerung strafrechtlicher Verjährungsfristen vom 27.9.1993 (BGBl. I S. 1657)
VerkMitt.	Verkehrsrechtliche Mitteilungen
VerpflichtG	Gesetz über die förmliche Verpflichtung nichtbeamteter Personen (Verpflichtungsgesetz) vom 2.3.1974 (BGBl. I S. 469)
VerschG	Verschollenheitsgesetz vom 15.1.1951 (BGBl. I S. 59)
VersR	Versicherungsrecht, Juristische Rundschau für die Individualversicherung
VerständigungsG	Gesetz zur Regelung der Verständigung im Strafverfahren vom 29.7.2009 (BGBl. I S. 2353)
VerwArch	Verwaltungsarchiv
VG	Verwaltungsgericht
VGH	Verfassungsgerichtshof; Verwaltungsgerichtshof
vgl.	vergleiche
Vhdlgen	s. Verh.
VIS	Visa-Informations-System
VIZ	Vermögens- und Immobilienrecht (Zeitschrift)
VO	Verordnung; s. auch AusnVO
VOBl.	Verordnungsblatt
VOR	Zeitschrift für Verkehrs- und Ordnungswidrigkeitenrecht
VR	Verwaltungsrundschau
VRR	VerkehrsRechtsReport
VRS	Verkehrsrechts-Sammlung
VRÜ	Verfassung und Recht in Übersee
VStGB	Völkerstrafgesetzbuch
VStGBG	Gesetz vom 26.6.2002 zur Einführung des Völkerstrafgesetzbuches (BGBl. I S. 2254)
VVDStRL	Veröffentlichungen der Vereinigung der Deutschen Staatsrechtslehrer

VVStVollzG	Verwaltungsvorschriften zum Strafvollzugsgesetz (bundeseinheitlich) vom 1.7.1976
VwGO	Verwaltungsgerichtsordnung, neugefasst durch Bek. vom 19.3.1991 (BGBl. I S. 686); zuletzt geändert durch Art. 7 des Gesetzes vom 12.7.2018 (BGBl. I S. 1151)
VwRehaG	Gesetz über die Aufhebung rechtsstaatswidriger Verwaltungsentscheidungen im Beitrittsgebiet und die daran anknüpfenden Folgeansprüche (Verwaltungsrechtliches Rehabilitierungsgesetz – VwRehaG) vom 23.6.1994 (BGBl. I S. 1311)
VwVfG	Verwaltungsverfahrensgesetz vom 25.5.1976 (BGBl. I S. 1253)
VwZG	Verwaltungszustellungsgesetz vom 3.7.1952 (BGBl. I S. 379)
WDO	Wehrdisziplinarordnung vom 15.3.1957 i.d.F. der Bek. vom 9.6.1961 (BGBl. I S. 697)
WehrbeauftrG	Gesetz über den Wehrbeauftragten des Deutschen Bundestages i.d.F. der Bek. vom 16.6.1982 (BGBl. I S. 673)
WeinG	Gesetz über Wein, Likörwein, Schaumwein, weinhaltige Getränke und Branntwein aus Wein (Weingesetz) vom 14.1.1971 (BGBl. I S. 893)
Wiener Übereinkommen	1. Wiener Übereinkommen über diplomatische Beziehungen vom 18.4.1961 (Zustimmungsgesetz vom 6.8.1964, BGBl. II S. 957) 2. Wiener Übereinkommen über konsularische Beziehungen vom 24.4.1963 (Zustimmungsgesetz vom 26.8.1969, BGBl. II S. 1585)
WiJ	Journal der Wirtschaftsstrafrechtlichen Vereinigung e.V.
1. WiKG	Erstes Gesetz zur Bekämpfung der Wirtschaftskriminalität vom 29.7.1976 (BGBl. I S. 2034)
2. WiKG	Zweites Gesetz zur Bekämpfung der Wirtschaftskriminalität vom 15.5.1986 (BGBl. I S. 721)
WiStG	Gesetz zur weiteren Vereinfachung des Wirtschaftsstrafrechts (Wirtschaftsstrafgesetz 1954) vom 9.7.1954 i.d.F. der Bek. vom 3.6.1975 (BGBl. I S. 1313)
WisteV	Wirtschaftsstrafrechtliche Vereinigung e.V.
wistra	Zeitschrift für Wirtschafts- und Steuerstrafrecht
WLR	Weekly Law Reports (Zeitschrift)
WoÜbG	Gesetz zur Umsetzung des Urteils des Bundesverfassungsgerichts vom 3. März 2004 (akustische Wohnraumüberwachung) vom 24.6.2005 (BGBl. I S. 1841)
WRV	Weimarer Verfassung, Verfassung des Deutschen Reichs vom 11.8.1919 (RGBl. S. 1383)
WStG	Wehrstrafgesetz vom 30.3.1957 i.d.F. der Bek. vom 24.5.1974 (BGBl. I S. 1213)
WM	Wertpapiermitteilungen (Zeitschrift)
WuV	Wirtschaft und Verwaltung (Zeitschrift)
WuW	Entscheidungssammlung der Zeitschrift Wirtschaft und Wettbewerb
WÜD	s. 1. Wiener Übereinkommen
WÜK	s. 2. Wiener Übereinkommen
WVK	Wiener Vertragsrechtskonvention vom 23.5.1969 (BGBl. 1985 II S. 926)
WWSUV	Vertrag über die Schaffung einer Währungs-, Wirtschafts- und Sozialunion zwischen der Bundesrepublik Deutschland und der Deutschen Demokratischen Republik vom 18.5.1990 (BGBl. II S. 537)
WWSUVG	Gesetz zu dem Vertrag vom 18.5.1990 über die Schaffung einer Währungs-, Wirtschafts- und Sozialunion ... vom 25.6.1990 (BGBl. II S. 518)
WZG	Warenzeichengesetz vom 5.5.1936 i.d.F. der Bek. vom 2.1.1968 (BGBl. I S. 29)
YEL	Yearbook of European Law
YB	Yearbook of the European Convention of the Human Rights, the European Commission and the European Court of Human Rights/Annuaire de la Convention Européenne des Droits de l'Homme; Commission et Cour Européenne des Droits de l'Homme, hrsg. vom Europarat
ZAG	Zahlungsdiensteaufsichtsgesetz
ZahlVGJG	Gesetz über den Zahlungsverkehr mit Gerichten und Justizbehörden vom 22.12.2006 = Art. 2 des 2. Justizmodernisierungsgesetzes (BGBl. 2006 I S. 3416)

ZAkDR	Zeitschrift der Akademie für Deutsches Recht (1934–44)
ZaöRV	Zeitschrift für ausländisches öffentliches Recht und Völkerrecht
ZAP	Zeitschrift für die Anwaltspraxis
ZAR	Zeitschrift für Ausländerrecht und Ausländerpolitik
ZBJV	Zeitschrift des Bernischen Juristenvereins
ZBlJugR	Zentralblatt für Jugendrecht und Jugendwohlfahrt
ZBR	Zeitschrift für Beamtenrecht
ZCG	Zeitschrift für Corporate Governance
ZD	Zeitschrift für Datenschutz
ZDRW	Zeitschrift für Didaktik der Rechtswissenschaft
ZER	Zeitschrift für Europarecht (Österreich)ZERP Zentrum für europäische Rechtspolitik (Universität Bremen)
ZESAR	Zeitschrift für europäisches Sozial- und Arbeitsrecht
ZEUP	Zeitschrift für europäisches Privatrecht
ZEuS	Zeitschrift für Europarechtliche Studien
ZEV	Zeitschrift für Erbrecht und Vermögensnachfolge
ZfBR	Zeitschrift für deutsches und internationales Bau- und Vergaberecht
ZfC	Zeitschrift für Compliance
ZfDG	Gesetz über das Zollkriminalamt und die Zollfahndungsämter (Zollfahndungsdienstgesetz) vom 16.8.2002 (BGBl. I S. 3202)
ZfJ	Zentralblatt für Jugendrecht
ZfL	Zeitschrift für Lebensrecht
ZfRV	Zeitschrift für Europarecht, Internationales Privatrecht und Rechtsvergleichung
ZfS	Zeitschrift für Schadensrecht
ZFSH SGB	Zeitschrift für die sozialrechtliche Praxis
ZfStrVo	Zeitschrift für Strafvollzug und Straffälligenhilfe (jetzt: FS – Forum Strafvollzug)
ZfWG	Zeitschrift für Wett- und Glücksspielrecht
ZfZ	Zeitschrift für Zölle und Verbrauchssteuern
ZG	Zeitschrift für Gesetzgebung
ZInsO	Zeitschrift für das gesamte Insolvenzrecht
ZIP	Zeitschrift für Wirtschaftsrecht
ZIR	Zeitschrift für Interne Revision
ZIS	Zeitschrift für Internationale Strafrechtsdogmatik (Online-Zeitschrift)
ZJJ	Zeitschrift für Jugendkriminalrecht und Jugendhilfe
ZJS	Zeitschrift für das Juristische Studium (Online-Zeitschrift)
ZKA	Zollkriminalinstitut
ZKJ	Zeitschrift für Kindschaftsrecht und Jugendhilfe
ZLR	Zeitschrift für Lebensmittelrecht
ZOV	Zeitschrift für offene Vermögensfragen
ZÖR	Zeitschrift für öffentliches Recht
ZollG.	Zollgesetz vom 14.6.1961 i.d.F. der Bek. vom 18.5.1970 (BGBl. I S. 529)
ZP	Zusatzprotokoll
ZPO	Zivilprozeßordnung vom 30.1.1877 i.d.F. der Bek. vom 12.9.1950 (BGBl. I S. 533)
ZRFC	Zeitschrift für Risk, Fraud & Compliance
ZRP	Zeitschrift für Rechtspolitik
ZSchG	Gesetz vom 30.4.1998 zum Schutz von Zeugen bei Vernehmungen im Strafverfahren und zur Verbesserung des Opferschutzes (Zeugenschutzgesetz – ZSchG) (BGBl. I S. 820)
ZSE	Zeitschrift für Staats- und Europawissenschaften
ZSEG	Gesetz über die Entschädigung von Zeugen und Sachverständigen vom 26.7.1957 i.d.F. der Bek. vom 1.10.1969 (BGBl. I S. 1756); abgelöst durch das JVEG vom 5.5.2004
ZSHG	Gesetz zur Harmonisierung des Schutzes gefährdeter Zeugen (Zeugenschutz-Harmonisierungsgesetz) vom 11.12.2001 (BGBl. I S. 3510)
ZSR	Zeitschrift für Schweizerisches Recht
ZST	Zeitschrift für Schweizer Recht

ZStW	Zeitschrift für die gesamte Strafrechtswissenschaft
ZTR	Zeitschrift für Tarif-, Arbeits- und Sozialrecht des öffentlichen Dienstes
ZUM	Zeitschrift für Urheber- und Medienrecht
ZUM-RD	Zeitschrift für Urheber- und Medienrecht – Rechtssprechungsdienst
ZUR	Zeitschrift für Umweltrecht
ZusatzAbk.	Zusatzabkommen zum NATO-Truppenstatut vom 3.8.1959 (BGBl. 1961 II S. 1183, 1218)
Zusatzvereinb.	Vereinbarung zwischen der Bundesrepublik Deutschland und der Deutschen Demokratischen Republik zur Durchführung und Auslegung des am 31.8.1990 in Berlin unterzeichneten Vertrages zwischen der Bundesrepublik Deutschland und der Deutschen Demokratischen Republik über die Herstellung der Einheit Deutschlands vom 18.9.1990 (BGBl. II S. 1239)
ZuSEntschG	Gesetz über die Entschädigung von Zeugen und Sachverständigen
zust.	zustimmend
ZustErgG	Gesetz zur Ergänzung von Zuständigkeiten auf den Gebieten des Bürgerlichen Rechts, des Handelsrechts und des Strafrechts (Zuständigkeitsergänzungsgesetz) vom 7.8.1952 (BGBl. I S. 407)
ZustG	Gesetz über die Zuständigkeit der Gerichte bei Änderung der Gerichtseinteilung vom 6.12.1933 (RGBl. I S. 1037)
ZustRG	Gesetz zur Reform des Verfahrens bei Zustellung im gerichtlichen Verfahren (Zustellungsreformgesetz – ZustRG) vom 25.6.2001 (BGBl. I S. 1206)
ZustVO	Verordnung über die Zuständigkeit der Strafgerichte, die Sondergerichte und sonstige strafverfahrensrechtliche Vorschriften vom 21.2.1940 (RGBl. I S. 405)
Zuwanderungsgesetz	Gesetz zur Steuerung und Begrenzung der Zuwanderung und zur Regelung des Aufenthalts und der Integration von Unionsbürgern und Ausländern vom 30.7.2004 (BGBl. I S. 1950)
ZVG	Gesetz über die Zwangsversteigerung und die Zwangsverwaltung (Zwangsversteigerungsgesetz) vom 24.3.1897 i.d.F. der Bek. vom 20.5.1898 (RGBl. S. 369, 713)
ZWehrR	Zeitschrift für Wehrrecht (1936/37–44)
ZWH	Zeitschrift für Wirtschaftsstrafrecht und Haftung im Unternehmen
ZwHeiratBekG	Gesetz zur Bekämpfung der Zwangsheirat und zum besseren Schutz der Opfer von Zwangsheirat sowie zur Änderung weiterer aufenthalts- und asylrechtlicher Vorschriften vom 23.6.2011 (BGBl. I S. 1266)
ZZP	Zeitschrift für Zivilprozeß

Literaturverzeichnis

Achenbach/Ransiek/Rönnau	Achenbach/Ransiek/Rönnau, Handbuch Wirtschaftsstrafrecht, 4. Aufl. (2015)
AE-EV	Alternativ-Entwurf Reform des Ermittlungsverfahrens (AE-EV); Entwurf eines Arbeitskreises deutscher, österreichischer und schweizerischer Strafrechtslehrer (2001)
AE-EuStV	Alternativentwurf Europäische Strafverfolgung; hrsg. von Schünemann (2004)
AE-StuM	Alternativ-Entwurf Strafjustiz und Medien (AE-StuM: Entwurf eines Arbeitskreises deutscher, österreichischer und schweizerischer Strafrechtslehrer (2004)
Ahlbrecht/Böhm/Esser/ Eckelmans	Ahlbrecht/Böhm/Esser/Eckelmans, Internationales Strafrecht, 2. Aufl. (2017)
AK	Alternativkommentar zur Strafprozessordnung, Bd. I (§§ 1 bis 93; 1988), Bd. II 1 (§§ 94 bis 212b; 1992), Bd. II 2 (§§ 213 bis 275; 1993), Bd. III (§§ 276 bis 477; 1996)
AK-GG	Alternativkommentar zum Grundgesetz, 2. Aufl., Bd. I (Art. 1 bis 37; 1989), Bd. II (Art. 38 bis 146; 1989)
AK-StGB	Alternativkommentar zum Strafgesetzbuch, Bd. I (§§ 1 bis 21; 1990), Bd. III (§§ 80 bis 145d; 1986)
AnwK	Krekeler/Löffelmann/Sommer, AnwaltKommentar zur Strafprozessordnung, 2. Aufl. (2010)
AnwK-StGB	Leipold/Tsambikakis/Zöller (Hrsg.), AnwaltKommentar StGB, 2. Aufl. (2015)
AnwK-UHaft	König (Hrsg.), AnwaltKommentar Untersuchungshaft (2011)
Albrecht	Albrecht, Jugendstrafrecht, 3. Aufl. (2000)
Albrecht (Krim.)	Albrecht, Kriminologie, 4. Aufl. (2010)
Alsberg	Alsberg, Der Beweisantrag im Strafprozess, 6. Aufl. (2013)
Ambos	Ambos, Internationales Strafrecht, 5. Aufl. (2018)
Ambos/König/Rackow	Ambos/König/Rackow (Hrsg.), Rechtshilferecht in Strafsachen (2014)
Arloth	Arloth, Strafprozeßrecht (1995)
Arloth/Krä	Arloth/Krä, Strafvollzugsgesetz, 4. Aufl. (2017)
Aschrott	Reform des Strafprozesses, kritische Besprechung der von der Kommission für die Reform des Strafprozesses gemachten Vorschläge, hrsg. von Aschrott (1906)
Artkämper	Artkämper, Die „gestörte" Hauptverhandlung, 5. Aufl. (2017)
Artkämper/Esders/Jakobs/ Sotelsek	Artkämper/Esders/Jakobs/Sotelsek, Praxiswissen Strafverfahren bei Tötungsdelikten (2012)
Aubert	Aubert, Fernmelderecht I, 3. Aufl. (1976)
Barton	Barton, Mindeststandards der Strafverteidigung (1994)
Barton (Verfahrensg.)	Barton, Verfahrensgerechtigkeit und Zeugenbeweis (2002)
Barton (Strafverteidigung)	Barton, Einführung in die Strafverteidigung, 2. Aufl. (2013)
Baumann	Baumann, Grundbegriffe und Verfahrensprinzipien des Strafprozeßrechts, 3. Aufl. (1979)
Baumann/Weber/Mitsch/ Eisele	Baumann/Weber/Mitsch/Eisele, Strafrecht, Allgemeiner Teil, Lehrbuch, 12. Aufl. (2016)
Baumbach/Lauterbach/ Albers/ Hartmann	Baumbach/Lauterbach/Albers/Hartmann, Zivilprozessordnung, Kurz-Kommentar, 76. Aufl. (2018)
Beck/Berr/Schäpe	Beck/Berr/Schäpe, OWi-Sachen im Straßenverkehrsrecht, 7. Aufl. (2017)
Beck/Bemmann	Beck/Bemmann, Fälle und Lösungen zur StPO (2004)
Beck'sches Formularbuch	Hamm/Leipold (Hrsg.), Beck'sches Formularbuch für den Strafverteidiger, 6. Aufl. (2018)
Beling	Beling, Deutsches Reichsstrafprozeßrecht (1928)
Bender/Nack/Treuer	Bender/Nack/Treuer, Tatsachenfeststellung vor Gericht, 4. Aufl. (2014)

https://doi.org/10.1515/9783110590098-207

Benfer/Bialon	Benfer/Bialon, Rechtseingriffe von Polizei und Staatsanwaltschaft, 4. Aufl. (2010)
Bernsmann/Gatzweiler	Bernsmann/Gatzweiler, Verteidigung bei Korruptionsfällen, 2. Aufl. (2014)
Berz/Burmann	Berz/Burmann, Handbuch des Straßenverkehrsrechts, Loseblattausgabe, 2 Bände, 38. Aufl. (2017)
Beulke/Swoboda	Beulke, Strafprozessrecht, 14. Aufl. (2018)
Beulke/Ruhmannseder	Beulke/Ruhmannseder, Die Strafbarkeit des Verteidigers 2. Aufl. (2010)
Birkenstock	Birkenstock, Verfahrensrügen im Strafprozess – Rechtsprechungssammlung, 2 Bände (2004)
Birkmeyer	Birkmeyer, Deutsches Strafprozeßrecht (1898)
Bock	Bock, Criminal Compliance, 2. Aufl. (2013)
Bockemühl	Handbuch des Fachanwalts Strafrecht, hrsg. von Bockemühl, 7. Aufl. (2018)
Bohnert	Bohnert, Beschränkungen der strafprozessualen Revision durch Zwischenverfahren (1983)
Bohnert/Bülte	Bohnert/Bülte, Ordnungswidrigkeitenrecht, 5 Aufl. (2016)
Bonn.Komm.	Kommentar zum Bonner Grundgesetz, Loseblattausgabe (ab 1950)
Booß	Booß, Straßenverkehrsordnung, Kommentar, 3. Aufl. (1980)
Bosbach	Bosbach, Verteidigung im Ermittlungsverfahren 8. Aufl. (2015)
Bouska/Laeverenz	Bouska/Laeverenz, Fahrerlaubnisrecht, 3. Aufl. (2004)
Böhm/Feuerhelm	Böhm/Feuerhelm, Einführung in das Jugendstrafrecht, 4. Aufl. (2004)
Böhm (Strafvollzug)	Böhm, Strafvollzug 3. Aufl. (2002)
Böse	Böse (Hrsg.), Europäisches Strafrecht, Enzyklopädie Europarecht, Band 9 (2013)
Brandstetter	Brandstetter, Straffreiheitsgesetz, Kommentar (1956)
Brenner	Brenner, Ordnungswidrigkeitenrecht (1996)
Brettel/Schneider	Brettel/Schneider, Wirtschaftsstrafrecht, 2. Aufl. 2018
Breyer/Mehle/Osnabrügge/Schaefer	Breyer/Mehle/Osnabrügge/Schaefer, Strafprozessrecht (2005)
von Briel/Ehlscheid	von Briel/Ehlscheid, Steuerstrafrecht, 2. Aufl. (2000)
Bringewat	Bringewat, Strafvollstreckung, Kommentar zu den §§ 449 bis 463d StPO (1993)
Brodag	Brodag, Strafverfahrensrecht, 13. Aufl. (2014)
Brunner	Brunner, Abschlussverfügung der Staatsanwaltschaft, 13. Aufl. (2016)
Brunner/Dölling	Brunner/Dölling, Jugendgerichtsgesetz, Kommentar, 13. Aufl. (2017)
Bruns/Schröder/Tappert	Bruns/Schröder/Tappert, Kommentar zum strafrechtlichen Rehabilitierungsgesetz (1993)
Brüssow/Gatzweiler/Krekeler/Mehle	Brüssow/Gatzweiler/Krekeler/Mehle, Strafverteidigung in der Praxis, 4. Aufl. (2007)
Buddendiek/Rutkowski	Buddendiek/Rutkowski, Lexikon des Nebenstrafrechts, zugleich Registerband zum Erbs/Kohlhaas, Strafrechtliche Nebengesetze, 41. Aufl. (2018)
Burchardi/Klempahn/Wetterich	Burchardi/Klempahn/Wetterich, Der Staatsanwalt und sein Arbeitsgebiet, 5. Aufl. (1982)
Burhoff (Ermittlungsv.)	Burhoff, Handbuch für das strafrechtliche Ermittlungsverfahren, 8. Aufl. (2018)
Burhoff (Hauptv.)	Burhoff, Handbuch für die strafrechtliche Hauptverhandlung, 9. Aufl. (2018)
Burhoff/Stephan	Burhoff/Stephan, Strafvereitelung durch Strafverteidiger (2008)
Burhoff/Kotz	Burhoff/Kotz, Handbuch für strafrechtliche Rechtsmittel und Rechtsbehelfe, 2. Aufl. (2016)
Burmann/Heß/Hühnermann/Jahnke	Burmann/Heß/Hühnermann/Jahnke, Straßenverkehrsrecht, 25. Aufl. (2018)
Ciolek-Krepold	Ciolek-Krepold, Durchsuchung und Beschlagnahme in Wirtschaftsstrafsachen (2000)
Corstens/Pradel	Corstens/Pradel, European Criminal Law (2002)

Cramer	Cramer, Straßenverkehrsrecht StVO – StGB, Kommentar, 2. Aufl. (1977)
Cramer/Bürgle	Cramer/Bürgle, Die strafprozessualen Beweisverwertungsverbote, 2. Aufl. (2004)
Cramer/Cramer	Cramer/Cramer, Anwalts-Handbuch Strafrecht (2002)
Cryer/Friman/Robinson/ Wilmshurst	Cryer/Friman/Robinson/Wilmshurst, An Introduction to International Criminal Law and Procedure, 3rd ed. (2014)
Cullen/Jund	Cullen/Jund, Strafrechtliche Zusammenarbeit in der Europäischen Union nach Tampere (2002)
Dahs (Hdb.)	Dahs, Handbuch des Strafverteidigers, 8. Aufl. (2015)
Dahs (Rechtl. Gehör)	Dahs, Rechtliches Gehör im Strafverfahren (1963)
Dahs	Dahs, Die Revision im Strafprozess, 9. Aufl. (2017)
Dalcke/Fuhrmann/Schäfer	Dalcke/Fuhrmann/Schäfer, Strafrecht und Strafverfahren, Kommentar, 37. Aufl. (1961)
Dallinger/Lackner	Dallinger/Lackner, Jugendgerichtsgesetz und ergänzende Vorschriften, Kommentar, 2. Aufl. (1965)
Dannecker/Knierim	Dannecker/Knierim, Insolvenzstrafrecht, 3. Aufl. (2018)
Deckers	Deckers, Der strafprozessuale Beweisantrag, 3. Aufl. (2013)
Delmas-Marty	Delmas-Marty, Corpus Juris der strafrechtlichen Regelungen zum Schutz der finanziellen Interessen der Europäischen Union (1998)
Delmas-Marty/Vervaele	Delmas-Marty/Verwaele, The Implementation of the Corpus Juris in the Member States, 4 Bände (2001)
Detter	Detter, Revision im Strafverfahren (2011)
Diemer/Schatz/Sonnen	Diemer/Schatz/Sonnen, Jugendgerichtsgesetz, Kommentar, 7. Aufl. (2015)
Dölling/Duttge/Rössner/König	Dölling/Duttge/Rössner/König, Gesamtes Strafrecht – Handkommentar 4. Aufl. (2017) (zit.: HK-GS/*Verfasser*)
Dörndorfer	Dörndorfer, Rechtspflegergesetz, Kommentar, 2. Aufl. 2014
Doswald-Beck/Kolb	Doswald-Beck/Kolb, Judicial Process and Human Rights – United Nations, European, American and African Systems – Texts and summaries of international case law, 2004
Eb. Schmidt	Eberhard Schmidt, Lehrkommentar zur Strafprozeßordnung und zum Gerichtsverfassungsgesetz, Teil I: Die rechtstheoretischen und die rechtspolitischen Grundlagen des Strafverfahrensrechts, 2. Aufl. (1964); Teil II: Erläuterungen zur Strafprozeßordnung und zum Einführungsgesetz (1957); Teil III: Erläuterungen zum Gerichtsverfassungsgesetz und zum Einführungsgesetz (1960), Nachtrag I: Nachträge und Ergänzungen zu Teil II (1967), Nachtrag II: Nachtragsband II (1970)
Eb. Schmidt (Geschichte)	Schmidt, Einführung in die Geschichte der deutschen Strafrechtspflege, 3. Aufl. (1965)
Eb. Schmidt (Kolleg)	Schmidt, Deutsches Strafprozeßrecht, ein Kolleg (1967)
Eberth/Müller/Schütrumpf	Eberth/Müller/Schütrumpf, Verteidigung in Betäubungsmittelsachen, 7. Aufl. (2018)
Eidam	Eidam, Unternehmen und Strafe, 5. Aufl. (2018)
Eisenberg	Eisenberg, Jugendgerichtsgesetz, Kommentar, 20. Aufl. (2018)
Eisenberg (Beweismittel)	Eisenberg, Persönliche Beweismittel in der StPO, 2. Aufl. (1996)
Eisenberg (Beweisrecht)	Eisenberg, Beweisrecht der StPO, Spezialkommentar, 10. Aufl. (2017)
Eisenberg/Kölbel	Eisenberg/Kölbel, Kriminologie, 7. Aufl. (2017)
Endriß (BtM-Verfahren)	Endriß, Verteidigung in Betäubungsmittelverfahren (1998)
Engländer	Engländer, Examensrepetitorium Strafprozessrecht, 9. Aufl. (2018)
Erbs/Kohlhaas	Erbs/Kohlhaas, Strafrechtliche Nebengesetze, Kurzkommentar, Loseblattausgabe, 222. Aufl. (2019)
ERST	Esser/Rübenstahl/Saliger/Tsambikakis (Hrsg.), Wirtschaftsstrafrecht, 2017
Eser	Eser, Einführung in das Strafprozeßrecht (1983)
Eser/Hassemer/Burkhardt	Eser/Hassemer/Burkhardt, Die deutsche Strafrechtswissenschaft vor der Jahrtausendwende (2000)
Esser	Esser, Auf dem Weg zu einem europäischen Strafverfahrensrecht (2002)

Esser, EuStR	Esser, Europäisches und Internationales Strafrecht, 2. Aufl. (2018)
Fahl	Fahl, Rechtsmißbrauch im Strafprozeß (2004)
Feest/Lesting/Lindemann	Feest/Lesting/Lindemann (Hrsg.), Kommentar zum Strafvollzugsgesetz (AK-StVollzG), 7. Aufl. (2017)
Fehn/Wamers	Fehn/Wamers, ZfdG – Zollfahndungsdienstgesetz – Handkommentar (2003)
Feisenberger	Feisenberger, Strafprozeßordnung und Gerichtsverfassungsgesetz (1926)
Ferner	Ferner, Strafzumessung (2005)
Feuerich/Weyland	Feuerich/Weyland, Bundesrechtsanwaltsordnung, Kommentar, 9. Aufl. (2016)
Fezer	Fezer, Strafprozeßrecht, 2. Aufl. (1995)
FG Beulke	Strafverteidigung – Grundlagen und Stolpersteine: Symposion für Werner Beulke (2012)
Fischer	Fischer, Strafgesetzbuch und Nebengesetze, Kommentar, 66. Aufl. (2019)
Flore/Tsambikakis	Flore/Tsambikakis (Hrsg.), Steuerstrafrecht, 2. Aufl. (2016)
Franke/Wienroeder	Franke/Wienroeder, BtMG, 3. Aufl. (2007)
Freyschmidt/Krumm	Freyschmidt/Krumm, Verteidigung in Straßenverkehrssachen, 10. Aufl. (2013)
Fromm	Fromm, Verteidigung in Straßenverkehrs- und Ordnungswidrigkeitenverfahren, 2. Aufl. (2015)
Frowein/Peukert	Frowein/Peukert, Europäische Menschenrechtskonvention, EMRK-Kommentar, 3. Aufl. (2009)
FS 45. DJT	Festschrift für den 45. Deutschen Juristentag (1964)
FS Achenbach	Festschrift für Hans Achenbach zum 70. Geburtstag (2011)
FS Adamovich	Staatsrecht und Staatswissenschaften in Zeiten des Wandels – Festschrift für Ludwig Adamovich zum 60. Geburtstag (1992)
FS AG Strafrecht DAV	Strafverteidigung im Rechtsstaat – 25 Jahre Arbeitsgemeinschaft Strafrecht des Deutschen Anwaltvereins (2009)
FS Amelung	Grundlagen des Straf- und Strafverfahrensrechts – Festschrift für Knut Amelung zum 70. Geburtstag (2009)
FS Androulakis	Festschrift für Nikolaos Androulakis zum 70. Geburtstag (2003)
FS Augsburg	Recht in Europa – Festgabe zum 30-jährigen Bestehen der Juristischen Fakultät Augsburg (2002)
FS Baudenbacher	Economic law and justice in times of globalisation – Festschrift für Carl Baudenbacher (2007)
FS Baumann	Festschrift für Jürgen Baumann zum 70. Geburtstag (1992)
FS Baumgärtel	Festschrift für Gottfried Baumgärtel zum 70. Geburtstag (1990)
FS BayVerfGH	Festschrift zum 50-jährigen Bestehen des Bayerischen Verfassungsgerichtshofs (1997)
FS Bemmann	Festschrift für Günther Bemmann zum 70. Geburtstag (1997)
FS Bernhardt	Recht zwischen Umbruch und Bewahrung – Festschrift für Rudolf Bernhardt (1995)
FS Beulke	Ein menschengerechtes Strafrecht als Lebensaufgabe –Festschrift für Werner Beulke zum 70. Geburtstag (2015)
FS Binding	Festschrift für Karl Binding zum 4. Juni 1911
FS BGH	Festschrift aus Anlass des 50-jährigen Bestehens von Bundesgerichtshof, Bundesanwaltschaft und Rechtsanwaltschaft beim Bundesgerichtshof (2000)
FS II BGH	50 Jahre Bundesgerichtshof, Festgabe aus der Wissenschaft, hrsg. von Roxin/Widmaier, Bd. IV: Strafrecht (2000)
FS Blau	Festschrift für Günter Blau zum 70. Geburtstag (1985)
FS Bockelmann	Festschrift für Paul Bockelmann zum 70. Geburtstag (1979)
FS Böhm	Festschrift für Alexander Böhm zum 70. Geburtstag (1999)
FS Böttcher	Recht gestalten – dem Recht dienen, Festschrift für Reinhard Böttcher zum 70. Geburtstag (2007)

FS Boujong	Verantwortung und Gestaltung, Festschrift für Karlheinz Boujong zum 65. Geburtstag (1996)
FS BRAK	Festschrift zu Ehren des Strafrechtsausschusses der Bundesrechtsanwaltskammer (2006)
FS Brauneck	Ehrengabe für Anne-Eva Brauneck (1999)
FS Breidling	Festschrift für Ottmar Breidling zum 70. Geburtstag (2017)
FS Bruns	Festschrift für Hans-Jürgen Bruns zum 70. Geburtstag (1978)
FS Burgstaller	Festschrift für Manfred Burgstaller zum 65. Geburtstag (2004)
FS Carstens	Einigkeit und Recht und Freiheit, Festschrift für Karl Carstens zum 70. Geburtstag (1984)
FS Dahs	Festschrift für Hans Dahs zum 70. Geburtstag (2005)
FS Damaska	Festschrift for Mirjan Damaska (2008)
FS Delbrück	Liber Amicorum Jost Delbrück (2005)
FS Dencker	Festschrift für Friedrich Dencker zum 70. Geburtstag (2012)
FS Doehring	Staat und Völkerrechtsordnung – Festschrift für Karl Doehring; Beiträge zum ausländischen Recht und Völkerrecht Bd. 98 (1989)
FS Dreher	Festschrift für Eduard Dreher zum 70. Geburtstag (1977)
FS Dünnebier	Festschrift für Hanns Dünnebier zum 75. Geburtstag (1982)
FS Eide	Human rights and criminal justice for the downtrodden; Essays in honour of Asbjørn Eide (2003)
FS Eisenberg	Festschrift für Ulrich Eisenberg zum 70. Geburtstag (2009)
FS Eisenberg II	Für die Sache – Kriminalwissenschaften aus unabhängiger Perspektive – Festschrift für Ulrich Eisenberg zum 80. Geburtstag (2019)
FS Engisch	Festschrift für Karl Engisch zum 70. Geburtstag (1969)
FS Ermacora	Fortschritt im Bewußtsein der Grund- und Menschenrechte, Festschrift für Felix Ermacora zum 65. Geburtstag (1988)
FS Eser	Menschengerechtes Strafrecht, Festschrift für Albin Eser zum 70. Geburtstag (2005)
FS Eser II	Scripta amicitiae – Freundschaftsgabe für Albin Eser zum 80. Geburtstag (2015)
FS Europa-Institut	Europäische Integration und Globalisierung, Festschrift zum 60-jährigen Bestehen des Europa-Instituts (2011)
FS Everling	Festschrift für Ulrich Everling (1993)
FS Faller	Festschrift für Hans Joachim Faller (1984)
FS Fezer	Festschrift für Gerhard Fezer zum 70. Geburtstag (2008)
FS Fiedler	Verfassung – Völkerrecht – Kulturgüterschutz, Festschrift für Wilfried Fiedler zum 70. Geburtstag (2011)
FS Fischer	Festschrift für Thomas Fischer (2018)
FS Flume	Festgabe für Werner Flume zum 90. Geburtstag (1998)
FS Friauf	Festschrift für Karl Heinrich Friauf (1996)
FS Friebertshäuser	Festgabe für den Strafverteidiger Dr. Heino Friebertshäuser (1997)
FS Frisch	Grundlagen und Dogmatik des gesamten Strafrechtssystems – Festschrift für Wolfgang Frisch zum 70. Geburtstag (2013)
FS Fuchs	Festschrift für Helmut Fuchs zum 65. Geburtstag (2014)
FS Gallas	Festschrift für Wilhelm Gallas zum 70. Geburtstag (1973)
FS Geerds	Kriminalistik und Strafrecht, Festschrift für Friedrich Geerds zum 70. Geburtstag (1995)
FS Geiger	Verantwortlichkeit und Freiheit. Die Verfassung als wertbestimmende Ordnung; Festschrift für Willi Geiger zum 80. Geburtstag (1989)
FS Geiß	Festschrift für Karlmann Geiß zum 65. Geburtstag (2000)
FS Geppert	Festschrift für Klaus Geppert zum 70. Geburtstag (2011)
FS Gollwitzer	Verfassungsrecht – Menschenrechte – Strafrecht, Kolloquium für Dr. Walter Gollwitzer zum 80. Geburtstag (2004)
FS Gössel	Festschrift für Karl Heinz Gössel zum 70. Geburtstag (2002)
FS Graf-Schlicker	Festschrift zu Ehren von Marie Luise Graf-Schlicker (2018)

FS Graßhoff	Der verfasste Rechtsstaat, Festgabe für Karin Graßhoff (1998)
FS Grünwald	Festschrift für Gerald Grünwald zum 70. Geburtstag (1999)
FS Grützner	Aktuelle Probleme des Internationalen Strafrechts, Festschrift für Heinrich Grützner zum 65. Geburtstag (1970)
FS Hacker	Wandel durch Beständigkeit, Festschrift für Jens Hacker (1998)
FS Haffke	Das Dilemma des rechtsstaatlichen Strafrechts: Symposium für Bernhard Haffke zum 65. Geburtstag (2009)
FS Hamm	Festschrift für Rainer Hamm zum 65. Geburtstag (2008)
FS Hanack	Festschrift für Ernst-Walter Hanack zum 70. Geburtstag (1999)
FS Hassemer	Festschrift für Winfried Hassemer zum 70. Geburtstag (2010)
FS Heinitz	Festschrift für Ernst Heinitz zum 70. Geburtstag (1972)
FS Heintschel-Heinegg	Festschrift für Bernd von Heintschel-Heinegg zum 70. Geburtstag (2015)
FS Heinz	Festschrift für Wolfgang Heinz zum 70. Geburtstag (2012)
FS Heldrich	Festschrift für Andreas Heldrich zum 70. Geburtstag (2005)
FS Helmrich	Für Staat und Recht, Festschrift für Herbert Helmrich zum 60. Geburtstag (1994)
FS Henkel	Grundfragen der gesamten Strafrechtswissenschaft, Festschrift für Heinrich Henkel zum 70. Geburtstag (1974)
FS Herzberg	Strafrecht zwischen System und Telos, Festschrift für Rolf Dietrich Herzberg zum 70. Geburtstag (2008)
FS Heusinger	Ehrengabe für Bruno Heusinger (1968)
FS Hilger	Datenübermittlungen und Vorermittlungen, Festgabe für Hans Hilger (2003)
FS Hirsch	Berliner Festschrift für Ernst E. Hirsch (1968)
FS B. Hirsch	Mit Recht für Menschenwürde und Verfassungsstaat, Festgabe für Burkhard Hirsch (2007)
FS H. J. Hirsch	Festschrift Hans Joachim Hirsch zum 70. Geburtstag (1999)
FS Höpfel	Vielfalt des Strafrechts im internationalen Kontext – Festschrift für Frank Höpfel zum 65. Geburtstag (2018)
FS HU Berlin	Festschrift 200 Jahre Juristische Fakultät der Humboldt-Universität zu Berlin (2010)
FS Hubmann	Beiträge zum Schutz der Persönlichkeit und ihrer schöpferischen Leistung, Festschrift für Heinrich Hubmann zum 70. Geburtstag (1985)
FS Huber	Recht als Prozess und Gefüge, Festschrift für Hans Huber zum 80. Geburtstag (1981)
FS Imme Roxin	Festschrift für Imme Roxin zum 75. Geburtstag (2012)
FS Ismayr	Analyse demokratischer Regierungssysteme, Festschrift für Wolfgang Ismayr zum 65. Geburtstag (2010)
FS Jahrreiß	Festschrift für Hermann Jahrreiß zum 70. Geburtstag (1964)
FS II Jahrreiß	Festschrift für Hermann Jahrreiß zum 80. Geburtstag (1974)
FS Jakobs	Festschrift für Günther Jakobs zum 70. Geburtstag (2007)
FS Jescheck	Festschrift für Hans-Heinrich Jescheck zum 70. Geburtstag (1985)
FS Jung	Festschrift für Heike Jung zum 65. Geburtstag (2007)
FS JurGes. Berlin	Festschrift zum 125jährigen Bestehen der Juristischen Gesellschaft zu Berlin (1984)
FS Kaiser	Internationale Perspektiven in Kriminologie und Strafrecht, Festschrift für Günther Kaiser zum 70. Geburtstag (1998)
FS Kargl	Festschrift für Walter Kargl zum 70. Geburtstag (2015)
FS Katoh	Blick über den Tellerrand, Festschrift für Hisao Katoh (2008)
FS Arthur Kaufmann	Strafgerechtigkeit, Festschrift für Arthur Kaufmann zum 70. Geburtstag (1993)
FS Kern	Tübinger Festschrift für Eduard Kern (1968)
FS Kerner	Kriminologie – Kriminalpolitik – Strafrecht, Festschrift für Hans-Jürgen Kerner zum 70. Geburtstag (2013)

FS Kielwein	Dogmatik und Praxis des Strafverfahrens, Beiträge anläßlich des Colloquiums zum 65. Geburtstag von Gerhard Kielwein (1989)
FS Kirchberg	Festschrift für Christian Kirchberg zum 70. Geburtstag (2017)
FS Klecatsky	Auf dem Weg zur Menschenwürde und Gerechtigkeit, Festschrift für Hans Klecatsky zum 60. Geburtstag (1980)
FS Klein	Festschrift für Franz Klein zum 60. Geburtstag (1914)
FS Kleinknecht	Strafverfahren im Rechtsstaat, Festschrift für Theodor Kleinknecht zum 75. Geburtstag (1985)
FS Klug	Festschrift für Ulrich Klug zum 70. Geburtstag (1983)
FS Koch	Strafverteidigung und Strafprozeß, Festgabe für Ludwig Koch (1989)
FS Kohlmann	Festschrift für Günter Kohlmann zum 70. Geburtstag (2003)
FS Kralik	Festschrift für Winfried Kralik zum 65. Geburtstag (1986)
FS Krause	Festschrift für Friedrich-Wihelm Krause zum 70. Geburtstag (1990)
FS Krauss	Prozessuales Denken als Innovationsanreiz für das materielle Strafrecht, Kolloquium zum 70. Geburtstag von Detlef Krauss (2006)
FS Kreuzer	Mittler zwischen Recht und Wirklichkeit – Festschrift für Arthur Kreuzer zum 80. Geburtstag (2018)
FS Kriele	Staatsphilosophie und Rechtspolitik, Festschrift für Martin Kriele zum 65. Geburtstag (1997)
FS Krey	Festschrift für Volker Krey zum 70. Geburtstag (2010)
FS Kunert	Freiheit, Gesetz und Toleranz, Symposium zum 75. Geburtstag von Karl Heinz Kunert (2006)
FS Kühl	Festschrift für Kristian Kühl zum 70. Geburtstag (2014)
FS Kühne	Festschrift für Hans-Heiner Kühne zum 70. Geburtstag (2013)
FS Küper	Festschrift für Wilfried Küper zum 70. Geburtstag (2007)
FS Lackner	Festschrift für Karl Lackner zum 70. Geburtstag (1987)
FS Lampe	Jus humanum: Grundlagen des Rechts und Strafrechts, Festschrift für Ernst-Joachim Lampe zum 70. Geburtstag (2003)
FS Landau	Grundgesetz und Europa – Liber Amicorum für Herbert Landau zum Ausscheiden aus dem Bundesverfassungsgericht (2016)
FS Lange	Festschrift für Richard Lange zum 70. Geburtstag (1976)
FS Leferenz	Kriminologie – Psychiatrie – Strafrecht, Festschrift für Heinz Leferenz zum 70. Geburtstag (1983)
FS Lenckner	Festschrift für Theodor Lenckner zum 70. Geburtstag (1998)
FS Lerche	Wege und Verfahren des Verfassungslebens, Festschrift für Peter Lerche zum 65. Geburtstag (1993)
FS Loebenstein	Der Rechtsstaat in der Krise – Festschrift für Edwin Loebenstein zum 80. Geburtstag (1991)
FS Loewenstein	Festschrift für Karl Loewenstein zum 80. Geburtstag (1971)
FS von Lübtow	De iustitia et iure – Festschrift für Ulrich von Lübtow zum 80. Geburtstag (1980)
FS Lüderssen	Festschrift für Klaus Lüderssen zum 70. Geburtstag (2002)
FS Machacek und Matscher	Rechtsschutz gestern – heute – morgen, Festgabe zum 80. Geburtstag für Rudolf Machacek und Franz Matscher (2008)
FS Maelicke	Wertschöpfung durch Wertschätzung, Festschrift für Bernd Maelicke zum 70. Geburtstag (2011)
FS Maihofer	Festschrift für Werner Maihofer zum 70. Geburtstag (1988)
FS Maiwald	Fragmentarisches Strafrecht, Für Manfred Maiwald aus Anlass seiner Emeritierung (2003)
FS Maiwald II	Gerechte Strafe und legitimes Strafen, Festschrift für Manfred Maiwald zum 75. Geburtstag (2010)
FS Mangakis	Festschrift für Georgios Mangakis (1999)
FS Manoledakis	Festschrift für Ioannis Manoledakis (2005)
FS Maurach	Festschrift für Reinhard Maurach zum 70. Geburtstag (1972)

FS Mayer	Beiträge zur gesamten Strafrechtswissenschaft, Festschrift für Hellmuth Mayer zum 70. Geburtstag (1966)
FS Mehle	Festschrift für Volkmar Mehle zum 65. Geburtstag (2009)
FS Meyer-Goßner	Festschrift für Lutz Meyer-Goßner zum 65. Geburtstag (2001)
FS Mezger	Festschrift für Edmund Mezger zum 70. Geburtstag (1954)
FS Middendorf	Festschrift für Wolf Middendorf zum 70. Geburtstag (1986)
FS Miebach	NStZ-Sonderheft – Zum Eintritt in den Ruhestand für Klaus Miebach (2009)
FS Miklau	Strafprozessrecht im Wandel, Festschrift für Roland Miklau zum 65. Geburtstag (2006)
FS Miyazawa	Festschrift für Koichi Miyazawa (1995)
FS Möhring	Festschrift für Philipp Möhring zum 65. Geburtstag (1965)
FS Mosler	Völkerrecht als Rechtsordnung, Internationale Gerichtsbarkeit, Menschenrechte; Festschrift für Hermann Mosler zum 70. Geburtstag (1983)
FS E. Müller	Opuscula Honoraria, Egon Müller zum 65. Geburtstag (2003)
FS E. Müller II	Festschrift für Egon Müller zum 70. Geburtstag (2008)
FS Müller-Dietz	Grundlagen staatlichen Strafens, Festschrift für Heinz Müller-Dietz zum 70. Geburtstag (2001)
FS Nehm	Strafrecht und Justizgewährung, Festschrift für Kay Nehm zum 65. Geburtstag (2006)
FS Neumann	Rechtsstaatliches Strafrecht, Festschrift für Ulfrid Neumann zum 70. Geburtstag (2017)
FS Nishihara	Festschrift für Harua Nishihara zum 70. Geburtstag (1998)
FS Odersky	Festschrift für Walter Odersky zum 65. Geburtstag (1996)
FS Oehler	Festschrift für Dietrich Oehler zum 70. Geburtstag (1985)
FS Ostendorf	Strafrecht – Jugendstrafrecht – Kriminalprävention in Wissenschaft und Praxis – Festschrift für Heribert Ostendorf zum 70. Geburtstag (2015)
FS Otto	Festschrift für Harro Otto zum 70. Geburtstag (2007)
FS Paarhammer	In mandatis meditari, Festschrift für Hans Paarhammer zum 65. Geburtstag (2012)
FS Paeffgen	Strafe und Prozess im freiheitlichen Rechtsstaat – Festschrift für Hans-Ullrich Paeffgen zum 70. Geburtstag (2015)
FS Partsch	Des Menschen Recht zwischen Freiheit und Verantwortung, Festschrift für Karl Josef Partsch zum 75. Geburtstag (1989)
FS Paulus	Festgabe des Instituts für Strafrecht und Kriminologie der Juristischen Fakultät der Julius-Maximilians-Universität Würzburg für Rainer Paulus zum 70. Geburtstag (2009)
FS Pavisic	Kazneno Pravo, Kazneno Postupovno I Kriminalistika, Festschrift für Berislav Pavisic zum 70. Geburtstag (2014)
FS Peters	Einheit und Vielfalt des Strafrechts, Festschrift für Karl Peters zum 70. Geburtstag (1974)
FS Peters II	Wahrheit und Gerechtigkeit im Strafverfahren, Festgabe für Karl Peters zum 80. Geburtstag (1984)
FS Chr. Pfeiffer	Kriminologie ist Gesellschaftswissenschaft, Festschrift für Christian Pfeiffer zum 70. Geburtstag (2014)
FS Pfeiffer	Strafrecht, Unternehmensrecht, Anwaltsrecht, Festschrift für Gerd Pfeiffer zum Abschied aus dem Amt als Präsident des Bundesgerichtshofes (1988)
FS Pfenniger	Strafprozeß und Rechtsstaat, Festschrift zum 70. Geburtstag von H. F. Pfenniger (1976)
FS Platzgummer	Festschrift für Winfried Platzgummer zum 65. Geburtstag (1995)
FS Pöttering	Processus Criminalis Europeus, Festschrift für Hans-Gert Pöttering (2008)
FS Puppe	Strafrechtswissenschaft als Analyse und Konstruktion, Festschrift für Ingeborg Puppe zum 70. Geburtstag (2011)
FS Rebmann	Festschrift für Kurt Rebmann zum 65. Geburtstag (1989)

FS Reichsgericht	Die Reichsgerichtspraxis im deutschen Rechtsleben, Festgabe der juristischen Fakultäten zum 50jährigen Bestehen des Reichsgerichts, Bd. 5, Strafrecht und Strafprozeß (1929)
FS Reichsjustizamt	Vom Reichsjustizamt zum Bundesministerium der Justiz, Festschrift zum 100jährigen Gründungstag des Reichsjustizamtes am 1.1.1877 (1977)
FS Remmers	Vertrauen in den Rechtsstaat, Beiträge zur deutschen Einheit im Recht, Festschrift für Walter Remmers (1995)
FS Rengier	Festschrift für Rudolf Rengier zum 70. Geburtstag (2018)
FS Ress	Internationale Gemeinschaft und Menschenrechte, Festschrift für Georg Ress zum 70. Geburtstag (2005)
FS Richter	Verstehen und Widerstehen, Festschrift für Christian Richter II zum 65. Geburtstag (2006)
FS Rieß	Festschrift für Peter Rieß zum 70. Geburtstag (2002)
FS Rill	Grundfragen und aktuelle Probleme des öffentlichen Rechts – Festschrift für Heinz Peter Rill zum 60. Geburtstag (1995)
FS Rissing-van Saan	Festschrift für Ruth Rissing-van Saan zum 65. Geburtstag (2011)
FS Rittler	Festschrift für Theodor Rittler zu seinem achtzigsten Geburtstag (1957)
FS Rogall	Systematik in Strafrechtswissenschaft und Gesetzgebung – Festschrift für Klaus Rogall zum 70. Geburtstag (2018)
FS Rolinski	Festschrift für Klaus Rolinski zum 70. Geburtstag (2002)
FS Rosenfeld	Festschrift für Ernst Heinrich Rosenfeld zu seinem 80. Geburtstag (1949)
FS Rowedder	Festschrift für Heinz Rowedder zum 75. Geburtstag (1994)
FS Roxin	Festschrift für Claus Roxin zum 70. Geburtstag (2001)
FS Roxin II	Festschrift für Claus Roxin zum 80. Geburtstag (2011)
FS Rössner	Über allem: Menschlichkeit – Festschrift für Dieter Rössner zum 70. Geburtstag (2015)
Rudolphi-Symp.	Zur Theorie und Systematik des Strafprozeßrechts, Symposium zu Ehren von Hans-Joachim Rudolphi zum 60. Geburtstag (1995)
FS Rudolphi	Festschrift für Hans-Joachim Rudolphi zum 70. Geburtstag (2004)
FS Rüping	Recht und Macht: zur Theorie und Praxis von Strafe, Festschrift für Hinrich Rüping zum 65. Geburtstag (2008)
FS Rüter	Festschrift für C. F. Rüter zum 65. Geburtstag (2003)
FS Salger	Straf- und Strafverfahrensrecht, Recht und Verkehr, Recht und Medizin, Festschrift für Hannskarl Salger zum Abschied aus dem Amt als Vizepräsident des Bundesgerichtshofes (1995)
FS Samson	Festschrift für Erich Samson zum 70. Geburtstag (2010)
FS Sarstedt	Festschrift für Werner Sarstedt zum 70. Geburtstag (1981)
FS Sauer	Festschrift für Wilhelm Sauer zu seinem 70. Geburtstag (1949)
FS G. Schäfer	NJW-Sonderheft für Gerhard Schäfer zum 65. Geburtstag (2002)
FS Schäfer	Festschrift für Karl Schäfer zum 80. Geburtstag (1980)
FS W. Schiller	Festschrift für Wolf Schiller zum 65. Geburtstag (2014)
FS Schindler	Im Dienst an der Gemeinschaft, Festschrift für Dietrich Schindler zum 65. Geburtstag (1989)
FS Schmidt	Festschrift für Eberhard Schmidt zum 70. Geburtstag (1961)
FS Schlochauer	Staatsrecht – Völkerrecht – Europarecht, Festschrift für Hans Jürgen Schlochauer (1981)
FS Schlothauer	Festschrift für Reinhold Schlothauer zum 70. Geburtstag (2018)
FS Schlüchter	Freiheit und Verantwortung in schwieriger Zeit, Kritische Studien aus vorwiegend straf(prozess-)rechtlicher Sicht zum 60. Geburtstag von Ellen Schlüchter (1998)
FS H. Schmidt	Kostenerstattung und Streitwert, Festschrift für Herbert Schmidt (1981)
FS Schmidt-Leichner	Festschrift für Erich Schmidt-Leichner zum 65. Geburtstag (1975)
FS Schmitt-Glaeser	Recht im Pluralismus, Festschrift für Walter Schmitt-Glaeser zum 70. Geburtstag (2003)

FS Schneider	Kriminologie an der Schwelle zum 21. Jahrhundert, Festschrift für Hans Joachim Schneider zum 70. Geburtstag (1998)
FS Schomburg	Justice Without Borders – Essays in Honour of Wolfgang Schomburg (2018)
FS Schöch	Festschrift für Heinz Schöch zum 70. Geburtstag (2010)
FS Schreiber	Strafrecht, Biorecht, Rechtsphilosophie, Festschrift für Hans-Ludwig Schreiber zum 70. Geburtstag (2003)
FS Schroeder	Festschrift für Friedrich-Christian Schroeder zum 70. Geburtstag (2006)
FS Schüler-Springorum	Festschrift für Horst Schüler-Springorum zum 65. Geburtstag (1993)
FS Schünemann	Festschrift für Bernd Schünemann zum 70. Geburtstag (2014)
FS Schultz	Lebendiges Strafrecht. Festgabe zum 65. Geburtstag von Hans Schultz (1977)
FS Schwind	Kriminalpolitik und ihre wissenschaftlichen Grundlagen, Festschrift für Hans-Dieter Schwind zum 70. Geburtstag (2006)
FS Seebode	Festschrift für Manfred Seebode zum 70. Geburtstag (2008)
FS Seidl-Hohenveldern	Völkerrecht, Recht der Internationalen Organisationen, Weltwirtschaftsrecht; Festschrift für Ignaz Seidl-Hohenveldern zum 70. Geburtstag (1988)
FS Sendler	Bürger-Richter-Staat, Festschrift für Horst Sendler zum Abschied aus seinem Amt (1991)
FS Spendel	Festschrift für Günter Spendel zum 70. Geburtstag (1992)
FS Spinellis	Festschrift für Dionysios Spinellis zum 70. Geburtstag (1999–2003)
FS StA Schleswig-Holstein	Strafverfolgung und Strafverzicht, Festschrift zum 125jährigen Bestehen der Staatsanwaltschaft Schleswig-Holstein (1992)
FS Steinberger	Tradition und Weltoffenheit des Rechts, Festschrift für Helmut Steinberger (2002)
FS Steinhilper	Kriminologie und Medizinrecht, Festschrift für Gernot Steinhilper zum 70. Geburtstag (2013)
FS Stober	Festschrift für Rolf Stober, Wirtschaft – Verwaltung – Recht (2008)
FS Stock	Studien zur Strafrechtswissenschaft, Festgabe für Ulrich Stock zum 70. Geburtstag (1966)
FS Stöckel	Strafrechtspraxis und Reform, Festschrift für Heinz Stöckel zum 70. Geburtstag (2010)
FS Strauda	Festschrift zu Ehren des Strafrechtsausschusses der Bundesrechtsanwaltskammer anlässlich seiner 196. Tagung vom 13.–15.10.2006 in Münster (2006)
FS Stree/Wessels	Beiträge zur Rechtswissenschaft, Festschrift für Walter Stree und Johannes Wessels zum 70. Geburtstag (1993)
FS Streng	Festschrift für Franz Streng zum 70. Geburtstag (2017)
FS Szwarc	Vergleichende Strafrechtswissenschaft, Frankfurter Festschrift für Andrzej J. Szwarc zum 70. Geburtstag (2009)
FS Tepperwien	NJW-Festheft zum 65. Geburtstag von Ingeborg Tepperwien (2010)
FS Tiedemann	Strafrecht und Wirtschaftsstrafrecht, Festschrift für Klaus Tiedemann zum 70. Geburtstag (2008)
FS Tondorf	Festschrift für Günter Tondorf zum 70. Geburtstag (2004)
FS Trechsel	Strafrecht, Strafprozessrecht und Menschenrechte, Festschrift für Stefan Trechsel zum 65. Geburtstag (2002)
FS Triffterer	Festschrift für Otto Triffterer zum 65. Geburtstag (1996)
FS Tröndle	Festschrift für Herbert Tröndle zum 70. Geburtstag (1989)
FS Trusen	Festschrift für Winfried Trusen zum 70. Geburtstag (1994)
FS Verdross	Völkerrecht und zeitliches Weltbild, Festschrift für Alfred Verdross zum 70. Geburtstag (1960)
FS Verdross II	Ius humanitas, Festschrift für Alfred Verdross zum 90. Geburtstag (1980)
FS Verosta	Völkerrecht und Rechtsphilosophie, Internationale Festschrift für Stephan Verosta zum 70. Geburtstag (1980)
FS Volk	In dubio pro libertate, Festschrift für Klaus Volk zum 65. Geburtstag (2009)
FS von Simson	Grundrechtsschutz im nationalen und internationalen Recht – Festschrift für Werner von Simson zum 75. Geburtstag (1983)

FS Vormbaum	Strafrecht und Juristische Zeitgeschichte – Symposium anlässlich des 70. Geburtstages von Thomas Vormbaum
FS Wassermann	Festschrift für Rudolf Wassermann zum 60. Geburtstag (1985)
FS v. Weber	Festschrift für Hellmuth von Weber zum 70. Geburtstag (1963)
FS Weber	Festschrift für Ulrich Weber zum 70. Geburtstag (2004)
FS Weißauer	Ärztliches Handeln – Verrechtlichung eines Berufsstandes; Festschrift für Walther Weißauer zum 65. Geburtstag (1986)
FS Welp	Strafverteidigung in Forschung und Praxis, Kriminalwissenschaftliches Kolloquium aus Anlaß des 70. Geburtstages von Jügen Welp (2006)
FS Welzel	Festschrift für Hans Welzel zum 70. Geburtstag (1974)
FS Wessing	Unternehmensstrafrecht – Festschrift für Jürgen Wessing zum 65. Geburtstag (2015)
FS Widmaier	Strafverteidigung, Revision und die gesamten Strafrechtswissenschaften – Festschrift für Gunter Widmaier zum 70. Geburtstag (2008)
FS Winkler	Beiträge zum Verfassungs- und Wirtschaftsrecht, Festschrift für Günther Winkler (1989)
FS Wolff	Festschrift für Ernst Amadeus Wolff zum 70. Geburtstag (1998)
FS Wolter	Festschrift für Jürgen Wolter zum 70. Geburtstag (2013)
FS Würtenberger	Kultur, Kriminalität, Strafrecht, Festschrift für Thomas Würtenberger zum 70. Geburtstag (1977)
FS Würtenberger II	Verfassungsstaatlichkeit im Wandel, Festschrift für Thomas Würtenberger zum 70. Geburtstag (2013)
FS Würzburger Juristenfakultät	Raum und Recht, Festschrift 600 Jahre Würzburger Juristenfakultät (2002)
FS Yamanaka	Rechtsstaatliches Strafen, Festschrift für Keiichi Yamanaka zum 70. Geburtstag (2017)
FS Zeidler	Festschrift für Wolfgang Zeidler (1987)
FS Zoll	Rechtsstaat und Strafrecht, Festschrift für Andrzej Zoll zum 70. Geburtstag (2012)
Full/Möhl/Rüth	s. Rüth/Berr/Berz
Gaede	Gaede, Fairness als Teilhabe – das Recht auf konkrete und wirksame Teilhabe durch Verteidigung gemäß Art. 6 EMRK (2007)
Gaier/Wolf/Göcken	Gaier/Wolf/Göcken, Anwaltliches Berufsrecht, 2. Aufl. (2014)
GedS Bleckmann	Rechtsstaatliche Ordnung Europas – Gedächtnisschrift für Albert Bleckmann (2007)
GedS Blomeyer	Recht der Wirtschaft und Arbeit in Europa. Gedächtnisschrift für Wolfgang Blomeyer (2004)
GedS Blumenwitz	Iustitia et Pax, Gedächtnisschrift für Dieter Blumenwitz (2008)
GedS Bruns	Gedächtnisschrift für Rudolf Bruns (1980)
GedS Eckert	Gedächtnisschrift für Jörn Eckert (2008)
GedS Geck	Verfassungsrecht und Völkerrecht, Gedächtnisschrift für Wilhelm Karl Geck (1989)
GedS Heine	Strafrecht als ultima ratio – Gießener Gedächtnisschrift für Günter Heine (2015)
GedS Joecks	Strafrecht – Wirtschaftsstrafrecht – Steuerrecht – Gedächtnisschrift für Wolfgang Joecks (2018)
GedS A. Kaufmann	Gedächtnisschrift für Armin Kaufmann (1986)
GedS H. Kaufmann	Gedächtnisschrift für Hilde Kaufmann (1986)
GedS Keller	Gedächtnisschrift für Rolf Keller (2003)
GedS Küchenhoff	Recht und Rechtsbesinnung, Gedächtnisschrift für Günter Küchenhoff (1987)
GedS Lisken	Lauschen im Rechtsstaat – Zu den Konsequenzen des Urteils des Bundesverfassungsgerichts zum großen Lauschangriff, Gedächtnisschrift für Hans Lisken (2004)
GedS Meurer	Gedächtnisschrift für Dieter Meurer (2002)

GedS Meyer	Gedächtnisschrift für Karlheinz Meyer (1990)
GedS Noll	Gedächtnisschrift für Peter Noll (1984)
GedS H. Peters	Gedächtnisschrift für Hans Peters (1967)
GedS Ryssdal	Protection des droits de l'homme: la perspective européenne/Protecting Human Rights: The European Perspective, Gedächtnisschrift für Rolv Ryssdal (2000)
GedS Schlüchter	Gedächtnisschrift für Ellen Schlüchter (2002)
GedS Schröder	Gedächtnisschrift für Horst Schröder (1978)
GedS Seebode	Im Zweifel für die Freiheit – Gedächtnisschrift für Manfred Seebode (2015)
GedS Trzaskalik	Gedächtnisschrift für Christoph Trzaskalik (2005)
GedS Walter	Kriminologie – Jugendkriminalrecht – Strafvollzug, Gedächtnisschrift für Michael Walter (2014)
GedS Weßlau	Rechtsstaatlicher Strafprozess und Bürgerrechte – Gedächtnisschrift für Edda Weßlau (2016)
GedS Vogler	Gedächtnisschrift für Theo Vogler (2004)
GedS Zipf	Gedächtnisschrift für Heinz Zipf (1999)
Geerds	Handbuch der Kriminalistik, begr. von H. Groß, neubearbeitet von Geerds, 10. Aufl. (Bd. I 1977, Bd. II 1978)
Geiger/Khan/Kotzur	Geiger/Khan/Kotzur, EUV/AEUV, Kommentar, 6. Aufl. (2017)
Gerland	Gerland, Der Deutsche Strafprozeß (1927)
Gerold/Schmidt/v. Eicken/ Madert/Müller-Rabe	Gerold/Schmidt/v. Eicken/Madert/Müller-Rabe, Rechtsanwaltsvergütungsgesetz, Kommentar, 23. Aufl. (2017)
Glaser	Glaser, Handbuch des Strafprozesses, in Binding, Systematisches Handbuch der Deutschen Rechtswissenschaft (Bd. I 1883, Bd. II 1885)
Göbel	Göbel, Strafprozess, 8. Aufl. (2013)
Göhler	Göhler, Ordnungswidrigkeitengesetz, Kurzkommentar erläutert von Erich Göhler, fortgef. von Peter König und Helmut Seitz, 17. Aufl. (2017)
Götz/Tolzmann	Götz/Tolzmann, Bundeszentralregistergesetz, Kommentar, 4. Aufl. (2000); Nachtrag zur 4. Auflage (2003)
Gössel	Gössel, Strafverfahrensrecht, Studienbuch (1977)
Gössel/Dölling	Gössel/Dölling, Strafrecht, Besonderer Teil 1, 2. Aufl. (2004)
Goldschmidt	Goldschmidt, Der Prozeß als Rechtslage (1925)
Grabenwarter/Pabel	Grabenwarter/Pabel, Europäische Menschenrechtskonvention, 6. Aufl. (2016)
Grabitz/Hilf/Nettesheim	Grabitz/Hilf/Nettesheim, Das Recht der Europäischen Union, begr. von Grabitz, Loseblattausgabe, 65. Aufl. (2018)
Graf	Graf, Strafprozessordnung, 3. Aufl. (2018)
Graf/Goers (BGH Jahr)	Graf, BGH-Rechtsprechung Strafrecht 2010 (2011); 2011 (2012); 2012/2013 (2013); 2014 (2014); 2015 (2015); 2016 (2016); 2017 (2017)
Graf/Jäger/Wittig	Graf/Jäger/Wittig, Wirtschafts- und Steuerstrafrecht, 2. Aufl. (2017)
Graf zu Dohna	Graf zu Dohna, Das Strafprozeßrecht, 3. Aufl. (1929)
Greeve/Leipold	Greeve/Leipold, Handbuch des Baustrafrechts (2004)
Grote/Marauhn/Dörr	Grote/Marauhn/Dörr, EMRK/GG, Konkordanzkommentar zum europäischen und deutschen Grundrechtsschutz, 2. Aufl. (2013)
Grunau/Tiesler	Grunau/Tiesler, Strafvollzugsgesetz, Kommentar, 2. Aufl. (1982)
Grützner/Pötz/Kreß/Gazeas	Grützner/Pötz/Kreß/Gazeas, Internationaler Rechtshilfeverkehr in Strafsachen, Loseblattausgabe, 3. Aufl. (ab 2008)
Guradze	Guradze, Die Europäische Menschenrechtskonvention, 1968
Gürtner	Das kommende deutsche Strafverfahren, Bericht der amtlichen Strafprozeßkommission, hrsg. von Gürtner (1938)
Habschick	Habschick, Erfolgreich Vernehmen, 4. Aufl. (2016)
Hackner/Schierholt	Hackner/Schierholt, Internationale Rechtshilfe in Strafsachen, 3. Aufl. (2017)
Hahn	Hahn, Die gesamten Materialien zur Strafprozeßordnung und dem Einführungsgesetz, Bd. I (1880), Bd. II (1881)

Haller/Conzen	Haller/Conzen, Das Strafverfahren, 8. Aufl. (2018)
Hamm/Hassemer/Pauly	Hamm/Hassemer/Pauly, Beweisantragsrecht, 2. Aufl. (2007)
Hamm	Hamm, Die Revision in Strafsachen, 7. Aufl. (2010)
Hanack-Symp.	Aktuelle Probleme der Strafrechtspflege, Beiträge eines Symposions anläßlich des 60. Geburtstags von Ernst Walter Hanack (1991)
Hansens	Hansens, RVG, Rechtsanwaltsvergütungsgesetz, 9. Aufl. (2018)
Hartmann	Hartmann, Kostengesetze, 48. Aufl. (2018)
Hartung/Schons/Enders	Hartung/Schons/Enders, Rechtsanwaltsvergütungsgesetz (RVG), Kommentar, 3. Aufl. (2017)
Haupt/Weber/Bürner/ Frankfurth/Luxemburger/ Marth	Haupt/Weber/Bürner/Frankfurth/Luxemburger/Marth, Handbuch Opferschutz und Opferhilfe, 2. Aufl. (2003)
HdbStR	Handbuch des Strafrechts, hrsg. von Hilgendorf/Kudlich/Valerius, ab 2018
HdbVerfR	Handbuch des Verfassungsrechts, hrsg. von Benda/Maihofer/Vogel, 2. Aufl. (1994)
Hecker	Hecker, Europäisches Strafrecht, 5. Aufl. (2015)
Heghmanns/Herrmann	Heghmanns/Herrmann, Das Arbeitsgebiet des Staatsanwalts, 5. Aufl. (2017)
Heghmanns, Verteidigung	Heghmanns, Verteidigung in Strafvollstreckung und Strafvollzug, 2. Aufl. (2012)
Heghmanns/Scheffler	Heghmanns/Scheffler, Handbuch zum Strafverfahren (2008) (zit.: HbStrVf/*Verfasser*)
Hellebrand	Hellebrand, Die Staatsanwaltschaft (1999)
Hellmann	Hellmann, Strafprozessrecht, 2. Aufl. (2005)
Henkel	Henkel, Strafverfahrensrecht, Lehrbuch, 2. Aufl. (1968)
Henssler/Prütting	Bundesrechtsanwaltsordnung, Kommentar, hrsg. von Henssler/Prütting, 4. Aufl. (2014)
Hentschel	Hentschel, Trunkenheit, Fahrerlaubnisentziehung, Fahrverbot im Straf- und Ordnungswidrigkeitenrecht, 10. Aufl. (2006)
Hentschel/König/Dauer	Hentschel/König/Dauer, Straßenverkehrsrecht, 45. Aufl. (2019)
Herrmann	Herrmann, Untersuchungshaft (2007)
Heselhaus/Nowak	Heselhaus/Nowak, Handbuch der Europäischen Grundrechte (2006)
Herzog/Mülhausen	Herzog/Mülhausen, Geldwäschebekämpfung und Gewinnabschöpfung (2006)
von Hippel	von Hippel, Der deutsche Strafprozeß, Lehrbuch (1941)
HK	Heidelberger Kommentar zur Strafprozessordnung, 6. Aufl. (2019)
HK-GS	*siehe* Dölling/Duttge/Rössner
Höflich/Schriever/Bartmeier	Höflich/Schriever/Bartmeier, Grundriss Vollzugsrecht, 4. Aufl. (2014)
Hömig/Wolff	Hömig/Wolff, Grundgesetz für die Bundesrepublik Deutschland, 12. Aufl. (2018)
Hofmann	Hofmann, IPBPR Erläuterung, in: Das Deutsche Bundesrecht I A 10c (1986)
von Holtzendorff	von Holtzendorff, Handbuch des deutschen Strafprozesses (1879)
HRRS-FG Fezer	HRRS-Festgabe für Gerald Fezer zum 70. Geburtstag (2008)
Ignor/Mosbacher	Ignor/Mosbacher, Handbuch Arbeitsstrafrecht, 3. Aufl. (2016)
IK-EMRK	Pabel/Schmahl (Hrsg.), Internationaler Kommentar zur Europäischen Menschenrechtskonvention, Loseblattausgabe, 19. Lfg., Kommentar, 8. Aufl. (2015)
Ipsen	Ipsen, Völkerrecht, 7. Aufl. 2018
Isele	Isele, Bundesrechtsanwaltsordnung, Kommentar (1976)
Jacobs/White/Ovey	Jacobs/White/Ovey, The European Convention on Human Rights, 7ed. 2017
Jahn/Krehl/Löffelmann/ Güntge	Jahn/Krehl/Löffelmann/Güntge, Die Verfassungsbeschwerde in Strafsachen, 2. Aufl. (2017)
Jahn/Nack (I)	Jahn/Nack (Hrsg.), Strafprozessrechtspraxis und Rechtswissenschaft, 1. Karlsruher Strafrechtsdialog (2007)

Jahn/Nack (II)	Jahn/Nack (Hrsg.), Rechtsprechung, Gesetzgebung, Lehre: Wer regelt das Strafrecht?, 2. Karlsruher Strafrechtsdialog (2009)
Jahn/Nack (III)	Jahn/Nack (Hrsg.), Gegenwartsfragen des europäischen und deutschen Strafrechts, 3. Karlsruher Strafrechtsdialog (2011)
Jahn/Nack (IV)	Jahn/Nack (Hrsg.), Rechtsprechung in Strafsachen zwischen Theorie und Praxis – zwei Seiten einer Medaille?, 4. Karlsruher Strafrechtsdialog (2013)
Jahn/Radtke (V)	Deutsche Strafprozessreform und Europäische Grundrechte – Herausforderungen auch für die Rechtsprechung des BGH in Strafsachen? – Referate und Diskussionen auf dem 5.Karlsruher Strafrechtsdialog (2015)
Jahn/Radtke (VI)	Der Bundesgerichtshof im Spiegel der Öffentlichkeit – Referate und Diskussionen auf dem 6. Karlsruher Strafrechtsdialog (2017)
Jakobs	Jakobs, Strafrecht Allg. Teil, Lehrbuch, 2. Aufl. (1991)
Janiszewski	Janiszewski, Verkehrsstrafrecht, 5. Aufl. (2004)
Jansen	Jansen, Zeuge und Aussagepsychologie, 2. Aufl. (2012)
Janssen	Janssen, Gewinnabschöpfung im Strafverfahren (2007)
Jarass	Jarass, Charta der Grundrechte der Europäischen Union, 3. Aufl. (2016)
Jarass/Pieroth	Jarass/Pieroth, Grundgesetz für die Bundesrepublik Deutschland, 15. Aufl. (2018)
Jescheck/Weigend	Jescheck/Weigend, Lehrbuch des Strafrechts, Allgemeiner Teil, 5. Aufl. (1996)
Jessnitzer/Ulrich	Jessnitzer/Ulrich, Der gerichtliche Sachverständige, Handbuch für die Praxis, 12. Aufl. (2007)
Joachimski/Haumer	Joachimski/Haumer, Strafverfahrensrecht, 7. Aufl. (2015)
Joecks	Joecks, Studienkommentar StPO, 4. Auflage (2015)
Joecks/Jäger/Randt	Joecks/Jäger/Randt, Steuerstrafrecht mit Zoll- und Verbrauchsteuerstrafrecht, 8. Aufl. (2015)
Johann	Johann, Möglichkeiten und Grenzen des neuen Vermögensabschöpfungsrechts (2019)
John	John, Strafprozeßordnung, Kommentar, Bd. I (1884), Bd. II (1888), Bd. III Lfg. 1 (1889)
Jung	Jung, Praxiswissen Strafverteidigung von Ausländern (2009)
Junker	Junker, Beweisantragsrecht im Strafprozess, 3. Aufl. (2019)
Junker/Armatage	Junker/Armatage, Praxiswissen Strafverteidigung (2009)
Kaiser	Kaiser, Kriminologie, Lehrbuch, 3. Aufl. (1996)
Kaiser/Schöch/Kinzig	Kaiser/Schöch/Kinzig, Kriminologie, Jugendstrafrecht, Strafvollzug, Lehrbuch, 8. Aufl. (2015)
Kamann	Kamann, Handbuch für die Strafvollstreckung und den Strafvollzug, 2. Aufl. (2008)
Kammeier	Kommentar zum Maßregelvollzugsrecht, hrsg. von Kammeier, 3. Aufl. (2010)
Karpenstein/Mayer	Karpenstein/Mayer (Hrsg.) EMRK – Konvention zum Schutz der Menschenrechte und Grundfreiheiten, 2. Aufl. (2015)
Katholnigg	Katholnigg, Strafgerichtsverfassungsrecht, 3. Aufl. (1999)
Kämmerer/Eidenmüller	Kämmerer/Eidenmüller, Post- und Fernmeldewesen (1971)
Kindhäuser	Kindhäuser, Strafgesetzbuch, Lehr- und Praxiskommentar, 7. Aufl. (2017)
Kindhäuser/Schumann	Kindhäuser/Schumann, Strafprozessrecht, 5. Aufl. (2019)
Kinzig	Kinzig, Die rechtliche Bewältigung von Erscheinungsformen organisierter Kriminalität (2004)
Kirsch	Kirsch (Hrsg.), Internationale Strafgerichtshöfe (2005)
Kissel/Mayer	Kissel/Mayer, Gerichtsverfassungsgesetz (GVG), 9. Aufl. 2018
KK	Karlsruher Kommentar zur Strafprozeßordnung, hrsg. von Hannich, 7. Aufl. (2013)
KK-OWiG	Karlsruher Kommentar zum Ordnungswidrigkeitengesetz, hrsg. von Senge, 5. Aufl. (2018)
Klein/(Orlopp)	Klein, Abgabenordnung, Kommentar, 14. Aufl. (2018)

Klemke/Elbs	Klemke/Elbs, Einführung in die Praxis der Strafverteidigung, 3. Aufl. (2013)
Klesczewski	Klesczewski, Strafprozessrecht, 2. Aufl. (2013)
KMR	Kommentar zur Strafprozeßordnung und zum Gerichtsverfassungsgesetz, hrsg. von Heintschel-Heinegg/Stöckel, Loseblattausgabe (ab 1998)
Knierim/Rübenstahl/ Tsambikakis	Knierim/Rübenstahl/Tsambikakis (Hrsg.), Internal Investigations, 2. Aufl. (2016)
Koch/Scholtz	Koch/Scholtz, Abgabenordnung, Kommentar, 5. Aufl. (1996)
König	König, Anwaltkommentar Untersuchungshaft (2011)
Koeniger	Koeniger, Die Hauptverhandlung in Strafsachen (1966)
Körner/Patzak/Volkmer	Körner/Patzak/Volkmer, Betäubungsmittelgesetz, Kommentar, 9. Aufl. (2019)
Kohlmann	Kohlmann, Steuerstrafrecht mit Ordnungswidrigkeitenrecht und Verfahrensrecht, Loseblattausgabe, Stand April 2017
Kohlrausch	Kohlrausch, Strafprozeßordnung und Gerichtsverfassungsgesetz, Kommentar, 24. Aufl. (1936)
Krack	Krack, Die Rehabilitierung des Beschuldigten im Strafverfahren (2002)
Kramer	Kramer, Grundbegriffe des Strafverfahrensrechts, 8. Aufl. (2014)
Krause/Nehring	Krause/Nehring, Strafverfahrensrecht in der Polizeipraxis (1978)
Krekeler/Werner	Krekeler/Werner, Verteidigung in Wirtschaftsstrafsachen, 2. Aufl. (2013)
Krenberger/Krumm	Krenberger/Krumm, Ordnungswidrigkeitengesetz, 5. Aufl. (2018)
Krey/Heinrich	Krey/Heinrich, Deutsches Strafverfahrensrecht, 2. Aufl. (2018)
von Kries	von Kries, Lehrbuch des Deutschen Strafprozeßrechts (1892)
Kühne	Kühne, Strafprozessrecht, 9. Aufl. (2015)
Kunz	Kunz, StrEG – Gesetz über die Entschädigung für Strafverfolgungsmaßnahmen, 4. Aufl. (2010)
Kunz/Zellner/Gelhausen/ Weiner	Kunz/Zellner/Gelhausen/Weiner, Opferentschädigungsgesetz, 6. Aufl. (2015)
Lackner/Kühl	Lackner/Kühl, Strafgesetzbuch, Kommentar, 29. Aufl. (2018)
Laubenthal	Laubenthal, Strafvollzug, 7. Aufl. (2015)
Laubenthal/Baier/Nestler	Laubenthal/Baier/Nestler, Jugendstrafrecht, 3. Aufl. (2015)
Laubenthal/Nestler	Laubenthal/Nestler, Strafvollstreckung, 2. Aufl. (2018)
Laubenthal/Nestler/ Neubacher/ Verrel	Laubenthal/Nestler/Neubacher/Verrel, Strafvollzugsgesetze, Kommentar, 12. Aufl. (2015)
Leitner/Michalke	Leitner/Michalke, Strafprozessuale Zwangsmaßnahmen (2007)
Lemke/Mosbacher	Lemke/Mosbacher, Ordnungswidrigkeitengesetz, 2. Aufl. (2005)
Lesch	Lesch, Strafprozeßrecht, 2. Aufl. (2002)
von Lilienthal	von Lilienthal, Strafprozeßrecht, Lehrbuch (1923)
Lindemann	Lindemann, Voraussetzungen und Grenzen legitimen Wirtschaftsstrafrechts (2012)
Lingens/Korte	Lingens/Korte, Wehrstrafgesetz, 5. Aufl. (2012)
Lisken/Denninger	Handbuch des Polizeirechts, hrsg. von Lisken/Denninger, 6. Aufl. (2018)
LK	Leipziger Kommentar zum Strafgesetzbuch, 12. Aufl., hrsg. von Laufhütte/Rissing-van Saan/Tiedemann (ab 2006)
Löffler	Löffler, Presserecht, 6. Aufl. (2015)
LR[25]	Löwe-Rosenberg, Die Strafprozeßordnung und das Gerichtsverfassungsgesetz, hrsg. von Rieß, 26. Aufl. (2012)
LR[26]	Löwe-Rosenberg, Die Strafprozeßordnung und das Gerichtsverfassungsgesetz, hrsg. von Erb, Esser, Franke, Graalmann-Scheerer, Hilger, Ignor, 26. Aufl. (2006 bis 2014), 27. Aufl. (ab 2016)
MAH	Münchener Anwaltshandbuch Strafverteidigung, hrsg. von Widmaier/ Müller/Schlothauer, 2. Aufl. (2014)
MAH (WSSt)	Münchener Anwaltshandbuch Verteidigung in Wirtschafts- und Steuerstrafsachen, hrsg. von Volk, 2. Aufl. (2014)
Malek	Malek, Verteidigung in der Hauptverhandlung, 5. Aufl. (2017)

Malek (BtMG)	Malek, Betäubungsmittelstrafrecht, 4. Aufl. (2014)
Malek/Popp (Internet)	Malek/Popp, Strafsachen im Internet, 2. Aufl. (2015)
von Mangoldt/Klein/Starck	von Mangoldt/Klein/Starck, Das Bonner Grundgesetz, 6. Aufl. (2010 ff.), 3. Bd.
Marberth-Kubicki	Marberth-Kubicki, Computer- und Internetstrafrecht, 2. Aufl. (2010)
Marschner/Volckart/Lesting	Marschner/Volckart/Lesting, Freiheitsentziehung und Unterbringung, 5. Aufl. (2010)
Marx/Roderfeld	Marz/Roderfeld, Rechtsschutz bei überlangen Gerichts- und Ermittlungsverfahren (2013)
Marxen/Tiemann	Marxen/Tiemann, Die Wiederaufnahme in Strafsachen, 3. Aufl. (2014)
Matt/Renzikowski	Matt/Renzikowski, StGB, Kommentar (2013)
Maunz/Dürig	Maunz/Dürig, Grundgesetz, Kommentar, Loseblattausgabe, 84. Aufl. (2018)
Maurach/Zipf	Maurach/Zipf, Strafrecht, Allgemeiner Teil, Teilbd. 1, 8. Aufl. (1992)
Maurach/Gössel/Zipf	Maurach/Gössel/Zipf, Strafrecht, Allgemeiner Teil, Teilbd. 2, 8. Aufl. (2014)
Maurach/Schroeder/Maiwald	Maurach/Schroeder/Maiwald, Strafrecht, Besonderer Teil, Teilbd. 1, 10. Aufl. (2009), Teilbd. 2, 10. Aufl. (2013)
Mayer/Kroiß	Mayer/Kroiß, Rechtsanwaltsvergütungsgesetz, 7. Aufl. (2018)
Meier (Kriminologie)	Meier, Kriminologie, 5. Aufl. (2016)
Meier (Sanktionen)	Meier, Strafrechtliche Sanktionen, 4. Aufl. (2014)
Meier/Rössner/Trüg/Wulf	Meier/Rössner/Trüg/Wulf, Jugendgerichtsgesetz, 2. Aufl. (2014)
Mellinghoff	Mellinghoff, Fragestellung, Abstimmungsverfahren und Abstimmungsgeheimnis im Strafverfahren (1988)
Mende	Mende, Grenzen privater Ermittlungen durch den Verletzten einer Straftat (2001)
Merten/Papier	Merten/Papier, Handbuch der Grundrechte in Deutschland und Europa (ab 2004)
Mertens/Stuff/Mück	Mertens/Stuff/Mück, Verteidigervergütung, 2. Aufl. (2016)
Meyer D.	Meyer D., Strafrechtsentschädigung, 10. Aufl. (2016)
Meyer D. (GKG)	Meyer D., GKG/FamGKG, Kommentar, 16. Aufl. (2017)
Meyer/Höver/Bach/Oberlack	Meyer/Höver/Bach/Oberlack, Die Vergütung und Entschädigung von Sachverständigen, Zeugen, Dritten und von ehrenamtlichen Richtern nach dem JVEG, 27. Aufl. (2017)
Meyer-Goßner (Prozess)	Meyer-Goßner, Prozessvoraussetzungen und Prozesshindernisse (2011)
Meyer-Goßner/Schmitt	Meyer-Goßner/Schmitt, Strafprozessordnung mit GVG, Nebengesetzen und ergänzenden Bestimmungen, Kommentar, 62. Aufl. (2019)
Meyer-Goßner/Appl	Meyer-Goßner/Appl, Die Urteile in Strafsachen sowie Beschlüsse und Protokoll der Hauptverhandlung, 29. Aufl. (2014)
Meyer-Ladewig/Nettesheim/ Raumer	Meyer-Ladewig/Nettesheim/Raumer, Handkommentar zur EMRK, 4. Aufl. (2017)
Minoggio	Minoggio, Unternehmensverteidigung, 3. Aufl. (2016)
Mitsch	Mitsch, Recht der Ordnungswidrigkeiten, Lehrbuch, 2. Aufl. (2005)
Momsen/Grützner	Momsen/Grützner, Wirtschaftsstrafrecht (2013)
Möller/Warg	Möller/Warg, Allgemeines Polizei- und Ordnungsrecht, 6. Aufl. (2011)
Möthrath/Rüther/Bahr	Möthrath/Rüther/Bahr, Verteidigung ausländischer Beschuldigter (2012)
Müller	Müller, Der Sachverständige im gerichtlichen Verfahren, Handbuch des Sachverständigenbeweises, 3. Aufl. (1988)
Müller (Beiträge)	Müller, Beiträge zum Strafprozessrecht 1969–2001 (2003)
Müller/Sax	s. KMR
Müller-Gugenberger	Müller-Gugenberger, Wirtschaftsstrafrecht, 6. Aufl. (2015)
von Münch/Kunig	von Münch/Kunig, Grundgesetz, Kommentar, 2 Bände, 6. Aufl. (2012)
Münchhalffen/Gatzweiler	Münchhalffen/Gatzweiler, Das Recht der Untersuchungshaft, 3. Aufl. (2009)
Murmann	Murmann, Prüfungswissen Strafprozessrecht, 3. Aufl. (2015)

MüKo	Münchener Kommentar zur Strafprozessordnung, hrsg. von Knauer/Kudlich/Schneider (ab 2014)
MüKo-ZPO	Münchener Kommentar zur Zivilprozessordnung, hrsg. von Krüger/Rauscher, Band 1-2, 5. Aufl. (2016); Band 3, 4. Aufl. (2012)
MüKo-BGB	Münchener Kommentar zum Bürgerlichen Gesetzbuch, hrsg. von Rixecker/Säcker/Limperg/Oetker, 8. Aufl. (2018)
MüKo-StGB	Münchener Kommentar zum Strafgesetzbuch, hrsg. von Joecks/Miebach (ab 2003), 3. Aufl. (ab 2016)
Niese	Niese, Doppelfunktionelle Prozeßhandlungen (1950)
Nipperdey/Scheuner	Nipperdey/Scheuner, Die Grundrechte, 4 Bände (ab 1954)
NK-StGB	Nomos-Kommentar zum Strafgesetzbuch, hrsg. von Kindhäuser/Neumann/Paeffgen, 5. Aufl. (2017)
Nobis	Nobis, Strafverteidigung vor dem Amtsgericht (2011)
Nobis/Schlothauer/Weider	Nobis/Schlothauer/Weider, Untersuchungshaft, 5. Aufl. (2016)
Nowak	Nowak, CCPR – Commentary – Commentary on the U.N. Covenant on Civil and Political Rights, 2nd Edition (2005)
Oetjen/Endriß	Oetjen/Endriß, Leitfaden Untersuchungshaft (1999)
OK-GG	Beck-Online-Kommentar zum GG
OK-StGB	Beck-Online-Kommentar zum StGB
OK-StPO	Beck-Online-Kommentar zur StPO
Ostendorf	Ostendorf, Strafprozessrecht, 3. Aufl. (2018)
Ostendorf (U-Haft)	Ostendorf, Untersuchungshaft und Abschiebehaft (2012)
Ostendorf (JStVollzR)	Ostendorf (Hrsg.), Jugendstrafvollzugsrecht, 3. Aufl. (2016)
Ostendorf (Jugendgerichtsgesetz)	Ostendorf, Jugendgerichtsgesetz, 10. Aufl. (2016)
Ostendorf/Drenkhahn	Ostendorf/Drenkhahn, Jugendstrafrecht, 9. Aufl. (2017)
Palandt	Palandt, Bürgerliches Gesetzbuch, Kurzkommentar, 77. Aufl. (2018)
Park	Park, Handbuch Durchsuchung und Beschlagnahme 4. Aufl. (2018)
Park (Kapitalmarkt)	Park, Kapitalmarktstrafrecht, Handkommentar, 4. Aufl. (2017)
Partsch	Partsch, Die Rechte und Freiheiten der Europäischen Menschenrechtskonvention, 1966 (Sonderdruck aus Bettermann/Neumann/Nipperdey (Hrsg.), Die Grundrechte der Welt Bd. I 1)
Peter (Opferanwalt)	Peter, Das 1x1 des Opferanwalts, 3. Aufl. (2017)
Peter	Peter, Das 1x1 der Hauptverhandlung, 2. Aufl. (2011)
Peters/Altwicker (EMRK)	Peters/Altwicker, Europäische Menschenrechtskonvention, 2. Aufl. (2012)
Peters	Peters, Strafprozeß, Lehrbuch, 4. Aufl. (1985)
Peters (Fehlerquellen)	Peters, Fehlerquellen im Strafprozeß, Band I (1970), Band II (1972), Band III (1974)
Pfeiffer	Pfeiffer, Strafprozessordnung, Kommentar, 5. Aufl. (2005)
Pfordte/Degenhard	Pfordte/Degenhard, Der Anwalt im Strafrecht (2005)
Piller/Hermann	Piller/Hermann, Justizverwaltungsvorschriften, Loseblattsammlung
Plötz (Fürsorgepflicht)	Plötz, Die gerichtliche Fürsorgepflicht im Strafverfahren (1980)
Pohlmann/Jabel/Wolf	Pohlmann/Jabel/Wolf, Strafvollstreckungsordnung, Kommentar, 9. Aufl. (2015)
Poller/Teubel	Poller/Teubel, Gesamtes Kostenhilferecht, 3. Aufl. (2018)
Popp	Popp, Grundzüge der internationalen Rechtshilfe in Strafsachen (2001)
Potrykus	Potrykus, Kommentar zum Jugendgerichtsgesetz, 4. Aufl. (1955)
Protokolle	Protokolle der Kommission für die Reform des Strafprozesses (1905)
Püschel/Bartmeier/Mertens	Püschel/Bartmeier/Mertens, Untersuchungshaft in der anwaltlichen Praxis (2011)
Putzke/Scheinfeld	Putzke/Scheinfeld, Strafprozessrecht, 7. Aufl. (2017)
Quedenfeld/Füllsack	Quedenfeld/Füllsack, Verteidigung in Steuerstrafsachen, 5. Aufl. (2016)
Quellen	Quellen zur Reform des Straf- und Strafprozeßrechts, hrsg. von Schubert/Regge/Rieß/Schmid, I. Abt. – Weimarer Republik, II. Abt. NS-Zeit – Strafgesetzbuch, III. Abt. NS-Zeit – Strafverfahrensrecht (ab 1988)

Radtke/Hohmann	Radtke/Hohmann, Strafprozessordnung, Kommentar (2011)
Randt	Randt, Der Steuerfahndungsfall (2004)
Ranft	Ranft, Strafprozeßrecht, 3. Aufl. (2005)
Rebmann/Roth/Hermann	Rebmann/Roth/Hermann, Gesetz über Ordnungswidrigkeiten, Kommentar, Loseblattausgabe (2016)
Rebmann/Uhlig/Pieper	Rebmann/Uhlig/Pieper, Bundeszentralregistergesetz, Kommentar (1985)
Reisert	Reisert, Anwaltsgebühren im Straf- und Bußgeldrecht, 2. Aufl. (2014)
Ricker/Weberling	Ricker/Weberling, Handbuch des Presserechts, 6. Aufl. (2012)
Riedel/Sußbauer	Riedel/Sußbauer, Rechtsanwaltsvergütungsgesetz, 10. Aufl. (2015)
Rieß	Rieß, Beiträge zur Entwicklung der deutschen Strafprozessordnung (2012)
Rode/Legnaro	Rode/Legnaro, Psychiatrische Sachverständige im Strafverfahren (1994)
Röttle/Wagner	Röttle/Wagner, Strafvollstreckung, 8. Aufl. (2009)
Rolletschke	Rolletschke, Steuerstrafrecht, 4. Aufl. (2012)
Rolletschke/Kemper	Rolletschke/Kemper, Steuerstrafrecht – Kommentar zum Steuerstrafrecht, Loseblattausgabe (2016)
Rosenberg/Schwab/Gottwald	Rosenberg/Schwab/Gottwald, Zivilprozessrecht, 18. Aufl. (2018)
Rosenfeld	Rosenfeld, Deutsches Strafprozeßrecht, 2 Bände (1926)
Rostek	Rostek, Verteidigung in Kapitalstrafsachen, 2. Aufl. (2012)
Rotberg	Rotberg, Gesetz über Ordnungswidrigkeiten, Kommentar, 5. Aufl., bearbeitet von Kleinwefers, Boujong und Wilts (1975)
Rotsch	Rotsch (Hrsg.), Criminal Compliance (2015)
Roxin/Schünemann	Roxin/Schünemann, Strafverfahrensrecht, 29. Aufl. (2017)
Roxin (StrafR)	Roxin, Strafrecht, Allgemeiner Teil, Bd. I, 4. Aufl. (2006), Bd. II (2003)
Roxin-Symp.	Bausteine des Europäischen Strafrechts, Coimbra-Symposium für Claus Roxin, hrsg. von Schünemann/de Figueiredo Dias (1995)
Roxin (I.)	Roxin, I., Die Rechtsfolgen schwerwiegender Rechtsstaatsverstöße in der Strafrechtspflege, 4. Aufl. (2005)
Rönnau	Rönnau, Vermögensabschöpfung in der Praxis, 2. Aufl. (2015)
Rösch (Jugendrichter)	Rösch, Handbuch für den Jugendrichter (2001)
Rösch	Rösch, Das Urteil in Straf- und Bußgeldsachen, 3. Aufl. (2015)
Rüping	Rüping, Das Strafverfahren, 3. Aufl. (1997)
Rüth/Berr/Berz	Rüth/Berr/Berz, Straßenverkehrsrecht, 2. Aufl. (1988)
Sachs	Sachs, Grundgesetz, Kommentar, 8. Aufl. (2018)
Sack	Sack, Umweltschutz-Strafrecht, Erläuterungen der Straf- und Bußgeldvorschriften, Loseblattausgabe (ab 2003)
Satzger	Satzger, Die Europäisierung des Strafrechts (2001)
Satzger (Intern. Strafrecht)	Satzger, Internationales und Europäisches Strafrecht, 8. Aufl. (2018)
Sauer	Sauer, Allgemeine Prozeßrechtslehre (1951)
Sauer/Münkel (Absprachen)	Sauer/Münkel, Absprachen im Strafprozess, 2. Aufl. (2014)
Schäfer	Schäfer, Die Praxis des Strafverfahrens, 7. Aufl. (2018)
Schäfer/Sander/van Gemmeren	Schäfer/Sander/van Gemmeren, Praxis der Strafzumessung, 6. Aufl. (2017)
Schaffstein/Beulke/Swoboda	Schaffstein/Beulke/Swoboda, Jugendstrafrecht, 15. Aufl. (2015)
Schellenberg	Schellenberg, Die Hauptverhandlung im Strafverfahren, 2. Aufl. (2000)
Schenke	Schenke, Polizei- und Ordnungsrecht, 10. Aufl. (2018)
Schenke/Graulich/Ruthig	Schenke/Graulich/Ruthig, Sicherheitsrecht des Bundes 2. Aufl. (2019)
Schilken	Schilken, Gerichtsverfassungsrecht, Lehrbuch, 4. Aufl. (2007)
Schlüchter	Schlüchter, Das Strafverfahren, Lehrbuch, 2. Aufl. (1983)
Schlothauer/Weider/Wollschläger	Schlothauer/Weider/Wollschläger, Verteidigung im Revisionsverfahren, 3. Aufl. (2017)
Schmid	Schmid, Die Verwirkung von Verfahrensrügen im Strafprozess (1967)
Schmidt	s. Eb. Schmidt
Schmidt (Ausländer)	Schmidt, Verteidigung von Ausländern, 4. Aufl. (2016)
Schmidt (Vermögensabschöpfung)	Schmidt, Vermögensabschöpfung, Handbuch für das Straf- und Ordnungswidrigkeitenverfahren, 2. Aufl. (2019)

Schmidt-Bleibtreu/ Hofmann/Henneke	Schmidt-Bleibtreu/Hofmann/Henneke, Kommentar zum Grundgesetz, 14. Aufl. (2017)
Schmidt-Räntsch	Schmidt-Räntsch, Deutsches Richtergesetz, Kommentar, 6. Aufl. (2009)
Schneider	Schneider, Kriminologie, Lehrbuch, 3. Aufl. (1992)
Schneider (JVEG)	Schneider, JVEG, Justizvergütungs- und -entschädigungsgesetz, 3. Aufl. (2018)
Schneider/Volpert/Fölsch	Schneider/Volpert/Fölsch (Hrsg.), Gesamtes Kostenrecht, 2. Aufl. (2016)
Schomburg/Lagodny/Gleß/ Hackner	Schomburg/Lagodny/Gleß/Hackner, Internationale Rechtshilfe in Strafsachen, 5. Aufl. (2012)
Schönke/Schröder	Schönke/Schröder, Strafgesetzbuch, Kommentar, 30. Aufl. (2019)
Schorn	Schorn, Die Europäische Konvention zum Schutze der Menschenrechte und Grundfreiheiten und ihr Zusatzprotokoll in Einwirkung auf das deutsche Recht (1965)
Schorn/Stanicki	Schorn/Stanicki, Die Präsidialverfassung der Gerichte aller Rechtswege, 2. Aufl. (1975)
Schroeder/Verrel	Schroeder/Verrel, Strafprozessrecht, 7. Aufl. (2017)
Schröder	Schröder, Europäische Richtlinien und deutsches Strafrecht (2002)
Schröder (KapitalStR)	Schröder, Handbuch Kapitalmarktstrafrecht, 3. Aufl. (2015)
Schroth	Schroth, Die Rechte des Opfers im Strafprozess, 3. Aufl. (2018)
Schulz/Berke-Müller/Händel	Schulz/Berke-Müller/Händel, Strafprozeßordnung, 7. Aufl. (1983)
Schünemann-Symp.	Empirische und dogmatische Fundamente, kriminalpolitischer Impetus, Symposium für Bernd Schünemann zum 60. Geburtstag, hrsg. von Hefendehl (2005)
Schwind	Schwind, Kriminologie und Kriminalpolitik, 23. Aufl. (2016)
Schwind/Böhm/Jehle/ Laubenthal	Strafvollzugsgesetz, Kommentar, hrsg. von Schwind/Böhm/Jehle/Lauben thal, 6. Aufl. (2013)
Schwinge	Schwinge, Grundlagen des Revisionsrechts, 2. Aufl. (1960)
Seier	Seier, Verteidigung in Straßenverkehrssachen (2012)
Simma/Fastenrath	Simma/Fastenrath, Menschenrechte. Ihr Internationaler Schutz, Textsammlung, 7. Aufl. (2018)
Sieber/Satzger/ v. Heintschel-Heinegg	Sieber/Satzger/v. Heintschel-Heinegg, Europäisches Strafrecht, 2. Aufl. (2014)
SK	Systematischer Kommentar zur Strafprozeßordnung. Mit GVG und EMRK, 5. Aufl. (ab 2016)
SK-StGB	Systematischer Kommentar zum Strafgesetzbuch, Bd. 1, Allgemeiner Teil, Bd. 2, Besonderer Teil, Loseblattausgabe (ab 1975)
Sommer	Sommer, Effektive Strafverteidigung, 3. Aufl. (2016)
Sowada	Sowada, Der gesetzliche Richter im Strafverfahren (2002)
SSW-StGB	Satzger/Schluckebier/Widmaier (Hrsg.), Strafgesetzbuch, Kommentar, 4. Aufl. (2019)
SSW	Satzger/Schluckebier/Widmaier (Hrsg.), Strafprozessordnung, Kommentar, 3. Aufl. (2018)
Stein/Jonas	Stein/Jonas, Zivilprozessordnung, 23. Aufl. (ab 2017)
Stern	Stern, Verteidigung in Mord- und Totschlagsverfahren, 3. Aufl. (2013)
Strauda-Denkschrift	Reform der Verteidigung im Ermittlungsverfahren – Thesen mit Begründung, vorgelegt vom Strafrechtsausschuss der Bundesrechtsanwaltskammer (2004)
Streinz/Ohler/Herrmann	Streinz/Ohler/Herrmann, Der Vertrag von Lissabon zur Reform der EU, 3. Aufl. 2010
Streng	Streng, Strafrechtliche Sanktionen, 3. Aufl. (2012)
Tettinger/Stern	Tettinger/Stern, Kölner Gemeinschaftskommentar zur Europäischen Grundrechte-Charta (2006)
Thomas/Putzo	Thomas/Putzo, Zivilprozessordnung, Kommentar, 39. Aufl. (2018)
Tondorf/Tondorf	Tondorf, Psychologische und psychiatrische Sachverständige im Strafverfahren, 3. Aufl. (2011)

Trechsel	Trechsel, Human Rights in Criminal Prodeedings (2005)
Ulsenheimer	Ulsenheimer, Arztstrafrecht in der Praxis, 5. Aufl. (2015)
Umbach/Clemens/Dollinger	Umbach/Clemens/Dollinger, Bundesverfassungsgerichtsgesetz: Mitarbeiterkommentar und Handbuch, 2. Aufl. (2005)
Verdross/Simma	Verdross/Simma, Universelles Völkerrecht, 3. Aufl. (1984)
Villiger	Villiger, Handbuch der Europäischen Menschenrechtskonvention (EMRK), 2. Aufl. 1999
Vogler/Walter/Wilkitzki	Vogler/Walter/Wilkitzki, Gesetz über die internationale Rechtshilfe in Strafsachen, Kommentar (1983)
Volckart/Pollähne/Woynar	Volckart/Pollähne/Woynar, Verteidigung in der Strafvollstreckung und im Vollzug, 5. Aufl. (2014)
Volk (Prozessvoraussetzungen)	Volk, Prozeßvoraussetzungen im Strafrecht (1978)
Volk/Engländer (Strafprozessrecht)	Volk/Engländer, Grundkurs StPO, 9. Aufl. (2018)
Vordermayer/v. Heintschell-Heinegg	Handbuch für den Staatsanwalt, hrsg. von Vordermayer/v. Heintschell-Heinegg, 6. Aufl. (2018)
Wabnitz/Janovsky	Handbuch des Wirtschafts- und Steuerstrafrechts, 4. Aufl. (2014)
Wagner/Kallin/Kruse	Wagner/Kallin/Kruse, Betäubungsmittelstrafrecht, 2. Aufl. (2004)
Wankel	Wankel, Zuständigkeitsfragen im Haftrecht (2002)
Wasmeier/Möhlig	Wasmeier/Möhlig, Strafrecht der Europäischen Union, 2. Aufl. (2008)
Weber	Weber, Betäubungsmittelgesetz: BtMG, 5. Aufl. (2017)
Weidemann/Scherf	Weidemann/Scherf, Die Revision im Strafrecht, 3. Aufl. (2017)
Weiner/Ferber	Weiner/Ferber, Handbuch des Adhäsionsverfahrens, 2. Aufl. (2016)
Welzel	Welzel, Das Deutsche Strafrecht, 11. Aufl. (1969)
Wendler/Hoffmann	Wendler/Hoffmann, Technik und Befragung im Gerichtsverfahren, 2. Aufl. (2015)
Werle/Jeßberger	Werle/Jeßberger, Völkerstrafrecht, 4. Aufl. (2016)
Wieczorek/Schütze	Wieczorek/Schütze, Zivilprozeßordnung und Nebengesetze, 4. Aufl. (ab 2012)
Wiesneth	Wiesneth, Handbuch für das ermittlungsrichterliche Verfahren (2006)
Wiesneth (U-Haft)	Wiesneth, Untersuchungshaft (2010)
Wiesneth (Bereitschafts-dienst)	Wiesneth, Der amtsgerichtliche Bereitschaftsdienst, 2. Aufl. (2012)
Wolf	Wolf, Gerichtsverfassungsrecht aller Verfahrenszweige, 6. Aufl. (1987)
Zieschang/Hilgendorf/Laubenthal	Strafrecht und Kriminalität in Europa, hrsg. von Zieschang/Hilgendorf/Laubenthal (2003)
Zieger/Nöding	Zieger/Nöding, Verteidigung in Jugendstrafsachen, 7. Aufl. (2018)
Ziegert	Ziegert, Grundlagen der Strafverteidigung (2000)
Zipf	Zipf, Kriminalpolitik, 2. Aufl. (1980)
Zöller (ZPO)	Zöller, Zivilprozessordnung, Kommentar, 32. Aufl. (2018)
Zöller	Terrorismusstrafrecht, 2009
Zwiehoff	Zwiehoff, Der Befangenheitsantrag im Strafverfahren, 2. Aufl. (2013)

ZWEITES BUCH
Verfahren im ersten Rechtszug

ERSTER ABSCHNITT
Öffentliche Klage

Vorbemerkungen

Entstehungsgeschichte

In der ursprünglichen Fassung der StPO umfasste das **zweite Buch** unter der Bezeichnung „Verfahren in erster Instanz“ die §§ 151 bis 337 und enthielt zwei weitere Abschnitte. Der dritte Abschnitt (damals §§ 176 bis 195) regelte die gerichtliche Voruntersuchung; er wurde erst durch Art. 1 Nr. 57 des 1. StVRG aufgehoben. An den die Hauptverhandlung regelnden sechsten Abschnitt schlossen sich ursprünglich als §§ 276 bis 317 in einem siebten Abschnitt die besonderen Bestimmungen für die Hauptverhandlung vor dem (echten) Schwurgericht an. Mit dessen Beseitigung durch die EmmingerVO entfiel dieser Abschnitt. Bei der Neubekanntmachung der StPO aufgrund § 43 EmmingerVO rückte der ursprüngliche achte Abschnitt (bis dahin §§ 318 bis 337) mit der Regelung des Verfahrens gegen Abwesende an die freigewordene Stelle.

Der **Abschnitt** umfasste ursprünglich und bis 1924 nur fünf Paragraphen; auf § 152 folgten unmittelbar die heutigen §§ 155, 156 und 157 als §§ 153 bis 155. Dieser Kernbestand ist, abgesehen von ganz geringfügigen sprachlichen Änderungen, auch inhaltlich unverändert geblieben. Erst durch die EmmingerVO begann mit der Einfügung der §§ 153, 154 die bis heute kontinuierlich fortgesetzte Erweiterung des Abschnitts durch die Aufnahme von Nichtverfolgungsermächtigungen zur Begrenzung des Legalitätsprinzips. Die Einfügung der neuen Vorschriften erfolgte (der Sache nach, wenn auch teilweise zunächst in Sondergesetzen oder unter anderer Paragraphenbezeichnung und ursprünglich teilweise in engerer Fassung) in folgender zeitlicher Reihenfolge: § 154b 1929 durch das DAG, § 154d 1931 durch die 2. AusnVO, § 154c durch Gesetz vom 28.6.1935 (RGBl. I S. 844), § 153c durch VO vom 6.5.1940 (RGBl. I S. 755), § 153b 1951 durch das 1. StRÄndG, § 152a 1953 durch das 3. StRÄndG, § 153e 1957 durch das 4. StRÄndG, § 154a durch das StPÄG 1964, § 153d 1968 durch das 8. StRÄndG, die §§ 153a und 154e durch das EGStGB 1974, die §§ 155a und 155b durch das Gesetz zur strafrechtlichen Verankerung des Täter-Opfer-Ausgleichs vom 20.12.1999, § 153f durch das Gesetz zur Einführung des Völkerstrafgesetzbuches vom 26.6.2002 und zuletzt § 154f StPO durch das Gesetz zur Stärkung der Rechte von Verletzten und Zeugen im Strafverfahren (2. Opferrechtsreformgesetz) vom 29.7.2009 (BGBl. I S. 2280), in Kraft getreten am 1.10.2009. Wegen der Einzelheiten siehe die Entstehungsgeschichte zu den einzelnen Vorschriften.

§ 151
Anklagegrundsatz

Die Eröffnung einer gerichtlichen Untersuchung ist durch die Erhebung einer Klage bedingt.

Übersicht

https://doi.org/10.1515/9783110590098-001

1. Bedeutung

1 **a) Anklagegrundsatz.** Die Vorschrift enthält den für den deutschen Strafprozess grundlegenden Anklagegrundsatz (Akkusationsprinzip – nemo iudex sine actore).[1] Er besagt in der spezifischen Form, in der er in der Strafprozessordnung verwirklicht ist, dass die gerichtliche Entscheidung über Schuld oder Unschuld und die auf diese Entscheidung hinzielende Untersuchung durch das Gericht in keinem Fall von Amts wegen erfolgt, sondern dass es dazu des Anstoßes eines Dritten, des Klägers, bedarf. Dieser Anstoß erscheint der Form nach in der Prozesshandlung der **Klage**. Sie tritt zum einen als öffentliche Klage durch das dazu kraft Verfahrens- und Gerichtsverfassungsrechts bestellte und grundsätzlich verpflichtete Organ, die Staatsanwaltschaft, in Erscheinung (vgl. § 170 Abs. 1). Zum anderen ist sie – ausnahmsweise – als Privatklage durch einen dazu berechtigten und bereiten Privaten vorgesehen (§ 374 Abs. 1). Insoweit ist mit dem Anklagegrundsatz durch die „ingeniöse Idee“[2] der Trennung zwischen Kläger und Richter der Inquisitionsprozess überwunden worden, welcher mit der psychologisch unvereinbaren und die Verteidigungsposition des Beschuldigten missachtenden Funktionenmischung von Verdachtsgewinnung und -aufklärung, thematischer Bestimmung des Prozessgegenstandes und Entscheidung einherging.[3] Notwendiger Bestandteil des Anklagegrundsatzes ist § 155 Abs. 1, wonach die Klage mit der Beschreibung der Personen und des Lebenssachverhalts, den der Kläger zur gerichtlichen Entscheidung stellt, den thematischen Rahmen für die gerichtliche Tätigkeit bestimmt.

2 **b) Instruktionsmaxime.** Der Anklagegrundsatz bestimmt die Form des Verfahrens. Er besagt, dass die **Initiative zur gerichtlichen Strafverfolgung** nicht vom Richter ausgehen darf, sondern das Auftreten eines Klägers erfordert. Ob der Kläger über die einmal erhobene Klage frei disponieren, sie also auch zurücknehmen kann, ob der „Beklagte“ sich der Klage unterwerfen kann, ob das Gericht auch in Bezug auf die Präsentation und Ausschöpfung des Beweismaterials und die gestellten Anträge an das Klagebegehren gebunden ist, wird durch das in § 151 verankerte Anklageformprinzip nicht beantwortet, sondern ist anderen Vorschriften zu entnehmen, namentlich § 155 Abs. 2, §§ 156, 206, 244 Abs. 2 und § 264. Aus diesen ergibt sich, dass das Gericht innerhalb des durch die Klage bestimmten Prozessthemas zur selbständigen Ermittlung und Entscheidung ohne Bindung an Anträge und Verzichte verpflichtet ist (Instruktionsmaxime, § 155, 7 ff.) und dass die Klage nicht in jeder Lage des Verfahrens frei rücknehmbar ist (Einzelheiten bei § 156).[4]

---

1 KK/*Diemer* 1; SSW/*Schnabl* 1; KMR/*Plöd* 1; MüKo/*Peters* 1; Radtke/Hohmann/*Radtke* 1; OK-StPO/*Beukelmann* 1; vgl. LR/*Kühne* Einl. I 9 ff.

2 *Eb. Schmidt* MDR **1951** 7.

3 SK/*Weßlau/Deiters* Vor §§ 151 ff. 2; MüKo/*Peters* 1; *Beulke/Swoboda* 18; *Fezer* 1/13; *Geerds* SchlHA **1962** 184; *Haller/Conzen* 19; *Hellmann* 78; *Henkel* 53, 98, 317; *von Hippel*, 334; *Kramer* 96; *Krey* Bd. II 155 ff.; *Kühne* 311 ff.; *Lesch* 2/1; *von Lilienthal* 29; *Ranft* 269; *Rieß* FS Rebmann 38; *Rüping* 355 ff.; *Eb. Schmidt* I 347 ff.; FS Kohlrausch 278 ff.; *Schroeder* 58; *Volk/Engländer* § 18, 5 f.; zum historischen Hintergrund ferner AK/*Schöch* 1.

4 Darin eine Durchbrechung des Anklageprinzips zu sehen (so *Gössel* § 2 A I), setzt voraus, dass man dieses in einer idealtypischen, von seiner konkreten Ausgestaltung abstrahierenden Form versteht; vgl. auch *Glaser* I 233 f.; *Henkel* 98; *von Lilienthal* 28.

c) Anklagepflicht und Klagebefugnis. Das **Recht** des Staates, wegen rechtswidrig begangener Straftaten (§ 11 Abs. 1 Nr. 5 StGB) einzuschreiten, ist von der Form des Strafverfahrens unabhängig; es ergibt sich aus dem Vorhandensein des materiellen Strafrechts und wird von der StPO vorausgesetzt. Die **Pflicht** zum Einschreiten ist mit dem in § 151 enthaltenen Akkusationsprinzip nicht notwendig verbunden. Sie ergibt sich für das staatliche Strafverfolgungsorgan aus § 152 Abs. 2 und ist durch Nichtverfolgungsermächtigungen eingeschränkt;[5] für den Privatkläger besteht sie in keinem Fall. Ebenso wenig sagt § 151 etwas darüber aus, wer zur Klageerhebung befugt ist; dies regeln für die öffentliche Klage § 152 Abs. 1, der diese Befugnis der Staatsanwaltschaft einräumt (näher § 152, 5f.), und für die Privatklage die §§ 374, 375. 3

d) Bedeutung und Wesen der Klage. Aus dem nur die Form des Verfahrens betreffenden Charakter der **Strafklage** in ihren beiden Varianten der regelmäßigen öffentlichen Klage und der seltenen Privatklage ergibt sich, dass diese sich in wesentlichen Punkten von der zivilprozessualen und der verwaltungsgerichtlichen Klage unterscheidet; das Klageformprinzip des Strafverfahrens hat eine gänzlich andere und beschränktere Funktion als das Klageprinzip der anderen Verfahrensordnungen.[6] Mit ihm ist insbesondere nicht notwendig die Vorstellung eines Parteiprozesses im materiellen Sinne verbunden, der den Kläger berechtigt, einseitig gegen den Beschuldigten als „Beklagten" tätig zu sein.[7] Eine solche materielle Parteistellung kann zwar der Privatkläger innehaben, nicht aber die Staatsanwaltschaft, deren Objektivitätsverpflichtung (vgl. § 160 Abs. 2 und die Erl. dort) durch das Klageformprinzip nicht berührt wird und unter Berufung hierauf nicht in Frage gestellt werden kann. 4

Dogmatisch bildet die (wirksam erhobene) Strafklage eine in jeder Lage des Verfahrens[8] von Amts wegen zu prüfende **Verfahrensvoraussetzung** für das gerichtliche Verfahren; fehlt es an einer Klageerhebung, so ist das Verfahren durch Einstellung nach den §§ 206a, 260 Abs. 3 zu beenden (§ 206a, 68).[9] 5

2. Reichweite des Anklagegrundsatzes. Die durch die Klageerhebung bedingte **gerichtliche Untersuchung** ist die das Verfahren in seiner Totalität erfassende, auf Aburteilung der Tat und bei Überführung des Beschuldigten auf Verhängung einer Sanktion gerichtete gerichtliche Tätigkeit, also das Zwischen- (oder Eröffnungs-) und das Hauptverfahren.[10] Auf einzelne richterliche Handlungen im staatsanwaltschaftlichen Ermittlungsverfahren bezieht sich § 151 nicht; doch ist auch hier regelmäßig (vgl. aber z.B. § 165) für eine richterliche Handlung ein Antrag der Strafverfolgungsbehörde oder des von einer Strafverfolgungsmaßnahme Betroffenen erforderlich (näher § 155, 2). 6

---

5 Näher bei § 152.
6 *Henkel* 99.
7 Vgl. BGHSt **15** 159; *von Hippel* 230; *Rüping* 324; *Eb. Schmidt* I 105; FS Kohlrausch 284 ff.; zum „Parteibegriff" auch *Nowakowski* Verh. des 45. DJT (1964) Bd. I Teil 2 S. 13 ff. sowie (vorwiegend zum österreichischen Recht) *Moos* FS Jescheck 751 f.
8 HK/*Gercke* 1; *Joecks* StPO 2; AnwK-StPO/*Walther* 2; MüKo/*Peters* 2; SK/*Weßlau*/*Deiters* 14; SSW/*Schnabl* 4; KMR/*Plöd* 3; auch noch in der Revisionsinstanz KK/*Diemer* 2; SSW/*Schnabl* 4; *Pfeiffer* 2.
9 HK/*Gercke* 1; *Pfeiffer* 2; KMR/*Plöd* 3; AK/*Schöch* 4; SK/*Weßlau*/*Deiters* 14; Radtke/Hohmann/*Radtke* 1.
10 Vgl. z.B. *von Hippel* 471; *Eb. Schmidt* 1; enger die Verwendung des Begriffs Untersuchung (erst mit Eröffnung des Hauptverfahrens) in § 12 (vgl. die Erl. zu § 12, 5 ff.), weiter (auch die Tätigkeit im Vorverfahren betreffend) in § 15 (vgl. die Erl. zu § 15, 15).

7 Für das Zwischen- und Hauptverfahren gilt das **Akkusationsprinzip formell lückenlos.**[11] Auch in den besonderen Verfahrensarten und namentlich bei der Nachtragsanklage nach § 266 ist es gewahrt;[12] vereinfacht ist insoweit gegenüber dem Normalverfahren lediglich teilweise die Form, in der die öffentliche Klage erhoben werden kann. Nicht betroffen von den Formerleichterungen ist die inhaltliche Ausgestaltung der öffentlichen Klage, wie dies in § 266 Abs. 2 Satz 2 klargestellt ist. Auch die mündliche Klage muss die Umgrenzungs- und Informationsfunktion erfüllen. Das Akkusationsprinzip wird auch nicht durchbrochen, wenn das Gericht nach § 81 Abs. 1 Satz 2 OWiG ein Bußgeldverfahren in ein Strafverfahren überleitet, weil hier der Bußgeldbescheid der Verwaltungsbehörde die mit der Klageerhebung verbundenen Funktionen übernimmt.[13] Gleiches gilt im Fall eines Einspruchs gegen einen staatsanwaltschaftlichen Bußgeldbescheid (vgl. §§ 30, 67, 68 OWiG).[14] Ob im Falle des § 75 OWiG jedoch die beschworene Überwindung des Inquisitionsprozesses (Rn. 1) erreicht bleibt, ist zu bestreiten, da der Richter hier allzuoft de facto neben der eigenen Verfahrensrolle auch die Position der Verwaltungs- bzw- Verfolgungsbehörde einnehmen muss. **Materiell** ist das **Akkusationsprinzip** beim Klageerzwingungsverfahren **durchbrochen,**[15] wenn das Oberlandesgericht die Erhebung der öffentlichen Klage durch die Staatsanwaltschaft anordnet (§ 175), weil dann die Klageerhebung nicht mehr auf der eigenverantwortlich getroffenen Entschließung der Anklagebehörde beruht.[16]

3. Erhebung der Klage

8 **a) Arten der Klageerhebung.** Die Erhebung der Privatklage und die Erhebung der öffentlichen Klage im **Normalverfahren** geschieht durch Einreichung einer Anklageschrift (§ 170 Abs. 1, § 199 Abs. 2, §§ 200, 374), im Falle der Privatklage ggf. auch zu Protokoll des Urkundsbeamten der Geschäftstelle gem. § 381.[17] Dem steht im **Sicherungsverfahren** nach den §§ 413ff. die Antragsschrift nach § 414 Abs. 2 Satz 2 gleich.[18] Im **beschleunigten Verfahren** nach den §§ 417ff. kann die öffentliche Klage ebenfalls durch die Einreichung einer Anklageschrift, aber auch mündlich in der Hauptverhandlung erhoben werden (vgl. die Erl. zu § 417); im **vereinfachten Jugendverfahren** nach §§ 76ff. JGG geschieht dies durch den mündlichen oder schriftlichen Antrag der Staatsanwaltschaft auf Vorgehen in dieser Verfahrensart.[19] Im **Strafbefehlsverfahren** liegt die Klageerhebung im Antrag auf Erlass eines Strafbefehls (§ 407 Abs. 1 Satz 4). Mündliche Klageerhebung wegen einer weiteren prozessualen Tat gegen einen bereits Beschuldigten ist nach § 266 in der Hauptverhandlung als **Nachtragsanklage** zulässig (vgl. die Erl. zu § 266). Um Klageerhebung im Normalverfahren, nicht um eine Nachtragsanklage im

---

11 SK/*Weßlau/Deiters* Vor §§ 151ff. 2; insoweit missverständlich *Geerds* SchlHA **1962** 185 mit dem Hinweis auf die Privatklage, der die Gesichtspunkte der Klageform und der Klagebefugnis vermengt.

12 *Roxin/Schünemann* § 13, 6; *Schlüchter* 404; die Erkenntnis, dass die Nachtragsanklage keine Durchbrechung des Akkusationsprinzips darstellt, hat sich erst allmählich durchgesetzt, *Rieß* FS Reichsjustizamt 403f.

13 Zur Frage des Anklagemonopols der Staatsanwaltschaft in diesen Fällen vgl. § 152, 7.

14 MüKo/*Peters* 3.

15 *Roxin/Schünemann* § 13, 9; *Schlüchter* 61, 4.

16 SK/*Weßlau/Deiters* 3 sprechen insoweit von einer Einbindung des Akkusationsprinzips in die weiteren Strukturprinzipien des Strafprozesses. Zur Frage der Bindung der Staatsanwaltschaft an die gefestigte höchstrichterliche Rechtsprechung vgl. die Erl. zu § 170, 26f.

17 Zur Widerklage, die ebenfalls eine Form der Klageerhebung darstellt, vgl. § 388 und die Erl. dort.

18 RGSt **72** 143; SK/*Weßlau/Deiters* 4; KK/*Diemer* 5; MüKo/*Peters* 2; AnwK-StPO/*Walther* 2; *Eb. Schmidt* 6; für die Anträge im objektiven Einziehungs- und Geldbußenverfahren vgl. die Erl. zu §§ 435, 444.

19 § 76 Satz 2 JGG; vgl. *Brunner/Dölling* § 78, 8; *Eisenberg* § 78, 11; *Schaffstein/Beulke* 257; SSW/*Schnabl* 2.

technischen Sinne, handelt es sich dagegen, wenn die Staatsanwaltschaft wegen einer weiteren Tat außerhalb der Hauptverhandlung Anklage erhebt und nach den hierfür maßgebenden gesetzlichen Vorschriften[20] die Verbindung mit einem bereits anhängigen Verfahren beantragt. Die gerichtliche Entscheidung über einen Einspruch gegen einen staatsanwaltschaftlichen Bußgeldbescheid (vgl. §§ 30, 67, 68 OWiG) setzt keine zusätzliche Anklage voraus (vgl. Rn. 7).

b) Zeitpunkt. Wird die Klage schriftlich erhoben, so wird sie wirksam, sobald das sie enthaltende Schriftstück (Anklageschrift, Antragsschrift, Strafbefehlsantrag) bei Gericht eingegangen ist.[21] Bei mündlicher Klageerhebung ist der Zeitpunkt ihres Vortrags maßgebend, der durch Aufnahme in das Sitzungsprotokoll beurkundet wird. 9

c) Wirkungen der Klageerhebung. Mit der Erhebung der Klage geht die Verfahrensherrschaft auf das Gericht über;[22] die Sache wird bei Gericht anhängig (Rn. 12). Befindet sich der Angeschuldigte (zur Bezeichnung siehe § 157) in Untersuchungshaft, so geht die Zuständigkeit für Haftentscheidungen auf das mit der Sache befasste Gericht über (§ 126 Abs. 2), die Staatsanwaltschaft verliert das Recht, die Aufhebung eines Haftbefehls mit Bindungswirkung verlangen zu können (§ 120 Abs. 3); ihre Befugnis zu eigenen Ermittlungen wird beschränkt (§ 202, 7); die Zuständigkeit des Ermittlungsrichters nach § 162 für richterliche Untersuchungshandlungen entfällt.[23] Nicht vom Richter angeordnete Beschlagnahmen sind binnen drei Tagen dem Richter anzuzeigen (§ 98 Abs. 3). Spätestens mit der Klageerhebung sind die Akten dem Gericht vorzulegen (§ 199, 7ff.), dessen Vorsitzender nunmehr über die Akteneinsicht entscheidet (§ 147 Abs. 5; § 478 Abs. 1 Satz 1). Der Gerichtsstand des Wohnsitzes (§ 8) bleibt erhalten, auch wenn der Angeschuldigte nunmehr in einen anderen Gerichtsbezirk verzieht.[24] Die Befugnis zur Einstellung des Verfahrens nach Ermessensvorschriften geht regelmäßig[25] auf das Gericht über, das jedoch hierfür der Zustimmung oder des Antrags der Staatsanwaltschaft bedarf.[26] Mit der Klageerhebung wird die Verjährung unterbrochen (§ 78c Nr. 6 StGB). 10

Die **Wirkungen** der Klageerhebung mit Ausnahme der verjährungsunterbrechenden Wirkung[27] **entfallen** ex nunc, wenn die Klage in zulässiger Weise zurückgenommen wird (vgl. näher die Erl. zu § 156). 11

4. Anhängigkeit und Rechtshängigkeit. Mit der Klageerhebung wird das Verfahren dergestalt bei Gericht **anhängig,** dass nunmehr die Verfahrensherrschaft auf dieses übergeht, ihm freilich durch Klagerücknahme (§ 156) wieder entzogen werden kann. Davon unterschieden werden sollte der Begriff der **Rechtshängigkeit** des Verfahrens, die erst mit Eröffnung des Hauptverfahrens oder mit dem dieser gleichstehenden Ereignis 12

---

20 Vgl. §§ 2, 4, 237, § 103 JGG.
21 BayObLG NJW **1971** 854; *Pfeiffer* 1.
22 SK/*Weßlau/Deiters* 5; HK/*Gercke* 4; KMR/*Plöd* 5.
23 Umstritten; zustimmend HK/*Gercke* 4; MüKo/*Peters* 4; OK-StPO/*Beukelmann* 3; vgl. LR/*Stuckenberg* § 202, 8 m.w.N.
24 OLG Dresden *Alsb.* E **1** 50; § 8, 11.
25 Außer in den Fällen der §§ 153c, 153d und 154b StPO; SK/*Weßlau/Deiters* 9.
26 § 153 Abs. 2; § 153a Abs. 2; § 153b Abs. 2; § 153e Abs. 2; § 154 Abs. 2; § 154a Abs. 2; § 154b Abs. 4; § 47 JGG; § 37 Abs. 2 BtMG.
27 *Fischer* § 78c, 7; LK/*Jähnke* § 78c, 10; Schönke/Schröder/*Sternberg-Lieben/Bosch* § 78c, 14; SK/*Weßlau/Deiters* 11; KMR/*Plöd* 5.

eintritt.[28] Im Schrifttum wird teilweise der Begriff der Rechtshängigkeit, gelegentlich mit Differenzierungen wie im weiteren oder engeren Sinne oder mit dem Zusatz, dass ihre Wirkungen sukzessive eintreten, schon mit der Klageerhebung verbunden.[29] Die Unterscheidung ist rein terminologischer Art und ohne sachliche Bedeutung,[30] da die unterschiedlichen Wirkungen der Klageerhebung und der Eröffnung des Hauptverfahrens oder des gleichstehenden Ereignisses entweder positivrechtlich geregelt sind oder ohne Rückgriff auf die Terminologie durch Auslegung bestimmt werden müssen.[31]

13 Nach der in diesem Kommentar verwendeten Terminologie ist für den **Eintritt der Rechtshängigkeit** der Zeitpunkt maßgebend, in dem die Klage nicht mehr frei zurückgenommen werden kann (§ 156, 2ff.). Dies ist im **Normalverfahren** und im **Sicherungsverfahren** nach den §§ 413 ff. die Entscheidung über die Eröffnung, und zwar auch dann, wenn die Eröffnung abgelehnt wird (§ 156, 7), bei einer **Nachtragsanklage** nach § 266 der Erlass des Einbeziehungsbeschlusses, beim **beschleunigten Verfahren** der Beginn der Urteilsverkündung (sehr strittig, vgl. die Erl. zu § 417), beim **Strafbefehlsverfahren** nach Einspruch der Beginn der Hauptverhandlung.[32] Der Zeitpunkt des Eintritts der Rechtshängigkeit im objektiven Einziehungsverfahren nach § 435 ist zweifelhaft (vgl. die Erl. zu § 435). Im **Privatklageverfahren** wird man in Hinblick auf § 391 Abs. 1 Satz 2 annehmen müssen, dass die Rechtshängigkeit mit Beginn der Vernehmung des Angeklagten zur Sache eintritt.

14 **5. Verbrauch der Strafklage.** Der eher bildlich zu verstehende Ausdruck vom „Verbrauch" der Strafklage bezeichnet die Wirkungen der Rechtskraft und sonstiger Sperrwirkungen verfahrensbeendender, gerichtlicher Entscheidungen. Ist die durch die Klage zur gerichtlichen Entscheidung gestellte (prozessuale) Tat durch ein freisprechendes oder verurteilendes Urteil abgeurteilt, so kann derselbe historische Sachverhalt nur unter den Voraussetzungen der Wiederaufnahme (§§ 359 ff.) nochmals zum Gegenstand eines gerichtlichen Verfahrens gemacht werden (näher Einl. K 60 ff.). Zum Umfang der Sperrwirkung anderer gerichtlicher Entscheidungen[33] vgl. die Erl. bei den jeweiligen Vorschriften, insbes. § 153, 85 ff.; § 153a, 67 ff.; § 154, 50; 58 ff.; § 154b, 13 ff.; § 206a, 110 ff.; § 206b, 22 sowie § 211, 8.

§ 152
Anklagebehörde; Legalitätsgrundsatz

(1) Zur Erhebung der öffentlichen Klage ist die Staatsanwaltschaft berufen.

(2) Sie ist, soweit nicht gesetzlich ein anderes bestimmt ist, verpflichtet, wegen aller verfolgbaren Straftaten einzuschreiten, sofern zureichende tatsächliche Anhaltspunkte vorliegen.

---

28 Ebenso RGSt **58** 88; BGHSt **14** 17; **29** 229; OLG Hamm VRS **58** (1980) 365; *Feisenberger* 2; *Gössel* § 10 C IV; *von Hippel* 371; *Kohlrausch* 3; HK/*Gercke* 4; *Krey* Bd. II 38; *Kühne* 616; Meyer-Goßner/*Schmitt* 2; KMR/*Plöd* 6; *Pfeiffer* 2; *Schäfer* 541; *Schlüchter* 410; KK/*Diemer* 6; *Volk*/*Engländer* § 12, 41; AnwK-StPO/*Walther* 5; SK/*Weßlau*/*Deiters* 12; SSW/*Schnabl* 3; Radtke/Hohmann/*Radtke* 3; MüKo/*Peters* 4; OK-StPO/*Beukelmann* 4; vgl. BGHSt **20** 221; BGH NJW **1953** 273; **a.A.** AK/*Schöch* 5, der für einen einheitlichen Begriff der Rechtshängigkeit plädiert.

29 *Beling* 217; *Gerland* 309; *Henkel* 317; *Ortloff* GerS **59** (1901) 346 f.; *Peters* § 50 II 4; *Rüping* 338; *Eb. Schmidt* I 155 ff.; unklar *Graf zu Dohna* 140.

30 So auch *Eb. Schmidt* I 157.

31 Vgl. zur Auslegung des in § 206a verwendeten Begriffs „anhängig" als „rechtshängig" LR/*Stuckenberg* § 206b, 6.

32 BGSt **13** 186; vgl. die Erl. zu § 411.

33 Dazu *Loos* JZ **1978** 592.

https://doi.org/10.1515/9783110590098-002

Schrifttum

Albrecht Perspektiven und Grenzen polizeilicher Kriminalprävention (1983); *Ambos* Staatsanwaltliche Kontrolle der Polizei, Verpolizeilichung des Ermittlungsverfahrens und organisierte Kriminalität, Jura **2003** 674; *Arzt* Die verfahrensrechtliche Bedeutung polizeilicher Vorfeldermittlungen (2000); *Bach* Der Verdacht im Strafverfahren, Jura **2007** 12; *Bachmann* Probleme des Rechtsschutzes gegen Grundrechtseingriffe im strafrechtlichen Ermittlungsverfahren (1994); *Baumann* Minima non curat praetor, FS Peters (1974) 3; *Bibbo* Kriterien zur Konkretisierung des Opportunitätsprinzips im Bußgeldverfahren (2006); *Blankenburg* Nicht-Kriminalisierung als Struktur und Routine, Kriminologische Gegenwartsfragen, H. 12 (1976) 175; *ders./Sessar/Steffen* Die Staatsanwaltschaft im Prozeß strafrechtlicher Sozialkontrolle (1978); *Burgstaller* Diversion in Österreich – eine Zwischenbilanz, Schriftenreihe des Bundesministeriums der Justiz (2007); *Buse* Der steuerstrafrechtliche Verdacht des Außenprüfers DB **2011** 1942; *Cramer* Ahndungsbedürfnis und staatlicher Strafanspruch, FS Maurach (1972) 197; *Deiters* Legalitätsprinzip und Normgeltung (2006); *Dielmann* „Guilty plea" und „Plea bargaining" im amerikanischen Strafverfahren – Möglichkeiten für den deutschen Strafprozeß? GA **1981** 558; *Döhring* Ist das Strafverfahren vom Legalitätsprinzip beherrscht? (1999); *Dünnebier* Die Grenzen der Dienstaufsicht gegenüber der Staatsanwaltschaft, JZ **1958** 417; *Ebert* Der Tatverdacht im Strafverfahren unter spezieller Berücksichtigung des Tatnachweises im Strafbefehlsverfahren (2000); *Eckl* Legalitätsprinzip in der Krise? ZRP **1973** 139; *Eisenberg/Conen* § 152 II StPO: Legalitätsprinzip im gerichtsfreien Raum? NJW **1998** 2241; *Endriß* Grenzen des Verzichts auf Durchsetzung des staatlichen Strafanspruchs, FS Friebertshäuser (1997) 113; *Erb* Legalität und Opportunität (1999); *Eser* Funktionswandel strafrechtlicher Prozeßmaximen, ZStW **104** (1992) 361; *Faller* Verfassungsrechtliche Grenzen des Opportunitätsprinzips im Strafprozeß, FS Maunz (1971) 69; *Fincke* Zum Begriff des Beschuldigten und den Verdachtsgraden, ZStW **95** (1983) 918; *Fluck* Amtspflichtverletzung durch Staatsanwälte, NJW **2001** 202; *Geppert* Das Legalitätsprinzip, Jura **1982** 139; *ders.* Das Opportunitätsprinzip, Jura **1986** 309; *Gimbel* Einführung einer allgemeinen Untätigkeitsbeschwerde im Strafprozess durch Gesetz – Begrüßenswerte Neuerung oder Irrweg? ZRP **2004** 35; *Gössel* Überlegungen zur Bedeutung des Legalitätsprinzips im rechtsstaatlichen Strafverfahren, FS Dünnebier (1982) 121; *Grosjean* Der Beginn der Beschuldigteneigenschaft (1999); *Hardtke/Westphal* Die Bedeutung der strafrechtlichen Ermittlungskompetenz der Finanzbehörde für das Steuergeheimnis, wistra **1996** 91; *Haas* Vorermittlungen und Anfangsverdacht (2003); *Hilger* Vor(feld)ermittlungen/Datenübermittlungen, FS Hilger (2003) 11; *Heinitz* Einige Zweifelsfragen des Opportunitätsprinzips, FS Rittler (1957) 327; *Heinz* Strafrechtsreform und Sanktionsentwicklung, ZStW **94** (1982) 632; *ders.* Die Abschlußentscheidung des Staatsanwalts aus rechtstatsächlicher Sicht, in: Geisler, U. (Hrsg.), Das Ermittlungsverhalten der Polizei und die Einstellungspraxis der Staatsanwaltschaften (1999); *Herrmann* Diversion und Schlichtung in der Bundesrepublik Deutschland, ZStW **96** (1984) 455; *ders.* Legalitäts- und Opportunitätsprinzip aus deutscher Sicht, in: Hirsch (Hrsg.) Krise des Strafrechts und der Kriminalwissenschaften? (2001) 305, Schriften zum Strafrecht, Heft 129; *Heyden* Begriff, Grundlagen und Verwirklichung des Legalitätsprinzips und des Opportunitätsprinzips, Diss. Zürich 1961; *von Hindte* Die Verdachtsgrade im Strafverfahren, Diss. Kiel 1973; *Hoffmann* Die Untätigkeitsbeschwerde der Staatsanwaltschaft bei Nichtentscheidung über die Eröffnung des Hauptverfahrens – Versuch einer Grenzziehung, NStZ **2006** 256; *Hoyer* Die Figur des Kronzeugen, JZ **1994** 233; *Hund* Polizeiliches Effektivitätsdenken contra Rechtsstaat, ZRP **1991** 463; *Jahrreiß* Zum Ruf nach dem sogenannten Kronzeugen, FS Lange (1976) 765; *Jescheck/Leibinger* Funktion und Tätigkeit der Anklagebehörde im ausländischen Recht (1979); *Jeutter* Sinn und Grenzen des Legalitätsprinzips im Strafverfahren, Diss. München 1976; *Joecks* Die Stellung der Kreditwirtschaft im steuerstrafrechtlichen Ermittlungsverfahren gegen Kunden, WM Sonderbeil. Nr. 1 zu Heft 20/1998; *Jung* Straffreiheit für den Kronzeugen? (1974); *Kaiser* Tatverdacht und Verantwortung des Staatsanwalts, NJW **1965** 2380; *Kapahnke* Opportunität und Legalität im Strafverfahren, Diss. Tübingen 1982; *Kaspar/Christoph* Kronzeugenregelung und Strafverteidigung, StV **2016** 318; *Kelker* Die Rolle der Staatsanwaltschaft im Strafverfahren, ZStW **118** (2006) 389; *Keller/Griesbaum* Das Phänomen der vorbeugenden Bekämpfung von Straftaten, NStZ **1990** 416; *Kerl* Das Opportunitätsprinzip als Magd des Legalitätsprinzips, ZRP **1986** 312; *Kerner* Strafverfolgungspflicht als Last? Zum Erledigungsverhalten der deutschen Staatsanwaltschaft, FS Miyazawa (1995) 571; *ders.* Normbruch und Auslese der Bestraften, Kriminologische Gegenwartsfragen, H. 12 (1976) 137; *Kleinknecht* Das Legalitätsprinzip nach Abschluß des gerichtlichen Strafverfahrens, FS Bruns (1978) 475; *Knauth* Beweisrechtliche Probleme bei der Verwertung von Abhörmaterial im Strafverfahren, NJW **1978** 741; *König* Kronzeuge – abschaffen oder regulieren? StV **2012** 113; *Kretschmer* Die Staatsanwaltschaft, Jura **2004** 452; *Krümpelmann* Die Bagatelldelikte (1966);

Kühne Die Definition des Verdachts als Voraussetzung strafprozessualer Zwangsmaßnahmen, NJW **1979** 677; *Kunz* Das strafrechtliche Bagatellprinzip (1984); *Lammer* Terrorbekämpfung durch Kronzeugen, ZRP **1989** 248; *Lange* Vorermittlungen (1999); *dies.* Staatsanwaltliche Vorermittlungen ohne rechtliche Grundlage, DRiZ **2002** 264; *Lohner* Der Tatverdacht im Ermittlungsverfahren (1994); *Lorenzen* Legalitätsprinzip und Opportunitätsprinzip, FS StA SchlH (1992) 541; *Lüderssen* Grenzen des Legalitätsprinzips im effizienzorientierten modernen Rechtsstaat. Schluckt das Verfahrensrecht die sichernden Funktionen des materiellen Rechts, in: Denninger/Lüderssen, Polizei und Strafprozeß im demokratischen Rechtsstaat (1978) 188; *Lüttger* Der „genügende Anlaß" zur Erhebung der öffentlichen Klage, GA **1957** 193; *Maiazza* Das Opportunitätsprinzip im Bußgeldverfahren unter besonderer Berücksichtigung des Kartellrechts (2003); *Marquardt* Die Entwicklung des Legalitätsprinzips, Diss. Mannheim 1982; *Marxen/Tiemann* Die Wiederaufnahme in Strafsachen (2014); *Meier* Nachtatverhalten und Strafzumessung, GA **2015** 443; *Miklau* „Ermittlungserzwingung" und Einstellungserzwingung nach dem österreichischen Strafprozessreformgesetz, FS Böttcher (2007) 125; *Müller-Dietz* Das Bagatellprinzip im Strafrecht – am Beispiel des § 42 öStGB, GedS Constantinesco (1983) 517; *Naucke* Der Tatverdacht, FS der wissenschaftlichen Gesellschaft an der Johann Wolfgang Goethe-Universität (1981) 293; *ders.* Der Zustand des Legalitätsprinzips, in: Lüderssen/Nestler-Tremel/Weigend (Hrsg.) Modernes Strafrecht und ultima-ratio-Prinzip (1990) 149; *ders.* Schwerpunktverlagerungen im Strafrecht, KritV **1993** 135; *ders.* Das System der prozessualen Entkriminalisierung, FS Grünwald (1999) 403; *Niese* Die Anklageerzwingung im Verhältnis zum Legalitäts- und Opportunitätsprinzip, SJZ **1950** 890; *Ostendorf* Das Geringfügigkeitsprinzip als strafrechtliche Auslegungsregel, GA **1982** 333; *Pawlik* Der Polizeibeamte als Garant zur Verhinderung von Straftaten, ZStW **111** (1999) 335; *Peters* Sozialadäquanz und Legalitätsprinzip, FS Welzel (1974) 415; *Pohl-Laukamp* Legalitätsprinzip und Diversion, Kriminalistik **1983** 131; *Pommer* Das Legalitätsprinzip im Strafprozess, Jura **2007** 662; *Pott* Die Außerkraftsetzung der Legalität durch das Opportunitätsdenken in den Vorschriften der §§ 154, 154a StPO (1996); *dies.* Die Aushöhlung des Legalitätsprinzips. Dargestellt anhand des Verhältnisses von § 258a StGB und §§ 153ff. StPO, in: Institut für Kiminalwissenschaften Frankfurt am Main (Hrsg.), Vom unmöglichen Zustand des Strafrechts (1995); *Peglau* Neues zur „Kronzeugenregelung" – Beschränkung auf Zusammenhangstaten, NJW **2013** 1910; *Rieß* Die Zukunft des Legalitätsprinzips, NStZ **1981** 2; *ders.* Legalitätsprinzip – Interessenabwägung – Verhältnismäßigkeit, FS Dünnebier (1982) 149; *ders.* Gutachten zum 55. DJT (1984) Bd. I C 9; *ders.* Plädoyer für ein Einstellungserzwingungsverfahren, FS Roxin (2001) 1319; *Satzger* Chancen und Risiken einer Reform des strafrechtlichen Ermittlungsverfahrens, Gutachten C zum 65. DJT (2004); *Sacherer* Das Opferschutzgesetz von 1986 und die allgemeinen Verfahrensgrundsätze (1998); *Schmidt-Hieber* Vereinbarungen im Strafverfahren, NJW **1982** 1011; *Schmidt-Jortzig* Möglichkeiten einer Aussetzung des strafverfolgerischen Legalitätsprinzips bei der Polizei, NJW **1989** 129; *Schroeder* Legalitäts- und Opportunitätsprinzip heute, FS Peters (1974) 411; *Schulenburg* Legalitäts- und Opportunitätsprinzip im Strafverfahren, JuS **2004** 765; *Schultz/Leppin* Staatsanwaltschaft contra Polizei? Jura **1981** 521; *Schulz* Vom Anfang und Ende des Ermittelns – Der legitime Verdacht, StraFo **2003** 295; *ders.* Normiertes Mißtrauen – Der Verdacht im Strafverfahren (2001); *Serwe* Abschied vom Legalitätsprinzip, Kriminalistik **1970** 377; *Shin* Anklagepflicht und Opportunitätsprinzip im deutschen und koreanischen Recht (1984); *Sinner* Der Vertragsgedanke im Strafprozeßrecht (1998); *Steffen* Analyse polizeilicher Ermittlungstätigkeit aus der Sicht des späteren Strafverfahrens, BKA-Forschungsreihe, Bd. 3 (1976); *Störmer* Beurteilungsspielräume im Strafverfahren, ZStW **108** (1996) 494; *Strauß* Das Ende der Ermittlungsbefugnis der Staatsanwaltschaft, NStZ **2006** 556; *Stuckenberg* Speicherung personenbezogener Daten zur „vorbeugenden Straftatenbekämpfung" trotz Freispruchs? FS Hilger (2003) 25; *Ulrich* Die Durchsetzung des Legalitätsprinzips und des Grundrechts der Gleichheit aller vor dem Gesetz in der Praxis der Staatsanwaltschaften, ZRP **1982** 169; *Wagner, Joachim* Legalitätsprinzip und politischer Protest, Kriminalistik **1982** 253, 306; *Wagner, Walter* Zum Legalitätsprinzip, FS für den 45. Deutschen Juristentag (1964) 149; *Walder* Grenzen der Ermittlungstätigkeit, ZStW **95** (1983) 862; *Walter* Wandlungen in der Reaktion auf Kriminalität, ZStW **95** (1983) 32; *Weigend* Anklagepflicht und Ermessen (1978); *ders.* Das „Opportunitätsprinzip" zwischen Einzelfallgerechtigkeit und Systemeffizienz, ZStW **109** (1997) 103; *Weßlau* Vor(feld)ermittlungen, Datentransfer und Beweisrecht, FS Hilger (2003) 57; *Willms* Offenkundigkeit und Legalitätsprinzip, JZ **1957** 465; *Wölfl* Vorermittlungen der Staatsanwaltschaft, JuS **2001** 478; *Wolter* Aspekte einer Strafprozeßreform bis 2007 (1991); *Zipf* Kriminalpolitische Überlegungen zum Legalitätsprinzip, FS Peters (1974) 487; *Zöller* Informationssysteme und Vorfeldmaßnahmen von Polizei, Staatsanwaltschaft und Nachrichtendiensten, Diss. Mannheim 2002; weiteres Schrifttum bei den § 153 und § 154.

Entstehungsgeschichte

Die gegenwärtige Fassung der Vorschrift entspricht der ursprünglichen; lediglich die Formulierung „aller verfolgbaren Straftaten" ersetzte erst durch Art. 21 Nr. 43 EGStGB die frühere Fassung „aller gerichtlich strafbaren und verfolgbaren Handlungen". Die 2. VereinfVO fügte der Vorschrift folgenden, durch das VereinhG wieder beseitigten Absatz 3 an:

> (3) Bei strafbaren Handlungen, deren Verfolgung nur auf Antrag eines Beteiligten eintritt, kann der Staatsanwalt, auch wenn der Strafantrag gestellt ist, von der Verfolgung absehen, wenn ein öffentliches Interesse an der Strafverfolgung nicht besteht.

Der heutige § 154d (vgl. die dortige Entstehungsgeschichte) war von 1950 bis 1953 als Absatz 3 in § 152 enthalten.

Übersicht

Alphabetische Übersicht

I. Bedeutung der Vorschrift

1 **1. Inhalt und Aufbau.** Die Vorschrift kodifiziert einfachgesetzlich mit dem sog. **Anklagemonopol** der Staatsanwaltschaft (Absatz 1) und dem **Legalitätsprinzip** (Absatz 2) zwei die Struktur des deutschen Strafverfahrens konstituierenden grundlegenden Maximen der StPO. Des Weiteren umschreibt sie in Absatz 2 mit den Voraussetzungen des **Anfangsverdachts** einen weiteren zentralen Begriff des Strafprozessrechts und regelt so in begrenzender Weise den Anwendungsbereich des Legalitätsprinzips. Sie hat zwar teilweise programmatischen Charakter,[1] enthält aber darüber hinaus wichtige, präzisierende Sachaussagen. § 152 muss im Zusammenhang mit einer Reihe anderer Bestimmungen, die er teilweise voraussetzt und teilweise ergänzt (Rn. 2–4), gesehen werden.

1 Weitergehend („überwiegend“) KMR/*Plöd* 1; bedingt auch Radtke/Hohmann/*Radtke* 1 (eher).

2. Beziehung zu anderen Vorschriften. Verweisungen. § 152 Abs. 1 füllt den in § 151 kodifizierten Anklagegrundsatz aus, indem er die Befugnis zur dort geforderten „öffentlichen Klage" der Staatsanwaltschaft zuweist. Die praktische und rechtspolitische Bedeutung des **Anklagemonopols** der Staatsanwaltschaft ergibt sich aus dem sehr geringen Umfang, in dem es im geltenden Strafprozessrecht durchbrochen werden kann, wobei immer auch ein Selbsteintrittsrecht besteht (vgl. Rn. 6–8). Damit hat die Staatsanwaltschaft in jedem gerichtlich anhängig werdenden Verfahren eine Beteiligungsmöglichkeit. Aus den §§ 160, 161 (vgl. die Erl. dort) und aus den sonstigen das Ermittlungsverfahren regelnden Vorschriften folgt, dass die Staatsanwaltschaft nicht nur eine über die Erhebung der öffentlichen Klage entscheidende „Anklagebehörde" sein soll, sondern gleichzeitig die „Ermittlungsbehörde", deren Aufgabe es ist, die tatsächlichen Grundlagen für die Entscheidung über die Klageerhebung zu gewinnen oder mindestens als „Herrin des Ermittlungsverfahrens" die Anklagetätigkeit zu steuern (näher die Erl. Vor § 158 und zu §§ 160, 161). Die Entscheidungskriterien für die Klageerhebung nach durchgeführter Ermittlung sind, sofern nicht die §§ 153ff. eingreifen, dem § 170 zu entnehmen.[2] 2

In enger **Verbindung mit dem Legalitätsprinzip** nach Absatz 2 steht § 160 Abs. 1. Er präzisiert einerseits die Verpflichtung zum „Einschreiten" durch eine „Erforschungspflicht", wird aber seinerseits durch die in § 152 Abs. 2 geregelte Verdachtsschwelle für die Auslösung dieser Erforschungspflicht präzisiert.[3] Dass die Verpflichtung zum „Einschreiten" auch – bei genügendem Anlass hierzu – die zur Klageerhebung nach Absatz 1 mit umfasst, ergibt sich aus dem systematischen Zusammenhang mit der Vorschrift, doch lässt sich die Pflicht zur Erhebung der öffentlichen Klage auch selbständig aus § 170 Abs. 1 ableiten.[4] Das Legalitätsprinzip dient der Realisierung des Rechtsstaatsprinzips sowie dem allgemeinen Gleichheitssatz aus Art. 3 Abs. 1 GG.[5] 3

Die prozessuale **Stellung der Staatsanwaltschaft** insgesamt und namentlich im gerichtlichen Verfahren wird allerdings weder durch § 152 noch durch die §§ 160ff. vollständig bestimmt. Sie ergibt sich aus einer Vielzahl von Einzelvorschriften (vgl. die Erl. Vor § 141 GVG), die Befugnisse und Pflichten der Staatsanwaltschaft konkretisieren und aus denen insgesamt folgt, dass es Aufgabe der Staatsanwaltschaft ist, als dem Gericht gleichgeordnetes, funktionell der Strafrechtspflege zugeordnetes Organ mit einer besonderen Verpflichtung zur Objektivität die Interessen der Rechtsgemeinschaft sowohl an der Durchsetzung des Sanktionsanspruchs, als auch an der Wahrung der Justizförmigkeit zu vertreten.[6] Zur Objektivitätsverpflichtung vgl. die Erl. zu § 160, 15, 47ff., zur Frage der Bindung an eine gefestigte Rechtsprechung vgl. die Erl. zu § 170, 26f. und Einl. J 46, zu ihrer Stellung im Hauptverfahren vgl. die Erl. Vor § 213; Vor § 226, zur Rechtsmittelbefugnis § 296 Abs. 2 und die Erl. dort. 4

II. Anklagekompetenz der Staatsanwaltschaft (Absatz 1)

1. Allgemeines. Verhältnis zum Offizialprinzip. Indem § 152 festlegt, dass die Staatsanwaltschaft zur Erhebung der öffentlichen Klage berufen ist, weist er die Einleitung und die weitere Durchführung des Strafverfahrens dem Staat – verkörpert durch die 5

2 SK/*Weßlau/Deiters* 2; Radtke/Hohmann/*Radke* 2; KMR/*Plöd* 2; vgl. die Erl. zu § 170.

3 *Pommer* Jura **2007** 662; KK/*Diemer* 4; HK/*Gercke* 4; SSW/*Schnabl* 4; *Schulenburg* JuS **2004** 765.

4 So SK/Weßlau/Deiters 6; KMR/*Plöd* 3; Radtke/Hohmann/*Radtke* 5; KK/*Diemer* 6; wohl auch MüKo/*Peters* 26; wie hier z.B. *Lüttger* GA **1957** 193.

5 MüKo/*Peters* 3, der zudem die Sicherung des Gewaltenteilungsprinzips sowie des Legalitätsprinzips als umfasst ansieht.

6 Vgl. *Kelker* ZStW **118** (2006) 394; *Eb. Schmidt* I 95 m.w.N. sowie Einl. J 48ff.

Staatsanwaltschaft – und nicht etwa dem einzelnen Bürger zu. Es handelt sich mithin um eine **Zuständigkeitszuweisung.**[7] Als Alternativankläger in Betracht käme vor allem der durch die Straftat Verletzte, der im Regelfall das ausgeprägteste Interesse an einer strafrechtlichen Verfolgung besitzt. Das geltende Recht favorisiert jedoch die Durchsetzung des materiellen staatlichen Strafanspruches von Amts wegen (ex officio). Damit ergibt sich der Grundsatz der Strafverfolgung von Amts wegen bereits aus § 152 Abs. 1 selbst,[8] und wird nicht etwa von diesem nur als dem Straf- und Strafverfahrensrecht überwiegend unausgesprochen zugrunde liegendes Konstitutionsprinzip vorausgesetzt, dessen Reichweite sich positivrechtlich aus dem Umfang der Privatklage ergibt.[9] Für eine derartige „Negativbestimmung" der **Offizialmaxime** über ihren Ausnahmekatalog besteht angesichts des insoweit klaren Wortlauts des § 152 Abs. 1 keine Notwendigkeit. Unstreitig ist, dass § 152 Abs. 1 neben der generellen Entscheidung zugunsten eines Anklagemonopols des Staates auch noch die Aussage enthält, dass die Erhebung der öffentlichen Klage grundsätzlich der der Justiz funktionell zugeordneten Staatsanwaltschaft und nicht etwa anderen Behörden anvertraut ist. Beide Aussagen des § 152 Abs. 1 zusammenfassend wird deshalb von einem **Anklagemonopol** der Staatsanwaltschaft gesprochen.[10] Hieraus, i.V.m. der Gesamtstellung der Staatsanwaltschaft als einer zur Objektivität verpflichteten, dem Rechtswillen und nicht dem Machtwillen des Staates verbundenen Behörde,[11] folgt, dass das Klageformprinzip nicht zu einem materiellen Parteiprozess führt (§ 151, 4). Zu den verschiedenen Formen der öffentlichen Klage siehe § 151, 8.

6 **2. Sonderfälle.** Nach der Abschaffung des gerichtlichen Strafverfügungsverfahrens durch das EGStGB 1974[12] kennt die StPO im Offizialverfahren keine Ausnahme von der alleinigen Klagebefugnis der Staatsanwaltschaft mehr. Eine Durchbrechung des Anklagemonopols stellt allerdings die Möglichkeit der **Privatklage** gem. §§ 374 ff. dar.[13] Jedoch kann die Staatsanwaltschaft auch im Falle von Privatklagedelikten die öffentliche Klage erheben (§ 376) und bei bereits erhobener Privatklage die Verfolgung durch ausdrückliche Erklärung übernehmen (§ 377 Abs. 2).

7 Die Anklagekompetenz der Staatsanwaltschaft ist bei den **Ermächtigungs-, Strafverlangens- und Antragsdelikten** eingeschränkt. Dies gilt vollumfänglich für sog. absolute Antragsdelikte, bei denen ein ordnungsgemäßer Strafantrag (vgl. § 158 sowie §§ 77 ff. StGB) eine notwendige Prozessvoraussetzung darstellt.[14] Bei relativen Antragsdelikten kann die Staatsanwaltschaft ohne einen solchen Strafantrag Anklage erheben, sofern sie ein besonderes öffentliches Interesse an der Strafverfolgung bejaht. Formal ist die Anklagekompetenz auch hier eingeschränkt,[15] de facto ergeben sich durch die nach

---

7 Radtke/Hohmann/*Radtke* 1.

8 SK/*Weßlau/Deiters* 1; MüKo/*Peters* 21; AnwK-StPO/*Walther* 2 f.; HK/Gercke 1; *Beulke/Swoboda* 16; *Niese* SJZ **1950** 891; *Roxin/Schünemann* § 10, 2; *Rüping* 325; *Schlüchter* 61.4; zweifelnd SSW/*Schnabl* 2.

9 So aber LR/*Rieß*[24] 5; AK/*Schöch* 1.

10 Radtke/Hohmann/*Radtke* 2; HK/*Gercke* 1; KK/*Diemer* 1; AnwK-StPO/*Walther* 2; *Gössel* § 2 A 4; Meyer-Goßner/*Schmitt* 1; *Niese* SJZ **1950** 891; KMR/*Plöd* 1 f.; *Eb. Schmidt* I 350; 386; einschränkend *Geerds* SchlHA **1962** 185.

11 KMR/*Eschelbach* Einl. 9; *Eb. Schmidt* I 95.

12 §§ 413 ff. in der von 1950 bis 1974 geltenden Fassung, vgl. dazu LR[22] Vor § 413; *H.W. Schmidt* MDR **1961** 563.

13 Radtke/Hohmann/*Radtke* 2; MüKo/*Peters* 23; SSW/*Schnabl* 2; SK/*Weßlau/Deiters* 3; Meyer-Goßner/*Schmitt* 1; OK-StPO/*Beukelmann* 1.

14 MüKo/*Peters* 24; SK/*Weßlau/Deiters* 4: Ausnahme und Rückausnahme.

15 **A.A.** MüKo/*Peters* 25: Offizialdelikte unter Anwendung des Opportunitätsprinzips.

der zutreffenden h.M. fehlende gerichtliche Überprüfbarkeit[16] des Kriteriums des besonderen öffentlichen Interesses jedoch keine Begrenzungen.

In **Steuerstrafsachen** kann gemäß § 400 AO die Finanzbehörde die öffentliche Klage in Form des Strafbefehlsantrags (nicht auf andere Weise) selbständig und ohne Mitwirkung der Staatsanwaltschaft erheben. Insoweit ist zwar das positive Anklagemonopol der Staatsanwaltschaft auch hier durchbrochen, wiederum jedoch nicht das negative, da die Staatsanwaltschaft eine Steuerstrafsache jederzeit an sich ziehen kann (§ 386 Abs. 4 Satz 2 AO), also auch zu dem Zweck, einen beabsichtigten Strafbefehlsantrag der Finanzbehörde zu verhindern oder einen bereits gestellten zurückzunehmen.[17] 8

Im **Bußgeldverfahren** nach dem OWiG ist die zunächst als Ordnungswidrigkeit verfolgte Tat auch unter dem rechtlichen Gesichtspunkt einer Straftat zu würdigen (vgl. §§ 21, 41, 81 OWiG). Stellt sich schon während des Verfahrens vor der Verwaltungsbehörde heraus, dass Anhaltspunkte für die Qualifikation als Straftat vorliegen, so hat die Behörde die Sache an die Staatsanwaltschaft abzugeben. Im Übrigen werden die Akten gemäß § 69 Abs. 3, 4 OWiG nach Einspruch gegen den Bußgeldbescheid dem Gericht über die Staatsanwaltschaft vorgelegt. Diese hat eigenverantwortlich zu prüfen, ob sie sich die Beschuldigung der Verwaltungsbehörde zu Eigen macht.[18] Deshalb ist (funktionell) das Anklagemonopol der Staatsanwaltschaft auch dann gewahrt, wenn erst im gerichtlichen Bußgeldverfahren der Übergang ins Strafverfahren (§ 81 Abs. 1 Satz 2 OWiG) erfolgt. 9

III. Legalitätsprinzip (Absatz 2)

1. Inhalt und Bedeutung

a) Legalitätsprinzip und Opportunitätsprinzip. Macht das Verfahrensrecht den Verfolgungsbehörden bei Vorliegen der gesetzlich bestimmten Verdachtsschwelle das Einschreiten und ggf. die Erhebung der Klage zur Pflicht, so wird vom Legalitätsprinzip gesprochen. Stellt eine Rechtsordnung dieses Einschreiten in das pflichtgemäße Ermessen der Verfolgungsbehörde, so ist es üblich, vom Opportunitätsprinzip zu sprechen. Wegen des umgangssprachlich und von der Entstehungsgeschichte her negativen Beigeschmacks des Wortes „Opportunität"[19] wird dieses Gegensatzpaar auch mit **Anklagezwang** (oder Verfolgungszwang)[20] und **Anklageermessen** (Verfolgungsermessen) bezeichnet.[21] Verfolgungspflicht und Verfolgungsermessen bestimmen, rechtsvergleichend betrachtet, in etwa gleichem Umfang die verschiedenen Rechtsordnungen.[22] 10

---

16 BGHSt **16** 225, 230; BayObLG NJW **1991** 1765; MüKo/*Peters* 25; MüKo-StGB/*Hardtung* § 230, 13; *Fischer* § 230, 4; *Beulke/Swoboda* 283; **a.A.** LG München I StV **1990** 400; Schönke/Schröder/*Stree/Sternberg-Lieben* § 230, 3; SK-StGB/*Wolters* § 230, 4; NK-StGB/*Paeffgen/Böse* § 230, 15; *Kröpil* NJW **1992** 654.

17 Zur Abgrenzung der Kompetenzen von StA und Finanzbehörde *Matthes* wistra **2008** 10, 11 f.; *Peters* DStR **2015** 2583, 2584–2589; zum Verhältnis von § 386 Abs. 4 zu § 30 AO *Hardtke/Westphal* wistra **1996** 92 f., 95.

18 KK-OWiG/*Ellbogen* § 69, 80 ff.; Göhler/*Seitz/Bauer* § 69, 41; HK-OWiG/*Lemke* § 69, 24 ff.

19 *Schroeder* FS Peters 412; vgl. auch *Henkel* 96 Fn. 4; *Jung* 60; *Marquardt* 13 spricht von der „irrationalen Vorbelastetheit" des Begriffspaars.

20 *Beulke/Swoboda* 17; ebenso *Endriß* FS Friebertshäuser 115; *Kerner* FS Miyazawa 475; HK/*Gercke* 3; *Lesch* 2/37; Meyer-Goßner/*Schmitt* 2; SSW/*Schnabl* 3; KK/*Diemer* 2; Radtke/Hohmann/*Radtke* 5; MüKo/*Peters* 20; *Pfeiffer* 2; *Roxin/Schünemann* § 14, 5; *Sinner* 86; *Schmidt-Jortzig* NJW **1989** 131; AnwK-StPO/*Walther* 4; ähnlich („Verfolgungspflicht") *Weigend* ZStW **109** (1997) 103.

21 So *Weigend* 17, 19; vgl. auch *Geppert* Jura **1986** 310; AK/*Schöch* 5; *Schroeder* FS Peters 413.

22 Vgl. die Übersichten bei *Heyden* 21 ff., 36 ff.; *Jescheck/Leibinger* Funktion und Tätigkeit der Anklagebehörde im ausländischen Recht (1979); *W. Wagner* 161 ff.; *Weigend* 89 ff.; zu Japan *Kühne* ZStW **85** (1983) 1029; zu Korea *Shin* 142 ff.

11 Das Gegensatzpaar Legalitätsprinzip und Opportunitätsprinzip bringt nur einen idealtypischen Gegensatz zum Ausdruck, der vielfach durch die Einzelheiten der gesetzlichen Vorschriften und die Rechtswirklichkeit in Richtung auf eine **vermittelnde Praxis** abgemildert wird.[23] Einerseits ist häufig die grundsätzliche Verfolgungspflicht durch gesetzlich zugelassene und umschriebene Ausnahmen gemildert, andererseits ist die Strafverfolgung auch unter einem Opportunitätsprinzip, selbst wenn dieses nicht durch gesetzliche Vorgaben begrenzt ist, zumindest durch den Gleichheitssatz und das Willkürverbot gebunden und nicht selten durch eine Verfolgungspraxis gekennzeichnet, die sich von derjenigen unter der Herrschaft des Legalitätsprinzips nicht sehr erheblich unterscheidet.[24] Mit der Aussage, dass ein Strafverfahrensrecht dem Legalitätsprinzip folge, ist deshalb allein über die wirkliche Verbindlichkeit des Verfolgungszwangs noch nichts ausgesagt, solange nicht der Blick auf etwaige Ausnahmen und ihre praktische Handhabung gerichtet wird. Legalitätsprinzip im gesetzestechnischen Sinne besagt demnach nur, dass der Verfolgungszwang die gesetzliche Regel darstellt und die Nichtverfolgung einer besonderen gesetzlichen Ermächtigung bedarf. Allerdings wird damit regelmäßig auch eine rechtspolitische Grundentscheidung des Gesetzgebers verbunden sein, die die Nichtverfolgung zu einer Ausnahme macht, welche auch sachlich einer besonderen Legitimation bedarf.

12 **b) Geltung des Legalitätsprinzips.** In diesem Sinne enthält Absatz 2 ebenso wie § 160 und § 170 Abs. 1 die Entscheidung für das Legalitätsprinzip, indem er der Staatsanwaltschaft das „Einschreiten" (Rn. 35 ff.) grundsätzlich zur Pflicht macht. Dieser Grundsatz galt ursprünglich und in dieser Schärfe über die meisten partikularen Strafprozessordnungen deutlich hinausgehend[25] sehr umfassend, jedoch nicht einschränkungslos.[26] Der Gesetzgeber hat mit der Ausnahmeklausel „soweit gesetzlich nichts anderes bestimmt ist" stets Ausnahmen von der Verfolgungspflicht im Auge gehabt. Dabei hat er aber deren Umfang und Voraussetzungen nicht, wie bei einem gesetzestechnischen Opportunitätsprinzip, der staatsanwaltschaftlichen und infolge der Weisungsgebundenheit der Staatsanwaltschaft der exekutiven Beurteilung überlassen, sondern im Grundsatz einer legislatorischen Entscheidung vorbehalten wollen (vgl. auch Rn. 52).

13 Bei dem **heute erreichten Rechtszustand** ist der Grundsatz der Verfolgungspflicht sowohl was den gesetzlich bestimmten Umfang der Ausnahmen angeht, als auch in Bezug auf die tatsächliche Häufigkeit ihrer Anwendung in beträchtlichem Maße gelockert (näher Rn. 51 f.).[27] Dabei sind die tatbestandlichen Voraussetzungen der Nichtverfolgungsermächtigungen vielfach verhältnismäßig unbestimmt, so dass sich für die Anwendung durch die Staatsanwaltschaft im Einzelfall oder aufgrund allgemeiner Weisungen durch die Dienstvorgesetzten faktisch nicht unbeträchtliche Handlungsspielräume eröffnen.[28] Das derzeit geltende Legalitätsprinzip der StPO kann als ein solches „mittlerer

---

23 Vgl. *Faller* FS Maunz 73; *Geerds* SchlHA **1964** 60; *Gössel* FS Dünnebier 124; *Heyden* 26; *von Hippel* 338; *Hirsch* ZStW **92** (1980) 227.

24 *Blankenburg* 181; vgl. auch die Nachw. bei *Jescheck/Leibinger* insbes. S. 699 f.; für die Niederlande vgl. auch *de Jong* RuP **1976** 170.

25 Dazu *Marquardt* 16 ff.; *W. Wagner* 151 ff.

26 Zur Entstehung ausführlich *Marquardt* 37 ff.; ferner *Glaser* I 218 ff.; *Heinitz* FS Rittler 329; *W. Wagner* 158; *Weigend* 25 ff.

27 Insofern sieht *Rieß* NStZ **1981** 1, 2 ff. das Legalitätsprinzip in der Krise; *Baumann* stimmt in ZRP **1972** 273 gar einen „Grabgesang für das Legalitätsprinzip" an; siehe hierzu auch MüKo/*Peters* 6.

28 Zweifelnd wohl *Schroeder* FS Peters 416 ff.; *Rieß* NStZ **1981** 2 ff.; *Baumann* stimmt in ZRP **1972** 273 zu.

Verbindlichkeit“[29] gekennzeichnet werden, das sich in der praktischen Auswirkung in vielen Deliktsbereichen einem gebundenen Opportunitätsprinzip annähert.[30]

14 Indirekte Auswirkungen auf die Umsetzung des Legalitätsprinzips hat die Rechtsentwicklung des **Unionsrechts**. Zwar wird das national geltende Legalitätsprinzip durch europarechtliche Rechtssätze nicht eingeschränkt. Durch die Geltung verschiedener Rechtsinstitute wie z.B. dem Doppelbestrafungsverbot aus Art. 54 SDÜ kann es aber an der Verfolgbarkeit rechtswidriger Taten im Inland mangeln, so dass die Möglichkeiten des Einschreitens durch die Staatsanwaltschaft rechtlich begrenzt werden. Jedoch wird nicht das Legalitätsprinzip beeinträchtigt, sondern die Voraussetzungen für den aus ihm folgenden Einschreitenszwang sind nicht (mehr) gegeben.

15 **c)** Über die **Legitimationsgrundlagen des Legalitätsprinzips** besteht keine Übereinstimmung; von den verschiedenen Autoren werden teilweise mehrere Gründe angeführt.[31] Das Legalitätsprinzip wird, besonders im älteren Schrifttum zurzeit absoluter Straftheorien, als notwendige Folge aus der staatlichen Strafdrohung abgeleitet,[32] teilweise auch mit generalpräventiven Erwägungen gerechtfertigt.[33] Ferner wird es als notwendiges Korrelat zum Anklagemonopol aufgefasst[34] oder als Konsequenz des staatsrechtlichen Legalitätsprinzips (der Gesetzesbindung) angesehen.[35] Vornehmlich in neuerer Zeit wird seine Wurzel in der Gewährleistung der Gerechtigkeit ohne Ansehen der Person und damit in der Willkürfreiheit, im Gleichheitssatz[36] und im Rechtsstaatsprinzip[37] sowie, damit zusammenhängend, in der rechtsfriedenssichernden Aufgabe des Strafprozesses in Verbindung mit der auf Rechtsgüterschutz angelegten Funktion des materiellen Strafrechts und der Verpflichtung des Staates zur Gewährleistung einer funktionstüchtigen Strafrechtspflege gesehen.[38]

---

29 LR/*Rieß*[24] 11.

30 *Geerds* SchlHA **1962** 186; *Jung* 49 ff.; *Kapahnke* 29; *Schroeder* FS Peters 415 ff.; *Zipf* FS Peters 494 f.; ähnlich AK/*Schöch* 5; *Weigend* 23 f., 168 („Mischsystem“); wohl ebenso *Roxin/Schünemann* § 14, 8 (enormer Spielraum und ein rechtsstaatlich problematisches Institut wegen fehlender praktischer Kontrolle bei Missbrauchsfällen); *Eser* ZStW **104** (1992) 369 f. (das Legalitätsprinzip sei in bestimmten Bereichen bereits fast zur Ausnahme geworden); *Naucke* FS Grünwald 414 (Legalitätsprinzip wird in weiten Bereichen des Strafrechts belanglos); vgl. *Herrmann* 307 (Legalitäts- und Opportunitätsprinzip als gleichrangige, sich ergänzende Prinzipien des deutschen Strafverfahrens).

31 Übersicht bei *Weigend* 63 ff.; ausführliche Auseinandersetzung bei *Erb* 94 ff.; *Jeutter* 13ff.

32 *Beling* 140; *Binding* LZ **1917** 497; *Birkmeyer* 69; *Gerland* 158; *von Kries* 263; AK/*Schöch* 6; abgeschwächt *von Hippel* 337.

33 *Henkel* 96; *Loos* JZ **1978** 593; *Eb. Schmidt* I 386; zur Einschätzung *Jeutter* 30 ff.; vgl. *Erb* 151 m.w.N.

34 BGHSt **15** 159; *Beulke/Swoboda* 17; *Eckl* ZRP **1973** 139; HK/*Gercke* 3; *Krey* Bd. II 197; *Kühne* 306; *Lesch* 2/37; Meyer-Goßner/*Schmitt* 2; *Pommer* Jura **2007** 662; *Pott* (Außerkraftsetzung) 15; LR/*Schäfer*[23] Einl. Kap. **13** 26; *Sacherer* 34; *Volk/Engländer* § 18, 7.

35 So *Heyden* 12 f., 97 f.; ähnlich *Faller* FS Maunz 78; dagegen *Gössel* FS Dünnebier 125 f.

36 BVerfGE **20** 222; BVerfG (Vorprüfungsausschuss) NStZ **1982** 430; vgl. auch BVerfGE **9** 228; **16** 202; *Beulke/Swoboda* 17; ebenso *Graf zu Dohna* 64; *Eckl* ZRP **1973** 139; *Eisenberg/Conen* NJW **1998** 2241; *Endriß* FS Friebertshäuser 116; *Faller* FS Maunz 78; *Gössel* § 1 B I; *Hirsch* ZStW **92** (1980) 227; *Kelker* ZStW **118** (2006) 395; *Kerner* FS Miyazawa 574; HK/*Gercke* 2; *Krey* JA **1985** 61; *Krey* Bd. II 197; *Kühne* 306; Meyer-Goßner/*Schmitt* 2; *Pfeiffer* 2; *Pott* (Außerkraftsetzung) 14; *Roxin/Schünemann* § 14, 2 (Demokratie, Rechtsstaat, Bestimmtheitsgrundsatz und Gleichheitssatz); *Roxin/Arzt/Tiedemann* 115; *Rüping* 325; *Schmidt-Jortzig* NJW **1989** 132 f.; AK/*Schöch* 6; *Shin* 17; *Stamp* Die Wahrheit im Strafverfahren (1998) 267; *W. Wagner* 173; *Willms* JZ **1957** 465; *Wölfl* JuS **2001** 482.

37 KK/*Diemer* 3; ebenso *Roxin/Schünemann* § 14, 2; *Volk/Engländer* § 18, 7; AnwK-StPO/*Walther* 4.

38 *Fezer* 1/46; *Rieß* NStZ **1981** 5; AK/*Schöch* 6; *Ulrich* ZRP **1982** 169; ähnlich auch *Gössel* FS Dünnebier 129; vgl. auch BVerfGE **46** 222; *Zipf* FS Peters 496; *Erb* 120 m.w.N.

2. Geltungsbereich

16 **a) Dem Legalitätsprinzip unterliegende Personen.** Die in § 152 Abs. 2 bestimmte Pflicht, zur Aufklärung und Verfolgung von Straftaten einzuschreiten, trifft zunächst und dem Wortlaut nach die Beamten der Staatsanwaltschaft (Staatsanwälte und Amtsanwälte, vgl. § 142 GVG). In Steuerstrafsachen (§ 386 AO) gilt sie auch für die zur Verfolgung zuständige Finanzbehörde, die nach § 399 Abs. 1 AO die Rechte und Pflichten der Staatsanwaltschaft wahrnimmt.[39] Dem Legalitätsprinzip unterliegen ferner, zwar nicht über § 152 Abs. 2 sondern indirekt über die § 163 Abs. 1; § 152 GVG,[40] die zur Erforschung von Straftaten berufenen Behörden und Beamten des Polizeidienstes, so dass es sich auf alle Personen erstreckt, denen durch strafverfahrensrechtliche Bestimmungen die Aufgabe der Verfolgung von Straftaten zugewiesen ist.[41] Dies umfasst auch unter einer Legende ermittelnde **Verdeckte Ermittler** gem. § 110a Abs. 2 sowie **nicht offen ermittelnde Polizeibeamte.**[42] Auch sie sind grundsätzlich zum Einschreiten verpflichtet, wenn im Rahmen der verdeckten Tätigkeit Umstände offenbar werden, die einen Sachverhalt aufzeigen, bei dem die strafrechtliche Verdachtsschwelle überschritten wurde. Das Einschreiten muss jedoch nicht sofort geschehen, sondern kann aus Gesichtspunkten der Ermittlungstaktik verschoben werden (vgl. Rn. 42). Gleiches gilt für sog. **Flankenschutzfahnder**, die im Rahmen des Besteuerungsverfahrens bei Außen- und Betriebsprüfungen agieren.[43]

17 Strittig beantwortet wird die Frage, inwieweit das Legalitätsprinzip die Staats- und Amtsanwälte sowie über § 163 Abs. 1 auch Polizeibeamte[44] bei **außerdienstlicher Kenntniserlangung** zum Einschreiten verpflichtet. Insofern steht das Recht des Betroffenen auf Achtung seiner Privatsphäre aus Art. 2 Abs. 1 i.V.m. Art. 1 Abs 1 GG einer aus dem Legalitätsprinzip begründeten Einschreitenspflicht zur effektiven Durchsetzung des Strafanspruchs gegenüber.[45] Aufgrund der Loyalitätspflicht des Beamten und der konstituierenden Bedeutung des Legalitätsprinzips für das Strafprozessrecht ist den Stimmen,[46] die hier abseits von § 138 StGB einen generellen Vorrang der Privatsphäre des Betroffenen postulieren, eine Absage zu erteilen. Die Frage ist vielmehr differenziert zu beantworten. Insofern ist der Rspr.[47] und der h.M.[48] zuzustimmen, wenn sie eine Abwägung der betroffenen Interessen verlangen, sofern die strafbaren Handlungen bis in die Dienstausübung hineinreichen. Diese kann jedoch nicht im jeweiligen Einzelfall anhand der hierbei angeführten Kriterien wie bspw. die Schwere der (mutmaßlichen) Straftat, der Grad der Gefährdung der Allgemeinheit sowie das Maß der Betroffenheit

---

39 MüKo/*Peters* 27; Radtke/Hohmann/*Radtke* 9; KMR/*Plöd* 4; HK/*Gercke* 6; *Roxin/Arzt/Tiedemann* 115; vgl. auch *Hardtke/Westphal* wistra **1996** 91.

40 Radtke/Hohmann/*Radtke* 9; MüKo/*Peters* 27; KMR/*Plöd* 4; vgl. auch HK/*Gercke* 6; SK/*Weßlau/Deiters* 9 f.

41 Allg. M.; vgl. z.B. *Gössel* FS Dünnebier 133; *Lesch* 2/37; *Pfeiffer* 2; *Roxin/Arzt/Tiedemann* 125; *Eb. Schmidt* I 398; vgl. Radtke/Hohmann/*Radtke* 9; MüKo/*Peters* 27; KMR/*Plöd* 4; vgl. auch HK/*Gercke* 6; SK/*Weßlau/Deiters* 9 f.

42 MüKo/*Peters* 27; KMR/*Plöd* 7; KK/*Bruns* § 110a, 14; *Fischer* § 258a, 3.

43 Vgl. Meyer-Goßner/*Schmitt* 3; zu den Besonderheiten des Steuerstrafverfahrens vgl. Rn. 41.

44 BGHSt **38** 388 m. Anm. *Mitsch/Bergmann* StV **1993** 518; BGH StV **1989** 16; wistra **2000** 92 m. Anm. *Wollweber* wistra **2000** 338; OLG Köln NJW **1981** 1794; *Beulke/Swoboda* 91.

45 Vgl. BVerfG NJW **2003** 1030.

46 Z.B. KMR/*Plöd* 7; SK-StGB/*Hoyer* § 258a, 6; MüKo-StGB/*Cramer/Pascal* § 258a, 7; *Pawlik* ZStW **111** (1999) 354; *Laubenthal* FS Weber 109.

47 BVerfG NJW **2003** 1030 f.; RGSt **70** 251 f.; BGHSt **5** 229; **12** 280 f; **38** 389; OLG Karlsruhe NStZ **1988** 504; OLG Köln NJW **1981** 1795.

48 Siehe nur HK/*Gercke* 7; Meyer-Goßner/*Schmitt* § 160, 10; NK-StGB/*Altenhain* § 258a, 7; *Fischer* § 258a, 4a; *Lackner/Kühl* § 258a, 4; AnwK-StGB/*Tsambikakis* § 258a, 11; Schönke/Schröder/*Stree/Hecker* § 258a, 11; *Beulke/Swoboda* 91; unentschlossen *Volk/Engländer* § 8, 11.

der Privatsphäre des Beamten erfolgen.[49] Denn das Ergebnis einer solchen Einzelfallabwägung ist kaum absehbar, der Betroffene müsste daher, außer in evidenten Fällen, im Zweifelsfall immer tätig werden, um sich selbst vor einer möglichen Strafbarkeit aus § 258a StGB zu schützen.[50] Die Methode ist für einen effektiven Schutz der Privatsphäre des Betroffenen daher unbrauchbar. Vielmehr ergibt sich zutreffend eine Einschreitenspflicht bei privater Kenntniserlangung nur anhand einer klaren Grenzziehung, wobei verschiedentlich auf die Kataloge von § 100a Abs. 2 oder § 100b Abs. 2 oder des § 138 StGB[51] abgestellt wird. Letzterer kodifiziert jedoch eine strafrechtliche Handlungspflicht für jedermann, die Pflichtenstellung des Adressaten des Legalitätsprinzips geht aber aus den genannten Gründen über eine solche hinaus. Auch die Kataloge der §§ 100a, 100b sind nicht geeignet, als Maßstab für die Begrenzung der Einschreitenspflicht zu fungieren. Es handelt sich um Deliktskataloge, deren Zusammenstellung durch den Gesetzgeber neben der Deliktsschwere auch von dem Kriterium der Notwendigkeit zur Aufklärung bestimmter Kriminalitätsphänome geleitet war.[52] Dabei ist zu berücksichtigen, dass der Gesetzgeber in § 12 StGB bereits eine abstrakte Grenzziehung zwischen einfacher und mittlerer auf der einen sowie erheblicher Deliktsschwere auf der anderen Seite postuliert hat. Diese Grenze kann für die hier zu leistende Abwägung fruchtbar gemacht werden, so dass im Ergebnis bei außerdienstlicher Kenntniserlangung immer dann einzuschreiten ist, wenn der Verdacht eines Verbrechens i.S.d. § 12 Abs. 1 StGB im Raume steht.[53]

Auch die **Dienstvorgesetzten** haben bei Ausübung ihres Weisungsrechts das für 18
den Staatsanwalt verbindliche Legalitätsprinzip zu beachten.[54] Es gehört auch zu ihren Amtspflichten, im Wege der Dienstaufsicht die Beachtung des Legalitätsprinzips durch die ihnen unterstehenden Staatsanwaltschaften zu überwachen.[55] Nach ganz h.M. soll das Legalitätsprinzip auch für die außerhalb der Staatsanwaltschaft stehenden Dienstvorgesetzten gelten, namentlich für den Justizminister sowie die mit der Dienst- und Fachaufsicht befassten Beamten der Justizverwaltung.[56] § 152 erstreckt jedoch das Legalitätsprinzip ausdrücklich nur auf die „Staatsanwaltschaft", zu der lediglich die in § 142 GVG genannten Personen zählen. Das Legalitätsprinzip bindet dennoch die Bediensteten der Justizverwaltung mittelbar, weil sie für eine ordnungsgemäße Tätigkeit der nachgeordneten Behörden sorgen müssen.[57] Ob die pflichtwidrige Duldung von Verstößen gegen das Legalitätsprinzip für den externen Dienstvorgesetzten eine Strafbarkeit

---

49 BVerfG NJW **2003** 1030 f.; BGHSt **5** 229; **38** 389; *Beulke/Sowboda* 91.

50 *Wollweber* wistra **2000** 339; *Mitsch* NStZ **1993** 384; *Laubenthal* JuS **1993** 911; anders aber BVerfG NJW **2003** 1030 f.

51 *Laubenthal* JuS **1993** 907; *Krause* JZ **1984** 549; vgl. auch *Kretschmer* Jura **2004** 455, der aber die Grenzziehung anhand des § 12 StGB befürwortet.

52 Vgl. zu den gesetzgeberischen Motiven die Erläuterungen zu § 100a und § 100b.

53 *Hellmann* 52; *Krey* I 418; weiter: MüKo/*Peters* 45: Verbrechen und andere Fälle mittlerer Kriminalität.

54 BGHSt **15** 161; HK/*Gercke* 6; MüKo/*Peters* 27; Radtke/Hohmann/*Radtke* 10; *Döhring* 78 f.; *Dünnebier* JZ **1958** 419; *ders.* JZ **1961** 314; *Engshuber* JA **2001** 54; *Faupel* DRiZ **2000** 314; KMR/*Plöd* 6; vgl. zum Weisungsrecht und seinen Grenzen insgesamt die Erl. zu § 146 GVG.

55 KMR/*Plöd* 6; Radtke/Hohmann/*Radtke* 10; HK/*Gercke* 6; Meyer-Goßner/*Schmitt* § 146, 3 GVG; vgl. auch *Kretschmer* Jura **2004** 457.

56 Vgl. die Erl. zu § 146 GVG; *Dünnebier* JZ **1958** 418; *Geppert* Jura **1982** 140 (enger wohl 147); *Gössel* § 3 A II 2; *Henkel* 142 f.; *von Hippel* 340; *Lüttger* GA **1957** 216; *Niese* SJZ **1950** 893; Meyer-Goßner/*Schmitt* § 146, 3 GVG; KMR/*Plöd* 6; *Roxin/Schünemann* § 9, 12 f.; *Sacherer* 35; AK/*Schöch* 7; KK/*Diemer* 6; *Eb. Schmidt* I 395 (m.w.N. auch zur früheren Gegenmeinung).

57 Wie hier *Döhring* 78; *Krey/Pföhler* NStZ **1985** 146, 152; *Willms* JZ **1957** 466; im Ergebnis so wohl auch *Bohnert* 317.

nach § 258a StGB begründet, ist eine hier nicht zu erörternde materiell-rechtliche Frage.[58]

19 Das Legalitätsprinzip gilt nicht für **Bedienstete anderer Behörden,** die nicht mit Strafverfolgungsmaßnahmen befasst sind, auch wenn sie dienstlich vom Verdacht strafbarer Handlungen Kenntnis erlangen[59] und auch soweit für sie eine besondere gesetzliche Anzeigepflicht (vgl. bei § 158) besteht, und zwar selbst dann nicht, wenn sie zu Ermittlungspersonen der Staatsanwaltschaft aufgrund § 152 GVG bestellt sind.[60] Auch hier ist die materiell-strafrechtliche Frage, ob die Unterlassung einer besonderen, gesetzlich vorgeschriebenen Anzeige den Tatbestand des § 258a StGB begründen kann, nicht zu erörtern. Für das **Gericht** bestimmt § 183 GVG eine besondere Anzeigepflicht für die Straftaten, die in der Sitzung begangen werden.

20 Ob das Legalitätsprinzip auch für das **Gericht** gilt, ist im Wesentlichen eine terminologische Frage. Unmittelbar anwendbar ist § 152 Abs. 2, außer in den Fällen des § 165 („Notstaatsanwalt")[61] auf die gerichtliche Tätigkeit nicht.[62] Dagegen lässt sich die der Vorschrift zugrunde liegende rechtspolitische Entscheidung, dass der Verdacht einer Straftat aufzuklären und im Falle ihres Nachweises eine strafrechtliche Sanktion zu verhängen ist, auch auf die gerichtliche Entscheidungspflicht übertragen. Diese, eng mit der Amtsaufklärungspflicht zusammenhängende Verpflichtung, ließe sich als Legalitätsprinzip im weiteren Sinne bezeichnen.[63] Jedenfalls enthalten regelmäßig die in den §§ 153 ff. der Staatsanwaltschaft eingeräumten, das Legalitätsprinzip begrenzenden Nichtverfolgungsermächtigungen zugleich für den Fall der gerichtlichen Anhängigkeit eine auch an das Gericht gerichtete Ermächtigung zur Einstellung des Verfahrens (vgl. Rn. 52).

21 **b) Zeitliche Geltung.** Die Pflicht zum Einschreiten umfasst das gesamte Ermittlungsverfahren einschließlich der Erhebung der öffentlichen Klage (vgl. auch § 170 Abs. 1). Sie beginnt somit ab dem Zeitpunkt, in dem der Staatsanwaltschaft zureichende tatsächliche Anhaltspunkte für eine verfolgbare Straftat vorliegen (siehe Rn. 27 ff.), mithin ein Anfangsverdacht gegeben ist. Unstreitig besteht sie bis zum Zeitpunkt der Abschlussentscheidung. Ob und ggf. in welchem Umfang der dem Legalitätsprinzip zugrunde liegende Grundgedanke für die Staatsanwaltschaft auch während des gerichtlich anhängigen Verfahrens verpflichtend bleibt und von ihr ein bestimmtes Verhalten, insbesondere **Nachermittlungen**, verlangt, ist umstritten.[64] Zum Teil wird darauf verwie-

---

58 Vgl. dazu *Fischer* § 258a, 3 ff.; Schönke/Schröder/*Stree/Hecker* § 258a, 5, 12; das Tatbestandsmerkmal „Mitwirkung bei dem Strafverfahren" muss nicht notwendig mit dem Kreis der durch § 152 Abs. 2 unmittelbar Angesprochenen korrespondieren.

59 BGH NStZ **1997** 597; KMR/*Plöd* 7; HK/*Gercke* 7; vgl. auch BGHSt **43** 82; **a.A.** für Beamte der Steuer- und Zollfahndung bei Kenntnis von strafbaren, nicht steuerstrafrechtlichen Handlungen *Brenner* DRiZ **1978** 52.

60 *Geppert* Jura **1982** 141, vgl. § 152, 29 GVG.

61 Radtke/Hohmann/*Radtke* 11; *Geppert* Jura **1982** 141; AK/*Schöch* 7; *vgl. auch* HK/*Gercke 7.*

62 Vgl. ausführlich *Döhring* 196 ff.

63 So *Kühne* 305; wohl auch *Geppert* GA **1979** 300; vgl. auch AK/*Schöch* 7.

64 Vgl. verneinend SK/*Weßlau/Deiters* 11; Radtke/Hohmann/*Radtke* 12; HK/*Gercke* 8; SSW/*Schnabl* 5; *Joecks* 4 sowie Meyer-Goßner/*Schmitt* 2 (prozessuale Aufgabe eigener Art, nur noch mittelbarer Einfluss des Legalitätsprinzips); wohl auch KK/*Diemer* 6; bejahend MüKo/*Peters* 30; *Geppert* GA **1979** 300; *Schroeder* FS Waltos 496; wohl auch *Gössel* § 11 B II und FS Dünnebier 130; *Heyden* 6, 24; KMR/*Eschelbach* Vor § 213 Rn. 30; vgl. auch *Niese* SJZ **1950** 894; unklar KMR/*Plöd* 8, der die Geltung des Legalitätsprinzips im gerichtlichen Verfahren nicht anerkennt, jedoch die Ermittlungspflicht als gegeben ansieht; zur Frage, ob nach Eröffnung des Hauptverfahrens überhaupt noch eine Ermittlungskompetenz der StA besteht, bejahend HK/*Julius* § 202, 8; KK/*Schneider* § 202, 2; Meyer-Goßner/*Schmitt* § 162, 17; KMR/*Seidl* § 202, 4; LR/*Stuckenberg* § 202, 7; LR/*Erb* § 160, 53; LR/*Gollwitzer*[25] Vor § 213, 17 f. m.w.N.; krit. *Strate* StV **1985** 342;

sen, dass sich die Beteiligung der Staatsanwaltschaft nach spezifischen Regelungen richte, weswegen der Anwendungsbereich des § 152 Abs. 2 nicht mehr gegeben sei.[65] Die Gegenansicht geht von einer umfassenden Geltung des Legalitätsprinzips auch im Zwischen- und Hauptverfahren aus.[66] Danach bestünde für die Staatsanwaltschaft auch in diesen Verfahrensabschnitten eine Einschreitenspflicht. Zwar ist der erstgenannten Ansicht zuzugegeben, dass die StPO in § 202 eine Zuständigkeitsregelung für weitere Ermittlungen nach Anklageerhebung trifft.[67] Insoweit könnte man davon ausgehen, dass die Befugnis für grundrechtseingreifende Ermittlungen mit der Anklageerhebung auf das Gericht übergegangen ist und es daher an einer entsprechenden gesetzlichen Befugnis der Staatsanwaltschaft fehlt. Jedoch kann die Staatsanwaltschaft bis zum Zeitpunkt der Eröffnungsentscheidung die Anklage jederzeit zurücknehmen. Um diese Entscheidung, etwa aufgrund nach der Anklageerhebung bekannt gewordener Umstände, adäquat treffen zu können, muss es ihr möglich bleiben, die hierzu notwendigen Ermittlungshandlungen vornehmen zu können. Doch auch über den Zeitpunkt des § 203 hinaus ist die Staatsanwaltschaft zu Nachermittlungen berechtigt und aus § 152 Abs. 2 auch verpflichtet. Dies gilt vornehmlich dann, wenn sich tatsächliche Anhaltspunkte dafür ergeben, dass die Tat ein gegenüber der Anklage abweichendes rechtliches Gepräge erhalten könne (z.B. Verbrechen anstatt eines Vergehens, Qualifikation anstatt Grunddelikt). Jedoch muss die Staatsanwaltschaft immer berücksichtigen, dass die Verfahrensherrschaft auf das Gericht übergegangen ist und sie den gerichtlichen Verfahrensablauf auch nicht stören darf.[68]

Eine Verpflichtung, gegen eine die Eröffnung des Hauptverfahrens ablehnende oder den Angeklagten freisprechende gerichtliche Entscheidung ein Rechtsmittel einzulegen, dürfte sich aber für die Staatsanwaltschaft aus dem Legalitätsprinzip auch für den Fall nicht begründen lassen, dass sie diese Entscheidung für falsch hält.[69] Hingegen ist die Staatsanwaltschaft bei pflichtwidriger Untätigkeit des Gerichts nach Anklageeingang zu einer **Untätigkeitsbeschwerde** berechtigt und verpflichtet, sofern das Hinausschieben der Entscheidung zwangsläufig einen endgültigen Verfahrensabschluss nach sich zieht, so z.B. wenn durch weiteres Abwarten Verjährung einträte und deshalb eine spätere Eröffnung des Hauptverfahrens nicht mehr möglich wäre.[70] Jenseits dieser extremen Fälle[71] kann die Staatsanwaltschaft hingegen ein Tätigwerden des Gerichts nicht erzwingen.[72] 22

Dagegen gilt das **Legalitätsprinzip nach Verfahrensbeendigung**, soweit nach der jeweiligen Rechtslage die Voraussetzungen für eine erneute Strafverfolgung vorliegen. Die Staatsanwaltschaft unterliegt deshalb erneut der Pflicht zum Einschreiten nach § 152 23

---

verneinend SK/*Weßlau/Deiters* § 151, 7; *Strauß* NStZ **2006** 560 (keine eigenständige Ermittlungsbefugnis der Staatsanwaltschaft); differenzierend *Odenthal* StV **1991** 443 ff.

65 Vgl. SK/*Weßlau/Deiters* § 151, 7; Meyer-Goßner/*Schmitt* 2; HK/*Gercke* 8; KK/*Diemer* 6; *Strate* StV **1985** 342.

66 MüKo/*Peters* 30; KK/*Schmidt* § 362, 4; *Marxen/Tiemann* 293; *Geppert* GA **1979** 300; KMR/*Eschelbach* Vor § 213, 30.

67 So z.B. SK/*Weßlau/Deiters* § 151, 7.

68 HK/*Julius* § 202 8; *Odenthal* StV **1991** 444.

69 MüKo/*Peters* 31; vgl. auch Nr. 147 Abs. 1 RiStBV; **a.A.** *Schroeder* FS Waltos 495.

70 OLG Frankfurt a.M. NJW **2002** 453 mit **abl.** Anm. *Wirriger* NStZ **2002** 389; OLG Stuttgart NStZ-RR **2003** 284; *Hoffmann* NStZ **2006** 257; KK/*Diemer* 6; HK/*Gercke* 8; MüKo/*Peters* 32; *Beulke/Swoboda* 363; siehe aber auch *Gimbel* ZRP **2004** 37 der sich gegen die vom Hessischen Ministerium der Justiz vorgeschlagenen Einführung einer Untätigkeitsbeschwerde durch Gesetz wendet; restriktiv bei Teilverjährung OLG Dresden NStZ **2005** 652; **a.A.** Radtke/Hohmann/*Radtke* 12, der zwar eine Pflicht zur Untätigkeitsbeschwerde annimmt, diese aber nicht aus dem Legalitätsprinzip begründet sieht.

71 LR/*Matt*[25] § 304, 8, 11.

72 Noch restriktiver OLG Dresden NJW **2005** 2791.

Abs. 2, wenn sie ein Verfahren nach § 170 Abs. 2 oder den §§ 153ff. eingestellt hatte und nunmehr neue tatsächliche Anhaltspunkte ein Ergebnis erwarten lassen, das die Einstellung nicht mehr gerechtfertigt erscheinen lässt, oder wenn in den Fällen der §§ 174, 211 neue Tatsachen oder Beweismittel bekannt werden, die eine Verfahrensfortsetzung erforderlich erscheinen lassen.[73]

24 **c) Sachliche Geltung.** Die Pflicht zum Einschreiten gilt, zureichende tatsächliche Anhaltspunkte (Rn. 27ff.) für eine verfolgbare Straftat (Rn. 37f.) vorausgesetzt, stets, sofern nicht eine der gesetzlichen Ausnahmen (Rn. 51ff.) eingreift. Die Durchführung eines Ermittlungsverfahrens nach § 152 Abs. 2 darf nicht deshalb unterbleiben, weil es den von ihm Betroffenen besonders belasten oder ihm unverhältnismäßig schwere Nachteile zufügen würde;[74] die Frage der **Verhältnismäßigkeit** stellt sich erst bei der Auswahl der erforderlichen Ermittlungshandlungen und Zwangsmaßnahmen.[75] Insoweit kann das Verhältnismäßigkeitsprinzip allerdings dazu führen, dass einem Anfangsverdacht nicht mit allen sonst zulässigen und gebotenen Mitteln nachgegangen werden darf. Zur Frage, ob prozessordnungswidrig gewonnene Tatsachen bei der Begründung des Anfangsverdachts verwendet werden können, siehe Rn. 33f.

25 Ein **Verzicht** auf die dem Legalitätsprinzip entspringende Pflicht zum Einschreiten kann grundsätzlich **nicht durch Notstand gerechtfertigt** werden. Insbesondere ist, außerhalb der gesetzlichen Nichtverfolgungsermächtigungen, kein Abstandnehmen von der Strafverfolgung deshalb zulässig, weil bei Durchführung des Strafverfahrens innerer Unfriede oder gar „bürgerkriegsähnliche Zustände“ zu befürchten wären.[76] In einer akuten, anders nicht abwendbaren Notstandssituation kommt allenfalls in Betracht, im Rahmen der freien Gestaltung des Ermittlungsverfahrens die Intensität von Ermittlungshandlungen zurückzunehmen oder sie zeitlich zurückzustellen (vgl. die Erl. zu § 160), wenn nicht die Gefahr besteht, dass dadurch die Aufklärung praktisch gänzlich vereitelt oder wesentlich erschwert würde.[77] Letzteres ist allenfalls dann in Kauf zu nehmen, wenn bei der kompromisslosen Durchführung des Legalitätsprinzips durch sofortiges Einschreiten Leib oder Leben unbeteiligter Dritter gefährdet würden, wie es etwa in Fällen von Geiselnahme der Fall sein kann.[78] In solchen Fällen können die Interessen akuter Gefahrenabwehr den Vorrang vor Aufklärungsinteressen haben.[79]

26 Das Legalitätsprinzip verpflichtet die Staatsanwaltschaft nicht zu einem **sofortigen Einschreiten.**[80] Daher ist es grundsätzlich möglich, die Einleitung des Ermittlungsver-

---

73 Radtke/Hohmann/*Radtke* 13; HK/*Gercke* 8; Meyer-Goßner/*Schmitt* 11; vgl. auch die Erl. zu § 211, 17 und § 174, 14. Zur (umstrittenen) Geltung des Legalitätsprinzips für das Wiederaufnahmeverfahren zu Ungunsten des Freigesprochenen vgl. LR/*Gössel*[25] § 362, 1; zum Ganzen *Kleinknecht* FS Bruns 475ff.

74 MüKo/*Peters* 70; Meyer-Goßner/*Schmitt* 6; Radtke/Hohmann/*Radtke* 25; *Rieß* FS Dünnebier 156; *Steffen* DRiZ **1972** 154.

75 BGH (Z) vom 8.2.1971 – III ZR 54/68 – (mitgeteilt bei *Steffen* DRiZ **1972** 154); BGH NStZ **1999** 582; *Geppert* Jura **1982** 150; Meyer-Goßner/*Schmitt* 6; *Steffen* DRiZ **1972** 154; im Erg. auch *Schroeder* FS Peters 415; **a.A.** *Jeutter* 155; wohl auch *G. Schäfer* 277ff.

76 *Rieß* FS Dünnebier 149; dazu auch *Ulrich* ZRP **1982** 169; *Geppert* Jura **1982** 150; ferner (mit Hinw. zur die Fragen auslösenden realen Situation) *Schultz/Leppin* Jura **1981** 521ff.; *J. Wagner* Kriminalistik **1982** 253; vgl. auch BVerfGE **46** 222.

77 Meyer-Goßner/*Schmitt* 6 (auch zur Zurückstellung aus kriminaltaktischen Gründen); HK/*Gercke* 9; *Odersky* FS Rebmann 346; AK/*Schöch* 20; vgl. auch KMR/*Plöd* 9ff.

78 Vgl. HK/*Gercke* 9; KMR/*Plöd* 10; *Jeutter* 157; Meyer-Goßner/*Schmitt* 6; *Krey* ZRP **1975** 97; *Schultz/Leppin* aaO.

79 Vgl. *Benrath* JR **1984** 3 sowie Abschnitt B Nr. III der Gemeinsamen Richtlinie der Justiz- und Innenminister über die Anwendung des unmittelbaren Zwanges durch Polizeibeamte auf Anordnung der StA, Anlage A der RiStBV.

80 KMR/*Plöd* 9; BeckOK-StPO/*Beukelmann* 9; vgl. auch BGH NStZ **2008** 686.

fahrens oder danach die Durchführung notwendiger Ermittlungsmaßnahmen aus ermittlungstaktischen oder prozessökonomischen Gesichtspunkten zu verschieben.[81] Insbesondere die vom Gesetzgeber in § 110a prinzipiell ermöglichte Tätigkeit des verdeckten Ermittlers wird es häufig mit sich bringen, dass im Interesse der Bekämpfung schwerwiegender Verbrechen die Verfolgung einzelner Delikte durch den Polizeibeamten zumindest vorübergehend zurückstehen muss. Der zeitliche Aufschub ist jedoch ähnlich der Notstandssituationen in der Form begrenzt, als dass er nicht dazu führen darf, dass die Aufklärung der Tat gänzlich vereitelt oder wesentlich erschwert werden würde.[82] Die Entscheidung über eine Zurückstellung der notwendigen Ermittlungsmaßnahmen steht der Staatsanwaltschaft, nicht hingegen ihren Ermittlungspersonen, auch nicht der Polizei aus eigener Kompetenz zu.[83]

3. Zureichende tatsächliche Anhaltspunkte

a) Bedeutung. Mit den Worten „zureichende tatsächliche Anhaltspunkte" wird der 27
sog. **Anfangsverdacht**[84] beschrieben, der als solcher nicht in der StPO verwendet wird. Definiert wird er gemeinhin in der Form, dass eine Sachlage gefordert wird, die nach kriminalistischer Erfahrung die Begehung einer verfolgbaren Straftat als möglich erscheinen lässt.[85] Der Begriff ist auch für § 160 Abs. 1 maßgebend, wo lediglich vom „Verdacht" die Rede ist. Er stimmt nicht notwendig mit den (verschiedenen) Verdachtsbegriffen überein, die in der StPO als Voraussetzungen für Zwangsmaßnahmen verwendet werden. Als auslösendes Element für die Einleitung eines zunächst auf **Verdachtsklärung** gerichteten Verfahrens ist der Anfangsverdacht im Vergleich zu den sonstigen Verdachtsgraden durch eine verhältnismäßig geringe Intensität gekennzeichnet. Dringend im Sinne der §§ 111a, 112 braucht er nicht zu sein; mit dem hinreichenden Verdacht im Sinne des § 203 hat er nichts zu tun.[86] Gleiches gilt für die Entdeckung einer Steuerstraftat i.S.d. § 371 Abs. 2 Nr. 2 AO.[87]

Der **Anfangsverdacht** löst nicht nur die Erforschungspflicht aus, sondern **begrenzt** 28
auch die strafverfahrensrechtliche **Befugnis zum Einschreiten.**[88] Aus § 152 Abs. 2 (und § 160 Abs. 1) folgt auch, dass die Strafverfolgungsbehörden erst dann aufklärend und strafverfolgend tätig werden dürfen, wenn hierfür zureichende tatsächliche Anhalts-

---

81 KMR/*Plöd* 9, 12; AnwK-StPO/*Walther* 9; HK/*Gercke* 9; MüKo/*Peters* 72; Radtke/Hohmann/*Radtke* 25; Meyer-Goßner/*Schmitt* 6; BeckOK-StPO/*Beukelmann* 9; *Rieß* FS Dünnebier 149, 153 f.; siehe auch *Schwarz* FS 100 Jahre OLG Düsseldorf 345, 355; Nr. 4.2.3, 4.2.4 Anlage E zur RiStBV; *Thiel* Die polizeiliche Verfolgungspflicht im Rahmen verdeckter Ermittlungen (1989) 47 ff.; ferner *Morré/Bruns* FS II BGH 581 ff.
82 Ähnlich MüKo/*Peters* 72: bewusstes in Kauf nehmen des Risikos des Scheiterns der Überführung.
83 KMR/*Plöd* 10–16.
84 *Beulke/Swoboda* 311; *Engländer* Strafprozessrecht 17; *Joecks* 6; HK/*Gercke* 10; *Kühne* 316; Meyer-Goßner/*Schmitt* 4; Radtke/Hohmann/*Radtke* 16; *Müller* Anscheinsbeweis im Strafprozeß (1998), 37; *Murmann/Grassmann* Beil. zu JuS **2001** Heft 3, 5; KMR/*Plöd* 17; *Pommer* Jura **2007** 662; *Roxin/Schünemann* § 39, 15; AK/*Schöch* 10; *Schroeder/Verrel* 64; *Schulz* 527 f.; AnwK-StPO/*Walther* 5; *Wolter* FS Brauneck, 511; ferner *Grosjean* 7; zur kriminologischen Bedeutung *Naucke* (Tatverdacht); zur Struktur des Anfangsverdachts vgl. auch *Helgerth* Der Verdächtige als schweigeberechtigte Auskunftsperson, Diss. Erlangen/Nürnberg 1976, 20 ff.; *von Hindte* 19.
85 BGH NJW **1989** 97; BVerfG NStZ-RR **2004** 207; Meyer-Goßner/*Schmitt* 4; HK/*Gercke* 11; KK/*Diemer* 7; SSW/*Schnabl* 6; AnwK-StPO/*Walther* 5; BeckOK-StPO/*Beukelmann* 4; KMR/*Plöd* 18; einschränkend SK/*Weßlau/Deiters* 12–12d (nur bei schwerwiegenden Delikten, bei leichteren wird ein gewisses Maß an Aufklärbarkeit gefordert); ähnlich KK/*Diemer* 7 (geringerer Wahrscheinlichkeitsgrad je höher die Deliktsschwere).
86 OLG München NStZ **1985** 550; HK/*Gercke* 10; Meyer-Goßner/*Schmitt* 4; *Pfeiffer* 3; KMR/*Plöd* 18.
87 Ebenso MüKo/*Peters* 36.
88 BGH StV **1989** 518; *Lohner* 140; *Wölfl* JuS **2001** 479; vgl. auch KMR/*Plöd* 17, 23.

punkte vorliegen.[89] Bloße Vermutungen begründen noch keinen Anfangsverdacht.[90] Es wird durch die Strafprozessordnung nicht gedeckt und ist nicht Teil eines gesetzmäßigen strafprozessualen Ermittlungsverfahrens, wenn aufgrund bloßer, nicht durch tatsächliche Hinweise gestützter Möglichkeiten und rein kriminalistischer Hypothesen ganze Felder des sozialen Lebens durchleuchtet werden, nur weil die Möglichkeit besteht, dass dabei Straftaten ans Licht befördert werden.[91] Aus dem strafprozessualen Legalitätsprinzip im Sinne von § 152 Abs. 2, § 160 Abs. 1 lässt sich weder eine Ermächtigung noch gar eine Verpflichtung ableiten, ohne konkrete tatsächliche Hinweise nach unbekannten Straftaten zu forschen.[92] Das ergibt sich trotz des missverständlichen Wortlauts auch nicht aus § 163 Abs. 1.[93]

29 Wird erst mit Vorliegen des Anfangsverdachts die Einschreitensbefugnis und -pflicht ausgelöst, so bedeutet die Überschreitung dieser Schwelle zugleich die grundsätzliche Möglichkeit, auf das strafprozessuale Ermittlungsinstrumentarium einschließlich der Zwangsmittel zugreifen zu können. D.h., dass ein Eingriff in die Rechte der Betroffenen erst ab diesem Zeitpunkt über das Strafprozessrecht gerechtfertigt werden kann.[94] Etwaige vorherige Eingriffe zur **Straftatverhinderung** unterliegen dem jeweiligen Gefahrenabwehrrecht. Für die spezifischen Eingriffsmaßnahmen gelten die jeweiligen Voraussetzungen.

30 **b) Zureichende Anhaltspunkte** sind solche, die es rechtfertigen, die Mittel der Strafverfolgungsbehörden einzusetzen und, wenn auch in geringem Maße, in die Rechtssphäre des Bürgers einzugreifen, um festzustellen, ob eine verfolgbare Straftat vorliegt und wer sie begangen hat. Es genügt eine gewisse, wenn auch noch geringe Wahrscheinlichkeit, bei der der Zweifel an der Richtigkeit des Verdachts noch überwiegen darf.[95] Sie muss aber über die allgemeine theoretische Möglichkeit des Vorliegens von Straftaten hinausgehen. Auch dürftige und noch ungeprüfte Angaben, Gerüchte[96] und einseitige Behauptungen können ausreichen, denn die Prüfung des Grades ihrer Wahrscheinlichkeit ist gerade das Ziel und kann deshalb nicht der Ausgangspunkt von

---

89 Meyer-Goßner/*Schmitt* 4; vgl. zur Annahme von zureichenden Anhaltspunkten bei Tafelgeschäften LG Bielefeld NStZ **1999** 582; LG Detmold wistra **1999** 435; LG Waldshut-Tiengen wistra **2000** 354; LG Freiburg wistra **2000** 356.

90 BVerfGE **44**, 353; **115**, 166; BGH NStZ **1994** 500; SSW/*Schnabl* 6; AnwK-StPO/*Walther* 5; HK/*Gercke* 11; KMR/*Plöd* 19; *Bach* Jura **2007** 13; *Döhring* 125; *Eisenberg/Conen* NJW **1998** 2243; *Geerds* GA **1965** 327; *Hund* ZRP **1991** 464; HK/*Gercke* 10; Meyer-Goßner/*Schmitt* 4; *Pfeiffer* 3; *Pommer* Jura **2007** 662; *Roxin/Schünemann* § 39, 15; *Roxin/Arzt/Tiedemann* 115; *Rzepka* (LV zu § 153) 414; *G. Schäfer* 251; KK/*Diemer* 7; vgl. OLG Hamburg NJW **1984** 1635.

91 *Arndt* NJW **1962** 2000; *Geerds* SchlHA **1964** 60; *Mörsch* Zur Rechtsstellung des Beschuldigten und seines Verteidigers im Vorverfahren, Diss. Mainz 1968, 48; *Walder* ZStW **95** (1983) 867; vgl. auch KMR/*Plöd* 19; SK/*Weßlau/Deiters* 14.

92 *Gössel* FS Dünnebier 131; *Eb. Schmidt* Nachtr. I 4; *Walder* aaO; *Weigend* 60 f.; vgl. auch KMR/*Plöd* 19; weitergehend wohl von einem materiellen Verständnis des Legalitätsprinzips her *Zipf* FS Peters 489; ferner *Henkel* 95.

93 Vgl. die Erl. zu § 163; siehe auch *Geerds* SchlHA **1964** 60.

94 Vgl. KK/*Diemer* 9; *ders.* NStZ **2005** 666 (ARP-Vorgänge); KMR/*Plöd* 23; Radtke/Hohmann/*Radtke* 16.

95 *Döhring* 125; *Geerds* FS Schröder 391; *Kaiser* NJW **1965** 2380; HK/*Gercke* 10; Radtke/Hohmann/*Radtke* 17; *Lüttger* GA **1957** 194; Meyer-Goßner/*Schmitt* 4; *Nagler* GerS **111** (1938) 361; *Pfeiffer* 3; *Schlüchter* 393.3; MüKo/*Peters* 35 (Verurteilungswahrscheinlichkeit merklich unter 50% ausreichend); ebenso Radtke/Hohmann/*Radtke* 17; siehe auch *Eb. Schmidt* 10 (tatsächliche Begebenheit, deren Deutung nach vernünftiger sozialer Lebenserfahrung die Möglichkeit des Gegebenseins einer Straftat ins Blickfeld rückt); AK/*Schöch* 10; AnwK-StPO/*Walther* 5; zum Ganzen auch *Beulke/Swoboda* 311; ausführlich *Kühne* 316 ff. und NJW **1979** 622 sowie (grundsätzlich) *Fincke* ZStW **95** (1983) 931.

96 RGSt **70** 252; HK/*Gercke* 11; *Willms* JZ **1957** 466; *Zöller* 128.

Ermittlungen sein.[97] Auf eine bestimmte Person brauchen die Anhaltspunkte noch nicht hinzudeuten; § 152 Abs. 2 verpflichtet auch zur Einleitung eines Verfahrens gegen Unbekannt,[98] so etwa, wenn nach § 159 Anzeige von einem nicht natürlichen Todesfall gemacht wird und der Verdacht eines strafbaren Verhaltens nicht von vornherein ausgeschlossen werden kann.[99] In der Praxis erfolgt dann eine Verfahrenseinleitung gegen Unbekannt, die in das UJs-Register eingetragen wird.

Keine zureichenden Anhaltspunkte liegen allerdings dann vor, wenn die verdachtsbegründenden Umstände offensichtlich haltlos oder unrichtig sind, was beispielsweise bei Mitteilungen von bekannten Querulanten der Fall sein kann.[100] Die Ermittlungspflicht wird auch nicht ausgelöst, wenn sich aus den Umständen zugleich ergibt, dass der Verdacht der Erfüllung eines objektiven Tatbestands wegen Fehlens der subjektiven Seite kein strafbares Verhalten ergeben kann oder dass die zu untersuchende Handlung unzweifelhaft rechtmäßig oder schuldlos ist,[101] beispielsweise im Falle der Nothilfe bei einer Geiselnahme.[102] Indessen ist in solchen Fällen stets zu erwägen, ob nicht Ermittlungen deshalb angezeigt sind, weil sie Umstände ans Licht fördern können, die Zweifel am Vorliegen der scheinbar die Strafbarkeit ausschließenden Gründe erwecken. 31

c) Tatsächliche Anhaltspunkte. Die zureichenden Anhaltspunkte müssen eine tatsächliche Grundlage haben, die darauf hindeutet, dass über die bloße allgemeine Möglichkeit der Begehung von Straftaten hinaus gerade der zu untersuchende Lebenssachverhalt eine Straftat enthält. Dabei genügen auch Indiztatsachen oder Tatsachen, die offenkundig sind,[103] sofern sich aus ihnen nach kriminalistischer Erfahrung konkrete Hinweise auf ein strafbares Verhalten ergeben. Es ist nicht erforderlich, dass die Tatsachen bereits die Subsumtion unter einen bestimmten Tatbestand ermöglichen. Sie müssen noch nicht feststehen; die bloße Wahrscheinlichkeit (auch geringen Grades), dass sie vorliegen, genügt, denn es ist gerade Ziel des Einschreitens, die Richtigkeit zu überprüfen.[104] Wie die in § 108 getroffene Regelung zeigt, können solche den Anfangsverdacht auslösende Tatsachen auch bei Gelegenheit der Verfolgung und Aufklärung anderer Straftaten festgestellt werden. Die Berufung auf ein Auskunftsverweigerungsrecht nach § 55 allein begründet noch keinen Anfangsverdacht (§ 55, 5, 28). 32

d) Ob **Tatsachen, die einem Beweisverwertungsverbot unterliegen**, zur Begründung eines Anfangsverdachts herangezogen werden dürfen, wird unterschiedlich beantwortet.[105] Es handelt sich um das Problem der **Vorauswirkung** von Verwertungsverboten.[106] Beim sog. großen Lauschangriff dürfen Äußerungen, die dem Kernbereich pri- 33

---

97 KK/*Diemer* 7; ders. NStZ **2005**, 666; BeckOK-StPO/*Beukelmann* 4.1; KMR/*Plöd* 18; HK/*Gercke* 11; *Geerds* GA **1965** 327; *Keller/Griesbaum* NStZ **1990** 416; zum Begriff der Wahrscheinlichkeit vgl. *Müller* (Fn. 87) 84 ff.

98 SK/*Weßlau/Deiters* 13; SSW/*Schabl* 10; AnwK-StPO/*Walther* 8; HK/*Gercke* 11; Radtke/Hohmann/*Radtke* 18; *Joecks* 12; Meyer-Goßner/*Schmitt* 5; *Pfeiffer* 3; KMR/*Plöd* 18; AnwK-StPO/*Walther* 8; vgl. auch *Kühne* 319 f.; *Lüttger* GA **1957** 194 Fn. 6; *Walder* ZStW **95** (1983) 868.

99 MüKo/*Peters* 38; *Maiwald* NJW **1978** 564; vgl. auch *Geerds* MedR **1984** 172.

100 HK/*Gercke* 11; *Kaiser* NJW **1965** 2380; vgl. KMR/*Plöd* 18.

101 *Pfeiffer* 3; KMR/*Plöd* 18.

102 *Geerds* ArchKrim **151** (1973) 52; Meyer-Goßner/*Schmitt* 4; KMR/*Plöd* 18.

103 Meyer-Goßner/*Schmitt* 4; Radtke/Hohmann/*Radtke* 19; *Willms* JZ **1957** 466.

104 HK/*Gercke* 10; KMR/*Plöd* 18; *Pommer* Jura **2007** 662.

105 Vgl. MüKo/*Peters* 46–48; *Bachmann* 58 ff.; *Döhring* 126 f.; *Joecks* 11; HK/*Gercke* 12; *Knauth* NJW **1978** 743; *ders.* JuS **1979** 341; Meyer-Goßner/*Schmitt* 4c; KMR/*Plöd* 20; AK/*Schöch* 11; AnwK-StPO/*Walther* 7; SK/*Weßlau/Deiter* 15 f.

106 LR/*Gössel* Einl. L 125 ff. m.w.N.

vater Lebensgestaltung (Art. 13 Abs. 1 GG i.V.m. Art. 1 Abs. 1 und Art. 2 Abs. 1 GG) zuzurechnen sind, gemäß § 100d Abs. 1 StPO nicht erfasst werden. Desweiteren bestimmt § 100d Abs. 2 Satz 1 StPO, dass Erkenntnisse über solche Äußerungen, die durch eine Maßnahme nach den §§ 100a–100c erlangt wurden, nicht verwertet werden dürfen.[107] Das Bundesverfassungsgericht hat bei der Annahme eines aus dem Verfassungsrecht abgeleiteten Durchsuchungs- und Beschlagnahmeverbots lediglich ausgesprochen, dass die beschlagnahmten Unterlagen und der in ihnen verkörperte gedankliche Inhalt einem Beweisverwertungsverbot unterliegen und „zu Beweiszwecken" nicht verwertet werden dürften.[108] Wohl weitergehend hat das OLG Stuttgart[109] nach einer unzulässigen Beschlagnahme ausgesprochen, dass die Befugnis zur Herstellung von Ablichtungen nicht auf die §§ 152, 160 gestützt werden könne, weil die Staatsanwaltschaft das Verfahren mit solchen Unterlagen „nicht weiter fördern" dürfe. Das erscheint in der Tendenz sachgerecht, wird aber konterkariert durch die Rechtsprechung zur sog. **Widerspruchslösung**. Danach ist Voraussetzung des Eingreifens des Beweisverwertungsverbotes (insbesondere bei Nichtbelehrung gemäß § 136, aber auch in anderen Fällen), dass der Verteidiger der Verwertung bis zu dem in § 257 Abs. 1 genannten Zeitpunkt ausdrücklich widersprochen hat. Beim unverteidigten Angeklagten soll es auf dessen Entscheidung, nach Belehrung durch den Gerichtsvorsitzenden, ankommen.[110] Diese schon wegen der falschen „Lastenverteilung" in der Hauptverhandlung verfehlte Rechtsprechung[111] führt hier zu der misslichen Konsequenz, dass bei Bejahung von Vorwirkungen der Beweisverwertungsverbote der Staatsanwalt bei der Entscheidung über das Vorliegen eines Anfangsverdachts das spätere Prozessverhalten der Verfahrensbeteiligten prognostizieren müsste. Dies erscheint unmöglich. Nicht einmal eine Rückfrage würde genügenden Aufschluss geben, da der Widerspruch jederzeit zurückgenommen werden kann.[112] Auf diese Rücknahme des Widerspruchs müsste der Staatsanwalt konsequenterweise hoffen dürfen, wenn auch noch völlig ungeklärt ist, ob der Widerspruch im Ermittlungsverfahren überhaupt schon Wirkungen zeitigt.[113]

34 Das Problem gehört in den größeren Zusammenhang der **Fernwirkung von Beweisverwertungsverboten**, namentlich der amerikanischen „fruit-of-the-poisonous-tree-doctrine",[114] auf deren Anerkennung es im Ergebnis hinausläuft, wenn man an die Unzulässigkeit einer Beweishandlung regelmäßig das Verbot knüpft, dabei gewonnene

---

107 Ferner ist die Unzulässigkeit jeder Verwendung von Daten, also auch die zur Begründung eines Anfangsverdachts, in § 6 Abs. 2 Satz 2 in Verb. mit § 7 Abs. 4 G 10 positivrechtlich geregelt, soweit eine Fernmeldeüberwachung auf § 1 Abs. 1 i.V.m. § 3 Abs. 1 Nr. 1 dieses Gesetzes gestützt ist; vgl. BGHSt **29** 244.

108 BVerfGE **44** 383; daraus leitet *Knauth* JuS **1979** 341 trotz der Wendung „zu Beweiszwecken" auch die Unzulässigkeit von Ermittlungsmaßnahmen ab.

109 AnwBl. **1978** 114.

110 BGHSt **38** 214; BGH StV **2001** 545 mit **abl.** Anm. *Ventzke*; OLG München NStZ **2006** 300; BGH wistra **2006** 311; ausführlich dazu LR/*Gless* § 136a, 81 ff.; LR/*Hanack*[25] § 136, 57 ff.; *Dudel* Das Widerspruchserfordernis bei Beweisverwertungsverboten (1999); *Heinrich* ZStW **112** (2000) 398; *Tolksdorf* FS Graßhoff 255 ff.; siehe auch *Beulke/Swoboda* 460a.

111 *Beulke/Swoboda* 117, 150, 460a m.w.N.; ausführlich *Dornach* Der Strafverteidiger als Mitgarant eines justizförmigen Strafverfahrens (1994) 190.

112 BGHSt **39** 353.

113 Dafür *Maul/Eschelbach* StraFo **1996** 70.

114 Vgl. LR/*Gössel* Einl. L 171 ff.; LR/*Gless* § 136a, 74 f.; LR/*Hanack*[25] § 136a, 66 f.; zum Meinungsstand auch *Reinecke* Die Fernwirkung von Beweisverwertungsverboten (1990) 224; *Otto* GA **1970** 289, 294; *Kasike* Jura **2017** 16 ff.; *Hegmanns* ZIS **2016** 404, 412 f.; OLG Düsseldorf, Beschl. vom 23.6.2016 – III 3 RVs 46/16 mit Anm. *Albrecht*, jurisPR-StrafR 25/**2016** Anm 5; Jahn JuS **2016** 1138–1141; LG Frankfurt StV **2003**, 325; *Meyer-Mews* HRRS **2015** 398–406; *Beulke/Swoboda* 482; BGHSt **27** 358; **32** 71; **34** 364; NJW **2006** 1361; NStZ-RR **2016** 216; aber auch BGHSt **29** 247 (zu § 7 G10 a.F., nunmehr § 6 Abs. 2 Satz 3 i.V.m. § 7 Abs. 6 G10).

tatsächliche Erkenntnisse als Anfangsverdacht zuzulassen und zum Ausgangspunkt weiterer selbständiger Ermittlungen zu machen. Zunächst einmal gilt, dass die einem Beweisverwertungsverbot unterliegenden Erkenntnisse, selbst wenn sie zur Begründung des Anfangsverdachts herangezogen werden, schon für das staatsanwaltschaftliche Ermittlungsverfahren als Beweismittel ausscheiden, solange sie nur aus der unzulässigen Beweiserhebung begründbar sind; sie dürfen unstrittig weder dem Beschuldigten vorgehalten noch als Beweismittel für die Anordnung strafprozessualer Zwangsmaßnahmen verwendet werden.[115] Im Übrigen hat jedoch der Bundesgerichtshof überwiegend die Fernwirkung von Beweisverwertungsverboten abgelehnt.[116] Insbesondere hat der Bundesgerichtshof die Auffassung vertreten, dass die bei einer Telefonüberwachung nach § 100a gewonnenen Hinweise auf das Vorliegen einer anderen, nicht unter den Katalog des § 100a fallenden Tat zwar nicht zu Beweiszwecken verwendet, wohl aber zur Grundlage von Ermittlungen gemacht werden dürften (sog. Spurenansatz),[117] woraus folgt, dass sie auch einen Anfangsverdacht begründen können. Diese Lösung ist jedoch zumindest in dieser Absolutheit abzulehnen. Vielmehr ist zu differenzieren: Ergibt sich das Beweisverwertungsverbot direkt aus einer strafprozessualen Norm (z.B. § 136a, § 100d Abs. 2 Satz 1), so muss anhand der Auslegung dieser Norm bestimmt werden, ob das Beweisverwertungsverbot eine Fernwirkung enthält.[118] Dabei ist der Formulierung „darf nicht verwertet werden" im Regelfall der Wille des Gesetzgebers zu entnehmen, dass das betreffende Beweismittel dem strafprozessualen Zugriff in Gänze entzogen und mithin auch nicht zur Begründung des Anfangsverdachtes genutzt werden soll. Spricht der Gesetzeswortlaut hingegen davon, dass das betreffende Beweismittel „nicht zu Beweiszwecken" genutzt werden darf, indiziert dies lediglich eine Unverwertbarkeit als Beweismittel, nicht aber darüber hinaus als Bezugspunkt eines Anfangsverdachts.[119] Fehlt es an einer solchen gesetzlichen Regelung, sind sowohl bei selbständigen, als auch bei unselbständigen Beweisverwertungsverboten in Bezug auf eine eventuelle Fernwirkung die Schwere des Verstoßes sowie die Schwere der Tat gegeneinander abzuwägen.[120]

e) Beurteilungsspielraum. Den Strafverfolgungsbehörden ist bei der Frage, ob zu- 35
reichende tatsächliche Anhaltspunkte ein Einschreiten erfordern, kein Ermessen einge-

---

115 BGHSt **22** 135; **27** 358 f.; OLG Hamm NStZ **2007** 356 f.; Radtke/Hohmann/*Radtke* 20; Meyer-Goßner/*Schmitt* 4c; HK/*Gercke* 12; MüKo/*Peters* 48; *Rieß* JR **1979** 169; **a.A.** SK/*Weßlau*/*Deiters* 15b: Differenzierung nach Reichweite des Beweisverwertungsverbots.

116 BGHSt **27** 357 f.; **32** 70 f.; **34** 364; **51** 7–9; Einzelheiten bei LR/*Gössel* Einl. L 171 ff.

117 BGH NJW **1984** 2772 f. (Verwertungsverbot darf nicht ohne weiteres zur Lähmung des gesamten Strafverfahrens führen); BGHSt **27** 355 = JR **1979** 163 mit Anm. *Rieß* 169; vgl. auch LR/*Meyer*[23] § 100a, 13; BGHSt **29** 248; **31** 304; **34** 362, 364; **51** 1, 7; OLG München wistra **2006** 472; OLG Koblenz StraFo **2017** 329, 332–334; zust. HK/*Gercke* 12; KMR/*Plöd* 20; vgl. auch LG Landshut NStZ **1999** 636; zum Teil restriktiver OLG Karlsruhe NJW **2004** 2687 mit zust. Bespr. *Kudlich* JuS **2004** 1019; differenzierend *Vassilaki* BewHi. **1999** 149 f.; ausführlich zum Meinungsstand *Lohberger* FS Hanack 260 ff.; *Meyer-Mews* HRRS **2015** 398–405; *Hegmanns* ZIS **2016** 412 f.; *Kasike* Jura **2017** 16 ff.

118 In der Sache wie hier MüKo/*Peters* 47; SK/*Weßlau*/*Deiters* 15 f.

119 Vgl. MüKo/*Peters* 47; SK/*Weßlau*/*Deiters* 15 f.

120 BGHSt **27** 357; **29** 242; **34** 362, 364; **51** 1, 7–9; OLG Koblenz StraFo **2017** 329, 332–334; MüKo/*Peters* 48; AnwK-StPO/*Walther* 7; Meyer-Goßner/*Schmitt* 4c; LR/*Rieß*[24] 27; AK/*Schöch* 11; ähnlich LR/*Gless* § 136a, 75; LR/*Hanack*[25] § 136a, 67; anders noch LR/*Beulke*[26]: Abwägung nur bei selbständigen Verwertungsverboten, sonst immer Fernwirkung des Beweisverwertungsverbots; siehe auch *Beulke* ZStW **103** (1991) 657; *ders.*/*Swoboda* 482; für allgemeine Fernwirkung dagegen *Lohberger* FS Hanack 253, 275 f.; SK/*Rudolphi* § 100a, 32; ähnlich *Knauth* NJW **1978** 743; **a.A.** KMR/*Plöd* 20 (generelle Verwertbarkeit als Spurenansatz); ebenso HK/*Gercke* 12; weiter Radtke/Hohmann/*Radtke* 20 (generelle Verwertbarkeit zur Begründung des Anfangsverdachts).

räumt, weil das im Ergebnis auf die Anerkennung des Opportunitätsprinzips hinauslaufen würde.[121] Vielmehr ist der Anfangsverdacht an einen unbestimmten Rechtsbegriff geknüpft,[122] bei dessen Ausfüllung Staatsanwaltschaft und Polizei jedoch ein beträchtlicher Beurteilungsspielraum eingeräumt ist.[123] Bei seiner Anwendung sind auch kriminalistische Kenntnisse und Erfahrungen von Bedeutung.[124] Der Grundsatz des in dubio pro reo gilt in diesem Zusammenhang nicht.[125] Der Spielraum ist überschritten, wenn „bei voller Würdigung auch der Belange einer funktionstüchtigen Strafrechtspflege die Einleitung der Ermittlungen gegen den Beschuldigten nicht mehr verständlich ist".[126] Die Grenze stellt somit das Willkürverbot dar.[127] Nutzen die Ermittlungsbehörden diesen Beurteilungsspielraum missbräuchlich aus, indem sie das Verfahren nicht nachvollziehbar verspätet einleiten, so kann dies den Grundsatz des fairen Verfahrens gemäß Art. 6 Abs. 1 Satz 1 EMRK verletzen. Dies müsste in der Revision im Wege einer Verfahrensrüge geltend gemacht werden.[128]

36 Ob der Beurteilungsspielraum auch dadurch ausgefüllt werden kann, dass die Staatsanwaltschaft aufgrund eines **legalen Verhaltens** den Anfangsverdacht einer Straftat bejaht, ist Gegenstand der wissenschaftlichen Diskussion und jüngerer Rechtsprechung. Denkbar sind zwei Konstellationen. In der ersten ist eine konkrete Straftat bereits entdeckt worden, die Beteiligten sind jedoch noch unbekannt. Insoweit kann weitgehend unstreitig legales Verhalten (z.B. der vorherige Ankauf eines Brecheisens, welches später als Tatwerkzeug genutzt wurde) einen Anfangsverdacht in Bezug auf die Beteiligung einer bestimmten Person begründen.[129] Insbesondere im Zuge der Affäre um den früheren Bundestagsabgeordneten *Edathy* erlangte die zweite Konstellation neue Aktualität. Im Kern geht es um die Frage, ob ein legales Verhalten, welches aber nach kriminalistischer Erfahrung oftmals in Verbindung mit illegalem Verhalten steht, zureichende tatsächliche Anhaltspunkte i.S.d. § 152 Abs. 2 darstellen kann und somit einen Anfangsverdacht begründet. Bejahendenfalls lößt bereits die Entdeckung eines solchen legalen Verhaltens ohne zusätzliche Anhaltspunkte die aus dem Legalitätsprinzip folgende Einschreitenspflicht aus. Die bisherige Rechtsprechung ging in dieser Konstellation davon aus, dass rein legales Verhalten alleine nicht geeignet ist, nach kriminalisti-

---

121 HK/*Gercke* 11; Meyer-Goßner/*Schmitt* 4; Radtke/Hohmann/*Radtke* 21; OK-StPO/*Beukelmann* 5; KK/*Diemer* 8; MüKo/*Peters* 49; *Meyer* FS Schlüchter 64; KMR/*Plöd* 21; **a.A.** *Bach* Jura **2007** 14f.; *Gössel* § 4 A I; *von Hindte* 37; *Kaiser* NJW **1965** 2380; *Pfeiffer* 3; *Eb. Schmidt* 11 (gebundenes Ermessen); vgl. auch *Lohner* 46f.; einschränkend SK/*Weßlau*/*Deiters* 16 (nicht im Verhältnis zwischen Polizei und Staatsanwaltschaft).

122 BVerfG (Vorprüfungsausschuss) NJW **1984** 1451 = NStZ **1984** 228; BGH (Z) NJW **1970** 1543; KMR/*Plöd* 21; MüKo/*Peters* 49; Radtke/Hohmann/*Radtke* 21; HK/*Gercke* 11; *Kniesel* ZRP **1987** 380; *Sailer* NJW **1977** 1138.

123 BGHSt **38** 228; *Beulke*/*Swoboda* 111, 311; *Beulke* StV **1990** 180; *Bruns* GedS H. Kaufmann 867; *Döhring* 126; *Engländer* Strafprozessrecht 17 (gewisser Beurteilungsspielraum); *Grosjean* 8ff.; *Hund* ZRP **1991** 464; *Joecks* WM Sonderbeil. Nr. 1 zu Heft 20/**1998** 7; HK/*Gercke* 11; Meyer-Goßner/*Schmitt* 4; *Meyer* FS Schlüchter 64; KMR/*Plöd* 21; *Rzepka* (LV zu § 153) 415; KK/*Diemer* 8; AnwK-StPO/*Walther* 5; SK/*Weßlau*/*Deiters* 16; vgl. *Kutzer* DRiZ **1975** 110 (ermessensähnlicher Spielraum); *Pfeiffer* 3; im Ergebnis dürfte kaum ein Unterschied zu der Auffassung bestehen, die ein gebundenes Ermessen annimmt; krit. *Störmer* ZStW **108** (1996) 495, 51; siehe auch *Zabel* ZIS **2014**, 340, 341f.; krit. *Eisenberg*/*Conen* NJW **1988** 2249.

124 Meyer-Goßner/*Schmitt* 4; KMR/*Plöd* 21; *Eb. Schmidt* 1; *Zabel* ZIS **2014** 341f.

125 OLG Karlsruhe Justiz **2003** 270; MüKo/*Peters* 49.

126 BGH StV **1988** 442; vgl. auch BVerfG NJW **2014** 3087.

127 BVerfG **59** 97; NStZ **2004** 447; KK/*Diemer* 8; siehe auch BVerfG StV **2010** 665.

128 BGH JR **2005** 300 mit Anm. *Lesch*; Meyer-Goßner/*Schmitt* 4.

129 Meyer-Goßner/*Schmitt* 4a; *Hoven* NStZ **2014** 365; SK/*Weßlau*/*Deiters* 12e; vgl. auch AG Saalfeld NJW **2001** 3642f.

scher Erfahrung von einer Straftat auszugehen.[130] Liegen jedoch weitere Anhaltspunkte vor, die im Zusammenspiel mit dem legalen Verhalten auf das Vorliegen einer verfolgbaren Straftat hinweisen können, so kann dies zur Annahme eines Anfangsverdachts ausreichen.[131] Diese Linie hat das BVerfG in seinem Nichtannahmebeschluss[132] zum Fall *Edathy* auch nicht revidiert. Konkret wurde die Frage hier gar nicht erörtert, weil das BVerfG davon ausging, dass die Instanzgerichte die gegenständlichen Aufnahmen als solche mit möglicherweise strafbaren Inhalt bewertet haben. Demnach lag eine konkrete Straftat im Bereich des Möglichen und es handelte sich daher um möglicherweise strafbares und damit gerade nicht rein legales Verhalten. Hinzu sei der weitere Anhaltspunkt gekommen, dass die Bestellung dieser möglicherweise strafbaren Aufnahmen über einen Händler erfolgte, der auch mit strafbarer Kinderpornographie handelt. Weil hier ein Bereich vorliege, in dem die Überschreitung der Grenze zur Strafbarkeit von **schwer einschätzbaren tatsächlichen Wertungen** abhänge, die nicht zielsicher einzuhalten seien und daher auch regelmäßig überschritten würden, sei die kriminalistische Einschätzung, dass (weitere) Straftaten vorliegen könnten berechtigt.[133] In der Summe dieser Umstände gelangte das BVerfG zu dem Schluss, dass die Annahme eines Anfangsverdachts hier aus verfassungsrechtlicher Sicht nicht zu beanstanden sei.[134] Die zu dieser Entscheidung vorgebrachte Kritik erschöpft sich denn auch darin dem BVerfG vorzuhalten, es habe die Gelegenheit, eine Klarstellung zur Präzisierung des Anfangsverdachts in Bezug auf legales Verhalten zu statuieren nicht genutzt.[135] In der Literatur wird die Konstellation unterschiedlich bewertet. Zum Teil wird der Rückschluss bei fehlender Kenntnis einer konkreten Straftat ausgeschlossen.[136] Weitaus überwiegend wird jedoch die Sicht der Rspr. geteilt.[137] Dem ist im Ergebnis auch zuzustimmen. Es ist gerade Sinn und Zweck des Ermittlungsverfahrens zu klären, ob eine verfolgbare Straftat vorliegt und wer an dieser beteiligt war. Will man die Bejahung des Anfangsverdachts anhand festgestellt legalem Verhalten davon abhängig machen, ob eine Straftat bereits entdeckt ist, so wird das Ergebnis des Ermittlungsverfahrens als dessen Voraussetzung eingestuft.[138] Der insoweit zu Recht geltend gemachten Gefahr, dass in dieser Konstellation eine ausufernde Strafverfolgung drohe, die bereits rein legales Verhalten de facto kriminalisiere, kann durch das Kriterium der weiteren Anhaltspunkte begegnet werden. Ein Anfangsverdacht lässt sich somit gerade nicht alleine auf legales Verhalten des Betroffenen gründen. Vielmehr muss dieses im Kontext der weiteren Anhaltspunkte nach kriminalistischer Erfahrung auf ein strafbares Verhalten in der Vergangenheit schließen lassen.

4. Verfolgbare Straftaten. Die Pflicht zum Einschreiten nach § 152 Abs. 2 wird nur 37
ausgelöst, wenn sich der Anfangsverdacht auf eine Straftat, also eine tatbestandsmäßige, rechtswidrige und schuldhafte Handlung[139] richtet. Ordnungswidrigkeiten und Dis-

---

130 BVerfG StV **2010** 665 f.; OLG Hamburg NJW **1984** 1635 f.; AG Saalfeld NJW **2001** 3642 f.
131 BVerfG NJW **1994** 2079 f.; StV **2010** 665 f.
132 BVerfG NJW **2014** 3085 ff.; hierzu *Eichbach/Ruhs* Jura **2015** 718; *Satzger* FS Beulke 1009; LG Regensburg StV **2015** 159; vgl. auch BVerfG NJW **2015** 851 f.; zuvor *Hoven* NStZ **2014** 361 ff.
133 BVerfG NJW **2014** 3085, 3088.
134 BVerfG NJW **2014** 3085, 3088.
135 *Eichbach/Ruhs* Jura **2015** 718; *Satzger* FS Beulke 1009.
136 *Hoven* NStZ **2014** 367; ähnlich Meyer-Goßner/*Schmitt* 4a.
137 Siehe nur SK/*Weßlau/Deiters* 12e; SSW/*Schnabl* 6; MüKo/*Peters* 39; *Beulke/Swoboda* 311.
138 So auch SK/*Weßlau/Deiters* 12e.
139 SSW/*Schnabl* 12; Meyer-Goßner/*Schmitt* 4c; KMR/*Plöd* 22; SK/*Weßlau/Deiters* 17; HK/*Gercke* 13; AnwK-StPO/*Walther* 7; AK/*Schöch* 8; KK/*Diemer* 12; OK-StPO/*Beukelmann* 7.

ziplinarsachen unterliegen nicht dem strafprozessualen Legalitätsprinzip.[140] Aber auch wenn von vornherein ersichtlich ist, dass die in Betracht kommende rechtswidrige Tat nicht schuldhaft begangen ist, etwa weil der Verdächtige schuldunfähig ist, greift § 152 Abs. 2 selbst dann nicht ein, wenn die Anordnung einer Maßregel der Besserung und Sicherung im Sicherungsverfahren nach den §§ 413 ff. in Betracht kommen kann, denn für dieses Verfahren gilt das Opportunitätsprinzip (vgl. die Erl. zu § 413).[141] Allerdings kann sich die Notwendigkeit zum Einschreiten hier je nach Sachlage aus der pflichtgemäßen Ermessensausübung ergeben und wird es nicht selten tun.

38 **Verfolgbar** ist die Straftat, wenn keine persönlichen Strafausschließungsgründe und keine Verfahrenshindernisse vorliegen.[142] Sind **behebbare Verfahrenshindernisse** gegeben (z.B. fehlender Strafantrag, parlamentarische Immunität), so gehört es zur Aufklärungspflicht der Strafverfolgungsbehörden, eine Klärung darüber herbeizuführen, ob ihre Beseitigung möglich ist.[143] Es müssen also etwa die Antragsberechtigten befragt werden, ob Strafantrag gestellt werden soll, oder es muss die Entscheidung des Parlaments über die Genehmigung zur Strafverfolgung herbeigeführt werden (§ 152a, 35).

39 Die Frage nach zureichenden **Anhaltspunkten und** die nach einer verfolgbaren **Straftat** sind **aufeinander bezogen.** Es ist daher stets zunächst zu prüfen, ob der bekannt gewordene Sachverhalt überhaupt strafrechtlich relevant ist[144] oder doch Anhaltspunkte dafür enthält, dass weitere Ermittlungen eine solche strafrechtliche Relevanz ergeben können, und ob die Verfahrensvoraussetzungen vorliegen oder noch geschaffen werden können.[145] Ist dies eindeutig nicht der Fall, so ist ein Einschreiten nicht geboten.[146] Es reicht aus, wenn ein Element der „verfolgbaren Straftat" offensichtlich fehlt.[147] So verpflichtet das Legalitätsprinzip beispielsweise nicht zum Einschreiten, wenn die angezeigte Tat mit Sicherheit verjährt wäre oder wenn sich aus der Anzeige selbst ergibt, dass die Strafantragsfrist für den (einzigen) absolut Antragsberechtigten verstrichen ist. Dagegen sind die erforderlichen Ermittlungen durchzuführen, wenn zwar die bisher bekannten Umstände noch nicht alle Elemente einer verfolgbaren Straftat erkennen lassen, aber die Möglichkeit besteht, dass weitere Erkenntnisse hierüber gewonnen werden können.

40 Bei der rechtlichen Beurteilung ist die Staatsanwaltschaft nicht an die **Einschätzung der Rechtsprechung** gebunden.[148] Sie kann damit abweichend von der Rechtspre-

---

140 HK/*Gercke* 4; SK/*Weßlau/Deiters* 17; MüKo/*Peters* 68; KMR/*Plöd* 22; SSW/*Schnabl* 12; KK/*Diemer* 12.

141 MüKo/*Peters* 68; KMR/*Plöd* 22; KK/*Diemer* 12; SK/*Weßlau/Deiters* 17; HK/*Kurth/Pollähne* § 413 9; vgl. auch die Erl. Zu § 413.

142 *Von Hindte* 30 (alle auf Verfahrenshindernis bezogen); *Pfeiffer* 3; KMR/*Plöd* 22; AK/*Schöch* 8; KK/*Diemer* 13; *Eb. Schmidt* 9; SK/*Weßlau/Deiters* 17; SSW/*Schnabl* 13; vgl. auch HK/*Gercke* 13; AnwK-StPO/*Walther* 5.

143 OLG Karlsruhe Justiz **1962** 82; Meyer-Goßner/*Schmitt* 10; HK/*Gercke* 4; MüKo/*Peters* 68; SK/*Weßlau/Deiters* 17; KMR/*Plöd* 22; AK/*Schöch* 8; KK/*Diemer* 13; SSW/*Schnabl* 13; *Stuckenberg* FG Hilger 35.

144 BGHZ **20** 180; MüKo/*Peters* 67; Meyer-Goßner/*Schmitt* 4c; SSW/*Schnabl* 11; AnwK-StPO/*Walther* 7; OK-StPO/*Beukelmann* 7; *Fincke* ZStW **95** (1983) 922; *von Hindte* 26 ff.; *Kaiser* NJW **1965** 2380; *Eb. Schmidt* 10; *Steffen* DRiZ **1972** 154.

145 *Geerds* SchlHA **1964** 60; *Kaiser* NJW **1965** 2380.

146 Vgl. OLG Köln NJW **1977** 1463 (Gesetzgebungsverfahren einschließlich vorbereitender Initiativen kann hinsichtlich des Gesetzgebungsinhalts nicht den Verdacht einer Straftat begründen); MüKo/*Peters* 67.

147 KMR/*Plöd* 22; vgl. auch HK/*Gercke* 13; AnwK-StPO/*Walther* 7.

148 MüKo/*Peters* 69; SK/*Weßlau/Deiters* 18; *Bottke* GA **1980** 298 ff.; einschränkend KK/*Diemer* 13 (keine formelle Bindungswirkung aber Beachtenspflicht mit faktischer Bindungswirkung, nicht bei Grenzfällen und uneinheitlicher Rechtsprechung); SSW/*Schnabl* 11 ff. (keine Bindungswirkung, aber

chung einen Anfangsverdacht bejahen oder verneinen. Im ersten Fall ist sie nach dem Legalitätsprinzip zum Einschreiten und nach Durchführung des Ermittlungsverfahrens ggf. zur Anklageerhebung verpflichtet.[149] Im Rahmen des gerichtlichen Verfahrens hat sie auf eine Änderung der Rechtsprechung in ihrem Sinne hinzuwirken. Sofern abweichend von der Rechtsprechung aus rechtlichen Gründen ein Anfangsverdacht verneint wird, besteht ebenfalls aus dem Legalitätsprinzip eine Einschreitenspflicht.[150] Dies gilt schon aus dem Grund, dass das Legalitätsprinzip auch eine Gleichbehandlung bei der Strafverfolgung realisieren soll und diese Funktion empfindlich gestört wäre, sollte die strafrechtliche Verfolgung von der jeweiligen Rechtsauffassung des zuständigen Dezernenten bei der Staatsanwaltschaft abhängen.[151] Zudem läge ein Verstoß gegen den Gewaltenteilungsgrundsatz vor, weil die Staatsanwaltschaft der Rechtsprechung durch die nicht erfolgenden Anklagen die Möglichkeit zur Überprüfung der gefestigten Rechtsprechung entziehen und durch die Nichtaufnahme des Ermittlungsverfahrens faktisch die judikative Entscheidung treffen würde (vgl. Einl. J 46 und die Erl. zu § 170, 26f.).[152] Auch hier hat die Staatsanwaltschaft im Rahmen des gerichtlichen Verfahrens auf die Änderung der Rechtsprechung hinzuwirken.

Anfangsverdacht und Einschreitenspflicht im Steuerstrafverfahren. Insbeson- 41
dere im Rahmen eines Besteuerungsverfahrens können sich in der Praxis Hinweise auf möglicherweise strafbares Verhalten ergeben. Auch hier sind die in § 397 Abs. 1 AO genannten Strafverfolgungsbehörden aus § 152 Abs. 2 zum Einschreiten nach dem Legalitätsprinzip verpflichtet. Gem. § 393 Abs. 1 AO laufen Besteuerungsverfahren und Steuerstrafverfahren nach den jeweils für sie geltenden Vorschriften parallel ab. Der Umstand, dass aufgrund eines Anfangsverdachts steuerstrafrechtlich ermittelt wird, löst aber rechtliche Änderungen im Besteuerungsverfahren aus; so beispielsweise gem. § 393 Abs. 1 Satz 2 AO die Suspendierung der zwangsweisen Durchsetzung der steuerrechtlichen Mitwirkungspflicht aufgrund des Grundsatzes „nemo tenetor se ipsum accusare" oder die zwingende Unterbrechung der Betriebsprüfung gem. § 10 BpO[153] bis zur Mitteilung und Belehrung des Steuerpflichtigen. Die Parallelität der Verfahren und der Umstand, dass die Finanzbehörde gem. § 386 Abs. 1 AO die Aufgaben der Staatsanwaltschaft im Steuerstrafverfahren wahrnimmt, verleihen ersterer eine „Zwitterstellung".[154] Dabei gilt es zu beachten, dass das Besteuerungsverfahren nicht unnötig mit einem Steuerstrafverfahren überzogen werden darf, andererseits aber eine verdeckte strafrechtliche Ermittlung mit den Mitteln des Besteuerungsverfahrens unzulässig ist. Es ist das Vorliegen eines Anfangsverdachts, der die Einschreitenspflicht aus § 152 Abs. 2 auslöst, genau zu prüfen. Dabei gelten die dargestellten Grundsätze. Konkret ergibt sich damit, dass allgemeine Erfahrungen oder Vermutungen zur Begründung eines Anfangsverdachts

---

Beachtenspflicht); **a.A.** BGHSt **15** 155, 158f.; AnwK-StPO/*Walther* 13; OK-StPO/Beukelmann 7 (einheitliche Rechtsprechung oder obergerichtlich vertreten); differenzierend Meyer-Goßner/*Schmitt* Vor § 141, 11 GVG, wonach aber im Ergebnis bei abweichenden Rechtsauffassungen von Staatsanwaltschaft und Rspr. immer Anklage zu erheben ist.

149 MüKo/*Peters* 69.

150 BGHSt **15** 155, 158f.; OLG Zweibrücken NStZ **2007** 420; MüKo/*Peters* 69.

151 Vgl. MüKo/*Peters* 69.

152 **A.A.** SK/*Weßlau*/*Deiters* 18, die keinen „Interpretationsvorrang" der Gerichte sehen und hiermit auch die fehlende Bindungswirkung gegenüber der Staatsanwaltschaft begründen.

153 Vgl. die gleichlautenden Erlasse der obersten Finanzbehörden der Länder vom 31.8.2009 zu Anwendungsfragen zu § 10 Abs. 1 BpO BStBl **2009** I 829; zu den sich anschließenden Belehrungsfragen siehe *Madauß* NZWiSt **2014** 298.

154 Vgl. BFH wistra **1998** 111; *Matthes* wistra **2008** 11.

nicht ausreichen.[155] Ebenso reicht die schlichte Möglichkeit einer Steuerverkürzung nicht aus.[156] Es müssen sich vielmehr auf den konkreten Steuerpflichtigen bezogene tatsächliche Auffälligkeiten im Besteuerungsverfahren z.B. aus widersprüchlichen oder fehlenden Belegen, nicht erklärbaren finanziellen Zu- bzw. Abflüssen, ungebundenen Privatentnahmen oder wesentlichen Fehlbewertungen von Aktiva und Passiva ergeben.[157] Formelle oder geringe Mängel in der Buchführung oder Abweichungen von offiziellen Richtsatzsammlungen für sich genommen reichen nicht zur Annahme eines Anfangsverdachts bzgl. einer vorsätzlichen Steuerverkürzung aus. Gleiches gilt, wenn eine strafbare Steuerverkürzung nur eine von mehreren möglichen (und nicht lebensfremden) Alternativen darstellt, wobei auch die Möglichkeit rechtmäßigen Verhaltens des Steuerpflichtigen im Raume steht.[158] Anderes gilt regelmäßig bei einer Selbstanzeige gem. § 371 AO, die in Bezug auf die angezeigte Tat einen Anfangsverdacht begründet.[159]

5. Einschreiten

42 **a) Begriff und Umfang.** Sobald ein Anfangsverdacht vorliegt, ist die Staatsanwaltschaft gem. § 152 Abs. 2 verpflichtet „einzuschreiten". Gleiches gilt über § 163 für die Polizei. Eine nähere Definition oder Handlungsbeschreibung des Einschreitens enthält § 152 Abs. 2 nicht. Art, Umfang und inhaltliche Ausrichtung ergeben sich weitgehend aus den §§ 160, 161. Das Einschreiten muss sich damit am Zweck des Verfahrens orientieren, zunächst in einem Vorverfahren eine Prognose über die Verurteilungswahrscheinlichkeit (§ 203, 9) zu ermöglichen und alsdann nach Erhebung der öffentlichen Klage zu einer gerichtlichen Entscheidung über Schuld oder Unschuld und ggf. zu einer Sanktionsfestsetzung zu kommen. Zum Einschreiten gehört regelmäßig die Erforschung des Sachverhalts (§ 160 Abs. 1, § 163 Abs. 1 Satz 1), notfalls und soweit erforderlich auch unter Einsatz von Zwangsmaßnahmen, ggf. die Erhebung der öffentlichen Klage (§ 170 Abs. 1)[160] und evtl. die wiederauflebende Verfolgungspflicht nach Verfahrensbeendigung (Rn. 21). Was im Einzelnen erforderlich ist, hängt von den Umständen des Einzelfalles ab, vgl. die Erl. zu § 160. Das Einschreiten ist damit der Sache nach stets ein Ermittlungsverfahren. Es richtet sich entweder gegen Unbekannt oder gegen einen bestimmten Verdächtigen. In praktischer Hinsicht erfolgt zunächst die formale Einleitung eines Ermittlungsverfahrens sowie die Vergabe eines Js-Aktenzeichens (bzw. UJs sofern die Person des Beschuldigten noch unbekannt ist). Doch ist das Einschreiten nicht an diesen formalen Akt gebunden, es kann z.B. bereits in der Vornahme von strafprozessualen Grundrechtseingriffen vor der formalen Einleitung des Ermittlungsverfahrens liegen.

43 **b) Vorermittlungen.** Zwar liegt die strafprozessuale Eingangsschwelle mit den in § 152 Abs. 2 genannten Voraussetzungen für einen Anfangsverdacht recht niedrig. Dennoch kann aufgrund des den Strafverfolgungsbehörden bekannt gewordenen Sachverhalts Unklarheit darüber bestehen, ob diese in tatsächlicher Hinsicht bereits ausreichen,

---

155 MüKo/*Peters* 40; *Peters* DStR **2015** 2587; *Matthes* wistra **2008** 10; *Buse* DB **2011** 1942 f.; siehe auch LG Hildesheim wistra **2007** 399; OLG Hamburg NJW **1984** 1635 (Ausübung der Prostitution begründet keinen Anfangsverdacht zur vorsätzlichen Steuerhinterziehung); abw. aber BFH wistra **2007** 232.

156 *Madauß* NZWiSt **2014** 296; vgl. auch *Buse* DB **2011** 1942.

157 MüKo/*Peters* 40; *Peters* DStR **2015** 2586; vgl. auch die gleichlautenden Erlasse der obersten Finanzbehörden der Länder vom 31.8.2009 zu Anwendungsfragen zu § 10 Abs. 1 BpO BStBl **2009** I 829.

158 BVerfG wistra **2006** 377 f.; hierzu *Wiese* wistra **2006** 417 f.; *Kemper* wistra **2007** 253; *Peters* DStR **2015** 2587.

159 BFH DStR **2008** 1875; *Peters* DStR **2015** 2587.

160 *Geppert* Jura **1982** 140; KMR/*Plöd* 3.

um einen Anfangsverdacht zu bejahen. Es ist mithin unklar, ob eine Einschreitenspflicht besteht. Hier muss, wie durch § 159 Abs. 1 ersichtlich wird, aber auch mit Blick auf den Strafverfolgern andernfalls drohende Strafbarkeit aus § 258a StGB, die Möglichkeit bestehen, eine Klärung herbeizuführen.[161] Diese Möglichkeit leitet sich aus der Einschreitenspflicht des § 152 Abs. 2 her, deren Voraussetzungen es zu klären gilt. Eine eigenständige Befugnis für die Polizei zu Vorermittlungen existiert somit nicht.[162] Die Vornahme der hierzu notwendigen Handlungen werden als **Vorermittlungen** bezeichnet.[163] Sie werden in das ARs-Register (beim Generalbundesanwalt in das ARP-Register)[164] eingetragen. Die StPO sieht ein solches Vorermittlungsverfahren jedoch nicht vor.[165] Mangels Ermächtigung kann daher nicht auf das strafprozessuale Eingriffsinstrumentarium zurückgegriffen werden. Auch ist zu berücksichtigen, dass dem Beschuldigten seine Rechte nicht dadurch genommen werden dürfen, dass man die erste Phase eines Ermittlungsverfahrens, in der der Anfangsverdacht noch verhältnismäßig vage ist und angenommen werden kann, er werde sich alsbald wieder zerstreuen, terminologisch als Vorermittlungen verselbständigt.[166] Ebensowenig ändert es etwas am Einschreiten aufgrund eines Anfangsverdachts, wenn die Sache registermäßig als Vorermittlungen nur in das Allgemeine Register (ARs-Sache) eingetragen wird.[167] Derartige terminologische oder registermäßige Bemühungen, dem Betroffenen den vermeintlichen Makel eines gegen ihn gerichteten Ermittlungsverfahrens zu ersparen, sind schon deshalb verfehlt, weil aus der Notwendigkeit, aufgrund eines Anfangsverdachts einzuschreiten, ein solcher Makel rechtlich nicht hergeleitet werden kann (Unschuldsvermutung),[168] mag er in der Sicht der breiten Bevölkerung auch rein tatsächlich bestehen.

Von Vorermittlungen, die noch **kein Einschreiten** im Sinne des § 152 Abs. 2 darstel- **44**
len, lässt sich etwa dann sprechen, wenn die Polizei ihr bekannt gewordene Umstände, z.B. eine Strafanzeige (vgl. die Erl. zu § 158), ohne weitere Maßnahmen der Staatsanwaltschaft zur Entscheidung über das weitere Vorgehen übermittelt,[169] oder wenn die Staatsanwaltschaft lediglich behördenintern die ihr bekannten Verdachtsgründe in rechtlicher und tatsächlicher Hinsicht daraufhin überprüft, ob sie überhaupt ein Einschreiten rechtfertigen.[170] Schließlich können Vorermittlungen auch dann erforderlich sein, wenn, wie etwa im Fall des § 159 (vgl. die Erl. dort), bei einem Unfall oder aufgrund von Medienberichten,[171] zunächst noch geklärt werden muss, ob die bekannt gewordenen Umstände überhaupt einen Anfangsverdacht eines strafbaren Verhaltens begründen bzw. wer be-

---

161 Vgl. BGHSt **38** 214, 227; Meyer-Goßner/*Schmitt* 4b; MüKo/*Peters* 62; SSW/*Schnabl* 8; KK/*Diemer* 10; HK/*Gercke* 5; Radtke/Hohmann/*Radtke* 29 f.; OK-StPO/*Beukelmann* 6; AnwK-StPO/*Walther* 6; *Lange* DRiZ **2002** 264; *Keller/Griesbaum* NStZ **1990** 417; **a.A.** *Finke* ZStW **95** (1983) 924; *Haas*, Vorermittlungen und Anfangsverdacht (2003) 34.

162 Radtke/Hohmann/*Radtke* 30; zum Konfliktpotenzial zwischen Polizei und Staatsanwaltschaft wegen des Übergangs der Sachleitungsbefugnis siehe SK/*Weßlau/Deiters* 16.

163 MüKo/*Peters* 64; Meyer-Goßner/*Schmitt* 4b; KMR/*Plöd* 24; SSW/*Schnabl* 8; AnwK-StPO/*Walther* 6; Radtke/Hohmann/*Radtke* 29; HK/*Gercke* 5; *Keller/Griesbaum* NStZ **1990** 416, 417; **abw.** *Diemer* NStZ **2005** 666 (Erhebungen); KK/*Diemer* 10 (Vorererhebungen).

164 Hierzu *Diemer* NStZ **2005** 666 ff.

165 KMR/*Eschelbach* Vor § 213, 35; KMR/*Plöd* 24; HK/*Gercke* 5; *G. Schäfer* 253; AK/*Schöch* 13; *Wölfl* JuS **2001** 479; *Wolter* FS Brauneck 520; gegen die Zulässigkeit von Vorfeldaktivitäten auch *Hund* ZRP **1991** 463 ff.; vgl. aber *Fincke* ZStW **95** (1983) 927 ff.; *Keller/Griesbaum* NStZ **1990** 417.

166 HK/*Gercke* 5; vgl. auch Meyer-Goßner/*Schmitt* 4b; KMR/*Plöd* 24.

167 Insoweit richtig LG Offenburg NStZ **1993** 506; *Hilger* FS Hilger 13; KMR/*Plöd* 24; HK/*Gercke* 6; vgl. auch Meyer-Goßner/*Schmitt* 4b; teilw. **a.A.** *Burchardi/Klempahn* 392; krit. auch *Gross* FS Dahs 249, 260.

168 KMR/*Plöd* 24; siehe aber auch Meyer-Goßner/*Schmitt* 4; MüKo/*Peters* 64.

169 Vgl. dazu *Kühne* 343; auch Radtke/Hohmann/*Radtke* 29.

170 *Arzt* 12; *Lange* DRiZ **2002** 264; KMR/*Plöd* 19, 25; *G. Schäfer* 253; *Volk/Engländer* § 8, 6.

171 KMR/*Plöd* 24.

teiligt ist.[172] In diesem Verfahrensstadium der Vorermittlung haben die Betroffenen mangels Anfangsverdachts die Stellung von Nichtbeschuldigten bzw. Zeugen.[173] Hauptanwendungsfall sind sog. **informatorische Befragungen**, bei denen die Strafverfolgungsorgane zwar aktiv werden, aber nicht weil sie bereits eine bestimmte Tatbegehung für möglich halten, sondern weil sie sich über das Geschehen orientieren müssen.[174] Wird hingegen die Situation der einfachen informatorischen Befragung verlassen und zu Zwangsmaßnahmen übergegangen oder der Ermittlungsrichter nach § 162 Abs. 1 Satz 1 eingeschaltet, so erhält dadurch das staatliche Vorgehen ein so starkes Gewicht, dass die gleichzeitige Ablehnung eines Anfangsverdachtes unmöglich ist.[175] Erst recht gilt dies, wenn auf Grund einer nicht querulatorischen, hinreichend spezifizierten Anzeige hin vorgegangen wird.[176]

45 Von den Vorermittlungen zu unterscheiden sind **Vorfeldermittlungen.**[177] Diese lassen sich auch als Initiativermittlungen[178] bezeichnen. Vorfeldermittlungen erfolgen anlasslos. Sie dienen daher nicht der Ermittlung, ob ein Anfangsverdacht gegeben ist. Vielmehr liegt dieser tatsächlich nicht vor. Die Vorfeldermittlungen erfolgen aber in einem Umfeld, in dem aufgrund statistischer Häufigkeit oder kriminalistischer Erfahrung mit strafrechtlich relevanten Verhaltensweisen zu rechnen ist (z.B. Rotlichtmilieu, soziale Brennpunkte, Einbruchsschwerpunkte). Ziel ist es, Umstände zu erheben, die einen Anfangsverdacht begründen können. Solche anlasslosen Ermittlungen können allenfalls auf Befugnis- und Ermächtigungsnormen aus dem Gefahrenabwehr- oder Nachrichtendienstrecht gestützt werden (z.B. § 208 Abs. 1 Satz 1 Nr. 3 AO).[179]

46 **c) Einzelfragen.** Bei Art und Intensität des Einschreitens ist der **Verhältnismäßigkeitsgrundsatz** zu beachten, nicht jedoch bzgl. der Frage, ob eingeschritten werden soll. Insoweit besitzt das Legalitätsprinzip Vorrang. Die Strafverfolgungsbehörden sind zur Erfüllung der Einschreitenspflicht in ausreichendem Maße finanziell und personell auszustatten.[180] Das erforderliche Einschreiten umfasst im Rahmen der gesetzlichen Befugnisse, bei der Polizei also aus eigener Kompetenz nur im Rahmen des ersten Zugriffs (vgl.

---

172 Vgl. *Hilger* FS Hilger 13; KMR/*Plöd* 3; HK/*Gercke* 5; MüKo/*Peters* 64; *Keller/Griesbaum* NStZ **1990** 416, 417; *Marxen* Straftatsystem und Strafprozeß (1984) 184 ff., der von einem „regelmäßig" dem Ermittlungsverfahren vorangehenden „Sondierungsverfahren" spricht; ferner *Wolter* FS Brauneck 512 ff.; *Zöller* 129 ff.; zur Frage des Datentransfers von im Rahmen der Vorermittlungen gewonnenen Erkenntnisse *Weßlau* FS Hilger 57 f.

173 MüKo/*Peters* 65; SSW/*Schnabl* 8; Radtke/Hohmann/*Radtke* 29; *Wölfl* JuS **2001** 481; ähnlich *Lange* DRiZ **2002** 268 (Zeuge im formal-rechtlichen Sinn); vgl. auch die Erläuterungen zu § 153.

174 Vgl. BGH NStZ **1983** 86; *Arzt* 15 ff.; SK/*Rogall* Vor § 133, 42 ff.; MüKo/*Peters* 66; AnwK-StPO/*Walther* 6; *Zöller* 131; ferner *Grosjean* 80; ausführlich LR/*Erb* § 163a, 17 ff., der terminologisch abweichend von informatorischen Anhörungen spricht; zur Frage der Beweisverwertungsverbote bei Aussagen des Beschuldigten im Rahmen der informatorischen Befragung *Beulke/Swoboda* 118.

175 Wie hier *Arzt* 13; zu weitgehend LG Offenburg NStZ **1993** 506; wohl auch *Keller/Griesbaum* NStZ **1990** 417.

176 LR/*Gless* § 136, 9; Meyer-Goßner/*Schmitt* Einl. 77; **a.A.** *Kohlhaas* NJW **1965** 1255; ausführlich zum Ganzen *Lange* Vorermittlungen 17 ff.; *dies.* DRiZ **2002** 266 und die Erl. zu §§ 160, 163.

177 Vgl *Hoppe* Vorfeldermittlungen im Spannungsverhältnis von Rechtsstaat und der Bekämpfung Organisierter Kriminalität (1998); *Hilger* FS Hilger 14 f.; *Joecks* 7 ff.; *Schulz* 538; MüKo/*Peters* 62 f.; SSW/*Schnabl* 9; OK-StPO/*Beukelmann* 6.1; Meyer-Goßner/*Schmitt* 4b; HK/*Gercke* 5; Radtke/Hohmann/*Radtke* 28; AnwK-StPO/*Walther* 6; *Weßlau* Vorfeldermittlungen (1989); *dies.* FS Hilger 57 Fn. 1; zur Terminologie *Arzt* 12; *Lange* Vorermittlungen 17 ff.; zur Diskussion einer gesetzlichen Regelung von Vorfeld- sowie Vorermittlungen im Strafprozess *Hilger* FS Hilger 16 ff.

178 Vgl. SSW/*Schnabl* 9.

179 So etwa im Fall des § 208 Abs. 1 S. 1 Nr. 3 AO; MüKo/*Peters* 63; SSW/*Schnabl* 9.

180 Vgl. OLG Hamm NJW **1996** 236; KK/*Diemer* 4; *Herzog* StV **1995** 372.

die Erl. zu § 163), auch die Beantragung oder Anordnung von Zwangsmaßnahmen wie vorläufige Festnahme, Haftbefehl, Durchsuchung, Beschlagnahme oder körperliche Untersuchungen.[181] Allerdings setzen derartige Maßnahmen oft einen höheren Verdachtsgrad voraus. Aus dem Legalitätsprinzip und der Pflicht zum Einschreiten kann nicht die Verpflichtung zu Rechtsauskünften darüber hergeleitet werden, ob ein bestimmtes Verhalten strafbar ist.[182] Richtet sich gegen mehrere Personen ein gleichartiger Verdacht, so ist grundsätzlich gegen alle „einzuschreiten".[183] Ob und wann ein Einschreiten unterbleiben kann, wenn von vornherein klar erkennbar ist, dass keine Möglichkeit zur Aufklärung besteht,[184] ist bei § 160 erörtert.

d) Einschreiten bei Ausnahmen von der Verfolgungspflicht. Auch soweit das Legalitätsprinzip durch besondere gesetzliche Vorschriften begrenzt ist (Rn. 51ff.), darf regelmäßig nicht gänzlich von Ermittlungen und damit vom Einschreiten abgesehen werden. Der Sachverhalt ist mindestens soweit aufzuklären, dass beurteilt werden kann, ob die jeweiligen gesetzlichen Voraussetzungen für das Absehen von der weiteren Verfolgung vorliegen. So muss beispielsweise bei einem Privatklagedelikt mindestens erkennbar sein, ob ein öffentliches Interesse an der Verfolgung besteht; kommt eine Einstellung nach § 153 in Betracht, so muss darüber hinaus die Obergrenze der (potentiellen) Schuld insoweit feststehen, dass ein Urteil über die Geringfügigkeit möglich ist. Dagegen ist es nach heutiger Gesetzeslage nicht mehr generell erforderlich zu ermitteln, ob überhaupt ein hinreichender Tatverdacht besteht. Die Einstellung nach § 170 Abs. 2 mangels hinreichenden Tatverdachts hat jedenfalls im Allgemeinen dann keinen Vorrang vor anderen Einstellungen, wenn zu ihrer Klärung noch weitere Ermittlungen erforderlich wären. Das Gesetz bringt dies häufig mit der Wendung zum Ausdruck, dass von der „Verfolgung" abgesehen werden könne,[185] doch kann aus einem anderen Sprachgebrauch nicht ohne weiteres auf eine Verpflichtung zur Durchermittlung geschlossen werden. Anderes kann gelten, wenn bereits durchermittelt wurde.[186] 47

6. Kontrolle des Legalitätsprinzips. Die Verletzung des Legalitätsprinzips ist durch § 258a StGB mit Strafe bedroht. Prozessual wird seine Einhaltung durch das dem anzeigenden Verletzten offen stehende **Klageerzwingungsverfahren** überwacht.[187] Darüber hinaus gehört es zu den Amtspflichten der weisungsberechtigten Vorgesetzten, in Ausübung der Dienstaufsicht die Einhaltung der sich aus dem Legalitätsprinzip ergebenden Verpflichtungen zu überwachen; hierauf kann im Wege der Dienstaufsichtsbeschwerde hingewirkt werden.[188] Dass auch die Polizei im Rahmen ihrer selbständigen Erforschungspflicht (§ 163) den Anforderungen des Legalitätsprinzips nachkommt, hat 48

181 KMR/*Plöd* 23; AK/*Schöch* 12; KK/*Diemer* 6; MüKo/*Peters* 71.
182 OLG Hamburg JR **1965** 189 mit Anm. *Kohlhaas*.
183 BVerfG (Vorprüfungsausschuss) NStZ **1982** 430 mit krit. Anm. *Kuhlmann* NStZ **1983** 130.
184 So *Lüttger* GA **1957** 194; zur Pflicht, das Ermittlungsverfahren nach Ausschöpfung der Erforschungsmöglichkeiten zu beenden vgl. *Hilger* JR **1985** 93.
185 HK/*Gercke* § 153, 3; *Schroeder* FS Peters 414; *Beulke/Swoboda* 334; enger *Gössel* § 9 B Ib; **a.A.** *Kühne* 586 (Gewissheit der Verurteilung); *Vogler* ZStW **89** (1977) 761, 785; früher z.B. *Niese* SJZ **1950** 892; zu den Einzelheiten vgl. die Erl. zu den jeweiligen Vorschriften.
186 Vgl. hierzu die Erl. Zu § 153 und § 153a.
187 Radtke/Hohmann/*Radtke* 31; KMR/*Plöd* 26; SSW/*Schnabl* 3; HK/*Gercke* 3; vgl. auch die Erl. zu § 172; Meyer-Goßner/*Schmitt* 2; zur Klageerzwingung bzw. „Ermittlungserzwingung" im österreichischen Recht *Miklau* FS Böttcher 129ff.
188 KMR/*Plöd* 26; AK/*Schöch* 25.

auch die Staatsanwaltschaft zu gewährleisten.[189] Gegen Verletzungen dieser Amtspflichten ist die Dienstaufsichtsbeschwerde statthaft.[190]

49 Gegen Handlungen der Staatsanwaltschaft, die nur **Einleitung**, **Ablauf** und **Beendigung** des Ermittlungsverfahrens betreffen, hat der **Beschuldigte** abseits einer Dienstaufsichtsbeschwerde **keine Rechtsschutzmöglichkeiten**.[191] Zur Begründung wird zumeist darauf verwiesen, dass diese Handlungen sog. „Prozesshandlungen" darstellen, gegen die die StPO keinen Rechtsschutz vorsehe und die mangels Regelungscharakters auch keine Justizverwaltungsakte i.S. von § 23 EGGVG seien. Dies entspricht auch der Rechtslage bei den dem Endurteil vorausgehenden Entscheidungen, die gemäß § 305 StPO ebenfalls nicht der Anfechtung unterliegen. Zwar kann auch die bloße Einleitung eines Ermittlungsverfahrens einen Grundrechtseingriff darstellen; Art. 19 Abs. 4 GG garantiert aber nicht „sofortigen", sondern nur Rechtsschutz „innerhalb angemessener Zeit", welchen der Beschuldigte im Laufe des Verfahrens, namentlich durch Rechtsmittel gegen ein belastendes Endurteil, erlangen kann.[192] So sind z.B. der Anfechtung entzogen: die Eröffnung bzw. Fortführung des Ermittlungsverfahrens[193] oder die Ablehnung der Bekanntgabe der Verdachtsmomente.[194] Dieser Ausschluss gerichtlicher Kontrolle ist verfassungsrechtlich nicht zu beanstanden,[195] zumal das BVerfG ausnahmsweise eine gerichtliche Entscheidung gemäß § 23 EGGVG für zulässig erachtet, wenn das Ermittlungsverfahren aus schlechthin unhaltbaren Erwägungen eingestellt oder offenbar aus Gründen fortgeführt wurde, die unter keinem Gesichtspunkt mehr nachvollziehbar sind.[196] Die verzögerliche Behandlung des Ermittlungsverfahren kann nunmehr mit der Verzögerungsrüge nach den § 198 Abs. 3, § 199 Abs. 1 und 2 GVG angegeriffen werden, so dass es keines weitergehenden Rechtsschutzes bedarf.[197] Gegen einzelne Zwangsmaßnahmen besteht hingegen nach heutiger Rechtsprechung schon im Ermittlungsverfahren ein nahezu lückenloser Rechtsschutz[198] und unberührt bleibt auch die Möglichkeit, dass der nach seiner Auffassung mit einem ungerechtfertigten Ermittlungsverfahren überzogene Betroffene Strafanzeige als Verletzter wegen des Verdachts einer Straftat nach § 164 StGB oder § 344 StGB erstattet.[199] Er kann unter Umständen sogar einen Anspruch aus Amtspflichtverletzung geltend machen,[200] wobei jedoch der Beurteilungsspielraum der Staatsanwaltschaft bei der Prüfung zureichender Anhaltspunkte i.S. von § 152 Abs. 2 der

189 *Gössel* GA **1980** 351; *Schmidt-Jortzig* NJW **1989** 131; vgl. *Ambos* Jura **2003** 667, der die polizeiliche Dominanz im Ermittlungsverfahren und die unzureichenden Kontrollmöglichkeiten der Staatsanwaltschaft bemängelt; hierzu auch SK/*Weßlau*/*Deiters* 16.

190 KMR/*Plöd* 26.

191 MüKo/*Peters* 54; Radtke/Hohmann/*Radtke* 34; OLG Jena NStZ **2005** 343; Meyer-Goßner/*Schmitt* § 23, 9 EGGVG; krit. *Rieß* FS Roxin 1322 ff.; *Satzger* Gutachten C zum 65. DJT 81 ff.; **a.A.** *Naucke* FS Grünwald 407 (§ 23 EGGVG); *Schulz* StraFo **2003** 297; zur Einstellungserzwingung im österreichischen Recht *Miklau* FS Böttcher 131 ff.

192 BVerfG NStZ **1985** 228; OLG Karlsruhe NStZ **1998** 315; **a.A.** *Beckemper* NStZ **1999** 221; *Eisenberg*/*Conen* NJW **1998** 2247 ff.; *Füßer*/*Viertel* NStZ **1999** 116; *Heinrich* NStZ **1996** 110; vgl. auch *Rieß* FS Roxin 1319 ff.

193 OLG Karlsruhe NStZ **1982** 434 mit Anm. *Rieß*; LG Saarbrücken NJW **1966** 1038; *Beulke*/*Swoboda* 321; *Rüping* 349 ff.; *Schlüchter* 393, 4.

194 BVerfG NStZ **1984** 228.

195 BVerfG (Vorprüfungsausschuss) NStZ **1982** 430 mit Anm. *Kuhlmann* NStZ **1983** 130; NStZ **1984** 228 f.; dagegen *Eisenberg*/*Conen* NJW **1998** 2247.

196 BVerfG NJW **2000** 3126, 3127; zustimmend OLG Jena NStZ **2005** 344.

197 Einschränkend *Beulke*/*Swoboda* 321 (zumindest teilweise Überholung der früheren Rechtspraxis).

198 *Beulke*/*Swoboda* 322 ff.; ausführlich *Bachmann* 110 ff.; vgl. auch die Erl. zu § 98.

199 *Eisenberg*/*Conen* NJW **1998** 2241; *Rieß* NStZ **1982** 436; AK/*Schöch* 26.

200 Vgl. BGHZ **20** 180; BGH NJW **1970** 1544; NStZ **1988** 511; StV **2001** 579; OLG Dresden StV **2001** 581 mit Anm. *Thode*; *Fluck* NJW **2001** 202; *Pfeiffer* 4; AK/*Schöch* 26; zum Ganzen *Steffen* DRiZ **1972** 153.

gerichtlichen Kontrolle nur begrenzt zugänglich ist. Im Amtshaftungsprozess ist nur die Vertretbarkeit der Entscheidung zu prüfen.[201]

50 Gegen die Entscheidung der Staatsanwaltschaft, ein Ermittlungsverfahren mangels Anfangsverdachts aus **tatsächlichen Gründen** nicht einzuleiten, besteht für den **Antragsteller** lediglich die Möglichkeit **Dienstaufsichtsbeschwerde** einzureichen.[202] Verneint die Staatsanwaltschaft hingegen den Anfangsverdacht aus **rechtlichen Gründen** und nimmt daher keine Ermittlungen auf, kann der Strafantragsteller, der zugleich Verletzter ist, ausnahmsweise einen **Ermittlungserzwingungsantrag** mit dem Ziel der Anweisung an die Staatsanwaltschaft, die erforderlichen Ermittlungen vorzunehmen und bis zur Entscheidungsreife fortzuführen nach den §§ 172ff. stellen.[203] Gleiches gilt für einen Antrag auf Wiederaufnahme der Ermittlungen, wenn keinerlei Ermittlungen oder keinerlei Ermittlungen in die erforderliche Richtung vorgenommen wurden und die Ermittlungen bis zur Entscheidungsreife ein umfangreiches Ermittlungsverfahren erfordern, das durch das OLG nicht gewährleistet werden kann.[204] In der Sache handelt es sich um eine analoge Anwendung der §§ 172ff. auf die gerichtlich voll überprüfbare rechtliche Einschätzung der Staatsanwaltschaft. Weil es gerade in der Natur der Analogie liegt, sich vom Wortlaut zu lösen, kann das Argument der Gegenansicht,[205] § 173 verlange vom Wortlaut her ein bereits durchgeführtes Ermittlungsverfahren, nicht überzeugen. Für den Fall, dass die Einleitung eines Ermittlungsverfahrens unterlassen worden ist, besteht schon mangels drittbezogener Amtspflicht keine Möglichkeit, über § 839 BGB vorzugehen.[206]

IV. Begrenzungen des Legalitätsprinzips

1. Allgemeine Entwicklung und Bedeutung

51 **a) Begrenzungen als Ausdruck des Opportunitätsprinzips?** Die in § 152 Abs. 2 zugelassenen Ausnahmen vom Legalitätsprinzip werden vielfach als Fälle des Opportunitätsprinzips zusammengefasst. Viele sehen heute das Legalitätsprinzip in einer Krise[207] oder aber das Opportunitätsprinzip als gleichberechtigt daneben stehend an.[208] Dagegen lässt sich einwenden, dass eine Verfahrensordnung nicht gleichzeitig das Legalitätsprinzip und das Opportunitätsprinzip zugrundelegen kann, so dass allenfalls davon gesprochen werden könnte, dass im Rahmen der gesetzlichen Ausnahmen der Opportunitätsgedanke zu berücksichtigen sei. Aber auch insoweit ist zu bedenken, dass die Ausnahmen von der Verfolgungspflicht (dem Legalitätsprinzip) regelmäßig an bestimmte tatbestandsmäßige Voraussetzungen geknüpft sind, so dass es sachgerechter sein dürfte, diese Ausnahmen als Durchbrechungen oder **Begrenzungen** der Verfolgungs-

---

201 BGH NStZ **1988** 511; OLG Dresden StV **2001** 581 mit Anm. *Thode*; OLG Düsseldorf NJW **2005** 1791; zur Justiziabilität von Beurteilungsspielräumen im Strafverfahren allgemein *Störmer* ZStW **108** (1996) 494.
202 MüKo/*Peters* 54; KK/*Diemer* 6; Radtke/Hohmann/*Radtke* 32; *Beulke/Swoboda* 321.
203 OLG München NJW **2007** 3734, 3735; OLG Koblenz NStZ **1995** 50; OLG Zweibrücken NStZ-RR **2001** 308; OLG Hamm StV **2002** 128; OLG Köln NStZ **2003** 682; Radtke/Hohmann/*Radtke* 32; HK/*Gercke* 3; HK/*Zöller* § 172, 27; SSW/*Schnabl* 16; MüKo/Peters 60 f.; **a.A.** KK/*Diemer* 6.
204 OLG Zweibrücken NStZ-RR **2001** 308; KG NStZ **1990** 355 m. Anm. *Eisenberg* JZ **1991** 47 sowie abl. Anm. *Wohlers* NStZ **1991** 300; HK/*Zöller* § 172, 27; krit. Radtke/Hohmann/*Radtke* 33.
205 KK/*Diemer* 6.
206 Vgl. auch *Burhoff* (Ermittlungsv.) 2376 ff. zur ähnlichen Konstellation in Bezug auf das Klageerzwingungsverfahren.
207 *Rieß* NStZ **1981** 2 ff.; vgl. auch *Baumann* ZRP **1972** 273 (Grabgesang für das Legalitätsprinzip).
208 *Schroeder* 65; *ders.* FS Peters 416; siehe auch *Eser* ZStW **104** (1992) 370; *Naucke* in: Modernes Strafrecht und ultima-ratio-Prinzip 154 f.; *ders.* KritV **1993** 150; *Wolter* 57 ff.

pflicht zu verstehen.[209] Namentlich die letzte Bezeichnung berücksichtigt, dass die mit dem Legalitätsprinzip verbundene Verfolgungspflicht und die gesetzlichen **Nichtverfolgungsermächtigungen** als Teile eines als Einheit zu verstehenden kriminalpolitischen Reaktionssystems aufzufassen sind, die sich nicht grundsätzlich, sondern nur graduell unterscheiden.[210]

52 In diesem Zusammenhang ist auch von Bedeutung, dass auch bei äußerlich gesetzeskonformer Anwendung der das Legalitätsprinzip konstituierenden Vorschriften in der **Wirklichkeit der Verbrechensverfolgung Opportunitätsgesichtspunkte** durchschlagen können. Der Ermittlungsaufwand zur Klärung des Tatverdachts und zur Überführung eines Tatverdächtigen wird nach den Erkenntnissen der neueren Justizforschung sowohl von der Polizei als auch von der Staatsanwaltschaft deliktsspezifisch und nach antizipierten Aufklärungswahrscheinlichkeiten dosiert, indem im Bereich der kleinen und teilweise wohl auch mittleren Kriminalität aus Gründen der Justizökonomie, aber auch aus kriminalpolitischen Erwägungen, vor einer Einstellung nach § 170 Abs. 2 Ermittlungsmöglichkeiten nicht genutzt werden, die bei der schwereren Kriminalität eingesetzt werden und dort die Aufklärungsquote erhöhen.[211] Der materielle Anspruch des Legalitätsprinzips, alle bekannt gewordenen, aufklärbaren und beweisbaren Straftaten zur Sanktionierung zu bringen, wird daher in der Verfahrenswirklichkeit nicht nur durch Ausnutzung der gesetzlichen Nichtverfolgungsermächtigungen, sondern auch durch den unterschiedlichen Aufklärungsaufwand eingeschränkt.[212] Wobei es zu berücksichtigen gilt, dass es bei der Masse der möglichen Straftaten und den im Gegensatz dazu äußerst begrenzten Ressourcen zur Aufklärung notwendig einer Entscheidungsregel bedarf, wie die unzureichenden Ressourcen einzusetzen sind. Dies ist mit dem traditionellen Verständnis des Legalitätsprinzips kaum in Einklang zu bringen. Insoweit wird der materielle Anspruch des Legalitätsprinzips von *Deiters* umgedeutet.[213] Es gehe nicht um die Sanktionierung begangener Straftaten, sondern vielmehr um die Bestätigung der durch den Verdacht der Straftat in Frage gestellten Normgeltung durch Verdachtsklärung.[214] Bei einem solchen Verständnis des Legalitätsprinzips ließe sich die Beeinträchtigung der Normgeltung mit der Schwere und Wahrscheinlichkeit der Begehung einer Straftat in Beziehung setzen, so dass diese als Kriterium für das Ob und den Umfang der Einschreitenspflicht herangezogen werden dürften. Ein solches Verständnis gäbe dem selektiven bzw. gesteuerten Einsatz von knappen Strafverfolgungsressourcen ein dogmatisches

---

209 *Deiters* 3; *Heinz* in: Geisler (Hrsg.) Das Ermittlungsverfahren der Polizei und die Einstellungspraxis der Staatsanwaltschaften (1999) 204; KMR/*Plöd* 27; HK/*Gercke* 15; *Beulke/Swoboda* 17; (Gegensatz und Ausnahme); *Kelker* ZStW **118** (2006) 402; LR/*Kühne* Einl. I 26; *Lammer* ZRP **1989** 251; *Pfeiffer* 4; *Pommer* Jura **2007** 664; *Ranft* 1139; *Roxin/Schünemann* § 14, 5; *Roxin/Arzt/Tiedemann* 116; AK/*Schöch* 15; *Schulenburg* JuS **2004** 765; Meyer-Goßner/*Schmitt* 7 (Ausnahme); SSW/*Schnabl* 14 (Ausnahme); MüKo/*Peters* 75 (Abweichen vom Verfolgungszwang); AnwK-StPO/*Walther* 10; SK/*Weßlau/Deiters* 19 f. (Einschränkung); teilweise abweichend *Sinner* 120; vgl. auch *Jeutter* 11 ff., der den Begriff „Opportunität" nur auf echtes Ermessen beziehen will; verneinend *Schroeder/Verrel* 53, die das Opportunitätsprinzip als gleichberechtigt neben dem Legalitätsprinzip stehen sehen; zum Ganzen *Erb* 29 ff.; *Herrmann* 306; *Pott* (Außerkraftsetzung) 90 ff.; *ders.* (Aushöhlung) 79 ff.; zur verfassungsrechtlichen Verankerung im Übermaßverbot BVerfGE **90** 191.

210 Im Ergebnis ähnlich *Döhring* 248 f.; zustimmend *Maiazza* 123.

211 Vgl. in rechtstatsächlicher Hinsicht *Blankenburg/Sessar/Steffen* insbes. 305 ff.; *Feest/Blankenburg* Die Definitionsmacht der Polizei (1972); *Kerner* Normbruch und Auslese; *Kürzinger* Private Strafanzeige und polizeiliche Reaktion (1978); ferner *Ambos* Jura **2003** 677; *Kühne* 308; *Kunz* (Bagatellprinzip) 108; *Naucke* (Tatverdacht) 296 ff. m.w.N.; *Rüping* 305 ff.; *Sessar* ZStW **87** (1975) 1033; *Weigend* 58 f.; *Zipf* FS Peters 490 ff.; SK/*Weßlau/Deiters* 12b; MüKo/*Peters* 52; zum Ganzen auch *Eisenberg* (Krim.) §§ 26, 27.

212 *Rieß* NStZ **1981** 4; ähnlich *Jung* 53; AK/*Schöch* 17, 21, siehe aber auch FS Welzel 424.

213 SK/*Weßlau/Deiters* 12b–12d; *Deiters* 117 ff.

214 SK/*Weßlau/Deiters* 12b–12d; *Deiters* 117 ff.

Fundament. Letztlich aber verkehrt es Ursache und Wirkung. Die Strafverfolgungsressourcen sind nicht per se knapp, sondern nur, weil sie für die ordnungsgemäße Durchführung der schieren Anzahl der auf einem Anfangsverdacht beruhenden Strafverfahren sowie deren notwendigen Umfang nicht ausreichen. Dies kann zur Rettung des Legalitätsprinzips in der Rechtswirklichkeit nicht dadurch gelöst werden, indem die Kriterien für einen Anfangsverdacht oder für die Aufklärungsbemühungen variabel gestaltet werden und so Anzahl und Umfang der Verfahren dem Ressourcenbestand angenähert werden. Vielmehr bedarf es mehr Ressourcen. Werden diese nicht zur Verfügung gestellt, so ist es Aufgabe des Gesetzgebers hierauf zu reagieren. Dies kann durch die Definition abstrakter Kriterien für den effektiven Ressourceneinsatz geschehen.[215] Hiermit wäre eine Einschränkung des Legalitätsprinzips verbunden, dessen materieller Anspruch aber unverändert bliebe.[216]

Ob auch die bloße **Existenz eines Dunkelfeldes** die Geltung des Legalitätsprinzips beeinträchtigt und als Begrenzung angesehen werden darf,[217] erscheint zweifelhaft.[218] Denn das der StPO zugrunde liegende Legalitätsprinzip knüpft an zureichende tatsächliche Anhaltspunkte an und verpflichtet nicht zur Erforschung unbekannt gebliebener Straftaten und damit zur Aufhellung des Dunkelfeldes.[219] Auch ist ein unbekannt bleibendes Dunkelfeld in sehr viel geringerem Maße als die Nichtverfolgung einer bekannt gewordenen Tat geeignet, die materielle Legitimation des Legalitätsprinzips (Rn. 15) in Frage zu stellen. 53

b) Entwicklung und gegenwärtige Häufigkeit. Der Bestand der gesetzlichen Nichtverfolgungsermächtigungen, die die StPO durch die Formulierung „soweit gesetzlich nichts anderes bestimmt ist" grundsätzlich mit ihrer Konzeption eines Legalitätsprinzips als vereinbar ansieht, war ursprünglich verhältnismäßig schmal. Er umfasste lediglich den – damals umfangmäßig geringen[220] – Katalog der Privatklagedelikte sowie im früheren § 208 (vgl. die dortige Kommentierung) einen Vorläufer des heutigen § 154.[221] Die Erweiterung der Nichtverfolgungsermächtigungen vollzog sich zunächst bis 1924 durch den allmählichen Ausbau der Privatklagedelikte, eine Entwicklung, die mit der EmmingerVO im Wesentlichen zum Stillstand kam. Stattdessen begann durch diese 1924 mit der Einfügung der §§ 153, 154 der bis heute fortgesetzte Ausbau von Nichtverfolgungsermächtigungen, die Einstellungsmöglichkeiten für Staatsanwalt und Gericht begründen.[222] 54

Die **tatsächliche Häufigkeit der Anwendung** der das Legalitätsprinzip begrenzenden Nichtverfolgungsermächtigungen hat inzwischen eine erhebliche, seit Jahren zunehmende quantitative Dimension erreicht, wenn auch die Verfahrensabwicklung nach den Regeln des Legalitätsprinzips, also nach der Entscheidungsalternative des § 170 nach wie vor dominiert (vgl. aber Rn. 52). 2016[223] wurden nach der staatsanwaltschaftlichen Verfolgungsstatistik rund 26,9% der insgesamt erledigten Verfahren nach § 170 Abs. 2 und 55

215 Zur Ausgestaltung der Kriterien *Deiters* 120 ff., 128 ff., 135; zur Intensität der Ermittlungstätigkeit vgl. MüKo/*Peters* 71.
216 Krit. auch SK/*Weßlau*⁴ § 152, 13 und Vor §§ 151 ff., 30.
217 So vor allem *Zipf* 137 und FS Peters 489.
218 Ebenso *Erb* 87; vgl. auch *Kühne* 308; MüKo/*Peters* 53; *Schmidt-Jortzig* NJW **1989** 134.
219 AK/*Schöch* 22; MüKo/*Peters* 53.
220 Vgl. die Entstehungsgeschichte zu § 374.
221 Vollständige Zusammenstellung bei *Marquardt* 51 ff.
222 Zur Entwicklung seit der Entstehung der StPO ausführlich (auch zur Reformdiskussion) *Marquardt* 60 ff.; ferner *Jung* 45; *W. Wagner* 164 f.; *Weigend* 29 ff.
223 Weitere Einzelheiten vgl. Statistisches Bundesamt, Rechtspflege, Staatsanwaltschaften 2016.

32,5% aufgrund einer gesetzlichen Nichtverfolgungsermächtigung eingestellt.[224] In rund 39,9% aller Verfahren wurde öffentliche Klage erhoben bzw. Strafbefehl beantragt oder das Verfahren in sonstiger Weise erledigt. Die Häufigkeit der Anwendung der einzelnen Einstellungsvorschriften ist sehr unterschiedlich; auf die §§ 153, 153a, 154 und § 45 JGG entfallen etwa 85% aller Einstellungen.[225] Eine ins Gewicht fallende Nutzung von Nichtverfolgungsermächtigungen lässt sich auch im gerichtlichen Verfahren beobachten.[226]

56 **c) Bedeutung der Nichtverfolgungsermächtigungen.** Der Siegeszug der Begrenzungen des Legalitätsprinzips in der neueren Rechtsentwicklung und Rechtspraxis ist auf unterschiedliche Tendenzen und Entwicklungen zurückzuführen. Zunächst dient die Möglichkeit der Nichtverfolgung oder (im Fall der Privatklage) die Übertragung der von diesem kaum genutzten Verfolgungslast[227] auf den Verletzten der Justizentlastung.[228] Dass die Entlastung allerdings gerade auf diesem Wege angestrebt wird, dürfte seinen Grund auch in einer Veränderung der „Basisbedingungen" haben.[229] Hervorzuheben ist das Vordringen der Auffassung, dass das Strafrecht in erster Linie Rechtsgüterschutz zu gewährleisten habe und in seinem Einsatz an dieser Aufgabe auszurichten sei. Damit wird der Unrechtsbegriff einer materiellen Abstufung zugänglich,[230] was das Problem einer sachgerechten Behandlung der sog. Bagatellkriminalität aufwirft.[231] Die hierdurch ausgelöste kriminalpolitische Tendenz bedient sich der elastischen Formen einer einzelfallangepassten **prozessualen Entkriminalisierung** anstelle eines schwerer zu verwirklichenden und auf dogmatische und ideologische Hindernisse stoßenden materiell-strafrechtlichen Konzepts.[232] Dem Gesetzgeber stehen beide Möglichkeiten gleichrangig zur Verfügung.[233] Den prozessualen Weg zu wählen, entspricht einer bisher namentlich für die Einstellungsmöglichkeiten des JGG[234] maßgeblichen internationalen Tendenz zur Diversion,[235] als deren systemspezifische deutsche Variante wenigstens einige Einstel-

---

224 Von insgesamt 5.181.670 erledigten Verfahren entfielen 1.396.099 auf Einstellungen nach § 170 Abs. 2 und 1.683.822 auf Einstellungen nach den gesetzlichen Nichtverfolgungsermächtigungen.

225 Von den 1.683.822 Einstellungen nach den gesetzlichen Nichtverfolgungsermächtigungen beruhten auf § 153a 167.392 (9,9%), § 153 745.743 (44,3%), § 154 355.251 (21,1%), § 45 Abs. 1 und 2 JGG 156.016 (9,3%), § 153b und § 29 Abs. 5 BtMG 1802 (0,1%), §§ 154d und 154e 9.690 (0,6%), § 154b 7.336 (0,4%), § 153c 1.133 (0,1%), § 154c 37 (0,002%) und § 37 Abs. 1 BtMG bzw. § 38 Abs. 2 i.V.m. § 37 Abs. 1 BtMG 15 (0,0008%).

226 Der Anteil der Einstellungen nach den Nichtverfolgungsermächtigungen lag 2016 bei den Amtsgerichten bei etwa 22% und bei den Landgerichten bei etwa 5,8%, weitere Einzelheiten vgl. Statistisches Bundesamt, Rechtspflege, Strafgerichte 2016. Anfang der 80er Jahre lag der Anteil noch bei fast 20%; vgl. *Rieß* DRiZ **1982** 211 Tab. 9; zu Einstellungen nach §§ 153 ff. im Anschluss an eine Einstellungsbeschwerde gemäß § 172 Abs. 1 Satz 1 *Thode* DRiZ **2007** 57.

227 Vgl. dazu LR/*Hilger*[25] Vor § 374, 4; *Rieß* Schs-Ztg **2000** 306 ff.; ferner *Rieß* Gutachten zum 55. DJT, Verh. d. 55. DJT (1984) Bd. I C 23 ff. m.w.N.

228 Vgl. HK/*Gercke* § 163, 1; *G. Schäfer* 270; *Schroeder/Verrel* 85; *Schulenburg* JuS **2004** 767; *Sinner* 117; *Weigend* 37ff. (wenn auch zweifelnd in Hinblick auf die Überlastung der Polizei – S. 41); krit. *Geerds* SchlHA **1964** 62; vgl. auch BGHSt **16** 229.

229 *Marquardt* 155; vgl. auch *Kunz* 34 ff.; *Lüderssen* 213 ff.

230 Vgl. *Krümpelmann* 27 ff.; *Kunz* 125 ff. m.w.N.; *Sinner* 117.

231 Siehe hierzu SK/*Weßlau/Deiters* Vor §§ 151, 27 und 29 ff.

232 *Erb* 186 ff.; *G. Schäfer* 270; zur möglichen Austauschbarkeit von Prozess- und Sachentscheidungen in diesem Bereich vgl. u.a. *Albrecht* NJ **2000** 453; *Baumann* FS Peters 4; *Cramer* FS Maurach 493; *Ostendorf* GA **1982** 333; *Peters* ZStW **68** (1956) 374; *Schroeder* FS Peters 417; *Sinner* 119; *Vultejus* DRiZ **1995** 228; *Weigend* 49; allgemein zur Behandlung von Kleinkriminalität *Hünerfeld* ZStW **90** (1978) 905.

233 BVerfGE **90** 191.

234 Vgl. die Nachw. bei *Brunner/Dölling* § 45, 4 ff.; *Eisenberg* § 45, 8 ff.; *Ostendorf* Grdl. z. §§ 45 und 47, 1 ff.

235 Dazu m.w.N. *Walter* ZStW **95** (1983) 32, insbes. 44, 55 ff.; *Herrmann* ZStW **96** (1985) 467 ff.; *Schaffstein* FS Jescheck 937 (vor allem zum JGG); *Schaffstein/Beulke/Swoboda* § 36; krit. Gegenposition bei *Kerner* (Diversion) 147; zur Diversionsregelung in Österreich *Burgstaller* 5 ff.

lungsermächtigungen gedeutet werden können. Insoweit wird zum Teil bereits von einer Strafrechtsreform durch die Praxis gesprochen.[236] Andere Teile wiederum zeigen eine gewisse funktionelle Verwandtschaft mit Lösungen des anglo-amerikanischen Strafrechts, die in der Form des „plea-bargaining" ein Ausufern des Prozessstoffes zu verhindern bemüht sind,[237] vor allem dort, wo die Einstellung von einer aktiven Mitwirkung des Beschuldigten abhängig ist (§ 153a).[238]

Insgesamt ist derzeit bei der sachgerechten systematischen sowie rechts- und krimi- 57
nalpolitischen **Erfassung und Beurteilung** der verschiedenen, auch entstehungsgeschichtlich aus ganz unterschiedlichen Zeiten stammenden Nichtverfolgungsermächtigungen die Entwicklung im Fluss; eine einheitliche Auffassung hierüber besteht nicht. Ebenso wenig lässt sich jedoch behaupten, dass das Legalitätsprinzip rechtlich oder faktisch außer Kraft gesetzt sei.[239] Es bestimmt nach wie vor, zumindest als Leitlinie, dergestalt das Handeln der Strafverfolgungsorgane, dass die Anwendung der Nichtverfolgungsermächtigungen als Ausnahme verstanden wird.[240] Zur weiteren rechtspolitischen Entwicklung vgl. Rn. 67ff.

2. Einzelfragen der Begrenzungen

a) Übersicht. In der StPO finden sich derzeit folgende Ausnahmen von der Verfol- 58
gungspflicht des § 152 Abs. 2:
- Alle Vergehen, die im Wege der Privatklage verfolgt werden können (§ 374), sofern kein öffentliches Interesse an der Strafverfolgung besteht.
- Das Sicherungsverfahren nach den §§ 413ff. und das objektive Verfahren nach § 435.
- Vergehen, bei denen die Schuld des Täters gering erscheint und kein öffentliches Interesse an der Strafverfolgung besteht (§ 153).
- Vergehen, bei denen die Schwere der Schuld nicht entgegensteht und bei denen das öffentliche Interesse durch die Erfüllung bestimmter Auflagen und Weisungen beseitigt werden kann (§ 153a).
- Straftaten, bei denen im Falle einer Entscheidung durch Urteil das Absehen von Strafe zu erwarten wäre (§ 153b).
- Straftaten mit Auslandsbezug (§ 153c) oder bei bevorstehender Ausweisung oder Auslieferung (§ 154b).
- Straftaten mit geringerem Gewicht gegenüber weiterverfolgten oder bereits abgeurteilten Taten (§ 154).
- Vergehen, die präjudizielle Rechtsfragen aus anderen Rechtsgebieten aufwerfen (§§ 154d, 154e, vgl. auch § 396 AO).
- Staatsschutzstrafsachen bestimmter Art bei überwiegenden außerprozessualen Nichtverfolgungsinteressen (§ 153d) oder im Falle tätiger Reue (§ 153e).
- Straftaten nach dem VStGB, wenn die Verfolgung anderweitig sichergestellt ist (§ 153f).
- Straftaten von Opfern einer Nötigung oder Erpressung (§ 154c).

---

236 So *Brunner/Dölling* § 45, 7.
237 Vgl. z.B. *Dielmann* GA **1981** 558; *Schmidt-Hieber* NJW **1982** 1017, dazu *Dencker* NStZ **1983** 402; *Schumann* Der Handel mit Gerechtigkeit (1977); zum differenzierten Einsatz der Nichtverfolgungsermächtigungen aufgrund der „begrenzten Rechtsfindungsressourcen" *Keller/Schmid* wistra **1984** 206ff.
238 *Kerner* (Diversion) 148.
239 So aber z.B. *Blankenburg/Sessar/Steffen* 331; *Hamm* StV **2001** 82; überzogen auch *Jeutter* 170; *Baumann* ZRP **1972** 273; wie hier SK/*Weßlau/Deiters* Vor §§ 151ff., 9.
240 *Eckl* ZRP **1973** 139; *Faller* FS Maunz 81f.; *Schulenburg* JuS **2004** 765; *Weigend* 24.

Wegen der Einzelheiten der hier nur stichwortartig gekennzeichneten Voraussetzungen ist auf die Erl. zu den jeweiligen Vorschriften zu verweisen.

59 Eine verhältnismäßig weit gespannte Nichtverfolgungsermächtigung enthält für **Jugendliche** oder **Heranwachsende** (soweit auf letztere Jugendstrafrecht anzuwenden ist) § 45 JGG. Bundesweit liegt hier die Einstellungsquote aus Opportunitätsgründen im Rahmen von 75–85%.[241] Hier wird also das Legalitätsprinzip noch stärker als im Erwachsenenstrafrecht eingeschränkt.[242] Eine in der Struktur dem § 153a verwandte Einstellungsmöglichkeit für **betäubungsmittelabhängige Täter** enthält § 37 BtMG.[243] Das für **Ordnungswidrigkeiten** nach § 47 OWiG geltende Opportunitätsprinzip[244] hat zwar heute dogmatisch und systematisch mit dem Legalitätsprinzip im Strafverfahren und seinen Begrenzungen nichts mehr zu tun, gehört aber entwicklungsgeschichtlich in diesen Zusammenhang, weil gerade im Bereich der früheren Übertretungen, denen der Hauptbestand der Ordnungswidrigkeiten entspricht, von Anfang an die Kritik an einer strengen Verfolgungspflicht besonders lebhaft war.

60 Nicht zu den Begrenzungen des Legalitätsprinzips sollte man dagegen das **Strafantragserfordernis** zählen;[245] der Strafantrag ist Prozessvoraussetzung (§ 206a, 60); sein Fehlen oder seine Rücknahme beseitigt die Verfolgbarkeit, beschränkt aber nicht das Legalitätsprinzip.[246] Dagegen gehört es in den Themenkreis des Legalitätsprinzips, dass der Staatsanwaltschaft ein Beurteilungsspielraum darüber zusteht, ob sie das besondere öffentliche Interesse an der Strafverfolgung bejaht oder verneint (§ 183 Abs. 2, § 230 Abs. 1, § 248a StGB).[247]

61 **b)** Als **Gruppierungsmöglichkeiten** für die unterschiedlichen Ausnahmen von der Verfolgungspflicht lassen sich, bei vielfachen Überschneidungen im Einzelnen, die dem Geringfügigkeitsprinzip (in absoluter und relativer Form) zuzuordnenden Fälle der §§ 153, 153a, 153b, 154, 154b, 376 von denen absondern, bei denen außerprozessuale überwiegende Gegeninteressen die Nichtverfolgung rechtfertigen (§ 153c Abs. 2, § 153d) oder in denen prozessuale Aufklärungsinteressen für die Nichtverfolgung maßgebend sind (§§ 153e, 154c).[248] Was den letzten Grund angeht, hat sich entgegen weitergehenden Reformüberlegungen die Tendenz zur generellen Nichtverfolgungsermächtigung für den Kronzeugen nicht durchgesetzt,[249] vielmehr hatte der Gesetzgeber insoweit für einzelne Fälle materiell-rechtliche Strafmilderungsvorschriften bis hin zum Absehen von Strafe

---

241 Einzelheiten dazu *Schaffstein/Beulke/Swoboda* § 36 I: 70% in 2012; *Ostendorf* Grdl. z. §§ 45 und 47, 7: 82,2% in 2010; *Brunner/Dölling* § 45, 7: 63% (§§ 45 und 47 JGG) in 2013.

242 Wie hier *Eisenberg* § 45, 9; *Schaffstein/Beulke/Swoboda* § 35 III 724, § 36 I 731 ff.; von der Geltung des Opportunitätsprinzips gehen wohl aus: *Geppert* Jura **1982** 145; *Pohl-Laukamp* Kriminalistik **1983** 131; vgl. zu § 45 JGG auch *Bohnert* NJW **1980** 1927; *Döhring* 97; *Nothacker* JZ **1982** 57; *Schaffstein* FS Jescheck 937; § 153, 14; § 153a, 19.

243 Ausführlich dazu *Körner/Patzak/Sonnen* § 37, 1 ff.

244 Zu den Maßstäben bei Handhabung des Verfolgungsermessens z.B. Göhler/*Seitz/Bauer* § 47, 6 ff. m.w.N.

245 SK/*Weßlau/Deiters* 22; *Heyden* 18; **a.A.** *Eb. Schmidt* 7.

246 So aber *Ostendorf* NJW **1980** 2593; ähnlich Radtke/Hohmann/*Radtke* 4 (Modifikation des Legalitätsprinzips); wie hier SK/*Weßlau/Deiters* 22 und SK/*Wohlers/Deiters* § 158, 27; HK/*Zöller* § 158, 12; vgl. auch Schönke/Schröder/*Sternberg-Lieben/Bosch* § 77, 6 StGB.

247 Zur Frage der gerichtlichen Überprüfung LR/*Stuckenberg* § 206a, 61 m.w.N.

248 Zu den verschiedenen Gruppierungsmöglichkeiten der Beschränkungen des Legalitätsprinzips *Faller* FS Maunz 75; *Geerds* SchlHA **1964** 63; *Gössel* § 1 B IIb; *Grauhan* GA **1976** 229 ff.; *Kühne* 585 ff.; *Rüping* 342 ff; vgl. auch die Gruppierungen bei SK/*Weßlau/Deiters* Vor §§ 151 ff., 13–15 oder *Beulke/Swoboda* 333.

249 Vgl. dazu *Hoyer* JZ **1994** 233; *Jung* 94; *Kempf* StV **1999** 67; *Schlüchter* ZRP **1997** 65; vgl. ferner *Jahreiß* FS Lange 765; *Kühne* 799; *Roxin/Schünemann* § 14, 19 f.; *Roxin/Arzt/Tiedemann* 119 f.

vorgezogen[250] und zunächst vorübergehend eine Kronzeugenregelung für terroristische Straftaten vorgesehen.[251] Letztere ist nunmehr in den Regelungen der § 129 Abs. 7 Nr. 2, § 129a Abs. 7 StGB unbefristet gesetzlich verankert. Mit dem 43. StrÄndG ist basierend auf einem Gesetzesentwurf der Bundesregierung vom 25.5.2007[252] eine für Fälle schwerer Kriminalität geltende generelle Kronzeugenregelung in Form des § 46b StGB wiedereingeführt worden.[253] Danach kann das Gericht die Strafe nach § 49 Abs. 1 StGB in bestimmten Fällen mildern bzw. von Strafe absehen, wenn der Täter Hilfe zur Aufklärung oder Verhinderung von schweren Straftaten leistet. Zu den von den sonstigen Nichtverfolgungsermächtigungen tief greifend abweichenden Besonderheiten des § 153a vgl. § 153a, 8 ff.

c) Ermessen. Trotz des missverständlichen Gesetzeswortlauts des § 467 Abs. 4, der die Einstellungsmöglichkeiten nach den §§ 153 ff. mit dem Begriff des Ermessens verknüpft, wird durch die Nichtverfolgungsermächtigungen den Strafverfolgungsbehörden regelmäßig kein vollständiges Ermessen eingeräumt.[254] Die Möglichkeit des Absehens von der Verfolgung ist neben der deskriptiven Umschreibung der in Betracht kommenden Verfahren überwiegend von der Bejahung unbestimmter Rechtsbegriffe abhängig[255] (z.B. geringe bzw. nicht entgegenstehende Schwere der Schuld, fehlendes öffentliches Interesse, Nicht-beträchtlich-ins-Gewicht-fallen der zu erwartenden Sanktion, schwerer Nachteil für die Bundesrepublik Deutschland), die allerdings häufig wegen ihrer Unbestimmtheit den Strafverfolgungsbehörden einen beträchtlichen Beurteilungsspielraum einräumen. Lediglich in einigen, dafür aber in ihrem Anwendungsbereich eng begrenzten Fällen, ist die Nichtverfolgung an keine weiteren Voraussetzungen geknüpft (§ 153c Abs. 1 Nr. 1, 2; § 154b Abs. 1, 3), so dass von einem pflichtgemäß auszuübenden Ermessen der Strafverfolgungsbehörden gesprochen werden kann.[256] 62

Hiervon zu unterscheiden ist die Frage, ob die Strafverfolgungsbehörden nach pflichtgemäßem Ermessen die **Strafverfolgung fortsetzen** dürfen, obwohl die Voraussetzungen für eine Nichtverfolgung vorliegen, also etwa in den Fällen des § 153 die öffentliche Klage erheben dürfen, obwohl die Schuld des Täters gering ist und kein öffentliches Interesse an der Strafverfolgung besteht.[257] Das ist trotz der übereinstimmenden 63

250 Vgl. z.B. § 129 Abs. 7 Nr. 2, § 129a Abs. 7, § 261 Abs. 9 Satz 1 Nr. 1 StGB; § 31 BtMG (dazu z.B. *Weider* NStZ **1984** 391).

251 Siehe Art. 4 und 5 des KronzG; *Lammer* ZRP **1989** 248 ff.; *Mühlhoff/Pfeiffer* ZRP **2000** 121. Zu den damit gemachten Erfahrungen *Hoyer* JZ **1994** 234; *Peglau* ZRP **2001** 103.

252 Gesetzesentwurf der Bundesregierung eines Gesetzes zur Änderung des Strafgesetzbuches – Strafzumessung bei Aufklärungs- und Präventionshilfe vom 25.5.2007, BR-Drucks. 353/07.

253 Hierzu *Kaspar/Christoph* StV **2016** 318 ff.; *Meier* GA **2015** 450 f.; *Preglau* NJW **2013** 1910 ff.; *König* StV **2012** 113 ff.

254 KMR/*Plöd* 29; MüKo/*Peters* 75; SSW/*Schnabl* 14; HK/*Gercke* 16; Meyer-Goßner/*Schmitt* 7; *Beulke/Swoboda* 334; **a.A:** SK/*Weßlau/Deiters* Vor §§ 151 ff., 12 (Sinnlosigkeit der Differenzierung aufgrund fehlender gerichtlicher Korntrollmöglichkeit).

255 Ganz h.M., vgl. *Heinitz* FS Rittler 352; Meyer-Goßner/*Schmitt* 7; KMR/*Plöd* 29; *G. Schäfer* 271; *Schlüchter* 406.1; AK/*Schöch* 15; MüKo/*Peters* 75; SSW/*Schnabl* 14; HK/*Gercke* 16; *Beulke/Swoboda* 334; *Schroeder* FS Peters 416; **a.A.** *Kühne* 584 ff.; früher (teilweise) *Niese* SJZ **1950** 897; SK/*Weßlau/Deiters* Vor §§ 151 ff., 12; zur Problematik auch *Weigend* 21 f.; zur Besonderheit des Merkmals „öffentliches Interesse" näher § 153, 21, 28 ff.

256 Meyer-Goßner/*Schmitt* 8; KMR/*Plöd* 29; HK/*Gercke* 16; wohl auch MüKo/*Peters* 75 (zumeist kein Ermessen); **a.A.** LR/*Meyer-Goßner*[23] 25.

257 Zweifelnd hinsichtlich einer Pflicht zum Absehen von der Verfolgung AK/*Schöch* 15; jedenfalls ergibt sich aus Art. 3 GG kein Verfahrenshindernis hinsichtlich eines individuellen Verfahrens, wenn die StA in ähnlichen Fällen von Verfolgung abgesehen hat, OLG Hamburg NStZ **1988** 467; ebenso *Geppert* Jura **1986** 312; vgl. auch unten Rn. 68.

Verwendung des Wortes „kann“ für die einzelnen Fälle unterschiedlich zu beurteilen und bei den jeweiligen Vorschriften zu erläutern.[258]

64 **3. Inhaber der Nichtverfolgungsermächtigung.** Die Befugnis, vom Einschreiten abzusehen, steht vor Erhebung der öffentlichen Klage nur der Staatsanwaltschaft zu. Die Polizei ist hierzu nicht befugt;[259] hält sie die Voraussetzungen einer Nichtverfolgungsermächtigung für gegeben und deren Anwendung für geboten, so hat sie die Sache der Staatsanwaltschaft vorzulegen.[260] Gegebenenfalls kann sie allerdings, wenn die Anwendung der §§ 153ff. oder die Nichtanwendung des § 376 zu erwarten ist, sich auf die Aufklärung der einstellungsrelevanten Umstände (vgl. Rn. 38) beschränken und von weiteren Ermittlungen vorerst absehen.[261] Die Einstellungsbefugnisse der Staatsanwaltschaft stehen in Steuerstrafsachen auch der Finanzbehörde zu, falls diese das Ermittlungsverfahren selbständig führt (§ 386 Abs. 2, § 399 Abs. 1 AO).[262] **Nach Erhebung der öffentlichen Klage** geht regelmäßig die Nichtverfolgungsermächtigung auf das Gericht über;[263] in einigen wenigen Fällen verbleibt sie bei der Staatsanwaltschaft, der deshalb insoweit entgegen der Grundregel des § 156 die Rücknahme der Klage ermöglicht wird.[264]

65 **4. Gerichtliche Kontrolle.** Soweit die Staatsanwaltschaft von einer Nichtverfolgungsermächtigung Gebrauch macht, ist das der Kontrolle des Legalitätsprinzips dienende Klageerzwingungsverfahren regelmäßig ausgeschlossen (§ 172 Abs. 2 Satz 3);[265] dem Verletzten steht auch nicht der Rechtsweg nach § 23 EGGVG offen,[266] und zwar wohl schon deshalb nicht, weil er nicht in seinen Rechten verletzt ist, wenn die Staatsanwaltschaft ein Offizialdelikt einstellt. Stellt sie das Verfahren wegen eines Privatklagedelikts mangels öffentlichen Interesses nach § 376 ein, so bleibt dem Verletzten die Privatklagemöglichkeit erhalten. In einer Reihe von Fällen wird die gerichtliche Kontrolle der Einhaltung der Grenzen der Nichtverfolgungsermächtigung und der sachgerechten Ausfüllung der Beurteilungsspielräume dadurch erreicht, dass die Einstellung der Zustimmung des Gerichts bedarf; wegen der Einzelheiten vgl. die Erl. zu den einzelnen Vorschriften.

66 Auch die **Nichteinstellung** trotz Vorliegens der Einstellungsvoraussetzungen ist als solche gerichtlich nicht überprüfbar.[267] Doch steht dem Gericht regelmäßig eine gleichar-

---

258 Vgl. auch insgesamt *Schroeder* FS Peters 418 ff.

259 KMR/*Plöd* 30; HK/*Gercke* 17; zur Polizeidiversion allgemein statt aller *Herrlinger* DVJJ-Journal **1999** 148; *Villmow* in: DVJJ (Hrsg.) Kinder und Jugendliche als Opfer und Täter (1999) 427 sowie AK/*Schöch* 13; siehe auch § 153, 7.

260 *Rieß* NStZ **1981** 9; krit. de lege ferenda z.B. *Gemmer* Kriminalistik **1975** 539; vgl. auch *Albrecht* (mit rechtsvgl. Hinweisen) zusammenfassend 282ff.; *Steffen* 298; *Weigend* 42f.

261 *Rieß* aaO; DNP **1983** 185 (m.w.H. auf praktische Handhabung); KMR/*Plöd* 30; vgl. die Erl. zu § 163.

262 Vgl. *Erbs/Kohlhaas* § 399, 3 AO; *Jäger* in: Klein § 399, 3–7 und 86, 90ff.; *Hübschmann/Hepp/Spitaler* § 399, 28, 36 AO; HK/*Gercke* 17.

263 Anders in den Fällen der §§ 154c, 154d.

264 § 153c Abs. 4; § 153d Abs. 2.

265 **A.A.** für §§ 153, 153a im Wege einer verfassungsrechtlichen Reduktion *Paschmanns* (LV zu § 153) 194.

266 *Bohnert* 369f.; LR/*Böttcher*[25] § 23, 52ff. EGGVG; KMR/*Plöd* 33; *Rüping* 353 (jedoch Überprüfung durch das erkennende Gericht); AK/*Schöch* 27; vgl. auch MüKo/*Peters* 78; KK/*Diemer* 14; Radtke/Hohmann/*Radtke* 34; **a.A.** (für zustimmungsfreie Einstellungen) *Kalsbach* Die gerichtliche Nachprüfung von Maßnahmen der Staatsanwaltschaft (1967) 88ff.; *Heinrich* NStZ **1996** 114 (§ 23 EGGVG analog); allgemein zum Einfluss des Verletzten *Werner* Der Einfluß des Verletzten auf Verfahrenseinstellungen der Staatsanwaltschaft (1986).

267 Ebenso *Fezer* 1/57; *Schulenburg* JuS **2004** 767; zur vereinzelt vertretenen Gegenmeinung, die einige Einstellungsvoraussetzungen als Prozessvoraussetzungen betrachtet, siehe § 153, 39.

tige[268] Einstellungsmöglichkeit zur Verfügung, die allerdings von der Zustimmung der Staatsanwaltschaft abhängig ist.[269]

V. Zur weiteren Entwicklung des Legalitätsprinzips

1. Meinungsstand. Die gegenwärtige Situation eines Legalitätsprinzips „mittlerer Reichweite“ (Rn. 11) mit einem zunehmend genutzten Katalog gesetzlicher Nichtverfolgungsermächtigungen ist rechtspolitisch äußerst umstritten; auch über die dogmatische Erfassung des gegenwärtigen Rechtszustands besteht keine Übereinstimmung. Die rechtspolitischen Vorschläge zielen in unterschiedliche Richtungen. Dabei wird der Übergang zu einem reinen Opportunitätsprinzip nach dem Vorbild von § 47 OWiG nur ganz vereinzelt gefordert.[270] Im Übrigen ist mit dem nur von einer Minderheit vertretenen Vorschlag, die Strafprozessordnung am Anklageermessen auszurichten, die Vorstellung verbunden, das Ermessen durch normative Regelbeispiele „anklagehemmender“ und „anklagefreundlicher“ Umstände einzuschränken, was diese Überlegungen[271] in die Nähe einer sachgerechten Präzisierung und Gruppierung der das Legalitätsprinzip begrenzenden Vorschriften bringt. Unbestritten ist im Grunde auch die Aufrechterhaltung des grundsätzlichen Anklagemonopols der Staatsanwaltschaft. 67

In **dogmatischer Hinsicht** wird die Tragfähigkeit der überkommenen Einteilung in Anklagezwang (= Legalitätsprinzip) und Verfolgungsermessen (= Opportunitätsprinzip) mit unterschiedlichen Konsequenzen bezweifelt. Einmal wird darauf hingewiesen, dass die Einräumung breiter Beurteilungsspielräume bei der Frage des Verzichts auf die Sanktion auch für das Gericht das Legalitätsprinzip auf eine Zuständigkeitsfrage (Staatsanwaltschaft oder Gericht als Adressat der Nichtverfolgungsermächtigung) reduziere.[272] Andererseits wird einem begrenzten Legalitätsprinzip die kriminalpolitische Aufgabe zugewiesen, nach sachgerechten Kriterien eine „optimale Sanktionierungsrate“ zu bestimmen,[273] und hieraus die Forderung abgeleitet, die Begrenzungsmerkmale als Verfahrenshindernisse aufzufassen oder auszugestalten, um eine verstärkte rechtliche Nachprüfung zu erreichen.[274] Mit diesem Gedanken verwandt, wenn auch in umgekehrte Richtung auf eine bessere gerichtliche Kontrolle der Einstellungen durch die Staatsanwaltschaft zielend, ist die rechtspolitische Vorstellung, das Klageerzwingungsverfahren auch für die Einstellungen nach den §§ 153ff. nutzbar zu machen.[275] 68

---

268 Auch sie ist der gerichtlichen Überprüfung nicht zugänglich, *Haller/Conzen* 172.
269 Dazu krit. die bei § 153, 5 Fn. 18 Genannten; zur Frage, wieweit eine verweigerte Zustimmung substituiert werden oder lediglich die Verwarnung mit Strafvorbehalt (§ 59 StGB) rechtfertigen kann, vgl. § 153, 68.
270 So *Serwe* Kriminalistik **1970** 377; vgl. dazu auch *Weigend* ZStW **109** (1997) 118f.
271 So namentlich *Weigend* 169ff.; gegen ihn *Hirsch* ZStW **92** (1980) 227; auch das Fazit der empirischen Untersuchungen geht vielfach in Richtung auf eine Erweiterung der Nichtverfolgungsermächtigungen und ihre Öffnung auch für die Polizei, z.B. *Blankenburg/Sessar/Steffen* 322; *Feltes* in: Kerner, Diversion statt Strafe (1983) 93f.; *Steffen* 299; siehe auch § 153, 6f.
272 *Schroeder* FS Peters 415ff., 422ff.
273 *Zipf* 137 und FS Peters 489, 497; krit. zu der damit verbundenen Verknüpfung des Dunkelfeldes mit dem Legalitätsprinzip *Kapahnke* 34; *Weigend* 60.
274 *Zipf* FS Peters 501; dazu krit. *Rieß* in: Schreiber, Strafprozeß und Reform (1979) 127; für die Qualifikation der Anwendungsmerkmale der Voraussetzungen als Prozessvoraussetzungen bereits nach der lex lata *Vogel* (LV zu § 153) 211, 293ff.
275 *Gössel* FS Dünnebier 147; *Herrmann* 310; *Rieß* Gutachten zum 55. DJT, Verh. des 55. DJT (1984) Bd. I C 118; AK/*Schöch* 27; *Schöch* NStZ **1984** 389; *Weigend* ZStW **96** (1984) 787; siehe die Erl. zu § 172; zu dem Modell eines am Klageerzwingungsverfahren orientierten Einstellungserzwingungsverfahrens im Bezug auf § 170 Abs. 2 StPO vgl. *Rieß* FS Roxin 1319ff. und LR/*Graalmann-Scheerer* § 170, 13.

69 In der **rechtspolitischen Bewertung** ist die Schaffung von Nichtverfolgungsermächtigungen seit der Einführung des § 153 durch die EmmingerVO 1924 im Schrifttum umstritten gewesen.[276] Dabei hat sich die Erwartung nicht bestätigt, dass durch die Umwandlung großer Teile des Ordnungs- und Nebenstrafrechts in Ordnungswidrigkeiten eine Rückkehr zu einer strengeren Geltung des Legalitätsprinzips eintreten könnte,[277] vielmehr ist auch nach der Schaffung des OWiG der Katalog der Nichtverfolgungsermächtigungen kräftig ausgeweitet worden. Im Mittelpunkt der Diskussion steht heute jedoch weniger die Forderung nach einer Rückkehr zu einem uneingeschränkten Legalitätsprinzip,[278] als vielmehr die Kritik an der Neigung des Gesetzgebers, das Problem der sachgerechten Erledigung von Bagatellkriminalität, der Nichtaufhebung überholter Strafvorschriften oder der Schaffung präziser, den erforderlichen Rechtsgüterschutz exakt und ohne Übermaßgefahr gewährleistender Tatbestände vorrangig oder ausschließlich auf prozessualem Wege mit Hilfe der Einschränkung des Legalitätsprinzips zu lösen,[279] und es dabei an der erforderlichen Bestimmtheit der Einstellungsermächtigungen fehlen zu lassen.[280]

70 **Zielpunkt der Kritik,** die rechtspolitischer, aber wegen der mangelnden Präzision der Abgrenzungsmerkmale und sonstiger struktureller Probleme auch dogmatischer Art ist, sind gegenwärtig die Nichtverfolgungsermächtigungen nach § 153 und namentlich nach § 153a.[281] In diese Kritik wird, vor allem wegen seiner Anwendung durch die Praxis verbreitet auch das **Privatklageverfahren** und die Handhabung der Verweisung auf den Privatklageweg einbezogen. Die Beseitigung der Privatklage unter Einbeziehung ihres Anwendungsbereichs in ein allgemeines, straf- und strafverfahrensrechtlich selbständiges Bagatellverfahren oder ein allgemeines Sühneverfahren wird deshalb vielfach gefordert.[282] Demgegenüber unterliegen die Beschränkungen der Verfolgungspflicht aufgrund der §§ 154, 154a[283] und nach den §§ 154c bis 154e kaum der Kritik; sie werden vielmehr überwiegend als sinnvolle Maßnahmen zur Stoffbeschränkung, Entkriminalisierung und zur Entlastung der Strafgerichtsbarkeit angesehen.

71 **2. Folgerungen.** Ein Verzicht auf das gegenwärtig bestehende Legalitätsprinzip „mittlerer Reichweite“ (Rn. 11) etwa in Form des Übergangs zu einer an einen Regelbeispielskatalog gebundenen Verfolgungsfreiheit empfiehlt sich derzeit nicht; eine solche Forderung wird auch durch die rechtstatsächlichen Befunde nicht gestützt. Das Strafverfahren muss die prinzipielle Durchsetzbarkeit des materiellen Strafrechts zum Gegenstand haben. Der Gesetzgeber würde widerspruchsvoll handeln, wenn er es zuließe, dass in den von ihm als strafwürdig definierten Fällen Strafe regelmäßig nicht einzutreten brauche. Der Vorrang der Verfolgungspflicht sollte auch in einer grundsätzlichen Entscheidung für das Legalitätsprinzip zum Ausdruck kommen. Jedoch erscheint auch die

---

276 Nachw. bei *Marquardt* 92 ff.; *W. Wagner* 167 f.; § 153, 5.
277 *Eb. Schmidt* I 391; vgl. auch *Kunz* (Bagatellprinzip) 148 ff.
278 In diese Richtung aber *Baumann* FS Peters 14; *Heyden* 109; *W. Wagner* 175; die Notwendigkeit von Einschränkungen bejahen z.B. *Geerds* SchlHA **1962** 186; *Gössel* § 9 B Ia; *Heinitz* FS Rittler 334; *Hirsch* ZStW **92** (1980) 228; *Kühne* 583; *Lüderssen* 222 f.; *Rüping* 359; *Eb. Schmidt* I 394 (auch nach einer Generalbereinigung des materiellen Strafrechts).
279 Vgl. z.B. *Baumann* FS Peters 4, 8; *ders.* ZRP **1972** 273; *Heinitz* FS Rittler 335; *Hirsch* ZStW **92** (1980) 218; *Jeutter* 125; *Rüping* 327; *Vultejus* DRiZ **1995** 228.
280 *Faller* FS Maunz 80, 86; *Jeutter* 180; *Roxin* Kriminologische Gegenwartsfragen H. 12 (1976) 20; *Zipf* FS Peters 499.
281 Vgl. näher § 153, 5 f.; § 153a, 11 ff.
282 Vgl. m.w.N. *Rieß* Gutacht. zum 55. DJT, Verh. des 55. DJT (1984) Bd. I C 104 ff.; für Ausweitung der Privatklage dagegen *Geerds* JZ **1984** 792.
283 Positiv und für Ausweitung z.B. *Baumann* FS Klug 465.

Rückkehr zu einem strengen Legalitätsprinzip bei der gegenwärtig herrschenden relativen Straftheorie weder geboten noch erreichbar,[284] zumal sich Bagatellkriminalität nicht ausschließlich mit materiell-strafrechtlichen Mitteln abgrenzen lassen dürfte.[285] Es entspricht dem Verhältnismäßigkeitsprinzip in verschiedenartiger Ausprägung, wenn das elastischere Strafverfahrensrecht auch mit dazu eingesetzt wird, in einer einzelfallangepassten Form den Bereich des Strafwürdigen zu begrenzen,[286] wenngleich es nicht allein mit dieser Aufgabe belastet werden sollte. Sachgerecht bestimmte Ausnahmen vom Verfolgungszwang sind daher systematisch und kriminalpolitisch als sinnvolle Begrenzungen des Legalitätsprinzips und nicht als systemfremde Ausnahmen anzuerkennen.[287]

Auch wenn man diese Grundkonzeption des geltenden Rechts bejaht, ist jedoch die **72**
Entwicklung eines neuen **systematischen und kriminalpolitischen Gesamtkonzepts** wünschenswert, das die Gründe für die Begrenzung der Verfolgungspflicht deutlicher erkennen lässt,[288] wobei auch das materielle Strafrecht einbezogen werden muss.[289]

§ 152a
Landesgesetzliche Vorschriften über die Strafverfolgung von Abgeordneten

Landesgesetzliche Vorschriften über die Voraussetzungen, unter denen gegen Mitglieder eines Organs der Gesetzgebung eine Strafverfolgung eingeleitet oder fortgesetzt werden kann, sind auch für die anderen Länder der Bundesrepublik Deutschland und den Bund wirksam.

Schrifttum

Achterberg Parlamentsrecht (1984) 240 ff.; *Ahrens* Immunität von Abgeordneten (1970); *Bleck* Indemnität und Immunität der Abgeordneten, DNP **1983** 75; *Bockelmann* Die Unverfolgbarkeit der Abgeordneten nach deutschem Immunitätsrecht (1951); *Bornemann* Die Immunität der Abgeordneten im Disziplinarverfahren, DÖV **1986** 93; *Brocker* Umfang und Grenzen der Immunität des Abgeordneten im Strafverfahren, GA **2002** 44; *Cloppenburg* Vorläufige Fahrerlaubnisentziehung bei Abgeordneten, MDR **1961** 826; *Giesing* Grundsätze in Immunitätsangelegenheiten der Abgeordneten der Landesparlamente, DRiZ **1964** 161; *Glauben* Immunität der Parlamentarier – Relikt aus vordemokratischer Zeit? DÖV **2012** 378; Grundsätze des Deutschen Bundestages in Immunitätsangelegenheiten (Grundsätze), BGBl. I **1980** 1261; *Härth* Berührt ein ausländisches Strafverfahren die Immunität eines deutschen Parlamentsabgeordneten? NStZ **1987** 109; *Herlan* Immunitätsfragen, MDR **1950** 517; *ders.* Die Immunität der Abgeordneten, JR **1951** 326; *Heydlauf* Die Praxis des Bundestages in Immunitätsangelegenheiten, Diss. Freiburg 1974; *Kreicker* Die strafrechtliche

---

284 Vgl. rechtsvergleichend dazu, dass auch in Rechtsordnungen mit strengem Legalitätsprinzip dieses durch besondere Strategien unterlaufen wird, *Jescheck/Leibinger* 697; andererseits zur Normierung der Verfolgungspraxis in Rechtsordnungen mit Opportunitätsprinzip ebda. 700.
285 Vgl. *Kunz* (Bagatellprinzip) 30, 93, 317; **a.A.** offenbar *Naucke* FS Grünwald 418; *Lorenzen* FS StA SchlH 549 f.
286 *Faller* FS Maunz 80.
287 *Pommer* Jura **2007** 664; *Rieß* NStZ **1981** 5; *Roxin/Schünemann* § 14, 2; *Roxin/Arzt/Tiedemann* 116; *Schulenburg* JuS **2004** 770.
288 In ähnliche Richtung u.a. *Jeutter* 184 ff.; *Kapahnke* 70; *Rüping* 359; *Zipf* 138.
289 *Naucke* FS Grünwald 418 hält dagegen allein eine rein materiellrechtliche Lösung für geeignet; vgl. etwa zu der in diesem Zusammenhang zentralen, wenn auch nicht allein entscheidenden Frage der sachgerechten Behandlung der Bagatellkriminalität *Dreher* FS Welzel 917; *Hirsch* ZStW **92** (1980) 218; *Jung/Kunz* NStZ **1982** 409; *Lüderssen* 223 ff.; *Moos* Zur Reform des Strafprozeßrechts und des Sanktionenrechts für Bagatelldelikte (1981); *Müller-Dietz* Das Bagatellprinzip; *Ostendorf* GA **1982** 333 sowie (weiterführend und grundlegend) *Kunz* (Bagatellprinzip).

https://doi.org/10.1515/9783110590098-003

Indemnität und Immunität der Mitglieder des europäischen Parlaments, GA **2004** 643; *Kreß* Völkerstrafrecht in Deutschland, NStZ **2000** 617; *Merten/Pfennig* Immunität und Bußgeldverfahren, MDR **1970** 806; *Meyer* Die Immunität der Abgeordneten, GA **1953** 109; *ders.* Fortgesetzte Strafverfahren und Immunität, JR **1955** 1; *Nau* Beschlagnahme des Führerscheins und Blutentnahme bei Abgeordneten, NJW **1958** 1668; *Ranft* Staatsanwaltschaftliche Ermittlungstätigkeit und Immunität, ZRP **1981** 271; *Reh* Zur Anwendung des Art. 46 Abs. 2 GG (Abgeordnetenimmunität), NJW **1959** 86; *Rosen* Immunität und Durchsuchung, ZRP **1974** 80; *Schneider, Rolf* Immunität und Verfahrenseinstellung, DVBl. **1956** 363; *Schorn* Abgeordneter und Immunität, NJW **1966** 234; *Schulz* Neue Variationen über ein Thema: Abgeordnetenimmunität und Zwangsmaßnahmen im strafrechtlichen Ermittlungsverfahren, DÖV **1991** 448; *Sieglerschmidt* Das Immunitätsrecht der Europäischen Gemeinschaft, EuGRZ **1986** 445; *Uhlitz* Die Strafverfolgung von Abgeordneten ohne Genehmigung des Parlaments, DVBl. **1962** 123; *Wagner* Die Immunität der deutschen Landtagsabgeordneten, Diss. Freiburg 1956; *Walter* Ausländische Strafverfahren und die Immunität deutscher Parlamentsabgeordneter, NStZ **1987** 396; *Wolfslast* Immunität und Hauptverhandlung im Strafverfahren, NStZ **1987** 433.

Entstehungsgeschichte

Die Vorschrift ist durch Art. 4 Nr. 19 des 3. StRÄndG vom 4.8.1953 in die Strafprozessordnung eingefügt worden.

Übersicht

Alphabetische Übersicht

I. Allgemeines

Seit Beginn des Konstitutionalismus kennt das Verfassungsrecht Regelungen, die die strafrechtliche Verfolgung von Abgeordneten **Beschränkungen** unterwerfen, und zwar in doppelter Hinsicht. Einerseits werden bestimmte, mit der Wahrnehmung des Mandats verbundene Handlungsweisen, namentlich Abstimmungen und Äußerungen im Parlament, von Strafe freigestellt (vgl. z.B. Art. 46 Abs. 1 GG). Insoweit handelt es sich aus strafrechtlicher Sicht um eine Erscheinung des materiellen Strafrechts, und zwar nach heute h.M. um einen persönlichen Strafausschließungsgrund.[1] Andererseits bestimmt das Verfassungsrecht in unterschiedlichem Umfang, dass gegen Abgeordnete wegen des Verdachts strafbarer Handlungen aller Art ein Strafverfahren grundsätzlich nur mit Genehmigung des Parlaments durchgeführt werden darf (vgl. z.B. Art. 46 Abs. 2 bis 4 GG). Seit der Entstehung des Grundgesetzes hat es sich terminologisch durchgesetzt, in Bezug auf die Straflosigkeit parlamentarischer Abstimmungen und Äußerungen **1**

1 *Fischer* § 36, 2; *Lackner/Kühl* § 36, 3; SSW/*Schnabl* 3.

von (parlamentarischer) **Indemnität** und in Bezug auf die Verfolgungsbeschränkungen von (parlamentarischer) **Immunität** zu sprechen.[2]

2 Parlamentarische **Immunität** ist einmal Bestandteil des dem Verfassungsrecht zugehörenden Parlamentsrechts.[3] Sie ist aber teilweise, nämlich insoweit als sie den Ablauf des Strafverfahrens betrifft,[4] auch **Bestandteil des Strafprozessrechts.** Anders als bei der materiellstrafrechtlichen Indemnität der §§ 36, 37 StGB wiederholt die StPO die strafverfahrensrechtlichen Teile der Immunitätsregelung nicht, sondern enthält in § 152a nur eine ergänzende Bestimmung. Rechtsgrundlagen für die parlamentarische Immunität sind daher unmittelbar Art. 46 Abs. 2 bis 4 GG[5] sowie die entsprechenden Vorschriften der Landesverfassungen (Rn. 5).

3 Rechtshistorisch begründet sich die parlamentarische Immunität als Schutz der **Funktionsfähigkeit des Parlaments** vor willkürlicher Strafverfolgung durch die monarchische Exekutive im Frühkonstitutionalismus.[6] Sie wurde daher, und mit Blick auf die weitgehenden generellen Verfolgungsermächtigungen der Parlamente, als Relikt einer staatsrechtlich überkommenen Zeit betitelt und deren Abschaffung de lege ferenda diskutiert.[7]

II. Inhalt des § 152a

4 **1. Bedeutung.** Anders als Art. 37 WRV, der die Immunität für „Mitglieder des Reichstags oder eines Landtags“ regelte,[8] spricht Art. 46 GG nur von „Abgeordneten“ und meint damit nur solche des Bundestages.[9] Für die Abgeordneten der Länderparlamente finden sich Immunitätsvorschriften in den jeweiligen Landesverfassungen (Rn. 5). Sie gelten zwar gemäß § 6 Abs. 2 Nr. 1 EGStPO als Landesrecht weiter; jedoch war nach dem Inkrafttreten des Grundgesetzes lebhaft umstritten, ob diese landesverfassungsrechtliche Immunität, bedingt durch deren auf das jeweilige Landesterritorium begrenzten örtlichen

---

2 Bonn.Komm./*Magiera* Art. 46, 81–84; *Maunz/Dürig* Art. 46, 1ff. m.w.N.; KMR/*Plöd* 1; zur abw. Terminologie (Verantwortungs-Immunität und Verfolgungs-Immunität) vgl. *Achterberg/Schulte* in: von Mangoldt/Klein/Starck Art. 46, 2; *Schmidt-Bleibtreu/Klein*[10] Art. 46, 1; zur Entstehungsgeschichte der Immunitätsregelungen m.w.N. *Bockelmann* 9ff.; Bonn.Komm./*Magiera* Art. 46, 53ff.

3 Vgl. dazu (auch zur Rechtsnatur und zur verfassungspolitischen Rechtfertigung) *Achterberg* 246; *Bockelmann* 23ff.; Bonn.Komm./*Magiera* Art. 46, 90ff.; *Maunz/Dürig* Art. 46, 1ff.

4 Zum darüber hinausgehenden Anwendungsbereich z.B. Bonn.Komm./*Magiera* Art. 46, 113ff. und 140ff.

5 Art. 46 GG hat folgenden Wortlaut:
(1) Ein Abgeordneter darf zu keiner Zeit wegen seiner Abstimmung oder wegen einer Äußerung, die er im Bundestage oder in einem seiner Ausschüsse getan hat, gerichtlich oder dienstlich verfolgt oder sonst außerhalb des Bundestages zur Verantwortung gezogen werden. Dies gilt nicht für verleumderische Beleidigungen.
(2) Wegen einer mit Strafe bedrohten Handlung darf ein Abgeordneter nur mit Genehmigung des Bundestages zur Verantwortung gezogen oder verhaftet werden, es sei denn, daß er bei Begehung der Tat oder im Laufe des folgenden Tages festgenommen wird.
(3) Die Genehmigung des Bundestages ist ferner bei jeder anderen Beschränkung der persönlichen Freiheit eines Abgeordneten oder zur Einleitung eines Verfahrens gegen einen Abgeordneten gemäß Artikel 18 erforderlich.
(4) Jedes Strafverfahren und jedes Verfahren gemäß Artikel 18 gegen einen Abgeordneten, jede Haft und jede sonstige Beschränkung seiner persönlichen Freiheit sind auf Verlangen des Bundestages auszusetzen.

6 MüKo/*Peters* 1; *Glauben* 379.

7 Zum Ganzen *Glauben* 378.

8 Wie heute Art. 46 GG jedoch Art. 31 der Reichsverfassung vom 16.4.1871; näher Bonn.Komm./*Magiera* Art. 46, 51.

9 Bonn.Komm./*Magiera* Art. 46, 137 m.w.N.; *Trute* in: von Münch/Kunig Art. 46, 5, 27; AnwK-StPO/*Walther* 3.

und sachlichen Geltungsbereich, nur gegenüber der Strafverfolgung durch Behörden und Gerichte des jeweiligen Landes oder auch gegenüber der durch Strafverfolgungsbehörden anderer Bundesländer und des Bundes schützte.[10] § 152a entscheidet den damaligen Meinungsstreit dahingehend, dass die landesrechtlichen Immunitätsvorschriften von den Behörden des Bundes und aller Länder der Bundesrepublik zu beachten sind.[11]

2. Landesrechtliche Immunitäten. § 152a erstreckt nur den Geltungsbereich der 5
Immunität für die Abgeordneten der Länderparlamente auf das ganze Bundesgebiet, und zwar auch für die Strafvollstreckung, soweit ihr Immunität entgegensteht (Rn. 20).[12] Dagegen bleibt der (im Einzelnen unterschiedliche) Inhalt des Landesverfassungsrechts dafür maßgebend, unter welchen Voraussetzungen Immunität besteht, wieweit sie reicht und wann sie entfällt.[13] Es ist also bei der Frage, ob einem Abgeordneten eines Landesparlaments Immunität zusteht, nicht auf Art. 46 GG, sondern auf das jeweilige Landes(verfassungs)recht zurückzugreifen, und über die Genehmigung zur Strafverfolgung hat das jeweilige Landesparlament zu entscheiden.[14]

3. Ausländische Strafverfahren. Müssen sich deutsche Behörden mit der Erledi- 6
gung internationaler **Rechtshilfeersuchen** befassen, so ergeben sich Berührungspunkte mit ausländischen Strafverfahren. Zwar richtet sich das Verfolgungsverbot nur an inländische Behörden und Gerichte und auch nach dem Völkerrecht gehören Abgeordnete nicht zum Kreis besonders geschützter Personen (wie z.B. Diplomaten).[15] Über § 77 Abs. 1 des Gesetzes über die internationale Rechtshilfe in Strafsachen vom 23.12.1982 (IRG),[16] welches das Europäische Übereinkommen vom 20.4.1959 über die Rechtshilfe in Strafsachen[17] präzisiert, ist aber § 152a StPO auch für dieses Verfahren heranzuziehen.[18] Auch verdeutlicht § 77 Abs. 2 IRG den Vorrang der Immunität, indem er für alle Rechtshilfeersuchen die Vorschriften der Immunität, welche für das deutsche Straf- und Bußgeldverfahren gelten, zur Anwendung bringt. Die zuständige inländische Behörde muss daher, bevor sie ein ausländisches Rechtshilfeersuchen erledigt, bei dem Immunitätsprobleme relevant werden, zunächst auf einen Parlamentsbeschluss über die Aufhebung der Immunität hinwirken, und zwar auch für den Fall, dass eine Pauschalermächtigung des Parlaments existiert.[19]

Gleiches gilt auch bei der Erledigung von Rechtshilfeersuchen nach der **Europäi- 7
schen Ermittlungsanordnung.** Nach der zur Umsetzung der Richtlinie 2014/41/EU des

---

10 Zum damaligen Meinungsstreit *Bockelmann* 90; *Herlan* MDR **1950** 518; JR **1951** 326; *Meyer* GA **1953** 111 ff.; *Wagner* 150 ff.

11 Radtke/Hohmann/*Radtke* 1; KMR/*Plöd* 1a; Meyer-Goßner/*Schmitt* 1; *Pfeiffer* 3; zur Entstehungsgeschichte der Vorschrift, die Anregungen aus der Mitte des Bundestages entstammt, *Dallinger* JZ **1953** 439; zur historischen Grundlage als Relikt des Schutzes monarchischer Exekutive *Glauben* DÖV **2012** 378, 379.

12 *Pohlmann/Jabel/Wolf* § 2, 13; *Wagner* 163 ff.; **a.A.** LR/*Schäfer*[23] § 449, 8.

13 Vgl. SK/*Weßlau/Deiters* 4, die insoweit vom sachlichen Geltungsbereich der parlamentarischen Immunität sprechen; Auflistungen der Vorschriften der Landesverfassungen finden sich ebenda 1 sowie bei KK/*Diemer* 5.

14 *Pfeiffer* 3; *Wolfrum* DÖV **1982** 675.

15 Zum Verhältnis des Völkerstrafrechts und des internationalen Strafgerichtshofs zu den nationalen Immunitäts- und Indemnitätsvorschriften *Kreß* NStZ **2000** 621 f.

16 In der Fassung der Bekanntmachung vom 27.6.1994 (BGBl. I S. 1537), zuletzt geändert durch Artikel 3 des Gesetzes vom 27.8.2017 (BGBl. I S. 3295).

17 In Kraft getreten für Deutschland am 1.1.1977.

18 *Härth* NStZ **1987** 109; **a.A.** *Walter* NStZ **1987** 397.

19 *Härth* NStZ **1987** 110; *Trute* in: von Münch/Kunig Art. 46, 29; **a.A.** *Walter* NStZ **1987** 397, der dem Parlament jedes Beteiligungsrecht abspricht.

Europäischen Parlaments und des Rates vom 3.4.2014 über die Europäische Ermittlungsanordnung in Strafsachen[20] mit dem Vierten Gesetz zur Änderung des Gesetzes über die internationale Rechtshilfe in Strafsachen vom 5.1.2017[21] eingeführten Vorschrift des § 91b Abs. 1 Nr. 2 lit. b) IRG ist die Leistung der Rechtshilfe nach dem Zehnten Teil des IRG nicht zulässig, soweit eine der in § 77 Abs. 2 IRG genannten Vorschriften eingreift.

8 **4. Europäischer Haftbefehl.** Die parlamentarische Immunität stellt ebenso ein Auslieferungshindernis im Rahmen der intergouvernementalen Zusammenarbeit der EU-Mitgliedstaaten nach dem Rahmenbeschluss über den Europäischen Haftbefehl und die Übergabeverfahren zwischen den Mitgliedstaaten der Europäischen Union (RBEuHb)[22] dar. Nach Absatz 2 des § 77 IRG, welcher durch das Europäische Haftbefehlsgesetz (EuHbG)[23] eingeführt wurde, finden die Vorschriften der Immunität Anwendung, welche für das deutsche Straf- und Bußgeldverfahren gelten. Ein Europäischer Haftbefehl gegen einen Abgeordneten des Parlaments ist bis zur Genehmigung des Parlaments über die Aufhebung der Immunität nicht vollstreckbar.[24]

9 **5. Internationaler Strafgerichtshof.** Ersucht der Internationale Strafgerichtshof (IStGH) um Überstellung oder sonstige Rechtshilfe gegen ein Mitglied des Bundestages oder ein Gesetzgebungsorgan eines Landes, sind nach § 70 Satz 1 des Gesetzes über die Zusammenarbeit mit dem Internationalen Strafgerichtshof (IStGHG)[25] die Präsidenten von Bundestag und den Landtagen zu informieren, um die Beratungen über die erforderliche Genehmigung auszulösen.[26] Auch im Verhältnis zum IStGH genießt die parlamentarische Immunität Vorrang, jedoch ist der Wohlverhaltensklausel des § 70 Satz 2 IStGHG besondere Beachtung zu schenken.

III. Immunität (Art. 46 Abs. 2 und 3 GG)

10 **1. Rechtsgrundlagen und Rechtspraxis.** Für die Mitglieder des Bundestages ergibt sich das materielle Immunitätsrecht aus Art. 46 Abs. 2 bis 4 GG (zur entsprechenden Geltung für andere Mandatsträger siehe Rn. 16). Für die Mitglieder der Landesparlamente finden sich Immunitätsvorschriften in den jeweiligen Landesverfassungen (Rn. 5).[27] Sie stimmen zwar im Grundsatz mit Art. 46 GG überein, unterscheiden sich aber teilweise hiervon nicht nur in der Terminologie, sondern auch in sachlichen Einzelfragen.[28] Die

---

20 ABl. L 130 vom 1.5.2014 S. 1, L 143 vom 9.6.2015 S. 16.

21 BGBl. I S. 31.

22 Rahmenbeschluss 2002/584/JI des Rates, ABl. L 190 vom 18.7.2002 S. 1 ff.

23 BGBl. I **2004** S. 1748, durch BVerfGE **113**, 273–348 zwar für nichtig erklärt, jedoch neu gestaltet und seit 20.7.2006 in Kraft (BGBl. I **2006** S. 1721); *Hackner/Schomburg/Lagodny/Gleß* NStZ **2006** 663, 665; *Lagodny/Schomburg/Gleß/Hackner*[4] § 77, 12 IRG weisen darauf hin, dass für die deklaratorische Bestimmung des § 77 Abs. 2 IRG wegen Absatz 1 keine praktische Notwendigkeit besteht; siehe § 154b, Fn. 2.

24 *Schmidt-Bleibtreu/Kluth* Art. 46, 43; MüKo/*Peters* 32.

25 BGBl. I **2002** S. 2144.

26 *Schmidt-Bleibtreu/Klein* Art. 46, 44.

27 BW Art. 38; Bay. Art. 28; Berl. Art. 51 Abs. 3, 4; Bbg. Art. 58; Brem. Art. 95; Hamb. Art. 15; Hess. Art. 96; MV Art. 24 Abs. 2; Nds. Art. 15; NW Art. 48; RhPf. Art. 94; Saarl. Art. 82; Sa. Art. 55 Abs. 2; SaAnh. Art. 58; SchlH Art. 24 Abs. 2; Thür. Art. 55 Abs. 2; vollständiger Abdruck sämtlicher Landesverfassungen in: Verfassungen der deutschen Bundesländer, Beck-Texte im dtv, 10. Aufl. (2014).

28 Beschränkung des Immunitätsschutzes auf die Dauer der Tagung in Bay., Hess. und RhPf. (vgl. aber Rn. 18); Art. 95 Abs. 4 Brem. Verf. und Art. 96 Abs. 4 Hess. Verf. nehmen Pressedelikte aus dem Immunitätsschutz aus; ähnlich auch Art. 82 Abs. 4 Saarl.Verf.; Art. 48 Abs. 1 NWVerf. verleumderische Beleidigungen; eine dem Art. 46 Abs. 3 GG entsprechende Regelung fehlt in Art. 24 Abs. 2 SchlHVerf.,

parlamentarische Behandlung von Immunitätsangelegenheiten ist in den Geschäftsordnungen der Parlamente geregelt,[29] diese verweisen überwiegend auf vom jeweiligen Ausschuss für Immunitätsangelegenheiten aufzustellende Grundsätze über die Behandlung von Immunitätsangelegenheiten, die dieser zum Ausgangspunkt seiner Beschlussempfehlungen an das Parlament macht.[30] Zusammenfassende Verwaltungsanweisungen für die Behandlung von Immunitätsangelegenheiten enthalten die Nr. 191 ff. RiStBV.

Die **praktische Handhabung** von Immunitätsangelegenheiten wird für die Strafver- 11
folgungsbehörden dadurch erleichtert, dass der Bundestag und die meisten Länderparlamente durch einen regelmäßig zu Beginn der Legislaturperiode wiederholten Beschluss für deren Dauer staatsanwaltschaftliche Ermittlungsverfahren bis zur Erhebung der öffentlichen Klage mit gewissen Ausnahmen und in gewissen Grenzen allgemein genehmigen (näher Rn. 40 ff.). Dadurch wird der Bundestag von zu erledigenden Immunitätsangelegenheiten erheblich entlastet.[31] In der parlamentarischen Behandlung sind weitere Erleichterungen geschaffen worden, indem regelmäßig für Angelegenheiten von geringer Bedeutung ein vereinfachtes Genehmigungsverfahren dergestalt vorgesehen wird, dass der Immunitätsausschuss anstelle des Plenums die Entscheidung treffen kann.[32]

2. Geltungsbereich

a) Sachlicher Geltungsbereich. Nach Art. 46 Abs. 2 GG darf ein Abgeordneter „we- 12
gen einer mit Strafe bedrohten Handlung"[33] nur mit Genehmigung des Bundestages „zur Verantwortung gezogen oder verhaftet werden". Damit unterliegen der Immunität: (1) alle Strafverfahren[34] bis zur Rechtskraft der Entscheidung, (2) die Verhaftung wegen einer mit Strafe bedrohten Handlung sowie (3) gemäß Art. 46 Abs. 3 GG alle „anderen Beschränkungen der persönlichen Freiheit", gleichgültig ob sie in einem Strafverfahren gegen den Beschuldigten oder gegen einen Dritten angeordnet werden. Mit Blick auf den **Schutzzweck** des Art. 46 Abs. 2 GG ist die Art der dem Abgeordneten drohenden Sanktion bzw. Maßregel für den sachlichen Geltungsbereich irrelevant. Dementsprechend ist der Begriff der „Strafe" nicht im Sinne der durch die Vorschriften des Ersten Titels des Dritten Abschnitts des StGB kodifizierten Rechtsfolgen zu verstehen, sondern erstreckt sich auch auf die im Sechsten Titel des Dritten Abschnitts des StGB normierten Maßregeln[35] sowie auf die Verwarnung mit Strafvorbehalt gem. § 59 StGB und strafrechtliche Nebenfolgen wie die Entziehung der Fahrerlaubnis gem. § 69 StGB oder die Anordnung

---

Art. 24 Abs. 2 MVVerf., Art. 55 Abs. 2 Sa.Verf. sowie (bei weiterer Fassung des Immunitätsgrundtatbestandes) in Art. 38 BWVerf. und in Art. 51 Berl.Verf. Auf weitere Unterschiede wird im folgenden Text hingewiesen; vgl. auch *Bockelmann* 66 ff.

29 Nachweise z.B. bei Bonn.Komm./*Magiera* Art. 46, 95 ff.

30 Vgl. Anl. 6 (Grundsätze in Immunitätsangelegenheiten etc.) und 7 (Beschluss des deutschen Bundestages betr. Aufhebung der Immunität von Mitgliedern des Bundestages) zur GeschOBT, abgedruckt in: Nr. 35 Sartorius I; für die Landesparlamente siehe unten Rn. 40; zur Bedeutung und Entwicklung *Troßmann* Parlamentsrecht des Deutschen Bundestages (1977), § 114, 13; zur Rechtsnatur *Ahrens* 42 ff.

31 Vgl. die Zusammenstellung bei *Achterberg* 247. Darstellung der Immunitätspraxis bis 1969 bei *Heydlauf*.

32 Vgl. Grundsätze Nr. 8, 11, 12, 13; zu den verfassungsrechtlichen Bedenken *Ahrens* 31 ff.; Bonn.Komm./*Magiera* Art. 46, 177.

33 Art. 51 Abs. 3 Berl.Verf. bezeichnet den Gegenstand der Immunität nicht; zu BW siehe Rn. 14.

34 Zum Immunitätsschutz außerhalb des Strafverfahrens vgl. die Angaben bei Bonn.Komm./*Magiera* Art. 46, 140 ff.; *Maunz/Dürig* Art. 46, 46–48, 63.

35 Allg. M., vgl. z.B. *Bockelmann* 43; Radtke/Hohmann/*Radtke* 9; Bonn.Komm./*Magiera* Art. 46, 142; *Pfeiffer* 5; **a.A.** *Nau* NJW **1958** 1669; gegen ihn *Reh* NJW **1959** 86.

des Berufsverbots nach § 70 StGB. Dies gilt auch, soweit es sich nur um vorläufige Maßnahmen handelt.[36] **Sitzungspolizeiliche Maßnahmen** fallen hierunter nicht, wenn sie nicht eine Beschränkung der persönlichen Freiheit zur Folge haben[37] (vgl. die Erl. zu § 178 GVG).

13 Ob sich der Immunitätsschutz auch auf die Verfolgung wegen **Ordnungswidrigkeiten** erstreckt, ist strittig. Die Immunitätspraxis der Parlamente,[38] die Rspr.[39] und das verfahrensrechtliche Schrifttum[40] verneint es, während es im verfassungsrechtlichen Schrifttum mit beachtlichen Gründen überwiegend bejaht wird.[41] Auch nach der verneinenden, für die Praxis wohl maßgeblichen Auffassung, tritt jedoch Immunitätsschutz ein, sobald durch einen Hinweis nach § 81 Abs. 1 Satz 2 OWiG das Bußgeldverfahren in ein Strafverfahren übergeleitet werden soll.[42] Stets genehmigungspflichtig gemäß Art. 46 Abs. 3 GG ist auch die Anordnung von Erzwingungshaft nach § 96 OWiG.

14 Eine **Ausnahme** von der Immunitätsfreiheit gilt für Baden-Württemberg, weil Art. 38 Abs. 1 LVerf. die Verfolgung wegen einer Straftat „oder aus sonstigen Gründen" erfasst. Weil der Landtag von Baden-Württemberg für die Verfolgung bloßer Ordnungswidrigkeiten eine allgemeine Genehmigung erteilt hat und insoweit auch auf die sonst vorgeschriebene Mitteilung an den Parlamentspräsidenten verzichtet, ergeben sich für die praktische Anwendung jedoch keine nennenswerten Abweichungen.[43]

15 Auch über die Frage, ob der Immunitätsschutz **disziplinar- und anwaltsgerichtliche Verfahren** erfasst, herrscht Streit zwischen verfassungsrechtlichem und verwaltungsrechtlichem Schrifttum.[44] Die Erwähnung von Disziplinarverfahren und Ehren- und Berufsgerichtsverfahren in den Nrn. 9 und 10 der Anlage 6 zur Geschäftsordnung des Bundestages als Immunitätsgründe spricht für einen einschlägigen Immunitätsschutz.

16 **b) Persönlicher Geltungsbereich.** Der Immunität unterliegen die Abgeordneten der Parlamente.[45] Für **andere Mandatsträger** gelten die Immunitätsvorschriften teilweise infolge Verweisung. So gilt Art. 46 GG für die Mitglieder der **Bundesversammlung** gemäß § 7 des Gesetzes über die Wahl des Bundespräsidenten durch die Bundesversammlung vom 25.4.1959 (BGBl. I S. 230). Von praktischer Bedeutung ist dies dann, wenn die von den Landtagen zu wählenden Mitglieder diesen nicht angehören oder soweit die

---

36 SK/*Weßlau/Deiters* 12; KMR/*Plöd* 20; Radtke/Hohmann/*Radtke* 13; siehe auch unten Rn. 24.

37 KMR/*Plöd* 3.

38 *Troßmann* § 114, 5; vgl. BTDrucks. **V** 3790 S. 3; *Bleck* DNP **1983** 76; Nr. 298 RiStBV.

39 OLG Düsseldorf NJW **1989** 2207; OLG Köln NStZ **1987** 564 f.; LG Arnsberg BB **1974** 1134.

40 Göhler/*Seitz/Bauer* Vor § 59, 42; HK/*Gercke* 5; KK-OWiG/*Lampe* § 46, 43; HK-OWiG/*Lemke* § 46, 47; Meyer-Goßner/*Schmitt* 4; *Pfeiffer* 5; KMR/*Plöd* 3; KK/*Diemer* 6 f.; MüKo/*Peters* 24; **a.A.** *Brocker* GA **2002** 44, 48 ff.

41 *Achterberg* 243; *Bockelmann* 43; *Heydlauf* 54; Bonn.Komm./*Magiera* Art. 46, 143; *Magiera* in: Sachs Art. 46, 14; *Maunz/Dürig* Art. 46, 62; *Merten/Pfennig* MDR **1970** 806; *Schulze-Fielitz* in: Dreier, GG-Kommentar, Band II (2015), Art. 46, 26 (allerdings unter Ausnahme von Beugemaßnahmen und gebührenpflichtiger Verwarnungen); **a.A.** *Trute* in: von Münch/Kunig Art. 46, 24; unentschieden *Schmidt-Bleibtreu/Kluth* Art. 46, 25.

42 Vgl. z.B. Nr. 2 lit. b der allgemeinen Genehmigung.

43 Vgl. KMR/*Plöd* 3; KK/*Diemer* 7; ein sachlicher Unterschied besteht darin, dass das Aussetzungsverlangen (Art. 38 Abs. 2 BWVerf.) auch in Bezug auf Bußgeldverfahren ausgeübt werden kann.

44 Für die Einbeziehung Anwaltsgerichtshof Celle vom 12.7.1999 – AGH 3/99 –; *Achterberg/Schulte* in: von Mangoldt/Klein/Starck Art. 46, 36 ff.; Bonn.Komm./*Magiera* Art. 46, 143; *Magiera* in: Sach Art. 46, 14; *Maunz/Dürig* Art. 46, 61; *Schulze-Fielitz* in: Dreier (Fn. 41) Art. 46, 26; *Trute* in: von Münch/Kunig Art. 46, 24 f.; **a.A.** BVerwG NJW **1986** 2521 f.; *Bornemann* DÖV **1986** 93, 96; *Schmidt-Bleibtreu/Kluth* Art. 46, 23; vgl. auch Grundsätze Nr. 9, 10.

45 Radtke/Hohmann/*Radtke* 5; SK/*Weßlau/Deiters* 6; SSW/*Schnabl* 6.

landesverfassungsrechtliche Immunität hinter Art. 46 GG zurückbleibt. Art. 46 GG gilt gemäß Art. 60 Abs. 4 GG auch für den **Bundespräsidenten;** für die Genehmigung zur Strafverfolgung wäre der Bundestag zuständig.[46] Keine Immunität genießen als solche die Mitglieder der **Bundesregierung** oder des **Bundesrates** – auch als Mitglieder des gemeinsamen Ausschusses nach Art. 53a GG oder des Vermittlungsausschusses nach Art. 77 Abs. 2 GG –[47] soweit sie nicht als Bundestags- oder Landtagsabgeordnete an dem insoweit gegebenen Immunitätsschutz teilhaben. Abgeordnete **kommunaler Vertretungskörperschaften** haben keine Immunität.[48]

Die Mitglieder des **Europäischen Parlaments** genießen im Hoheitsgebiet ihres eigenen Staates die gleiche Immunität wie die Mitglieder der nationalen Parlamente,[49] so dass für die deutschen Abgeordneten materiell Art. 46 GG gilt, während für die Genehmigung der Strafverfolgung das Europäische Parlament zuständig ist.[50] Abgeordnete anderer Mitgliedsstaaten dürfen für die Dauer der Sitzungsperiode in der Bundesrepublik außer bei Ergreifung auf frischer Tat weder strafrechtlich verfolgt noch festgehalten werden.[51] Gleiches gilt für die Mitglieder der **Beratenden Versammlung des Europarates.**[52] Das NATO-Truppenstatut gewährt den **NATO-Angehörigen** i.V.m. dem Zusatzabkommen vom 3.8.1959 im Bereich der konkurrierenden Gerichtsbarkeit dagegen nur begrenzte prozessuale Immunität.[53] Sie können nach dem Ausscheiden aus der fremden Streitmacht durch deutsche Gerichte verfolgt werden. 17

c) Zeitlicher Geltungsbereich. Die **Immunität beginnt** mit dem Erwerb der Abgeordnetenstellung, also regelmäßig mit der Erklärung des Gewählten, dass er die Wahl annehme (vgl. § 45 BWahlG),[54] und zwar auch, wenn die Tat, die der Abgeordnete begangen haben soll, früher liegt, aber erst danach zur Einleitung eines Verfahrens führt.[55] Umstritten ist, ob sie sich auch auf im Zeitpunkt des Mandatserwerbs **anhängige Verfahren** erstreckt (sog. **mitgebrachte Verfahren**). Dies wird von der heute überwiegenden Meinung[56] und der Parlamentspraxis[57] zutreffend bejaht. Ganz überwiegend erstreckt sich die Immunität auf die **Wahlperiode** des Parlaments; soweit in einigen 18

46 *Maunz/Dürig* Art. 60, 59; *Pfeiffer* 4.
47 Bonn.Komm./*Magiera* Art. 46, 139; ebenso SSW/*Schnabl* 6.
48 *Herlan* JR **1951** 326; HK/*Gercke* 3; *Pfeiffer* 4.
49 Art. 10 Abs. 1 lit. a des Protokolls über die Vorrechte und Befreiungen der Europäischen Gemeinschaft vom 8.4.1965 (BGBl. II S. 1482; abgedruckt auch in: Sartorius II) i.V.m. Art. 4 Abs. 2 des Aktes vom 20.9.1976 (BGBl. II **1977** S. 735; abgedruckt auch in: Sartorius II); vgl. auch § 5 des EuAbgGes; *Bleck* DNP **1983** 83 f.; KMR/*Plöd* 4; SSW/*Schnabl* 6; vgl. auch Nr. 192b RiStBV.
50 Vgl. Art. 6 GeschO des Europäischen Parlaments, in der aktuellen Fassung vom Juli 2018 (abgedruckt in: Sartorius II); vgl. auch Nr. 192b RiStBV; *Joecks* 6; HK/*Gercke* 10; *Pfeiffer* 4; *Sieglerschmidt* EuGRZ **1986** 445 f.; *Troßmann* ErgBd. § 107, 1; AnwK-StPO/*Walther* 9; SSW/*Schnabl* 6.
51 Art. 10 Abs. 1 lit. b des Protokolls über die Vorrechte und Befreiungen der Europäischen Gemeinschaft vom 8.4.1965 (abgedruckt in: Sartorius II); vgl. *Kreicker* GA **2004** 648 f.
52 Art. 15 des Allgemeinen Abkommens über die Vorrechte und Befreiungen des Europarats vom 2.9.1949 (BGBl. II **1954** S. 494) und Art. 3 des Zusatzabkommens vom 6.11.1952 (BGBl. II **1954** S. 502); *Pfeiffer* 4.
53 BGHSt **28** 96; KK/*Diemer* 19; siehe auch LR/*Stuckenberg* § 206a, 51.
54 *Bockelmann* 39; *Joecks* StPO 3; Bonn.Komm./*Magiera* Art. 46, 169; *Maunz/Dürig* Art. 46, 53; Meyer-Goßner/*Schmitt* 2; *Pfeiffer* 5; KMR/*Plöd* 5; KK/*Diemer* 8; AnwK-StPO/*Walther* 3; Radtke/Hohmann/*Radtke* 7.
55 Vgl. *Maunz/Dürig* Art. 46, 49, 53, 71.
56 *Achterberg* 244; *Achterberg/Schulte* in: von Mangoldt/Klein/Starck Art. 46, 41; *Joecks* StPO 3; Bonn.Komm./*Magiera* Art. 46, 170 f.; *Maunz/Dürig* Art. 46, 71; *Meyer* GA **1953** 114 ff.; *ders.* JR **1955** 1 ff.; Meyer-Goßner/*Schmitt* 10; KMR/*Plöd* 5; KK/*Diemer* 14; *Schulze-Fielitz* in: Dreier Art. 46, 26; *Trute* in: von Münch/Kunig Art. 46, 27; AnwK-StPO/*Walther* 11; **a.A.** OLG Celle JZ **1953** 564 mit Anm. *Bockelmann*; sowie früher das RG, RGSt **27** 386; **38** 179; *Bockelmann* 44 Fn. 69; *Herlan* JR **1951** 326; *Eb. Schmidt* I 153.
57 Vgl. Grundsätze Nr. 16; *Troßmann* § 114, 12; Nr. 191 Abs. 2 RiStBV.

Landesverfassungen der Immunitätsschutz nur für die Dauer der Tagung besteht, wird weitgehend die gleiche Wirkung dadurch erreicht, dass sich der Landtag üblicherweise nicht vertagt, sondern seine einheitliche Tagung lediglich unterbricht.[58]

19 Die **Immunität endet** vorbehaltlich eines Aussetzungsverlangens nach Art. 46 Abs. 4 GG, sobald und soweit das zuständige Parlament die Genehmigung zur Strafverfolgung (Rn. 40ff.) erteilt. Sie endet auch ohne Genehmigung mit dem Ende des Mandats, das durch Verzicht, Verlust oder durch Ablauf der Wahlperiode eintritt. Für den Bundestag ist nach der Neufassung des Art. 39 Abs. 1 Satz 2 GG[59] bestimmt, dass die Wahlperiode erst mit dem Zusammentritt des neuen Bundestages endet, so dass bei Wiederwahl der Immunitätsschutz nicht unterbrochen wird.[60] In Landesverfassungen ohne diese Regelung erstreckt sich der Immunitätsschutz auch nach dem Ende der Wahlperiode auf das Parlamentspräsidium und die Mitglieder bestimmter Ausschüsse.[61]

3. Umfang

20 **a) Allgemeines.** Welche Tätigkeiten und Handlungen der Strafverfolgungsbehörden und Gerichte der Immunitätsregelung unterfallen, ergibt sich aus den jeweils in Betracht kommenden Verfassungsbestimmungen. Innerhalb dieses Rahmens kann eine genehmigungsfreie Strafverfolgung im konkreten Einzelfall infolge Ergreifens auf frischer Tat nach Art. 46 Abs. 2 Halbsatz 2 GG (dazu Rn. 28ff.) oder wegen des Vorliegens einer allgemeinen Genehmigung (dazu Rn. 40ff.) gegeben sein. Auch in diesen Fällen bleibt jedoch das Recht des Parlaments erhalten, die Aussetzung des Verfahrens zu verlangen (dazu Rn. 45ff.).

21 **b) Erkenntnisverfahren.** Nach ganz h.M. umfasst der Immunitätsschutz das gesamte Erkenntnisverfahren der StPO einschließlich des staatsanwaltschaftlichen Ermittlungsverfahrens,[62] soweit für dieses keine allgemeine Genehmigung vorliegt. Die Genehmigung zur Strafverfolgung ist daher schon erforderlich, wenn die Staatsanwaltschaft ihr bekannt werdenden hinreichenden tatsächlichen Anhaltspunkten (§ 152 Abs. 2) durch eine den Sachverhalt erforschende Tätigkeit (§ 160 Abs. 1) nachgehen will, mag auch zu erwarten sein, dass das Verfahren zur Einstellung führt.[63] Eine Genehmigung ist nicht erforderlich, wenn das Verfahren ohne eigene Nachforschungen der Staatsanwaltschaft eingestellt werden kann, etwa weil das angezeigte Verhalten aus Rechtsgründen nicht strafbar oder nicht verfolgbar ist.[64] Die Immunitätspraxis hält es

---

58 *Ahrens* 23; *Achterberg* 245 Fn. 108; *Meder* Die Verfassung des Freistaats Bayern[4] (1992), Art. 17, 3.

59 Durch Gesetz vom 23.8.1976 (BGBl. I S. 2381); entsprechende Regelung in Art. 54 Berl.Verf.; Art. 62 Bbg.Verf.; Art. 10 Hamb.Verf.; Art. 27 MVVerf.; Art. 9 Nds.Verf.; Art. 67 Saarl.Verf.; Art. 44 Sa.Verf.; Art. 43 SaAnh.Verf.; Art. 13 SchlHVerf. und Art. 50 Thür.Verf.

60 Bis zu dieser Änderung bestimmte Art. 49 GG, dass für die Mitglieder des Präsidiums und der Ausschüsse gemäß Art. 45 (ständiger Ausschuss) und Art. 45a (Verteidigungsausschuss und auswärtiger Ausschuss) die Immunität auch zwischen den Wahlperioden galt.

61 Vgl. Art. 44 BWVerf.; Art. 93 Hess.Verf.; Art. 40 NWVerf.; Art. 92 RhPf.Verf; nach Art. 48 Abs. 4 NWVerf. gilt der Immunitätsschutz generell auch für die Zeit zwischen zwei Wahlperioden; vgl. dazu *Ahrens* 24.

62 RGSt **23** 193; **24** 209; *Achterberg* 243; *Ahrens* 11; *Bockelmann* 44, 50; *Herlan* JR **1951** 326; HK/*Gercke* 6; Bonn.Komm./*Magiera* Art. 46, 146; *Maunz/Dürig* Art. 46, 64; KMR/*Plöd* 6; *Schmidt-Bleibtreu/Kluth* Art. 46, 24; *Schorn* NJW **1966** 235; *Schulz* DÖV **1991** 449; **a.A.** *Ranft* ZRP **1981** 274.

63 *Bockelmann* 47; HK/*Gercke* 6; Bonn.Komm./*Magiera* Art. 46, 148; *Maunz/Dürig* Art. 46, 65; *Schorn* NJW **1966** 235.

64 *Ahrens* 14; *Giesing* DRiZ **1964** 162; *Herlan* JR **1951** 326; Bonn.Komm./*Magiera* Art. 46, 147f.; *Maunz/Dürig* Art. 46, 66; KMR/*Plöd* 6; *Schneider* DVBl. **1956** 364; KK/*Diemer* 12; *Troßmann* § 114, 6.

auch für zulässig, dass die Staatsanwaltschaft zur Vorbereitung dieser Entscheidung die Anschuldigung dem Abgeordneten mit der Anheimgabe mitteilt, zu ihr Stellung zu nehmen, und Feststellungen zur Beurteilung der Ernsthaftigkeit einer Anzeige trifft.[65] Weil der Abgeordnete dadurch nicht „zur Verantwortung gezogen" wird, wird man es auch für zulässig halten können, dass die Staatsanwaltschaft das Verfahren ohne Genehmigung nach den § 153 Abs. 1, § 154 Abs. 1 – nicht jedoch nach § 153a Abs. 1 –[66] einstellt, wenn dies ohne jede weitere Sachverhaltsermittlung geschehen kann.[67] Für den Bereich der allgemeinen Genehmigung für Ermittlungsverfahren haben die hier bestehenden Zweifelsfragen keine Bedeutung mehr.

Eine Strafverfolgung **anderer Tatbeteiligter** bedarf keiner Genehmigung; die Im- 22
munität wirkt nur für den Abgeordneten persönlich und das gegen ihn gerichtete Verfahren.[68] Auch soweit der Verdacht der Beteiligung, Strafvereitelung, Hehlerei oder Begünstigung besteht, darf der Abgeordnete genehmigungsfrei als Zeuge vernommen werden, wobei die Auskunfts- und Zeugnisverweigerungsrechte (Art. 47 GG, § 53 Abs. 1 Satz 1 Nr. 4, § 55) unberührt bleiben.[69] Soweit sich das Verfahren gegen andere Tatbeteiligte richtet, hindert die Immunität auch nicht, Durchsuchungen bei dem Abgeordneten auf der Grundlage von § 103 durchzuführen[70] oder an ihn das Herausgabeverlangen nach § 95 zu richten,[71] mag auch der Verdacht seiner Beteiligung bestehen.

c) Strafvollstreckung. Die Genehmigung zur Strafverfolgung reicht nur bis zur 23
Rechtskraft des Urteils, dessen Vollstreckung von ihr nicht erfasst wird.[72] Dies gilt nur dann nicht, wenn die Strafvollstreckung zu einer Freiheitsentziehung oder Freiheitsbeschränkung führt, wie bei der Vollstreckung einer Freiheitsstrafe, der Ersatzfreiheitsstrafe oder der Erzwingungshaft nach § 96 OWiG. Diese Maßnahmen, nicht jedoch schon die zu ihrer Einleitung führenden Vollstreckungsmaßnahmen,[73] dürfen wegen Art. 46 Abs. 3 GG erst vollzogen werden, wenn die Genehmigung des Parlaments vorliegt.[74]

d) Freiheitsentziehung, Freiheitsbeschränkung. Die bloße Genehmigung zur 24
Strafverfolgung nach Art. 46 Abs. 2 GG umfasst nicht freiheitsentziehende und freiheitsbeschränkende Maßnahmen; sie bedürfen vielmehr einer besonderen Genehmigung zur „Verhaftung" oder nach Art. 46 Abs. 3 GG (vgl. aber Rn. 30). Hierunter fallen nur Eingriffe in die räumlich-körperliche Bewegungsfreiheit, nicht andere Eingriffe in die Persönlichkeitssphäre.[75] Dazu gehören für das Strafverfahren Untersuchungshaft, vorläufige

---

65 So *Bockelmann* 47; HK/*Gercke* 6; Bonn.Komm./*Magiera* Art. 46, 148; *Maunz/Dürig* Art. 46, 65 f.; Meyer-Goßner/*Schmitt* 6; *Troßmann* § 114, 10; Grundsätze Nr. 5 Abs. 2; AnwK-StPO/*Walther* 3; ebenso Nr. 191 Abs. 3 lit. c, Abs. 4 RiStBV; **a.A.** *Achterberg* 243.

66 So nun auch Meyer-Goßner/*Schmitt* 5.

67 HK/*Gercke* 6; *Maunz/Dürig* Art. 46, 66; KMR/*Plöd* 6; *Schneider* DVBl. **1956** 364; *Schorn* NJW **1966** 235; **a.A.** *Bockelmann* 51; *Brocker* GA **2005** 44, 46 ff.

68 MüKo/*Peters* 27; *Bockelmann* 54; *Herlan* MDR **1950** 519; HK/*Gercke* 8; *Magiera* in: Sachs Art. 46, 11; kritisch: *Maunz/Dürig* Art. 46, 66.

69 *Bockelmann* 54; HK/*Gercke* 8; *Maunz/Dürig* Art. 46, 66; Meyer-Goßner/*Schmitt* 8; *Pfeiffer* 6; KMR/*Plöd* 6; KK/*Diemer* 13; Nr. 191 Abs. 3 lit. d RiStBV.

70 *Bockelmann* 55; Meyer-Goßner/*Schmitt* 8; *Pfeiffer* 6; KK/*Diemer* 13; Nr. 191 Abs. 3 lit. d RiStBV; vgl. aber Art. 40 Abs. 2 Satz 2 GG.

71 Vgl. *Bockelmann* 55; Nr. 191 Abs. 3 lit. d RiStBV.

72 Bonn.Komm./*Magiera* Art. 46, 189; *Maunz/Dürig* Art. 46, 68, 100.

73 *Maunz/Dürig* Art. 46, 74.

74 *Herlan* JR **1951** 326; KMR/*Plöd* 6; *Pohlmann/Jabel/Wolf* § 2, 13.

75 *Ahrens* 19; *Achterberg/Schulte* in: von Mangoldt/Klein/Starck Art. 46, 56 f.; Bonn.Komm./*Magiera* Art. 46, 160; *Maunz/Dürig* Art. 46, 74, 77; **a.A.** wohl *Ranft* ZRP **1981** 276; differenzierend *Bockelmann* 61; vgl. auch die Aufzählung in Nr. 14 der Grundsätze.

Festnahme nach § 127 Abs. 2, § 127b Abs. 1, einstweilige Unterbringung (§§ 81, 126a), Vorführung nach den §§ 51, 134, 161a, 163a, 230, auch soweit der Abgeordnete nur als Zeuge in Betracht kommt, sowie Maßnahmen nach § 164 und das Ingewahrsamhalten nach § 231 Abs. 1 Satz 2. Auch die zur Durchführung einer erkennungsdienstlichen Behandlung oder einer körperlichen Untersuchung, etwa der Entnahme einer Blutprobe an sich zulässige vorübergehende zwangsweise „Sistierung" (vgl. bei § 81a) bedarf als Freiheitsbeschränkung der Genehmigung, sofern nicht, was oft der Fall sein wird, die Voraussetzungen des Art. 46 Abs. 2 Halbsatz 2 GG vorliegen.[76] Die Festhaltebefugnis zur Identitätsfeststellung nach §§ 163b, 163c (u.U. i.V.m. § 111 Abs. 3) kommt nicht in Betracht,[77] denn wenn der Festzuhaltende als Abgeordneter erkennbar ist, steht zugleich seine Identität fest.

25 **e) Andere Zwangsmaßnahmen.** Zur Durchführung anderer Zwangsmaßnahmen (Grundrechtseingriffe) bedarf es keiner besonderen Genehmigung. Sie werden, wenn der Abgeordnete Beschuldigter ist, von der Genehmigung zur Strafverfolgung oder von der Genehmigungsfreiheit nach Art. 46 Abs. 2 Halbsatz 2 GG gedeckt; sofern sie ihn als andere Person treffen, sind sie genehmigungsfrei zulässig. Dazu gehören u.a. die Beschlagnahme nach §§ 96ff. (vgl. aber Art. 40 Abs. 2 Satz 2 GG), die Postbeschlagnahme nach §§ 99f., die Überwachung der Telekommunikation nach §§ 100a, 100e, die längerfristige Observation nach § 163f, der Einsatz technischer Mittel nach § 100c, der Einsatz verdeckter Ermittler nach §§ 110aff. und die Durchsuchung von Räumen oder Sachen nach den §§ 102ff.,[78] während die Durchsuchung der Person als Freiheitsbeschränkung anzusehen sein dürfte.[79] Körperliche Untersuchungen nach § 81a sind zulässig, soweit sie nicht mit einer zwangsweisen Sistierung verbunden sind;[80] vgl. auch § 51, 36; § 70, 31; § 133, 20 sowie die Erl. zu § 94 und § 102.

26 **f) Vorläufige Entziehung der Fahrerlaubnis und vorläufiges Berufsverbot** nach den §§ 111a, 132a gehören zu den Maßnahmen der Strafverfolgung, durch die der Abgeordnete zur Verantwortung gezogen wird und sind daher nur mit Genehmigung des Parlaments zulässig.[81] Sie sind jedoch keine freiheitsbeschränkenden Maßnahmen, die eine besondere Genehmigung erfordern. Zur Frage, ob die nach Art. 46 Abs. 2 Halbsatz 2 GG eintretende Genehmigungsfreiheit oder die allgemeine Genehmigung sie mit umfasst, siehe Rn. 32f., 35; § 132a, 27 sowie die Erl. zu § 111a.

27 **g) Privatklagen.** Immunitätsschutz besteht auch gegenüber Privatklagen,[82] jedoch wird der Abgeordnete in diesen Fällen erst „zur Verantwortung gezogen", wenn gegen ihn behördliche Handlungen vorgenommen werden. Die Erhebung der Privatklage durch

---

76 KMR/*Plöd* 8; KK/*Diemer* 13; *Schulze-Fielitz* in: Dreier Art. 46, 30; Nr. 191 Abs. 3 lit. g und h RiStBV, **a.A.:** Meyer-Goßner/*Schmitt* § 81a, 35 (nur in Bezug auf die Sistierung).

77 **A.A.** offenbar KMR/*Plöd* 11.

78 Vgl. aber Art. 40 Abs. 2 Satz 2 GG; Bonn.Komm./*Magiera* Art. 46, 164; *Maunz/Dürig* Art. 46, 78; **a.A.** *Ranft* ZRP **1981** 276 (freiheitsbeschränkende Maßnahme); zur Reichweite der allgemeinen Genehmigung siehe Rn. 36.

79 *Rosen* ZRP **1974** 81; wohl auch Bonn.Komm./*Magiera* Art. 46, 162.

80 Die weitergehende Ansicht von *Nau* NJW **1958** 1670, nach der Blutentnahmen nach § 81a in keinem Fall der Immunität unterliegen, überzeugt angesichts von Nr. 191 Abs. 3 lit. h RiStBV nicht; **a.A.** Bonn.Komm./*Magiera* Art. 46, 157; Meyer-Goßner/*Schmitt* § 81a, 35; wohl auch *Maunz/Dürig* Art. 46, 70.

81 Allg. M.; **a.A.** *Nau* NJW **1958** 1668; vgl. *Cloppenburg* MDR **1961** 286.

82 LG Hamburg MDR **1947** 38; *Bockelmann* 33; Bonn.Komm./*Magiera* Art. 46, 150; *Maunz/Dürig* Art. 46, 67; zur Übernahme der Privatklage nach § 377 *Bockelmann* 51.

den Privatkläger ist daher ohne Genehmigung möglich;[83] ob die Mitteilung der Anklageschrift nach § 382 bereits der Genehmigung bedarf, ist umstritten.[84] Zur Herbeiführung der Genehmigung in diesen Fällen siehe Rn. 44.

4. Genehmigungsfreie Strafverfolgung wegen Festnahme bei Begehung der Tat

a) Bedeutung. Die Immunität nach Art. 46 Abs. 2 GG[85] greift nicht ein, wenn der Abgeordnete „bei Begehung der Tat oder im Laufe des folgenden Tages festgenommen wird" (Art. 46 Abs. 2 Halbsatz 2 GG). Diese Ausnahme, die mit dem ursprünglichen Zweck der Immunität, Schutz vor willkürlichen Verhaftungen zu gewähren, in Zusammenhang steht und in früheren Fassungen diesem Zweck besser gerecht wurde,[86] stellt im heutigen Immunitätsrecht einen Fremdkörper dar.[87] Die Auslegung der Ausnahmeklausel muss sich daher bis an die Grenze des Wortlauts um eine verfassungsrechtlich und strafprozessual praktikable Sinngebung bei Voraussetzung und Umfang der Genehmigungsfreiheit bemühen. 28

b) Voraussetzungen. Die Genehmigungsfreiheit tritt unter der doppelten Voraussetzung ein, dass der Abgeordnete „festgenommen wird" und dass dies bei Begehung der Tat oder im Laufe des folgenden Tages geschieht. Unter **Festnahme** ist dabei nicht nur die vorläufige Festnahme nach §§ 127, 127b und die Verhaftung zu verstehen, sondern jede freiheitsentziehende oder freiheitsbeschränkende Maßnahme aufgrund eines Tatverdachts,[88] also auch die bloße „Sistierung" zur Entnahme einer Blutprobe[89] bzw. einer Körperzelle.[90] 29

In zeitlicher Hinsicht muss die Festnahme bei **Begehung der Tat** oder im Laufe des folgenden Tages geschehen. Dabei ist nach überwiegender Meinung unter Begehung der Tat das Gleiche zu verstehen, wie mit der Bezeichnung „auf frischer Tat betroffen" in § 127 Abs. 1.[91] Es wird jedoch unterschiedlich beurteilt, ob der Verdächtige bei Ausübung der Tat wahrgenommen werden muss,[92] oder ob es genügt, wenn er lediglich aufgrund von Tatspuren verfolgt und alsbald festgenommen wird.[93] Umstritten und im Einzelnen wenig geklärt ist, ob die zweite Festnahmevariante **(im Laufe des folgenden Tages)** eine selbständige Voraussetzung in Form einer reinen Zeitgrenze bildet, wodurch die erste Variante praktisch bedeutungslos würde,[94] oder ob sie in irgendeiner Beziehung zu 30

83 Allg. M.; vgl. z.B. *Bockelmann* 34; *Herlan* JR **1951** 326; Bonn.Komm./*Magiera* Art. 46, 150; KMR/*Plöd* 10.
84 Bejahend *Maunz/Dürig* Art. 46, 67; KMR/*Plöd* 10; wohl auch (aber unklar) *Bockelmann* 34 Fn. 58, 48 Fn. 73; verneinend Bonn.Komm./*Magiera* Art. 46, 150; *Herlan* JR **1951** 327; zur Widerklage gegen einen Abgeordneten OLG Karlsruhe JW **1925** 1027; *Herlan* JR **1951** 327; *Maunz/Dürig* Art. 46, 67.
85 Enger Art. 51 Abs. 3 Berl.Verf. (nur bei Ausübung der Tat). Statt von „Begehung" der Tat sprechen die Landesverfassungen teilweise von „Verübung" (BW) oder von „Ausübung" (Bay.; Brem.; Berl.; Hamb.; Hess.; MV; NW; RhPf.; Saarl.; SchlH).
86 Vgl. § 117 Abs. 1 Paulskirchenverfassung: „mit der alleinigen Ausnahme der Ergreifung auf frischer Tat"; zur Entwicklungsgeschichte *Uhlitz* DVBl. **1962** 123.
87 *Maunz/Dürig* Art. 46, 70; vgl. auch *Uhlitz* DVBl. **1962** 124.
88 *Bockelmann* 56; Bonn.Komm./*Magiera* Art. 46, 152; **a.A.** *Achterberg/Schulte* in: von Mangoldt/Klein/Starck Art. 46, 53; LR/*Schäfer*[24] § 111a, 96, 100.
89 OLG Bremen NJW **1966** 743; OLG Oldenburg NJW **1966** 1764; Nr. 191 Abs. 3 lit. h RiStBV; **a.A.** LR/*Schäfer*[24] § 111a, 96.
90 RGSt **59** 113; OLG Bremen NJW **1966** 744.
91 *Bockelmann* 56 f.; *Joecks* 5; Bonn.Komm./*Magiera* Art. 46, 153; *Maunz/Dürig* Art. 46, 70; *Trute* in: von Münch/Kunig Art. 46, 35; wohl enger *Eb. Schmidt* I 156; **a.A.** *Uhlitz* DVBl. **1962** 124.
92 *Bockelmann* 57 Fn. 88; offengelassen *Maunz/Dürig* Art. 46, 70.
93 So wohl Bonn.Komm./*Magiera* Art. 46, 153.
94 *Uhlitz* DVBl. **1962** 124.

dem augenfälligen Umstand stehen muss, dass der Abgeordnete bei der Tat betroffen wird und sich lediglich seine Festnahme hinauszögert.[95]

31 Eine **sinnvolle Auslegung** der Vorschrift muss, soweit mit der Wortlautgrenze noch vereinbar, unter Rückgriff auf die Entstehungsgeschichte auch der Vorgänger der Bestimmung,[96] einerseits beide Alternativen aufeinander beziehen, andererseits jeder von ihnen eine selbständige Anwendungsmöglichkeit eröffnen und darf schließlich nicht zur völligen Unpraktikabilität führen. Letzteres schließt es aus, die „Begehung der Tat" mit ihrer Vollendung oder Beendigung im strafrechtlichen Sinne gleichzusetzen; es muss auch ausreichen, dass die Tat unmittelbar nach ihrer Begehung bemerkt wird und diese Kenntnis zur Festnahme des Verdächtigen führt. Das zeitliche Hinausschieben der Festnahme bis auf das Ende des folgenden Tages wäre für den Regelfall sinnlos, wenn man das Betroffensein im Sinne der unmittelbaren Wahrnehmung der Tatbegehung durch ein Strafverfolgungsorgan verstehen würde. Fälle, in denen ein auf frischer Tat Betroffener bis zu 48 Stunden verfolgt werden muss, dürften kaum vorkommen. Sinnvoll ist diese Alternative nur, wenn eine Festnahme auch aufgrund von Tatspuren zugelassen wird. Art. 46 Abs. 2 Halbsatz 2 GG sollte daher wie § 127 ausgelegt werden, so dass die Vorschrift zu lesen ist: „... es sei denn, dass er auf frischer Tat betroffen oder verfolgt und spätestens im Laufe des folgenden Tages festgenommen wird"; vgl. § 127, 4.

32 Die **Genehmigungsfreiheit** für die weitere Strafverfolgung **tritt nicht** ein, wenn der Abgeordnete auf frischer Tat lediglich betroffen, aber, da hierfür die gesetzlichen Voraussetzungen nicht vorliegen, auch nicht im weiteren Sinne des Art. 46 Abs. 2 GG „festgenommen" wird. Eine solche, an sich sinnvolle Auslegung scheitert an der Wortlautgrenze.

33 Dagegen wird, ohne dass dadurch Genehmigungsfreiheit für ein anschließendes Strafverfahren eintritt,[97] per argumentum a maiore ad minus aus der Befugnis zur Festnahme des auf frischer Tat betroffenen Abgeordneten die Befugnis zur genehmigungsfreien Durchführung **unaufschiebbarer Sicherungsmaßnahmen** angenommen werden können, wenn durch die Einholung der Genehmigung eine Gefährdung des Untersuchungserfolges zu befürchten wäre.[98] Unaufschiebbare körperliche Untersuchungen nach § 81a, namentlich die Entnahme von Blutproben, und Durchsuchungen sind daher in den Fällen des Betreffens auf frischer Tat auch ohne Genehmigung zulässig.[99]

34 **c) Folgen.** Die Festnahme auf frischer Tat im Sinne der Ausnahmevorschrift bewirkt, dass die gesamte weitere Strafverfolgung wegen der Tat, aufgrund derer die Festnahme erfolgte, keiner Genehmigung bedarf.[100] Ohne Genehmigung zulässig ist auch der weitere Vollzug der aufgrund dieser Festnahme erfolgenden Freiheitsentziehung. Unberührt bleibt das Aussetzungsverlangen nach Art. 46 Abs. 4 GG. Wird die Festnahme beendet, so bleibt zwar das weitere Strafverfahren genehmigungsfrei zulässig,[101] doch bedarf eine spätere erneute Freiheitsentziehung oder Freiheitsbeschränkung in demselben Verfah-

95 So, im Einzelnen unterschiedlich, *Bockelmann* aaO; Bonn.Komm./*Magiera* Art. 46, 153; *Maunz/Dürig* Art. 46, 70.
96 Vgl. dazu *Uhlitz* DVBl. **1962** 124.
97 Bonn.Komm./*Magiera* Art. 46, 157; damit erledigt sich das Bedenken von *Ahrens* 17.
98 Bonn.Komm./*Magiera* Art. 46, 157 m.w.N.; *Magiera* in: Sachs Art. 46, 18; *Reh* NJW **1959** 87; vgl. auch OLG Bremen NJW **1966** 745; **a.A.** *Ahrens* 17; LR/*Schäfer*[24] § 111a, 96.
99 *Bockelmann* 58; Bonn.Komm./*Magiera* Art. 46, 157; KMR/*Plöd* 8; **a.A.** *Ahrens* 17 (nur im Rahmen einer vorläufigen Festnahme zu diesem Zweck); weitergehend *Nau* NJW **1958** 1668.
100 *Achterberg/Schulte* in: von Mangoldt/Klein/Starck Art. 46, 52ff.; Bonn.Komm./*Magiera* Art. 46, 156; *Maunz/Dürig* Art. 46, 70; KMR/*Plöd* 11.
101 RGSt **59** 113.

ren der Genehmigung.[102] Ob die Genehmigungsfreiheit auch die Befugnis umfasst, die Fahrerlaubnis vorläufig zu entziehen oder ein vorläufiges Berufsverbot anzuordnen, erscheint zweifelhaft. Zur Unterrichtung des Parlaments im Falle einer genehmigungsfreien Strafverfolgung siehe Nr. 191 Abs. 5 RiStBV.

5. Ermittlungsverfahren aufgrund allgemeiner Genehmigung

a) Grundlagen. Seit der 5. Legislaturperiode[103] genehmigt der **Bundestag** durch einen zu Beginn der jeweiligen Legislaturperiode zu fassenden Beschluss für Ermittlungsverfahren die Strafverfolgung mit einigen Einschränkungen allgemein.[104] Hat der Bundestag die Genehmigung allgemein im Vorhinein erteilt, ist schon damit, dass sich aus Art. 46 GG ergebene Verfahrenshindernis beseitigt. Wenn das Ermittlungsverfahren später eingeleitet wird, so berührt dies den Status des Abgeordneten nicht, vielmehr wird dadurch die vorweggenommene Genehmigung zur Wirkung gebracht.[105] Die meisten **Landesparlamente** haben aufgrund einer Empfehlung der Konferenz der Präsidenten der Deutschen Landesparlamente[106] einen ähnlichen Weg eingeschlagen, wobei sich die Beschlüsse in einzelnen Punkten unterscheiden. Im Übrigen wird überwiegend die allgemeine Genehmigung ausdrücklich auf die vorläufige Entziehung der Fahrerlaubnis (§ 111a) erstreckt,[107] auf den Vollzug einer Durchsuchung oder Beschlagnahme nur, soweit der sofortige Vollzug ohne die Einholung einer Einzelgenehmigung zur Sicherung des Beweises unbedingt erforderlich ist,[108] während im übrigen der Vollzug von Durchsuchung und Beschlagnahme von der Genehmigung ausdrücklich ausgenommen ist.[109] 35

---

102 Grundsätze Nr. 6; *Bockelmann* 58; Bonn.Komm./*Magiera* Art. 46, 156; *Maunz/Dürig* Art. 46, 70; KMR/*Plöd* 11.

103 Zur Begründung BTDrucks. **V** 3790; zur Entstehung *Ahrens* 126; *Troßmann* (Fn. 30) § 114, 5.4; zur Frage der verfassungsrechtlichen Zulässigkeit *Heydlauf* 144 ff.; kritisch: Bonn.Komm./*Magiera* Art. 46, 178.

104 Vgl. Anl. 7 zur GeschOBT, abgedruckt in: Nr. 35 Sartorius I.

105 BVerfGE **104** 310; zur Anfechtbarkeit Rn. 50.

106 Vom 12.1.1979, Abdruck in: Recht und Organisation der Parlamente, Bd. 4 S. 161061.

107 Z.B. Nr. 1 Abs. 1b) des Beschlusses des Landtages von BW zum Genehmigungsverfahren in Immunitätsangelegenheiten vom 13.6.2006, der auch in der aktuellen Legislaturperiode übernommen wurde; Nr. 1a) des Beschlusses des Landtages von Bay. über die vereinfachte Handhabung des Immunitätsrechts vom 4.12.2013 (Drucks. 17/215); Nr. 1b) des Beschlusses des Antrags betreffend die Immunität von Abgeordneten des Hess. Landtages (Drucks. 19/14); Nr. 2 der Allgemeinen Genehmigung in Immunitätsangelegenheiten des Landtages von Nds. (Drucks. 18/4); Nr. 1a) der Richtlinien für die Aufhebung der Immunität von Mitgliedern des Landtages von NRW; Nr. 1b) des Beschlusses des Landtages von RhPf. gemäß Art. 94 der RhPf.Verf. vom 18.5.2016 (Drucks. 17/4); Nr. 1b) des Beschlusses des Landtages des Saarl. zum Verfahren bei Aufhebung der Immunität von Mitgliedern des Landtages vom 6.4.2017; Nr. I. 1b) des Beschlusses des Antrags der generellen Genehmigung des Sächsischen Landtages zur Strafverfolgung gemäß § 73 Abs. 3 GO (Drucks. 6/462); Nr. 1b) der Grundsätze für die Behandlung von Immunitätsangelegenheiten des Landtages von SchlH (Drucks. 19/8); Nr. 1b) des Beschlusses betreffend die Immunität von Abgeordneten des Thür. Landtages (Drucks. 6/39); vgl. Art. 58 Bbg Verf., wonach sämtliche Strafverfolgungsmaßnahmen gegen einen Abgeordneten sowie jede Haft und sonstige Beschränkung seiner persönlichen Freiheit jederzeit möglich sind, solange die parlamentarische Arbeit des Landtages nicht beeinträchtigt wird, d.h. sie werden erst auf Verlangen des Landtages ausgesetzt.

108 Z.B. Nr. 1c) des Beschl. Hess.; Nr. 1c) des Beschl. RhPf.; Nr. 1c) des Beschl. Saarl.; Nr. I.1.c) des Beschl. Sa.; vgl. ferner Nr. 1b) der Richtlinien von NRW; Nr. 1c) der GrundsätzeSchlH; Nr. 1c) des Beschlusses Thür.; Berlin hat mittlerweile eine Regelung über Durchsuchung und Beschlagnahme getroffen, die jedoch nur Durchsuchungen nach den §§ 103, 104 StPO umfasst, vgl. die Richtlinien in Immunitätsangelegenheiten (Anl. 2 zur GeschO des Abgeordnetenhauses) von Berl.

109 So schließen etwa BW und Nds. Durchsuchung und Beschlagnahme generell von der allgemeinen Genehmigung aus, vgl. Nr. 1 Abs. 2c) des Beschl. BW; Nr. 3a) der Genehmigung von Nds.

36 **b) Bedeutung und Reichweite.** Das Institut der allgemeinen Genehmigung von Ermittlungsverfahren ermöglicht im praktischen Ergebnis, wenn auch nicht in der dogmatischen Konstruktion,[110] die genehmigungsfreie Durchführung von staatsanwaltschaftlichen Ermittlungsverfahren bis zur Abschlussreife und die Verfahrenseinstellung durch die Staatsanwaltschaft, soweit nicht Ermittlungshandlungen einer bestimmten Eingriffsschwere erforderlich werden. Es reduziert insoweit die Genehmigung auf eine bloße Pflicht zur Mitteilung der beabsichtigten Verfahrenseinleitung, wodurch das Parlament in den Stand gesetzt wird, sein Aussetzungsrecht (Rn. 51f.) auszuüben.

37 Nach der gegenwärtigen Rechts- und Beschlusslage der meisten Parlamente ist für das staatsanwaltschaftliche Ermittlungsverfahren eine für den Einzelfall einzuholende **Genehmigung des Parlaments** insbesondere noch erforderlich:

- uneingeschränkt für die Abgeordneten des Europa-Parlaments[111] und die Mitglieder der Beratenden Versammlung des Europarats,
- für alle Abgeordneten und für das ganze Ermittlungsverfahren, soweit es sich um den Vorwurf der Beleidigung (§§ 185, 186, 188 Abs. 1 StGB) mit politischem Charakter handelt,[112]
- für alle Abgeordneten, soweit im Ermittlungsverfahren freiheitsentziehende und freiheitsbeschränkende Maßnahmen (Rn. 24) gegen den Abgeordneten erforderlich werden, für diese Maßnahme.[113]

38 Die einzuholende Genehmigung kann bisweilen in einem **beschleunigten Vorentscheidungsverfahren** von dem zuständigen Ausschuss erteilt werden, dessen Entscheidung als Parlamentsentscheidung gilt, wenn nicht innerhalb bestimmter Fristen schriftlich beim Präsidenten des Parlaments Widerspruch erhoben wird.[114] Dies ist zum einen in solchen Bundesländern vorgesehen, die keine allgemeine Genehmigung im eigentlichen Sinne erteilt haben, sondern nur Verfahrensrichtlinien für die jeweiligen Ausschüsse aufgestellt haben.[115] Zum anderen sind Vorentscheidungen zur Vereinfachung des Geschäftsgangs vor allem für Verkehrsdelikte und Bagatellangelegenheiten,[116] z.T. aber auch für alle anderen Fälle, die nicht bereits von den allgemeinen Genehmigungen umfasst sind,[117] vorgesehen. Die Einzelheiten ergeben sich aus den entsprechenden Bestimmungen der Geschäftsordnungen der Parlamente und den dazu ergangenen Grundsätzen und Richtlinien in Immunitätsangelegenheiten.

39 **c) Einzelfragen.** Da die allgemeine Genehmigung die Pflicht zur vorherigen Unterrichtung des Parlamentspräsidenten und im Regelfall auch des betroffenen Abgeordneten unberührt lässt und diese Pflicht der Staatsanwaltschaft obliegt, ist die **Polizei** nicht berechtigt, von sich aus Ermittlungen zu führen, soweit nicht die Ausnahmevorschrift

---

110 Vgl. zu dieser Bonn.Komm./*Magiera* Art. 46, 178.

111 Ausdrücklich hervorgehoben in RiStBV Nr. 192b Abs. 2.

112 Z.B. Nr. 1 Abs. 1a) des Beschl.BW; Nr. 2a) des Beschl. Bay.; Nr. 1 der Genehmigung von Nds.; Nr. 2 a) der Richtlinien von NRW; Nr. 1a) des Beschl. Saarl.; Nr. I. 2.a) des Beschl. Sa.; Nr. 1a) der GrundsätzeSchlH; vgl. ferner die Richtlinien NRW.

113 Z.B. Nr. 2g) des Beschl.Bay.; Nr. 2f) des Beschl. Hess.; Nr. 3i) der Genehmigung von Nds.; Nr. 2f) des Beschl.RhPf.; Nr. I. 2.f) des Beschl.Sa.; Nr. 3f) der Grundsätze SchlH; Nr. 2 f) des Beschl. Thür.

114 So sieht z.B. Nr. 2 Abs. 3 des Beschl. BW; Nr. 6 des Beschl. Saarl.; Nr. 6 der Grundsätze SchlH eine Frist von 7 Tagen vor; § 68 Abs. 4 der Geschäftsordnung der Hamb. Bürgerschaft sieht dagegen eine Frist von 14 Tagen vor.

115 Z.B. Nr. 4 der Richtlinien Berl.

116 Nr. 2 Abs. 1 a) des Beschl. BW; Nr. 4 der Richtlinien. Berl.; Nr. 5 des Beschl. Saarl.; Nr. 4 der Grundsätze SchlH; Nr. 1a) des Beschl. Thür.

117 Vgl. § 53 GO LT SH.

des Art. 46 Abs. 2 Halbsatz 2 GG eingreift. Sie hat vielmehr die Vorgänge der Staatsanwaltschaft vorzulegen. Beim **beschleunigten Verfahren** dürfte nicht erst die (ggf. mündliche) Anklageerhebung, sondern bereits der Antrag auf Aburteilung im beschleunigten Verfahren die Genehmigungsbedürftigkeit auslösen. Die **vorläufige Entziehung der Fahrerlaubnis** ist auch bei Bundestagsabgeordneten (bei den meisten Landtagen ist sie von der Genehmigung ausdrücklich umfasst) keine genehmigungsauslösende freiheitsbeschränkende Maßnahme.[118] Dagegen hält der Bundestag **Durchsuchungen** für freiheitsbeschränkende und die Einzelgenehmigung erfordernde Maßnahmen im Sinne von Nr. 2 Buchst. c seines Beschlusses.[119] Ob die Anordnung eines vorläufigen Berufsverbots von der allgemeinen Genehmigung gedeckt wird, erscheint zweifelhaft (vgl. die Erl. zu § 132a, 27).[120]

6. Genehmigung

a) Verfahren. Es obliegt der das Strafverfahren betreibenden Behörde, sobald dies erforderlich wird, eine Entscheidung darüber herbeizuführen, ob die Genehmigung zur Strafverfolgung erteilt wird. Die Staatsanwaltschaft ist nach dem Legalitätsprinzip und aufgrund ihrer Verpflichtung, den Sachverhalt zu erforschen, zu einem solchen Antrag verpflichtet.[121] Zur Antragstellung ist auch das **Gericht** befugt, und zwar immer dann, wenn die Notwendigkeit, eine Genehmigung herbeizuführen, eintritt, nachdem die Verfahrensherrschaft auf das Gericht übergegangen ist,[122] etwa wenn der Immunitätsschutz erst nach Erhebung der öffentlichen Klage entsteht, oder wenn im Hauptverfahren eine genehmigungspflichtige freiheitsentziehende oder freiheitsbeschränkende Maßnahme erforderlich wird. Im zweiten Fall kann das Gericht es allerdings nach § 36 Abs. 2 der Staatsanwaltschaft überlassen, die Genehmigung herbeizuführen, weil dies zu dem für die Vollstreckung „Erforderlichen“ gehört. Dagegen braucht sich das Gericht nicht um die Genehmigung zu bemühen, wenn der Immunitätsschutz schon für die Erhebung der öffentlichen Klage bestand; in diesem Fall ist die Eröffnung des Hauptverfahrens abzulehnen.[123] Der **Antrag** ist auf dem Dienstweg, wenn der Bundestag zu entscheiden hat über den Bundesminister der Justiz, an das Parlament zu richten.[124] Inhaltlich muss der Antrag, jedenfalls wenn nach Abschluss des Ermittlungsverfahrens die Klageerhebung genehmigt werden soll, die Tat ähnlich wie in einer Anklage konkretisieren. Eine darüber hinausgehende, das Parlament über die wichtigsten Einzelheiten des Tatvorwurfs informierende Erläuterung im Sinne einer „schlüssigen Sachdarstellung“ erscheint zweckmäßig. Einen etwa schon vorhandenen Entwurf der Anklageschrift kann das Parlament nicht verlangen. 40

118 *Troßmann* § 114, 9; **a.A.** KMR/*Plöd* 9.

119 *Troßmann* § 114, 8; ebenso *Ranft* ZRP **1981** 276; vgl. auch Nr. 5 des BTBeschlusses in Anl. 7 zur GeschOBT; **a.A.** *Rosen* ZRP **1974** 80; vgl. auch *Bücker* ZRP **1975** 23.

120 In manchen Bundesländern umfasst die allgemeine Genehmigung ausdrücklich nicht die Verhängung eines vorläufigen Berufs- oder Vertretungsverbotes, z.B. Nr. 1 Abs. 2e) des Beschl. BW; Nr. 2e) des Beschl. Hess; Nr. 3h) der Genehmigung von Nds.; Nr. 2e) des Beschl. Saarl.; Nr. I. 2. e) des Beschl. Sa.; Nr. 2e) der Grundsätze SchlH; Nr. 2e) des Beschl. Thür.

121 KG JR **1959** 432 (auch zu der Frage, ob dies Ziel eines Klageerzwingungsverfahrens sein kann); *Bockelmann* 30; *Herlan* JR **1951** 326; *Maunz/Dürig* Art. 46, 89 ff.; *Eb. Schmidt* I 154; *Schorn* NJW **1966** 235.

122 *Herlan* MDR **1951** 57; **a.A.** *Bockelmann* 33, der aber nur auf den Fall abstellt, dass eine Genehmigung bereits vor Klageerhebung erforderlich ist.

123 *Bockelmann* 30 f.

124 Grundsätze Nr. 2b; wegen weiterer Einzelheiten vgl. Nr. 192 RiStBV; vgl. auch *Bockelmann* 33 Fn. 57.

41 Im **Privatklageverfahren** kann der Privatkläger den Antrag selbst stellen,[125] doch kann wohl auch das Gericht, bevor es das Hauptverfahren nach § 383 eröffnet, die Genehmigung beantragen.[126] Dem Verletzten als solchen steht die Antragsbefugnis nicht zu,[127] und zwar auch dann nicht, wenn er als Nebenkläger anschlussberechtigt wäre (zur Reichweite des Klageerzwingungsverfahrens in diesen Fällen vgl. die Erl. zu § 172).[128] Polizeibehörden können die Genehmigung nicht beantragen.[129] Uneinheitlich wird in der Lehre noch immer die Frage beantwortet, ob auch der Abgeordnete selbst die Genehmigung beantragen kann. Sie hat jedoch zumindest für den Bundestag durch Nr. 3, 2. Halbsatz der Grundsätze an praktischer Bedeutung verloren und ist im Übrigen mit der wohl h.M. zu verneinen.[130]

42 Zum **parlamentarischen Verfahren** der Antragsbehandlung siehe die entsprechenden Bestimmungen der Geschäftsordnungen der Parlamente und die dazu ergangenen Grundsätze und Richtlinien in Immunitätsangelegenheiten.[131]

43 **b) Inhalt und Wirkung der Genehmigung.** Die Genehmigung bezieht sich stets auf ein bestimmtes Verfahren oder auf eine bestimmte Maßnahme, sie hebt nicht etwa die Immunität insgesamt auf.[132] Der Genehmigungsbeschluss gibt in der Regel nicht an, zu welchem Strafverfahren die Genehmigung erteilt wird; dies ist aus der Verhandlung des Parlaments in Verbindung mit dem gestellten Antrag zu entnehmen.[133]

44 Wenn das Parlament keine weitergehende Bestimmung trifft, bezieht sich die **Genehmigung** jeweils nur **auf eine der** in Art. 46 Abs. 2 und 3 GG genannten **Fallgruppen.**[134] Die Genehmigung zur Durchführung eines Strafverfahrens ermächtigt zu allen damit verbundenen nicht freiheitsentziehenden oder freiheitsbeschränkenden (Rn. 24) Maßnahmen, also etwa auch zu Vorladungen, Durchsuchungen und Beschlagnahmen, sie umfasst aber nicht zugleich die Genehmigung zur Verhaftung oder zwangsweisen Vorführung oder Vollstreckung einer Freiheitsstrafe. Die Genehmigung zum Vollzug der Untersuchungshaft schließt die zur zwangsweisen Vorführung ein, nicht aber umgekehrt; sie umfasst nicht die Genehmigung zur Verhaftung zum Zwecke der Strafverbü-

---

125 *Achterberg* 244; *Achterberg/Schulte* in: von Mangoldt/Klein/Starck Art. 46, 43; *Bockelmann* 33; *Herlan* MDR **1950** 519; AnwK-StPO/*Walther* 6; HK/*Gercke* 9; SSW/*Schnabl* 19; enger (muss) KK/*Diemer* 15; **a.A.** *Maunz/Dürig* Art. 46, 92; *Schmidt-Bleibtreu/Kluth* Art. 46, 36, Bonn.Komm./*Magiera* Art. 46, 182 (Gericht); 26. Nr. 1 der Grundsätze erwähnen den Privatkläger zwar nicht, doch kann diese innerparlamentarische Regelung die Befugnisse des Privatklägers nicht beschränken, vgl. Nr. 192 Abs. 4 RiStBV; anders dagegen die Grundsätze der meisten Landesparlamente, vgl. z.B. Nr. 1c) der Richtlinien Berl.; § 68 Abs. 1 der Geschäftsordnung Hamb.; Nr. 4b) des Beschl. Saarl.

126 Nr. 1 lit. b der Grundsätze; *Achterberg/Schulte* in: von Mangoldt/Klein/Starck Art. 46, 43; **a.A.** *Bockelmann* 33; LR/*Hilger*[25] § 382, 1; § 383, 4.

127 *Achterberg/Schulte* in: von Mangoldt/Klein/Starck Art. 46, 43; Bonn.Komm./*Magiera* Art. 46, 182; *Maunz/Dürig* Art. 46, 92; *Schmidt-Bleibtreu/Kluth* Art. 46, 37; vgl. auch *Bockelmann* 35.

128 Hat sich der Verletzte bereits als Nebenkläger angeschlossen, so sehen die Grundsätze mancher Länder ausdrücklich eine Antragsbefugnis vor, z.B. Nr. 1 c) der Richtlinien Berl.; Nr. 4b) des Beschl. Saarl.

129 *Achterberg/Schulte* in: von Mangoldt/Klein/Starck Art. 46, 43; *Bockelmann* 33; Bonn.Komm./*Magiera* Art. 46, 182.

130 *Achterberg/Schulte* in: von Mangoldt/Klein/Starck Art. 46, 44 m.w.N.; vgl. auch *Maunz/Dürig* Art. 46, 92; *Schmidt-Bleibtreu/Klein*[10] Art. 46, 26; **a.A.** *Trute* in: von Münch/Kunig Art. 46, 30; in manchen Bundesländern ist eine Antragsberechtigung von bestimmten Ausschüssen vorgesehen, Nr. 4 c) des Beschl. Saarl.

131 Vgl. z.B. § 107 GeschOBT; Grundsätze Nr. 3, 4, 11, 12, 13; *Troßmann* § 114, 4; 13; MüKo/*Peters* 5–18.

132 *Achterberg/Schulte* in: von Mangoldt/Klein/Starck Art. 46, 50; Bonn.Komm./*Magiera* Art. 46, 185; *Maunz/Dürig* Art. 46, 100; KMR/*Plöd* 19.

133 BGHSt **15** 274; *Herlan* JR **1951** 327; KMR/*Plöd* 19.

134 Bonn.Komm./*Magiera* Art. 46, 189; *Magiera* in: Sachs[2] Art. 46, 21; vgl. Grundsätze Nr. 7, 8.

ßung,[135] ermöglicht aber die unmittelbare Anschlussvollstreckung.[136] Eine Genehmigung zur Verhaftung oder zu einer anderen freiheitsbeschränkenden Maßnahme bei einem im Übrigen allgemein genehmigten Ermittlungsverfahren stellt noch keine Genehmigung für die Erhebung der öffentlichen Klage und das folgende Verfahren dar.

Die ohne Beschränkungen erteilte **Genehmigung** zur Durchführung eines Strafverfahrens umfasst alle Verfahrensabschnitte **bis zur Rechtskraft.** Von der Genehmigung gedeckt wird auch die Fortsetzung des Verfahrens nach einer Einstellung, die keine Rechtskraftwirkung hat, etwa nach § 170 Abs. 2, § 153 Abs. 1, § 205. Umstritten ist, ob es für eine Wiederaufnahme des Verfahrens einer neuen Genehmigung bedarf, wenn das alte Verfahren mit voller oder beschränkter (§ 153 Abs. 2, § 153a Abs. 1 Satz 5, § 211) Rechtskraft abgeschlossen ist.[137] Das dürfte jedenfalls in den Fällen der Wiederaufnahme nach den §§ 359 ff. oder der Erhebung einer neuen Klage im Falle des § 211 zu bejahen sein. **45**

Die Genehmigung wirkt nur für die **Dauer der Wahlperiode.** Wird der Abgeordnete wiedergewählt, so muss das neue Parlament eine neue Genehmigung erteilen (Diskontinuität des Genehmigungsbeschlusses).[138] Auch wenn der Abgeordnete in ein anderes Parlament (etwa als Bundestagsabgeordneter in das Europaparlament) gewählt wird, muss dieses die Strafverfolgung zusätzlich genehmigen. **46**

Die **Genehmigung** zur Strafverfolgung **bezieht sich auf** die im Antrag der Staatsanwaltschaft umschriebene[139] **(prozessuale) Tat** (oder mehrere Taten). Sie bindet das Gericht nicht an die dem Antrag zugrunde liegende Rechtsauffassung oder den angenommenen Schuldumfang. Das Gericht hat, jedenfalls wenn keine ausdrückliche Beschränkung der Genehmigung erfolgt ist (Rn. 49), die Tat in tatsächlicher und rechtlicher Hinsicht umfassend abzuurteilen.[140] Auch erst später bekannt werdende Einzelakte eines mehraktigen Delikts, einer Dauerstraftat oder einer Bewertungseinheit werden von der Genehmigung erfasst.[141] Dagegen ist eine neue Genehmigung erforderlich, wenn (durch neue Anklage und Verbindung oder durch Nachtragsanklage nach § 266) weitere Taten in das Verfahren einbezogen werden sollen. **47**

Keine rechtliche, aber eine faktische Wirkung insbesondere der Genehmigung, aber auch des Genehmigungsverfahrens, beginnend mit dem Antrag der Staatsanwaltschaft, ergibt sich bei deren Bekanntwerden in der Öffentlichkeit.[142] Zwar wird in strafrechtlicher Hinsicht auf diese Weise lediglich das Verfahrenshindernis beseitigt. Dies kann aus Sicht der Staatsanwaltschaft auch und gerade dazu dienen, Entlastungsbeweise für den Betroffenen Parlamentarier ermitteln zu können. Es birgt für den Betroffenen jedoch auch die Gefahr, in der öffentlichen Meinung bereits als Straftäter wahrgenommen zu werden, der sich schlimmstenfalls hinter dem Privileg der Immunität versteckt. Zumindest aber wird einer solchermaßen in der Öffentlichkeit wahrgenommene Person ein politisches Fortkommen erheblich erschwert, wenn nicht sogar die politische Karriere hierdurch ihr **48**

135 Grundsätze Nr. 7 lit. b; Bonn.Komm./*Magiera* Art. 46, 189.
136 *Bockelmann* 56.
137 Vgl. bejahend Bonn.Komm./*Magiera* Art. 46, 148; *Maunz/Dürig* Art. 46, 66; verneinend *Herlan* JR **1951** 328; *Meyer* GA **1953** 117.
138 *Achterberg* 245; Bonn.Komm./*Magiera* Art. 46, 170 f.; *Wolfslast* NStZ **1987** 433; Nr. 2 lit. d des BTBeschlusses in Anl. 7 zur GeschOBT.
139 Vgl. Nr. 192 Abs. 2 RiStBV, wonach der Antrag mit einer Sachdarstellung und einer Erläuterung der Rechtslage – freilich nach Rechtsansicht der Staatsanwaltschaft – zu verbinden ist.
140 BGSt **15** 274; vgl. auch *Maunz/Dürig* Art. 46, 100.
141 OLG Schleswig MDR **1951** 56 mit Anm. *Herlan.*
142 Ebenso *Glauben* 382 mwN.

Ende findet.[143] Von Relevanz für die Entscheidung des Parlaments[144] und die Antragsstellung der Staatsanwaltschaft sind diese rein **politischen Folgen** indes nicht.

49 **c) Begrenzte Genehmigung.** Das Parlament darf grundsätzlich auch über die verschiedenen Fallgruppen des Art. 46 Abs. 2 und 3 GG hinaus die Genehmigung bedingt, befristet oder sonst begrenzt erteilen,[145] doch darf es dadurch nicht die Befugnis des Gerichts zur umfassenden rechtlichen und tatsächlichen Würdigung der prozessualen Tat beschränken. **Zulässig** wäre es deshalb, die Genehmigung nur für einzelne von mehreren im Antrag beschriebenen prozessualen Taten, nicht aber für einzelne, realkonkurrierende Delikte einer einheitlichen Tat,[146] zu erteilen, oder zunächst nur, sofern keine allgemeine Genehmigung vorliegt, lediglich die Durchführung des Ermittlungsverfahrens oder des gerichtlichen Verfahrens bis zur Entscheidung über die Eröffnung des Hauptverfahrens zu genehmigen. **Unzulässig** wäre es dagegen, die Genehmigung unter der Bedingung zu erteilen, dass nur wegen bestimmter Straftaten oder bis zu einer bestimmten Sanktionsart oder Sanktionshöhe verurteilt wird, oder dass die Sachverhaltsaufklärung auf bestimmte Fragen nicht erstreckt werden dürfe. Eine an unzulässige Bedingungen geknüpfte Genehmigung ist als Verweigerung anzusehen.[147]

50 **d)** Die **Anfechtbarkeit der Immunitätsentscheidung** ist zweifelhaft und umstritten. Die Entscheidung liegt zwar im pflichtgemäßen Ermessen des Bundestages,[148] ist jedoch politischer Natur.[149] Die wohl h.M. lehnt daher eine gerichtliche Kontrolle der Genehmigungsentscheidung schlechthin ab.[150] Jedenfalls stellt die Ablehnung des Aufhebungsantrages als spezifisch parlamentarische Maßnahme keinen gerichtlich anfechtbaren Verwaltungsakt dar.[151] Der Immunitätsschutz dient vornehmlich der Erhaltung der Funktionsfähigkeit des Parlaments,[152] so dass sich nicht ohne weiteres Rechte eines einzelnen Abgeordneten ergeben. Er ist grundsätzlich nur als Teil des begünstigten Organs geschützt.[153] Der einzelne Abgeordnete hat aber aus Art. 46 Abs. 2 i.V.m. Art. 38 Abs. 1 Satz 2 GG einen Anspruch darauf, dass sich das Parlament bei der Entscheidung über die Aufhebung der Immunität nicht – den repräsentativen Status des Abgeordneten grob verkennend – von sachfremden, willkürlichen Motiven leiten lässt.[154] Vor der Entscheidung ist er zu hören.[155] Das BVerfG hat die Geltendmachung dieser eigenen Rechte des einzelnen Ab-

---

143 Insoweit mag der Fall des früheren Bundespräsidenten *Wulff* als illustrierendes Beispiel dienen, wenn auch als nicht vollumfänglich treffendes, da sich die Immunität des Bundespräsidenten nicht direkt aus Art. 46 Abs. 2 GG, sondern über den Umweg des Art. 60 Abs. 4 GG begründet.
144 Vgl. BVerfGE **104** 310, 333; *Glauben* 382.
145 Bonn.Komm./*Magiera* Art. 46, 189; *Maunz/Dürig* Art. 46, 100; KMR/*Plöd* 19; *Schulz* DÖV **1991** 453; **a.A.** *Herlan* MDR **1950** 520.
146 KMR/*Plöd* 19; **a.A.** (offenbar unter Verkennung des Unterschiedes zwischen Realkonkurrenz und prozessualer Tat) *Bockelmann* 37; *Schorn* NJW **1966** 236; zur Möglichkeit einer einheitlichen prozessualen Tat trotz Realkonkurrenz *Beulke/Swoboda* 516; *Beulke* FS II BGH Bd. IV 784.
147 *Bockelmann* 37 Fn. 60.
148 *Magiera* in: Sachs Art. 46, 21; *Trute* in: von Münch/Kunig Art. 46, 29.
149 *Glauben* 380 f.
150 *Achterberg/Schulte* in: von Mangoldt/Klein/Starck Art. 46, 51; ausführlich auch *Maunz/Dürig* Art. 46, 101.
151 *Schmidt-Bleibtreu/Kluth* Art. 46, 38; vgl. *Maunz/Dürig* Art. 46, 101.
152 BVerfGE **104** 310, 326; statt aller *Schulze-Fielitz* in: Dreier Art. 46, 22; Bonn.Komm./*Magiera* Art. 46, 84.
153 *Schulz* DÖV **1991** 449.
154 BVerfGE **104** 330 f. erkennt dies als Rechtsreflex an; Bonn.Komm./*Magiera* Art. 46, 188; *Schmidt-Bleibtreu/Kluth* Art. 46, 17; so schon *Schulz* DÖV **1991** 449, der auch von einem Rechtsreflex, zudem jedoch von einem subjektiven Recht des Abgeordneten auf willkürfreie Ermessensausübung ausgeht.
155 *Bockelmann* 35.

geordneten im Wege des Organstreits anerkannt, wenn er sich gegen die generell beschlossene Genehmigung (Rn. 40) der Durchführung von Ermittlungsverfahren wenden will.[156] Da Verfahren wegen mit Strafe bedrohter Handlungen in der Regel im öffentlichen Interesse durchgeführt werden, wird Dritten zumeist das Rechtsschutzbedürfnis fehlen.[157]

IV. Aussetzungsverlangen (Art. 46 Abs. 4 GG)

1. Bedeutung und Umfang. Nach Art. 46 Abs. 4 GG[158] kann der Bundestag verlangen, dass jedes Strafverfahren, jede Haft und jede sonstige Beschränkung der persönlichen Freiheit eines Abgeordneten „auszusetzen" ist (Requisitions- oder Anforderungsrecht).[159] Der Begriff der **Aussetzung** des Verfahrens ist nicht im technischen Sinne des Verfahrensrechts zu verstehen. Es handelt sich der Sache nach um eine Wiederherstellung des Immunitätsschutzes,[160] so dass ein Aussetzungsverlangen im gleichen Umfang möglich ist, wie der Immunitätsschutz reicht.[161] Es ist ebenso teilbar, wie die Genehmigung teilbar ist (Rn. 44, 49). Ein Aussetzungsverlangen kommt deshalb in Betracht, (1) wenn eine genehmigungsfreie Strafverfolgung wegen Festnahme bei Begehung der Tat vorliegt, (2) wenn eine allgemeine Genehmigung vorlag oder (3) wenn eine ursprünglich erteilte Genehmigung nicht mehr aufrechterhalten werden soll; im letzten Fall ersetzt das Verlangen den Widerruf der Genehmigung.[162] Auch hier steht dem Abgeordneten ein Recht gegenüber dem Bundestag auf willkürfreie Entscheidung zu.[163] Wird von den Strafverfolgungsbehörden die Immunität übersehen, so bedarf es eines förmlichen Aussetzungsverlangens an sich nicht; doch kann es auch eingesetzt werden, um in diesem Fall die Immunität durchzusetzen,[164] namentlich, wenn Meinungsverschiedenheiten über den Umfang einer Genehmigung bestehen. 51

Die Wirkung des **Aussetzungsverlangens reicht nicht weiter als die Immunität** selbst. Mit seiner Hilfe kann deshalb kein Innehalten mit Verfolgungs- und Vollstreckungsmaßnahmen oder mit Verfahren gegen Personen erreicht werden, die überhaupt nicht der Immunität unterliegen. Es reicht deshalb nicht über die Wahlperiode hinaus,[165] hindert nicht die Aufklärung des Sachverhalts in Bezug auf andere Tatbeteiligte, auch soweit die Interessen des Abgeordneten dadurch beeinträchtigt werden (Rn. 22), kann die Vollstreckung einer nicht mit Freiheitsentziehung verbundenen Strafe nicht verhindern (Rn. 23) und könnte nach der h.M., die Bußgeldverfahren dem Immunitätsschutz entzieht (Rn. 13), die Aussetzung eines Verfahrens nach dem OWiG nicht erreichen.[166] 52

---

156 BVerfGE **104** 322f.; so schon länger (Organstreit gestützt auf ein Recht auf ermessensfehlerfreie Entscheidung) Bonn.Komm./*Magiera* Art. 46, 193; *Maunz/Dürig* Art. 46, 101; *Schulze-Fielitz* in: Dreier Art. 46, 44; *Trute* in: von Münch/Kunig Art. 46, 32; *Schulz* DÖV **1991** 449.
157 *Achterberg/Schulte* in: von Mangoldt/Klein/Starck Art. 46, 51.
158 Entsprechende Regelungen in allen Landesverfassungen, z.B. Art. 55 Abs. 3 Sa.Verf.; nach Art. 28 Abs. 3 Satz 2 Bay.Verf. kann das Verlangen bei einem „unpolitischen Verbrechen" nicht gestellt werden, ob ein solches vorliegt, hat der Landtag zu entscheiden; nach Art. 35 Abs. 4 Berl.Verf. beschränkt sich das Aufhebungsverlangen nur auf Haft und sonstige Freiheitsentziehung.
159 Zur Terminologie *Achterberg/Schulte* in: von Mangoldt/Klein/Starck Art. 46, 59; *Maunz/Dürig* Art. 46, 81.
160 Bonn.Komm./*Magiera* Art. 46, 194.
161 Bonn.Komm./*Magiera* Art. 46, 194; *Maunz/Dürig* Art. 46, 81.
162 Bonn.Komm./*Magiera* Art. 46, 194; Fallkonstellationen bei *Maunz/Dürig* Art. 46, 82; vgl. auch *Achterberg/Schulte* in: von Mangoldt/Klein/Starck Art. 46, 60.
163 BVerfGE **104** 310; Bonn.Komm./*Magiera* Art. 46, 188, 192f.; *Schmidt-Bleibtreu/Kluth* Art. 46, 38.
164 Bonn.Komm./*Magiera* Art. 46, 194; vgl. auch *Maunz/Dürig* Art. 46, 82.
165 *Maunz/Dürig* Art. 46, 81.
166 Anders in BW, vgl. Rn. 14.

53 **2. Prozessuale Wirkungen.** Mit dem Zustandekommen des Parlamentsbeschlusses, der die Aussetzung des Verfahrens verlangt, entsteht ein ex nunc von den Gerichten und Staatsanwaltschaften zu beachtendes persönliches Verfahrenshindernis,[167] das, sofern das Aussetzungsverlangen das gesamte Verfahren betrifft, regelmäßig zur vorläufigen Einstellung des Verfahrens nach § 205 zwingt.[168] Das Verfahren bleibt in der Lage stecken, in der es sich zu diesem Zeitpunkt befindet. Bereits vorgenommene Handlungen und bereits erlassene Entscheidungen bleiben wirksam[169] und werden auch nicht fehlerhaft oder anfechtbar. Entfällt die durch das Aussetzungsverlangen wiederbegründete Immunität, so ist das Verfahren fortzusetzen. Prozesshandlungen, die nach dem Aussetzungsverlangen ergehen, sind ebenso zu behandeln, wie solche, die unter Verkennung einer anfänglich bestehenden Immunität vorgenommen worden sind (Rn. 51 f.).

54 Bezieht sich das Aussetzungsverlangen nur auf die **Haft oder sonstige Freiheitsbeschränkung,** so sind lediglich diese zu beenden, während im Übrigen das Verfahren weiter betrieben werden kann. Der beschuldigte Abgeordnete ist also etwa aus der Haft zu entlassen, während der Haftbefehl weiter bestehen bleibt und nach Beendigung der Immunität wieder vollstreckt werden kann.[170]

V. Folgen der Immunität

55 Die Immunität begründet, sobald sie eintritt und solange sie dauert, ein persönliches, regelmäßig vorübergehendes **Verfahrenshindernis**[171] und ist strafverfahrensrechtlich nach den hierfür geltenden Regeln zu behandeln. Besteht die Immunität bereits bei Entstehung des Tatverdachts, so darf ein Verfahren gar nicht erst eingeleitet werden; entsteht sie während des Verfahrens, so dürfen weitere Prozesshandlungen nicht vorgenommen werden, das Verfahren ist nach § 205 vorläufig einzustellen (§ 205, 31; § 206a, 53).[172] Richtet sich das Verfahren gegen mehrere Beschuldigte, von denen nur einige Immunität genießen, so kann (und muss regelmäßig wegen des Beschleunigungsgrundsatzes) das Verfahren gegen die anderen Beschuldigten nach Verfahrenstrennung fortgesetzt werden. Das Verfahren ist fortzusetzen, sobald die Immunität beendet ist. Während der Dauer der Immunität ruht gemäß § 78b Abs. 1, 2 StGB die **Verjährung;** dies gilt jedoch nicht, soweit aufgrund einer allgemeinen Genehmigung oder nach Art. 46 Abs. 2 Halbsatz 2 GG eine Strafverfolgung möglich wäre.[173]

56 Wird das Vorliegen der **Immunität übersehen,** so ist das in ihr liegende Verfahrenshindernis nach den dafür geltenden Grundsätzen (§ 206a, 9 ff.) bis zur Rechtskraft der Entscheidung von Amts wegen zu beachten. Wird das Urteil rechtskräftig, so ist es wirksam[174] und grundsätzlich auch vollstreckbar. Lediglich die mit Freiheitsentziehung verbundene Vollstreckung scheitert an der insoweit bestehenden besonderen Immunität

---

167 *Achterberg* 246; HK/*Gercke* 4; Meyer-Goßner/*Schmitt* 2; KMR/*Plöd* 20; *Pfeiffer* 4.

168 *Bockelmann* 62; KMR/*Plöd* 20; *Eb. Schmidt* I 158.

169 *Bockelmann* 62; *Maunz/Dürig* Art. 46, 87.

170 *Achterberg/Schulte* in: von Mangoldt/Klein/Starck Art. 46, 40; *Bockelmann* 62.

171 BVerfG **104** 326; *Bockelmann* 28; *Herlan* JR **1951** 325; *Joecks* StPO 3; HK/*Gercke* 4; *Krey* Bd. II 571; Bonn.Komm./*Magiera* Art. 46, 196; *Maunz/Dürig* Art. 46, 51; Meyer-Goßner/*Schmitt* 2; *Pfeiffer* 4; KMR/*Plöd* 20; KK/*Diemer* 8; AnwK-StPO/*Walther* 3; SSW/*Schnabl* 4, die zudem in der Idemnität einen persönlichen Strafausschließungsgrund erblicken.

172 KMR/*Plöd* 20; teilweise **a.A.** (nach Eröffnung des Hauptverfahrens Anwendung der §§ 206a, 260 Abs. 3) aber im Ergebnis (der Sache nach nur vorläufige Einstellung) übereinstimmend *Bockelmann* 31 f.; ihm folgend *Eb. Schmidt* I 159.

173 OLG Bremen NJW **1966** 743; OLG Oldenburg NJW **1966** 1764; KMR/*Plöd* 21.

174 *Bockelmann* 33 f.; *Maunz/Dürig* Art. 46, 81.

nach Art. 46 Abs. 3 GG; sie wird jedoch uneingeschränkt zulässig, sobald diese Immunität nicht mehr besteht.

Immunitätswidrige **einzelne Ermittlungsmaßnahmen** sind zu beenden, wenn sich herausstellt, dass ihnen Immunitätsschutz entgegensteht und wenn sie noch andauern.[175] Eine nicht genehmigte oder nach Art. 46 Abs. 2 Halbsatz 2 GG genehmigungsfreie vorläufige Festnahme oder Untersuchungshaft ist z.B zu beenden, eine Überwachung der Telekommunikation abzubrechen, beschlagnahmte Gegenstände sind freizugeben. 57

Kaum behandelt ist, ob unter Verstoß gegen die Immunität erlangte Beweise einem **Beweisverwertungsverbot** unterliegen. Die Antwort hängt davon ab, in welchem Umfang man aufgrund unzulässiger Beweisgewinnung allgemein Verwertungsverbote anerkennen will (vgl. Einl. L). Ausgehend von dem insoweit maßgeblichen Schutzzweck der verletzten Norm[176] dürfte im Hinblick auf den Umfang der Genehmigungsmöglichkeiten und der genehmigungsfreien Strafverfolgung und auf den heutigen Schutzbereich des Art. 46 GG mehr dafür sprechen, ein Verwertungsverbot zu verneinen.[177] Es handelt sich bei der Immunität nicht um ein Recht des Abgeordneten, sondern um ein solches des Parlaments im Interesse von dessen Funktionsfähigkeit.[178] Ist durch formal gültige Parlamentsentscheidung die Immunität eines Abgeordneten aufgehoben worden, so kommt es für die Verwertbarkeit danach sichergestellter Beweismittel nicht darauf an, ob die Immunitätsaufhebung verfassungsgerichtlicher Nachprüfung standhält. Dies muss jedenfalls dann gelten, wenn das Abgeordnetenmandat inzwischen beendet ist.[179] 58

§ 153
Absehen von der Verfolgung bei Geringfügigkeit

(1) ¹Hat das Verfahren ein Vergehen zum Gegenstand, so kann die Staatsanwaltschaft mit Zustimmung des für die Eröffnung des Hauptverfahrens zuständigen Gerichts von der Verfolgung absehen, wenn die Schuld des Täters als gering anzusehen wäre und kein öffentliches Interesse an der Verfolgung besteht. ²Der Zustimmung des Gerichtes bedarf es nicht bei einem Vergehen, das nicht mit einer im Mindestmaß erhöhten Strafe bedroht ist und bei dem die durch die Tat verursachten Folgen gering sind.

(2) ¹Ist die Klage bereits erhoben, so kann das Gericht in jeder Lage des Verfahrens unter den Voraussetzungen des Absatzes 1 mit Zustimmung der Staatsanwaltschaft und des Angeschuldigten das Verfahren einstellen. ²Der Zustimmung des Angeschuldigten bedarf es nicht, wenn die Hauptverhandlung aus den in § 205 angeführten Gründen nicht durchgeführt werden kann oder in den Fällen des § 231 Abs. 2 und der §§ 232 und 233 in seiner Abwesenheit durchgeführt wird. ³Die Entscheidung ergeht durch Beschluß. ⁴Der Beschluß ist nicht anfechtbar.

175 *Pfeiffer* 8.
176 *Beulke/Swoboda* 457 ff. m.w.N.
177 So auch Meyer-Goßner/*Schmitt* 13; *Pfeiffer* 8; vgl. auch BGH NStZ **1992** 94; **a.A.** *Brocker* GA **2002** 53, der davor warnt, dass die Strafverfolgungsbehörden zur späteren Sicherstellung einer Strafverfolgung bewusst die Immunitätsregelungen unterlaufen könnten.
178 OLG Köln NStZ **1987** 565; *Bornemann* DÖV **1986** 94; Bonn.Komm./*Magiera* Art. 46, 84; *Maunz/Dürig* Art. 46, 50.
179 BGH NStZ **1992** 94.

https://doi.org/10.1515/9783110590098-004

Schrifttum zu den §§ 153, 153a

Ahrens Die Einstellung in der Hauptverhandlung gemäß §§ 153 II, 153a II StPO (1978); *Bär* Bedeutung und Anwendung des § 153a StPO in Verkehrsstrafsachen, DAR **1984** 129; *Bandemer* Einstellung hinter der Einstellung, NStZ **1988** 297; *Baumann* Grabgesang für das Legalitätsprinzip, ZRP **1972** 273; *Beulke* Züchtigungsrecht – Erziehungsrecht – strafrechtliche Konsequenzen der Neufassung des § 1631 Abs. 2 BGB, FS Hanack (1999) 539; *ders.* § 153a StPO im Wirtschaftsstrafrecht: abschaffen oder besser machen? FS v. Heintschel-Heinegg (2015) 33; *Bibbo* Kriterien zur Konkretisierung des Opportunitätsprinzips im Bußgeldverfahren (2006); *Bloy* Zur Systematik der Einstellungsgründe im Strafverfahren, GA **1980** 161; *Bohnert* Die Reichweite staatsanwaltschaftlicher Einstellung im Jugendstrafverfahren, NJW **1980** 1927; *Boxdorfer* Das öffentliche Interesse an der Strafverfolgung trotz geringer Schuld des Täters, Grenzen der Anwendung des § 153a StPO, NJW **1976** 317; *Braun* Die Verwarnung mit Strafvorbehalt. Entstehungsgeschichte, Vereinbarkeit mit dem Schuldprinzip und Verhältnis zu den §§ 153, 153a StPO, Diss. Freiburg 1979; *Britz/Jung* Anmerkungen zur „Flexibilisierung" des Katalogs von § 153a Abs. 1 StPO, FS Meyer-Goßner (2001) 307; *Brüning* Die Einstellung nach § 153a StPO, Moderner Ablasshandel oder Rettungsanker der Justiz? ZIS **2015** 56; *Bussmann* Verbot familialer Gewalt gegen Kinder (2000); *Cordes/Reichling* Verbandsgeldbuße trotz Verfahrenseinstellung gegenüber Leitungspersonen, NJW **2016** 3209; *Dahs* § 153a – ein Allheilmittel der Strafrechtspflege? NJW **1996** 1192; *Deiters* Legalitätsprinzip und Normgeltung (2006); *ders.* Plädoyer für die Abschaffung des § 153a StPO und die Einführung eines neuen abgekürzten Verfahrens, GA **2015** 371; *Dencker* Die Bagatelldelikte im Entwurf eines EGStGB, JZ **1973** 144; *Dreher* Die Behandlung der Bagatellkriminalität, FS Welzel (1974) 917; *Dölling u.a.* BMJ (Hrsg.) Täter-Opfer-Ausgleich – Bestandsaufnahme und Perspektiven (1998); *Dünkel/Geng/Kirstein* Soziale Trainingskurse und andere ambulante Maßnahmen nach dem JGG in Deutschland, hrsg. vom Bundesministerium der Justiz (1998); *Duttge* Zum Strafcharakter der „Auflagen" nach § 153a StPO, FS Beulke (2015) 689; *Eckl* Neue Verfahrensweisen zur Behandlung der Kleinkriminalität, JR **1975** 99; *Eisele* Verzicht auf die Fahrerlaubnis als Instrument zur Beendigung von Strafverfahren, NZV **1999** 232; *Eser/Walther* (Hrsg.) Wiedergutmachung im Strafrecht Band 3 (2001); *Fahl* Dürfen Staatsanwaltschaft und Gericht für die Verfahrenseinstellung nach § 153a StPO ein Geständnis verlangen – „Fall Edathy"? JR **2016** 241; *Fezer* Vereinfachte Verfahren im Strafprozeß, ZStW **106** (1994) 1; *Frehsee* Wiedergutmachungsauflage und Zivilrecht, NJW **1981** 1253; *Freund* Stellungnahme eines Arbeitskreises der Strafrechtslehrer zum Eckpunktepapier zur Reform des Strafverfahrens, GA **2002** 82; *Fünfsinn* Die „Zumessung" der Geldauflage nach § 153a I Nr. 2 StPO, NStZ **1987** 97; *Geerds* Über mögliche Reaktionen auf Ladendiebstähle, DRiZ **1976** 225; *Glaremin/Becker* Das Adhäsionsverfahren und die gerichtliche Einstellung des Strafverfahrens gemäß § 153a, JA **1988** 602; *Gleß* Zeitliche Differenz zwischen Handlung und Erfolg – insbesondere als Herausforderung für das Verjährungsrecht, GA **2006** 689; *Goeckenjan* Neuere Tendenzen in der Diversion (2005); *Götz* Anmerkungen zum Mannesmann-Prozess, NJW **2007** 419; *Graf* Das neue Gesetz über den Rechtsschutz bei überlangen Gerichtsverfahren und strafrechtlichen Ermittlungsverfahren – Beschleunigungsimpuls für die Praxis oder neuer Anreiz für Verständigungen im Strafverfahren? NZWiSt **2012** 121; *Grohmann* Zustimmung der Staatsanwaltschaft zur Einstellung nach § 153a Abs. 2 StPO, DRiZ **1983** 365; *Grote* Diversion im Jugendstrafrecht (2006); *Hanack* Das Legalitätsprinzip und die Strafrechtsreform, FS Gallas (1973) 339; *Heghmanns* Das Arbeitsgebiet des Staatsanwalts (2003); *ders.* Aktuelle Reformkonzepte für das Strafverfahren, JA **2002** 985; *Heimler* Ordnungswidrigkeit und Prozeßgegenstand, Diss. Erlangen 1985; *Heinz/Storz* Diversion im Jugendstrafverfahren der Bundesrepublik Deutschland, hrsg. vom Bundesministerium der Justiz (1992); *Herbort* Wer kommt vor das Gericht? (1992); *Hergenröder* Das staatsanwaltliche Verfahren (1986); *Hertwig* Die Einstellung des Strafverfahrens wegen Geringfügigkeit (1982); *Herzog* Die Rechtskraft strafgerichtlicher Beschlüsse und ihre Beseitigung, Diss. Freiburg 1971; *Hirsch* Zur Behandlung der Bagatellkriminalität in der Bundesrepublik Deutschland, ZStW **92** (1980) 218; *Hobe* „Geringe Schuld" und „öffentliches Interesse" in den §§ 153 und 153a StPO, FS Leferenz (1983) 629; *Hohendorf* § 153a I als Radikalmittel zur Bewältigung der „Massen-Bagatellkriminalität"? NJW **1987** 1177; *Homann* Der Begriff des „öffentlichen Interesses" in den §§ 376, 153 StPO und § 232 StGB, Diss. Göttingen 1971; *Horstmann* Zur Präzisierung und Kontrolle von Opportunitätseinstellungen (2002); *Hünerfeld* Kleinkriminalität und Strafverfahren, ZStW **90** (1978) 905; *Jahn/Meinecke* Prominentenstrafrecht, FS Schlothauer (2018) 129; *Jostes* Leistungsstörungen und Fehlverhalten von Gericht und Staatsanwaltschaft bei der Einstellung des Verfahrens gemäß § 153a StPO (2004); *Jungwirth* Bagatelldiebstahl und Sachen ohne Verkehrswert, NJW **1984** 954; *Kaiser* Möglichkeiten der Bekämpfung der Bagatellkriminalität, ZStW **90** (1978) 877; *Kaiser/Meinberg* „Tuschelverfahren" und „Millionärsschutzparagraph"? – Empirische Erkenntnisse zur Einstellung nach § 153a I StPO am Beispiel Wirtschaftskriminalität, NStZ **1984** 343; *Kargl/Sinner* Der Öffentlichkeitsgrundsatz und das öffentliche Interesse in § 153a StPO, Jura **1998** 231; *Katholnigg* Neue Verfahrensmaßnahmen in Betäubungsmittelstrafsachen, NStZ **1981** 417; *Kausch* Der Staatsanwalt – Ein Richter vor dem Richter? (1980); *Keller* Zur gerichtlichen Kontrolle prozessualer Ermessensentscheidungen der Staatsanwaltschaft, GA **1983** 497; *Kellner* Kann bei einer fahrlässigen Körperverletzung im Straßenverkehr das öffentliche Verfolgungsinteresse noch verneint werden? MDR **1977** 626; *Keunecke/Schinkel* § 153a Strafprozeßordnung und Ladendiebstahl, MschrKrim. **1984** 157; *Klussmann* Welche Bedeutung hat eine Einstellungsverfügung der Staatsanwaltschaft nach § 153 Abs. 2 StPO für das Privatklageverfahren bei Tateinheit zwischen Offizialdelikt und Privatklagedelikt? MDR **1974** 362; *Kniebühler* Transnationales ‚ne bis in idem' (2005); *Kohlhaas* Unzulässige Durchbrechungen des Legalitätsprinzips, GA **1956** 241; *König* Die Hauptverhandlung – noch Kerngeschehen im Strafprozess? AnwBl **2010**, 382; *Kotz* Die Wahl der Verfahrensart durch den Staatsanwalt (1983); *Kramer* Willkürliche oder kontrollierte Warenhausjustiz, NJW **1976** 1608; *Krick* § 153a StPO: Rückerstattung erbrachter Leistungen bei späterer Verfolgung wegen eines Verbrechens oder Kompensation im Rahmen der Strafzumessung, NStZ **2003** 68; *Krümpelmann* Die Bagatelldelikte (1966); *Kruse* Aus der Praxis: Die Rechtsmittelbelehrung im staatsanwaltlichen Einstellungsbescheid, JuS **2007** 822; *Kudlich* Ecclestone, Verständigungsgesetz und die Folgen – Reformbedarf für § 153a StPO? ZRP **2015** 10; *Kühl* Unschuldsvermutung, Freispruch und Einstellung (1983); *ders.* Zur Beurteilung der Unschuldsvermutung bei Einstellungen und Kostenentscheidungen, JR **1978** 94; *ders.* Die Auslagen des Nebenklägers bei Einstellung des Verfahrens, NJW **1980** 1834; *ders.* Unschuldsvermutung und Einstellung des Strafverfahrens, NJW **1984** 1264; *Kuhlmann* Die Einstellungsverfügung nach § 153 Abs. 2 StPO bei tateinheitlichem Zusammentreffen von Offizial- und Privatklagedelikten, MDR **1974** 898; *Kunz* Die Einstellung wegen Geringfügigkeit durch die Staatsanwaltschaft (1980); *ders.* Das strafrechtliche Bagatellprinzip (1984); *Kutzner* Bemerkungen zur Vereinbarkeit der sog. Strafzumessungs-Lösung des BGH mit den Grundsätzen des Strafzumessungsrechts, StV **2002** 277; *Langer* Staatsanwälte und Richter (1994); *Liemersdorf/Miebach* Strafprozessuale Kostenentscheidung und Unschuldsvermutung, NJW **1980** 371; *Loos* Probleme der beschränkten Sperrwirkung strafprozessualer Entscheidungen, JZ **1978** 592; *Magnus* Das „öffentliche Interesse" in § 153 Abs. 1 StPO – Analyse anhand eines aktuellen Falles, GA **2012** 621; *Maiazza* Das Opportunitätsprinzip im Bußgeldverfahren unter besonderer Berücksichtigung des Kartellrechts (2003); *Meinberg* Geringfügigkeitseinstellungen von Wirtschaftsstrafsachen (1985); *Meyer, D.* Zulässigkeit der Belastung des Angeklagten mit den notwendigen Auslagen des Nebenklägers im Falle einer endgültigen Verfahrenseinstellung gemäß §§ 153a Abs. 2, 205 StPO, JurBüro **1978** 1755; *Meyer, M.-K.* Das „Fehlen des öffentlichen Interesses" in § 153 Abs. 1 StPO – eine überflüssige und überdies gefährliche Leerformel? GA **1997** 404; *Meyer-Goldau* Der Begriff der „geringen Schuld" in § 153 der Strafprozeßordnung, Diss. Kiel 1972; *Minthe* Soforteinbehalt bei Ladendiebstahl – Begleitforschung eines Modellversuchs in Nürnberg, DRiZ **2004** 20; *Müller, Rudolf* Begünstigung der Steuer- und Wirtschaftsstraftäter durch den Staat? ZRP **1975** 49; *Murmann* Über den Zweck des Strafprozesses, GA **2004** 65; *Naucke* Der Begriff der „geringen Schuld" (§ 153 StPO) im Straftatensystem, FS Maurach (1972) 197; *ders.* Empfiehlt es sich, in bestimmten Bereichen der kleinen Eigentums- und Vermögenskriminalität, insbesondere des Ladendiebstahls, die strafrechtlichen Sanktionen durch andere, zum Beispiel zivilrechtliche Sanktionen abzulösen, gegebenenfalls durch welche? Gutachten für den 51. DJT, Verh. des 51. DJT, 1976, Bd. I Teil D; *Nothacker* Das Absehen von der Verfolgung im Jugendstrafverfahren (§ 45 JGG), JZ **1982** 57; *Paeffgen* Irrungen und Wirrungen im Bereich der Strafzumessungskürzung bei Verstößen gegen die Verfahrensgerechtigkeit, namentlich das Beschleunigungsverbot, StV **2007** 487; *Paschmanns* Die staatsanwaltliche Verfahrenseinstellung wegen Geringfügigkeit nach §§ 153, 153a – Entscheidungsgrenzen und Entscheidungskontrolle (1988); *Peters/Odinius* Die endgültige Einstellung des Verfahrens nach § 154 StPO bei Einstellung des Bezugsverfahrens nach § 153a StPO, NZWiSt **2017** 426; *Pommer* Das Legalitätsprinzip im Strafprozess, Jura **2007** 662; *Potthoff* Zur Rechtskraft des Einstellungsbeschlusses nach § 153 III StPO, JR **1951** 679; *Radtke* Zur Systematik des Strafklageverbrauchs verfahrenserledigender Entscheidungen im Strafprozeß (1994); *ders.* Bestandskraft staatsanwaltlicher Einstellungsverfügungen und die Identität des wiederaufgenommenen Verfahrens, NStZ **1999** 481; *ders.* Zur Systematik des Strafklageverbrauchs verfahrenserledigender Entscheidungen im Strafprozeß (1994); *Rose* Der Rechtsschutz des Beschuldigten gegen die Einstellung des Strafverfahrens nach den Opportunitätsvorschriften der Strafprozessordnung (2006); *Rieß* Überlegungen zur künftigen Ausgestaltung der Verfahrenseinstellung gegen Auflagen, FS Koch (1989) 215; *ders.* Vereinfachte Verfahrensarten für die kleinere Kriminalität, in: Strafprozeß und Reform (1979), 113; *ders.* Entwicklung und Bedeutung der Einstellungen nach § 153a StPO, ZRP **1983** 93; *ders.* Zur weiteren Entwicklung der

Einstellungen nach § 153a StPO, ZRP **1985** 212; *Roesen* Reform des § 153, NJW **1958** 1814; *Rössner* Bagatelldiebstahl und Verbrechenskontrolle (1976); *Rübenstahl/Bastian* Unanwendbarkeit des europarechtlichen Verbots der Doppelbestrafung auf nicht rechtskräftige polizeiliche Verfahrenseinstellungen, ELR (European Law Review) **2009** 71; *Rzepka* Zur Fairness im deutschen Strafverfahren (2000); *Salditt* § 153a StPO und die Unschuldsvermutung, FS E. Müller II (2008) 611; *Saliger* Grenzen der Opportunität: § 153a StPO und der Fall Kohl, GA **2005** 155; *Sander* Zur analogen Anwendung von Opportunitätsvorschriften bei geringem Verschulden des ausgebliebenen Zeugen, GA **1995** 569; *Schaefer, Ch.* Kooperation im Ermittlungsverfahren, AnwBl. **1998** 67; *Schaffstein* Überlegungen zur Diversion, FS Jescheck (1985) 937; *Schall* Die Sanktionsalternative der gemeinnützigen Arbeit als Surrogat der Geldstrafe, NStZ **1985** 104; *Schlegl* Verfahrenseinstellung nach § 153 StPO bei in der Anklage als Verbrechen bezeichneten Taten, NJW **1969** 89; *Schlothauer* Die Einstellung des Verfahrens gemäß §§ 153, 153a StPO nach Eröffnung des Hauptverfahrens, StV **1982** 449; *Schmid, Michael J.* Teilweise oder verspätete Auflagenerfüllung nach § 153a StPO, JR **1979** 53; *ders.* Erstattung der Auslagen des Nebenklägers bei Einstellung des Verfahrens nach den §§ 153 ff. StPO, JR **1980** 404; *Schmidhäuser* Freikaufverfahren mit Strafcharakter im Strafprozeß? JZ **1973** 529; *Schmidt, Hans Wolfgang* Reform des § 153 Abs. 3 StPO, SchlHA **1961** 326; *Schmidt, Herbert* Die Auslagen des Nebenklägers bei Einstellung des Verfahrens, DAR **1981** 104; *Schmidt, Jens* Verfahrenseinstellungen beim Zusammentreffen von Straftat und Ordnungswidrigkeit, wistra **1998** 211; *Schmitt* Die überlange Verfahrensdauer und das Beschleunigungsgebot in Strafsachen, StraFo **2008** 313; *Schmuck/Lammai* Einstellung im Strafverfahren – Rechtsnatur der Einstellung gemäß § 153a StPO, SVR **2018** 46; *Schöch* (Hrsg.) Wiedergutmachung und Strafrecht (1987); *Schreiner* Wiedergutmachungsauflage und Konkurs, DRiZ **1977** 336; *Schott* Verletzung der Unschuldsvermutung bei Verfahrenseinstellungen nach § 153 StPO, StV **2016**, 450; *Schulenburg* Legalitäts- und Opportunitätsprinzip im Strafverfahren, JuS **2004** 765; *Schünemann* Wohin treibt der deutsche Strafprozess, ZStW **114** (2002) 1; *Schuth* Die Einstellung unter Auflagen im System der Verfahrensvorschriften des Sanktionenrechts, Diss. Gießen 1979; *Sieg* Fehlerhafte Einstellung nach § 153a StPO, MDR **1981** 200; *Slotty* Das Betäubungsmittelgesetz 1982, NStZ **1981** 321; *Sojka* Entschädigung auch bei Einstellung nach § 153a StPO möglich, MDR **1993** 948; *Steyer* Die Einstellungsverfügung des Staatsanwalts bei Körperverletzungsdelikten vor dem Hintergrund der staatlichen Opferentschädigung, DRiZ **1989** 201; *Sturm* Der grundrechtliche Anspruch auf effektive Strafverfolgung Dritter, GA **2017** 398; *Tepperwien* Beschleunigung über alles? Das Beschleunigungsgebot im Straf- und Ordnungswidrigkeitenverfahren, NStZ **2009** 1; *Terbach* Einstellungserzwingungsverfahren (1996); *ders.* Rechtsschutz gegen die staatsanwaltliche Zustimmungsverweigerung zur Verfahrenseinstellung nach §§ 153 II, 153a II StPO, NStZ **1998** 172; *Teske* Die Bedeutung der Unschuldsvermutung bei Einstellungen gemäß §§ 153, 153a StPO im Steuerstrafverfahren, wistra **1989** 131; *Theerkorn* Gewalt im sozialen Nahraum (1995); *Treiber* Die Macht der Routine oder Was geschieht nach dem Inkrafttreten eines (Reform-)Gesetzes – Zur Implementierungspraxis der §§ 153, 153a beim Bagatelldiebstahl, in: Lüderssen/Sack (Hrsg.) Vom Nutzen und Nachteil der Sozialwissenschaften für das Strafrecht (1980) 444; *Trentmann* § 153a StPO und das öffentliche Interesse an der Strafverfolgung – Zum Vorwurf der Irrationalität und Paradoxie von Verfahrenseinstellungen gegen Geldauflage anlässlich des Falls Edathy, ZStW **128** (2016) 466; *Trepper* Zur Rechtskraft strafprozessualer Beschlüsse (1996); *Tröndle* „Zurückstellung der Strafvollstreckung“ und Strafaussetzung zur Bewährung, MDR **1982** 1; *Vogel, Horst* Das „öffentliche Interesse an der Strafverfolgung“ und seine prozessuale Bedeutung, Diss. München 1966; *Voß* Staatsanwaltschaftliche Entscheidung – Beeinflussung durch systematische Informationserweiterung? (1993); *Waller* Empfiehlt es sich, § 153a StPO zu erweitern? DRiZ **1986** 47; *Walther* Vom Rechtsbruch zum Realkonflikt (2000); *Weber* Das öffentliche Interesse an der Strafverfolgung im neuen § 153 Abs. 2 StPO, NJW **1966** 1241; *Weigend* Strafzumessung durch den Staatsanwalt? KrimJ **1984** 8; *ders.* Unverzichtbares im Strafverfahrensrecht, ZStW **113** (2001) 271; *Werner* Der Einfluß des Verletzten auf Verfahrenseinstellungen der Staatsanwaltschaft (1986); *Weßlau* Ahndungskompetenzen für die Polizei? – „Strafgeld“ auf dem Prüfstand, DRiZ **1999** 225; *Wissgott* Probleme rechtsstaatlicher Garantien im Ermittlungsverfahren, Diss. Göttingen 1983; *Wolter* Strafverfahrensrecht und Strafprozeßreform, GA **1985** 49; *ders.* Informelle Erledigungsarten und summarische Verfahren bei geringfügiger und minderschwerer Kriminalität, GA **1989** 397; *Zettel* Einstellungsverfügungen und -beschlüsse beim Zusammentreffen von Straftaten und Ordnungswidrigkeiten, MDR **1978** 531; weiteres Schrifttum bei § 152 und § 155a.

Entstehungsgeschichte

Die Vorschrift wurde durch § 23 EmmingerVO geschaffen[1] und durch die Bek. 1924 als § 153 in die StPO eingestellt. Sie hatte zunächst folgenden Wortlaut:

(1) Übertretungen werden nicht verfolgt, wenn die Schuld des Täters gering ist und die Folgen der Tat unbedeutend sind, es sei denn, daß ein öffentliches Interesse an der Herbeiführung einer gerichtlichen Entscheidung besteht.

(2) Ist bei einem Vergehen die Schuld des Täters gering und sind die Folgen der Tat unbedeutend, so kann die Staatsanwaltschaft mit Zustimmung des Amtsrichters von der Erhebung der öffentlichen Klage absehen.

(3) Ist die Klage bereits erhoben, so kann das Gericht mit Zustimmung der Staatsanwaltschaft das Verfahren einstellen; der Beschluß kann nicht angefochten werden.

Bei unverändertem Wortlaut der StPO bestimmte § 2 des Kap. 1 des 6. Teils der 2. AusnVO, dass Übertretungen nur zu verfolgen seien, wenn es das öffentliche Interesse erfordere; bei fehlendem öffentlichen Interesse konnte das Gericht bei Übertretungen das Verfahren mit Zustimmung der Staatsanwaltschaft einstellen. Nach Art. 9 § 2 Abs. 2 der 2. VereinfVO entfiel in Absatz 2 das Erfordernis der gerichtlichen Zustimmung. Art. 3 I Nr. 61 des VereinhG stellte die ursprüngliche Fassung wieder her. Art. 4 Nr. 21 des 3. StRÄndG fügte in Absatz 3 die Worte „in jeder Lage“ ein. Durch Art. 10 Nr. 3 des StPÄG 1964 wurden in dem die Übertretungen betreffenden Absatz 1 die Worte „und die Folgen der Tat unbedeutend sind“ gestrichen; in Absatz 2 wurden sie (auf Vorschlag des Vermittlungsausschusses nach Einspruch des Bundesrates) durch das fehlende öffentliche Interesse an der Strafverfolgung ersetzt. Ferner wurden in Absatz 2 die Worte „des Amtsrichters“ durch „des zur Entscheidung über die Eröffnung des Hauptverfahrens zuständigen Gerichts“ ersetzt und in Absatz 3 die Worte „nach Anhörung des Angeschuldigten“ eingefügt. Ihre heutige Fassung erhielt die Vorschrift durch Art. 2 Nr. 2 des RpflEntlG vom 11.1.1993 (BGBl. I S. 50), das in Absatz 1 Satz 2 die Beschränkung auf Vergehen, die „gegen fremdes Vermögen gerichtet“ sind, die seit dem EGStGB 1975 bestand, wieder aufgehoben hat und die Worte „wenn der durch die Tat verursachte Schaden gering ist“ ersetzte durch „und bei dem die durch die Tat verursachten Folgen gering sind“.

Übersicht

1 Die Änderung knüpfte an Vorschläge aus der früheren Reformdiskussion an, vgl. m.w.N. *Krümpelmann* 204 ff.; *Marquardt* (LV zu § 152) 70 ff.; *Meyer-Goldau* 22 ff., 113 f.

Alphabetische Übersicht

I. Bedeutung und Anwendungsbereich

1. Bedeutung

1 **a) Kriminalpolitische und dogmatische Bedeutung.** Die aus dem Jahre 1924 stammende und an frühere Vorschläge aus der Reformdiskussion anknüpfende Vorschrift ist die in ihrer Grundstruktur schon fast als klassisch zu bezeichnende älteste Begrenzung des Legalitätsprinzips im deutschen Strafverfahrensrecht.[2] Von ihrer ursprünglichen Zielsetzung her schwerpunktmäßig auf den Bereich der Übertretungen ausgerichtet, hat sie ihre Bedeutung auch nach deren Umwandlung in Ordnungswidrigkeiten beibehalten,[3] indem sie weiterhin im Bereich der Vergehen von geringer Schwere eine zugleich justizentlastende und entkriminalisierende Funktion erfüllt. Eine uneingeschränkte Verfolgungspflicht, nach der jede Straftat ausnahmslos verfolgt werden müsste, würde die Strafverfolgungsbehörden so stark belasten, dass mit den gegebenen beschränkten Mitteln von Polizei, Staatsanwaltschaft und Gerichten eine Entscheidung in angemessener Zeit nicht durchführbar wäre.[4] Vor allem angesichts der notorischen Überlastung der Staatsanwaltschaft erscheint ein Modell des eingeschränkten Verfolgungszwanges unverzichtbar, um so sicherzustellen, dass die schnelle und effektive Verfolgung schwerer Straftaten nicht unter der Belastung der Strafjustiz mit geringfügigen Verfehlungen lei-

2 Lediglich § 32 RJGG vom 16.2.1923 (RGBl. I S. 135) als Vorläufer der heutigen §§ 45, 47 JGG ist älter.
3 *Rieß* NStZ **1981** 2.
4 *Döhring* (LV zu § 152) 33; *Kühne* 308; *Lüderssen* (LV zu § 152) 215 f.

det.[5] Jenseits dieses Aspektes der Justizentlastung liegt der **Zweck der Vorschrift** in hohem Maße auch in der Schaffung informeller Erledigungsmöglichkeiten aus Gerechtigkeitsgründen,[6] um, auch in Anbetracht der geringen Schuld, den mit der Sanktionierung verbundenen Stigmatisierungen und negativen Programmierungen möglichst entgegenzuwirken. Aufgrund der gleichartigen Effekte, die bei Durchführung einer Hauptverhandlung oder z.T. auch alleine aufgrund des Bekanntwerdens der Anklageerhebung eintreten können, kann auch hier eine Einstellung aus Gerechtigkeitsgründen geboten sein. Kriminalpolitisch erscheint eine informelle Konfliktlösung vor allem bei sehr jungen Tätern häufig eher einer erneuten Tatbegehung entgegenzuwirken als eine strenge Sanktionierung.[7] Auch der mit der Einstellung verbundene Beschleunigungseffekt ist positiv einzustufen. Deshalb haben sich die §§ 153, 153a inzwischen als Legitimationsgrundlage einer breiten kriminalpolitischen Diversionsbewegung entwickelt, wobei die Diversion im weiteren Sinne nicht nur den gänzlichen Verzicht auf staatliche Reaktionen erfasst, sondern auch die mögliche Verringerung des staatlichen Eingriffs, insbesondere durch Verzicht auf die förmliche Verurteilung oder bereits die Durchführung eines Hauptverfahrens.[8] Insgesamt sind das materielle Strafrecht und seine prozessuale Umsetzung als Einheit zu sehen, die die Gewährleistung aller anerkannten Strafzwecke realisieren soll.

Wenn damit auch kriminalpolitisch gesehen materiellstrafrechtliche Gedankengän- 2
ge mit eine Rolle spielen, ist nach herrschender und zutreffender Meinung § 153, ebenso wie § 153a, **dogmatisch** als **prozessrechtliche Vorschrift** und nicht etwa als persönlicher Strafausschließungsgrund aufzufassen;[9] ein solches Verständnis erscheint auch de lege ferenda nicht wünschenswert (vgl. Rn. 6). Als prozessrechtliche Vorschrift enthält die Bestimmung eine Begrenzung des Legalitätsprinzips und, soweit § 153 Abs. 2 auch eine gerichtliche Einstellung gestattet, zugleich eine Einschränkung des Grundsatzes, dass ein gerichtlich anhängiges Verfahren nur nach voller Aufklärung des Sachverhalts durch eine verurteilende oder freisprechende Entscheidung in der Sache beendet werden kann (siehe auch § 152, 42). Den darin liegenden Risiken für eine wirksame Durchsetzung des Sanktionsanspruchs der Rechtsgemeinschaft und eine gleichmäßige Gesetzesanwendung begegnet das Gesetz in verfahrensmäßiger Hinsicht dadurch, dass es die Nichtverfolgung zumindest nach Erhebung der öffentlichen Klage an die **übereinstimmende Beurteilung der Sache** durch Staatsanwaltschaft und Gericht bindet. Auch vorher sollen im Prinzip Gericht und Staatsanwaltschaft zusammenwirken, allerdings lässt § 153 Abs. 1 Satz 2 davon so weit reichende Ausnahmen zu, dass de facto im Ermittlungsverfahren die alleinige Einstellung durch die Staatsanwaltschaft zum Regelfall wird. Sachlich ist der Anwendungsbereich der Vorschrift auf Vergehen beschränkt und an die beiden kumulativ verlangten unbestimmten Rechtsbegriffe der (potentiellen) geringen Schuld und des fehlenden öffentlichen Interesses geknüpft (Rn. 22ff.). Zum Verhältnis zu § 153a vgl. § 153a, 35.

---

5 So z.B. BGHSt **16** 229; *Bloy* GA **1980** 172; *Deiters* 205f.; LR/*Meyer-Goßner*[23] 1; vgl. auch *Weigend* ZStW **109** (1997) 105f.

6 Vgl. BGHSt **45** 340, vgl. *Deiters* 10, 206.

7 Dazu auch *Eisenberg* § 45, 17; vgl. z.B. *Kunz* (Einstellung) 16; *ders.* (Bagatellprinzip) 52ff.; *Krey* Bd. II 214; *Weßlau* DRiZ **1999** 233 sowie § 152, 47.

8 *König* AnwBl **2010** 382.

9 In dieser Richtung etwa *Naucke* FS Maurach 203; vgl. auch *Heinitz* FS Rittler 336 (Absehen von Strafe); wie hier u.a. *Gössel* FS Dünnebier 135; *Kunz* (Einstellung) 15; zu den Vorteilen einer materiellrechtlichen Lösung *Vultejus* ZRP **1999** 136; zur besonders zu § 153 Abs. 3 a.F. umstrittenen Frage, ob die Einstellung eine Sach- oder Formalentscheidung darstellt, vgl. m.w.N. *Herzog* 35 ff; vgl. auch SK/*Weßlau*/*Deiters* 4–6, die die §§ 153ff. eher dem Prozessrecht zuordnen, letztlich aber als Typus exekuvistischen Rechts einordnen.

3 **b) Praktische Bedeutung.** Die Vorschrift hat eine erhebliche praktische Bedeutung; nach den vorliegenden statistischen Erkenntnissen ist ihr Anwendungsbereich auch durch die Einführung des § 153a auf Dauer nicht zurückgedrängt worden. Während der Anteil der Einstellungen nach § 153a deutlich zurückgegangen ist, stieg der nach § 153 stetig.[10] Insgesamt sind 2015 in absoluten Zahlen 1 094 682 Verfahren ohne Auflagen eingestellt worden.[11] Das entspricht einem Anteil von 24% an allen erledigten Verfahren (4 561 175). Der Anteil der nach § 153 Abs. 1 eingestellten Verfahren betrug in absoluten Zahlen 425 323 oder relativ gesehen 9,32%. Im Jahr 2017 sind bei angestiegener Anzahl an erledigten Verfahren (4 858 212) insgesamt 1 262 717 und damit knapp 26% ohne Auflage eingestellt worden.[12] Davon entfielen 518 737 oder 10,68% auf § 153 Abs. 1. Durch eine Reihe empirischer Untersuchungen ist die **Rechtswirklichkeit** der Anwendung des § 153 wesentlich erhellt worden.[13] Aus ihnen ergibt sich u.a., dass die Vorschrift ganz überwiegend bei materiell geringer Schuld und geringem Unrecht angewendet wird, wobei namentlich eine geringe Schadenshöhe bei Vermögensdelikten eine einstellungsfördernde, eine strafrechtliche Vorbelastung eine einstellungshemmende Wirkung hat. Geringer Unrechts- und Schuldgehalt und namentlich Schadenshöhe werden dabei deliktsspezifisch differenziert beurteilt. Schichtenspezifische Ungleichbehandlungen sind jedenfalls nicht ausgeprägt erkennbar. Die Untersuchungen zeigen ferner nicht unerhebliche regionale Anwendungsunterschiede, während sich innerhalb einer Staatsanwaltschaft oder eines Gerichtsbezirks oft eine an festen Taxen orientierte Handlungsroutine entwickelt hat. Dies liegt nicht zuletzt an den zur Einstellungspraxis nach den §§ 153 ff. erlassenen **Richtlinien der Generalstaatsanwaltschaften bzw. der Justizministerien,**[14] die für den einzelnen Staatsanwalt innerdienstlich verbindliche Vorgaben zu den Einstellungsvoraussetzungen statuieren.[15] Aus der Sicht der Verteidigung werden Strategien vorgeschlagen, die die Anwendung der Vorschrift befördern sollen.

4 Vor allem in den neuen Ländern ist alternativ zur Einstellung nach § 153 unter ähnlichen Voraussetzungen wie nach § 153 (Vergehen mit geringen Folgen; fehlendes öffentliches Interesse; geringe Schuld des Täters) mit Zustimmung des Beschuldigten auch die **Abgabe an Schiedsstellen** möglich. § 40 des Gesetzes über die Schiedsstellen in den Gemeinden vom 13.9.1990 (GBl./DDR I S. 1527) sah die Folgen in der Regel als gering an, wenn der Schaden bei Vermögensdelikten den Betrag von 300 DM nicht übersteigt. Die Bestimmungen des Gesetzes über die Schiedsstellen in den Gemeinden, die aufgrund einer Klausel im Einigungsvertrag vom 28.9.1990 (BGBl. II S. 885, 933) bis 1999 in allen neuen Bundesländern zunächst fortgalten, sind allerdings inzwischen durch Art. 3 des Gesetzes zur strafverfahrensrechtlichen Verankerung des Täter-Opfer-Ausgleichs vom 20.12.1999 (BGBl. I S. 2491) aufgehoben worden, da sie für zu schwerfällig gehalten wurden.[16] Die sie ersetzenden landesrechtlichen Vorschriften gelten aber fort oder sind inzwischen, wie in Brandenburg (Neufassung des Schiedsstellengesetzes vom 21.11.2000, GVBl. S. 158, geändert durch Art. 1 des Gesetzes zur Änderung des Brandenburgischen

---

10 *Heinemann* Diversionsrichtlinien im Jugendstrafrecht (2010) 410 ff.; MüKo/*Peters* 3; Überblick auch bei *König* AnwBl **2010** 384.

11 Die Zahlen zu 2015 entstammen Statistisches Bundesamt (Hrsg.) Staatsanwaltschaftliche Ermittlungstätigkeit in Deutschland 2015, dort insbes. S. 81.

12 Statistisches Bundesamt Fachserie 10 Reihe 2.6 Staatsanwaltschaften 2018 S. 13–42.

13 Nachweise § 153a, 30 Fn. 103.

14 Z.B. für Baden-Württemberg die Verwaltungsvorschrift des Justizministeriums zur Anwendung der strafprozessualen Opportunitätsvorschriften nach §§ 153, 153a Strafprozessordnung, abgedruckt in Die Justiz **2018** 453.

15 Siehe auch SK/*Weßlau*/*Deiters* 6–8 m.w.N.

16 Vgl. BTDrucks. **14** 1928 S. 7.

Gütestellengesetzes und weiterer Gesetze vom 8.3.2018, GVBl. I/18 Nr. 4) angepasst worden. Ähnliche Gesetze bestehen bzw. bestanden in Sachsen (Sächsisches Schiedsstellengesetz vom 27.5.1999, GVBl. S. 247, zuletzt geändert durch Art. 2 des Gesetzes vom 15.11.2017, GVBl. S. 598),[17] Sachsen-Anhalt (Schiedsstellen- und Schlichtungsgesetz vom 22.6.2001, GVBl. S. 214, zuletzt geändert durch Art. 2 des Gesetzes vom 5.12.2014, GVBl. S. 512), Thüringen (Schiedsstellengesetz vom 17.5.1996, GVBl. S. 61, zuletzt geändert durch Art. 5 des Gesetzes vom 9.9.2010, GVBl. S. 291), Mecklenburg-Vorpommern (Schiedsstellen- und Schlichtungsgesetz vom 13.9.1990, GVOBl. S. 1527, zuletzt geändert durch Art. 2 des Gesetzes vom 11.11.2015, GVOBl. S. 462) und Berlin (Berliner Schiedsamtsgesetz vom 7.4.1994, GVBl. S. 109, zuletzt geändert durch Art. 3 des Gesetzes vom 17.3.2014, GVBl. S. 70).[18]

c) Kritik. Während § 153 inzwischen zusammen mit § 153a in der Praxis seinen phä- 5
nomenalen Siegeszug angetreten hat und heute zum selbstverständlichen Reaktionsarsenal zählt, das bei den Staatsanwaltschaften und Gerichten ebenso populär ist wie bei den Strafverteidigern, ist die Vorschrift des § 153 seit ihrer Einführung im Schrifttum stets umstritten geblieben.[19] Allerdings hat sich die Stoßrichtung dieser Kritik schwerpunktmäßig auf § 153a verlagert (§ 153a, 11ff.) und sich ihr Inhalt verändert. Während ursprünglich die Einschränkung des Verfolgungszwangs überhaupt beanstandet wurde, wird heute vorwiegend kritisiert, dass der Gesetzgeber mit Hilfe einer in ihren Anwendungsvoraussetzungen wenig konturierten prozessualen Norm (vgl. auch Rn. 22) das Problem der Entkriminalisierung zu sehr auf das Prozessrecht verlagere. Die Unveränderheit des materiellen Strafrechts dokumentiere die Unnachgiebigkeit des Gesetzgebers, soweit es um die Streichung bestimmter Verhaltensweisen aus dem strafrechtlichen Deliktskatalog gehe. Es werde im Prozessrecht ein flexibel handhabbares Instrument zur Steuerung des justiziellen Arbeitsanfalls geschaffen, das in Zeiten hoher Arbeitsbelastung einen Strafverzicht erlaube, während bei sinkendem Arbeitsanfall die Zügel wieder gestrafft werden könnten.[20] Überwiegend wird freilich anerkannt, dass auch bei materiell-rechtlichen Lösungen des Problems der Bagatellkriminalität auf flankierende prozessuale Normen nicht verzichtet werden könne.[21] Neben diesen grundsätzlichen kritischen Einwendungen, die heute allerdings die Existenz der Vorschrift kaum noch gänzlich in Frage stellen, richtet sich eine verbreitete Detailkritik gegen die Unschärfe der verwendeten Abgrenzungsmerkmale (Rn. 22ff.), gegen die zustimmungsfreie Einstellung durch die Staatsanwaltschaft in den Fällen des § 153 Abs. 1 Satz 2 (Rn. 51), aber auch gegen das Erfordernis der staatsanwaltschaftlichen Zustimmung bei gerichtlicher Einstellung[22] und ferner gegen die unzureichende Berücksichtigung der Interessen

17 Gemäß seinem § 68, in Kraft getreten am 1.1.2000 und damit nach Fortfall desjenigen Bundesrechts, insbesondere § 40 bis 45 des Gesetzes über die Schiedsstellen in den Gemeinden vom 13.9.1990, welches nach seinem § 1 Abs. 4 ausdrücklich „unberührt" bleibt.

18 Vgl. Meyer-Goßner/*Schmitt* 42; umfassend *Sabrotzky* Die außergerichtliche Erledigung von Strafsachen durch die gemeindlichen Schiedsstellen in den neuen Ländern (1997); *Sabrotzky* in: Hassemer/Marks/Meyer (LV zu § 155a) 144ff.; *Steffens* (LV zu § 155a) 76f.; zur Einbindung der Schiedsstellen in einen reformierten § 153 *Walther* 325f.

19 Nachweise z.B. bei *Marquardt* (LV zu § 152) 92ff.; AK/*Schöch* 63ff.

20 *Rzepka* 290, 395, 432.

21 Vgl. z.B. *Hünerfeld* ZStW **90** (1978) 909f.; *Kaiser* ZStW **90** (1978) 897ff.; *Naucke* (Gutachten) D 115ff.; *Schulenburg* JuS **2004** 767; ausführlich *Erb* (LV zu § 152) 187ff.

22 *Cramer* FS Maurach 498f.; *H.W. Schmidt* SchlHA **1961** 326; *Roesen* NJW **1958** 1815; vgl. auch *Bloy* JuS **1981** 430f.; *Vogel* 312ff.; de lege ferenda schlägt *Erb* (LV zu § 152) 232 vor, dem Gericht die Einstellung auch gegen den Widerstand der Staatsanwaltschaft zu ermöglichen; krit. insoweit *Böttcher* JR **2001** 175.

des Verletzten.[23] Eine Erweiterung des § 153 auf Verbrechen wird nur ganz vereinzelt angeregt.[24] In jüngster Zeit wird neben der Begrenzung der §§ 153 ff. durch eher formale Kriterien wie Beschränkung auf Ersttäter und Eingrenzung durch die maximale Höhe der Straferwartung[25] auch deren nachhaltige inhaltliche Veränderung dahingehend gefordert, dass zum Merkmal der geringen Schuld auch (kumulativ) das des geringen Unrechts hinzukommen müsse. Der ebenfalls recht konturlose Begriff des öffentlichen Interesses soll durch die drei Ausschlusskriterien der Erforderlichkeit der Einwirkung auf den Beschuldigten, der Wiederherstellung des Rechtsfriedens sowie der Erhaltung der Rechtstreue der Allgemeinheit ersetzt werden.[26] Zumindest aber wird die Konturierung mittels Richtlinien, voran der RiStBV gefordert.[27]

6 Bei der **Würdigung** dieser Kritik wird hier, wie bei § 152, 68 f. ausführlich dargelegt, davon ausgegangen, dass prozessuale Normen zur Begrenzung der Verfolgungspflicht grundsätzlich sachgerecht sind, wenn auch eine materiell-strafrechtlich und prozessual koordinierte Gesamtkonzeption wünschenswert erscheint. In einer solchen wird eine dem heutigen § 153 entsprechende, verhältnismäßig weitgespannte Nichtverfolgungsermächtigung einen wichtigen Platz einnehmen, weil wohl nur sie eine einzelfallangepasste kriminalpolitische Reaktion ermöglicht.[28] Angesichts der guten Erfahrungen, welche die Praxis mit der Einstellungsmöglichkeit gemäß § 153 inzwischen gemacht hat, ist auch zweifelhaft, ob es sinnvoll ist, die Anwendungsgrenzen normativ wesentlich präziser zu fassen; allerdings sollten bei ihrer Auslegung schon jetzt die materiellrechtlichen und kriminalpolitischen Bezüge im Vordergrund stehen (näher Rn. 24). Nicht zwingend wünschenswert erscheint eine stärkere Berücksichtigung des Verletzteninteresses bei der Handhabung der Einstellungsentscheidung.[29] Diese könnte zwar durch eine Verbesserung der rechtlichen Einflussmöglichkeiten des Verletzten erreicht werden. Letztlich hat aber der Gesetzgeber in Form der Privatklage direkt und des Täter-Opfer-Ausgleichs indirekt ausreichend die Verletzteninteressen gewahrt.

7 In jüngerer Vergangenheit wird von Seiten der Rechtspolitiker verschiedener Fraktionen Kritik an der sanktionslosen Einstellung gemäß § 153 geübt und Klage darüber geführt, dass die Vorschrift inzwischen so massenhaft angewendet werde, dass zum Beispiel Ladendiebstähle praktisch überhaupt nicht mehr verfolgt würden. Von Nichtverfolgung wird dabei deshalb gesprochen, weil angeblich die Verfahren durch Formblatt von der Staatsanwaltschaft routinemäßig eingestellt werden. Dies ist aber zumindest in einigen Bundesländern nicht zutreffend.[30] Vielmehr wird durchaus auf den Einzelfall abgestellt. Außerdem wird bei Rückfall der § 153 gerade nicht mehr angewandt. Trotzdem wird von vielen ein „härteres“ Vorgehen gefordert. Als eine Lösung wurde die **Einführung eines Strafgeldes** vorgeschlagen, das von der Polizei verhängt werden sollte.[31] Dieser wenig durchdachte Vorschlag wird mittlerweile nicht mehr verfolgt. Insbesondere

---

23 *Rieß* Verh. des 55. DJT (1984) Bd. I Teil C 113 ff.; *Schöch* NStZ **1984** 389; skeptisch *Erb* (LV zu § 152) 237.
24 So *Meyer-Goldau* 109.
25 So das „Eckpunktepapier“ zur Reform des Strafverfahrens des Arbeitskreises der Strafrechtslehrer; dazu *Freund* GA **2002** 82.
26 So der AE-EV der sog. Alternativprofessoren; siehe auch *Heghmanns* JA **2002** 985.
27 So etwa *Jung* GA **2012** 630 f.
28 So im Ergebnis u.a. auch *Hünerfeld* ZStW **90** (1978) 915 ff.; *Wolter* GA **1985** 72 ff.
29 Anders noch LR/*Beulke*[26] 6.
30 KMR/*Plöd* 2; *Sauter* RuP **1999** 22; vgl. auch die Umfrage des Deutschen Richterbundes zur Einstellungspraxis der Bundesländer bei sog. Bagatelldelikten, DRiZ **1999** 212.
31 Zur Diskussion: *Däubler-Gmelin* ZRP **1999** 83 einerseits; *Hammer* DRiZ **1999** 206; *Heghmanns* ZRP **2001** 554; *Heitmann* ZRP **1999** 232; *Lilie* Verh. des 63. DJT (2000) Bd. I Teil D 110 ff.; *Rzepka* KritV **1999** 334 f.; *Sauter* RuP **1999** 19; *Schaefer* NJW **1999** 543; *Streng* ZStW **111** (1999) 855 f.; *Weßlau* DRiZ **1999** 225; *dies.* StV **1999** 286 je m.w.N. andererseits.

weil es nicht recht einleuchtet, warum die Kompetenz zur Verfahrenseinstellung ohne Auflagen der Staatsanwaltschaft zuzuweisen sei, diejenige einer „Strafgeld"-Sanktion mit anschließender Einstellung aber der Polizei. Auch ist das Recht der Exekutive zur Festsetzung einer strafrechtlichen Sanktion nur schwerlich mit dem Gewaltenteilungsprinzip (Art. 20 Abs. 3 GG) vereinbar.

Der dargestellten Kritik kann insoweit gefolgt werden, als die Masse der aufgrund § 153 eingestellten Verfahren tatsächlich erheblich ist, die Arbeit der Staatsanwaltschaften ohne die Möglichkeiten des § 153 Abs. 1 wohl zum Erliegen kommen würde. Richtigerweise könnte der hohen Anzahl an Einstellungen nach dieser Norm, so man sie für bedenklich halten will, durch eine sorgsame Reform des materiell-rechtlichen Deliktskatalogs begegnet werden. So kann z.B. in Zweifel gezogen werden, ob in Zeiten, da selbst die Bundesregierung die Möglichkeit eines kostenlosen ÖPNV in Betracht zieht,[32] das sog. „Schwarzfahren" weiterhin strafrechtlich geahndet werden muss. Indes erscheint eine solche materiell-rechtliche Lösung derzeit weder politisch durchsetzbar, noch würde sie die Anwendungsfälle des § 153 ausreichend reduzieren können. 8

2. Anwendungsbereich

a) Prozessuale Tat. Eine einheitliche Tat im prozessualen Sinne kann nach § 153 nur einheitlich eingestellt werden, gleichgültig, ob es sich bei der Verwirklichung mehrerer Tatbestände materiellrechtlich, was dem Regelfall entspricht, um tateinheitliches oder (ausnahmsweise) um tatmehrheitliches Zusammentreffen handelt.[33] Einzelakte einer Dauerstraftat oder einzelne rechtliche Gesichtspunkte können nur aufgrund von § 154a unter den dort genannten Voraussetzungen und mit den sich aus dieser Bestimmung ergebenden Konsequenzen aus der weiteren Verfolgung ausgeschieden werden. Eine fälschlich auf § 153 gestützte unzulässige Teileinstellung kann ggf. in eine Stoffbeschränkung nach § 154a umgedeutet werden.[34] Trotz des missverständlichen Wortlauts der Vorschrift, die von der Einstellung des „Verfahrens" spricht, ist es dagegen rechtlich nicht ausgeschlossen, dass bei mehreren, in einem Verfahren verbundenen Taten nur hinsichtlich einzelner von § 153 (oder auch von § 153a) Gebrauch gemacht wird, doch wird in solchen Fällen regelmäßig die Anwendung des § 154 zweckmäßiger sein. 9

b) Vergehen. Anders als etwa die §§ 153c, 153d, 153e, 153f, 154, 154b und 154c ist die Vorschrift nur bei Vergehen (§ 12 Abs. 2 StGB) anwendbar, nie bei Verbrechen, und zwar auch dann nicht, wenn wegen des Vorliegens eines minderschweren Falles oder aufgrund allgemeiner Strafmilderungsgründe (§ 49 StGB) der Unrechts- oder Schuldgehalt der Tat besonders gering ist und deshalb nur eine geringfügige Strafe zu erwarten wäre. Maßgebend für die Frage, ob nur der Verdacht eines Vergehens vorliegt, ist der Erkenntnisstand im Zeitpunkt der Entscheidung über die Anwendung der Vorschrift. Solange der Verdacht eines Verbrechens besteht und durch weitere Aufklärung erhärtet werden kann, muss dem nachgegangen und kann § 153 noch nicht angewendet werden. Im Ermittlungsverfahren ist zunächst die Auffassung der Staatsanwaltschaft über die rechtli- 10

---

32 Dies im Zusammenhang mit der dauerhaften Überschreitung von Grenzwerten bei Schadstoffbelastungen der Luft in mehreren deutschen Innenstädten; Luxemburg hat bereits für 2019 den kostenlosen Nahverkehr beschlossen.

33 OLG Frankfurt NStZ-RR **2001** 20; OLG Hamburg JZ **1963** 131 mit Anm. *Heinitz*; KG VRS **67** (1984) 123; OLG Köln JMBlNW **1955** 81; *Kuhlmann* MDR **1974** 898 f.; *Eb. Schmidt* Nachtr. I 14 stellt auf die Realkonkurrenz ab.

34 KG VRS **67** (1984) 124; Meyer-Goßner/*Schmitt* 1; SSW/*Schnabl* 2; Radtke/Hohmann/*Radtke* 9; vgl. auch OLG Hamburg JZ **1963** 131 mit Anm. *Heinitz*; OLG Köln JMBlNW **1955** 81 sowie unten Rn. 81.

che Qualifikation der Tat maßgebend; die des Gerichts insoweit, als es seine Zustimmung zur Einstellung zu verweigern hat, wenn es entgegen der Staatsanwaltschaft ein Verbrechen für gegeben oder durch weitere Aufklärung für nachweisbar hält.

11 Hat die Staatsanwaltschaft die Tat als **Verbrechen angeklagt,** so steht dies einer Anwendung des § 153 Abs. 2 im Eröffnungsverfahren nicht entgegen, wenn sich Staatsanwaltschaft und Gericht, ggf. aufgrund der Ergebnisse einer ergänzenden Beweisaufnahme nach § 202, darüber einig sind, dass es sich nur um ein Vergehen handelt. Der Einstellungsbeschluss sollte diese veränderte Rechtsauffassung aufzeigen. Ist das **Hauptverfahren wegen** eines **Verbrechens eröffnet** worden und stellt sich nunmehr heraus, dass nur ein Vergehen in Betracht kommt, so ist zunächst auf diese Veränderung des rechtlichen Gesichtspunkts hinzuweisen (§ 265 Abs. 1), danach kann, wie aus § 264 Abs. 2 folgt, das Verfahren (bei Vorliegen der erforderlichen Zustimmungen) nach § 153 Abs. 2 eingestellt werden.[35] Eine Einstellung nach § 153 Abs. 2 ist auch möglich, wenn das Revisionsgericht im Wege einer Schuldspruchänderung statt wegen eines im tatrichterlichen Urteil angenommenen Verbrechens wegen eines Vergehens verurteilt hat und die Sache nur noch wegen des Rechtsfolgenausspruchs zurückverwiesen ist (vgl. auch Rn. 65).

12 **c) Privatklagedelikte.** Betrifft die Tat nur einen Tatbestand, der nach § 374 im Wege der Privatklage verfolgt werden kann, so kommt eine Anwendung des § 153 Abs. 1 durch die Staatsanwaltschaft nicht in Betracht, vielmehr ist nach § 376 zu verfahren.[36] Denn nach dieser Vorschrift darf die Staatsanwaltschaft bei Privatklagedelikten nur einschreiten, wenn ein öffentliches Interesse an der Strafverfolgung vorliegt, während § 153 nur anwendbar ist, wenn ein solches fehlt. Stellt die Staatsanwaltschaft ein reines Privatklagedelikt entgegen dieser Auffassung nach § 153 Abs. 1 ein, so ist der Verletzte nicht gehindert, Privatklage zu erheben, denn in der Einstellung liegt zugleich die Verneinung des öffentlichen Interesses im Sinne des § 376.[37] Zur Anwendung des § 153a vgl. § 153a, 17. Freilich läuft der Privatkläger Gefahr, dass das Gericht auch das Privatklageverfahren nach § 383 Abs. 2 einstellt. Im Privatklageverfahren selbst wird § 153 Abs. 2 durch § 383 Abs. 2, § 390 Abs. 5 verdrängt.

13 Treffen in der einheitlichen prozessualen Tat **Privatklagedelikt und Offizialdelikt** (tateinheitlich oder tatmehrheitlich) zusammen, so ist § 153 anwendbar. Unzweifelhaft steht, als Folge ihres Strafklageverbrauchs (vgl. Rn. 93ff.), die gerichtliche Einstellung nach § 153 Abs. 2 auch der Weiterverfolgung des Privatklagedelikts im Wege der Privatklage entgegen.[38] Dies gilt nach der wohl überwiegenden Meinung[39] auch, wenn die Staatsanwaltschaft nach § 153 Abs. 1 von der Verfolgung abgesehen hat. Dem Verletzten ist es also in diesem Falle verwehrt, eine auf das Privatklagedelikt beschränkte Privatklage zu erheben; tut er es dennoch, so muss die Eröffnung des Privatklageverfahrens

---

35 OLG Hamm JMBlNW **1951** 113; MüKo/*Peters* 8; *Schlegl* NJW **1969** 90 mit teilw. abw., problematischer Begründung.

36 *Beulke/Swoboda* 334; *Ranft* 1153; AnwK-StPO/*Walther* 9; Radtke/Hohmann/*Radtke* 11; SSW/*Schnabl* 3; SK/*Weßlau/Deiters* 10.

37 Ebenso Radtke/Hohmann/*Radtke* 11; HK/*Gercke* 9; SSW/*Schnabl* 3; SK/*Weßlau/Deiters* 10; abweichend *Rieß* NStZ **1981** 8; aufgegeben von LR/*Rieß*[24] 10 Fn. 25.

38 Strafkammer beim AG Bremerhaven MDR **1967** 420; Radtke/Hohmann/*Radtke* 12; KK/*Diemer* 9; HK/*Gercke* 9; SSW/*Schnabl* 3.

39 *Beulke/Swoboda* 334; LR/*Hilger*[25] § 376, 26; SK/*Weßlau/Deiters* 10; *Joecks* StPO 5; Radtke/Hohmann/*Radtke* 12; KK/*Diemer* 9; HK/*Gercke* 9; MüKo/*Peters* 9; SSW/*Schnabl* 3; *Kuhlmann* MDR **1974** 897; *H. Mayer* JZ **1965** 603f.; Meyer-Goßner/*Schmitt* 5 und § 376, 11; *Pfeiffer* 1; MAH/*Schlothauer* Strafverteidigung § 3, 136; *Schlüchter* 810; KK/*Senge* § 376, 8; AnwK-StPO/*Walther* 6.

abgelehnt bzw., wenn dies übersehen wird, das Privatklageverfahren nach § 206a oder nach § 389 beendet werden. Das ist die zwingende Konsequenz daraus, dass die Einstellung nach § 153 sich auf die gesamte prozessuale Tat bezieht, dass das Privatklageverfahren unzulässig ist, solange die Tat auch ein verfolgbares Offizialdelikt enthalten kann (vgl. die Erl. zu § 374) und dass auch nach einem Absehen von der Verfolgung nach § 153 Abs. 1 die Weiterverfolgung der Tat möglich ist.

Demgegenüber ist die **Gegenmeinung**[40] der Auffassung, dass bei Nichtverfolgung des Offizialdelikts aufgrund von § 153 Abs. 1 der Verletzte wegen des Privatklagedelikts Privatklage erheben könne, weil es unbillig sei, dass ihm die sonst bestehende Verfolgungsmöglichkeit nur deswegen abgeschnitten werde, weil das Privatklagedelikt mit einem Offizialdelikt in einer Tat zusammentreffe. Hiergegen wird eingewandt, der Gesetzgeber habe im Falle des Zusammentreffens einer Straftat mit einer Ordnungswidrigkeit mit § 21 Abs. 2 OWiG eine Regelung für einen vergleichbaren Fall geschaffen, die eine gesondere Verfolgung der Ordnungswidrigkeit bei Einstellung des Strafverfahrens zulässt.[41] Eine solche Regelung fehle in den §§ 374 ff. Dem mag noch mit dem Hinweis auf die unterschiedliche Rechtsnatur von Straftat und Ordnungswidrigkeit begegnet werden. Indessen können weder die Rechtsnatur noch Billigkeitsüberlegungen, abgesehen davon, dass ihre Berechtigung hier ohnehin zweifelhaft ist,[42] zwingende dogmatische und systematische Konsequenzen aus der Welt schaffen. 14

d) Im Jugendstrafverfahren wird bei der Anwendung von Jugendstrafrecht § 153 von § 45 Abs. 1, § 47 Abs. 1 Satz 1 Nr. 1 JGG verdrängt,[43] welche auf § 153 verweisen und unter den Voraussetzungen des § 153 das Absehen von der Verfolgung gestatten, also bei Vergehen, geringer Schuld und fehlendem öffentlichen Interesse. Das Absehen von der Verfolgung nach § 45 Abs. 1 JGG bedarf generell nicht der Zustimmung des Gerichts. Wegen der abschließenden Natur des § 45 Abs. 1 JGG darf die Staatsanwaltschaft, ggf. mit Zustimmung des Gerichts, auch nicht deshalb direkt nach § 153 Abs. 1 StPO verfahren, um dem Jugendlichen die Eintragung in das Erziehungsregister gemäß § 60 Abs. 1 Nr. 7 BZRG zu ersparen.[44] Die gerichtliche Einstellung nach § 47 Abs. 1 Satz 1 Nr. 1 JGG weist in dem hier interessierenden Anwendungsbereich keine Unterschiede zu § 153 Abs. 2 auf.[45] Abweichend von den §§ 153, 153a erfordern die § 45 Abs. 3, § 47 Abs. 1 Nr. 3 JGG jedoch zwingend einen geständigen Beschuldigten. Kommt bei Heranwachsenden Erwachsenenstrafrecht zur Anwendung, so ist nur § 153 anwendbar (§ 109 Abs. 1 Satz 1 JGG). 15

---

40 *Kleinknecht* § 376, 5 (bis zur 32. Aufl.); *Klussmann* MDR **1974** 362; AK/*Schöch* 10; LR/*Wendisch*[24] § 376, 24.

41 Radtke/Hohmann/*Radtke* 12; vgl. auch KK/*Diemer* 10; Rn. 17.

42 Näher LR/*Meyer-Goßner*[23] 92.

43 *Eisenberg* § 45, 10; § 47, 9; KMR/*Plöd* 17; *Ranft* 1155; vgl. auch MüKo/*Peters* 14; HK/*Gercke* 12; Radtke/Hohmann/*Radtke* 14; *Pfeiffer* 1; SSW/*Schnabl* 4; *Hornbrecher* JA **2009** 891 f.; SK/*Weßlau*/*Deiters* 11, die dies jedoch noch von einer weiteren Prüfung abhängig machen wollen; teilw. **a.A.** auch *Bohnert* NJW **1980** 1930 f.; *Nothacker* JZ **1982** 61; zur Häufigkeit der Anwendung der §§ 45, 47 JGG *Heinz* DVJJ-Journal **1996** 105; *Heinz* in: DVJJ (Hrsg.) Neue Ambulante Maßnahmen (2001) 168; zur Anwendbarkeit des § 153a vgl. § 153a, 19.

44 *Diemer*/*Schatz*/*Sonnen* § 45, 9; *Meier*/*Rössner*/*Trüg*/*Wulf* § 45, 10; SK/*Weßlau*/*Deiters* 11; siehe auch *Burscheidt* Das Verbot der Schlechterstellung Jugendlicher und Heranwachsender gegenüber Erwachsenen in gleicher Verfahrenslage (2000) 75; **a.A.** LG Itzehoe StV **1993** 537 mit zust. Anm. *Ostendorf*; *Bohnert* NJW **1980** 1930; *Eisenberg* § 45, 10; NStZ **1991** 450 f.; *Nothacker* JZ **1982** 61; *Ostendorf* § 45, 5.

45 *Eisenberg* § 47, 5, 9 will § 153 Abs. 2 im Zwischenverfahren anwenden, weil er der Meinung ist, § 47 Abs. 1 Satz 1 Nr. 1 JGG gelte erst ab Eröffnung des Hauptverfahrens, aber die Vorschrift stellt unmissverständlich auf die Klageerhebung ab.

16 **e)** In **Betäubungsmittelverfahren** gilt der (dem § 153 nachgebildete) § 31a Abs. 1 BtMG für die staatsanwaltliche und Absatz 2 für die gerichtliche Einstellung als lex specialis,[46] d.h. sind deren Voraussetzungen erfüllt, so ist nach § 31a BtMG und nicht nach § 153 einzustellen. Im Übrigen bleibt § 153 wegen seiner von § 31a BtMG verschiedenen Voraussetzungen anwendbar,[47] z.B. gelten sowohl § 31a Abs. 1 wie auch Abs. 2 BtMG nur im Falle der geringen Menge. Eine geringe Schuld und fehlendes öffentliches Interesse (§ 153) kann aber auch dann gegeben sein, wenn die Menge etwas größer ist[48] oder zum Fremd- statt zum Eigenverbrauch bestimmt ist. Im Unterschied zu § 31a Abs. 1 BtMG ist für die Einstellung nach § 153 Abs. 1 Satz 1 aber die Zustimmung des Gerichts erforderlich. Ist die zustimmungsfreie Einstellung nach § 31a Abs. 1 BtMG wegen des Fehlens einer der dort genannten Voraussetzungen nicht möglich, so kann die Staatsanwaltschaft ohne Zustimmung des Gerichts einstellen, wenn die Voraussetzungen des § 153 Abs. 1 Satz 2, insbesondere die der Verursachung lediglich geringer Folgen (vgl. Rn. 51 f.), vorliegen.

17 **f) Ordnungswidrigkeiten.** Betrifft das Bußgeldverfahren eine Tat, die lediglich als Ordnungswidrigkeit zu qualifizieren ist, so ist die Anwendung des § 153 wegen des nach § 47 OWiG geltenden Opportunitätsprinzips entbehrlich.[49] Umfasst die prozessuale Tat Straftaten und Ordnungswidrigkeiten, so kann § 153 angewendet werden. Die Nichtverfolgung bezieht sich dann, sofern nichts anderes bestimmt wird, auch auf die Ordnungswidrigkeit. Nach allg. M., der auch die Praxis folgt, kann jedoch die Anwendung des **§ 153 auf die Straftat beschränkt** und die Sache zur Verfolgung der Ordnungswidrigkeit an die Verwaltungsbehörde abgegeben werden.[50] Die dogmatische Begründung für diese Durchbrechung des Grundsatzes, dass sich die Einstellung auf die gesamte prozessuale Tat bezieht, wird in § 21 Abs. 2 OWiG gesehen, wonach bei Zusammentreffen von Straftat und Ordnungswidrigkeit die Tat als Ordnungswidrigkeit geahndet werden kann, wenn Strafe nicht verhängt wird.[51] Zur Situation bei Anwendung des § 153a vgl. § 153a, 27.

18 **Dogmatische und praktische Schwierigkeiten** können sich bei einer auf die Straftat beschränkten staatsanwaltschaftlichen Einstellung nach § 153 Abs. 1 ergeben, wenn der Betroffene gegen den Bußgeldbescheid Einspruch einlegt und die Sache **im gerichtlichen Bußgeldverfahren** anhängig ist. Denn in diesem ist gemäß § 81 OWiG die Tat auch unter dem rechtlichen Gesichtspunkt der Straftat abzuurteilen und zu diesem

46 *Aulinger* Rechtsgleichheit und Rechtswirklichkeit bei der Strafverfolgung von Drogenkonsumenten (1997) 59; MüKo/*Kotz*/*Oglakcioglu* § 31a, 16 BtMG; *Horstmann* 270; Körner/*Patzak*/Volkmer § 31a, 14 BtMG; *Pelchen* in: *Erbs*/*Kohlhaas* § 31a, 1 BtMG; *Vordermayer*/*v. Heintschel-Heinegg*, 3. Teil, 182; MüKo/*Peters* 10; SK/*Weßlau*/*Deiters* 12; SSW/*Schnabl* 5; BT-Drucks. **12** 943 S. 6.

47 MüKo/*Peters* 10; SK/*Weßlau*/*Deiters* 12; SSW/*Schnabl* 5; **a.A.** *Franke*/*Wienroeder* BtMG § 31a, 5 BtMG unter Berufung auf BTDrucks. **12** 943 S. 6; wie hier jedoch *Weber* § 31a, 18 BtMG unter Hinweis darauf, dass sich die gegenteilige Äußerung des Bundesrates, die freilich auch anders verstanden werden könne (siehe vorige Fn.), durch die späteren Änderungen im Gesetzgebungsverfahren überholt habe; auch BVerfGE **90** 145, 189 f. scheint von den prinzipiell nebeneinander bestehenden Anwendungsbereichen der § 153 und § 31a BtMG auszugehen; unklar *Joachimski*/*Haumer* BtMG (2002) § 31a, 1 BtMG.

48 *Weber* § 31a, 18 BtMG.

49 OLG Düsseldorf JMBlNW **1965** 102; Göhler/*Seitz*/*Bauer* § 47, 1; MüKo/*Peters* 13 (untunlich); abw. KK-OWiG/*Mitsch* § 47, 110 ff., der für Analogie plädiert; ähnlich Meyer-Goßner/*Schmitt* 6.

50 Siehe zu der möglichen Verhängung einer Verbandsgeldbuße bei Einstellung gegenüber einer Leitungsperson *Cordes*/*Reichling* NJW **2016** 3209.

51 Göhler/*Gürtler* § 21, 25, 27; HK/*Gercke* 10; SK/*Weßlau*/*Deiters* 13; SSW/*Schnabl* 6; Meyer-Goßner/*Schmitt* 6; KMR/*Plöd* 8; MüKo/*Peters* 13; *Schmidt* wistra **1998** 213; AK/*Schöch* 11; KK/*Diemer* 10; **a.A.** *Heimler* 180; KK-OWiG/*Mitsch* § 21, 23, 29–33; krit. auch *Zettel* MDR **1978** 532.

Zweck das Bußgeldverfahren ggf. in ein Strafverfahren überzuleiten.[52] Da das Absehen von der Strafverfolgung durch die Staatsanwaltschaft grundsätzlich keine Sperrwirkung entfaltet (Rn. 59), wäre das Gericht, sobald das Bußgeldverfahren gerichtlich anhängig geworden ist, hiernach gezwungen, die Straftat in seine Aburteilung mit einzubeziehen und zu diesem Zweck ins Strafverfahren überzugehen (§ 81 OWiG). Da nach der herrschenden, wenn auch umstrittenen, Rechtsprechung der Einspruch gegen den Bußgeldbescheid nach dem Hinweis nach § 81 Abs. 2 Satz 1 OWiG nicht mehr zurückgenommen werden kann,[53] könnte sich aus dieser Rechtslage die unerwünschte Folge ergeben, dass der von einem Bußgeldbescheid Betroffene, soweit mit der Ordnungswidrigkeit zugleich eine nach § 153 Abs. 1 eingestellte Straftat zusammentrifft, in der Möglichkeit der Einspruchsrücknahme beschränkt und der Gefahr einer Strafverfolgung ausgesetzt ist, die die Anklagebehörde nicht für sachgerecht hält.

Eine **praktische Lösung** der Schwierigkeiten lässt sich dadurch erzielen, dass in 19
Fällen, in denen die Staatsanwaltschaft bereits nach § 153 Abs. 1 von der Verfolgung der Straftat abgesehen hat, nunmehr das Gericht im Bußgeldverfahren das Verfahren insoweit nochmals nach § 153 Abs. 2 einstellt, wozu Staatsanwaltschaft und Angeschuldigter regelmäßig die Zustimmung nicht versagen werden. Folgt man der zutreffend erscheinenden Auffassung,[54] dass die Einstellung nach § 153 Abs. 2 schon vor dem Übergang ins Strafverfahren im Sinne des § 81 OWiG erfolgen kann, so kann das Verfahren danach als Bußgeldverfahren fortgesetzt werden. Allerdings hilft dieser Weg nicht weiter, wenn das Gericht zur Anwendung des § 153 Abs. 2 nicht (mehr) bereit ist. Eine vertretbare **dogmatische Lösung** kann wohl nur in der Richtung gesucht werden, dass sich die in der Weiterleitung des Bußgeldverfahrens an das Gericht liegende öffentliche Klage der Staatsanwaltschaft (§ 151, 8) dann nicht auf die Straftat erstreckt, wenn die Staatsanwaltschaft insoweit das Verfahren nach § 153 Abs. 1 eingestellt hatte und nicht zu erkennen gibt, dass sie an der Einstellungsentscheidung nicht mehr festhält. Folglich käme in solchen Fällen eine Überleitung ins Strafverfahren nur mit Zustimmung der Staatsanwaltschaft in Frage. Dem lässt sich auch nicht die Regelung des § 155 Abs. 2 entgegenhalten (vgl. § 155, 7 ff.), denn bereits bei der Einstellungsentscheidung nach § 153 Abs. 1 wird in diesem Falle das Prinzip durchbrochen, dass über eine einheitliche Tat nur einheitlich entschieden werden kann.

g) Im **Sicherungsverfahren** nach den §§ 413 ff. kommt eine Anwendung des 20
§ 153 Abs. 1 schon deshalb nicht in Betracht, weil für die Staatsanwaltschaft insoweit das Opportunitätsprinzip gilt. Aber auch eine gerichtliche Einstellung nach § 153 Abs. 2 ist wegen der Besonderheit dieser Verfahrensart nicht möglich.[55] Stellt sich heraus, dass kein Anlass für die Verhängung einer Maßregel der Besserung und Sicherung gegen einen Schuldunfähigen besteht, so ist der Antrag der Staatsanwaltschaft abzulehnen; das öffentliche Interesse hat daneben keine selbständige Bedeutung.

---

52 Vgl. zur ähnlich gelagerten Problematik bei Einstellung des mit der Ordnungswidrigkeit zusammentreffenden Privatklagedelikts nach Verneinung des öffentlichen Interesses nach § 376 z.B. BayObLG MDR **1976** 246; *Kellner* MDR **1977** 626 sowie m.w.N. LR/*Hilger*[25] § 376, 10 f.; Göhler/*Seitz*/*Bauer* § 81, 8; für den Fall der Einstellung der Straftat nach § 170 Abs. 2 siehe § 171, 15 f.

53 BGHSt **29** 305; zum Streitstand näher § 156 Fn. 14 f.

54 Göhler/*Seitz*/*Bauer* § 81, 4; KK-OWiG/*Lampe* § 43, 20; **a.A.** wohl HK-OWiG/*Lutz* § 81, 6.

55 LG Krefeld NJW **1976** 815.

21 **h)** Eine **entsprechende Anwendung** des § 153 ist beim Ordnungsgeld (nach § 51 oder § 77) möglich,[56] ob auch hinsichtlich der Säumniskosten,[57] erscheint zweifelhaft, weil sie dann regelmäßig einem anderen zur Last fallen würden und nicht in erster Linie Sanktionscharakter haben.[58] Auch im Verfahren gemäß §§ 178 ff. GVG wegen Ungebühr[59] oder nach § 56 GVG gegen einen unentschuldigt ausgebliebenen Schöffen[60] sowie im anwaltsgerichtlichen Verfahren kommt die Anwendung des § 153 in Betracht,[61] dagegen nicht im beamtenrechtlichen Disziplinarverfahren, da dieses nicht dem Legalitätsprinzip, sondern dem Opportunitätsprinzip unterliegt (vgl. z.B. § 17 BDG).

II. Gemeinsame Voraussetzungen von Absatz 1 und 2

22 **1. Allgemeines. Diskussionsstand.** Über die sachlichen Voraussetzungen der Anwendung des § 153 (geringe Schuld und fehlendes öffentliches Interesse) besteht, ebenso wie darüber, ob und in welcher Richtung die Vorschrift ein Ermessen einräumt (Rn. 41 f.), im Schrifttum keine völlige Klarheit. Unstreitig dürfte es hingegen sein, dass die Staatsanwaltschaft jenseits der vom Gesetz aufgelisteten Voraussetzungen in jedem Einzelfall auch den Gleichbehandlungsgrundsatz berücksichtigen muss.[62] Beim Merkmal der geringen Schuld erscheint es heute h.M., dass darunter eine deliktspezifisch zu ermittelnde, in erster Linie an den Maßstäben des § 46 StGB orientierte Strafzumessungsschuld zu verstehen ist.[63] Größere Unsicherheit herrscht noch bei der Auslegung des Merkmals des fehlenden öffentlichen Interesses. Ihm wird teilweise jede begrenzende Wirkung abgesprochen, weil es nichts anderes zum Ausdruck bringe, als die in ein pflichtgemäßes Abwägungsermessen einzubeziehenden Umstände.[64] Demgegenüber muss aber bedacht werden, dass dieses Merkmal, mag auch sein Fortbestand im Gesetzeswortlaut ursprünglich mehr auf gesetzgeberische Zufälle zurückzuführen sein,[65] auch im später geschaffenen § 153a verwendet und geradezu zum Eckpunkt der dortigen Regelung gemacht worden ist. Eine vorschnelle Resignation vor Auslegungsschwierigkeiten wird daher seiner ihm vom Gesetzgeber zugedachten Bedeutung nicht gerecht; andererseits erscheint es

---

56 OLG Dresden NStZ-RR **2015** 191; OLG Düsseldorf MDR **1982** 600; NJW **1993** 546; wistra **1994** 77; NJW **1996** 138 f.; OLG Hamm VRS **41** (1971) 283; OLG Koblenz MDR **1979** 424; NStZ **1988** 192 f. (zu § 77); OLG Köln MDR **1991** 275; HK/*Gercke* 10; näher § 51, 20; *Grüneberg* MDR **1992** 326; *Sander* GA **1995** 569; *Schmid* MDR **1980** 116; vgl. auch *Dahs* NStZ **1983** 184; **a.A.** HK/*Krehl*[3] 6 (weil § 51 Abs. 2 eine abschließende Regelung enthalte); ebenso KK/*Diemer* 3; zweifelnd auch Radtke/Hohmann/*Radtke* 15.

57 So OLG Düsseldorf MDR **1982** 600; **1990** 173; wistra **1994** 77; OLGSt N. F § 51 Nr. 3 StPO; OLG Koblenz MDR **1979** 424; NStZ **1988** 193; **a.A.** OLG Hamm VRS **41** (1971) 283; OLG Köln MDR **1991** 275; LG Berlin NStZ **1995** 509 mit zust. Anm. *Sander*; *Grüneberg* MDR **1992** 330.

58 *Sander* GA **1995** 575 f.

59 OLG Zweibrücken MDR **1990** 79 (betr. Ungebühr des Angeklagten).

60 OLG Karlsruhe NJW **1996** 608; **a.A.** KK/*Diemer* 3; *Foth* JR **1996** 130 verneint in seiner Anmerkung nicht die Übertragbarkeit, sondern die geringe Schuld.

61 Ausführlich *Feuerich/Weyland* § 116, 25 BRAO; *Jessnitzer/Blumberg*[9] § 116, 3 BRAO; *Kleine-Cosack*[3] § 116, 4 BRAO; siehe auch *Isele* 1470 ff. m.w.N. aus der anwaltsgerichtlichen Rechtsprechung (S. 1475 f.); auch Radtke/Hohmann/*Radtke* 15.

62 KK/*Diemer* 1; *Schroeder* FS Peters 418; AnwK-StPO/*Walther* 1.

63 Nachw. in Fn. 64.

64 So etwa *Kunz* (Bagatellprinzip) 283; *M.K. Meyer* GA **1997** 404 („überflüssige und überdies gefährliche Leerformel"); *Wolter* GA **1985** 75; vgl. auch *Grebe* GA **72** (1928) 86 („kautschukartiger Begriff"); *Streng* Strafrechtliche Sanktionen (1991) 35 (unpräzise und inhaltlich ungeklärt); zu den verschiedenen Auslegungsversuchen im früheren Schrifttum auch *Homann* 19 ff.; für Streichung des Merkmals „öffentliches Interesse" *Meyer-Goldau* 110; **a.A.** *Vogel* 203 f., nach dem dieser Begriff als Oberbegriff die „geringe Schuld" mit umfassen soll; zur Kritik auch *Magnus* GA **2012** 625–627.

65 Vgl. *Krümpelmann* 205 f.; *Vogel* 166 ff., 202.

heute auch nicht mehr vertretbar, bei den Auslegungsbemühungen auf die Vorstellungen aus der Zeit der vorletzten Jahrhundertwende zurückzugreifen, in der dieses Merkmal erstmals konzipiert wurde.[66]

Im Ergebnis konzentrieren sich die **Bemühungen zur Auslegung** des öffentlichen Interesses schwerpunktmäßig darauf, eine Beziehung zu den Sanktionszwecken des materiellen Strafrechts, namentlich solchen präventiver Art, herzustellen.[67] Insoweit bleibt aber das Verhältnis der beiden Merkmale „Schuld“ und „öffentliches Interesse“ weiter klärungsbedürftig, namentlich im Hinblick auf die materiell-strafrechtliche Diskussion über das Verhältnis von Schuld und Prävention.[68] 23

Die **eigene Auffassung**, die der Auslegung der Merkmale „geringe Schuld“ und „fehlendes öffentliches Interesse“ in dieser Kommentierung zugrunde gelegt wird, geht davon aus, dass § 153 ebenso wie § 153a nicht nur der Justizentlastung dient, sondern auch eine kriminalpolitische Funktion hat. Mit ihr soll die strafrechtliche Sanktion, also die Strafe oder die Maßregel der Besserung und Sicherung, als „ultima ratio“ eingesetzt werden. Es erscheint daher sinnvoll, die prozessualen Nichtverfolgungsermächtigungen in den §§ 153, 153a zumindest auch als Teil eines kriminalpolitischen Gesamtkonzepts abgestufter strafrechtlicher Intervention zu verstehen, und zwar als Regelungen prozessualer Natur mit materiell-rechtlichen Auswirkungen. Teleologisch, also von dieser kriminalpolitischen Funktion her, sollte deshalb davon ausgegangen werden, dass die beiden Begrenzungsmerkmale „Schuld“ und „öffentliches Interesse“ zusammen in erster Linie als Verweisungen auf die jeweils anerkannten Strafzwecke des materiellen Strafrechts aufzufassen sind, so dass diesen bei der Interpretation eine Führungsrolle zukommt. Dabei dürfte der Gesetzgeber seinerzeit davon ausgegangen sein, dass Schuld- und Präventionsgesichtspunkte unterscheidbar sind. Wenn und soweit diese Unterscheidbarkeit bezweifelt oder geleugnet wird, folgt für § 153 und insbesondere für § 153a (vgl. § 153a, 31), dass die Grenze zwischen beiden Merkmalen durchlässig wird und dass es entscheidend auf die Frage ankommt, ob aus schuld- oder präventionsbezogenen materiell-rechtlichen Sanktionszwecken ein nur durch eine strafrechtliche Sanktion zu ahndendes Strafbedürfnis vorhanden ist.[69] 24

2. Geringe Schuld

a) Begriffsinhalt. Die in den §§ 153, 153a angesprochene **Schuld** ist die Gesamtheit derjenigen schuldbezogenen Umstände, die auch für die Strafzumessung, insbesondere nach § 46 Abs. 2 StGB, von Bedeutung sind.[70] Unberücksichtigt bleiben Umstände und 25

---

66 So aber z.B. *Homann* 40, 91 ff.

67 So etwa, wenn auch mit erheblichen Nuancen im Einzelnen *Eckl* JR **1975** 100; *Hanack* FS Gallas 355; *Hobe* FS Leferenz 636 f.; *Jeutter* (LV zu § 152) 76 ff., 91 ff.; *Kausch* 110; *Meinberg* 47 ff.; MüKo/*Peters* 28; Radtke/Hohmann/*Radtke* 24; Meyer-Goßner/*Schmitt* 7; KK/*Diemer* 14–16; *Wolter* GA **1985** 75; darstellend *Magnus* GA **2012** 623–624.

68 Vgl. dazu m.w.N. *Jakobs* 17/18 ff.; siehe auch *Hanack* FS Gallas 354.

69 *Fezer* ZStW **106** (1994) 30; *Rieß* NStZ **1981** 7; *Schulenburg* JuS **2004** 768. In ähnliche Richtung zielt die Auffassung von *Kunz* (Bagatellprinzip) 311, 314 (zusammenfassend), nach der in den §§ 153, 153a eine letztlich offene Ermächtigung an den Gesetzesanwender zur kriminalpolitisch motivierten Entscheidung steckt.

70 *Bär* DAR **1984** 131; *Boxdorfer* NJW **1976** 318; *Fezer* ZStW **106** (1994) 28; *Fezer* 1/31; *Hobe* FS Leferenz 634; *Horstmann* 137, 138 f.; *Hünerfeld* ZStW **90** (1978) 920; *Jostes* 35; *Keller/Schmid* wistra **1984** 205; *Krey* Bd. II 214; *Kunz* (Bagatellprinzip) 272ff.; *Meinberg* 26 ff.; KK/*Diemer* 12; SK/*Weßlau*/*Deiters* 18; SSW/*Schnabl* 9; MüKo/Peters 18; HK/*Gercke* 4; *Trepper* 97; einschränkend *Geerds* Übungen im Strafprozeßrecht (1989) 119, Fn. 14; **a.A.** *Krümpelmann* (Bagatelldelikte) 213 ff.; ihm folgend *Bloy* GA **1980** 172; *Paschmanns* 136, Radtke/Hohmann/*Radtke* 20; der sich gegen den Rückgriff auf die „Strafzumessungsschuld“ und für die Berücksichtigung der „Tatschuld“ ausspricht; dazu ausführlich *Meinberg* 23 ff.

Bewertungen, die als Strafzumessungserwägungen unbeachtlich wären, insbesondere solche rein moralischer oder ethischer Art.[71] Maßgebend sind folglich in erster Linie materiell-strafrechtliche Wertungen. **Gering** ist die Schuld dann, wenn sie bei einem Vergleich mit Vergehen gleicher Art deutlich unter dem Durchschnitt liegt.[72] Die für die (potentielle) Sanktionsbemessung heranzuziehenden schuldbezogenen Umstände müssen also so überwiegend zugunsten des Beschuldigten sprechen, dass unter Schuldgesichtspunkten eine Sanktion im unteren Bereich des Strafrahmens für das jeweilige Delikt zu erwarten wäre. Einzelne schuldsteigernde Umstände müssen die Geringfügigkeit nicht ausschließen;[73] es kommt immer auf eine Gesamtbetrachtung an. Dagegen lässt sich nicht sagen, dass die Schuld so gering sein müsse, dass noch nicht einmal eine Verwarnung mit Strafvorbehalt eine angemessene Reaktion darstellt;[74] die Möglichkeiten der Einstellung nach § 153 sowie partiell auch nach § 153a einerseits und der Verwarnung mit Strafvorbehalt nach § 59 StGB andererseits überschneiden sich in ihren Voraussetzungen.

26 Die **Geringfügigkeit** der Schuld ist **deliktspezifisch** zu beurteilen,[75] so dass auch bei Vergehen, die mit einer im Mindestmaß erhöhten Strafe bedroht sind, die Schuld gering sein kann, denn das Gesetz eröffnet die Nichtverfolgungsermächtigung ohne weitere Einschränkungen für alle Vergehen. Wegen dieses deliktspezifischen Maßstabs kommt es auch nicht entscheidend auf die absolute Höhe der Strafe an, die der Beschuldigte im Falle des Nachweises der Tat zu erwarten hätte;[76] maßgebend ist, dass sie sich im unteren Bereich des konkreten Strafrahmens bewegen würde. Der Schuldgehalt muss deutlich unter dem Mittelmaß des deliktstypischen Schuldgehalts liegen. Zur deliktspezifischen Einheit, innerhalb derer das Maß der Schuld gering sein muss, gehören jedoch auch minderschwere und besonders schwere Fälle mit oder ohne Regelbeispiele sowie tatbestandsmäßig verselbständigte Qualifikationen und Privilegierungen. In solchen Fällen setzt geringe Schuld regelmäßig voraus, dass im Falle einer Verurteilung die Voraussetzungen eines minderschweren Falles mit besonderem Strafrahmen oder der tatbestandlichen Privilegierung vorliegen würden;[77] sie ist ausgeschlossen, wenn ein besonders schwerer Fall oder eine tatbestandliche Qualifikation eingreifen würde.[78]

27 **b) Einzelfragen.** Eine geringe Schuld kann gegeben sein, wenn Rechtfertigungs- und Schuldausschließungsgründe zwar letztlich nicht durchgreifen, das Tatgeschehen

71 LR/*Meyer-Goßner*[23] 13 m.w.N.; *Boxdorfer* NJW **1976** 318; **a.A.** LR/*Kohlhaas*[22] 3.

72 Meyer-Goßner/*Schmitt* 4; SK/*Weßlau/Deiters* 18; MüKo/*Peters* 19; SSW/Schnabl 9; Radtke/Hohmann/*Radtke* 21; *Beulke/Swoboda* 334; *Eckl* JZ **1975** 99; *Eisele* NZV **1999** 232; *Fezer* ZStW **106** (1994) 28; *Haller/Conzen* 156; *Hobe* FS Leferenz 633; *Joecks* 4; *Kramer* 272; *Krey* Bd. II 214; *Müller/Freyschmidt* Verteidigung in Straßenverkehrssachen (2005) 147 f.; *Pommer* Jura **2007** 665; *Ranft* 1150; *Rieß* NStZ **1981** 8; *Rose* 33; MAH/*Schlothauer* Strafverteidigung § 3, 136; vgl. auch *Schellenberg* Die Hauptverhandlung in Strafsachen (1996) 189; *Schmidt-Hieber* Verständigung im Strafverfahren (1986) 47; *Weiland* Einführung in die Praxis des Strafverfahrens[2] (1996) 82; krit. Radtke/Hohmann/*Radtke* 22.

73 *Ranft* 1150 (für objektiv hohen Schaden); SK/*Weßlau/Deiters* 18; MüKo/*Peters* 21.

74 *Braun* 122, 134 ff., 185; HK/*Gercke* 4; vgl. auch KMR/*Plöd* 10; AnwK-StPO/*Walther* 7; **a.A.** *Boxdorfer* NJW **1976** 319; LR/*Meyer-Goßner*[23] 15; vgl. auch *Horn* NJW **1980** 107; *Schöch* JR **1978** 74.

75 *Fezer* ZStW **106** (1994) 28; *Gillmeister* in: Brüssow/Gatzweiler/Krekeler/Mehle § 7, 42; *Hanack* FS Gallas 350; *Hobe* FS Leferenz 634; *Rose* 33; *Rieß* NStZ **1981** 8; SK/*Weßlau/Deiters* 18; SSW/*Schnabl* 9; MüKo/*Peters* 20; enger LR/*Meyer-Goßner*[23] 15; *Vogel* 206 f. *Kunz* (Bagatellprinzip) 206 ff.; **a.A.** AK/*Schöch* 18; teilweise abweichend *Meinberg* 37, der die Vergleichsgruppen nicht deliktsspezifisch, sondern nach Lebenssachverhalten bilden will.

76 So *Boxdorfer* NJW **1976** 319; wie hier *Hobe* FS Leferenz 633 Fn. 6; SK/*Weßlau/Deiters* 18; Meyer-Goßner/*Schmitt* 4; zweifelnd *Hünerfeld* ZStW **90** (1978) 920; Radtke/Hohmann/*Radtke* 22; AK/*Schöch* 17 regt als Obergrenze eine Geldstrafe von 30 Tagessätzen an.

77 *Rieß* NStZ **1981** 8 und im Anschluss daran *Schäfer* Strafzumessung 18.

78 **A.A.** *Franzen/Gast/Joecks* § 398, 13 AO.

aber doch in der Nähe eines solchen liegt,[79] so etwa, wenn die Schuld nach § 21 StGB erheblich vermindert, ein Verbotsirrtum zwar nicht unvermeidbar, aber doch nicht unverständlich, eine Notwehr- oder Notstandslage zwar nicht gegeben, aber doch erwägenswert war. Auch bei einer nur untergeordneten Beteiligung, einem an der Grenze zum untauglichen Versuch oder zum Wahnverbrechen liegenden oder die Grenze der Vorbereitungshandlung nur wenig überschreitenden Versuch wird die Schuld häufig als gering anzusehen sein. Ein Indiz für geringe Schuld nach diesen Gesichtspunkten liegt immer dann vor, wenn bei der Strafzumessung, käme es darauf an, die Strafe nach § 49 StGB erheblich gemildert werden würde.

Einen weiteren Maßstab für die Geringfügigkeit der (potentiellen) Schuld geben die 28
in **§ 46 Abs. 2 Satz 2 StGB** genannten Strafzumessungsgründe ab,[80] die jedenfalls überwiegend zugunsten des Beschuldigten sprechen müssen. Für geringe Schuld sprechen demnach, wobei es aber immer auf den Einzelfall ankommt: nicht verwerfliche Motive und Gesinnungen des Täters, etwa ein Handeln aus Not oder eine rechtsstaatswidrige Tatprovokation,[81] eine geringe kriminelle Intensität,[82] das Bemühen um eine Schadenswiedergutmachung oder ein bereits durchgeführter Täter-Opfer-Ausgleich,[83] eher geringe verschuldete Tatfolgen[84] und fehlende kriminelle Vorbelastung, soweit Vorstrafen schuldrelevant sein können.[85] Ein zulässiges **Prozessverhalten** darf nicht dazu führen, die Geringfügigkeit der Schuld zu verneinen;[86] deshalb darf beispielsweise einem bestreitenden Beschuldigten fehlende Wiedergutmachungsbereitschaft nicht schulderhöhend angelastet werden. Ein Geständnis ist weder Voraussetzung für die Anwendung des § 153 noch ohne weiteres allein ein Grund, eine geringe Schuld anzunehmen. Es besteht deshalb auch kein Grund für Staatsanwaltschaft oder Gericht, die Anwendung der Vorschrift (und des § 153a) von einem Geständnis abhängig zu machen.[87] Abweichend davon wird in der Praxis auf die Abgabe eines Geständnisses oder zumindest auf die erkennbare Einsicht eines Fehlverhaltens durchaus Wert gelegt.[88] Diesem Druck wird sich der Beschuldigte vielfach nicht entziehen können.

3. Öffentliches Interesse

a) Begriffsinhalt. Nach dem Gesetzeswortlaut setzt die Einstellung voraus, dass 29
kein öffentliches Interesse an der „Strafverfolgung" besteht; doch ist dieser dahin zu

79 *Kunz* (Bagatellprinzip) 229 ff.; *Meinberg* 43; ähnlich auch *Heinitz* FS Rittler 332; *Meyer-Goldau* 103; Radtke/Hohmann/*Radtke* 23; MüKo/*Peters* 23; SK/*Weßlau/Deiters* 17.

80 *Beulke/Swoboda* 334; *Gillmeister* (Fn. 75) § 7, 25; Meyer-Goßner/*Schmitt* 4; KK/*Diemer* 12; KMR/*Plöd* 10; SK/*Weßlau/Deiters* 18; *Ranft* 1150.

81 *Cramer* FS Maurach 495; SSW/*Schnabl* 9; MüKo/*Peters* 23; HK/*Gercke* 4; SK/*Weßlau/Deiters* 17; hierzu BGHSt **45** 325; **47** 451.

82 Vgl. zum fahrlässigen ärztlichen Fehlverhalten BGH StV **2001** 326.

83 Zur Schadenswiedergutmachung: LG Aachen JZ **1971** 519; AG Nürnberg NJW **1974** 1668. Art. 2 eines Bundesratsentwurfs vom 26.2.1999 (BRDrucks. 98/99) hatte sogar vorgesehen, das Kriterium der Schadenswiedergutmachung, das bisher in der Praxis der Staatsanwaltschaft als ungeschriebenes Merkmal Berücksichtigung finde, ausdrücklich in § 153 Abs. 1 Satz 1 aufzunehmen.

84 *Hobe* FS Leferenz 639; zur begrenzten Aussagekraft der Schadenshöhe als Maßstab für Bagatelldelinquenz ausführlich *Kunz* (Bagatellprinzip) 221 ff.

85 Weitergehend *Eckl* JR **1975** 100; krit. *Hobe* FS Leferenz 639.

86 HK/*Gercke* 4; Radtke/Hohmann/*Radtke* 23; SK/*Weßlau/Deiters* 18; AK/*Schöch* 19; KMR/*Plöd* 10; zur generellen Strafzumessungsproblematik bei zulässigem Prozessverhalten *Torka* Nachtatverhalten und Nemo tenetur (2000) 32 ff.

87 *Dahs* (Hdb.) 323; *Krey* Bd. II 214; KMR/*Plöd* 10; AK/*Schöch* 19; zur auch hier bedeutsamen Frage der Strafzumessungsrelevanz des Geständnisses siehe m.w.N. *Beulke/Satzger* JuS **1997** 1077.

88 MAH/*Schlothauer* Strafverteidigung § 3, 136.

korrigieren, dass das öffentliche Interesse auf die „Bestrafung" des Beschuldigten oder, sofern ein Absehen von Strafe in Betracht kommt, auf den Schuldspruch (vgl. § 153b, 4) gerichtet sein muss. Die Strafverfolgung als solche ist kein die Verfahrensfortführung rechtfertigender Selbstzweck.[89] Im Übrigen ist das öffentliche Interesse weitgehend mit den Sanktionszwecken gleichzusetzen (Rn. 25). Dabei ist es eine für die praktische Anwendung jedenfalls bei § 153, aber auch bei § 153a (vgl. § 153a, 31) irrelevante Frage, ob man das öffentliche Interesse, weil die schuldbezogenen Sanktionszwecke bereits vom Merkmal der geringen Schuld erfasst sind, für die präventiven Sanktionszwecke reserviert, oder in die geringe Schuld mit einbezieht.[90] Umstände, die nicht im weitesten Sinne den Sanktionszwecken zugeordnet werden können, können das öffentliche Interesse nicht begründen; was als Sanktionszweck illegitim wäre, kann auch kein öffentliches Interesse im Sinne des § 153 rechtfertigen. Jedoch kann dem Gesichtspunkt der **Generalprävention** beim öffentlichen Interesse größere Bedeutung als bei der Strafzumessung zukommen. Denn der mit ihr verbundene Gesichtspunkt der Androhungsprävention[91] steht dem gänzlichen Verzicht auf die Sanktionierung strafbaren Verhaltens, den die Anwendung des § 153 zur Folge hat, eher entgegen als einer auf generalpräventive Schärfungen verzichtenden Strafzumessung.

30 Wenn auch das öffentliche Interesse nicht mit Umständen begründet werden darf, die als präventive Gesichtspunkte der Sanktionszumessung nicht legitim wären, so folgt daraus nicht, dass jedes Präventionsbedürfnis dem öffentlichen Interesse gleichgesetzt werden kann. Bei **geringen,** insbesondere gegenläufigen **Präventionsinteressen** braucht noch nicht stets ein öffentliches Interesse an der Strafverfolgung zu bestehen, da § 153 auch eine verfahrensökonomische Funktion hat.[92] Öffentliches Interesse kann deshalb auch aus Umständen heraus entfallen, die die materiell-rechtliche Strafwürdigkeit nicht gänzlich aufheben. Entscheidend ist immer, ob neben der geringen Schuld (Rn. 25ff.) entweder zur Einwirkung auf den (potentiellen) Täter oder aus Gründen anerkannter Generalprävention (näher Rn. 32) auf eine Verfahrensfortsetzung mit dem Ziel einer strafrechtlichen Sanktion nicht verzichtet werden kann. Die (verbreitete) Verwendung des Begriffs **berechtigte Belange der Allgemeinheit**[93] ist nur dann unbedenklich, wenn auch ungenau, wenn darunter nur generalpräventive Gesichtspunkte verstanden werden. Ein **erhöhtes Medieninteresse** an dem Verfahren, gleich ob aufgrund der Modalitäten der Tatbegehung, der Gesinnung des mutmaßlichen Täters oder aufgrund seiner Person, ist für sich nicht geeignet, das öffentliche Interesse an der Strafverfolgung zu belegen.[94] Es kann sich jedoch als, im Einzelfall auch gewichtiges, Indiz darstellen.[95] Sprechen die Umstände teilweise für und teilweise gegen die Bejahung des öffentlichen

---

89 *Boxdorfer* NJW **1976** 318 Fn. 1; *Gillmeister* (Fn 75) § 7, 26; *Hanack* FS Gallas 353; MüKo/*Peters* 28; *Rieß* NStZ **1981** 8 Fn. 93; vgl. auch *Magnus* GA **2012** 623–625.

90 Näher oben Rn. 24 a.E.; vgl. auch *Hobe* FS Leferenz 632.

91 Vgl. *Wessels/Beulke/Satzger* Strafrecht AT 23; *Zipf* 85f.; vgl. auch (mit empirischen Hinweisen) *Schöch* FS Jescheck 1081.

92 *Rieß* NStZ **1981** 8; ähnlich *Bloy* GA **1980** 175; *Homann* 94.

93 Vgl. z.B. Nr. 86 Abs. 2 RiStBV; LR/*Meyer-Goßner*[23] 19; KK/*Diemer* 15; SK/*Weßlau/Deiters* 22; krit. *Hobe* FS Leferenz 645; das teilweise (z.B. Meyer-Goßner/*Schmitt* 7; *Pfeiffer* 3; KK/*Diemer* 15) genannte Interesse an der Aufklärung eines kriminogenen Hintergrundes ist nur dann relevant, wenn es general- oder spezialpräventiv begründbar ist.

94 *Jahn/Meinecke* FS Schlothauer 139; HK/*Gercke* 5; Radtke/Hohmann/*Radtke* 26; MüKo/*Peters* 15; ähnlich *Magnus* GA **2012** 625 (Interesse der Allgemeinheit an der Aufklärung des kriminogenen Hintergrundes); zur Stellung des Betroffenen SK/*Weßlau/Deiters* 21 m.w.N.; **a.A.** Meyer-Goßner/*Schmitt* 7; KK/*Diemer* 15; siehe auch Rn. 34.

95 So schon MüKo/*Peters* 15.

Interesses, so kommt es darauf an, welche bei einer Gesamtbetrachtung überwiegen.[96] Strafverfolgungsinteressen der **Europäischen Union** sind mit einzubeziehen[97] und können zu einem europarechtlichen Verfolgungszwang führen.[98]

Das **öffentliche Interesse** an der Strafverfolgung **bei Privatklagedelikten** im Sinne von § 376 dürfte im Wesentlichen mit dem hier entwickelten Begriff übereinstimmen,[99] doch muss der unterschiedliche funktionale Zusammenhang berücksichtigt werden, in dem das Merkmal in beiden Vorschriften steht. Dabei ist allerdings nach den empirischen und statistischen Erkenntnissen kein bedeutsamer Unterschied darin zu sehen, dass bei § 376 das Privatklageverfahren möglich bleibt, denn auch die Verweisung zur Privatklage nach § 376 führt in aller Regel dazu, dass der Beschuldigte nicht bestraft wird.[100] Jedoch wird bei der Bewertung des öffentlichen Interesses in § 376 auch die Zumutbarkeit einer eigenen Strafverfolgung durch den Verletzten und damit das Verletzteninteresse eine größere Rolle spielen als bei der Anwendung des § 153. 31

b) Einzelfragen. Ein der Nichtverfolgung entgegenstehendes öffentliches Interesse liegt stets vor, wenn die Verhängung einer Maßregel der Besserung und Sicherung notwendig erscheint. **Spezialpräventive Gesichtspunkte** begründen ferner ein öffentliches Interesse regelmäßig dann, wenn ohne eine strafrechtliche Sanktion weitere Straffälligkeit zu befürchten ist; in diesem Zusammenhang (und nur insoweit) spielen auch einschlägige Vorstrafen[101] eine Rolle und kann berücksichtigt werden, ob sich aus der Tat eine gesellschaftsfeindliche Gesinnung ergibt.[102] **Generalpräventive Gesichtspunkte** (Belange der Allgemeinheit) begründen ein öffentliches Interesse an der Strafverfolgung insbesondere dann, wenn wegen der Art der Tatausführung, etwa bei außergewöhnlichen Tatfolgen,[103] wegen der Häufigkeit gleichartiger Delikte oder aus anderen Gründen das reaktionslose Hinnehmen der Tat die Rechtstreue der Bevölkerung erschüttern würde. Insoweit kann das öffentliche Interesse auch deliktspezifisch zu bejahen sein, doch ist es ohne eine solche Begründung nicht zulässig, es für bestimmte Straftaten generell als gegeben anzusehen.[104] Entscheidend ist, ob nach den Umständen des Einzelfalls die Verbindlichkeit des Rechts beeinträchtigt werden könnte, wenn gerade dieser 32

96 LG Aachen JZ **1971** 519, 521.

97 Noch zur alten Rechtslage vor Inkrafttreten des Vertrags von Lissabon *Jokisch* Gemeinschaftsrecht und Strafverfahren (1999) 158 ff. („EG-rechtskonforme Auslegung").

98 *Jokisch* (Fn. 97) 160, 170 („Ermessensreduzierung auf Null").

99 Ebenso *Deiters* 7; *Fezer* 1/32; *Jostes* 42; *Lesch* 2/42; LR/*Meyer-Goßner*[23] 18 m.w.N.; AK/*Schöch* 20; vgl. auch (krit.) *Krey* Bd. II 214; sowie (ausführlich) *Vogel* 130 ff.

100 Vgl. dazu m.w.N. *Rieß* (Fn. 23) C 23; ferner (mit neueren stat. Nachw.) *Rieß* Schs-Ztg. **2000** 306 ff., wonach 1997 nur noch in 1,3% der Verweisungen zur Privatklage eine solche erhoben wird und von den erhobenen Privatklagen nur etwa 14% zu einem Urteil führen. Der Anteil der Verfahren, die auf den Privatklageweg verwiesen wurden lag 2016 bei weniger als 10%, vgl. Statistisches Bundesamt, Statistisches Jahrbuch 2018, Kap. 11 Justiz 317.

101 *Bär* DAR **1984** 132; *Eckl* JR **1975** 100; AK/*Schöch* 22; MüKo/*Peters* 30; KK/*Diemer* 14; Radtke/Hohmann/*Radtke* 25; vgl. auch SK/*Weßlau*/*Deiters* 21 in Bezug auf Voreintragung einer Einstellung gem. § 153a; *Joachimski*/*Haumer* Strafverfahrensrecht (2000) 106; zur Wiederholungsgefahr bei Anwendung der §§ 153, 153a *Keunecke*/*Schinkel* MSchrKrim. **1984** 161.

102 Wie hier HK/*Gercke* 5; wohl allgemeiner LR/*Meyer-Goßner*[23] 20; KMR/*Plöd* 12; AnwK-StPO/*Walther* 9; sehr weitgehend *Boxdorfer* NJW **1976** 319; krit. KK/*Diemer* 14.

103 HK/*Gercke* 5; Meyer-Goßner/*Schmitt* 7; *Pfeiffer* 3; KMR/*Plöd* 12 unter Verweis auf BGHSt **10** 259; AK/*Schöch* 21; KK/*Diemer* 15; **a.A.** Radtke/Hohmann/*Radtke* 24.

104 *Keller* GA **1983** 518; differenzierend *Hobe* FS Leferenz 638; **a.A.** *Eckl* JR **1975** 100; *Vogel* 202; wohl auch *Boxdorfer* NJW **1976** 319.

konkrete Fall nicht verfolgt werden würde. Deshalb kann auch eine besonders geringe Schuld das öffentliche Interesse entfallen lassen.[105]

33 Ein generelles **Genugtuungsinteresse des Verletzten** allein begründet, wie sich schon aus § 376 ergibt, noch kein öffentliches Interesse an der Strafverfolgung. Es ist aber zu bedenken, dass die mit dem Gedanken der Generalprävention bezweckte Bestätigung der Verbindlichkeit der Rechtsordnung gerade im Hinblick auf die Wahrung der Verletzteninteressen deutlich gemacht werden muss.[106] Die Berücksichtigung der Opferbelange wird heute vereinzelt sogar als selbständiger Strafzweck eingestuft.[107] Auch wer diesen Schritt nicht nachvollziehen möchte, kann angesichts des verstärkten Opferschutzes durch mehrere StPO-Novellen eine prinzipielle Vernachlässigung der Verletzteninteressen nicht akzeptieren. Sie widerspräche der generalpräventiven Aufgabe des Strafrechts. Insoweit besteht auch dann ein öffentliches Interesse an der Strafverfolgung, wenn durch eine Nichtverfolgung die berechtigten Interessen des Verletzten beeinträchtigt werden würden.[108]

34 **Kein öffentliches Interesse** wird durch solche Umstände begründet, die materiellstrafrechtlich keine präventiv begründbare Funktion aufweisen. Deshalb scheiden in der Regel aus, sofern nicht ausnahmsweise die in Rn. 29 ff. genannten Gesichtspunkte dominieren: Die Stellung des Beschuldigten oder Verletzten im öffentlichen Leben,[109] das Interesse der Öffentlichkeit an der Klärung einer bestimmten Rechtsfrage,[110] die Herbeiführung eines Strafurteils als Grundlage für eine verwaltungsrechtliche Maßnahme,[111] das Bedürfnis des Versorgungsamtes nach Klärung des strafrechtlichen Vorwurfs bei Entschädigungen nach dem OEG[112] oder das Bedürfnis nach einer Eintragung der Verurteilung in das Bundeszentralregister.[113] Dass die Tat eine besondere Aufmerksamkeit in der Öffentlichkeit gefunden hat und insbesondere in den Medien erörtert worden ist, reicht für sich allein nicht aus, wenn nicht die Gesamtumstände ergeben, dass berechtigte generalpräventive Umstände eine Rolle spielen.[114] Umgekehrt kann bei der Prüfung der Anwendung der §§ 153, 153a ein aus den (präventiven) Strafzwecken abzuleitendes öffentliches Strafverfolgungsinteresse nicht durch das Vorhandensein außerstrafrechtlicher Nichtverfolgungsinteressen verneint werden.[115] Solche dem Strafverfolgungsinteres-

105 *Hobe* FS Leferenz 637.

106 *Rieß* (Fn. 23) C 51 m.w.N. in Fn. 231; vgl. auch *Hobe* FS Leferenz 645; *Homann* 50 f.; *Hörnle* JZ **2006** 950; *Jeutter* (LV zu § 152) 103; *Kilchling* NStZ **2002** 57.

107 Vgl. zur modernen Opfer- und Wiedergutmachungsdiskussion statt aller *Frehsee* Schadenswiedergutmachung als Instrument strafrechtlicher Sozialkontrolle (1987); *Lüderssen* FS H.J. Hirsch 879; *Meier* JuS **1996** 436; *Schöch* Verh. des 59. DJT (1992) Bd. I Teil C; *ders.* FS Roxin 1045; *Schaffstein* FS Roxin 1065; *Walther* ZStW **111** (1998) 123ff.

108 Z.T. wohl enger („besonders beeinträchtigt") LR/*Rieß*[24] 29; HK/*Gercke* 5; *Hellmann* 525; KMR/*Plöd* 12; MüKo/*Peters* 33 (altruistisches Tätigwerden); ähnlich auch Radtke/Hohmann/*Radtke* 27. Zur Frage des Einflusses der sog. „Beschwerdemacht" des Verletzten auf die Einstellungshäufigkeit vgl. die (unterschiedlichen) empirischen Ergebnisse bei *Ahrens* 219; *Hertwig* 241 ff.; *Meinberg* 154 ff.

109 So auch *Gillmeister* (Fn. 75) § 7, 27; SK/*Weßlau*/*Deiters* 21 (sachwidrige Erwägung); HK/*Gercke* 5; AK/*Schöch* 23; wohl auch *Hobe* FS Leferenz 639 (nur, soweit dadurch der Unrechtsgehalt erhöht); **a.A.** Meyer-Goßner/*Schmitt* 7; KK/*Diemer* 15; KMR/*Plöd* 12.

110 LG Aachen JZ **1971** 520; HK/*Gercke* 5; Meyer-Goßner/*Schmitt* 8; *Pfeiffer* 3; KMR/*Plöd* 13; *Hobe* FS Leferenz 646; *Homann* 105; *Meinberg* 49 f.; einschränkend LR/*Meyer-Goßner*[23] 22; **a.A.** *Grebe* GA **72** (1928) 85; *Kohlhaas* GA **1956** 249; LR/*K. Schäfer*[24] Einl. Kap. **13** 38; AK/*Schöch* 21; auch KK/*Diemer* 26.

111 *Homann* 105 ff.; **a.A.** *Rietzsch* DJ **1940** 534.

112 AK/*Schöch* 23.

113 *Hobe* FS Leferenz 646; großzügiger LR/*Meyer-Goßner*[23] 20.

114 *Hobe* FS Leferenz 645; HK/*Gercke* 5; Radtke/Hohmann/*Radtke* 26; MüKo/*Peters* 15; ähnlich *Magnus* GA **2012** 625; SK/*Weßlau*/*Deiters* 21 mwN; **a.A.** Meyer-Goßner/*Schmitt* 7; KK/*Diemer* 15; teilweise **a.A.** *Jeutter* (LV zu § 152) 92.

115 *Vogel* 158, 198, 231; **a.A.** *Meinberg* 47 f.

se entgegenstehenden öffentlichen Interessen können nur unter den besonderen Voraussetzungen der §§ 153c bis 153f berücksichtigt werden.

c) Überlange Verfahrensdauer. Auch bei **überlanger**, nicht vom Beschuldigten zu vertretender, **Verfahrensdauer** kommt in Ausnahmefällen eine Anwendung des § 153 in Betracht. Dies gilt insbesondere in den Fällen, in denen ein Verstoß gegen das **Beschleunigungsgebot** aus Art. 6 Abs. 1 EMRK und somit eine **rechtsstaatswidrige Verfahrensverzögerung** vorliegt bzw. vorliegen könnte, sofern die Hauptverhandlung umfassend durchgeführt werden würde. Liegt der absolute Ausnahmefall eines Verfahrenshindernisses aufgrund extremer Verfahrensverzögerung seitens der Justiz, der ein Verfahrenshindernis und aufgrunddessen eine Einstellung zur Folge hätte, nicht vor, kommt die Anwendung der §§ 153, 153a grundsätzlich in Betracht.[116] Die frühere Rspr. verwies eher pauschal auf das dann fehlende öffentliche Interesse.[117] Nach der zwischenzeitlichen Rspr. des Bundesgerichtshofs waren in Fällen überlanger Verfahrensdauer bis zu drei verschiedene, selbständige Strafmilderungen zu berücksichtigen, nämlich a) langer zeitlicher Abstand zwischen Tat und Urteil, b) Belastung durch lange Verfahrensdauer und c) Verletzung des Beschleunigungsgebots nach Art. 6 Abs. 1 Satz 1 EMRK.[118] Auch Verzögerungen durch Vorabentscheidungsverfahren zum EuGH waren danach strafmildernd zu berücksichtigen.[119] Da die Gründe, die die Strafzumessung beeinflussen, dieselben sind, die auch für die Frage der Schuld des Täters im Rahmen von § 153 bedeutsam sind (Rn. 25ff.), und da zwischen geringer Schuld und fehlendem öffentlichem Interesse i.S. von § 153 eine Wechselwirkung besteht, konnte im Einzelfall eine ursprünglich nicht geringe Schuld nach überlanger Verfahrensdauer unter Berücksichtigung dieser drei Milderungsmöglichkeiten als eine geringe erscheinen mit der Folge, dass dann auch das öffentliche Interesse an der Strafverfolgung erlosch.[120] Durch die Entscheidung des Großen Senats vom 17.1.2008[121] ist diese Rechtsprechung überholt. Die nunmehr vom BGH favorisierte sog. Vollstreckungslösung statuiert, dass der Angeklagte zwar schuldangemessen zu verurteilen ist, ein Teil der Strafe jedoch aufgrund der überlangen Verfahrensdauer als bereits vollstreckt zu gelten hat. Ausdrücklich hat der Große Senat jedoch der überlangen Verfahrensdauer nicht jegliche Bedeutung für die Strafzumessung abgesprochen, sondern die auch weiterhin bestehende Möglichkeit der Opportunitätseinstellung nicht verworfen.[122] Damit sind die zuvor erwähnten Grundsätze für die Frage einer Anwendung des § 153 auch weiterhin zu beachten. Da das Vorliegen eines Verstoßes gegen das Beschleunigungsverbot für einen Verfahrensabbruch allein nicht 35

---

116 BGH NJW **1990** 1000; **1995** 737; StV **2008** 299; KK/*Diemer* 12; Meyer-Goßner/*Schmitt* 4; SSW/*Schnabl* 9; *Cramer* wistra **1999** 290; *Schmitt* StraFo **2008** 317; *Tepperwien* NStZ **2009** 4; *Graf* NZWiSt **2012** 122; vgl. auch BVerfG Beschl. vom 4.9.2009 – 2 BvR 1089/09; EGMR NJW **2008** 3273 f.

117 BVerfG NJW **1984** 967; BGHSt **24** 242; **27** 275 = JR **1978** 246 mit Anm. *Peters*; LG Aachen JZ **1971** 521; *Gillmeister* (Fn. 75) § 7, 28; AK/*Schöch* 16; näher die Erl. bei § 206a, 78 ff.

118 BGH NStZ **1999** 181; siehe zu dieser sog. Strafzumessungslösung LR/*Rieß*[24] Einl. G 39 f.

119 BGH wistra **1998** 344 mit Anm. *Satzger* JA **1999** 367; zur gesamten Problematik *Krehl*/*Eidam* NStZ **2006** 1; *Scheffler* Die überlange Dauer von Strafverfahren (1991).

120 BGHSt **46** 159, 163, 169 mit Anm. *Ostendorf*/*Radtke* JZ **2001** 109 = StraFo **2001** 47 mit Anm. *Roxin*; BGH NStZ **1990** 94; StV **1994** 653; StV **2004** 420; StraFo **2006** 379; MüKo/*Peters* 25; *Joecks* 6; vgl. auch BGH NStZ **1996** 506; BGH Beschl. vom 27.6.1995 – 4 StR 293/95; BGH bei *Kusch* NStZ **1996** 21; BGH NStZ **1997** 543; OLG Frankfurt NStZ-RR **1998** 52; HK/*Gercke* 5; Meyer-Goßner/*Schmitt* 4; KMR/*Plöd* 10; enger wohl (jedenfalls nicht bei „erheblicher" Schuld) LR/*Rieß*[24] 31; krit. *Arloth* 99 („geringe Schuld" kann nicht in Verfahrensverschleppung durch Behörden gesehen werden) im Anschluss an *Roxin*/*Schünemann* § 16, 10; siehe auch schon *Roxin* FS 40 Jahre BGH 84 ff.

121 BGHSt **54** 124.

122 Vgl. nur BGHSt **54** 130.

ausreichend sein kann, es vielmehr darauf ankommt, ob der Verfahrensverstoß so gewichtig ist, dass eine Kompensation im Rahmen der Vollstreckungslösung nicht mehr möglich erscheint, müssen die Gerichte insoweit tatsächliche Feststellungen zur Tatschuld des Angeklagten treffen. Dies kann in der Revisionsinstanz unter Umständen dazu führen, dass die Rechtssache nochmals an das Tatgericht zurückverwiesen werden muss.[123] Zu weit würde es dagegen gehen, die Einstellung schon mit Rücksicht auf eine nur zu erwartende lange Verfahrensdauer zu gestatten.[124] Die Strafverfolgungsbehörden dürfen sich mit der vorsorglichen Verfahrenseinstellung nicht ihrer **vornehmlichen Pflicht zur Beschleunigung** entziehen. Wenn die Strafverfolgungsbehörden die Bearbeitung absichtlich verzögern, um das Verfahren sodann mit der Begründung einzustellen, dass die zu beurteilende Tat lange zurückliege, so verhalten sie sich zwar rechtswidrig[125] und u.U. sogar strafbar, die Einstellungsmöglichkeit bleibt jedoch, außer im Falle des kollusiven Zusammenwirkens, erhalten. Jedoch gilt dies nur innerhalb der gesetzgeberisch vorgegebenen Grenzen. Es verbleibt etwa bei der Beschränkung der Einstellung nach § 153 auf Vergehen.[126] Weil aber die Verfahren mit überlanger Dauer oftmals Verbrechenstatbestände zum Gegenstand haben, ist die praktische Auswirkung gering. Zudem dürfen sich Staatsanwaltschaft und Gericht nicht allein aufgrund der zu erwartenden Dauer durch die Einstellung nach § 153 einer langwierigen und komplizierten Hauptverhandlung entziehen.[127]

36 **d) Tatprovokation.** Auch die **Tatprovokation** durch einen polizeilichen Lockspitzel ist nach der heutigen Rspr. ein Schuldmilderungsgrund, und zwar selbst dann, wenn der Lockspitzel die rechtsstaatlichen Schranken eingehalten hat.[128] Ein darüber hinausgehender Strafmilderungsgrund wird von der Rspr. des Bundesgerichtshofs anerkannt, wenn der Lockspitzel die Grenzen der zulässigen Tatprovokation überschritten hat, was insbesondere der Fall ist, wenn eine unverdächtige und zunächst nicht tatgeneigte Person durch die von einem Amtsträger geführte Vertrauensperson in einer dem Staat zurechenbaren Weise zu einer Straftat verleitet wird. Der darin liegende Verstoß gegen den Grundsatz des fairen Verfahrens gemäß Art. 6 Abs. 1 Satz 1 EMRK ist im Rahmen der Strafzumessung als selbständiger Strafmilderungsgrund zu kompensieren.[129] Die konsequente Übertragung dieser im Schrifttum nach wie vor sehr umstrittenen[130] sog. Strafzumessungslösung führt im Rahmen des § 153 dazu, dass bei schweren Verstößen gegen das Fairnessgebot sowohl die Schuld des Täters als gemindert erscheint als auch das öffentliche Interesse an der Strafverfolgung deutlich reduziert wird,[131] so dass § 153 eingreifen kann.

37 **4. Tatverdacht. Grundsatz.** Aus der konjunktivischen Fassung des § 153 Abs. 1 Satz 1 („die Schuld als gering anzusehen wäre") ergibt sich, dass, teilweise anders als bei § 153a (vgl. § 153a, 39), weder die Feststellung der schuldhaften Tatbegehung noch all-

---

123 BGH StV **2001** 89, 90 ff.; kritisch insoweit *Trurnit/Schroth* StraFo **2005** 363.
124 So aber *Cramer* wistra **1999** 291.
125 Vgl. *Lorenzen* FS StA SchlH 544.
126 *Tepperwien* NStZ **2009** 4; *Schmitt* StraFo **2008** 317.
127 MüKo/*Peters* 25 spricht gar davon, dass Bequemlichkeitserwägungen bei der Anwendung des § 153 keinen Raum haben.
128 BGH StV **1994** 15; **2000** 555.
129 BGHSt **32** 345; BGHSt **45** 321 mit Anm. *Sinner/Kreuzer* StV **2000** 114; *Endriß/ Kinzig* NStZ **2000** 27; *Roxin* JR **2000** 369; BGHSt **47** 44; siehe auch *Beulke/Swoboda* 288; *Schroeder/Verrel* 75; *Wolter* FS II BGH 980 f.; näher § 206a, 61 f. und bei § 163.
130 *Kutzner* StV **2002** 277; *Paeffgen* StV **2007** 487 ff.; m.w.N. bei LR/*Rieß*[24] Einl. G 24 ff.
131 AK/*Schöch* 16.

gemein eine über den Anfangsverdacht (§ 152, 27 ff.) hinausgehende Wahrscheinlichkeit vorausgesetzt wird. Weder bei der Anwendung des § 153 Abs. 1 durch die Staatsanwaltschaft noch bei der des § 153 Abs. 2 durch das Gericht muss der Sachverhalt bis zur Anklagereife oder Sachentscheidungsreife aufgeklärt werden,[132] vielmehr genügt eine Wahrscheinlichkeit der Tatbegehung auf der Basis des bisherigen Ermittlungsstandes.[133]

Jedoch ist mit Blick auf den Verfahrensstand im Zeitpunkt der Einstellungsentscheidung zu differenzieren. Die staatsanwaltschaftliche Einstellung nach § 153 Abs. 1 erfordert gerade keinen hinreichenden Tatverdacht i.S.d. § 170 Abs. 1 in Bezug auf die tatsächlichen Umstände der möglichen Tat. Rechtsfragen müssen aber entschieden werden. Es ist im staatsanwaltschaftlichen Ermittlungsverfahren daher der Sachverhalt zunächst daraufhin zu überprüfen, ob überhaupt der Verdacht einer Straftat besteht oder ggf. durch weitere Ermittlungen begründet werden kann (§ 152, 35). Kommt eine strafbare Tat in Betracht, liegen aber die Voraussetzungen des § 153 nahe, so können die Ermittlungen zunächst hierauf konzentriert werden. Anders formuliert muss ein **hypothetischer hinreichender Tatverdacht** im Zeitpunkt der Einstellungsentscheidung vorliegen. D.h., angenommen der vorliegende Ermittlungsstand stellte sich im späteren gerichtlichen Verfahren als zutreffend heraus, wäre dann eher mit einer Verurteilung als mit einem Freispurch zu rechnen.[134] Unzulässig wäre also etwa eine Einstellung der Staatsanwaltschaft mit der Begründung, es sei unklar, ob die Gerichte die Strafbarkeit des Verhaltens bestätigen würden.[135] Die Vorschrift darf nicht angewendet werden, wenn bereits feststeht, dass kein hinreichender Tatverdacht begründet werden kann oder im gerichtlichen Verfahren ein Freispruch oder eine Einstellung nach § 206a erfolgen muss. Bei **liquider Entscheidungslage** hat die Einstellung nach § 170 Abs. 2 oder der Freispruch Vorrang.[136] Eine Sachaufklärung ist auch stets insoweit erforderlich, als beurteilt werden muss, ob die Einstellungsvoraussetzungen gegeben sind. Es muss also feststehen, dass kein Verbrechen nachweisbar sein wird, dass das Höchstmaß der feststellbaren Schuld die Geringfügigkeitsgrenze nicht überschreiten würde und dass die aufklärbaren Tatumstände kein öffentliches Interesse an der Strafverfolgung begründen können. 38

Im Falle der gerichtlichen Einstellung gem. § 153 Abs. 2 ist im **Zwischenverfahren** davon abweichend die Bejahung des hinreichenden Tatverdachts durch die Staatsanwaltschaft erforderlich. Andernfalls hätte keine Anklage, sondern eine Einstellung gem. § 170 Abs. 2 oder eine andere Verfahrenserledigung, namentlich die Einstellung gem. § 153 Abs. 1, erfolgen müssen.[137] Das Gericht hingegen muss in diesem Verfahrensstand noch nicht von einem gegebenen hinreichenden Tatverdacht ausgehen, um § 153 Abs. 2 39

---

132 Nach der Neufassung allg. M., vgl. z.B. *Eckl* JR **1975** 101, 131 f.; Meyer-Goßner/*Schmitt* 3; KMR/*Plöd* 9; *Rieß* wistra **1997** 139; *Schlüchter* Kernwissen Strafprozeßrecht[3] (1999) 165 mit Fn. 1935; AK/*Schöch* 5; MüKo/*Peters* 17; SK/*Weßlau/Deiters* 25; HK/*Gercke* 3; vgl. BTDrucks. **7** 550 S. 298; krit. für den Fall des § 153 Abs. 2 *Dencker* JZ **1973** 148; vgl. auch KK/*Diemer* 11. Die Frage war früher streitig, vgl. dazu LR/*Kohlhaas*[22] 8 und die Nachw. bei *Dencker* (aaO) Fn. 29, 30.

133 Vgl. *Beulke/Swoboda* 334; *M.J. Schmidt* JR **1979** 222; KK/*Diemer* 11; HK/*Gercke* 3; MüKo/*Peters* 17; SK/*Weßlau/Deiters* 25; Radtke/Hohmann/*Radtke* 29; AnwK-StPO/*Walther* 3; *Weiland* (Fn. 72) 81; ähnlich *Schuth* 156 Fn. 259; **a.A.** *Kühne* 586 (Gewissheit). Zur Problematik einer denkbaren Kollision mit der Unschuldsvermutung BVerfGE **82** 106 ff.; *Kühl* (Unschuldsvermutung) 104 ff.

134 Zum hinreichenden Tatverdacht vgl. die Erläuterungen zu § 170 Abs. 1.

135 **A.A.** LG Bonn NStZ **2001** 377 mit **abl.** Anm. *Beulke/Fahl* NStZ **2001** 428; siehe auch § 153a, 39.

136 BVerfGE **82** 118; *Beulke/Swoboda* 334; *Bockemühl* B1, 124; *Fezer* 1/30; *Haller/Conzen* 156; *Horstmann* 153; *Krey* Bd. II 215; *Lesch* 2/42; Radtke/Hohmann/*Radtke* 16; SK/*Weßlau/Deiters* 15; Meyer-Goßner/*Schmitt* 3; *Paulus* NStZ **1990** 600; *Pfeiffer* 1; KMR/*Plöd* 4; *Ranft* 1148; *Schellenberg* (Fn. 72) 189; *Wagner* ZStW **109** (1997) 586; *Weiland* (Fn. 72) 81.

137 Radtke/Hohmann/*Radtke* 16; SK/*Weßlau/Deiters* 15; Meyer-Goßner/*Schmitt* 3; vgl. auch *Beulke/Swoboda* 334.

anwenden zu können, daher gilt das zur staatsanwaltschaftlichen Einstellung Gesagte entsprechend. Freilich wird hier im Regelfall, in dem das Gericht nach Durchsicht der Akten eine Nachermittlung nicht für erforderlich hält und eine Eröffnung ins Auge fasst, regelmäßig auch der hinreichende Tatverdacht bejaht werden. Anders verhält es sich mit einer gerichtlichen Einstellung im Hauptverfahren. Will das Gericht hier eine Einstellung nach § 153 Abs. 2 vornehmen, muss es, ebenso wie die Staatsanwaltschaft, zuvor im Zwischenverfahren den hinreichenden Tatverdacht angenommen haben. Sodann ist nach den aufgezeigten Kriterien über die Möglichkeit der Einstellung nach § 153 Abs. 2 zu entscheiden. Danach scheidet § 153 aus, wenn nach Beweislage ein Freispruch erfolgen müsste, weil die Beweismittel ausgeschöpft sind und eine Verurteilung nicht ermöglichen; dagegen ist er anwendbar, wenn weitere Ermittlungen zur Überführung führen könnten, aber die Frage der Geringfügigkeit und des fehlenden öffentlichen Interesses bereits abschließend beantwortet werden kann.

40 Umstritten ist, ob eine aus der Fürsorgepflicht ableitbare Rechtspflicht besteht, wenig aufwendige **weitere Ermittlungen** durchzuführen, die die Unschuld des Beschuldigten ergeben können; die Frage ist zu verneinen.[138] Der Beschuldigte kann sich auch bei Anwendung des § 153 auf die Unschuldsvermutung berufen; die Möglichkeit einer ungünstigen Kostenentscheidung nach § 467 Abs. 4 (vgl. auch Rn. 83f.) ist vom Gesetzgeber bewusst in Kauf genommen worden. Legt der Angeschuldigte im gerichtlichen Verfahren Wert auf einen Freispruch, so kann er dies in der Regel durch Verweigerung seiner Zustimmung erzwingen (Rn. 73ff.).

41 **5. Ermessen.** Nach dem Wortlaut der §§ 153, 153a „kann" die Staatsanwaltschaft von der Verfolgung absehen oder das Gericht das Verfahren einstellen.[139] Hierin sieht die Rechtsprechung teilweise, ohne sich mit der Problematik vertieft auseinanderzusetzen, die Einräumung eines Ermessensspielraums;[140] auch der Gesetzgeber hat in § 467 Abs. 4, § 472 Abs. 2 Satz 1 die Anwendung der §§ 153ff. mit dem Begriff des Ermessens verknüpft. Demgegenüber wird im Schrifttum vielfach darauf hingewiesen, dass die weitgespannten unbestimmten Rechtsbegriffe der geringen Schuld und des fehlenden öffentlichen Interesses an der Strafverfolgung bereits alle bei der Einstellungsentscheidung anzustellenden Überlegungen (inklusive der Anerkennung eines Beurteilungsspielraums)[141] in sich aufnehmen müssten, so dass ein Entscheidungsspielraum bei Bejahung dieser Merkmale nicht mehr denkbar sei.[142] Dieser Meinung ist zuzustimmen. Interpretiert man geringe Schuld und fehlendes öffentliches Interesse an der Strafverfolgung von den Strafzwecken her, so würde eine Ermessenseinräumung, die die Weiterverfolgung trotz Vorliegens der Nichtverfolgungsvoraussetzungen gestattet, darauf hinauslaufen, dass ein Strafverfahren durchgeführt werden dürfte, obwohl kein anerkannter Sanktionszweck erreicht werden kann. Das kann nicht richtig sein. Wäre die potentielle Schuld des Beschuldigten gering und besteht kein öffentliches Interesse an der Strafverfolgung und stimmen, soweit eine Übereinstimmung erforderlich, Gericht und Staatsanwaltschaft in dieser Beurteilung überein, so müssen sie deshalb von der Verfolgung absehen (vgl. auch § 152, 62f.).[143]

---

138 Wie hier Meyer-Goßner/*Schmitt* 3; *Gillmeister* (Fn. 75) § 7, 21; für den Regelfall auch *Ranft* 1148; wohl auch *Fezer* 1/30; *Kühl* JR **1978** 97; **a.A.** *Kühne* 586; AK/*Schöch* 6; *Vogler* ZStW **89** (1977) 785.

139 Für Abschaffung der „Kann-Formulierung" *Rieß* FS Koch 226 mit Fn. 43.

140 Vgl. BGHSt **27** 275; BGH (Richterdienstgericht) NJW **1978** 2033; auch MüKo/*Peters* 7.

141 BVerfG NJW **2002** 815, 816 (für § 153a); vgl. *Radtke* JR **2003** 129.

142 So z.B. *Naucke* FS Maurach 205; *Paschmanns* 177; *Schroeder* FS Peters 418; vgl. auch schon *Niese* SJZ **1950** 895; *Heinitz* JZ **1963** 133 und FS Rittler 332, 334.

143 Ebenso *Beulke/Swoboda* 334; *Fezer* 1/35; *Hobe* FS Leferenz 646; HK/*Gercke* 6; *M. Meyer* FS Schlüchter 64; *Rose* 35; AK/*Schöch* 37; ähnlich KK/*Diemer* 1 jedoch abw. KK/*Diemer* 17; **a.A.** *Kühne* 602;

In der **praktischen Rechtsanwendung** läuft allerdings wegen der Weite der unbestimmten Rechtsbegriffe die Handhabung der Einstellungsvoraussetzungen vielfach auf eine ermessensähnliche Entscheidung (im untechnischen Sinne) hinaus, die zumindest im Ergebnis nicht justitiabel ist. Die ganz h.M. sieht in den Merkmalen der geringen Schuld und des fehlenden öffentlichen Interesses jedenfalls kein Verfahrenshindernis[144] und versagt auch die Nachprüfbarkeit durch den Ermittlungsrichter oder im Verfahren nach § 23 EGGVG.[145] **42**

III. Absehen von der Verfolgung (Absatz 1)

1. Zuständigkeit. Die Befugnis zum Absehen von der Strafverfolgung nach § 153 Abs. 1 steht nur der **Staatsanwaltschaft,** in Steuerstrafsachen auch der **Finanzbehörde** zu, soweit sie das Ermittlungsverfahren selbständig durchführt (§ 386 Abs. 2, § 399 AO). Die **Polizei** ist zum Absehen von der Verfolgung nach allg. M. nicht berechtigt.[146] In der gesamten Bundesrepublik existieren inzwischen auf Landesebene bzw. auf der Ebene der Generalstaatsanwaltschaften oder der örtlichen Staatsanwaltschaften Einstellungsrichtlinien (Diversionsrichtlinien), nach denen bereits auf Polizeiebene Weichenstellungen zugunsten einer Einstellung vorgenommen werden sollen.[147] Kommt nämlich nach Einschätzung der Polizei eine Verfahrenseinstellung gemäß § 153 bzw. § 45 Abs. 1 JGG in Betracht, so sollen weitere Ermittlungen auf die für die Diversionsentscheidung bedeutsamen Umstände beschränkt werden, damit später die Staatsanwaltschaft ohne weitere nähere Prüfung das Verfahren einstellen kann. Z.T. ist vorgesehen, dass die Polizei bereits einen fernmündlichen Kontakt zur Staatsanwaltschaft herstellt, so dass ad hoc über das weitere Schicksal des Verfahrens entschieden werden kann. Die Staatsanwaltschaft beschränkt ihre weiteren Aktivitäten dann darauf, dass sie nach Erhalt der Akten von der Polizei dem Beschuldigten schriftlich mitteilt, dass das Verfahren eingestellt ist.[148] Auch **43**

MüKo/*Peters* 7; *Eb. Schmidt* Nachtr. I 13 (der das Ergebnis für „widersinnig" hält); vom Ermessen sprechen u.a. auch *Eser* Einführung in das Strafprozeßrecht (1983) 24; *Joachimski/Haumer* (Fn. 101) 106; *Kausch* 115; *Lagodny* JZ **1998** 570; ferner *Boers/Nelles* NKrimpol. **1998** 38 Fn. 7; krit. zur Unterscheidung von Ermessen und Beurteilungsspielraum, sofern, wie hier, keine gerichtliche Kontrollmöglichkeit besteht, *Nelles/Velten* NStZ **1994** 368 („Etikettenschwindel"); *Weßlau* DRiZ **1999** 226, Fn. 5; offengelassen Radtke/Hohmann/*Radtke* 4, der aufgrund fehlender Überprüfbarkeit eine „müßige" Diskussion attestiert; **a.A.** MüKo/*Peters* 7; KK/*Diemer* 17.

144 BayObLG **1949/51** 576; *Naucke* FS Maurach 202; *Eb. Schmidt* 8; **a.A.** *Vogel* 211 f., 293 ff.; teilw. **a.A.** *Keller* GA **1983** 512 ff. (Prozessvoraussetzung mit Ermessensspielraum der Staatsanwaltschaft); vgl. auch § 152, 56.

145 Vgl. OLG Hamm NStZ **1985** 472; *Bachmann* (LV zu § 152) 111 ff.; *Beulke/Swoboda* 321; SSW/*Schnabl* 28; Meyer-Goßner/*Schmitt* 34; sowie unten Rn. 49 und 85 ff.; im Ergebnis ebenso Radtke/Hohmann/*Radtke* 4.

146 SK/*Weßlau/Deiters* 26; *Joecks* 7; *Schmitt* 9; Radtke/Hohmann/*Radtke* 32; *Pfeiffer* 4; KMR/*Plöd* 5; *Eb. Schmidt* 10; AK/*Schöch* 13; *Rieß* NStZ **1981** 9; de lege ferenda *Erb* (LV zu § 152) 238 f.; gleiches gilt für Zollfahndungsämter und Dienststellen der Steuerfahndung im Sinne von § 404 AO.

147 Diversionsrichtlinien in ihrer aktuellen Form abrufbar unter http://www.dvjj.de/themenschwerpunkte/diversionsrichtlinien; ferner Übersicht über die im Jugendstrafverfahren geltenden Regelungen bei *Heinz* DVJJ-Journal **1999** 131 ff.

148 Siehe beispielhaft die Praxis in Nds. Richtlinien für die Bearbeitung von Ermittlungsverfahren in Jugendstrafsachen bei jugendtypischem Verhalten vom 4.6.2012; SchlHs Richtlinien zur Förderung der Diversion bei jugendlichen und heranwachsenden Beschuldigten vom 24.6.1998; Bbg. Einstellung von Jugendstrafverfahren nach §§ 45, 47 JGG (Diversion), Gemeinsamer Runderlass des Ministeriums der Justiz und für Europaangelegenheiten, des Ministeriums des Innern und des Ministeriums für Bildung, Jugend und Sport vom 22.12.2000 oder SaAnh. Richtlinien und Empfehlungen für die Bearbeitung von Jugendstrafsachen gemäß §§ 45 und 47 des Jugendgerichtsgesetzes (Diversionsrichtlinien) vom 13.12.2002; jeweils abrufbar unter http://www.dvjj.de/themenschwerpunkte/diversionsrichtlinie; dazu sehr kritisch *Breymann* ZJJ **2003** 289 sowie *Walter* ZJJ **2003** 293.

in diesen Fällen obliegt aber letztlich die Entscheidung über die Einstellung allein der Staatsanwaltschaft.[149]

44 **2. Voraussetzungen.** Wegen der allgemeinen Voraussetzungen siehe Rn. 24ff. Erwägt die Staatsanwaltschaft die Anwendung des § 153 Abs. 1, so hat sie in Steuerstrafsachen kraft gesetzlicher Regelung (§ 403 Abs. 4 AO) die Finanzbehörde zu hören; hat eine andere Behörde Anzeige erstattet, so ist die Staatsanwaltschaft innerdienstlich gehalten, mit dieser „in Verbindung zu treten". Einer Zustimmung bedarf es in beiden Fällen nicht.[150] Auch ist die Staatsanwaltschaft an die Stellungnahme nicht gebunden.[151] Ein privater Anzeigeerstatter braucht, auch wenn er **Verletzter** ist, weder zuzustimmen noch überhaupt angehört zu werden, doch kann dies in besonderen Fällen angezeigt sein. Auch die vorherige **Anhörung** und die Zustimmung **des Beschuldigten** ist **nicht erforderlich.**[152] Der Beschuldigte kann jedoch bei der Staatsanwaltschaft, ggf. auch durch Gegenvorstellung oder **Dienstaufsichtsbeschwerde**, die Anwendung des § 153 Abs. 1 anregen;[153] aus einem solchen zulässigen Prozessverhalten dürfen bei einer späteren Beweiswürdigung keine Schlüsse zu seinem Nachteil dergestalt gezogen werden, dass darin ein Schuldeingeständnis gesehen wird.[154]

3. Zustimmung des Gerichts

45 **a) Allgemeines. Entscheidungsmaßstab.** Soweit die Zustimmung des Gerichts vorgeschrieben ist, übernimmt dieses die Mitverantwortung für das Vorliegen aller Voraussetzungen des § 153 Abs. 1. Es darf sich daher nicht lediglich auf eine Rechtskontrolle der von der Staatsanwaltschaft beabsichtigten Maßnahmen beschränken, sondern muss selbst beurteilen, ob es die Tat als Vergehen ansieht, die Schuld für gering hält und ein öffentliches Interesse an der Strafverfolgung verneint.[155] Bejaht es dies, so hat es die Zustimmung zu erteilen, da die Vorschrift keinen Ermessensspielraum enthält (Rn. 41f.), andernfalls hat es die Zustimmung zu verweigern, und zwar auch dann, wenn es meint, dass eine weitere Sachverhaltsaufklärung, zu der es im Ermittlungsverfahren nicht von sich aus berechtigt ist, zu einer Bejahung der Einstellungsvoraussetzungen führen könnte (vgl. auch Rn. 48, 51).

46 **b) Zuständigkeit.** Zuständig ist das Gericht, das im Falle der Erhebung der öffentlichen Klage für die Entscheidung über die Eröffnung des Hauptverfahrens zuständig wäre, wobei für die Zuständigkeitsbeurteilung der Erkenntnisstand im Zeitpunkt der Anfrage der Staatsanwaltschaft maßgebend ist. In der Praxis wird im Allgemeinen die Zuständigkeit des Strafrichters oder des Vorsitzenden des Schöffengerichts (§ 30 Abs. 2 GVG) in Be-

---

149 Zur Polizeidiversion allgemein statt aller *Herrlinger* DVJJ-Journal **1999** 148; *Villmow* in: DVJJ (Hrsg.) Kinder und Jugendliche als Opfer und Täter (1999) 427 sowie AK/*Schöch* 13; siehe auch oben Rn. 7.
150 Vgl. MüKo/*Peters* 38; SSW/*Schnabl* 11; HK/*Gercke* 7; vgl. auch Nr. 90 RiStBV; siehe für die Fälle der Ermächtigung und des Strafverlangens Nr. 211 Abs. 1 RiStBV.
151 SK/*Weßlau/Deiters* 34; MüKo/*Peters* 38; Radtke/Hohmann/*Radtke* 46.
152 *Gillmeister* (Fn. 75) § 7, 31; SK/*Weßlau/Deiters* 33; Radtke/Hohmann/*Radtke* 46; MüKo/*Peters* 38; HK/*Gercke* 7; SSW/*Schnabl* 12 (keine Anhörung); Meyer-Goßner/*Schmitt* 13; KMR/*Plöd* 14; *Eb. Schmidt* Nachtr. I 16; **a.A.** *Peters* 57 II 2 c aa (S. 508, Anhörung erforderlich); ebenso *Dahs* NJW **1985** 1115 (de lege ferenda auch Zustimmung zu erwägen); siehe auch *Fezer* 1/34.
153 HK/*Gercke* 7; *Schlothauer* StV **1982** 449 ff.
154 Vgl. auch *Kühl* (Unschuldsvermutung) 108 ff.; abweichend *Kleinknecht/Meyer-Goßner* (bis zur 44. Aufl.) 23 (gibt „in der Regel" ein Indiz für seine Schuld); unklar AK/*Schöch* 26 (darf als Schuldanerkenntnis aufgefasst werden) im Gegensatz zu 43.
155 Radtke/Hohmann/*Radtke* 36; HK/*Gercke* 11; vgl. *von Weber* NJW **1966** 1243.

tracht kommen, wenn auch die der Strafkammer oder des erstinstanzlich zuständigen Strafsenats, namentlich in den Fällen des § 74a Abs. 1 Nr. 1 bis 6, § 120 Abs. 1 Nr. 3 bis 8 GVG denkbar ist. Bei einem sachlichen Zuständigkeitskonflikt für die Entscheidung über die Zustimmung gelten die §§ 209, 209a entsprechend (§ 209, 5). Die Entscheidung ist in der Beschlussbesetzung zu treffen (§ 30 Abs. 2, § 76 Abs. 1 Satz 2, § 122 Abs. 1 GVG), auch beim Oberlandesgericht nicht in der Besetzung nach § 122 Abs. 2 Satz 1 GVG.

Stehen der Staatsanwaltschaft in ihrem Bezirk **mehrere Gerichtsstände** (§§ 7 ff.) zur Verfügung, so kann sie bei ihrer Anfrage zwischen den verschiedenen örtlich zuständigen Gerichten ebenso wählen, wie sie im Falle der Anklageerhebung wählen könnte (vgl. Vor § 7, 19), ist jedoch für die weitere Erörterung der Zustimmungsfrage an ihre Wahl gebunden. Wird die Zustimmung verweigert, so kann die Staatsanwaltschaft, da andernfalls der Sinn des Zustimmungserfordernisses unterlaufen würde, bei keinem anderen Gericht mehr die verweigerte Zustimmung einzuholen versuchen;[156] sie kann allerdings die öffentliche Klage auch vor einem anderen Gericht erheben. Hält sich das mit der Zustimmungsfrage befasste Gericht für **örtlich unzuständig**, so darf es nicht die Zustimmung verweigern, sondern muss sich für örtlich unzuständig erklären.[157] Der Staatsanwaltschaft steht gegen diese Entscheidung, die deshalb zu begründen ist (§ 34), Beschwerde zu; sie kann aber auch ein anderes zuständiges Gericht um Zustimmung ersuchen. 47

c) Entscheidung. Die Entscheidung ergeht, zumindest im Kollegialgericht, trotz fehlender gesetzlicher Formvorgabe durch Beschluss;[158] eine vorherige Anhörung des Beschuldigten oder Anzeigeerstatters ist nicht erforderlich.[159] Zum Entscheidungsmaßstab siehe Rn. 45. Die Zustimmung braucht nicht begründet zu werden, dagegen ist die Versagung trotz ihrer Unanfechtbarkeit (Rn. 49) zu begründen, da damit ein Antrag der Staatsanwaltschaft abgelehnt wird.[160] Sieht sich das Gericht nach dem aktenmäßigen Erkenntnisstand zu einer Zustimmung nicht in der Lage und regt deshalb weitere Aufklärung an, so steht das einer Verweigerung der Zustimmung gleich, hindert die Staatsanwaltschaft aber nicht, bei veränderter Sachlage erneut die Zustimmung zu beantragen. Lehnt das Gericht die Zustimmung zur Einstellung nach § 153 ab, regt aber zugleich unter konkreter Bezeichnung der Auflagen und Weisungen eine solche nach § 153a an, so kann die Staatsanwaltschaft aufgrund dieser „vorweggenommenen Zustimmung" nach § 153a Abs. 1 verfahren, ohne nochmals das Gericht einschalten zu müssen. Die Entscheidung über die Zustimmung wird der Staatsanwaltschaft mitgeteilt; eine Mitteilung an den Beschuldigten ist nicht erforderlich und regelmäßig nicht angebracht. 48

d) Anfechtung. Weder die Erteilung noch die Versagung der Zustimmung sind anfechtbar.[161] Für die Erteilung ergibt sich dies schon daraus, dass sie weder den Beschul- 49

156 HK/*Gercke* 11; MüKo/*Peters* 37; SK/*Weßlau/Deiters* 29; *Kohlhaas* GA **1956** 252; *Eb. Schmidt* Nachtr. I 15; AK/*Schöch* 25; KK/*Diemer* 18; AnwK-StPO/*Walther* 12.

157 HK/*Gercke* 11; Radtke/Hohmann/*Radtke* 35; MüKo/*Peters* 37; Meyer-Goßner/*Schmitt* 10; SK/*Weßlau/Deiters* 29; KMR/*Plöd* 16; KK/*Diemer* 18; vgl. auch LG Itzehoe StV **1993** 537 sowie § 204, 6 f.

158 Radtke/Hohmann/*Radtke* 37; zweifelnd *Giesler* Der Ausschluß der Beschwerde gegen richterliche Entscheidungen im Strafverfahren (1981) 200.

159 *Bockemühl* B1, 126; Meyer-Goßner/*Schmitt* 11; siehe im Übrigen schon oben Rn. 44.

160 § 34 zweite Alternative; SK/*Weßlau/Deiters* 31; MüKo/*Peters* 39; Radtke/Hohmann/*Radtke* 37; **a.A.** LR/*Meyer-Goßner*[23] 31, der aber ebenfalls die Mitteilung der Gründe für zweckmäßig hält.

161 Vgl. BGHSt **38** 382 (unanfechtbare Prozesserklärung); Meyer-Goßner/*Schmitt* 11; Radtke/Hohmann/*Radtke* 37; HK/*Gercke* 11; SSW/*Schnabl* 12; SK/*Weßlau/Deiters* 31 und 62; KK/*Diemer* 18; *Bockemühl* B1, 126; *Haller/Conzen* 155; **a.A.** Wagner ZStW **109** (1997) 587.

digten noch die Staatsanwaltschaft, die dadurch nicht zur Anwendung des § 153 Abs. 1 gezwungen wird (Rn. 50), beschwert. Der Beschuldigte hat auch dann kein Beschwerderecht, wenn das Verfahren reif für eine Einstellung nach § 170 Abs. 2 (vgl. Rn. 38) gewesen wäre.[162] Das ergibt sich aus denselben Gründen, aus denen auch kein Weiterermitteln (vgl. Rn. 39) verlangt werden kann. Die Versagung der Zustimmung ist der Beschwerde nach der Grundstruktur der Regelung und dem Sinn des Zustimmungserfordernisses verschlossen.[163] Zur örtlichen Unzuständigkeitserklärung siehe Rn. 47; vgl. auch Rn. 57.

50 **e) Wirkung der Zustimmungsentscheidung.** Die **Zustimmung** des Gerichts bindet die Staatsanwaltschaft nicht; sie ist nicht gehindert, das Verfahren fortzusetzen und die öffentliche Klage zu erheben.[164] Ob das Gericht – ein Fall, der kaum jemals praktisch werden dürfte – seine Zustimmung widerrufen darf,[165] erscheint jedenfalls dann zweifelhaft, wenn keine neuen Umstände eine andere Beurteilung der Einstellungsfrage rechtfertigen. Die **Versagung** der Zustimmung hindert die Staatsanwaltschaft nicht, bei veränderter Sachlage erneut eine Zustimmung zu beantragen, und das Gericht nicht, sie zu erteilen. Dagegen kann sich die Staatsanwaltschaft nach verweigerter Zustimmung, wenn sich nicht der zugrunde liegende Sachverhalt geändert hat, nicht auf den Standpunkt stellen, es liege ein Fall der Zustimmungsfreiheit nach § 153 Abs. 1 Satz 2 vor.[166]

4. Zustimmungsfreie Einstellung (Absatz 1 Satz 2)

51 **a) Bedeutung. Kritik.** Mit der Einführung der zustimmungsfreien Einstellung war beabsichtigt, die bis zur Abschaffung der Übertretungen durch das EGStGB 1974 für diese geltende zustimmungsfreie Nichtverfolgungsmöglichkeit auf einen Teil der Vergehen zu übertragen, zumal der frühere Übertretungstatbestand des sog. Mundraubs (§ 370 Abs. 1 Nr. 5 StGB a.F.) zu einem Vergehen aufgewertet wurde. Die im Laufe des Gesetzgebungsverfahrens mehrfach geänderte[167] und durch das RpflEntlG noch erheblich ausgeweitete Vorschrift knüpft den Verzicht auf die Zustimmung an zwei **Voraussetzungen**: Das Delikt darf nicht mit einer im Mindestmaß erhöhten Strafe bedroht sein (Rn. 53) und die durch die Tat verursachten Folgen müssen gering sein (Rn. 54). Die Ausnahmevorschrift ist an dieser Stelle und vor allem bei Anwendung des § 153a, wo sie infolge der Verweisung in § 153a Abs. 1 Satz 7 gilt, im Schrifttum vielfach kritisiert worden,[168] weil sie die auf einfache Handhabung und klare Normen angelegte Nichtverfolgung im Bagatellbe-

---

162 **A.A.** *Wagner* ZStW **109** (1997) 587.

163 LG Ellwangen JZ **1980** 365; LG Itzehoe StV **1993** 537; *Bloy* JuS **1981** 429 f.; *Giesler* (Fn. 159) 200 ff.; Meyer-Goßner/*Schmitt* 11; SK/*Weßlau/Deiters* 31 und 62; *Eb. Schmidt* 16 (für Beschuldigten); AK/*Schöch* 26; KK/*Diemer* 18; Radtke/Hohmann/*Radtke* 37; AnwK-StPO/*Walther* 14; **a.A.** für die Staatsanwaltschaft bei Verweigerung der Zustimmung OLG Nürnberg OLGSt § 153a a.F. 1; LR/*Kohlhaas*[22] 7; *Kohlhaas* GA **1956** 251; *Niethammer* JZ **1952** 298; *Eb. Schmidt* Nachtr. I 15 (für die Staatsanwaltschaft); *Wagner* ZStW **109** (1997) 586 f. (für beide); vgl. auch OLG Hamm VRS **7** (1954) 129.

164 RGSt **67** 316; *Haller/Conzen* 157; KK/*Diemer* 18; SK/*Weßlau/Deiters* 32; MüKo/*Peters* 39; HK/*Gercke* 11; Radtke/Hohmann/*Radtke* 38.

165 So ohne Begründung AK/*Schöch* 27; *Pfeiffer* 4; wohl noch weitergehend (auch nach Einstellung) *Vogel* 252; **a.A.** Radtke/Hohmann/*Radtke* 38

166 Ebenso KMR/*Plöd* 14; HK/*Gercke* 11; Radtke/Hohmann/*Radtke* 39; **a.A.** *Kleinknecht/Meyer*[37] 19.

167 Vgl. zur Entstehungsgeschichte und zu den Motiven des Gesetzgebers ausführlich LR/*Meyer-Goßner*[23] 42 ff.; ferner RegEntw. EGStGB BTDrucks. **7** 550 S. 42, 298; Bericht des Sonderaussch. für die Strafrechtsreform, BTDrucks. **7** 1261 S. 26; *Dreher* FS Welzel 935.

168 LR/*Rieß*[24] 45; *Hirsch* ZStW **92** (1980) 222 f.; *Baumann* GedS Schröder 524; *Krey* Bd. II 216; *Wolter* GA **1985** 74 f.

reich mit überflüssigen Unsicherheiten und Abgrenzungsschwierigkeiten belaste[169] und ohne Not den Grundsatz der übereinstimmenden Beurteilung der Sache (Rn. 2) in Frage stelle. Die zwischenzeitliche Handhabung des § 153 hat die Einwände nur teilweise bestätigt. Trotz der relativ unbestimmten Tatbestandsvoraussetzungen haben sich lokal durchaus Kriterien entwickelt, an denen sich die Strafverfolgungsorgane sowie die Verteidiger orientieren. Kritisch ist allerdings anzumerken, dass insgesamt trotz der örtlichen Vielfalt[170] eine beträchtliche politische Einflussnahme über die jeweiligen ministeriellen Weisungen erkennbar ist.[171] So haben sich in den einzelnen Bundesländern je nach den von den Regierungsparteien favorisierten kriminalpolitischen Konzepten unterschiedliche Strategien herauskristallisiert. Es werden z.B. die Staatsanwälte in Sachsen-Anhalt angewiesen, bei Ladendiebstahl jeden Ersttäter anzuklagen,[172] während in Bremen in vergleichbaren Fällen grundsätzlich von Verfolgung abgesehen wird.[173] Hingegen wird in Baden-Württemberg bei Eigentumsdelikten, auch wenn sie massenhaft auftreten, eine sorgfältige Einzelfallprüfung verlangt.[174]

Eine vergleichbare Ermächtigung zur zustimmungsfreien Einstellung enthält **§ 31a** 52
Abs. 1 BtMG für den Anbau, die Herstellung, Einfuhr, Ausfuhr, Durchfuhr, den Erwerb, Besitz usw. von Betäubungsmitteln zum Eigenverbrauch (lex specialis; Rn. 16) sowie **§ 398 AO** für Steuerhinterziehung (§ 370 AO), bei der nur eine geringwertige Steuerverkürzung eingetreten ist oder nur geringwertige Steuervorteile erlangt sind, bei Steuerhehlerei (§ 374 AO) und für hierauf bezogene Begünstigungen.[175] Letztere Regelung war erforderlich, weil nach früherem Recht § 153 Abs. 1 Satz 2 nur bei „Vermögensdelikten" galt, zu welchen Steuerstraftaten nicht zählen. Durch die Aufhebung dieser Beschränkung durch das RpflEntlG ist diese Vorschrift indes überflüssig geworden, da § 153 Abs. 1 Satz 2 nunmehr unmittelbar gilt.[176] Allenfalls für Delikte mit einer im Mindestmaß erhöhten Strafandrohung verbleibt ein (geringer) Anwendungsbereich, der jedoch kaum je relevant werden wird. Die Vorschrift sollte daher gestrichen werden.[177] Die Befugnis zur zustimmungsfreien Einstellung steht der Finanzbehörde zu, wenn sie das Steuerstrafverfahren selbständig führt (§ 399 Abs. 1 AO).

b) Vergehen, die mit einer **im Mindestmaß erhöhten Strafe** (§ 12 Abs. 2, § 38 Abs. 2 53
StGB: mehr als ein Monat) bedroht sind, scheiden für die Anwendung des Satzes 2 aus. Dabei muss es sich um tatbestandlich selbständige Qualifikationen handeln; bloße Strafzumessungsregeln, auch in Fällen mit Regelbeispielen, sind ohne Bedeutung. Deshalb ist, schon wegen dessen Absatz 2, eine zustimmungsfreie Einstellung in Fällen des § 243 StGB möglich,[178] nicht dagegen in Fällen des § 244 StGB. Ferner scheiden wegen

---

169 *Siegismund/Wickern* wistra **1993** 84.
170 Vgl. *Dünkel/Geng/Kirstein* 233; *Heinz/Storz* 49.
171 So bereits die Befürchtung des DRB DRiZ **1991** 296.
172 *Boers/Nelles* NKrimpol. **1998** 38.
173 Richtlinien zur Anwendung der §§ 153, 153a, 376 StPO, Der Amtsanwalt **1999** 13 ff.
174 Verwaltungsvorschrift des Justizministeriums zur Anwendung der strafprozessualen Opportunitätsvorschriften nach §§ 153, 153a Strafprozessordnung vom 7.6.2018, abgedruckt in Die Justiz **2018** 453.
175 Ausführlich *Franzen/Gast/Joecks* § 398 AO; *Hübner* in: *Hübschmann/Hepp/Spitaler* § 398 AO; ferner *Kühn/Hoffmann* § 398; *Gast-de Haan* in: *Klein* § 398 AO; *Scheurmann-Kettner* in: *Koch/Scholz* § 398 AO.
176 *Malms* wistra **1994** 338; Meyer-Goßner/*Schmitt* 20; KK/*Diemer* 20; SK/*Weßlau/Deiters* 38; HK/*Gercke* 14; *Siegismund/Wickern* wistra **1993** 84; *Weber-Blank* wistra **1995** 135.
177 So auch *Hellmann* Das Neben-Strafrecht der Abgabenordnung (1995) 64.
178 Vgl. Protokoll über die 9. Sitzung des Sonderaussch. für die Strafrechtsreform, 7. LegPer. S. 185; *Fezer* 1/36; HK/*Gercke* 15; Meyer-Goßner/*Schmitt* 15; Radtke/Hohmann/*Radtke* 41; SSW/*Schnabl* 14; MüKo/*Peters* 41; SK/*Weßlau/Deiters* 36; KMR/*Plöd* 21.

erhöhter Mindeststrafdrohung z.B. §§ 260, 260a StGB aus. Die Anwendung des Satzes 2 wird nicht dadurch wieder eröffnet, dass ein minderschwerer Fall oder eine Vorschrift des allgemeinen Teils (z.B. § 49 StGB) den Strafrahmen bis zur Untergrenze eröffnet. Soweit § 248a StGB unmittelbar oder kraft Verweisung[179] anwendbar ist, hat das in diesem Zusammenhang keine unmittelbare Bedeutung; da die zustimmungsfreie Einstellung geringe Folgen voraussetzt, werden allerdings bei diesen Delikten regelmäßig zugleich die Voraussetzungen des § 248a StGB vorliegen (Rn. 54 f.).

54 **c) Geringe Tatfolgen.** Bei Vermögensschäden dürfte weiterhin an die zu § 248a StGB entwickelten Grundsätze anzuknüpfen sein, so dass die dort gültige Wertgrenze auch hier herangezogen werden kann.[180] Insbesondere die Begründung des Bundesratsentwurfs lässt erkennen, dass die Maßstäbe, nach denen bisher das Vorliegen eines geringen Schadens beurteilt wurde, erhalten bleiben sollten; es sollte dadurch keine Erweiterung der zustimmungsfreien Einstellung bei Vermögensdelikten, sondern nur eine Vereinheitlichung der Voraussetzungen der Einstellung bei Vermögens- und Nichtvermögensdelikten erreicht werden.[181] Die Geringwertigkeitsgrenze ist sowohl bei § 248a StGB als auch bei § 153 bei 50 € zu verorten.[182] Starre, indexartige Bindungen an die Kaufkraft oder Einkommensentwicklung lassen sich jedoch nicht vertreten. Maßgebend ist der objektive Verkehrswert, bei Sachen ohne solchen kommt es auf den Herstellungswert an.[183] Ein darüber hinausgehendes Affektionsinteresse beeinflusst die Geringfügigkeit nicht, kann aber ggf. bei der Frage der geringen Schuld oder des öffentlichen Interesses eine Rolle spielen.[184] Anders als im Falle des § 248a StGB, bei dem es auf die Geringfügigkeit der entwendeten Sache ankommt, ist für § 153 Abs. 1 Satz 2 jedoch auf die **Geringfügigkeit des Schadens** abzustellen, der durch die Tat verursacht worden ist. Aus dem Wortlaut folgt weiter, dass es nicht auf die beim Täter eingetretene Bereicherung, sondern auf den dem Opfer entstandenen Schaden ankommt. Ist etwa eine zwar nur geringfügige Sache entwendet, dabei aber, z.B. durch Einbruch ein nicht mehr geringfügiger weiterer Schaden angerichtet worden, so ist eine zustimmungsfreie Einstellung nicht mehr zulässig.

55 Bei **Vermögensdelikten** kommt es in erster Linie (wie schon nach dem früheren Wortlaut des § 153) auf die Höhe des **Schadens** an. In Ausnahmefällen ist aber auch auf andere Folgen abzustellen, so z.B. wenn der Verlust einer geringwertigen Sache zum

---

179 Vgl. § 248c Abs. 3, § 257 Abs. 4 Satz 2, § 259 Abs. 2, § 263 Abs. 4, § 263a Abs. 2, § 265a Abs. 3, § 266 Abs. 2, § 266b Abs. 2 StGB.

180 So schon für die alte Fassung („Schaden gering") AK/*Schöch* 32; LR/*Rieß*[24] 49; *Eckl* JR **1975** 100; für die neue Fassung: *Böttcher/Mayer* NStZ **1993** 154; HK/*Gercke* 16; SK/*Weßlau/Deiters* 37; MüKo/*Peters* 42; Radtke/Hohmann/*Radtke* 42; *Siegismund/Wickern* wistra **1993** 84; wohl auch Meyer-Goßner/*Schmitt* 16; **a.A.** KK/*Schoreit*[6] 43 (weiterer Anwendungsbereich als bei § 248a StGB); aufgegeben durch KK/*Diemer* 22; anders aber noch *Müller/Freyschmidt* (Fn. 72) 81; skeptisch auch *Weiland* (Fn. 72) 151; für ein neues Differenzierungskriterium zwischen zustimmungsfreier und zustimmungsbedürftiger Einstellung de lege ferenda *Erb* (LV zu § 152) 229.

181 Vgl. BTDrucks. **12** 1217 S. 34; *Böttcher/Mayer* NStZ **1993** 154.

182 OLG Zweibrücken NStZ **2000** 536; OLG Hamm StV **2003** 672; wistra **2004** 34; Meyer-Goßner/*Schmitt* 17; SK/*Weßlau/Deiters* 37; HK/*Gercke* 16; SSW/*Schnabl* 15; MüKo/*Peters* 42; *Joecks* 11; *Pfeiffer* 5; KMR/*Plöd* 22; *Rose* 33; **a.A.** *Fischer* § 248a, 3 (25 bis 30 €) m.w.N.; *Hoffmann* DRiZ **1998** 209 ging von 20 DM (= 10 €) für § 153 aus sowie von 100 DM (= 50 €) für § 153a; *Sprenger/Fischer* DRiZ **2000** 113; ZRP **2001** 244 plädierten sogar für eine Herabsetzung auf 10 DM (= 5 €)

183 *Jungwirth* NJW **1984** 954 ff.; MüKo/*Peters* 42; Radtke/Hohmann/*Radtke* 42; KK/*Diemer* 22; HK/*Gercke* 16; SK/*Weßlau/Deiters* 37; KMR/*Plöd* 22; **a.A.** (nie geringwertig) *Fischer* § 248a, 4 (zu § 248a StGB).

184 HK/*Gercke* 16; Meyer-Goßner/*Schmitt* 17; KK/*Diemer* 22; AnwK-StPO/*Walther* 17; SSW/*Schnabl* 15; vgl. auch schriftlicher Bericht des Sonderaussch. für die Strafrechtsreform, BTDrucks. **7** 1261 S. 27; teilw. abw. MüKo/*Peters* 42 (individuelle Auswirkungen auf den Geschädigten zu berücksichtigen).

Herzinfarkt des Opfers geführt hat. Bei **Nichtvermögensdelikten** ist insbesondere die Art und Schwere der Auswirkungen entscheidend. Dementsprechend kommt es bei Körperverletzungen vornehmlich, wenn auch nicht ausschließlich, auf die Art und das Ausmaß der Verletzungen an. Wie bei § 46 Abs. 2 Satz 2 StGB kommen nur vom Täter verschuldete[185] mittelbare oder unmittelbare Auswirkungen in Betracht. Andere „durch die Tat verursachte Folgen" sind vor allem auch die **seelischen Auswirkungen** der Tat auf das Opfer.[186] Beim **Versuch** ist nicht etwa wegen des Ausbleibens des Taterfolges generell von geringen Folgen i.S. des § 153 auszugehen, vielmehr ist hier der Grad der Gefahr und die Nähe zur Tatverwirklichung maßgeblich.[187] Zuzugeben ist, dass der Begriff der „geringen Folgen" auch bei abstrakten Gefährdungsdelikten schwer auszufüllen ist.[188] Wie bei der Geringfügigkeit der Schuld (Rn. 26) muss auch hier ein **deliktsspezifischer** Beurteilungsmaßstab herangezogen werden. Demzufolge ist bei **konkreten Gefährdungsdelikten** (etwa bei § 315c StGB), neben den auch hier in Betracht kommenden psychischen Auswirkungen auf den konkret Gefährdeten, auf die Art und das Ausmaß der verursachten konkreten Gefahr abzustellen. Anders ist bei den **abstrakten Gefährdungsdelikten** (etwa bei § 316 StGB) zu bewerten. Es ist nicht auf Art und Ausmaß der durch die Tat verursachten abstrakten Gefahr abzustellen.[189] Dies kommt schon daher nicht in Betracht, weil eine konkret eingetretene und nach Art und Ausmaß zu bewertende Gefahr tatbestandlich nicht gefordert ist. Mag auch deren Verwirklichung oftmals mit der Herbeiführung einer solchen konkreten Gefahr einhergehen.[190] Es ist vielmehr hier einzig auf die Art und Weise der Herbeiführung der abstrakten Gefahr nach den jeweiligen deliktspezifischen Merkmalen abzustellen. Diese müssen im untersten Bereich zu verorten sein.[191]

d) Meinungsverschiedenheiten über die Geringfügigkeit. Die Entscheidung, ob die Voraussetzungen des Satzes 2 vorliegen, hat zunächst die Staatsanwaltschaft zu treffen. Bejaht sie diese, so stellt sie das Verfahren ohne Zustimmung des Gerichts ein. Auch wenn sie zu Unrecht die Voraussetzungen angenommen hat, ist dies ohne prozessuale Konsequenzen, da die Einstellungsentscheidung der Staatsanwaltschaft keiner gerichtlichen Kontrolle unterliegt.[192] Stellt sich später heraus, dass die Voraussetzungen der Zustimmungsfreiheit nicht vorlagen, so hat die Staatsanwaltschaft jedoch das Verfahren fortzusetzen und kann es ggf. nach erteilter gerichtlicher Zustimmung erneut einstellen.[193] 56

Hält die **Staatsanwaltschaft die Zustimmung für erforderlich** und leitet sie deshalb die Akten dem Gericht zu, so ist dieses, wenn keine Verständigung mit der Staatsanwaltschaft herbeigeführt werden kann, an diese Rechtsauffassung gebunden und hat eine Entscheidung über die Zustimmung zu treffen.[194] Gleiches gilt, wenn die Staatsan- 57

---

185 HK/*Gercke* 16; *Siegismund/Wickern* wistra **1993** 83 Fn. 26.
186 Meyer-Goßner/*Schmitt* 17; *Schlüchter* Weniger ist mehr (1992) 18; *Siegismund/Wickern* wistra **1993** 84.
187 *Siegismund/Wickern* wistra **1993** 84.
188 Meyer-Goßner/*Schmitt* 17; *Rieß* AnwBl. **1993** 55, Fn. 76.
189 Ebenso Radtke/Hohmann/*Radtke* 43; *Siegismund/Wickern* wistra **1993** 84; **a.A.** LR/*Beulke*[26] 52; wohl auch Meyer-Goßner/*Schmitt* 17 (geringe Tatfolgen können einen Maßstab liefern).
190 So LR/*Beulke*[26] 52.
191 Ebenso schon Radtke/Hohmann/*Radtke* 43; i. Erg. auch *Siegismund/Wickern* wistra **1993** 84.
192 MüKo/*Peters* 45; KK/*Diemer* 25; SSW/*Schnabl* 17; Radtke/Hohmann/*Radtke* 44; SK/*Weßlau/Deiters* 39; vgl. auch Rn. 42, 49.
193 HK/*Gercke* 17; MüKo/*Peters* 45, der jedoch keine Verpflichtung zur Wiederaufnahme sieht; **a.A.** Radtke/Hohmann/*Radtke* 44 (Wiederaufnahme nur nach allgemeinen Voraussetzungen).
194 Ebenso HK/*Gercke* 17; SK/*Weßlau/Deiters* 39; Radtke/Hohmann/*Radtke* 44; **a.A.** Meyer-Goßner/*Schmitt* 18.

waltschaft, was ihr unbenommen, sie hierzu jedoch nicht verpflichtet ist,[195] lediglich Zweifel an der Zustimmungsfreiheit hat, und aus diesem Grund die Akten dem Gericht zuleitet.[196] Es darf nicht etwa die Entscheidung mit der Begründung ablehnen, einer Zustimmung bedürfe es nicht.[197] Denn da die Staatsanwaltschaft an diese Meinung nicht gebunden ist und nicht gezwungen werden kann, das Verfahren in nach ihrer Meinung gesetzwidriger Weise einzustellen, müsste andernfalls eine Einstellung gänzlich unterbleiben, obwohl ihre Voraussetzungen vorliegen. Gegen die Verweigerung der Entscheidung über die Zustimmung könnte die Staatsanwaltschaft Beschwerde einlegen. Verweigert das Gericht die Zustimmung, so kann die Staatsanwaltschaft nur aufgrund neuer tatsächlicher Umstände die Voraussetzungen des Satzes 2 bejahen und das Verfahren ohne Zustimmung einstellen (Rn. 50).[198]

58 **5. Entscheidung der Staatsanwaltschaft.** Das Absehen von der Verfolgung nach § 153 Abs. 1 geschieht in der Form einer **Einstellungsverfügung der Staatsanwaltschaft.** Die Einstellung ist dem Beschuldigten unter den Voraussetzungen des § 170 Abs. 2 Satz 2 mitzuteilen; der Anzeigeerstatter ist nach § 171 Satz 1 zu bescheiden (vgl. auch Nr. 89 Abs. 3 RiStBV). Die Belehrung nach § 171 Satz 2 unterbleibt auch dann, wenn der Anzeigeerstatter Verletzter ist, da bei Einstellungen nach § 153 Abs. 1 **kein Klageerzwingungsverfahren** möglich ist (§ 172 Abs. 2 Satz 3).[199] Lediglich die Gegenvorstellung sowie die Dienstaufsichtsbeschwerde, welche ebenfalls keine Belehrung erfordern, kommen in Betracht.[200] Dem steht auch Art. 19 IV GG nicht entgegen, da es sich zwar um einen Akt der öffentlichen Gewalt handelt, es jedoch an der Verletzung eines subjektiven Rechts fehlt.[201] Unter den Voraussetzungen des § 467a und des § 9 StrEG kann eine gerichtliche **Entscheidung über die Kosten** und eine Entschädigung für Strafverfolgungsmaßnahmen ergehen, für deren Inhalt § 467 Abs. 4 bzw. § 3 StrEG maßgebend sind (vgl. näher Rn. 83f.). Für die Praxis, insbesondere die Verteidigung, bleiben ggf. Rückwirkungen zu außerstrafrechtlichen Verfahren wie Disziplinar- oder Verwaltungsverfahren zu berücksichtigen.[202] Der Verfahrensabschluss wird gemäß der §§ 492ff. in das staatsanwaltliche Verfahrensregister eingetragen.

59 Anders als die gerichtliche Einstellung nach § 153 Abs. 2 (vgl. Rn. 93ff.) hat die Einstellung durch die Staatsanwaltschaft **keine Sperrwirkung.** Eine **Verfahrensfortsetzung** ist grundsätzlich, wie bei allen staatsanwaltschaftlichen Einstellungen, uneingeschränkt möglich;[203] neue Tatsachen oder Beweismittel sind nicht Voraussetzung. Etwas

---

195 Weiter MüKo/*Peters* 44 der die Vorlage bei jeglichen Zweifeln über die Zustimmungsbedürftigkeit fordert.

196 Meyer-Goßner/*Schmitt* 18; MüKo/*Peters* 44.

197 So aber Meyer-Goßner/*Schmitt* 18; KMR/*Plöd* 23 (Staatsanwaltschaft kann dann ohne Zustimmung einstellen); wie hier schon LR/*Rieß*[24] 52.

198 Ebenso HK/*Gercke* 17; KMR/*Plöd* 23; LR/*Rieß*[24] 52; **a.A.** Meyer-Goßner/*Schmitt* 19.

199 Abw. *Sturm* GA **2017** 398ff. unter Bezug auf BVerfG NJW-Spezial **2015** 57.

200 HK/*Gercke* 13; Meyer-Goßner/*Schmitt* 9; *Pommer* Jura **2007** 665; SK/*Weßlau/Deiters* 64; vgl. *Kruse* JuS **2007** 823; MAH/*Schlothauer* Strafverteidigung § 3, 136.

201 BVerfG NStZ **2002** 211.

202 Vgl. etwa zu den beamtenrechtlichen Folgen *Herrmann* AnwBl **2015** 667; zu Präventivmaßnahmen siehe Rn. 94.

203 RGSt **67** 315; *Beulke/Swoboda* 334; HK/*Gercke* 13; *Kramer* 272; Meyer-Goßner/*Schmitt* 37; *Pfeiffer* 6; SSW/*Schnabl* 26; KMR/*Plöd* 36; *Pommer* Jura **2007** 665; *Eb. Schmidt* 17; MAH/*Schlothauer* Strafverteidigung § 3, 136; **a.A.** *Radtke* 385; *ders.* NStZ **1999** 483 (§ 153a Abs. 1 Satz 5 analog, vgl. dazu Rn. 90); AG Gießen StV **1984** 238; aufgehoben durch LG Gießen StV **1984** 327; stark zweifelnd LR/*Rieß*[25] Einl. J 115; siehe auch *Neu-Berlitz* Bestandskraft der Einstellungsentscheidung nach § 170 II 1 StPO (1983); vgl. LR/*Kühne* Einl. K 66.

anderes ergibt sich auch nicht aus **Art. 54 SDÜ**[204] oder **Art. 50 EUGrCh.**[205] Zwar hat der EuGH in einer Verfahrenseinstellung nach § 153a eine das transnationale Doppelbestrafungsverbot auslösende strafrechtliche Verurteilung i.S.d. Art. 54 SDÜ gesehen.[206] Er führte in diesem Zusammenhang aus, dieser bringe das gegenseitige Vertrauen der Mitgliedstaaten in ihre jeweiligen Strafjustizsysteme zum Ausdruck, so dass seine Anwendung nicht von formalen und verfahrensrechtlichen Aspekten abhängen kann.[207] Darüber hinaus hat das Gericht Erster Instanz Eupen (Niederlande) mit Urt. vom 27.1.1999 die Ansicht vertreten, dass die staatsanwaltschaftliche Einstellung mit Zustimmung des Gerichts nach § 153 Abs. 1 Satz 1 eine den Grundsatz „ne bis in idem" auslösende „rechtskräftige" Aburteilung im Sinne des Art. 54 SDÜ darstellt, und dies damit begründet, die Einstellung sei nach deutschem Recht „nicht anfechtbar und nur aufgrund neuer Erkenntnisse revidierbar", so dass bei gleichbleibendem Stand der Dinge eine Verfolgung mit anschließender Sanktion nicht mehr möglich sei.[208] Daraus folgern einige Autoren die Erstreckung des transnationalen Strafklageverbrauchs auch auf die Einstellung nach § 153 Abs. 1.[209] Jedoch erfasst Art. 54 SDÜ nach Sinn und Zweck nur verfahrensabschließende und rechtskraftbewirkende Entscheidungen, die nach dem Recht des Erstverfolgerstaates zu einem Strafklageverbauch führen.[210] Das erscheint indes für die Einstellung nach § 153 Abs. 1, gleichviel ob der Richter zugestimmt hat oder nicht (Satz 2), verfehlt, da ihr eine mit der Einstellung nach § 153a Abs. 1 (vgl. § 153a, 91 ff.) vergleichbare Sperrwirkung nicht zukommt. Auch im Hinblick auf die „Sperrwirkung" des § 153 Abs. 2 – bei der man von einer, wenn auch beschränkten Rechtskraft sprechen könnte, obwohl auch diese bei Vorliegen neuer Tatsachen „revidierbar" ist (Rn. 92) – wird deutlich, dass § 153 Abs. 1 nicht als „rechtskräftig" im Sinne des Art. 54 SDÜ einzustufen ist.[211] Im Übrigen liegt eine Sanktionierung, die einen die Sperrwirkung auslösenden Vertrauenstatbestand schaffen würde, bei § 153 Abs. 1 gerade nicht vor.[212]

Andererseits sind schutzwürdige Interessen des Beschuldigten daran, dass die Staatsanwaltschaft ihre einmal getroffene Entscheidung nicht ohne Not widerruft, durchaus erkennbar. Die friedensstiftende Funktion des Strafverfahrens verlangt möglichst nach Beständigkeit des Verfahrensabschlusses, auch wenn die Regeln der Bestandskraft begünstigender öffentlich-rechtlicher Verwaltungsakte hier nicht unmittelbar eingreifen können. Als Minimum ist für die Fortsetzung das Vorliegen eines **sachlich einleuchtenden Grundes** zu verlangen,[213] wenn dies auch für das Gericht nicht über- 60

204 Art. 54 SDÜ lautet: „Wer durch eine Vertragspartei rechtskräftig abgeurteilt worden ist, darf durch eine andere Vertragspartei wegen derselben Tat nicht verfolgt werden, vorausgesetzt, daß im Falle einer Verurteilung die Sanktion bereits vollstreckt worden ist, gerade vollstreckt wird oder nach dem Recht des Urteilsstaates nicht mehr vollstreckt werden kann"; siehe dazu § 153c, 17.

205 Art. 50 EUGRCh lautet: „Niemand darf wegen einer Straftat, derentwegen er bereits in der Union nach dem Gesetz rechtskräftig verurteilt oder freigesprochen worden ist, in einem Strafverfahren erneut verfolgt oder bestraft werden."

206 EuGH NJW **2003** 1173 Rs. Hüseyin Gözütok und Rs. Klaus Brügge, vgl. § 153c, 17 ff.

207 EuGH NJW **2003** 1173 Rs. Hüseyin Gözütok und Rs. Klaus Brügge, vgl. § 153c, 17 ff.

208 Gericht Erster Instanz Eupen StraFo **1999** 119; zust. *Stange/Rilinger* StV **2001** 540; krit. *Radtke/Busch* EuGRZ **2000** 428 f.

209 *Böse* GA **2003** 750 ff., 763; *ders.* JR **2005** 13; *Kühne* JZ **2003** 306; vgl. auch den Überblick bei Radtke/Hohmann/*Radtke* 62 f.; siehe auch AG Verden StV **2011** 617.

210 So etwa *Hecker* 13.2.2.4.4.

211 Zustimmend *Kniebühler* 241; ebenso MüKo/*Peters* 61; Radtke/Hohmann/*Radtke* 64; SK/*Weßlau/Deiters* 43; vgl. auch *Hiérmente* StraFo **2014** 452.

212 SK/*Weßlau/Deiters* 43.

213 SK/*Weßlau/Deiters* 43; MüKo/*Peters* 55; *Bockemühl* B1, 125; *Gillmeister* (Fn. 75) § 7, 35; *Rieß* NStZ **1981** 9; KK/*Diemer* 41; vgl. auch *Krey* Bd. II 218 (keine „Willkür"); **a.A.** Radtke/Hohmann/*Radtke* 64, der für die

prüfbar und die Frage daher nur für die innerstaatsanwaltschaftliche Willensbildung von Bedeutung ist. Doch dürfte das Problem, da eine Wiederaufnahme kaum je ohne einen solchen Grund erfolgen wird, nur selten relevant werden.[214] Ausnahmen von dem Grundsatz können sich allenfalls aus mit dem Beschuldigten getroffenen Absprachen ergeben (Einzelheiten Einl. G 58ff.). Hier wie sonst darf die Staatsanwaltschaft nicht grundlos „wortbrüchig" werden.[215]

IV. Einstellung durch das Gericht (Absatz 2)

1. Zeitraum

61 **a) Nach Erhebung der öffentlichen Klage,** nicht erst mit der Eröffnung des Hauptverfahrens oder dem der Eröffnung gleichstehenden Zeitpunkt, geht die Zuständigkeit zur Einstellung nach § 153 gemäß Absatz 2 auf das Gericht über, jedoch kann die Staatsanwaltschaft die Befugnis zur Anwendung des § 153 Abs. 1 zurückgewinnen, solange sie die Klage noch zurücknehmen kann (§ 156).[216]

62 Im **Strafbefehlsverfahren** wird die öffentliche Klage mit dem Strafbefehlsantrag erhoben. Mit Zustimmung der Staatsanwaltschaft und gemäß Satz 2 des Angeschuldigten[217] kann daher eine gerichtliche Einstellung vor Erlass des Strafbefehls erfolgen;[218] zweckmäßiger wird in solchen Fällen aber die Rücknahme des Strafbefehlantrags und die Einstellung durch die Staatsanwaltschaft sein. Nach Erlass des Strafbefehls ist eine Anwendung des § 153 erst möglich, wenn gegen ihn ein zulässiger Einspruch eingelegt worden ist,[219] auch kann die Staatsanwaltschaft nach Rücknahme der Klage gemäß § 411 Abs. 3 Satz 1 nach § 153 Abs. 1 verfahren. Im **beschleunigten Verfahren** ist nicht der Antrag auf Aburteilung in dieser Verfahrensart, sondern der davon möglicherweise verschiedene Zeitpunkt der Klageerhebung (vgl. § 418 Abs. 3 Satz 2 sowie die Erl. dort) maßgebend.

63 **b) In jeder Lage des Verfahrens** ist, wie der Wortlaut ausdrücklich ergibt,[220] die Einstellung zulässig, also im Zwischenverfahren, im Hauptverfahren (auch außerhalb der Hauptverhandlung und auch nach Zurückverweisung aus der Rechtsmittelinstanz), in der Berufungsinstanz, in der Revisionsinstanz und im Wiederaufnahmeverfahren, sobald die Wiederaufnahme für begründet erklärt worden ist. In diesem Fall ist aufgrund des insoweit eindeutigen Wortlauts der Anwendungsbereich des § 371 Abs. 2 nicht eröffnet; dies ergibt sich schon aus der gegenüber der Einstellung unterschiedlichen Qualität eines freisprechenden Urteils, gleich ob die Unschuldsvermutung gilt oder nicht.[221] Auch

---

Wiederaufnahme allgemeine Kriterien für den Strafklageverbrauch anwenden will; noch weitergehend *Schroeder* 103 („Vertrauensschutz"); NStZ **1996** 320; offengelassen Meyer-Goßner/*Schmitt* 37.

214 *Schroeder* NStZ **1996** 320 (Wiedereröffnung „aus Langeweile" komme nicht vor); vgl. auch LR/*Graalmann-Scheerer* § 170, 50.

215 *Kühne* 603, 605, der sogar von einer Anfechtbarkeit der Wiederaufnahme nach §§ 23ff. EGGVG ausgeht; vgl. auch *Bömeke* Rechtsfolgen fehlgeschlagener Absprachen im deutschen und englischen Recht (2001) 193ff.

216 Vgl. OLG Köln NJW **1953** 1405; HK/*Gercke* 19; *Fezer* 1/37; KK/*Diemer* 30; SSW/*Schnabl* 19; SK/*Weßlau*/*Deiters* 45; Radtke/Hohmann/*Radtke* 49; MüKo/*Peters* 46.

217 **A.A.** (Anhörung des Angeschuldigten nicht erforderlich) LR/*K. Schäfer*[23] § 408, 14.

218 **A.A.** LG Flensburg VRS **64** (1983) 31.

219 Vgl. die Ausführungen zu der ähnlichen Situation bei § 206a, 20.

220 Bis zur Neufassung durch das 3. StrÄndG war streitig, ob die Einstellung auch in der Revisionsinstanz zulässig sei; vgl. *Dallinger* JZ **1953** 439 m.w.N.

221 Vgl. näher § 371, 18; ebenso LR/*Meyer*[23] § 371, 12; Meyer-Goßner/*Schmitt* § 371, 8; KMR/*Eschelbach* § 371, 19; **a.A.**. LR/*Beulke*[26] 59; OLG Hamm JMBlNW **1981** 285.

wenn noch keine Rechtskraft eingetreten ist, muss das Gericht allerdings noch befugt sein, überhaupt in der Sache zu entscheiden. Hat es bereits ein Urteil erlassen, so kann es selbst das Verfahren nicht mehr einstellen, das Rechtsmittelgericht nur, soweit auf ein zulässiges Rechtsmittel hin die Sache bei ihm anhängig wird. Die Verwerfung des Rechtsmittels als unzulässig (§§ 322, 349 Abs. 1) geht der Einstellung vor. Die Anwendung des § 153 Abs. 2 scheidet auch aus, wenn eine Berufung nach § 329 Abs. 1 oder ein Einspruch nach § 412 Satz 1 wegen unentschuldigten Ausbleibens zu verwerfen ist.[222] Zur Anwendung des § 153 im Klageerzwingungsverfahren durch das Oberlandesgericht vgl. § 174, 8ff.

c) Bei Einstellung in der Revisionsinstanz ist das Revisionsgericht in Bezug auf die tatsächlichen Grundlagen der Einstellungsvoraussetzungen an die Feststellungen im angefochtenen Urteil gebunden und hat diese bei der von ihm zu treffenden Entscheidung, ob die Schuld des Angeklagten gering wäre und kein öffentliches Interesse an der Strafverfolgung besteht, zugrundezulegen.[223] Hingegen ist es in der Bewertung dieser tatsächlichen Grundlagen frei. 64

d) Auch bei **Teilrechtskraft** ist die Einstellung nach § 153 noch zulässig, wenn jedenfalls bei der (prozessualen) Tat, hinsichtlich derer die Einstellung erfolgen soll, noch keine volle Rechtskraft eingetreten ist.[224] Unerheblich ist, ob die Teilrechtskraft durch Rechtsmittelbeschränkung oder durch Teilaufhebung durch das Revisionsgericht eingetreten ist und wie weit sie reicht. Allerdings muss das Gericht bei seiner Einstellungsentscheidung die infolge der Teilrechtskraft bindend gewordenen Feststellungen zugrundelegen; dies gilt auch dann, wenn sie im Übrigen bei einer Zurückverweisung durch das Revisionsgericht bestehen geblieben sind (vgl. die Erl. zu § 353). 65

2. Zuständigkeit. Zuständig ist das Gericht, bei dem die Sache anhängig ist, das also zu der jeweils anstehenden Sachentscheidung berufen wäre. In der Hauptverhandlung wirken die Schöffen mit. Bei Entscheidungen während einer **Unterbrechung der Hauptverhandlung** ist zu berücksichtigen, dass die Mitwirkungsbefugnis der Schöffen nicht umgangen werden darf. Da Art. 101 Abs. 1 GG verlangt, dass der zuständige Richter frei von subjektiver Wertung vorherbestimmt ist (vgl. BVerfGE **95** 330), müssen die § 30 Abs. 2, § 76 Abs. 1 Satz 2 GVG verfassungskonform dahingehend ausgelegt werden, dass es nach Beginn der Hauptverhandlung nicht zur freien Disposition des Gerichts steht, ob innerhalb oder außerhalb der Hauptverhandlung entschieden wird. Vielmehr muss die Entscheidung im Regelfall innerhalb der Hauptverhandlung getroffen werden, es sei denn zwingende Gründe, die hier kaum denkbar erscheinen, bedingen eine rasche Entscheidung.[225] Die Prüfung der sachlichen und örtlichen Zuständigkeit (soweit diese zu prüfen ist, vgl. § 16) geht vor; ein örtlich unzuständiges Gericht kann nicht etwa die ge- 66

222 LR/*Meyer-Goßner*[23] 56; KMR/*Plöd* 27; SSW/*Schnabl* 19; zweifelnd LR/*Rieß*[24] 57.
223 BayObLG MDR **1952** 247; OLG Bremen NJW **1951** 326 (die Entscheidungen liegen vor der Neufassung der Vorschrift durch das 3. StrÄndG); MüKo/*Peters* 47; SK/*Weßlau/Deiters* 46; **a.A.** *Naucke* FS StA SchlH 465 (zu eng); wie hier aber LR/*Hanack*[25] § 353, 2; *Pfeiffer* 7; KK/*Diemer* 31; vgl. auch BGH NStZ **1999** 312.
224 OLG Köln NJW **1952** 1029; *Gössel* JR **1982** 273; Radtke/Hohmann/*Radtke* 47; SK/*Weßlau/Deiters* 46; MüKo/*Peters* 47; HK/*Gercke* 19; Meyer-Goßner/*Schmitt* 25; *Naucke* FS StA SchlH 466; KK/*Diemer* 31; zum Problem bei § 153a vgl. § 153a, 121.
225 *Beulke/Swoboda* 45 m.w.N.; *Helm* JA **2006** 302; *Sowada* NStZ **2001** 169; abweichend in Bezug auf Entscheidungen zur Untersuchungshaft die herrschende Rspr. Vgl. nur BVerfG NJW **1998** 2962; BGH JR **2011** 361; NStZ **2012** 342.

botene Unzuständigkeitserklärung (§ 204, 7), ein sachlich unzuständiges nicht die nach den §§ 209, 209a, 225a gebotene Vorlage durch eine Einstellung nach § 153 vermeiden.

67 **3.** Die allgemeinen **Einstellungsvoraussetzungen** sind in den Rn. 22 bis 42 erläutert, hierauf wird verwiesen. Da die Einstellung, sobald ihre Voraussetzungen vorliegen, zwar keine weitere Aufklärung erfordert, aber eine verbleibende Verurteilungsmöglichkeit voraussetzt (vgl. Rn. 37–39), hindert auch das bereits feststehende Vorliegen eines Prozesshindernisses die Einstellung nach § 153 Abs. 2; in diesen Fällen ist nach §§ 206a, 260 Abs. 3 zu verfahren. Liegen die Voraussetzungen eines **Straffreiheitsgesetzes** vor, so kommt eine Einstellung nach § 153 Abs. 2 nur in Betracht, wenn das Straffreiheitsgesetz auf Antrag des Angeschuldigten eine Verfahrensfortsetzung gebietet[226] und dieser einen solchen Antrag stellt.[227] Freilich kann (und wird regelmäßig) der Angeschuldigte in diesen Fällen eine Sachentscheidung durch Verweigerung der Zustimmung zur Einstellung nach § 153 Abs. 2 erzwingen.

4. Zustimmung der Staatsanwaltschaft

68 **a) Zuständigkeit.** Um dem Anklagemonopol Rechnung zu tragen, ist die Zustimmung der Staatsanwaltschaft stets erforderlich.[228] Zuständig ist die Staatsanwaltschaft bei dem Gericht, das die Einstellung vornehmen will, beim Oberlandesgericht also der Generalstaatsanwalt, beim Bundesgerichtshof der Generalbundesanwalt. Für die Wirksamkeit der Zustimmung kommt es nicht darauf an, ob aufgrund innerdienstlicher Weisungen[229] erforderliches Einvernehmen mit anderen Stellen hergestellt worden ist; die Zustimmung des Sitzungsvertreters in der Hauptverhandlung ist auch dann wirksam, wenn sie entgegen der Weisung oder der innerdienstlich erforderlichen Zustimmung des Dienstvorgesetzten erteilt wird. Nach heute allg. M. kann die Staatsanwaltschaft auch zustimmen, wenn die Erhebung der öffentlichen Klage im **Klageerzwingungsverfahren** angeordnet worden war;[230] auch der Verletzte, der das Klageerzwingungsverfahren erfolgreich betrieben hat, kann dies trotz seiner Anschlussbefugnis als Nebenkläger (§ 395 Abs. 2 Nr. 2) nicht verhindern (Rn. 79).

69 **b) Form.** In der Hauptverhandlung wird die Zustimmung vom Sitzungsvertreter mündlich erklärt und ist als wesentliche Förmlichkeit nach § 273 Abs. 1 zu protokollieren. Außerhalb der Hauptverhandlung wird sie regelmäßig schriftlich erteilt werden, doch wird man eine bloß mündliche Erklärung, die aktenkundig zu machen ist, ebenfalls als zulässig ansehen müssen. In dem Antrag oder der Anregung der Staatsanwaltschaft, das Verfahren einzustellen, liegt zugleich die erforderliche Zustimmung.[231]

---

226 Vgl. z.B. § 11 StrFG 1970; zum Ganzen LR/*Schäfer*[25] Einl. Kap. 12 unter VI.

227 BGH JR **1955** 427.

228 Zur rechtspolitischen Einschätzung vgl. Rn. 5; zur Anfechtbarkeit bei fehlender Zustimmung Rn. 86. Vgl. auch BGHZ **64** 350; vgl. auch Radtke/Hohmann/*Radtke* 52.

229 Vgl. für die Zustimmung des Generalbundesanwalts z.B. früher *Dallinger* JZ **1953** 493. Ferner enthielt auch Nr. 93 Abs. 1 Satz 2 RiStBV a.F. eine entsprechende Verpflichtung.

230 OLG Braunschweig JZ **1951** 788; NStZ **2014** 175; KG NJW **1953** 147; LR/*Graalmann-Scheerer* § 175, 14; *Kohlhaas* GA **1954** 130; *ders.* GA **1956** 252; *Niese* SJZ **1950** 894; *Eb. Schmidt* Nachtr. I 23; KK/*Diemer* 48; **a.A.** früher OLG Kiel MDR **1948** 93; OLG Stuttgart DRZ **1949** 450; Meyer-Goßner/*Schmitt* § 174 Rn. 3; LR/*Graalmann-Scheerer* § 174, 9 f.

231 Meyer-Goßner/*Schmitt* 23; SK/*Weßlau*/*Deiters* 47; SSW/*Schnabl* 20.

c) Bedingung. Nach h.M. sind Prozesshandlungen grundsätzlich **bedingungsfeindlich.**[232] Unstreitig ist allerdings, dass Bedingungen zulässig bleiben, sofern die Bedingung das Gericht vor keine Unklarheiten stellt, weil ihre Wirksamkeit von der Entscheidung des Gerichts selbst abhängt, und einen prozessual legitimen Zweck verfolgt.[233] Daran fehlt es aber, wenn, was in der Praxis des öfteren der Fall ist, die Staatsanwaltschaft ihre Zustimmung zur Einstellung nach § 153 Abs. 2 davon abhängig machen will, wer die Kosten und Auslagen trägt. Die Möglichkeit, den Angeschuldigten zu einer Geldzahlung an die Staatskasse zu verpflichten, besteht nur auf dem Weg über § 153a Abs. 2 i.V.m. Absatz 1 Nr. 2, der hier aber wegen des fehlenden öffentlichen Interesses versperrt ist. Hinsichtlich der Kosten schützt der Gesetzgeber fiskalische Interessen über § 467 und legt diese Entscheidung in die Hände des Gerichts. Dementsprechend verfolgt die Staatsanwaltschaft insoweit keinen anerkennenswerten Zweck, wenn sie ihre Zustimmung unter eine derartige Bedingung stellt. Gleichwohl hat die Unzulässigkeit der Bedingung hier ausnahmsweise nicht zur Folge, dass die gesamte Erklärung unwirksam ist. Die der Fairness verpflichtete Staatsanwaltschaft darf ihre Erklärung nicht mit offensichtlich unzulässigen Bedingungen verknüpfen. Folglich muss eine solche Erklärung geltungserhaltend ausgelegt werden, was hier möglich erscheint, indem man darin die **Anregung** sieht, nach § 467 Abs. 4 zu verfahren. Solche Anregungen lassen die Wirksamkeit der Zustimmung aber auch dann unberührt, wenn das Gericht ihnen nicht folgt.[234] 70

d) Wirkung. Die Zustimmung ermöglicht dem Gericht die Einstellung; es ist dazu aber auch dann nicht verpflichtet, wenn es sie selbst angeregt hat. Jedoch bezieht sich die **Zustimmung** stets nur auf die jeweils bestehende Verfahrenslage; sie **verliert ihre Wirkung**, wenn diese sich erheblich verändert hat.[235] Eine vor der Hauptverhandlung erklärte Zustimmung (oder Einstellungsanregung) muss deshalb wiederholt werden, wenn das Gericht aufgrund des Hauptverhandlungsergebnisses das Verfahren einstellen will; die Zustimmungserklärung der Staatsanwaltschaft in der ersten Instanz wirkt nicht für die Berufungsinstanz weiter. 71

Die **Verweigerung der Zustimmung** hindert die Staatsanwaltschaft nicht, später, namentlich bei veränderter Verfahrenslage, der Einstellung zuzustimmen. **Erzwingbar** ist die Zustimmung **nicht**, auch nicht für den Angeschuldigten im Verfahren nach den §§ 23ff. EGGVG.[236] Er kann lediglich versuchen, im Wege der Gegenvorstellung oder Dienstaufsichtsbeschwerde eine Korrektur zu erreichen. Wenn die Zustimmung aus offenbar sachwidrigen oder willkürlichen Gründen verweigert wird, so kann das Gericht sich nicht einfach über die fehlende Zustimmung hinwegsetzen,[237] es bleibt dem Gericht 72

---

232 *Beulke/Swoboda* 299; MüKo/*Peters* 48; Radtke/Hohmann/*Radtke* 52; vgl. BGHSt **5** 183; zweifelnd LR/*Rieß*[24] Einl. J 27.

233 *Beulke/Swoboda* 299; vgl. auch unten Rn. 71.

234 Im Ergebnis ebenso Meyer-Goßner/*Schmitt* 31; SK/*Weßlau/Deiters* 48; MüKo/*Peters* 48; Radtke/Hohmann/*Radtke* 52.

235 Vgl. auch Meyer-Goßner/*Schmitt* 26; SK/*Weßlau/Deiters* 47; MüKo/*Peters* 48; HK/*Gercke* 20; wohl auch KK/*Diemer* 32.

236 OLG Hamm NStZ **1985** 472; *Beulke/Swoboda* 321; HK/*Gercke* 20; SSW/*Schnabl* 20; LR/*Meyer-Goßner*[23] 63; Kissel/*Mayer* § 23, 32 EGGVG; *Pfeiffer* 8; KMR/*Plöd* 28; LR/*Schäfer*[23] § 23, 59 EGGVG; **a.A.** für den Fall willkürlicher Zustimmungsverweigerung *Brößler/Terbach* FS Schlüchter 94; *Gössel* § 33 C IV b 5; *Katholnigg* § 23, 15 Fn. 199 EGGVG; *Strubel/Sprenger* NJW **1972** 1737; *Terbach* 164; *ders.* NStZ **1998** 174 im Anschluss an *Kalsbach* Die gerichtliche Nachprüfung von Maßnahmen der Staatsanwaltschaft im Strafverfahren (1967) 134 ff.; vgl. auch *Heinrich* NStZ **1996** 111 ff.; *Keller* GA **1983** 511 ff.; *Lagodny* JZ **1998** 570; *Homann* 123.

237 Vgl. BGHSt **35** 142; MüKo/*Peters* 48; **a.A.** *Terbach* 189 f.; *ders.* NStZ **1998** 176, wonach das Gericht die Zustimmung *substituieren* kann; hiergegen zu Recht *Burhoff* (Ermittlungsv.) 697.

aber unbenommen, nach § 59 StGB auf eine Verwarnung mit Strafvorbehalt zu erkennen.[238] Nur für Fälle exorbitanter Verstöße gegen das Beschleunigungsgebot (überlange Verfahrensdauer) hat der Bundesgerichtshof bisher einen „Verfahrensabbruch" nach verweigerter Zustimmung seitens der Staatsanwaltschaft zur Einstellung nach § 153 Abs. 2 anerkannt.[239] Ob dies auch bei anderen Verstößen gegen elementare Verfahrensprinzipien, insbesondere bei Missachtung der Grenzen der Zulässigkeit eines V-Mann-Einsatzes, gilt, ist derzeit noch offen.[240]

5. Zustimmung des Angeschuldigten

73 **a) Notwendigkeit und Inhalt.** Nach der Neufassung der Vorschrift durch das EGStGB 1974 ist im Regelfall (zu den Ausnahmen vgl. Rn. 77f.) zur gerichtlichen Einstellung die Zustimmung des Angeschuldigten erforderlich. In seiner Anregung oder seinem oder des Verteidigers Antrag, das Verfahren einzustellen,[241] ist die Zustimmung enthalten. Die Zustimmung gilt, wie die der Staatsanwaltschaft, nur für die jeweils aktuelle Verfahrenslage (Rn. 71); für ihre Form gelten die Ausführungen Rn. 69 entsprechend. Die Zustimmung ist nur bis zur tatsächlichen Verfahrenseinstellung widerruflich.[242] Ein irgendwie geartetes Schuldeingeständnis liegt in der Zustimmung nicht (vgl. auch Rn. 28).[243] Wenn nicht besondere Gründe dagegen sprechen, kann davon ausgegangen werden, dass vom Verteidiger abgegebene Zustimmungserklärungen, auch in der Form von Anregungen und Anträgen, im Namen und mit Einverständnis des Angeschuldigten erfolgen (vgl. auch Rn. 76).

74 **b)** Ob die Zustimmung an eine **Bedingung** geknüpft werden kann, namentlich an die, dass die notwendigen Auslagen des Angeschuldigten der Staatskasse auferlegt werden (§ 467 Abs. 4), ist umstritten und wird von der ganz überwiegenden Meinung verneint.[244] Die Frage dürfte indessen zu bejahen sein.[245] Nach ganz h.M. werden bedingte Prozesshandlungen, die für das Gericht keine Unklarheit schaffen, weil ihre Wirksamkeit von der Entscheidung des Gerichts selbst abhängt, jedenfalls dann als wirksam angese-

---

238 Dazu die beiden die gleiche Sache betreffenden Entscheidungen OLG Zweibrücken VRS **66** (1984) 197; NStZ **1984** 312 mit Anm. *Lackner/Gehrig*; *Dencker* StV **1986** 401; *Horn* NJW **1980** 106 (Anwendung des § 59 StGB in solchen Fällen regelmäßig geboten); Meyer-Goßner/*Schmitt* 31; siehe ferner *Baumann* JZ **1980** 464; *Wiss* Jura **1989** 624; im Grundsatz auch *Schöch* JR **1985** 380; krit. OLG Düsseldorf JR **1985** 376 mit Anm. *Schöch* = NStZ **1985** 362 mit Anm. *Horn*; *Cremer* NStZ **1982** 452.

239 Vgl. BGHSt **35** 142; zur Problematik auch *Rieß* JR **1985** 48.

240 Zur V-Mann-Problematik allgemein vgl. die Erl. zu § 163.

241 SSW/*Schnabl* 21; Radtke/Hohmann/*Radtke* 55; vgl. zu den taktischen Überlegungen hierbei *Schlothauer* Vorbereitung der Hauptverhandlung[2] (1998) 64b, 140; *ders.* StV **1982** 449.

242 KG JR **1978** 524; *Jostes* 65f.; Meyer-Goßner/*Schmitt* 27; Radtke/Hohmann/*Radtke* 55; KK/*Diemer* 33; AnwK-StPO/*Walther* 23; HK/*Gercke* 21; MüKo/*Peters* 49; SK/*Weßlau/Deiters* 50.

243 BVerfGE **82** 118; HK/*Gercke* 21; SSW/*Schnabl* 21; MüKo/*Peters* 49; SK/*Weßlau/Deiters* 50; **a.A.** für den Fall der Anregung der Einstellung (in der Regel) *Kleinknecht/Meyer*[37] 23.

244 OLG Schleswig bei *Ernesti/Lorenzen* SchlHA **1983** 111; ausführlich LR/*Meyer-Goßner*[23] 67; ferner HK/*Gercke* 21; SSW/*Schnabl* 21; KK/*Diemer* 35; Meyer-Goßner/*Schmitt* 27 und 31; *Pfeiffer* 8; KMR/*Plöd* 29; auch Radtke/Hohmann/*Radtke* 55; *Schellenberg* (Fn. 72) 190; offengelassen durch LG Limburg NStZ-RR **2012** 296. Für den ähnlichen, wenn auch nicht voll vergleichbaren Fall der Strafantragsrücknahme hat BGHSt **9** 149 im Hinblick auf § 470 Satz 2 die Bedingung einer günstigen Kostenentscheidung für zulässig gehalten; vgl. auch *Meister* AnwBl. **1977** 206; für Zulässigkeit der Bedingung wohl auch, wenn auch im konkreten Fall eine solche verneinend KG JR **1978** 524; vgl. auch zur Zulässigkeit des bedingten Wiedereinbeziehungsantrags der Staatsanwaltschaft bei § 154a, 36 m.w.N.

245 So auch SK/*Weßlau/Deiters* 50; wohl auch MüKo/*Peters* 49 m.w.N.

hen, wenn sie einen prozessual legitimen Zweck erfüllen.[246] Diese Voraussetzung liegt hier, anders als bei der Staatsanwaltschaft, ersichtlich vor. Man denke nur an den Fall, dass der Angeschuldigte zwar mit großer Wahrscheinlichkeit mit einem Freispruch rechnet, er jedoch auch bereit ist, im Interesse einer schnellen Verfahrensbeendigung eine Einstellung nach § 153 Abs. 2 zu akzeptieren. Es wäre nicht prozessökonomisch, ihn dazu zu zwingen, auf einem Freispruch zu beharren, nur weil ihm dann die Erstattung der Verteidigerauslagen sicher wäre (§ 467 Abs. 1). Während der Staatsanwalt nicht Hüter fiskalischer Interessen ist (Rn. 70), darf der Beschuldigte seine eigenen Finanzinteressen umfassend wahren. Für das Gericht besteht keine Unsicherheit, weil es im Zeitpunkt der Einstellungsentscheidung zugleich über die Auslagen entscheiden muss. Es kann daher gem. § 153 Abs. 2 einstellen, wenn es im Rahmen der Auslagenentscheidung zugunsten des Beschuldigten erkennt.[247] Will der Angeschuldigte seine Zustimmung von einer zulässigen Bedingung abhängig machen, so muss er dies für das Gericht als Bedingung erkennbar erklären; in der Zustimmung zur Einstellung „auf Kosten der Staatskasse" liegt nicht die Bedingung der Auslagenübernahme.[248] Solche „Anregungen" lassen die Wirksamkeit der Zustimmung erst recht unberührt.[249]

Im Übrigen kann auch die **Gegenmeinung**, die die oben genannte Bedingung für unzulässig hält, nicht verhindern, dass der Angeklagte sie gleichwohl in seine Erklärung mit aufnimmt. Welche Konsequenzen das hat, ist innerhalb der Gegenansicht strittig. Folgerichtig müsste sie in diesem Fall die Zustimmung insgesamt für unwirksam halten.[250] Das würde aber zu dem merkwürdigen Ergebnis führen, dass die Einstellung mangels wirksamer Zustimmung auch dann ausgeschlossen wäre, wenn das Gericht hinsichtlich der Kosten zugunsten des Angeklagten entscheiden möchte. Sinnvoller wäre es deshalb, auch bei dem Beschuldigten wie bei der Staatsanwaltschaft (Rn. 70) die unzulässige Bedingung in eine zulässige Anregung umzudeuten.[251] Das führt zu dem Ergebnis, dass dann ebenso wie bei der hier vertretenen Lösung die Zustimmung als solche wirksam und die Einstellung möglich bleibt. 75

c) Zustimmung des Verteidigers. Ob und wie weit sich der Angeschuldigte die Erklärungen seines Verteidigers zur Zustimmung zurechnen lassen muss, ist in § 153 Abs. 2 nicht geregelt, im Gesetzgebungsverfahren nicht behandelt worden, wird zumindest in diesem Zusammenhang[252] kaum erörtert und spielt in der Praxis offenbar keine Rolle (vgl. auch Rn. 73). Sicher erscheint nur, dass das Gesetz, anders als etwa in den Fällen des § 245 Abs. 1 Satz 2 und § 251 Abs. 1 Nr. 1, nicht die zusätzliche Zustimmung des Verteidigers in dieser Eigenschaft verlangt. Hat der Verteidiger eine besondere Vertretungsvollmacht im Sinne des § 234, so kann er statt des abwesenden Angeschuldigten, sofern in solchen Fällen eine Zustimmung nicht für entbehrlich gehalten wird (Rn. 77f.), die Zustimmung für den Angeschuldigten erteilen (vgl. die Erl zu § 234). Ohne eine solche wird er, wenn der Angeklagte in der Hauptverhandlung nicht anwesend ist, die weit reichende, weil einen Verzicht auf den Anspruch auf Sachentscheidung darstellende, Zu- 76

246 LG Neuruppin NJW **2002** 1967; vgl. *Beulke/Swoboda* 299; *Schlüchter* 145.
247 LG Limburg NStZ-RR **2012** 296; SK/*Weßlau/Deiters* 50; anders i. Erg. aber MüKo/*Peters* 49, der die Zustimmung zwar für wirksam hält, die Bedingung hingegen nicht.
248 KG JR **1978** 524.
249 Vgl. Meyer-Goßner/*Schmitt* 31; zu Erörterungen der Kostenfrage vgl. KMR/*Plöd* 29; *Schlothauer* StV **1982** 452.
250 HK/*Gercke* 21; Meyer-Goßner/*Schmitt* 27 und 31; SSW/*Schnabl* 21; wohl auch KMR/*Plöd* 29.
251 OLG Düsseldorf MDR **1989** 932; Radtke/Hohmann/*Radtke* 55.
252 Zur allgemeinen Diskussion über die Zurechnung von Verteidigerverhalten siehe BGH NStZ **1990** 447; StV **1998** 59 mit Anm. *Park* sowie die Erl. zu § 137.

stimmung nicht erklären können. Erklärt er die Zustimmung in Anwesenheit des Angeklagten und gibt dieser keine andere Auffassung zu erkennen, so ist sie als solche des Angeklagten anzusehen, ebenso, wenn er sich schriftsätzlich äußert. Bei Divergenzen geht die Auffassung des Angeschuldigten vor.

77 **d) Entbehrlichkeit der Zustimmung.** Satz 2 zählt einige Fälle auf, in denen die Zustimmung des Angeschuldigten nicht erforderlich ist, nämlich die Undurchführbarkeit der Hauptverhandlung wegen Abwesenheit des Angeschuldigten oder eines anderen in seiner Person liegenden Hindernisses im Sinne des § 205 sowie die Hauptverhandlung in den Fällen des § 231 Abs. 2 und der §§ 232, 233. Die Bestimmung dürfte als enumerativ gefasste Ausnahmevorschrift einer analogen Anwendung auf andere Fälle (etwa §§ 231a, 231b oder bei einer Revisionshauptverhandlung in Abwesenheit des Angeklagten) nicht zugänglich sein.[253] Die wenig einsichtige Begründung des Regierungsentwurfs[254] stellt darauf ab, dass die Ausnahmen im Interesse des Betroffenen liegen. Der aus der Auswahl der Ausnahmefälle gerade noch fassbare Sinn der Vorschrift dürfte aber in erster Linie darin zu finden sein, dass die Zustimmung dann nicht erforderlich ist, wenn sie nicht alsbald herbeigeführt werden kann. Hieraus folgt zugleich, dass Satz 2 nicht nur zum Verzicht auf die Zustimmung, sondern darüber hinaus auf die Anhörung des Angeschuldigten ermächtigt, die in der von 1965 bis 1975 geltenden Fassung der Vorschrift uneingeschränkt vorgeschrieben war.[255] Über die geregelten Fälle hinaus ist die Zustimmung des Angeschuldigten nicht entbehrlich, auch nicht im Falle der intendierten Einstellung wegen überlanger Verfahrensdauer (Rn. 35). Für eine analoge Anwendbarkeit fehlt es schon an der Vergleichbarkeit, wenn der Angeklagte erreichbar ist und lediglich seine Zustimmung verweigert, wozu er selbstverständlich berechtigt ist. Seine Verweigerung zeigt dann, dass ihm die weitere Durchführung der Hauptverhandlung zumutbar ist.[256]

78 Im Übrigen legt der erkennbare Sinn der Vorschrift, auf eine Zustimmung zu verzichten, die wegen Unerreichbarkeit nicht herbeigeführt werden kann, eine **restriktive Auslegung** nahe. Ist ein **vertretungsberechtigter Verteidiger** (vgl. die Erl. zu § 234) in der Hauptverhandlung anwesend, so ist dessen Zustimmung einzuholen und nicht Satz 2 anzuwenden.[257] Das dürfte auch dem Fairnessgebot in seiner Ausformung durch Art. 6 Abs. 1 EMRK entsprechen.[258] Gleiches wird anzunehmen sein, wenn zwar die Voraussetzungen des § 205 vorliegen und einer Durchführung der Hauptverhandlung entgegenstehen, aber eine Zustimmungserklärung des Angeschuldigten oder des (vertretungsberechtigten) Verteidigers eingeholt werden kann. Schließlich sollte bedacht werden, dass Satz 2 zwar ermächtigt, auf die Zustimmung (und die Anhörung) des Angeschuldigten zu verzichten, dass das Gericht aber diese Ermächtigung nicht ausschöpfen muss, wenn ein berechtigtes Interesse des Angeschuldigten an der Verweigerung der Zustimmung erkennbar ist.[259] Namentlich in den Fällen des § 233 sollte stets erwogen werden, ob nicht

253 MüKo/*Peters* 50; HK/*Gercke* 21; KK/*Diemer* 35; Meyer-Goßner/*Schmitt* 27; SK/*Weßlau*/*Deiters* 51; SSW/*Schnabl* 22; Radtke/Hohmann/*Radtke* 56; **a.A.** KMR/*Plöd* 30.

254 BTDrucks. **7** 550 S. 298; krit. auch LR/*Meyer-Goßner*[23] 68 f.

255 Zu den dabei aufgetretenen Schwierigkeiten vgl. *Naucke* ZRP **1969** 172.

256 OLG Frankfurt NStZ-RR **1998** 52; für den Fall, dass die Staatsanwaltschaft ihre (im Prinzip ebenfalls nicht entbehrliche) Zustimmung zur Einstellung nach überlanger Verfahrensdauer verweigert, vgl. BGHSt **35** 142 f. sowie Rn. 72.

257 LR/*Rieß*[24] 71; **a.A.** OLG Düsseldorf MDR **1992** 1174; Meyer-Goßner/*Schmitt* 27.

258 EGMR NJW **1999** 2353 mit Besprechung *Dörr* JuS **2000** 388; siehe auch (zu § 329) BayObLG NStZ-RR **2000** 307.

259 Vgl. auch *Giesler* (Fn. 158) 206, der bei unterlassener Zustimmung des Angeschuldigten die Anwendung des § 33a erwägt.

die bisherige Verteidigung und Einlassung des Angeschuldigten Veranlassung gibt, auf die Einholung der Zustimmungserklärung nicht zu verzichten.

6. Mitwirkung anderer Beteiligter

a) Nebenkläger. Liegt die Anschlusserklärung eines Nebenklägers vor, so ist vor Anwendung des § 153 Abs. 2 (oder des § 153a Abs. 2) über die Berechtigung zum Anschluss zu entscheiden (§ 396 Abs. 3). Danach ist der Nebenkläger, ebenso wie der bereits vorher zugelassene, zur beabsichtigten Einstellung zu hören (§ 33 Abs. 1 oder 3); ist das unterblieben, so ist nach § 33a zu verfahren. Die Zustimmung des Nebenklägers ist nach heute allg. M nicht erforderlich.[260] Wer bloß als Nebenkläger anschlussberechtigt wäre, seinen Anschluss aber noch nicht erklärt hat, braucht vor der Einstellung nicht beteiligt zu werden und kann den Anschluss nach Erlass des Einstellungsbeschlusses, der das Verfahren beendet und nicht anfechtbar ist, nicht mehr wirksam erklären (vgl. die Erl. zu § 395). Zur Anfechtungsbefugnis des Nebenklägers siehe Rn. 87; zur Frage, wer die dem Nebenkläger entstandenen Auslagen zu tragen hat, siehe Rn. 83. 79

b) Die **Finanzbehörde** ist in Steuerstrafsachen vor der beabsichtigten Einstellung zu hören (§ 407 Abs. 1 Satz 2 AO); ihrer Zustimmung bedarf es ebenfalls nicht.[261] Ist sie trotz Terminsmitteilung (§ 407 Abs. 1 Satz 3 AO) in der Hauptverhandlung nicht vertreten, so bedarf es ihrer Anhörung nicht. Die in § 407 Abs. 1 Satz 1, 2 AO vorgeschriebene Gelegenheit zur Äußerung wird ausreichend durch Terminsmitteilung und Anwesenheitsrecht gewährt. 80

7. Entscheidung

a) Form und Inhalt. Die Einstellung wird, wie Satz 3 ausdrücklich bestimmt, durch Beschluss ausgesprochen; auch eine rechtsfehlerhaft in Urteilsform vorgenommene Einstellung ist als Beschluss zu behandeln (§ 333, 5ff.). Der Beschluss erfasst regelmäßig das gesamte Verfahren gegen den betreffenden Angeschuldigten und bedarf dann außer des Hinweises auf die Rechtsgrundlage („Das Verfahren wird gemäß § 153 Abs. 2 eingestellt") keiner näheren Konkretisierung. Wird in einem einheitlichen Verfahren nur eine von mehreren (prozessualen) Taten nach § 153 Abs. 2 eingestellt, so ist diese zu bezeichnen. Bei (unwirksamer, vgl. Rn. 9) Beschränkung der Einstellung auf einen Teil der prozessualen Tat kann der Beschluss in eine Stoffbeschränkung nach § 154a umzudeuten sein;[262] ist das nicht möglich, so bleibt das Verfahren insoweit anhängig.[263] 81

Der Einstellungsbeschluss bedarf wegen der Unanfechtbarkeit der Entscheidung (Rn. 86, 88) **keiner Begründung,** wenn diese auch zur Klarstellung des Umfangs der Rechtskraft (Rn. 93) zweckmäßig sein kann.[264] Hier wird auch ein vor allem für die gericht- 82

---

260 BGH NStZ **1999** 312; OLG Hamm NJW **1960** 1024; OLG Kiel MDR **1948** 93; OLG Köln NJW **1952** 1029 mit **abl.** Anm. *Wieczorek* S. 1269 (für den früheren Fall der Nebenklägerstellung der Finanzbehörde); OLG Saarbrücken VRS **25** (1963) 205; OLG Stuttgart DRZ **1949** 450; LG Berlin DAR **1965** 52; LG Mainz **1974** 949; SK/*Weßlau/Deiters* 52; Radtke/Hohmann/*Radtke* 57; Meyer-Goßner/*Schmitt* 26; SSW/*Schnabl* 23; *Pfeiffer* 8; KMR/*Plöd* 31; AnwK-StPO/*Walther* 25; die Frage war früher streitig, **a.A.** z.B. OLG Oldenburg NdsRpfl. **1949** 64; vgl. m.w.N.; *Eggert* MDR **1971** 981; *Kempfler* NJW **1964** 1115; *Reitberger* NJW **1963** 2260; *ders.* NJW **1964** 1116.

261 Zur früheren Rechtslage *Fuchs* NJW **1960** 1752.

262 KG VRS **67** (1984) 123; Meyer-Goßner/*Schmitt* 1.

263 Vgl. auch OLG Hamburg JZ **1963** 131 mit Anm. *Heinitz;* OLG Köln JMBlNW **1954** 81.

264 HK/*Gercke* 22; Meyer-Goßner/*Schmitt* 24; *Pfeiffer* 9; MüKo/*Peters* 51; SSW/*Schnabl* 24; SK/*Weßlau/Deiters* 54 (Begründung sollte erfolgen); KK/*Diemer* 37 (unerlässlich); *Naucke* FS StA SchlH 463

liche Praxis wesentlicher Punkt der Justizentlastung ersichtlich. Nicht nur enthebt die Einstellung das Gericht von der (weiteren) Durchführung einer möglicherweise langwierigen und kontroversen Hauptverhandlung mit umfangreicher Beweisaufnahme, obwohl dies in den Fällen des § 153 eher selten vorkommen wird. Vor allem aber ist die Abfassung eines nicht zu begründenden, zumeist standardisierten Einstellungsbeschlusses mit einem deutlich geringeren Arbeitsaufwand als die Abfassung eines umfänglichen oder auch verkürzten (§ 267 Abs. 4) Urteils verbunden, welches überdies förmlich zuzustellen ist. In der Hauptverhandlung wird der Einstellungsbeschluss durch Verkündung bekanntgemacht (§ 35 Abs. 1) und in das Hauptverhandlungsprotokoll aufgenommen (§ 273 Abs. 1). Ergeht der Beschluss außerhalb der Hauptverhandlung, so ist er den Prozessbeteiligten bekanntzumachen; Zustellung ist nicht erforderlich (§ 35 Abs. 2 Satz 2).

83 **b) Kosten- und Entschädigungsentscheidung.** Der Einstellungsbeschluss ist als eine das Verfahren beendende Entscheidung mit einer Entscheidung über die Kosten des Verfahrens (§ 464 Abs. 1) und, sofern ein Anspruch in Betracht kommt, mit einer solchen über die Entschädigung für Strafverfolgungsmaßnahmen nach dem StrEG[265] zu versehen (§ 8 Abs. 1 StrEG). Unterbleibt versehentlich eine Kostenentscheidung, so ist sie auf Antrag, soweit sie die Auslagen des Angeschuldigten betrifft, als isolierte Entscheidung nachzuholen;[266] gleiches gilt für die Entscheidung nach dem StrEG.[267] Der **Inhalt** der Kostenentscheidung richtet sich nach § 467 Abs. 1 und 4. Danach fallen die **Kosten des Verfahrens**, außer in den Fällen des § 467 Abs. 2 (schuldhafte Säumnis des Angeschuldigten) der Staatskasse zur Last; von der Übernahme der notwendigen Auslagen des Angeschuldigten auf die Staatskasse kann abgesehen werden (§ 467 Abs. 4). Für den Entschädigungsanspruch gilt § 3 StrEG. Die dem **Nebenkläger** erwachsenen notwendigen Auslagen können ganz oder teilweise dem Angeschuldigten auferlegt werden, soweit dies aus besonderen Gründen der Billigkeit entspricht (§ 472 Abs. 2 Satz 1; siehe die Erl. dort); zur Rechtslage bei § 153a siehe § 153a, 130.

84 Über die **Grundsätze,** nach denen die **notwendigen Auslagen** der Staatskasse auferlegt werden oder Entschädigung gewährt wird, besteht keine Einigkeit. Die Rechtsprechungspraxis[268] stellt häufig auf den Grad des im Zeitpunkt der Einstellung bestehenden **Schuldverdachts** ab. Nach dieser Diktion soll davon abgesehen werden können, die notwendigen Auslagen des Angeklagten der Staatskasse aufzuerlegen, wenn bei Eintritt des Verfahrenshindernisses ein zumindest hinreichender Tatverdacht bestand und keine Umstände erkennbar sind, die bei Durchführung der Hauptverhandlung die Verdichtung des Tatverdachts zur prozessordnungsgemäßen Feststellung der Tatschuld in Frage stellen.[269] Diese Rechtsprechung wird entsprechend für die Auslagenentscheidung nach § 467 Abs. 4 bei Einstellungen nach den §§ 153ff. angewandt. Eine solche Verfahrensweise ist **unzulässig**, zunächst weil sie gegen die Unschuldsvermutung gemäß Art. 6 Abs. 2 EMRK ver-

---

(in Sachen von grundsätzlicher Bedeutung aber zu empfehlen); **a.A.** für den Fall, dass wegen der Tat als Verbrechen eröffnet worden war, *Schlegl* NJW **1969** 90.

265 Zum Entschädigungsanspruch nach dem StrEG bei Einstellung in der Berufungsinstanz siehe OLG Braunschweig, Beschl. vom 13.11.2012 – 1 Ws 321/12.

266 OLG Hamburg MDR **1985** 604; LR/*Hilger*[25] § 464, 30.

267 Vgl. § 8 Abs. 1 Satz 2 StrEG; *Schätzler* § 8, 16; **a.A.** *D. Meyer*, Strafrechtsentschädigung § 8, 24 StrEG.

268 Z.B. BGH NStZ **2000** 330 mit abl. Anm. *Hilger*; OLG Rostock, Beschl. vom 15.1.2013 – I Ws 342/12; OLG Hamm NStZ-RR **2010** 224; OLG Frankfurt NStZ-RR **2002** 246; NJW **1980** 2031 mit **abl.** Anm. *Kühl* NStZ **1981** 114; LG Flensburg GA **1985** 329 (zu § 154); LG Regensburg AnwBl. **1984** 272; auch VerfGH Saarland, Beschl. vom 7.4.2014 – LV 4/14; w.N. bei LR/*Hilger*[25] § 467, 67.

269 BGH NStZ **2000** 330 mit abl. Anm. *Hilger*; OLG Rostock, Beschl. vom 15.1.2013 – I Ws 342/12; OLG Hamm NStZ-RR **2010** 224; OLG Frankfurt NStZ-RR **2002** 246.

stößt.[270] Entscheidend hierfür ist nicht, dass dem Angeschuldigten die notwendigen Auslagen nicht abgenommen oder eine Entschädigung nicht gewährt wird, sondern dass dies wegen vermuteter Schuld geschieht;[271] die **Unschuldsvermutung** gebietet zwar nicht, den Angeschuldigten gänzlich von Kosten und notwendigen Auslagen freizustellen, sie verbietet aber bei der Kostenentscheidung eine Differenzierung nach der Verurteilungswahrscheinlichkeit. Als Differenzierungsmerkmale für die Anwendung des § 467 Abs. 4 und des § 3 StrEG kommen lediglich Umstände in Betracht, die weder mit der Schuldwahrscheinlichkeit noch, da diese zugleich ein Urteil über die Schuldwahrscheinlichkeit voraussetzt, mit der Schuldintensität[272] etwas zu tun haben,[273] z.B. die ausdrücklich erklärte Bereitschaft des Angeschuldigten, seine Auslagen selbst zu tragen.[274] Zu dieser klaren Lösung hat sich das **Bundesverfassungsgericht** indessen nicht durchringen können.[275] Danach ist es zwar ein Verstoß gegen die Unschuldsvermutung, wenn das Gericht, ohne die Hauptverhandlung bis zur Schuldspruchreife durchgeführt zu haben, in den Gründen der Kostenentscheidung auf die strafrechtliche Schuld abstellt. Anders soll es aber sein, wenn die Hauptverhandlung bis zur Schuldspruchreife durchgeführt wurde.[276] Die verfassungsrechtliche Unschuldsvermutung soll es auch nicht verbieten, die Entscheidung über die Auslagenerstattung auf Erwägungen zum Tatverdacht zu stützen, soweit damit – über Verdachtserwägungen hinaus – keine strafrechtliche Schuld zugewiesen werde, denn damit werde lediglich eine Auslagenerstattung zu Lasten der Allgemeinheit abgelehnt.[277] Auch das Schrifttum vertritt überwiegend, dass der Berücksichtigung der Schuld unter diesen Umständen nichts im Wege stehe.[278] Eine klare Abgrenzung ist jedoch kaum mög-

---

270 LR/*Rieß*[24] 77; so auch die Auffassung der EuKomMR, EuGRZ **1977** 492; **1977** 204; **1987** 405 (Fall Englert); **1987** 410 (Fall Nölkenbockhoff); richtig LG Hanau MDR **1978** 1047; vgl. auch OLG Hamm NJW **1986** 735; OLG Zweibrücken NStZ **1987** 425; **1989** 134; OLG München NStZ **1989** 134 mit Anm. *Kühl*; LG Göttingen JurBüro **1988** 514; BGHZ **64** 353 und die Nachw. bei *Kühl* NJW **1984** 1265; *Liemersdorf/Miebach* NJW **1980** 371; im Schrifttum ebenso Göhler/*Seitz/Bauer* § 47, 46; *Kühl* (Unschuldsvermutung) 120 m.w.N.; *ders.* JR **1978** 94; *ders.* NJW **1980** 806 (zu § 3 StrEG); *ders.* NJW **1984** 1267; *ders.* ZStW **100** (1988) 618; *ders.* NStZ **1989** 136; *Kusch* NStZ **1987** 427; *Liemersdorf/Miebach* aaO; *Schellenberg* (Fn. 72) 192; im Ergebnis auch *Schmid* JR **1979** 222; *Stuckenberg* Untersuchungen zur Unschuldsvermutung (1998) 569; **a.A.** *Paulus* NStZ **1990** 600 sowie teilweise (für § 47 OWiG) auch KK-OWiG/*Mitsch* § 47, 133 (Verpflichtung zu besonderen Redeweisen); *Herde* DAR **1984** 306 ff.; zurückhaltender *D. Meyer,* Strafrechtsentschädigung § 3, 38 f. StrEG; *Schätzler* § 3, 17; wohl auch auch VerfGH Saarland, Beschl. vom 7.4.2014 – LV 4/14.

271 *Kühl* NJW **1984** 1267; *Liemersdorf/Miebach* aaO; differenzierend *Haberstroh* NStZ **1984** 294 (unbedenklich bei Einstellung mit Zustimmung des Angeschuldigten); vgl. auch (weitergehend) *Kunz* (Bagatellprinzip) 76 ff. (Nichterstattung der Verteidigungsauslagen bei Einstellungen generell verfassungsrechtlich bedenklich); zu § 467 Abs. 3 Satz 2 Nr. 2 auch *Hilger* NStZ **2000** 332.

272 *M. J. Schmid* JR **1979** 223; zu § 467 Abs. 3 Satz 2 Nr. 2 auch *Hilger* NStZ **2000** 332.

273 Beispiele bei *Liemersdorf/Miebach* NJW **1980** 374 f.; *M.J. Schmid* JR **1979** 223 ff.; vgl. auch *Herde* DAR **1984** 305 (zu § 47 OWiG).

274 HK/*Gercke* 24; LR/*Meyer-Goßner*[23] 73 a.E.; Göhler/*Seitz/Bauer* § 47, 51; *Kleinknecht/Meyer*[37] § 467, 19; *Herde* DAR **1984** 306; vgl. auch *Schellenberg* (Fn. 72) 192; **a.A.** *M.J. Schmid* JR **1979** 233; *Schlüchter* 851.2; zur freiwilligen Übernahme *D. Meyer* JurBüro **1992** 3; zum Verzicht auf eine Entschädigung nach dem StrEG vgl. *Seebode* NStZ **1982** 144 ff.

275 BVerfGE **82** 106 ff.; zuvor schon BVerfGE **74** 358, 373 f.; ähnlich: stattgebender Kammerbeschl. vom 8.3.2017 – 2 BvR 2286/16; vgl. auch EGMR EuGRZ **1987** 399 (Fall Lutz); **1987** 410 (Fall Nölkenbockhoff); NJW **1988** 3257 (Fall Englert); krit. dazu *Kühl* NJW **1988** 3233 ff.; vgl. auch BVerfG NStZ **1992** 238 (zu § 47 OWiG); StV **1993** 138 (zu § 204).

276 BVerfGE **82** 116 f.; VerfGH Berlin NStZ-RR **2001** 203 (zu § 383 Abs. 2); krit. KK/*Gieg* § 467, 11; *Kühne* 587.

277 BVerfGE **82** 119; EGMR EuGRZ **1987** 399 (Fall Lutz); NJW **1988** 3257 (Fall Englert); vgl. auch OLG Köln NJW **1991** 507 (zu § 467 Abs. 3 Satz 2); *Beitlich* NStZ **1988** 490; zu Recht krit. *Schellenberg* (Fn. 72) 192 mit Fn. 696.

278 KK/*Gieg* § 467, 11; HK/*Gercke* 24; MüKo/*Peters* 52; Radtke/Hohmann/*Radtke* 50; SSW/*Schnabl* 25; SK/*Weßlau/Deiters* 55; *Pfeiffer* § 467, 14; siehe auch Meyer-Goßner/*Schmitt* § 467, 19 (auf die Stärke des Tatverdachts darf abgestellt werden); KMR/*Plöd* 33.

lich, das Kriterium der „Schuldspruchreife“ ist verschwommen.[279] Das Verfahren braucht nicht weiter fortgesetzt zu werden als bis zum Vorliegen der Einstellungsvoraussetzungen (Rn. 37); es ist auch kein sinnvolles Ergebnis, wenn es mit Blick auf die Auslagenentscheidung bis zur „Schuldspruchreife“ fortgesetzt werden müsste,[280] was immer das konkret bedeuten mag. Nach der Rspr. soll sie beim letzten Wort des Angeklagten vorliegen.[281] Damit ließe sich leben, da Einstellungen gemäß § 153 Abs. 2 danach so gut wie nie vorkommen,[282] aber es bleiben Fragen offen:[283] Sind z.B. noch „offene“ (Hilfs-) Beweisanträge zu bescheiden? Wer entscheidet über das Vorliegen der „Schuldspruchreife“? Neben dem Verstoß gegen die Unschuldsvermutung ist eine Auslagenüberbürdung auf den Angeklagten nach der aufgezeigten Rechtsprechung letztlich als Rechtsauslegung contra legem anzusehen. So hat der Gesetzgeber mit der Systematik des § 467 zum Ausdruck gebracht, dass dem – noch immer unschuldigen – Angeklagten im Falle der Einstellung im Grundsatz seine notwendigen Auslagen durch die Staatskasse zu ersetzen sind (§ 467 Abs. 1). § 467 Abs. 4 erlaubt hiervon (ausnahmsweise) bei ordnungsgemäßer Ermessensausübung Abweichungen. Verlangt man aber für die Anwendung des § 467 Abs. 4 lediglich das Vorliegen eines hinreichenden Tatverdachts sowie fehlende Anzeichen für dessen Nichtbestätigung in der Hauptverhandlung, so kehrt sich das Regel-Ausnahme-Verhältnis um, § 467 Abs. 1 wäre in Fällen der §§ 153 ff. praktisch nicht anwendbar. Denn einen hinreichenden Tatverdacht wird das Gericht im Falle des § 153 Abs. 2 zuvor regelmäßig bejaht haben (vgl. Rn. 38). Ist die Beweisaufnahme zumindest zum Teil durchgeführt worden, muss der hinreichende Tatverdacht zwingend zumindest vorgelegen haben, andernfalls hätte das Hauptverfahren nicht eröffnet werden dürfen. Liegen nunmehr Hinweise darauf vor, dass der Verdachtsgrad nicht zu halten sein wird, könnte schwerlich eine Verurteilung in Betracht kommen, so dass eine vorrangige Erledigungsart zu wählen wäre, dies mit günstigerer Auslagenfolge für den Angeklagten (z. B. § 467 Abs. 1 Alt. 1). Will das Gericht somit nach § 153 Abs. 2 verfahren, muss es nach der gängigen Rechtsprechung dem Angeklagten gem. § 467 Abs. 4 die notwendigen Kosten auferlegen. Die **Praxis** wird sich so behelfen, dass sie sich zwar weiterhin am Grad des Schuldverdachts orientiert, dies aber nicht offen legt, weil sie zulässigerweise (Rn. 82, 88) auf Beschlussgründe, die versteckte Schuldzuweisungen enthalten könnten, gänzlich verzichtet.[284]

8. Anfechtung

85 **a) Ablehnung der Einstellung.** Lehnt das Gericht es, ausdrücklich oder durch Verfahrensfortsetzung, trotz des Vorliegens der erforderlichen Zustimmungen ab, das Verfahren einzustellen, so ist diese Entscheidung nach allg. M. nicht anfechtbar (vgl. auch Rn. 42, 49, 72).[285]

---

279 Vgl. die abweichende Meinung der Richter *Mahrenholz* in BVerfGE **82**, 122 f. sowie *Cremona* in EuGRZ **1987** 404 (Fall Lutz); **1987** 415 (Fall Nölkenbockhoff); siehe auch KK/*Franke* § 467, 11; *Kusch* NStZ **1987** 428; *Paulus* NStZ **1990** 600; krit. auch *Nelles/Velten* NStZ **1994** 368 Fn. 14; zu § 467 Abs. 3 Satz 2 Nr. 2 auch *Hilger* NStZ **2000** 332.

280 *Kühl* NStZ **1989** 136.

281 BVerfGE **82** 117; VerfGH Berlin NStZ-RR **2001** 204; OLG Köln NJW **1991** 507 („regelmäßig“).

282 *Kühl* NJW **1988** 3239.

283 Vgl. *Paulus* NStZ **1990** 600.

284 In diesem Sinne rät KK/*Franke* § 467, 11, alle Formulierungen zu vermeiden, die als versteckte Schuldzuweisung missverstanden werden könnten; ausführlich zum Ganzen, auch m.w.N. zu den Einzelheiten, LR/*Hilger*[25] § 467, 60, 67.

285 KG VRS **56** (1979) 35; HK/*Gercke* 23; KK/*Diemer* 38; Meyer-Goßner/*Schmitt* 35; SK/*Weßlau/Deiters* 62; SSW/*Schnabl* 29; KMR/*Plöd* 34; *Ranft* 1159; AnwK-StPO/*Walther* 29; **a.A.** *Schulz* StraFo **2003** 297; *Wagner*

b) Einstellungsbeschluss. Satz 4 erklärt den gerichtlichen Einstellungsbeschluss **86**
ausdrücklich für unanfechtbar. Nach ganz h.M. betrifft diese Unanfechtbarkeit jedoch nur den Wertungsbereich „geringe Schuld" und „fehlendes öffentliches Interesse",[286] nicht jedoch die sonstigen prozessualen Voraussetzungen der Einstellung. Deshalb ist **ausnahmsweise** der Einstellungsbeschluss von der Staatsanwaltschaft mit der einfachen Beschwerde nach § 304 **anfechtbar**, wenn die Tat ein Verbrechen betraf,[287] auch wenn die erforderlichen Zustimmungen vorlagen,[288] oder wenn die Zustimmung der Staatsanwaltschaft fehlte.[289] Fehlte die erforderliche (vgl. aber Rn. 77) Zustimmung des Angeschuldigten, so greift der Beschwerdeausschluss nach Satz 4 aus den gleichen Gründen nicht durch,[290] was in diesem besonderen Fall die Folge hat, dass anders als im Normalfall (Rn. 88f.) eine dem Angeschuldigten nachteilige Auslagenentscheidung im Ergebnis für diesen doch anfechtbar ist, indem er gegen den gesamten Einstellungsbeschluss Beschwerde einlegt.[291] Zwar belastet ihn die Einstellung als solche nicht, insbesondere liegt darin keine Schuldfeststellung, seine Beschwer liegt aber darin, dass sein aus guten Gründen, vor allem im Hinblick auf die Auslagenentscheidung (vgl. Rn. 74ff.), bestehendes verfahrensrechtliches Mitspracherecht verletzt ist.[292] Mangels Beschwer ist die Entscheidung für ihn jedoch dann nicht anfechtbar, wenn nur die Zustimmung der Staatsanwaltschaft fehlt.[293] Umgekehrt kann die Staatsanwaltschaft aber mit der Begründung gegen den Beschluss vorgehen, dass die Zustimmung des Angeschuldigten entgegen den gesetzlichen Vorschriften (vgl. Rn. 73ff.) gefehlt habe, da sie durch jede ungesetzliche Entscheidung beschwert ist. Der die Einstellung nach Absatz 2 aufhebende Beschluss des Beschwerdegerichts ist auch bei Fehlerhaftigkeit wirksam. Er steht einer erneuten Einstellung nicht entgegen.[294]

c) Für den **Nebenkläger** ist die Unanfechtbarkeit der Einstellungsentscheidung in **87**
§ 400 Abs. 2 Satz 2 bestimmt.[295] Der Sinn dieser ursprünglich durch das 1. StVRG als § 397 Abs. 2 mit leicht verändertem Wortlaut in die StPO eingefügten Vorschrift ist dunkel und wird auch durch die Entwurfsbegründung nicht sonderlich erhellt, die lediglich mitteilt,

---

GA **1958** 210 (zum heutigen § 153e, vgl. § 153e Fn. 44); siehe auch *Erb* (LV zu § 152) 236 mit dem Vorschlag, es de lege ferenda dabei zu belassen.

286 So *Schuth* 114; MüKo/*Peters* 54; SSW/*Schnabl* 29; HK/*Gercke* 23; KK/*Diemer* 38; SK/*Weßlau/Deiters* 65; Meyer-Goßner/*Schmitt* 34; zu den Gründen *Radtke* JZ **2003** 128ff.

287 OLG Hamm NStZ-RR **2004** 144; NJW **2004** 3134; BGH NJW **2002** 2401; MüKo/*Peters* 54; *Joecks* 19; AnwK-StPO/*Walther* 27; SSW/*Schnabl* 29; Radtke/Hohmann/*Radtke* 73; **a.A.** SK/*Weßlau/Deiters* 66.

288 OLG Celle NJW **1966** 1329; OLG Hamm MDR **1977** 949; LG Krefeld NJW **1976** 815; BGH NJW **2002** 2401 mit zust. Anm. *Radtke* JR **2003** 125; Meyer-Goßner/*Schmitt* 34; *Pfeiffer* 10; MüKo/*Peters* 54; KMR/*Plöd* 34; **a.A.** *Krümpelmann* NJW **1966** 1978; *Heinitz* JZ **1963** 134 hält in diesen Fällen die Einstellung für unwirksam.

289 OLG Köln NJW **1952** 1029; OLG Saarbrücken VRS **25** (1963) 205; KG VRS **126** (2014) 201; LG Arnsberg AnwBl. **1980** 169; LG Krefeld NJW **1976** 815; LG Osnabrück NJW **1956** 883; Meyer-Goßner/*Schmitt* 34; MüKo/*Peters* 54; KK/*Diemer* 38; Radtke/Hohmann/*Radtke* 73; SK/*Weßlau/Deiters* 66; HK/*Gercke* 23; SSW/*Schnabl* 29; *Meurer* NStZ **1984** 8 Fn. 9; *Pfeiffer* 10; KMR/*Plöd* 34; *Eb. Schmidt* 24; AnwK-StPO/*Walther* 27.

290 OLG Düsseldorf StraFo **1999** 277; OLG Frankfurt NStZ-RR **1998** 52; KG JR **1978** 524; VRS **126** (2014) 201; OLG Hamm VRS **108** (2005) 265; *Beulke/Swoboda* 335; *Dencker* JZ **1973** 149; HK/*Gercke* 23; SSW/*Schnabl* 29; LR/*Meyer-Goßner*[23] 79; MüKo/*Peters* 54; Meyer-Goßner/*Schmitt* 34; *Pfeiffer* 10; **a.A.** LR/*Rieß*[24] 79 (wegen fehlender Beschwer); zutreffend dagegen Meyer-Goßner/*Schmitt* 34.

291 *K. Meyer* JR **1981** 260; *Rieß/Hilger* NStZ **1987** 206 Fn. 303.

292 Meyer-Goßner/*Schmitt* 34; MüKo/*Peters* 54; SK/*Weßlau/Deiters* 65.

293 Dagegen müsste der Beschluss für den Angeschuldigten, der durch eine nicht selbständig anfechtbare nachteilige Auslagenentscheidung (Rn. 86) in diesem Fall beschwert wäre, nach AK/*Schöch* 53 anfechtbar sein.

294 BGH JR **2003** 126 mit zust. Anm. *Radtke*; *Joecks* 19.

295 Vgl. BGH StraFo **2015** 163; siehe auch die Erl. zu § 400.

dass dadurch eine in neuerer Zeit entstandene Streitfrage in verneinendem Sinne entschieden werden solle.[296] Diese Bemerkung knüpft daran an, dass trotz der seit jeher bereits in § 153 bestimmten Unanfechtbarkeit für den Nebenkläger teilweise die sofortige Beschwerde für zulässig gehalten wurde.[297] Beschränkt man die Reichweite der Regelung auf diese gesetzgeberische Absicht, so würde daraus folgen, dass dem Nebenkläger weiterhin die Beschwerde zusteht, wenn einer der Ausnahmefälle vorliegt, in denen die Beschwerde der Staatsanwaltschaft möglich ist (Rn. 86).[298] Indessen hat das gesetzgeberische Motiv in dem weiter reichenden Wortlaut des § 400 Abs. 2 Satz 2 keinen Ausdruck gefunden, so dass es näher liegt, diese Bestimmung als lex specialis gegenüber § 153 Abs. 2 Satz 4 anzusehen. Dann folgt aus ihr, dass dem Nebenkläger die Beschwerde auch in den Fällen verschlossen ist, in denen sie der Staatsanwaltschaft ausnahmsweise zusteht.[299] Der BGH hat auf mögliche Wertungswidersprüche hinsichtlich der ausnahmslosen Unanfechtbarkeit von Einstellungsbeschlüssen gegenüber der nach § 400 Abs. 1 begrenzt zulässigen Anfechtung von freisprechenden Urteilen hingewiesen, jedoch letztlich offengelassen, ob wegen dieses Wertungswiderspruches trotz des Gesetzeswortlautes eine einschränkende Auslegung von § 400 Abs. 2 Satz 2 vorzunehmen ist.[300] Eine Beschwerde steht dem Nebenkläger unabhängig davon auch dann nicht zu, wenn seine vor der Einstellung gebotene Anhörung unterblieben ist,[301] vielmehr ist in diesen Fällen nach § 33a zu verfahren.

88 **d) Kosten- und Entschädigungsentscheidung.** Ob aus der grundsätzlichen Unanfechtbarkeit der Einstellung auch die Unanfechtbarkeit der **Kosten- und Auslagenentscheidung** folgt, war lange Zeit umstritten,[302] ist aber jetzt durch § 464 Abs. 3 Satz 1 Halbsatz 2 gelöst,[303] wonach die Beschwerde unzulässig ist, wenn, wie hier, die Anfechtung der Hauptentscheidung nicht statthaft ist. Dadurch hat sich auch der früher bestehende Streit, ob der Beschluss (wegen der Anfechtbarkeit der Kostenentscheidung) der Begründung bedurfte (Rn. 82), weitgehend erledigt.

89 Ebenso umstritten war bis zur Änderung des § 8 Abs. 3 Satz 1 StrEG durch das StVÄG 1987, ob die Entscheidung über die **Entschädigung für Strafverfolgungsmaßnahmen** gemäß § 3 StrEG in den Fällen der Einstellung nach den §§ 153 ff. der sofortigen Beschwerde unterliegt oder ob auch insoweit der Grundsatz gilt, dass diese als Nebenentscheidung nicht weiter anfechtbar ist als die das Verfahren einstellende Hauptentscheidung. Der StVÄGE 1984 hielt zu diesem Punkt, anders als zur Frage der Anfechtbarkeit der Kostenentscheidung, eine klarstellende gesetzliche Regelung nicht für erforderlich, weil insoweit die Rechtslage im Sinne der Zulässigkeit der Anfechtung unumstritten

296 BTDrucks. **7** 551 S. 93 (zu § 397 Abs. 2 a.F.); vgl. auch *Giesler* (Fn. 158) 310.

297 Vgl. m.w.N. LR/*Kunert*[22] § 397, 1a; *Eb. Schmidt* Nachtr. I 28; ferner *Eggert* MDR **1971** 982; zuletzt LG Mainz MDR **1974** 949.

298 LR/*Meyer-Goßner*[23] 80; so wohl auch OLG Frankfurt NStZ-RR **2000** 256; die frühere bejahende Rechtsprechung, OLG Köln NJW **1952** 1029; OLG Stuttgart DRZ **1949** 450; LG Osnabrück NJW **1963** 2261 kann infolge der Gesetzesänderung nicht mehr als Beleg für diese Auffassung herangezogen werden.

299 So i.E. auch LG Mönchengladbach StV **1987** 335; KK/*Diemer* 38; HK/*Gercke* 23; Meyer-Goßner/*Schmitt* § 400, 9; SK/*Weßlau*/*Deiters* 67; Radtke/Hohmann/*Radtke* 75; *Radtke* JZ **2003** 130; wohl auch *Pfeiffer* 10.

300 BGH JR **2003** 125 mit diesbezüglich zutreffend krit. Anm. *Radtke*, der diese aber letztlich als gesetzgeberische Entscheidungen hinnimmt; vgl. Radtke/Hohmann/*Radtke* 75. S. auch die Erl. zu § 400.

301 So aber (vor Einführung des § 33a) OLG Stuttgart DRZ **1949** 450; nunmehr ebenso SK/*Weßlau*/*Deiters* 67; siehe auch BGH StraFo **2015** 163.

302 Nachw. bei LR/*Rieß*[24] 81.

303 OLG Karlsruhe StraFo **2004** 431; *Rieß*/*Hilger* NStZ **1987** 206. S. auch die Erl. zu § 464.

sei.[304] Diese Auffassung traf nicht zu.[305] Zwar wurde schon vor der Gesetzesänderung, die dies nunmehr klarstellt, vertreten, dass die Entschädigungsentscheidung der sofortigen Beschwerde unterliege, weil es sich nicht um eine strafprozessuale Nebenentscheidung, sondern um ein selbständiges Verfahren handle.[306] Der Neufassung des § 8 Abs. 3 Satz 1 StrEG, wonach die sofortige Beschwerde auch im Falle der Unanfechtbarkeit der das Verfahren abschließenden Entscheidung zulässig ist, ist jedoch entgegenzuhalten, dass die sachlichen Gründe für die Unanfechtbarkeit der Kostenentscheidung in gleichem Maße für die Entschädigungsentscheidung nach dem StrEG gelten.[307] Der Ausschluss der selbständigen Anfechtbarkeit statt der Eröffnung eines eigenen Instanzenzugs war sinnvoll[308] und verfassungsrechtlich nicht zu beanstanden.[309]

V. Folgen der Einstellung

1. Allgemeines. Die Einstellung des Verfahrens durch die Staatsanwaltschaft nach § 153 Abs. 1 oder durch das Gericht nach § 153 Abs. 2 beendet die Anhängigkeit im Sinne des § 154e. Noch andauernde Zwangsmaßnahmen sind in der Regel zu beenden, sofern sie nicht für die Durchführung eines objektiven Verfahrens (Rn. 100) aufrechtzuerhalten sind; ein etwa bestehender Haftbefehl ist in jedem Fall aufzuheben (vgl. ergänzend § 154, 51; 53ff.). Sowohl die Einstellung nach § 153 Abs. 1 (Rn. 56) wie auch nach § 153 Abs. 2 wird in das länderübergreifende staatsanwaltschaftliche Verfahrensregister gemäß § 492 Abs. 1 Nr. 5 eingetragen; nicht hingegen in das Bundeszentralregister. Die Möglichkeiten, die gespeicherten Daten auch für zukünftige Verfahren zu nutzen, sind in den §§ 492ff. im Einzelnen geregelt (vgl. die Erl. dort). 90

Trotz Beendigung des Verfahrens aufgrund einer Einstellung nach § 153 StPO sieht es die verwaltungsgerichtliche Rechtsprechung[310] als zulässig an, **erkennungsdienstliche Maßnahmen** bei dem ehemals Beschuldigten gem. § 81b Alt. 2 anzuordnen. Hierzu wird der Begriff des Beschuldigten in § 81b in der Form erweiternd ausgelegt, dass die Maßnahme aus einem gegen den konkret Betroffenen geführten Strafverfahren hervorgehen muss und sich aus diesem Verfahren die Notwendigkeit der erkennungsdienstlichen Behandlung herleitet.[311] Eine Einstellung gem. der §§ 153f. stelle dann keine Hinderung für die Maßnahmen gem. § 81b Alt. 2 dar, sofern ein Restverdacht gegen den Betroffenen bestehen bleibe.[312] Es ist insoweit klarzustellen, dass die in der Rechtsprechung genannte Anordnung nicht die Anordnung der Maßnhame als solche, sondern die hierauf folgende Anordnung der Durchführung der Maßnahme in Bezug nimmt. Unstrittig ist daher, sofern keine zulässige Weiterverfolgung (vgl. Rn. 93ff.) stattfindet, die Anordnung von Ermittlungs- oder Präventivmaßnahmen nach § 81b in diesem Zeitpunkt 91

304 Vgl. BTDrucks. **10** 1313 S. 40 f.
305 Vgl. LR/*Rieß*[24] 82; *Baukelmann* JR **1984** 392.
306 OLG Frankfurt JR **1984** 389 mit Anm. *Baukelmann*; OLG Hamm NJW **1974** 374; OLG Karlsruhe JR **1981** 38 mit Anm. *Meyer*; OLG Koblenz OLGSt § 153, 72; *Schätzler* § 8, 49; *Händel* JR **1975** 517.
307 Ebenso für die alte Rechtslage KG JR **1975** 516 mit Anm. *Händel*; OLG Düsseldorf NJW **1981** 833; OLG Hamburg NStZ **1981** 187; LR/*Meyer-Goßner*[23] 82; *Meyer* JR **1981** 38.
308 Vgl. LR/*Rieß*[24] 82.
309 BVerfG (Vorprüfungsausschuss) NStZ **1985** 181.
310 Vgl. nur BayVGH, Beschl. vom 5.1.2017 – 10 ZB 14.2603 Rn. 13; OVG Berlin-Brandenburg StV **2017** 665 f.; vgl. auch OVG Mecklenburg-Vorpommern, Beschl. vom 17.10.2017 – 1 LB 137/11 Rn. 29.
311 BayVGH, Beschl. vom 5.1.2017 – 10 ZB 14.2603; OVG Berlin-Brandenburg StV **2017** 665; OVG Mecklenburg-Vorpommern, Beschl. vom 17.10.2017 – 1 LB 137/11.
312 BayVGH, Beschl. vom 5.1.2017 – 10 ZB 14.2603; OVG Berlin-Brandenburg StV **2017** 665; OVG Mecklenburg-Vorpommern, Beschl. vom 17.10.2017 – 1 LB 137/11.

unzulässig.[313] Anderes kann gelten, sofern die Maßnahme vor der Einstellung angeordnet, jedoch erst danach durchgeführt bzw. die Durchführung angeordnet wird.[314] Jedoch darf die Durchführung bzw. die Anordnung der Durchführung der Maßnahme nicht auf den bestehenden Rechtsverdacht begründet werden. Dies stellt eine Verletzung der **Unschuldsvermutung** dar. Hierfür sprechen dieselben Erwägungen, aus denen nach hiesiger Auffassung eine solche Verletzung bei Überbürdung der notwendigen Auslagen auf den Angeklagten gem. § 467 Abs. 4 aufgrund des Verdachtsgrades anzunehmen ist.[315] Vielmehr muss sich die Notwendigkeit der Durchführung aus den Ergebnissen des Strafverfahrens, etwa einer möglichen Gefährlichkeit des ehemals Beschuldigten aufgrund psychischer Defizite, ergeben.

92 **2. Berücksichtigung eingestellter Taten.** Die bei Anwendung der §§ 154, 154a in neuerer Zeit in Schrifttum und Rechtsprechung intensiv behandelte Frage, wieweit die Einstellung eine Verwendungssperre bei der Aburteilung anderer Taten bewirkt (§ 154, 56 ff.), hat bisher für Einstellungen nach § 153 im Schrifttum und in der Rspr. kaum Beachtung gefunden. Konsequenterweise müssen die zu den §§ 154, 154a entwickelten Rechtsgrundsätze auch im Falle der Einstellung nach § 153 angewendet werden.[316] Auch hier kann der Angeklagte nach der Einstellung zumindest darauf vertrauen, dass ihm die eingestellten Taten in einem anderen Verfahren nicht ohne ausdrücklichen Hinweis und ohne dass das betreffende Tatgeschehen prozessordnungsgemäß festgestellt worden ist, angelastet werden. Nur so kann er sich gegen diesen Vorwurf verteidigen; siehe im Übrigen § 154, 60.

3. Verbrauch der Strafklage

93 **a) Allgemeines. Streitstand.** Während die Anwendung des § 153 Abs. 1 durch die Staatsanwaltschaft nach fast einhelliger Meinung keinen Verbrauch der Strafklage bewirkt und der Fortsetzung des Verfahrens nicht entgegensteht (Rn. 59), erlangt der gerichtliche Einstellungsbeschluss nach heute allg. M. eine **beschränkte Rechtskraft**,[317] über deren Umfang allerdings keine Übereinstimmung besteht. Unumstritten ist insoweit nur, dass die Sperrwirkung jedenfalls dann entfällt, wenn sich nachträglich herausstellt, dass ein **Verbrechen** vorliegt;[318] Meinungsverschiedenheiten bestanden hier aber darüber, ob die Sperrwirkung in diesem Fall nur entfällt, wenn in Analogie zu § 373a Abs. 1 neue Tatsachen oder Beweismittel diese Qualifikation ergeben[319] oder ob auch der bloße Subsumtion-

---

313 Meyer-Goßner/*Schmitt* § 81b, 7; **a.A.** *Fugmann* NJW **1981** 2227.

314 BVerfG NJW **2006** 1225; BVerwG NJW **1983** 772; VGH Mannheim NJW **2008** 3082; Meyer-Goßner/*Schmitt* § 81b, 7.

315 Vgl. Rn. 84.

316 So auch Radtke/Hohmann/*Radtke* 60; **a.A.** wohl *Schott* StV **2016** 450–453.

317 Die früher teilweise vertretene Auffassung, dass der Einstellungsbeschluss einen uneingeschränkten Strafklageverbrauch bewirke; so z.B. *Feisenberger* 11; *Gerland* 162; *Potthoff* JR **1951** 679; *Eb. Schmidt* in der 1.Auflage des Lehrkommentars, Teil I Rn. 273 (anders 2. Aufl., Rn. 327); *Vogel* 347 ff.; wird in neuerer Zeit nur noch von *Herzog* 173 ff. vertreten, der eine einheitliche Wiederaufnahmeregelung für alle Beschlüsse postuliert und von einem sachentscheidenden Charakter des § 153 ausgeht; zur Diskussion bis 1970 *Herzog* 143 ff.; ausführlich zum heutigen Streitstand *Radtke* 174 ff.; *Trepper* 102 ff.

318 RGSt **65** 291; **75** 123; BGH bei *Dallinger* MDR **1954** 151; OGHSt **1** 242; OLG Hamm JMBlNW **1951** 113; GA **1993** 231; BGH JR **2005** 31 mit Anm. *Beulke*; *Beulke/Swoboda* 336; Radtke/Hohmann/*Radtke* 66; SK/*Weßlau/Deiters* 57; MüKo/*Peters* 56; SSW/*Schnabl* 27; HK/*Gercke* 25; Meyer-Goßner/*Schmitt* 37; *Krey* Bd. II 218; *Lesch* 2/51; *Pfeiffer* 9; KMR/*Plöd* 37; KK/*Diemer* 41.

319 So schon immer OLG Hamm JMBlNW **1951** 113; *Heinitz* JZ **1963** 133; auch MüKo/*Peters* 56.

sirrtum bei der Einstellung ausreicht.[320] Die Frage erscheint nunmehr im letzteren Sinne geklärt.[321] Ist die eingestellte Tat weiterhin als **Vergehen** anzusehen, so wird zum Teil angenommen, dass der Wegfall der Sperrwirkung das Vorliegen neuer Tatsachen oder Beweismittel voraussetzt; nicht einheitlich wird dagegen die Frage beurteilt, ob diese darüber hinaus eine andere rechtliche Qualifikation bewirken müssen[322] oder ob ein höherer Unrechts- oder Schuldgehalt genügt.[323] In der **Rechtsprechung** wurde, solange die fortgesetzte Tat anerkannt war, vertreten, dass eine erneute Strafverfolgung möglich sei, wenn eine als Einzeltat eingestellte Straftat Teilakt einer fortgesetzten Handlung war,[324] aber auch, soweit bei der Einstellung unbekannt gebliebene Teile einer fortgesetzten Handlung verfolgt werden sollen.[325] Andererseits erfasst die Einstellung nach § 153 Abs. 2 auch die Verfolgung unter einem geringfügigeren rechtlichen Gesichtspunkt, so als Ordnungswidrigkeit, wenn nicht insoweit ausdrücklich die Verfolgung vorbehalten bleibt (vgl. Rn. 17).[326] Auch Tatteile, die nach § 154a ausgeschieden waren, werden von der Sperrwirkung mit erfasst; ihre Wiedereinbeziehung ist nur möglich, wenn die Voraussetzungen der Durchbrechung vorliegen.[327] Die neuere Rechtsprechung möchte die Rechtskraft des § 153 Abs. 2 möglichst weit ausdehnen, weil ihrer Meinung nach von der gemäß § 153 Abs. 2 geforderten Entscheidung eines Richters eine besondere Dignität ausgehe. Sie verlangt deshalb für ein erneutes Aufgreifen des Verfahrens, unter Zugrundelegung des Rechtsgedankens des § 153a Abs. 1 Satz 5, dass sich die Tat nachträglich als Verbrechen darstellt, egal ob auf neue Tatsachen oder eine andere rechtliche Bewertung gestützt.[328] Hingegen genügt eine schärfere Beurteilung der Tat allein aufgrund neuer tatsächlicher Gesichtspunkte nicht, solange die Tat weiterhin als Vergehen zu qualifizieren ist.

Im **Schrifttum** wird, ohne dass die sich hieraus ergebenden Konsequenzen stets 94
vollständig erörtert werden, überwiegend der Rechtskraftumfang von Einstellungsbeschlüssen aus einer **analogen Anwendung** der §§ 174, 211, § 45 Abs. 3 Satz 4, § 47 Abs. 3 JGG hergeleitet,[329] teilweise für den Fall des Verbrechens ergänzend daraus, dass wegen der Zulässigkeit der einfachen Beschwerde gegen den Einstellungsbeschluss schon eine formelle Rechtskraft nicht eintrete.[330] Zu einer weitergehenden Sperrwirkung führt die hieran anknüpfende Meinung, die zusätzlich eine andere (schwerere) rechtliche Qualifikation verlangt.[331] Darüber hinaus geht noch der Ansatz, der im Wesentlichen aus prag-

---

320 So RGSt **75** 123; OLG Hamm GA **1993** 231; Radtke/Hohmann/*Radtke* 66; SK/*Weßlau/Deiters* 57; SSW/*Schnabl* 27; HK/*Gercke* 25; Meyer-Goßner/*Schmitt* 37; die Entscheidung OGHSt **1** 242 betraf einen Sonderfall.

321 Radtke/Hohmann/*Radtke* 66; SK/*Weßlau/Deiters* 57; KK/*Diemer* 41; HK/*Gercke* 25.

322 So ausdrücklich BayObLG JR **1965** 350 mit Anm. *Kleinknecht*; offengelassen BayObLG MDR **1978** 693; vgl. auch BGH bei *Dallinger* MDR **1954** 151.

323 Vgl. dazu *Loos* JZ **1978** 596; SK/*Weßlau/Deiters* 57.

324 Vgl. BGH NJW **1963** 549 (für den Fall des Strafbefehls); *Pfeiffer* 9.

325 LG Siegen JMBlNW **1976** 92; zust. LR/*Meyer-Goßner*[23] 88; SSW/*Schnabl* 27.

326 Vgl. die im Einzelnen problematische und heute überholte Entscheidung OLG Hamburg JZ **1963** 131 mit Anm. *Heinitz* sowie zur Frage der Umdeutung der Teileinstellung in eine solche nach § 154a KG VRS **67** (1984) 123.

327 OLG Oldenburg MDR **1983** 515.

328 BGHSt **48** 331 = JR **2005** 31 mit krit. Anm *Beulke* = NStZ **2004** 218 mit krit. Anm. *Heghmanns* NStZ **2004** 633; OLG Thüringen, Beschl. vom 2.3.2015 – 1 Ws 537/14; OLG Zweibrücken, Beschl. vom 7.5.2009 – 1 Ws 100/09; AnwK-StPO/*Walther* 36; kritisch Meyer-Goßner/*Schmitt* 38; zustimmend Radtke/Hohmann/*Radtke* 66; MüKo/*Peters* 56; HK/*Gercke* 25.

329 Vgl. nur KK-OWiG/*Mitsch* § 47, 37; Göhler/*Seitz/Bauer* § 47, 60; *Kleinknecht* JR **1965** 350; *Krey* Bd. II 218; *Ranft* 1159; Meyer-Goßner/*Schmitt* 38; *Rüping* 346; *Schlüchter* 602 Fn. 17; SK/*Weßlau/Deiters* 57; bereits früher *Nagler* GerS **90** (1924) 426; *Beling* 366 und JW **1931** 2818; ebenso BGH (Z) NJW **1950** 1830.

330 So auch LR/*Meyer-Goßner*[23] 88 mit 78.

331 LR/*Meyer-Goßner*[23] 87 f.

matischen und Gerechtigkeitsüberlegungen neben der Weiterverfolgung von Verbrechen nur bei Vorliegen einer umfangreicheren fortgesetzten Handlung (soweit diese nicht heute ohnehin obsolet geworden ist) bzw. einer Dauerstraftat oder einer Bewertungseinheit die Durchbrechung der Sperrwirkung anerkennt.[332] Die weiteste Sperrwirkung, für die sich inzwischen auch der BGH ausgesprochen hat (vgl. Rn. 93), würde sich aus einer analogen Anwendung des § 153a Abs. 1 Satz 5 ergeben,[333] der aber entgegensteht, dass die Neufassung des § 153 und die Einfügung des § 153a vom Gesetzgeber durch den gleichen Gesetzgebungsakt vorgenommen worden ist, so dass für die Annahme einer durch analoge Anwendung gerade des § 153a Abs. 1 Satz 5 auszufüllenden Regelungslücke angesichts der weniger weit reichenden Regelung in § 47 Abs. 3 JGG keine hinreichend sichere Grundlage gefunden werden kann.[334]

95 **b) Eigene Auffassung.** Da der Gesetzgeber (bedauerlicherweise)[335] den Umfang der Sperrwirkung des Einstellungsbeschlusses nach § 153 Abs. 2 bisher nicht geregelt hat, lässt er sich nur durch eine analoge Anwendung derjenigen Vorschriften bestimmen, die vergleichbare Einstellungssituationen regeln, namentlich durch Rückgriff auf § 153a Abs. 1 Satz 5 und § 47 Abs. 3 JGG. Dabei ist einerseits evident, dass die Sperrwirkung des § 153a Abs. 1 Satz 5 nicht hinter der des § 153 Abs. 2 zurückbleiben kann. Aus den bei § 153a, 99 näher dargelegten Gründen kommt es für die neue Verfolgbarkeit der eingestellten Tat als **Verbrechen** nicht darauf an, ob diese Beurteilung auf neuen Tatsachen oder Beweismitteln beruht, so dass die Weiterverfolgung als Verbrechen auch im Falle des § 153 Abs. 2 bei bloßem **Subsumtionsirrtum** möglich ist.[336] Andererseits erscheint es nicht sachgerecht, den Beschuldigtenschutz bei §§ 153, 153a gleich zu handhaben, weil der Beschuldigte bei § 153a eine Leistung erbringt, bei § 153 hingegen nicht.[337] Also scheidet die analoge Anwendung des § 153a Abs. 1 Satz 5 mit seiner Forderung, dass stets ein Verbrechen vorliegen müsse, aus. Vielmehr kann das Verfahren auch auf der Grundlage eines **Vergehens** weiterverfolgt werden. Insoweit kommen als analog heranzuziehende Vorschriften § 47 Abs. 3 JGG, §§ 174, 211 in Betracht. Jedoch findet bei dieser Analogie die Auffassung keine Stütze, dass sich die Tat zusätzlich zur Erschütterung der tatsächlichen Grundlage auch rechtlich anders qualifizieren muss;[338] diese Meinung lässt sich auch sonst nicht tragfähig begründen.[339]

96 **Neue Tatsachen oder Beweismittel** (vgl. § 211, 10 ff.) gestatten die Weiterverfolgung der eingestellten Tat als Vergehen immer dann, wenn sie gegenüber der Einstellungsentscheidung erheblich sind; auf eine andere rechtliche Beurteilung der eingestellten Tat kommt es dabei nicht an. Die **Erheblichkeit** setzt voraus, dass sich aufgrund der Nova entweder die Schuld des Täters als nicht mehr gering darstellt, oder dass sie ein

---

332 KK/*Diemer* 41; SSW/*Schnabl* 27; Meyer-Goßner/*Schmitt* 38.

333 *Loos* JZ **1978** 597 f.; KMR/*Plöd* 37; *Radtke* 389; *Trepper* 116 f.; im Ergebnis würde wohl auch *Herzog*, der § 153a noch nicht berücksichtigen konnte, zu dieser Auffassung kommen müssen; ebenso schon früher mit anderer Begründung *Heinitz* JZ **1963** 133; ihm folgend *Eb. Schmidt* I 327.

334 LR/*Rieß*[24] 86; ausführlich zur Systematik und den möglichen Kriterien der Sperrwirkung *Radtke* 323 ff.

335 Für ein „klärendes Wort des Gesetzgebers" bereits *Geppert* GA **1972** 173 Fn. 69.

336 LR/*Rieß*[24] 87; *Beulke/Swoboda* 336; Radtke/Hohmann/*Radtke* 66; SK/*Weßlau/Deiters* 57; SSW/*Schnabl* 27; **a.A.** MüKo/*Peters* 56.

337 *Beulke/Swoboda* 336; *Beulke* JR **2005** 37 f.; *Heghmanns* NStZ **2004** 635; im Ergebnis ebenso aber mit abw. Begründung SK/*Weßlau/Deiters* 57.

338 BGH NJW **2004** 376 f.; SK/*Weßlau/Deiters* 57; **a.A.** allerdings für § 47 JGG *Eisenberg* § 47, 24a.

339 Wie hier LR/*Rieß*[24] 87; Göhler/*Seitz/Bauer* § 47, 60; KK-OWiG/*Mitsch* § 47, 35; **a.A.** LR/*Meyer-Goßner*[23] 87 mit zweifelhaftem Hinweis auf das Systemgefüge der §§ 153, 153a.

öffentliches Interesse an der Strafverfolgung begründen können.[340] Dabei ist entsprechend der bei § 211, 12 näher dargelegten Rechtslage[341] im späteren Verfahren von der Rechtsauffassung des Gerichts auszugehen, das den Einstellungsbeschluss erlassen hat, soweit diese dem Angeschuldigten günstig ist. **Zweifel** an der Neuheit oder der Erheblichkeit der Tatsachen oder Beweismittel, die bei der Einstellung nach § 153 Abs. 2 leichter auftauchen können als bei den Entscheidungen nach §§ 174, 211,[342] wirken sich zugunsten des Angeschuldigten aus, da das Vorliegen erheblicher Nova Verfahrensvoraussetzung für das neue Verfahren ist und Verfahrensvoraussetzungen feststehen müssen (vgl. § 206a, 39 f.).

Dem hier vertretenen **Ergebnis,** das bei Vorliegen eines Verbrechens die erneute Verfolgung stets und bei einem Vergehen schon bei neuen Tatsachen oder Beweismitteln zulässt, die ohne eine Änderung in der rechtlichen Beurteilung infolge erhöhten Unrechts- oder Schuldgehalts die Voraussetzungen der geringen Schuld oder des fehlenden öffentlichen Interesses wegfallen lassen, ließe sich entgegenhalten, dass es die Sperrwirkung verhältnismäßig eng begrenzt und deshalb kriminalpolitisch unerwünscht ist. Doch ergibt sich dies als Konsequenz aus den einzigen tragfähigen Analogiegrundlagen und stimmt darüber hinaus im Kern mit dem Entscheidungsmaßstab überein, der für die Wiederaufnahme nach § 154 Abs. 2 eingestellter Verfahren gilt (§ 154, 65). Eine kriminalpolitisch (möglicherweise) wünschenswerte weitergehende Sperrwirkung könnte nur durch eine gesetzliche Regelung geschaffen werden. 97

c) Doppelbestrafungsverbot. Trotz der nach hiesiger Auffassung recht weitgehenden Einschränkungen der Rechtskraftwirkung einer Einstellung nach § 153 Abs. 2 ist diese, anders als die Einstellungsverfügung nach § 153 Abs. 1[343] (vgl. Rn. 59), als „rechtskräftige" Aburteilung iSd. **Art. 54 SDÜ** einzuordnen. Soweit die Tat nicht als Verbrechen zu qualifizieren bzw. aufgrund von Nova die materiellen Einstellungsvoraussetzungen als nicht mehr gegeben anzusehen sind, steht der Einstellungsbeschluss nach § 153 Abs. 2 einer erneuten Strafverfolgung innerhalb des Geltungsbereichs des SDÜ nach dem Grundsatz **ne bis in idem** entgegen.[344] Entsprechendes gilt für **Art. 50 EUGrCh.** Dies kann zwar aufgrund der unterschiedlichen Rechtsordnungen, insbesondere der in anderen Staaten fehlenden Differenzierung zwischen Verbrechen und Vergehen, zu Irritationen[345] führen, ist jedoch bis zu einer eindeutigen gesetzgeberischen Regelung hinzunehmen. 98

d) Verfahrensmäßige Behandlung. Liegen die Voraussetzungen vor, unter denen die Sperrwirkung entfällt, so bedarf es zur Weiterverfolgung der eingestellten Tat einer erneuten Klageerhebung durch die Staatsanwaltschaft, für die insoweit das Legalitätsprinzip gilt.[346] Das eingestellte Verfahren bleibt erledigt, es kann anders als bei § 154 Abs. 3 bis 5 mangels ausdrücklicher gesetzlicher Grundlage nicht wieder aufgenommen werden; ein Widerruf des Einstellungsbeschlusses ist weder erforderlich noch überhaupt möglich.[347] Die Existenz und die Erheblichkeit (im Zeitpunkt der Klageerhebung) der 99

340 Ausdrücklich gegen diese Auffassung mit dem Hinweis, dass gerade diese Frage einer erneuten Erörterung entzogen sein soll, LR/*Kohlhaas*[22] 15b.
341 Vgl. insbes. BGHSt **18** 225, 227 und dazu *Hanack* JZ **1971** 220.
342 Dazu ausführlich *Loos* JZ **1978** 596; siehe auch *Radtke* 392.
343 Anders bei gerichtlicher Zustimmung AG Verden StV **2011** 617.
344 Ebenso aber beschränkt auf die Verbrechensnatur Meyer-Goßner/*Schmitt* 37.
345 Siehe hierzu *Rübenstahl*/*Bastian* ELRev **2009** 75.
346 BayObLG MDR **1978** 693; Meyer-Goßner/*Schmitt* 38.
347 *Pfeiffer* 9; **a.A.** BGHZ **64** 351; vgl. auch § 211, 19.

Nova sind Prozessvoraussetzungen für das neue Verfahren;[348] es gelten hier im Wesentlichen die bei § 211 näher dargelegten Grundsätze (vgl. § 211, 24ff.).

100 **e) Objektives Verfahren.** Weder die Einstellung nach § 153 Abs. 1 durch die Staatsanwaltschaft noch die nach § 153 Abs. 2 durch das Gericht schließen ein nachträgliches objektives Verfahren nach den §§ 435, 439 mit dem Ziel der Einziehung (§§ 73ff. StGB), der Vernichtung oder der Unbrauchbarmachung (§ 74d StGB) aus.[349]

101 **f) Wiederaufnahme nach § 79 Abs. 1 BVerfGG.** Obwohl die gerichtliche Entscheidung nach § 153 Abs. 2 beschränkte materielle Rechtskraft (Rn. 93) entfaltet, ist eine Wiederaufnahme gemäß § 79 Abs. 1 BVerfGG nicht möglich. Die Vorschrift enthält einen selbständigen Wiederaufnahmegrund für rechtskräftige Strafurteile (vgl. die Erl. zu § 359), der seinem Sinn und Zweck nach (Aufhebung der Bemakelung) auf Einstellungsbeschlüsse nach § 153 Abs. 2 nicht übertragen werden kann, da mit ihnen eine Schuldfeststellung gerade nicht verbunden ist.[350]

VI. Revision

102 Die Anwendung oder Nichtanwendung des § 153 Abs. 2 kann mit der Revision nicht beanstandet werden. Wird das Verfahren nach § 153 eingestellt, so ergibt sich das schon daraus, dass wegen dieser Tat ein mit der Revision angreifbares Urteil überhaupt nicht ergeht. Aber auch die Nichtanwendung des § 153 Abs. 2 ist keine dem Urteil vorausgegangene Entscheidung im Sinne des § 336.[351] Dagegen ist in der Revisionsinstanz von Amts wegen zu prüfen, ob, nachdem ein Verfahren nach § 153 Abs. 2 eingestellt war, im neuen Verfahren die besondere Prozessvoraussetzungen der erheblichen neuen Tatsachen oder Beweismittel vorlagen. Wird dies verneint, so ist das Verfahren ebenso nach § 206a einzustellen, wie wenn das Gericht das eingestellte Verfahren ohne erneute Klageerhebung einfach fortgesetzt hatte.[352] Bei der unzulässigen Verwertung eingestellter Taten (Rn. 92) würden für das Revisionsverfahren die bei § 154, 81 näher dargelegten Grundsätze gelten.

§ 153a
Absehen von der Verfolgung unter Auflagen und Weisungen

(1) [1]Mit Zustimmung des für die Eröffnung des Hauptverfahrens zuständigen Gerichts und des Beschuldigten kann die Staatsanwaltschaft bei einem Vergehen vorläufig von der Erhebung der öffentlichen Klage absehen und zugleich dem Beschuldigten Auflagen und Weisungen erteilen, wenn diese geeignet sind, das öffentliche Interesse an der Strafverfolgung zu beseitigen, und die Schwere der Schuld nicht entgegensteht. [2]Als Auflagen oder Weisungen kommen insbesondere in Betracht,

348 BGHZ **64** 351; Meyer-Goßner/*Schmitt* 38.
349 AG Gummersbach NStZ **1988** 460; HK/*Gercke* 26; Meyer-Goßner/*Schmitt* 40; KK/*Diemer* 44; MüKo/*Peters* 64; SK/*Weßlau/Deiters* 60; *Pfeiffer* 9; KMR/*Plöd* 38; vgl. § 76a Abs. 3 StGB.
350 OLG Zweibrücken NJW **1996** 2246; vgl. im Übrigen zur Anwendung der §§ 359ff. auf Beschlüsse nach §§ 153ff. LR/*Gössel*[25] Vor § 359, 58; *Beulke/Swoboda* 585 m.w.N. sowie § 153a, 142.
351 OLG Köln MDR **1957** 182; KG JR **1967** 430; vgl. auch RGSt **66** 326; § 336, 5 sowie zur Anwendung der Vorschrift in der Revisionsinstanz oben Rn. 64.
352 BayObLG MDR **1978** 694.

https://doi.org/10.1515/9783110590098-005

1. zur Wiedergutmachung des durch die Tat verursachten Schadens eine bestimmte Leistung zu erbringen,
2. einen Geldbetrag zugunsten einer gemeinnützigen Einrichtung oder der Staatskasse zu zahlen,
3. sonst gemeinnützige Leistungen zu erbringen,
4. Unterhaltspflichten in einer bestimmten Höhe nachzukommen,
5. sich ernsthaft zu bemühen, einen Ausgleich mit dem Verletzten zu erreichen (Täter-Opfer-Ausgleich) und dabei seine Tat ganz oder zum überwiegenden Teil wieder gut zu machen oder deren Wiedergutmachung zu erstreben,
6. an einem sozialen Trainingskurs teilzunehmen oder
7. an einem Aufbauseminar nach § 2b Abs. 2 Satz 2 oder an einem Fahreignungsseminar nach § 4a des Straßenverkehrsgesetzes teilzunehmen.

[3] Zur Erfüllung der Auflagen und Weisungen setzt die Staatsanwaltschaft dem Beschuldigten eine Frist, die in den Fällen des Satzes 2 Nummer 1 bis 3, 5 und 7 höchstens sechs Monate, in den Fällen des Satzes 2 Nummer 4 und 6 höchstens ein Jahr beträgt. [4] Die Staatsanwaltschaft kann Auflagen und Weisungen nachträglich aufheben und die Frist einmal für die Dauer von drei Monaten verlängern; mit Zustimmung des Beschuldigten kann sie auch Auflagen und Weisungen nachträglich auferlegen und ändern. [5] Erfüllt der Beschuldigte die Auflagen und Weisungen, so kann die Tat nicht mehr als Vergehen verfolgt werden. [6] Erfüllt der Beschuldigte die Auflagen und Weisungen nicht, so werden Leistungen, die er zu ihrer Erfüllung erbracht hat, nicht erstattet. [7] § 153 Abs. 1 Satz 2 gilt in den Fällen des Satzes 2 Nummer 1 bis 6 entsprechend. [8] § 246a Absatz 2 gilt entsprechend.

(2) [1] Ist die Klage bereits erhoben, so kann das Gericht mit Zustimmung der Staatsanwaltschaft und des Angeschuldigten das Verfahren vorläufig einstellen und zugleich dem Angeschuldigten die in Absatz 1 Satz 1 und 2 bezeichneten Auflagen und Weisungen erteilen. [2] Absatz 1 Satz 3 bis 6 und 8 gilt entsprechend. [3] Die Entscheidung nach Satz 1 ergeht durch Beschluß. [4] Der Beschluß ist nicht anfechtbar. [5] Satz 4 gilt auch für eine Feststellung, daß gemäß Satz 1 erteilte Auflagen und Weisungen erfüllt worden sind.

(3) Während des Laufes der für die Erfüllung der Auflagen und Weisungen gesetzten Frist ruht die Verjährung.

(4) [1] § 155b findet im Fall des Absatzes 1 Satz 2 Nummer 6, auch in Verbindung mit Absatz 2, entsprechende Anwendung mit der Maßgabe, dass personenbezogene Daten aus dem Strafverfahren, die nicht den Beschuldigten betreffen, an die mit der Durchführung des sozialen Trainingskurses befasste Stelle nur übermittelt werden dürfen, soweit die betroffenen Personen in die Übermittlung eingewilligt haben. [2] Satz 1 gilt entsprechend, wenn nach sonstigen strafrechtlichen Vorschriften die Weisung erteilt wird, an einem sozialen Trainingskurs teilzunehmen.

Schrifttum

Siehe bei § 153.

Entstehungsgeschichte

Die Vorschrift wurde durch Art. 21 Nr. 44 des EGStGB 1974 eingefügt[1] Absatz 2 Satz 5 wurde angefügt durch Art. 1 Nr. 12 StVÄG 1987. Durch Art. 2 Nr. 3 des RpflEntlG wurden 1993 in Absatz 1 Satz 1 die Worte „bei geringer Schuld das öffentliche Interesse an der Strafverfolgung zu beseitigen" ersetzt durch die jetzige Formulierung „das öffentliche Interesse an der Strafverfolgung zu beseitigen, und die Schwere der Schuld nicht entgegensteht".

Die jetzige Nr. 7 (Teilnahme an einem Aufbauseminar) des § 153a Abs. 1 Satz 2 wurde durch Art. 4 Nr. 2 des Gesetzes zur Änderung des Straßenverkehrsgesetzes und anderer Gesetze vom 24.4.1998 (BGBl. I S. 779) ursprünglich als § 153a Abs. 1 Satz 1 Nr. 5 in das Gesetz aufgenommen.

Die jetzige Nr. 5 des § 153a Abs. 1 Satz 2 wurde durch Art. 1 Nr. 1 des Gesetzes zur strafrechtlichen Verankerung des Täter-Opfer-Ausgleichs usw. vom 20.12.1999 (BGBl. I S. 2491) eingefügt. Zugleich wurde der frühere Satz 1 des Absatzes 1, der im Gegensatz zur heute gültigen Fassung eine abschließende Aufzählung der Auflagen und Weisungen enthielt, in zwei Sätze aufgeteilt, so dass sich die Satzzählung änderte und der übrige Text an die neue Zählung angepasst werden musste.

Die Vorschrift wurde weiterhin im Jahr 2012 durch Art. 1 des **Gesetzes zur Stärkung der Täterverantwortung** vom 15.11.2012 (BGBl. I S. 2298) ergänzt und trat in der dadurch bedingten Neufassung nach Art. 3 des Gesetzes zum 1.3.2013 in Kraft. Regelungskern der Änderungen ist die Erweiterung des Katalogs der nach § 153a Abs. 1 Satz 2 zulässigen Auflagen und Weisungen zur Verfahrenseinstellung nach dem Opportunitätsprinzip um die Teilnahme an einem sozialen Trainingskurs. Diese Befugnis zur Erteilung einer solchen Weisung findet sich in einer neuen Nr. 6; die Teilnahme an einem Aufbauseminar nach § 2b Abs. 2 Satz 2 oder einem Fahreignungsseminar nach § 4a StVG ist nunmehr in § 153a Abs. 1 Satz 2 Nr. 7 zu finden. Im Vergleich zum ursprünglichen Gesetzentwurf des Bundesrates vom 21.4.2010 (BTDrucks. **17** 1466 S. 5) spricht die letztlich verabschiedete Gesetzesfassung auf Vorschlag des Rechtsausschusses des Deutschen Bundestags (BTDrucks. **17** 10164 S. 3) anstelle des zunächst vorgeschlagenen Begriffs „Täterprogramm" nunmehr ausdrücklich von einem „sozialen Trainingskurs". Außerdem ist dem § 153a ein neuer Absatz 4 angefügt worden, der eine ausdrückliche gesetzliche Grundlage für die Übermittlung von personenbezogenen Daten an die aufgrund einer Weisung mit einem sozialen Trainingskurs befasste Stelle enthält. Ein weiterer Änderungsantrag, den die Fraktion Bündnis 90/Die Grünen im Rechtsausschuss eingebracht und der insbesondere den Begriff des „Programms zur Veränderung gewalttätigen Verhaltens" favorisiert hatte, um eine Verharmlosung des als Auflage für eine Verfahrenseinstellung angeordneten Programms zu vermeiden (vgl. BTDrucks. **17** 10164 S. 5), fand dort keine Mehrheit.

Ein weiterer Schritt hin zur aktuell geltenden Fassung des § 153a wurde durch Art. 1 Nr. 6 des **Gesetzes zur Stärkung der Rechte von Opfern sexuellen Missbrauchs (StORMG)** vom 26.6.2013 (BGBl. I S. 1805) verwirklicht. Die Auswirkungen dieses **rechtspolitisch umstrittenen** Reformgesetzes[2] auf § 153a beschränken sich allerdings auf die

---

1 Als kriegsbedingte Maßnahme enthielt § 8 Abs. 3 der 4. VereinfVO eine vergleichbare Regelung. Er räumte dem Staatsanwalt die Befugnis ein, das Verfahren gegen Auflagen einzustellen, wenn die Verfolgung zum Schutz des Volkes nicht erforderlich war.

2 Siehe bereits zum Referentenentwurf *Bittmann* ZRP **2011** 72; *Eisenberg* HRRS **2011** 64; Stellungnahme des Deutschen Anwaltvereins Nr. 10/2011 vom Februar 2011 zum Referentenentwurf eines Gesetzes zur Stärkung der Rechte von Opfern sexuellen Missbrauchs (StORMG); Stellungnahme des Deutschen

Anfügung eines Satzes 8 in Absatz 1. Die weitere redaktionelle Folgeänderung in § 153a Abs. 2 Satz 2 stellt lediglich sicher, dass der neue § 153a Abs. 1 Satz 8 auch für gerichtliche Verfahrenseinstellungen gilt. Diese gemäß Art. 8 Abs. 1 StORMG (BGBl. I S. 1807) am 1.9.2013 in Kraft getretenen Ergänzungen waren weder im vorausgegangenen Referentenentwurf noch im Gesetzentwurf der Bundesregierung (BTDrucks. **17** 6261) enthalten und wurden erst auf Vorschlag des Rechtsausschusses des Deutschen Bundestages (BTDrucks. **17** 12735 S. 7) aufgenommen. Danach soll der ebenfalls durch das StORMG neu angefügte § 246a Abs. 2 auch im Rahmen von § 153a entsprechend gelten.

Durch das Fünfte Gesetz zur Änderung des Straßenverkehrsgesetzes und anderer Gesetze vom 28.8.2013 (BGBl. I 3313) wurde im Rahmen einer redaktionellen Anpassung § 153a Abs. 1 Satz 2 Nr. 7 an das StVG angepasst, so dass nunmehr die Teilnahme an einem Fahreignungsseminar nach § 4a StVG als Auflage und Weisung in Betracht kommt.

Die vorerst letzte Änderung erfuhr die Vorschrift durch Art. 3 des **Gesetzes zur effektiveren und praxistauglicheren Ausgestaltung des Strafverfahrens** vom 17.8.2017 (BGBl. I S. 3202). Hier wurde die schwer eingängliche Formulierung der zeitlichen Grenze des Anwendungsbereiches prägnanter und sachlich einleuchtender neu gefasst. Durch die Neuformulierung, die sich in der Löschung der zeitlichen Restriktion erschöpft, wurde der Anwendungsbereich auch auf das Revisionsverfahren erweitert. De lege ferenda wurde eine Ausweitung des § 153a auf die Revisionsinstanz bereits zuvor als erstrebenswert benannt;[3] auch der 63. DJT (2000) hatte sich hierfür ausgesprochen.[4] Der Gesetzesentwurf der Bundesregierung zur strafrechtlichen Verankerung des Täter-Opfer-Ausgleichs von 1999[5] hatte eine solche Änderung vorgeschlagen, weil es für die von § 153 abweichende Regelung keinen zwingenden Grund gebe, ist damit aber im Gesetzgebungsverfahren gescheitert.[6] Nunmehr wurde diese begrüßenswerte Änderung umgesetzt.

Übersicht

Richterbundes Nr. 02/11 vom Januar 2011 zum Referentenentwurf eines Gesetzes zur Stärkung der Rechte von Opfern sexuellen Missbrauchs (StORMG); zum Gesetzentwurf der Bundesregierung *v. Galen* StV **2013** 173; Stellungnahme der Bundesrechtsanwaltskammer Nr. 35/2011 vom Juni 2011 zum Gesetzentwurf der Bundesregierung Gesetz zur Stärkung der Rechte von Opfern sexuellen Missbrauchs (StORMG).

3 So LR/*Beulke*[26] 121.

4 DRiZ **2000** 469; bezogen auf den Täter-Opfer-Ausgleich (Nr. 5) hält *Lilie* Verh. des 63. DJT (2000) Bd. I Teil D 118 allerdings schon den Anwendungsbereich bis zum Abschluss der Berufungsverhandlung für „bedenklich weit".

5 BTDrucks. **14** 1928 S. 4, 7 f.

6 BTDrucks. **14** 2258 S. 4, 10.

Alphabetische Übersicht

I. Bedeutung und Inhalt der Vorschrift

1. Rechts- und kriminalpolitische Bedeutung

1 **a) Allgemeines.** Die durch das EGStGB 1974[7] eingefügte Vorschrift ist von weit reichender kriminalpolitischer, aber auch dogmatischer Bedeutung. In ihr zeigt sich in Ansätzen ein inzwischen Realität gewordener neuartiger Verfahrenstyp.[8] Die Reichweite der Regelung geht weit über die der traditionellen Begrenzungen des Legalitätsprinzips hinaus, mögen auch vom Gesetzgeber die rechtspolitischen und dogmatischen Implikationen bei der Schaffung der Vorschrift nicht klar erkannt worden sein.[9] Diese kriminalpolitische Brisanz der nach wie vor umstrittenen (vgl. Rn. 13ff.) Vorschrift ist durch die häufige Anwendung in der Praxis (vgl. Rn. 32f.) noch gesteigert worden.[10]

2 Die entscheidende **kriminalpolitische Besonderheit** der Regelung liegt darin, dass sie nicht, wie die bisherigen Begrenzungen des Legalitätsprinzips, eine bloße Nichtverfolgungsermächtigung mit der Konsequenz enthält, dass die (möglicherweise) begangene Tat ohne Sanktionsfolgen bleibt. Die weitere Verfolgung mit dem Ziel der Verhängung einer strafrechtlichen Sanktion unterbleibt hier deshalb, weil den Tatverdächtigen durch die (freiwillige) Erfüllung der z.T. weitreichenden Auflagen und Weisungen ein vergleichbares Übel trifft, das die Verhängung einer Strafe oder Maßregel unter Schuld- und Präventionsgesichtspunkten entbehrlich macht.[11] Das Neuartige und Charakteristische des § 153a liegt wohl darin, dass die Begrenzung des Verfolgungszwangs und damit der Verzicht auf formelles Verfahren und richterliche Entscheidung mit sanktionsähnlichen Maßnahmen verknüpft wird. Rechtsvergleichend ist das allerdings keineswegs singulär.[12] Die Besonderheit, die diese Konzeption verfassungsrechtlich und rechtspolitisch erträglich erscheinen lässt, liegt in erster Linie in der (angenommenen) Freiwilligkeit der Erfüllung der Auflagen und Weisungen. Ferner ist auf die Notwendigkeit der **übereinstimmenden Beurteilung** der Sache durch Gericht und Staatsanwaltschaft zu verweisen, sofern es sich um besonders gravierende Vergehen oder um bestimmte Auflagen und Weisungen handelt. Geschaffen worden ist ein ganz neues konsensuales Verfahren,

---

7 Die Bestimmung war im Wesentlichen wortgleich im RegE des EGStGB (BTDrucks. **7** 550) und in dem des 1. StVRG (BTDrucks. **7** 551) enthalten, wobei sich in den beiden Entwurfsbegründungen (vgl. einerseits BTDrucks. **7** 550 S. 297ff., andererseits BTDrucks. **7** 551 S. 43ff.) gewisse Akzentunterschiede namentlich dahingehend zeigen, dass die Begründung zum 1. StVRG deutlicher den allgemeinen Charakter der Vorschrift betont und weniger starke Beziehungen zur reinen Bagatellkriminalität aufweist; vgl. auch BTDrucks. **7** 1261; zur Entstehungsgeschichte ausführlich *Trentmann* ZStW **128** (2016) 452–455; *Kausch* 45ff.; ferner *Ahrens* 13ff.; *Waller* DRiZ **1986** 47f.

8 So u.a. *Fezer* 1/40; *ders.* ZStW **106** (1994) 34; *Hanack* FS Gallas 347 (seit der Schaffung der StPO kein Gesetzentwurf von ähnlich grundsätzlicher Bedeutung für das Strafrecht); *Hünerfeld* ZStW **90** (1978) 917; *Naucke* (Gutachten) D 28; *Walther* 31; auch HK/*Gercke* 2; SK/*Weßlau*/*Deiters* 2.

9 Vgl. *Kausch* 45ff. (verschleiert).

10 Allerdings hatte die Praxis bereits teilweise vor dem Inkrafttreten der Vorschrift praeter (oder contra) legem die Einstellung nach § 153 gegen Bußzahlung praktiziert (vgl. jeweils m.w.N. *Ahrens* 11; *Dreher* FS Welzel 938; *Kausch* 31ff.; LR/*Meyer-Goßner*[23] 3).

11 Vgl. BFH NJW **1986** 2074; *Schulenburg* JuS **2004** 767; auch MüKo/*Peters* 2; HK/*Gercke* 2; Radtke/Hohmann/*Radtke* 1f.; zur Ähnlichkeit mit der bei §§ 154, 154a vorausgesetzten Situation siehe § 154, 2.

12 Vgl. zu den z.T. weit über die Möglichkeiten des § 153a hinausgehenden eigenen Sanktionskompetenzen der Strafverfolgungsbehörden in ausländischen Rechtsordnungen *Jescheck*/*Leibinger* (LV zu § 152) 689ff.

das auf **Kooperation** zwischen allen Verfahrensbeteiligten angelegt ist und damit Elemente der kriminalpolitischen Konzeption der „Diversion" (§ 152, 47) und des angloamerikanischen „plea-bargaining" verbindet.[13]

3 **b) Zweck der Vorschrift.** Nach den Vorstellungen des Gesetzgebers sollte die Bestimmung verschiedenen Zwecken dienen.[14] Im Vordergrund stand das Bestreben, eine Zunahme von Bestrafungen im Bagatellbereich zu verhindern, die durch den Wegfall des früheren § 153 Abs. 1[15] namentlich deshalb befürchtet wurde, weil einige Übertretungen in Vergehen umgewandelt wurden; daneben spielte die Absicht eine Rolle, durch eine Vereinfachung des Verfahrens bei der kleinen Kriminalität generell Arbeitskapazitäten für die zügigere Erledigung der mittleren und schweren Kriminalität freizusetzen und damit allgemein eine **Verfahrensbeschleunigung** zu erreichen.[16] Diesen vorwiegend **justizökonomischen Gedanken** gegenüber dürfte ursprünglich und von der gesetzgeberischen Absicht her der Gesichtspunkt der **Entkriminalisierung** zwar eine gewisse, aber keineswegs dominierende und namentlich nicht über den früheren Übertretungsbereich hinausgehende Rolle gespielt haben.[17] Er ist indessen durch die infolge der Vorschrift ausgelöste kriminalpolitische Diskussion im Schrifttum deutlich in den Vordergrund getreten, wenn sich auch mit den Vorschlägen zum Strafgeld, zumindest für gewisse Bereiche (Ladendiebstahl), inzwischen wieder gegenläufige Tendenzen bemerkbar machen (vgl. § 153, 7). In der justitiellen Praxis ebenso wie in den gesetzgeberischen Überlegungen, die zur Ausdehnung des Anwendungsbereichs der Vorschrift im RpflEntlG geführt haben,[18] dürfte aber der justizökonomische Aspekt vorherrschend sein.

4 Nach der bisherigen Diskussion wird man somit **verschiedene Zwecke** der Vorschrift anzuerkennen haben. Sie ist einmal ein Mittel der Entkriminalisierung und wahrt damit die „ultima-ratio-Aufgabe" des Strafrechts, indem sie dazu dient, in Grenzbereichen der Sanktionsbedürftigkeit den Makel des formellen Schuldspruchs und der Vorbestraftheit auch dort zu vermeiden, wo vorwiegend aus präventiven Gründen eine spürbare Einwirkung nicht zu entbehren ist.[19] Dadurch, dass dieser Zweck aber mit prozessualen Mitteln verfolgt, die erforderliche Einwirkung weitgehend in das Ermittlungsverfahren verlagert und auf die Durchführung des justizökonomisch gesehen aufwendigen Normalverfahrens verzichtet wird, erfüllt die Vorschrift zugleich Aufgaben der Justizentlastung. Auf diese Weise wird wiederum ermöglicht, dass für die Fälle schwererer Schuld und größeren Sanktionsbedürfnisses und für die Fälle fehlender „Koopera-

---

13 Vgl. dazu z.B. *Dielmann* GA **1981** 569 ff.; *Eisenberg/Kölbel* (Krim.) § 27, 75; *Kühne* 590; *Roxin/Arzt/Tiedemann* 117; *Saliger* GA **2005** 161, 166 (gemischt prozessual-materielles Verfahren); *Vogler* ZStW **94** (1982) 237; *Weigend* ZStW **113** (2001) 274 f.; Radtke/Hohmann/*Radtke* 3.

14 Vgl. BTDrucks. **7** 550 S. 298; BTDrucks. **7** 551 S. 43; BTDrucks. **7** 1261 S. 26 ff.

15 Vgl. die Entstehungsgeschichte zu § 153.

16 So insbesondere BTDrucks. **7** 551 S. 43; *Gleß* 701; *Jostes* 25; HK/*Gercke* 2; Meyer-Goßner/*Schmitt* 2; *Rose* 35; AnwK-StPO/*Walther* 1; *Brüning* ZIS **2015** 587; vgl. auch MüKo/*Peters* 2.

17 **A.A.** allerdings BGHSt **28** 70, der Beschleunigungs- und Vereinfachungseffekte als „untergeordnete Ziele" bezeichnet; ähnlich *Bär* DAR **1984** 130; wie hier *Wissgott* 361; ausführlich *Saliger* GA **2005** 155, 158 ff.; gegen das System prozessualer Entkriminalisierung *Naucke* FS Grünwald 409 ff.; dem Ziel der Justizökonomie die Legitimität absprechend *Brüning* ZIS **2015** 588.

18 Vgl. *Fezer* ZStW **106** (1994) 31; BTDrucks. **12** 1217 S. 34; siehe zum RpflEntlG auch *Meyer-Goßner* NJW **1993** 499; *Schlüchter* Weniger ist mehr (1992) 15 ff. Damit wurde eine Forderung des Bundesrates aufgegriffen, die dieser bereits in seiner Stellungnahme zum StVÄGE 1984 erhoben hatte, BTDrucks. **10** 1313 S. 49.

19 LR/*Rieß*[24] 4; *Rieß* ZRP **1983** 95; ähnlich *Hirsch* ZStW **92** (1980) 225 f.; *Kerl* ZRP **1986** 315; *Rosenstock* StV **2010** 655; wohl auch *Albrecht* (LV zu § 152) 155; *Gleß* 701 f.; Meyer-Goßner/*Schmitt* 2; Radtke/Hohmann/*Radtke* 1 f.; *Hünerfeld* ZStW **90** (1978) 917; *Schaffstein* FS Jescheck 938; vgl. auch BGHSt **28** 70; BayObLG NJW **1976** 2139.

tion" der Beteiligten das traditionelle und in diesem Bereich rechtsstaatlich unverzichtbare „Normalverfahren" funktionsfähig erhalten werden kann. Daneben und zusätzlich zu den bisher genannten Zwecken wird man hinter der Vorschrift nach den jüngsten Gesetzesänderungen zunehmend auch kriminalpolitische bzw. sozialpolitische Zwecke erkennen können,[20] wie z.B. die Verbesserung der Opferposition durch Stärkung des Täter-Opfer-Ausgleichs bzw. durch Ausbau „unbenannter" Auflagen und Weisungen, die gerade auf spezielle Opferinteressen zugeschnitten sein können, oder die Anhebung der Verkehrssicherheit durch Teilnahme an straßenverkehrsrechtlichen Aufbau- und Fahreignungsseminaren. In jüngster Zeit wird im Strafprozessrecht sowohl auf der Ebene des Gesetzgebers als auch der Praxis und der Rechtswissenschaft ein verstärkter Opferschutz angestrebt, bis hin zu der These, der Täter-Opfer-Ausgleich sei als eine neue Prozessmaxime einzustufen.[21] Immer mehr setzt sich also die Erkenntnis durch, dass der Staat den Strafanspruch opferfreundlich gestalten muss und dass dies auch vor den Einstellungsvorschriften nach §§ 153, 153a nicht halt machen kann. So wird zum Beispiel zur verstärkten Einbindung des Opfers in den Prozess der Einstellung eine Begründungspflicht für Staatsanwaltschaft und Gericht bei § 153a, zumindest für den Bereich der mittleren Kriminalität, gefordert.[22] De lege ferenda ist ein Beschwerderecht des Opfers gegen die Einstellung in der Diskussion, jedoch nicht uneingeschränkt zu befürworten.[23]

Neben diesen Zwecken erkannte die Ergänzung des § 153a durch das Gesetz zur **5**
Stärkung der Täterverantwortung aus dem Jahr 2012 die Überzeugung des Gesetzgebers, dass die resozialisierende und präventive Arbeit am und mit dem Täter ein wichtiges Element zur **Verbesserung der Gewaltprävention und des Opferschutzes** darstellt an[24] und fügte somit einen weiteren gesetzgeberischen Zweck hinzu. Die Änderung zielt konkret auf eine Verbesserung und Erweiterung der Möglichkeiten, Straftäter über staatsanwaltschaftliche oder gerichtliche Weisungen sozialen Trainingskursen zuzuweisen und ihnen damit die Fähigkeit zur Verantwortungsübernahme und zur Selbstkontrolle zu vermitteln.[25] Der Gesetzgeber hält mit Blick auf den Opferschutz die Durchführung eines sozialen Trainingskurses im Rahmen einer Weisung als oftmals vielversprechender als die im Einzelfall ggf. in Betracht kommende Auferlegung einer Geldbuße oder die Verurteilung zu einer Geldstrafe, weil der Täter nachhaltig gezwungen werde, sich mit seiner Tat auseinanderzusetzen und die Verantwortung hierfür zu über-

---

20 So bereits LR/*Rieß*[24] 112, wonach die Gesichtspunkte der Justizentlastung und der Bewältigung von Kleinkriminalität bei der (jetzt auch nach § 153a Abs. 1 Satz 2 und ehemals nur nach § 37 BtMG möglichen) „Therapie statt Strafe" vollständig hinter den kriminalpolitischen und sozialpolitischen Zweck zurücktreten; siehe auch *Britz/Jung* FS Meyer-Goßner 310; *Saliger* GA **2005** 155, 166 ff. Freilich wird befürchtet, dass die so geschaffenen Instrumente doch nur zur Justizentlastung eingesetzt werden, siehe HK/*Gercke* § 155a, 2 (für den Täter-Opfer-Ausgleich).

21 *Buhlmann* Die Berücksichtigung des Täter-Opfer-Ausgleichs als Verfahrensgrundsatz? (2004); zur jüngeren Opferschutzdiskussion siehe ferner statt aller *Dölling* FS Jung (2007) 77 ff.; *Goll* ZRP **1998** 14 ff.; *Heger* JA **2007** 244; *Hörnle* JZ **2006** 950; *Kilchling* NStZ **2002** 57; *Reemtsma* Das Recht des Opfers auf Bestrafung des Täters – als Problem (1999); *Rieß* FS Jung (2007) 751 ff.

22 *Saliger* GA **2005** 176; vgl. auch *Hassemer*, in Ostendorf (Hrsg.), Strafverfolgung und Strafverzicht (1992) 540; *Kunz* Das strafrechtliche Bagatellprinzip (1984) 323; *Kargl/Sinner* Jura **1998** 231 ff.

23 So aber LR/*Beulke*[26] 4; ebenso *Saliger* GA **2005** 155, 176; vgl. *Amelung* FS Eser 3 ff.; *Krauß* FS Lüderssen 269 ff.; *Neuhaus* StV **2004** 620; *Schork* Jura **2003** 304; *Schünemann* ZStW **114** (2002) 60; *Walther* 334 ff.; *dies.* StraFo **2005** 452; *Weigend* ZStW **113** (2001) 275; skeptisch insoweit wohl BVerfG NJW **2002** 815; zur materiell-rechtlichen Wiedergutmachungsdiskussion statt aller *Bosch* FS Otto 845 ff.; *Hirsch* ZStW **102** (1990) 534 ff.; *Stein* NStZ **2000** 393 ff.; *Weigend* FS Müller-Dietz 975 ff.

24 Vgl. dazu auch Nr. 2.6 des Aktionsplans II der Bundesregierung zur Bekämpfung von Gewalt gegen Frauen v. 28.9.2009 (BTDrucks. **16** 6585 S. 15 f.).

25 BTDrucks. **17** 1466 S. 1; BTDrucks. **17** 10164 S. 1.

nehmen.[26] Insofern erscheint es nur konsequent, dass durch Art. 2 des Gesetzes zur Stärkung der Täterverantwortung auch der Katalog der im Falle einer **Verwarnung mit Strafvorbehalt** möglichen Anweisungen in § 59a StGB um die Möglichkeit der Weisung, an einem sozialen Trainingskurs teilzunehmen, ergänzt worden ist.[27]

6 Bei der Ergänzung des § 153a durch das StORMG von 2013 handelt es sich demgegenüber um eine bloße Folgeänderung des ebenfalls durch dieses Gesetz neu geschaffenen § 246a Abs. 2. Indem § 153a Abs. 1 Satz 8 dessen entsprechende Anwendbarkeit ausdrücklich anordnet, wird sichergestellt, dass die in § 246a Abs. 2 enthaltene Soll-Regelung zur Begutachtung in der Hauptverhandlung auch für eine Therapieweisung im Rahmen einer Einstellungsentscheidung gilt, die vor Anklageerhebung bzw. vor Eröffnung des Hauptverfahrens oder außerhalb der Hauptverhandlung nach Maßgabe des § 153a Abs. 1 und 2 in Betracht kommt.[28] Insofern sind auch die Ergänzungen des § 153a von dem Leitgedanken getragen, durch **Begutachtung von Sexualstraftätern**, bei denen eine Therapieweisung in Betracht kommt, **Aufklärungsdefizite zu vermeiden** und die **Gefahr einer erneuten Straffälligkeit** solcher Täter bereits zu Beginn möglicher Deliktskarrierren durch die Erteilung entsprechender Weisungen **zu reduzieren**.[29]

2. Inhalt und dogmatische Bedeutung

7 **a) Allgemeiner Aufbau.** Die Vorschrift ist konstruktiv und in ihren Voraussetzungen an § 153 angelehnt,[30] gestattet die Nichtverfolgung aber im Gegensatz zu § 153 schon dann, wenn die Schwere der Schuld nicht entgegensteht und das an sich bestehende öffentliche Interesse an der Strafverfolgung durch die Erfüllung von Auflagen und Weisungen durch den Beschuldigten beseitigt werden kann. Die Anwendung der Vorschrift und damit die Befugnis zur Auferlegung von Auflagen und Weisungen steht (wie bei § 153) im Ermittlungsverfahren der Staatsanwaltschaft zu (§ 153a Abs. 1), im gerichtlichen Verfahren dem Gericht (§ 153a Abs. 2). Das bereits aus § 153 bekannte Prinzip der übereinstimmenden Beurteilung der Sache (§ 153, 2) gilt hier sogar in etwas verstärktem Maße. Erhebliche Unterschiede zu § 153 bestehen in der Intensität des für die Anwendung der Vorschrift vorausgesetzten Tatverdachts (Rn. 45f.) und vor allem in der Sperrwirkung der Erfüllung der Auflagen und Weisungen für die Verfahrensfortsetzung auch schon bei Einstellung des Verfahrens durch die Staatsanwaltschaft (Rn. 106ff.).

8 **b) Vorläufige und endgültige Einstellung.** Nach der gesetzlichen Konstruktion ist das Verfahren **zweistufig** aufgebaut. Nach der Herbeiführung der erforderlichen Einverständniserklärungen ist das Verfahren von der Staatsanwaltschaft oder dem Gericht zunächst vorläufig einzustellen und dem Beschuldigten zur Erfüllung der Auflagen und Weisungen eine Frist zu setzen. Es ist, wie sich aus § 467 Abs. 5 ergibt, endgültig einzustellen, wenn die Auflagen und Weisungen erfüllt werden, und es ist fortzusetzen, wenn dies nicht geschieht. Die Praxis hat sich mit Recht über die Umständlichkeit der vorläufigen Einstellung teilweise hinweggesetzt, indem sie dann, wenn nur eine kurze Erfüllungsfrist gesetzt wird, diese zugleich mit der Zustimmungsanfrage verbindet und auf die gesonderte förmliche vorläufige Einstellung verzichtet.[31]

---

26 BTDrucks. **17** 1466 S. 6.
27 S. insoweit den neuen § 59a Abs. 2 Satz 1 Nr. 5 StGB.
28 BTDrucks. **17** 12735 S. 21.
29 Vgl. BTDrucks. **17** 12735 S. 21.
30 Krit. dazu Meyer-Goßner/*Schmitt* 1a.
31 Vgl. *Kühne* 590f.; AK/*Schöch* 3.

Auf die **vorläufige Einstellung** kommt es in der Tat **nicht entscheidend** an; sie ist immer dann entbehrlich, wenn es wegen der Kürze der Erfüllungsfrist nicht erforderlich erscheint, das Nichtweiterbetreiben des Verfahrens ausdrücklich durch eine Einstellungsentscheidung zu dokumentieren.[32] Für die **dogmatische Einordnung** des § 153a ist vielmehr entscheidend, dass dem Beschuldigten mit seiner Zustimmung bestimmte befristete Auflagen und Weisungen auferlegt werden und dass durch deren freiwillige Erfüllung das in § 153a Abs. 1 Satz 5 beschriebene Verfahrenshindernis eintritt.[33] An die vorläufige Einstellung als solche knüpfen sich keine selbstständigen Rechtsfolgen; nicht sie, sondern bereits die Auferlegung der Auflagen und Weisungen begründet ein **bedingtes Verfahrenshindernis.** Es ist für die Wirksamkeit der im Rahmen des § 153a zu treffenden Maßnahmen und für die Folgen der korrekten Auflagenerfüllung ohne jede Bedeutung, ob das Verfahren für die Dauer des Schwebezustandes formal vorläufig eingestellt worden war oder nicht. **9**

c) Die **Rechtsnatur** des Verfahrens nach § 153a hängt von der rechtlichen Einordnung der Auflagen und Weisungen und ihrer Erfüllung ab, deren Erfassung mit den herkömmlichen dogmatischen Begriffen des materiellen Strafrechts und des Prozessrechts gewisse Schwierigkeiten aufwirft. Sicher erscheint zunächst, dass die Auflagen und Weisungen **keine Strafen** im Sinne des materiellen Strafrechts sind; es handelt sich auch nicht um Sanktionen strafähnlicher Art.[34] Andererseits lässt sich nicht bestreiten, dass die Erfüllung der Auflagen und Weisungen, namentlich bei der am weitaus häufigsten genutzten Geldzahlung nach § 153a Abs. 1 Satz 2 Nr. 2, vom Beschuldigten als ein Übel empfunden wird, das ihn wegen des Tatvorwurfs trifft, und dass es ihm von den Strafverfolgungsbehörden eben wegen dieser Wirkung auferlegt wird. Es kann deshalb nicht ernsthaft bestritten werden, dass den Auflagen und Weisungen mindestens auch die Funktion einer Sanktion zukommt; andernfalls ließe sich auch nicht erklären, wie ihre Erfüllung das öffentliche Interesse an der Strafverfolgung und damit an der Verhängung einer strafrechtlichen Sanktion beseitigen könnte.[35] **10**

Freilich handelt es sich hierbei, materiell-strafrechtlich gesehen, um eine **Sanktion besonderer Art**, der namentlich das mit der Strafe verbundene sozialethische Unwerturteil ebenso wenig zukommt wie der in ihr liegenden Schuldfeststellung. Dafür ist von Bedeutung, dass der Beschuldigte weder zur Übernahme noch zur Erfüllung der Auflagen und Weisungen gezwungen werden kann; die mit ihnen verbundene Sanktionswir- **11**

---

32 Der im Schrifttum verbreiteten Auffassung, dass das Verfahren *stets* zweistufig ablaufe – so z.B. Meyer-Goßner/*Schmitt* 3; *Volk* § 12, 26 – kann deshalb nicht zugestimmt werden; wohl auch Radtke/Hohmann/*Radtke* 8.

33 Vgl. die treffende Bezeichnung von *Schuth* 18 „erdienbares Verfahrenshindernis"; siehe auch *Naucke* (Gutachten) D 30.

34 BGHSt **28** 176 (im Sinne des § 115b BRAO); BTDrucks. **7** 1261 S. 28; *Horstmann* 220; *Jostes* 23; *Krey* Bd. II 222; *Saliger* GA **2005** 168; *Schulenburg* Jus **2004** 767; Rosenstock StV **2015** 657; auch der Bemerkung des RegE in BTDrucks. **7** 550 S. 298 kann entgegen dem Hinweis von *Dreher* FS Welzel 939 und der Kritik von *Dencker* JZ **1973** 149 f. nichts anderes entnommen werden. Kritisch hingegen *Duttge* FS Beulke 691–698, der dafür plädiert, „die Dinge beim Namen zu nennen" und einen sanktionierenden Strafcharakter der Auflagen und Weisungen anzuerkennen.

35 So auch *Duttge* FS Beulke 694; *Beulke*, in: Murmann, Recht ohne Regeln? Die Entformalisierung des Rechts (2011) 50 ff., 58. Der Sanktionscharakter der Auflagen und Weisungen wird im Schrifttum überwiegend anerkannt, vgl. z.B. *Bär* DAR **1984** 130; *Braun* 98, 104; *Dencker* JZ **1973** 149; *Fezer* ZStW **106** (1994) 32; *Gössel* FS Dünnebier 138; *Hirsch* ZStW **92** (1980) 224; *Jeutter* (LV zu § 152) 95; *Kausch* 50 ff.; *Keller/Schmidt* wistra **1984** 204; *Keunecke/Schinkel* MSchrKrim. **1984** 158; *Kunz* (Bagatellprinzip) 60 f.; *Montenbruck/Kuhlmey/Enderlein* JuS **1987** 967; *Naucke* (Gutachten) D 30; *Sieg* MDR **1981** 200; *Wagner* ZStW **109** (1997) 559; *Weigend* KrimJ **1984** 13 ff.; *ders.* ZStW **109** (1997) 106; *Wissgott* 382; *Wolter* GA **1985** 65; **a.A.** u.a. *Dreher* FS Welzel 939; zurückhaltend *Hünerfeld* ZStW **90** (1978) 920.

kung beruht auf Freiwilligkeit, bei der es nicht darauf ankommt, ob sie auf verfahrenstaktischen Überlegungen oder auf Unrechtseinsicht zurückzuführen ist,[36] und bei der auch nicht danach gefragt wird, ob der Beschuldigte mit der Erfüllung der Bestrafung oder trotz eines von ihm erwarteten Freispruchs den Unannehmlichkeiten des weiteren Verfahrens entgehen will.[37] Weil die Schuldfrage offen bleibt (Rn. 45 f.), verstößt das Verfahren auch nicht gegen die Unschuldsvermutung des Art. 6 Abs. 2 EMRK;[38] diese gilt auch nach der Erfüllung der Auflagen und Weisungen weiter.[39] Aus dieser Schuldneutralität der Auflagenerfüllung folgt aber auch, dass sich ihre Eignung, die Strafsanktion zu ersetzen, in erster Linie auf die präventiven Strafzwecke bezieht.

12 Die verbreitete Bezeichnung des Verfahrens nach § 153a als eines **freiwilligen Unterwerfungsverfahrens**[40] kennzeichnet den Rechtscharakter wohl zutreffend, soweit auf die Freiwilligkeit abgestellt wird. Sie erweckt aber durch den Begriff der „Unterwerfung" allzu sehr den Eindruck einer von der Vorschrift nicht vorausgesetzten Unrechtseinsicht und verdunkelt auch den Sachverhalt, dass die Initiative zu diesem Verfahren nicht stets von den Strafverfolgungsbehörden ausgeht, denen sich der Beschuldigte nur zu unterwerfen hat, sondern dass sie durchaus vom Beschuldigten selbst ausgehen kann.[41] Es erscheint deshalb sachgerechter, in dem Verfahren nach § 153a einen Verfahrenstyp mit **kooperativer Verfahrensbeendigung** zu sehen, in dem gewisse vertragsähnliche Elemente erkennbar werden. Dass der Anwendung der Vorschrift Gespräche und Verhandlungen auch über die Modalitäten der Auflagen vorangehen, sollte deshalb nicht von vornherein mit den negativen Bezeichnungen des „Freikaufs", des „Feilschens", des „Handels" oder des „Tuschelns" abgewertet werden.[42] Geradezu absurd anmutende Geldauflagen in prominenten Verfahren der jüngeren Zeit erweisen sich in der öffentlichen Wahrnehmung hier nicht als begrüßenswert.[43]

3. Kritik und Reformvorschläge

13 **a) Kritik.** Die Vorschrift ist bereits vor ihrer Verabschiedung durch den Gesetzgeber von einem Teil der Lehre scharf kritisiert worden;[44] auch seither ist im rechtswissenschaftlichen Schrifttum, wenn auch mit unterschiedlicher Intensität, die Kritik nie ganz

---

36 Insoweit bedenklich BGHSt **28** 70, der auf „Unrechtseinsicht" abstellt.

37 Ebenso *Hilger* NStZ **1982** 313; *Mehle* NStZ **1982** 310; *Wissgott* 389.

38 Kritisch aber statt vieler *Salditt* FS E. Müller II 614 ff.; *Rosenstock* StV **2015** 657 f.

39 BVerfG MDR **1991** 891; OLG Frankfurt a.M. NJW **1996** 3354.

40 So z.B. BGHSt **28** 70; *Albrecht* (LV zu § 152) 155 f.; *Arzt* JuS **1974** 694; SK/*Weßlau*/*Deiters* 2; HK/*Gercke* 2; *Lesch* 2/50; Meyer-Goßner/*Schmitt* 12; *Montenbruck*/*Kuhlmey*/*Enderlein* JuS **1987** 970; *Wissgott* 387; krit. Radtke/Hohmann/*Radtke* 4.

41 Vgl. dazu die Hinweise bei *Dahs* (Hdb.) 326; *Schlothauer* Vorbereitung der Hauptverhandlung² (1998) 140; *ders.* StV **1982** 449; *Weihrauch* Verteidigung im Ermittlungsverfahren (1997) 122, 188 ff.; ferner *Himmelreich*/*Bücken* Verkehrsunfallflucht 71, 285 ff.; *Kaiser*/*Meinberg* NStZ **1984** 344 (offensive Verteidigungsstrategie befördert die Anwendungshäufigkeit des § 153a); *Schmidt-Hieber* NJW **1982** 1017; auch *Schlothauer* MAH Strafverteidigung § 3 Rn. 137 ff.

42 *Meyer-Goßner* StraFo **2001** 74; *Schünemann* NJW **1989** 1896; *Sinner* (LV zu § 152) 144 („Vertragsorientierung"); vgl. zu den im Text genannten negativ besetzten Schlagworten *Baumann* FS Peters 3; *Dencker* JZ **1973** 149; *Müller* ZRP **1975** 55 (Millionärsschutzparagraph); *Schmidhäuser* JZ **1973** 535; vgl. auch *Schmidt-Hieber* NJW **1982** 1019.

43 So betrugen die im sog. Mannesmann-Verfahren den Beschuldigten auferlegten Geldauflagen insgesamt 5,8 Millionen Euro; dem Milliardär *Bernie Ecclestone* wurden gar 110 Millionen Dollar (ca. 74 Millionen Euro) zur Zahlung auferlegt. Die Verfahren erfuhren ein breites Medienecho.

44 *Baumann* ZRP **1972** 273 und FS Peters 3; *Dencker* JZ **1973** 144; *Hanack* FS Gallas 339; *Schmidhäuser* JZ **1973** 529; zu diesen Einwänden ausführlich der schriftliche Bericht des Sonderaussch. für die Strafrechtsreform, BTDrucks. **7** 1261 S. 27 f.; vgl. auch die Nachw. bei *Marquardt* (LV zu § 152) 151.

verstummt.[45] Jedoch nahm, nachdem die Regelung anfänglich nur wenige Befürworter gefunden hatte,[46] auch in der Lehre die Zahl derer zu, die ihr zustimmen oder sich doch jedenfalls mit ihr abfinden.[47] Dieser Befund ist aufgrund neuerer Entwicklungen, bspw. die mehr oder weniger gelungene Kodifizierung der Verfahrensabsprachen oder die Verbesserung der Rechtstellung des Opfers, nunmehr fraglich. Von Justizpraktikern stammende literarische Äußerungen beurteilen die Vorschrift deutlich positiver.[48] Vom Gesetzgeber wird die Vorschrift als erfolgreiche Maßnahme zur Justizentlastung angesehen.[49]

Die **Stoßrichtung der Kritik** ist teilweise kriminalpolitischer, teilweise auch verfassungsrechtlicher und dogmatischer Art.[50] Im Einzelnen wird geltend gemacht, die Vorschrift führe, da sie den Staatsanwalt als Sanktionsinstanz anerkenne, zu einem Rückfall in den Inquisitionsprozess,[51] sie verstoße, weil sie den Beschuldigten in einer Drucksituation der Entscheidung über die Zustimmung aussetze,[52] gegen den Grundgedanken des § 136a[53] bzw. den Grundsatz des fairen Verfahrens[54] und wegen der Anknüpfung der Auflagen und Weisungen an einen bloßen Verdacht gegen die Unschuldsvermutung (Art. 6 Abs. 2 EMRK)[55] und wegen der Geheimhaltung der Höhe der Zahlungen gegen den Öffentlichkeitsgrundsatz;[56] ferner sei sie wegen eines Verstoßes 14

45 Vgl. die Zusammenfassungen bei *Ahrens* 18ff.; *Fezer* ZStW **106** (1994) 25 f.; *Hertwig* 3 ff.; *Hirsch* ZStW **92** (1980) 221 Fn. 14; *Naucke* (Gutachten) D 77 ff.; ferner *Engels/Frister* ZRP **1981** 112; *Geisler* ZStW **93** (1981) 1144; *Kunz* (Bagatellprinzip) 320 ff. (auch bei Modifizierung); *Marquardt* (LV zu § 152) 154; *Paschmanns* 5 f.; *Schünemann* NJW **1978** 529; aus jüngerer Zeit *Trentmann* ZStW **128** (2016) 446 ff; *Salditt* FS E. Müller II 611 ff.; *Beulke* FS v. Heintschel-Heinegg 33 ff.; die Abschaffung fordert *Deiters* GA **2015** 371 ff.

46 So namentlich *Dreher* FS Welzel 917; *Eckl* JR **1975** 99; *Geerds* DRiZ **1976** 225 und FS Dreher 550 f.; *Peters* Der neue Strafprozeß (1975) 100.

47 *Beulke* FS v. Heintschel-Heinegg 41; *Albrecht* (LV zu § 152) 153 ff.; *Gössel* FS Dünnebier 138 f.; *Herrmann* ZStW **96** (1984) 470; *Hobe* FS Leferenz 629 ff.; *Hünerfeld* ZStW **90** (1978) 917 ff.; *Jescheck* (Diskussionsbericht) ZStW **94** (1982) 237; *Kaiser* ZStW **90** (1978) 902; *Kramer* 273; *Meinberg* 246 ff.; *J. Meyer* ZStW **93** (1981) 1280; *Rieß* ZRP **1983** 93; *Schaffstein* in: Schöch (Hrsg.) 17; *ders.* FS Jescheck 940 ff.; *Schöch* ZStW **92** (1980) 180 ff.; *G. Schmidt* ZStW **93** (1981) 1275; *Zipf* 120, 146; zurückhaltender *Weigend* KrimJ **1984** 8 ff.; *Wolter* GA **1985** 65, 74.

48 So etwa *Bär* DAR **1984** 130; *Bockemühl* B1, 127; *Dahs* (Hdb.) 326; *Franzheim* ZRP **1972** 160; *Keller/Schmid* wistra **1984** 204 f.; *Keunecke/Schinkel* MSchrKrim. **1984** 169; *Mehle* NStZ **1982** 310; *Meyer* FS Schlüchter 66; *Müller-Guggenberger* ZStW **94** (1982) 237; *Schellenberg* Die Hauptverhandlung im Strafverfahren (1996) 83; *Schlothauer* StV **1982** 449; *Weiland* Einführung in die Praxis des Strafverfahrens (1996) 83; *ders.* JuS **1983** 124; siehe auch *Gillmeister* in: Brüssow/Gatzweiler/Krekeler/Mehle[2] § 7, 50 ff.; **a.A.** in dem von Justizpraktikern stammenden Schrifttum z.B. *Hohendorf* NJW **1987** 1178 f.; *Kohlhaas* DAR **1975** 14; *Kempf* AnwBl. **2000** 602 f. (für den DAV); *Kerl* ZRP **1986** 317; *Müller* ZRP **1975** 55 f.

49 Vgl. BTDrucks. **12** 1217 S. 34; siehe auch schon die Begründung zum Antrag des Bundesrates im StVÄGE 1984 S. 49 sowie die Stellungnahme der Bundesregierung hierzu, S. 59.

50 Zusammenfassung der Haupteinwände z.B. bei *Baumann* FS Klug 463; *Fezer* ZStW **106** (1994) 25 f.; *Hirsch* ZStW **92** (1980) 226 ff.; *Trentmann* ZStW **128** (2016) 65 ff.; *Kunz* (Bagatellprinzip) 57 ff.; *Meinberg* 5 f.; *Rüping* 348; SK/*Weßlau/Deiters* 5 ff.

51 *Rudolphi* ZRP **1976** 168; *Hirsch* ZStW **92** (1980) 230; dagegen *Bartelt* ZRP **1977** 24; *Radtke* 247 f.; s. aber auch Radtke/Hohmann/*Radtke* 6; vgl. auch *Schaffstein* FS Jescheck 949.

52 Plakativ *Dahs* NJW **1996** 1193 auch in Bezug auf die dogmatischen Zweifel: „Wem das Wasser bis zum Halse steht, der besteigt jede Leiter, auch wenn sie nicht exakt den Unfallverhütungsvorschriften entspricht."

53 So vor allem *Dencker* JZ **1973** 149; *Kargl/Sinner* Jura **1998** 235; ähnlich *Perron* FS Hanack 480; de lege ferenda plädiert *Erb* (LV zu § 152) 247 für eine nachträgliche Überprüfungsmöglichkeit ohne Verurteilungsrisiko.

54 *Rzepka* (LV zu § 153) 394 f., 432; siehe auch § 153, 5.

55 *Salditt* FS E. Müller II 614 ff.; *Hirsch* ZStW **92** (1980) 233; *Horstmann* 244; siehe auch *Stuckenberg* Untersuchungen zur Unschuldsvermutung (1998) 566 f. (gegen ihn *Schulz* GA **2001** 241); *Weigend* KrimJ **1984** 27; *ders.* ZStW **109** (1997) 109; *ders.* ZStW **111** (1999) 924; *Rosenstock* StV **2015** 658 f.

56 *Kargl/Sinner* Jura **1998** 231.

gegen Art. 92 und Art. 103 Abs. 2 GG verfassungswidrig.[57] Letztlich wird insbesondere in Bezug auf geständige Einlassungen des Beschuldigten von scheinbar widersprüchlichem Verhalten gesprochen, das in Summe zu einer Verfahrensgestaltung führe, die das Rechtsbewusstsein nachhaltig beeinträchtigt und somit den Zweck des Strafverfahrens nachhaltig erschüttere.[58] Auch wird an der Vorschrift bemängelt, dass sie die Stellung des Verletzten schwächt, weil dieser vor der Einstellung weder gehört werden muss noch die Möglichkeit des Klageerzwingungsverfahrens (Rn. 134f.) hat,[59] was insbesondere mit Blick auf den vom BVerfG jüngst hervorgehobenen grundrechtlichen Anspruch auf effektive Strafverfolgung Dritter[60] problematisch sei.[61] Zumindest trage die Handhabung der „Diversion" den verfassungsrechtlichen Prinzipien, die den Schutz des Betroffenen bezweckten, wie z.B. der Unschuldsvermutung, „weniger Rechnung".[62] Des Weiteren wird befürchtet, dass der handlungsmächtige und vermögende Beschuldigte sich von der Strafsanktion freikaufen könne.[63] Eine Stoßrichtung der Kritik, die nicht nur in der breiten Bevölkerung angesichts Rekordeinstellungssummen von bis zu 100 Millionen Dollar (ca. 74 Million Euro) in der Bezeichnug als „moderner Ablasshandel"[64] mündet. Zudem wird bemängelt, dass der Ungleichbehandlung Tür und Tor geöffnet seien. Umgekehrt bestehe gegenüber denjenigen, für die eine Einstellung ausscheide, die Gefahr einer vergleichsweise schärferen Sanktionierung bzw. einer zunehmenden Marginalisierung.[65] Mehr die Detailregelungen angreifend, wird eingewandt, dass die Anwendungsvoraussetzungen zu unbestimmt und die Einstellungshandhabungen zu wenig transparent seien.[66] Kritisiert wird auch die trotz vieler zwischenzeitlich eingeführter Richtlinien[67] weiterhin zu beobachtende unterschiedliche lokale Diversionspraxis.[68] Die Neufassung durch das RpflEntlG hat die schon bisher vorgetragenen Bedenken noch verstärkt.[69] Durch den Wegfall des Merkmals der „gerin-

---

57 So insbesondere *Kausch* 39 f.; dazu krit. *Kunz* (Bagatellprinzip) 70 ff.; *Weigend* KrimJ **1984** 13 ff.; sehr krit. ferner *Albrecht* Kriminologie (1999) § 18 I 3; vgl. auch *Kuhlen* Diversion im Jugendstrafverfahren (1988) 44ff.; *Hirsch* ZStW **92** (1980) 231; *Horstmann* 232.

58 *Deiters* GA **2015** 373 mit Bezug zur causa *Edathy*; hierzu auch *Fahl* JR **2016** 241; *Trentmann* ZStW **128** (2016) 446; *Gaede* FAZ vom 13.8.2014, S. 16.

59 *Rieß* Verh. des 55. DJT (1984), Bd. I C 79; *Schöch* Verh. des 59. DJT (1992) Bd. I C 34; *ders.* ZStW **92** (1980) 180 Fn. 204; *Jung* JR **1984** 310; *Hirsch* ZStW **102** (1990) 560; *Siegismund/Wickern* wistra **1993** 85; *Werner* 38ff.; siehe auch *Dencker* JZ **1973** 149 f., der deshalb von der Verfassungswidrigkeit der Regelung ausgeht; zu Überlegungen hinsichtlich eines Widerspruchsrechts des Verletzten *Schlüchter* (Fn. 19) 22 ff.; für eine Anhörung des Verletzten *Walther* 363 (beide mit eigenem Gesetzesvorschlag); *Sturm* GA **2017** 405: einschränkende Auslegung des § 172 Abs. 2 Satz 3.

60 BVerfG NStZ-RR **2015** 117.

61 *Sturm* GA **2017** 402.

62 Vgl. auch *Eisenberg/Kölbel* (Krim.) § 43, 9.

63 So z.B. *Baumann* ZRP **1972** 535; *Hanack* FS Gallas 357 f.; *Hellmann* 567; *Horstmann* 202 f.; *Rudolphi* ZRP **1976** 168; *Schmidhäuser* JZ **1973** 535; aber auch aus der Sicht der Praxis *Müller* ZRP **1975** 49.

64 So z.B. *Brüning* ZIS **2012** 586; die Auflagenhöhe wurde im sog. *Ecclestone*-Verfahren ausgesprochen, hierzu *Gössel* FS Beulke 745; *Kudlich* ZRP **2015** 10.

65 *Eisenberg/Kölbel* (Krim.) § 43, 9.

66 *Hanack* FS Gallas 347 f.; *Hirsch* ZStW **92** (1980) 229; *Schöch* ZStW **92** (1980) 191; *Streng* Strafrechtliche Sanktionen (1991) 35; *Wolter* GA **1985** 65; *Trentmann* ZStW **128** (2016) 475 ff.

67 Vgl. nur die Richtlinie des Ministerium für Finanzen des Landes Baden-Württemberg, des Bayrischen Staatsministeriums für Finanzen, für Landesentwicklung und Heimat, der Senatsverwaltung für Finanzen Berlin, des Ministeriums der Finanzen des Landes Brandenburg und weiterer, Nr. 83 AStBV 2017 vom 1.12.2016, abrufbar unter juris; zu den weiteren Fundstellen siehe u.a. *Ostendorf* Grdl. zu §§ 45 u. 47, 8; *Heinz* DVJJ-Journal **1999** 131 sowie § 153 Fn. 10, 146 ff.

68 *Ostendorf* Grdl. zu §§ 45 u. 47, 8; siehe auch *Hertwig* 43 ff.; *Kerl* ZRP **1986** 315; *Rieß* ZRP **1983** 97 f.; **1985** 214 f.

69 *Fezer* 1/41; *ders.* ZStW **106** (1994) 32; *Loos* FS Remmers 567 f.; *Radtke* 200, 248; *Ranft* 1162; *Schlüchter* (Fn. 19) 19 ff.; *Schoreit* DRiZ **1991** 404; *Schroeder* 99; *Waller* DRiZ **1986** 50 ff.; *Weigend* ZStW **109** (1997) 107;

gen Schuld" (§ 153, 25) seien die Anwendungsvoraussetzungen noch kontroverser und die Gefahr, dass vermögende Beschuldigte sich durch Freikauf Straffreiheit verschaffen könnten, noch größer geworden.[70] Im Mittelpunkt dieser Grundsatzkritik steht die staatsanwaltschaftliche Einstellung nach § 153a Abs. 1, weniger Einwänden ist die gerichtliche Verfahrensbeendigung nach § 153a Abs. 2 ausgesetzt.[71] Neuere Einwände beziehen die genannten Kritikpunkte ein und verweisen auf die Regelungen zu verfahrensfördernden Absprachen. Zwar stelle sich § 153a nicht als aliud zum sog. Deal dar, im Hinblick auf die Transparenzpflichten des Deals erscheine die etablierte Verfahrensweise nach § 153a nunmehr jedoch fragwürdig, zumindest aber reformbedürftig.[72]

b) Reformvorschläge. Auch die Kritiker anerkennen ganz überwiegend die Not- 15
wendigkeit, für den Bereich der kleineren Kriminalität Alternativen zur herkömmlichen strafrechtlichen Sanktionierung und insoweit alternative Verfahrensgänge vorzusehen (vgl. auch § 152, 57). Hierzu wird, in im Einzelnen sehr unterschiedlicher Form, teilweise vorgeschlagen, das Problem in erster Linie auf materiell-strafrechtlichem Wege zu lösen, indem für „Bagatelldelinquenz" Sanktionen nichtstrafrechtlicher Art vorgesehen werden, die entweder sofort durch die Polizei (sog. Strafgeld) oder in einem vereinfachten gerichtlichen Verfahren verhängt werden sollen[73] und nach deren Schaffung § 153a entfallen oder grundlegend reformiert werden soll. Auch wird über die Ausweitung der materiell-rechtlichen Verwarnung nach § 59 StGB nachgedacht.[74] Flankierend wird eine Ausklammerung alterstypischer Verhaltensweisen aus den jeweiligen Straftatbeständen für möglich erachtet.[75] Mehr **systemimmanente Änderungsvorschläge** zielen darauf ab, die Regelung aus dem Zusammenhang der §§ 153 ff. herauszulösen[76] und die Verhängung von Auflagen und Weisungen in einer Art gerichtlichem Vorschaltverfahren auf Antrag der Staatsanwaltschaft dem Gericht zu übertragen;[77] sie wollen durch besondere Sanktionierungsdezernate bei der Staatsanwaltschaft der Verbindung von ermittelnder und sanktionierender Tätigkeit entgegenwirken und den Anwendungsbereich der Vorschrift präziser fassen[78] oder durch eine Begründungspflicht und inhaltliche Kontrolle durch einen klageerzwingungsähnlichen Rechtsbehelf oder die Erweiterung des Klageerzwingungsverfahrens eine bessere Einhaltung der normativen Begrenzungen ge-

---

vgl. auch *Werle* JZ **1991** 795 sowie die Stellungnahme des DRB DRiZ **1991** 296; *Bandisch* AnwBl. **1991** 313 (für den Strafrechtsausschuss des DAV); HK/*Gercke* 3.

70 *Fezer* ZStW **106** (1994) 32; *Waller* DRiZ **1986** 53.

71 *Ahrens* 23 f.; *Hohendorf* NJW **1987** 1177. Zu den davon abweichenden Ergebnissen der empirischen Untersuchungen siehe Rn. 32. Auf ihrer Grundlage spricht sich *Weigend* KrimJ **1984** 12 für eine Streichung des § 153a Abs. 2 aus; zu diesem krit. auch *Wolter* GA **1985** 76.

72 Vgl. *Kudlich* ZRP **2015** 10; *Sauer* Konsensuale Verfahrensweisen im Wirtschafts- und Steuerstrafrecht (2008) Rn. 1; auch BGH NStZ **2016** 743; *Sandherr* DRiZ **2016** 126.

73 Vgl. m.w.N. *Ahrens* 229 ff.; *Fezer* ZStW **106** (1994) 43 ff.; *Hertwig* 256 ff.; *Hirsch* ZStW **92** (1980) 236 ff.; *Kunz* (Bagatellprinzip) 336ff. sowie den AE für ein Strafverfahren mit nichtöffentlicher Hauptverhandlung (1980); dazu u.a. *Baumann* NJW **1982** 1559; *Beulke* JR **1982** 313; *Engels/Frister* ZRP **1981** 111; *Fezer* ZStW **106** (1994) 53 f.; *Hilger* NStZ **1982** 312; *Mehle* NStZ **1982** 309; *Schüler-Springorum* NStZ **1982** 305 sowie die Beratungen des 54. DJT (1982), Gutachten *Zipf* S. C 72 ff.; Referat *Dahs* K 14 ff.; Beschlussfassung K 163; siehe auch *Zipf* 123.

74 So z.B. *Deiters* GA **2015** 378 ff.

75 Dazu *Ostendorf* Grdl. zu §§ 1–2, 9; *Albrecht* (Fn. 58) §§ 31, 32 m.w.N.

76 Vgl. *Rieß* FS Koch 222, der für die Schaffung eines neuen § 170a plädiert; skeptisch *Lorenzen* FS StA SchlH 550 Fn. 78; *Deiters* GA **2015** 381 f.

77 *Meyer-Goßner* ZRP **1982** 242.

78 *Weigend* KrimJ **1984** 31 ff.; *Wolter* GA **1985** 74; vgl. auch *Albrecht* (LV zu § 152) 157; *Fezer* ZStW **106** (1993) 58.

währleisten.[79] Auch hier wird neben der Begrenzung durch eher formale Kriterien wie Beschränkung auf Ersttäter und Eingrenzung durch die maximale Höhe der Straferwartung[80] auch deren nachhaltige inhaltliche Veränderung dahingehend gefordert, dass zum Merkmal der nicht entgegenstehenden Schuld auch (kumulativ) das des geringen Unrechts hinzukommen müsse. Der ebenfalls recht konturlose Begriff des öffentlichen Interesses soll durch die drei Ausschlusskriterien der Erforderlichkeit der Einwirkung auf den Beschuldigten, der Wiederherstellung des Rechtsfriedens sowie der Erhaltung der Rechtstreue der Allgemeinheit ersetzt werden.[81] Auch eine verstärkte Berücksichtigung der Opferinteressen wird angemahnt[82] (siehe Rn. 4f.).

16 **c) Eigene Auffassung.** Die meisten der oben (Rn. 13f.) genannten Einwände sind übertrieben oder schlagen jedenfalls im Ergebnis nicht durch.[83] Verfassungsrechtliche Einwände bestehen nicht.[84] Die Unschuldsvermutung wird angesichts der Freiwilligkeit der Auflagenerfüllung nicht tangiert;[85] diese Freiwilligkeit wiederum lässt sich ernsthaft nicht unter Hinweis auf § 136a bezweifeln. Der Beschuldigte, der einer Einstellung nach § 153a zustimmt, befindet sich zwar unbestreitbar in einer „Drucksituation". Durch eine mögliche und von seiner Zustimmung abhängige Verfahrenseinstellung gem. § 153a erhält er jedoch eine weitere Handlungsoption. Auch ist der auf einem solchen Beschuldigten lastende Druck nicht geringer als bei einem solchen Beschuldigten, der sich entscheiden muss, ob er einen Einspruch gegen einen Strafbefehl oder ein Rechtsmittel gegen ein ihn verurteilendes Erkenntnis einlegen soll,[86] ganz abgesehen davon, dass sich die Staatsanwaltschaft dann, wenn Verhandlungsunfähigkeit, Beweisverlust oder absolute Verjährung in Sicht kommen, vor dem Hintergrund des Personalmangels in der Strafjustiz gelegentlich einer nicht weniger beklemmenden „Zwangslage" ausgesetzt sehen kann.[87] Die bisher vorgestellten Alternativmodelle erscheinen im Übrigen wenig geeignet, besser als § 153a den verschiedenen Zielen der Regelung zu entsprechen: teilweise sind sie nicht in der Lage, die mit ihr auch intendierte Justizentlastung zu bewirken; teilweise verfehlen sie die Entkriminalisierungsfunktion, wenn sie nicht gar auf einen nicht unbedenklichen „Geständnisdruck" hinauslaufen.[88] Wo-

---

79 So *Herrmann* 310; *Meinberg* 247f.; vgl. auch *Sturm* GA **2017** 404ff.

80 So das „Eckpunktepapier" zur Reform des Strafverfahrens des Arbeitskreises der Strafrechtslehrer; dazu *Freund* GA **2002** 82.

81 So der AE-EV der sog. Alternativprofessoren; siehe auch *Heghmanns* JA **2002** 985.

82 Statt aller *Saliger* GA **2005** 155, 176.

83 So auch schon LR/*Rieß*[24] 14f.; *ders.* NStZ **1981** 5ff.; *ders.* ZRP **1983** 99; *ders.* FS Schäfer 199; *ders.* ZStW **95** (1983) 548f.; *Beulke* FS v. Heintschel-Heinegg 41.

84 Vgl. BVerfGE **50** 205, 214; **65** 377, 381; **92** 277, 362, wo zumindest inzident § 153a verfassungsrechtlich nicht beanstandet wird; vgl. auch BVerfG NJW **2002** 815; ausführlich *Kunz* (Bagatellprinzip) 70ff.; ferner z.B. *Gössel* FS Dünnebier 138; *Krey* Bd. II 221; *Weigend* KrimJ **1984** 13ff. Dies gilt auch in Bezug auf BVerfG Kammerbeschluss v. 26.6.2014 – 2 BvR 2699/10, die Entscheidung statuiert nicht die Verfassungswidrigkeit des § 153a sondern führt ggf. zu einem erweiterten Rechtsweg; *Sturm* GA **2017** 402.

85 Vgl. auch EGMR EuGRZ **1980** 667ff. mit Anm. *Espenhain* EuGRZ **1981** 15 und Bespr. *Trechsel* JR **1981** 135 (Fall Deweer), wo entscheidend auf das Fehlen von Zwang abgestellt wird; ebenso *Haberstroh* NStZ **1984** 294; *Kühl* (Unschuldsvermutung) 116ff.; *Kunz* (Bagatellprinzip) 71ff.

86 Ebenso z.B. *Albrecht* (LV zu § 152) 156f.; *Gössel* FS Dünnebier 138; *Herrmann* ZStW **96** (1984) 471; LR/*Rieß*[24] 14; siehe auch *Montenbruck/Kuhlmey/Enderlein* JuS **1987** 970 sowie *Krey* Bd. II 221, der darauf hinweist, dass das Problem in der Rechtswirklichkeit eher in einer selbstschädigenden Zustimmungsverweigerung liegt; krit. *Salditt* FS E. Müller II 618.

87 *Waller* DRiZ **1986** 49; *Beulke* FS v. Heintschel-Heinegg 39.

88 So z.B. die Geständnisvoraussetzung für die Anwendung des besonderen Verfahrens nach dem AE Nichtöffentliche Hauptverhandlung (vgl. oben Fn. 82; *Hilger* NStZ **1982** 313).

bei durchaus zuzugeben ist, dass ein solcher auch im Rahmen des § 153a bestehen kann.[89]

Der § 153a hat sich **in der Praxis bewährt**, ist aus ihr heute nicht mehr hinwegzudenken[90] und steht beim Gesetzgeber derzeit auch nicht zur Disposition. Die Einstellungsmöglichkeit nach § 153a ist inzwischen zu einem festen Bestandteil eines verstärkt konsensual ausgerichteten Strafverfahrens avanciert. Sie ist für das Ermittlungsverfahren das Pendant zur gesetzlichen Regelung einer Verfahrensabsprache im Hauptverfahren. Damit ist sozusagen neben dem herkömmlichen kontradiktorischen Verfahren eine „zweite Spur" entstanden. Die Aufnahme neuer Beispiele für Auflagen und Weisungen (z.B. Teilnahme an einem Aufbauseminar nach StVG) zeigt, dass die Vorschrift sinnvoll eingesetzt werden kann und keinesfalls nur den „Freikauf" durch Geldzahlung – angeblich inzwischen fast nur noch zugunsten der Staatskasse – befördert. Vor allem die Umgestaltung der vormals abschließenden Aufzählung zu bloßen Beispielen (s. dazu oben zur Entstehungsgeschichte) ist ausdrücklich zu begrüßen und sollte der Praxis Anlass dafür sein, kreativer als bisher mit diesem Instrument umzugehen, was freilich nur gelingen kann, wenn nicht nur auf den Entlastungseffekt der Vorschrift geschaut wird. Anleihen aus der Praxis des Jugendstrafrechts, wo im Rahmen der §§ 10, 15 JGG eine zum Teil beeindruckende Kreativität[91] der Jugendgerichte zu Tage tritt, sind denkbar. Hier kann die gewünschte Entkriminalisierung auch Mehraufwand[92] bei der Anwendung und Erprobung neuer Reaktionsmöglichkeiten auf wenig strafwürdiges Verhalten bedeuten, der freilich nicht gescheut werden sollte. Insofern ist auch die Ausweitung des Anwendungsbereichs auf die „mittlere" Kriminalität durch das RpflEntlG durchaus zu begrüßen, wenn auch der Machtzuwachs für die Staatsanwaltschaften, die damit zu einer echten Vorprüfungsstelle mit weitgehender Erledigungskompetenz geworden sind, nicht zu verkennen ist. Es bleibt daher zu beobachten, ob es diesen weiterhin gelingt, sich von Missbräuchen freizuhalten..[93] Die jüngste Erfahrung zeigt, dass Strafverfahren mit besonderem öffentlichem Interesse juristische und gesellschaftliche Implikationen aufwerfen können, die schier unlösbar erscheinen (Kohl[94]/Mannesmann[95]/Edathy[96]/Ecclestone).[97] Wenn die Gerichte das hier im materiellen Recht zu konstatierende Versagen des Gesetzgebers im Wege des § 153a kompensieren, so führt dies zwar zu erheblicher Kritik, sollte aber die grundsätzlichen Befürwortung der Bestimmung nicht in Frage stellen. 17

Einschränkungen bestehen daher weniger in der Regelungsmaterie als vielmehr in der **Ausgestaltung** des zugrundeliegenden **Verfahrens.** Insofern können die Kodifizierung der Verfahrensabsprachen und die hiermit gesetzgeberisch statuierten Transparenz- und Dokumentationspflichten nicht spurlos an § 153a vorübergehen. Insbesondere darf ein Ausweichen der Justizorgane auf eine eher informelle Art der Verfahrenserledigung gem. § 153a zur Vermeidung des Pflichtenkatalogs der §§ 160b,[98] 202a, 212, 243 18

---

89 *Fahl* JR **2016** 245; *Rosenstock* StV **2015** 657 f.; *Trentmann* ZStW **128** (2016) 501.
90 *Kramer* 273; *Beulke* FS v. Heintschel-Heinegg 49 f.
91 Vgl. *Eisenberg* § 10, 35 ff. JGG; *Meier/Rössner/Trüg/Wulff* § 10, 45 ff. JGG; OK-JGG/*Nehrig* § 10, 50 f. (Stand 1.11.2018).
92 Vgl. auch *Schoreit* DRiZ **1991** 404, der darauf hinweist, dass § 153a „erhebliche Mehrbelastungen" für die Staatsanwälte mit sich bringt; zur Kritik insgesamt siehe unter Rn. 83.
93 Nach LR/*Rieß*[24] 15 ist eine „sich von Mißbräuchen freihaltende Praxis" Bedingung dafür, dass die Vorschrift ihre Bewährungsprobe auch weiterhin besteht.
94 LG Bonn NStZ **2001** 377 mit **abl.** Anm. *Beulke/Fahl* NStZ **2001** 428; dazu ferner *Saliger* GA **2005** 155 ff.
95 LG Düsseldorf vom 29.11.2006, Az. XIV 5/03; dazu krit. *Götz* NJW **2007** 419.
96 *Fahl* JR **2016** 245; *Rosenstock* StV **2015** 657 f.; *Trentmann* ZStW **128** (2016) 501.
97 *Gössel* FS Beulke 745; *Kudlich* ZRP **2015** 10.
98 Vgl. hierzu LR/*Erb* § 160b, 7.

Abs. 4, 257c, 273 nicht zulässig sein. Eine zumindest partielle Angleichung bzw. Klarstellung durch den Gesetzgeber ist hier wünschenswert.[99]

II. Anwendungsbereich

1. Rechtlicher Anwendungsbereich

19 **a) Prozessuale Tat. Vergehen.** Die Vorschrift kann in Bezug auf eine prozessuale Tat nur einheitlich angewendet werden (näher § 153, 9; zur Frage des Strafklageverbrauchs s. Rn. 106 f.), die sich im Zeitpunkt der Einstellung unter allen rechtlichen Gesichtspunkten als Vergehen darstellen muss (näher § 153, 10 f.). Verbrechen sind stets ausgenommen. Dagegen gibt es bei Vergehen grundsätzlich keine deliktspezifischen Ausnahmen. Die Vorschrift ist daher (wie § 153 Abs. 1 Satz 1) auch auf Vergehen anwendbar, die mit einer im Mindestmaß erhöhten Strafe bedroht sind, doch werden bei diesen die sonstigen Anwendungsvoraussetzungen weniger häufig gegeben sein.

20 **b) Privatklagedelikte.** Betrifft das bei der Staatsanwaltschaft anhängige **Ermittlungsverfahren nur** ein **Privatklagedelikt,** so ist es, anders als bei § 153 (§ 153, 12) rechtlich zulässig, dass die Staatsanwaltschaft nach § 153a Abs. 1 verfährt, denn dessen Anwendung setzt an sich das Bestehen eines öffentlichen Interesses an der Strafverfolgung voraus, so dass die Voraussetzungen des § 376 vorliegen.[100] Kriminalpolitisch kann die Anwendung der Vorschrift bei Privatklagedelikten statt der Verweisung auf den Privatklageweg dann sinnvoll erscheinen, wenn das Verhalten des Beschuldigten einerseits eine gewisse Reaktion erforderlich erscheinen lässt, andererseits die im Privatklageverfahren allein zulässige strafrechtliche Sanktion unangemessen erscheint. Treffen in einer Tat **Privatklagedelikt und Offizialdelikt** zusammen, so ist § 153a für die gesamte Tat anwendbar.[101] Der Strafklageverbrauch nach § 153a Abs. 1 Satz 5 erfasst in jedem Fall auch das Privatklagedelikt, so dass eine Privatklage nie möglich ist, wenn der Beschuldigte die Auflagen und Weisungen nach § 153a Abs. 1 erfüllt hat. Die zu § 153 Abs. 1 bestehende Kontroverse (§ 153, 13 f.) spielt hier keine Rolle.

21 Für das **gerichtlich anhängige Privatklageverfahren** gilt § 153a nicht;[102] eine Einstellung nach § 383 Abs. 2 kann nach geltendem Recht nicht mit der Erfüllung von Auflagen und Weisungen verbunden werden.[103] Es wäre allenfalls, was rechtlich nicht unzulässig erscheint, daran zu denken, dass die Staatsanwaltschaft nach § 377 Abs. 2 die Strafverfolgung übernimmt und daraufhin in dem nunmehr vorliegenden Offizialverfahren das Gericht mit ihrer Zustimmung nach § 153a Abs. 2 verfährt.

22 **c) Jugendstrafverfahren.** Bei Heranwachsenden, auf die Erwachsenenstrafrecht anzuwenden wäre, ist § 153a uneingeschränkt anwendbar. Ob von der Bestimmung im Verfahren gegen Jugendliche und gegen Heranwachsende, auf die Jugendstrafrecht anzu-

---

99 Siehe auch Rn. 49.

100 *Rieß* NStZ **1981** 8; SK/*Weßlau/Deiters* 19; Radtke/Hohmann/*Radtke* 14; HK/*Gercke* 9; KMR/*Plöd* 8; MüKo/*Peters* 7; KK/*Diemer* 8; *Beulke/Swoboda* 334.

101 HK/*Gercke* 9; Meyer-Goßner/*Schmitt* 34; *Pfeiffer* 1; KMR/*Plöd* 8; MAH/*Schlothauer* § 3, 137; MüKo/*Peters* 7; Radtke/Hohmann/*Radtke* 15; SK/*Weßlau/Deiters* 19.

102 HK/*Gercke* 9; KMR/*Plöd* 8; KK/*Diemer* 8; SK/*Weßlau/Deiters* 19; MüKo/*Peters* 7; Radtke/Hohmann/*Radtke* 14.

103 De lege ferenda für eine dem § 153a entsprechende Erweiterung des § 383 Abs. 2 im Anschluss an *Dreher* FS Welzel 940: *Rieß* (Fn. 60) C 110 sowie der Beschluss III 15 des 55. DJT (Verh. Bd. II L 190); **abl.** *Hirsch* FS Lange 825.

wenden wäre (§ 109 Abs. 2 JGG), Gebrauch gemacht werden kann, ist in Hinblick auf die in den § 45 Abs. 2 und 3, § 47 Abs. 1 Satz 1 Nr. 2 und 3 JGG getroffene Regelung umstritten. Das ist deshalb so bedeutsam, weil zwar die zu regelnden Sachverhalte weitgehend identisch sind, Voraussetzungen und Rechtsfolgen dagegen erhebliche Unterschiede aufweisen; so bedarf es z.B. für die Einstellung nach § 45 Abs. 3 JGG anders als bei § 153a immer eines Geständnisses. Am gravierendsten sind wohl die registerrechtlichen Unterschiede, denn Einstellungen nach §§ 45, 47 JGG unterliegen der Eintragungspflicht nach § 60 Abs. 1 Nr. 7 BZRG, wohingegen dies bei § 153a nicht der Fall ist. Vor allem der zuletzt genannte Gesichtspunkt veranlasst einen Teil der Rspr. und des Schrifttums, den §§ 153, 153a Vorrang einzuräumen, um so eine Benachteiligung des Jugendlichen oder Heranwachsenden gegenüber einem erwachsenen Beschuldigten zu vermeiden.[104] Eine vermittelnde Meinung geht zwar vom Vorrang der §§ 45, 47 JGG aus, möchte aber auf § 153a zurückgreifen, wenn die Einstellung nach dem JGG nicht möglich ist.[105] Richtig ist dagegen, in den Einstellungsmöglichkeiten der §§ 45, 47 JGG eine abschließende, auf die speziellen Belange junger Straftäter zugeschnittene Sonderregelung zu sehen.[106] Dass dies auch dem Willen des Gesetzgebers entspricht, zeigt sich schon daran, dass bestimmte Weisungen im Sinne von § 10 JGG nach §§ 45, 47 JGG nur mit Zustimmung des Richters oder überhaupt nicht erteilt werden können, wie z.B. die Bemühung um einen Täter-Opfer-Ausgleich nach § 10 Abs. 1 Satz 3 Nr. 7 JGG, die bei Anwendbarkeit des § 153 Abs. 1 Satz 2 unter Umständen sogar zustimmungsfrei (§ 153a Abs. 1 Satz 5) angeordnet werden könnten. Dass das JGG von keiner automatischen Anwendbarkeit der §§ 153, 153a ausgeht, zeigt nicht zuletzt auch die ausdrückliche Verweisung auf § 153 in § 45 Abs. 1 JGG (siehe § 153, 15). Nur so lässt sich ferner auch die unterschiedliche Reichweite des Strafklageverbrauchs in § 47 Abs. 3 JGG einerseits und § 153a Abs. 1 Satz 5 andererseits erklären. Ein allgemeiner Grundsatz des Inhalts, dass ein Jugendlicher oder Heranwachsender niemals schlechter gestellt werden dürfe als ein Erwachsener in vergleichbarer Lage, existiert nicht. Die Erziehungskonzeption des JGG kann im Einzelfall zu staatlichen Reaktionen führen, die vom Betroffenen als „härter" eingestuft werden als die Vorgehensweise, die bei Anwendung von Erwachsenenstrafrecht zu erwarten gewesen wäre; dies ist vor allem auch im registerrechtlichen Bereich möglich.

d) Straftaten aufgrund einer Betäubungsmittelabhängigkeit. Nicht nur bei Straf- 23
taten nach dem BtMG, sondern schon bei Straftaten aufgrund einer Betäubungsmittelabhängigkeit, d.h. vor allem bei **Beschaffungskriminalität**, aber auch bei Aggressions- und Gewaltdelikten, die auf einen akuten Betäubungsmittelrausch zurückzuführen sind,[107] sieht **§ 37 Abs. 1 BtMG** für die staatsanwaltliche und Absatz 2 für die gerichtliche Einstellung eine an § 153a angelehnte, aber von wesentlich anderen Voraussetzungen (Behandlung muss bereits begonnen haben, Resozialisierung ist zu erwarten) abhängige

---

104 KMR/*Plöd* 8; LR/*Rieß*[24] 19; siehe auch *Bohnert* NJW **1980** 1927; *Bottke* ZStW **95** (1983) 92f.
105 LG Aachen MDR **1991**, 81 mit Anm. *Eisenberg* NStZ **1991** 450; *Ostendorf* § 45, 6, wobei wiederum strittig ist, ob auch dann auf § 153a zurückgegriffen werden kann, wenn der Jugendliche kein Geständnis ablegt: dafür *Albrecht* 130; *Eisenberg* § 45, 12; Meyer-Goßner/*Schmitt* 4; *Nothacker* JZ **1982** 62; *Pfeiffer* 1; *Ranft* 1170; damit sympathisierend *Zieger* Verteidigung in Jugendstrafsachen[3] (1998) 147; dagegen *Ostendorf* aaO; *Burscheidt* Das Verbot der Schlechterstellung Jugendlicher und Heranwachsender gegenüber Erwachsenen in gleicher Verfahrenslage (2000) 82 m.w.N.
106 KK/*Diemer* 7; SK/*Weßlau*/*Deiters* § 153, 11; Radtke/Hohmann/*Radtke* 22; HK/*Gercke* 9; *Meier*/*Rössner*/*Trüg*/*Wulff* § 45, 10 JGG; siehe auch *Böhm* FS Spendel 783; *Brunner*/*Dölling* § 45, 3; vgl. auch *Schaffstein*/*Beulke*/*Swoboda* 738ff. und § 153 Rn. 15; **a.A.** *Eisenberg* § 45, 9a.
107 LR/*Rieß*[24] 113.

besondere Einstellungsmöglichkeit vor.[108] Daneben bleibt § 153a StPO aber anwendbar, wobei einige von dessen „subsidiärer“,[109] andere des umständlicheren Verfahrens wegen ganz allgemein von seiner davon unberührt bleibenden Anwendbarkeit ausgehen.[110] Richtig dürfte vor allem aufgrund der völlig unterschiedlichen Regelungen, die miteinander kaum harmonisieren, die letztere Ansicht sein. Danach gilt: Sind die Voraussetzungen des § 153a nicht erfüllt, etwa weil es sich um ein Verbrechen handelt (worauf § 153a nicht anwendbar ist, § 37 BtMG aber bis zu einer Straferwartung von zwei Jahren schon) oder weil das öffentliche Interesse durch die Behandlung des Täters nicht zu beseitigen wäre, so kann die Einstellung bei Vorliegen von dessen Voraussetzungen, wozu z.B. auch die Resozialisierungsprognose gehört, noch immer auf § 37 BtMG gestützt werden.

24 Umgekehrt kann die Tat aber der verschiedenen Anforderungen beider Vorschriften wegen **bei Vorliegen der Voraussetzungen des § 153a stets nach dieser Vorschrift** eingestellt werden, ohne dass es darauf ankäme, ob die Tat auch nach § 37 BtMG eingestellt werden könnte, weil dessen Voraussetzungen (Straftat aufgrund einer Betäubungsmittelabhängigkeit) vorliegen, oder nicht. Selbst die Verweigerung der (nach § 37 BtMG stets erforderlichen) **Zustimmung des Gerichts** zur Behandlung heißt nicht, dass das Gericht seine Zustimmung zur Einstellung bei Durchführung eines Täter-Opfer-Ausgleichs oder einer anderen Auflage oder Weisung verweigern wird oder würde, wenn es darauf ankäme (§ 153a Abs. 1). Die Staatsanwaltschaft kann also auch nach erteilter und sogar nach verweigerter Zustimmung durch das Gericht zu einer Einstellung nach § 37 BtMG noch immer nach § 153a und in den Fällen des § 153a Abs. 1 Satz 2 Nummer 1 bis 6 bei Vorliegen der Voraussetzungen des entsprechend anwendbaren § 153 Abs. 1 Satz 2 (Vergehen, das nicht mit einer im Mindestmaß erhöhten Strafe bedroht ist und bei dem die durch die Tat verursachten Folgen gering sind) sogar zustimmungsfrei einstellen und mit der Zustimmung des Beschuldigten, die wiederum nur bei § 153a und merkwürdigerweise nicht bei § 37 BtMG gefordert wird,[111] andere Auflagen oder Weisungen festsetzen. Als solche kommt nach der Umformulierung des § 153a Abs. 1 Satz 2 („insbesondere“) sogar die Weisung in Betracht, sich einer Behandlung der in § 35 Abs. 1, § 37 BtMG vorgesehenen Art zu unterziehen, allerdings bedarf sie dazu wiederum der Zustimmung des Gerichts. Da § 153a Abs. 1 Satz 7 die entsprechende Anwendung des § 153 Abs. 1 Satz 2 nur in den ausdrücklich enumerierten Fällen des Satzes 2 Nr. 1 bis 6 zulässt, ist eine Umgehung des Zustimmungserfordernisses des Gerichts zur Behandlung nicht möglich.

25 Wird zunächst von der Erhebung der öffentlichen Klage nach § 37 BtMG abgesehen und das Verfahren dann aber aus einem der in § 37 Abs. 1 Satz 3 BtMG genannten Gründe fortgesetzt, so kann erneut nach § 37 BtMG verfahren oder nach § 153a eingestellt werden. Obwohl sich die Vorschriften in ihrem Anwendungsbereich und in der Art der Auflagen und Weisungen überschneiden, hat **keine der Einstellungsmöglichkeiten Vorrang** vor der anderen. Es wäre auch nicht sinnvoll, wenn eine der Beschaffungskriminalität zuzurechnende Tat eines betäubungsmittelabhängigen Beschuldigten stets nur

---

108 Eingehend LR/*Rieß*[24] 111 ff.

109 *Franke/Wienroeder* § 37, 1 (nur bei Nichtvorliegen der Voraussetzungen des § 37 BtMG); nach *Joachimski/Haumer* BtMG § 37, 1 „ergänzt“ § 37 BtMG den § 153a; **a.A.** *Körner/Patzak/Volkmer* § 37, 2.

110 *Weber* § 37, 4; *Körner/Patzak/Volkmer* § 37, 2; HK/*Gercke* 12; SK/*Weßlau/Deiters* 21; MüKo/*Peters* 7, der jedoch eine Einzelfallabhängigkeit anführt wobei unklar bleibt, ob sich diese auf die Anwendung oder den Vorrang bezieht; Radtke/Hohmann/*Radtke* 22.

111 Faktisch kann er die Einstellung gegen seinen Willen freilich dadurch verhindern, dass er den von ihm geforderten Nachweis nicht beibringt, vgl. *Körner/Patzak/Volkmer* § 37, 14; LR/*Rieß*[24] 117; *Weber* § 37, 23.

mit Zustimmung des Gerichts und nur gegen die Auflage, sich einer Behandlung zu unterziehen, nach § 37 BtMG, dieselbe Tat eines Alkoholabhängigen dagegen auch gegen sonstige Auflagen und Weisungen nach § 153a und u.U sogar zustimmungsfrei (§ 153a Abs. 1 Satz 7) eingestellt werden könnte.

Im **Überschneidungsbereich** können Staatsanwaltschaft und Gericht sich also zwischen den verschiedenen Einstellungsmöglichkeiten entscheiden. Sie werden dabei die Vorteile der jeweiligen Einstellungsmöglichkeit im Auge behalten. So kann die Behandlungsauflage bei § 153a z.B. problemlos mit anderen Auflagen und Weisungen kombiniert werden. § 37 BtMG ermöglicht dagegen unter Umständen die bessere Überwachung der Fortsetzung der Therapie bis zur Dauer von zwei Jahren (§ 37 Abs. 1 Satz 5 BtMG). Den Vorteilen stehen jedoch die u.U. nachteiligen verschiedenen Wiederaufnahmemöglichkeiten gegenüber. Ist eine Behandlungsauflage nach § 153a festgesetzt worden und hat der Beschuldigte sie erfüllt, so kann das Verfahren, selbst wenn neue Umstände eine wesentlich höhere Straferwartung ergeben, nur fortgesetzt werden, wenn sich die Tat dadurch als ein Verbrechen darstellt (§ 153a Abs. 1 Satz 5). Dagegen kann das Verfahren bei einer Einstellung nach § 37 BtMG schon dann fortgesetzt werden, wenn neue Umstände eine höhere Straferwartung als zwei Jahre begründen, auch wenn sich der Vergehenscharakter dadurch nicht ändert. Umgekehrt kann das Verfahren nach vorangegangener Einstellung gemäß § 153a fortgesetzt werden, ohne dass sich mit dem Deliktscharakter auch die konkrete Straferwartung auf über ein bzw. zwei Jahre ändern müsste. **26**

Insgesamt ist deshalb zu überlegen, ob durch die Neuregelung des § 153a, der nunmehr dieselben und sogar weitere Möglichkeiten für „Therapie statt Strafe“[112] bietet, die auch § 37 BtMG bereitstellt, das ursprünglich vorhandene **Bedürfnis** für die – freilich bislang selten angewandte –[113] Sonderregelung in § 37 BtMG, die in ihrem Absatz 3 auch noch auf § 153a verweist, entfallen ist. Im Überschneidungsbereich beider Vorschriften würde außer den verschiedenartigen Voraussetzungen auch die wenig einleuchtende unterschiedliche Regelung der Wiederaufnahmemöglichkeiten entfallen, die die Frage, ob das Verfahren fortgesetzt werden kann, von der Zufälligkeit abhängig macht, ob nach § 153a oder nach § 37 BtMG eingestellt wurde. **27**

In der Praxis hat sich § 153a gegenüber § 37 BtMG bei Erwachsenen weitgehend durchgesetzt.[114] Ein Grund hierfür dürfte sein, dass § 153a die Einstellung nicht von dem Nachweis abhängig macht, dass sich der Beschuldigte der Behandlung bereits unterzieht. Ein geringer Anwendungsbereich, in dem § 37 BtMG auch zukünftig Bedeutung behalten wird, verbleibt jedoch bei Jugendlichen und Heranwachsenden,[115] auf die nur § 37 BtMG kraft ausdrücklicher Verweisung in § 38 Abs. 2 BtMG, nach der hier vertretenen Auffassung (Rn. 23) aber § 153a nicht anwendbar ist, ferner bei Verbrechen mit einer Straferwartung zwischen 1 und 2 Jahren, auf die lediglich § 37 BtMG und nicht § 153a anwendbar ist und bei **Langzeittherapien bis zu zwei Jahren**. Letztendlich erscheint § 37 BtMG damit erhaltenswert. **28**

e) Steuerstrafverfahren. In Steuerstrafverfahren kann die ermittlungsführende Behörde nach § 153a einstellen (§ 399 AO); und zwar in den Fällen des Satzes 2 Nr. 1 bis 6 unter den weiteren Voraussetzungen des § 153 Abs. 1 Satz 2, also wenn das Delikt nicht **29**

112 Krit. dazu *Tröndle* MDR **1982** 5 (zu § 37 BtMG).
113 *Körner/Patzak/Volkmer* § 37, 3; LR/*Rieß*[24] 112; *Weber* § 37, 2; siehe auch Fn. 118.
114 So lag die Zahl der nach § 37 BtMG erledigten Verfahren in 2017 insgesamt nur bei 17; Statistisches Bundesamt Fachserie 10 Reihe 2.6 Staatsanwaltschaften 2018 26.
115 Dazu *Hügel/Junge/Lander/Winkler* Deutsches Betäubungsmittelrecht[8] § 37, 7 BtMG.

mit einer im Mindestmaß erhöhten Strafe bedroht ist und die durch die Tat verursachten Folgen gering sind, auch ohne Zustimmung des Gerichts.[116] Das ergibt sich aus der Verweisung in § 153a Abs. 1 Satz 7. Der Wortlaut des § 153 Abs. 1 Satz 2, auf den in § 153a Abs. 1 Satz 7 verwiesen wird, steht der Anwendung nach Wegfall der Beschränkung auf die Vermögensdelikte, zu denen Steuerstraftaten nicht zählten, nicht mehr entgegen (vgl. § 153, 52). § 398 AO, der dadurch weitgehend überflüssig geworden ist, verhilft der ermittlungsführenden Behörde allerdings nicht zu einer weiteren zustimmungsfreien Einstellungsmöglichkeit, da diese Vorschrift im Unterschied zu § 153a gerade voraussetzt, dass kein öffentliches Interesse an der Strafverfolgung besteht. Ebenso rechtfertigt die Einstellung nicht die finanzgerichtliche Schlussfolgerung, dass der Betroffene die Straftat tatsächlich verübt hat.[117] Außerdem greift sie (wie früher § 153a) nur in Fällen geringer Schuld ein.

30 **f) Ordnungswidrigkeiten.** Im Bußgeldverfahren ist § 153a auch nicht entsprechend anwendbar; vielmehr bestimmt § 47 Abs. 3 OWiG ausdrücklich, dass die Einstellung wegen Geringfügigkeit nicht von der Zahlung eines Geldbetrages abhängig gemacht oder damit in Zusammenhang gebracht werden darf. Damit ist über den Wortlaut hinaus insgesamt die Anwendung des § 153a ausgeschlossen.[118] Ein in seiner prozessualen Funktion dem § 153a teilweise verwandtes Institut stellt das Verwarnungsgeld nach § 56 OWiG dar. Umfasst die prozessuale Tat Straftat und Ordnungswidrigkeit, so ist § 153a anwendbar. Anders als bei § 153 (§ 153, 17) kann hier jedoch die Einstellung nicht auf die Straftat beschränkt werden und erfasst die Sperrwirkung nach § 153a Abs. 1 Satz 5 in jedem Fall auch die Ordnungswidrigkeit.[119] Anderes gilt für die isolierte Verbandsgeldbuße gem. § 30 Abs. 4 Satz 1 OWiG.[120]

31 **g) Entsprechende Anwendung.** Ob § 153a in anwaltsgerichtlichen Verfahren sowie in beamtenrechtlichen Disziplinarverfahren analog anwendbar ist, ist umstritten.[121] Dagegen wird angeführt, dass in den sehr differenzierten Sanktionskatalogen des Berufs-, Ehren- und Disziplinarrechts bereits genügend dem § 153a vergleichbare Reaktionsmöglichkeiten vorhanden sind, so dass kein Bedürfnis für die zusätzliche entsprechende Anwendung des § 153a mit seiner auch kriminalpolitischen Zielsetzung (vgl. Rn. 4) bestehe. Im Ergebnis ist die analoge Anwendung dennoch zu bejahen. Das Gegenargument lässt zwar in der praktischen Anwendung einen wohl nur geringen Anwendungsbereich vermuten. Hingegen widerlegt es nicht die Annahme einer planwidrigen Regelungslücke.[122] Die konsensuale und ressourcenschonende Erledigung von Verfahren, insbesondere ohne einen, den Betroffenen gerade in diesen Verfahren schwer treffenden Schuldnachweis, ist als solche von den relevanten Verfahrensordnungen planwidrig nicht vorgesehen.

---

116 Meyer-Goßner/*Schmitt* 37; KMR/*Plöd* 10; Klein/*Jäger* § 399, 93; KK/*Diemer* 8; HK/*Gercke* 10; SK/*Weßlau*/*Deiters* 22; MüKo/*Peters* 18; Radtke/Hohmann/*Radtke* 16.

117 Richtig HK/*Gercke* 10 unter Verweis auf BFH wistra **2012** 37.

118 MüKo/*Peters* 19; Göhler/*Seitz*/*Bauer* § 47, 1, 34; HK/*Gercke* 11; KMR/*Plöd* 7; KK/*Diemer* 6; ausführlich mit teilw. anderer Begründung *Schuth* 173 f.; vgl. *Bibbo* 90 ff.; *Maiazza* 131 ff.

119 OLG Frankfurt NJW **1985** 1850; OLG Hamm MDR **1981** 871; OLG Nürnberg NJW **1977** 1787; Göhler/*Gürtler* § 21, 27; *Göhler* NStZ **1982** 14; Radtke/Hohmann/*Radtke* 13; SK/*Weßlau*/*Deiters* 23; HK/*Gercke* 10; *Kindhäuser* JZ **1997** 103; Meyer-Goßner/*Schmitt* 35, 52; *Pfeiffer* 9; KMR/*Plöd* 7; *Schmidt* wistra **1998** 212; KK/*Diemer* 8; *Zettel* MDR **1978** 533 f.; **a.A.** *Heimler* 182; *Rüth* DAR **1975** 7.

120 MüKo/*Peters* 20.

121 Bejahend KMR/*Plöd* 11; SK/*Weßlau*/*Deiters* 24; für die anwaltsgerichtlichen Verfahren EGH Köln AnwBl. **1982** 40; *Jessnitzer*/*Blumberg*[9] § 116, 3; *Feuerich*/*Weyland* § 116, 34; *Kleine-Cosack*[3] § 116, 4; verneinend noch LR/*Beulke*[26] 28; Radtke/Hohmann/*Radtke* 20; *Isele* 1477.

122 So aber Radtke/Hohmann/*Radtke* 20; wohl auch LR/*Beulke*[26] 28.

2. Anwendung in der Rechtswirklichkeit. Die Vorschrift hat sich nach einer anfänglich eher zögernden Aufnahme in der Praxis[123] inzwischen einen gesicherten Anwendungsbereich erobert.[124] 2017 wurde 169.801 Verfahren oder 3,6% der Strafverfahren von den Staatsanwaltschaften gegen Auflagen eingestellt. Der Großteil (165.967) davon nach § 153a. Der prozentuale Anteil der Erledigungen gegen Auflagen liegt bezogen auf die Bundesländer zumeist in einem Bereich zwischen 3,1 und 4,5%. In Berlin, dem Saarland und Thüringen liegt die Quote deutlich unter dem Schnitt (1,5, 1,1 bzw. 1,8%).[125] Hatte sich in der Vergangenheit der Bereich der staatsanwaltschaftlichen Verfahrenseinstellung mit Auflage noch auf einem Niveau von 15 bis 20% aller Verfahrenserledigungen eingependelt,[126] liegt er nunmehr weit unter diesem Niveau. Im Gegensatz zu § 153 Abs. 1 (§ 153, 3) hat es also bei § 153a Abs. 1 einen deutlichen Rückgang in prozentualer Hinsicht gegeben Das kriminalpolitisch differenzierte Angebot der unterschiedlichen Auflagen und Weisungen wird in der Praxis kaum genutzt; jedenfalls bei den von der Staatsanwaltschaft verhängten Auflagen und Weisungen entfallen rund 84,6% auf die Geldzahlung (Nr. 2) und nur 4,3% auf die Auflage der Schadenswiedergutmachung (Nr. 1). Entgegen ursprünglichen Befürchtungen[127] und einer anfänglich besonders in den Fällen des § 153a Abs. 2 in diese Richtung deutenden Entwicklung hat § 153a die Einstellung nach § 153 also nicht verdrängt, sondern ist im Wesentlichen an die Stelle von Klageerhebungen und Urteilen getreten. 32

Aus den bisherigen **empirischen Untersuchungen**[128] lassen sich bei den staatsanwaltschaftlichen Einstellungen auch keine besorgniserregenden Hinweise auf eine funktionswidrige Verwendung in der Praxis erkennen, während im gerichtlichen Verfahren gelegentlich Fälle von „Freispruchsvermeidungsstrategien" berichtet werden. In den typischen Anwendungsfällen dominiert noch immer die Bagatelldelinquenz; als Folge davon sind die auferlegten Geldbußen regelmäßig von geringer Höhe. In einigen Bereichen der mittleren Kriminalität werden dagegen offenbar die Möglichkeiten der Vorschrift im Sinne einer individuell ausgehandelten „Vereinbarung" gehandhabt, bei der gelegentlich auch sehr hohe Geldauflagen gefordert und akzeptiert werden. Namentlich im Bereich der Wirtschaftskriminalität deuten ferner empirische Erkenntnisse darauf hin, dass das normative Anwendungsmerkmal des zu beseitigenden öffentlichen Interesses teilweise durch das Merkmal der „Verfahrenskomplexität" überlagert wird.[129] 33

---

123 Vgl. noch die Hinweise bei *Hünerfeld* ZStW **90** (1978) 918 Fn. 40; *Kausch* 115 ff.; LR/*Meyer-Goßner*[23] 110; *Naucke* (Gutachten) D 79; *Rieß* in: Strafprozeß und Reform (1979) 174; zu den früheren (heute nicht mehr maßgebenden) Anwendungshindernissen aus sozialwissenschaftlicher Sicht *Treiber* 454 ff.

124 Vgl. dazu *Heinz* in: Geisler (Hrsg.) Das Ermittlungsverhalten der Polizei und die Einstellungspraxis der Staatsanwaltschaften (1999) 125 ff.; *ders.* FS Kaiser 85 ff.; *ders.* ZStW **94** (1982) 644 ff.; *Rieß* ZRP **1983** 93 ff.; **1985** 212 ff.; *Streng* (Fn. 66) 35; *Vultejus* DRiZ **1995** 226.

125 Zahlenmaterial in Statistisches Bundesamt Fachserie 10 Reihe 2.6 Staatsanwaltschaften 2018 12, 26 ff.

126 Hierzu LR/*Beulke*[26] 29.

127 So *Herrmann* JuS **1976** 417; *Mehle* NStZ **1982** 310; *Rieß* ZRP **1985** 215 f.

128 Vgl. vor allem die Untersuchungen von *Ahrens*; *Herbort*; *Hergenröder*; *Hertwig*; *Kaiser/Meinberg* NStZ **1984**; *Keunecke/Schinkel* MSchrKrim. **1984** 157; *Kotz*; *Kunz* (Einstellung); *Langer*; *Meinberg*; *Treiber* 444; *Voß*; *Wissgott* 361 f.; siehe auch *Albrecht P.-A.* (Hrsg.) Informalisierung des Rechts (1990); *Geisler* (Hrsg.) Das Ermittlungsverhalten der Polizei und die Einstellungspraxis der Staatsanwaltschaften (1999); ausführlicher Überblick bei *Eisenberg* (Krim.) § 27, 63 ff.; *Paschmanns* 10 ff.; siehe auch die Nachweise zum Täter-Opfer-Ausgleich LV zu § 155a.

129 Näher *Meinberg* 194 ff.; siehe auch *Dahs* NJW **1996** 1192.

III. Gemeinsame Voraussetzungen von Absatz 1 und 2. Allgemeines

1. Keine entgegenstehende Schuld und Beseitigung des öffentlichen Interesses

34 **a) Allgemeines. Verhältnis.** Die sachlichen Voraussetzungen des § 153a betreffend die Schuld und das (durch die Auflagenerfüllung) zu beseitigende öffentliche Interesse, knüpfen an die Verwendung dieser Begriffe in § 153 Abs. 1 an (§ 153, 29ff.). Anders als dort und im Gegensatz zur ursprünglichen Gesetzesfassung (s. Entstehungsgeschichte) muss die „Schuld" bei im Übrigen gleich gebliebenem Begriffsinhalt (§ 153, 25ff.) nach der heutigen Gesetzesfassung nicht mehr als „gering" zu beurteilen sein. Stattdessen darf die Schwere der Schuld der Einstellung lediglich nicht entgegenstehen. Damit sollte die Regelung nach dem ausdrücklichen Willen des Gesetzgebers „behutsam" in den Bereich „mittlerer Kriminalität" hinein erweitert werden.[130] Wegen der Durchlässigkeit zwischen den beiden Begrenzungsmerkmalen „Schuld" und „öffentliches Interesse" (§ 153, 24), die beide zusammen in erster Linie als Verweisung auf die jeweils anerkannten Strafzwecke zu verstehen sind, war es allerdings schon bisher so, dass nicht nur für das öffentliche Interesse bei § 153a ein anderer Maßstab als bei § 153 anzulegen war, sondern auch die Geringfügigkeitsgrenze für die Schuldkomponente trotz gleicher Begrifflichkeit bei § 153a a.F. entsprechend höher angesetzt werden konnte als bei § 153. Deshalb wurde in der Praxis § 153a schon immer auch bei einem etwas höheren „Schuldquantum" angewandt.[131] Der angebliche Wertungswiderspruch, dass die Schuld im Fall des § 153, in dem von vornherein kein öffentliches Interesse an der Verfolgung besteht, gering sein muss, während das Verfahren im Fall des § 153a, in dem das öffentliche Interesse an der Verfolgung zunächst vorhanden ist, sogar bei nicht geringer Schuld eingestellt werden kann,[132] besteht daher nicht.

35 **b) Keine entgegenstehende Schwere der Schuld.** Durch diese negative Formulierung vermeidet der Gesetzgeber eine klare Stellungnahme hinsichtlich der Anforderungen an den Schuldumfang.[133] Die in § 17 Abs. 2 JGG genannte „Schwere der Schuld"[134] bietet wegen der völlig unterschiedlichen Regelungszusammenhänge ebenso wenig Aufschluss wie die „besondere Schwere der Schuld" in § 57a Abs. 1 Satz 1 Nr. 2 StGB.[135] Wegen der erwähnten Abhängigkeit von Schuld und öffentlichem Interesse und aufgrund der negativen Gesetzesformulierung ließe sich die Ansicht vertreten, dass nunmehr selbst eine hohe Schuld der Einstellung nach § 153a nicht entgegenstehen muss.[136] Dann verlöre die Schuld als begrenzendes Merkmal des (durch die Auflagenerfüllung zu beseitigenden) öffentlichen Interesses jede Funktion. Dass dies nicht dem Willen des Gesetzgebers entsprochen haben kann, zeigt sich schon daran, dass das ehemals begrenzende

---

130 BTDrucks. **12** 1217 S. 34; *Böttcher/Mayer* NStZ **1993** 154; vgl. auch *Linden* Verh. des 60. DJT (1994), Bd. II/2, M 40; krit. neben den bereits in Rn. 12 Genannten etwa *Kerl* ZRP **1986** 316; nicht prinzipiell dagegen *Schlüchter* (Fn. 18) 25; zust. etwa *Lorenzen* FS StA SchlH 550; zur Entstehungsgeschichte *Waller* DRiZ **1986** 47.

131 *Montenbruck/Kuhlmey/Enderlein* JuS **1987** 969; LR/*Rieß*[24] 24 f.; ähnlich *Hobe* FS Leferenz 637; *Kausch* 107 f.; **abl.** *Bär* DAR **1984** 131; *Eckl* JR **1975** 100; *Meinberg* 40; *Paschmanns* 170; siehe auch *Erb* (LV zu § 152) 177; *Siegismund/Wickern* wistra **1993** 85.

132 *Waller* DRiZ **1986** 51.

133 KK/*Diemer* 11; Radtke/Hohmann/*Radtke* 24; HK/*Gercke* 15; MüKo/*Peters* 12, vgl. auch *Böttcher/Mayer* NStZ **1993** 154; siehe schon *Waller* DRiZ **1986** 51 („Leerformel").

134 Dazu Radtke/Hohmann/*Radtke* 25.

135 *Loos* FS Remmers 571; *Radtke* 204; vgl. auch *Ranft* 1163.

136 Nach *Schellenberg* (Fn. 48) 187 werden auch schwere Schuldvorwürfe nach § 153a behandelt.

Merkmal der „geringen Schuld“ nicht einfach gestrichen, sondern lediglich „modifiziert“[137] werden sollte. Dem Hinweis der Gesetzesmaterialien auf die „mittlere Kriminalität“ ist darüber hinaus zu entnehmen, dass mit der Ausdehnung auf die „mittlere“ Kriminalität auch eine „mittlere“ Schuld gemeint war, so dass erstens davon auszugehen ist, dass die Schuldschwere auch weiterhin geprüft werden muss und dass zweitens die Schwere der Schuld dem Absehen von der Klageerhebung dann nicht entgegensteht, wenn die (deliktsspezifische) Schuld entweder gering ist oder im mittleren Bereich liegt.[138] Ausgeschlossen wird damit eine Einstellung gemäß § 153a bei schwerer Schuld, unabhängig davon, ob selbst in diesem Fall das öffentliche Interesse an der Strafverfolgung durch die Auflagen und Weisungen beseitigt würde, was wohl ohnehin nur selten möglich, aufgrund des „deliktsspezifischen“ Maßstabs aber immerhin denkbar erschiene. Zuzugeben ist, dass das exakte Ende des Bereichs, in dem von „mittlerer“ Schuld gesprochen werden kann, schwerer zu bestimmen ist als sein Beginn und dass bei einer Orientierung an den jeweiligen Normalstrafrahmen praktisch die Mehrzahl der vorkommenden Fälle einer Einstellung zugeführt werden kann.[139] Das ist vom Gesetz gewollt.

Dagegen ist § 153a nicht zu entnehmen, dass die Vorschrift nur dann anwendbar sein soll, wenn im Falle der Verurteilung die Verhängung einer **Geldstrafe** ausreichend wäre.[140] Dies widerspricht auch nicht der Konzeption des Strafbefehlsverfahrens.[141] In dessen Rahmen ist zwar nach richterlicher Schuldüberzeugung maximal die Verhängung einer Freiheitsstrafe von einem Jahr möglich. Der Verzicht auf die Durchführung einer Hauptverhandlung bei bestehender richterlicher Schuldüberzeugung ist jedoch mit der Einstellung des Verfahrens vor oder während der Hauptverhandlung abseits einer solchen Schuldüberzeugung weder von der Verfahrenssituation noch von den Auswirkungen auf den Betroffenen vergleichbar. Es handelt sich schlicht um zwei nebeneinander bestehende strafprozessuale Instrumente, die beide (auch) der Verfahrensökonomie und justizieller Ressourcenschonung dienen. 36

Von einer mittleren Schuld wird jedoch dann nicht mehr gesprochen werden können, wenn **Freiheitsstrafen** in Rede stehen, bei denen eine Strafaussetzung zur Bewährung nicht mehr möglich wäre. Es wäre in der Tat ein schwer aufzulösender Wertungswiderspruch, wenn das Gericht die Strafe zwar nicht zur Bewährung aussetzen dürfte, zugleich jedoch die Macht besäße, das gesamte Verfahren von vornherein einzustellen.[142] 37

Abgesehen vom unterschiedlichen Ausmaß des noch erfassten Schuldquantums decken sich im Übrigen inhaltlich der Schuldbegriff in § 153 und § 153a, so dass insoweit auf die Erläuterungen in § 153, 25 ff. verwiesen werden kann. 38

c) Öffentliches Interesse. Begriff. Der Begriff deckt sich mit dem in § 153.[143] Auf die Erläuterungen in § 153, 29 ff. ist zu verweisen. 39

---

137 BTDrucks. **12** 1217 S. 34; HK/*Gercke* 15; Meyer-Goßner/*Schmitt* 7.

138 Meyer-Goßner/*Schmitt* 7 sowie *Joecks* 5 („eine Schuld im mittleren Bereich“); siehe auch *Beulke/Swoboda* 337a; *Jostes* 35; KK/*Diemer* 10; MAH/*Schlothauer* § 3, 137 (leichter oder mittlerer Schuldvorwurf „bis zur Grenze der schweren Schuld“); *Pfeiffer* 2 sowie AnwK-StPO/*Walther* 5 („durchschnittlich“); u.U. weiter KMR/*Plöd* 13 („nicht allzu schwer“).

139 *Schellenberg* (Fn. 48) 193.

140 Dafür *Loos* FS Remmers 572; *Radtke* 208; Radtke/Hohmann/*Radtke* 26; zu ähnlichen Begrenzungsvorschlägen (vor der Neuregelung durch das RpflEntlG) AK/*Schöch* 16: Obergrenze von 30 (Absatz 1) bzw. 90 Tagessätzen (Absatz 2); vgl. auch *Erb* (LV zu § 152) 249 f.

141 So aber Radtke/Hohmann/*Radtke* 26; wie hier MüKo/*Peters* 12; Meyer-Goßner/*Schmitt* 7.

142 Vgl. *Siegismund/Wickern* wistra **1993** 85; *Waller* DRiZ **1986** 51.

143 Radtke/Hohmann/*Radtke* 27; *Bär* DAR **1984** 131; *Boxdorfer* NJW **1976** 319; *Eckl* JR **1975** 100; KMR/*Plöd* 12; vgl. auch MüKo/*Peters* 10; KK/*Diemer* 12; HK/*Gercke* 16; SK/*Weßlau/Deiters* 26, die jeweils auf die Erläuterungen zu § 153 verweisen. Einschränkend *Hanack* FS Gallas 353; krit. *Kausch* 114; für die

40 **d) Beseitigung des öffentlichen Interesses.** Während § 153 voraussetzt, dass kein öffentliches Interesse an der Strafverfolgung (richtiger: an der Bestrafung)[144] besteht, muss dieses bei Anwendung des § 153a durch die Auflagen und Weisungen beseitigt werden können. Der Gesetzeswortlaut ist insoweit ungenau, als selbstverständlich nicht die Auferlegung, sondern nur die *Erfüllung* der Auflagen und Weisungen das Strafverfolgungsinteresse zu beseitigen vermag, und kann deshalb nur in diesem Sinne verstanden werden. Im Übrigen folgt aus der Regelung ein Doppeltes: Einmal muss überhaupt ein öffentliches, durch die Auflagenerfüllung zu beseitigendes Strafverfolgungsinteresse vorhanden sein; deshalb hat die **Anwendung des § 153 Vorrang** vor der des § 153a. Zweitens muss das Strafverfolgungsinteresse, also in erster Linie der präventive Sanktionszweck, in ausreichendem Maße durch die Auflagenerfüllung befriedigt werden können. Die Vorschrift erfordert demnach ein zwar bestehendes, aber begrenztes Strafverfolgungsinteresse. Zum Verhältnis zu § 153b siehe § 153b, 10 ff.

41 Ob eine solche **Kompensation des öffentlichen Interesses** möglich ist, hängt allerdings nicht nur vom Grad des (vorwiegend) präventiven Sanktionsbedürfnisses, sondern auch davon ab, mit welcher Intensität die Auflagen und Weisungen den Beschuldigten im Falle ihrer Erfüllung belasten würden. Zwischen ihnen und dem zu beseitigenden Strafverfolgungsinteresse besteht also eine **Wechselwirkung**. Ist das öffentliche Interesse verhältnismäßig gering, liegt der Fall also an der Grenze zu § 153, so kann es durch eine eher geringfügige Auflage oder Weisung beseitigt werden. Ein gravierenderes öffentliches Interesse bedarf zu seiner Beseitigung spürbarer Auflagen, ggf. der Kombination mehrerer Auflagen und Weisungen. Dabei ist aber zu berücksichtigen, dass diese keine unzumutbaren Anforderungen an den Beschuldigten stellen dürfen (Rn. 55); wäre das der Fall, so kann das öffentliche Interesse nicht mehr durch die Erfüllung von Auflagen oder Weisungen beseitigt und deshalb § 153a nicht angewendet werden.

42 Es ist also letztlich immer eine **Frage des Einzelfalles**, ob eine Beseitigung des öffentlichen Interesses möglich ist. Dabei sind alle strafzumessungsrelevanten Umstände der (vermutlichen) Tat, die konkreten Präventionsbedürfnisse und die nach Lage des Falles in Betracht kommenden Auflagen und Weisungen gegeneinander abzuwägen. Auch das Strafverfolgungsinteresse der Europäischen Union ist mit einzubeziehen.[145] Schematische Anknüpfungen an bestimmte Merkmale oder Umstände sind dabei nicht hilfreich. Weder lässt sich generell sagen, dass bei bestimmten Deliktsgruppen regelmäßig oder besonders häufig das öffentliche Interesse durch Auflagenerfüllung beseitigt werden könne, noch scheiden andere von der Anwendung völlig oder weitgehend aus.[146] Auch die Schadenshöhe ist nur einer von mehreren, die Entscheidung beeinflussenden Umständen. Maßgebend ist immer, ob die präventiven Sanktionszwecke unvertretbar beeinträchtigt würden, wenn eine Bestrafung nicht erfolgt, wobei auch eine besonders geringe Schuld die Präventionsbedürfnisse verringert.[147]

43 Unbeschadet dieser Notwendigkeit, stets die Umstände des Einzelfalls zu beachten, lassen sich als **anwendungsfördernde Umstände** beispielsweise eine verständliche Motivlage des (potentiellen) Täters, fehlende kriminelle Vorbelastung, strafloses Verhal-

---

Aufgabe dieses Merkmals und die Überwindung des Begriffs des öffentlichen Interesses im Rahmen des § 153a de lege ferenda *Rieß* FS Koch 224.

144 Vgl. § 153, 29 mit Fn. 89.

145 Noch zur alten Rechtslage vor Inkrafttreten des Vertrags von Lissabon *Jokisch* Gemeinschaftsrecht und Strafverfahren (1999) 164 f.

146 **A.A.** etwa für Wirtschaftskriminalität LR/*Meyer-Goßner*[23] 24; Radtke/Hohmann/*Radtke* 28 mit Verweis auf die Einzelkriterien aus dem Strafzumessungsrecht; ebenso HK/*Gercke* 16; wie hier *Keller/Schmid* wistra **1984** 205; vgl. auch *Kotz* 103.

147 *Hobe* FS Leferenz 638; *Keller/Schmid* wistra **1984** 205.

ten nach der länger zurückliegenden Tatbegehung, Bemühungen um Schadensausgleich und vor allem geringe Tatfolgen bezeichnen. Wenn es auch an sich nicht darauf ankommt, ob der Beschuldigte seine Zustimmung zu den Auflagen und Weisungen aus Schuldeinsicht oder aus anderen Gründen erteilt, so kann doch diese Frage aus spezialpräventiven Erwägungen eine Rolle spielen. **Anwendungshemmend** sind dagegen in der Regel (sofern nicht die Besonderheiten der neuen Tat eine andere Beurteilung nahelegen) einschlägige oder sonstige erhebliche Vorstrafen,[148] vorausgegangene, kurz zurückliegende Anwendungen des § 153a in einem anderen Verfahren,[149] jedenfalls sofern die neue Tat zeitlich der früheren Einstellungsentscheidung nachfolgt, so dass die frühere Einstellung ihre Warnfunktion entfalten konnte, ferner eine besondere kriminelle Intensität, etwa (wenn auch keinesfalls in jedem Fall) durch gemeinschaftliche Tatbegehung. Bei vorangegangenen folgenlosen Einstellungen nach §§ 153 ff. wird man angesichts der Ausweitung des § 153a auf den mittleren Schuldbereich von einer anwendungshemmenden Wirkung der früheren Einstellung dagegen nur noch in Ausnahmefällen sprechen können.[150] Insgesamt gelten bezüglich der Beseitigung des öffentlichen Interesses weitgehend die gleichen Grundsätze, wie sie auch bei der Frage maßgebend sind, ob überhaupt ein öffentliches Interesse an der Strafverfolgung besteht (vgl. § 153, 30 ff.).

Ob ein **Geständnis in Kombination mit der Erfüllung der Auflagen und Weisungen** das öffentliche Interesse an der Strafverfolgung beseitigen kann, ist jeweils im Einzelfall zu prüfen und keiner pauschalen Beantwortung zugänglich. So ist es durchaus denkbar, dass ein vom Beschuldigten (freiwillig) geäußertes Geständnis zu einer vertieften Auseinandersetzung des Beschuldigten mit der Tat führt und so eine spezialpräventive Wirkung entfaltet. Ebenso kann durch das Geständnis und die Auferlegung von Auflagen und Weisungen der Bevölkerung aufgezeigt werden, dass eine Reaktion des Staates auf Massendelikte nicht ausbleibt, wenn auch gerade wegen der Masse und der nicht entgegenstehenden Schuld keine förmliche Verurteilung erfolgt. Insoweit können generalpräventive Aspekte erfüllt und somit das öffentliche Interesse auch durch das Geständnis beseitigt sein. Hingegen ist der Tendenz, bei besonders einschneidenden Tatfolgen oder einem erheblichen Medienecho oder einem erhöhten Interesse der Bevölkerung an dem Strafverfahren zwingend ein Geständnis zur Anwendung des § 153a zu fordern, eine klare Absage zu erteilen. Ein dermaßen „erzwungenes" Geständnis kann von dem Beschuldigten nach der auf die Erfüllung der Auflagen und Weisungen folgenden endgültigen Einstellung allzuleicht widerrufen werden. Als Argument kann dann angeführt werden, die geständige Einlassung sei nur zu dem Zweck erfolgt, schnellstmöglich und glimpflich aus dem, aus Sicht des Beschuldigten ungerechtfertigten, Strafverfahren zu entkommen.[151] Die angesprochenen spezial- und generalpräventiven Effekte wären konterkariert. Die Tatopfer womöglich vor den Kopf gestoßen. In den angesprochenen Fällen gilt es vielmehr, genau zu prüfen, ob die Beseitigung des öffentlichen Interesses tatsächlich möglich ist oder die Anwendung des § 153a ausscheidet. 44

2. Tatverdacht. Die Anwendung des § 153a erfordert einen höheren Verdachtsgrad als die folgenlose Einstellung nach § 153 (vgl. § 153, 37 f.). Wie die Gesetzesbegründung 45

148 KMR/*Plöd* 12; HK/*Gercke* 16.
149 Vgl. dazu *Hanack* FS Gallas 359 ff.; KMR/*Plöd* 12; HK/*Gercke* 16; zur wiederholten Anwendung der Vorschrift im gleichen Verfahren siehe Rn. 105.
150 Wohl enger KMR/*Plöd* 112.
151 So letztlich auch im bekannten Fall des ehemaligen Bundestagsabgeordneten Edathy; vgl. hierzu *Rosenstock* StV **2015** 655; *Salditt* weist in diesem Zusammenhang zu Recht darauf hin, dass bei Durchführung des Verfahrens auch ein Freispruch das Ergebnis sein kann, FS E. Müller II 615.

ergibt,[152] ist der Vorschrift von Anfang an bewusst nicht die konjunktivische Fassung wie in § 153 („als gering anzusehen wäre") gegeben[153] und in § 153a Abs. 1 bewusst vom Absehen von der Erhebung der öffentlichen Klage, nicht nur von der Strafverfolgung, gesprochen worden. Die Anwendung des § 153a Abs. 1 setzt also die **Durchermittlung** voraus,[154] es genügt nicht, dass lediglich ein Anfangsverdacht vorliegt. Bevor dem Beschuldigten zugemutet werden kann, durch die Erfüllung der Auflagen und Weisungen sich einer „Sanktion im weiteren Sinne" zu unterwerfen, muss mit hoher Wahrscheinlichkeit ausgeschlossen werden können, dass es im Falle der Weiterführung des Verfahrens nicht zu seiner Verurteilung kommen würde. Der Beschuldigte müsste nach der pflichtgemäßen Einschätzung des Staatsanwalts oder Richters aufgrund einer Hauptverhandlung, in der sich der ausermittelte, aktenkundige Sachverhalt als wahr herausstellte, verurteilt werden, d.h. auch, dass der Einstellende von der Strafbarkeit des Verhaltens überzeugt sein muss.[155] Dabei auftauchende Rechtsfragen darf er nicht offen lassen, sondern muss sie entscheiden. Freilich bleibt die Schuldfrage offen; auch bei § 153a hat die Verfahrensbeendigung rein prozessualen Charakter; eine mit der Unschuldsvermutung unvereinbare Schuldfeststellung oder Schuldüberzeugung liegt in ihr nicht.[156]

46 Dass, wie im Schrifttum teilweise formuliert wird, die **Schuld feststehen** oder der Richter oder Staatsanwalt **von der Schuld überzeugt** sein müsse,[157] bedeutet den berechtigten Hinweis, dass Staatsanwalt oder Gericht nicht von sich aus auf die Erfüllung von Auflagen hinwirken dürfen, solange sie noch Zweifel an einer andernfalls möglichen Verurteilung haben. Doch kann das Merkmal der Überzeugung hierbei nicht in dem sonst in der StPO gebrauchten Sinne verwendet werden. Denn eine Überzeugung von der Schuld lässt sich in aller Regel erst durch das Gericht nach völligem Abschluss der Beweisaufnahme, nach den Schlussvorträgen und (im Kollegialgericht) nach Beratung gewinnen. Auf diesen Verfahrenszeitpunkt ist die Anwendung des § 153a aber nicht beschränkt. § 153a verlangt die Schuld- bzw. Verurteilungswahrscheinlichkeit in der für die jeweilige Verfahrenslage vorgeschriebenen Verdachtsintensität.[158] Sie muss also hinreichend im Sinne des § 203 (vgl. § 203, 6 ff.) für die Anwendung des § 153a Abs. 1 und des Absatzes 2 vor der Eröffnung des Hauptverfahrens sein.[159] Die Staatsanwaltschaft darf § 153a nur anwenden, wenn sie bei Verneinung der Voraussetzungen die öffentliche Klage erheben, das Gericht im Zwischenverfahren nur, wenn es andernfalls die Anklage zulassen würde. **In der Hauptverhandlung** muss mindestens aufgrund des bisherigen Beweisergebnisses der hinreichende Tatverdacht (noch) vorliegen und es darf nicht zu erwarten sein, dass er durch die

---

152 BTDrucks. **7** 550 S. 298.
153 Abweichend *Kunz* (Einstellung) 36, der meint, das „wäre" gelte auch hier.
154 *Eckl* JR **1975** 101; *Horstmann* 156; *Jostes* 55; *Krey* Bd. II 223; Radtke/Hohmann/*Radtke* 30; SK/*Weßlau/Deiters* 25; HK/*Gercke* 14; MüKo/*Peters* 8; Meyer-Goßner/*Schmitt* 7; *Ranft* 1163; *Rose* 36; *Schulenburg* JuS **2004** 768; *Wissgott* 363; vgl. auch *Pfeiffer* 2; etwas großzügiger AnwK-StPO/*Walther* 4; missverständlich KK/*Diemer* 9, der die gleichen Voraussetzungen wie bei § 153 annimmt, sich insoweit aber nur auf die Deliktsnatur als Vergehen bezieht; vgl. auch KK/*Diemer* 11; zu den nicht immer damit übereinstimmenden Praxiseinstellungen vgl. *Berckhauer* Kriminalistik **1987** 98; *Meinberg* 93 f., 228 f. sowie das Fallmaterial dort.
155 **A.A.** LG Bonn NStZ **2001** 377 mit **abl.** Anm. *Beulke/Fahl* NStZ **2001** 428; siehe auch *Schuth* 165; *Kunz* (Bagatellprinzip) 72ff.
156 BVerfG NJW **1991** 1530; OLG Köln JMBlNW **1991** 77; *Fezer* ZStW **106** (1994) 33; ausführlich *Kühl* (Unschuldsvermutung) 116 f.; siehe auch *Weihrauch* (Fn. 41) 122. BTDrucks. **12** 1217 S. 34 spricht ausdrücklich von „potentieller Schuld".
157 *Hanack* FS Gallas 349; ihm folgend LR/*Meyer-Goßner*[23] 18; ferner *Eckl* JR **1975** 101; *Hellmann* 561; *Krey* Bd. II 223; *Rüth* DAR **1975** 6; *Wissgott* 363.
158 Zustimmend Radtke/Hohmann/*Radtke* 30.
159 Vgl. *Haller/Conzen* 159; *Meinberg* 190; *G. Schäfer* 1557; KK/*Diemer* 11; zu der in diesem Kommentar vertretenen Auffassung, dass der hinreichende Verdacht „dringend" sein müsse, siehe § 203, 12.

weitere Beweisaufnahme noch zerstreut werden könnte. Es kann aber nicht verlangt werden, dass das Gericht die Beweisaufnahme stets bis zur Sachentscheidungsreife fortführt.[160] Ist allerdings die **Beweisaufnahme** beendet, so darf § 153a nur angewendet werden, wenn das Gericht andernfalls den Angeklagten verurteilen würde.[161]

3. Zustimmung des Beschuldigten

a) Notwendigkeit. Inhalt. Die Zustimmung des Beschuldigten zu den Auflagen und Weisungen ist stets erforderlich, auch in den Fällen der staatsanwaltschaftlichen Einstellung nach § 153a Abs. 1 und bei gerichtlicher Einstellung nach Absatz 2 auch dann, wenn nach § 153 Abs. 2 Satz 2 die Zustimmung nicht erforderlich wäre.[162] Ein Schuldeingeständnis liegt darin nicht.[163] Dies anzunehmen wäre schon deshalb verfehlt, weil nicht wenige Beschuldigte trotz der Überzeugung, sich nicht strafbar gemacht zu haben, einer Erledigung nach § 153a zustimmen, allein um den negativen Folgen des Strafverfahrens zu entgehen,[164] ganz abgesehen davon, dass dieser (Fehl)Schluss auch mit der Unschuldsvermutung unvereinbar wäre. Die Zustimmung kann zum einen unter Setzung einer Frist vom Beschuldigten eingeholt werden, wobei die Frist so zu bemessen ist, dass dieser die Möglichkeit hat, einen Rechtsanwalt zu konsultieren.[165] Zum anderen kann die Initiative auch vom Beschuldigten oder seinem Verteidiger ausgehen.[166] Die Zustimmung muss sich auf die Einzelheiten der vorgesehenen Auflagen und Weisungen einschließlich der Leistungsmodalitäten (wie Ratenzahlung und Frist) beziehen.[167] In der bloßen Erklärung, dass einer Einstellung „gegen Auflagen" zugestimmt werde, liegt sie noch nicht. Es ist deshalb gesetzwidrig, wenn teilweise eine bereits bei der polizeilichen Vernehmung formularmäßig erklärte pauschale Zustimmung als ausreichend angesehen und dann sogar noch zur Grundlage einer gerichtlichen Einstellung gemäß Absatz 2 nach erstinstanzlich erfolgtem Freispruch gemacht werden soll.[168] Dagegen ist es rechtlich nicht unzulässig, dass der Beschuldigte von sich aus bestimmte Auflagen und Weisungen anbietet, die er zu erfüllen bereit ist. Darin liegt dann die erforderliche Zustimmung, wenn Staatsanwaltschaft oder Gericht sie für ausreichend halten. Es ist ebenfalls möglich, dass der Beschuldigte auf die Zustimmungsanfrage hin eine Veränderung der Auflagen oder Auflagenmodalitäten vorschlägt; darin liegt eine Verweigerung der Zustimmung zur ursprünglichen Auflage,[169] verbunden mit einer vorweg erklärten Zustimmung zu einer veränderten Auflagenfestsetzung, bei der es der Staatsanwaltschaft oder dem Gericht freisteht, ob sie hierauf eingehen wollen. 47

Zumeist werden allerdings Art und Höhe der zumutbaren Auflagen durch **informelle Gespräche** der Prozessbeteiligten geklärt. Solche „Verhandlungen" über die Einstellung sind nicht unzulässig[170] und verdienen auch nicht den Vorwurf des „Feilschens" 48

---

160 OLG Düsseldorf VRS **68** (1985) 266.
161 **A.A.** Radtke/Hohmann/*Radtke* 31 aufgrund fehlender umfassender Beweiswürdigung.
162 Zur (etwas pragmatischen) Begründung des Gesetzgebers vgl. BTDrucks. **7** 550 S. 298.
163 BVerfG NJW **1991** 1530; StV **1996** 163; *Fezer* 1/44; *Ulsenheimer* 480.
164 Siehe *Ulsenheimer* 480; *Waller* DRiZ **1986** 49; siehe auch oben Rn. 10.
165 HK/*Gercke* 17; Meyer-Goßner/*Schmitt* 30; KK/*Diemer* 32; SK/*Weßlau/Deiters* 29; MüKo/*Peters* 23.
166 AnwK-StPO/*Walther* 37; SK/*Weßlau/Deiters* 29.
167 BVerfG bei *Nack*, Beschl. v. 6.4.1999 – 2 BvR 399/93; Meyer-Goßner/*Schmitt* 10; KK/*Diemer* 32; HK/*Gercke* 17; SK/*Weßlau/Deiters* 29.
168 Vgl. OLG Karlsruhe Justiz **2000** 404; zur entsprechenden Praxis siehe schon *Hertwig* 88 f., 91.
169 KMR/*Plöd* 14.
170 Vgl. *Dahs* (Hdb.) 326; *Weihrauch* (Fn. 41) 161 ff.; vgl. auch *Kaiser/Meinberg* NStZ **1984** 345 f.; Meyer-Goßner/*Schmitt* 27 ff.; KK/*Diemer* 29; SK/*Weßlau/Deiters* 29; *Meinberg* 218 ff. und im Fallmaterial (wo solche „Verhandlungen" empirisch belegt werden).

oder des „Freikaufs“. Nicht selten werden sie sogar unvermeidlich sein, namentlich bei der neu ins Gesetz aufgenommenen Möglichkeit des Täter-Opfer-Ausgleichs (§ 153a Abs. 1 Satz 2 Nr. 5), nicht nur weil sein Gelingen (neben der wenigstens prinzipiell bestehenden Bereitschaft des Opfers) über die vorgeschriebene Zustimmung des Beschuldigten hinaus dessen Willen voraussetzt, „sich ernsthaft zu bemühen“, sondern auch weil das Verhalten im Vorgespräch Rückschlüsse darauf zulässt, ob das öffentliche Interesse an der Strafverfolgung durch diese Art der Auflage überhaupt zu beseitigen ist. Das Gesetz ordnet in § 155a Satz 2 sogar ausdrücklich an, dass Gerichte und Staatsanwälte in geeigneten Fällen aktiv auf die Herbeiführung des Täter-Opfer-Ausgleichs hinwirken sollen (§ 155a, 1).[171]

49 Die geschilderten informellen Gespräche mit dem Ziel einer Einstellung gem. § 153a fallen nach umstrittener,[172] aber zutreffender Ansicht als Gespräche mit urteilsersetzender[173] Zielsetzung nicht unter die **Mitteilungspflicht nach § 243 Abs. 4.**[174] Dies ergibt sich schon aus dem Gesetzeswortlaut und der Systematik. Denn der Gegenstand der Erörterungen, die eine Mitteilungspflicht nach § 243 Abs. 4 auslösen, muss die Möglichkeit einer Verständigung nach § 257c gewesen sein. Der Katalog der möglichen Gegenstände einer solchen Verständigung ist wiederum in § 257c Abs. 2 gesetzlich definiert. Dieser umfasst die Rechtsfolgen, die Inhalt des Urteils und der dazugehörigen Beschlüsse sein können, sonstige verfahrensbezogenen Maßnahmen im Ermittlungsverfahren sowie das Prozessverhalten der Verfahrensbeteiligten. Die Verständigung nach § 257c weist somit einen Urteilsbezug auf, der im Falle einer (urteilsersetzenden) Einstellung nach § 153a gerade nicht gegeben ist.[175] Mit der hier vertretenen Auffassung, dass ein Geständnis nur im Einzelfall als ein Mosaikstein einer Einstellung nach § 153a in Frage kommt (vgl. Rn. 44) stünde bei Annahme einer umfassenden Mitteilungspflicht nach § 243 Abs. 4 auch die Sollvorschrift des § 257c Abs. 2 Satz 2 in Widerspruch. Zudem würde nach abweichender Ansicht die Fülle der mitzuteilenden Umstände oftmals zum einen zu einer kaum noch handhabbaren Dokumentations- und Mitteilungspflicht des Gerichts führen, zum anderen die Warnfunktion des § 243 Abs. 4 konterkarieren.[176]

50 Die Zustimmung muss unzweideutig, wenn auch nicht notwendig ausdrücklich erklärt werden, auch eine **konkludente Zustimmung** ist möglich. Sie liegt regelmäßig darin, dass der Beschuldigte auf die Anfrage hin, ob der Einstellung gegen bestimmt bezeichnete Auflagen und Weisungen zugestimmt werde, von sich aus die Auflagen erfüllt; in diesem Fall fallen Zustimmung und Auflagenerfüllung zusammen und die vom Gesetz vorgesehene vorläufige Einstellung entfällt. Es ist auch möglich, dass die Strafverfolgungsbehörden die Anfrage, ob der Einstellung gegen die Zahlung einer Geldauflage zugestimmt werde, sogleich mit einer bedingten Zahlungsaufforderung, etwa durch Beifügung einer Zahlkarte verbinden. Dieses Verfahren ist weder gesetzwidrig noch regelmäßig verfehlt;[177] doch muss vermieden werden, dass beim Beschuldigten der Eindruck entsteht, er sei zur Zahlung verpflichtet, etwa durch einen entsprechenden, eindeutig

---

171 Vgl. BTDrucks. **14** 1928 S. 1; zur Legitimität entsprechenden Verteidigerhandelns vgl. BGH NJW **2000** 2435.

172 Zur abweichenden Ansicht siehe BVerfG StV **2016** 409; BGH NStZ **2016** 743 m. **abl.** Anm. *Bittmann*; OLG Hamburg NStZ **2015** 661 ff.; HK/*Temming* § 202a, 5; siehe auch LR/*Stuckenberg* § 203, 6.

173 KG NStZ **2014** 293.

174 *Niemöller* JR **2016** 146; *Schneider* NStZ **2016** 174; *Bittmann* NStZ **2016** 745.

175 Soweit die abweichenden Stimmen hier auf den gesetzgeberischen Willen rekurrieren ist BTDrs. **16**/1612310 S. 13 in Bezug auf Einstellungsentscheidungen so zu verstehen, dass urteilsbeeinflussende Ziele wie die Teileinstellung nach § 154 Abs. 2 angesprochen sind.

176 Ausführlich *Bittmann* NStZ **2016** 745.

177 So aber LR/*Meyer-Goßner*[23] 45; ähnlich *Gössel* JR **1984** 304.

gefassten und auch einem nichtverteidigten Beschuldigten verständlichen Hinweis in der Anfrage.[178] Zur Reihenfolge der Einholung der erforderlichen Zustimmung siehe Rn. 124.

b) Widerruf. Solange die Auflagen und Weisungen nicht vollständig erfüllt sind, 51
kann der Beschuldigte seine Zustimmung frei widerrufen.[179] Das mag für die Beteiligten unangenehm sein, z.B. beim Abbruch einer Beratung oder einem begonnenen Täter-Opfer-Ausgleich, ergibt sich aber notwendigerweise daraus, dass er trotz Zustimmung in der Entscheidung frei bleibt, ob er die Auflagen und Weisungen erfüllen will. Nach der vollständigen und fristgerechten Erfüllung ist die Zustimmung als Prozesshandlung weder widerruflich noch wegen Willensmängeln anfechtbar (vgl. Einl. K 23ff.).

c) Verteidiger. Die Anfrage, ob die Zustimmung erteilt wird, kann an den Verteidi- 52
ger gerichtet werden (§ 145a Abs. 1).[180] Rät der Anwalt dem Beschuldigten, einer Einstellung nach § 153a unter einer Geldauflage zuzustimmen und übersieht er dabei, dass das Verfahren gemäß § 170 Abs. 2 hätte eingestellt bzw. im gerichtlichen Verfahren mit einer Einstellung nach § 203 oder Freispruch hätte enden müssen, dann kann darin eine zum Schadensersatz gemäß § 280 Abs. 1, § 241 Abs. 2 BGB verpflichtende Verletzung des Anwaltsvertrages liegen.[181] Erklärt der Verteidiger die Zustimmung, so ist regelmäßig davon auszugehen, dass es sich um eine Erklärung des Beschuldigten handelt. Im Übrigen gelten die Darlegungen in § 153, 76 entsprechend.

4. Ermessen? Die Vorschrift eröffnet den Strafverfolgungsbehörden kein Ermessen; 53
es geht vielmehr um die Anwendung unbestimmter Rechtsbegriffe. Die Einzelheiten sind in § 153, 41f. erörtert.

IV. Auflagen und Weisungen

1. Allgemeines. Der Gesetzeswortlaut unterscheidet im Anschluss an §§ 56b und 56c 54
StGB zwischen „Auflagen", die in erster Linie der Genugtuung für das begangene Unrecht dienen (z.B. Nr. 1, Schadenswiedergutmachung; Nr. 2, Geldleistung; Nr. 3, gemeinnützige Leistungen, vgl. § 56b Abs. 2 Satz 1 Nr. 1 bis 3 StGB), und „Weisungen", die eine eher spezialpräventive Zielsetzung haben und dem Beschuldigten helfen sollen, nicht wieder straffällig zu werden,[182] wozu die Nr. 4 (Erfüllung der Unterhaltspflichten) vor allem deshalb zählt, weil sie ausdrücklich in § 56c Abs. 2 Nr. 5 StGB als Weisung bezeichnet wird. Die Teilnahme an einem Aufbauseminar (Nr. 7) wird, obwohl eindeutig spezialpräventiv, als „Auflage" bezeichnet,[183] die Teilnahme an einem Täter-Opfer-Ausgleich als „Weisung".[184] Sie ist auch im Jugendstrafrecht als Weisung konzipiert (§ 10

---

178 Vgl. *Hertwig* 93; Muster bei *Vordermayer/v. Heintschel-Heinegg*, 3. Teil, 106 ff.
179 SK/*Weßlau/Deiters* 32; HK/*Gercke* 17; MüKo/*Peters* 23; KMR/*Plöd* 16.
180 Meyer-Goßner/*Schmitt* 30; *Pfeiffer* 3.
181 *Schlee* AnwBl. **1986** 32; vgl. auch *Freyschmidt* Verteidigung in Straßenverkehrssachen (2005) 370; *Krause* NStZ **2000** 226 ff. Das OLG Nürnberg StV **1997** 481 mit aufschlussreicher Anm. *Barton* StV **1998** 606 hat einen Schadensersatzanspruch gegen einen Verteidiger bejaht, dem im Zusammenhang mit dem Abschluss eines Deals ein Fehler unterlaufen war; ausführlich zum Haftungsproblem auch *Zwiehoff* StV **1999** 555.
182 Vgl. das Wörtchen „Hilfe" in § 56c Abs. 1 Satz 1 StGB; siehe ferner *Fischer* § 56b, 2; LK/*Hubrach* § 56b, 1 f.; Schönke/Schröder/*Kinzig* § 56b, 2.
183 BTDrucks. **13** 6914 S. 94; KMR/*Plöd* 28; anders MüKo/*Peters* 63.
184 BTDrucks. **14** 1928 S. 6; **a.A.** *G. Schäfer* 662 („Auflage").

Abs. 1 Satz 3 Nr. 7 JGG),[185] ebenso wie dort die Teilnahme an einem sozialen Trainingskurs (§ 10 Abs. 1 Satz 3 Nr. 6; hier ebenfalls Nr. 6). Die Anordnung, sich persönlich bei dem Verletzten zu entschuldigen (§ 15 Abs. 1 Satz 1 Nr. 2 JGG), wird hingegen als Auflage bezeichnet. Die Anordnung, „Arbeitsleistungen" zu erbringen, kann im Jugendstrafrecht sowohl „Auflage" (§ 15 Abs. 1 Satz 1 Nr. 3) wie auch „Weisung" sein (§ 10 Abs. 1 Satz 3 Nr. 4 JGG). Erst recht bei anderen als den in den Katalogen der §§ 56b und 56c StGB bzw. in §§ 10 und 15 JGG bezeichneten, aber nach § 153a Abs. 1 Satz 2 („insbesondere") nunmehr zulässigen, jedoch in dessen Katalog nicht erwähnten Auflagen und Weisungen kann deshalb fraglich sein, ob diese als Auflage oder als Weisung zu bezeichnen sein werden. Der Frage kommt jedoch lediglich terminologische Bedeutung zu, für § 153a ist sie jedenfalls ohne Belang, so dass der Gesetzgeber erwägen sollte, die Unterscheidung jedenfalls dort aufzugeben und einheitlich den in der Praxis offenbar ohnehin vorherrschenden Begriff der Auflage zu verwenden, wie es ursprünglich (bis zum 1. StRG) auch im StGB der Fall war, bevor die Weisungen von den Bewährungsauflagen begrifflich getrennt wurden.

55 Die **Kombination mehrerer Auflagen und Weisungen** (auch mit unterschiedlichen Erfüllungsfristen) ist zulässig;[186] sie kann geboten sein, wenn nur auf diese Weise das öffentliche Interesse an der Strafverfolgung beseitigt werden kann (Rn. 39). Doch gilt auch für die Auflagen und Weisungen nach § 153a der in § 56b Abs. 1 Satz 2, § 56c Abs. 1 Satz 2 StGB, § 10 Abs. 1 Satz 2, § 15 Abs. 1 Satz 2 JGG positivierte Grundsatz, dass an den Beschuldigten **keine unzumutbaren Anforderungen** gestellt werden dürfen.[187] Der **Erfüllungsnachweis** der Hauptauflage ist als **Annexauflage** zulässig, und zwar (über die Fälle des § 153a Abs. 1 Satz 7 hinaus) auch ohne richterliche Zustimmung.[188] Betrifft die Einstellung **mehrere Taten** im Sinne des § 53 StGB, so sind **einheitliche Auflagen** festzusetzen, nicht etwa sind – z.B. im Falle der Geldauflage – Einzelbeträge für die einzelnen Taten festzusetzen, und es ist auch nicht etwa eine „Gesamtbuße" zu bilden.

56 Absatz 1 Satz 3 (für die staatsanwaltschaftliche Festsetzung) bzw. Absatz 2 Satz 2 in Verb. mit Absatz 1 Satz 3 (für die gerichtliche Festsetzung) schreiben eine **Befristung** für die Erfüllung der Auflagen und Weisungen vor und enthalten hierfür Höchstfristen. Bei der Bemessung der konkreten Frist sind die Umstände des Einzelfalls zu berücksichtigen. Bei Festsetzung mehrerer Auflagen und Weisungen können daher unterschiedliche Fristen sinnvoll sein und festgesetzt werden. Keinesfalls sollte die gesetzliche Höchstfrist schematisch gesetzt werden.[189] Sind verschieden lange Fristen festgesetzt worden, so ist für § 153a Abs. 1 Satz 5 die längste Frist maßgeblich.[190] Innerhalb der Frist können auch Ratenzahlungen auferlegt werden,[191] doch hat die bloße Nichteinhaltung der Teilleis-

---

185 § 10 JGG definiert Weisungen als „Gebote und Verbote, welche die Lebensführung des Jugendlichen regeln" und dadurch – im Unterschied zur Auflage – eher auf Dauer angelegt sind; zu den unterschiedlichen Bedeutungen der „Weisung" in den verschiedenen Regelungszusammenhängen *Mrozynski* JR **1983** 397.

186 HK/*Gercke* 18; *Jostes* 42; Meyer-Goßner/*Schmitt* 14; *Pfeiffer* 4; KMR/*Plöd* 19; *Pommer* Jura **2007** 666; SK/*Weßlau/Deiters* 33; Radtke/Hohmann/*Radtke* 32; KK/*Diemer* 13; AnwK-StPO/*Walther* 9.

187 LR/*Meyer-Goßner*[23] 25; KK/*Diemer* 13; Radtke/Hohmann/*Radtke* 32; SK/*Weßlau/Deiters* 33; MüKo/*eters* 63.

188 Vgl. (für die alte Rechtslage) schon LR/*Rieß*[24] 38; *Schuth* 31; *M.J. Schmid* JR **1979** 53.

189 Meyer-Goßner/*Schmitt* 23; AK/*Schöch* 23; zur praktischen Handhabung (überwiegend kurze Fristen) *Hertwig* 135; *Meinberg* 87; in der Einzelfalldokumentation bei *Meinberg* finden sich jedoch auch Beispiele für die gesetzliche Höchstfrist überschreitende Fristbestimmungen und Fristverlängerungen.

190 Meyer-Goßner/*Schmitt* 23; Radtke/Hohmann/*Radtke* 34.

191 Meyer-Goßner/*Schmitt* 20; Radtke/Hohmann/*Radtke* 34; SK/*Weßlau/Deiters* 36.

tungstermine, da das Gesetz hierüber nichts enthält, nicht die Wirkung einer endgültigen Nichterfüllung der Auflage.[192]

Die Auflagen oder Weisungen müssen **bestimmt** sein; dass sie durch den Beschuldigten bestimmbar sind, reicht nicht aus. Denn von der Bestimmung hängt oft ab, ob das öffentliche Interesse an der Strafverfolgung entfällt; diese Entscheidung kann nicht dem Beschuldigten überlassen bleiben. Außerdem bestünde andernfalls die Gefahr, dass unklar bliebe, ob der Strafklageverbrauch nach § 153a Abs. 1 Satz 5 eingetreten ist.[193] Der Beschuldigte muss also der Auflage oder Weisung eindeutig entnehmen können, welche Leistung, bei Geldleistungen in welcher Höhe, er bis zu welchen Zeitpunkt wem gegenüber zu erbringen hat. Er ist freilich nicht gehindert, mehr zu erbringen oder schneller zu leisten, als ihm auferlegt worden ist. 57

2. Schadenswiedergutmachung (Nr. 1)

a) Allgemeines. Bedeutung. Die Schadenswiedergutmachungsauflage, von der erstaunlich wenig Gebrauch gemacht wird,[194] ist von der kriminalpolitischen Zielsetzung her von erheblicher Bedeutung; sie sollte deshalb in möglichst großem Umfang angewendet werden.[195] Der Auffassung, die Wiedergutmachung des Schadens regelmäßig dem zivilgerichtlichen Verfahren zu überlassen sei, ist zu widersprechen; die von *Meyer-Goßner* in der 23. Auflage (Rn. 27) angeführten Schwierigkeiten und Bedenken lassen sich durch eine sachgerechte Handhabung vermeiden. So lässt sich etwa die Auflage summenmäßig auf den mit Sicherheit entstandenen Schaden begrenzen[196] und ggf. mit einer Auflage nach den Nummern 2 und 3 kombinieren. Eine zusätzliche **Anhörung des Beschuldigten** außerhalb der Zustimmung darüber, was er als Schaden anzuerkennen bereit sei, ist nicht erforderlich;[197] meint der Beschuldigte, die ihm auferlegte Wiedergutmachungsleistung nicht zu schulden, so kann er seine Zustimmung unter Hinweis hierauf verweigern und zugleich mitteilen, welche Schadenswiedergutmachungsleistung er zu erbringen bereit ist. Dass der Beschuldigte die Tat bestreitet, macht die Auflage nicht unzulässig,[198] aus seiner Zustimmung darf aber später kein Schuldindiz hergeleitet werden. 58

b) Schadensbegriff. Zivilrecht. Ob ein ersetzbarer Schaden entstanden ist, richtet sich grundsätzlich nach den bürgerlich-rechtlichen Vorschriften; die Einzelheiten sind teilweise umstritten.[199] Jedenfalls scheidet die Schadenswiedergutmachung aus, wenn 59

---

192 Radtke/Hohmann/*Radtke* 34; SK/*Weßlau/Deiters* 36; **a.A.** wohl Meyer-Goßner/*Schmitt* 24, der in Analogie zu § 42 Satz 2 und § 56f Abs. 1 und Abs. 2 StGB Widerruf und Verfallsklauseln für möglich hält.
193 Vgl. auch *Schuth* 146 f.
194 Vgl. *Rieß* ZRP **1983** 95; **1985** 213; *Roxin* in: Schöch (Hrsg.) 38 mit dem Vorschlag, die Wiedergutmachung als eigenen Strafzweck und „dritte Spur" anzuerkennen; *Schöch* Verh. des 59. DJT, 1992, Bd. I Teil C 54; siehe auch *Baumann u.a.* Alternativ-Entwurf Wiedergutmachung (1992); der Sache nach auch *Walther* 291 (drei Programme, vier Spuren); krit. *Hirsch* ZStW **102** (1990) 541 ff.; *Lampe* GA **1993** 485; *Schaffstein* FS Roxin 1068.
195 Meyer-Goßner/*Schmitt* 15; *Kunz* (Bagatellprinzip) 289 ff.; KMR/*Plöd* 20. Schon der 55. DJT (Verh. des 55. DJT, 1984, Bd. II S. L 192, Beschl. IV 3) hat gefordert, dass von der Wiedergutmachungsauflage in möglichst großem Umfang Gebrauch gemacht werden solle; für eine „wiedergutmachungszentrierte" Neufassung der §§ 153 ff. *Walther* 362 ff.
196 KMR/*Plöd* 20; auch KK/*Diemer* 14; HK/*Gercke* 20; Meyer-Goßner/*Schmitt* 16: nicht mehr als zivilrechtlich zu ersetzen.
197 So *Schuth* 29.
198 Meyer-Goßner/*Schmitt* 15; MAH/*Schlothauer* § 3, 139; SK/*Weßlau/Deiters* 37, die zudem auf Irritationen mit der Unschuldsvermutung hinweisen; **a.A.** *Dreher* FS Welzel 938.
199 Vgl. auch das Schrifttum und die Rechtsprechung zu § 56b Abs. 2 Satz 1 Nr. 1 StGB, z.B. m.w.N. LK/*Hubrach* 56b, 5 ff.

überhaupt kein Schaden entstanden oder dieser bereits durch den Beschuldigten selbst oder einen Dritten ausgeglichen worden ist. Im zweiten Fall kann allerdings die dem Dritten, beispielsweise der Versicherung, gegenüber ggf. durch Forderungsübergang entstandene Ersatzpflicht zum Gegenstand der Auflage gemacht werden.[200] Ist die Ersatzpflicht bereits durch ein Zivilurteil geklärt, so darf die Auflage dies nicht unbeachtet lassen.[201] Im Übrigen ist das Strafverfolgungsorgan in der Bestimmung des Schadensumfangs frei. Nach wohl überwiegender und zutreffender Meinung steht selbst die Verjährung des Ersatzanspruchs der Auflage nicht entgegen.[202]

60 **c) Bestimmte Leistung. Einzelfragen.** Anders als bei § 56b Abs. 2 Satz 1 Nr. 1 StGB darf die Auflage nicht dahin lauten, den Schaden „nach Kräften" wiedergutzumachen, sondern muss die geschuldete Wiedergutmachungsleistung genau bestimmen.[203] In der Regel wird dies eine der Höhe nach bestimmte **Geldleistung** (wie bei Nr. 2), ggf. in Raten,[204] sein. Dies kann auch Schmerzensgeld für immaterielle Schäden beinhalten, soweit ein solches zivilrechtlich gefordert werden kann.[205] Auch ein Insolvenzverfahren über das Vermögen des Beschuldigten hindert die Wiedergutmachungsauflage nicht; sie trifft aber nie die Insolvenzmasse.[206] Ob dem Beschuldigten als Schadenswiedergutmachung ein Beitrag zu den dem Verletzten durch seinen Anschluss als Nebenkläger entstandenen **Kosten** auferlegt werden darf, ist mittlerweile kaum noch umstritten,[207] und im Ergebnis mit der h.M. zu verneinen, da die h.M. die Erstattungsfähigkeit der Nebenklagekosten im Rahmen des zivilrechtlichen Schadensersatzes ebenfalls verneint.[208] Zur Frage, ob die Übernahme der Nebenklagekosten von der Staatsanwaltschaft (mit Zustimmung des Gerichts) als sonstige Auflage im Sinne des § 153a Abs. 1 Satz 2 erteilt werden kann, vgl. Rn. 88.

61 Sowohl bei Vermögens- als auch bei Nichtvermögensschäden kommen nicht nur Geldleistungen, sondern auch andere, genau bestimmte Wiedergutmachungsleistungen in Betracht, so etwa die Abgabe einer Ehrenerklärung oder, unter den Voraussetzungen der §§ 165, 200 StGB, eine öffentliche Bekanntmachung.[209] Auch die Abgabe einer Entschuldigung[210] (vgl. § 15 Abs. 1 Satz 1 Nr. 2 JGG) oder **Naturalrestitution** kann dem Beschuldigten als bestimmte Wiedergutmachungsleistung auferlegt werden; soweit der Gläubiger sich diese nach zivilrechtlichen Vorschriften nicht aufdrängen lassen muss, wird allerdings dessen Einverständnis vorliegen müssen.

---

200 Vgl. Radtke/Hohmann/*Radtke* 35.
201 *Baur* GA **1957** 344; krit. *Frehsee* NJW **1981** 1254.
202 OLG Koblenz NJW **1976** 527; OLG Stuttgart MDR **1971** 1025; Meyer-Goßner/*Schmitt* 16; KMR/*Plöd* 19; *Schall* NJW **1977** 1045; AnwK-StPO/*Walther* 10; zweifelnd Radtke/Hohmann/*Radtke* 35.
203 MüKo/*Peters* 67; HK/*Gercke* 20; Meyer-Goßner/*Schmitt* 15; SK/*Weßlau/Deiters* 40; KK/*Diemer* 14; AnwK-StPO/*Walther* 10.
204 HK/*Gercke* 20; KMR/*Plöd* 20.
205 SK/*Weßlau/Deiters* 40; Meyer-Goßner/*Schmitt* 17; HK/*Gercke* 20; *Pfeiffer* 4; Radtke/Hohmann/*Radtke* 35; KMR/*Plöd* 21; MüKo/*Peters* 65; KK/*Diemer* 15.
206 Näher *Schreiner* DRiZ **1977** 336.
207 Bejahend *M.J. Schmid* JR **1980** 406; verneinend OLG Frankfurt MDR **1980** 515; MüKo/*Peters* 65; Radtke/Hohmann/*Radtke* 35; Meyer-Goßner/*Schmitt* 16; KMR/*Plöd* 20; KK/*Diemer* 14; HK/*Gercke* 20.
208 LR/*Rieß*[24] 44; vgl. dazu BGHZ **24** 263; LG Hannover JurBüro **1985** 72; LR/*Hilger*[25] Vor § 464, 28; vgl. auch *Freundorfer* NJW **1977** 2153 ff.; *Leonhard* NJW **1976** 2152 ff.
209 Meyer-Goßner/*Schmitt* 17; MüKo/*Peters* 65; Radtke/Hohmann/*Radtke* 35.
210 KMR/*Plöd* 21.

Soweit in der Vergangenheit auch der Täter-Opfer-Ausgleich,[211] die Teilnahme an Drogen-, Familien- oder Eheberatungen oder dergleichen unter die Wiedergutmachungsauflage gefasst wurden, war dies zwar vertretbar,[212] durch die jüngeren Gesetzesänderungen (Aufnahme des Täter-Opfer-Ausgleichs in den Auflagenkatalog bzw. Öffnung des Auflagenkatalogs für andere Auflagen und Weisungen) ist diese Auslegung aber als überholt anzusehen. Vielmehr ist danach zu unterscheiden, ob ein **Täter-Opfer-Ausgleich** bereits stattgefunden hat oder nicht.[213] Nur wenn dies nicht der Fall ist, bleibt die Auflage nach Nr. 1 unter der Voraussetzung anwendbar, dass die Durchführung eines Täter-Opfer-Ausgleichs nicht erforderlich oder nicht aussichtsreich erscheint. Dies kann etwa der Fall sein, wenn die dem mutmaßlichen Opfer entstandenen Schäden feststehen und es eines weiteren Ausgleichs zwischen dem Beschuldigten und dem mutmaßlichen Opfer nicht bedarf. Oder wenn zum Schutz des mutmaßlichen Opfers solche Ausgleichsbemühungen unterbleiben sollen, dessen Schäden jedoch auszugleichen sind. Ist ein Täter-Opfer-Ausgleich bereits erfolgreich durchgeführt, ist die Auflage nach Nr. 1 nicht mehr zulässig.[214] 62

3. Geldzahlung (Nr. 2). Sie ist in der Anwendungspraxis des § 153a die ganz dominierende Auflage (Rn. 32). Die Auflage, einen Geldbetrag zugunsten einer gemeinnützigen Einrichtung zu zahlen, entspricht § 56b Abs. 2 Satz 1 Nr. 2 StGB und § 15 Abs. 1 Satz 1 Nr. 4 JGG; die Auflage, einen Geldbetrag zugunsten der Staatskasse zu zahlen, entspricht § 56b Abs. 2 Satz 1 Nr. 4 StGB, so dass die zu dieser Vorschrift vorhandene Literatur ebenfalls herangezogen werden kann.[215] Während die Zahlung an die Staatskasse im JGG gar nicht vorgesehen ist und in § 56b Abs. 2 Satz 1 StGB seit dem VerbrbekG von der Auflage der Zahlung an eine gemeinnützige Einrichtung gesetzessystematisch getrennt und an die letzte Stelle gerückt worden ist, stehen Staatskasse und gemeinnützige Einrichtung in § 153a Abs. 1 Satz 2 Nr. 2 gleichwertig nebeneinander,[216] was freilich nicht bedeutet, dass die Zustimmung (der Staatsanwaltschaft oder des Gerichts) zu dem einen auch das andere umfasst.[217] Einzelpersonen sind keine gemeinnützigen Einrichtungen im Sinne der Vorschrift.[218] In Betracht kommen nur Vereinigungen, bei denen sich die Gemeinnützigkeit – ohne Bindung an die steuerrechtliche Anerkennung als gemeinnützig –[219] aus ihren Zwecken ergeben muss. Die **Auswahl** der gemeinnützigen Einrichtung obliegt 63

211 Vgl. den Schriftlichen Bericht des Rechtsausschusses des Deutschen Bundestages, BTDrucks. **10**/6124 S. 11: „Der Rechtsausschuss geht jedoch davon aus, daß die Schadenswiedergutmachung im Sinne des Täter-Opfer-Ausgleichs durchaus bereits nach den geltenden §§ 153 ff. Berücksichtigung finden sollte"; in diesem Sinne *Rautenberg* NJ **1994** 300; *Rössner/Bannenberg* in: Hering/Rössner (Hrsg.) Täter-Opfer-Ausgleich im allgemeinen Strafrecht (1993) 31; *Streng* (Fn. 66) 34; siehe auch *Meier* GA **1999** 18; *Siegismund/Wickern* wistra **1993** 85; krit. *Tolmein* ZRP **1999** 411 Fn. 32 („kein Pendant").

212 *Beulke* MSchrKrim. **1994** 363 f.; *Beulke/Theerkorn* NStZ **1995** 475 f.; *Theerkorn* 68; siehe auch *Schall/Schirrmacher* Gewalt gegen Frauen und Möglichkeiten staatlicher Intervention (1995) 51; krit. *Meier* JZ **1995** 438; ausführlich zur Kritik des juristischen Schrifttums *Beulke* FS Kaiser 1421.

213 Ebenso SK/*Weßlau/Deiters* 39 jedoch mit anderem Ergebnis; ähnlich Radtke/Hohmann/*Radtke* 35: bereits ausgeglichener Schaden.

214 **A.A.** SK/*Weßlau/Deiters* 39; Radtke/Hohmann/*Radtke* 37 plädiert offen für eine transparente Abgrenzung dieser und weiterer Rechtsinstitute.

215 Vgl. etwa LK/*Hubrach* § 56b, 13 ff.; Schönke/Schröder/*Kinzig* § 58b, 11 ff.

216 HK/*Gercke* 21; zur rechtspolitischen Diskussion *Rieß* FS Koch 227 Fn. 47; zur Forderung nach der Abschaffung der Geldauflage zugunsten der Staatskasse *Brüning* ZIS **2015** 592; auch *Beulke* FS v. Heintschel-Heinegg 43 jew. mwN.

217 So aber LG Zweibrücken NJW **1990** 1247; **abl.** Meyer-Goßner/*Schmitt* 47; siehe dazu auch Rn. 120.

218 HK/*Gercke* 2; Meyer-Goßner/*Schmitt* 18; KMR/*Plöd* 22; AnwK-StPO/*Walther* 11; SK/*Weßlau/Deiters* 44; vgl. auch KK/*Diemer* 16.

219 HK/*Gercke* 21; Meyer-Goßner/*Schmitt* 18; KK/*Diemer* 16; AnwK-StPO/*Walther* 11; KMR/*Plöd* 22.

dem Gericht oder der Staatsanwaltschaft;[220] besondere Wünsche und Vorschläge des Beschuldigten können berücksichtigt werden, in geeigneten Fällen kann auch eine Beziehung zur Tat oder zum Täter hergestellt werden.[221] Üblicherweise führen die Oberlandesgerichte und/oder die Generalstaatsanwaltschaften Listen, auf denen die als gemeinnützig anerkannten Einrichtungen nach deren Antrag eingetragen sind.[222]

64 Zwischen dem Beschuldigten und der begünstigten Einrichtung entstehen durch die Auflage **keine Rechtsbeziehungen,**[223] namentlich erwirbt diese keinen Anspruch auf die Geldleistung. Es ist auch zulässig, einen Teil der Geldzahlung einer gemeinnützigen Einrichtung und den Rest der Staatskasse zuzuweisen. Geldleistungen eines Beschuldigten in Erfüllung einer Auflage nach § 153a dürfen nicht steuermindernd berücksichtigt werden.[224]

65 Die **Kosten des Verfahrens** dürfen dem Beschuldigten nicht als Geldleistung auferlegt werden.[225] Allerdings können bei der Verteilung der Geldleistung und der Bestimmung ihrer Höhe die bisher entstandenen Verfahrenskosten berücksichtigt werden,[226] wenn es auch bedenklich ist, die Höhe der der Staatskasse zufließenden Geldleistung exakt an den Verfahrenskosten zu orientieren.[227] Der **Verzicht auf Entschädigung** für Strafverfolgung nach dem StrEG (Rn. 129) ist nach der hier vertretenen Ansicht (Rn. 85) als sonstige (unbenannte) Auflage zulässig. Vertreter der Gegenansicht müssten die Höhe der Entschädigung in die Geldleistung mit einrechnen.

66 Die **Höhe der Geldleistung** ist gesetzlich weder näher bestimmt noch beschränkt.[228] In der Praxis werden namentlich in den statistisch dominierenden Fällen der Bagatellkriminalität nur verhältnismäßig geringfügige Geldleistungen festgesetzt,[229] im Bereich der Wirtschaftskriminalität und ähnlicher Delikte in seltenen Fällen allerdings auch sehr hohe Beträge. In jüngerer Zeit mehren sich die Stimmen, die eine Be-

---

220 LK/*Hubrach* § 56b, 15; HK/*Gercke* 21; vgl. auch KK/*Diemer* 16. Der Richter oder Staatsanwalt macht sich auch nach Wegfall des Erfordernisses der Eigennützigkeit in § 331 StGB nicht nach dieser Vorschrift strafbar, siehe *Cramer* wistra **1999** 416; zum Ganzen kritisch *Sandherr* DRiZ **2016** 126.

221 HK/*Gercke* 21; MüKo/*Peters* 78; KK/*Diemer* 16; siehe auch Nr. 93 Abs. 2 RiStBV.

222 Zum Teil sind die Listen öffentlich einsehbar, so z.B. die beim OLG Oldenburg geführte Liste im Internet unter https://www.oberlandesgericht-oldenburg.niedersachsen.de/service/verzeichnis_gemeinnuetzigen_einrichtungen/verzeichnis-der-gemeinnuetzigen-einrichtungen-80000.html (zuletzt abgerufen am 25.2.2019); oder die Listen, die bei den baden-württembergischen Oberlandesgerichten in Stuttgart und Karlsruhe geführt werden: http://www.justiz.baden-wuerttemberg.de/pb/,Lde/Startseite/Service/Bussgeldliste (zuletzt abgerufen am 25.2.2019).

223 HK/*Gercke* 21; Meyer-Goßner/*Schmitt* 18; AnwK-StPO/*Walther* 11.

224 § 10b und § 12 Nr. 4 EStG; § 10 Nr. 3 KStG; *Bordewin* Finanzrundschau **1984** 405; *Göhler* wistra **1985** 219; siehe auch *Himmelreich/Bücken* (Fn. 41) 75; **a.A.** *Grezesch* wistra **1985** 183 (entgegen dem klaren Gesetzeswortlaut, der gesetzgeberischen Absicht und dem Sinn der Neuregelung); vgl. BFH NJW **1986** 2073; FG Berlin NJW **1985** 1045 (kein Verstoß gegen Rückwirkungsverbot); zur Frage der Deckungspflicht der Rechtsschutzversicherung vgl. z.B. LG Karlsruhe JurBüro **1984** 720.

225 LG Trier AnwBl. **1980** 463 mit Anm. *Chemnitz; Chemnitz* AnwBl. **1985** 126; KMR/*Plöd* 22; vgl. auch BGHSt **9** 365; OLG München MDR **1957** 500.

226 HK/*Gercke* 21; Meyer-Goßner/*Schmitt* 19; KMR/*Plöd* 23; krit. KK/*Diemer* 17.

227 Vgl. dazu die problematische Handhabung in dem der Entscheidung LG Karlsruhe JurBüro **1984** 720 zugrundeliegenden Fall.

228 Meyer-Goßner/*Schmitt* 19; **a.A.**, aber nach der Neufassung durch das RpflEntlG nicht mehr haltbar, *Fünfsinn* NStZ **1987** 101 (Obergrenze von 20 Tagessätzen); vgl. auch *Beulke* FS v. Heintschel-Heinegg 43; MüKo/*Peters* 68; für eine summenmäßige Begrenzung de lege ferenda auch *Kunz* (Einstellung) 104; *Weigend* KrimJ **1984** 25.

229 Vgl. *Ahrens* 100; *Hertwig* 130; *Kunz* (Einstellung) 74; höhere Beträge in den Fällen der Wirtschaftskriminalität bei *Meinberg* 83f.

grenzung der Geldleistung befürworten.[230] Zwar mag eine solche Begrenzung vor dem Hintergrund einzelner, fast schon absurd hoch erscheinender Geldauflagen verständlich sein. Auch wäre dies geeignet den dogmatisch kaum aufzulösenden Widerspruch zu beseitigen, dass im Falle der gerichtlich festgestellten Schuld eine Begrenzung der Geldstrafe besteht, im Falle des § 153a, der eine solche Schuldfeststellung gerade nicht enthält, dies nicht der Fall ist.[231] Eine solche Lösung wäre jedoch de lege ferenda vorzunehmen. Mit Einführung des § 153a hat sich der Gesetzgeber in Kenntnis der absoluten Maximalhöhe der Geldstrafe gegen ein solches Modell entschieden. Eine summenmäßig begrenzende Auslegung der Nr. 2 ist somit de lege lata ausgeschlossen. Es ist in Fällen, in denen außergewöhnlich hohe Geldauflagen in Betracht kommen, aber immer genau zu prüfen, ob nicht die Schwere der Schuld der Einstellung entgegensteht.[232]

Bei der **Festsetzung der Höhe** des Geldbetrages sind einerseits die persönlichen und wirtschaftlichen Verhältnisse des Beschuldigten zu berücksichtigen, andererseits spielt die Größe des durch die Auflagen zu beseitigenden öffentlichen Interesses an der Strafverfolgung eine Rolle. Im Ergebnis werden die hier anzustellenden Überlegungen denen bei der Geldstrafenfestsetzung ähnlich sein; ob sie sich auch an der im Falle einer Verurteilung zu verhängende Geldstrafe „orientieren“ sollten, erscheint zweifelhaft.[233] Auf jeden Fall sind die Unzumutbarkeitsgrenze (Rn. 55) und das Verhältnismäßigkeitsprinzip zu beachten.[234] Bei höheren Geldauflagen sollten die Bemessungsgründe in den Einstellungsbeschluss mitaufgenommen werden. 67

4. Die Auflage, **sonstige gemeinnützige Leistungen (Nr. 3)** zu erbringen, stimmt mit der in § 56b Abs. 2 Satz 1 Nr. 3 StGB überein.[235] Sie wird in der Praxis verhältnismäßig selten genutzt, kommt aber insbesondere gegen solche Beschuldigten in Betracht, die zu einer ausreichenden Geldleistung nicht in der Lage sind. Sie kann sinnvoll nur verhängt werden, soweit im Einzelfall der organisatorische Rahmen für die zu erbringende Leistung vorhanden ist. Dabei kann auch auf die landesrechtlich zu regelnden Möglichkeiten zurückgegriffen werden, eine uneinbringliche Geldstrafe durch freie Arbeit zu tilgen.[236] Bei der Erfüllung dieser Auflage genießt der Beschuldigte den Schutz der gesetzlichen 68

---

230 So etwa *Brüning* ZIS **2015** 592; auch *Beulke* FS v. Heintschel-Heinegg 43; MüKo/*Peters* 68; wohl auch SK/*Weßlau*/*Deiters* 42: Höhe der Geldauflage darf die Höhe der möglichen Geldstrafe nicht erreichen; zum Reformbedarf *Kudlich* ZRP **2015** 10 ff.

231 Vgl. hierzu die Vorschläge, die Anwendung des § 153a auf eine zu erwartende Tagessatzzahl zu begrenzen: Arbeitskreis deutscher, österreichischer und schweizerischer Strafrechtslehrer Alternativ-Entwurf, Reform des Ermittlungsverfahrens **2001**, 83 ff.; hierzu *Beulke* FS v. Heintschel-Heinegg 43 f.; *Satzger* Chancen und Risiken einer Reform des strafrechtlichen Ermittlungsverfahren, Gutachten C zum 65. Deutschen Juristentag 2004, C 75; *Fezer* ZStW **106** (1994) 44.

232 **A.A.** *Beulke* FS v. Heintschel-Heinegg 45 f., der bereits eine Begrenzung de lege lata aus systematischen Gründen anerkennt; ähnlich auch *Gaede* und *Kubiciel*, LTO vom 5.8.2014, abrufbar im Internet unter https://www.lto.de/recht/hintergruende/h/lg-muenchen-beschluss-5kls405js16174111-einstellung-bestechung-ecclestone/ (zuletzt abgerufen am 25.2.2019).

233 LR/*Rieß*[24] 47; HK/*Gercke* 21; so aber *Fünfsinn* NStZ **1987** 101 f.; KMR/*Plöd* 22.

234 HK/*Gercke* 21; Meyer-Goßner/*Schmitt* 19; MüKo/*Peters* 68; krit. SK/*Weßlau*/*Deiters* 42: wenig trennscharfe Begrenzungen; ähnlich Radtke/Hohmann/*Radtke* 39.

235 Vgl. dazu, auch mit Hinweisen zur praktischen Anwendung, LK/*Hurbach* § 56b, 17. Zu den Implikationen im Hinblick auf Korruption siehe *Wackernagel*/*Cordes* NJW **2018** 3414.

236 Vgl. Art. 293 EGStGB 1974 und die Übersicht bei *Schall* NStZ **1985** 104, 108; vgl. auch *Albrecht*/*Schädler* ZRP **1988** 278; *Bublies* BewHi. **1992** 178; *Gerken*/*Henningsen* ZRP **1987** 386; *Schädler* ZRP **1985** 189; Radtke/Hohmann/*Radtke* 40 sowie MüKo-StGB/*Radtke* § 43, 4.

Unfallversicherung (§ 2 Abs. 2 Satz 2 SGB VII).[237] Wegen des Zustimmungserfordernisses lassen sich die zu § 56b Abs. 2 Satz 1 Nr. 3 StGB erhobenen verfassungsrechtlichen Bedenken[238] auf § 153a nicht übertragen, und sonstige Bedenken sind nicht ersichtlich.[239] Allerdings ist wegen der Grundrechtsberührung und der recht unbestimmten Weite des Gesetzeswortlauts auch hier die Unzumutbarkeitsgrenze (Rn. 55) besonders zu beachten.[240]

69 **5. Erfüllung von Unterhaltspflichten (Nr. 4).** Es handelt sich um eine Weisung im Sinne von § 56c Abs. 2 StGB, die sich von der dort unter Nr. 5 geregelten dadurch unterscheidet, dass die zu erfüllende Unterhaltspflicht genau bestimmt werden muss. Der Sache nach handelt es sich um einen Sonderfall der Schadenswiedergutmachung für die Fälle des § 170 StGB. Zur Frage der Bindung an das Zivilrecht siehe Rn. 59. Die Unterhaltspflicht wird regelmäßig durch Geldzahlungen zu erfüllen sein; Naturalleistungen kommen nur dann in Betracht, wenn sie zivilrechtlich geschuldet sind oder der Unterhaltsberechtigte sich mit ihnen einverstanden erklärt.[241] Wenn auch der Hauptanwendungsfall der Vorschrift der Vorwurf einer Unterhaltspflichtverletzung (§ 170 StGB) ist,[242] so ist gesetzlich die Verhängung dieser Auflage auch bei anderen Tatvorwürfen nicht ausgeschlossen;[243] doch dürfte mindestens erforderlich sein, dass die Straftat, die dem Beschuldigten vorgeworfen wird, einen sachlichen Bezug zur Nichterfüllung der Unterhaltspflicht hat. Bei dieser Weisung beträgt die Höchstfrist nach § 153a Abs. 1 Satz 3 abweichend von den anderen benannten Auflagen nicht sechs Monate, sondern ein Jahr. Es können mehrere Weisungen nach Nr. 4 gegenüber mehreren Berechtigten zusammentreffen.

70 **6. Täter-Opfer-Ausgleich (Nr. 5). Allgemeines.** Diese Ziffer entspricht im Wesentlichen § 46a Nr. 1 StGB,[244] dessen Regelung übernommen und dem Verfahrensrecht angepasst wurde,[245] nachdem die im Erwachsenenstrafverfahren fehlende prozessuale Verankerung des Täter-Opfer-Ausgleichs lange bemängelt worden war.[246] Mit dem in diesem Zusammenhang stets mit zu beachtenden § 155a, der zusammen mit Nr. 5 eingefügt und zur „Zentralnorm“ des Täter-Opfer-Ausgleichs ausgestaltet wurde, hat das Gesetz zu erkennen gegeben, dass ein einschlägiges Tätigwerden der Strafverfolgungsorgane beson-

237 Zuständiger Unfallversicherungsträger ist das Bundesland, in dem sich die vollziehende Einrichtung befindet (§ 128 Abs. 1 Nr. 8 SGB VII), vgl. *Fedder* in: Kasseler Kommentar Sozialversicherungsrecht, 101. EL September 2018, § 2 SGB VII, 3 f.

238 Radtke/Hohmann/*Radtke* 40; HK/*Gercke* 23; zweifelnd SK/*Weßlau*/*Deiters* 46; vgl. auch m.w.N. LK/*Hurbach* § 56b, 18–20.

239 Siehe auch BVerfGE **74** 102; BVerfG NJW **1991** 1043; *Schaffstein* NStZ **1987** 502.

240 Auch Radtke/Hohmann/*Radtke* 40.

241 HK/*Gercke* 24; Meyer-Goßner/*Schmitt* 22; SK/*Weßlau*/*Deiters* 47; MüKo/*Peters* 87; Radtke/Hohmann/*Radtke* 41.

242 Vgl. Begr. BTDrucks. **5** 550 S. 298; für die Abschaffung der Weisung wegen geringer praktischer Bedeutung *Rieß* FS Koch 227 Fn. 45.

243 SK/*Weßlau*/*Deiters* 46; HK/*Gercke* 24; Meyer-Goßner/*Schmitt* 22; KMR/*Plöd* 25; MüKo/*Peters* 87.

244 Nicht § 46a Nr. 2 StGB, der auf materielle Wiedergutmachung abstellt, die bei § 153a bereits von Nr. 1 erfasst wird, siehe oben Rn. 58. Zur Auslegung des § 46a StGB kann im Übrigen auf die dortige Kommentarliteratur verwiesen werden, etwa *Fischer* § 46a, 1 ff.; LK/*Theune* § 46a, ff.; Schönke/Schröder/*Kinzig* § 46a, 1 ff.; vgl. ferner die Literaturnachweise bei § 155a.

245 BTDrucks. **14** 2258 S. 8; Meyer-Goßner/*Schmitt* 22a; frühere Gesetzesentwürfe hatten vorgesehen, den Täter-Opfer-Ausgleich bei § 153 zu verankern, indem dann das öffentliche Interesse an der Strafverfolgung entfallen sollte, BTDrucks. **12** 6141 S. 5.

246 *Huber* NStZ **1996** 533; *Meier* GA **1999** 17; *Schlüchter* GA **1994** 405; *Walther* ZRP **1997** 395; vgl. auch *Roxin* in: Schöch (Hrsg.) Wiedergutmachung und Strafrecht (1987) 45; *Meier* JuS **1996** 441 m.w.N.

ders wünschenswert ist (§ 155a, 1). Die Verpflichtung zur Teilnahme an einem Täter-Opfer-Ausgleich stellt nach Ansicht des Gesetzgebers eine Weisung dar,[247] wie in § 10 Abs. 1 Satz 3 Nr. 7 JGG. Dort, sowie bei der Einstellungsmöglichkeit gemäß § 45 Abs. 2 Satz 2 JGG, ist der Täter-Opfer-Ausgleich überhaupt zuerst geregelt worden. Insofern hat also das Jugendstrafrecht erneut eine Vorreiterrolle übernommen.[248] Daran lehnte sich auch der ursprüngliche Entwurf der Bundesregierung an, der von § 10 Abs. 1 Satz 3 Nr. 7 JGG (als Tribut an den später ins Gesetz aufgenommenen § 46a StGB) nur insofern abwich, als vom Beschuldigten gefordert wurde, sich „ernsthaft" zu bemühen, einen Ausgleich mit dem Verletzten zu erreichen.[249] Bei dieser, vom Wortlaut des § 46a StGB abweichenden Stellung des Wortes „ernsthaft" ist es geblieben (§ 46a StGB spricht davon, dass die Wiedergutmachung ernsthaft erstrebt werden müsse), was zu systematischen Friktionen führt, weil es nunmehr scheint, als seien die Anforderungen an das Bemühen bei der nur auf Vergehen anwendbaren Vorschrift des § 153a höher als bei dem auch auf Verbrechen anwendbaren § 46a StGB.[250] Hinzu kommt, dass die Wendung vom „ernsthaften Bemühen" mit dem Standort im jeweiligen Kontext auch die Bedeutung wechselt. Ist die Berücksichtigung des Bemühens bei § 46a Nr. 1 StGB als eine Ausnahmeregelung zu verstehen, einen bereits abgeschlossenen, unabänderbaren Sachverhalt, nämlich das zeitlich zurückliegende Scheitern des Verständigungsprozesses ausnahmsweise doch noch zu berücksichtigen, so ist es bei Nr. 5 in die Zukunft gerichtet.[251]

Die Frage, inwieweit bereits das **bloße „Bemühen"** um einen Ausgleich für eine Verfahrenseinstellung gemäß § 153a ausreichend sein könne, war schon während des Gesetzgebungsverfahrens ein zentraler Streitpunkt.[252] Um eine sichere und genaue Überprüfung der Erfüllung zu ermöglichen, plädierte der Bundesrat zwar dafür, statt an das bloße Bemühen des Beschuldigten an den erfolgreichen Abschluss des Täter-Opfer-Ausgleichs anzuknüpfen. Zum Ausgleich sollte aber im Anschluss an § 153a Abs. 1 Satz 5 eingefügt werden: „Weist der Beschuldigte nach, daß er sich ernsthaft um einen Ausgleich mit dem Verletzten bemüht hat und es dennoch zu einem Täter-Opfer-Ausgleich nicht gekommen ist, kann die Staatsanwaltschaft mit der Rechtsfolge des Satzes 5 von der weiteren Verfolgung der Tat absehen" (BTDrucks. **14** 1928 S. 11). Im Rechtsausschuss wurde eine Lösung dahingehend gefunden, dass der ursprünglichen kürzeren Formulierung der Bundesregierung (wie in § 10 Abs. 1 Satz 3 Nr. 7 JGG) die Worte „und dabei seine Tat ganz oder zum überwiegenden Teil wieder gut zu machen oder deren Wiedergutmachung zu erstreben" (wie in § 46a Nr. 1 StGB) angehängt wurden (siehe BTDrucks. **14** 2258 S. 3, 10). Bei der Anknüpfung an das „Bemühen" ist es aber geblieben, so dass das Verfahren nach vorläufiger Einstellung und Teilnahme an einem Täter-Opfer-Ausgleich schon dann endgültig eingestellt werden kann, wenn es zwar nicht zu einem Ausgleich mit dem Verletzten gekommen ist, der Beschuldigte sich aber ernsthaft darum bemüht hat und wenn die Wiedergutmachung nicht (nicht einmal zum überwiegenden Teil) ge- 71

---

247 BTDrucks. **14** 1928 S. 6; ebenso HK/*Gercke* 25; SK/*Weßlau*/*Deiters* 48; Meyer-Goßner/*Schmitt* 22a; *Schöch* FS Roxin 1063; **a.A.** *G. Schäfer* 662 („Auflage"); *Lilie* Verh. des 63. DJT (2000) Bd. I Teil D 118 kritisiert an dem Sprachgebrauch, dass eigentlich die Freiwilligkeit Grundprinzip des Täter-Opfer-Ausgleichs ist; offen gelassen bei Radtke/Hohmann/*Radtke* 42.

248 *Schaffstein*/*Beulke*/*Swoboda* 350; siehe auch BTDrucks. **11** 5829 S. 17.

249 BTDrucks. **14** 1928 S. 6; krit. KMR/*Plöd* 26 (weil die „Ernsthaftigkeit" mit erheblichen Unsicherheiten behaftet sei).

250 Krit. deshalb *Weber* DRiZ **2000** 43.

251 *Tolmein* ZRP **1999** 411.

252 Vgl. den Beratungsverlauf im Rechtsausschuss, insbesondere die Äußerungen der Fraktion der CDU/CSU unter Hinweis auf die vom Ausschuss für Familie, Senioren, Frauen und Jugend geäußerte Kritik, BTDrucks. **14** 2258 S. 8. Näher dazu bei § 155a.

lungen ist, der Täter diese aber – „ernsthaft" – erstrebt hat.[253] Damit ist sichergestellt, dass nur der Täter selbst und nicht das Opfer sich aus verständlichem Ärger oder Desinteresse der endgültigen Verfahrenseinstellung in den Weg stellen kann. Die von § 46a StGB abweichende Diktion an dieser Stelle darf nicht zu der Annahme verleiten, dass das Streben bei § 153a Abs. 1 Satz 2 Nr. 5 nicht „ernsthaft" gewesen sein müsse. Das ergibt sich mindestens bei § 153a Abs. 1 Satz 2 Nr. 5 schon aus dem Begriff des „Erstrebens". Andererseits sind daran aber auch keine zu hohen Anforderungen zu stellen, wenn das Opfer schnell zur Versöhnung bereit ist und dem Täter diese leicht macht.[254]

72 Zweifelhaft und unklar ist das **Verhältnis** von § 153a Abs. 1 Satz 2 Nr. 5 **zu § 155a Satz 3**. Letzterem ist nicht etwa ein generelles Zustimmungserfordernis seitens des Verletzten zu entnehmen,[255] jedoch darf wegen des insoweit eindeutigen Gesetzeswortlautes des § 155a Satz 3 die Eignung des Falles für einen Täter-Opfer-Ausgleich nicht gegen den ausdrücklichen Willen des Verletzten angenommen und dem Beschuldigten daher auch keine Weisung nach § 153a Abs. 1 Satz 2 Nr. 5 erteilt werden, ohne dass der Verletzte zuvor nach seinem Willen gefragt worden wäre. Es handelt sich insofern um eine bedeutsame Ausnahme von dem Grundsatz, dass der Verletzte in die Verfahrenserledigung nach § 153a nicht eingebunden wird (zur Kritik daran Rn. 13f.; zu Ausnahmen bei der Schadenswiedergutmachungsauflage siehe Rn. 59). Äußert aber der Verletzte keinen entgegenstehenden Willen, so kann die Weisung erteilt werden, und auch das Nichtgelingen des Täter-Opfer-Ausgleichs wegen eines späteren Sinneswandels des Opfers steht der endgültigen Einstellung nicht entgegen.

73 Der Anwendungsbereich dieser Weisung ist vom Gesetzeswortlaut her nicht anders als durch das Vorhandensein eines Verletzten, des Opfers, beschränkt.[256] Der Differenzierung in § 46a Nr. 1 und 2 StGB und in § 153a Abs. 1 Satz 2 Nr. 1 und 5, die der Nr. 1 von § 46a StGB nachgebildet wurde, lässt sich entnehmen, dass unter dem **„Ausgleich"** in erster Linie immaterielle Wiedergutmachung (nicht notwendig immaterieller Schäden, vgl. oben Rn. 58) zu verstehen ist.[257] Das setzt einen „kommunikativen Prozess" zwischen Täter und Opfer voraus.[258] Darauf, welche Fälle sich für die Durchführung eines Täter-Opfer-Ausgleichs eignen, ist im Rahmen des § 155a einzugehen (siehe § 155a, 7ff.). Was die Praxis und Durchführung der verschiedenen bisher angewandten Täter-Opfer-Ausgleichsprogramme anbelangt, kann auf die Erläuterungen zu § 155b sowie auf die Erfahrungen mit den einschlägigen §§ 46a StGB, 10 Abs. 1 Satz 3 Nr. 7 JGG und die Schrifttumsnachweise zu §§ 155a, 155b verwiesen werden. Datenschutzrechtliche Fragen bei der Übermittlung personenbezogener Informationen an die mit der Durchführung

---

253 SK/*Weßlau/Deiters* 48; Meyer-Goßner/*Schmitt* 22a; HK/*Gercke* 25; **a.A. noch** HK/*Krehl*[3] 27a, wonach die Nr. 5 entgegen ihrem Wortlaut nur dann als erfüllt angesehen werden soll, wenn es tatsächlich zur Wiedergutmachung gekommen und der Verletzte mit der Wiedergutmachungsleistung „einverstanden" ist; krit. auch KMR/*Plöd* 27.

254 BGH StV **2001** 457; BGH NJW **2002** 263; st.Rspr.

255 HK/*Gercke* 25; näher *Schöch* FS Roxin 1063; vgl. auch BGH StV **2001** 448.

256 *Lilie* Verh. des 63. DJT (2000) Bd. I Teil D 118; Lackner/Kühl/*Heger* § 46a, 1b; *Michaelis* JA **2005** 830; *Schöch* FS II BGH Bd. IV 333f. m.w.N. (zu § 46a StGB). Sofern gelegentlich der Versuch hierunter gefasst wurde, gilt allerdings, dass der Täter-Opfer-Ausgleich hier durchaus in Betracht kommt, vgl. auch Runderlass des Justiz- und Innenministeriums Nordrhein-Westfalen, JMBlNRW **2000** 159; **a.A.** *Bemmann* JR **2003** 230; näher bei § 155a, 7.

257 Richtig *Dierlamm* NStZ **2000** 537 (für § 46a StGB); *Schöch* FS II BGH Bd. IV 323, falsch BGH NStZ **1999** 610; StV **2000** 128, 129 (die nicht auf die Art des Ausgleichs, sondern auf die Art der Schäden abstellen); HK/*Gercke* 25; siehe auch *Weber* DRiZ **2000** 43. Gegen die strenge Trennung zwischen § 46a Abs. 1 Nr. 1 und 2 StGB BGH StV **2001** 448.

258 BGH NStZ **2000** 205; *Lilie* Verh. des 63. DJT (2000) Bd. I Teil D 118; zu den möglichen Kommunikationswegen auch in den sog. neuen Medien und sozialen Netzwerken siehe MüKo/*Peters* 90.

des Täter-Opfer-Ausgleichs beauftragte Stelle und die Rückübermittlung von Daten der Ausgleichsstelle, die zur endgültigen Verfahrenseinstellung erforderlich sind, an Gericht und Staatsanwaltschaft einschließlich ihrer Berichtspflicht (§ 155b Abs. 2 Satz 3), werden bei § 155b erläutert.

Zum **Nebeneinander** von § 153a Abs. 1 Satz 2 Nr. 5 und **§ 153b**, der nach bereits durchgeführtem Täter-Opfer-Ausgleich[259] ebenfalls die Verfahrenseinstellung, und zwar im Unterschied zu § 153a sogar bei Verbrechen, dafür aber statt mit der vorherigen mit nachträglicher Zustimmung des Gerichts ermöglicht,[260] siehe die Erl. zu § 153b, 10 ff. 74

7. Teilnahme an einem sozialen Trainingskurs (Nr. 6). Nach dem neuen § 153a Abs. 1 Satz 2 Nr. 6 kann dem Beschuldigten nunmehr auch die Weisung erteilt werden, an einem **sozialen Trainingskurs** teilzunehmen. Auslöser für diese Neuregelung waren letztlich neuere Erkenntnisse im Zusammenhang mit Gewaltprävention und Opferschutz bei Fällen häuslicher Gewalt. Da die durch entsprechende Trainingskurse vermittelten Fähigkeiten aber auch über die Arbeit mit Tätern häuslicher Gewalt hinaus einen Beitrag zum Opferschutz leisten können, wurde eine offene Formulierung für den Gegenstand der Weisung gewählt, damit Verbesserungen nicht von vornherein auf diesen Bereich beschränkt bleiben müssen.[261] Die Bezeichnung als „sozialer Trainingskurs", die erst auf Empfehlung des Rechtsausschusses des Deutschen Bundestags ins Gesetz gelangt ist, geht letztlich auf eine Stellungnahme der Bundesregierung zum Gesetzentwurf des Bundesrates zurück.[262] Darin wurde darauf hingewiesen, dass sich mit Blick auf noch nicht verurteilte Personen in einer Gesetzesnorm die Bezeichnung „Täter" verbiete. Zudem sei der zunächst vorgeschlagene Begriff „Täterprogramm" auf einen Vorschlag der Bundesarbeitsgemeinschaft „Täterarbeit bei häuslicher Gewalt" als feststehender Fachbegriff zurückzuführen und beziehe sich daher konkret auf diesen Personenkreis. Um auch außerhalb spezifischer Taten von häuslicher Gewalt angesiedelte Programme zu erfassen, wurde daher eine allgemeinere Formulierung vorgeschlagen.[263] Insofern wird an den bereits in § 10 Abs. 1 Satz 3 Nr. 6 JGG eingeführten Begriff des „sozialen Trainingskurses" angeknüpft. 75

In der Praxis stand einer Zuweisung bislang regelmäßig die in § 153a Abs. 1 Satz 3 a.F. zur Erfüllung von Weisungen vorgesehene Sechsmonatsfrist entgegen. Dieser Zeitrahmen lässt sich nicht mit dem „Standard der Bundesarbeitsgemeinschaft Täterarbeit Häusliche Gewalt e.V." vom Dezember 2017 in Einklang bringen, die ein mindestens sechsmonatiges Programm zuzüglich Aufnahmeverfahren und „Follow-Up" vorsehen.[264] Durch die Neufassung des § 153a Abs. 1 Satz 3 wurde dieses Hindernis beseitigt. Zur Erfüllung einer Weisung i.S.v. § 153a Abs. 1 Satz 2 Nr. 6 können die Staatsanwaltschaft (§ 153a Abs. 1 Satz 3) bzw. das Gericht (§ 153a Abs. 2 Satz 2) nunmehr eine **Frist von höchstens einem Jahr** setzen. Auf diese Weise soll den bundesweiten Qualitätsstandards der Bundesarbeitsgemeinschaft Täterarbeit Häusliche Gewalt e.V. und dem Bedürfnis einer Prozesshaftigkeit von sozialen Trainingskursen für das Erreichen nachhal- 76

259 *Tolmein* ZRP **1999** 411 hält diese Konstruktion mit beachtlichen Argumenten sogar für „dogmatisch überzeugender"; *Meier* GA **1999** 18 hält nach durchgeführtem Täter-Opfer-Ausgleich daneben noch eine Einstellung nach § 153 für möglich.
260 *Weber* DRiZ **2000** 43 hält dies zu Recht für wenig sinnvoll.
261 Vgl. BTDrucks. **17** 1466 S. 1.
262 BTDrucks. **17** 1466 S. 8; vgl. auch BTDrucks. **17** 10164 S. 7.
263 BTDrucks. **17** 1466 S. 8.
264 BTDrucks. **17** 1466, 1 S. 6; siehe auch BMFSFJ (Hrsg.), Arbeit mit Tätern in Fällen häuslicher Gewalt (2018), 16.

tiger Verhaltensänderung entsprochen werden.[265] Darüber hinaus will der Gesetzgeber gegenüber den Besonderheiten örtlicher Programme oder in Fällen, in denen die Aufnahme in ein entsprechendes Programm eines gewissen Vorlaufs bedarf, die nötige Flexibilität schaffen. Und schließlich soll mit der Weisung eine – dem Opferschutz zugute kommende – längerfristige und damit nachhaltigere Einwirkung auf die Lebens- und Verhaltensweise des Täters ermöglicht werden. Zwar ließ sich die **Frist** zur Erfüllung von Auflagen und Weisungen schon bislang nach § 153a Abs. 1 Satz 4 **einmalig um drei Monate verlängern.** Allerdings soll der Ausnahmecharakter dieser Regelung nicht unterlaufen werden. Gericht und Staatsanwaltschaft dürfen daher bei der Bemessung der angemessenen Frist zur Erfüllung einer Auflage oder Weisung nicht von vornherein stets auf die Möglichkeit der Fristverlängerung abzielen.[266] Nach dem insoweit ergänzten § 153a Abs. 1 Satz 7 gilt § 153 Abs. 1 Satz 2 im Übrigen auch im Fall des § 153a Abs. 1 Satz 2 Nr. 6 entsprechend. Dies bedeutet, dass es bei einer **Verfahrenseinstellung durch die Staatsanwaltschaft** dann **keiner Zustimmung des Gerichts** bedarf, wenn die zu Grunde liegende Tat ein Vergehen ist, das nicht mit einer im Mindestmaß erhöhten Strafe bedroht ist und bei dem die durch die Tat verursachten Folgen gering sind.

77 **Übermittlung von personenbezogenen Daten.** Der neu geschaffene § 153a Abs. 4 enthält eine Ermächtigungsgrundlage für die Übermittlung von personenbezogenen Daten an die aufgrund einer Weisung mit einem sozialen Trainingskurs betrauten Stellen. Auf diese Weise soll es den mit der Ausrichtung eines solchen Kurses befassten Personen ermöglicht werden, Informationen über den der Beschuldigung zugrunde liegenden Sachverhalt zu erhalten, um möglichen Bagatellisierungstendenzen der Beschuldigten wirksam entgegenzutreten.[267] § 153a Abs. 4 Satz 1 ordnet die **entsprechende Anwendbarkeit der Regelungen für die Durchführung eines Täter-Opfer-Ausgleichs in § 155b** an. Daraus ergeben sich folgende **Konsequenzen:**[268] Die Übermittlung personenbezogener Daten an die mit dem sozialen Trainingskurs befasste Stelle kann auch durch **Übersendung der Akten** zur Einsichtnahme erfolgen, soweit die Erteilung von Auskünften einen unverhältnismäßigen Aufwand verursachen würde (§ 153a Abs. 4 Satz 1 i.V.m. § 155b Abs. 1 Satz 2). Die mit dem sozialen Trainingskurs befasste Stelle ist darauf hinzuweisen, dass sie die übermittelten Daten **nur für Zwecke der Durchführung des Kurses verwenden** darf (§ 153a Abs. 4 Satz 1 i.V.m. § 155b Abs. 1 Satz 3). Sie kann die ihr übermittelten Daten zudem nur **verarbeiten und nutzen**, soweit dies für die Durchführung des sozialen Trainingskurses erforderlich ist und schutzwürdige Interessen des Betroffenen nicht entgegenstehen (§ 153a Abs. 4 Satz 1 i.V.m. § 155b Abs. 2 Satz 1). **Weitere personenbezogene Daten** dürfen von ihr nur erhoben und verwendet werden, soweit der Betroffene eingewilligt hat und dies für die Durchführung des sozialen Trainingskurses erforderlich ist (§ 153a Abs. 4 Satz 1 i.V.m. § 155b Abs. 2 Satz 2). Nach Abschluss ihrer Tätigkeit hat die mit dem sozialen Trainingskurs befasste Stelle in dem erforderlichen Umfang der Staatsanwaltschaft oder dem Gericht **Bericht** zu **erstatten** (§ 153a Abs. 4 Satz 1 i.V.m. § 155b Abs. 2 Satz 3). Ist die mit dem sozialen Trainingskurs befasste Stelle eine nicht-öffentliche Stelle, geht der Verweis gem. § 153a Abs. 4 Satz 1 i.V.m. § 155b Abs. 3 auf das BDSG a.F fehl (vgl. § 155 Rn. 18). Und schließlich hat die mit dem sozialen Trainingskurs befasste Stelle die erhobenen personenbezogenen **Daten** nach Ablauf eines Jahres seit dem Abschluss des Strafverfahrens zu **vernichten** (§ 153a Abs. 4 Satz 1 i.V.m. § 155b Abs. 4 Satz 1).

265 BTDrucks. **17** 1466 S. 6.
266 BTDrucks. **17** 1466 S. 7.
267 BTDrucks. **17** 10164 S. 7.
268 S. dazu die Übersicht in BTDrucks. **17** 10164 S. 8.

In Abweichung von § 155b Abs. 1 Satz 1 verlangt § 153a Abs. 4 Satz 1 allerdings zusätzlich die **Einwilligung der betroffenen Personen** in die Datenübermittlung. Damit soll insbesondere den Opferinteressen Rechnung getragen werden, da personenbezogene Daten gerade bei Gewaltproblemen in sozialen Näheverhältnissen sehr sensibler Natur sein können und die Opfer an sozialen Trainingskursen – im Gegensatz zum Täter-Opfer-Ausgleich – gerade nicht teilnehmen.[269] Die **Einwilligung des Beschuldigten** in die Übermittlung seiner personenbezogenen Daten ist demgegenüber **nicht erforderlich.** Schließlich erfolgt die vorläufige Einstellung des Verfahrens mit der Weisung, gemäß § 153a Abs. 1 Satz 2 Nr. 6 an einem sozialen Trainingskurs teilzunehmen, stets mit seiner Zustimmung. Will der Beschuldigte die Übermittlung seiner personenbezogenen Daten an die mit dem sozialen Trainingskurs befasste Stelle verhindern, so muss er seine Zustimmung zur Verfahrenseinstellung insgesamt verweigern.[270] 78

8. Teilnahme an einem Aufbauseminar nach § 2b Abs. 2 Satz 2 oder einem Fahreignungsseminar nach § 4a des Straßenverkehrsgesetzes (Nr. 7). Die erst 1998 durch das Gesetz zur Änderung des Straßenverkehrsgesetzes eingeführte und bereits umnummerierte (s. oben Entstehungsgeschichte) „Auflage“[271] entspricht einem seit langem diskutierten Modell.[272] Die Teilnahme an einem straßenverkehrsgesetzlichen **Aufbauseminar**, früher sog. „Nachschulung“, ist in § 2b Abs. 2 Satz 2 StVG bei Inhabern einer Fahrerlaubnis auf Probe, die innerhalb der Probezeit unter dem Einfluss von Alkohol oder anderen berauschenden Mitteln am Verkehr teilgenommen haben vorgesehen. Diese werden, anders als allgemeine Aufbauseminare, nicht von Fahrlehrern (§ 2b Abs. 2 Satz 1 StVG), sondern von „hierfür amtlich anerkannten anderen Seminarleitern“ durchgeführt. § 6 Abs. 1 Nr. 1 Buchstabe n StVG enthält eine entsprechende Ermächtigung zum Erlass von Rechtsverordnungen und allgemeinen Verwaltungsvorschriften zur näheren Ausgestaltung.[273] 79

Von dem Aufbauseminar ist das **Fahreignungsseminar** nach § 4a StVG zu unterscheiden. Dieses ist grundsätzlich jedem Inhaber einer Fahrerlaubnis zugänglich. Das Fahreignungsseminar besteht aus einer verkehrspädagogischen und einer verkehrspsychologischen Teilmaßnahme (§ 4a Abs. 2 Satz 1 StVG). Der verkehrspädagogische Teil wird durch Fahrlehrer, die über eine entsprechende Seminarerlaubnis verfügen (§ 46 Fahrlehrergesetz), durchgeführt. Der verkehrspädagogische Teil obliegt Personen, die über die Seminarerlaubnis Verkehrspsychologie (§ 4a Abs. 4 StVG) verfügen. 80

Obwohl vom Gesetzeswortlaut her eine Beschränkung auf **bestimmte Delikte** oder Deliktsgruppen (ebenso wie bei Nr. 4) nicht vorgesehen ist, bei denen die Auflage erteilt werden darf, ergibt sich doch aus der Art der Seminare, dass die Auflage praktisch nur bei den in § 69 Abs. 2 Nr. 1 bis 4 StGB genannten Delikten in Betracht kommt, nämlich §§ 315c, 315d, 316, 142, 323a StGB – letztere beide entgegen der früheren Fassung nicht mehr nur sofern sie im Zusammenhang mit Trunkenheit im Straßenverkehr stehen. Gerade daraus ergeben sich aber Probleme. So geht die Gesetzesbegründung zwar zu Recht davon aus, dass die Regelwirkung des § 69 Abs. 2 StGB der Anwendung des § 153a nicht entgegensteht, weil § 69 Abs. 1 und 2 StGB allein für den Fall der Verurteilung wegen einer der dort genannten Taten gelten und § 153a daher nicht generell ausscheidet.[274] 81

---

269 Vgl. BTDrucks. **17** 10164 S. 7.
270 Vgl. BTDrucks. **17** 10164 S. 7.
271 BTDrucks. **13** 6914 S. 94; *Himmelreich/Bücken* (Fn. 41) 305.
272 Vgl. bereits *Schreiber* Blutalkohol **1979** 23.
273 Siehe §§ 36, 42 der Fahrerlaubnis-Verordnung (FeV).
274 BTDrucks. **13** 6914 S. 94.

Wenn es allerdings im nächsten Satz der Gesetzesbegründung heißt, aus § 69 Abs. 2 StGB folge aber, „daß alleine die Teilnahme an einem Aufbauseminar für eine Einstellung nach § 153a nicht ausreicht“,[275] so ist dies missverständlich. Aus § 69 Abs. 2 StGB kann doch nur folgen, dass neben der Auflage, an einem Aufbauseminar teilzunehmen, außerdem die Entziehung der Fahrerlaubnis erforderlich sei, die aber im Wege des § 153a gerade nicht (siehe unten Rn. 89) angeordnet werden kann. Die zusätzliche Auferlegung einer Geldauflage (Kumulation möglich, siehe oben Rn. 63) wäre zwar geeignet, einen höheren Schuldgehalt auszugleichen, kann den Fahrerlaubnisentzug aber nicht ersetzen. Vernünftigerweise wird man diese etwas sibyllinische Passage der Gesetzesbegründung dahin zu verstehen haben, dass die Einstellung gegen die Auflage der Teilnahme an einem Aufbauseminar nur dort in Betracht kommt, wo im Falle der Verurteilung auch vom Fahrerlaubnisentzug gemäß § 69 Abs. 2 StGB abgesehen worden wäre, weil zwar eines der genannten Delikte vorliegt, aber die dort angeordnete Regelwirkung infolge besonderer Umstände entfiele.[276] Damit verbleibt für die Nr. 7 kaum ein Anwendungsbereich.[277] Das erklärt auch die augenscheinlich geringe Anwendungshäufigkeit in der Praxis.

82 Die Tatsache, dass der Fahrerlaubnisinhaber aufgrund einer erteilten Auflage nach § 153a das Fahreignungsseminar besucht, steht dem **Punkteabzug** nach § 4 Abs. 7 StVG nicht entgegen. Die Lage ist mit derjenigen bei der Deklaration von Geldzahlungen als Spenden nicht vergleichbar (Rn. 64). Dort würde die vom Täter zu erbringende Leistung durch die steuermindernde Berücksichtigung vollständig entwertet und damit der Zweck der Auflage verfehlt, was bei der Teilnahme an einem Fahreignungsseminar nicht der Fall ist.

9. Sonstige „unbenannte“ Auflagen und Weisungen (§ 153a Abs. 1 Satz 2)

83 **a) Allgemeines.** Früher waren die zur Verfügung stehenden Auflagen und Weisungen in § 153a Abs. 1 Satz 1 in einem **abschließenden**[278] Katalog geregelt. Andere als die dort vorgesehenen Auflagen und Weisungen durften nicht verhängt werden und waren unzulässig, obwohl solche Auflagen gelegentlich vorkamen und von der Praxis als wünschenswert angesehen wurden.[279] Teilweise, wie bei der „Beratungsauflage“ im „Passauer Modellprojekt“,[280] konnten sie nur mit Mühe unter eine der im Katalog enumerierten Auflagen und Weisungen gefasst werden. Durch das Gesetz zur strafrechtlichen Verankerung des Täter-Opfer-Ausgleichs (vgl. oben zur Entstehungsgeschichte) wurde der **Katalog** nach dem Vorbild des § 10 Abs. 1 Satz 3 JGG[281] durch das Wörtchen „insbesondere“ für die Bedürfnisse der Praxis **geöffnet**. Dies dürfte trotz mancher im Schrifttum ge-

---

275 BTDrucks. **13** 6914 S. 94; ebenso Meyer-Goßner/*Schmitt* 22c; KMR/*Plöd* 34; HK/*Gercke* 27; SK/*Weßlau/Deiters* 49; Radtke/Hohmann/*Radtke* 44; MüKo/*Peters* 94; KK/*Diemer* 25.
276 Zur Frage, ob die Teilnahme an einem Aufbauseminar für sich ein Grund sein kann, ein Absehen von der Regel zu begründen, vgl. LK/*Geppert* § 69, 99 m.w.N. sowie krit. *Fischer* § 69, 36.
277 Ebenso HK/*Gercke* 27; Meyer-Goßner/*Schmitt* 22c; MüKo/*Peters* 94; noch zur alten Rechtslage SK/*Weßlau/Deiters* 49; Radtke/Hohmann/*Radtke* 44.
278 LR/*Rieß*[24] 38.
279 Vgl. BTDrucks. **14** 1928 S. 7.
280 Ausführlich zum „Passauer Modell“ *Beulke* MSchrKrim. **1994** 360; *ders.* Gewalt im sozialen Nahraum, Endbericht zum Forschungsprojekt (1995); *Theerkorn* Gewalt im sozialen Nahraum (1995); Überblick bei *Beulke/Theerkorn* NStZ **1995** 474 ff.; zu den Einwänden *Beulke* FS Kaiser 1421; zur Aufnahme der „Beratungsauflage“ in den Text einer zu schaffenden wiedergutmachungszentrierten Neufassung des § 153a *Walther* 363, 366.
281 Vgl. BTDrucks. **14** 1928 S. 7; MüKo/*Peters* 95; KMR/*Plöd* 4; vgl. auch § 56c Abs. 2 Satz 1 („namentlich“).

äußerter Bedenken verfassungsrechtlich zulässig und sinnvoll[282] sein. Mit der Öffnung des Katalogs in § 153a entsteht auch kein Widerspruch zu der abschließenden Aufzählung nach § 56b StGB, wie die Gesetzesbegründung hervorhebt, weil es dort um autoritativ festgesetzte Auflagen geht, während es für § 153a notwendig und entscheidend ist, dass der Beschuldigte zustimmt.[283] Der Katalog der beispielhaft erwähnten möglichen Auflagen und Weisungen ist dadurch auch nicht überflüssig geworden, vielmehr bezeichnen gerade diese Beispiele, welche Vorstellungen der Gesetzgeber damit verbunden hat, und konturieren damit auch den Gegenstand und Umfang künftig zulässiger Auflagen und Weisungen.[284]

Daraus, dass § 153a Abs. 1 Satz 2 die **Grenzen**, innerhalb derer Auflagen und Wei- **84**
sungen erteilt werden dürfen, nicht ausdrücklich bezeichnet, ist jedoch nicht der Schluss zu ziehen, dass das Recht, Auflagen und Weisungen festzusetzen, keinerlei Schranken unterläge. Trotz Öffnung des § 153a darf sich der Staatsanwalt daher (noch immer) nicht das Auto waschen oder den Rasen mähen lassen.[285] Solche Grenzen ergeben sich zunächst daraus, dass die Auflagen und Weisungen irgendeinen Zusammenhang mit der in Rede stehenden Tat aufweisen müssen. So kann z.B. einem Schläger, der nicht zu Vermögensdelikten neigt, nicht (in Anlehnung an § 68b Abs. 1 Satz Nr. 5 StGB) verboten werden, Gegenstände zu besitzen, die sich als Diebstahlswerkzeuge eignen.[286] Schranken ergeben sich aber vor allem aus **abschließenden** spezialgesetzlichen **Regelungen** anderer Rechtsgebiete,[287] die nicht umgangen werden dürfen, sowie unmittelbar aus dem **Verfassungsrecht**, insbesondere aus den Grundrechten.[288] Der Gesetzgeber hat, was eigentlich selbstverständlich sein sollte,[289] unterstrichen, dass „solche Auflagen und Weisungen ... stets rechtsstaatlichen Anforderungen genügen" müssen[290] und hat aus gutem Grund hier ein uneingeschränktes Zustimmungserfordernis des Gerichts konstituiert,[291] denn ob das obligatorische Zustimmungserfordernis des Beschuldigten allein ausreichende Gewähr für eine rechtsstaatliche Praxis bieten würde, kann bezweifelt werden. Rechtsstaatswidrig und ungeachtet der verfassungsrechtlichen Problematik eines etwaigen Grundrechtsverzichts trotz Zustimmung[292] des Beschuldigten unzulässig wäre daher z.B. die Weisung, ein „Büßerhemd" zu tragen oder sich auf den Marktplatz an den „Pranger" zu stellen, gleich ob dieser physisch oder digitaler Natur wäre. Dem oben genannten Kriterium der „Unzumutbarkeit" (Rn. 53) wird deshalb auch die Bedeutung zu-

---

282 Skeptisch *Britz/Jung* FS Meyer-Goßner 307; siehe auch *Bruns* GA **1959** 228, der (im Rahmen des Bewährungsrechts) für einen abschließenden Auflagenkatalog plädierte, ohne den „die Gefahr einer Flut willkürlicher Auflagen" (und Weisungen) nicht zu vermeiden sei.

283 BTDrucks. **14** 1928 S. 8; KMR/*Plöd* 5; skeptisch SK/*Weßlau/Deiters* 50; Radtke/Hohmann/*Radtke* 45.

284 So ausdrücklich BTDrucks. **14** 1928 S. 8; zum Erfüllungsnachweis als stets zulässige Annexauflage Rn. 55.

285 Vgl. *Haller/Conzen* 159 Fn. 127.

286 LK/*Hubrach* § 56c, 4; auch *Britz/Jung* FS Meyer-Goßner 317 f. sehen die Gefahr von „unzumutbaren" oder solchen Verpflichtungen, die „in keinem Zusammenhang" stehen; ähnlich SK/*Weßlau/Deiters* 50, die auf einen möglichen Missbrauch zur Erzwingung ordnungsbehördlich gewollten Verhaltens hinweisen; ähnlich auch Radtke/Hohmann/*Radtke* 45.

287 Vgl. auch LK/*Hubrach* § 56c, 23 (zu § 56c StGB).

288 Ebenso MüKo/*Peters* 95; vgl. zu § 10 JGG *Eisenberg* § 10, 10; *Miehe* in: Schöch (Hrsg.) 112 ff.

289 Vgl. *Bruns* GA **1959** 201 zu der vergleichbaren Lage bei Einführung der Weisungen im Rahmen der Bewährung, wo sich zunächst eine sehr ausufernde Weisungspraxis entwickelt zu haben scheint; siehe dazu auch *Mrozynski* JR **1983** 398.

290 BTDrucks. **14** 1928 S. 7; *Britz/Jung* FS *Meyer-Goßner* 309; KMR/*Plöd* 43.

291 Vgl. BTDrucks. **14** 1928 S. 8.

292 *Britz/Jung* FS Meyer-Goßner 314 f. Auch bei § 56c StGB macht die Zustimmung des Verurteilten zu einer Weisung, die gegen ein nicht oder nicht in der angeordneten Weise beschränkbares Grundrecht verstößt, diese nicht zulässig, vgl. LK/*Hubrach* § 56c, 22.

kommen, dem den Staatsanwaltschaften (und den Gerichten) eingeräumten „Erfindungsrecht" rechtsstaatliche Grenzen zu setzen.[293]

85 Die Neuformulierung hat nichts daran geändert, dass Auflagen und Weisungen **nur dem Beschuldigten** (§ 153a Abs. 1 Satz 1) auferlegt werden dürfen und keinem Dritten. Die Einstellung darf daher auch nicht von „freiwilligen", möglicherweise sogar (Vor-) Leistungen Dritter abhängig gemacht werden.[294] Gelegentlich verbirgt sich hinter einer Auflage oder Weisung an den Beschuldigten die im Strafrecht bislang nicht vorgesehene Bestrafung eines Unternehmens, was bedenklich erscheint. Als Beispiel mag die Einstellung gegen leitende Angestellte der Herstellerfirma im Contergan-Verfahren nach zweieinhalbjähriger Prozessdauer und Zahlung von 114 Millionen DM durch den Hersteller[295] dienen oder die Zurverfügungstellung von 4 Millionen DM für die Einrichtung eines Lehrstuhls für Toxikologie mit dem Schwerpunkt „Wohnrauminnenluft" im Holzschutzmittelverfahren durch die (nicht angeklagten) Unternehmen der (angeklagten) Geschäftsführer, die selbst 100.000 DM an die Staatskasse zahlten.[296]

86 **Anhaltspunkte** bieten §§ 56b, 56c und § 68b StGB bzw. die §§ 10 und 15 JGG, soweit die dort genannten Auflagen und Weisungen nicht schon im Katalog des § 153a enthalten sind. So ist die Abgabe einer Entschuldigung (vgl. § 15 Abs. 1 Nr. 2 JGG) im Rahmen des § 153a häufig schon ohne Zustimmung des Gerichts als „Wiedergutmachung" im Sinne der Nr. 1 (Rn. 58) möglich.

87 Könnte das öffentliche Interesse **nur durch unzulässige Auflagen** und Weisungen beseitigt werden, so muss das Verfahren durchgeführt werden.[297] Werden unzulässige Auflagen bzw. Weisungen erfüllt, so entsteht dadurch keine Sperrwirkung, Rn. 106.

88 **b) Einzelheiten. Unzulässig** im Hinblick auf **spezialgesetzliche Regelungen** wäre z.B. die Auflage, für die Dauer eines Jahres doppelte Steuern zu zahlen (abschließender Charakter steuerrechtlicher Vorschriften); die Bundesrepublik Deutschland zu verlassen und deren Gebiet nicht mehr zu betreten (ausländerrechtliche Spezialvorschriften);[298] aus demselben Grunde ist es den Strafverfolgungsorganen verwehrt, Regelungen des Umgangs geschiedener Eheleute mit dem eigenen Kind abzuändern, z.B. die Auflage zu erteilen, das Kind nicht mehr zu besuchen (familienrechtliche Sonderregelungen). Unzulässig wäre auch die Auflage bzw. Weisung (Rn. 54), sich in Strafhaft zu begeben (möglicherweise entgegen § 38 Abs. 2 StGB nur für einige Tage); desgleichen dürfte das strafprozessuale Kostenrecht nicht nur lex specialis gegenüber zivilrechtlichen Schadensersatzansprüchen, sondern auch als abschließend geregelt anzusehen sein. Deshalb bleibt die Auflage, die Verfahrenskosten zu übernehmen, (wie früher) unzulässig.[299] Auch die Auflage, dem Nebenkläger seine notwendigen Auslagen zu erstatten, erscheint nicht nur als Wiedergutmachungsauflage (Rn. 58), sondern auch als sonstige Auflage

---

293 Vgl. *Britz/Jung* FS Meyer-Goßner 318; z.B. bei der Weisung, § 315c StGB hundertmal abzuschreiben oder die Mutter des eigenen Kindes zu ehelichen, vgl. Schönke/Schröder/*Kinzig* § 56c, 8 (Verstoß gegen die Menschenwürde des Art. 1 GG).
294 *Dahs* NJW **1996** 1192.
295 Dazu *Bruns* FS Maurach 469 ff.
296 Vgl. LG Frankfurt NJW **1997** 1994; siehe dazu *Sinner* (LV zu § 152) 147 Fn. 50 m.w.Bsp. *Kargl/Sinner* Jura **1998** 231, die die Forderung erheben, in diesen Fällen zumindest die Öffentlichkeit durch Bekanntmachung einzubeziehen; vgl. auch *Ignor/Rixen* wistra **2000** 448.
297 So schon LR/*Rieß*[24] 38.
298 Vgl. (zu § 56c StGB) OLG Koblenz NStZ **1987** 24 mit Anm. *Meyer*; Schönke/Schröder/*Kinzig* § 56c, 14.
299 Insoweit problematisch LG Aachen JurBüro **1982** 584; vgl. schon LR/*Rieß*[24] 38; ferner Meyer-Goßner/*Schmitt* 16; obwohl solche Auflagen gelegentlich vorkamen, vgl. *Ahrens* 93f., 119 f., *Hertwig* 101; vgl. aber auch oben Rn. 65.

nach wie vor unzulässig;[300] eine andere Frage ist es, ob die Zahlung einer bestimmten Summe an den Nebenkläger, deren Höhe auch im Hinblick auf die Auslagen festgesetzt wird, zulässig ist (siehe dazu unten Rn. 89). Im Hinblick auf den abschließenden Charakter der in der StPO normierten Eingriffsbefugnisse ist es des Weiteren unzulässig, diese über den Umweg des § 153a zu erweitern. Unzulässig wäre daher z.B. die Auflage, das Abhören und die Aufzeichnung von Gesprächen in Wohnungen (sog. „großer Lauschangriff") zu gestatten (vgl. § 100c Abs. 1 Nr. 3, § 100d Abs. 2), sich einer Postkontrolle zu unterwerfen[301] oder die Auflage, jederzeit nächtliche Hausdurchsuchungen zuzulassen (§ 104). Unzulässig im Hinblick auf die Wahrung der **Grundrechte**, ungeachtet der verfassungsrechtlichen Gültigkeit oder Ungültigkeit eines entsprechenden Grundrechtsverzichts (Rn. 84), wäre darüber hinaus z.B. die Auflage, regelmäßig den Gottesdienst zu besuchen, weil sie gegen das Grundrecht der Glaubensfreiheit verstieße (Art. 4 GG). Die Auflage, einer Gewerkschaft oder einer bestimmten Gruppe (Anonyme Alkoholiker) beizutreten, wäre mit dem Grundrecht der negativen Koalitions- bzw. Vereinigungsfreiheit (Art. 9 GG) unvereinbar;[302] die, die geschwängerte Frau zu heiraten oder eine andere Frau nicht zu heiraten, stünde im Widerspruch zur allgemeinen Handlungsfreiheit (Art. 2 Abs. 1 GG).[303] Zu den Folgen der Erfüllung unzulässiger Auflagen/Weisungen siehe Rn. 111.

Rechtlich problematisch sind alle **Zahlungen an Dritte**, soweit es sich nicht um 89
die in den benannten Auflagen aufgelisteten Leistungen handelt. Hier wird man neben der stets zu beachtenden Verhältnismäßigkeit (Rn. 66) zumindest einen Bezug des durch die Auflage Begünstigten zur vorgeworfenen Handlung verlangen müssen. Ein solcher Bezug ist beispielsweise erkennbar bei den finanziellen Aufwendungen des Nebenklägers, auch soweit es sich nicht um seinen Schaden im engeren Sinne handelt. Deshalb wird man es für zulässig erachten müssen, als sonstige Auflage die **Zahlung eines Geldbetrages an den Nebenkläger** festzusetzen, in dessen Höhe auch seine Auslagen miteinfließen können. Diese Regelung erscheint schon angesichts des § 472 Abs. 2 Satz 2, der dem Gericht die Überbürdung der Nebenklägerauslagen im Rahmen der Kostenentscheidung regelmäßig sogar zur Pflicht macht (Rn. 147), und angesichts des Bestrebens des Gesetzgebers, die Opferbelange möglichst umfassend mit einzubeziehen (§ 153a Abs. 1 Satz 2 Nr. 5), sinnvoll. Die Rechtslage entspricht jetzt hier derjenigen bei der Überbürdung der Verfahrenskosten im Rahmen der Zahlung an die Staatskasse (Rn. 63). Rechtlich unzulässig im Hinblick auf Menschenwürde (Art. 1 Abs. 1 GG), körperliche Unversehrtheit und Handlungsfreiheit (Art. 2 Abs. 2 GG) ist die Auflage, **Organe zu spenden** oder sich **kastrieren** zu lassen, selbst wenn man die durch seine Zustimmung dokumentierte Bereitschaft des Beschuldigten in Rechnung stellt und die Voraussetzungen des KastrG vorliegen.[304] Die Auflage, für eine bestimmte Zeit regelmäßig **Urinproben** abzugeben, ist hingegen auch im Hinblick auf die Menschenwürde unbedenklich. Der

300 Für die frühere Rechtslage LR/*Rieß*[24] 38.

301 *Bruns* GA **1959** 204.

302 Vgl. *Eisenberg* § 10, 10 zu § 10 JGG sowie *Pommer* Jura **2007** 666; zur Weisung an einen Verkehrssünder, einem Wanderverein beizutreten, *Bruns* GA **1959** 203.

303 Vgl. *Bruns* GA **1959** 202; Schönke/Schröder/*Kinzig* § 56c, 8 (Verstoß gegen die Menschenwürde des Art. 1 GG); *Fischer* § 56c, 3; vgl. auch LK/*Hubrach* § 56c, 18 (für § 56c StGB); *Schaffstein/Beulke/Swoboda* 310 ff. (für § 10 JGG).

304 Anders LR/*Beulke*[26] (problematisch, wenn auch nicht völlig ausgeschlossen). Wie hier Schönke/Schröder/*Kinzig* § 56c, 20. Unter diesen Umständen für Zulässigkeit der Kastrationsauflage noch: *Mrozynski* JR **1983** 403; zur Problematik der Auflage von Blut- und Organspenden *Britz/Jung* FS Meyer-Goßner 318; der Alternativ-Entwurf Wiedergutmachung hält eine Blutspende dagegen zu Recht für unproblematisch, vgl. *Baumann u.a.* (Fn. 194) 48.

Beschuldigte wird hier keinesfalls zum bloßen „Objekt" herabgewürdigt. Denn die Urinproben sind in der Praxis niemals Selbstzweck, sondern dienen in der Regel der Bestätigung eines suchtmittelfreien Lebens und somit der das öffentliche Interesse der Strafverfolgung beseitigenden Rückkehr des Beschuldigten ins Recht.[305] Auch ist die damit verbundene Beeinträchtigung der Handlungsfreiheit weit geringer als bei einer Entziehungskur (Rn. 77), so dass die Auflage der Urinprobe im Ergebnis zulässig ist.[306] Auch die Auflage, für eine bestimmte Zeit eine **„elektronische Fußfessel"** zu tragen, ist angesichts der zwar engen Kontrolldichte noch mit der allgemeinen Handlungsfreiheit vereinbar.[307] Eine spezialgesetzlich abschließende Regelung existiert nicht in Form des neu eingeführten § 68b Abs. 1 Satz 1 Nr. 12 StGB.[308] Jedoch werden in Fallgestaltungen, in denen eine solche Auflage in Frage kommt, selten die weiteren Voraussetzungen des § 153a (Vergehen, keine entgegenstehende Schwere der Schuld) erfüllt sein. Ob im Hinblick auf die straßenverkehrsrechtlichen Regelungen sowie die Bestimmungen des StGB und der StPO über das Fahrverbot und den Entzug der Fahrerlaubnis dagegen Raum für ein (wie zu überprüfendes und mit welchen strafrechtlichen Konsequenzen für den Tatbestand des Fahrens ohne Fahrerlaubnis ausgestattetes?) begrenztes **Fahrverbot** auf der Basis des § 153a bleibt, ist wie bei § 68b Abs. 1 Satz 1 Nr. 6 StGB zweifelhaft, obwohl dieser eine derartige Auflage zu legitimieren scheint; aus demselben Grunde erscheint auch die Auflage, die Fahrerlaubnis zurückzugeben, problematisch.[309] Im Hinblick auf die positive wie negative Berufsfreiheit (Art. 12 GG) bedenklich sind auch alle Auflagen/ Weisungen, die sich auf die Annahme einer Ausbildungs-, Weiterbildungs-, Umschulungs- oder Arbeitsstelle beziehen, obwohl § 10 Abs. 1 Satz 3 Nr. 3 JGG eine solche Weisung ausdrücklich enthält. Für unzulässig wird man jedenfalls eine Weisung ansehen müssen, die sich auf eine bestimmte Arbeits- oder Ausbildungsstelle bezieht.[310]

90 **Zulässig** dürfte die Auflage bzw. Weisung (Rn. 54) sein, in Zukunft überhaupt eine sozialversicherungspflichtige Arbeit auszuüben,[311] oder sich beim der zuständigen Bundesagentur für Arbeit arbeitslos zu melden (vgl. § 68b Abs. 1 Satz 1 Nr. 9 StGB) und unverzüglich ein **Arbeitsverhältnis** zu begründen.[312] Möglich ist auch eine gewisse Einschränkung der Berufsausübung (§ 68b Abs. 1 Satz 1 Nr. 4 StGB), z.B. die Auflage, keine Kinder zu massieren, wenn der Masseur zu entsprechenden Sexualdelikten neigt.[313] Die Auflage, keine Betäubungsmittel zu konsumieren und sich nicht an **Orten** aufzuhalten (vgl. § 68b Abs. 1 Satz 1 Nr. 2 StGB; § 10 Abs. 1 Satz 3 Nr. 1 und 8 JGG), an denen Betäubungsmittel konsumiert werden, dürfte weder das Grundrecht der allgemeinen Hand-

---

305 Krit. LR/*Beulke*[26] 75; vgl. auch BVerfG NJW **1993** 3315; MüKo/*Peters* 96; *Eisenberg* § 10, 30; *Meier/ Rösner/Trüg/Wulf* § 10, 48; Schönke/Schröder/*Kinzig* § 56c, 27.

306 Vgl. BVerfG StV **1993** 466; OLG Stuttgart Justiz **1987** 234; OLG Zweibrücken JR **1990** 121 mit Anm. *Stree*; **abl.** *Hoferer* NStZ **1997** 174; *Mrozynski* JR **1983** 402; zur Auflage, die Kosten der Urinproben zu tragen, vgl. (**abl.** im Rahmen des § 36 Abs. 4 BtMG) LG Baden-Baden StV **2001** 240.

307 LK/*Hubrach* § 56b, 6a; vgl. LG Frankfurt NJW **2001** 697; siehe auch *Baumann* JA **2001** 476; **a.A.** *Schaffstein/Beulke/Swoboda* 315. Gleiches gilt für ein kurzfristiges Handy-Verbot, soweit eine spezielle Verbindung zur Tatbegehung erkennbar ist, *Lutz* NStZ **2000** 129.

308 BGBl I **2017** S. 1612ff.; hierzu *Baur* KriPoZ **2017** 119.

309 Vgl. zum Fahrverbot *Bruns* GA **1959** 226; Schönke/Schröder/*Kinzig* § 68b, 11; dagegen *Fischer* § 68b, 8; LK/*Schneider* § 68b, 29; zum freiwilligen Verzicht auf die Fahrerlaubnis: *Eisele* NZV **1999** 233.

310 Ebenso *Eisenberg* § 10, 19; Schönke/Schröder/*Kinzig* § 56c, 8; vgl. auch *Zöbeley* FS Faller 345.

311 Vgl. zu § 10 JGG: BVerfG NJW **1983** 442; LG Würzburg NJW **1983** 463; *Schaffstein/Beulke/Swoboda* 315; zu § 56c StGB: OLG Hamm MDR **1985** 692 (zulässig); OLG Celle NStZ **1990** 148 (eher zweifelnd); vgl. auch LK/*Hubrach* § 56c, 7 m.w.N.

312 BVerfGE **55** 31 (zur Führungsaufsicht gemäß § 68b StGB); **a.A.** (allerdings für den abschließenden Katalog der Bewährungsauflagen) BVerfGE **58** 358; *Mrozynski* JR **1983** 400; für Unzulässigkeit auch AnwK-StPO/*Walther* 13.

313 LK/*Hubrach* § 56c, 8.

lungsfreiheit (Art. 2 Abs. 1 GG) noch irgendein anderes Grundrecht verletzen.[314] Auch die Auflage, „sich jeglichen Alkoholgenusses zu enthalten", dürfte daher zulässig sein, sofern die in Rede stehende Tat mit dem Alkoholkonsum in Zusammenhang stand (Rn. 88).[315] Schwierigkeiten können sich allerdings beim Nachweis der Erfüllung (§ 153a Abs. 1 Satz 3) insofern ergeben, als eine ständige Überwachung durch Dritte, etwa die Ehefrau, Kinder etc. sicherlich unzumutbar wäre und daher zum Nachweis der Erfüllung genügen muss, dass der Täter seine Abstinenz versichert und insoweit nicht auffällig geworden ist. Anderes kann gelten, wenn der Beschuldigte in einer Einrichtung wohnhaft bzw. untergebracht ist, in der kundiges Pflegepersonal zur Durchführung von z.B: Atemalkoholtest vorhanden und bereit ist. Zulässig dürfte auch die Auflage sein, auf Entschädigung für Strafverfolgungsmaßnahmen zu verzichten, da nicht erkennbar ist, dass es sich um eine abschließende Regelung dieser Materie handelt.[316]

91 Frühere Gesetzesmaterialien nennen neben der in das Gesetz ausdrücklich aufgenommenen „Auflage", an einem **sozialen Trainingskurs** teilzunehmen (§ 153a Abs. 1 Satz 2 Nr. 6)[317] auch den Verzicht auf Rückgabe sichergestellter oder beschlagnahmter Gegenstände.[318] Insoweit stehen in der Tat keine abschließenden Sonderregelungen entgegen. Kriminalpädagogisch und kriminalprophylaktisch sinnvoll (und weder von § 10 Abs. 1 Satz 3 Nr. 9 JGG: Teilnahme an einem Verkehrsunterricht, noch von § 153a Abs. 1 Satz 3 Nr. 7: Teilnahme an einem Aufbauseminar oder einem Fahreignungsseminar, erfasst, noch davon ausgeschlossen) dürfte auch die Auflage sein, auf eigene Kosten eine **Fahrerlaubnis** zu erwerben, wenn der Tatvorwurf das Fahren ohne Fahrerlaubnis betrifft.[319] Die dabei auftretenden Probleme, wenn die Verwaltungsbehörde den Bewerber um eine Fahrerlaubnis für ungeeignet hält, ein Kfz zu führen, und deshalb die Fahrerlaubnis nicht erteilt, erscheinen nicht unüberwindbar.[320] So könnte (in Anlehnung an die Formulierung beim Täter-Opfer-Ausgleich) die Auflage erteilt werden, sich um die Erteilung der Fahrerlaubnis „zu bemühen", was durch die Ablegung der Prüfung auch bei Nichtbestehen nachgewiesen wäre. In Betracht kommt gerade hier u.U. eine nachträgliche Aufhebung oder Änderung (Rn. 96) der Auflage.

92 Möglich ist auch die Auflage, sich einer **psychotherapeutischen Behandlung** oder einer **Entziehungskur** zu unterziehen (vgl. § 56c Abs. 3 Nr. 1 StGB).[321] Dies folgt bereits aus der neuen Soll-Vorschrift des § 246a Abs. 2 zur **Begutachtung von Beschuldigten, bei denen eine Therapieweisung in Betracht kommt.** Nach dieser durch das StORMG eingeführten Erweiterung, soll die Begutachtung von Angeklagten von Sexualdelikten nach § 181b StGB zum Nachteil eines Minderjährigen, bei denen eine eine sog. **Therapieweisung** in Betracht kommt, erfolgen. Es geht mithin um Weisungen nach § 153a, nach den §§ 56c, 59a Abs. 2 Satz 1 Nr. 4 StGB oder nach § 68b Abs. 2 Satz 2 StGB, wonach

314 Vgl. BVerfG StV **1993** 465 (zu § 56c StGB); **a.A.** *Hoferer* NStZ **1997** 172.

315 Vgl. OLG Düsseldorf NStZ **1984** 332 (zu § 56c StGB); Schönke/Schröder/*Kinzig* § 56c, 27; **a.A.** *Mrozynski* JR **1983** 398.

316 Für Zulässigkeit KMR/*Plöd* 23; nach altem Recht (Verzicht als Teil der Geldzahlung nach Nr. 2) *Friehe* Der Verzicht auf Entschädigung für Strafverfolgungsmaßnahmen (1997) 505; *Schlothauer/Weider* Untersuchungshaft 1113; skeptisch *Seebode* NStZ **1982** 147 f.; für Unzulässigkeit: LR/*Rieß*[24] 38; zur geringen praktischen Relevanz des Streits Rn. 146.

317 BTDrucks. **14** 1928 S. 7 f.; siehe auch *Britz/Jung* FS Meyer-Goßner 320 („akzeptabel"); vgl. auch BTDrucks. **14** 2258 S. 7.

318 BTDrucks. **14** 1928 S. 7 f.; **abl.** *Britz/Jung* FS Meyer-Goßner 320.

319 Vgl. AG Berlin-Tiergarten DAR **1971** 21; Schönke/Schröder/*Kinzig* § 56c, 27; *Händel* DAR **1977** 309; *Mrozynski* JR **1983** 399; *Seiler* DAR **1974** 260.

320 Dazu eingehend *Händel* DAR **1977** 311.

321 Früher unzulässig, vgl. LR/*Rieß*[24] 38; AK/*Schöch* 21; Radtke/Hohmann/*Radtke* 46 mahnt insoweit die Einhaltung eines strikten Konnexerfordernisses an.

sich der Angeklagte psychiatrisch, psycho- oder sozialtherapeutisch betreuen und behandeln lassen soll. In diesen Fällen soll nunmehr ein Sachverständiger über den Zustand des Angeklagten und die Behandlungsaussichten vernommen werden, soweit dies erforderlich ist, um festzustellen, ob der Angeklagte einer solchen Betreuung und Behandlung bedarf. Auf diese Weise wird die ohnehin bereits aus § 244 Abs. 2 folgende allgemeine Amtsaufklärungspflicht speziell für den Bereich von Therapieweisungen bei Sexualstraftaten zum Nachteil von Minderjährigen ergänzt.[322] § 246a Abs. 2 wird durch die Neufassung von § 153a in Absatz 1 Satz 8 und Absatz 2 Satz 2 für entsprechend anwendbar erklärt. Damit gilt diese Soll-Vorschrift auch im Rahmen der hier in Rede stehenden Verfahrenseinstellungen aus Opportunitätsgründen, sofern dabei eine Therapieweisung in Betracht kommt. Auf diese Weise wird klargestellt, dass dem in § 246a Abs. 2 zutage tretende Grundanliegen des Gesetzgebers nicht nur im Rahmen der Hauptverhandlung, sondern auch vor Anklageerhebung bzw. vor Erlass des Eröffnungsbeschlusses sowie außerhalb der Hauptverhandlung Rechnung getragen werden soll (vgl. Rn. 2). Insofern ist es nur konsequent, dass sich entsprechende Folgeregelungen nunmehr auch in § 453 Absatz 1 Satz 3, § 454 Abs. 4 Satz 1 für den Bereich der Strafvollstreckung finden. Zu weiteren Einzelheiten sei im Übrigen auf die Erläuterungen zu § 246a verwiesen. Grenzen der Therapieweisung sind allerdings durch die sorgfältig zu prüfende Unzumutbarkeit einerseits sowie durch den zeitlichen Rahmen (höchstens sechs Monate, vgl. Rn. 94) gesteckt.

93 Als besonders sinnvoll hat sich in bestimmten Fällen der minderen Gewalt im sozialen Nahraum auch die im „Passauer Modellprojekt“ erprobte **Beratungsauflage** erwiesen,[323] die je nach Lage des Falles und der vor Ort bestehenden Möglichkeiten als Ehe-, Erziehungs- oder Suchtberatung ausgestaltet sein kann. Von einem Täter-Opfer-Ausgleich im eigentlichen Sinne kann insoweit nicht gesprochen werden, da das Opfer zwar befragt wird, häufig jedoch kein Interesse mehr an der Versöhnung hat. Jeder auf das Opfer ausgeübte Druck in Richtung auf eine Zustimmung zur Beratungsauflage soll vermieden werden. Hinzu kommt, dass sich die Partner inzwischen häufig getrennt haben (ca. 50%) und die Arbeit des Täters an sich selbst daher nicht mehr dem Opfer, sondern nur noch einem anderen Partner zugutekommen kann.[324] Für die Anbindung an die Nr. 1 (Wiedergutmachung) besteht heute kein Grund mehr, obwohl die „Schäden“ aus Sicht der Opfer häufig weniger in den äußerlich erkennbaren Spuren, als vielmehr in den aus der Tat resultierenden psychischen Folgen, z.B. Angst vor dem Täter, Einschüchterung, Unterlegenheitsgefühl, liegen.[325] Damit dient die Beratungsauflage auch dem Ausgleich dieser (immateriellen) Schäden und bietet den Opfern „Hilfe durch das Strafverfahren“[326] anstelle von „Strafe“. Der Rechtsausschuss hat im Rahmen der Neuformulierung des § 153a positiv hervorgehoben, dass das Gesetz nunmehr „sowohl hinsichtlich des materiellen Schadens als auch der psychischen Folgen, z.B. Furcht vor weiteren Straftaten, bessere Hilfe“ leiste als das herkömmliche Strafverfahren,[327] und der Ausschuss für Familie, Senioren, Frauen und Jugend hat im Gesetzgebungsverfahren ausdrücklich die Opferinteressen betont und gemeint, dem Richter müsse die Möglichkeit gegeben werden, „möglichst wirksame Maßnahmen ... zur Vermeidung von künftiger

---

322 BTDrucks. **17** 12735 S. 21.

323 Eingehend dazu *Beulke* MSchrKrim. **1994** 360 (Zwischenbericht); *ders.* Gewalt im sozialen Nahraum, Endbericht zum Forschungsprojekt (1995); *Beulke/Theerkorn* NStZ **1995** 474; *Theerkorn* Gewalt im sozialen Nahraum (1995).

324 Siehe dazu *Beulke* MSchrKrim. **1994** 364.

325 *Beulke* MSchrKrim. **1994** 364; *Beulke/Theerkorn* NStZ **1995** 476.

326 Siehe dazu *Beulke/Theerkorn* NStZ **1995** 475.

327 BTDrucks. **14** 2258 S. 9.

Gewalt innerhalb der Familie" im Interesse des Opfers zu ergreifen.[328] Dem wird die Beratungsauflage in besonderer Weise gerecht.[329] Es ist ihr deshalb nur zu wünschen, dass sie auch anderswo vermehrt zum Einsatz kommt.

c) Frist. Nicht geregelt ist die Höchstdauer der dem Beschuldigten nach § 153a Abs. 1 Satz 3 zur Erfüllung der unbenannten Auflagen und Weisungen zu setzenden Höchstfrist. Drei Möglichkeiten sind denkbar. Entweder gilt die Sechs-Monatsfrist, wie bei § 153a Abs. 1 Satz 2 Nr. 1 bis 3, 5 und 7, oder es gilt die Jahresfrist, wie bei § 153a Abs. 1 Satz 2 Nr. 4 und 6, oder für die unbenannten Auflagen und Weisungen gilt aufgrund des Schweigens des Gesetzes überhaupt keine zeitliche Begrenzung. Das erschiene zwar mitunter für länger dauernde Therapien wünschenswert, widerspräche aber dem Charakter des § 153a, der innerhalb akzeptabler Fristen für Klarheit durch Fortführung des Verfahrens oder endgültige Einstellung sorgen will. Die Jahresfrist bildet die Ausnahme und wird nur für den Sonderfall der Weisung der Erfüllung der Unterhaltspflichten sowie die Teilnahme an einem sozialen Trainingskurs eingeräumt. Trotz der bekannten Schwierigkeiten, z.B. eine Ehe- und Familienberatung oder einen Täter-Opfer-Ausgleich innerhalb eines halben Jahres unterzubringen, hat der Gesetzgeber für den Täter-Opfer-Ausgleich eine (um drei Monate verlängerbare) Höchstfrist von sechs Monaten für richtig gehalten. Im Regelfall wird daher auch bei den anderen, neu hinzugekommenen sonstigen Auflagen und Weisungen von einer Höchstdauer von sechs Monaten auszugehen sein.[330] Höchstens in Ausnahmefällen, die nur der Nr. 4 oder 6 vergleichbar wären, käme eine Höchstdauer von einem Jahr in Betracht. 94

10. Kontrolle der Erfüllung der Auflagen und Weisungen. Ob der Beschuldigte die Auflagen oder Weisungen erfüllt hat, hat die Strafverfolgungsbehörde zu überprüfen, die sie auferlegt hat; in den Fällen des § 153a Abs. 1 also die Staatsanwaltschaft, in denen des Absatzes 2 das Gericht, ggf. mit Hilfe der Geschäftsstellen.[331] Eine Verpflichtung, den Beschuldigten zur Erfüllung der Auflagen oder Weisungen anzuhalten, ihn etwa zur pünktlichen Zahlung zu ermahnen, besteht nicht.[332] Die durch die Auflagen und Weisungen Begünstigten, namentlich die gemeinnützigen Einrichtungen, können veranlasst werden, Staatsanwaltschaft oder Gericht von der Erfüllung zu informieren. Rechtlich verpflichtet sind sie dazu, mit Ausnahme der mit dem Täter-Opfer-Ausgleich beauftragten Stellen (§ 155b Abs. 2 Satz 3), jedoch nicht, doch kann eine insoweit zutage getretene Unzuverlässigkeit bei weiteren Zuweisungen berücksichtigt werden. Wenn dem Beschuldigten der Leistungsnachweis auferlegt wird (Rn. 55), wird der Eintritt des Strafklageverbrauchs nicht dadurch gehindert, dass er allein diese Verpflichtung nicht erfüllt;[333] wird das Verfahren fortgesetzt, weil es am Leistungsnachweis fehlt, und behauptet der Beschuldigte, die Auflagen erfüllt zu haben, so muss dem nachgegangen werden. 95

328 BTDrucks. **14** 2258 S. 7.
329 Ebenso *Walther* 360; siehe auch Meyer-Goßner/*Schmitt* 14 sowie oben Fn. 295.
330 MüKo/*Peters* 38 (sollte 6 Monate nicht überschreiten); Radtke/Hohmann/*Radtke* 47; HK/*Gercke* 28 (im Regelfall).
331 HK/*Gercke* 29; Meyer-Goßner/*Schmitt* 26; KMR/*Plöd* 36; SK/*Weßlau/Deiters* 51; MüKo/*Peters* 39; KK/*Diemer* 35.
332 HK/*Gercke* 29; KK/*Diemer* 35; AnwK-StPO/*Walther* 33; nach BGH bei *Nack* Beschl. v. 20.8.1998 – 4 StR 390/98 begegnet es verfahrensrechtlichen Bedenken, den Beschuldigten nach Nichterfüllung der erteilten Auflagen und Erlass eines Eröffnungsbeschlusses „dringend" zur Zahlung aufzufordern.
333 *M. J. Schmid* JR **1979** 53.

11. Änderung und Aufhebung der Auflagen und Weisungen

96 **a) Allgemeines.** § 153a Abs. 1 Satz 4 gestattet in begrenztem Umfang eine nachträgliche Korrektur der Auflagen und Weisungen und ihrer Modalitäten. Damit können sie sowohl einer späteren Veränderung der Umstände angepasst als auch wegen einer anfänglichen Fehlbeurteilung korrigiert werden. Mit der Änderungsmöglichkeit kann auch die Härte der nicht ganz bedenkenfreien Regelung gemildert werden, dass grundsätzlich auch eine vom Beschuldigten nicht zu vertretende Leistungsstörung zur Verfahrensfortsetzung zwingt. Zugunsten des Beschuldigten (einer ihm nachteiligen Änderung wird er regelmäßig nicht zustimmen) kommen Änderungen immer dann in Betracht, wenn etwa seine Leistungsfähigkeit erheblich überschätzt wurde oder sich im Laufe der Erfüllungsfrist verschlechtert hat, oder wenn ihm aus anderen Gründen die Erfüllung ohne Verschulden unmöglich geworden ist, etwa, wenn eine auferlegte Schadenswiedergutmachung mangels ersetzbaren Schadens nicht möglich ist. Hier kann auf eine andere Auflage ausgewichen werden, die in gleicher Weise geeignet ist, das öffentliche Interesse an der Strafverfolgung zu beseitigen. Kommen etwa bei der Beratungsauflage (Rn. 93) im vorgegebenen Zeitraum die Termine wegen Überlastung der Beratungsstellen nicht zustande, so ist eine Fristverlängerung sachgerecht. Ohne dass solche Sachgründe vorliegen, wird es regelmäßig keinen Grund für eine nachträgliche Änderung geben. Die Änderung kann auch vom Beschuldigten selbst angeregt werden,[334] dies stellt dann zugleich die erforderliche Zustimmung dar.

97 Ob eine Veränderung (Fristverlängerung, Aufhebung, Änderung) der Auflage oder Weisung auch noch möglich ist, wenn die **Ursprungsfrist** bereits **verstrichen** ist, ist zwar nicht unzweifelhaft,[335] aber zu bejahen, da auch nach Fortführung des Verfahrens eine neue Einstellung nach § 153a zulässig ist (Rn. 105).[336] Das dürfte auch dem Sinn der Änderungsmöglichkeit entsprechen, zumal Beschuldigte nicht selten die tatsächlichen Umstände, die eine Veränderung rechtfertigen, erst nach Ablauf der Ursprungsfrist geltend machen werden.[337]

98 **b) Zustimmung von Gericht oder Staatsanwaltschaft.** Da der Wortlaut der Vorschrift die nach § 153a Abs. 1 erforderliche Zustimmung des Gerichts und die nach Absatz 2 erforderliche Zustimmung der Staatsanwaltschaft nur für den Grundfall der jeweiligen Erteilung der Auflagen und Weisungen erwähnt, wird im Schrifttum nach der wohl noch herrschenden Meinung zu Recht angenommen, dass sie für nachfolgende Änderungen nicht erforderlich ist,[338] auch wenn zugleich teilweise die Problematik dieser Auslegung eingeräumt wird.[339] Der Gesetzeswortlaut ist entgegen anderslautender Stimmen[340] insoweit eindeutig; das in den beiden Absätzen jeweils enthaltene Zustimmungserfordernis lässt sich schon aufgrund der klar ausdifferenzierten Regelungen (§ 153a Abs. 1

---

334 Zur Frage der Glaubhaftmachung der tatsächlichen Umstände *Eckl* JR **1975** 101; *Rüth* DAR **1975** 7.
335 Dafür *Eckl* JR **1975** 101; Meyer-Goßner/*Schmitt* 40; KMR/*Plöd* 47; Radtke/Hohmann/*Radtke* 50; MüKo/*Peters* 42; LR/*Rieß*[24] 52; enger (nur für Aufhebung) KK/*Diemer* 39; offen gelassen SK/*Weßlau*/*Deiters* 64.
336 KMR/*Plöd* 47; KK/*Diemer* 39; MüKo/*Peters* 42; Radtke/Hohmann/*Radtke* 50; Meyer-Goßner/*Schmitt* 40.
337 Die alsbaldige Mitteilung solcher Umstände ist dem Beschuldigten aber anzuraten, Meyer-Goßner/*Schmitt* 25.
338 Meyer-Goßner/*Schmitt* 42; *Pfeiffer* 5; KMR/*Plöd* 47; KK/*Diemer* 38; **a.A.** aber OLG Düsseldorf MDR **1995** 842; SK/*Weßlau*/*Deiters* 61; Radtke/Hohmann/*Radtke* 49 sowie LR/*Beulke*[26] 83.
339 LR/*Meyer-Goßner*[23] 62; ähnlich Meyer-Goßner/*Schmitt* 42; siehe jedoch KK/*Diemer* 38.
340 LR/*Beulke*[26] 83; vgl. auch SK/*Weßlau*/*Deiters* 61; Radtke/Hohmann/*Radtke* 49.

Satz 1: Mit Zustimmung des [...] Gerichts [...] kann die Staatsanwaltschaft; § 153a Abs. 1 Satz 4: Die Staatsanwaltschaft kann [...]) nicht umfassend verstehen. Die gegen ein fehlendes Zustimmungserfordernis vorgebrachten Argumente[341] sind zwar beachtlich. Systemgerechter erscheint es danach, dass kraft Sachzusammenhangs über nachfolgende Änderungen die Instanz entscheidet, die auch schon die ursprüngliche Anordnung getroffen hat. Auch teleologisch mit Blick auf die wichtige Kontrollfunktion ist dies einleuchtend.[342] De lege lata stellt sich ein solches Verständnis jedoch als Gesetzesauslegung contra legem dar. Deshalb ist das Zustimmungserfordernis de lege ferenda für die späteren Änderungsentscheidungen einzuführen. In der Praxis sollte bis dahin eine Auflagenkorrektur durch die Staatsanwaltschaft (außer in den Fällen des § 153a Abs. 1 Satz 7) nur nach vorheriger positiver Stellungnahme des Gerichts, eine solche durch das Gericht nur mit entsprechender Stellungnahme der Staatsanwaltschaft vorgenommen werden. Das gilt unterschiedslos vor wie nach Fristablauf; für diejenige Meinung, die in der Änderung nach Ablauf der Ursprungsfrist (oben Rn. 97) eine neue Einstellung erblickt, ergibt sich das Zustimmungserfordernis freilich schon aus diesem Grunde.

c) Fristverlängerung. Die Frist für die Auflagenerfüllung darf in allen Fällen des 99
Absatzes 1 Satz 2 um höchstens drei Monate verlängert werden, und zwar, wie der Gesetzeswortlaut (§ 153a Abs. 1 Satz 4) eindeutig ergibt, nur einmal.[343] Verlängert werden kann nur die im konkreten Fall gesetzte Frist, dies aber auch ohne Zustimmung des Beschuldigten (das Gesetz fordert seine Zustimmung in § 153a Abs. 1 Satz 4 nur für die nachträgliche Auferlegung und Änderung, nicht aber für die Aufhebung oder Fristverlängerung) und über die in Absatz 1 Satz 3 bestimmte Höchstdauer hinaus. Die Höchstdauer für die Verlängerung (3 Monate) darf aber selbst dann nicht überschritten werden, wenn die ursprünglich gesetzte Frist kürzer als nach dem Gesetz zulässig (§ 153a Abs. 1 Satz 3) bemessen war. Die Verlängerungshöchstdauer braucht aber nicht ausgeschöpft zu werden. **Fristverkürzungen** lässt das Gesetz nicht zu; selbstverständlich kann aber der Beschuldigte die Auflagen vorzeitig erfüllen, es sei denn, dass die Auflage gerade den Inhalt hat, etwa eine gemeinnützige Leistung während eines bestimmten Zeitraumes zu erbringen.

d) Änderungen der Auflagen und Weisungen bedürfen im Unterschied zur Fristver- 100
längerung, auch wenn sie für ihn nur vorteilhaft erscheinen,[344] stets der **Zustimmung des Beschuldigten**. Sie können in einer Veränderung der auferlegten Leistung innerhalb der Auflage, in der Auswechslung der Auflagen und Weisungen, im Wegfall einer von mehreren erteilten Auflagen oder Weisungen oder in der Begründung einer zusätzlichen Auflage oder Weisung bestehen.

e) Aufhebung. Die gänzliche Aufhebung der Auflagen oder Weisungen wird nur 101
ausnahmsweise in Frage kommen. Bei korrekter Rechtsanwendung muss vor Anwendung der Vorschrift geklärt sein, dass nur durch die Erfüllung von Auflagen oder Weisungen ein an sich bestehendes öffentliches Interesse an der Strafverfolgung beseitigt werden kann; mit dieser Bewertung würde sich der spätere Verzicht auf jede Auflage

341 OLG Düsseldorf MDR **1995** 842; SK/*Weßlau/Deiters* 61; Radtke/Hohmann/*Radtke* 49 sowie LR/*Beulke*[26] 83.
342 So SK/*Weßlau/Deiters* 61.
343 Meyer-Goßner/*Schmitt* 41; *Pfeiffer* 5; KMR/*Plöd* 47; KK/*Diemer* 38; MüKo/*Peters* 40; Radtke/Hohmann/*Radtke* 48; HK/*Gercke* 30.
344 MüKo/*Peters* 40; Radtke/Hohmann/*Radtke* 49; HK/*Gercke* 30; Meyer-Goßner/*Schmitt* 41; KMR/*Plöd* 47; *Pfeiffer* 5.

oder Weisung regelmäßig in Widerspruch setzen.[345] Für eine Aufhebung in Betracht kommen aber etwa Fälle der Schadenswiedergutmachungsauflage, wenn sich herausstellt, dass der Schaden vom Beschuldigten bereits ausgeglichen war, sonstige, positiv zu bewertende, in Hinblick auf die Tat erbrachte, wenn auch nicht auferlegte Leistungen des Beschuldigten, die in ihrer Bedeutung der Auflage vergleichbar sind und wie diese das Sanktionsbedürfnis entfallen lassen, oder neu bekannt gewordene Umstände, die im Urteil das Absehen von Strafe nach § 60 StGB rechtfertigen würden. In diesem Fall könnte schließlich auch nach § 153b (ohne Auflagen und Weisungen) eingestellt werden (§ 153b, 1, 3). Hat der Beschuldigte bereits **Teilleistungen** erbracht, die sich als ausreichend zur Beseitigung des öffentlichen Interesses erweisen, so kommt keine Aufhebung in Frage, sondern eine Änderung dergestalt, dass nunmehr diese Teilleistungen als Auflage bestimmt werden.

102 Die **Aufhebung** der Auflage oder Weisung **steht** in den Folgen für das Verfahren **der Erfüllung gleich.** Insbesondere tritt damit Strafklageverbrauch ein. Dem scheint allerdings der Wortlaut des § 153a Abs. 1 Satz 5 entgegenzustehen, demzufolge diese Wirkung nur eintritt, wenn der Beschuldigte die Auflagen oder Weisungen „erfüllt". Doch kann dies nicht richtig sein; vielmehr hat der Gesetzgeber offenbar den Sonderfall der Aufhebung übersehen, über den auch die Gesetzesmaterialien nichts enthalten. Denn die Sperrwirkung tritt in bedingter Form bereits mit der Erteilung der Auflagen und Weisungen ein (Rn. 107), nur die Nichterfüllung der Auflagen berechtigt zur Verfahrensfortsetzung unter dem Gesichtspunkt eines Vergehens. Das Gericht oder die Staatsanwaltschaft können bei dieser Rechtslage nicht die Macht haben, die bereits bedingt eingetretene Sperrwirkung dadurch zu beseitigen, dass sie dem Beschuldigten durch Aufhebung der Auflagen deren Erfüllung und damit die Herbeiführung der Bedingung rechtlich unmöglich machen.

103 **12. Leistungsstörungen.** Das Verfahrenshindernis nach § 153a Abs. 1 Satz 5 tritt nur ein, wenn der Beschuldigte die ihm erteilten, ggf. geänderten Auflagen oder Weisungen fristgerecht vollständig erfüllt.[346] Eine Teilerfüllung hilft dem Beschuldigten nicht, weil dadurch die Eignung der Auflage entfallen kann, das öffentliche Interesse an der Strafverfolgung zu beseitigen.[347] Ob den Beschuldigten an der Nichterfüllung, Teilerfüllung oder verspäteten Erfüllung ein **Verschulden** trifft, ist **unerheblich.**[348] Bei unverschuldeter „Schlechterfüllung" besteht jedoch nach der in diesem Kommentar vertretenen, umstrittenen Auffassung (Rn. 97) die Möglichkeit, auch nach Fristablauf durch Fristverlängerung, soweit diese noch möglich ist, Änderung oder äußerstenfalls Aufhebung gemäß § 153a Abs. 1 Satz 4 die Auflagen dem Leistungsvermögen des Beschuldigten anzupassen;[349] wird so verfahren, so ist für die Frage, ob die Auflagen vollständig erfüllt sind, ihr geänderter Inhalt maßgebend. Lässt sich aufgrund geänderter Umstände, die die Leistungsstörung bewirkt haben, ggf. auch unter Berücksichtigung bereits erbrachter Teilleistungen, das öffentliche Interesse an der Strafverfolgung verneinen, so kann das Verfahren nach § 153 eingestellt werden.[350]

---

345 HK/*Gercke* 30; Radtke/Hohmann/*Radtke* 48; einschränkend MüKo/*Peters* 41: nur bei Sinnlosigkeit der Erfüllung.

346 Meyer-Goßner/*Schmitt* 45; MüKo/*Peters* 43; enger *Eckl* JR **1975** 101, der auf die Erheblichkeit der Abweichung abstellt, krit. *Hanack* FS Gallas 361 f.

347 So *Schuth* 144.

348 OLG Düsseldorf MDR **1976** 423; MüKo/*Peters* 43; SK/*Weßlau/Deiters* 66; Meyer-Goßner/*Schmitt* 25; *Pfeiffer* 8; KMR/*Plöd* 51; KK/*Diemer* 39; zu den (wenig überzeugenden, vgl. *Hanack* FS Gallas 361 f.) Gründen vgl. BTDrucks. **7** 550 S. 298.

349 Ebenso *Eckl* JR **1975** 101; *Rüth* DAR **1975** 6 f.

350 *Pfeiffer* 8; *M.J. Schmid* JR **1979** 53.

Hat der Beschuldigte **Teilleistungen** erbracht und kommt es nicht zu einer endgültigen Einstellung, sondern wird das Verfahren fortgesetzt, so **werden** diese kraft ausdrücklicher gesetzlicher Vorschrift (§ 153a Abs. 1 Satz 6) **nicht erstattet.**[351] Das muss nach den für diese Regelung maßgebenden Motiven auch für verspätete Leistungen gelten.[352] Sie können auch nicht auf eine später erkannte Strafe angerechnet werden, da anders als in § 56f Abs. 3 Satz 2 StGB, eine Anrechnungsvorschrift fehlt.[353] Solche Teilleistungen sind jedoch, worüber das Gericht sich im Urteil äußern muss, bei der Strafzumessung zugunsten des Verurteilten zu berücksichtigen.[354] Dagegen findet der die Nichterstattung von Leistungen anordnende Satz 6 schon seinem Wortlaut nach **keine Anwendung,** wenn der Nichteintritt des Strafklageverbrauchs nach Satz 5 auf anderen Gründen als der Nichterfüllung beruht, etwa wenn das Verfahren fortgesetzt wird, weil es sich um ein Verbrechen handelt. Die Nichtanwendung hat dann auch durchaus ihren Sinn, weil gerade in diesem Fall der Beschuldigte keinerlei Einfluss darauf nehmen kann, dass das Verfahren nicht mehr weitergeht. Selbst wenn er voll erfüllen würde, müsste der Staatsanwalt das Verfahren fortsetzen. Die Nichtanwendung des Satz 6 hätte zur Konsequenz, dass die (Teil-)Leistungen erstattet werden müssen. Andererseits ist eine Erstattungspflicht bei Leistungen, die nicht in einer Geldzahlung bestanden haben, sowie bei Leistungen, die nicht an die Staatskasse geflossen sind, nicht sinnvoll. Die Rechtsprechung ist deshalb auch im Fall der Fortsetzung des Verfahrens aufgrund des Umstandes, dass sich die Verbrechenseigenschaft des Deliktes erst später herausgestellt hat, auf die Strafzumessungslösung (§ 46 Abs. 2 StGB) ausgewichen.[355] Hierfür spricht auch, dass ein Wertungswiderspruch einträte, wenn im Normalfall der Teilleistungen bei der Fortsetzung des Verfahrens wegen eines Vergehens die Leistungen beim Staat verblieben, während im Sonderfall der Fortsetzung wegen eines Verbrechens der Staat die (Teil-)Leistungen zurückzahlen müsste. Es wird auch für die Strafzumessungslösung ins Feld geführt, dass sich der Verfall des Geleisteten aus allgemeinen Grundsätzen ergebe, weil man nämlich nie eine Leistung vom Staat zurückverlangen könne, wenn sich die mit der Leistung verbundene Erwartung erfüllt habe. Das sei aber hier der Fall, denn erwartet werde, dass das Verfahren als Vergehen nicht weiter verfolgt würde. Diese Erwartung werde nicht enttäuscht, denn wegen eines Vergehens wird das Verfahren in der Tat nicht weiter betrieben. Bei der darüber hinausgehenden Hoffnung, das Verfahren sei insgesamt abgeschlossen, handele es sich lediglich um einen unbeachtlichen Motivirrtum. Wenn man die Sache so sähe, seien die Anspruchsvoraussetzungen des allgemeinen öffentlich-rechtlichen Erstattungsanspruchs bei der Fortsetzung wegen eines Verbrechens nicht gegeben. Der Sonderregelung des Satzes 6 habe es nur bedurft, weil sich dort die Erwartungen nicht erfüllt haben (Weiterverfolgung wegen eines Vergehens), so dass nach allgemeinen Regeln eigentlich eine Rückzahlung hätte erfolgen müssen, die der Gesetzgeber aber aufgrund ausdrücklicher Regelung ausschließt. Dies überzeugt jedoch nicht, denn bei der Vereinbarung von Auflagen und Weisungen gehörte von vornherein zu den Erwartungen, dass durch die Auflagen und Weisungen das öffentliche 104

---

351 Zu den Gründen der auch im Gesetzgebungsverfahren umstrittenen (vgl. Protokolle der 17. Sitzung des Sonderaussch. für die Strafrechtsreform, 7. LegPer. S. 747 f.) Regelung näher LR/*Meyer-Goßner*[23] 68.

352 KK/*Diemer* 43; vgl. auch *Jostes* 99; *Kalomiris* NStZ **1998** 500; Meyer-Goßner/*Schmitt* 25.

353 LR/*Rieß*[24] 69; *M.J. Schmid* JR **1979** 53; **a.A.** *Eckl* JR **1975** 101 Fn. 26; *Hanack* FS Gallas 362; MüKo/*Peters* 43.

354 SK/*Weßlau/Deiters* 67; HK/*Gercke* 31; siehe auch *M.J. Schmid* JR **1979** 53; abweichend („kann" berücksichtigt werden) *Pfeiffer* 8; KMR/*Plöd* 51; KK/*Diemer* 43; AnwK-StPO/*Walther* 32; vgl. auch zur ähnlichen Problematik des „Härteausgleichs" bei einer nicht mehr möglichen Gesamtstrafenbildung oder zur Berücksichtigung der beamtenrechtlichen Folgen *Mösl* NStZ **1984** 161.

355 OLG Düsseldorf mit zustimmender Anm. *Krick* NStZ **2003** 68.

Interesse beseitigt werden könne. Da dies bei einem Verbrechen nicht in Betracht kommt, lassen sich diese Erwartungen nicht erfüllen. Bei Fortsetzung des Verfahrens verbleibt es also beim Erstattungsanspruch hinsichtlich der (Teil-)Leistungen. Da die Sonderregelung des Satzes 6 ihrem Wortlaut nach nicht eingreift, müssen die Leistungen dem Grundsatz nach zurückerstattet werden. Anderenfalls könnte sich der Beschuldigte zum Beispiel durch höhere Geldzahlungen von einem nicht unbeträchtlichen Teil der durch die Tat verwirkten Strafe „freikaufen". Dies widerspricht dem Legalitätsprinzip und steht mit dem Opferschutz nicht in Einklang. Aus der Sicht des Täters, der kein Interesse an einer Anrechnung hat, vielmehr das Geleistete zurückerstattet haben möchte, verbietet sich eine Analogie aus Satz 6 wegen der Sanktionsähnlichkeit der in § 153a vorgesehenen Maßnahmen (siehe Rn. 2). Nur durch Gesetz könnte die Regelung des heutigen Satz 6 auch auf den Fall der Fortsetzung des Verfahrens wegen eines Verbrechens ausgeweitet werden. Bis dahin muss es bei der Erstattungslösung (für Teil- und Vollleistungen) bleiben. Nur soweit diese nicht mehr durchführbar ist, kann auf die Strafzumessungslösung (Anrechnung des Erbrachten) ausgewichen werden (parallel zur „Anrechnungsrechtsprechung im Falle der Unmöglichkeit einer Gesamtstrafenbildung zwischen Jugend- und Erwachsenenfreiheitsstrafe).[356] Wobei dieser, im Falle des Freispruchs, weiterhin die nicht mögliche Rückerstattung generell entgegensteht.

105 Wieweit nach erstmaliger Nichterfüllung eine **nochmalige Anwendung des § 153a** im gleichen Verfahren möglich ist, ist umstritten. Der Gesetzgeber hat ausweislich der Begründung eine mehrmalige Anwendung in besonderen Fällen nicht ausschließen wollen.[357] Demgegenüber will eine Meinung die erneute Anwendung des § 153a Abs. 1 nicht mehr zulassen, sondern nur noch eine solche nach § 153a Abs. 2 durch das Gericht, weil andernfalls eine mehrfache Anwendung die Fristbestimmung des § 153a Abs. 1 Satz 3 unterlaufe.[358] Dagegen ist aber zu bedenken, dass eine nochmalige Anwendung der Vorschrift die Erteilung neuer Auflagen oder Weisungen nach erneuter Zustimmung erfordert.[359] Ein solches Verfahren kann deshalb nicht als rechtlich unzulässig angesehen werden und im Einzelfall dazu dienen, unverschuldete Leistungsstörungen auszugleichen.[360]

V. Strafklageverbrauch (Absatz 1 Satz 5)

106 **1. Allgemeines. Bedeutung.** Die in § 153a Abs. 1 Satz 5 getroffene Regelung, dass nach der Erfüllung der Auflagen und Weisungen die prozessuale Tat (Rn. 19, 115) nicht mehr als Vergehen verfolgt werden darf, dass diese Erfüllung also einen rechtskraftähnlichen Verfahrensabschluss bewirkt, stellt, jedenfalls soweit die staatsanwaltschaftliche Einstellung in Frage steht, die eigentliche dogmatische Besonderheit der Vorschrift dar. Sie verdeutlicht, dass § 153a nicht nur eine Einschränkung der Verfolgungs- und Anklagepflicht enthält, sondern dass die Erfüllung der Auflagen und Weisungen eine besondere Art der „Erledigung" des Verfahrens bewirkt. Der Gesetzeswortlaut regelt allein die Sperrwirkung der Erfüllung der Auflagen und Weisungen dergestalt, dass er daran ein auf die Weiterverfolgung als Vergehen beschränktes, endgültiges Verfahrenshindernis

---

356 BGHSt **36** 270, 272; **36** 294, 295; BHG NStZ-RR **1998** 151; LR/*Wendisch*[25] § 460, 63.

357 Begr. BTDrucks. **7** 550 S. 299; Meyer-Goßner/*Schmitt* 51 (im gerichtlichen Verfahren nur in ganz besonderen Ausnahmefällen).

358 So früher LR/*Meyer-Goßner*[23] 67.

359 LR/*Rieß*[24] 60; *M.J. Schmid* JR **1979** 53.

360 Im Ergebnis wie hier HK/*Gercke* 31; *Pfeiffer* 8. Zur wiederholten Anwendung in der Praxis (die selten ist, aber bisweilen vorkommt) *Ahrens* 117; *Hertwig* 135; *Meinberg* 343.

knüpft.[361] Es ist jedoch sowohl aus systematischen als auch aus kriminalpolitischen Gründen notwendig, eine vergleichbare Sperrwirkung bereits von dem Zeitpunkt an anzunehmen, in dem aufeinander bezogene Auflagen oder Weisungen der Strafverfolgungsbehörden und Zustimmungserklärungen des Beschuldigten vorliegen; schon damit entsteht ein **bedingtes Verfahrenshindernis.**[362]

2. Bedingte Sperrwirkung

a) Beginn. Die bedingte Sperrwirkung tritt ein, sobald die Staatsanwaltschaft oder das Gericht dem Beschuldigten konkrete Auflagen oder Weisungen nach § 153a Abs. 1 Satz 2 erteilt und der Beschuldigte diesen zugestimmt hat;[363] auf die vorläufige Einstellung als solche, die nicht in jedem Fall erforderlich ist (Rn. 8), kommt es nicht an,[364] ebenso wenig auf die Reihenfolge. Entscheidend ist der Zeitpunkt, zu dem Auflagen und Zustimmungserklärung vorliegen und sich decken. Wird zunächst die Zustimmung eingeholt und sodann die Auflage oder Weisung erteilt, so entsteht das bedingte Verfahrenshindernis mit dieser. Auch bei einer vorweggenommenen Zustimmung (Rn. 47) tritt die Sperrwirkung erst mit der Auflagenerteilung ein. Bei der in der Praxis nicht seltenen Handhabung, nach der die Staatsanwaltschaft (oder das Gericht) schon bei der Anfrage die Auflage (bedingt) erteilt (Rn. 7), tritt das Verfahrenshindernis mit der Zustimmung ein; wird diese konkludent durch Auflagenerfüllung erteilt, so fallen bedingtes und endgültiges Verfahrenshindernis zusammen. Die bloße Anfrage, ob der Auflagenerteilung zugestimmt werde, bewirkt für sich allein ebenso wenig eine bedingte Sperrwirkung wie die bloße vorweggenommene Zustimmung ohne Auflage. 107

Auch wenn es an der erforderlichen **Zustimmung** des **Gerichts oder der Staatsanwaltschaft** zur Erteilung der Auflagen oder Weisungen **fehlt**, kann die bedingte Sperrwirkung eintreten.[365] Zwar gehören die vorgeschriebenen Zustimmungen des Gerichts (bei Absatz 1) oder der Staatsanwaltschaft (bei Absatz 2) zu den Voraussetzungen der Anwendung dieser Verfahrensart, so dass man argumentieren könnte, dass bei ihrem Fehlen ein wirksames Verfahren nach § 153a überhaupt nicht vorliege.[366] Indessen liegt es in der Verantwortung des jeweils mit der Sache befassten Strafverfolgungsorgans, die erforderliche Zustimmung herbeizuführen, und zwar in einem Verfahren, an dem der Beschuldigte nicht beteiligt ist und über das er, sofern er nicht Akteneinsicht nimmt, nichts erfährt. Die notwendige Deckungsgleichheit der Zustimmung kann Zweifelsfragen aufwerfen; auch kann die Frage, ob ein Fall der zustimmungsfreien Einstellung nach § 153a Abs. 1 Satz 7 vorliegt, durchaus zweifelhaft sein. Die Staatsanwaltschaft hätte es dann in der Hand, über die Entstehung des Verfahrenshindernisses zu entscheiden, in- 108

361 BGHSt **28** 177; OLG Düsseldorf MDR **1976** 423; OLG Nürnberg NJW **1977** 1787; Begr. BTDrucks. **7** 550 S. 299;

362 Ausführliche Begründung des bedingten Verfahrenshindernisses bei LR/*Meyer-Goßner*[23] 56; *Schuth* 25 f.

363 *Lesch* 2/50; KMR/*Plöd* 55; SK/*Weßlau/Deiters* 68; **a.A.** Radtke/Hohmann/*Radtke* (Eingang der inhaltlich übereinstimmenden Zustimmungserklärungen von Staatsanwaltschaft bzw. Gericht und Beschuldigten); ebenso HK/*Gercke* 32; Meyer-Goßner/*Schmitt* 44 (nach förmlicher vorläufiger Einstellung);

364 **A.A.** Meyer-Goßner/*Schmitt* 44 (nach förmlicher vorläufiger Einstellung); so auch (zumindest terminologisch) *Pfeiffer* 8; *Gössel* JR **1984** 303.

365 OLG Karlsruhe NStZ **1987** 42 (für das Fehlen der staatsanwaltschaftlichen Zustimmung); OLG Stuttgart wistra **2007** 276 (für das Fehlen der gerichtlichen Zustimmung); vgl. auch LG Hamburg NStE Nr. 6 zu § 153a; ebenso *Hellmann* 565; *Karl* NStZ **1995** 535; HK/*Gercke* 32; Meyer-Goßner/*Schmitt* 52; Radtke/Hohmann/*Radtke* 75; KMR/*Plöd* 55; **a.A.** OLG Hamm MDR **1977** 949; *Schroeder* NStZ **1996** 320 (für das Fehlen der gerichtlichen Zustimmung); wohl auch *Gössel* JR **1984** 305; *Jostes* 110.

366 So wohl KK/*Schoreit*[6] 39.

dem sie nachträglich die Notwendigkeit der Zustimmung annähme.[367] Der Beschuldigte muss deshalb, wenn ihm mit seiner Zustimmung von dem nach außen dazu befugten Strafverfolgungsorgan zulässige (Rn. 111) Auflagen oder Weisungen erteilt werden, darauf vertrauen dürfen, dass die sonstigen Voraussetzungen dafür vorliegen, dass er durch deren Erfüllung den beschränkten Strafklageverbrauch erreichen kann.[368] **Lediglich** dann, wenn dieser **Vertrauenstatbestand erkennbar nicht** gegeben ist, etwa weil der Beschuldigte erfahren oder in der Hauptverhandlung miterlebt hat, dass die Staatsanwaltschaft ihre erbetene Zustimmung verweigert, ist es richtig, die Sperrwirkung nicht eintreten zu lassen. Zu den Konsequenzen für die Anfechtbarkeit siehe Rn. 151.

109 **b) Wirkung und Dauer.** Die bedingte Sperrwirkung entspricht grundsätzlich der endgültigen mit der einzigen Ausnahme, dass offen bleibt, ob sie wegen Nichterfüllung der Auflagen und Weisungen wieder wegfällt. Das Verfahren kann während der Schwebezeit nur fortgesetzt werden, wenn sich die Tat nunmehr als Verbrechen darstellt; es sind auch weitere Ermittlungen darüber möglich, ob dies der Fall ist. Ergibt sich der hinreichende Verdacht eines Verbrechens, so kann die Erteilung der Auflagen oder Weisungen durch das Gericht oder die Staatsanwaltschaft widerrufen werden, nicht jedoch in anderen Fällen. Die bedingte Sperrwirkung wandelt sich in die endgültige um, wenn der Beschuldigte die Auflagen oder Weisungen erfüllt; sie entfällt, wenn der Beschuldigte seine Zustimmung widerruft (Rn. 51) oder wenn die Erfüllung nicht fristgerecht geschieht. Setzt der Beschuldigte die Erfüllung nur aufgrund der Fortsetzung staatsanwaltlicher Ermittlungen aus, kann er auch nach Ablauf der ursprünglichen Frist die endgültige Sperrwirkung herbeiführen, da die Strafverfolgungsbehörden die durch § 153a eingeräumte Rechtsposition nicht einseitig rückgängig zu machen vermögen und dem Vertrauensschutz insoweit Vorrang einzuräumen ist.[369]

110 Während der Dauer der bedingten Sperrwirkung ist es ungewiss, ob es zu einer Fortsetzung des Verfahrens kommt, doch ist dies weiterhin möglich. Daraus ergibt sich, dass **Zwangsmaßnahmen** zum Zwecke der Verfahrenssicherung nur noch in äußerst beschränktem Umfang aufrechterhalten werden können, aber nicht gänzlich unzulässig sind. Im Einzelnen wird Folgendes angenommen werden können:[370] Ein etwa bestehender **Haftbefehl** ist auf jeden Fall außer Vollzug zu setzen (§ 116), seine Aufhebung ist jedoch nicht stets geboten. Beweissicherungsmaßnahmen, namentlich **Beschlagnahmen** (§§ 94, 111b) können, sofern nicht der Verhältnismäßigkeitsgrundsatz entgegensteht, aufrechterhalten werden. Die **vorläufige Entziehung der Fahrerlaubnis** (§ 111a) und das **vorläufige Berufsverbot** (§ 132a) sind stets aufzuheben, denn mit der Einleitung des Verfahrens nach § 153a entfallen jedenfalls die *dringenden* Gründe für die Annahme, dass die Maßregeln endgültig angeordnet werden. Maßnahmen der **Beweissicherung** sind selbstverständlich auch während der Schwebezeit möglich und können geboten sein.

3. Endgültige Sperrwirkung nach Erfüllung

111 **a) Eintritt.** Die endgültige Sperrwirkung nach § 153a Abs. 1 Satz 5 tritt ein, sobald der Beschuldigte fristgerecht (vgl. aber Rn. 97) die **Auflagen und Weisungen vollständig**

---

367 *Karl* NStZ **1995** 535.
368 Wie hier *Krey* Bd. II 227.
369 OLG Stuttgart wistra **2007** 276; vgl. auch *Schroeder* NStZ **1996** 320.
370 Im Ergebnis wie hier HK/*Gercke* 32; Meyer-Goßner/*Schmitt* 44; *Pfeiffer* 8; KMR/*Plöd* 55; SK/*Weßlau*/*Deiters* 68; Radtke/Hohmann/*Radtke* 76.

erfüllt hat. Es muss sich aber um solche Auflagen oder Weisungen handeln, die rechtlich **zulässig** sind (Rn. 84ff.); erfüllt der Beschuldigte ihm erteilte Weisungen oder Auflagen anderer Art, so findet § 153a Abs. 1 Satz 5 keine Anwendung und die Verfahrensfortsetzung bleibt rechtlich möglich.[371] Ein Vertrauenstatbestand, wie bei den Zustimmungsformalitäten (Rn. 108), ist nicht anzuerkennen, doch kann es angezeigt sein, in solchen Fällen nach § 153 zu verfahren. Dasselbe gilt, wenn die Auflagen oder Weisungen **teils** zulässig und teils **unzulässig** waren: Die Erfüllung der zulässigen Auflagen allein führt dann nicht zum Eintritt der Sperrwirkung.[372] Zwar muss der Beschuldigte unzulässige Auflagen nicht erfüllen, aber die Erfüllung der zulässigen Auflagen allein war für ihn erkennbar als nicht genügend angesehen worden, das öffentliche Interesse an der Strafverfolgung zu beseitigen, sondern nur zusammen mit der unzulässigen, aber in der Regel fälschlich für zulässig gehaltenen Auflage. Auch wenn der Beschuldigte zusätzlich die unzulässigen Auflagen erfüllt, ändert dies nichts daran, dass das Verfahren fortgesetzt werden darf. Der Beschuldigte befindet sich dann in derselben Situation wie derjenige, dem lediglich eine unzulässige Auflage erteilt wurde, welche als nötig angesehen wurde, das öffentliche Interesse an der Strafverfolgung zu beseitigen, und der diese, gleich ob in Kenntnis oder Unkenntnis ihrer Unzulässigkeit, erfüllt hat. Wird die Auflage oder Weisung irrtümlich einem **falschen Beschuldigten** erteilt und erfüllt dieser sie nunmehr, so tritt die Sperrwirkung nur dann ein, wenn bereits der Richter oder Staatsanwalt irrtümlich das Verfahren nach § 153a gegen den falschen Beschuldigten eingeleitet hat, denn es handelt sich um eine wirksame Prozesshandlung des zuständigen Strafverfolgungsorgans, die allenfalls von einem bei Prozesshandlungen unbeachtlichen Irrtum beeinflusst ist. Dagegen tritt kein Strafklageverbrauch ein, wenn lediglich bei der geschäftsmäßigen Behandlung der Auflagenerteilung die Auflage an einen anderen als den in der richterlichen (staatsanwaltschaftlichen) Verfügung bezeichneten Beschuldigten gerichtet wird, da dann überhaupt keine als Prozesshandlung wirksame Auflagenerteilung vorliegt.[373]

b) Umfang der Sperrwirkung. Abgesehen von der Möglichkeit, die Tat als Verbre- 112
chen zu verfolgen (Rn. 115), umfasst der Strafklageverbrauch auch bei einer Anwendung der Vorschrift durch die Staatsanwaltschaft nach heute h.M. die gesamte prozessuale Tat,[374] auch wenn sich nachträglich herausstellt, dass sie einen weitaus größeren Unrechts- oder Schuldgehalt aufweist, und selbst dann, wenn sie ein schwereres Vergehen darstellt, weitere tateinheitlich oder tatmehrheitlich zusammentreffende Vergehen hinzutreten oder wenn sich die vermeintliche Einzeltat als Teil einer Dauerstraftat oder gesetzlichen (tatbestandlichen) Handlungseinheit (sog. Bewertungseinheit) erweist.[375] Eine

---

371 OLG Stuttgart NJW **1980** 1009; *Schuth* 26; **a.A.** *Sieg* MDR **1981** 200; *Schlüchter* 406.4 Fn. 67d (nur bei offensichtlichen Verstößen).

372 OLG Düsseldorf MDR **1985** 956; Meyer-Goßner/*Schmitt* 52; HK/*Gercke* 33; **a.A.** OLG Frankfurt MDR **1980** 516.

373 Wohl weitergehend AG Grevenbroich JR **1984** 302 (stets Strafklageverbrauch) mit **abl.** Anm. *Gössel* (in keinem Fall Strafklageverbrauch); wie hier wohl HK/*Gercke* 33; Meyer-Goßner/*Schmitt* 45; ähnlich liegt es, wenn die Geschäftsstelle statt eines Strafbefehls ein Angebot zur Verfahrenseinstellung verschickt, vgl. BayObLGSt **1999** 60.

374 Bei prozessualer Tatidentität auch die Ordnungswidrigkeit, vgl. HK/*Gercke* 33; *Pfeiffer* 9; KMR/*Plöd* 57; § 21 Abs. 2 OWiG ist nicht anwendbar, siehe SK/*Weßlau*/*Deiters* 70; Meyer-Goßner/*Schmitt* 52; siehe auch oben Rn. 30.

375 OLG Düsseldorf StV **1997** 344; OLG Frankfurt NJW **1985** 1850; OLG Nürnberg NJW **1977** 1787; vgl. auch BGHSt **28** 69; OLG Hamm MDR **1981** 871; *Jostes* 77; HK/*Gercke* 33; Meyer-Goßner/*Schmitt* 52; KMR/*Plöd* 57; vgl. *Achenbach* NJW **1979** 2021; *ders.* ZRP **1977** 87 Fn. 5; *Groth* NJW **1978** 198; *Herrmann* ZStW **89** (1977) 746; *Loos* JZ **1978** 597; *Schuth* 32ff.

Gegenmeinung[376] will mindestens im Falle des Absatzes 1[377] den Umfang der Sperrwirkung in Anlehnung an § 56 Abs. 4 OWiG dergestalt einschränken, dass die Tat lediglich nicht mehr unter dem tatsächlichen und rechtlichen Gesichtspunkt als Vergehen verfolgt werden kann, von dem bei Erteilung der Auflagen oder Weisungen ausgegangen worden ist. Diese Einschränkungsversuche sind nicht nur mit dem klaren Wortlaut und dem Willen des Gesetzgebers unvereinbar, sie erscheinen auch nach dem kriminalpolitischen Sinn der Vorschrift nicht geboten.[378]

113 Die Sperrwirkung steht nicht nur der Weiterverfolgung mit dem Ziel einer Verurteilung, sondern auch einer **Einstellung nach einer anderen Vorschrift** entgegen. Insbesondere kann, wenn sich nachträglich herausstellt, dass kein hinreichender Tatverdacht vorliegt, nicht etwa, ggf. unter Aufhebung der endgültigen Einstellung nach § 153a, das Verfahren nach § 170 Abs. 2 eingestellt werden. Denn dadurch würde, da dieser Einstellung keine Sperrwirkung zukommt, der durch die Auflagenerfüllung erreichte Schutz vor weiterer Strafverfolgung verloren gehen.[379]

114 **c) Transnationale Dimension der Sperrwirkung.** Die endgültige[380] Einstellung nach § 153a ist als „rechtskräftige Aburteilung" i.S.d. Art. 54 SDÜ zu verstehen.[381] Dies gilt, anders als bei § 153 (vgl. § 153, 98) sowohl für die gerichtliche (i.S.d. Absatz 2) als auch für die staatsanwaltschaftliche (Absatz 1) Einstellung. Demnach führt die Einstellung nach § 153a zu einem im gesamten Geltungsbereich wirksamen transnationalen Doppelbestrafungsverbot und Doppelverfolgungsverbot für ein Vergehen.[382] Entsprechendes gilt für die „rechtskräftige Verurteilung" i.S.d. Art. 50 GRCh.

115 **d) Grenzen der Sperrwirkung. Verfahrensfortführung.** Die Sperrwirkung steht der Verfolgung der Tat als Verbrechen nicht entgegen. Umstritten ist, ob dies nur zulässig ist, wenn sich der Verbrechenscharakter aufgrund neuer Tatsachen oder Beweismittel herausstellt,[383] oder ob es genügt, wenn er von Anfang an erkennbar war und nur übersehen wurde.[384] Richtig erscheint die zuletzt genannte Ansicht, nach der **Nova nicht erforderlich** sind. Dafür spricht der Gesetzeswortlaut, der, anders als die §§ 174, 211 und § 47 Abs. 3 JGG, die Verfolgung nicht vom Vorliegen von Nova abhängig macht; ferner ist als systematischer Gesichtspunkt zu bedenken, dass das Verfahren nach § 153a (ebenso wie das nach § 153) von vornherein und ausnahmslos auf den Vergehensbereich beschränkt ist, so dass sich eine Sperrwirkung für Verbrechen außerhalb des abschließend geregelten Anwendungsbereichs der Vorschrift bewegen würde. Freilich spielt dieser Streit nur dann eine Rolle, wenn ein Verbrechen überhaupt in Betracht kommt oder behauptet worden ist.[385]

---

376 *Molière* JZ **1977** 193; ähnlich *G. Schäfer*[2] § 100 III 2 (jedoch nicht mehr ab der 3.Aufl.); unklar *Gössel* § 33 E III b mit § 9 B III b 1.

377 So LR/*K. Schäfer*[23] Einl. Kap. **12** 48 f. (aufgegeben in der 24. Aufl., Einl. Kap. **12** 49); gegen diese Differenzierung auch *Molière* JZ **1977** 193.

378 LR/*Rieß*[24] 67; **a.A.** insoweit LR/*Meyer-Goßner*[23] 76.

379 So richtig LR/*Rieß*[24] 68.

380 EuGH NJW **2014** 3007; *Hieramente* StraFo **2014** 453; Meyer-Goßner/*Schmitt* 51.

381 EuGH NJW **2003** 1173; hierzu auch *Mansdörfer* StV **2003** 313; *Radtke/Busch* NStZ **2003** 381; *Kühne* JZ **2003** 305; *Böse* GA **2003**, 744; *Stein* NJW **2003** 1162; *Hecker* 470 ff.; SK/*Weßlau/Deiters* 70; MüKo/*Peters* 102; KK/*Diemer* 47; HK/*Gercke* 33; Radtke/Hohmann/*Radtke* 84. Zum transnationalen europäischen Doppelbestrafungsverbot detailliert *Zöller* GA **2016** 325 ff.

382 Vgl. auch MüKo/*Peters* 102; Zur Wirkung des transnationalen Doppelverbots ausführlich *Hecker* 487.

383 So *Kleinknecht* FS Bruns 186.

384 *Jostes* 82 f.; *Loos* JZ **1978** 598; Meyer-Goßner/*Schmitt* 54; KMR/*Plöd* 57; *Radtke* 350; offen gelassen bei HK/*Gercke* 33.

385 KK/*Diemer* 45.

Die **Weiterverfolgung als Verbrechen** geschieht bei der Staatsanwaltschaft durch einfache Fortsetzung des Ermittlungsverfahrens. Nach gerichtlicher Einstellung nach § 153a bedarf es einer neuen Anklage (vgl. § 153, 99). Die zur Erfüllung von Auflagen und Weisungen erbrachten Teil- und Vollleistungen müssen – soweit das noch möglich ist – zurückerstattet werden (siehe Rn. 104). Stellt sich in dem neuen Verfahren heraus, dass eine Verurteilung wegen eines Verbrechens nicht möglich ist, so ist das Verfahren wegen des Fortbestehens des Verfahrenshindernisses der beschränkten Sperrwirkung einzustellen (§ 170 Abs. 2, §§ 206a, 260 Abs. 3). 116

4. Formaler Verfahrensabschluss nach Auflagenerfüllung. Das (beschränkte) Verfahrenshindernis tritt durch die Erfüllung der Auflagen oder Weisungen ein; schon nach diesem Ereignis, nicht etwa erst nach einer nachfolgenden Einstellung ist die Strafklage verbraucht. Dennoch muss das Verfahren formal durch eine Einstellungsentscheidung (Verfügung der Staatsanwaltschaft, Beschluss des Gerichts) beendet werden; darüber besteht Einigkeit.[386] Umstritten ist aber die Rechtsgrundlage dieser Einstellungsentscheidung. Teilweise wird angenommen, dass diese bei der Staatsanwaltschaft nach § 170 Abs. 2, bei Gericht nach § 206a erfolge, weil durch die Erfüllung der Auflagen oder Weisungen ein unter diese Bestimmungen subsumierbares Verfahrenshindernis entstanden sei.[387] Obwohl diese Auffassung wohl der Vorstellung des Gesetzgebers entsprechen würde,[388] vertritt die heute h.M. zu Recht die Ansicht, dass die endgültige Einstellungsentscheidung ihre Rechtsgrundlage unmittelbar in § 153a findet.[389] 117

VI. Absehen von der Erhebung der öffentlichen Klage (Absatz 1)

1. Zuständigkeit. Voraussetzungen. Zur Anwendung des § 153a Abs. 1 befugt ist nur die Staatsanwaltschaft, in Steuerstrafsachen auch die Finanzbehörde, die das Ermittlungsverfahren selbständig durchführt (§ 386 Abs. 2, § 399 Abs. 1 AO). Die Polizeibehörden dürfen die Vorschrift weder anwenden, noch dürfen sie, anders als bei § 153 (vgl. § 153, 43), die Sache ohne genauere Ermittlungen der Staatsanwaltschaft vorlegen,[390] da die Einstellung gegen Auflagen und Weisungen den **Abschluss der Ermittlungen** voraussetzt (Rn. 45). Dieser ist gemäß § 169a in den Akten zu vermerken, bevor das Verfahren nach § 153a eingeleitet wird, vgl. § 169a, 3. Zu den allgemeinen Voraussetzungen der Anwendung der Vorschrift siehe Rn. 34 ff. 118

---

386 LR/*Rieß*[24] 71; siehe ferner AK/*Schöch* 38 (aus Gründen der Klarstellung); HK/*Gercke* 33; Meyer-Goßner/*Schmitt* 45; *Pfeiffer* 9; KK/*Diemer* 46; AnwK-StPO/*Walter* 34; vgl. auch KMR/*Plöd* 57; SK/*Weßlau*/*Deiters* 70.

387 BGHSt **28** 177 (Anwaltssenat); LG Flensburg JurBüro **1977** 1582; **1982** 878; LG Mainz AnwBl. **1978** 269; LG Stuttgart AnwBl. **1979** 201; vgl. auch OLG Nürnberg NJW **1977** 1787; LG Trier AnwBl. **1980** 463; *Chemnitz* AnwBl. **1985** 126 Fn. 89; *Eckl* JR **1975** 101; *Koch* JR **1976** 230 Fn. 2; *Joachimski*/*Haumer* (Fn. 113) 108; *G. Schäfer* 662; abwegig *D. Meyer* JurBüro **1978** 1755, der die endgültige Einstellung auf § 205 stützen will.

388 Vgl. Begründung BTDrucks. **7** 550 S. 299 mit dem Hinweis, dass durch Auflagenerfüllung ein Verfahrenshindernis entstehe, sowie *Eckl* JR **1975** 101, der an der Gesetzgebungsvorbereitung beteiligt war; in BTDrucks. **10** 1313 S. 24 wird die Streitfrage offengelassen.

389 OLG Düsseldorf MDR **1976** 423; OLG Frankfurt MDR **1980** 515; LG Koblenz NJW **1982** 2458; HK/*Gercke* 33; Meyer-Goßner/*Schmitt* 45; *Pfeiffer* 9; KK/*Diemer* 46; AnwK-StPO/*Walter* 34; KMR/*Plöd* 57; SK/*Weßlau*/*Deiters* 70; *Schuth* 123 ff.; wohl auch OLG Karlsruhe Justiz **1980** 287; *Giesler* Der Ausschluß der Beschwerde gegen richterliche Entscheidungen im Strafverfahren (1981) 209; *Seier* NStZ **1982** 274; offengelassen OLG München AnwBl. **1978** 189; *Kuhl* NJW **1980** 1834; unklar OLG Stuttgart MDR **1980** 250.

390 *Eckl* JR **1975** 101; *Horstmann* 156; *Jostes* 55; *Krey* Bd. II 223; Radtke/Hohmann/*Radtke* 30; SK/*Weßlau*/*Deiters* 25; HK/*Gercke* 14; MüKo/*Peters* 8; Meyer-Goßner/*Schmitt* 7, 29; *Ranft* 1163; *Rose* 36; *Schulenburg* JuS **2004** 768; *Wissgott* 363; vgl. auch *Pfeiffer* 2; etwas großzügiger AnwK-StPO/*Walther* 4; vgl. auch KK/*Diemer* 11.

2. Zustimmung des Gerichts

119 **a) Allgemeines.** Außer in den Fällen des § 153 Abs. 1 Satz 2 (näher § 153, 48ff.), den § 153a Abs. 1 Satz 7 für sinngemäß anwendbar erklärt, muss bereits vor der Erteilung der Auflagen oder Weisungen die Zustimmung des Gerichts vorliegen. Wegen der Einzelheiten siehe § 153, 42ff., zur Reihenfolge der einzuholenden Zustimmungen siehe Rn. 124, zur Notwendigkeit der Zustimmung bei nachträglicher Änderung der Auflagen und Weisungen Rn. 83 und zur Wirkung der Zustimmung § 153, 47.

120 **b) Inhalt der Zustimmung.** Die Zustimmung muss die konkreten Auflagen oder Weisungen einschließlich der Leistungsmodalitäten erfassen,[391] die globale Zustimmung zum Verfahren nach § 153a Abs. 1 reicht nicht aus. Die Staatsanwaltschaft muss daher bei Einholung der Zustimmung den Inhalt der beabsichtigten Auflagen oder Weisungen mitteilen.[392] Will sie danach, etwa weil anders die Zustimmung des Beschuldigten nicht zu erreichen ist, andere Auflagen oder Weisungen erteilen, so ist hierzu grundsätzlich die erneute Zustimmung des Gerichts erforderlich, die ggf. auch formlos mündlich eingeholt werden kann, dann aber aktenkundig zu machen ist.

121 Das Gericht ist nicht gehindert, **andere Auflagen oder Weisungen** vorzuschlagen, wenn es der Auffassung ist, dass die von der Staatsanwaltschaft beabsichtigten zur Beseitigung des öffentlichen Interesses nicht ausreichen oder ihnen andere Bedenken entgegenstehen. Darin liegt eine Verweigerung der Zustimmung zu der von der Staatsanwaltschaft konkret beabsichtigten Sachbehandlung, verbunden mit einer vorweg erteilten Zustimmung bei Erteilung der vom Gericht für notwendig gehaltenen Auflagen. Es bleibt der Staatsanwaltschaft überlassen, ob sie dieser Anregung nachkommt oder ob sie, wegen Verweigerung der gerichtlichen Zustimmung, das Verfahren fortsetzt. Ihre Unabhängigkeit im Sinne des § 150 GVG wird durch eine solche Verfahrensweise nicht berührt.[393] Allerdings sollte im Falle des § 153a Abs. 1 das Gericht (und umgekehrt im Falle des § 153a Abs. 2 die Staatsanwaltschaft) bei Meinungsunterschieden geringfügiger Art, etwa bei der Bestimmung des Leistungsempfängers, beachten, dass die Verfahrensherrschaft bei dem jeweils anderen Strafverfolgungsorgan liegt, und dessen vertretbare Auswahl respektieren. Das Gericht kann sich auch darauf beschränken, bei der Verweigerung der Zustimmung darzulegen, dass es die beabsichtigten Auflagen oder Weisungen nicht für sachgerecht hält, und es der Staatsanwaltschaft überlassen, andere vorzuschlagen und dann erneut eine Zustimmung einzuholen.

122 **c) Zustimmungsfreie Einstellung.** Nach § 153a Abs. 1 Satz 7 gilt § 153 Abs. 1 Satz 2 entsprechend, so dass es unter den dort genannten Voraussetzungen (Vergehen, das nicht mit einer im Mindestmaß erhöhten Strafe bedroht ist und bei dem die durch die Tat verursachten Folgen gering sind) keiner gerichtlichen Zustimmung bedarf.[394] Auf die Erläuterungen bei § 153, 51ff. wird verwiesen. Zur Anwendbarkeit in Steuerstrafverfahren Rn. 29.

---

391 Vgl. OLG Düsseldorf MDR **1995** 842; LG Frankfurt NJW **1985** 2601; *Grohmann* DRiZ **1983** 365 (für den umgekehrten Fall der Zustimmung der Staatsanwaltschaft nach § 153a Abs. 2); enger OLG Hamm MDR **1977** 950; LG Zweibrücken NJW **1990** 1247 (wonach bei einer Geldzahlung nach Nr. 2 die Frage des Zahlungsempfängers keine Rolle spielen soll); MüKo/*Peters* 29; SK/*Weßlau/Deiters* 55; Meyer-Goßner/*Schmitt* 31.

392 KMR/*Plöd* 41; KK/*Diemer* 29; MüKo/*Peters* 29; SK/*Weßlau/Deiters* 55; Meyer-Goßner/*Schmitt* 31.

393 Enger Meyer-Goßner/*Schmitt* 31 (nur Anregung kleinerer Änderungen); wohl auch KMR/*Plöd* 41; MüKo/*Peters* 29; s. auch KK/*Diemer* 29; SK/*Weßlau/Deiters* 55.

394 Hiergegen etwa *Krey* Bd. II 221 („rechtspolitisch verfehlt"); *Rieß* FS Koch 225; *Schroeder* 168; *ders.* NStZ **1996** 320 („Systembruch"); ausführlich LR/*Meyer-Goßner*[23] 42.

3. Weitere Zustimmungen und Anhörungen. Die Zustimmung des **Beschuldigten** zum Verfahren nach § 153a ist stets erforderlich (näher Rn. 47ff.). Der **Verletzte** braucht, auch wenn er Anzeigeerstatter ist, grundsätzlich weder zuzustimmen noch angehört zu werden.[395] Eine Ausnahme ergibt sich nur für § 153a Abs. 1 Satz 2 Nr. 5 (Rn. 72) aus § 155a Satz 3. In Steuerstrafsachen ist die zuständige **Finanzbehörde** schon vor der Erteilung der Auflagen zu hören (§ 403 Abs. 4 AO);[396] es bedarf jedoch nicht der Zustimmung. 123

4. Verfahren

a) Vor Erteilung der Auflagen und Weisungen. In welcher **Reihenfolge** die Staatsanwaltschaft die erforderlichen Zustimmungen einholt, ist vom Gesetz nicht vorgeschrieben.[397] Es wird in der Regel zweckmäßig sein, zunächst das Gericht zu beteiligen und erst dann den Beschuldigten um seine Zustimmung zu befragen.[398] Dem können zur Erkundung der Leistungsfähigkeit und Leistungsbereitschaft des Beschuldigten Kontakte mit diesem vorangehen (Rn. 47). Je nach Lage des Einzelfalls kann aber auch die umgekehrte Reihenfolge zweckmäßig sein.[399] Zwecks Beschleunigung der Angelegenheit ist auch eine parallele Einholung der Zustimmungen zulässig. Eine dem Beschuldigten gesetzte Frist zur Zustimmung muss so ausreichend bemessen werden, dass er einen Verteidiger befragen kann.[400] 124

Wird eine der erforderlichen **Zustimmungen verweigert**, so muss die Staatsanwaltschaft das Verfahren fortsetzen; regelmäßig wird sie, da der hinreichende Tatverdacht bereits bejaht sein muss (Rn. 46), die öffentliche Klage erheben. Rechtlich zwingend ist dies jedoch nicht.[401] Gerade die mit der Zustimmungsverweigerung vorgebrachten Gründe können der Staatsanwaltschaft Veranlassung geben, weitere Ermittlungen zu veranlassen oder das Verfahren ohne Klageerhebung zu beenden, so etwa nach § 170 Abs. 2, wenn sie den hinreichenden Tatverdacht erschüttern. Sie kann das Gericht um Zustimmung zu einer anderen Auflage oder Weisung ersuchen,[402] wenn das Gericht seine Zustimmung deshalb verweigert hat (Rn. 121), oder zustimmungsfrei einstellen, wenn sie aufgrund **veränderter Umstände** nunmehr die Voraussetzungen des Absatzes 1 Satz 7 für gegeben hält (§ 153, 51ff.), oder das Verfahren nach einer anderen Vorschrift einstellen, ggf. auch nach § 153 oder nach § 154. 125

Die Staatsanwaltschaft ist **an** die **Zustimmungen nicht gebunden**; sie kann das Verfahren auf andere Weise (Klageerhebung oder Einstellung aus einem anderen Grunde) beenden. Dies gilt aber dann nicht, wenn die Zustimmungserklärung des Beschuldigten der Auflagenerteilung nachfolgt (Rn. 50), etwa, weil die Staatsanwaltschaft die Zustimmungsanfrage mit der Auflagenerteilung verbunden hat.[403] 126

---

395 Zur Kritik daran LR/*Rieß*[24] 77; s. auch oben Rn. 14.

396 Vgl. *Joecks/Jäger/Randt* § 403, 15 AO; MüKo/*Pflaum* § 403, 11 AO; Klein/*Jäger* § 403, 5 AO.

397 KMR/*Plöd* 45; SK/*Weßlau/Deiters* 58; *Wagner* ZStW **109** (1997) 588.

398 KK/*Diemer* 26 (um keine falschen Hoffnungen beim Beschuldigten zu wecken); Meyer-Goßner/*Schmitt* 32; SK/*Weßlau/Deiters* 58.

399 *Meyer-Goßner/Schmitt* 32; KK/*Diemer* 29; SK/*Weßlau/Deiters* 58; KMR/*Plöd* 45 (in den Fällen des § 132 immer).

400 Meyer-Goßner/*Schmitt* 30; KMR/*Plöd* 39; KK/*Diemer* 32; SK/*Weßlau/Deiters* 29; Radtke/Hohmann/*Radtke* 55.

401 LG München AnwBl. **1982** 36; **a.A.** LG Landshut AnwBl. **1981** 205 mit der zweifelhaften Begründung, dass andernfalls § 467a Abs. 1 unterlaufen würde.

402 Zum Verhältnis zu § 37 BtMG siehe oben Rn. 23ff.

403 LR/*Rieß*[24] 80; unklar LR/*Meyer-Goßner*[23] 53, der die Zwischenzeit zwischen Zustimmungserklärung und Auflagenerteilung nicht behandelt.

127 **b) Nach Erteilung der Auflagen und Weisungen** kann die Staatsanwaltschaft, sobald auch die Zustimmungserklärung des Beschuldigten vorliegt, das Verfahren nicht mehr fortsetzen, bis feststeht, ob die Auflagen erfüllt werden (Rn. 109 f.). Das wird im Regelfall durch eine **vorläufige Einstellung des Verfahrens** in Form einer Einstellungsverfügung zum Ausdruck zu bringen sein. Entgegen dem Gesetzeswortlaut, der dies ausnahmslos vorzuschreiben scheint, ist dies jedoch **nicht stets** erforderlich (Rn. 7 f.). Ist, etwa für eine einmalige Zahlung in mäßiger Höhe, nur eine kurze Frist gesetzt worden oder war bereits die Zustimmungsanfrage mit bedingter Auflagenerteilung verbunden (Rn. 50), so kann die Staatsanwaltschaft auch ohne formelle Einstellungsverfügung bis zum Fristablauf zuwarten. In beiden Fällen hat die Staatsanwaltschaft die Erfüllung der Auflagen oder Weisungen zu überwachen (Rn. 95) und ggf. Änderungen (Rn. 96 ff.) vorzunehmen.

128 Die vorläufige Einstellung ist dem **Beschuldigten** mitzuteilen; dies kann mit der Auflagenerteilung verbunden werden. Auf diese beschränkt sich die Mitteilung, wenn das Verfahren nicht vorläufig eingestellt wird. Jedenfalls muss der Beschuldigte klar erkennen können, dass und in welcher Frist er welche Auflagen erfüllen muss, um in den Genuss der endgültigen Einstellung zu kommen. Die staatsanwaltschaftliche Verfügung, in der die Auflagen oder Weisungen und die Erfüllungsfrist bestimmt werden, sollte zugestellt werden (§ 35 Abs. 2 analog, vgl. die Erl. zu § 35, 19).[404] In den Fällen des § 145a kann die Zustellung oder Mitteilung an den Verteidiger gerichtet werden. Mit der Mitteilung kann, was oft zweckmäßig sein wird, der Hinweis verbunden werden, dass bei nicht fristgerechter Erfüllung das Verfahren fortgesetzt wird. Auch dem **Anzeigeerstatter** ist die vorläufige Einstellung mitzuteilen (Nr. 89 Abs. 3 RiStBV); die erteilten Auflagen oder Weisungen brauchen ihm nur mitgeteilt zu werden, soweit er Leistungsempfänger ist.[405] Auch die übrigen Leistungsempfänger (gemeinnützige Einrichtung, Geschädigter, Unterhaltsberechtigter) sind von der Erteilung der sie betreffenden Auflage zu unterrichten; das kann mit der Aufforderung verbunden werden, die Erfüllung der Leistung anzuzeigen (Rn. 95).

129 **c) Nach Erfüllung der Auflagen und Weisungen** wird das Verfahren von der Staatsanwaltschaft endgültig eingestellt (zur rechtlichen Konstruktion s. Rn. 117). Dies ist dem Beschuldigten mitzuteilen. Es mag zweifelhaft sein, ob § 170 Abs. 2 Satz 2 unmittelbar anzuwenden ist,[406] doch wird diese Bestimmung mindestens analog angewendet werden müssen. Auch der Anzeigeerstatter ist nach § 171 von der endgültigen Einstellung zu unterrichten.[407] Eine Kostenentscheidung ergeht nicht. Auch wenn die Einstellung nach § 153a Abs. 1 erst nach Rücknahme einer Klage erfolgt, kommt eine Entscheidung nach § 467a in der Regel nicht in Betracht, da wegen § 467 Abs. 5 die notwendigen Auslagen des Beschuldigten der Staatskasse nicht auferlegt werden können. Da die Einstellung nach § 153a einen Entschädigungsanspruch nach § 3 StrEG auslösen kann,[408] kommt eine Entscheidung nach § 9 StrEG in Frage.

---

404 HK/*Gercke* 36; Meyer-Goßner/*Schmitt* 36; *Pfeiffer* 6; **a.A.** SK/*Weßlau*/*Deiters* 60 (formlose Mitteilung); offener KK/*Diemer* 34 (förmliche Zustellung oder formlose Mitteilung gegen Empfangsbekenntnis)
405 HK/*Gercke* 36; KMR/*Plöd* 52; *Pfeiffer* 6; *Rüth* DAR **1975** 7; MüKo/*Peters* 30; KK/*Diemer* 34; wohl auch SK/*Weßlau*/*Deiters* 60, wonach der Anzeigenerstatter einen mit Gründen versehenen Bescheid erhalten soll.
406 Verneinend LR/*Meyer-Goßner*[23] 71; bejahend AK/*Schöch* 51; vgl. auch LR/*Graalmann-Scheerer* § 170, 39, 44.
407 Zur Frage der Rechtsmittelbelehrung nach § 171 Satz 2 vgl. Rn. 135.
408 OLG Hamburg MDR **1993** 899 mit Anm. *Sojka* MDR **1993** 948; OLG Stuttgart MDR **1991** 978; LG Flensburg MDR **1978** 868; Meyer-Goßner/*Schmitt* § 3, 1 StrEG; **a.A.** *D. Meyer*, Strafrechtsentschädigung § 3, 14; MüKo/*Kunz* § 3, 1 StrEG.

d) Bei Nichterfüllung der Auflagen oder Weisungen, der auch nicht durch eine nachträgliche Anpassung (Rn. 96ff.) begegnet wird, setzt die Staatsanwaltschaft das Verfahren fort. Eine gesonderte Mitteilung hierüber schreibt das Gesetz nicht vor. Sie ist aber nicht unzulässig, vielmehr möglicherweise zur Klarstellung empfehlenswert, namentlich, wenn dadurch die Möglichkeit eröffnet wird, dass der Beschuldigte Entschuldigungsgründe vorbringt, oder um ihn von weiteren Teilleistungen abzuhalten. 130

5. Eintragung. Die Einstellung nach § 153a wird nicht in das **Bundeszentralregister** eingetragen, auch eine Eintragung in das **Verkehrszentralregister**, die bis 1982 möglich war, findet nicht mehr statt.[409] Dadurch soll dem Beschuldigten die Zustimmung erleichtert werden.[410] Die Einstellung wird jedoch in das länderübergreifende staatsanwaltschaftliche Verfahrensregister eingetragen (§ 492 Abs. 2 Satz 1 Nr. 5), so dass bei zukünftigen Einstellungsentscheidungen die Tatsache bekannt wird, dass schon einmal gemäß § 153a eingestellt worden ist, was einer vielfach erhobenen Forderung entsprach.[411] 131

6. Anfechtung

a) Beschuldigter. Dem Beschuldigten stehen, abgesehen von Gegenvorstellungen und Dienstaufsichtsbeschwerden, gegen die Entscheidungen der Staatsanwaltschaft keine selbständigen Rechtsbehelfe zu. Die Erteilung der Auflagen und Weisungen beschwert ihn als solche nicht; will er sie nicht erfüllen, so kann er seine Zustimmung verweigern oder widerrufen. Die Nichtanwendung der Vorschrift kann er nicht rügen. Setzt die Staatsanwaltschaft das Verfahren durch Erhebung der öffentlichen Klage fort, obwohl der Beschuldigte nach seiner Auffassung die Auflagen oder Weisungen erfüllt hat, so kann er das dadurch entstandene Verfahrenshindernis nur im gerichtlichen Verfahren geltend machen. 132

Auch gegen die unterbliebene und mit Beschluss später **nachgeholte Kostenentscheidung** des Gerichts steht dem Beschuldigten kein Rechtsmittel zu.[412] Auch sie unterfällt der Unanfechtbarkeit des Verfahrensabschlusses insgesamt. In der Praxis hat der Beschuldigte bzw. der Verteidiger daher im Rahmen des Einstellungsverfahrens auf eine umfassende kostenrechtliche Entscheidung zu drängen. 133

b) Verletzter. Die Rechtsbehelfsmöglichkeiten des Verletzten sind vom Gesetz wenig klar geregelt. Nach § 172 Abs. 2 Satz 3 ist das **Klageerzwingungsverfahren** ausgeschlossen, wenn die Staatsanwaltschaft nach § 153a Abs. 1 Satz 1 und 7 von der Verfolgung der Tat abgesehen hat. Ausweislich der Begründung[413] sollte damit lediglich die vorläufige Einstellung, nicht die endgültige nach der Erfüllung der Auflagen und Wei- 134

409 Vgl. § 28 Nr. 1a StVG, der durch Gesetz vom 28.12.1982 (BGBl. I S. 2090) aufgehoben worden ist; dazu näher die Erl. bei *Hentschel* Straßenverkehrsrecht[36] bei § 28 StVG.

410 *G. Schäfer* 663.

411 *Hohendorf* NJW **1987** 1178 f.; *Kerl* ZRP **1986** 317; *Schlüchter* (Fn. 18) 24; *Siegismund/Wickern* wistra **1993** 86; skeptisch im Hinblick auf die Unschuldsvermutung, weil die einmal erfolgte Verfahrenseinstellung dadurch zu einem Belastungsfaktor würde, der spätere Vergünstigungen durch (erneute) Verfahrenseinstellung ausschließen könnte, *Waller* DRiZ **1986** 51; zur Rechtsnatur und den beamtenrechtlichen Folgen s. *Schmuck/Lammai* SVR **2018** 46 ff.; zu Letzterem auch *Herrmann* AnwBl. **2015** 667 ff.

412 OLG Celle NdsRpfl **2014** 189; OLG Düsseldorf MDR **1988** 164; vgl. auch Meyer-Goßner/*Schmitt* 57; **a.A.** OLG Karlsruhe Die Justiz **1985** 319; wohl auch Meyer-Goßner/*Schmitt* § 33a, 10; vgl. aber auch Meyer-Goßner/*Schmitt* § 464a, 18 m.w.N.

413 BTDrucks. **7** 550 S. 301; **7** 1261 S. 29.

sungen, ausgenommen werden. Dieser gegenüber sollte der Verletzte weiterhin geltend machen können, dass die Staatsanwaltschaft das Verfahren habe fortsetzen müssen. Diesen Ausführungen in der Begründung entsprechend wird im Schrifttum überwiegend angenommen, dass dem Verletzten gegen die endgültige Einstellung das Klageerzwingungsverfahren zustehe, mit ihm aber nur geltend gemacht werden könne, dass das Verfahrenshindernis nach § 153a Abs. 1 Satz 5 nicht eingetreten sei, weil entweder der Beschuldigte die Auflagen und Weisungen nicht erfüllt habe oder die Tat ein Verbrechen darstelle.[414] Anerkannt wird aber teilweise auch von dieser Auffassung, dass die aus ihr folgende Notwendigkeit, den Verletzten nach § 171 Satz 2 zu belehren, zu Missverständnissen führen könne, weil der Verletzte ihr entnehmen könnte, er könne sich gegen die Sachbehandlung nach § 153a insgesamt wehren.[415] Die **Gegenmeinung**[416] ist der Auffassung, dass das Klageerzwingungsverfahren insgesamt ausgeschlossen sei. Sie weist darauf hin, dass die vom Gesetzgeber gewollte beschränkte Überprüfbarkeit sich auch dadurch erreichen lasse, dass der Verletzte eine neue Anzeige mit der Behauptung erstatte, der beschränkte Strafklageverbrauch sei nicht eingetreten, und das Klageerzwingungsverfahren gegen die dann zu erwartende, auf § 170 Abs. 2 gestützte Einstellungsverfügung der Staatsanwaltschaft betreibe.

135 Die besseren Gründe sprechen für die zuletzt genannte Auffassung, nach der das **Klageerzwingungsverfahren insgesamt unzulässig** ist. Die Interessen des Verletzten werden dadurch, wie in der vorherigen Rn. dargelegt, nicht beeinträchtigt; sie werden eher enttäuscht, wenn ihm durch die Belehrung nach § 171 Satz 2 eine Überprüfungsmöglichkeit in Aussicht gestellt wird, die es nach der Rechtslage nicht gibt. Die den Materialien zu entnehmenden gesetzgeberischen Absichten, der Verletzte solle Einfluss darauf nehmen können, dass die Staatsanwaltschaft ihrer Fortsetzungspflicht nachkomme, lassen sich mit Hilfe einer neuen Anzeige ebenso gut erreichen. Auch der Wortlaut des § 172 Abs. 2 Satz 3 steht dieser Auslegung nicht entgegen; da er sich auch als eine unvollständige Bezeichnung aller im Zusammenhang mit § 153a Abs. 1 vorkommenden Einstellungen verstehen lässt. Nach dieser Auffassung bedarf es auch bei dem Verletzten, der Anzeige erstattet hat, keiner Belehrung nach § 171 Satz 2.

136 Die **Dienstaufsichtsbeschwerde** steht dem Verletzten zwar sowohl gegen die vorläufige wie gegen die endgültige Einstellung zu, ist aber regelmäßig von äußerst beschränkter Reichweite. Denn da bereits die Erteilung der Auflagen und Weisungen mit Zustimmung des Beschuldigten eine beschränkte Sperrwirkung herbeiführt (Rn. 107 ff.), kann der Verletzte, der vorher am Verfahren nicht beteiligt ist, mit der Dienstaufsichtsbeschwerde nicht erreichen, dass ein sachlich zu beanstandendes Verfahren nach § 153a durch die vorgesetzte Behörde korrigiert wird, sondern er kann auch hier nur mit der Beanstandung Erfolg haben, dass die Tat als Verbrechen verfolgt werden müsse.[417] Insgesamt zeigt sich, dass die Interessen des Verletzten im Verfahren nach § 153a – zumin-

---

414 MüKo/*Peters* 47; KK/*Moldenhauer* § 172, 42; LR/*Meyer-Goßner*[23] 72; *Eckl* JR **1975** 101; *Schlüchter* 406.4; *Schuth* 125 ff.; *Wissgott* 392; so wohl auch OLG Hamm MDR **1997** 285.

415 LR/*Meyer-Goßner*[23] 73; vgl. auch KK/*Schmid* § 172, 42; *Schuth* 129.

416 SK/*Weßlau*/*Deiters* 67; Radtke/Hohmann/*Radtke* 88; HK/*Gercke* 44; Meyer-Goßner/*Schmitt* 57 sowie § 172, 3; KMR/*Plöd* 54; AK/*Schöch* 53; wohl auch OLG Karlsruhe Justiz **1990** 28; BVerfG StV **2002** 114; von einem völligen Ausschluss spricht auch *Schöch* ZStW **92** (1980) 180 Fn. 204; vgl. auch *Kunz* (Bagatellprinzip) 64 Fn. 61.

417 Meyer-Goßner/*Schmitt* 38; Radtke/Hohmann/*Radtke* 88; das wird im schriftlichen Bericht des Sonderaussch. für die Strafrechtsreform, BTDrucks. **7** 1261 S. 29 offensichtlich verkannt, der darauf hinweist, es bestünde die Möglichkeit, eine „unkorrekte Verfahrensweise" der Staatsanwaltschaft zu rügen; von einer weitergehenden Wirkung der Dienstaufsichtsbeschwerde geht offenbar auch *Schlüchter* 406.4 aus. Zur Dienstaufsichtsbeschwerde des Beschuldigten vgl. MüKo/*Peters* 46.

dest jenseits der vom Gesetz gewünschten Wiedergutmachung sowie des Täter-Opfer-Ausgleichs – deutlich vernachlässigt werden.[418]

VII. Einstellung durch das Gericht (Absatz 2)

1. Hinweis. Bei Anwendung des § 153a Abs. 2 durch das Gericht sind in vielen Punkten die gleichen Grundsätze anzuwenden wie bei § 153. Auf die Erläuterungen zu § 153 Abs. 2 (§ 153, 61ff.) wird daher ergänzend verwiesen. Wegen der allgemeinen Voraussetzungen s. Rn. 34 bis 53; wegen des Strafklageverbrauchs Rn. 106ff. Nachfolgend werden vorwiegend die für die Anwendung des § 153a Abs. 2 durch das Gericht hervorzuhebenden Besonderheiten erläutert. 137

2. Zeitraum. Zuständigkeit. Durch Art. 3 des Gesetzes zur effektiveren und praxistauglicheren Ausgestaltung des Strafverfahrens (siehe Entstehungsgeschichte) ist die Anwendung des § 153a Abs. 2 **nicht mehr in der Revisionsinstanz ausgeschlossen**. Damit ist eine Einstellung gemäß § 153a Abs. 2 von der Erhebung der öffentlichen Klage an bis zum Abschluss der Revisionsinstanz möglich.[419] Allerdings ist im Falle der Teilrechtskraft das Gericht bei der Prüfung der Voraussetzungen des § 153a an den Schuldumfang gebunden, der sich aus den unüberprüfbaren Feststellungen ergibt; es ist aber bei der Bewertung frei. 138

3. Zustimmungen. Die Zustimmung der **Staatsanwaltschaft** ist stets erforderlich, die Erläuterungen zur Zustimmung des Gerichts bei Anwendung des Absatzes 1 (Rn. 120f.) gelten entsprechend. Die Zustimmung muss in vollem Umfang deckungsgleich mit den beabsichtigten Auflagen oder Weisungen sein;[420] sie ist unwiderruflich, sobald das Gericht unter Zustimmung des Angeschuldigten die Auflagen und Weisungen erteilt hat.[421] Auch wenn die Staatsanwaltschaft im Ermittlungsverfahren keine Veranlassung zur Anwendung des § 153a gesehen hat, kommt eine Zustimmung nach Absatz 2 in Betracht, wenn sich nach der Erhebung der Klage neue Umstände herausstellen, die den Unrechtsgehalt der Tat als geringer erscheinen lassen. Angesichts der fehlenden Bindung einer Entscheidung gegen die Einstellung wird auch durch die Anklageerhebung eine spätere abweichende Bewertung der Sach- und Rechtslage nicht ausgeschlossen. Die Zustimmung seitens der Staatsanwaltschaft zur gerichtlichen Einstellung erscheint trotz Anklageerhebung vor allem im Falle des Wechsels des zuständigen Behördenvertreters möglich. Es ist dagegen nicht sachgerecht, wenn die Staatsanwaltschaft, obwohl die Voraussetzungen des Absatzes 1 vorliegen, die öffentliche Klage mit dem Vorbehalt erhebt, einer Anwendung des Absatzes 2 in der Hauptverhandlung zuzustimmen oder dies sogar anzuregen; denn liegen unter Beachtung des eingeräumten Beurteilungsspielraums die Voraussetzungen der Einstellung nach Absatz 1 vor, so muss von der Verfolgung abgesehen werden (vgl. § 153, 39). Da deshalb davon auszugehen ist, dass die Anwendung des Absatzes 1 schon im Vorverfahren von der Staatsanwaltschaft geprüft und 139

---

418 Krit. dazu z.B. *Schöch* ZStW **92** (1980) 180 Fn. 204; *Rieß* (Fn. 59) C 113 m.w.N.; *Meinberg* 247f.; **a.A.** (auf den Ausschluss der gerichtlichen Kontrolle bezogen) *Dreher* FS Welzel 937.
419 Meyer-Goßner/*Schmitt* 47; HK/*Gercke* 39. Nach den empirischen Untersuchungen wird im gerichtlichen Verfahren die Vorschrift ganz überwiegend (etwa 90%) in der Hauptverhandlung angewandt; vgl. *Ahrens* 105; *Hertwig* 95ff.
420 LG Frankfurt NJW **1985** 2601; AK/*Schöch* 58; HK/*Gercke* 40; SK/*Weßlau/Deiters* 74; Radtke/Hohmann/*Radtke* 67; KK/*Diemer* 54; *Grohmann* DRiZ **1983** 365; großzügiger OLG Hamm MDR **1977** 949; LG Zweibrücken NJW **1990** 1247; vgl. auch Meyer-Goßner/*Schmitt* 49.
421 AG Köln MDR **1980** 1042; SK/*Weßlau/Deiters* 75; MüKo/*Peters* 53.

verneint wurde, wird das Gericht wiederum die Anwendung des Absatzes 2 erst anregen, wenn sich neue Umstände ergeben. Es ist jedoch im Gegensatz zu einer verbreiteten Ansicht nicht zwingend erforderlich, dass neue Tatsachen vorliegen, die eine andere rechtliche Bewertung rechtfertigen.[422]

140 Zur stets notwendigen Zustimmung des **Angeschuldigten** s. Rn. 47ff.; weitere Zustimmungen sind nicht erforderlich, auch nicht die des Verletzten. Wird ein Täter-Opfer-Ausgleich angestrebt, so muss der Verletzte vorher befragt werden (Rn. 72). Hat sich der Verletzte als **Nebenkläger** dem Verfahren angeschlossen, so muss er, ggf. nach vorheriger Entscheidung über den Anschluss, vor der Erteilung der Auflagen oder Weisungen gehört werden (§ 396 Abs. 3, vgl. § 153, 79). Im Übrigen ist auch eine Anhörung des Verletzten nicht vorgeschrieben.[423]

4. Verfahren und Entscheidungen

141 **a) Vor Erteilung der Auflagen oder Weisungen.** Der Anstoß zur Einleitung des Verfahrens nach § 153a Abs. 2 kann vom Gericht selbst, von der Staatsanwaltschaft oder vom Angeschuldigten ausgehen. Dabei sind Erörterungen über den Inhalt der zu erteilenden Auflagen zwischen allen Beteiligten möglich und können nach Sachlage veranlasst sein, allerdings sollte dabei jeder Eindruck des Feilschens oder des „Kuhhandels" vermieden werden. Erwägt das Gericht außerhalb der Hauptverhandlung die Anwendung der Vorschrift, so wird es die erforderlichen Zustimmungen regelmäßig schriftlich einholen; in der Hauptverhandlung wird die Sachlage mit allen Beteiligten zu erörtern sein.[424] Anregungen und **Anträge** des Angeschuldigten oder der Staatsanwaltschaft, denen das Gericht nicht folgen will, sollten, obwohl dies gesetzlich wohl nicht unzulässig ist, nicht stillschweigend übergangen werden; ihre ausdrückliche Bescheidung (zumindest durch den Vorsitzenden) erscheint sachgerechter.[425] Eine Begründung ist nicht erforderlich (vgl. die Erl. zu § 34, 7). Soll die Einstellung nach § 153a Teil einer Verständigung sein, gilt die Protokollierungsvorschrift des § 273 Abs. 1 Satz 2, Abs. 1a. S. zu den Protokollierungs- und Mitteilungsanforderungen im Übrigen Rn. 48ff.

142 **b) Erteilung der Auflagen oder Weisungen.** Liegen die erforderlichen Zustimmungen vor und will das Gericht § 153a weiterhin anwenden,[426] so erteilt es die Auflagen oder Weisungen durch **Beschluss** in der sich aus der jeweiligen Verfahrenslage ergebenden Besetzung (§ 153, 66). In diesem Beschluss wird das Verfahren regelmäßig **vorläufig eingestellt**; dies ist stets erforderlich, wenn keine kurzfristige Erfüllung der Auflagen zu erwarten ist. Kann und will der Angeschuldigte die Auflage alsbald erfüllen, so kann auf die vorläufige Einstellung verzichtet werden und ggf. eine Unterbrechung der Hauptverhandlung ausreichen. Der Beschluss bedarf keiner Begründung, muss aber die erteilten Auflagen oder Weisungen genau bezeichnen. Er enthält, da er das Verfahren nicht endgültig beendet, keine Kostenentscheidung und keine Entscheidung über die Entschädi-

---

422 Wie hier MüKo/*Peters* 52; AK/*Schöch* 56 (anders allerdings im Zwischenverfahren); **a.A.** SK/*Weßlau/Deiters* 73 mit Fn. 139 zur gegenläufigen Praxis; Meyer-Goßner/*Schmitt* 48; KMR/*Plöd* 59; offen gelassen bei HK/*Gercke* 39.

423 Dazu de lege ferenda kritisch *Rieß* (Fn. 59) C 190; in den Beratungen des 55. DJT (vgl. Bd. II L 190, Beschl. III 19ff.) haben Änderungsvorschläge keine Mehrheit gefunden.

424 LR/*Rieß*[24] 94; **a.A.** LR/*Meyer-Goßner*[23] 82, der vorschlägt, dass auch bei Erörterung der Frage aufgrund des Hauptverhandlungsergebnisses zunächst eine Übereinstimmung zwischen Gericht und Staatsanwaltschaft in Abwesenheit des Angeklagten und des Verteidigers herbeigeführt wird.

425 **A.A.** LR/*Meyer-Goßner*[23] 85; wie hier AK/*Schöch* 57.

426 Zur (fehlenden) Bindung an die Zustimmungen vgl. § 153, 71.

gung für Strafverfolgungsmaßnahmen. Ergeht die Entscheidung in der Hauptverhandlung, so wird sie durch Verkündung bekannt gemacht und ist in das Hauptverhandlungsprotokoll aufzunehmen. Mit ihrem Wirksamwerden tritt die bedingte Sperrwirkung (Rn. 107 ff.) ein. Während des Laufs der Frist hat das Gericht (nicht etwa die Staatsanwaltschaft)[427] die Erfüllung der Auflagen zu überwachen; es kann die Auflagen oder Weisungen, ohne Zustimmung der Staatsanwaltschaft (Rn. 98), nachträglich ändern, aufheben oder die Frist verlängern.

c) Fortsetzung des Verfahrens. Werden die Auflagen und Weisungen nicht erfüllt, so muss das Verfahren fortgesetzt werden. Ob dazu ein besonderer Wiederaufnahmebeschluss ergehen muss, ist umstritten,[428] jedenfalls ist er zulässig und wird oft zweckmäßig sein. Auf jeden Fall muss der Angeschuldigte von der Verfahrensfortsetzung unterrichtet werden; das kann aber auch dadurch geschehen, dass er zur Hauptverhandlung geladen und bei dieser Gelegenheit unterrichtet wird.[429] Eine rechtliche Verpflichtung, den Angeschuldigten vor der Verfahrensfortsetzung zu **hören**, besteht nicht, doch ist dies selbstverständlich zulässig und kann, etwa wenn zweifelhaft ist, ob er nicht möglicherweise doch die Auflagen erfüllt hat, zweckmäßig sein.[430] Stellt sich in dem fortgesetzten Verfahren heraus, dass die Auflagen oder Weisungen fristgerecht erfüllt worden sind, so ist es endgültig einzustellen. 143

Der **Abschluss des fortgesetzten Verfahrens** muss nicht notwendig durch ein Urteil erfolgen. Möglich ist auch eine Einstellung nach § 153, etwa bei unverschuldeter Nichterfüllung der Auflagen (vgl. Rn. 103), oder nach § 154. Auch eine erneute Anwendung des § 153a Abs. 2 ist nicht ausgeschlossen (vgl. Rn. 105). 144

d) Endgültige Einstellung. Steht die fristgerechte Erfüllung der Auflagen und Weisungen fest, so wird das Verfahren durch **Beschluss** endgültig eingestellt. Zur rechtlichen Konstruktion der Einstellung siehe Rn. 117. Der Beschluss ergeht regelmäßig außerhalb der Hauptverhandlung; in dieser, wenn die Auflagenerfüllung in einer Hauptverhandlung festgestellt wird. In diesem Fall genügt seine mündliche Verkündung. Sonst ist er den Prozessbeteiligten formlos mitzuteilen;[431] Zustellung ist nur erforderlich, soweit der Beschluss, etwa wegen der Entscheidung nach dem StrEG gemäß § 8 Abs. 3 Satz 1 StrEG mit der sofortigen Beschwerde anfechtbar ist (Rn. 153 f.).[432] Nur in diesem Fall sind die Staatsanwaltschaft und ggf. der Nebenkläger vor der endgültigen Einstellung erneut zu hören (§ 33 Abs. 2, 3),[433] ansonsten brauchen sie nicht mehr angehört zu werden, da mit der vorläufigen Einstellung bereits ein bedingtes Verfahrenshindernis (Rn. 107) entstanden und der Beschluss nunmehr auch insoweit unanfechtbar ist, als geltend gemacht wird, dass die Auflagen und Weisungen nicht erfüllt wurden (§ 153a Abs. 2 Satz 5). Die Entscheidung wird weder in das Bundeszentralregister noch in das 145

427 Meyer-Goßner/*Schmitt* 26; KMR/*Plöd* 63; SK/*Weßlau/Deiters* 79; KK/*Diemer* 58; MüKo/*Peters* 55.

428 Befürwortend AK/*Schöch* 36, 63; HK/*Gercke* 41 (zweckmäßig); Meyer-Goßner/*Schmitt* 52; KK/*Diemer* 59; **abl.** LR/*Meyer-Goßner*[23] 95; SK/*Weßlau/Deiters* 80 (nicht erforderlich); offengelassen OLG Stuttgart MDR **1980** 250.

429 SK/*Weßlau/Deiters* 80; Meyer-Goßner/*Schmitt* 52; AK/*Schöch* 36; KMR/*Plöd* 64 („in der Regel").

430 KMR/*Plöd* 64.

431 HK/*Gercke* 42; SK/*Weßlau/Deiters* 82; Radtke/Hohmann/*Radtke* 70; **a.A.** KK/*Schoreit*[5] 60, der aus der Ausnahmeregelung in § 20 Abs. 1 Satz 1 EGGVG, eingefügt durch das Justizmitteilungsgesetz vom 18.6.1997 (BGBl. I S. 1430), schließt, dass der Beschluss über die endgültige Einstellung den Empfängern einer Mitteilung über die vorläufige Einstellung nicht mehr mitgeteilt zu werden braucht.

432 LR/*Rieß*[24] 98; HK/*Gercke* 42.

433 Weiter LR/*Rieß*[24] 98 (zur früheren Rechtslage); HK/*Gercke* 42.

Verkehrszentralregister, wohl aber in das staatsanwaltschaftliche Verfahrensregister eingetragen (Rn. 130).

146 Der Einstellungsbeschluss ist mit einer **Kostenentscheidung** zu versehen und ggf. mit einer Entscheidung über die **Entschädigung für Strafverfolgungsmaßnahmen** (nach Billigkeit, § 3 StrEG);[434] in diesem Fall ist nach § 8 Abs. 1 Satz 2 StrEG immer eine vorherige Anhörung erforderlich. Der Angeklagte kann aber selbst dann, wenn ihm dies nicht als Auflage auferlegt werden könnte (Rn. 88), auf Entschädigung verzichten,[435] was wiederum bei der Bemessung der Geldauflage berücksichtigt werden kann.[436] Die Kostenentscheidung richtet sich nach § 467 Abs. 1 und 5; danach trägt (außer in den Fällen des § 467 Abs. 2) die Staatskasse die Kosten des Verfahrens; die notwendigen Auslagen dürfen dem Angeschuldigten nicht erstattet werden, d.h. er hat sie selbst zu tragen.

147 **e) Auslagen des Nebenklägers.** Den früher bestehenden Streit, ob die notwendigen Auslagen des Nebenklägers dem Angeschuldigten auferlegt werden dürfen,[437] hat der Gesetzgeber in § 472 Abs. 2 Satz 2 (eingefügt durch das OpferschutzG) im bejahenden Sinne entschieden. Danach trägt der Angeschuldigte im Falle der endgültigen Einstellung nach § 153a nunmehr sogar regelmäßig die Auslagen des Nebenklägers,[438] dieser Umstand kann aber zu seinen Gunsten bei der Bemessung der Geldauflage berücksichtigt werden.[439] Von der Auferlegung der Auslagen des Nebenklägers kann ganz oder teilweise nur abgesehen werden, soweit es unbillig wäre, den Angeschuldigten damit zu belasten (§ 472 Abs. 1 Satz 3). Damit wird er in dieser Beziehung zwar wie ein Verurteilter behandelt, verfassungsrechtliche Bedenken gegen die Auferlegung der notwendigen Auslagen des Nebenklägers bestanden aber schon unter der alten Rechtslage nicht,[440] die die Auferlegung der Auslagen des Nebenklägers über § 471 Abs. 3 Nr. 2 analog zuließ,[441] und sind auch jetzt nicht zu erheben.[442] Zur Anfechtbarkeit durch den Nebenkläger, wenn das Gericht vergessen hat, über seine Auslagen zu entscheiden, s. Rn. 151.

148 Zu der (zu verneinenden) Frage, ob die Nebenklägerkosten als Wiedergutmachungsauflage auferlegt werden können, s. Rn. 60; zu der Frage, ob die Nebenklägerkosten im Rahmen der sonstigen unbenannten Auflagen gemäß § 153a Abs. 1 Satz 2 dem Beschuldigten aufgebürdet werden können, siehe Rn. 88f. Umstritten ist, ob die Rechtsschutzversicherung dem Angeschuldigten die von diesem freiwillig übernommenen (oder ihm auferlegten) Nebenklagekosten erstatten muss.[443]

---

434 OLG Hamburg MDR **1993** 899; OLG Stuttgart MDR **1991** 978; HK/*Gercke* 42; MüKo/*Peters* 59; Radtke/Hohmann/*Radtke* 71; SK/*Weßlau*/*Deiters* 84; KK/*Diemer* 63; Meyer-Goßner/*Schmitt* 55 sowie § 3, 1 StrEG m.w.N., auch zur Gegenmeinung, die § 3 StrEG auf die Einstellung nach § 153a für unanwendbar hält.

435 KK/*Diemer* 63; SK/*Weßlau*/*Deiters* 84; MüKo/*Peters* 59; *Seebode* NStZ **1982** 147.

436 KK/*Diemer* 63; SK/*Weßlau*/*Deiters* 84; MüKo/*Peters* 59.

437 Ausführlich dazu LR/*Rieß*[24] 100.

438 LR/*Hilger*[25] § 472, 17ff.; HK/*Gercke* 42; Radtke/Hohmann/*Radtke* 71; MüKo/*Peters* 59; *Pfeiffer* 9; **a.A.** KK/*Diemer* 64 („werden gem. § 472 Abs. 2 und 3 erstattet"). Schon früher wurde von einer Minderheit § 467 Abs. 5 auf die Einstellung nach § 153a mit der Wirkung analog angewandt, dass die Auferlegung der Nebenklagekosten für zwingend notwendig gehalten wurde: LG Flensburg JurBüro **1977** 1582; **1979** 1150; **1982** 878; **1985** 732 (auch ohne ausdrücklichen Ausspruch in der Kostenentscheidung); LG Stuttgart AnwBl. **1979** 201; *D. Meyer* JurBüro **1978** 1775.

439 LR/*Hilger*[25] § 472, 20; SK/*Weßlau*/*Deiters* 83.

440 Vgl. BVerfG (Vorprüfungsausschuss) MDR **1984** 376; BVerfG NStZ **1988** 84 (einen Fall aus 1984 betreffend).

441 Zur früheren Rspr. ausführlich LR/*Rieß*[24] 100 m.w.N.

442 KK/*Diemer* 64.

443 **Bejahend** BGH (Z) NJW **1985** 1466; LG Ellwangen JurBüro **1983** 1066; LG Essen AnwBl. **1982** 398; LG Frankfurt AnwBl. **1984** 575; LG Hanau AnwBl. **1983** 226; LG Hannover AnwBl. **1983** 224; LG Heidelberg

5. Anfechtung

a) Allgemeines. Zu unterscheiden ist zwischen dem Beschluss über die vorläufige Einstellung und dem Beschluss, mit dem das Verfahren endgültig eingestellt wird. § 153a Abs. 2 Satz 4 bestimmt seinem Wortlaut nach lediglich die Unanfechtbarkeit des Beschlusses, der das Verfahren unter Erteilung von Auflagen oder Weisungen vorläufig einstellt; er lehnt sich erkennbar an die Regelung in § 153 Abs. 2 Satz 4 an, die in Schrifttum und Rechtsprechung einschränkend ausgelegt wird (§ 153, 86). Absatz 2 Satz 5 betrifft dagegen den Beschluss, durch den das Verfahren endgültig eingestellt wird und erstreckt die Unanfechtbarkeit auf die dort genannte Feststellung. 149

b) Entscheidungen im Zusammenhang mit der vorläufigen Einstellung. Die Entscheidung, durch die eine **Anwendung** des § 153a **abgelehnt** wird, ist nach allg. M. unanfechtbar (s. auch § 153, 41, 49, 85).[444] Gleiches gilt für die Ablehnung einer nachträglichen Änderung der Auflagen und Weisungen.[445] Nicht mit einem selbständigen Rechtsmittel anfechtbar ist auch die Fortsetzung des Verfahrens wegen nicht korrekter Auflagenerfüllung. Der Angeschuldigte (und zu seinen Gunsten die Staatsanwaltschaft) können aber im fortgesetzten Verfahren das durch die Auflagenerfüllung eingetretene Verfahrenshindernis mit den jeweils gegebenen Rechtsmitteln geltend machen. Einer selbständigen Beschwerde stehen im Eröffnungsverfahren § 201 Abs. 2 Satz 2 und § 210, im Hauptverfahren § 305 Satz 1 entgegen.[446] 150

Der Beschluss, der die Auflagen und Weisungen erteilt und ggf. (vgl. Rn. 9) das **Verfahren vorläufig einstellt**, ist nach § 153a Abs. 2 Satz 4 **unanfechtbar**. Für den Angeschuldigten bzw. Angeklagten würde sich dies schon daraus ergeben, dass er **allein** durch die Auflagenerteilung nicht beschwert ist.[447] Die Unzulässigkeit der Anfechtung gilt auch dann, wenn die Kostenregelung gesetzwidrig ergangen oder grob fehlerhaft ist.[448] Entsprechend der bei § 153, 86 näher dargelegten Rechtslage bezieht sich nach allg. M die Unanfechtbarkeit nicht auf das Fehlen der prozessualen Voraussetzungen. Der Beschluss ist daher von der **Staatsanwaltschaft** mit der **einfachen Beschwerde** (§ 304) anfechtbar, wenn die Tat in Wahrheit ein Verbrechen darstellte oder wenn eine der notwendigen Zustimmungen (ihre oder die des Angeklagten) überhaupt fehlte oder sich nicht mit den erteilten Auflagen oder Weisungen deckte.[449] Nach der in diesem 151

AnwBl. **1984** 270; LG Landshut AnwBl. **1983** 173; LG München JurBüro **1983** 1069; LG Siegen AnwBl. **1983** 225; LG Wuppertal AnwBl. **1982** 169; LG Würzburg AnwBl. **1983** 136; AG München JurBüro **1983** 1066; AG Stade AnwBl. **1985** 161; AG Tauberbischofsheim AnwBl. **1983** 226; *Gillmeister* (Fn. 35) § 7, 75; *Kuntz* DAR **1985** 72; AK/*Schöch* 65; KK/*Diemer* 64; **verneinend** LG Aachen JurBüro **1983** 1065; LG Mannheim JurBüro **1985** 1053; LG Saarbrücken JurBüro **1985** 1055; LG Traunstein JurBüro **1984** 78; LG Trier JurBüro **1985** 561; AG Berlin-Schöneberg JurBüro **1984** 78; AG Düsseldorf JurBüro **1985** 561; AG Lübeck JurBüro **1983** 101; vgl. auch *D. Meyer* JurBüro **1984** 5; LG Darmstadt NJW **1982** 509; LG Duisburg JurBüro **1981** 1372 mit Anm. *Mümmler*; AG Düsseldorf JurBüro **1982** 1219.

444 OLG Hamm VRS **67** (1984) 35; HK/*Gercke* 43; Radtke/Hohmann/*Radtke* 92; SK/*Weßlau*/*Deiters* 87; KK/*Diemer* 66; MüKo/*Peters* 56; *Krey* Bd. II 225; Meyer-Goßner/*Schmitt* 57; *Pfeiffer* 7; *Schuth* 97 f.

445 OLG Hamm VRS **67** (1984) 35; MüKo/*Peters* 56; *Schuth* 102 f.; **a.A.** (einfache Beschwerde) *Rüth* DAR **1975** 7.

446 OLG Düsseldorf MDR **1985** 867; OLG Stuttgart MDR **1980** 250; *Schuth* 103 ff.

447 HK/*Gercke* 43; Meyer-Goßner/*Schmitt* 57; MüKo/*Peters* 56; LR/*Rieß*[24] 104.

448 OLG Zweibrücken StV **2004** 30.

449 OLG Düsseldorf MDR **1995** 841; OLG Hamm MDR **1977** 950; OLG Stuttgart MDR **1980** 250; LG Krefeld NJW **1976** 815; LG Zweibrücken NJW **1990** 1247 (das aber das Zustimmungserfordernis zu Unrecht nur auf Art und Höhe der Geldleistung und nicht auf die Frage des Empfängers bezogen wissen will); HK/*Gercke* 43; *Krey* Bd. II 226; Meyer-Goßner/*Schmitt* 57; Radtke/Hohmann/*Radtke* 92; SK/*Weßlau*/*Deiters* 82; MüKo/*Peters* 57; *Grohmann* DRiZ **1983** 366; AK/*Schöch* 67; KK/*Diemer* 55; *Schuth* 114.

Kommentar vertretenen Auffassung (Rn. 108) hindert allerdings regelmäßig aus Gründen des Vertrauensschutzes die fehlende Zustimmung der Staatsanwaltschaft nicht den Eintritt der bedingten Sperrwirkung. Deshalb wird die auf fehlende Zustimmung gestützte Beschwerde zwar zulässig, aber immer dann unbegründet sein, wenn nicht festgestellt werden kann, dass kein Vertrauenstatbestand gegeben war.[450] Auch der **Angeschuldigte** kann nach der hier vertretenen Meinung mit der (einfachen) Beschwerde geltend machen, dass seine Zustimmung nicht eingeholt wurde oder sich nicht mit den erteilten Auflagen oder Weisungen deckte,[451] nicht aber, dass die notwendige Zustimmung der Staatsanwaltschaft fehlte (s. § 153, 86) oder sich nicht mit den erteilten Auflagen oder Weisungen deckte. Zur Anfechtbarkeit durch den **Nebenkläger** s. § 153, 87.[452] Zu Reformforderungen eines verstärkten Anfechtungsrechts der **Opfer** s. Rn. 4.

152 **c) Endgültige Einstellung.** Ob die endgültige Einstellung nach der Auflagenerfüllung als anfechtbar anzusehen ist, hängt zum einen davon ab, worin man den Rechtsgrund dieser Einstellung sieht. Geht man, wie hier vertreten (Rn. 117), davon aus, dass sich dieser unmittelbar aus § 153a ergebe,[453] so spricht alles dafür, dass sich die Unanfechtbarkeitsregelung des § 153a Abs. 2 Satz 4 auch auf die endgültige Einstellung erstreckt. Folgt man der Gegenmeinung, nach der die endgültige Einstellung auf § 206a beruht, weil sie die Folgerung aus dem eingetretenen Verfahrenshindernis zieht, so wäre nach § 206a Abs. 2 sofortige Beschwerde zulässig;[454] für den **Angeschuldigten** ist sie allerdings deshalb ausgeschlossen, weil er durch die endgültige Einstellung nicht beschwert ist (§ 206a, 103). Durch Absatz 2 Satz 5, der nach hiesiger Lösung nur eine legislatorische Klarstellung beinhaltet, ist die Streitfrage ihrer praktischen Bedeutung[455] insofern entkleidet worden, als die Unanfechtbarkeit dort auf die Feststellung erstreckt wird, dass gemäß Satz 1 erteilte Auflagen und Weisungen erfüllt wurden. Weder die Staatsanwaltschaft noch der Nebenkläger können daher den Beschluss über die endgültige Verfahrenseinstellung durch die **Beschwerde** gemäß § 304 (bzw. nach der Gegenansicht durch sofortige Beschwerde gemäß § 206a Abs. 2) mit der Begründung angreifen, dass die Auflagen und Weisungen durch den Angeschuldigten nicht erfüllt worden seien.[456] Zum Teil wird eine Beschwerdemöglichkeit der Staatsanwaltschaft (bzw. des Nebenklä-

---

450 OLG Karlsruhe NStZ **1987** 42; Meyer-Goßner/*Schmitt* 57; Radtke/Hohmann/*Radtke* 92; SK/*Weßlau/Deiters* 82; MüKo/*Peters* 57; AK/*Schöch* 67; HK/*Gercke* 43; dagegen halten bei fehlender Zustimmung die Beschwerde offenbar uneingeschränkt für begründet OLG Hamm MDR **1977** 950; *Grohmann* aaO; *Schuth* 114.

451 OLG Karlsruhe Justiz **2000** 404 Meyer-Goßner/*Schmitt* 57; Radtke/Hohmann/*Radtke* 92; SK/*Weßlau/Deiters* 82; MüKo/*Peters* 57; AK/*Schöch* 67; HK/*Gercke* 43; *Krey* Bd. II 226.

452 Bejahend OLG Frankfurt NStZ-RR **2000** 256; verneinend KK/Diemer 55; Radtke/Hohmann/*Radtke* 94; SK/*Weßlau/Deiters* 87; siehe auch Meyer-Goßner/*Schmitt* 57 (unter im Übrigen zutreffendem Hinweis auf § 33a StPO, falls sein rechtliches Gehör verletzt wurde; s. § 153, 86).

453 OLG Düsseldorf MDR **1976** 423; OLG Frankfurt MDR **1980** 515 (mit problematischen Einschränkungen); OLG Karlsruhe Justiz **1980** 287; OLG Stuttgart MDR **1980** 250; OLG Zweibrücken MDR **1986** 165; LG Koblenz NJW **1982** 2458 (mit zweifelhafter Entscheidung des konkreten Falles); *Giesler* (Fn. 401) 209; Meyer-Goßner/*Schmitt* 53, 57; offengelassen OLG München AnwBl. **1978** 190.

454 LG Mainz NJW **1980** 301; *Koch* JR **1976** 230 Fn. 2; vgl. auch OLG Nürnberg NJW **1977** 1787.

455 So bereits LR/*Rieß*[24] 71 Fn. 174; siehe auch BTDrucks. **10** 1313 S. 24; *Rieß/Hilger* NStZ **1987** 206 Fn. 300.

456 OLG Celle, Beschl. vom 30.3.2015 – 1 Ws 90/15 mit Anm. *Janssen* jurisPR-StrafR 16/**2015** Anm. 3; LG Kiel NStZ-RR **1998** 343; Meyer-Goßner/*Schmitt* 57; Radtke/Hohmann/*Radtke* 95; SK/*Weßlau/Deiters* 88; MüKo/*Peters* 60; KK/*Diemer* 66; HK/*Gercke* 44. Für den Fall, dass der Angeschuldigte die Auflagen oder Weisungen nicht korrekt erfüllt hat, die endgültige Einstellung also gesetzwidrig war, wollte auch OLG Frankfurt MDR **1980** 516 (vor Einfügung des § 153a Abs. 2 Satz 5) die (einfache) Beschwerde zulassen; ähnlich *Schuth* 117.

gers) entsprechend der zur Anfechtung des Beschlusses über die vorläufige Einstellung dargestellten Rechtslage (vgl. Rn. 150f.) für den Fall bejaht, dass notwendige Zustimmungen nicht eingeholt wurden oder das rechtliche Gehör verletzt worden ist.[457] Diese, bei der vorläufigen Einstellung relevanten Fälle, spielen jedoch bei der endgültigen Einstellung, die gerade keine gesonderte Zustimmung der Staatsanwaltschaft voraussetzt, keine Rolle mehr.[458]

Allerdings kann in diesem Fall die **Staatsanwaltschaft** eine **neue Klage** erheben, 153
denn der unanfechtbare Einstellungsbeschluss beendet die Rechtshängigkeit des Verfahrens. Im neuen Verfahren kann geprüft und ggf. mit Rechtsmitteln kontrolliert werden (§ 210 Abs. 2), ob die Sperrwirkung des § 153a Abs. 1 Satz 5 tatsächlich eingetreten ist, was indes regelmäßig der Fall sein wird, wenn nur ihre Zustimmung fehlt (Rn. 108). Ebenso muss die Staatsanwaltschaft verfahren, wenn sie zu der Auffassung gelangt, dass das Gericht zu Unrecht von der vollständigen Erfüllung der Auflagen und Weisungen ausgegangen ist.[459] Die Problematik dieses Vorgehens ergibt sich zwar nicht aus Absatz 1 Satz 5, der in dem Fall der Nichterfüllung einer Weiterverfolgung nicht entgegensteht, hingegen legt der Wortlaut des Absatzes 2 Satz 5 nahe, die Frage der Nichterfüllung der Auflagen jedweder späteren Kontrolle zu entziehen. Im Ergebnis ist das aber zu verneinen,[460] weil die Staatsanwaltschaft als Garant des Legalitätsprinzips die Möglichkeit behalten muss, zu kontrollieren, dass die Voraussetzungen für den Wegfall des öffentlichen Interesses wirklich vorliegen. Dasselbe gilt, wenn in Wirklichkeit ein Verbrechen vorliegt.[461]

Hat das Gericht übersehen, dass ein **Nebenkläger** beteiligt war, und deshalb nicht 154
über dessen notwendige Auslagen entschieden (siehe Rn. 147), so kann der Beschluss, durch den das Verfahren endgültig eingestellt worden ist, wegen dessen Unanfechtbarkeit nicht mit der Beschwerde angegriffen und rechtliches Gehör nur in dem Verfahren nach § 33a nachgeholt (und der Beschluss auf diesem Wege ergänzt) werden.[462]

Die Unanfechtbarkeit der **Kostenentscheidung** ergibt sich aus § 464 Abs. 3 Satz 1 (s. 155
bei § 153, 88).[463] Dagegen ist die Entscheidung über die **Entschädigung für Strafverfolgungsmaßnahmen** nach § 8 Abs. 3 Satz 1 StrEG anfechtbar.[464]

VIII. Verjährung (Absatz 3)

§ 153a Abs. 3 ordnet das **Ruhen der Verjährung** im Sinne des § 78b StGB, also den 156
Stillstand der Verjährungsfrist für die Dauer der Erfüllungsfrist an, gleichgültig, ob diese

---

457 Meyer-Goßner/*Schmitt* 57.
458 KK/*Diemer* 66. Der Beschuldigte ist normalerweise dadurch geschützt, dass es keine von seinem Willen unabhängige Auflagenerfüllung geben kann; vgl. aber auch OLG Karlsruhe Justiz **2000** 404, wo das nicht der Fall war und daher konsequenterweise die Beschwerde gegeben war.
459 AK/*Schöch* 66; MüKo/*Peters* 60; Radtke/Hohmann/*Radtke* 95; SK/*Weßlau/Deiters* 88; LR/*Rieß*[24] 105.
460 Ebenso BTDrucks. **10** 1313 S. 24.
461 HK/*Gercke* 44; MüKo/*Peters* 60; Radtke/Hohmann/*Radtke* 95; SK/*Weßlau/Deiters* 88; Meyer-Goßner/*Schmitt* 57; LR/*Rieß*[24] 105; AK/*Schöch* 38.
462 OLG Frankfurt a.M. NStZ-RR **2008** 327; OLG Düsseldorf MDR **1993** 786 (Beschwerde unstatthaft); OLG Stuttgart NStZ-RR **2004** 320; HK/*Gercke* 44; SK/*Weßlau/Deiters* 89; MüKo/*Peters* 60. Nach der verfehlten Ansicht des LG Bremen AnwBl. **1976** 25 trägt diese Auslagen die Staatskasse, wenn das Gericht keine Entscheidung hierüber getroffen hat, sie aber eigentlich dem Angeklagten auferlegen wollte; hiergegen zu Recht LR/*Rieß*[24] 100, Fn. 213.
463 HK/*Gercke* 44; MüKo/*Peters* 60; Meyer-Goßner/*Schmitt* 58; KK/*Diemer* 67; AK/*Schöch* 69; vgl. auch Radtke/Hohmann/*Radtke* 97; zum früher bestehenden Streit LR/*Rieß*[24] 106.
464 Meyer-Goßner/*Schmitt* 58; HK/*Gercke* 44; MüKo/*Peters* 60; SK/*Weßlau/Deiters* 90; AK/*Schöch* 69; zur Kritik siehe § 153, 89.

nach § 153a Abs. 1 von der Staatsanwaltschaft oder nach § 153a Abs. 2 vom Gericht gesetzt ist. Das Ruhen umfasst auch die Verjährungsfrist für eine in der Tat liegende **Ordnungswidrigkeit,**[465] dagegen nicht die Würdigung als Verbrechen.[466] Die Erteilung von Auflagen oder Weisungen, die vorläufige Einstellung oder die Verfahrensfortsetzung sind als solche keine die Verjährung unterbrechenden Handlungen im Sinne des § 78c StGB.

157 Das **Ruhen der Verjährung beginnt** mit dem Beginn der Erfüllungsfrist, also in dem Zeitpunkt, in dem (aufeinander bezogen) die Erteilung der Auflagen und Weisungen und die Zustimmung des Beschuldigten vorliegen.[467] Es beginnt noch nicht, wenn lediglich die Auflagen oder Weisungen erteilt werden, es aber noch an der Zustimmung fehlt[468] und nicht erst, wenn das Verfahren vorläufig eingestellt wird, mag dies auch in der Regel, weil die Auflagen oder Weisungen in diesem Beschluss erteilt werden, der Anfangszeitpunkt sein. Maßgebend ist, wenn bereits eine Zustimmungserklärung vorliegt, der Zeitpunkt, zu dem die Verfügung oder der Beschluss, der die Auflagen erteilt, wirksam geworden ist (vgl. die Erl. zu § 33, 9ff.), wenn die Zustimmung diesem Beschluss nachfolgt, deren Eingang bei Gericht oder Staatsanwaltschaft.

158 Das **Ruhen endet spätestens** mit Ablauf der für die Erfüllung gesetzten Frist, bei deren Verlängerung (Rn. 99) mit Ablauf der verlängerten Frist.[469] Auf den Zeitpunkt der tatsächlichen Fortsetzung des Verfahrens kommt es dann nicht an, wenn er nach Fristablauf liegt.[470] Dagegen ist dieser maßgebend, wenn das Verfahren vor Fristablauf fortgesetzt wird, etwa weil der Beschuldigte seine Zustimmung widerrufen hat. § 153a Abs. 3 soll verhindern, dass sich die durch § 153a gestattete Nichtverfolgung nachteilig auf die Verjährungslage auswirkt. Wird das Verfahren tatsächlich weiterbetrieben, so ist kein sinnvoller Grund erkennbar, der es rechtfertigen könnte, die Verjährungsfrist nicht laufen zu lassen.

IX. Folgen der Einstellung

159 Die Vorschriften über die **Wiederaufnahme** beziehen sich nur auf durch rechtskräftige Urteile abgeschlossene Verfahren (§ 359). Eine **analoge Anwendung** der Wiederaufnahmevorschriften zuungunsten des Beschuldigten scheitert daran, dass es sich bei § 153a Abs. 1 Satz 5 ggf. i.V.m. Absatz 2 Satz 2 um eine abschließende Sonderregelung handelt.[471] Bei der Wiederaufnahme **zugunsten** des Beschuldigten wird hingegen von Teilen des Schrifttums die analoge Anwendung des § 359 zugelassen. So wird der abschließende Charakter der Rechtskraftregelung des § 153a abgelehnt, wenn der Beschuldigte nach der endgültigen Einstellung seine Unschuld beweisen kann.[472] Der § 153a ver-

---

465 BayObLG MDR **1983** 995; SK/*Weßlau/Deiters* 93; AK/*Schöch* 70; HK/*Gercke* 45; KK/*Diemer* 68; LR/*Rieß*[24] 107; **a.A.** *Rüth* DAR **1975** 7.

466 SK/*Weßlau/Deiters* 93; HK/*Gercke* 45.

467 LR/*Rieß*[24] 108; AK/*Schöch* 70; SK/*Weßlau/Deiters* 93; MüKo/*Peters* 108; **a.A.** z.T. im Schrifttum, das allein auf den Erlass der Entscheidung abstellt, die das Verfahren vorläufig einstellt, so Meyer-Goßner/*Schmitt* 56; HK/*Gercke* 45; *Pfeiffer* 10; wohl auch KK/*Diemer* 68.

468 So aber BayObLG MDR **1983** 955; LK/*Schmid* § 78b, 7; Meyer-Goßner/*Schmitt* 56; HK/*Gercke* 45; wohl auch KK/*Diemer* 68.

469 SK/*Weßlau/Deiters* 93; KK/*Diemer* 68; HK/*Gercke* 45; AK/*Schöch* 70.

470 Ebenso *Pfeiffer* 10; KK/*Diemer* 68; unklar (Ende der vorläufigen Einstellung) Meyer-Goßner/*Schmitt* 56.

471 *Meyer-Goßner/Schmitt* 57; **a.A.** wohl HK/*Gercke* 44 (keine Beschwer des Beschuldigten) unter Verweis auf LG Baden-Baden NStZ **2004** 513. Zur Problematik der Wiederaufnahme von durch Beschluss erledigten Verfahren bei *Beulke/Swoboda* 585.

472 *Marxen/Tiemann* Die Wiederaufnahme in Strafsachen (1993) 28f.; *Trepper* 174.

folgt jedoch auch den Zweck der Verfahrensbeschleunigung (Rn. 3), dem es zuwiderliefe, dass der Beschuldigte zunächst die Sicherheit der Einstellung anstreben könnte, um dann ohne Risiko einer Verurteilung in einem weiteren Verfahrensabschnitt seinen Unschuldsbeweis zu betreiben. Eine Wiederaufnahme gemäß § 359 analog ist deshalb ausgeschlossen. Dieser Ausschluss bezieht sich auch auf § 359 Nr. 6. Wegen der abschließenden Sonderregelung in § 153a Abs. 1 Satz 5, § 153a Abs. 2 Satz 2 muss auch wie bei § 153 (vgl. § 153, 95) die Wiederaufnahme nach § 79 Abs. 1 BVerfGG ausscheiden.[473] Weder die Einstellung nach § 153a Abs. 1 durch die Staatsanwaltschaft noch die nach § 153a Abs. 2 durch das Gericht schließen ein nachträgliches objektives Verfahren aus (vgl. § 153, 101). Die Staatsanwaltschaft braucht damit nicht abzuwarten, bis das endgültige Verfahrenshindernis eingetreten ist.[474] Hinsichtlich der Berücksichtigung nach § 153a eingestellter Taten bei der Aburteilung anderer Taten gilt dasselbe wie zu § 153, s. § 153, 92.

X. Revision

Mit der Revision kann die Anwendung oder Nichtanwendung des § 153a im Allgemeinen nicht geltend gemacht werden (vgl. auch § 153, 102). Jedoch ist auch in der Revisionsinstanz (von Amts wegen) zu beachten, ob das Verfahrenshindernis des beschränkten Strafklageverbrauchs besteht. Das Revisionsgericht prüft daher, wenn das Verfahren nach § 153a eingestellt worden war, im fortgesetzten Verfahren, ob der Beschuldigte die Auflagen oder Weisungen entgegen der Annahme des Tatrichters korrekt erfüllt hat, und stellt, wenn es dies bejaht, das Verfahren ein; Gleiches gilt, wenn ein neues Verfahren durchgeführt wird, weil der Verdacht eines Verbrechens bestand, ein solches aber nicht nachgewiesen werden kann.[475] **160**

§ 153b
Absehen von der Verfolgung bei möglichem Absehen von Strafe

(1) Liegen die Voraussetzungen vor, unter denen das Gericht von Strafe absehen könnte, so kann die Staatsanwaltschaft mit Zustimmung des Gerichts, das für die Hauptverhandlung zuständig wäre, von der Erhebung der öffentlichen Klage absehen.

(2) Ist die Klage bereits erhoben, so kann das Gericht bis zum Beginn der Hauptverhandlung mit Zustimmung der Staatsanwaltschaft und des Angeschuldigten das Verfahren einstellen.

Schrifttum

Bassakou Beiträge zur Analyse und Reform des Absehens von Strafe nach § 60 StGB (1991); *Dallinger* Das Strafrechtsänderungsgesetz – Gerichtsverfassung und Strafverfahren, JZ **1951** 622; *Eser* Absehen von Strafe – Schuldspruch unter Strafverzicht, FS Maurach (1972) 257; *Maiwald* Das Absehen von Strafe nach § 16 StGB, ZStW **83** (1971) 663; *Ruckdäschel* Das Verhältnis von Absehen von Strafe im materiellen Recht und Verfahrenseinstellung nach § 153b StPO (2006); *F.C. Schroeder* Absehen von der Strafe und Absehen von der Strafverfolgung, FS Fezer (2008) 543; *Wagner* Die selbständige Bedeutung des Schuldspruchs im

---

473 OLG Frankfurt NJW **1996** 3353.
474 Zu dem dabei u.U. zu berücksichtigenden Vertrauensschutz des Beschuldigten darauf, dass gegen ihn keine strafähnliche Maßnahme ergriffen wird, Meyer-Goßner/*Schmitt* 59.
475 Ebenso *Pfeiffer* 11.

https://doi.org/10.1515/9783110590098-006

Strafrecht, insbesondere beim Absehen von Strafe gemäß § 16 StGB, GA **1972** 33; *von Weber* Das Absehen von Strafe, MDR **1956** 705.

Entstehungsgeschichte

Die Vorschrift wurde durch Art. 4 Nr. 1 des 1. StRÄndG als § 153a in die Strafprozessordnung eingefügt. Durch Art. 21 Nr. 45 des EGStGB 1974 erhielt sie die Bezeichnung § 153b.[1]

Übersicht

1 **1. Bedeutung der Vorschrift.** Das materielle Strafrecht eröffnet in zahlreichen Vorschriften des Besonderen Teils (vgl. Rn. 4) die Möglichkeit, durch Urteil von Strafe abzusehen, meist unter dem Gesichtspunkt der Geringfügigkeit.[2] Ferner schreibt der durch das 1. StrRG (als § 16 StGB) geschaffene § 60 StGB[3] das Absehen von Strafe vor, wenn die Folgen der Tat, die den Täter getroffen haben, so schwer sind, dass eine Strafe offensichtlich verfehlt wäre, sofern die an sich verwirkte Strafe ein Jahr Freiheitsstrafe nicht übersteigen würde.[4] Durch das VerbrbekG ist der § 46a StGB eingefügt worden, der den zwischenzeitlich gewonnenen positiven Erfahrungen mit dem Täter-Opfer-Ausgleich Rechnung trägt und im Falle des Täter-Opfer-Ausgleichs sowie der Schadenswiedergutmachung ein Absehen von Strafe vorsieht, wenn keine höhere Strafe als Freiheitsstrafe bis zu einem Jahr oder Geldstrafe bis zu dreihundertsechzig Tagessätzen verwirkt wird.[5] Auch die durch das 43. StrÄndG eingefügte und durch das 46. StrÄndG geänderte **sog. Große Kronzeugenregelung** des § 46b StGB sieht in dessen Absatz 1 Satz 4 die Möglichkeit des Absehens von Strafe vor, wenn die Straftat ausschließlich mit zeitiger Freiheitsstrafe bedroht ist und der Täter keine Freiheitsstrafe von mehr als drei Jahren verwirkt hat. Die hiermit im Zusammenhang stehende Regelung des § 31 BtMG erlaubt ebenfalls ein Absehen von Strafe.

2 § 153b ergänzt und erweitert diese Möglichkeiten des richterlichen Schuldspruchs unter Sanktionsverzicht durch eine korrespondierende prozessuale Einstellungsmöglichkeit. Sie gestattet es bereits der Staatsanwaltschaft, von der Erhebung der öffentli-

1 Zur Entstehungsgeschichte siehe auch *Schroeder* FS Fezer 544 ff.

2 Zu den Rechtsgründen für das Absehen von Strafe in den einzelnen Vorschriften und zu deren Entwicklung vgl. z.B. *Eser* FS Maurach 258 ff.; *Wagner* GA **1972** 35; *von Weber* MDR **1956** 705 ff.

3 Vgl. zur Entstehungsgeschichte und zu früheren Reformtendenzen z.B. *Bassakou* (1991) 1 ff.; *Müller-Dietz* FS Lange 303 ff.; *F.C. Schroeder* FS Fezer 544 ff.

4 Wegen der teilweise komplizierten dogmatischen und kriminalpolitischen Probleme des § 60 StGB vgl. u.a. *Eser* FS Maurach 257 ff.; *Hassemer* FS Sarstedt 65 ff.; *Maiwald* ZStW **83** (1971) 663; *Stree* NStZ **1997** 123; ergänzend ist auf das materiellrechtliche Schrifttum zu dieser Vorschrift zu verweisen.

5 Siehe dazu den Überblick von *Schöch* FS II BGH Bd. IV 309 ff. m.w.N.

chen Klage abzusehen (Absatz 1), und ermöglicht es dem Gericht, das Verfahren durch Beschluss zu beenden (Absatz 2), wenn materiellrechtlich ein Absehen von Strafe möglich wäre. Von der Vorschrift wird namentlich durch die Staatsanwaltschaft, jedoch in absoluten Zahlen recht selten, Gebrauch gemacht;[6] sie hat in der praktischen Rechtsanwendung das Absehen von Strafe durch Urteil weitgehend verdrängt.[7]

Der **Zweck der Vorschrift** wird überwiegend darin gesehen, den Verfahrensaufwand eines gerichtlichen Verfahrens oder (in den Fällen des § 153b Abs. 2) einer Hauptverhandlung zu vermeiden, wenn abzusehen ist, dass ohnehin keine strafrechtliche Sanktion verhängt werden würde, also in einem justizökonomischen Vorteil.[8] Jedoch ist zu bedenken, dass die Anwendung des § 153b namentlich in den Fällen des § 60 StGB auch dazu dienen kann, dem Beschuldigten die Belastung durch ein gerichtliches Verfahren zu ersparen.[9] Auch geht die Wirkung des § 153b zugunsten des Beschuldigten insoweit über die einer materiellrechtlich von Strafe absehenden Entscheidung hinaus, als die Schuldfrage offen bleibt und der Beschuldigte sich weiterhin auf die Unschuldsvermutung (Art. 6 Abs. 2 EMRK) berufen kann (vgl. auch Rn. 6).[10] Der Bestimmung kann deshalb auch ein kriminalpolitischer Zweck beigemessen werden.[11] 3

2. Voraussetzungen und Anwendungsbereich

a) Absehen von Strafe. Es müssen die Voraussetzungen vorliegen, unter denen nach einer Vorschrift des materiellen Strafrechts von Strafe abgesehen werden kann; ist das der Fall, kann § 153b auch **bei Verbrechen** angewendet werden. Zu den in Frage kommenden materiellrechtlichen Vorschriften gehört zunächst § 60 StGB;[12] ferner der in diesem Fall besonders praxisrelevante § 46a StGB,[13] der die Frage nach dem Nebeneinander von § 153b und der Einstellungsmöglichkeit nach § 153a Abs. 1 Satz 2 Nr. 5 aufkommen lässt (s. Rn. 11ff.), zudem die Kronzeugenregelungen der §§ 46b StGB und 31 BtMG sowie § 23 Abs. 3 Alt. 1 StGB bei einem grob untauglichen Versuch. Außerdem zählen dazu alle Vorschriften des Besonderen Teils, die das Absehen von Strafe gestatten,[14] aber auch die Straffreiheits- 4

---

6 Bei den Staatsanwaltschaften beim LG und von der Amtsanwaltschaft wurden 2017 von 4.858.212 erledigten Verfahren insgesamt 1990 nach § 153b Abs. 1 (und § 29 Abs. 5 BtMG) eingestellt, siehe Statistisches Bundesamt Fachserie 10 Reihe 2.6 für 2017.

7 *F. C. Schroeder* spricht gar von Marginalisierung, FS Fezer 551.

8 *Maiwald* ZStW **83** (1971) 693; KK/*Diemer* 1; SSW/*Schnabl* 1; SK/*Weßlau/Deiters* 1; HK/*Gercke* 1; *Eb. Schmidt* § 153a, 3; *Peters* 163; *Ranft* 1171; *Rüping* 343; weiter Radtke/Hohmann/*Radtke* 1, der daneben die Interessen des Beschuldigten als berücksichtigt ansieht.

9 So *Horstkotte* JZ **1970** 128; KMR/*Plöd* 1; krit. *Maiwald* ZStW **83** (1971) 695.

10 In diesem Sinne auch Radtke/Hohmann/*Radtke* 1; HK/*Gercke* 1 in Bezug auf § 60 StGB.

11 Vgl. auch *Dallinger* JZ **1951** 623; *Grauhan* GA **1976** 232.

12 BayObLG NJW **1972** 696; OLG Bremen NJW **1975** 273; LG Bad Kreuznach MDR **1972** 341; im Schrifttum ganz h.M. vgl. nur MüKo-StGB/*Groß* § 60 Rn. 33; Radtke/Hohmann/*Radtke* 2; KK/*Diemer* 2; Meyer-Goßner/*Schmitt* 1; SSW/*Schnabl* 1; **a.A.** nur *Schroeder* FS Peters 420; siehe jedoch *F C. Schroeder* FS Fezer 550 f.; dagegen ausführlich LR/*Meyer-Goßner*[23] 4 sowie *Ranft* 1174; de lege ferenda für Nichtanwendung des § 153b für die Fälle des § 60 StGB auch *Maiwald* ZStW **83** (1971) 696.

13 *Bernsmann* ZRP **1994** 332; *Joecks* 1; MAH/*Jofer* Strafverteidigung § 14, 76; *König/Seitz* NStZ **1995** 2; Meyer-Goßner/*Schmitt* 1; SK/*Weßlau/Deiters* 2; MAH/*Schlothauer* Strafverteidigung § 3, 145; AnwK-StPO/*Walther* 3; *Weihrauch* Verteidigung im Ermittlungsverfahren (1997) 124; Hassemer/Marks/Meyer/*Schüler-Springorum* (LV zu § 155a) 408; *Walther* (LV zu § 153) 298 ff.

14 Dazu gehören z.B. § 83a, § 84 Abs. 4, 5, § 85 Abs. 3, § 86 Abs. 4, § 86a Abs. 3, § 87 Abs. 3, § 89 Abs. 3, § 98 Abs. 2 Satz 1, § 99 Abs. 3, § 113 Abs. 4, § 125 Abs. 2, § 129 Abs. 6, 7; § 129a Abs. 6, 7, § 129b, § 139 Abs. 1, § 142 Abs. 4; §§ 157, 158 Abs. 1, § 174 Abs. 5, § 182 Abs. 6, § 218a Abs. 4 Satz 2, § 236 Abs. 5, § 266a Abs. 6, § 306e Abs. 1, § 314a Abs. 2, § 320 Abs. 2, § 330b Abs. 1 Satz 1 StGB; §§ 29 Abs. 5, § 31 BtMG; § 20 Abs. 2 VereinsG; § 5 Abs. 2, § 20 Abs. 2, § 22 Abs. 3 letzter Halbsatz WStG.

erklärung nach § 199 StGB, die sachlich ein Absehen von Strafe darstellt.[15] Unanwendbar ist die Vorschrift dagegen bei Vorliegen **persönlicher Strafaufhebungsgründe**, etwa nach den §§ 24, 31, 98 Abs. 2 Satz 2, § 261 Abs. 9, § 306e Abs. 2, § 314a Abs. 3, § 320 Abs. 3, § 330b Abs. 1 Satz 2 StGB. Liegen solche vor oder ist ihr Vorliegen nicht auszuschließen, so fehlt es an einem hinreichenden Tatverdacht, so dass die Staatsanwaltschaft das Verfahren nach § 170 Abs. 2 einstellen[16] und das Gericht je nach Verfahrenslage die Eröffnung des Hauptverfahrens ablehnen oder den Angeklagten freisprechen muss.[17]

5 **b) Prozessuale Tat.** Die Einstellung muss sich stets auf die gesamte prozessuale Tat beziehen. Treffen (tateinheitlich oder tatmehrheitlich) mehrere Gesetzesverletzungen in einer Tat zusammen, so kann § 153b nur angewandt werden, wenn alle verwirklichten Tatbestände ein Absehen von der Verfolgung gestatten.[18] Ist das nur hinsichtlich einzelner materiellrechtlicher Straftaten einer prozessualen Tat der Fall, so können diese ggf. lediglich nach § 154a ausgeschieden werden.

6 **c) Verhältnis zur Entscheidung durch Urteil.** Die Anwendung des § 153b ist nur möglich, wenn ohne die Erkenntnismöglichkeiten einer Hauptverhandlung hinreichend sicher beurteilt werden kann, ob die Voraussetzungen für das Absehen von Strafe vorliegen. Es muss also zumindest hinreichend wahrscheinlich im Sinne des § 203 sein, dass das Gericht, würde sich der aktenkundige und insoweit ausermittelte Sachverhalt in der Hauptverhandlung bestätigen, von Strafe absehen würde.[19] Dies erfordert eine **doppelte Prognose**: Zum einen muss das Vorliegen der Voraussetzungen des Absehens von Strafe nach der jeweils einschlägigen materiell-rechtlichen Vorschrift als hinreichend wahrscheinlich anzunehmen sein. Zum zweiten muss die Entscheidung des Gerichts zur Anwendung dieser Regelung vorhergesagt werden. Während die erste Prognose eine Frage der tatsächlichen Akten- und Beweislage ist, handelt es sich bei der Vorhersage der gerichtlichen Entscheidung um eine Rechtsfrage. Die jeweils zuständige Stelle muss nach eigener rechtlicher Würdigung zu dem Schluss gelangen, dass von Strafe abzusehen und daher die materiell-rechtliche Regelung anzuwenden sein wird.[20] Im Falle des § 153b Abs. 2 hat das Gericht somit die eigene Entscheidung vorherzusagen. Hingegen muss in Fällen des § 153b Abs. 1 die Staatsanwaltschaft nach **eigener Rechtsanschauung** zu dem Ergebnis gelangen, dass das Verfahren einzustellen sein wird. Eine Prognose der tatsächlichen gerichtlichen Entscheidung ist nicht erforderlich.[21] Dies würde je nach Einstellungsfreudigkeit des jeweils im Anklagefall mit der Sache befassten Dezernatsrichters, eine mögliche Abweichung aufgrund sachfremder Erwägungen bedeuten. Die Vorhersage der gerichtlichen Entscheidung ist zudem aufgrund der notwendigen Zustimmung des Gerichts (vgl. Rn. 18) sinnentleert. Dieses wird im Rahmen der Zustimmungsentscheidung eine eigene Prognose treffen.

---

15 Meyer-Goßner/*Schmitt* 1; SK/*Weßlau/Deiters* 3; SSW/*Schnabl* 1; Radtke/Hohmann/*Radtke* 2; *Pfeiffer* 1; *Ranft* 1177; *Ruckdäschel* 95; KK/*Diemer* 2; *Wagner* GA **1972** 39; *von Weber* MDR **1956** 706.

16 HK/*Gercke* 2; SK/*Weßlau/Deiters* 3; Radtke/Hohmann/*Radtke* 3; *Pfeiffer* 1; KMR/*Plöd* 3; *Ruckdäschel* 96.

17 *Pfeiffer* 1; SK/*Weßlau/Deiters* 3; Radtke/Hohmann/*Radtke* 3.

18 BayObLG NJW **1972** 696; vgl. auch (zu § 60 StGB) OLG Karlsruhe JZ **1974** 773; *Pfeiffer* 1; SK/*Weßlau/Deiters* 4; SSW/*Schnabl* 3; Radtke/Hohmann/*Radtke* 4; MüKo/*Peters* 5; vgl. auch § 153, 9.

19 Vgl. auch Rn. 17; zur ähnlichen Situation bei § 153a dort Rn. 39 f.; *Ranft* 1172; KK/*Diemer* 4; weitergehend (Gewissheit) *Eb. Schmidt* § 153a, 4; **a.A.** SK/*Weßlau/Deiters* 5.

20 Radtke/Hohmann/*Radtke* 16; *ders.* Die Systematik verfahrenserledigender Entscheidungen im Strafprozeß (1993) 208 ff.

21 Radtke/Hohmann/*Radtke* 16; *ders.* Die Systematik verfahrenserledigender Entscheidungen im Strafprozeß (1993) 208 ff.

Aber auch, wenn die Aktenlage eine sichere Entscheidung über das Vorliegen der Voraussetzungen ermöglicht, muss das Absehen von Strafe dem Urteil vorbehalten werden, wenn als Reaktion auf die Tat zwar keine Sanktion, aber zumindest das im Schuldspruch liegende sozialethische Unwerturteil unerlässlich ist,[22] oder wenn zwar keine Strafe, aber eine Maßregel der Besserung und Sicherung, etwa die Entziehung der Fahrerlaubnis, erforderlich ist.[23] Ob, wie verbreitet üblich,[24] die Vorschrift zutreffend als Ermessensvorschrift interpretiert wird, ist zweifelhaft (vgl. § 153, 41f.). 7

d) Verhältnis zu § 153. Die Einstellungen nach den **§§ 153, 154** werden nicht dadurch ausgeschlossen, dass zugleich die Voraussetzungen des § 153b vorliegen.[25] Jedoch ist in Bezug auf § 153 ein Vorrangverhältnis zu beachten. Besteht schon kein öffentliches Interesse an der Strafverfolgung, so bedarf es einer Prognose über ein mögliches Absehen von Strafe nicht. Denn nicht erst an der Bestrafung und Verurteilung, sondern bereits an der Strafverfolgung besteht im Falle des § 153 kein öffentliches Interesse. Daher ist **§ 153 ein Vorrang gegenüber § 153b** einzuräumen.[26] 8

Dies gilt selbstredend nur soweit ein Vergehen Gegenstand des Verfahrens ist. Bei **Verbrechen** ist der Anwendungsbereich des § 153 nicht eröffnet, so dass nur nach § 153b verfahren werden kann. 9

e) Verhältnis zu § 153a. Wenig geklärt ist das **Verhältnis zur Einstellung gegen Auflagen oder Weisungen nach § 153a.** Verbreitet wird angenommen, dass beide Einstellungsmöglichkeiten nebeneinander stünden;[27] doch dürften die Beziehungen komplexer sein. Denn mit der Anwendung des § 153a wird dem Beschuldigten eine Sanktion im weiteren Sinne auferlegt und damit vorausgesetzt, dass es einer solchen namentlich von den präventiven Strafzwecken her überhaupt bedarf (vgl. § 153a, 8ff., 35). Gestattet oder gebietet das materielle Strafrecht durch Absehen von Strafe den Verzicht auf eine strafrechtliche Sanktion, so wird häufig auch kein öffentliches Interesse an der Strafverfolgung bestehen, das durch die Erfüllung von Auflagen oder Weisungen zu beseitigen wäre. In diesen Fällen muss § 153b Vorrang vor § 153a haben.[28] Dagegen bleibt § 153a in den Fällen anwendbar, in denen erst die besondere Sanktion der Auflagen und Weisungen es gestattet, nach deren Erfüllung auf eine strafrechtliche Sanktion zu verzichten. Insoweit ermöglicht die Anwendung des § 153a den in der Literatur zu § 60 StGB teilweise als fehlend kritisierten[29] Ausgleich zwischen völliger Sanktionslosigkeit und einer Strafmilderung, welche die gesetzliche Untergrenze unterschreitet. 10

Besonderer Erörterung bedarf das **Verhältnis von § 153b zu § 153a Abs. 1 Satz 2 Nr. 5 (Täter-Opfer-Ausgleich).**[30] Aus dem oben Gesagten folgt zunächst: Liegen die Voraussetzungen für das Absehen von Strafe nach § 46a StGB und über diese Vorschrift 11

---

22 Ebenso *Wagner* GA **1972** 37ff., 44; krit. *Bloy* GA **1980** 176; *Schroeder* FS Peters 420; vgl. auch *Eser* FS Maurach 268; *Maiwald* ZStW **83** (1971) 694f.

23 *Wagner* GA **1972** 46; vgl. HK-StGB/*Trüg* § 60, 7; Schönke/Schröder/*Kinzig* § 60, 11; MüKo-StGB/*Groß* § 60, 30.

24 LR/*Meyer-Goßner*[23] 7; *Eb. Schmidt* § 153a, 5; *Bloy* GA **1980** 176; *Schlüchter* 406, 5.

25 KK/*Diemer* 3; *Dallinger* JZ **1951** 624; *Wagner* GA **1972** 45.

26 SK/*Weßlau*/*Deiters* 7; MüKo/*Peters* 9; *F.C. Schroeder* FS Fezer 552f.; **a.A.** noch LR/*Beulke*[26] 6.

27 Meyer-Goßner/*Schmitt* 2; *Pfeiffer* 2; KMR/*Plöd* 4; KK/*Diemer* 3; zweifelnd *Shin* (LV zu § 152) 73.

28 LR/*Rieß*[24] 7; SK/*Weßlau*/*Deiters* 7; HK/*Gercke* 4; wohl auch *F.C. Schroeder* FS Fezer 552; Radtke/Hohmann/*Radtke* 8; teilweise **a.A.** MüKo/*Peters* 10.

29 *Maiwald* ZStW **83** (1971) 684ff.; *Müller-Dietz* FS Lange 314.

30 Die fehlende Klärung des Verhältnisses von §§ 153a, b zueinander im Hinblick auf den Täter-Opfer-Ausgleich als „mißlich" charakterisierte (schon vor Einführung des § 153a Abs. 1 Satz 2 Nr. 5) *Meier* JuS **1996** 441 m.w.N.; danach *Britz*/*Jung* FS Meyer-Goßner 307; nunmehr auch *F.C. Schroeder* FS Fezer 552f.

für die Verfahrenseinstellung nach § 153b vor, so ist das Verfahren wegen des **Vorrangs des § 153b** dann nach dieser Vorschrift einzustellen, wenn die Hauptverhandlung noch nicht begonnen hat und das öffentliche Interesse an der Strafverfolgung durch den Täter-Opfer-Ausgleich weggefallen ist. Nur dort, wo das öffentliche Interesse i.S. von § 153a dadurch noch nicht vollständig ausgeglichen ist, bleibt Raum für die Anwendung von § 153a. Soll also ein Täter-Opfer-Ausgleich noch durchgeführt werden, ist nach § 153a Abs. 1 Satz 2 Nr. 5 zu verfahren. Ist er bereits durchgeführt worden, so ist bis zum Beginn der Hauptverhandlung (Rn. 20) § 153b die Rechtsgrundlage für die Einstellung. In der Praxis wird allerdings auch insoweit häufig auf § 153a zurückgegriffen. Für den Zeitraum nach Beginn der Hauptverhandlung wird man dem § 153b keine Sperrwirkung für den Fall des schon durchgeführten Täter-Opfer-Ausgleichs entnehmen können, so dass sich dann wiederum die Möglichkeit eines Vorgehens nach § 153a Abs. 2 Satz 1 i.V.m. § 153a Abs. 1 Satz 2 Nr. 5 eröffnet. In Betracht zu ziehen ist dann allerdings auch eine bei Vorliegen der Voraussetzungen vorrangige Einstellung nach § 153 Abs. 2, wenn durch den Täter-Opfer-Ausgleich die Schuld so stark gemindert wird, dass sie als gering anzusehen wäre und das öffentliche Interesse an der Strafverfolgung dadurch beseitigt ist.[31]

12 Denkbar erscheint auch, dass **Täter-Opfer-Ausgleichsbemühungen** bereits durchgeführt worden, aber letztlich **gescheitert** sind, z.B. weil der Ausgleich wegen der mangelnden Kooperationsbereitschaft des Opfers keinen Erfolg gehabt hat. Jetzt muss geprüft werden, ob der Täter in dem Bemühen, einen Ausgleich mit dem Verletzten zu erreichen, bereits ausreichend i.S. von § 46a StGB die Wiedergutmachung ernsthaft erstrebt hat, d.h. ob er „umfassende Ausgleichsbemühungen" an den Tag gelegt hat.[32] Ist das der Fall, so ist trotz des bisherigen Misserfolgs ohne weiteres nach § 153b einzustellen. Fehlte es hingegen am ernsthaften Bemühen des Beschuldigten und halten die Strafverfolgungsorgane es für möglich, dass weitere Ausgleichsversuche Erfolg haben, so kann die Fortsetzung des Täter-Opfer-Ausgleichs für die Zukunft **als Auflage** (Weisung) nur über § 153a Abs. 1 Satz 2 Nr. 5 angeordnet werden. Es bleibt den Strafverfolgungsbehörden allerdings unbenommen, eine Fortsetzung des Täter-Opfer-Ausgleichs informell anzuregen und bei Erfolg dann doch nach § 153b einzustellen. Im Falle eines Verbrechensvorwurfs ist dies der einzige Weg, jedoch wird sich die Auflage bzw. Empfehlung, erneut den Ausgleich mit dem Opfer zu versuchen, nur selten anbieten, wenn der Ausgleich bereits einmal gescheitert ist.

13 Bedarf es zum Ausgleich des öffentlichen Interesses i.S. von § 153a **mehr als eines Täter-Opfer-Ausgleichs**, so ordnen Staatsanwaltschaft oder Gericht neben dem Täter-Opfer-Ausgleich auch die anderen Auflagen gemäß § 153a an, wenn der Täter-Opfer-Ausgleich noch nicht stattgefunden hat. Ist der Täter-Opfer-Ausgleich bereits abgeschlossen, jedoch allein nicht ausreichend, so gilt Folgendes: Würde das Gericht oder die Staatsanwaltschaft das Verfahren nur unter Erteilung mehrerer Auflagen eingestellt haben, von denen das Bemühen um einen Ausgleich mit dem Verletzten lediglich eine gewesen wäre,[33] so ist das öffentliche Interesse an der Strafverfolgung allein durch den erfolgten Täter-Opfer-Ausgleich noch nicht restlos beseitigt. Das hat aber zur Folge, dass das Gericht im Falle einer Verurteilung auch nicht von Strafe absehen würde, vielmehr besteht dann die Erwartung, dass das Gericht eine, wenn auch milde, Strafe verhängen würde, so dass die Voraussetzungen des § 153b gar nicht vorliegen.[34] Egal ob der Täter-

---

31 Zust. Radtke/Hohmann/*Radtke* 8.

32 BGH NStZ **2000** 205; Radtke/Hohmann/*Radtke* 8.

33 Kumulation zulässig, siehe § 153a, 48, und häufig nötig, um Schuld und öffentliches Interesse zu kompensieren, siehe *Stein* NStZ **2000** 397.

34 *König/Seitz* NStZ **1995** 2.

Opfer-Ausgleich bereits stattgefunden hat oder noch bevorsteht, ist also die Einstellung allein auf der Basis der Verhängung weiterer Auflagen nach § 153a möglich.

Bei **Verbrechen** ist eine Einstellung nach § 153a ohnehin nicht möglich, hier verbleibt es bei einem exklusiven Anwendungsbereich von § 153b. Ob diese unterschiedlichen Regelungen sehr sinnvoll sind, erscheint zweifelhaft.[35] 14

f) Verhältnis zu anderen Erledigungsmöglichkeiten. Die Einstellung nach **§ 170 Abs. 2** und die Nichteröffnung des Hauptverfahrens nach **§ 204** haben mindestens dann Vorrang, wenn der Sachverhalt aufgeklärt ist und keinen hinreichenden Tatverdacht ergibt.[36] Für **Privatklagedelikte** gelten die Erl. bei § 153, 12ff. entsprechend. Ob im **Jugendstrafverfahren** § 153b anwendbar ist oder durch die §§ 45, 47 JGG verdrängt wird, ist umstritten,[37] insoweit wird man die Anwendung dann für zulässig halten können, wenn eine Einstellung nach den §§ 45, 47 JGG nicht möglich ist.[38] Die spezielle Einstellungsmöglichkeit nach § 153b i.V.m. § 46a StGB (Täter-Opfer-Ausgleich) wird allerdings von §§ 45, 47 JGG verdrängt.[39] Im **anwaltsgerichtlichen Verfahren** ist § 153b unanwendbar.[40] 15

3. Absehen von der Erhebung der öffentlichen Klage (Absatz 1)

a) Zeitpunkt und Zuständigkeit. Die Anwendung der Vorschrift ist im Ermittlungsverfahren nur der Staatsanwaltschaft möglich. Auch wenn die Finanzbehörde ein Steuerstrafverfahren selbständig führt (§ 386 Abs. 2, § 399 Abs. 1 AO), werden Fälle des Absehens von Strafe praktisch nicht vorkommen. 16

Ob das Verfahren bis zur **Anklagereife** durchermittelt sein muss,[41] erscheint zweifelhaft. Dem darauf hindeutenden Wortlaut, der vom Absehen von der Erhebung der *Klage* und nicht der Verfolgung spricht, kann bei dieser verhältnismäßig früh entstandenen Vorschrift heute keine entscheidende Bedeutung mehr beigemessen werden. Die auch verfahrensökonomische Zielsetzung der Vorschrift spricht dafür, dass sie bereits angewandt werden kann, wenn noch die Möglichkeit besteht, dass weitere Ermittlungen zur Verringerung des Tatverdachts führen können. Es sind also ähnliche Maßstäbe wie bei § 153 (vgl. § 153, 37ff.) anzulegen. Allerdings müssen die Ermittlungen jedenfalls soweit ausgedehnt werden, dass abschließend beurteilt werden kann, ob die materiellstrafrechtlichen Voraussetzungen für das Absehen von Strafe vorliegen (Rn. 5). Ist das der Fall, so braucht weiteren Ermittlungsmöglichkeiten, die lediglich eine Entlastung des Beschuldigten ergeben können, nicht nachgegangen zu werden.[42] 17

---

35 *Weber* DRiZ **2000** 43, siehe § 153a, 60.

36 Allg. M., vgl. HK/*Gercke* 4; AnwK-StPO/*Walther* 4; SK/*Weßlau/Deiters* 5; MüKo/*Peters* 8; Radtke/Hohmann/*Radtke* 7; zur Frage, ob die Staatsanwaltschaft bis zur Anklagereife aufklären muss, siehe Rn. 17.

37 Die Anwendung des § 153b generell bejahend KK/*Diemer* 13; Radtke/Hohmann/*Radtke* 10; SK/*Weßlau/Deiters* 8; wohl auch Meyer-Goßner/*Schmitt* 5 (in Bezug auf die Jugendstrafe); § 153b in diesen Fällen im Allgemeinen nicht erforderlich halten *Kleinknecht/Meyer*[37] 5; *Pfeiffer* 4; KMR/*Plöd* 4; SSW/*Schnabl* 2; für Unanwendbarkeit LR/*Meyer-Goßner*[23] 22; *Dallinger* JZ **1951** 624; **a.A.** *Bohnert* NJW **1980** 1929; vgl. auch BayObLG NJW **1961** 2029 (zur Anwendbarkeit des Absehens von Strafe auch bei anderen jugendstrafrechtlichen Reaktionen).

38 KK/*Diemer* 13; Radtke/Hohmann/*Radtke* 10; SK/*Weßlau/Deiters* 8; Meyer-Goßner/*Schmitt* 5; AnwK-StPO/*Walther* 13; vgl. auch *Eisenberg* § 45, 13; *Ostendorf* § 45, 7.

39 Ebenso Radtke/Hohmann/*Radtke* 10.

40 *Feuerich/Weyland* § 116, 25 BRAO; *Kleine-Cosack*[3] § 116, 4 BRAO.

41 So SK/*Weßlau/Deiters* 5; wohl *Schroeder* FS Peters 415.

42 Radtke/Hohmann/*Radtke* 15; MüKo/*Peters* 18; LR/*Rieß*[24] 9; vgl. auch KK/*Diemer* 4.

18 **b) Zustimmungen.** Die Staatsanwaltschaft bedarf stets, also auch in den Fällen, in denen nach § 153 Abs. 1 Satz 2 die Zustimmung entbehrlich wäre, der Zustimmung des Gerichts; die Erl. in § 153, 45 bis 50 gelten entsprechend. Weitere Zustimmungen sind nicht erforderlich. Auch einer Anhörung des Beschuldigten bedarf es nicht (§ 153, 44).

19 **c) Verfahren und Entscheidung.** Wendet die Staatsanwaltschaft § 153b Abs. 1 an, so stellt sie das Verfahren durch eine Abschlussverfügung ein. Aus der Verfügung müssen sich die Einstellungsgründe ergeben. Der Anzeigenerstatter ist gem. § 171 Satz 1 zu bescheiden. Wegen der weiteren Folgen siehe § 153, 58; eine Sperrwirkung für eine Verfahrensfortsetzung tritt nicht ein.[43]

4. Einstellung durch das Gericht (Absatz 2)

20 **a) Zeitraum.** Mit der Erhebung der öffentlichen Klage, nicht erst mit der Eröffnung des Hauptverfahrens, geht die Einstellungsbefugnis auf das zur Sachentscheidung berufene Gericht über.[44] Sie endet mit dem Beginn (§ 243 Abs. 1 Satz 1) der erstinstanzlichen Hauptverhandlung. Danach kann das Absehen von Strafe nur noch als materiellrechtliche Sachentscheidung im Urteil ausgesprochen werden.[45] Nach allg. M. ist die Anwendung des § 153b auch dann nicht mehr möglich, wenn eine bereits begonnene Hauptverhandlung ausgesetzt (§ 228 Abs. 1 Satz 1) wurde.[46] Diese Meinung kann sich auf den Wortlaut stützen, der, wie in § 6a Satz 3, § 16 Satz 3, von „*der* Hauptverhandlung" spricht, während der Gesetzgeber, um auch eine erneuerte Hauptverhandlung zu erfassen, neuerdings die Wendung „*einer* Hauptverhandlung" benutzt (vgl. § 329 Abs. 1 Satz 1). Vom Zweck der Vorschrift her ist diese Beschränkung allerdings wenig sinnvoll. In der Rechtsmittelinstanz ist § 153b stets unanwendbar.

21 **b) Zustimmungen.** Die Anwendung des § 153b Abs. 2 ist stets von der Zustimmung der **Staatsanwaltschaft** und des **Angeschuldigten** (§ 153, 73 bis 75) abhängig; die in § 153 Abs. 2 Satz 2 vorgesehenen Ausnahmen vom Zustimmungserfordernis des Angeschuldigten gelten nicht.[47] Der **Nebenkläger** braucht nicht zuzustimmen, jedoch ist seine vorherige Anhörung erforderlich (§ 153, 79). Nach § 396 Abs. 3 ist vor der Einstellung über eine bereits vorliegende Anschlusserklärung des Nebenklägers zu entscheiden.

22 **c) Entscheidung.** Die Einstellungsentscheidung des Gerichts ergeht stets durch **Beschluss** (§ 153, 81f.), der keiner Begründung bedarf und den Prozessbeteiligten, da er nur außerhalb der Hauptverhandlung ergehen kann, nach § 35 Abs. 2 bekanntzumachen ist. Zu der mit dem Beschluss stets zu verbindenden **Kostenentscheidung** siehe § 153, 83f.; ihr Inhalt richtet sich nach § 467 Abs. 1, 4, nicht nach § 465 Abs. 1 Satz 2, der nur die Sachentscheidung über das Absehen von Strafe betrifft. Für die notwendigen Auslagen des Nebenklägers gilt § 472 Abs. 2 Satz 1. Soweit erforderlich, ist im Beschluss eine Ent-

---

43 *Dallinger* JZ **1951** 1623; SSW/*Schnabl* 5; Meyer-Goßner/*Schmitt* 2; *Pfeiffer* 2; KMR/*Plöd* 7; *Ruckdäschel* 97; AnwK-StPO/ *Walther* 8; SK/*Weßlau/Deiters* 11;

44 Heute allg. M.; **a.A.** LR/*Kohlhaas*[22] § 153a, 3; vgl. auch § 153, 61f.

45 MüKo/*Peters* 19; SK/*Weßlau/Deiters* 12; Radtke/Hohmann/*Radtke* 20; HK/*Gercke* 7; KK/*Diemer* 6; *Pfeiffer* 3; ausführlich LR/*Meyer-Goßner*[23] 14.

46 KMR/*Plöd* 8; *Eb. Schmidt* § 153a, 9; **a.A.** SK/*Weßlau/Deiters* 12.

47 De lege ferenda für eine gleichartige Regelung LR/*Meyer-Goßner*[23] 12.

scheidung über die **Entschädigung für Strafverfolgungsmaßnahmen** zu treffen (§ 8 StrEG), für die inhaltlich § 3 StrEG maßgebend ist.[48]

d) Anfechtbarkeit. Die **Ablehnung** eines Einstellungsantrags ist ebenso wie die Versagung der Zustimmung zur staatsanwaltschaftlichen Einstellung nach heute allg. M[49] aus den gleichen Gründen unanfechtbar, wie sie bei § 153 näher dargelegt sind (vgl. § 153, 49, 86). Dem Prozessbeteiligten, dessen Antrag abgelehnt worden ist, bleibt es unbenommen, auf eine von Strafe absehende Entscheidung im Urteil hinzuwirken und dieses Ziel mit Rechtsmitteln gegen das Urteil weiterzuverfolgen. 23

Der gerichtliche **Einstellungsbeschluss** ist ebenfalls grundsätzlich **unanfechtbar,** obwohl eine ausdrückliche Regelung wie in § 153 Abs. 2 Satz 4 fehlt.[50] Der Gesetzgeber ist davon ausgegangen, dass wegen der Zustimmungen von Angeschuldigtem und Staatsanwaltschaft eine ausdrückliche Unanfechtbarkeitsbestimmung nicht erforderlich sei.[51] Entsprechend der Rechtslage bei § 153 (vgl. § 153, 82) wird aber allgemein angenommen, dass gegen einen Einstellungsbeschluss, der ohne die erforderlichen Zustimmungen ergangen ist, die (einfache) Beschwerde zulässig ist;[52] zur Reichweite der in § 400 Abs. 2 Satz 2 ausdrücklich bestimmten Unanfechtbarkeit für den Nebenkläger siehe § 153, 83. Die Kostenentscheidung ist unanfechtbar, siehe § 153, 84; dagegen ist die Entscheidung über die Entschädigung gemäß § 8 Abs. 3 Satz 1 StrEG mit der sofortigen Beschwerde anfechtbar, siehe § 153, 85. 24

e) Folgen der Einstellung. Sperrwirkung. Die gerichtliche Einstellung nach § 153b Abs. 2 beendet die Rechtshängigkeit des Verfahrens (vgl. § 153, 90) und bewirkt nach den gleichen Grundsätzen, wie sie für die Einstellung nach § 153 Abs. 2 gelten (vgl. § 153, 93ff.), einen beschränkten Verbrauch der Strafklage.[53] Da allerdings § 153b die Einstellung auch bei Verbrechen zulässt, ist die Verfahrenserneuerung nicht schon allein deshalb zulässig, weil sich der Verbrechenscharakter der eingestellten Tat herausstellt.[54] Nach der in diesem Kommentar zu § 153 vertretenen Auffassung[55] ist die Weiterverfolgung der Tat (durch neue Anklage, vgl. § 153, 99) immer dann möglich, wenn neue Tatsachen oder Beweismittel bekannt werden, aufgrund derer sich ergibt, dass die materiellen Voraussetzungen für das Absehen von Strafe nach den Umständen des konkreten 25

---

48 Meyer-Goßner/*Schmitt* § 3, 1 StrEG; SK/*Weßlau/Deiters* 14; Radtke/Hohmann/*Radtke* 24; **a.A.** LR/*Meyer-Goßner*[23] 15, der (was sachlich keinen Unterschied macht) § 4 Abs. 1 StrEG anwenden will.
49 Radtke/Hohmann/*Radtke* 29; Meyer-Goßner/*Schmitt* 6; MüKo/*Peters* 21; HK/*Gercke* 9; KMR/*Plöd* 11; SSW/*Schnabl* 8; *Ruckdäschel* 98; KK/*Diemer* 9; AnwK-StPO/*Walther* 12; **a.A.** die früher vorherrschende Meinung, OLG Nürnberg OLGSt § 153a a.F. S. 1; *Dallinger* JZ **1951** 623; LR/*Kohlhaas*[22] § 153a, 4; *Eb. Schmidt* § 153a, 12.
50 BGHSt **10** 91f.; OLG Bremen NJW **1975** 273; Meyer-Goßner/*Schmitt* 6; HK/*Gercke* 9; *Pfeiffer* 5; KK/*Diemer* 9; KMR/*Plöd* 11; *Eb. Schmidt* § 153a, 12; ausführlich LR/*Meyer-Goßner*[23] 17; *Giesler* Der Ausschluß der Beschwerde gegen richterliche Entscheidungen im Strafverfahren (1981), 211.
51 Vgl. BGHSt **10** 91f.; *Dallinger* JZ **1951** 623 Fn. 26 m.w.N.
52 Meyer-Goßner/*Schmitt* 6; Radtke/Hohmann/*Radtke* 27; HK/*Gercke* 9; MüKo/*Peters* 21. Weitergehend *Schlüchter* 406, 5 (Beschwerde auch zulässig, wenn ein Delikt betroffen ist, bei dem nicht von Strafe abgesehen werden darf); KK/*Diemer* 9 (Nichtvorliegen der tatbestandlichen Voraussetzungen).
53 MAH/*Jofer* Strafverteidigung § 14, 73; HK/*Gercke* 10; Meyer-Goßner/*Schmitt* 3; MüKo/*Peters* 22; Radtke/Hohmann/*Radtke* 32; SSW/*Schnabl* 6; *Pfeiffer* 4; KMR/*Plöd* 10; *Ruckdäschel* 99; AK/*Schöch* 12; KK/*Schoreit* 11; AnwK-StPO/*Walther* 8; SK/*Weßlau/Deiters* 15; *Eb. Schmidt* § 135a, 13; *Dallinger* JZ **1951** 623.
54 AK/*Schöch* 12; KK/*Diemer* 11; Radtke/Hohmann/*Radtke* 32; HK/*Gercke* 10; SK/*Weßlau/Deiters* 15; **a.A.** offenbar *Ranft* 1178.
55 Siehe § 153, 95ff.; zu anderen Meinungen zu dieser umstrittenen Frage vgl. § 153, 93f.

Falles nicht mehr vorliegen. Die Durchführung eines **objektiven Verfahrens** nach den §§ 435, 439 bleibt stets möglich.[56]

26 **5. Revision.** Die Anwendung oder Nichtanwendung des § 153b kann mit der Revision nicht gerügt werden (vgl. erg. § 153, 102f.). Dagegen kann auf die Sachrüge hin vom Revisionsgericht überprüft werden, ob durch Urteil von Strafe hätte abgesehen werden müssen; diese Entscheidung kann ggf. auch das Revisionsgericht selbst nach § 354 Abs. 1 treffen.[57]

§ 153c
Absehen von der Verfolgung bei Auslandstaten

(1) [1]Die Staatsanwaltschaft kann von der Verfolgung von Straftaten absehen,

1. **die außerhalb des räumlichen Geltungsbereichs dieses Gesetzes begangen sind oder die ein Teilnehmer an einer außerhalb des räumlichen Geltungsbereichs dieses Gesetzes begangenen Handlung in diesem Bereich begangen hat,**
2. **die ein Ausländer im Inland auf einem ausländischen Schiff oder Luftfahrzeug begangen hat,**
3. **wenn in den Fällen der §§ 129 und 129a, jeweils auch in Verbindung mit § 129b Abs. 1, des Strafgesetzbuches die Vereinigung nicht oder nicht überwiegend im Inland besteht und die im Inland begangenen Beteiligungshandlungen von untergeordneter Bedeutung sind oder sich auf die bloße Mitgliedschaft beschränken.**

[2]Für Taten, die nach dem Völkerstrafgesetzbuch strafbar sind, gilt § 153f.

(2) Die Staatsanwaltschaft kann von der Verfolgung einer Tat absehen, wenn wegen der Tat im Ausland schon eine Strafe gegen den Beschuldigten vollstreckt worden ist und die im Inland zu erwartende Strafe nach Anrechnung der ausländischen nicht ins Gewicht fiele oder der Beschuldigte wegen der Tat im Ausland rechtskräftig freigesprochen worden ist.

(3) Die Staatsanwaltschaft kann auch von der Verfolgung von Straftaten absehen, die im räumlichen Geltungsbereich dieses Gesetzes durch eine außerhalb dieses Bereichs ausgeübte Tätigkeit begangen sind, wenn die Durchführung des Verfahrens die Gefahr eines schweren Nachteils für die Bundesrepublik Deutschland herbeiführen würde oder wenn der Verfolgung sonstige überwiegende öffentliche Interessen entgegenstehen.

(4) Ist die Klage bereits erhoben, so kann die Staatsanwaltschaft in den Fällen des Absatzes 1 Nr. 1, 2 und des Absatzes 3 die Klage in jeder Lage des Verfahrens zurücknehmen und das Verfahren einstellen, wenn die Durchführung des Verfahrens die Gefahr eines schweren Nachteils für die Bundesrepublik Deutschland herbeiführen würde oder wenn der Verfolgung sonstige überwiegende öffentliche Interessen entgegenstehen.

(5) Hat das Verfahren Straftaten der in § 74a Abs. 1 Nr. 2 bis 6 und § 120 Abs. 1 Nr. 2 bis 7 des Gerichtsverfassungsgesetzes bezeichneten Art zum Gegenstand, so stehen diese Befugnisse dem Generalbundesanwalt zu.

---

56 HK/*Gercke* 10; Radtke/Hohmann/*Radtke* 33; Meyer-Goßner/*Schmitt* 4; KK/*Diemer* 12; *Pfeiffer* 4; MüKo/*Peters* 23; KMR/*Plöd* 10; siehe § 153, 100.

57 BayObLG NJW **1972** 696; *Pfeiffer* 5; KK/*Diemer* 6; vgl. auch OLG Karlsruhe JZ **1974** 772 mit Anm. *Maiwald*.

https://doi.org/10.1515/9783110590098-007

Schrifttum zu den §§ 153c bis 153f

Ambos Völkerrechtliche Kernverbrechen, Weltrechtsprinzip und § 153f StPO, NStZ **2006** 434; *Basak* Jenseits des rechtsstaatlichen Strafrechts: Die Definition einer Verfahrensnorm durch politische Rücksichten – Zum Beschluss des OLG Stuttgart im Verfahren gegen Donald Rumsfeld u.a., (2007) 499; *Bock* Verfahrenseinstellungen bei Auslandsberührungen, Nichtverfolgung von aus dem Ausland heraus begangenen Taten (Distanztaten) gemäß § 153c III StPO, GA **2010** 588; *Böse* Der Grundsatz „ne bis in idem" in der Europäischen Union (Art. 54 SDÜ), GA **2003** 744; *Burghardt* Zwischen internationaler Solidarität und „not in my backyard", KJ **51** (2018) 21; *Eser/Kreicker* (Hrsg.), Nationale Strafverfolgung völkerrechtlicher Verbrechen, Band 1: Deutschland (2003); *Esser/Fischer* Strafvereitelung durch Überstellung von Piraterieverdächtigen an Drittstaaten? JZ **2010** 217; *Fincke* Zum Begriff des Beschuldigten und den Verdachtsgraden, ZStW **95** (1983) 918; *Fischer-Lescano* Weltrecht als Prinzip, KJ **2005** 72; *Gierhake* Das Prinzip der Weltrechtspflege nach § 1 Völkerstrafgesetzbuch und seine prozessuale Umsetzung in § 153f der Strafprozessordnung, ZStW **120** (2008) 375; *Grützner* Die zwischenstaatliche Anerkennung europäischer Strafurteile, NJW **1969** 345; *Güde* Legalitätsprinzip und Rechtsstaat, MDR **1958** 285; *Hartinger* Zuständigkeit für Entscheidungen nach § 153c StPO, DRiZ **1957** 292; *Hoyer* Internationaler Strafgerichtshof und nationalstaatliche Souveränität, GA **2004** 321; *Jescheck* Zur Reform des politischen Strafrechts, JZ **1967** 6; *Keller* Grenzen, Unabhängigkeit und Subsidiarität der Weltrechtspflege, GA **2006** 25; *Kleinknecht* Das 4. Strafrechtsänderungsgesetz – Verfahrensrecht, JZ **1957** 407; *Kniebühler* Transnationales „ne bis in idem" (2005); *Krauth/Kurfess/Wulf* Zur Reform des Staatsschutz-Strafrechts durch das Achte Strafrechtsänderungsgesetz, JZ **1968** 577 (732 ff.); *Krey* Anwendung des „Internationalen Strafrechts" im Verhältnis der Bundesrepublik Deutschland zur DDR, JR **1980** 45; *Kurth* Zum Verfolgungsermessen des Generalbundesanwaltes nach § 153f StPO, ZIS **2006** 81; *Landau* Verwirklichung eines europaweiten „ne bis in idem" im Rahmen der Anwendung des § 153c Abs. 1 Nr. 3 StPO, FS Söllner (2000) 627 ff.; *Löffelmann* Rechtfertigung gezielter Tötungen durch Kampfdrohnen? JR **2013** 496; *Lüttger* Lockerung des Verfolgungszwanges bei Staatsschutzdelikten? JZ **1964** 569; *Mansdörfer* Das Prinzip des ne bis in idem im europäischen Strafrecht (2004); *ders.* Das transnationale Doppelbestrafungsverbot als Integrationsindikator der Europäischen Union, HRRS **2017** 359; *Müller/Wache* Opportunitätserwägungen bei der Verfolgung von Straftaten gegen die äußere Sicherheit, FS Rebmann (1989) 325; *Poppe* Zweifelsfragen bei der Anwendung des § 153c StPO, NJW **1957** 1577; *Oehler* Internationales Strafrecht[2] (1983); *Plöckinger/Leidenmüller* Zum Verbot doppelter Strafverfolgung nach Art. 54 SDÜ 1990, wistra **2003** 81; *Radtke/Busch* Transnationaler Strafklageverbrauch in der Europäischen Union, NStZ **2003** 281; *Ritscher* „Foreign Fighters" und Kriegsvölkerrecht, ZIS **2016** 807; *Satzger* Das neue Völkerstrafrechtsgesetzbuch – Eine kritische Würdigung, NStZ **2002** 125; *Schiemann* Deutsches Strafrecht rund um die Welt? Herausforderungen des Strafanwendungsrechts, JR **2017** 339; *Singelnstein/Stolle* Völkerstrafrecht und Legalitätsprinzip – Klageerzwingungsverfahren bei Opportunitätseinstellungen und Auslegung des § 153f StPO, ZIS **2006** 116; *Specht* Die zwischenstaatliche Geltung des Grundsatzes ne bis in idem (1999); *Ungern-Sternberg* Verfolgungs- und Vollstreckungshindernisse als Rechtsfolgen von Strafverfolgungsersuchen, ZStW **94** (1982) 84; *Wagner* Probleme des § 153c StPO, GA **1958** 204; *Vogel/Norouzi* Europäisches „ne bis in idem" – EuGH, NJW 2003, 1173, JuS **2003** 1059; *Weigend* Das Völkerstrafgesetzbuch – nationale Kodifikation internationalen Rechts, GedS Vogler (2004) 197 ff.; *Werkmeister/Steinbeck* Anwendbarkeit des deutschen Strafrechts bei grenzüberschreitender Cyberkriminalität, wistra **2015** 209; *Werle* Völkerstrafrecht und deutsches Völkerstrafgesetzbuch, JZ **2012** 373; *Werle/Jeßberger* Das Völkerstrafgesetzbuch, JZ **2002** 725; *Werle/Vormbaum* Völkerstrafverfahren in Deutschland, JZ **2017** 12; *Wille* Die Verfolgung strafbarer Handlungen an Bord von Schiffen und Luftfahrzeugen (1974), *Zimmermann* Auf dem Weg zu einem deutschen Völkerstrafgesetzbuch, ZRP **2002** 97; *Zöller* Terrorismusstrafrecht – Ein Handbuch (2009); *ders.* Das transnationale europäische Doppelbestrafungsverbot – Luxemburgum locutum, causa finita? GA **2016** 325.

Entstehungsgeschichte zu den §§ 153c bis 153f

Die in diesen Vorschriften geregelte Materie hat wiederholt, meist in Zusammenhang mit Reformen des materiellen Staatsschutz-Strafrechts, eine gesetzliche Neuordnung erfahren, bei der mehrfach die Standorte der Einzelregelungen gewechselt haben. Der besseren Übersicht wegen ist deshalb die Entstehungsgeschichte zusammenhängend darzustellen, bei der folgende Etappen hervorzuheben sind: Der Kerngehalt des heutigen § 153c Abs. 1 entstand 1940 in Zusammenhang mit der Neuregelung des Geltungsbereichs des materiellen Strafrechts. 1957 wurde durch das 4. StRÄndG als § 153c im Ansatz die heute in den §§ 153d und 153e enthaltene Regelung eingeführt. Ihre heutige systematische Ordnung und im Wesentlichen den noch heute geltenden Inhalt erhielt die Vorschriftengruppe vorrangig 1968 durch das 8. StRÄndG und sodann durch das Gesetz zur Einführung des Völkerstrafgesetzbuches (VStGB)[1] im Jahre 2002. Die nunmehr neu gefassten Überschriften, die zuvor teils ungenau, teils problematisch oder unzutreffend formuliert waren, enthalten in ihrem Wortlaut nunmehr durchweg ein „Absehen von der Verfolgung", welches in einer extensiven Wortlautbedeutung auch die Einstellung im Hauptverfahren erfasst.

§ 153c. Art. 2 Abs. 2 der VO über den Geltungsbereich des Strafrechts vom 6.5.1940 (RGBl. I S. 755) fügte als § 153a in die StPO folgende Vorschrift ein:

> (1) Der Staatsanwalt kann von der Verfolgung einer Tat, die ein deutscher Staatsangehöriger im Ausland oder ein ausländischer Staatsangehöriger auf einem ausländischen Schiff oder Luftfahrzeug im Inland begangen hat, absehen, wenn die Verfolgung vom Standpunkt der Volksgemeinschaft aus nicht geboten oder unverhältnismäßig schwierig wäre.
>
> (2) Eine Tat, die ein Ausländer im Ausland begeht, verfolgt der Staatsanwalt nur auf Anordnung des Reichsministers der Justiz.
>
> (3) Der Staatsanwalt kann von der Verfolgung einer Tat absehen, wenn wegen derselben Tat im Ausland schon eine Strafe gegen den Beschuldigten vollstreckt worden ist und die im Inland zu erwartende Strafe nach Anrechnung der ausländischen nicht ins Gewicht fiele.

Sie erhielt durch Art. 3 I Nr. 63 VereinhG folgende Fassung:

> Die Staatsanwaltschaft kann von der Verfolgung einer Tat absehen,
>
> 1. die ein deutscher Staatsangehöriger im Ausland begangen hat,
> 2. die ein Ausländer im Ausland oder die er im Inland auf einem ausländischen Schiff oder Luftfahrzeug begangen hat,
> 3. wenn wegen der Tat im Ausland schon eine Strafe gegen den Beschuldigten vollstreckt worden ist und die im Inland zu erwartende nach Anrechnung der ausländischen nicht ins Gewicht fiele.

Art. 4 Nr. 2 1. StRÄndG gab ihr die Bezeichnung § 153b. Durch Art. 3 Nr. 3 des 8. StRÄndG erhielt die Vorschrift im Wesentlichen die heutige Fassung. Durch Art. 21 Nr. 46 EGStGB 1974 wurden die sich auf die Teilnehmer in Absatz 1 Nr. 1 beziehenden und die den Freispruch im Ausland in Absatz 1 Nr. 3 betreffenden Halbsätze eingefügt, ferner erhielt die Vorschrift die Paragraphenbezeichnung § 153c. Durch Art. 3 Nr. 4 des Gesetzes zur Einführung des Völkerstrafgesetzbuches (VStGB) vom 26.6.2002 wurde Absatz 1 Satz 2 eingefügt, Absatz 1 Nr. 3 wurde zu Absatz 2, die Absätze 2 bis 4 wurden zu den Absätzen 3 bis 5. Das 34. StRÄndG vom 22.8.2002[2] fügte die dort infolge eines Redaktionsversehens als Nr. 4 bezeichnete Nr. 3 in Absatz 1 ein, wurde jedoch neben Absatz 4 durch Art. 3 des Gesetzes zur Änderung der Vorschriften über die Straftaten gegen die sexuelle Selbstbestimmung vom 27.12.2003[3] berichtigt.

§§ 153d und 153e. Das 4. StRÄndG (Art. 4 Nr. 3) fügte als § 153c folgende Bestimmung ein:

---

1 BGBl. I S. 2254.
2 BGBl. I S. 3390.
3 BGBl. I S. 3007.

(1) [1] Hat das Verfahren Straftaten

1. der Staatsgefährdung nach den §§ 90 bis 93 des Strafgesetzbuches,
2. des Landesverrats nach den §§ 100 bis 100e des Strafgesetzbuches,
3. gegen die Landesverteidigung nach den §§ 109f, 109g des Strafgesetzbuches,
4. der Beteiligung an verbotenen Vereinigungen, die politische Zwecke verfolgen, nach den §§ 128 bis 129a des Strafgesetzbuches, § 47 in Verbindung mit § 42 des Gesetzes über das Bundesverfassungsgericht oder
5. der Nichtanzeige eines Landesverrats nach § 138 des Strafgesetzbuches

zum Gegenstand, so kann der Oberbundesanwalt mit Zustimmung des Bundesgerichtshofes von der Erhebung der öffentlichen Klage wegen einer solchen Tat absehen, wenn der Täter nach der Tat, bevor ihm deren Entdeckung bekannt geworden ist, dazu beigetragen hat, eine Gefahr für die Sicherheit der Bundesrepublik Deutschland oder die verfassungsmäßige Ordnung abzuwenden. [2] Dasselbe gilt, wenn der Täter einen solchen Beitrag dadurch geleistet hat, daß er nach der Tat sein mit ihr zusammenhängendes Wissen über landesverräterische oder staatsgefährdende Bestrebungen offenbart hat.

(2) Für die in Absatz 1 Nr. 2, 3 und 5 bezeichneten Straftaten gilt dasselbe, soweit die Durchführung des Verfahrens über die in der Tat selbst liegende Gefährdung hinaus die Sicherheit der Bundesrepublik Deutschland beeinträchtigen würde.

(3) Ist die Klage bereits erhoben, so kann der Bundesgerichtshof mit Zustimmung des Oberbundesanwalts das Verfahren unter den in den Absätzen 1 oder 2 bezeichneten Voraussetzungen einstellen.

§ 26 des VereinsG ergänzte den Anwendungskatalog um § 20 Abs. 1 Nr. 1 VereinsG.

An die Stelle von Absatz 2 dieser Vorschrift trat durch die Neuregelung in Art. 3 Nr. 4 des 8. StRÄndG als selbständiger § 153c der heutige **§ 153d**, der diese Paragraphenbezeichnung durch Art. 21 Nr. 47 EGStGB 1974 erhielt.

Aus den Absätzen 1 und 3 des § 153c in der Fassung des 4. StRÄndG entstand durch Art. 3 Nr. 5 des 8. StRÄndG, damals mit der Paragraphenbezeichnung § 153d, der jetzige **§ 153e.** Die Worte „das nach § 120 des Gerichtsverfassungsgesetzes zuständige Oberlandesgericht“ in den Absätzen 1 und 2 wurden jedoch erst durch Art. 2 Nr. 4 StaatsschStrafG eingefügt. Die jetzige Paragraphenbezeichnung erhielt die Vorschrift durch Art. 21 Nr. 47 EGStGB 1974.

Durch Art. 2 Nr. 6 des StGBÄndG wurde in allen drei Vorschriften die Verweisung auf den Straftatenkatalog des § 120 GVG der dortigen Erweiterung angepasst.

§ 153f. Durch Art. 3 Nr. 5 des Gesetzes zur Einführung des VStGB wurde die Vorschrift des § 153f in die Strafprozessordnung neu eingefügt, wodurch die dem VStGB unterfallenden Taten dem Geltungsbereich des Absatzes 1 Satz 1 Nr. 1 und 2 sowie der gleichzeitig eingeführten Nr. 3 entzogen wurden. Dies war zur Angleichung des materiellen und formellen Strafrechts der Bundesrepublik Deutschland an das Römische Statut des Internationalen Strafgerichtshofs vom 17.7.1998[4] und an weiteres, von der überwiegenden Mehrheit der Staaten anerkanntes Völkerrecht nötig.

Übersicht

4 Abgedruckt in EuGRZ **1998** 618 ff.

Alphabetische Übersicht

I. Bedeutung, Zweck und Inhalt der Vorschrift

1 Die Vorschrift fasst **mehrere Fallgruppen** unter dem mehr äußerlichen systematischen Gesichtspunkt zusammen, dass die zu verfolgende Tat in irgendeiner Weise **Aus-**

landsberührung aufweist.[5] Gemeinsam ist den Regelungen ferner, dass bei Vorliegen der in ihnen genannten Voraussetzungen die Verfolgungspflicht des § 152 entfällt und dass sich die Ermächtigung zur Nichtverfolgung ausschließlich an die Staatsanwaltschaft richtet. Die Einstellung eines gerichtlich anhängigen Verfahrens durch das Gericht ermöglicht die Bestimmung in keinem Fall (vgl. aber Rn. 42); zum Teil jedoch gegenüber § 156 erweiterte Rücknahmemöglichkeiten, so dass die Vorschrift auch nach Eröffnung des Hauptverfahrens relevant sein kann. Davon abgesehen sind die kriminal- und rechtspolitischen Zwecke der in der Vorschrift enthaltenen Regelungen unterschiedlich.

Die in **Absatz 1 Satz 1 Nr. 1 und 2** getroffenen Regelungen für Auslandstaten im weiteren Sinne stehen in enger Verbindung mit den materiellstrafrechtlichen Bestimmungen des **Strafanwendungsrechts**[6] (§§ 3 ff. StGB), welches unzutreffend und problematisch auch als **internationales Strafrecht**[7] bezeichnet wird. Sie ermöglichen eine prozessuale Korrektur der verhältnismäßig weiten Ausdehnung der deutschen Strafgewalt und berücksichtigen das bei Auslandstaten oft geringere Strafverfolgungsinteresse der Rechtsgemeinschaft; sie verfolgen aber wohl auch, weil solche Taten nicht selten einen besonders hohen Aufklärungsaufwand erfordern, justizökonomische Ziele.[8] Ein weiteres Motiv für die Berücksichtigung von Opportunitätsgesichtspunkten bei der Verfolgung von Auslandsstraftaten ist auch immer die Notwendigkeit gewesen, außerprozessuale, insbesondere staatspolitische Gegeninteressen berücksichtigen zu können;[9] Überlegungen, die aufgrund der Nachkriegssituation Deutschlands besonders bei der Neufassung der Vorschrift durch das 8. StRÄndG im Vordergrund gestanden haben.[10] Sie allein sind für die Schaffung von **Absatz 3** und die besondere Zuständigkeit nach Absatz 5 maßgebend gewesen; diese Teile der Bestimmung gehören sachlich zu § 153d. Insoweit wurde der Einwand vorgebracht, die Norm erkenne eine gewisse Erpressbarkeit des Staates an.[11] **Absatz 1 Satz 1 Nr. 3** steht im Zusammenhang mit der Ausdehnung des Opportunitätsprinzips auf Auslandsvereinigungen. Auch hier steht die Ressourcenökonomie im Vordergrund. Dagegen betrifft **Absatz 2** das Problem des **„ne bis in idem"**. Da dieser Rechtsgrundsatz für ausländische Aburteilungen im Allgemeinen nicht gilt (siehe aber unten Rn. 25 ff.), dient hier die Nichtverfolgungsermächtigung dazu, ihn im Einzelfall praktisch zu realisieren. Insoweit steht die Regelung auch in engem Zusammenhang mit den §§ 154, 154b, so dass erwogen werden sollte, sie bei einer Neuregelung der Begrenzungen des Legalitätsprinzips in diesen Zusammenhang aufzunehmen.[12] 2

Die **praktische Bedeutung** der Vorschrift ist verhältnismäßig gering.[13] Dies steht in 3 einem widersprüchlichen Verhältnis zu der erheblichen Anzahl **potenzieller Anwendungsfälle**. Wurde die Vorschrift zunächst hauptsächlich in Bezug auf Spione während

---

5 *Bloy* GA **1980** 177; KK/*Diemer* 1; Radtke/Hohmann/*Radtke* 1; HK/*Gercke* 1; SK/*Weßlau/Deiters* 1; vgl. auch *Schiemann* JR **2017** 342 sowie *Bock* GA **2010** 589.

6 Vgl. auch KK/*Diemer* 1; Radtke/Hohmann/*Radtke* 1; HK/*Gercke* 1; SK/*Weßlau/Deiters* 1; *Esser/Fischer* JZ **2010** 218; die Vorschrift hatte insoweit einen Vorläufer in § 4 Abs. 2 RStGB 1971, vgl. *Marquardt* (LV zu § 152) 51 f. Zum Begriff siehe AnwK-StGB/*Zöller* Vor § 3, 1.

7 Hierzu ausführlich AnwK-StGB/*Zöller* Vor § 3, 1.

8 Vgl. etwa den letzten Satzteil des § 153a Abs. 1 in der Fassung von 1940 (siehe Entstehungsgeschichte); HK/*Gercke* 1; SK/*Weßlau/Deiters* 1; MüKo/*Peters* 3; *Bock* GA **2010** 589.

9 HK/*Gercke* 1; MüKo/*Peters* 5; SK/*Weßlau/Deiters* 1; *Bock* GA **2010** 589.

10 Vgl. nur *Krauth/Kurfess/Wulf* JZ **1968** 733; *Lüttger* JZ **1964** 569, 572; *Eb. Schmidt* Nachtr. II § 153b, 1; ferner BTDrucks. **V** 2860 S. 28; Prot. des Sonderaussch. für die Strafrechtsreform, 5. LegPer. S. 1555 ff.

11 *Woesner* NJW **1967** 758; hierzu auch *Bock* GA **2010** 590 mit Fn. 14 und wN.

12 So LR/*Meyer-Goßner*[23] 2.

13 *Linden* Verh. des 60. DJT (1994), Bd. II/2, M 41. Von den Staatsanwaltschaften beim LG und der Amtsanwaltschaft wurden 2017 922 Verfahren nach § 153c eingestellt.

des Kalten Krieges angewandt oder in Bezug auf Bürger der ehemaligen DDR diskutiert,[14] kommt nunmehr eine Anwendung in vielen Bereichen in Betracht. Allein die Entwicklung des Internets und hiermit im Zusammenhang stehende Datenschutzverstöße, Cyberattacken und Cybersabotageaktionen können allzuoft einen von § 153c erfassten Auslandsbezug aufweisen.[15] Doch auch Äußerungsdelikte, Staatsschutzdelikte (z.B. in Form von Terrorpropaganda) oder allgemeine Straftatbestände wie § 111 StGB können, begangen mit Mitteln des Internets, unter den Anwendungsbereich des § 153c fallen. Ebenso sind Anwendungsfälle durch die erhöhte Zahl von Auslandseinsätzen der Bundeswehr denkbar, wie dies bereits bei der Verfolgung von Piraterie[16] diskutiert wird. Gleiches gilt z.B. bei Korruptionsfällen aufgrund der weltweiten wirtschaftlichen Verflechtungen.[17]

4 § 153c ist überhaupt nur anwendbar, soweit das **deutsche Strafrecht** für eine Tat gilt. Wann das der Fall ist, ergibt sich aus den §§ 3 bis 9 StGB. Soweit hiernach das deutsche Strafrecht schon nicht anwendbar ist, ist das Verfahren von der Staatsanwaltschaft nach § 170 Abs. 2 einzustellen, die Eröffnung des Hauptverfahrens abzulehnen oder der Angeklagte freizusprechen.[18] Unzulässig wäre es insbesondere in einem solchen Fall, dass der Staatsanwalt die Klage nach Absatz 4 nach Eröffnung des Hauptverfahrens zurücknimmt.

II. Voraussetzungen

5 **1. Allgemeines. Anwendungsbereich.** Die Entscheidung, ob von der Strafverfolgung nach dieser Vorschrift abgesehen werden soll, steht allein der **Staatsanwaltschaft,** in den Fällen von Absatz 5 dem Generalbundesanwalt (Rn. 44), zu. Zur Zusammenarbeit mit der Polizei siehe Nr. 99 RiStBV.[19] Diese sollte, sobald in Betracht kommt, dass eine Straftat aufgrund der Vorschrift nicht verfolgt wird, die Staatsanwaltschaft unterrichten und deren weitere Weisung abwarten. Soweit die **Finanzbehörde** das Steuerstrafverfahren selbständig führt (§ 386 Abs. 2, § 399 Abs. 1 AO), ist sie, außer in den insoweit nicht in Betracht kommenden Fällen des Absatzes 4, rechtlich in der Lage, die Vorschrift anzuwenden; doch wird sich, namentlich bei Fallgestaltungen, bei denen die in Absatz 2 genannten Gesichtspunkte eine Rolle spielen können, in aller Regel empfehlen, dass sie das Verfahren an die Staatsanwaltschaft abgibt oder diese es an sich zieht (§ 386 Abs. 4 AO). Zu den Besonderheiten bei Straftaten gegen die **NATO-Vertragsstaaten** siehe § 153e, 22ff.

6 Die **Zustimmung** des Beschuldigten, des Verletzten oder des Gerichts ist **nicht erforderlich.**[20] Das Gericht kann weder die Eröffnung des Hauptverfahrens mit der Begründung ablehnen, es halte die Verfolgung wegen der besonderen Umstände des § 153c nicht für angebracht,[21] noch das Verfahren aufgrund dieser Vorschrift einstellen.[22] Die

---

14 MüKo/*Peters* 1.

15 Dazu *Werkmeister/Steinbeck* wistra **2015** 209ff.; *Bock* GA **2010** 591; zu den materiell-strafrechtlichen Internetdelikten siehe *Malek/Popp* Strafsachen im Internet, 2. Aufl. 2015, 40ff.

16 BTDrucks. **16** 12816 S. 6f.; MüKo/*Peters* 1; vgl. auch *König* NordÖR **2011** 153ff. In Bezug auf eine mögliche Strafbarkeit gem. § 258 StGB aufgrund Einstellungen nach § 153c in Pirateriefällen s. *Esser/Fischer* JZ **2010** 217ff.

17 Für das Beispiel der Korruption s. MüKo/*Peters* 1.

18 AnwK-StGB/*Zöller* Vor § 3, 2 (Doppelnatur: obj. Bedingung der Strafbarkeit und Verfahrensvoraussetzung); LR/*Kühne* Einl. E 5; KMR/*Plöd* 1; Radtke/Hohmann/*Radtke* 6.

19 Vgl. auch Meyer-Goßner/*Schmitt* 2; *Eb. Schmidt* Nachtr. II § 153b, 2.

20 HK/*Gercke* 4; Radtke/Hohmann/*Radtke* 31; SK/*Weßlau/Deiters* 6; *Müller/Wache* FS Rebmann 325f.; *Pfeiffer* 1; KMR/*Plöd* 3; vgl. auch OLG Frankfurt a. M., Beschl. vom 24.11.2014 – 1 W 62/14.

21 LR/*Meyer-Goßner*[23] 3; *Eb. Schmidt* § 153a, 4; MüKo/*Peters* 8

fehlende Einflussmöglichkeit des Gerichts lässt sich darauf zurückführen, dass die Einstellungsentscheidung hier nicht auf Gesichtspunkten materiell-rechtlicher Art, sondern vornehmlich auf staatspolitischen Gegeninteressen beruht.[23] Das Gericht kann allerdings, soweit dies, auch nach Absatz 4, noch möglich ist, bei der Staatsanwaltschaft die Rücknahme der Klage und die Einstellung anregen. Durch innerdienstliche allgemeine Weisungen ist die Staatsanwaltschaft teilweise gehalten, auch soweit kein Entscheidungsvorbehalt des Generalbundesanwalts nach Absatz 5 besteht, die Entscheidung des Generalstaatsanwalts einzuholen.[24]

Die Nichtverfolgung erfasst die jeweilige **prozessuale Tat** in ihrem ganzen Umfang, 7
unabhängig davon, ob sie mehrere tateinheitlich oder tatmehrheitlich zusammentreffende materiell-rechtliche Straftaten umfasst. Daran ändert auch nichts, dass der Wortlaut der Vorschrift von „Straftaten" spricht.[25] Die Herausnahme einzelner Straftatbestände aus der Verfolgung einer einheitlichen Tat ist nur unter den Voraussetzungen des § 154a möglich.[26] Sind **mehrere Beschuldigte** als Täter oder Teilnehmer an einer (prozessualen) Tat beteiligt, so kann die Vorschrift bei einzelnen angewendet werden und bei anderen nicht, auch dann, wenn, was nicht notwendig der Fall ist, bei allen Tatbeteiligten die formellen Voraussetzungen der Vorschrift vorliegen. Auch bei **Verbrechen** ist die Anwendung des § 153c möglich.[27] Die Vorschrift gilt auch im **Jugendstrafverfahren.**[28] Für das **Bußgeldverfahren** kommt sie schon wegen § 5 OWiG regelmäßig nicht in Betracht; sollte dies ausnahmsweise doch der Fall sein, so wird sie durch § 47 OWiG verdrängt.[29]

Die Vorschrift ermächtigt zum **Absehen von der Verfolgung**, nicht erst zum Abse- 8
hen von der Klageerhebung. Eine Durchermittlung des Sachverhalts ist also nicht erforderlich. Von der Vorschrift kann schon Gebrauch gemacht werden, sobald ein Anfangsverdacht i.S.d. § 152 (vgl. § 152, 27ff.) besteht, ggf. kann von der Durchführung aller weiteren Ermittlungen abgesehen werden.[30] Es muss aber, soweit der Sachverhalt daran Zweifel aufkommen lässt, stets aufgeklärt werden, ob die (formellen und materiellen) Voraussetzungen für die Anwendung der Vorschrift vorliegen, also etwa der Charakter der (reinen) Auslandstat in den Fällen des Absatzes 1 Satz 1 Nr. 1, die Ausländereigenschaft in den Fällen des Absatzes 1 Satz 1 Nr. 2 oder die Aburteilung im Ausland in den Fällen des Absatzes 2.

Ob die Staatsanwaltschaft von der Nichtverfolgungsermächtigung Gebrauch ma- 9
chen will, liegt in den Fällen des Absatzes 1 Satz 1 Nr. 1 und 2, die keinerlei den Anwen-

---

22 *Müller/Wache* FS Rebmann 325, 326; vgl. *Landau* FS Söllner 642; SK/*Weßlau/Deiters* 3; Meyer-Goßner/*Schmitt* 1; Radtke/Hohmann/*Radtke* 8; MüKo/*Peters* 6; *Bock* GA **2010** 596.

23 *Joecks* 1; Meyer-Goßner/*Schmitt* 1; *Müller/Wache* FS Rebmann 325, 326; *Rüping* 343; SK/*Weßlau/Deiters* 2 (politische Opportunitätserwägungen); MüKo/*Peters* 8 (politischer Charakter der Entscheidung); ausführlich *Bock* GA **2010** 596, der darauf hinweist, dass eine gerichtliche Kontrolle einen Verstoß gegen den Gewaltenteilungsgrundsatz bedeuten würde.

24 Einzelheiten in den Nr. 94–97 RiStBV; MüKo/*Peters* 8; SK/*Weßlau/Deiters* 4; Bedenken dagegen bei *Bock* GA **2010** 595.

25 Vgl. auch § 153d, 4ff.; *Pfeiffer* 1; zur Wortwahl BTDrucks. **V** 2860 S. 29.

26 *Pfeiffer* 1; vgl. auch MüKo/*Peters* 12; Radtke/Hohmann/*Radtke* 9; HK/*Gercke* 5.

27 Siehe auch *Esser/Fischer* JZ **2010** 219.

28 *Eisenberg* § 45, 14; HK/*Gercke* 3; MüKo/*Höffler* § 45, 10 JGG; *Ostendorf* (Jugendstrafrecht) § 45, 7 JGG; *Pfeiffer* 1; Radtke/Hohmann/*Radtke* 4; KK/*Diemer* 1; im Ergebnis wohl auch *Bohnert* NJW **1980** 1930, der allerdings meint, dass die Generalermächtigung des § 45 JGG diese Fälle (außer Absatz 4) mit umfasse.

29 *Göhler* § 5, 9; HK/*Gercke* 5; einschränkend Krenberger/Krumm/*Bohnert*, § 5, 50 OWiG (§ 47 OWiG sollte angewendet werden).

30 Allg. M., vgl. z.B. *Döhring* (LV zu § 152) 141; *Joecks* 2; Meyer-Goßner/*Schmitt* 2; *Pfeiffer* 1; KMR/*Plöd* 4; *Ranft* 1199; AK/*Schöch* 2; KK/*Diemer* 3; SK/*Weßlau/Deiters* 7; HK/*Gercke* 5; Radtke/Hohmann/*Radtke* 10; **a.A.** früher *Niese* SJZ **1950** 892; noch weitergehend wohl der schriftliche Bericht des Sonderaussch. für die Strafrechtsreform zum 8. StRÄndG, BTDrucks. **V** 2860 S. 29.

dungsbereich konkretisierenden Hinweise enthalten, in ihrem **pflichtgemäßen Ermessen.**[31] Sofern die besonderen Voraussetzungen von Absatz 3 vorliegen, sind sie regelmäßig auch ein zwingender Grund, von Absatz 1 Satz 1 Nr. 1, 2 Gebrauch zu machen. Im Übrigen dürfte für die sachgerechte Ermessensausübung in erster Linie ins Gewicht fallen, ob aus der Sicht des deutschen Strafrechts ein öffentliches Interesse an der Verfolgung gerade dieser Tat mit Auslandsberührung besteht.[32] Auch unverhältnismäßige Schwierigkeiten der Strafverfolgung können berücksichtigt werden. Soweit die Bundesrepublik durch **völkerrechtliche Vereinbarungen** verpflichtet ist, ausländische Straftaten wie inländische zu behandeln, ist Absatz 1 Satz 1 Nr. 1, 2 nicht anzuwenden.[33] Bedeutsam ist insoweit insbesondere Art. 54 SDÜ (siehe unten Rn. 25), ebenso Art. 50 EUC. Ob es sich bei Absatz 2 ebenfalls um Ermessen oder um die Subsumtion unter sehr weit gespannte unbestimmte Rechtsbegriffe handelt, erscheint zweifelhaft, ist aber praktisch ohne Bedeutung. Bei Absatz 3 wiederum handelt es sich aufgrund der Berücksichtigung der öffentlichen Interessen um eine Ermessensentscheidung.[34]

2. Auslandstaten (Absatz 1 Satz 1 Nr. 1)

10 **a) Räumlicher Geltungsbereich der StPO.** Absatz 1 Satz 1 Nr. 1 gilt für Taten, die außerhalb der Bundesrepublik Deutschland begangen worden sind. Der missverständliche[35] Begriff „räumlicher Geltungsbereich dieses Gesetzes“ wurde früher gewählt, um das Gebiet der alten Bundesländer (ohne die DDR) zu umschreiben.[36] Das Gebiet der DDR wurde somit als Ausland behandelt.[37] Nach Herstellung der deutschen Einheit hat der Begriff diese Funktion verloren. Er umfasst unterschiedslos das gesamte Gebiet der Bundesrepublik Deutschland, die Eigengewässer und Küstengewässer, soweit diese staatsrechtlich zum Staatsgebiet zählen (vgl. § 10, 1), und den gesamten Luftraum über dem Geltungsgebiet.[38] Alles andere, auch die Hohe See, ist Ausland, auch wenn dort, wie etwa nach § 4 StGB für deutsche Schiffe oder Luftfahrzeuge, das deutsche Strafrecht uneingeschränkt gilt, so dass in solchen Fällen Absatz 1 Satz 1 Nr. 1 anwendbar wäre;[39] regelmäßig wird allerdings in den Fällen des § 4 StGB jedenfalls bei Taten auf Hoher See ein Gebrauchmachen von der Nichtverfolgungsermächtigung nicht sachgerecht sein.

11 **b) Tatbegehung im Ausland.** Wo eine Tat begangen ist, richtet sich nach § 9 StGB (vgl. § 7, 2ff.). Begehungsort sind danach sowohl die (möglicherweise mehreren) Tätig-

---

31 *Döhring* (LV zu § 152) 142; *Krauth/Kurfess/Wulf* JZ **1968** 733; HK/*Gercke* 5; LR/*Meyer-Goßner*[23] 9; *Pfeiffer* 1; KMR/*Plöd* 4; *Rüping* 326; AK/*Schöch* 1; KK/*Diemer* 1, 8.
32 *Grauhan* GA **1976** 235.
33 *Beulke/Swoboda* 280; Meyer-Goßner/*Schmitt* 3; vgl. Nr. 94 Abs. 2 RiStBV; Nachw. auch bei *Oehler*, s. etwa 808 f., 847 ff.
34 Zweifelnd LR/*Beulke*[26] 8.
35 Vgl. hierzu *Esser/Fischer* JZ **2010** 218 mit Fn. 22.
36 Zu den Begriffen des Inlands sowie des Auslands nach dem materiellen Strafrecht sowie zu den völkerrechtlichen Grundlagen siehe AnwK-StGB/*Zöller* Vor § 3, 8 ff.; NK-StGB/*Böse* § 3, 3 ff.; Schönke/Schröder/*Eser* Vorbem. §§ 3–9, 1 ff.; zur Diskussion über den Auslandsbegriff auch *Krey* JR **1980** 46; vgl. auch zum Zweck der mit dem 8. StRÄndG vorgenommenen Bezeichnungsänderung *Krauth/Kurfess/Wulf* JZ **1968** 733.
37 LR/*Rieß*[24] 9; HK/*Gercke* 6. Zu beachten sind diesbezüglich aber die Übergangsregelungen des Einigungsvertrages, die DDR-Urteile mit Urteilen anderer deutscher Gerichte gleichstellen, KK/*Diemer* 7; AnwK-StGB/*Zöller* Vor § 3, 15.
38 Einzelheiten bei AnwK-StGB/*Zöller* § 3, 5 ff.; Schönke/Schröder/*Eser* § 3, 4 ff.; *Oehler* 396 ff.; *Wille* 12 ff.
39 Meyer-Goßner/*Schmitt* 4; LR/*Meyer-Goßner*[23] 6; Radtke/Hohmann/*Radtke* 11; SK/*Weßlau/Deiters* 11; HK/*Gercke* 6; *Esser/Fischer* JZ **2010** 218; *Bock* GA **2010** 591; **a.A.** *Oehler* 455 Fn. 5.

keitsorte als auch die (mehreren) Erfolgsorte.[40] Absatz 1 Satz 1 Nr. 1 verlangt, dass sämtliche Begehungsorte im Sinne des § 9 StGB außerhalb des Geltungsbereichs der StPO (Rn. 10) liegen; er ist unanwendbar, wenn auch nur ein Mittäter[41] im Inland gehandelt hat oder auch nur ein Erfolg im Inland eingetreten ist;[42] im zweiten Fall kann jedoch die Anwendung des Absatzes 3 in Betracht kommen. Dagegen ist es bei einer Auslandstat in diesem Sinne ohne Bedeutung, ob der Täter (oder Teilnehmer) Deutscher oder Ausländer ist.

In neueren Entscheidungen[43] hat der 2. Strafsenat des BGH in Fällen des § 6 Nr. 5 12
StGB die Ansicht vertreten, dass zur Begründung der Anwendbarkeit deutschen Strafrechts über den Wortlaut hinaus ein inländischer Anknüpfungspunkt gegeben sein muss. Diese Rechtsprechung ist nur in den Fällen von Relevanz, in denen der inländische Anknüpfungspunkt nicht einem nach § 9 StGB zu bemessenden Tatort entspricht. Andernfalls wäre bereits über die §§ 3, 9 StGB das deutsche Strafrecht anwendbar; eine Einstellung nach § 153c Abs. 1 Satz 1 Nr. 1 dementsprechend ausgeschlossen. § 153c Abs. 3 könnte jedoch in Betracht kommen. Liegt in dem inländischen Anknüpfungspunkt kein Tatort gem. § 9 StGB so verbleibt es bei der Anwendbarkeit des § 153c Abs. 1 Satz 1 Nr. 1; für die Ermessensentscheidung der Staatsanwaltschaft ergeben sich keine Besonderheiten.

c) Teilnahme. § 9 Abs. 2 StGB dehnt für Fälle der Teilnahme (Anstiftung oder Beihil- 13
fe) den Tatbegriff sehr weit aus.[44] Absatz 1 Satz 1 Nr. 1 zweiter Halbsatz ermöglicht eine prozessuale Korrektur dieser weiten Ausdehnung, indem er die Nichtverfolgungsermächtigung auf die Fälle des § 9 Abs. 2 StGB erstreckt.[45] Von der Strafverfolgung kann hiernach auch abgesehen werden, wenn allein der Teilnahmeort gemäß § 9 Abs. 2 StGB im Inland, der Tatort aber insgesamt im Ausland (Rn. 10) liegt. Auch hier ist ohne Bedeutung, ob der im Inland handelnde Teilnehmer Ausländer oder Deutscher ist.

**3. Ausländertaten im Inland auf ausländischen Schiffen oder Luftfahrzeugen 14
(Absatz 1 Satz 1 Nr. 2).** Taten auf ausländischen (privaten) Schiffen und Luftfahrzeugen im Geltungsbereich der StPO (Rn. 10) sind Inlandstaten.[46] Für diese gilt die Nichtverfolgungsermächtigung des § 153c unter der doppelten Voraussetzung, dass (1) die Tat nur (i.S.d. § 9 StGB) auf einem ausländischen Schiff oder Luftfahrzeug begangen worden ist und dass (2) der Täter ein Ausländer ist. Sind an der Tat Ausländer und Deutsche beteiligt, so gilt die Nichtverfolgungsermächtigung nur für die Ausländer. Wann von ihr Gebrauch gemacht werden soll, entscheidet die Staatsanwaltschaft nach pflichtgemäßem Ermessen (Rn. 9). Dabei kann auch eine Rolle spielen, ob sich die Tat nur gegen ausländische Rechtsgüter richtet (Rechtsgedanke des § 7 Abs. 1 StGB), ob zu erwarten ist, dass

---

40 Sog. Ubiquitätstheorie, HK/*Gercke* 6; Radtke/Hohmann/*Radtke* 12; SK/*Weßlau*/*Deiters* 12; MüKo/*Peters* 13; *Pfeiffer* 2; vgl. näher AnwK-StGB/*Zöller* § 9, 2 ff.; LK/*Werle*/*Jeßberger* § 9, 1 ff.; *Oehler* 252 ff.

41 Wegen der Teilnahme siehe Rn. 13.

42 HK/*Gercke* 6; *Krauth*/*Kurfess*/*Wulf* JZ **1968** 733; KK/*Diemer* 4; Meyer-Goßner/*Schmitt* 3; SK/*Weßlau*/*Deiters* 12; Radtke/Hohmann/*Radtke* 12.

43 BGH NStZ **2015** 568 m. Anm. *Schiemann* sowie *Afshar* HRRS **2015**, 331 ff.; NJW **2017** 1043 m. Anm. *Heim*.

44 Dazu näher AnwK-StGB/*Zöller* § 9, 12 ff.; LK/*Werle*/*Jeßberger* § 9, 42 ff.; *Oehler* 765 ff.

45 Vgl. BTDrucks. **7** 550 S. 299.

46 AnwK-StGB/*Zöller* § 4, 7; LK/*Werle*/*Jeßberger* § 4, 15; für ausländische Staatsfahrzeuge s. *Oehler* 476 f.; über Einschränkungen bei „friedlicher Durchfahrt" durch Küstengewässer *Oehler* 411 ff.; über die Zulässigkeit strafprozessualer Zwangsmaßnahmen an Bord ausländischer Schiffe und Luftfahrzeuge vgl. ausführlich *Wille* 78 ff., 155 ff.; ferner Meyer-Goßner/*Schmitt* 9 f.; KMR/*Plöd* 7.

die Tat vom Heimatstaat des Ausländers verfolgt wird,[47] und ob der Durchführung des Strafverfahrens besondere Schwierigkeiten entgegenstehen würden.[48]

15 **Ausländische Schiffe** sind solche, die nach dem Flaggenrechtsgesetz[49] nicht die Bundesflagge zu führen haben; auch ausländische Binnenschiffe fallen darunter. Ausländische **Luftfahrzeuge** sind solche, die nicht in die Luftfahrzeugrolle der Bundesrepublik eingetragen sind. Gemeint sind also alle Schiffe und Luftfahrzeuge, die nicht unter § 10 und nicht unter § 4 StGB fallen. Es ist deshalb wegen der Einzelheiten auf die Erl. zu § 10, 4–11 zu verweisen.[50]

16 **Ausländer** ist jeder, der nicht Deutscher ist, also nicht die deutsche Staatsangehörigkeit besitzt oder sonst Deutscher im Sinne des Art. 116 GG ist.[51] Auf Bürger der DDR war die Vorschrift mindestens analog anzuwenden.[52] Zu den Ausländern gehören auch Staatenlose,[53] nicht aber Deutsche, die zusätzlich eine andere Staatsangehörigkeit besitzen (sog. Doppelstaatler). Für die Ausländereigenschaft soll nach h.M. der Zeitpunkt maßgebend sein, zu dem die Anklageerhebung in Betracht kommt, nicht etwa die Tatzeit.[54] Das erscheint nach dem Wortlaut der Vorschrift zweifelhaft,[55] ist aber im Hinblick auf die ratio legis (Rn. 2) richtig. Ihrem Wortlaut nach ist die Vorschrift auch anwendbar, wenn ein Ausländer, der seinen Wohnsitz und seinen Lebensmittelpunkt im Bundesgebiet hat, eine Straftat im Inland auf einem ausländischen Schiff oder Luftfahrzeug begeht, etwa wenn ein Staatenloser oder ein ausländischer Arbeitnehmer als Hafenarbeiter auf einem ausländischen Schiff stiehlt; jedoch wird in solchen Fällen die Anwendung der Bestimmung nach ihrem Zweck regelmäßig nicht angebracht sein.

4. Kriminelle und Terroristische Vereinigungen (Absatz 1 Satz 1 Nr. 3)

17 **a) Anwendungsbereich.** Die Regelung des Absatzes 1 Satz 1 Nr. 3, durch das 34. StRÄndG eingefügt, erstreckt die Nichtverfolgungsermächtigung der Staatsanwaltschaft über die Fälle der **§§ 129, 129a StGB** hinaus, auch auf Organisationen, die nicht oder nicht überwiegend im Inland bestehen. Zunächst war lediglich eine Ausdehnung auf **kriminelle Vereinigungen** vorgesehen, die im Hoheitsgebiet der EU-Mitgliedsstaaten bestehen, um die gemeinsame Maßnahme der EU vom 21.12.1998[56] umzusetzen.[57] Die terroristischen Anschläge in den USA vom 11.9.2001 machten jedoch eine Erstreckung der genannten Vorschriften über das Gebiet der EU-Mitgliedsstaaten hinaus auf generell im Ausland tätige **kriminelle oder terroristische Vereinigungen** notwendig.[58] Dazu wurde § 129b StGB eingefügt, nach dem die §§ 129 und 129a StGB nicht nur für Vereini-

---

47 Zur Frage, ob und wie die Beachtung rechtsstaatlicher Grundsätze im Heimatstaat im Verfahren gegen den Ausländer in Bezug auf die Ermessensentscheidung der Staatsanwaltschaft zu berücksichtigen ist, s. *Esser/Fischer* JZ **2010** 219.

48 Vgl. KMR/*Plöd* 7.

49 BGBl. I 1994, S. 3140.

50 Vgl. ferner AnwK-StGB/*Zöller* § 4, 3 ff.; LK/*Werle/Jeßberger* § 4, 15.

51 Vgl. AnwK-StGB/*Zöller* § 7, 18; LK/*Werle/Jeßberger* § 7, 27; zu den Einzelheiten z.B. auch *Maunz/Dürig* Art. 116, 4 ff.

52 LR/*Rieß*[24] 14; LR/*Meyer-Goßner*[23] 13.

53 Meyer-Goßner/*Schmitt* 7; KMR/*Plöd* 7; KK/*Schoreit* 10; AnwK-StPO/*Walther* 7; MüKo/*Peters* 16; Radtke/Hohmann/*Radtke* 14; SK/*Weßlau/Deiters* 15; **a.A.** *Eb. Schmidt* § 153a, 8.

54 Radtke/Hohmann/*Radtke* 14; SK/*Weßlau/Deiters* 15; HK/*Gercke* 7; MüKo/*Peters* 16; LR/*Meyer-Goßner*[23] 14.

55 LR/*Rieß*[24] 14 Fn. 31.

56 ABlEU Nr. L 351 vom 29.12.1998.

57 BTDrucks. **14** 7025; zur Entwicklung des § 129b StGB siehe *Zöller* Terrorismusstrafrecht (2009) 522 f.

58 BTDrucks. **14** 8893.

gungen innerhalb der Mitgliedstaaten der EU, sondern auch für Vereinigungen außerhalb dieses Gebietes gelten. Um jedoch Taten mit schwerpunktmäßiger Auslandsberührung, die deutsche Interessen u.U. nicht oder nur in geringem Maße berühren, von der deutschen Strafverfolgung ausnehmen zu können, musste die weit reichende materiellrechtliche Regelung der §§ 129, 129a und 129b StGB durch eine prozessuale Einschränkung des Verfolgungszwangs flankiert werden.[59]

b) Ausschließliches oder überwiegendes Bestehen im Ausland. Die Ermessenseinstellung ist zulässig, wenn die Vereinigung **nicht oder nicht überwiegend im Inland besteht.** Wann das Kriterium des „Nicht-überwiegend-im-Inland-Bestehens" erfüllt ist, erscheint unklar. Da der Aspekt des Gewichts des jeweiligen Mitglieds im Rahmen der Organisation erst auf der nächsten Stufe, nämlich bei der Frage, ob sein Handeln von „untergeordneter" Bedeutung ist, in Ansatz gebracht werden darf, muss bei der Frage des „Überwiegend-im-Inland-Bestehens" allein auf die objektive Struktur der Vereinigung abgestellt werden. Zumeist wird es hierbei um eine quantitative Abwägung gehen. Dabei kann auch auf die Grundsätze zu § 129b StGB zurückgegriffen werden, wonach die Einstufung als inländische bzw. ausländische Vereinigung anhand des Ortes des Schwerpunkts der Organisationsstruktur vorzunehmen ist.[60] 18

c) Beteiligungshandlung von untergeordneter Bedeutung. Erst wenn festgestellt wird, dass es sich um eine Vereinigung handelt, die überwiegend im Ausland besteht, muss im nächsten Schritt geprüft werden, ob das Verhalten des Beschuldigten entweder **von untergeordneter Bedeutung** ist, oder sich auf eine bloße Mitgliedschaft beschränkt. Beispiele einer untergeordneten Beteiligungshandlung sind nach den Gesetzesmaterialien die Zahlung von Mitgliedsbeiträgen oder die Vornahme einfacher Hilfsdienste.[61] Sind allerdings strafbare Handlungen im Auftrag der Vereinigung im Inland begangen worden, so kann in aller Regel nicht von einer untergeordneten Tätigkeit gesprochen werden.[62] Bei der Begehung bloßer Bagatelldelikte im Inland dürfte eine Einstellung hingegen nicht von vornherein ausgeschlossen sein. 19

d) Mitgliedschaft. Die **bloße Mitgliedschaft** wird sich vor dem Hintergrund der Rechtsprechung des BGH von der untergeordneten Beteiligungshandlung nicht dadurch abgrenzen lassen, dass erstere lediglich den passiven Status der Mitgliedschaft umschreibt. Sofern aktiv an Treffen oder anderen Maßnahmen mitgewirkt wird, kommt es allein auf die untergeordnete Bedeutung dieser Beteiligungshandlung an. Geht mit der Straftat nach §§ 129, 129a i.V.m. § 129b StGB eine Straftat nach dem VStGB einher, so greift im Rahmen einer Tat im prozessualen Sinne nur die Einstellungsmöglichkeit gem. § 153f ein. 20

5. Verhältnis zu § 153f, Auslandstaten (Absatz 1 Satz 2). Durch die Einfügung des **§ 153c Abs. 1 Satz 2** soll das **Konkurrenzverhältnis** zwischen den sich in **§ 153f** neu eröffnenden Einstellungsmöglichkeiten und der herkömmlichen Einstellungsmöglichkeit bei Auslandstaten nach § 153c Abs. 1 Satz 1 geklärt werden. Durch § 153c Abs. 1 Satz 2 werden alle Straftaten nach dem VStGB dem Anwendungsbereich des § 153c generell 21

---

59 BTDrucks. **14** 8893 S. 10.

60 Vgl. BGH StV **2010** 524; **2012** 341; *Zöller* (Fn 57) 523; *ders.* StV **2012** 365; AnwK-StGB/*Gazeas* § 129b, 12; Radtke/Hohmann/*Radtke* 16;

61 BTDrucks. **14** 8893 S. 10.

62 BTDrucks. **14** 8893 S. 10.

entzogen.[63] Sonstige Möglichkeiten der Verfahrenseinstellung nach der Strafprozessordnung sowie nach § 28 IStGHG werden durch Absatz 1 Satz 2 nicht betroffen.[64]

22 Der **Grund** für diese Regelung liegt in Folgendem: Bei „Auslandstaten" jenseits des VStGB ergibt sich die stets vorausgesetzte Anwendbarkeit des deutschen Strafrechts aus **§§ 3 bis 9 StGB.**[65] Wegen der Weite des Anwendungsbereichs hat der Gesetzgeber in § 153c Abs. 1 auf jeden konkretisierenden Hinweis hinsichtlich der Ermessensausübung verzichtet. So ist es möglich, höchst großzügig außerprozessuale, insbesondere staatspolitische Gegeninteressen zu berücksichtigen. Bei Straftaten gegen das Völkerrecht hat der Gesetzgeber hingegen eine engere Regelung bevorzugt. Hier hat er zunächst auf materiell-rechtlicher Ebene in § 1 VStGB einen umfassenden Anwendungsbereich festgelegt, wonach die bezeichneten Verbrechen auch dann erfasst werden, wenn die Tat im Ausland begangen wurde und keinen Bezug zum Inland aufweist. Diese materiell-rechtliche Regelung hat er prozessual durch § 153f flankiert im Wege einer „besonderen Ermessensstruktur",[66] wonach das Ermessen nur unter festgelegten Voraussetzungen ausgeübt werden kann. Es werden also die Einstellungsmöglichkeiten bei Straftaten nach dem VStGB im Vergleich zu sonstigen Auslandstaten weiter eingeschränkt, indem der Gesetzgeber die anzustellenden Erwägungen selbst näher umschrieben hat. Aus § 153c Abs. 1 Satz 2 ergibt sich, dass diese Regelung in § 153f für Straftaten nach dem VStGB abschließend sein soll. Fraglich erscheint, ob nicht nur die Straftaten nach dem VStGB, sondern auch die Straftaten nach anderen Strafbestimmungen dem Anwendungsbereich des § 153c entzogen sind, soweit es sich um eine Tat im prozessualen Sinne handelt. Der BGH hat in diesem Zusammenhang auf der Grundlage des Weltrechtsprinzips für tateinheitlich mit dem Völkermord begangene Verbrechen nach §§ 211, 212 StGB eine Annexkompetenz entwickelt.[67] Diese Annexkompetenz kann freilich nur für die im Grunde in den Völkerverbrechen bereits enthaltenen Tatbestände angenommen werden, damit die Gesetzgebungskompetenzen nicht auf die Judikative verlagert werden. Im Besonderen werden dies z.B. im Falle des Völkermordes nach § 6 VStGB regelmäßig die Tatbestände der §§ 211, 212 StGB, mithin im Fall des § 6 Abs. 1 Nr. 3 VStGB auch die der §§ 226, 227, 235, 239, 177, 178 StGB sein.[68] In diesem Umfang muss auch die Ausschlussklausel des § 153c Abs. 1 Satz 2 gelten, d.h. die Einstellung erfolgt allein nach den Regeln des § 153f.

6. Berücksichtigung von Auslandsurteilen (Absatz 2)

23 **a) Allgemeines. Kein Verbrauch der Strafklage.** Wird ein Beschuldigter wegen einer Tat, die auch nach deutschem Strafrecht (§§ 3 bis 9 StGB) strafbar ist, im Ausland abgeurteilt, so tritt dadurch grundsätzlich kein Verbrauch der Strafklage ein; die Tat bleibt also für die deutschen Strafverfolgungsbehörden weiter verfolgbar, wenn auch die im Ausland vollstreckte Strafe auf eine im Inland zu verhängende nach § 51 Abs. 3 StGB anzurechnen ist.[69] Daran hat sich auch in der neueren Rechtsentwicklung trotz zahlreicher internationaler Koordinierungsbestrebungen im Prinzip nichts geändert, denn der

---

63 Vgl. BTDrucks. **14** 8524; *Kreicker* in: Eser/Kreicker (Hrsg.) 259 f.; Meyer-Goßner/*Schmitt* 11b; Radtke/Hohmann/*Radtke* 18; SK/*Weßlau*/*Deiters* 13; HK/*Gercke* 9.

64 KK/*Diemer* 1; SK/*Weßlau*/*Deiters* 13.

65 Zur strittigen Frage, ob zur Anwendung der §§ 89a, 129b StGB zusätzlich die Voraussetzungen der §§ 3ff. StGB vorliegen müssen *Gazeas* DRiZ **2015** 418 ff. m.w.N.

66 BTDrucks. **14** 8524 S. 37.

67 BGHSt **45** 64.

68 Vgl. *Eser* FS II BGH Bd IV 27.

69 Vgl. LR/*Kühne* Einl. K 98 ff.; *Pfeiffer* 2; AnwK-StPO/*Walther* 11; ausführlich zur Problematik *Oehler* 959 ff.; *Landau* FS Söllner 633.

Grundsatz „ne bis in idem" stellt derzeit noch keine allgemeine Regel des Völkerrechts dar, die über Art. 25 GG Berücksichtigung fände.[70] Unerheblich ist, ob die Tat von einem Ausländer oder einem Deutschen und ob sie im Inland oder im Ausland begangen worden ist. Für diesen Fall gestattet es Absatz 2 der Staatsanwaltschaft, bis zur Erhebung der öffentlichen Klage oder unter ihrer Rücknahme gemäß § 156 bis zur Zulassung der Anklage von der Verfolgung der Tat abzusehen. Bei einer ausländischen Verurteilung ist weitere Voraussetzung, dass die in dem neuen Verfahren zu erwartende Strafe gegenüber der ausländischen nicht ins Gewicht fallen würde (Rn. 37); für den Fall des ausländischen Freispruchs enthält das Gesetz keine weiteren Maßstäbe (Rn. 38).

Soweit ausländische Urteile ausnahmsweise einen **Verbrauch der Strafklage** be- 24
wirken, ist § 153c Abs. 2 nicht anzuwenden, vielmehr scheidet eine Strafverfolgung deshalb aus, weil ein Verfahrenshindernis besteht. Dem ist je nach Verfahrenslage durch Einstellung nach § 170 Abs. 2, Ablehnung der Eröffnung des Hauptverfahrens oder Einstellung nach den §§ 206a, 260 Abs. 3 Rechnung zu tragen. Dies gilt grundsätzlich auch für besatzungsgerichtliche Urteile der früheren westlichen Besatzungsmächte.[71]

b) Strafklageverbrauch im europäischen Kontext. Im **europäischen** Kontext ge- 25
winnt der Strafklageverbrauch durch völkerrechtliche Abkommen, die den ne bis in idem-Grundsatz im Verhältnis zur Gerichtsbarkeit anderer Staaten allgemein für wirksam erklären, zunehmend an Bedeutung. Innerhalb der Vertragsstaaten des Schengener Rechtsraumes sieht **Art. 54** des Übereinkommens zur **Durchführung des Schengener Übereinkommens vom 19.6.1990 (SDÜ)**[72] vor, dass rechtskräftige Verurteilungen oder Freisprüche durch eine Vertragspartei eine andere Vertragspartei daran hindern, dieselbe Tat zu verfolgen, „vorausgesetzt, dass im Falle einer Verurteilung die Sanktion bereits vollstreckt worden ist, gerade vollstreckt wird oder nach dem Recht des Urteilsstaates nicht mehr vollstreckt werden kann". Art. 54 SDÜ dient neben der effektiven Strafverfolgung der Sicherstellung, dass der Strafklageverbrauch auf nationaler Ebene nicht durch eine intensivere Zusammenarbeit im Rahmen der SDÜ unterlaufen wird.[73]

Nicht immer einfach zu beantworten ist dabei die Frage, wann eine **„rechtskräftige** 26
Verurteilung" in einem anderen Vertragsstaat vorliegt und unter welchen Voraussetzungen diese als (gerade) **„vollstreckt"** anzusehen ist, da Art. 54 SDÜ nicht nur auf (Sach-) Urteile beschränkt ist.[74] Die deutsche Rechtsprechung bevorzugte zunächst eine restriktive Interpretation des Art. 54 SDÜ.[75] So wurde z.B. eine belgische „transactie" – eine verfahrensbeendende Vereinbarung zwischen dem Angeklagten und dem dortigen Finanzminister – vom Bundesgerichtshof nicht als rechtskräftige Verurteilung anerkannt.[76] Verfahrensabschließenden Entscheidungen einer Verwaltungsbehörde wurde die Wirkung von Urteilen versagt.[77] Ein Beschluss zur Einstellung eines französischen

---

70 BVerfGE **75** 26; OLG Frankfurt NJW **1997** 1937; *Erb* (LV zu § 152) 76; *Landau* FS Söllner 633; krit. *Endriß/Kinzig* StV **1997** 665f.

71 Art. 7 Abs. 1 des Überleitungsvertrages vom 26.5.1952 in der Fassung vom 30.3.1955 (BGBl. II S. 405); vgl., auch zu den Ausnahmen, LK/*Werle/Jeßberger* Vor § 3, 408ff. m.w.N.

72 BGBl. II 1993 1013 (vgl. § 153, 98).

73 *Böse* GA **2003** 750f.; *Mansdörfer* 142ff.; *Plöckinger/Leidenmühler* wistra **2003** 85, 90; *Specht* 148.

74 *Radtke/Busch* EuGRZ **2000** 425f.; vgl. dazu *Schmidt* Verteidigung von Ausländern (2002) 309.

75 *Böse* GA **2003** 745; *Plöckinger/Leidenmühler* wistra **2003** 84.

76 BGH StV **1999** 244 mit Anm. *Schomburg*; OLG Köln NStZ **2001** 558; s. dazu auch *Hecker* JA **2000** 15; *ders.* StV **2001** 308; *van den Wyngaert* NStZ **1998** 153; zur Kritik *Satzger* Die Europäisierung des Strafrechts (2001) 693f.

77 BayObLGSt **2000** 79 = StV **2001** 263 (österreichisches Straferkenntnis einer Bezirkshauptmannschaft); s. auch Stellungnahme des Bundesministeriums für Justiz der Republik Österreich StraFo **2001** 47; zu der Einstellung nach § 153 siehe die Erl. dort, § 153, 59.

Verfahrens aus Mangel an Beweisen („ordonnance de non lieu par des raisons de fait") wurde nicht als rechtskräftiger Abschluss im Sinne von Art. 54 SDÜ anerkannt.[78] Diese Auffassung des BGH ist als überholt anzusehen.[79] Eine zur Bewährung ausgesetzte Strafe wird nach Ansicht der Rspr. „gerade vollstreckt",[80] so dass eine erneute Verfolgung wegen derselben Tat nicht mehr möglich ist.[81] Auch ein gnadenähnliches Absehen von weiterer Vollstreckung einer Freiheitsstrafe verhindert eine erneute Verfolgung.[82] Zudem bewirkt ein rechtskräftiger Freispruch Strafklageverbrauch i.S.v. Art. 54 SDÜ.[83]

27 **c) Rechtsprechung des EuGH.** Die Auslegungsschwierigkeiten können zumindest auf Unionsebene nur durch eine **einheitliche Auslegung** des Übereinkommens **durch den EuGH** beseitigt werden. Ex-Art. 35 EUV öffnete den Weg, dass dessen Zuständigkeit für Vorlagefragen betreffend die Auslegung der Übereinkommen nach Titel VI EUV a.F. (Bestimmungen über die polizeiliche und justizielle Zusammenarbeit in Strafsachen) begründet werden konnte. Nunmehr ist diese Möglichkeit direkt über Art. 267 lit. a) AEUV gegeben. Die Bestimmungen des Titels VI EUV a.F. wurden durch den Vertrag von Lissabon durch die Regelungen des Dritten Teils, Titel V Kapitel 1, 4 und 5 des AEUV ersetzt. Durch **Einbeziehung des sog. Schengener Besitzstands in den institutionellen und rechtlichen Rahmen der EU**[84] unterfällt bzw. unterfiel auch das SDÜ den genannten Titeln. Von dieser Zuständigkeit hat der EuGH zwischenzeitlich, nach Vorlage nationaler Gerichte, Gebrauch gemacht:

28 Hinsichtlich des Merkmals der **rechtskräftigen Aburteilung** hat der EuGH entschieden, dass der transnationale Strafklageverbrauch auch für Fälle gilt, in denen eine Erledigung ohne richterliche Beteiligung eingetreten ist. So stellt die **Einstellung** des Verfahrens unter Auflagen durch die Staatsanwaltschaft nach § 153a Abs. 1 eine Aburteilung im Sinne von Art. 54 SDÜ dar, da sie eine verfahrensbeendende Entscheidung einer zur Mitwirkung an der Strafrechtspflege berufenen Behörde darstellt, der Ahndungswirkung zukommt und die die Strafklage, nach Erfüllung der Auflagen, nach nationalem Recht zumindest teilweise endgültig verbraucht.[85]

29 Ein **rechtskräftiger Freispruch** steht sowohl wegen Verjährung der Tat[86] als auch aus Mangel an Beweisen[87] einer erneuten Verfolgung entgegen. Keine Anwendung findet das

---

78 BGHSt **45** 123; zust. *Satzger* (Fn. 76) 691 f.; **a.A.** *Bohnert/Lagodny* NStZ **2000** 636; *Kühne* JZ **1998** 876; *ders.* StV **1999** 480.

79 Vgl. Rn. 28 ff.; auch *Plöckinger/Leidenmühler* wistra **2003** 83 ff.

80 BGHSt **46** 189; vgl. auch *Wolf* in: 22. Strafverteidigertag 1998 (1999) 71 f.; *Schomburg/Lagodny/Gleß/Hackner* Art. 54, 24 ff. SDÜ.

81 Zum Ganzen *Grotz* StraFo **1995** 102 f.; *Lagodny* NStZ **1997** 265; *Radtke/Busch* EuGRZ **2000** 421; *Satzger* (Fn. 76) 685 ff.; *Schomburg* NJW **2000** 1833. Für eine extensive Auslegung der Regelungen in diesem Bereich könnte Art. 50 der EUC (abgedruckt in EuGRZ **2000** 554) sprechen.

82 OLG München StV **2001** 495 mit zust. Anm. *Hecker* StV **2002** 71: Die Beschuldigte wurde von einem spanischen Geschworenengericht zu einer Freiheitsstrafe von fünf Jahren verurteilt; nach zwei Jahren wurde die weitere Vollstreckung jedoch abgebrochen und durch die Ausweisung aus dem spanischen Hoheitsgebiet ersetzt.

83 BGHSt **46** 307; zust. *Radtke* NStZ **2001** 662; BGH StraFo **2007** 194.

84 Protokoll zur Einbeziehung des Schengen-Besitzstands in den Rahmen der Europäischen Union, BGBl. II 1998 429.

85 So die Voraussetzungen nach EuGH NJW **2003** 1173 Rs. Hüseyin Gözütok und Rs Klaus Brügge; zustimmend *Kniebühler* 241 f.; *Stein* NJW **2003** 1162; *Thym* NStZ **2003** 334; *Vogel/Norouzi* JuS **2003** 1059; eingeschränkt zust. *Böse* GA **2003** 746, der im Gegenzug für eine weite Auslegung des Begriffs der rechtskräftigen Aburteilung, eine enge Auslegung des Tatbegriffs fordert; **abl.** *Radtke/Busch* NStZ **2003** 281.

86 EuGH NJW **2006** 3403 Rs. Gasparini u.a.

87 EuGH JZ **2007** 245 mit Anm. *Kühne* Rs. van Straaten.

Verbot der Doppelbestrafung hingegen auf eine **Verfahrenseinstellung**, die, **ohne Prüfung der Sache**, darauf beruht, dass in einem anderen EU-Mitgliedstaat Strafverfolgungsmaßnahmen gegen den Beschuldigten wegen derselben Tat eingeleitet worden sind.[88]

Die Frage, ob eine mitgliedstaatliche, **zur Bewährung ausgesetzte Freiheitsstrafe** **30** als bereits vollstreckte oder gerade vollstreckte Sanktion im Sinne des Art. 54 SDÜ anzusehen ist und damit einen Strafklageverbrauch auslöst, wurde vom EuGH aufgrund eines entsprechenden Vorlagebeschlusses des BGH[89] bejahend beantwortet. Danach wird eine zur Bewährung ausgesetzte Freiheitsstrafe während des Laufs der Bewährungszeit gerade vollstreckt.[90] Dem folgt auch die Rechtsprechung des BGH. Der Erste Strafsenat hat hierzu erweiternd entschieden, dass das Merkmal „gerade vollstreckt" auch dann vorliegt, wenn der Verurteilte den aufgegebenen Bewährungsauflagen und/oder -weisungen bislang nicht nachkommen konnte.[91] Der Senat begründet dies zutreffend mit dem Umstand, dass die Handlungsfreiheit des Verurteilten während des Laufs der Bewährungszeit erheblich beeinträchtigt sei.[92]

Die Bemühungen des EuGH die Anwendung des Art. 54 SDÜ zu vereinheitlichen, be- **31** seitigen aber nicht diejenigen Probleme, die in den unterschiedlich ausgestalteten Prozessordnungen angelegt sind, vor allem, was den Tatbegriff anbelangt.[93] Zudem ist der Wortlaut des Art. 54 SDÜ in den verschiedenen Sprachfassungen uneindeutig: während die deutsche Fassung von „derselben Tat" spricht, findet sich in der französischen der Ausdruck „les mêmes faits" sowie in der englischen „same offences". Die Meinungen über den Tatbegriff gingen weit auseinander, bis der EuGH eine nähere Konkretisierung des Tatbegriffs im Sinne von Art. 54 SDÜ vorgenommen hat. Als maßgebendes Kriterium **derselben Tat** hat der EuGH das Vorhandensein eines Komplexes unlösbar miteinander verbundener Tatsachen angesehen, unabhängig von der rechtlichen Qualifizierung dieser Tatsachen oder von dem rechtlich geschützten Interesse.[94] Auch wenn es an der Identität von Drogenmengen bei Drogenvergehen oder der beteiligten Personen fehlt, kann nach Ansicht des EuGH ein solcher Tatsachenkomplex vorliegen.[95]

Im Übrigen wird die Anwendung des Art. 54 SDÜ durch die Vorbehaltsmöglichkeiten **32** in **Art. 55 SDÜ** eingeschränkt. Davon hat auch die Bundesrepublik Deutschland in weitem Umfang Gebrauch gemacht.[96] So tritt kein Verfolgungshindernis ein, wenn die Tat ganz oder teilweise in ihrem Hoheitsgebiet begangen worden ist,[97] ferner im Falle von bestimmten Straftatbeständen, insbesondere Staatsschutzdelikten sowie Straftaten nach dem Außenwirtschafts- und Kriegswaffenkontrollgesetz.[98] Wird eine Tat infolge eines Vorbehalts in Deutschland erneut verfolgt, kommt es nur zu einer Anrechnung der im Ausland verhängten Strafe (Art. 56 SDÜ).

---

88 EuGH NJW **2005** 1337 Rs. Filomeno Mario Miraglia.
89 BGH NStZ **2006** 106 mit Anm. *Lagodny;* Generalanwältin *Sharpston* spricht sich in ihrem Schlussantrag für einen Strafklageverbrauch aus, solange der Täter während des festgelegten Zeitraums die gegen ihn verhängten Auflagen einhält.
90 EuGH NJW **2007** 3412 ff.
91 BGH StV **2018** 589 m. Anm. *Mansdörfer* HRRS **2017** 359.
92 BGH StV **2018** 591 ff.
93 *Satzger* (Fn. 76) 694.
94 EuGH JZ **2006** 1018 Rs. van Esbroeck mit Anm. *Kühne*; **abl.** *Böse* GA **2003** 763, der den Tatbegriff unter Heranziehung normativer Kriterien bestimmen will, siehe auch EuGH NJW **2007** 3412 ff.
95 EuGH JZ **2007** 246 mit Anm. *Kühne* Rs. van Straaten.
96 BGBl. II 1994 631; vgl. dazu auch *Schmidt* (Fn. 74) 310.
97 Rückausnahme gemäß Art. 55 Abs. 1 lit. a 2. Hs. SDÜ: Die Tat ist teilweise auch im Hoheitsgebiet des Urteilsstaates begangen worden.
98 Art. 55 Abs. 1 lit. b SDÜ; ähnlich die Vorbehalte Österreichs, siehe *Schomburg/Lagodny/Gleß/Hackner* Art. 55, 1 ff. SDÜ.

33 **d) Art. 50 EUC.** Eine dem Art. 54 SDÜ weitgehend wortgleiche Regelung enthält **Art. 50 EUC.** Wesentlicher Unterschied der Regelungen ist jedoch, dass dem Art. 50 EUC das **Vollstreckungselement** des Art. 54 SDÜ **fehlt.** Das Verhältnis der Vorschriften untereinander ist ungeklärt, soweit sich ihr Anwendungsbereich deckt.[99] Der BGH vertritt die Ansicht, dass die Vollstreckungsbedingung für den Eintritt des Verfolgungshindernisses erforderlich sei, auch wenn Art. 50 EUC dieses nicht (ausdrücklich) enthalte.[100] Dem schließt sich die Literatur weitgehend an.[101] Abweichend wird aber auch die primärrechtliche Natur des Art. 50 EUC hervorgehoben, woraus sich die Verdrängung des Art. 54 SDÜ ergebe.[102] Zutreffend wird man die Vorschriften parallel anzuwenden haben.[103] Dies entspricht ihrer jeweiligen Zugehörigkeit zu unterschiedlichen Rechtsregiemen sowie dem Umstand, dass Art. 50 EUC nach der Vorlage des Art. 54 SDÜ formuliert wurde, wobei bewusst auf das Vollstreckungselement verzichtet wurde. Zudem ist die ratio legis des Vollstreckungselements, die Verhinderung des sog. forums shoppings, innerhalb der EU durch die dort geltenden Rechtsinstrumente, wie z.B. den Europäischen Haftbefehl, weitgehend ausgeschlossen.

34 **e) Sonstige Fallgestaltungen.** Das Verbot der Doppelbestrafung gilt nicht im Verhältnis zur Gemeinschaftsebene. Wurde wegen eines Verhaltens eine **gemeinschaftsrechtliche Sanktion** (z.B. Bußgelder in Kartellsachen nach Art. 23 EG-KartellVO)[104] durch Gemeinschaftsorgane verhängt bzw. ist das Verfahren beim EuGH anhängig, so hindert dies die nationalen Behörden nicht, die Tat in einem Ordnungswidrigkeiten- oder Strafverfahren aufgrund des Verstoßes gegen naionale Vorschriften zu verfolgen.[105] Insoweit muss es nur zu einer Anrechnung der gemeinschaftsrechtlichen Sanktion im deutschen (Kriminal-)Verfahren kommen.[106]

35 Weitere wichtige ne bis in idem-Vorschriften im Verhältnis zu **internationalen Strafgerichtshöfen** enthalten Art. 10 des Statuts betreffend den Internationalen Strafgerichtshof für das ehemalige Jugoslawien,[107] Art. 9 des Statuts betreffend den Internationalen Strafgerichtshof für Ruanda[108] und Art. 20 des Römischen Statuts für den Ständigen Internationalen Strafgerichtshof.[109] Auch aus neueren Übereinkommen in Bezug auf spezielle Delikte oder aus internationalen Rechtshilfeübereinkommen können sich (unterschiedliche) Sperrwirkungen für eine erneute Aburteilung im Inland ergeben, aufgrund derer § 153c Abs. 2 unanwendbar ist.[110]

36 Auch Aburteilungen durch Gerichte der ehemaligen DDR waren schon früher nicht nach § 153c Abs. 2 zu behandeln.[111] Aus der Gesamtkonzeption der abschließenden Rege-

---

99 Zum Ganzen AnwK-StGB/*Zöller* Vor § 3, 11.

100 BGHSt **56** 14 ff.; BGH StV **2018** 589 m. Anm. *Mansdörfer* HRRS **2017** 359.

101 Vgl. nur *Satzger* FS Roxin 1524 f.; *Burchard/Brodowski* StraFo **2010** 184; *Hecker* JuS **2012** 262; jew. m.w.N.

102 Etwa *Böse* GA **2011** 511 f.; *Schomburg/Suominen-Picht* NJW **2012** 1191; *Heger* ZIS **2009** 408.

103 So schon AnwK-StGB/*Zöller* Vor § 3, 11; *Reichling* StV **2010** 238; *Merkel/Scheinfeld* ZIS **2012** 212.

104 Verordnung Nr. 1/2003 des Rates vom 16.12.2002, Sartorius II Nr. 165.

105 BGHSt **24** 57 ff.

106 Vgl. *Satzger* (Fn. 76) 687.

107 Abgedruckt bei *Grützner/Pötz/Kreß/Gazeas* IV A 2/1 ff.

108 Abgedruckt bei *Grützner/Pötz/Kreß/Gazeas* IV A 3/1.

109 BGBl. II 2000 1393; abgedruckt bei *Grützner/Pötz/Kreß/Gazeas* IV A 1/1 ff.

110 Vgl. *Schomburg* NJW **2000** 1835; wegen der Einzelheiten muss auf das Spezialschrifttum verwiesen werden; vgl. auch LR/*Kühne* Einl. K 98 f.

111 KK/*Diemer* 7; **a.A.** (Absatz 2 analog) LR/*Meyer-Goßner*[23] 18; vgl. auch *Oehler* JR **1979** 218; zum Verhältnis zur ehemaligen DDR im internationalen Strafrecht allgemein m.w.N. LK/*Werle/Jeßberger* § 3, 9 ff.; *Krey* JR **1980** 45 ff.; **1985** 399 ff.; *Oehler* 383 ff.

lung im RHG ergab sich grundsätzlich (mit Ausnahmen) ein Strafklageverbrauch.[112] Durch den Beitritt der DDR ist das RHG aufgehoben worden[113] und zugleich hat sich die Problematik unter dem Aspekt des § 153c endgültig erledigt.

f) Ausländische Verurteilung. Bei Verurteilung des Beschuldigten im Ausland 37
kann von der Verfolgung abgesehen werden, wenn die im Inland zu erwartende Strafe aufgrund der Anrechnung (§ 51 Abs. 3 StGB) **nicht ins Gewicht** fallen würde. Die Erweiterung des Beträchtlichkeitsmerkmals in § 154 durch das StVÄG 1979 ist hier, wie in § 154b Abs. 2, nicht vorgenommen worden. Dass dies auf einem Redaktionsversehen beruht, lässt sich nicht mit ausreichender Sicherheit feststellen.[114] Eine Nichtverfolgung kommt deshalb nur in Betracht, wenn das nach Anrechnung der ausländischen Verurteilung verbleibende Rechtsfolgenquantum von den Strafzwecken her als bedeutungslos erscheinen würde. Dabei sind allerdings bei der Entscheidung, ebenso wie dies bei der Bestimmung des Anrechnungsmaßstabes im Falle einer Verurteilung zu geschehen hätte,[115] die möglichen Besonderheiten einer Strafvollstreckung und eines Strafvollzugs im Ausland zu berücksichtigen.[116] Auch die Belastungen durch ein zusätzliches Strafverfahren können ggf. zugunsten des Beschuldigten berücksichtigt werden.[117] Obwohl Absatz 2 lediglich einen Vergleich der Strafen, nicht aber von Maßregeln der Besserung und Sicherung sowie Nebenfolgen vorschreibt, erscheint eine analoge Anwendung möglich, wenn den Beschuldigten aufgrund der Auslandsverurteilung andere Sanktionen getroffen haben, die in ihren Auswirkungen auf ihn einer Strafe gleichstehen.[118]

g) Ausländischer Freispruch. Wann trotz eines ausländischen Freispruchs eine er- 38
neute Strafverfolgung geboten und wann von ihr abzusehen ist, wird vom Gesetz nicht näher bestimmt. Die Begründung des RegE[119] verweist auf die Fälle, in dem wegen der Besonderheiten des ausländischen Rechts der Freispruch wegen fehlender Gerichtsbarkeit erfolgt sei, während in der Bundesrepublik ein Verfahren möglich sei, in dem das ausländische Verfahrensrecht so wesentliche Abweichungen enthalte, dass der Freispruch nicht hingenommen werden könne, oder in denen er lediglich auf der Nichterreichbarkeit von Beweismitteln beruhe, auf die in einem inländischen Verfahren zurückgegriffen werden könne. Geht man von diesen Beispielen aus, so sollte von der Nichtverfolgungsermächtigung im Falle eines ausländischen Freispruchs jedenfalls dann regelmäßig Gebrauch gemacht werden, wenn dieser eine Sachentscheidung darstellt und keine erheblichen Bedenken gegen die Beweisgrundlagen und das Verfahren bestehen.[120] Eine solche, die erneute Verfolgung als Ausnahme und nicht als Regelfall ansehende Betrachtungsweise entspricht auch internationalen Entwicklungen.[121] Es

---

112 Weiterführend LR/*Rieß*[24] 17.

113 Siehe Anlage I Kap. III Sachgeb. C Abschn. II Nr. 5 EinigungsV i.V.m. EinigungsVG mit der Maßgabe, dass § 10 Abs. 1 RHG für die vor dem Wirksamwerden des Beitritts begangenen Taten anwendbar bleibt und dass die am Tag des Wirksamwerdens des Beitritts nach § 15 des Gesetzes anhängigen Verfahren nach den Vorschriften dieses Gesetzes zu Ende geführt werden.

114 LR/*Rieß*[23] EB § 154, 21.

115 § 51 Abs. 4 Satz 2 StGB; dazu LK/*Theune* § 51, 55 ff.

116 Vgl. auch KMR/*Plöd* 8; *Landau* FS Söllner 638; *Schmidt* (Fn. 74) 301; AnwK-StPO/*Walther* 12.

117 HK/*Gercke* 10; KK/*Diemer* 13; AnwK-StPO/*Walther* 12.

118 Ebenso Radtke/Hohmann/*Radtke* 21; wohl auch MüKo/*Peters* 19.

119 BTDrucks. **7** 550 S. 299; vgl. auch die Erörterungen im Sonderaussch. für die Strafrechtsreform, 118. Sitzung, Prot. der 5. Leg Per. S. 2358 f.

120 HK/*Gercke* 10; AK/*Schöch* 8; SK/*Weßlau/Deiters* 23; MüKo/*Peters* 21; KK/*Diemer* 19.

121 Vgl. BTDrucks. **7** 550, S. 299; *Grützner* NJW **1969** 351; *Oehler* 799, 952, 955; ferner Prot. des Sonderaussch. für die Strafrechtsreform, 5. LegPer. S. 2359.

dürfte wohl auch nicht entscheidend sein, ob sich die ausländische Entscheidung im Sinne des deutschen Verfahrensrechts formal als Freispruch oder als eine Verfahrenseinstellung darstellt, sondern es sollte darauf abgestellt werden, ob sie sich funktionell als eine Entscheidung darstellt, die mit einer umfassenden Rechtskraftwirkung ausgestattet ist und damit das ausländische Verfahren endgültig ohne Verurteilung beenden will.[122]

39 **7. Distanztaten (Absatz 3).** Die Nichtverfolgungsermächtigung nach Absatz 3, die sachlich zu § 153d gehört,[123] betrifft Taten, die deshalb Inlandstaten im Sinne des § 3 StGB sind, weil der Erfolg im Sinne des § 9 StGB im Inland eingetreten ist, während der Tätigkeitsort ausschließlich im Ausland liegt. Ist dies der Fall, so kann die Bestimmung bei allen Straftaten angewendet werden. Sind mehrere Täter oder Teilnehmer vorhanden, so ist Absatz 3 nur gegenüber denjenigen anwendbar, die im Ausland gehandelt haben.[124] Solche Straftaten gefährden oder verletzen regelmäßig inländische Rechtsgüter, so dass der an sich für § 153c in seiner ursprünglichen Konzeption maßgebende Gedanke des wegen der Auslandsberührung geringeren Strafverfolgungsinteresses hier zurücktritt und der auch für § 153d maßgebliche Gedanke des überwiegenden Gegeninteresses in den Vordergrund tritt. Die Anwendung von Absatz 3 ist deshalb an die materielle Voraussetzung der Gefahr des schweren Nachteils für die Bundesrepublik Deutschland oder das Entgegenstehen sonstiger überwiegender öffentlicher Interessen geknüpft, diese Merkmale werden bei § 153d, 7ff. näher erläutert; wegen des schwerwiegenden Nachteils für NATO-Vertragsstaaten siehe § 153e, 26. Private Interessen können aufgrund des eindeutigen Gesetzeswortlautes nur Berücksichtigung finden, wenn sie mit öffentlichen Interessen zusammenfallen.[125]

III. Verfahren

40 **1. Bis zur Eröffnung des Hauptverfahrens.** Hält die Staatsanwaltschaft die Voraussetzungen der Vorschrift für gegeben und will sie von der Strafverfolgung absehen,[126] so stellt sie, wenn die öffentliche Klage noch nicht erhoben ist, das Verfahren durch eine Abschlussverfügung ein, sofern nicht nach Absatz 5 die Zuständigkeit des Generalbundesanwalts gegeben ist (vgl. näher Rn. 44f.). Zu den mit der Einstellung verbundenen Maßnahmen und Mitteilungen siehe § 153, 58. Ist die öffentliche Klage bereits erhoben, aber gemäß § 156 noch rücknehmbar, so kann die Staatsanwaltschaft ebenfalls nach Klagerücknahme in allen Fällen des § 153c und ohne zusätzliche Voraussetzungen das Verfahren einstellen. Obwohl Absatz 4, der die Zulässigkeit der Klagerücknahme von engeren Voraussetzungen abhängig macht, unscharf und missverständlich an den Zeitpunkt der Klageerhebung anknüpft, gilt er erst von der Eröffnung des Hauptverfahrens oder dem diesen gleichstehenden Zeitpunkt (§ 156, 3ff.) an; denn mit dieser Vorschrift sollte für die in ihr genannten Fälle die Möglichkeit der Klagerücknahme erweitert und nicht etwa gegenüber § 156 eingeschränkt werden.[127]

---

122 Ebenso Radtke/Hohmann/*Radtke* 22; MüKo/*Peters* 21.
123 Vgl. oben Rn. 2; zur Bedeutung auch *Krauth/Kurfess/Wulf* JZ **1968** 733.
124 KMR/*Plöd* 10; MüKo/*Peters* 22; Radtke/Hohmann/*Radtke* 24; SK/*Weßlau/Deiters* 25.
125 Meyer-Goßner/*Schmitt* 15; KK/*Diemer* 28; AnwK-StPO/*Walther* 15.
126 Zu der dabei einzuhaltenden Beteiligung vorgesetzter Dienststellen siehe Nr. 94 Abs. 3, 4 Nr. 95 RiStBV.
127 HK/*Gercke* 12; Meyer-Goßner/*Schmitt* 16, 18; KMR/*Plöd* 13; SK/*Weßlau/Deiters* 30; vgl. auch *Eb. Schmidt* Nachtr. II § 153b, 13.

2. Nach Eröffnung des Hauptverfahrens kann zum Zwecke der Einstellung des Verfahrens nach Absatz 1 Satz 1 Nr. 1, 2, Absatz 3 abweichend vom Grundsatz des § 156 die Klage zurückgenommen werden, wenn die Durchführung des Verfahrens die Gefahr eines schweren Nachteils für die Bundesrepublik Deutschland herbeiführen oder wenn der Verfolgung sonstige überwiegende öffentliche Interessen entgegenstehen (näher § 153d, 7ff.). Damit können, wie in den Fällen des § 153d solche der Verfahrensfortsetzung entgegenstehende außerprozessuale Interessen auch dann noch berücksichtigt werden, wenn sie erst nach Eröffnung des Hauptverfahrens auftreten,[128] doch ist die Vorschrift auch anwendbar, wenn sie bereits vorher vorlagen.[129] Die erweiterte Rücknahmebefugnis gilt nicht für die Fälle von Auslandsverurteilungen (Absatz 2).[130] Eine insoweit fehlende Einstellungsmöglichkeit wurde vielfach kritisiert und eine Gesetzesänderung gefordert, um insbesondere im Vergleich zu den §§ 154, 154b oder in dem Fall, dass sich die Verurteilung im Ausland erst später herausstellt, sachgerechtere Ergebnisse zu erzielen. Vor der Berichtigung durch Art. 3 des Gesetzes zur Änderung der Vorschriften über die Straftaten gegen die sexuelle Selbstbestimmung vom 27.12.2003[131] sah Absatz 4 zwar einen Verweis auf Absatz 2 vor, dies war jedoch ein reines Redaktionsversehen des Gesetzgebers. Auf Absatz 2 ist nach Klageerhebung in geeigneten Fällen lediglich § 153 (oder § 153a) anzuwenden. Wenn die Klageerhebung aufgrund eines Beschlusses des Oberlandesgerichts nach § 175 im Klageerzwingungsverfahren erfolgte, kann Absatz 4 hingegen angewendet werden. Zwar ist in solchen Fällen die Klagerücknahme zum Zwecke der Verfahrenseinstellung generell ausgeschlossen (näher § 175, 10). Nach § 172 Abs. 2 Satz 3 unterliegt jedoch die Anwendung des § 153c nicht dem Klageerzwingungsverfahren und dies muss nach dem Sinn der Vorschrift auch dann gelten, wenn sich die Notwendigkeit zur Anwendung der Vorschrift erst nach der Klageerhebung ergibt. 41

Die Zurücknahme der Klage ist **in jeder Lage des Verfahrens,** auch noch in der Rechtsmittelinstanz und bei Teilrechtskraft (§ 153, 63ff.), möglich; zu ihr ist **keine Zustimmung** des Gerichts, des Angeklagten oder des Nebenklägers erforderlich. Das Gericht hat auch nicht zu prüfen, ob die Staatsanwaltschaft die besonderen Rücknahmevoraussetzungen des Absatzes 4 (Gefahr eines schweren Nachteils usw.) zu Recht bejaht,[132] weil dies auf eine Darlegung und Erörterung der Gründe hinauslaufen könnte, bei denen das Bedürfnis nach Nichterörterung gerade der Grund für die Rücknahme sein kann. Der Beurteilung des Gerichts unterliegt es jedoch, ob es sich bei der angeklagten Tat um eine solche handelt, die unter Absatz 1 Satz 1 Nr. 1, 2 oder Absatz 3 fällt. Verneint es dies, so hat es die Klagerücknahme als unwirksam zu behandeln.[133] 42

Die Rücknahme der Klage, die gegenüber dem Gericht zu erklären ist (§ 156, 14), **beendet die Rechtshängigkeit** und versetzt das Verfahren in den Stand des Ermittlungsverfahrens zurück (§ 156, 15). Die Staatsanwaltschaft kann das Verfahren nunmehr durch eine zusätzlich erforderliche Einstellungsverfügung nach § 153c einstellen.[134] Eine Verfahrenseinstellung aus einem anderen Grunde, etwa nach § 170 Abs. 2 oder nach den 43

---

128 Jetzt h.M.; vgl. *Krauth/Kurfess/Wulf* JZ **1968** 733; *Lüttger* JZ **1964** 575; *Schroeder* FS Peters 419; verfassungsrechtliche Kritik bei *Faller* FS Maunz 85f.; ihm folgend LR/*Meyer-Goßner*[23] 29; vgl. auch § 153d, 1.

129 KMR/*Plöd* 13; Radtke/Hohmann/*Radtke* 26.

130 OLG Schleswig bei *Ernesti/Jürgensen* SchlHA **1976** 170 (auch nicht, wenn das Gericht zustimmt).

131 BGBl. I S. 3007.

132 HK/*Gercke* 12; Radtke/Hohmann/*Radtke* 34; MüKo/*Peters* 34; vgl. auch KMR/*Plöd* 13.

133 HK/*Gercke* 12; **a.A.** Radtke/Hohmann/*Radtke* 34; wohl auch MüKo/*Peters* 34; KK/*Diemer* 17 (alleinige Dispositionsbefugnis der Staatsanwaltschaft).

134 HK/*Gercke* 12; Meyer-Goßner/*Schmitt* 16; AK/*Schöch* 4; AnwK-StPO/*Walther* 15; Radtke/Hohmann/*Radtke* 29, 33; vgl. auch SK/*Weßlau/Deiters* 32; MüKo/*Peters* 29.

§§ 153, 154 ist unzulässig, weil damit die beschränkte Rücknahmebefugnis unterlaufen werden würde. Jedoch kann die Staatsanwaltschaft jedenfalls bis zur Einstellungsentscheidung (vgl. auch Rn. 46) die Klage erneut erheben, wenn die die Einstellung rechtfertigende Gefahrenlage nicht mehr besteht.

3. Zuständigkeit des Generalbundesanwalts (Absatz 5)

44 **a) Grund und Anwendungsbereich.** Bei den in § 74a Abs. 1 Nr. 2 bis 6 und § 120 Abs. 1 Nr. 2 bis 7 GVG genannten Straftaten, den sog. **Staatsschutz-Straftaten**, ist allein der Generalbundesanwalt befugt, nach Absatz 1, 2 und 3 von der Verfolgung der Tat abzusehen oder die Klage nach Absatz 4 zurückzunehmen, und zwar auch dann, wenn er nicht das Verfahren nach § 74a Abs. 2, § 142a GVG führt. Der Grund für diese Bestimmung liegt darin, dass bei diesen Straftaten der Generalbundesanwalt auch für die nach den §§ 153d, 153e möglichen Maßnahmen allein zuständig ist, mit denen sich vielfache Überschneidungen ergeben können, so dass eine einheitliche Handhabung sichergestellt werden muss.[135] Da für das Aufstacheln zum Verbrechen der Aggression (§ 80a StGB) und Straftaten nach dem VStGB die §§ 153d, 153e nicht anwendbar sind, besteht insoweit die ausschließliche Zuständigkeit des Generalbundesanwalts nach Absatz 5 nicht. Bei diesen Straftaten kann deshalb, soweit nicht ohnehin der Generalbundesanwalt nach § 142a GVG für das Verfahren zuständig ist, auch die zuständige Landesstaatsanwaltschaft das Verfahren nach § 153c einstellen oder die Klage zurücknehmen. Die Gegenmeinung ist der Auffassung, dass bei diesen Delikten § 153c nicht anwendbar ist,[136] aber diese Auffassung findet im Gesetzeswortlaut keine Stütze.[137]

45 **b) Durchführung.** Kommt in den Fällen des Absatzes 5 die Anwendung der Vorschrift in Betracht, so hat die Landesstaatsanwaltschaft bei einem bei ihr anhängigen Verfahren den Generalbundesanwalt zu unterrichten; dieser kann auch von sich aus tätig werden.[138] Hält der Generalbundesanwalt die Anwendung für geboten, so erlässt er die Einstellungsentscheidung und erklärt ggf. gegenüber dem Gericht die Rücknahme der Klage. Dazu bedarf es nicht der Ausübung des Evokationsrechts nach § 74a Abs. 2 GVG oder der Rückübernahme einer nach § 142a Abs. 2 GVG abgegebenen Sache, vielmehr ist in diesen Fällen der Generalbundesanwalt unmittelbar aufgrund des § 153c Abs. 5 befugt, ein bei der Landesstaatsanwaltschaft anhängiges (und hinsichtlich etwa erforderlich werdender weiterer Entscheidungen anhängig bleibendes) Verfahren einzustellen und eine vor dem Gericht eines Landes erhobene Klage einer Landesstaatsanwaltschaft zurückzunehmen.[139] Soweit der Generalbundesanwalt ohnehin nach § 142a GVG das Amt der Staatsanwaltschaft wahrnimmt, ist Absatz 5 ohne Bedeutung.

IV. Wirkung der Einstellungsentscheidung

46 Die Einstellung nach § 153c **beendet das Verfahren.** War bereits Klage erhoben und wurde diese zurückgenommen, so ist ggf. eine Auslagenentscheidung nach § 467a und

135 *Joecks* 8; HK/*Gercke* 13; Meyer-Goßner/*Schmitt* 19; *Pfeiffer* 5; KK/*Diemer* 18; AnwK-StPO/*Walther* 16.
136 *Krauth/Kurfess/Wulf* JZ **1968** 734; so auch der Regierungsvertreter in den Beratungen des Sonderaussch. für die Strafrechtsreform, Prot. 5. LegPer. S. 1992, dessen Auffassung sich der Ausschuss „zu eigen" gemacht hat.
137 LR/*Rieß*[24] 25 Fn. 51.
138 Einzelheiten siehe Nr. 97 RiStBV; vgl. auch HK/*Gercke* 13; Meyer-Goßner/*Schmitt* 19.
139 *Krauth/Kurfess/Wulf* JZ **1958** 734; *Eb. Schmidt* Nachtr. II § 153c, 3; vgl. auch *Kleinknecht* JZ **1957** 409; *Lüttger* JZ **1964** 574.

eine Entscheidung über die Entschädigung für Strafverfolgungsmaßnahmen nach § 9 StrEG zu treffen. Ein nachträgliches **objektives Verfahren** nach §§ 440, 442 ist unter den Voraussetzungen des § 76a StGB möglich. Nach der wohl noch h.M.[140] soll in den Fällen des Absatzes 5 nur der Generalbundesanwalt das Einziehungsverfahren betreiben können. Das erscheint unzutreffend, denn zu den Befugnissen des § 153c, auf die sich allein die Zuständigkeit des Generalbundesanwalts nach Absatz 5 bezieht, gehört das nachfolgende objektive Verfahren nicht und eine sonstige Rechtsgrundlage für eine Zuständigkeit des Generalbundesanwalts ist nicht ersichtlich.

Die Einstellung des Verfahrens bewirkt **keinen Verbrauch der Strafklage**;[141] das **47** Verfahren kann frei wieder aufgenommen werden, in den Fällen des Absatzes 5 aber nur im Einverständnis mit dem Generalbundesanwalt.[142] Dies gilt nach allgemeiner Auffassung auch dann, wenn die Staatsanwaltschaft gemäß Absatz 4 nach Eröffnung des Hauptverfahrens die Klage zurückgenommen und das Verfahren eingestellt hat.

V. Anfechtung

Wird das Verfahren nach § 153c eingestellt, so ist das **Klageerzwingungsverfahren** **48** ausgeschlossen (§ 172 Abs. 2 Satz 3). In Betracht kommt daher nur eine Dienstaufsichtsbeschwerde.[143] Auch die **Nichtanwendung** des § 153c unterliegt keiner gerichtlichen Nachprüfung (vgl. § 152, 66).[144]

§ 153d
Absehen von der Verfolgung bei Staatsschutzdelikten wegen überwiegender öffentlicher Interessen

(1) Der Generalbundesanwalt kann von der Verfolgung von Straftaten der in § 74a Abs. 1 Nr. 2 bis 6 und in § 120 Abs. 1 Nr. 2 bis 7 des Gerichtsverfassungsgesetzes bezeichneten Art absehen, wenn die Durchführung des Verfahrens die Gefahr eines schweren Nachteils für die Bundesrepublik Deutschland herbeiführen würde oder wenn der Verfolgung sonstige überwiegende öffentliche Interessen entgegenstehen.

(2) Ist die Klage bereits erhoben, so kann der Generalbundesanwalt unter den in Absatz 1 bezeichneten Voraussetzungen die Klage in jeder Lage des Verfahrens zurücknehmen und das Verfahren einstellen.

Schrifttum

Siehe bei § 153c.

---

140 Meyer-Goßner/*Schmitt* 21; *Pfeiffer* 6; KMR/*Plöd* 17; KK/*Schoreit*[6] 20; wie hier nunmehr KK/*Diemer* 20; SK/*Weßlau/Deiters* 34; Radtke/Hohmann/*Radtke* 32.

141 *Döhring* (LV zu § 152) 142; *Joecks* 1; HK/*Gercke* 14; Meyer-Goßner/*Schmitt* 1; LR/*Meyer-Goßner*[23] 36; SK/*Weßlau/Deiters* 32; KMR/*Plöd* 13; *Ranft* 1199; **a.A.** AG Gießen StV **1984** 238; aufgehoben durch LG Gießen StV **1984** 327.

142 HK/*Gercke* 14; SK/*Weßlau/Deiters* 32.

143 KMR/*Plöd* 16; Radtke/Hohmann/*Radtke* 38.

144 **A.A.** *Landau* FS Söllner 645, der § 23 EGGVG für anwendbar hält und daneben auch eine tatrichterliche Prüfungskompetenz bejaht; hierzu ablehnend SK/*Weßlau/Deiters* 35.

https://doi.org/10.1515/9783110590098-008

Entstehungsgeschichte

Siehe bei § 153c.

Übersicht

1 **1. Bedeutung. Verhältnis zu anderen Vorschriften.** Die Bestimmung beschränkt das Legalitätsprinzip bei überwiegenden, der Strafverfolgung entgegenstehenden öffentlichen Interessen;[1] auch sie ist letztlich Ausdruck des Gedankens, dass es nicht Ziel des Straf- und Strafverfahrensrechts ist, um jeden Preis verwirklicht zu werden, spezifisch ist sie freilich eine Ausprägung des Notstandsgedankens.[2] Die vor allem in den ersten Jahren nach der Schaffung der Vorschrift vielfach kritisierte Rücksichtnahme auf staatliche Interessen, die einem uneingeschränkten Verfolgungszwang[3] entgegenstehen, wird in ihren Auswirkungen durch eine enge Begrenzung auf bestimmte Tatbestände, namentlich solche der sog. Staatsschutz-Kriminalität (vgl. aber Rn. 4ff.), und durch eine Entscheidungskonzentration beim Generalbundesanwalt gemildert. Dennoch hat der Gesetzgeber mit dieser Vorschrift eine gewisse „Erpressbarkeit" des Staates anerkannt. Da es sich bei den den Verzicht auf die Verfolgung rechtfertigenden Gegeninteressen um politisch zu beurteilende und politisch zu verantwortende Umstände handelt, die mit innerstrafprozessualen Interessen an der Strafverfolgung oder ihrem Unterbleiben nichts zu tun haben, erscheint es hier auch sachgerecht, dass keine gerichtliche Mitwirkung an der Entscheidung vorgesehen ist.[4]

2 Die Vorschrift steht in engem **Zusammenhang mit § 153c Abs. 3 bis 5.**[5] Ist eine Tat nur im Inland (§ 153c, 10) begangen oder liegt mindestens der Tätigkeitsort im Sinne des § 9 Abs. 1 StGB im Inland, so gilt allein § 153d, der gegenständlich auf bestimmte Straftaten (Rn. 3ff.) beschränkt ist. Liegt lediglich der Erfolgsort einer Tat im Inland (Distanztat, § 153c, 39), so ist § 153c Abs. 3 anwendbar, und zwar bei allen Straftaten. Beide Regelungen verwenden die gleiche Beschreibung der außerprozessuale Gegeninteressen. Bei reinen Auslandstaten (§ 153c Abs. 1 Satz 1 Nr. 1) oder bei Ausländertaten im Inland auf ausländischen Schiffen oder Luftfahrzeugen (§ 153c Abs. 1 Satz 1 Nr. 2) kommt es auf solche außerprozessualen Gegeninteressen nur dann an, wenn die Klage nach Eröffnung des Hauptverfahrens zurückgenommen und das Verfahren eingestellt werden soll. Soweit der deliktspezifische Anwendungsbereich der Vorschriften sich deckt, gilt überein-

---

1 *Rieß* NStZ **1981** 6; MüKo/*Peters* 1; siehe auch *Döhring* (LV zu § 152) 245 (Ausnahme vom Legalitätsprinzip); Radtke/Hohmann/*Radtke* 1 (Durchbrechung); ebenso SK/*Weßlau*/*Deiters* 1. Zu einer möglichen Reform de lege ferenda siehe *Bock* GA **2010** 589ff.

2 *Rieß* NStZ **1981** 6 Fn. 58; *ders.* FS Dünnebier 152; *Bock* GA **2010** 590; vgl. schon *Kleinknecht* JZ **1957** 409 (Pflichtenkollision); ferner *Bloy* GA **1980** 178 (überstrafrechtliche Interessenabwägung).

3 **Abl.** z.B. *Faller* FS Maunz 84ff.; *Martin* DRiZ **1975** 318; *Peters* Der neue Strafprozeß (1975) 103; *Rüping* 342 (rechtsstaatlich zweifelhaft); *Schulz* MDR **1958** 18f.; *Woesner* NJW **1967** 758; **1968** 2134; positiv aber u.a. *Baumann* JZ **1966** 329f.; *Güde* MDR **1958** 285; *Jeutter* (LV zu § 152) 128ff.; *Kohlhaas* NJW **1957** 933; *Lüttger* JZ **1964** 569ff. m.w.N.; rechtsvergleichende Hinweise bei *Jescheck* JZ **1967** 12f.; zur Entwicklung siehe auch *Bock* GA **2010** 589f.

4 Ebenso *Lüttger* JZ **1964** 575; *Müller*/*Wache* FS Rebmann 326; *Eb. Schmidt* Nachtr. II § 153c, 3; *Bock* GA **2010** 596; krit. aber z.B. *Peters* Der neue Strafprozeß (1975) 103; vgl. auch *Krauth*/*Kurfess*/*Wulf* JZ **1968** 734; BTDrucks. **V** 898 S. 43.

5 Vgl. *Krauth*/*Kurfess*/*Wulf* JZ **1958** 733; *Bock* GA **2010** 589f.; KMR/*Plöd* 1.

stimmend die ausschließliche Zuständigkeit des Generalbundesanwalts (vgl. § 153c, 44). Zum Anwendungsbereich bei Straftaten gegen die **NATO-Vertragsstaaten** nach Art. 9 des 4. StRÄndG siehe § 153e, 22ff.

2. Anwendungsbereich

a) Staatsschutz-Strafsachen. § 153d ist nur bei Straftaten anwendbar, die in § 74a Abs. 1 Nr. 2 bis 6 und in § 120 Abs. 1 Nr. 2 bis 7 GVG genannt sind, also solchen, die die Zuständigkeit der sog. Staatsschutz-Strafkammer oder des Oberlandesgerichts im ersten Rechtszug begründen. **Unanwendbar** ist die Vorschrift beim Aufstacheln zum Verbrechen der Aggression (§ 80a StGB, vgl. § 74a Abs. 1 Nr. 1) und Straftaten nach dem Völkerstrafgesetzbuch (vgl. § 120 Abs. 1 Nr. 8 GVG), soweit diese Straftaten im Inland begangen werden oder mindestens der Tätigkeitsort im Inland liegt. 3

b) Andere, in derselben Tat zusammentreffende Delikte. Unzweifelhaft ist, dass sich bei mehreren in einem Verfahren verbundenen prozessualen Taten die Nichtverfolgungsermächtigung lediglich auf diejenigen bezieht, die die Voraussetzungen erfüllen. Zweifelhaft ist, ob und wieweit die Vorschrift anwendbar ist, wenn zu einer einheitlichen prozessualen Tat tateinheitlich oder (ausnahmsweise) tatmehrheitlich neben Katalogtaten nach den §§ 74a, 120 GVG andere, dort nicht genannte Straftaten gehören. Die Frage ist namentlich bei der Mitgliedschaft in einer kriminellen oder terroristischen Vereinigung (§§ 129, 129a StGB ggf. i.V.m. § 129b Abs. 1 StGB) von Bedeutung, kann aber auch bei anderen Delikten eine Rolle spielen. Das Problem stellt sich in gleicher Form bei § 153e Abs. 1. Zwar unterscheiden sich beide im Wortlaut insoweit, als § 153d von der „Verfolgung von Straftaten der ... bezeichneten Art“ und § 153e davon spricht, dass „das Verfahren Straftaten der ... bezeichneten Art zum Gegenstand“ hat; doch dürfte dem für die Auslegung keine Bedeutung zukommen. Im Schrifttum wird die Auffassung vertreten, dass es möglich sei, die Nichtverfolgung auch bei einer einheitlichen Tat auf die Katalogtat zu beschränken und die übrigen Delikte weiterzuverfolgen;[6] es soll aber den Strafverfolgungsbehörden auch möglich sein, die nicht vom Wortlaut der §§ 153d, 153e erfassten Straftatbestände mit einzustellen.[7] Teilweise wird auch die Auffassung vertreten, dass bei tatmehrheitlichem Zusammentreffen stets eine getrennte Behandlung erforderlich sei.[8] Die Gesetzgebungsmaterialien ergeben zu dieser Frage keinen Aufschluss.[9] 4

Richtigerweise kann von der Nichtverfolgungsermächtigung nach den §§ 153d, 153e bei einer **einheitlichen prozessualen Tat nur einheitlich** Gebrauch gemacht werden.[10] Die Gegenauffassung ist zu einer Zeit begründet worden, als § 154a noch nicht existierte und hat sich maßgebend auf die Verwendung des Wortes „soweit“ in § 153c Abs. 3, damals noch § 153c Abs. 2, in der Fassung des 4. StRÄndG berufen,[11] eine Wortwahl, die den jetzt geltenden Vorschriften fremd ist. Sie läuft heute darauf hinaus, in solchen Fällen 5

6 So zuerst (zu § 153c a.F.) *Kleinknecht* JZ **1957** 410; *Poppe* NJW **1957** 1578; ferner Meyer-Goßner/*Schmitt* § 153e, 7; *Ranft* 1208; KMR/*Plöd* 2, § 153e, 8f., 11; *Wagner* GA **1958** 212.

7 Meyer-Goßner/*Schmitt* § 153e, 7; *Ranft* 1208; *Eb. Schmidt* Nachtr. II § 153d, 7.

8 *Wagner* GA **1958** 212; KMR/*Plöd* § 153e, 9.

9 Vgl. auch *Lüttger* JZ **1964** 576 (bewusst keine Regelung getroffen, da Rspr. Miteinstellung anderer Delikte praktiziere).

10 So nun auch HK/*Gercke* 2; *Pfeiffer* 2; MüKo/*Peters* 9; KK/*Diemer* § 153e, 9; SK/*Weßlau*/*Deiters* 3; Radtke/Hohmann/*Radtke* 4; siehe auch *Jerouschek*/*Kölbel* NJW **2001** 1605 Fn. 49.

11 So insbesondere *Kleinknecht* JZ **1957** 410 und *Poppe* NJW **1957** 1578; siehe Entstehungsgeschichte bei § 153c.

das Absehen von der Verfolgung im Sinne der §§ 153d, 153e in eine Verfolgungsbeschränkung im Sinne des § 154a umzudeuten. Das ist schon mit dem Wortlaut der jeweiligen Absätze 1 schwer vereinbar, wird aber namentlich durch die in den beiden Absätzen 2 getroffene Regelung ausgeschlossen. Denn in diesen wird der Generalbundesanwalt zur Rücknahme der Klage (§ 153d Abs. 2) und das Oberlandesgericht zur Einstellung des Verfahrens (§ 153e Abs. 2) ermächtigt. Es ist aber bei einer bloßen Stoffbeschränkung im Sinne des § 154a nicht möglich, die Klage zurückzunehmen oder das Verfahren einzustellen; diese Prozesshandlungen können sich immer nur auf die jeweilige prozessuale Tat insgesamt beziehen.[12] Dabei ist auch zu berücksichtigen, dass dem Gesetzgeber bei der Neufassung der §§ 153d, 153e durch das 8. StRÄndG die Regelung in dem kurz vorher durch das StPÄG 1964 geschaffenen § 154a bereits bekannt war, so dass er, hätte er eine bloße Stoffbeschränkung auch in den neuen Vorschriften ermöglichen wollen, auf den dortigen Wortlaut zurückgegriffen hätte.

6 Bei einer einheitlichen prozessualen Tat kann nach § 153d (und nach § 153e) immer dann insgesamt von der Verfolgung abgesehen werden, wenn das **Schwergewicht bei einer Katalogtat** nach den § 74a Abs. 1 Nr. 2 bis 6, § 120 Abs. 1 Nr. 2 bis 7 GVG liegt.[13] Die Nichtverfolgungsermächtigung erfasst auch damit zusammentreffende andere Straftaten, die in ihrem Unrechts- und Schuldgehalt hinter der Katalogtat zurückbleiben oder ihr allenfalls gleichkommen, so etwa Urkundenfälschung, Betrug oder Diebstahl in Fällen des Landesverrats oder bei Mitgliedschaft in einer terroristischen Vereinigung (§ 129a StGB). Bei dieser kommen auch solche allgemeinen Straftaten in Betracht, die lediglich deren Aufrechterhaltung und Förderung dienen. Dagegen sind die §§ 153d, 153e **unanwendbar,** wenn das Schwergewicht der Tat nicht bei der Katalogtat, sondern bei einem anderen Delikt liegt, da andernfalls die vom Gesetzgeber gewollte enge Begrenzung der Nichtverfolgungsermächtigung unterlaufen werden würde.[14] Die Vorschriften können daher z.B. nicht angewendet werden, wenn etwa mit der Mitgliedschaft in einer terroristischen Vereinigung ein vorsätzliches Tötungsdelikt tateinheitlich zusammentrifft. Es kann hier auf ähnliche Maßstäbe zurückgegriffen werden, wie sie bei der Anwendung des § 154a anzulegen sind, wenn zu entscheiden ist, ob ein auszuscheidender Tatteil oder eine auszuscheidende Gesetzesverletzung nicht beträchtlich ins Gewicht fällt (vgl. § 154a, 10).

7 **3. Sachliche Voraussetzungen.** Die Nichtverfolgung ist nur zulässig, wenn die Durchführung des Verfahrens die Gefahr eines schweren Nachteils für die Bundesrepublik Deutschland herbeiführen oder wenn der Verfolgung sonstige **überwiegende öffentliche Interessen** entgegenstehen würden.[15] Wegen des schweren Nachteils für NATO-Vertragsstaaten siehe § 153e, 26. Dabei bilden nach allg.M. die sonstigen öffentlichen Interessen den Oberbegriff, während der schwere Nachteil für die Bundesrepublik Deutschland nur ein besonders wichtiges, zugleich aber auch das erforderliche Gewicht der anderen Interessen kennzeichnendes Beispiel darstellt.[16] Mit dem Begriff des öffent-

---

12 SK/*Weßlau/Deiters* 3; Radtke/Hohmann/*Radtke* 4; ähnlich MüKo/*Peters* 9; **a.A.** *Ranft* 1208.

13 HK/*Gercke* 2; SK/*Weßlau/Deiters* 3; Radtke/Hohmann/*Radtke* 4; MüKo/*Peters* 9; *Pfeiffer* 2, § 153e, 2; KK/*Diemer* § 153e, 9.

14 SK/*Weßlau/Deiters* 3; Radtke/Hohmann/*Radtke* 4; MüKo/*Peters* 9; HK/*Gercke* 2; *Pfeiffer* § 153e, 2; vgl. auch die Begr. zum RegE des 8. StRÄndG, BTDrucks. **V** 898 S. 43, die ausdrücklich darauf abstellt, dass die Lockerung des Verfolgungszwangs nicht die „Hochkriminalität“ betreffe.

15 Krit. zum Begriff *Bock* GA **2010** 591f. Zu der (praktisch bedeutungslosen) Frage, ob hier dem Generalbundesanwalt ein Ermessen eingeräumt wird, vgl. (verneinend) *Jeutter* (LV zu 152) 135; *Kleinknecht* JZ **1957** 409; *Schroeder* FS Peters 419; vgl. auch § 152, 56.

16 So schon schriftl. Bericht des Sonderaussch. für die Strafrechtsreform, BTDrucks. **V** 2860 S. 29; SK/*Weßlau/Deiters* 4; Radtke/Hohmann/*Radtke* 6; HK/*Gercke* § 153c, 11; Meyer-Goßner/*Schmitt* § 153c, 15;

lichen Interesses an der Strafverfolgung im Sinne der §§ 153, 153a hat der Begriff der entgegenstehenden öffentlichen Interessen nichts zu tun,[17] vielmehr meint er gerade solche Interessen, die (ausnahmsweise) das vorwiegend mit den präventiven Strafzwecken gleichzusetzende öffentliche Strafverfolgungsinteresse überwiegen[18] und es deshalb rechtfertigen, zum Schutze anderer Rechtsgüter von der an sich gebotenen Strafverfolgung abzusehen. Dieses Gegeninteresse muss ein öffentliches sein, also ein solches der Rechtsgemeinschaft; das bloße Interesse des Verletzten oder einer anderen einzelnen Person an der Nichtverfolgung reicht nicht aus.

Insgesamt ist in jedem Einzelfall eine **konkrete Interessenabwägung** zwischen 8
dem wegen der Straftat bestehenden Strafverfolgungsinteresse, bei dem auch die Schuldschwere zu berücksichtigen ist, und dem Gewicht der bei einer Strafverfolgung drohenden Nachteile vorzunehmen.[19] Zu berücksichtigen ist, da § 153d auch Elemente einer gesetzlich geregelten Notstandssituation enthält (Rn. 1),[20] auch stets, ob der Verzicht auf die Strafverfolgung das einzige zumutbare Mittel zur Wahrung der entgegenstehenden Interessen darstellt. Deshalb rechtfertigt beispielsweise die Gefahr, dass bei der Durchführung des Verfahrens Staatsgeheimnisse erörtert werden müssen, die Anwendung der Vorschrift dann und solange nicht, wie dieser Gefahr mit zulässigen prozessualen Mitteln, etwa durch Ausschluss der Öffentlichkeit in der Hauptverhandlung, begegnet werden kann. Allgemeine Regeln lassen sich nicht aufstellen; es kommt immer auf die besonderen Umstände des Einzelfalls an, bei denen stets zu berücksichtigen ist, dass auch die Durchsetzung des Sanktionsanspruchs der Rechtsgemeinschaft und die damit verbundene Stärkung des Rechtsbewusstseins ein gewichtiges öffentliches Interesse darstellen. Ein Verfolgungsverzicht zur Aufrechterhaltung des inneren Friedens, weil bei Durchführung des Verfahrens Unruhen drohen, kann deshalb auch im Anwendungsbereich des § 153d nur ganz ausnahmsweise gerechtfertigt werden.[21]

Ein **schwerwiegender Nachteil für die Bundesrepublik Deutschland** muss dro- 9
hen. Der Begriff des schweren Nachteils aus den materiellen Staatsschutzstrafnormen (vgl. z.B. §§ 94, 95, 97, 97a StGB) bezieht sich lediglich auf die äußere Sicherheit und ist daher enger.[22] Ein schwerwiegender Nachteil für die Bundesrepublik Deutschland nach § 153d droht auch dann, wenn er nur ein Bundesland treffen würde.[23] Ein solcher Nachteil kann die äußere Sicherheit betreffen, aber auch sonstige das äußere oder innere Wohl betreffende Umstände. Dazu kann, wenn man dies nicht den sonstigen öffentlichen Interessen zurechnen will, auch die anders nicht abwendbare Gefahr für Freiheit, Leib oder Leben einzelner Staatsbürger gehören. Aufgrund der Mitgliedschaft der Bundesrepublik Deutschland in der Europäischen Union und deren einzigartigen, insbeson-

---

Eb. Schmidt Nachtr. II § 153b, 6; *Bock* GA **2010** 591; zur Entstehungsgeschichte der Formel ausführlich *Lüttger* JZ **1964** 573.

17 *Hobe* FS Leferenz 636; *Rieß* FS Dünnebier 152; *Bock* GA **2010** 591.

18 Vgl. auch *Bock* GA **2010** 591. Die Überwiegensklausel wird von KK/*Schoreit*[6] 4 (zu Unrecht) kritisiert. Gerade sie ist für den Gesetzgeber wegen des Ausnahmecharakters von erheblicher Bedeutung gewesen; vgl. BTDrucks. **V** 898 S. 43; **V** 2860 S. 29; Prot. des Sonderausschusses für die Strafrechtsreform, 5. LegPer. S. 1565 f.; *Lüttger* JZ **1964** 574.

19 So ausdrücklich BTDrucks. **V** 898 S. 43; KMR/*Plöd* 3; *Krauth/Kurfess/Wulf* JZ **1968** 734; *Lüttger* JZ **1964** 574; SK/*Weßlau/Deiters* 4; Radtke/Hohmann/*Radtke* 6; MüKo/*Peters* 7; Beispielsfälle bei *Bock* GA **2010** 591 ff.

20 *Rieß* FS Dünnebier 153, 156; *Bock* GA **2010** 590.

21 Zu dieser Problematik insgesamt *Rieß* FS Dünnebier 149 ff.

22 SK/*Weßlau/Deiters* 5; zum Begriff des schweren Nachteils nach dem materiellen Strafrecht siehe AnwK-StGB/*Anders/Mavany*, § 94, 11 ff.

23 HK/*Gercke* § 153c, 11; Meyer-Goßner/*Schmitt* § 153c, 14; *Eb. Schmidt* Nachtr. II § 153b, 9; KK/*Diemer* § 153c, 15; *Bock* GA **2010** 592; SK/*Weßlau/Deiters* 5; zweifelnd Radtke/Hohmann/*Radtke* 8.

dere durch die Verträge von Rom und Amsterdam geprägten Charakters, ist es auch ausreichend, dass ein solcher Nachteil für deren Institutionen droht.[24] Der Nachteil muss schwerwiegend sein; bloße Beeinträchtigungen der außenpolitischen Beziehungen oder des innenpolitischen Klimas reichen nicht aus. Auch genügt nicht die bloße Möglichkeit, dass ein schwerwiegender Nachteil eintritt, vielmehr muss eine **Gefahr** bestehen. Der Eintritt des Nachteils muss also mindestens wahrscheinlich im Sinne des bei § 34 StGB verwendeten Gefahrbegriffs sein.

10 **Einschränkende Auslegung.** In der Literatur wird ob der geradezu grenzenlosen Weite des Wortlauts der Vorschrift ein einschränkendes Verständnis gefordert. So wird beispielsweise eine einschränkende Auslegung in Bezug auf die Kronzeugenregelungen als notwendig erachtet.[25] Tatsächlich ergibt sich hier die Unanwendbarkeit des § 153d bereits aus der gesetzlichen Systematik in Bezug zu § 46b StGB und § 153a Abs. 1 Satz 1 Nr. 5, § 153b. Richtigerweise ist der Weite des § 153 durch eine Einschränkung de lege ferenda zu begegnen.[26]

11 **4. Zuständigkeit. Verfahren. Wirkungen.** Zuständig für die Anwendung der Vorschrift ist stets der **Generalbundesanwalt**, auch soweit das Verfahren bei einer Landesstaatsanwaltschaft oder dem Gericht eines Landes anhängig ist (näher § 153c, 44f.). So vermag er jedes gerichtliche Strafverfahren in diesem Bereich zu verhindern, ohne zuvor das Verfahren gemäß § 74a Abs. 2 GVG übernehmen zu müssen.[27] Der Generalbundesanwalt kann wohl auch für bestimmte, konkret bezeichnete Fallgruppen vor der Einleitung einzelner Ermittlungsverfahren mit für die Landesstaatsanwaltschaft verbindlicher Wirkung die Erklärung abgeben, dass von der Strafverfolgung abgesehen werde.[28] Zum Zwecke der Einstellung kann die Klage auch noch nach Eröffnung des Hauptverfahrens zurückgenommen werden (näher § 153c, 40ff.). Wegen der Wirkungen der Einstellung siehe § 153c, 46f.

12 Zur **Anfechtung** der Einstellung siehe § 153c, 48.

§ 153e
Absehen von der Verfolgung bei Staatsschutzdelikten wegen tätiger Reue

(1) [1]Hat das Verfahren Straftaten der in § 74a Abs. 1 Nr. 2 bis 4 und in § 120 Abs. 1 Nr. 2 bis 7 des Gerichtsverfassungsgesetzes bezeichneten Art zum Gegenstand, so kann der Generalbundesanwalt mit Zustimmung des nach § 120 des Gerichtsverfassungsgesetzes zuständigen Oberlandesgerichts von der Verfolgung einer solchen Tat absehen, wenn der Täter nach der Tat, bevor ihm deren Entdeckung bekanntgeworden ist, dazu beigetragen hat, eine Gefahr für den Bestand oder die Sicherheit der Bundesrepublik Deutschland oder die verfassungsmäßige Ordnung abzuwenden. [2]Dasselbe gilt, wenn der Täter einen solchen Beitrag dadurch geleistet hat, daß er nach der Tat sein mit ihr zusammenhängendes Wissen über Bestrebungen des Hochverrats, der Gefährdung des demokratischen Rechts-

24 **A.A.** Radtke/Hohmann/*Radtke* 8.
25 So SK/*Weßlau*/*Deiters* 6.
26 *Bock* GA **2010** 595ff.
27 KK/*Diemer* 2; SK/*Weßlau*/*Deiters* 8; Radtke/Hohmann/*Radtke* 10; AnwK-StPO/*Walther* 3; krit. *Martin* DRiZ **1975** 318.
28 Vgl. Prot. des Sonderausschusses für die Strafrechtsreform, 5. LegPer. S. 1583ff.

https://doi.org/10.1515/9783110590098-009

staates oder des Landesverrats und der Gefährdung der äußeren Sicherheit einer Dienststelle offenbart hat.

(2) Ist die Klage bereits erhoben, so kann das nach § 120 des Gerichtsverfassungsgesetzes zuständige Oberlandesgericht mit Zustimmung des Generalbundesanwalts das Verfahren unter den in Absatz 1 bezeichneten Voraussetzungen einstellen.

Schrifttum

Siehe bei § 153c.

Entstehungsgeschichte

Siehe bei § 153c.

Übersicht

1. Bedeutung und Inhalt der Vorschrift. Über die materiellstrafrechtlichen Rücktrittsregelungen des Allgemeinen Teils bei Versuch (§ 24 StGB) und versuchter Beteiligung (§ 31 StGB) hinaus enthält das materielle Strafrecht mehrere, im Einzelnen unterschiedlich ausgestaltete Vorschriften,[1] die für den Fall, dass der Täter durch aktives Handeln den Taterfolg zu verhindern sucht, dies erreicht oder einen darüber hinausgehenden Beitrag zur Tataufklärung leistet, entweder Strafmilderung bis hin zum Absehen von Strafe gestatten[2] oder einen persönlichen Strafaufhebungsgrund schaffen.[3] Sie werden unter der Bezeichnung **„tätige Reue"** zusammengefasst. Soweit sie nicht nur Erfolgsvereitelung, sondern auch Ermittlungs- und Aufklärungshilfe prämieren,[4] gehören sie zugleich in den Formenkreis des sog. **Kronzeugen oder Aufklärungsgehilfen** (vgl. auch § 152, 61). § 153e ergänzt diese Bestimmungen um eine **prozessuale Nichtverfolgungsermächtigung** mit ähnlicher Zielrichtung, also der Prämierung von Erfolgsab- 1

1 Vgl. Schönke/Schröder/*Eser*/*Bosch* § 24, 116.
2 So z.B. § 83a, § 84 Abs. 5 Satz 1, § 87 Abs. 3, § 98 Abs. 2 Satz 1, § 158, § 314a Abs. 2, § 320 StGB; § 31 BtMG.
3 So z.B. § 84 Abs. 5 Halbsatz 2, § 98 Abs. 2 Satz 2, § 129 Abs. 7 Halbsatz 2, § 306e Abs. 2, § 314a Abs. 3 StGB.
4 Vgl. z.B. § 87 Abs. 3, § 98 Abs. 2, § 129 Abs. 7 Nr. 2 StGB; § 31 BtMG; *Blum* Strafbefreiungsgründe und ihre kriminalpolitische Begründung (1996) 45.

wendung und Aufklärungshilfe.[5] Ihre Besonderheit besteht namentlich darin, dass sie auf bestimmte Staatsschutzdelikte beschränkt ist, dass ihre Anwendung allein in der Zuständigkeit des Generalbundesanwalts und des Oberlandesgerichts liegt und dass die vom Täter verlangten Handlungen der „tätigen Reue“, anders als bei den meisten Regelungen des materiellen Strafrechts, nicht tatbezogen sein müssen, sondern allgemeiner Art sein können (Rn. 6).

2. Anwendungsbereich

2 **a) Staatsschutz-Straftaten.** Die Vorschrift ist nur anwendbar, wenn das Verfahren die in § 74a Abs. 1 Nr. 2 bis 4 und in § 120 Abs. 1 Nr. 2 bis 7 GVG genannten Straftaten zum Gegenstand hat. Diese Aufzählung ist abschließend.[6] § 153e ist daher unanwendbar bei Aufstacheln zum Verbrechen der Aggression (§ 80a StGB) und Straftaten nach dem Völkerstrafgesetzbuch. Auch ist er, insoweit abweichend von § 153d, bei Verschleppung (§ 234a StGB) und politischer Verdächtigung (§ 241a StGB) nicht anzuwenden.[7] Die Nichtverfolgung bzw. Einstellung kann auch hier nur einheitlich für die gesamte **prozessuale Tat** vorgenommen werden;[8] sie ist auch möglich, wenn nicht unter den Katalog fallende (tateinheitlich oder tatmehrheitlich zusammentreffende) Straftaten geringeren Gewichts mit erfasst werden, nicht aber, wenn diese den größeren Unrechtsgehalt ausmachen (näher § 153d, 4ff.).[9]

3 **b) Verhältnis zu anderen Erledigungsarten.** Bei liquider Entscheidungslage haben die Einstellung nach § 170 Abs. 2, die Ablehnung der Eröffnung des Hauptverfahrens und der Freispruch Vorrang (§ 153, 38; siehe auch § 153a, 45), also auch dann, wenn die Ausgleichshandlung (Rn. 4ff.) nach den materiellrechtlichen Vorschriften zugleich einen Strafaufhebungsgrund darstellt.[10] Jedoch ist, wie bei § 153 (vgl. § 153, 38ff.), eine weitere Aufklärung nicht erforderlich, sobald feststeht, dass § 153e angewandt werden kann.[11] Auch das Wort „Täter“ in Absatz 1 darf nicht dahin missverstanden werden, dass die Täterschaft des Beschuldigten feststehen müsse; es ist als „möglicher Täter“ zu lesen.[12] Soweit die jeweiligen Voraussetzungen vorliegen, sind auch die **§§ 153ff. anwendbar.**[13] Ermöglicht eine materiellrechtliche Vorschrift das Absehen von Strafe für eine auch unter § 153e fallende Ausgleichshandlung, so kann insbesondere **auch nach § 153b** verfahren werden; der Entscheidungsvorbehalt des Generalbundesanwalts und des Oberlandesgerichts gilt hierfür nicht.

---

5 Vgl. HK/*Gercke* 1; SK/*Weßlau/Deiters* 1; MüKo/*Teßmer* 1; KK/*Diemer* 1. Diese prozessuale Lösung ist rechtspolitisch umstritten, vgl. z.B. befürwortend *Kleinknecht* JZ **1957** 408; *Wagner* GA **1958** 205; **abl.** *Bloy* GA **1980** 180; *Schroeder* FS Peters 424f.; zur Kritik an der Konzeption insgesamt vgl. § 153d, 1 Fn. 3; ausführlich zu den Gründen für die Schaffung der Bestimmung LR/*Meyer-Goßner*[23] 1f.

6 HK/*Gercke* 1; SK/*Weßlau/Deiters* 3; *Pfeiffer* 1; auch KK/*Diemer* 1.

7 Zu den für den Gesetzgeber insoweit maßgebenden Gründen *Krauth/Kurfess/Wulf* JZ **1968** 735; *Eb. Schmidt* Nachtr. II § 153d, 2 bezeichnet sie als „nicht unbedingt überzeugend“.

8 HK/*Gercke* 2; SK/*Weßlau/Deiters* 4; *Pfeiffer* 1; AK/*Schöch* 2; KK/*Diemer* 9; in diesem Punkt **a.A.** Meyer-Goßner/*Schmitt* 7, der eine Einschränkung auf selbständige und sogar unselbständige Teilakte einer einheitlichen Tat bei Trennbarkeit für möglich hält; ebenso *Ranft* 1210; differenzierend KMR/*Plöd* 9ff.

9 Wie hier MüKo/*Peters* 3; HK/*Gercke* 2; SK/*Weßlau/Deiters* 4; *Pfeiffer* 1; AK/*Schöch* 2; KK/*Diemer* 9; differenzierend KMR/*Plöd* 9, 10.

10 Z.B. §§ 24, 31 StGB und die in Fn. 3 genannten Bestimmungen.

11 MüKo/*Teßmer* 4; HK/*Gercke* 2; *Pfeiffer* 1; KMR/*Plöd* 2; AK/*Schöch* 3; KK/*Diemer* 7; AnwK-StPO/*Walther* 8; *Döhring* (LV zu § 152) 144.

12 So auch *Schroeder* NJW **2000** 2485.

13 LR/*Meyer-Goßner*[23] 6; MüKo/*Teßmer* 4; KMR/*Plöd* 2; *Poppe* NJW **1957** 1579.

3. Voraussetzungen

a) Allgemeines. Das Absehen von der Verfolgung oder die Einstellung erfordert ein bestimmtes aktives Tun des Beschuldigten, eine **Ausgleichshandlung.**[14] Sie muss nach Absatz 1 Satz 1 darin bestehen, dass ein Beitrag zur Abwendung einer näher bezeichneten Gefahr (Rn. 6) geleistet wird. Bis zur Kenntnis des Täters von der Entdeckung der Tat reicht jeder Beitrag dieser Art aus (Satz 1). Für die Zeit danach muss der im Übrigen ebenso taugliche Beitrag („einen solchen Beitrag“) in der Offenbarung bestimmten Wissens gegenüber einer Dienststelle bestehen (Satz 2); es reicht nicht mehr jede Aktivität aus. Die Wissenspreisgabe nach Absatz 1 Satz 2 ist eine zusätzliche, den Gefahrabwendungsbeitrag näher konkretisierende Voraussetzung. Eine Ausgleichshandlung nach Satz 2 ist deshalb auch stets eine Ausgleichshandlung nach Satz 1. Sie kommt bei **mehreren Tätern** oder Teilnehmern stets nur demjenigen zugute, der sie vorgenommen hat; nur ihm gegenüber kann das Verfahren eingestellt oder von der Verfolgung abgesehen werden. Jedoch kann eine gemeinschaftlich vorgenommene Ausgleichshandlung auch mehreren Beteiligten zugerechnet werden und es können mehrere Beteiligte unterschiedliche, jeweils geeignete Ausgleichshandlungen erbringen, etwa indem sie unterschiedliches Wissen preisgeben. 4

Die Ausgleichshandlung muss **nach der Tat** vorgenommen werden. Das bedeutet nicht unbedingt, dass die Straftat materiellstrafrechtlich vollendet oder gar beendet sein muss. Es schließt aber denjenigen Beteiligten von der Anwendung der Vorschrift aus, der zwar eine Ausgleichshandlung vornimmt, aber danach noch eigene Tathandlungen begeht.[15] 5

b) Gegenstand der Ausgleichshandlung muss stets ein Beitrag zur Abwendung einer Gefahr für den Bestand oder die Sicherheit der Bundesrepublik Deutschland oder die verfassungsmäßige Ordnung sein. Die Begriffe des Bestands der Bundesrepublik (vgl. § 92 Abs. 1 StGB), ihrer Sicherheit (vgl. z.B. §§ 87, 88, 89 StGB) und der verfassungsmäßigen Ordnung (vgl. z.B. § 81 Abs. 1 Nr. 2 StGB), denen die abzuwendende Gefahr drohen muss, stimmen mit denen im materiellen Staatsschutz-Strafrecht überein.[16] Eine Gefahr für andere Rechtsgüter, etwa die öffentliche Ordnung, reicht nicht aus. Die **Gefahr** muss tatsächlich bestehen, braucht aber nicht schwerwiegend zu sein. Maßnahmen des Beschuldigten, die sich auf eine nur eingebildete Gefahr beziehen, genügen nicht. Es ist aber, anders als regelmäßig bei den materiellstrafrechtlichen Vorschriften über die „tätige Reue“, nicht erforderlich, dass sich die Ausgleichshandlung gerade auf die Gefahr bezieht, die durch die Tat bereitet wurde, so reicht beispielsweise die Kompensation einer durch die Tat hervorgerufenen Gefährdung der äußeren Sicherheit durch einen Beitrag zur Hebung der inneren Sicherheit aus.[17] 6

---

14 Der Begriff Ausgleichshandlung hat sich allgemein durchgesetzt; vgl. *Pfeiffer* 3; AK/*Schöch* 4; KK/*Diemer* 4; MüKo/*Teßmer* 5; SK/*Weßlau*/*Deiters* 5; HK/*Gercke* 3. Hingegen spricht Meyer-Goßner/*Schmitt* 5 lediglich von einem Beitrag, der aktives Handeln voraussetzt.

15 So im Ergebnis wohl übereinstimmend trotz teilweise unterschiedlicher Begründungen Radtke/Hohmann/*Radtke* 9; MüKo/*Teßmer* 5; HK/*Gercke* 3; KMR/*Plöd* 4; AK/*Schöch* 5; AnwK-StPO/*Walther* 4 und auch LR/*Meyer-Goßner*[23] 13. **A.A.** KK/*Diemer* 2 (mindestens Vollendung). SK/*Weßlau*/*Deiters* 6 weisen zudem darauf hin, dass die Nutzung des Beschuldigten als „Informationsquelle“ bei kontrollierter weiterer Tatausführung eine Einstellung nach § 153e nicht ermöglicht.

16 Wegen der Einzelheiten ist auf die Kommentare zum StGB zu verweisen, vgl. etwa AnwK-StGB/*Anders*/*Mavany* § 93, 14 ff.; *Fischer* § 81, 4 f., § 92, 2 ff.

17 *Kleinknecht* JZ **1957** 408; vgl. Meyer-Goßner/*Schmitt* 6; MüKo/*Teßmer* 8; HK/*Gercke* 4; **a.A.** KK/*Diemer* 5 (Zusammenhang zwischen Tat und Gefahr); Radtke/Hohmann/*Radtke* 11 (Gefahr muss [Mit-]Ursache in der Tat haben).

7 Zur **Abwendung der Gefahr** ist es weder erforderlich, dass das Handeln des Beschuldigten sie völlig beseitigt hat, noch dass es der einzige oder auch nur entscheidende Beitrag hierfür ist. Es genügt, dass die Ausgleichshandlung auch nur zusätzlich und in geringfügigem Umfang der Gefahrabwendung dienlich ist; nur gänzlich bedeutungslose Handlungen scheiden aus. Wenn der Beschuldigte allerdings nur Wissen offenbaren kann, das den Strafverfolgungsbehörden bereits vollständig bekannt ist, liegt keine taugliche Ausgleichshandlung vor.[18] Auch eine zeitweilige Abwehr oder eine Verringerung der Gefahr reicht aus.[19] Für die Anwendung des Satzes 1 (also vor Kenntnis von der Tatentdeckung) kommt es auf die **Art der Ausgleichshandlung** nicht an. Neben der Offenbarung von Wissen gegenüber (handlungsbereiten) Privaten und Dienststellen kann auch genügen, dass der Beschuldigte, ohne sich zu offenbaren, den Taterfolg verhindert oder den Schadensumfang wesentlich verringert. Auch das **Motiv** für die Ausgleichshandlung ist nicht entscheidend, wenn auch für die Ermessensausübung eine Rolle spielen mag, ob sie auf „innerer Umkehr" oder reinen Zweckmäßigkeitserwägungen beruht.[20]

8 **c) Ausgleichshandlung nach Kenntnis von der Entdeckung (Absatz 1 Satz 2).** Bis zur Kenntnis des Beschuldigten von der Entdeckung der Tat erfüllt schon jede zur Gefahrenabwehr dienliche Ausgleichshandlung die Voraussetzung der Vorschrift; danach ist eine solche erforderlich, die darüber hinaus in der Preisgabe von Wissen über bestimmte Umstände besteht. Der Begriff der **Entdeckung** der Tat stimmte zur Zeit der Schaffung der Vorschrift mit dem in der materiell-strafrechtlichen Rücktrittsregelung (damals § 46 Nr. 2 StGB a.F.) überein,[21] während er heute im Rücktrittsrecht nur noch als Indiz für den Mangel der Freiwilligkeit eine mittelbare Rolle spielt.[22] Wegen des insoweit im materiellen Strafrecht auch weiterhin bedeutsamen Entdeckungsbegriffs ist im Einzelnen auf die dortige Rechtsprechung und das Schrifttum zu verweisen. Danach ist eine Tat entdeckt, wenn sie in ihren wesentlichen kriminellen Eigenschaften von einem (anzeige-, verhinderungs- oder verfolgungsbereiten) Unbeteiligten wahrgenommen worden ist.[23] Die Entdeckung muss die Tat betreffen, deretwegen die Nichtverfolgungsermächtigung in Anspruch genommen werden soll. Unerheblich ist insoweit, ob die gefahrabwendende Ausgleichshandlung, die nicht notwendig diese Tat betreffen muss, einen bereits entdeckten oder noch unentdeckten Sachverhalt betrifft; dies kann aber dafür eine Rolle spielen, ob der Beschuldigte durch seine Wissenspreisgabe noch einen zur Gefahrabwendung geeigneten Beitrag leisten kann.

9 Erforderlich ist ferner die **Kenntnis** des Beschuldigten **von der Entdeckung.** Sie muss positiv gegeben sein; rechnet der Beschuldigte lediglich mit der Möglichkeit der Entdeckung, so können ihn auch einfache Ausgleichshandlungen nach Absatz 1 Satz 1 privilegieren.[24] Bleibt zweifelhaft, ob der Beschuldigte die erforderliche Kenntnis hatte,

---

18 *Pfeiffer* 3.
19 MüKo/*Teßmer* 9; HK/*Gercke* 4; KK/*Diemer* 4; zur Verringerung auch SK/*Weßlau/Deiters* 9; vgl. (teilw. mit Beispielen) *Eb. Schmidt* § 153c, 5 a.F. (Hauptbd. S. 1364); *Kleinknecht* JZ **1957** 408; *Wagner* GA **1958** 205.
20 Ebenso HK/*Gercke* 3; KK/*Diemer* 4; MüKo/*Teßmer* 5; vgl. SK/*Weßlau/Deiters* 12; BGHSt **7** 296; *Kleinknecht* JZ **1957** 408.
21 Vgl. etwa LK/*Busch*[9] § 46, 37 ff.
22 Vgl. § 24 StGB; dazu Schönke/Schröder/*Eser/Bosch* § 24, 50 ff., 67; NK-StGB/*Zaczyk* § 24, 70.
23 Vgl. m.w.N. Schönke/Schröder/*Eser/Bosch* § 24, 51; ebenso HK/*Gercke* 3; KMR/*Plöd* 4; KK/*Diemer* 3; ähnlich SK/*Weßlau/Deiters* 7; NK-StGB/*Zaczyk* § 24, 70.
24 HK/*Gercke* 3; KK/*Diemer* 3; MüKo/*Teßmer* 7; Radtke/Hohmann/*Radtke* 15.

so ist die Anwendung von Absatz 1 Satz 1 möglich.[25] Kenntnis wird aber stets dadurch erlangt, dass der Beschuldigte wegen der Tat (als Beschuldigter oder auch als Zeuge) zur Sache vernommen wird.[26]

Nach Kenntnis des Beschuldigten von der Entdeckung kann § 153e nur noch angewendet werden, wenn die zur Gefahrenabwehr geeignete Ausgleichshandlung in der **Preisgabe** von bestimmtem (Rn. 11) **Wissen** gegenüber einer Dienststelle besteht. **Dienststelle** ist jede behördliche Einrichtung der Bundesrepublik, von der erwartet werden kann, dass sie die Wissenserlangung dazu verwendet, Gegenmaßnahmen zu ergreifen oder zu veranlassen.[27] Dazu gehören neben den Strafverfolgungsbehörden namentlich die nachrichtendienstlichen Dienststellen, etwa des Verfassungsschutzes; es kommen aber auch die Sicherheitsbeauftragten von Behörden sowie Auslandsdienststellen in Betracht. Da Gegenmaßnahmen auch durch militärische Dienste in Betracht kommen können, können im Einzelfall auch Dienststellen der Bundeswehr oder des MAD erfasst sein. Die Wissenspreisgabe gegenüber anderen Dienststellen hilft dem Beschuldigten nur dann, wenn diese es an die zuständige weitergeben und das preisgegebene Wissen noch eine taugliche Ausgleichshandlung darstellt, wenn diese davon Kenntnis erlangt. In welcher Form der Beschuldigte sein Wissen offenbaren muss, schreibt das Gesetz nicht vor; die Einschaltung von Mittelspersonen dürfte wohl zulässig sein. Entscheidend ist, dass sich der Beschuldigte des Wissens mit der Absicht entäußert, dass es einer zuständigen Dienststelle bekannt wird, dass dieser Erfolg tatsächlich eintritt und dass er zu diesem Zeitpunkt noch eine taugliche Ausgleichshandlung darstellt. 10

Das vom Beschuldigten preisgegebene **Wissen muss die Tat betreffen** („sein mit ihr zusammenhängendes Wissen“), mag der Zusammenhang auch entfernt sein.[28] Es muss sich vom **Inhalt** her nach dem Gesetzeswortlaut auf Bestrebungen (§ 92 Abs. 3 StGB) des Hochverrats, der Gefährdung des demokratischen Rechtsstaats, des Landesverrats oder der Gefährdung der äußeren Sicherheit beziehen. Damit sind die Tatbestände des zweiten und dritten Titels des ersten Abschnitts (§§ 81 bis 91 StGB) und des zweiten Abschnitts (§§ 93 bis 100a StGB) des StGB gemeint. Insoweit muss der Beschuldigte das Wissen, das er hierüber hat, **vollständig** offenbaren („sein ... Wissen“), auch um den Preis, dass er insoweit ein Geständnis ablegen muss. Nach diesem Gesetzeswortlaut ist Absatz 1 Satz 2 auf Beschuldigte, denen Straftaten nach § 74a Abs. 1 Nr. 4 GVG (§ 129 StGB gegebenenfalls i.V.m. § 129b Abs. 1 StGB) oder nach § 120 Abs. 1 Nr. 4 bis 6 GVG (§§ 102, 105, 106, 129a StGB, letzteres gegebenenfalls auch i.V.m. mit § 129b Abs. 1 StGB) vorgeworfen werden, regelmäßig nicht anwendbar, da das mit diesen Taten zusammenhängende Wissen im Allgemeinen nicht Bestrebungen des Hochverrats usw. betreffen wird. Bei einem Mitglied einer terroristischen Vereinigung, die nicht zugleich Bestrebungen nach den §§ 81 bis 100a StGB verfolgt, könnte deshalb nach der Entdeckung nicht von der Verfolgung abgesehen werden, selbst wenn der Beschuldigte sein vollständiges Wissen über die terroristische Vereinigung offenbart und damit eine schwere Gefahr für die innere Sicherheit abwendet. Ob diese Beschränkung vom Gesetzgeber überhaupt gesehen worden und gewollt ist, lässt sich den Gesetzgebungsmaterialien nicht eindeutig entnehmen. Durch die Einführung der allgemeinen Kronzeugenregelung des § 46b StGB dürfte sich dieser Umstand deutlich entschärft haben, denn die meisten im Katalog des § 153e erfassten Delikte sind auch von § 100a Abs. 2 erfasst. Insoweit stehen die mate- 11

---

25 HK/*Gercke* 3; KK/*Diemer* 3; MüKo/*Teßmer* 7; Radtke/Hohmann/*Radtke* 15; **a.A.** *Eb. Schmidt* Nachtr. II § 153d, 3 (begründete Anhaltspunkte reichen).
26 MüKo/*Teßmer* 7; HK/*Gercke* 3; LR/*Meyer-Goßner*[23] 15; KK/*Diemer* 3; AnwK-StPO/*Walther* 4.
27 *Pfeiffer* 3; KMR/*Plöd* 4; *Eb. Schmidt* Nachtr. II § 153d, 4; AK/*Schöch* 4.
28 SK/*Weßlau*/*Deiters* 10; HK/*Gercke* 5; KK/*Diemer* 6; MüKo/*Teßmer* 10.

riellen Rechtsfolgen des § 46b StGB zwar nicht dem prozessualen Effekt des § 153e gleich. Eine aus Beschuldigtensicht erhebliche Rechtsfolgenminimierung bietet die Regelung dennoch.

12 **4. Ermessen.** Ob bei Vorliegen der Voraussetzungen von § 153e Gebrauch gemacht werden soll, ist nach pflichtgemäßem Ermessen zu entscheiden („kann").[29] Zu berücksichtigen ist hierbei das gesamte Verhalten des Täters einschließlich seiner Motive für die Tat und für die Ausgleichshandlung, deren Zeitpunkt und Bedeutung, aber auch die Größe der abgewendeten Gefahr und der Unrechts- und Schuldgehalt der Tat, von deren Verfolgung abgesehen werden soll.

5. Absehen von der Verfolgung (Absatz 1)

13 **a) Zuständigkeit und Verfahren.** Das Absehen von der Verfolgung nach Absatz 1 kann nur der **Generalbundesanwalt** anordnen, auch wenn er das Verfahren nicht gemäß § 142a GVG führt. Kommt in einem bei der Landesstaatsanwaltschaft anhängigen Verfahren die Anordnung in Betracht, so legt diese die Akten dem Generalbundesanwalt vor (Nr. 100 Abs. 2 RiStBV, näher § 153c, 44 f.); dazu kann auch eine Anregung des Beschuldigten Veranlassung geben. Solange die öffentliche Klage noch nicht erhoben ist, wirkt die Strafkammer nach § 74a GVG auch dann nicht mit, wenn sie für das Hauptverfahren zuständig wäre.[30] Hält die Landesstaatsanwaltschaft die Anwendung der Vorschrift nicht für geboten, so braucht sie den Generalbundesanwalt nicht von sich aus zu beteiligen.[31] Der Generalbundesanwalt kann jedoch die Staatsanwaltschaft eines Landes veranlassen, ihm eine Sache zur Prüfung der Anwendung nach § 153e vorzulegen.[32] Eine Zustimmung oder auch nur Anhörung des Beschuldigten ist nicht erforderlich.[33] Es ist auch nicht vorgeschrieben, ihn über die Möglichkeiten des Absatzes 1 Satz 2 zu belehren; geschieht dies dennoch, so muss dies zurückhaltend erfolgen, damit schon der Anschein einer nach § 136a unzulässigen Einwirkung vermieden wird.[34]

14 **b) Zustimmung des Oberlandesgerichts.** Für das Absehen von der Verfolgung ist stets die Zustimmung des nach § 120 GVG zuständigen Oberlandesgerichts notwendig. Dies gilt auch, wenn die Landesstaatsanwaltschaft die Ermittlungen führt. Das Oberlandesgericht trifft die Entscheidung über die Zustimmung in der Besetzung mit drei Richtern (§ 122 Abs. 1 GVG); § 122 Abs. 2 Satz 1 GVG ist nicht anwendbar. Es stimmt der beabsichtigten Nichtverfolgung zu, wenn es die Voraussetzungen der Vorschrift für gegeben und die Nichtverfolgung nach eigenem pflichtgemäßem Ermessen für sachgerecht hält. Die Zustimmungsentscheidung wird stets vom Generalbundesanwalt herbeigeführt; sind ihm die Akten von einer Landesstaatsanwaltschaft vorgelegt worden, so braucht er sich nicht an das Oberlandesgericht zu wenden, wenn er nicht von der Verfolgung absehen

---

29 HK/*Gercke* 2; SK/*Weßlau/Deiters* 12; MüKo/*Teßmer* 13; KK/*Diemer* 7; KMR/*Plöd* 6; *Ranft* 1210; *Eb. Schmidt* § 153c, 13 a.F. (Hauptbd. S. 1366); die im Anschluss an *Poppe* NJW **1957** 1577 verwendete Bezeichnung als „Billigkeitsentscheidung" (so LR/*Meyer-Goßner*[23] 20; *Blum* [Fn. 4] 46) dürfte aber zu weit gehen.

30 *Eb. Schmidt* § 153c, 13 a.F. (Hauptbd. S. 1366); *Wagner* GA **1958** 208.

31 *Pfeiffer* 2.

32 Radtke/Hohmann/*Radtke* 21 (Umkehrschluss aus Nr. 100 RiStBV iVm. § 142a Abs. 1 Satz 2 GVG); MüKo/*Teßmer* 13; KK/*Diemer* 7.

33 Radtke/Hohmann/*Radtke* 24; MüKo/*Teßmer* 16; HK/*Gercke* 2; Meyer-Goßner/*Schmitt* 3; *Wagner* GA **1958** 209; SK/*Weßlau/Deiters* 13; vgl. § 153, 48; **a.A.** KMR/*Plöd* 12.

34 Siehe auch Nr. 100 Abs. 1 RiStBV; wie hier LR/*Meyer-Goßner*[23] 21 f.; *Wagner* GA **1958** 211.

will. Wegen der Unanfechtbarkeit der Zustimmungsentscheidung vgl. § 153, 49; wegen der Wirkungen § 153, 50.

c) Entscheidung. Aufgrund der Zustimmung kann der Generalbundesanwalt, und nur er, das Verfahren – auch soweit es bei der Landesstaatsanwaltschaft geführt wird – durch eine Einstellungsverfügung (§ 153c, 40) beenden; wegen der Wirkungen siehe § 153c, 43. Wird die Zustimmung versagt, so gibt der Generalbundesanwalt, wenn er nicht das Verfahren selbst führt, die Akten zur Verfahrensfortsetzung an die Landesstaatsanwaltschaft zurück. Gegen die Einstellungsentscheidung ist nur Dienstaufsichtsbeschwerde möglich (§ 153, 49), unzulässig ist hingegen ein Klageerzwingungsverfahren, § 172 Abs. 2 Satz 3.[35] 15

6. Einstellung des gerichtlichen Verfahrens (Absatz 2)

a) Allgemeines. Zuständigkeit. Nach Erhebung der öffentlichen Klage kann das Verfahren unter den Voraussetzungen des Absatzes 1 in jeder Lage (§ 153, 63), auch noch nach Teilrechtskraft, eingestellt werden. Zuständig ist stets, auch wenn das Verfahren vor der Strafkammer nach § 74a GVG anhängig ist, das nach § 120 GVG zuständige **Oberlandesgericht** (vgl. Rn. 14); es bedarf stets der **Zustimmung des Generalbundesanwalts.** Soweit dieser in einem beim Oberlandesgericht anhängigen Verfahren nicht das Amt des Staatsanwalts ausübt (§ 142a Abs. 2 GVG), hat die Landesstaatsanwaltschaft die Entscheidung des Generalbundesanwalts herbeizuführen, sobald das Gericht eine Einstellung in Erwägung zieht oder wenn sie von sich aus eine solche anregen will. Die Zustimmung des Angeschuldigten ist nicht erforderlich. Ob seine **Anhörung** rechtlich notwendig ist, ist umstritten.[36] Bei einer Entscheidung in der Hauptverhandlung folgt die Notwendigkeit der Anhörung aus § 33 Abs. 1. Im Übrigen dürfte sie rechtlich entbehrlich sein, wenn das Verfahren eingestellt wird, da diese Entscheidung nicht zum Nachteil des Angeschuldigten im Sinne des § 33 Abs. 3 ergeht; sie ist aber nach dieser Vorschrift erforderlich, falls etwa das Gericht einer Anregung des Generalbundesanwalts zur Einstellung nicht entsprechen will. Für die (wohl seltenen) Fälle der Mitwirkung eines Nebenklägers siehe § 153, 79. 16

b) Zwischenverfahren bei Anhängigkeit des Verfahrens vor der Strafkammer. 17
Auch wenn in Fällen des § 74a GVG die Sache bei der Strafkammer anhängig ist, ist für die Einstellung des Verfahrens das Oberlandesgericht zuständig und die Zustimmung des Generalbundesanwalts erforderlich.[37] Für die hierbei erforderlichen Maßnahmen hat sich der Ausdruck Zwischenverfahren allgemein eingebürgert.[38] Hält die Strafkammer in einem bei ihr anhängigen Verfahren die Anwendung des § 153e für geboten, so legt sie die Akten durch Vermittlung der Landesstaatsanwaltschaft und über den Generalbundesanwalt dem Oberlandesgericht vor. Ein Antrag der Staatsanwaltschaft beim Landgericht oder des Angeschuldigten ist hierzu nicht erforderlich; doch ist ein solcher mög-

---

35 KMR/*Plöd* 14; AnwK-StPO/*Walther* 10.

36 Bejahend KMR/*Plöd* 12; *Wagner* GA **1958** 209; wohl auch *Kleinknecht* JZ **1957** 409; **wie hier:** MüKo/*Teßmer* 16; SK/*Weßlau/Deiters* 16; Radtke/Hohmann/*Radtke* 24; *Joecks* 2; Meyer-Goßner/*Schmitt* 3; *Pfeiffer* 2; *Eb. Schmidt* Nachtr. I § 153c, 6.

37 BGHSt **11** 52; im Schrifttum heute allg. M., vgl. KMR/*Plöd* 12; SK/*Weßlau/Deiters* 18; MüKo/*Teßmer* 19; KK/*Diemer* 10; zuerst *Kleinknecht* JZ **1957** 410; **a.A.** früher nur *Poppe* NJW **1957** 1578; dagegen *Hartinger* DRiZ **1957** 292.

38 *Kleinknecht* JZ **1957** 409; ebenso z.B. BGHSt **11** 54; terminologische Vorbehalte bei *Eb. Schmidt* § 153c, 11 a.F. (Hauptbd. S. 1366).

lich, und, wenn er gestellt wird, zu bescheiden (strittig, vgl. § 153a, 141 mit Fn 425). Stattgeben muss die Strafkammer ihm nicht.[39] Auch können weder das Oberlandesgericht noch der Generalbundesanwalt die Vorlage erzwingen, so dass der Strafkammer im Ergebnis die Entscheidung über die *Nicht*anwendung des § 153e selbständig möglich ist (vgl. aber Rn. 21), sobald die öffentliche Klage erhoben ist und nicht mehr zurückgenommen werden kann.[40] Die Vorlage erfolgt durch Beschluss; eine Verfügung des Vorsitzenden reicht nicht aus.[41] Ergeht er in der Hauptverhandlung, so ist diese zugleich auszusetzen oder zu unterbrechen. § 34 gilt nicht, doch kann eine Begründung zweckmäßig sein, damit Generalbundesanwalt und Oberlandesgericht über die für die Vorlage maßgebenden Überlegungen der Strafkammer unterrichtet werden.

18 Der **Generalbundesanwalt,** dem die Akten aufgrund des Vorlagebeschlusses der Strafkammer zuzuleiten sind, **legt** die **Akten** dem Oberlandesgericht nur **vor**, wenn er der Einstellung zustimmen will, andernfalls reicht er sie über die Landesstaatsanwaltschaft der Strafkammer zurück.[42] Das Oberlandesgericht entscheidet über die Einstellung durch Beschluss; eine mündliche Verhandlung findet nicht statt. Dem Angeschuldigten ist vorher jedenfalls dann Gelegenheit zur Äußerung zu geben, wenn das Oberlandesgericht das Verfahren nicht einstellen will (§ 33 Abs. 3);[43] hiervon kann abgesehen werden, wenn er sich vor Erlass des Vorlagebeschlusses äußern konnte und keine neuen Tatsachen oder Beweismittel zu seinem Nachteil zu berücksichtigen sind. Vor seiner Entscheidung kann das Oberlandesgericht freibeweislich weitere Ermittlungen über die Einstellungsvoraussetzungen anstellen oder veranlassen. Hält es die Einstellung nicht für angebracht, so lehnt es sie durch Beschluss ab und gibt die Akten über die Staatsanwaltschaften an die Strafkammer zurück, wo das Verfahren seinen Fortgang nimmt.

19 **c)** Die **Einstellungsentscheidung** trifft stets das Oberlandesgericht selbst, auch wenn es nur aufgrund des Zwischenverfahrens mit der Sache befasst ist. Zu ihrem Inhalt und den Nebenentscheidungen siehe § 153, 81ff.; zum Verbrauch der Strafklage gelten die Erläuterungen bei § 153, 93ff. entsprechend. Durch die Einstellung wird das ggf. noch beim Landgericht anhängige Verfahren beendet. Für etwa erforderlich werdende Nachtragsentscheidungen ist wieder die Strafkammer nach § 74a GVG zuständig.

20 **d) Anfechtbarkeit.** Alle vom Oberlandesgericht im Zusammenhang mit der Einstellungsfrage getroffenen Entscheidungen sind schon nach § 304 Abs. 4 Satz 2 unanfechtbar; zur Kostenentscheidung und Entscheidung über die Entschädigung für Strafverfolgungsmaßnahmen § 153, 88f. Auch falls die Zustimmung des Generalbundesanwalts fehlen sollte, würde hier (anders als bei § 153, vgl. § 153, 85) § 304 Abs. 4 Satz 2 der Beschwerde entgegenstehen. Nach heute allg. M. sind auch die Entscheidungen der Strafkammer nach § 74a GVG im Zwischenverfahren unanfechtbar.[44] Dagegen stünde der Staatsanwaltschaft die (einfache) Beschwerde zu, wenn etwa die Strafkammer über ihre Befugnisse hinausgehend das Verfahren nach Absatz 2 einstellen würde.

---

39 Möglicherweise einschränkend BGHSt **11** 54 (wenn die Einstellung „zweifelsfrei" nicht in Betracht kommt); vgl. auch *Hartinger* DRiZ **1957** 294; *Wagner* GA **1958** 208.
40 *Kleinknecht* JZ **1957** 409; KMR/*Plöd* 12; AK/*Schöch* 8.
41 *Hartinger* DRiZ **1957** 294; **a.A.** *Wagner* GA **1958** 208.
42 BGHSt **11** 54; AK/*Schöch* 8; *Wagner* GA **1958** 209.
43 AK/*Schöch* 9; vgl. auch Rn. 16 a.E.
44 LR/*Meyer-Goßner*[23] 44; KMR/*Plöd* 14; *Kleinknecht* JZ **1957** 409; MüKo/*Teßmer* 23; Radtke/Hohmann/*Radtke* 39; **a.A.** *Wagner* GA **1958** 210.

e) Einstellung in der Revisionsinstanz. Nach allg. M. kann zwar die Revision nicht auf die Nichtanwendung der Vorschrift gestützt werden;[45] jedoch kann § 153e auch noch in der Revisionsinstanz angewendet werden.[46] Hierfür ist nach allg. und zutreffender Auffassung der Bundesgerichtshof zuständig.[47] Der dem scheinbar entgegenstehende Wortlaut der Vorschrift, der die Zuständigkeit zur Einstellung ausschließlich dem Oberlandesgericht zuweist, bezieht sich nur auf die Tatsacheninstanz und ist entstehungsgeschichtlich zu erklären. Denn bei der letzten Neufassung der Bestimmung durch das 8. StRÄndG war der Bundesgerichtshof noch erstinstanzlich für die jetzt dem Oberlandesgericht zugewiesenen Staatsschutz-Strafsachen und infolgedessen stets für die Einstellung nach § 153e zuständig, so dass kein Grund bestand, seine Einstellungszuständigkeit für das Revisionsverfahren besonders zu erwähnen. Es ist nichts dafür ersichtlich, dass der Gesetzgeber bei Begründung der erstinstanzlichen Zuständigkeit des Oberlandesgerichts durch das StaatsschStrafsG die damals bereits bestehende Einstellungszuständigkeit des Bundesgerichtshofs als Revisionsgericht beseitigen wollte. Das Revisionsgericht ist bei der Einstellungsentscheidung an die fehlerfreien Feststellungen des Tatrichters zum Schuld- und Strafausspruch gebunden, jedoch kann es zur Frage der Ausgleichshandlung eigene freibeweisliche Ermittlungen anstellen.[48] 21

7. NATO-Vertragsstaaten. Bei Straftaten, die sich gegen die NATO-Vertragsstaaten richten, enthielt Art. 9 des 4. StRÄndG, nunmehr § 4 NTSG[49] Bestimmungen über die Anwendbarkeit der §§ 153c bis 153e. Die Vorschrift hat folgenden Wortlaut: 22

> (1) Hat ein Strafverfahren Straftaten nach § 1 dieses Gesetzes in Verbindung mit den §§ 94 bis 100, 109f oder 109g des Strafgesetzbuches zum Gegenstand, so gilt § 153d der Strafprozessordnung entsprechend mit der Maßgabe, dass das Absehen von der Verfolgung oder die Einstellung des Verfahrens zulässig ist,
>
> 1. wenn der Täter nach der Tat, bevor ihm deren Entdeckung bekannt geworden ist, dazu beigetragen hat, eine Gefahr für die Sicherheit der Bundesrepublik Deutschland oder des betroffenen Vertragsstaates abzuwenden, oder wenn er einen solchen Beitrag dadurch geleistet hat, dass er nach der Tat sein mit ihr zusammenhängendes Wissen über verräterische Bestrebungen offenbart hat, oder
> 2. soweit die Durchführung des Verfahrens über die in der Tat selbst liegende Gefährdung hinaus die Sicherheit der Bundesrepublik Deutschland oder des betroffenen Vertragsstaates beeinträchtigen würde.
>
> (2) Hat ein Strafverfahren Straftaten nach § 1 dieses Gesetzes in Verbindung mit den §§ 87, 89, 90a, 94 bis 100, 109d oder 109f des Strafgesetzbuches zum Gegenstand, so gelten die §§ 153c und 153d der Strafprozessordnung entsprechend mit der Maßgabe, daß an die Stelle der Gefahr eines schweren Nachteils für die Bundesrepublik Deutschland die Gefahr eines schweren Nachteils für den betroffenen Vertragsstaat oder seine in der Bundesrepublik Deutschland stationierten Truppen treten und überwiegende öffentliche Interessen auch solche des betroffenen Vertragsstaates sind.
>
> (3) Bevor von der Erhebung der öffentlichen Klage abgesehen, das Verfahren eingestellt oder die Klage zurückgenommen wird, ist der obersten militärischen Dienststelle der in der Bundesrepublik

45 LR/*Meyer-Goßner*[23] 45; *Eb. Schmidt* § 153c, 13 a.F. (Hauptbd. S. 1366); *Wagner* GA **1958** 210; MüKo/*Teßmer* 24.

46 MüKo/*Teßmer* 24; HK/*Gercke* 6; *Kleinknecht* JZ **1957** 410; Meyer-Goßner/*Schmitt* 8; KMR/*Plöd* 12; AK/*Schöch* 7; KK/*Diemer* 11; AnwK-StPO/*Walther* 12.

47 HK/*Gercke* 6; KMR/*Plöd* 12; AK/*Schöch* 7; KK/*Diemer* 11; MüKo/*Teßmer* 24; AnwK-StPO/*Walther* 12.

48 *Kleinknecht* JZ **1957** 410 Fn. 18; die Begründung von *Kleinknecht* aaO, dass es sich um ein „potentielles Verfahrenshindernis" handle, trifft allerdings nicht zu; dagegen zutreffend *Eb. Schmidt* § 153c, 12 a.F. (Hauptbd. S. 1366).

49 Neubekanntmachung durch BGBl I 2008 S. 490; zuletzt geändert durch Art. 2 Abs. 1 des Gesetzes vom 23.5.2017, BGBl I 1226.

Deutschland stationierten Truppen des betroffenen Vertragsstaates oder dem Leiter ihrer diplomatischen Vertretung Gelegenheit zur Stellungnahme zu geben.

Der Geltungsbereich dieser Bestimmung ist vom bloßen Wortlaut her namentlich deshalb schwer zu erschließen, weil durch eine Reihe von Redaktionsversehen und sonstigen Mängeln bei der Anpassung an die Änderungen in den §§ 153c bis 153e erhebliche Unklarheiten entstanden sind.[50]

23 Nach § 1 NTSG sind zum **Schutz der NATO-Vertragsstaaten** ein Teil der die Sicherheitsinteressen und andere Rechtsgüter der Bundesrepublik Deutschland schützenden Straftatbestände auch anwendbar, wenn sich diese Straftaten gegen solche Vertragsstaaten richten. § 4 NTSG regelt für einen Teil dieser Fälle den Anwendungsbereich der §§ 153c bis 153e. Dem Wortlaut nach ist der Inhalt der Vorschrift insbesondere deshalb unklar, weil § 153d sowohl in den Absätzen 1 und 2 mit unterschiedlichen Voraussetzungen in Bezug genommen ist und weil sich die tatbestandlichen Voraussetzungen der Absätze 1 Nr. 1 und 2 mit den entsprechenden Voraussetzungen in den §§ 153d und 153e nicht decken.

24 Bei den Unklarheiten des Wortlauts ist der Anwendungsbereich nur durch eine genaue **Analyse der Entstehungsgeschichte** erschließbar. Aus ihr ergibt sich zunächst, dass sich der Text des Art. 9 des 4. StRÄndG, aus dem § 4 NTSG hervorgegangen ist, weitgehend mit dem des damaligen § 153c (vgl. Entstehungsgeschichte bei § 153c) deckte und ihm sachlich entsprechen sollte.[51] Auch die Änderung der Vorschrift durch das 8. StRÄndG hat lediglich den Zweck gehabt, sie den neu gruppierten und teilweise neu gefassten Regelungen in den §§ 153c bis 153e (damals §§ 153b bis 153d) unter Aufrechterhaltung der sachlichen Übereinstimmung anzupassen.[52] Dem diente insbesondere der neu eingefügte Absatz 2. Dabei hat der Gesetzgeber offensichtlich übersehen, dass der ursprüngliche Absatz 1, der sich auf § 153c a.F. bezog, dem Umstand hätte angepasst werden müssen, dass dieser § 153c in mehrere Vorschriften geteilt und inhaltlich geändert wurde. Es ist deshalb nicht nur, worüber Übereinstimmung besteht, in Absatz 1 versehentlich die Verweisung auf „§ 153c" nicht an die erst im Laufe des Gesetzgebungsverfahrens beschlossene Umstellung auf die Bezeichnung „§ 153d" (heute § 153e) angepasst worden,[53] sondern auch übersehen worden, dass der ursprüngliche § 153c in der Fassung des 4. StRÄndG in Absatz 2 eine dem jetzigen § 153d entsprechende Regelung enthielt, auf die sich § 4 Abs. 1 Nr. 2 NTSG allein bezieht, und dass die Voraussetzungen für die Nichtverfolgung im heutigen § 153e sich nicht mehr voll mit denen im ursprünglichen § 153c Abs. 1 decken. Daraus erklärt es sich, dass zwischen § 4 Abs. 1 Nr. 2 und Abs. 2 NTSG, der nach dem Willen des Gesetzgebers des 8. StRÄndG die Anwendbarkeit der heutigen §§ 153c und 153d (damals §§ 153b und 153c) auf Straftaten nach § 1 NTSG regeln sollte, ein nach dem Wortlaut kaum auflösbarer Widerspruch entstanden ist.

25 **§ 4 Abs. 1 NTSG bezieht sich**, entgegen dem Wortlaut, allein **auf § 153e.**[54] Wann bei Straftaten, die unter § 1 NTSG fallen und in § 4 Abs. 1 NTSG genannt sind, nach § 153e von der Verfolgung abgesehen werden kann, ergibt sich aus Nr. 1 der Vorschrift. Die Aus-

---

50 Ein offensichtliches Redaktionsversehen in Art. 147 Nr. 4 lit. b EGStGB 1974, demzufolge die Verweisungsänderung auf die §§ 153c und 153d statt §§ 153b und 153c StPO in Absatz 3 vorgenommen werden soll, während sich die zu ändernde Verweisung in Absatz 2 befindet.

51 Schriftl. Bericht des BTRAussch. zum 4. StRÄndG, BTDrucks. **II** 3407 S. 14.

52 Vgl. BTDrucks. **V** 898 S. 45; BTDrucks. **V** 2860 S. 30; auch aus den Beratungen des Sonderaussch. für die Strafrechtsreform (Nachw. bei *Krauth/Kurfess/Wulf* JZ **1968** 735 Fn. 213) ergibt sich kein anderer Zweck.

53 Vgl. m.w.N. *Krauth/Kurfess/Wulf* JZ **1968** 735 Fn. 213.

54 Ebenso *Krauth/Kurfess/Wulf* JZ **1968** 735 Fn. 213; **a.A.** LR/*Meyer-Goßner*[23] 48 der Absatz 2 auf § 153e beziehen will.

gleichshandlung muss sich auf die Sicherheit der Bundesrepublik Deutschland oder eines Vertragsstaates beziehen; die Abwendung einer Gefahr für den Bestand der Bundesrepublik Deutschland oder deren verfassungsmäßige Ordnung dürfte bei diesen Straftaten nicht ausreichen, denn es handelt sich insoweit um einen Fassungsunterschied, der durch die Nichterwähnung der verfassungsmäßigen Ordnung bereits von Anfang an im Verhältnis zum ursprünglichen § 153c Abs. 1 vorhanden war. Dagegen ist im Wege der Auslegung beim zweiten Halbsatz der Nr. 1 die vom Gesetzgeber unterlassene Anpassung dahingehend vorzunehmen, dass die Preisgabe des Wissens einer Dienststelle gegenüber erfolgen muss (Rn. 10). Absatz 1 **Nr. 2** der Vorschrift ist **nicht** mehr **anwendbar**; er bezog sich ursprünglich auf § 153c Abs. *2* in der Fassung des 4. StRÄndG. Diese Bestimmung ist aber in § 153d aufgegangen, für den in Absatz 2 durch das 8. StRÄndG eine selbständige Regelung geschaffen worden ist.

§ 4 Abs. 2 NTSG betrifft das Absehen von der Verfolgung, die Klagerücknahme und 26
die ihr nachfolgende Einstellung des Verfahrens durch den Generalbundesanwalt in allen Fällen des **§ 153d** sowie in den Fällen des **§ 153c Abs. 3 und 4**, also bei Distanztaten sowie bei der Klagerücknahme nach Eröffnung des Hauptverfahrens, bei Straftaten gegen NATO-Vertragsstaaten im Sinne von § 1 NTSG, soweit die Tatbestände in Absatz 2 genannt sind. In diesen Fällen muss der „schwere Nachteil" ein solcher des betroffenen Vertragsstaates sein, als ein sonstiges der Strafverfolgung entgegenstehendes überwiegendes öffentliches Interesse genügt ein solches des Vertragsstaates. Insoweit genügen aber, wie die Verwendung des Wortes „auch" deutlich macht, auch bei Straftaten gegen NATO-Vertragsstaaten Gegeninteressen der Bundesrepublik Deutschland. Da der „schwere Nachteil für die Bundesrepublik Deutschland" nur ein Unterfall der Gegeninteressen ist (§ 153d, 7), führt das im Ergebnis dazu, dass bei Straftaten gegen die NATO-Vertragsstaaten der Anwendungsbereich der §§ 153c und 153d lediglich erweitert wird.[55] Für Auslandstaten im Sinne des § 153c Abs. 1 und 2 ist die Bestimmung ohne Bedeutung, wenn bereits die Staatsanwaltschaft von der Verfolgung absehen oder die öffentliche Klage vor Eröffnung des Hauptverfahrens gemäß § 156 zurücknehmen will.

§ 4 Abs. 3 NTSG enthält eine **Konsultationspflicht** für alle Fälle, in denen die An- 27
wendung der §§ 153c bis 153e nur in Verbindung mit § 4 NTSG möglich ist. Eine Zustimmung des betroffenen Vertragsstaates schreibt das Gesetz nicht vor.

§ 153f
Absehen von der Verfolgung bei Straftaten nach dem Völkerstrafgesetzbuch

(1) [1]Die Staatsanwaltschaft kann von der Verfolgung einer Tat, die nach den §§ 6 bis 15 des Völkerstrafgesetzbuches strafbar ist, in den Fällen des § 153c Abs. 1 Nr. 1 und 2 absehen, wenn sich der Beschuldigte nicht im Inland aufhält und ein solcher Aufenthalt auch nicht zu erwarten ist. [2]Ist in den Fällen des § 153c Abs. 1 Nr. 1 der Beschuldigte Deutscher, so gilt dies jedoch nur dann, wenn die Tat vor einem internationalen Gerichtshof oder durch einen Staat, auf dessen Gebiet die Tat begangen oder dessen Angehöriger durch die Tat verletzt wurde, verfolgt wird.

(2) [1]Die Staatsanwaltschaft kann insbesondere von der Verfolgung einer Tat, die nach den §§ 6 bis 12, 14 und 15 des Völkerstrafgesetzbuches strafbar ist, in den Fällen des § 153c Abs. 1 Nr. 1 und 2 absehen, wenn

55 Vgl. auch *Kleinknecht* JZ **1957** 410.

https://doi.org/10.1515/9783110590098-010

1. kein Tatverdacht gegen einen Deutschen besteht,
2. die Tat nicht gegen einen Deutschen begangen wurde,
3. kein Tatverdächtiger sich im Inland aufhält und ein solcher Aufenthalt auch nicht zu erwarten ist und
4. die Tat vor einem internationalen Gerichtshof oder durch einen Staat, auf dessen Gebiet die Tat begangen wurde, dessen Angehöriger der Tat verdächtig ist oder dessen Angehöriger durch die Tat verletzt wurde, verfolgt wird.

[2]Dasselbe gilt, wenn sich ein wegen einer im Ausland begangenen Tat beschuldigter Ausländer im Inland aufhält, aber die Voraussetzungen nach Satz 1 Nr. 2 und 4 erfüllt sind und die Überstellung an einen internationalen Gerichtshof oder die Auslieferung an den verfolgenden Staat zulässig und beabsichtigt ist.

(3) Ist in den Fällen des Absatzes 1 oder 2 die öffentliche Klage bereits erhoben, so kann die Staatsanwaltschaft die Klage in jeder Lage des Verfahrens zurücknehmen und das Verfahren einstellen.

Schrifttum

Effinowicz Aktuelles Gesetzgebungsvorhaben: Neufassung des Verbrechens der Aggression, JuS **2017** 24; *Gierhake* Das Prinzip der Weltrechtspflege nach § 1 Völkerstrafgesetzbuch und seine prozessuale Umsetzung in § 153f der Strafprozessordnung, ZStW **120** (2008), 375; *Greßmann/Staudigl* Die Umsetzung der Beschlüsse von Kampala in Deutschland, ZIS **2016** 798; *Schiemann* Deutsches Strafrecht rund um die Welt? Herausforderungen des Strafanwendungsrechts, JR **2017** 339; sowie Schriftum bei § 153c.

Entstehungsgeschichte

Durch Art. 3 Nr. 5 des Gesetzes zur Einführung des Völkerstrafgesetzbuches[1] wurde § 153f in die Strafprozessordnung neu eingefügt. Mit Art. 2 Abs. 3 des Gesetzes vom 22.12.2016[2] wurde der Anwendungsbereich des Absatzes 1 auf die neu geschaffenen §§ 13, 15 VStGB erweitert, wobei rein textlich die Änderung nur den § 15 VStGB betraf. Aus dem Text des Absatzes 2 wurde der neu geschaffene Art. 13 VStGB ausgenommen, auf § 15 VStGB wurde der Text jedoch ebenfalls erstreckt. Hintergrund dieser Änderung ist die Einführung des neuen Verbrechenstatbestandes der Aggression (§ 13 VStGB) in das VStGB in Umsetzung des Art. 8 IStGH-Statut (vgl. zum Statut unten Rn. 1) als ein Ergebnis der ersten Überprüfungskonferenz des Römischen Statuts vom 31.5. bis 11.6.2010 in Kampala.[3]

Übersicht

1 BGBl. I **2002** S. 2254, 2259.
2 BGBl. I 3150.
3 Siehe hierzu BTDrucks **18** 8621 S. 9; *Schiemann* JR **2017** 339; *Effinowicz* JuS **2017** 24; *Glauch* HRRS **2017** 85 ff.; zum Gesetzgebungsverfahren auch *Greßmann/Staudigl* ZIS **2016** 798 ff.

Alphabetische Übersicht

I. Bedeutung, Zweck und Inhalt der Vorschrift

1. Allgemeines. § 153f dient vorrangig der **Anpassung** des Strafrechts der Bundesrepublik Deutschland an das Römische Statut des Internationalen Strafgerichtshofes vom 17. Juli 1998[4] (IStGH-Statut) und weiteres allgemein anerkanntes Völkerrecht.[5] Das Römische Statut ist ein Vertragswerk zur Errichtung des IStGH, dessen Hauptfunktion es 1

4 Eine deutsche Übersetzung ist abgedruckt in EuGRZ **1998** 618 ff.

5 BTDrucks. **14** 8524 S. 1; *Fischer-Lescano* KJ **2005** 75.

ist, Verbrechen zu verfolgen und zu ahnden, die wegen ihrer Schwere über das einzelne Opfer hinaus auch die internationale Gemeinschaft als Ganzes berühren und deren Verfolgung durch Maßnahmen auf einzelstaatlicher Ebene und durch verstärkte internationale Zusammenarbeit gewährleistet werden soll.[6]

2 Damit wurde das **Weltrechtsprinzip**[7] (Universalitätsprinzip), das bislang nur in § 6 StGB Erwähnung fand und ein Strafverfolgungsinteresse der Weltgemeinschaft begründet, gleichgültig, wer die strafbare Handlung vornimmt oder wo und gegen wen sie begangen wird,[8] zunächst auf alle im VStGB enthaltenen Verbrechen ausgedehnt. Anknüpfungspunkt für den Verfolgungszwang der deutschen Strafverfolgungsbehörden ist also der Unrechtsgehalt der Tat selbst und nicht der Tatort (Territorialitätsprinzip) oder die Staatsangehörigkeit des Täters (aktives Personalitätsprinzip) bzw. des Opfers (passives Personalitätsprinzip). Der Auffassung des Bundesgerichtshofs, der neben dem Weltrechtsprinzip „einen hinreichenden inländischen Anknüpfungspunkt"[9] im Rahmen des § 6 StGB verlangte, um nicht gegen das völkerrechtliche Nichteinmischungsprinzip zu verstoßen, wird in Folge dessen eine Absage erteilt. In **§ 1 Satz 1 VStGB** wird das Weltrechtsprinzip für die nach den §§ 6 bis 12 VStGB strafbaren Verbrechen ohne das Erfordernis eines konkreten, einzelfallbezogenen Inlandsbezuges statuiert. Ob daraus zu folgern ist, dass die bisherige Rechtsprechung des Bundesgerichtshofs auch für das StGB keinen Bestand mehr haben kann, ist nach wie vor umstritten, jedoch zutreffend.[10] Die Einführung des Weltrechtsprinzips stellt auch entgegen der früheren Auffassung des Bundesgerichtshofs keinen Verstoß gegen das völkerrechtliche Interventionsverbot dar, da das IStGH-Statut in seiner Präambel die Legitimation hierzu enthält.[11] Mit der Statuierung des Weltrechtsprinzips hat die Bundesrepublik erstmals die bisher völkerrechtlich anerkannte Verfolgungs*befugnis* von Drittstaaten auf eine im Völkerrecht bislang so nicht angenommene Verfolgungs*pflicht* erweitert.[12]

3 Von der umfassenden Geltung des Weltrechtsprinzips ohne inländischen Anknüpfungspunkt enthält § 1 Satz 1 VStGB zunächst eine **Ausnahme** für die **Vergehenstatbestände** der **§§ 14 und 15 VStGB.**[13] Für diese Vorschriften gilt das Weltrechtsprinzip gemäß § 1 VStGB nicht, da sie nicht das gleiche Gewicht besitzen wie die Kernverbrechen der §§ 6 bis 12 VStGB. Für diese Vergehen bleibt es bei den allgemeinen Vorschriften der §§ 3 bis 7 StGB.[14] Dies stellt auch § 2 VStGB klar.

4 Eine weitere **Ausnahme** gilt aufgrund § 1 Satz 2 VStGB für den neu eingeführten Straftatbestand des Verbrechens der Aggression nach **§ 13 VStGB.** Insoweit ist der Anwendungsbereich des VStGB nur eröffnet, wenn es sich um eine Inlandstat handelt oder bei einer Auslandstat der Täter Deutscher ist oder die Tat sich gegen die Bundesrepublik

6 Vgl. Präambel des IStGH-Statuts.

7 Zum Weltrechtsprinzip ausführlich AnwK-StGB/*Zöller* § 6, 1 f. StGB

8 AnwK-StGB/*Zöller* § 6, 1 StGB; MüKo-StGB/*Ambos* § 6, 3; Schönke/Schröder/*Eser*/*Weißer* § 6, 1 StGB; LK/*Werle*/*Jeßberger* § 6, 3.

9 BGHSt **45** 64; BGH NStZ **1994** 232; NStZ **1999** 236 ff.; StV **1999** 240; zuletzt jedoch in Frage stellend BGH NJW **2002** 2728.

10 Vgl. zum Streitstand nur *Zimmermann* ZRP **2002** 97, 100; MüKo-StGB/*Ambos* § 6, 4 ff. StGB.; *Ambos* NStZ **1999** 404; *Werle* JZ **1999** 1812 f.; *Eser* FS Meyer-Goßner 14 ff.; *Satzger* NStZ **2002** 131; *Gierhake* ZStW **120** (2008) 382 f.

11 Absatz VI der Präambel lautet: „... daran erinnernd, daß es die Pflicht eines jeden Staates ist, seine Strafgerichtsbarkeit über die für internationale Verbrechen Verantwortlichen auszuüben"; vgl. auch BGHSt 46 307; MüKo-StGB/*Ambos* § 6, 5 StGB.

12 *Fischer-Lescano* KJ **2005** 75; *Werle*/*Jeßberger* JZ **2002** 725, 733; *Werle* Völkerstrafrecht[2] 310; krit. *Hoyer* GA **2004** 323, 331 ff. sowie *Keller* GA **2006** 34 f., 37.

13 Zu den einzelnen Tatbeständen des VStGB vgl. Rn. 9 f.

14 BTDrucks. **14** 8524 S. 14; *Ambos* NStZ **2006** 435.

Deutschland richtet. Diese Einschränkung begründet der Gesetzgeber mit der Stärkung des IStGH, dem Schutz der deutschen Justiz vor Überlastung insbesondere aber aufgrund der besonderen außenpolitischen Relevanz, die eine Verfolgung vor dem IStGH rechtfertige.[15]

2. Zweck und Inhalt der Vorschrift. Die immense Ausdehnung der Zuständigkeit der deutschen Strafverfolgungsbehörden durch das Weltrechtsprinzip in § 1 Satz 1 VStGB macht eine **Einschränkung auf prozessualer Ebene** notwendig. Zu diesem Zweck wurde § 153f eingefügt. Der ebenfalls für Auslandstaten geltende § 153c mit seinem weiten Ermessensspielraum ist als Ausnahmeregelung vom Legalitätsprinzip für die Tatbestände des VStGB nicht geeignet, da er eine unbedingte Verfolgung derselben nicht zu gewährleisten vermag und damit ihrer besonderen Schwere nicht in ausreichendem Maße Rechnung trägt. Denn vorrangiges Ziel der internationalen Zusammenarbeit aufgrund des IStGH-Statuts ist die Verhinderung einer Straflosigkeit (sog. „impunity“) der Täter völkerrechtlicher Verbrechen.[16] Zudem soll die Einstellungsmöglichkeit des § 153f dem sog. „Forum-Shopping“, d.h. der Gefahr der Wahl des expansivsten (nämlich des deutschen) Gerichtsstandes, entgegenwirken.[17] Diese Gefahr ist schon deshalb virulent, weil nur wenige Staaten das Weltrechtsprinzip unbedingt in nationales Recht inkorporiert haben.[18] 5

Die Vorschrift des § 153f **strukturiert die Ermessensausübung** deshalb in **zwei Richtungen**: Einerseits ergibt sich im Umkehrschluss der Norm für Fälle mit Inlandsbezug eine prinzipielle Verfolgungspflicht (Legalitätsprinzip), gleichzeitig ermöglicht sie es jedoch der deutschen Staatsanwaltschaft, bei Vorliegen bestimmter Fallkonstellationen von ihrer Verfolgungspflicht abzusehen und ausländischen oder internationalen Strafverfolgungsbehörden den Vortritt zu lassen.[19] Die Voraussetzungen, unter welchen Letzteres möglich ist, sind dabei relativ eng gefasst und restriktiv zu handhaben, um die Straflosigkeit des Täters zu verhindern. Dennoch kommt § 153f der Zwecksetzung des Gesetzgebers nach, derzufolge einer Überlastung der Strafverfolgungsbehörden als Folge der Ausweitung der Zuständigkeit gemäß § 1 VStGB entgegengewirkt werden soll. Andererseits begegnet § 153f der Gefahr unzweckmäßiger Ermittlungsarbeit in Fällen, die keinen Inlandsbezug aufweisen und nicht zuletzt deshalb keinen nennenswerten Aufklärungserfolg versprechen.[20] Hier kann in einem weiteren Ausmaß von der Strafverfolgung abgesehen werden. Der durch die Allzuständigkeit der deutschen Staatsanwaltschaft erhöhte Ermittlungsaufwand erhält somit durch § 153f ein wichtiges Korrektiv. Auch bedeutet die Vorschrift eine Entlastung der deutschen Staatsanwaltschaft von der oft sensiblen Entscheidung, ob sie wegen im Ausland begangener Völkerstraftaten eine Strafverfolgung durchführen soll.[21] Zwar schiebt § 153f das Legalitätsprinzip gegenüber der Einstellungsmöglichkeit mit weitem Ermessenspielraum bei allgemeinen Delikten mit 6

15 BTDrucks. **18** 8621 S. 13, 15; hierzu *Schiemann* JR **2017** 343; *Effinowicz* JuS **2017** 26; zum Strafanwendungsrecht auch *Glauch* HRRS **2017** 88.

16 *Ambos* NStZ **2006** 435; *Kreicker* in: Eser/Kreicker (Hrsg.) 261; KK/*Diemer* 2; MüKo/*Teßmer* 1; vgl. auch SK/*Weßlau*/*Deiters* 1f.; *Burghardt* KJ **51** (2018) 23.

17 *Ambos* NStZ **2006** 435; *Kurth* ZIS **2006** 83.

18 *Kurth* ZIS **2006** 83; vgl. *Keller* GA **2006** 25; *Kreß* ZIS **2007** 515f.

19 BTDrucks. **14** 8524 S. 37; *Basak* 506; Meyer-Goßner/*Schmitt* 1; *Pfeiffer* 1; KK/*Diemer* 3; AnwK-StPO/*Walther* 1; SK/*Weßlau*/*Deiters* 2; HK/*Gercke* 2; *Weigend* GedS Vogler 209; *Gierhake* ZStW **120** (2008) 376f.

20 *Eser*/*Kreiker* (Hrsg.) 261; *Kurth* ZIS **2006** 83; *Singelnstein*/*Stolle* ZIS **2006** 119; SK/*Weßlau*/*Deiters* 2; *Burghardt* KJ 51 (2018) 23; siehe auch BTDrucks. **14** 8254 S. 37.

21 BTDrucks. **14** 8524 S. 37.

Auslandsbezug nach § 153c verstärkt in den Vordergrund, gleichwohl stellt eine Einstellung gemäß § 153f letztendlich doch eine Opportunitätsentscheidung dar. Als diese Vorschrift im Jahre 2005 im sogenannten Abu-Ghraib-Verfahren/Irak erstmals angewendet wurde,[22] hat der Generalbundesanwalt von seinem (gebundenen) Ermessen – besser ist es insoweit von einem weiten Beurteilungsspielraum zu sprechen – Gebrauch gemacht, ohne den ihm gesteckten rechtlichen Rahmen zu sprengen. Das OLG Stuttgart hat diese Entscheidung zu Recht für rechtmäßig gehalten.[23] Die dagegen erhobene Kritik[24] kann im Ergebnis nicht überzeugen. Bei der Auslegung des § 153f darf der Grundsatz nicht aus den Augen verloren werden, dass zwar schwere völkerrechtliche Verbrechen nicht ungesühnt bleiben sollen, dass andererseits das deutsche Prozessrecht Möglichkeiten eröffnen muss, dem Subsidiaritätsprinzip und dem Grundsatz der Nichteinmischung verstärkt Geltung zu verschaffen (vgl. Rn. 33).

7 **3. Internationale Zuständigkeit.** Aus § 153f ergibt sich eine **gestufte Zuständigkeitspriorität.**[25] Die Feststellung der Zuständigkeit der Ermittlungsbehörden läuft demnach in zwei Stufen ab: **In erster Linie** sind zur Verfolgung der im VStGB unter Strafe gestellten Taten der Tatortstaat oder der Heimatstaat von Opfer oder Täter sowie ein zuständiger internationaler Gerichtshof berufen. **Auf zweiter Stufe** ist die Zuständigkeit von Drittstaaten gegeben, die aus dem Weltrechtsprinzip hervorgeht. Diese ist jedoch subsidiär gegenüber der Zuständigkeit der Ermittlungsbehörden auf erster Stufe. Sie fungiert lediglich als Auffangzuständigkeit, um einerseits eine Straflosigkeit der Täter zu vermeiden und um andererseits die primär zuständigen Gerichtsbarkeiten nicht in unangemessener Weise zu verdrängen. Dem Tatortstaat und dem Heimatstaat gebührt schon aufgrund des regelmäßig bestehenden besonderen Interesses an der Strafverfolgung der Vorrang. Auch unter praktischen Gesichtspunkten ist ihre Primärzuständigkeit zweckmäßig, da sie kraft sachlicher und räumlicher Nähe über die erfolgversprechenderen Aufklärungsmöglichkeiten verfügen. Was die Zuständigkeit internationaler Gerichtshöfe anbelangt, so vermögen nur sie dem internationalen Solidaritätsgedanken der Weltgemeinschaft ausreichend Ausdruck zu verleihen. Zudem ist eine internationale Institution typischerweise in der Lage, eine zwischenstaatliche Zusammenarbeit zu fördern und im Wege der vertikalen Beweisgewinnung effektivste Ergebnisse zu erzielen. Diese internationale Aufgabenverteilung steht mit dem in Art. 17 IStGH-Statut verankerten Komplementaritätsgrundsatz im Einklang.[26] Diesem zufolge soll der IStGH nur ergänzend zur nationalen Strafgerichtsbarkeit innerhalb der ersten Stufe, also subsidiär zum Heimat- oder Tatortstaat tätig werden.[27] Die abgestufte Zuständigkeitspriorität des § 153f findet damit ihre Entsprechung im IStGH-Statut, das für die Durchsetzung des Völkerstrafrechts ebenfalls zwei Möglichkeiten vorsieht, nämlich die direkte im Wege internationaler Strafverfolgung durch den IStGH (direct enforcement model) und die indirekte durch die jeweilige nationale Strafverfolgung der Unterzeichnerstaaten (indirect enforcement model).[28]

---

22 GBA JZ **2005** 311.
23 OLG Stuttgart NStZ **2006** 117 ff.
24 *Ambos* NStZ **2006** 434 ff.; *Basak* 506; *Fischer-Lescano* KJ **2005** 84 ff.; *Kurth* ZIS **2006** 81 ff.; vgl. auch *Keller* GA **2006** 34 ff; *Kreß* ZIS **2007** 515 ff.
25 *Ambos* NStZ **2006** 435; *Hoyer* GA **2004** 324 f.; *Kreicker* in: Eser/Kreicker (Hrsg.) 268 ff.; *Kurth* ZIS **2006** 84; *Pfeiffer* 1; KK/*Diemer* 3; SK/*Weßlau*/*Deiters* 2; HK/*Gercke* 2; *Gierhake* ZStW **120** (2008) 376 f.
26 BTDrucks. **14** 8524 S. 37.
27 *Weigend* GedS Vogler 201; ausführlicher dazu Rn. 23 ff.
28 *Ebert* FS Müller-Dietz 172 f.; *Satzger* NStZ **2002** 125.

II. Systematik des § 153f im Überblick

§ 153f flankiert die in § 1 VStGB statuierte Verfolgungspflicht für Völkerrechtsverbrechen. Diese prozessuale Flankierung des Weltrechtsprinzips ist bislang einzigartig in den nationalen Rechtsordnungen.[29] Zum einen wird eine nur unter sehr engen Voraussetzungen einschränkbare Verfolgungspflicht statuiert und nicht nur eine Verfolgungsbefugnis, wie sie bisher im Völkerrecht existiert, zum anderen wird durch § 153f erstmals ein Rangverhältnis zwischen den verschiedenen Gerichtsbarkeiten anerkannt. Diese Ansätze spiegeln sich in der Systematik des § 153f wieder. Die Vorschrift sieht in ihrem Absatz 1 die Möglichkeit einer Einstellung bzw. das Absehen von einer Strafverfolgung vor. Im Umkehrschluss ergibt sich daher aus § 153f Abs. 1, dass das Legalitätsprinzip grundsätzlich auch für die dem Weltrechtsprinzip unterliegenden Verbrechenstatbestände des VStGB gilt. In § 153f Abs. 2 werden dann Fälle genannt, in denen die Staatsanwaltschaft das Verfahren „insbesondere" einstellen kann. Nach Absatz 2 Satz 1 ist dies dann der Fall, wenn die Tat keinen inländischen Anknüpfungspunkt aufweist und die Strafverfolgung durch den Tatortstaat oder den Heimatstaat des Täters bzw. des Opfers gewährleistet; nach Satz 2, wenn sich der ausländische Tatverdächtige im Inland aufhält, aber die sonstigen Voraussetzungen des Satz 1 erfüllt sind und die Überstellung an einen internationalen Gerichtshof oder die Auslieferung an den verfolgenden Staat zulässig und beabsichtigt ist. In § 153f Abs. 3 wird die Rechtslage nach Erhebung der öffentlichen Klage geregelt. 8

III. Voraussetzungen des Absatzes 1 Satz 1

1. Systematik. Absatz 1 Satz 1 umschreibt die Grundkonstellation, bei welcher der Staatsanwaltschaft ein Einstellungsermessen eingeräumt wird: mangels Inlandaufenthaltes ist ein Zugriff auf den Verdächtigen wenig wahrscheinlich und die Strafverfolgung daher kaum Erfolg versprechend.[30] Die Varianten des Absatzes 1 Satz 2 und des Absatzes 2 Satz 1 bilden demgegenüber Spezialfälle, die in ihren Voraussetzungen enger gefasst sind, die aber vom Grundfall des Absatzes 1 Satz 1 mit umfasst werden. 9

2. Straftaten nach §§ 6 bis 15 VStGB. Es muss eine Tat, deren Strafbarkeit sich nach dem VStGB richtet, vorliegen. Für alle anderen Auslandstaten ist § 153c die einschlägige Vorschrift. § 153f ist demnach gegenüber § 153c die speziellere Norm, soweit es sich um strafbare Handlungen nach dem VStGB handelt.[31] 10

Das Völkerstrafrecht sanktioniert Verstöße von Individuen gegen das Völkerrecht.[32] Die Tatbestände der **§§ 6 bis 15 VStGB** sind in Teil 2 des VStGB (Straftaten gegen das Völkerrecht) geregelt. Abschnitt 1 umfasst mit § 6 VStGB den Völkermord und mit § 7 VStGB die Verbrechen gegen die Menschlichkeit. In seinem Abschnitt 2 regelt das VStGB die Kriegsverbrechen, die sich wie folgt gliedern: § 8 VStGB pönalisiert die Kriegsverbrechen gegen Personen, § 9 VStGB die Kriegsverbrechen gegen Eigentum und sonstige Rechte; § 10 VStGB stellt Kriegsverbrechen gegen humanitäre Operationen und Embleme unter Strafe, § 11 VStGB Kriegsverbrechen des Einsatzes verbotener Methoden der Kriegsführung und § 12 VStGB Kriegsverbrechen des Einsatzes verbotener Mittel der Kriegsführung. Abschnitt 3 enthält mit § 13 VStGB die Regelungen zum Verbrechen der Aggression. 11

---

29 *Werle/Jeßberger* JZ **2002** 725, 733.
30 *Singelnstein/Stolle* ZIS **2006** 120; MüKo/*Teßmer* 6; HK/*Gercke* 1; SK/*Weßlau/Deiters* 2.
31 Zum Verhältnis der §§ 153c und 153f zueinander, vgl. § 153c, 21 f.
32 *Schröder* in: Graf Vitzthum (Hrsg.) Völkerrecht[4] (2007) 7. Abschnitt III Rn. 37.

Letztlich sind in Abschnitt 4 die sonstigen Straftaten, namentlich § 14 VStGB, Verletzung der Aufsichtspflicht militärischer Befehlshaber und ziviler Vorgesetzter, sowie § 15 VStGB, das Unterlassen der Meldung einer Straftat, normiert. Bei den beiden letztgenannten Normen handelt es sich lediglich um Vergehen.[33]

12 **3. Auslandstat.** § 153f Abs. 1 Satz 1 gilt für die Fälle des **§ 153c Abs. 1 (Satz 1) Nr. 1 und 2**; § 153c Abs. 1 (Satz 1) Nr. 1 für Taten, die außerhalb der Bundesrepublik Deutschland begangen worden sind (Auslandstaten). Unerheblich ist, ob es sich bei dem Täter um einen Inländer oder Ausländer handelt. Wo eine Tat begangen ist, richtet sich nach § 9 StGB. Begehungsort ist danach sowohl der Tätigkeitsort als auch der Erfolgsort. § 153c Abs. 1 (Satz 1) Nr. 1 verlangt jedoch, dass sämtliche Begehungsorte i.S.d. § 9 StGB außerhalb des räumlichen Geltungsbereichs der StPO[34] liegen. Die Norm ist nicht anwendbar, wenn auch nur ein Mittäter im Inland gehandelt hat oder auch nur ein Erfolg im Inland eingetreten ist. Von der Strafverfolgung kann in Fällen der Teilnahme auch dann abgesehen werden, wenn der Teilnahmeort im Inland, der Tatort aber insgesamt im Ausland liegt (§ 9 Abs. 2 StGB).[35]

13 **§ 153f Abs. 1 (Satz 1) Nr. 2** gilt für Ausländertaten im Inland auf ausländischen Schiffen oder Luftfahrzeugen. Diese stellen Inlandstaten dar, sofern sie im Geltungsbereich der StPO begangen werden. § 153c Abs. 1 (Satz 1) Nr. 2 steht unter der doppelten Voraussetzung, dass (1) die Tat nur auf einem ausländischen Schiff oder Luftfahrzeug begangen wird und dass (2) der Täter ein Ausländer ist.[36]

14 **4. Prozessuale Tat.** Von der Nichtverfolgung erfasst ist jeweils die prozessuale Tat in ihrem ganzen Umfang. Mit Verbrechen nach dem VStGB tateinheitlich oder tatmehrheitlich zusammentreffende materiell-rechtliche Straftaten sind somit von der Verfahrenseinstellung oder der Nichtverfolgung mit umfasst. So kann beispielsweise auch der tateinheitlich mit Völkermord nach § 6 VStGB begangene Mord nach § 211 StGB bei einer Verfahrenseinstellung gem. § 153f nicht weiterverfolgt werden. Das Verfahren wegen Mordes muss nicht erst nach § 153c eingestellt werden.[37]

5. Kein Aufenthalt des Beschuldigten im Inland

15 **a) Der Beschuldigte.** Der Gesetzeswortlaut spricht von dem „Beschuldigten", also einem Tatverdächtigen, gegen den bereits Ermittlungen aufgenommen wurden. Die Verwendung dieser Begrifflichkeit legt die Vermutung nahe, es handle sich bei Absatz 1 Satz 1 nur um eine **Einstellungsermächtigung**, nicht hingegen um eine **Nichtverfolgungsermächtigung**. Allerdings widerspricht dies der Gesetzesbegründung. Dort wird angeführt, dass es im Fall des Absatzes 1 Satz 1 grundsätzlich in das Ermessen der Staatsanwaltschaft gestellt sei, die Verfolgung durchzuführen *oder von ihr abzusehen*.[38] Demnach räumt also auch Absatz 1 Satz 1 eine Nichtverfolgungsermächtigung ein. Anders gäbe diese Regelung auch keinen Sinn: Denn Absatz 1 Satz 1 ist der Grundfall,[39] der alle anderen Fälle des § 153f umfasst, insbesondere den des Absatzes 2 Satz 1, der aber

---

33 Vgl. Rn. 3.
34 Vgl. § 153c, 10.
35 Vgl. § 153c, 11 f.
36 Zu den Begriffsbestimmungen „Ausländer", „ausländische Schiffe" und „ausländische Luftfahrzeuge" vgl. § 153c, 15 f.
37 Zum Verhältnis der §§ 153c und 153f zueinander, vgl. § 153c, 21 f.
38 BTDrucks. **14** 8524 S. 38.
39 Vgl. dazu Rn. 8 f.

ausdrücklich nur den „Tatverdächtigen“ nennt. Damit wäre der Grundfall aber enger als der Sonderfall des Absatzes 2 Satz 1, der jedenfalls schon eine Nichtverfolgungsermächtigung beinhaltet und nicht erst eine Einstellungsermächtigung. Auch die Verweisung in Absatz 1 Satz 1 auf § 153c Abs. 1 (Satz 1) Nr. 1, der keine Unterscheidung zwischen Beschuldigtem und Tatverdächtigen vornimmt, sondern nur von der *begangenen Tat* spricht, lässt den Schluss zu, dass auch in Absatz 1 Satz 1 von einer Nichtverfolgungsermächtigung ausgegangen werden muss. Die bloße Eröffnung einer Einstellungsermächtigung würde zu einem reinen Formalismus führen, wenn die Staatsanwaltschaft zu dem Ergebnis kommt, dass ein Ermittlungsverfahren nicht lohnend ist, aber trotzdem erst ein Verfahren eröffnen müsste, um es dann sofort wieder einzustellen. Entgegen dem Wortlaut ist also von einer Nichtverfolgungsermächtigung auszugehen. Die Wahl der Begrifflichkeit „Beschuldigter“ ist als verfehlt zu betrachten.

b) Kein Aufenthalt im Inland. Der Tatverdächtige darf sich nicht im **Inland** aufhalten und ein solcher Aufenthalt darf auch nicht zu erwarten sein. Der Begriff des Inlandes umfasst das gesamte Gebiet der Bundesrepublik Deutschland, die Eigengewässer und Küstengewässer, soweit diese staatsrechtlich zum Staatsgebiet zählen, und den gesamten Luftraum über dem Geltungsgebiet.[40] Für die Annahme eines **Aufenthaltes** i.d.S. genügt bereits die nur vorübergehende Anwesenheit (beispielsweise wenn sich der Beschuldigte auf der Durchreise befindet), solange sie nur zu seiner Ergreifung ausreichend ist.[41] Die Anwesenheit kann freiwillig oder unfreiwillig sein. 16

Zusätzlich darf auch nicht zu erwarten sein, dass sich der derzeit nicht im Inland aufhaltende Tatverdächtige **künftig im Inland aufhalten wird** (Absatz 1 Satz 1 2. Halbsatz). Wann von einer solchen Erwartung auszugehen ist, lässt der Gesetzeswortlaut offen. Ob Anhaltspunkte hierfür vorliegen und wie diese gegebenenfalls zu bewerten sind, liegt allein im Beurteilungsspielraum der Staatsanwaltschaft. Problematisch ist hierbei, dass der Handlungsspielraum der Staatsanwaltschaft, den der Gesetzgeber aus den oben genannten Gründen (Rn. 4ff.) in § 153f durch seine genau katalogisierten Voraussetzungen eigentlich gerade reduziert wissen möchte, doch recht weit ausgedehnt wird. Dadurch können im Einzelfall Wertungswidersprüche entstehen. Bei der Lösung des Problems muss man sich jedoch die ursprüngliche Zielsetzung des Gesetzgebers vor Augen führen, dass die Ermittlungsressourcen der deutschen Staatsanwaltschaft nicht über Gebühr beansprucht werden sollen. Deshalb sollte eine negative Feststellung ausreichen. Konkrete Anhaltspunkte, die einen möglichen zukünftigen Aufenthalt in Deutschland nahe legen, können bereits dann ausgeschlossen werden, wenn der Beschuldigte keinerlei Bindungen oder Beziehungen beruflicher, persönlicher oder familiärer Art in Deutschland hat und es deshalb als fern liegend erachtet werden kann, dass er gerade in Deutschland Unterschlupf suchen wird. Um diese Feststellungen treffen zu können, ist kein unverhältnismäßiger Ermittlungsaufwand erforderlich, da sich dieser lediglich auf verfügbare Daten im Inland erstreckt. 17

6. Ermessen. Sofern sich der Tatverdächtige nicht im Inland aufhält und ein solcher Aufenthalt auch nicht zu erwarten ist, steht der Staatsanwaltschaft bei ihrer Entscheidung ein relativ weiter Ermessensspielraum zur Verfügung. Die Ausübung des Einstellungs- und Nichtverfolgungsermessens kann aber durch Zweckmäßigkeitserwägungen 18

---

40 Ausführlich zum funktionellen Inlandsbegriff vgl. § 153c, 10 ff.

41 BTDrucks. **14** 8524 S. 38; *Ambos* NStZ **2006** 436; *Basak* 507; *Fischer-Lescano* KJ **2005** 84; *Kreicker* in Eser/Kreicker (Hrsg.) 263; *Kurth* ZIS **2006** 84; Meyer-Goßner/*Schmitt* 5; HK/*Gercke* 4; MüKo/*Teßmer* 8; AnwK-StPO/*Walther* 3; SK/*Weßlau*/*Deiters* 9.

und völkerrechtliche Verpflichtungen sowie bei anderen Inlandsbezügen eingeschränkt sein. Einzelheiten sind oben in Rn. 4 bis 7 und unten in Rn. 26, 42 bis 44 dargestellt.

IV. Voraussetzungen des Absatzes 1 Satz 2

19 Ist in den oben beschriebenen Fällen des § 153c Abs. 1 (Satz 1) Nr. 1 der Tatverdächtige **Deutscher**, so kann die Staatsanwaltschaft von ihrer Nichtverfolgungsermächtigung nur dann Gebrauch machen, wenn die Tat vor einem internationalen Gerichtshof oder durch den Tatortstaat oder Heimatstaat des Opfers verfolgt wird (Absatz 1 Satz 2). Insofern dürfte die Verfolgung sog. „foreign figthers“ deutscher Staatsangehörigkeit und die hiermit in Verbindung stehende Frage der Aufnahme entsprechender Tatverdächtiger wie sie derzeit in Bezug auf Kämpfer des sog. Islamischen Staates diskutiert wird, zumindest dann zweifelsfrei beantwortet werden können, wenn die Verwirklichung einer der Tatbestände der §§ 6–15 VStGB im Raume steht.[42]

20 **1. Tatortstaat oder Heimatstaat des Opfers.** Relativ unproblematisch feststellbar dürfte im Regelfall sein, ob die Tat durch den **Tatortstaat oder Heimatstaat des Opfers** verfolgt wird. Ist dies der Fall, so wird dem besonderen Interesse dieser Staaten dadurch Rechnung getragen, dass sie vorrangig für die Strafverfolgung zuständig sind. Eine Ausnahme muss aber gemacht werden, wenn nur zum Schein oder ohne ernsthaften Verfolgungswillen verfolgt wird, um damit den Beschuldigten einer Strafverfolgung zu entziehen (sog. „Scheinverfolgung“).[43] Dies gebietet der Zweck der Regelung, eine lückenlose Strafverfolgung zu gewährleisten.

21 **2. Verfolgung vor einem internationalen Gerichtshof.** Bislang existieren der Internationale Strafgerichtshof für Ruanda (IStGHR), der Internationale Strafgerichtshof für Jugoslawien (IStGHJ), sowie der Internationale Strafgerichtshof in Den Haag (IStGH). Nunmehr ist von diesen nur Letzterer verblieben. Die verbliebenen Aufgaben des IStGHR und des IStGHJ liegen nunmehr in der Kompetenz des International Residual Mechanism for Criminal Tribunals.

22 **a) Die ad-hoc-Gerichtshöfe.** Die ad-hoc-Gerichtshöfe haben im Rahmen einer friedenssichernden Maßnahme der UN nach Kap. 7 der UNO-Charta von vorneherein eine vorrangige Strafgewalt.[44] Derzeit existieren keine solchen ad-hoc-Gerichtshöfe. In Art. 9 IStGHJ-Statut und in Art. 8 IStGHR-Statut war wegen der friedenssichernden Funktion dem jeweiligen Strafgerichtshof ein Vorrang eingeräumt gegenüber anderen konkurrierenden nationalen Jurisdiktionen. Das Tribunal konnte in jedem Stadium das Verfahren an sich ziehen, aber auch entscheiden, dass ein Verfahren vor einem nationalen Gericht geführt wurde. Diese teilweise Verdrängung der nationalen Gerichtsbarkeit durch die Betonung der internationalen Zuständigkeit erklärte sich aus der Natur der ganz speziellen Konflikte. Der UN-Sicherheitsrat wollte für einen begrenzten Zeitraum und bestimmte Sachverhalte klare Regelungen der Verfolgung der im Rahmen der beiden militärischen Auseinandersetzungen begangenen Völkerstraftaten treffen, um ein für alle Mal diese Taten vor einem internationalem Spruchkörper gebündelt zu verfolgen und zu ahnden.

---

42 Zu der Problematik der Strafverfolgung der sog. *„foreign figthers“* ausführlich *Ritscher* ZIS **2016** 807 f.
43 BTDrucks. **14** 8524 S. 38.
44 *Lagodny* ZStW **113** (2001) 801.

b) Der Internationale Strafgerichtshof. Art. 17 des IStGH-Statuts bestimmt den **Grundsatz der Komplementarität**, wonach der IStGH nur strafverfolgend tätig werden darf, wenn kein Staat, der Gerichtsbarkeit über die Sache hat, Ermittlungen durchführt (Art. 17 Abs. 1 lit.a) oder sich entschieden hat, Ermittlungen aufzunehmen (Art. 17 Abs. 1 lit.b).[45] Der IStGH soll die nationale Strafgerichtsbarkeit nur ergänzen und in erster Linie in den Fällen tätig werden, in denen eine lückenlose und effektive Strafverfolgung durch den primär zuständigen Staat nicht sichergestellt ist. 23

Andererseits kann nach dem Wortlaut des § 153f Abs. 1 Satz 2 die deutsche Staatsanwaltschaft von ihrer **Einstellungsermächtigung** nur dann Gebrauch machen, wenn der **IStGH die Strafverfolgung bereits aufgenommen** hat („... wenn die Tat ... verfolgt *wird*"). Gerade dies ist jedoch nach Art. 17 IStGH-Statut nicht möglich, solange noch ein Staat Ermittlungen durchführt. Somit scheinen Art. 17 IStGH-Statut und § 153f durch das Erfordernis der bereits aufgenommenen Verfolgung vor dem IStGH[46] sich gegenseitig in ihrer Anwendung auszuschließen. Allerdings wird in der Gesetzesbegründung Art. 17 IStGH-Statut dahingehend ausgelegt, dass das Komplementaritätsprinzip keinesfalls so zu verstehen sei, „dass auch der Staat, der im konkreten Fall zur Strafverfolgung *allein nach dem Weltrechtsprinzip* berufen ist, dazu ermutigt wird, diese Zuständigkeit gegenüber dem IStGH durchzusetzen".[47] 24

Dieser Konflikt ist wie folgt zu lösen: Ist der Beschuldigte Deutscher, so ist Deutschland **als Heimatstaat des Täters primär zur Verfolgung berufen**. Die nationalen Behörden, namentlich das BMJ im Einvernehmen mit dem AA und der zuständigen obersten Bundesbehörde, können aber gemäß § 68 IStGHG[48] i.V.m. Art.14 IStGH-Statut den Internationalen Gerichtshof ersuchen, die Sache zu übernehmen. Dazu ist es notwendig, dass die Staatsanwaltschaft das Verfahren nach § 153f Abs. 1 einstellt. Mit der Stellung des Ersuchens ist die Strafverfolgung in jedem Fall gewährleistet: Übernimmt der IStGH, so begründet er damit seine Zuständigkeit für das Verfahren. Übernimmt er jedoch nicht oder stellt er das Verfahren ein, so können die deutschen Ermittlungsbehörden die Verfolgung jederzeit wieder aufnehmen. Dies ergibt sich aus dem Rechtsgedanken des § 170 Abs. 2, wonach die Einstellung keinen Strafklageverbrauch zur Folge hat und damit keine Rechtskraft eintritt, so dass das Verfahren jederzeit wieder aufgenommen werden kann.[49] Dadurch werden Strafbarkeitslücken vermieden, womit der ratio legis entsprochen wird, den Täter völkerrechtlicher Verbrechen keinesfalls straffrei ausgehen zu lassen. Unschädlich ist dabei, dass im umgekehrten Fall die Einstellung durch die nationalen Behörden für den IStGH gemäß Art. 17 Abs. 1 IStGH-Statut (Grundsatz der Komplementarität) Rechtskraft entfaltet. Denn es soll damit nur der Vorrang der nationalen Jurisdiktionen gesichert werden. Der IStGH wird nur ergänzend tätig und stellt sich an die Seite der nationalen Gerichtsbarkeit, weshalb er diese lediglich ablösen, aber nicht aufheben kann. Sie bleibt trotz Ermittlungen des IStGH bestehen und kann wieder aufleben, indem sie von ihrer Zuständigkeit Gebrauch macht, wenn der IStGH von Ermittlungen (wieder) absieht. Die Einstellung durch den IStGH entfaltet damit keine Rechtskraft für nationale Ermittlungstätigkeiten. Allenfalls könnte dem der Grundsatz der Achtung und Durchsetzung der internationalen Rechtspflege[50] entgegenstehen, aus 25

45 Vgl. mit Blick auf terroristische Taten auch *Mavany* ZIS **2007** 329.
46 Auszuschließen ist dabei die Verfolgung durch den Heimat- oder Tatortstaat.
47 BTDrucks. **14** 8524 S. 37.
48 Art. 1 des Gesetzes zur Ausführung des Römischen Statuts des Internationalen Strafgerichtshofs vom 17.7.1998, BGBl. I **2002** S. 2144, zuletzt geändert durch Art. 13 des Gesetzes vom 17.8.2017, BGBl I S. 3202.
49 *Beulke/Swoboda* 320; näher LR/*Graalmann-Scheerer* § 170, 50 f.
50 Vgl. Absatz 11 der Präambel des IStGH-Statuts.

dem jedoch keine Rechtskraftentfaltung im Hinblick auf eine Einstellung abzuleiten ist. Um § 153f Abs. 1 Satz 2 (und Absatz 2 Satz 1 Nr. 4, vgl. Rn. 33) in Einklang mit den Zielen des Gesetzgebers und den Vertragsstaaten des IStGH-Statuts zu bringen und praktikable Ergebnisse zu erzielen, muss also, den Wortlaut des § 153f Abs. 1 Satz 2 einschränkend, das Stellen des Ersuchens als Voraussetzung für eine Einstellung ausreichen und nicht erst die tatsächliche und gegenwärtige Verfolgung vor dem IStGH. Damit ist im Ergebnis festzuhalten, dass sich die Vorschrift des § 153f und die des Art. 17 IStGH-Statut in ihrem Anwendungsbereich nicht gegenseitig ausschließen.

V. Voraussetzungen des Absatzes 2 Satz 1

26 **1. Systematik und Verhältnis zu Absatz 1.** Der Fall des Absatzes 2 ist durch seine katalogisierten, eng gefassten Voraussetzungen, die zudem kumulativ vorliegen müssen, die speziellste Variante des Absatzes 1 Satz 1. Da aber diese strengen Voraussetzungen des Absatzes 2 Satz 1 leicht zu umgehen wären, wenn bei ihrem Nichtvorliegen ohnehin meist nach dem Grundfall des Absatzes 1 Satz 1 eingestellt werden könnte, stellt sich die Frage, wie Absatz 2 Satz 1 neben Absatz 1 Satz 1 zu verstehen ist. Ursprünglich war Absatz 2 als „Soll"-Vorschrift im Hinblick auf die Einstellung des Verfahrens vorgesehen.[51] Danach hätte sich zwischen Absatz 1 und 2 ein Stufenverhältnis ergeben, wonach nicht nur eingestellt werden *kann* (wie in Absatz 1 Satz 1 vorgesehen), sondern sogar eingestellt werden *soll*, wenn keinerlei Inlandsbezug besteht. Dem Gesetzgeber zufolge hätte die Formulierung als Soll-Vorschrift jedoch leicht zu dem Missverständnis geführt, dass § 153f das Weltrechtsprinzip partiell zurücknehmen würde.[52] Zudem sollte in Einzelfällen die inländische Verfolgung von Taten ermöglicht werden, die eine größere in Deutschland befindliche Opfergruppe betreffen.[53] Für derartige Fälle sollte vermieden werden, dass sich die Staatsanwaltschaft, die bei Vorliegen aller Voraussetzungen des Absatzes 2 das Verfahren fortführt, rechtfertigen muss. Infolgedessen wurde Absatz 2 als „Kann insbesondere"-Vorschrift ausgestaltet. So wird auch dem Legalitätsprinzip in höherem Maße Geltung verschafft. Mit der Änderung sollte also in erster Linie die Ermessensreduktion einer Soll-Vorschrift abgeschwächt werden, wobei das „insbesondere" nicht dahingehend verstanden werden darf, dass damit nur ein Regelbeispiel gemeint ist. Vielmehr sollte das Stufenverhältnis im Hinblick auf die ursprüngliche Formulierung des Absatzes 2 Satz 1 erhalten bleiben und der Staatsanwaltschaft in diesem evident inlandsfernen Fall die Einstellungsmöglichkeit „insbesonders" nahegelegt werden. Auf der Basis der relativ engen Regelung des Absatzes 2 Satz 1 kommt das Legalitätsprinzip wiederum stärker zum Tragen, wenn nur eine der vier folgenden Nummern nicht erfüllt ist. Wenn beispielsweise ein Inlandsbezug besteht (vgl. Nr. 1, 2 und/oder 3), jedoch keine andere Jurisdiktion bisher Ermittlungen aufgenommen hat, so gebietet es die weltweite Solidarität, dass im Regelfall die deutschen Ermittlungsbehörden selbständig und unabhängig von einem konkreten Rechtshilfeersuchen tätig werden, um das fremde Verfahren nach Kräften zu unterstützen. Folglich ergibt sich für die Anwendung des Absatzes 1 Satz 1, dass schon bei Bestehen irgendeines Anknüpfungspunktes im Inland – und nicht nur bei dem in Absatz 1 Satz 1 genannten Inlandsaufenthalt – jedenfalls im Regelfall[54]

---

51 Vgl. noch die Entwurfsfassung BTDrucks. **14** 8524 S. 10.

52 BTDrucks. **14** 8892 S. 6; krit. *Kreicker* in: Eser/Kreicker (Hrsg.) 265.

53 BTDrucks. **14** 8892 S. 6; Meyer-Goßner/*Schmitt* 8.

54 Meyer-Goßner/*Schmitt* 8 f.; KK/*Diemer* 9; noch stärker zugunsten einer Anklagepflicht BTDrucks. **14** 8524 S. 38; vgl. auch SK/*Weßlau*/*Deiters* 13.

nicht von der in Absatz 1 Satz 1 eingeräumten Nichtverfolgungs- und Einstellungsermächtigung Gebrauch gemacht werden soll.

Die soeben ausgeführten Grundsätze gelten jedoch nicht, soweit eine **Straftat nach § 13 VStGB** im Raume steht. Dies folgt aus dessen Nichtaufnahme in den Katalog des Absatzes 2 Satz 1. Denn mangels Aufnahme kann schon kein Stufenverhältnis in Bezug auf § 13 VStGB vorliegen. Somit kann auch bei Bestehen irgendeines Inlandsbezuges von der Nichtverfolgungs- und Einstellungsermächtigung des Absatzes 1 Satz 1 in Bezug auf eine Tat nach § 13 VStGB Gebrauch gemacht werden. Solcherlei Einstellungen werden aufgrund des engen Strafanwendungsbereichs des § 13 VStGB, der sich aus § 1 Satz 2 VStGB ergibt, in ihrer Zahl praktisch irrelevant sein. 27

2. Voraussetzungen im Einzelnen. Nur wenn die Voraussetzungen des Absatzes 2 Satz 1 **kumulativ** vorliegen, ist die Einstellungs- und Nichtverfolgungsermächtigung nach Absatz 2 Satz 1 gegeben. 28

a) Fall des § 153f Abs. 1 Satz 1. Erste Voraussetzung des § 153f Abs. 2 Satz 1 ist, dass der Grundfall des § 153f Abs. 1 Satz 1, mithin eine nach den §§ 6 bis 15 VStGB strafbare **Auslandstat** gemäß § 153c Abs. 1 (Satz 1) Nr. 1 und 2, vorliegt. 29

b) Absatz 2 Satz 1 Nr. 1. Es darf **kein Tatverdacht gegen einen Deutschen** bestehen. Dabei ist ein begründeter Tatverdacht ausreichend. Dieser ist anzunehmen, wenn Tatsachen vorliegen, die auf eine nahe liegende Möglichkeit der Täterschaft oder Teilnahme schließen lassen.[55] Deutscher ist gem. Art. 116 GG, wer die deutsche Staatsangehörigkeit besitzt.[56] Der Tatverdächtige muss also Ausländer sein. 30

c) Absatz 2 Satz 1 Nr. 2. Das **Opfer der Tat darf nicht Deutscher** sein. 31

d) Absatz 2 Satz 1 Nr. 3. Der Tatverdächtige darf sich **nicht im Inland aufhalten.** Ein solcher Aufenthalt darf auch nicht zu erwarten sein. Zum funktionellen Inlandsbegriff, vgl. Rn. 16, § 153c, 10ff. Die vorübergehende Anwesenheit ist ausreichend. Zu den Voraussetzungen, unter denen ein zukünftiger Aufenthalt im Inland zu erwarten ist, vgl. Rn. 17. Der Wortlaut „kein Tatverdächtiger" stellt klar, dass bereits die Anwesenheit nur eines an der Tat Beteiligten in Deutschland der Nichtverfolgung bzw. Einstellung des Verfahrens entgegensteht.[57] 32

e) Absatz 2 Satz 1 Nr. 4. Die Tat muss vor einem internationalen Strafgerichtshof oder durch den Tatortstaat, den Heimatstaat des Opfers oder den Heimatstaat des Täters verfolgt werden. Anders als in Absatz 1 Satz 2 wird in § 153f Abs. 2 Satz 1 nur der Tatverdächtige erfasst, der nicht Deutscher ist, weshalb hier nun auch die Strafverfolgung durch den Tatortstaat des Täters oder den Staat, dessen Staatsangehörigkeit der Täter oder das Opfer besitzt, genannt wird. Auch in diesem Fall genügt eine „Scheinverfolgung" nicht.[58] Ob die anderen Staaten lediglich Scheinverfolgungen betreiben, muss der Generalbundesanwalt entscheiden. Bei dieser Rechtsfrage steht ihm ein sehr weiter Beurteilungsspielraum zur Verfügung (zur später auf der Rechtsfolgenseite vorzunehmenden Ermessensentscheidung siehe Rn. 42ff.). Der Generalbundesanwalt ist befugt, von 33

---

55 *Fincke* ZStW **95** (1983) 918; näher § 152, 27f.
56 Vgl. zu den Begrifflichkeiten „Deutscher" und „Ausländer" § 153c, 16.
57 *Basak* 506; *Fischer-Lescano* KJ **2005** 84f.
58 *Fischer-Lescano* KJ **2005** 87; KK/*Diemer* 9; vgl. Rn. 20.

einer Vermutung auszugehen, dass in rechtsstaatlich organisierten Ländern „die Tat... verfolgt wird", so dass die Voraussetzungen der Nr. 4 erfüllt sind.[59] Solange sich keine gegenteiligen Anhaltspunkte aufdrängen, wird man von ihm keine Prüfungspflicht hinsichtlich einzelner Justizmaßnahmen im Ausland gegen einzelne Beschuldigter verlangen können.[60] Wenn der Generalbundesanwalt zur Konkretisierung, was als „Tat" im Sinne der Nr. 4 zu verstehen ist, auf den Grundgedanken des Art. 14 IStGH-Statut verweist und es deshalb für ausreichend erklärt, dass im anderen Staat im Hinblick auf den „Gesamtkomplex und nicht auf einen einzelnen Tatverdächtigen und seinen speziellen Tatbeitrag bezogen" ermittelt wird, so wird dies zu Recht kritisiert, weil die Art. 13 und 14 IStGH-Statut lediglich eine Handlungsanweisung für erste Schritte der Staatsanwaltschaft beim IStGH in Richtung auf Einleitung eines Verfahrens speziell beim IStGH darstellen. Nur in dieser besonderen Konstellation ist es sinnvoll, auf eine „Situation" abzustellen und nicht auf das Verhalten bestimmter Täter. Es kommt aber auf diese Abgrenzung gar nicht an, denn die Zurückhaltung gegenüber einer Überprüfungspflicht des justiziellen Vorgehens in anderen Staaten – die dem Subsidiaritäts- und Nichteinmischungsprinzip grob zuwiderlaufen würde – ergibt sich bereits aus dem Gesamtzusammenhang der Regelung des § 153f selbst (vgl. Rn. 2, 7). Wie in Absatz 1 Satz 2 könnte sich auch hier das Problem der sich gegenseitig bedingenden Voraussetzungen in Art. 17 IStGH-Statut und § 153f stellen.[61] Im vorliegenden Falle ist jedoch die Bundesrepublik Deutschland **allein aufgrund des Weltrechtsprinzips** aus § 1 Satz 1 VStGB zur Strafverfolgung berufen. Ausweislich der Gesetzesbegründung ist Art.17 IStGH-Statut nicht dahingehend auszulegen, dass auch Drittstaaten von ihrer vorrangig eingeräumten Gerichtsbarkeit Gebrauch machen sollen.[62] Der Umstand, dass Art. 17 IStGH-Statut nicht zwischen Staaten, die nach dem Weltrechtsprinzip und solchen, die aufgrund des Territorialitätsprinzips oder des Personalgrundsatzes zuständig sind, unterscheidet, ist dabei zugunsten des Solidaritätsgedankens und der effektiveren vertikalen Verfolgung zu vernachlässigen. Es erfolgt also eine Einschränkung des Art. 17 IStGH-Statut nach Art der Zuständigkeit. Deutschland soll demnach seine lediglich durch das Weltrechtsprinzip begründete Zuständigkeit gegenüber dem IStGH nicht mit aller Macht durchsetzen. Dem Willen des Gesetzgebers zufolge stellt sich im Ergebnis die Zuständigkeit von Deutschland als Drittstaat als subsidiär gegenüber der des IStGH dar.[63]

34 **3. Ermessen.** Der Beurteilungs- und Ermessensspielraum ist durch die eng gesetzten Voraussetzungen und die Formulierung des Absatzes 2 Satz 1 als „kann insbesondere"-Vorschrift relativ eng begrenzt. Im Regelfall wird die Staatsanwaltschaft bei Erfüllung aller Voraussetzungen des § 153f Abs. 2 Satz 1 das Verfahren einstellen. In extremen Einzelfällen mag es sogar vorkommen, dass aus völkerrechtlichen Erwägungen das Ermessen dahingehend auf Null reduziert ist, dass das Verfahren eingestellt werden muss. Jenseits dieser Ausnahmekonstellationen kann es aber auch vorkommen, dass trotz Vorliegens der Voraussetzungen des Absatzes 2 Satz 1 die Aufnahme oder Fortsetzung der Ermittlungen opportun erscheint. Auch diese Entscheidung liegt im Rahmen dessen, was

---

59 Zur Verfassungsgemäßheit und der Einordnung ausländischer Rechtspflege siehe BVerfG NJW **2011** 2569.

60 **A.A.** *Ambos* NStZ **2006** 436 f.; *Basak* 510 f.; *Fischer-Lescano* KJ **2005** 86; *Keller* GA **2006** 35 f.; *Kurth* ZIS **2006** 85; *Singelnstein/Stolle* ZIS **2006** 85.

61 Rn. 24 ff.

62 BTDrucks. **14** 8524 S. 37; mit dieser Forderung bereits *Kreß* NStZ **2000** 617, 625; *Benvenuti* in Lattanzi/Schabas (Hrsg.), Essays on the Rome Statute of the International Criminal Court, Band 1 (2000) S. 48.

63 So bereits gefordert von *Kreß* NStZ **2000** 617, 625.

§ 153f Abs. 2 Satz 1 zulässt. Weitere Einzelheiten sind bereits oben in den Rn. 4 bis 8 und 26, sowie unten in Rn. 42 bis 44 dargestellt.

VI. Voraussetzungen des Absatzes 2 Satz 2

1. Allgemeines. Hält sich der beschuldigte Ausländer im Inland auf, ist also das Erfordernis der Nr. 3 in Absatz 2 Satz 1 nicht erfüllt, so kann die Staatsanwaltschaft gleichwohl einstellen, wenn die sonstigen Voraussetzungen des Satzes 1 gegeben sind. Hinzukommen muss, dass die deutschen Ermittlungsbehörden die Überstellung an einen internationalen Gerichtshof oder die Auslieferung an den verfolgenden Heimat- oder Tatortstaat beabsichtigen und dies auch zulässig ist. Auf diesem Wege soll einer näherliegenden anderweitigen Strafverfolgung Vorrang gewährt werden. Entgegen dem Wortlaut und der Systematik handelt es sich hierbei um eine besondere Einstellungsart, und nicht (anders als bei Absatz 1 Satz 2 sowie Absatz 2 Satz 1) um einen Unterfall des Absatzes 1 Satz 1.[64] **35**

2. Auslandstat. Wiederum muss es sich um eine im Ausland begangene Tat handeln, die nach dem VStGB strafbar ist.[65] **36**

3. Ausländer. Der Beschuldigte darf kein Deutscher im Sinne von Art. 116 GG sein. **37**

4. Aufenthalt im Inland. Der beschuldigte Ausländer muss sich im Inland aufhalten. Auch die nur vorübergehende Anwesenheit ist bereits ausreichend, solange sie zu seiner Ergreifung genügt.[66] **38**

5. Voraussetzungen des Satz 1 Nr. 2 und 4. Die Voraussetzungen des Satz 1 Nr. 2 und 4 müssen vorliegen, d.h. das Opfer der Tat darf kein Deutscher i.S.v. Art. 116 GG sein und die Tat muss vor einem internationalen Gerichtshof oder durch den Heimat- oder Tatortstaat verfolgt werden (vgl. Rn. 31, 33). **39**

6. Überstellung an einen internationalen Gerichtshof. Die Überstellung an einen internationalen Gerichtshof muss beabsichtigt und zulässig sein. Erforderlich ist zwar nicht die tatsächliche Durchführung der Überstellung, jedoch sind die bestandskräftige Anordnung der Überstellungshaft durch das Oberlandesgericht nach §§ 10 ff. IStGHG und ihre Bewilligung nach § 6 IStGHG zu fordern. Nur dann kann eine hinreichende Überstellungsabsicht angenommen werden. Es genügt deshalb nicht, wenn lediglich die Voraussetzungen hierfür vorliegen.[67] Die Überstellung ist zulässig, wenn der IStGH um Überstellung des Beschuldigten ersucht[68] und das Oberlandesgericht diese für zulässig erklärt[69] oder im Wege des vereinfachten Verfahrens sich der Verfolgte, gegen den ein Überstellungshaftbefehl gem. § 12 IStGHG besteht, mit der vereinfachten Überstellung einverstanden erklärt hat.[70] **40**

---

64 Ebenso *Singelnstein/Stolle* ZIS **2006** 119; ähnlich SK/*Weßlau/Deiters* 4; *Kurth* ZIS **2006** 84; KK/*Diemer* 7.
65 Vgl. Rn. 12.
66 Vgl. Rn. 16.
67 Vgl. § 154b, 4, 6b.
68 § 2 Abs. 1 IStGHG i.V.m. Art. 89 ff. IStGH-Statut.
69 §§ 6, 20 ff. IStGHG.
70 § 32 IStGHG i.V.m. Art. 92 Abs. 3 IStGH-Statut.

41 **7. Auslieferung an den verfolgenden Staat.** Alternativ zur Überstellung an einen internationalen Gerichtshof fordert Absatz 2 Satz 2 die beabsichtigte und zulässige Auslieferung an den verfolgenden Staat. Es genügt bereits die bestandskräftige Anordnung der Auslieferung, ihr Vollzug ist hingegen nicht erforderlich.[71] Die Auslieferung ist zulässig, wenn sie gerichtlich für zulässig erklärt worden ist, § 12 IRG, oder der Verfolgte sich mit ihr einverstanden erklärt hat, § 41 IRG, und sie von der Bundesregierung bewilligt worden ist. Der Ansicht des Generalbundesanwaltes[72] und des OLG Stuttgart,[73] eine jederzeitige Zugriffsmöglichkeit des Entsende- und Heimatstaates auf in Deutschland stationierte Angehörige seiner Streitkräfte mache die erforderliche Auslieferung entbehrlich, ist zuzustimmen. Militärangehörige unterstehen, unabhängig von ihrer Stationierung in Deutschland, der direkten Befehlsgewalt und Gerichtsbarkeit ihres Staates. Wenn es sich um Angehörige eines Staates handelt, der rechtsstaatlich organisiert ist und bei dem deshalb von einer Verfolgung der Tat ausgegangen werden kann (solange Gegenteiliges nicht eindeutig festzustellen ist, vgl. Rn. 33), wäre eine formelle Auslieferung sinnwidrig. Denn das Erfordernis der Auslieferung soll lediglich sicherstellen, dass der verfolgende Staat auf den Beschuldigten zugreifen kann.

VII. Die Ausübung des Ermessens

42 Die Einführung des Weltrechtsprinzips für die Verbrechen der §§ 6–12, 14 und 15 VStGB in § 1 Satz 1 VStGB führt zu einer immensen Ausdehnung der Zuständigkeit der deutschen Strafverfolgungsbehörden (oben Rn. 4). Um diese nicht zu überfordern, muss diese allumfassende Zuständigkeit im Prinzip mit einem **weiten Ermessensspielraum** korrespondieren. Dies ist jedoch so nur in § 153c für allgemeine Auslandstaten verwirklicht. Hingegen möchte § 153f im Falle der Straftaten nach §§ 6 bis 15 VStGB, abseits von den Besonderheiten in Bezug auf § 13 VStGB, das Einstellungsverhalten der deutschen Strafverfolgungsbehörden stärker vorprogrammieren. Einerseits soll das Ermessen in Richtung einer strikteren Beachtung des Legalitätsprinzips reduziert werden, wenn sonst eine Straffreiheit des Täters drohen würde. Ihre Entscheidung das Verfahren fortzuführen, muss sich an ihrer besonderen Verpflichtung der Weltgemeinschaft gegenüber sowie an dem internationalen Solidaritätsgedanken orientieren. Andererseits muss auch auf die Zweckmäßigkeit ihres Tuns geachtet werden. Insbesondere besteht ein klarer Vorrang der Abstandnahme vom Verfahren bzw. der Einstellung des Verfahrens, sofern vorrangig zuständige Jurisdiktionen bereits ermittelnd tätig sind (siehe bereits oben Rn. 7 sowie 33). Zwischen diesen beiden Polen – möglichst umfassende Zuständigkeit der deutschen Justiz und Zurücktreten der deutschen Justiz – sind alle Entscheidungen angesiedelt.

43 **Gegen eine Verfolgungspflicht** und somit für ein Absehen von der Einleitung eines Strafverfahrens bzw. für eine Einstellung spricht die unendliche Weite des Weltrechtsprinzips. Deshalb ergibt sich ein weiter Ermessensspielraum aus Absatz 1 Satz 1. So kann z.B. die Einstellung oder Nichtverfolgung geboten sein, wenn bereits ein vorrangig berufener Staat oder eine internationale Behörde strafverfolgend tätig ist und dies die Bestrafung des Täters lückenlos zu gewährleisten vermag. Vor allem bei Taten von Ausländern ohne jeglichen Inlandsbezug wären die deutschen Strafverfolgungsbehörden überfordert, wenn sie zu einer noch dazu wenig erfolgsversprechenden Ermittlungsarbeit verpflichtet wären. In solchen völlig inlandsfernen Fällen legt deshalb Absatz 2 Satz 1 die

71 Vgl. § 154b, 4.
72 GBA JZ **2005** 311.
73 OLG Stuttgart NStZ **2006** 118.

Einstellung „insbesonders" nahe. Im Einzelfall kann der Ermessensspielraum sogar relativ eng sein und auf eine Einstellungspflicht hinauslaufen, weil sich die nationale Jurisdiktion allein aus Zweckmäßigkeitsgesichtspunkten heraus und aufgrund völkerrechtlicher Vereinbarungen bei Vorliegen aller in § 153f Abs. 2 Satz 1 und 2 kumulativ aufgeführten Voraussetzungen einer Verfahrenseinstellung kaum entziehen kann[74] (siehe bereits oben Rn. 26, 33 und 34). Andererseits ist in markanten Einzelfällen als Ausfluss der „kann insbesondere"-Regelung aber auch die Fortsetzung des Verfahrens denkbar, obwohl alle Voraussetzungen des Absatzes 2 Satz 1 erfüllt sind, so zum Beispiel wenn eine größere, in Deutschland befindliche Opfergruppe betroffen ist.[75] Ferner wird die deutsche Strafverfolgung trotz Vorliegens aller Voraussetzungen des § 153f Abs. 2 Satz 1 weiter betrieben werden, wenn der die Straftat federführend betreibende Staat darum bittet und dieses Ersuchen sinnvoll erscheint bzw. wenn ohne ein entsprechendes Rechtshilfeersuchen die Mitwirkung der deutschen Strafverfolgungsbehörden zweckmäßig ist.

Für die Verfolgungspflicht und gegen eine Einstellung spricht der Gesichtspunkt, **44**
dass eine möglichst lückenlose weltweite Strafverfolgung der Völkerrechtsverbrechen gewährleistet sein soll (siehe bereits ausführlich Rn. 8). Wenn keine andere Strafverfolgung durch internationale oder nationale Jurisdiktionen gewährleistet ist, kann im Regelfall nicht eingestellt werden. Der Umstand, dass es sich um eine Auslandstat handelt, soll also als Einstellungsgrund allein nicht ausreichen. Dies ergibt sich aus einem Vergleich des engeren § 153f zum weiteren § 153c, der generell die Nichtverfolgung von Auslandstaten regelt. Die weltweite Solidarität gebietet es, auch unabhängig von einem konkreten Rechtshilfeersuchen nahe liegende Ermittlungstätigkeiten wahrzunehmen und so die anderweitige Ermittlungsarbeit zu unterstützen.[76] Andernfalls würde gegen die Verpflichtung verstoßen, die internationale Strafrechtspflege zu achten und ihre Durchsetzung zu gewährleisten. § 153f statuiert insbesondere für Auslandstaten mit **Inlandsbezug** eine prinzipielle Verfolgungspflicht.[77] **Je stärker sich der Inlandsbezug des im Ausland begangenen Verbrechens darstellt, desto eingeschränkter ist das Einstellungsermessen.** Ist auch nur einer der in Absatz 2 Satz 1 (unter Umständen i.V.m. Satz 2) kumulativ aufgelisteten Inlandsbezüge gegeben, so spricht das bereits verstärkt gegen eine Einstellungsmöglichkeit. Insoweit ist, mit Ausnahme von § 13 VStGB, im Umkehrschluss dem Absatz 2 Satz 1 also auch eine Verstärkung des Legalitätsprinzips im Rahmen des Absatzes 1 Satz 1 zu entnehmen (siehe bereits oben Rn. 26). Am extremsten ist der Inlandsbezug bei Auslandstaten von Deutschen. In diesem Fall gibt § 153f Abs. 1 Satz 2 eine Einstellungsmöglichkeit nur, wenn die Tat vor einem internationalen Gerichtshof oder durch einen vorrangig zuständigen Staat (Heimatstaat des Opfers oder Tatortstaat) verfolgt wird. Da sich Deutschland bei Straftaten von Deutschen darauf berufen kann (und in der Regel auch wird), dass die deutsche Strafverfolgung Vorrang hat (vgl. Rn. 25), wird eine Abgabe an den internationalen Gerichtshof oder an einen anderen EU-Mitgliedstaat (Art. 16 Abs. 2 Satz 2 GG) mit gleichzeitiger Einstellung des hiesigen Strafverfahrens nur relativ selten in Betracht kommen. Insgesamt ergibt sich also, dass sowohl auf der Tatbestandsebene als auch auf der Rechtsfolgenseite die Entscheidungsfreiheit der Staatsanwaltschaft weitgehender beschränkt ist, als es die Ausgestaltung des § 153f als Ermessensvorschrift vermuten lässt. Insbesondere sieht § 153f anders als § 153c

---

74 BTDrucks. **14** 8524 S. 38.
75 BTDrucks. **14** 8892 S. 6.
76 BTDrucks. **14** 8524 S. 38.
77 BTDrucks. **14** 8524 S. 37; *Fischer-Lescano* KJ **2005** 86.

Abs. 3 keine Einstellungsmöglichkeit allein aus dringenden politischen Erwägungen vor, was aus Gründen der Praktikabilität durchaus sinnvoll erschiene.[78]

VIII. Absatz 3: Verfahren

45 **1. Bis zur Eröffnung des Hauptverfahrens.** Hält die Staatsanwaltschaft die Voraussetzungen der Vorschrift für gegeben und will sie von der Strafverfolgung absehen, so stellt sie, wenn die öffentliche Klage noch nicht erhoben ist, das Verfahren ein bzw. sieht von der Einleitung eines Ermittlungsverfahrens ab. **Zuständig** ist gemäß § 142a Abs. 1, § 120 Abs. 1 Nr. 8 GVG der **Generalbundesanwalt.** Ist die öffentliche Klage bereits erhoben, das Hauptverfahren noch nicht eröffnet und die Klage damit gemäß § 156 zurücknehmbar, so kann die Staatsanwaltschaft ebenfalls nach Klagerücknahme in allen Fällen des § 153f und ohne zusätzliche Voraussetzungen das Verfahren einstellen. Die Staatsanwaltschaft kann jedoch nach erfolgter Einstellung des Verfahrens selbiges jederzeit nach § 170 Abs. 2 wieder aufnehmen.[79]

46 **2. Nach Eröffnung des Hauptverfahrens.** Abweichend von § 156 kann nach § 153f Abs. 3 die **Klage auch dann zurückgenommen werden**, wenn das Hauptverfahren bereits eröffnet ist. Dies ist in jeder Lage des Verfahrens möglich, auch in der Rechtsmittelinstanz und bei Teilrechtskraft. **Zuständig** ist auch hierfür gemäß § 142a Abs. 1, § 120 Abs. 1 Nr. 8 GVG der **Generalbundesanwalt.** Zur Klagerücknahme ist keine Zustimmung des Gerichts, des Angeklagten oder des Nebenklägers erforderlich. Es wird auch nicht überprüft, ob die Einstellungsvoraussetzungen vorliegen, da diese eine nicht justiziable Ermessensentscheidung der Staatsanwaltschaft darstellen, es sei denn, es findet in den umschriebenen Ausnahmefällen eine völkerrechtskonforme Ermessensreduktion auf Null statt. Der Beurteilung des Gerichts unterliegt es jedoch, ob es sich bei der angeklagten Tat um eine solche, wie sie in § 153f gefordert wird, handelt. Verneint es dies, so ist die Klagerücknahme als unwirksam zu behandeln. Die Rücknahme der Klage beendet die Rechtshängigkeit. Die Klagerücknahme ist dem **Gericht gegenüber zu erklären**, bei dem sie anhängig ist. Dies ist gemäß § 120 Abs. 1 Nr. 8 GVG das Oberlandesgericht. Die Staatsanwaltschaft kann bis zur Einstellungsentscheidung die Klage erneut erheben, wenn die die Einstellung rechtfertigende Lage nicht mehr besteht.

47 **3. Klageerzwingungsverfahren.** Ein **Klageerzwingungsverfahren** ist gemäß § 172 Abs. 2 Satz 3 unzulässig.[80] Die in § 172 Abs. 2 Satz 3 vorgenommene Verweisung auf die §§ 153c bis 154 Abs. 1 sowie der §§ 154b und 154c schließt den § 153f nicht aus. Dies ist auch sinnvoll, da die Ermessensentscheidung des Generalbundesanwaltes keiner gerichtlichen Überprüfung unterzogen werden soll.[81] Ebenso wie bei den anderen Einstellungsmöglichkeiten aus Opportunitätsgründen (vgl. § 153a, 135) bezieht sich der Ausschluss des Klageerzwingungsverfahrens auch auf die gesetzlichen Voraussetzungen des § 153f. Damit ist also auch die Ausübung des Beurteilungsspielraums, z.B. im Rahmen der Frage, ob die tatbestandlichen Merkmale des Inlandsaufenthaltes (Absatz 1 Satz 1)

---

78 Ebenso *Eser/Kreicker* 434; *Kurth* ZIS **2006** 86; *Weigend* GedS Vogler 209 Fn. 51.
79 *Ambos* NStZ **2006** 438; vgl. Rn. 25; die Änderung des § 153f dahingehend, ein Zustimmungsbedürfnis des für die Eröffnung des Hauptverfahrens zuständigen Gerichts einzuführen, wurde bereits angeregt, vgl. BTDrucks. **16** 7134; *Werle* JZ **2012** 378; zu weiteren Reformvorschlägen vgl. *Kreß* ZIS **2007** 522 ff.
80 OLG Stuttgart NStZ **2006** 117, 118; *Kreß* ZIS **2007** 521; Meyer-Goßner/*Schmitt* 10; SK/*Weßlau/Deiters* 17; MüKo/*Teßmer* 24.
81 Anders de lege ferenda *Ambos* NStZ **2006** 437 f.; hierzu auch *Werle* JZ **2012** 378.

erfüllt sind oder ob die Tat gemäß Absatz 2 Satz 1 Nr. 4 im Ausland im ausreichenden Maße „verfolgt wird" oder ob gemäß Absatz 2 Satz 2 eine Überstellung oder Auslieferung zulässig und beabsichtigt ist, einem Ermittlungserzwingungsverfahren entzogen.[82]

§ 154
Teileinstellung bei mehreren Taten

(1) Die Staatsanwaltschaft kann von der Verfolgung einer Tat absehen,

1. **wenn die Strafe oder die Maßregel der Besserung und Sicherung, zu der die Verfolgung führen kann, neben einer Strafe oder Maßregel der Besserung und Sicherung, die gegen den Beschuldigten wegen einer anderen Tat rechtskräftig verhängt worden ist oder die er wegen einer anderen Tat zu erwarten hat, nicht beträchtlich ins Gewicht fällt oder**
2. **darüber hinaus, wenn ein Urteil wegen dieser Tat in angemessener Frist nicht zu erwarten ist und wenn eine Strafe oder Maßregel der Besserung und Sicherung, die gegen den Beschuldigten rechtskräftig verhängt worden ist oder die er wegen einer anderen Tat zu erwarten hat, zur Einwirkung auf den Täter und zur Verteidigung der Rechtsordnung ausreichend erscheint.**

(2) Ist die öffentliche Klage bereits erhoben, so kann das Gericht auf Antrag der Staatsanwaltschaft das Verfahren in jeder Lage vorläufig einstellen.

(3) Ist das Verfahren mit Rücksicht auf eine wegen einer anderen Tat bereits rechtskräftig erkannte Strafe oder Maßregel der Besserung und Sicherung vorläufig eingestellt worden, so kann es, falls nicht inzwischen Verjährung eingetreten ist, wieder aufgenommen werden, wenn die rechtskräftig erkannte Strafe oder Maßregel der Besserung und Sicherung nachträglich wegfällt.

(4) Ist das Verfahren mit Rücksicht auf eine wegen einer anderen Tat zu erwartende Strafe oder Maßregel der Besserung und Sicherung vorläufig eingestellt worden, so kann es, falls nicht inzwischen Verjährung eingetreten ist, binnen drei Monaten nach Rechtskraft des wegen der anderen Tat ergehenden Urteils wieder aufgenommen werden.

(5) Hat das Gericht das Verfahren vorläufig eingestellt, so bedarf es zur Wiederaufnahme eines Gerichtsbeschlusses.

Schrifttum zu den §§ 154, 154a

Appl Die strafschärfende Verwertung von nach §§ 154, 154a StPO eingestellten Nebendelikten und ausgeschiedenen Tatteilen bei der Strafzumessung (1987); *Bandemer* Einstellung hinter der Einstellung, NStZ **1988** 297; *Beseler* Die Anwendbarkeit des § 154 bei Maßnahmen ausländischer Gerichte, NJW **1970** 370; *Beulke/Berghäuser* Zweifel an der Tatvollendung in Massenverfahren – Für eine Entscheidung in dubio pro reo und gegen eine Beschränkung der Strafverfolgung gemäß § 154a Abs. 2 i.V.m. Abs. 1 S. 1 Nr. 1 StPO, FS Breidling 13; *Beulke/Stoffer* Die strafschärfende Berücksichtigung von nach §§ 154, 154a StPO ausgeschiedenem Prozessstoff, StV **2011** 442; *Bohnert* Sortierte Einstellung – Vom unerlaubten Surfen im Ahndungsrecht, GA **2000** 112; *Bruns* Prozessuale „Strafzumessungsverbote" für nicht mitangeklagte oder wieder ausgeschiedene strafbare Vor- und Nachtaten, NStZ **1981** 81; *Dallinger* Konzentration auf das Wesentliche im Strafprozeß, MDR **1966** 797; *Dauster* Absehen von der Strafverfolgung in Hinsicht auf ausländische Strafverfahren gemäß § 154 StPO, NStZ **1986** 145; *Drees* Einfluß von Teileinstellungen nach § 154 StPO auf die Anwendbarkeit von formellem und materiellem Jugendstrafrecht, NStZ **1995** 481; *Eckstein* Die

82 Ebenso OLG Stuttgart NStZ **2006** 117, 119; **a.A.** *Ambos* NStZ **2006** 437 f.; *Singelnstein/Stolle* ZIS **2006** 120.

https://doi.org/10.1515/9783110590098-011

Einstellung des Verfahrens gem. § 154 I StPO im Rahmen einer Verständigung gem. § 257c StPO, Auswirkungen auf die Rechtsstellung des Beschuldigten und Gewährung angemessenen Rechtsschutzes, NStZ **2017** 609; *Gallandi* Analoge Anwendung der §§ 154 ff. StPO auf ausländische Strafverfahren oder Gesetzesänderung? NStZ **1987** 353; *Grauhan* Bewältigung von Großverfahren durch Beschränkung des Prozeßstoffs, GA **1976** 225; *Grünwald* Empfiehlt es sich, besondere strafprozessuale Vorschriften für Großverfahren einzuführen? Gutachten C zum 50. DJT, Verh. des 50. DJT (1974) Bd. I C; *Heghmanns* Das Arbeitsgebiet des Staatsanwalts (2003); *Henneberg* Die Auswirkungen des Strafverfahrensänderungsgesetzes 1979 auf die Verfolgung von Steuerstrafsachen, BB **1979** 585; *Kapahnke* Opportunität und Legalität im Strafverfahren – Strafverfolgungsverzicht durch die Staatsanwaltschaft gemäß den §§ 154, 154a StPO nach der Neufassung durch das Strafverfahrensänderungsgesetz 1979, Diss. Tübingen 1982; *Karl* Anrechnung von Untersuchungshaft aus einem anderen Verfahren, NStZ **1988** 170; *Keller/Schmid* Möglichkeiten einer Verfahrensbeschleunigung in Wirtschaftsstrafsachen, wistra **1984** 201; *Klein/Koll* Keine unbeschränkte Wiederaufnahme staatsanwaltschaftlich eingestellter Verfahren nach § 154 Abs. 1 StPO, StraFo **2011** 78; *Kohlhaas* Zur Anwendbarkeit des § 154 bei Maßnahmen ausländischer Gerichte, NJW **1970** 796; *Krell* Serienbetrugstaten als strafprozessuale Herausforderung – Zugleich zur analogen Anwendbarkeit von § 154a StPO, NStZ **2014** 686; *Kuhli* Überforderung des Strafprozesses? Zur Frage des verfahrensrechtlichen Umgangs mit Massenbetrugsfällen, StV **2016** 40; *Kurth* Beschränkung des Prozeßstoffs und Einführung des Tonbandprotokolls durch das Strafverfahrensänderungsgesetz 1979, NJW **1978** 2481; *Löffelmann* Folgen einer (fehlerhaften) Verfahrensbeschränkung nach § 154 StPO, JR **2015** 15; *Maatz* Anfechtbarkeit von Einstellungsbeschlüssen nach § 154 Abs. 2 StPO bei Vorliegen eines Verfahrenshindernisses? MDR **1986** 884; *Metten* Die Kostenentscheidung bei der vorläufigen Einstellung gemäß § 154 Abs. 2 StPO, NJW **1969** 687; *D. Meyer* Gebührenrechtliche Konsequenzen von Verfahrenseinstellungen nach § 154a II, JurBüro **1984** 801; *Momberg* Die Wiederaufnahme bei Einstellungen nach § 154 StPO und ihre rechtliche Kontrolle, NStZ **1984** 535; *Möller* Das Beschwerderecht gegen eine vorläufige Einstellung gemäß § 154 Abs. 2 StPO in der Hauptverhandlung nach durchgeführter Beweisaufnahme, StraFo **2013** 241; *Möllmann/Lorenzen* § 154a StPO – Mittel effizienter Ermittlungen? wistra **2018** 331; *Niemöller* Mitteilung über Verständigungsgespräche, JR **2016** 143; *Peters* Die Problematik der vorläufigen Einstellung nach § 154 Abs. 2 StPO, StV **1981** 411; *ders.* § 154 StPO im Hinblick auf ausländische Strafverfahren und Verurteilungen, NStZ **2012** 76; *Peters/Odinius* Die endgültige Einstellung des Verfahrens nach § 154 StPO bei Einstellung des Bezugsverfahrens nach § 153a StPO, NZWiSt **2017** 426; *Pickert* Verfolgungsbeschränkung gemäß § 154a StPO und das Problem des Strafklageverbrauchs (1984); *Pommer* Das Legalitätsprinzip im Strafprozess, Jura **2007** 662; *Pott* Die Außerkraftsetzung der Legalität durch das Opportunitätsdenken in den Vorschriften der §§ 154, 154a StPO (1996); *Ratz* Zur Anwendbarkeit der §§ 154, 154b StPO bei Maßnahmen ausländischer Gerichte, NJW **1970** 1668; *Rose* Der Rechtsschutz des Beschuldigten gegen die Einstellung des Strafverfahrens nach den Opportunitätsvorschriften der Strafprozessordnung (2006); *Sack* Beschleunigung des Strafverfahrens durch Aufteilung und Beschränkung des Prozeßstoffes, NJW **1976** 605; *ders.* Kürzerer Strafprozeß – eine Aufgabe für den Gesetzgeber, ZRP **1976** 257; *Sander* Verteidigung gegen die Berücksichtigung verjährter und ausgeschiedener Taten oder Tatteile bei der Strafzumessung, StraFo **2004** 47; *Schoene* Zur Frage der Kostenentscheidung bei vorläufiger Einstellung gemäß § 154 Abs. 2 StPO, NJW **1974** 844; *Schulenburg* Legalitäts- und Opportunitätsprinzip im Strafverfahren, JuS **2004** 765; *Schulz* Die Anfechtbarkeit des Beschlusses nach § 154 Abs. 2 StPO, StraFo **2006** 444; *Sieg* Kostenentscheidung bei Einstellung nach § 154 II StPO? NJW **1975** 1397; *ders.* Entscheidung über die Entschädigung nach dem StrEG bei Einstellung nach § 154 II StPO? MDR **1976** 116; *Terhorst* Eingestellte Nebendelikte und ihre Verwertung bei der Strafbemessung, MDR **1979** 17; *Vogler* Die strafschärfende Verwertung strafbarer Vor- und Nachtaten bei der Strafzumessung und die Unschuldsvermutung (Art. 6 Abs. 2 EMRK), FS Kleinknecht (1985) 429; *Wilk/Stewen* Rückgewinnungshilfe in der staatsanwaltschaftlichen Praxis, wistra **2013** 409; *Willsch* Die Zulassung der privilegierten Zwangsvollstreckung gemäß § 111g Abs. 2 StPO nach Anwendungs der §§ 154, 154a StPO, wistra **2013** 9.

Entstehungsgeschichte

Die Vorschrift wurde in ihrer jetzigen Grundkonzeption durch § 24 EmmingerVO eingefügt. Sie hatte einen im Anwendungsbereich beschränkten Vorläufer in § 208 (vgl. die dortige Entstehungsgeschichte). Die seit 1924 geltende Vorschrift bestimmte in Absatz 1, dass die Staatsanwaltschaft von der Erhebung der öffentlichen Klage absehen könne, wenn die Strafe gegenüber einer rechtskräftig verhängten oder zu erwartenden wegen einer anderen Tat nicht ins Gewicht falle. Die Absätze 2 bis 5 entsprachen weitgehend der heutigen Fassung. Durch Art. 2 Nr. 15 AGGewVerbrG wurden jeweils die Worte „oder Maßregel der Sicherung und Besserung" eingefügt; Art. 4 Nr. 21 des 3. StrÄndG fügte in Absatz 2 die Worte „in jeder Lage des Verfahrens" ein. Art. 21 Nr. 48 EGStGB 1974 passte durch Umstellung der Worte „Besserung und Sicherung" die Vorschrift an den geänderten Sprachgebrauch an. Durch Art. 1 Nr. 11 StVÄG 1979 erhielt Absatz 1 seine jetzige Fassung.

Übersicht

Alphabetische Übersicht

I. Bedeutung und Anwendungsbereich

1. Bedeutung

1 **a) Allgemeines. Zweck der Vorschrift.** Die Vorschrift gehört zusammen mit § 154a (vgl. Rn. 14ff.) zu denjenigen Begrenzungen des Legalitätsprinzips, die in erster Linie, insbesondere – aber nicht nur – in Groß- bzw. Umfangsverfahren, der **Konzentration des Verfahrensstoffes** dienen. Ihr überwiegender Zweck ist eine Vereinfachung der Strafrechtspflege, eine Entlastung der Strafverfolgungsorgane[1] und damit eine Verfahrensbeschleunigung,[2] doch haben die Bestimmungen auch eine **kriminalpolitische** Bedeutung, indem sie es gestatten, die strafrechtliche Sanktion auf die wesentlichen Tatvorwürfe und Strafbestimmungen zu konzentrieren;[3] insofern sind sie auch Ausdruck einer am **Verhältnismäßigkeitsprinzip** orientierten Strafverfolgung.[4] Das darf freilich nicht so weit gehen, das in der Hauptverhandlung darzustellende Bild des Täters zu verfälschen, indem etwa bei einem Beschuldigten, der von ständigen kleineren Diebstählen lebt, nur ein größerer Einbruchdiebstahl angeklagt und abgeurteilt wird, der dadurch als einmalige Entgleisung erschiene.

2 Bei den §§ 154, 154a findet die Nichtverfolgung ihren **Grund** darin, dass den Beschuldigten eine andere strafrechtliche Sanktion trifft, die zur Erreichung der Strafzwecke ausreicht.[5] Die Beziehung zu einer aus anderen Gründen den Täter treffenden strafrechtlichen Sanktion **(Bezugssanktion)** kennzeichnet diese Vorschriften: in § 154 ist insoweit eine andere (prozessuale) Tat, die **Bezugstat**, in Betracht zu ziehen, in § 154a ein anderer rechtlicher Gesichtspunkt oder Tatteil. Durch ihren Bezug auf das den Täter bereits anderweit treffende „Übel" haben die §§ 154, 154a eine gewisse kriminalpolitische

1 Vgl. OLG München NJW **1975** 70; Radtke/Hohmann/*Radtke* 1; HK/*Gercke* 1; *Beulke/Swoboda* 339; *Beulke* JR **1986** 51; *Dauster* NStZ **1986** 147; *Kramer* 274a (dient einer „rationellen Strafverfolgung"); *Lesch*[2] 2/52; *Rose* 38; *Eb. Schmidt* 1.

2 BGH NJW **1984** 1364; Radtke/Hohmann/*Radtke* 1; HK/*Gercke* 1; KMR/*Plöd* 1; *Fezer* 1/46; *Krey* Bd. II 228; *Lesch* 2/52; *Pommer* Jura **2007** 666; *Schulenburg* JuS **2004** 769; *Volk* § 12, 28; AnwK-StPO/*Walther* 1.

3 Vgl. auch *Bloy* GA **1980** 181, der in § 154 Abs. 1 Nr. 2 eine auch im Beschuldigteninteresse liegende Einstellungsmöglichkeit sieht; ebenso *Volk* NJW **1996** 879f.

4 SK/*Weßlau*/*Deiters* 1.

5 BGHSt **10** 92 („durch die der Gerechtigkeit und dem Schutz der Allgemeinheit Genüge geschieht"); Radtke/Hohmann/*Radtke* 2f.; SK/*Weßlau*/*Deiters* 1; vgl. auch unten Rn. 31.

Verwandtschaft mit § 153a, bei dem ebenfalls die Strafverfolgung wegen der den Täter durch Erfüllung der Auflagen oder Weisungen treffenden (nicht strafrechtlichen) Sanktion (vgl. § 153a, 10 f.) entbehrlich erscheint.

Charakteristisch ist für § 154 also, dass die weiteren Delikte des Täters nicht ins Gewicht fallen. Es handelt sich um keine absolute, sondern um eine **relative Geringfügigkeit**,[6] die nur in Hinblick auf die Schwere der Bezugssanktion festgestellt werden kann. Für sich allein betrachtet können die nicht zu verfolgende Tat oder der auszuscheidende Tatteil bzw. die auszuscheidende Gesetzesverletzung durchaus erheblich sein. Eine restriktive Anwendung der Vorschrift lässt sich mit diesem Sprachgebrauch nicht rechtfertigen. 3

b) Entwicklung. Die von Anfang an, wenn auch ursprünglich als § 208 in anderem dogmatischen Gewand und mit sehr viel engerem Anwendungsbereich (vgl. Entstehungsgeschichte), in der StPO enthaltene Vorschrift hat seit der EmmingerVO eine ständige Ausweitung erfahren. Namentlich die Änderungen durch das StVÄG 1979 sind vom Gesetzgeber mit der Erwartung verabschiedet worden, dass sich damit eine bessere Bewältigung von Großverfahren erreichen lasse.[7] Wieweit diese Erwartungen erfüllt worden sind, ist empirisch nicht zu belegen,[8] zumal die Erweiterung des Merkmals „Nicht-ins-Gewicht-fallen" einer bereits vor der Neufassung in der Praxis geübten Handhabung entsprach.[9] 4

c) Einschätzung. Die durch die §§ 154, 154a geschaffenen weitgespannten Möglichkeiten der Stoffbegrenzung sind zu begrüßen, weil sie eine sinnvolle Konzentration auf das Wesentliche ermöglichen.[10] Freilich hängt der verfahrensökonomische Nutzen der Vorschriften von ihrer sachgerechten Handhabung durch die Strafverfolgungsorgane und Gerichte ab, die durch die Häufung unbestimmter Rechtsbegriffe und Generalklauseln nicht erleichtert wird.[11] Es besteht auch die Gefahr, dass bei einer unsachgemäßen Handhabung die Sachverhaltsaufklärung leiden kann (Rn. 1) und dass die Interessen des Beschuldigten beeinträchtigt werden können.[12] Die Anwendung der Vorschriften darf nicht dazu führen, bei freispruchsreifen Tatvorwürfen einen Freispruch zu vermeiden (Rn. 29); die Stoffbeschränkung rechtfertigt auf keinen Fall eine „stillschweigende" Kompensation bei der Sanktionsfestsetzung wegen des anhängig bleibenden Restes.[13] 5

---

6 Wie hier SK/*Weßlau/Deiters* 1; *Erb* (LV zu § 152) 75; *Hellmann* 570; *Kühne* 593; *Pommer* Jura **2007** 666; krit. LR/*Rieß*[24] 3 (zum Sprachgebrauch); auch KK/*Diemer* 7; Radtke/Hohmann/*Radtke* 2; *Peters* § 23 IV 1c cc; *Ranft* 1180; vgl. auch *Bloy* GA **1980** 180.

7 Ausführlich, auch zur Entstehungsgeschichte der Änderungen durch das StVÄG 1979 m.w.N. LR/*Rieß*[23] EB § 154, 1 bis 4; MüKo/*Teßmer* 1 f.; vgl. *Kapahnke* 95 ff.

8 Die Häufigkeit der Verfahrenseinstellungen nach der Staatsanwaltsstatistik vermittelt deshalb kein vollständiges Bild, weil die Fälle nicht erfasst werden, in denen innerhalb eines einheitlichen Verfahrens teilweise nach den §§ 154, 154a verfahren wird. Der Prozentsatz der im Übrigen im Jahr 2017 gem. § 154 Abs. 1 eingestellten Verfahren betrug 7%, siehe Statistisches Bundesamt, Staatsanwaltschaften, Fachserie 10 Reihe 2.6 für 2017, S. 30.

9 LR/*Meyer-Goßner*[23] 2.

10 Ebenso u.a. Radtke/Hohmann/*Radtke* 1; SK/*Weßlau/Deiters* 1 (pragmatische Stoffbegrenzung); *Baumann* FS Klug 465 (anders aber Grundbegriffe[3] 53); *Krey* Bd. II 232; *Rebmann* NStZ **1984** 244; *Sack* ZRP **1976** 257; *G. Schäfer* 665, 1564; *Schroeder* 97; wohl auch *Erb* (LV zu § 152) 167 f., 257 (im Grundsatz weniger kritisch zu beurteilen als andere Opportunitätsvorschriften); *Kramer* 274a (mit dem Gerechtigkeitsempfinden schwer vereinbar, aber unverzichtbar). Zu verteidigungstaktischen Möglichkeiten vgl. *Weihrauch* Verteidigung im Ermittlungsverfahren 124, 166.

11 Krit. daher *Pott* 151, die § 154 für verfassungswidrig hält.

12 *Peters* § 23 IV 1c cc und StV **1981** 412; Gegenüberstellung der Vor- und Nachteile bei *Kapahnke* 142 ff.; vgl. auch *Pickert* 25.

13 Vgl. unten Rn. 61 ff.

Diese Gefahren lassen sich verringern, wenn von den Möglichkeiten der Stoffbeschränkung möglichst frühzeitig und schon im Ermittlungsverfahren Gebrauch gemacht wird (vgl. auch Nr. 101 Abs. 1 Satz 1 RiStBV), was zugleich die Entlastungswirkung der Vorschrift erhöht.

2. Anwendungsbereich

6 **a) Alle Straftaten.** Eine Nichtverfolgung aufgrund von § 154 kommt bei allen Straftaten in Betracht; auch Verbrechen sind nicht ausgenommen, wenn die wegen der Bezugstat verhängte oder zu erwartende Sanktion hinreichend gewichtig ist. Die Vorschrift ist auch im **Jugendstrafverfahren** anwendbar.[14] Für das **Bußgeldverfahren** gilt sie wegen der dortigen Verfolgungsfreiheit (§ 47 OWiG) unmittelbar nicht, doch ist der den §§ 154, 154a zugrunde liegende Gedanke bei der pflichtgemäßen Ermessensausübung im Rahmen des § 47 OWiG zu berücksichtigen.[15] Eine mit der eingestellten Straftat tateinheitlich zusammentreffende Ordnungswidrigkeit kann trotz der Einstellung nach §§ 154, 154a weiterverfolgt werden.[16]

7 Ob im **Privatklageverfahren** die Anwendung des § 154 Abs. 2 rechtlich zulässig ist, ist unklar.[17] Dass § 154a angewandt werden kann, wird zwar, wie sich aus § 385 Abs. 4 ergibt, vom Gesetz vorausgesetzt. Dagegen geht die wohl h.M. bei § 154 Abs. 2 dahin, dass dieser unanwendbar sei.[18] Dafür spricht, dass die Staatsanwaltschaft zwar auch ohne Verfahrensübernahme am Privatklageverfahren teilnehmen, aber dort keine Anträge stellen kann.[19] Befürchtet wird, dass die Staatsanwaltschaft in einer mit den Interessen des Privatklägers unvereinbaren Weise über den Kopf des Privatklägers hinweg der Klage durch den Antrag nach § 154 Abs. 2 den Boden entziehen könnte.[20] Zudem sei das Antragsrecht „Ausfluß der Amtsgewalt" der Staatsanwaltschaft und von dem Privatkläger daher nicht wahrnehmbar.[21] Bei § 154a wird das Problem jedoch dahin gelöst, dass statt der Zustimmung der Staatsanwaltschaft die des Privatklägers gefordert wird (§ 154a, 5). Der h.M. ist im Ergebnis zuzustimmen. Doch folgt die Unanwendbarkeit des § 154 Abs. 2 bereits aus der Unvereinbarkeit des Privatklageverfahrens mit dem Zweck des § 154.[22] Die dem § 154 zugrunde liegende Verfahrensökonomie und Justizentlastung kann

---

14 *Brunner/Dölling* § 45, 3b; *Eisenberg* § 45, 15; *Meier/Rössner/Trüg/Wulf* § 45, 13; HK/*Gercke* 2; Meyer-Goßner/*Schmitt* 1; KMR/*Plöd* 1; SSW/*Schnabl* 1; MüKo/*Teßmer* 25; SK/*Weßlau/Deiters* 8; *Nothacker* JZ **1982** 62; *Ostendorf* § 45, 7; *Seiser* NStZ **1997** 375; **a.A.** wohl *Bohnert* NJW **1980** 1930; zu den dabei im Hinblick auf § 32 JGG eventuell entstehenden Problemen und für eine analoge Anwendung des § 32 JGG in diesen Fällen *Drees* NStZ **1995** 481; *Eisenberg* § 32, 20; *Ostendorf* § 32, 5 (dürfte nur selten in Betracht kommen).

15 KK-OWiG/*Mitsch* § 47, 44; Göhler/*Seitz/Bauer* § 47, 25 ff.; SSW/*Schnabl* 1; MüKo/*Teßmer* 28; HK/*Gercke* 2; Radtke/Hohmann/*Radtke* 8 (auch zu der Frage, ob bei Einstellung des Strafverfahrens die Verfolgung der Ordnungswidrigkeit zulässig bleibt).

16 BGHSt **41** 385; BayObLG NStZ-RR **2004** 306 f.; Göhler/*Gürtler* § 21, 27; *Kindhäuser* JZ **1997** 102; *Lesch* 2/52; Meyer-Goßner/*Schmitt* 15; KMR/*Plöd* 14; SK/*Weßlau/Deiters* 9; MüKo/*Teßmer* 28; **a.A.** Radtke/Hohmann/*Radtke* 8; OLG Frankfurt wistra **1995** 279; StV **1997** 344; *Heimler* (LV zu § 153) 183 ff.; *Bohnert* GA **2000** 112; *Schmidt* wistra **1998** 211.

17 LR/*Rieß*[24] 7; Radtke/Hohmann/*Radtke* 9; MüKo/*Teßmer* 29; entgegen der h.M. *Hilger* JR **1990** 256 ff.; sowie LR/*Beulke*[26] 7.

18 HK/*Weißer* § 385, 10; Meyer-Goßner/*Schmitt* § 385, 10; AK/*Schöch* 9; KK/*Senge* § 385, 9; LR/*Hilger*[25] § 385, 11; *Pfeiffer* 1; offenlassend LG Regensburg JR **1990** 255 mit Anm. *Hilger*; wohl auch MüKo/*Teßmer* 29; offen gelassen von Radtke/Hohmann/*Radtke* 9.

19 Heute h.M., vgl. LR/*Hilger*[25] § 377, 2 m.w.N.; **a.A.** LR/*Wendisch*[24] § 377, 2.

20 Vgl. LR/*Hilger*[25] § 377, 2.

21 Vgl. OLG Celle NStZ **1983** 329; zweifelnd LG Regensburg NJW **1990** 1743; ablehnend *Hilger* JR **1990** 258.

22 So im Ergebnis auch MüKo/*Teßmer* 29; KK/*Senge* § 385, 9.

und soll nicht durch den Privatkläger verwirklicht werden. Es bleibt diesem jedoch unbenommen, diese Gesichtspunkte zur Grundlage der Klagerücknahme gem. § 391 zu machen. Auch der Wortlaut des § 154 Abs. 2, der einen Antrag der Staatsanwaltschaft verlangt, stützt dieses Ergebnis.[23]

8 Erachtet man entgegen der hier vertretenen h.M. § 154 Abs. 2 im Privatklageverfahren für anwendbar, wird die Übertragung des Antragsrechts von der Staatsanwaltschaft auf den Privatkläger gefordert.[24] An die Stelle des Antrags des Staatsanwalts tritt dann der **Antrag des Privatklägers**, den das Gericht auch anregen könne.

9 In der Praxis spielt das Problem (Rn. 7f.) aber **kaum eine Rolle**, weil der Privatkläger bei Zustimmung des Angeklagten alternativ zum Vorgehen nach § 154 Abs. 2 auch die Klage zurücknehmen kann und weil die Staatsanwaltschaft im Falle der Zulässigkeit des § 154 Abs. 2 das Verfahren nur zu übernehmen bräuchte, um Anträge stellen zu können.[25]

10 **b) Verständigungen.** Eine Einstellung gem. § 154 kann auch Teil einer Verständigung gem. § 257c sein.[26] Insoweit ist jedoch zu beachten, dass dies nur gilt, wenn die allgemeinen Voraussetzungen für eine Verständigung erfüllt sind[27] sowie auch die Bindungswirkung sich auf diese Tat bezieht. Dies scheidet beispielsweise dann aus, wenn die Tat, hinsichtlich derer gemäß § 154 Abs. 2 verfahren werden soll, nicht Gegenstand der Anklage des Verfahrens ist, in dem die Verständigungsgespräche geführt werde. Verpflichtet sich etwa die Staatsanwaltschaft auf die Behandlung nach § 154 Abs. 2 in Bezug auf eine solche Tat hinzuwirken, die bei einem anderen Gericht (oder einer anderen Abteilung desselben Gerichts) anhängig ist, kann die Bindungswirkung der Absprache sich schon mangels Zuständigkeit des Gerichts nicht hierauf beziehen.[28] Entfällt die Bindungswirkung oder liegen die Voraussetzungen für eine Absprache nicht vor, besteht auch keine Mitteilungs- und Dokumentationspflicht nach § 243 Abs. 4, §§ 160b, 202a, 212, 257b.[29]

11 **c) Inländische Verurteilungen.** Die wegen einer anderen Tat verhängte oder zu erwartende Sanktion muss im Grundsatz von einem Gericht der Bundesrepublik Deutschland ausgesprochen werden. Ob § 154 im Verhältnis zu Verurteilungen durch **Gerichte der DDR** galt, war bis zur Herstellung der deutschen Einheit umstritten, nach der in diesem Kommentar vertretenen Ansicht aber schon früher zu bejahen.[30]

12 **d) Ausländische Verurteilungen.** Im Ausland abgeurteilte Bezugstaten fallen trotz des insoweit nicht eindeutigen Wortlauts nicht unter § 154,[31] der hierauf auch nicht ana-

---

23 Vgl. Radtke/Hohmann/*Radtke* 9.
24 So z.B. LR/*Beulke*[26] 7 f.
25 Vgl. schon LR/*Rieß*[24] 7.
26 BGH NStZ **2018** 49 m. zust. Anm. *Bittmann*; NJW **2016** 517; BVerfG NStZ **2016** 221; krit. aber LR/*Stuckenberg* § 257c, 29; anders noch BGH NStZ **2016** 171 f. m. abl. Anm. *Schneider* sowie *Niemöller* JR **2016** 146.
27 Vgl. BGH Beschluss vom 6.12.2016, 4 StR 343/16.
28 BGH NStZ **2017** 56 m. Anm. *Bittmann*; vgl. auch NStZ **2018** 49 f.
29 BGH NStZ **2018** 49 m. zust. Anm. *Bittmann*; NJW **2016** 517; BVerfG NStZ **2016** 221; vgl. auch *Niemöller* JR **2016** 146; für die Anerkennung einer Bindungswirkung sowie eines Rechtsmittels *Eckstein* NStZ **2017** 609 ff.
30 LR/*Rieß*[24] 8; ebenso *Kohlhaas* NJW **1970** 796.
31 HK/*Gercke* 2; *Kohlhaas* NJW **1970** 796; Meyer-Goßner/*Schmitt* 1a; KMR/*Plöd* 5; AK/*Schöch* 12; AnwK-StPO/*Walther* 6; **a.A.** LG Aachen NStZ **1993** 505; LG Bonn NJW **1973** 1566; LG Essen StV **1992** 223; *Beseler* NJW **1970** 370; *Dauster* NStZ **1986** 146; *Vordermayer* in: Vordermayer/v. Heintschel-Heinegg (2000) 3. Teil, 129; *Peters* NStZ **2012** 78 f.; einschr. KK/*Diemer* 2 (nur bei gesicherten Erkenntnissen über Art und Schwere der Tat).

log anwendbar ist.[32] Die Behandlung von Auslandsverfahren richtet sich allein nach § 153c Abs. 2 und § 154b Abs. 2. Das ergibt sich, abgesehen von schwer überwindbaren praktischen Schwierigkeiten bei der Einbeziehung von ausländischen Verfahren,[33] nach der Änderung des § 154 durch das StVÄG 1979 auch daraus, dass die Erweiterung des Begrenzungsmerkmals durch das Wort „beträchtlich" in jenen Vorschriften nicht vorgenommen worden ist,[34] so dass eine gleichzeitige Anwendbarkeit des § 154 und § 153c Abs. 2 bzw. § 154b Abs. 2 zu unüberwindbaren systematischen Spannungen führen würde. In Hinblick auf besatzungsgerichtliche Urteile ist die Anwendbarkeit des § 154 bejaht worden.[35]

13 Etwas anderes gilt im Hinblick auf **Urteile aus anderen Mitgliedsstaaten der Europäischen Union**. Aufgrund Art. 3 des Rahmenbeschlusses des Rates der Europäischen Union 2008/675/JI vom 24.7.2008[36] und dessen Umsetzung durch das Gesetz zur Umsetzung dieses Rahmenbeschlusses vom 2.10.2009[37] hat der Gesetzgeber die gesetzliche Grundlage geschaffen, in Bezug auf § 154 eine Gleichstellung der inländischen Urteile mit Urteilen aus dem mitgliedsstaatlichen Ausland zu erreichen. Die zuvor genannten systematischen Spannungen verfangen aufgrund des Grundsatzes der gegenseitigen Anerkennung nicht. In der Folge kann § 154 mit Blick auf solche Urteile Anwendung finden.[38]

14 **e) Verhältnis zu § 154a.** Obwohl die §§ 154 und 154a den gleichen Zweck verfolgen, unterscheiden sie sich dogmatisch-konstruktiv und in ihren Konsequenzen grundlegend. Die Nichtverfolgung nach § 154 betrifft stets die gesamte prozessuale Tat; die zu erwartende oder bereits festgesetzte Sanktion muss sich auf eine andere prozessuale Tat beziehen; die Vorschrift gestattet es nicht, einzelne Teile einer Tat oder einzelne rechtliche Gesichtspunkte unberücksichtigt zu lassen.[39] Eine Stoffbeschränkung bei einer einheitlichen prozessualen Tat ist nur aufgrund des § 154a und mit den sich aus dieser Vorschrift ergebenden Konsequenzen möglich. Beide können daher auch nacheinander angewandt werden, um den Stoff innerhalb der verbleibenden Tat zu beschränken.[40] Anders als bei § 154 führt die Stoffbeschränkung nach § 154a einerseits dazu, dass bereits vor Klageerhebung ausgeschiedene Tatteile mit der Erhebung der öffentlichen Klage anhängig werden, so dass es zu ihrer Wiedereinbeziehung keiner neuen Anklage bedarf,[41] andererseits

32 *Gallandi* NStZ **1987** 354; so aber Strafkammer beim AG Bremerhaven NJW **1971** 1003; *Ratz* NJW **1970** 1669.
33 Dazu *Gallandi* NStZ **1987** 353 f. (mit Gesetzgebungsvorschlag); *Kohlhaas* NJW **1970** 796; **abw.** *Peters* NStZ **2012** 77 ff.
34 Vgl. LR/*Rieß*[23] EB § 154, 21 sowie die Erl. zu §§ 153c, 154b.
35 LR/*Kohlhaas*[22] 2; dem kommt heute keine praktische Bedeutung mehr zu.
36 Rahmenbeschluss 2008/675/JI des Rates vom 24.7.2008 zur Berücksichtigung der in anderen Mitgliedstaaten der Europäischen Union ergangenen Verurteilungen in einem neuen Strafverfahren, ABl EU **2008** L 220/32.
37 Gesetz zur Umsetzung des Rahmenbeschlusses 2006/783/JI des Rates vom 6.10.2006 über die Anwendung des Grundsatzes der gegenseitigen Anerkennung auf Einziehungsentscheidungen und des Rahmenbeschlusses 2008/675/JI des Rates vom 24.7.2008 zur Berücksichtigung der in anderen Mitgliedstaaten der Europäischen Union ergangenen Verurteilungen in einem neuen Strafverfahren (Umsetzungsgesetz Rahmenbeschlüsse Einziehung und Vorverurteilungen); BGBl I **2009** S. 3214.
38 LG Bonn StraFo **2016** 72; SK/*Weßlau/Deiters* 10; Meyer-Goßner/*Schmitt* 1a; KK/*Diemer* 2; *Peters* NStZ **2012** 76;
39 BGHSt **25** 390; BayObLG JR **1961** 224; OLG Karlsruhe Justiz **1967** 244; OLG Schleswig bei *Ernesti/Jürgensen* SchlHA **1975** 170 (Nr. 48); siehe auch *Beulke/Swoboda* 339; KMR/*Plöd* 2; AK/*Schöch* 5.
40 MüKo/*Teßmer* 10; AK/*Schöch* 5.
41 BGHSt **25** 390; OLG Stuttgart Justiz **1981** 137.

erfasst der Strafklageverbrauch infolge der Rechtskraft auch die ausgeschiedenen Tatteile, so dass eine Wiederaufnahme nach § 154 Abs. 3 bis 5 nicht in Betracht kommt.[42]

Trotz dieser Unterschiede ist eine **alternative Einstellung** nach den §§ 154, 154a möglich, wenn im Zeitpunkt der Entscheidung noch nicht beurteilt werden kann, ob der nicht weiter verfolgte Lebenssachverhalt eine selbständige prozessuale Tat darstellen würde.[43] Im Interesse einer möglichst frühzeitigen Stoffbeschränkung (Rn. 5) kann zunächst offen bleiben, ob eine oder mehrere Taten gegeben sind und demgemäß § 154 oder § 154a anzuwenden ist. Die Frage muss jedoch, aufgrund der dann erreichten Sachverhaltskenntnis, spätestens entschieden werden, wenn die Frage der Wiedereinbeziehung nach § 154a Abs. 3 bzw. der Wiederaufnahme nach § 154 Abs. 3 bis 5 beantwortet werden muss. Maßgebend ist die Sach- und Rechtslage aus der Sicht des dann entscheidenden Gerichts.[44] 15

Daraus ergeben sich im Einzelnen folgende **Konsequenzen**: (1) Ist bereits die Staatsanwaltschaft irrtümlich nach § 154 verfahren, obwohl die Voraussetzungen des § 154a vorliegen, so bedarf es zur Wiedereinbeziehung keiner neuen Klage,[45] einer Anklage vor einem anderen Gericht stünde das Verfahrenshindernis der anderweitigen Rechtshängigkeit entgegen,[46] nach Rechtskraft kommt eine Verfahrensfortsetzung nicht in Betracht.[47] (2) Hat das Gericht irrtümlich nach § 154 Abs. 2 eingestellt, und liegen die Voraussetzungen des § 154a vor, so ist bereits mit der horizontalen Teilrechtskraft die Strafklage verbraucht (§ 154a, 32), eine Wiederaufnahme nach § 154 Abs. 3 bis 5 kommt nicht in Betracht, einer irrtümlich beschlossenen Wiederaufnahme stünde das Verfahrenshindernis der Rechtskraft entgegen; umgekehrt gelten, solange das Verfahren noch nicht rechtskräftig beendet ist, die Wiederaufnahmegrenzen (Rn. 77 ff.) nicht. (3) Ist die Staatsanwaltschaft unrichtigerweise nach § 154a statt nach § 154 vorgegangen, so bedarf es zur Einbeziehung dieser Tat in das gerichtliche Verfahren einer zusätzlichen Klage, ggf. in der Form der Nachtragsanklage (§ 266). Eine Wiedereinbeziehung nach § 154a Abs. 3 StPO kommt nicht in Betracht.[48] (4) Ein fälschlich von Gericht oder Staatsanwaltschaft auf § 154a gestütztes Ausscheiden von Tatteilen, die in Wahrheit selbständige Taten darstellen, hindert auch nach Rechtskraft des Bezugsverfahrens nicht die Verfahrensfortsetzung nach den für § 154 geltenden Regeln. 16

In einer jüngeren Entscheidung[49] hat der **4. Strafsenat** des BGH in Bezug auf die unter 2) genannten Verfahrensweise eine abweichende Entscheidung getroffen. Das Tatsachengericht hatte eine Verfolgung einzelner Tatbestände innerhalb einer prozessualen Tat ausgeschieden und insoweit, unzutreffend, gem. § 154 Abs. 2 das Verfahren eingestellt. Zutreffend wäre eine Beschränkung gem. § 154a Abs. 2 vorzunehmen gewesen. Der 4. Senat entschied, dass aufgrund der Einstellung ein Verfahrenshindernis bestehe, welches mangels formellen Wiederaufnahmebeschlusses die gesamte prozessuale Tat betreffe.[50] Die hiergegen erhobene Kritik,[51] die in diesen Fällen eine Umdeutung des Ein- 17

42 Vgl. § 154a, 43 f.; BGHSt **6** 122; BayObLG JR **1961** 224; OLG Karlsruhe Justiz **1967** 244; *Sack* ZRP **1976** 257, der deshalb bei dieser Verfahrensweise zu besonderer Vorsicht rät.

43 *Dallinger* MDR **1966** 797 unter Hinweis auf BGH Beschl. vom 11.5.1966 – 2 StR 88/66.

44 BGHSt **15** 270; **25** 390; **33** 122; OLG Düsseldorf StV **1984** 426; OLG Stuttgart Justiz **1981** 137.

45 BGHSt **25** 390; BGH NStZ **1981** 23; **1995** 541; BGHSt **49** 359 mit Anm. *Kudlich* JR **2005** 170.

46 OLG Stuttgart Justiz **1981** 137; vgl. auch Rn. 62.

47 OLG Karlsruhe Justiz **1967** 244; vgl. auch KG VRS **67** (1984) 123 (irrtümliche Einstellung eines Tatteils nach § 153 Abs. 2 als Anwendung des § 154a).

48 BGH StraFo **2004** 98.

49 BGH NStZ **2014** 46 ff. mit abl. Anm. *Allgayer*.

50 BGH NStZ **2014** 47.

51 Siehe nur *Allgayer* NStZ **2014** 48 f.; *Löffelmann* JR **2015** 15 ff.

stellungsbeschlusses in eine Beschränkung gem. § 154a Abs. 2 vornehmen will, ist im Grundsatz zutreffend. Jedoch war im konkreten Fall durch den Senat eine solche Verfahrensweise durch das LG ausgeschlossen worden, weil die aus dem Hauptverhandlungsprotokoll ersichtliche Verfahrensweise, insbesondere der Antrag der Staatsanwaltschaft, der des § 154 Abs. 2 und gerade nicht des § 154a Abs. 2 entsprach.[52] Dieser untypische Fall, bei dem in Kenntnis der Konkurrenzlage eine unzutreffende Einstellung gem. § 154 Abs. 2 erfolgte, ist als Einzelfallentscheidung einzuordnen. Die zuvor genannten Konstellationen zeichnen sich gerade durch die Unsicherheit der Konkurrenzlage im Einstellungs- bzw. Beschränkungszeitpunkt aus. Liegt diese Unsicherheit nicht vor und setzt sich das Gericht gleichwohl über diese Kenntnislage fehlerhaft hinweg, so gestaltet es die Rechtslage entsprechend und für eine Umdeutung verbleibt kein Raum.[53]

II. Sachliche Voraussetzungen

18 **1. Allgemeines.** Die Anwendung des § 154 erfordert einen „hypothetischen Vergleich"[54] zwischen der Sanktion, die wegen der einzustellenden Tat zu erwarten ist, und der Sanktion wegen der Bezugstat.[55] Für diese enthält die Vorschrift in Absatz 1 Nr. 1 und Nr. 2 je zwei Alternativen. Die Bezugssanktion kann bereits rechtskräftig verhängt oder erst zu erwarten sein, eine Unterscheidung, die für die unterschiedlichen Wiederaufnahmevoraussetzungen nach den Absätzen 3 und 4 von Bedeutung ist. Im zweiten Fall erfordert die Anwendung der Vorschrift eine **doppelte Prognose**. Es reicht auch aus, dass die zu erwartende Sanktion nur in Hinblick auf mehrere in verschiedenen Verfahren verhängte oder zu erwartende Sanktionen aufgrund unterschiedlicher Bezugstaten nicht beträchtlich ins Gewicht fällt.

19 Auch eine Sanktion, deren **Vollstreckung** bereits **begonnen** hat **oder** sogar schon **erledigt** ist, kann als Bezugssanktion in Frage kommen,[56] namentlich, wenn unter ihrer Einbeziehung nachträglich eine (neue) Gesamtstrafe zu bilden oder, weil dies nicht mehr möglich ist, die neue Strafe zu mildern wäre. Dagegen scheidet § 154 aus, wenn die neue Tat erst nach Abschluss der Vollstreckung der Bezugssanktion begangen wurde, weil dann gerade die neue Straftat zeigt, dass eine weitere Sanktion zur Einwirkung auf den Täter erforderlich ist.[57]

20 Einzubeziehen sind in den hypothetischen Vergleich die für die jeweiligen Taten **konkret zu erwartenden Rechtsfolgen.**[58] Auf die Deliktsart (Verbrechen oder Vergehen) kommt es für sich allein ebenso wenig an wie auf die abstrakte gesetzliche Strafdrohung, so dass gegenüber einem oder mehreren Vergehen mit großem Unrechtsgehalt, namentlich wenn ein besonders schwerer Fall oder eine Strafschärfung aufgrund eines Regelbeispiels in Betracht kommt, auch ein Verbrechen einer Einstellung nach § 154 zu-

---

52 BGH NStZ **2014** 48.

53 So das in diesem Einzelfall zutreffende Ergebnis des BGH NStZ **2014** 46.

54 *Schäfer* 668; SK/*Weßlau/Deiters* 13; Radtke/Hohmann/*Radtke* 13; HK/*Gercke* 3; MüKo/*Teßmer* 32.

55 Nach *Haller/Conzen* 165 zwischen dem Verfahrensausgang bei Wegfall der auszuscheidenden Tat und dem Verfahrensausgang bei Aburteilung beider Taten, was aber auf dasselbe hinauslaufen dürfte; wie hier SK/*Weßlau/Deiters* 13; Radtke/Hohmann/*Radtke* 13; HK/*Gercke* 3; MüKo/*Teßmer* 32.

56 HK/*Gercke* 3; Meyer-Goßner/*Schmitt* 19; KK/*Diemer* 4; AnwK-StPO/*Walther* 4; Radtke/Hohmann/*Radtke* 17; SSW/*Schnabl* 2; vgl. auch *Haller/Conzen* 164 (mit Beispielsfall); **a.A.** KMR/*Plöd* 3.

57 HK/*Gercke* 3; Meyer-Goßner/*Schmitt* 19; KK/*Diemer* 4; MüKo/*Teßmer* 36; KMR/*Plöd* 3; SSW/*Schnabl* 2.

58 Weshalb *Haller/Conzen* 165 von einem „Rechtsfolgenminus" in Hinsicht auf den hypothetischen Vergleich sprechen.

gänglich sein kann,[59] vor allem, wenn für dieses infolge mildernder Umstände nur eine Strafe in der Nähe der Strafrahmenuntergrenze zu erwarten ist. Obwohl nach dem Gesetzeswortlaut nur Strafen und Maßregeln der Besserung und Sicherung in die Abwägung einzubeziehen sind, können auch die übrigen Maßnahmen (§ 11 Abs. 1 Nr. 8 StGB) mit zu berücksichtigen sein und in Grenzfällen den Ausschlag geben.[60] Eine Verurteilung, die eine Verwarnung mit Strafvorbehalt (§ 59 StGB) ausspricht, kann genügen.[61] Auflagen und Weisungen nach § 153a aber sind, da es sich nicht um „Strafe" (§ 153a, 10) handelt, keine ausreichenden Bezugsrechtsfolgen.[62] Unerheblich ist, ob die verschiedenen Taten in einem oder mehreren Verfahren verfolgt werden (vgl. aber Rn. 27).

Seit der Änderung durch das StVÄG 1979 enthält die Vorschrift **zwei unterschiedliche Einstellungsvoraussetzungen**. Nach § 154 Abs. 1 Nr. 1 kommt es nur darauf an, dass die wegen der nicht zu verfolgenden Tat zu erwartende Sanktion nicht beträchtlich ins Gewicht fällt (Rn. 22ff.); § 154 Abs. 1 Nr. 2 gestattet dagegen die Nichtverfolgung auch bei beträchtlich ins Gewicht fallenden Rechtsfolgen, wenn bestimmte qualitative Merkmale vorliegen (Rn. 26ff.). Nr. 2 ist kein bloßer Unterfall von Nr. 1,[63] bestimmt aber durch die Bezugnahme auf die Strafzwecke (Rn. 31) den für die Nr. 1 geltenden, vorwiegend quantitativen Maßstab inhaltlich mit, so dass beide Voraussetzungen aufeinander bezogen interpretiert werden müssen.[64] 21

2. Nicht beträchtlich ins Gewicht fallende Rechtsfolgen (Absatz 1 Nr. 1)

a) Maßstab. Wann eine Rechtsfolge nicht beträchtlich ins Gewicht fällt, lässt sich nicht allein nach quantitativen Gesichtspunkten beurteilen, diese sind eher als Obergrenze von Bedeutung.[65] Eine Rechtsfolge, die den verbleibenden in ihrem zahlenmäßigen Gewicht etwa gleichkommt, ist jedoch stets als beträchtlich anzusehen; sie darf nur unter den besonderen Voraussetzungen der Nr. 2 entfallen.[66] Im Übrigen kommt es entscheidend auf den Einzelfall an. Die Verwendung der Rechtsfolgenzwecke zur Begrenzung der Einstellungsfähigkeit in Nr. 2 hat auch Auswirkungen auf die Auslegung des Beträchtlichkeitsmerkmals; ein Verzicht, der im zu beurteilenden Fall die Rechtsfolgenzwecke in ihrem Kern wesentlich beeinträchtigen würde, überschreitet die Grenze der Beträchtlichkeit. 22

b) Anwendungsleitlinien. Unbeschadet der Notwendigkeit, auf die Umstände des Einzelfalls abzustellen, lassen sich gewisse allgemeine Leitlinien bezeichnen. So wird gegenüber einer **Geldstrafe** eine zu verbüßende Freiheitsstrafe fast immer beträchtlich ins Gewicht fallen,[67] meist auch eine zur Bewährung ausgesetzte. Wenn nur Geldstrafe in 23

---

59 *Pfeiffer* 1; *Schäfer* 668.
60 **A.A.** KK/*Diemer* 6.
61 LG Berlin NStZ **1994** 450; HK/*Gercke* 3; Meyer-Goßner/*Schmitt* 7; MüKo/*Teßmer* 38; siehe auch LG Berlin NStZ **1994** 450.
62 *Cramer* wistra **1999** 291; KMR/*Plöd* 5; HK/*Gercke* 3; MüKo/*Teßmer* 38; SSW/*Schnabl* 2; Radtke/Hohmann/*Radtke* 16; SK/*Weßlau*/*Deiters* 15; **a.A.** mit erwägenswerten Gründen *Bandemer* NStZ **1988** 297.
63 *Bloy* GA **1980** 181; **a.A.** *Rudolphi* JuS **1978** 865.
64 Ähnlich Meyer-Goßner/*Schmitt* 7; **a.A.** *Bloy* GA **1980** 181.
65 SK/*Weßlau*/*Deiters* 17; Radtke/Hohmann/*Radtke* 20; SSW/*Schnabl* 4; ähnlich *Fezer* 1/49; Meyer-Goßner/*Schmitt* 7; stärker quantitative Aspekte berücksichtigend *Kurth* NJW **1978** 2482; zweifelnd KK/*Diemer* 7.
66 HK/*Gercke* 4; Meyer-Goßner/*Schmitt* 8; vgl. auch *Kurth* NJW **1978** 2482 (bis etwa zu einem Viertel); KMR/*Plöd* 7; für Abschaffung der Beträchtlichkeitsklausel *Linden* Verh. des 60. DJT (1994), Bd. II/2, M 40.
67 SK/*Weßlau*/*Deiters* 17; Radtke/Hohmann/*Radtke* 20; HK/*Gercke* 4; SSW/*Schnabl* 4; *Pfeiffer* 2.

Betracht kommt, wird diese oft neben **Freiheitsstrafe** oder einer freiheitsentziehenden Maßregel der Besserung und Sicherung nicht beträchtlich ins Gewicht fallen,[68] doch kann dies nach den konkreten Fallumständen, etwa bei erheblicher Höhe oder im Falle des § 41 StGB, auch anders liegen.[69] Eine zu verbüßende Freiheitsstrafe wird regelmäßig von beträchtlichem Gewicht gegenüber einer zur Bewährung ausgesetzten sein.[70] Bei mehreren zu verbüßenden Freiheitsstrafen ist die Schwelle der Beträchtlichkeit umso höher anzusetzen, je größer die absolute Strafhöhe ist. Gegenüber einer **lebenslangen Freiheitsstrafe** werden auch langfristige zeitige Freiheitsstrafen nicht beträchtlich ins Gewicht fallen, anders wenn sie den Entlassungszeitpunkt nach § 57a StGB wesentlich beeinflussen würden.[71] Bei einer weiteren lebenslangen Freiheitsstrafe wird im Regelfall ein Einfluss auf die Schuldfeststellung nach § 57a Abs. 1 Satz 1 Nr. 2 StGB (besondere Schwere der Schuld des Verurteilten) existieren, so dass insoweit eine Einstellung nach § 154 nur ausnahmsweise erfolgen kann.[72] Ferner ist auch an die Möglichkeit zu denken, dass eine lebenslange Freiheitsstrafe im Wege des Wiederaufnahmeverfahrens aufgehoben werden kann.[73] Kommt **Sicherungsverwahrung** in Betracht, so wird sie regelmäßig gegenüber zeitigen Freiheitsstrafen beträchtlich ins Gewicht fallen.[74] Ob und wieweit nicht mit Freiheitsentziehung verbundene Maßregeln der Besserung und Sicherung beträchtlich ins Gewicht fallen, wird sich stets nach den Umständen des Einzelfalls richten.[75]

24 Wäre aus der für die einzustellende Tat zu erwartenden Strafe und den übrigen eine **Gesamtstrafe** zu bilden, so ist für die Beträchtlichkeit die zu erwartende Erhöhung der Gesamtstrafe entscheidend.[76] Selbst eine gegenüber den übrigen Einzelstrafen gleichwertige oder schwerere Einzelstrafe steht daher der Anwendung der Vorschrift nicht entgegen, wenn sie infolge einer größeren Zahl von Einzeltaten die Gesamtstrafe nicht mehr beträchtlich erhöhen würde. Infolge der degressiven Wirkung der Gesamtstrafenbildung können umso mehr Einzeltaten aus der Verfolgung ausgeschieden werden, je größer die Zahl der dem Täter insgesamt zur Last gelegten Taten ist. Dem verfahrensökonomischen Zweck der Vorschrift entspricht es dabei, das Verfahren auf diejenigen Taten zu konzentrieren, die den geringsten Aufklärungsaufwand erfordern; doch rechtfertigt das nicht eine Konzentration allein und vorrangig auf solche mit der höchsten Verurteilungswahrscheinlichkeit.[77]

25 **c) Ermessen.** Die Beträchtlichkeitsgrenze stellt einen unbestimmten Rechtsbegriff dar. Die Nichtverfolgung nach Absatz 1 Nr. 1 setzt voraus, dass diese Grenze nicht überschritten wird; insoweit steht Staatsanwaltschaft oder Gericht kein Ermessen zu (vgl. § 152, 62). Dagegen ist nach pflichtgemäßem Ermessen zu entscheiden, ob bei Vorliegen dieser Voraussetzung von der Nichtverfolgungsermächtigung Gebrauch gemacht werden

68 HK/*Gercke* 4; *Schäfer* 668.
69 Radtke/Hohmann/*Radtke* 20; KMR/*Plöd* 6; KK/*Diemer* 7.
70 *Pfeiffer* 2; SSW/*Schnabl* 4.
71 *Böhm* NJW **1982** 137 f.; HK/*Gercke* 4; Radtke/Hohmann/*Radtke* 20; vgl. auch AK/*Schöch* 14 (sämtliche Freiheitsstrafen bis zu 5 Jahren gegenüber lebenslänglicher Freiheitsstrafe); *Kapahnke* 118; *Rebmann* NStZ **1984** 244; *Schäfer* 668; **a.A.** SK/*Weßlau/Deiters* 17.
72 SK/*Weßlau/Deiters* 17.
73 KK/*Diemer* 8.
74 *Kapahnke* 119; *Pfeiffer* 2; SK/*Weßlau/Deiters* 17; SSW/*Schnabl* 4; KMR/*Plöd* 6; KK/*Diemer* 8.
75 KK/*Diemer* 9; strenger HK/*Gercke* 4; Meyer-Goßner/*Schmitt* 7 (grundsätzlich beträchtlich).
76 Begr. zum RegE StVÄG 1979, BTDrucks. **8** 976 S. 39; HK/*Gercke* 4; *Kapahnke* 119; *Kurth* NJW **1978** 2482; Meyer-Goßner/*Schmitt* 8; KMR/*Plöd* 8; *Schäfer* 668; Radtke/Hohmann/*Radtke* 20; SK/*Weßlau/Deiters* 18; MüKo/*Teßmer* 40; AnwK-StPO/*Walther* 9.
77 *Rieß* NStZ **1984** 427; Radtke/Hohmann/*Radtke* 20; vgl. auch *Peters* StV **1981** 411.

soll. Eine Weiterverfolgung auch nicht beträchtlich ins Gewicht fallender Taten kommt insbesondere in Betracht, soweit erst eine Gesamtbetrachtung eine Überführung des Täters ermöglicht oder wichtige Strafzumessungsgründe ergibt.[78] Zwar können zu diesem Zweck nach zutreffender Ansicht auch eingestellte Taten verwendet werden, doch ist hierfür eine prozessordnungsmäßige Feststellung und mindestens ein Hinweis an den Angeschuldigten vorauszusetzen (Rn. 61ff.), womit der prozessökonomische Zweck zumindest beeinträchtigt wird. Vorliegende Verdachtsgründe für andere Taten müssen aber, selbst wenn bei ihrer Bestätigung die zu erwartenden Rechtsfolgen nicht beträchtlich ins Gewicht fallen würden, auch dann weiter aufgeklärt werden, wenn die Aufklärung wichtige Entlastungsmomente in Bezug auf die weiterverfolgten Straftaten ergeben würde.

3. Einstellung trotz beträchtlich ins Gewicht fallender Rechtsfolgen (Absatz 1 Nr. 2)

a) Bedeutung und Struktur der Regelung. Die Nichtverfolgung nach Absatz 1 Nr. 2 26
ist in erster Linie für Großverfahren bestimmt; durch sie soll vermieden werden, dass ein Verfahren an sich selbst erstickt.[79] Zur Erreichung dieses Ziels hielt der Gesetzgeber auch einen erheblichen Verzicht auf den Sanktionsanspruch der Rechtsgemeinschaft für vertretbar, wenn mit dem Sanktionsrest ein Minimum an Strafzwecken erreicht werden kann.[80] Zugelassen wird die Nichtverfolgung auch solcher Taten (und infolge der Verweisung in § 154a Abs. 1 Satz 2 solcher Tatteile), für die die zu erwartende Sanktion im Verhältnis zur Bezugssanktion beträchtlich ins Gewicht fallen würde. Quantitative Grenzen entfallen völlig, auch dass eine gleichgewichtige oder schwerere Rechtsfolge zu erwarten ist, hindert die Einstellung nicht.[81] Der Anwendungsbereich wird durch zwei Merkmale begrenzt: Die Einstellung muss dazu dienen, eine Aburteilung in nicht mehr angemessener Frist zu verhindern und die dem materiellen Strafrecht zu entnehmenden Strafzwecke müssen in ausreichendem Maße auch ohne die wegen der einzustellenden Tat zu erwartenden Rechtsfolgen erreicht werden.

Wegen ihres weitgehenden Verzichts auf die Sanktion hat diese Einstellungsmög- 27
lichkeit **ultima-ratio-Charakter**.[82] Sie kommt nur in Betracht, wenn nicht mit Hilfe einer anderen Verfahrensgestaltung ein Urteil in angemessener Frist erreicht werden kann. Bei einer Mehrzahl von in einem einheitlichen Verfahren verbundenen Tatvorwürfen ist der Weg der rechtzeitigen **Verfahrenstrennung** vorzuziehen,[83] wenn die Taten nicht einen verwickelten und gleichgelagerten Grundsachverhalt aufweisen, der die Verdoppelung einer umfangreichen oder schwierigen Beweisaufnahme erforderlich machen würde. Wird die Vorschrift bei bereits getrennten Verfahren angewandt, so ist dasjenige einzustellen, bei dem in einer Art „Gesamtabwägung" zwischen Verfahrensdauer und voraussichtlicher Sanktion ein „Ergebnisoptimum" erreichbar erscheint, was allerdings nicht mit einer möglichst hohen Strafe gleichzusetzen ist, sondern auch das Verteidigungs-, Freispruchs- und Rehabilitationsinteresse des Beschuldigten mit einbegreift.

---

78 KK/*Diemer* 10; auch Radtke/Hohmann/*Radtke* 20; *Vogel* (LV zu § 153) 234; siehe auch Rn. 1.
79 Vgl. Begr. zum RegE StVÄG 1979 BTDrucks. **8** 976 S. 19, 39; *Krey* Bd. II 228; *Fezer* 1/46.
80 AK/*Schöch* 18 (ausreichende Strafzweckerfüllung durch Bezugssanktion).
81 *Pfeiffer* 3; auch SSW/*Schnabl* 5; zur aus der Entstehungsgeschichte ableitbaren Begründung LR/*Rieß*[23] EB § 154, 11 mit Fn. 9.
82 *Pfeiffer* 3; Radtke/Hohmann/*Radtke* 22; KK/*Diemer* 11; ähnlich MüKo/*Teßmer* 43 (nur in Ausnamefällen, andere Verfahrensgestaltungen haben Vorrang).
83 BTDrucks. **8** 976 S. 39; HK/*Gercke* 5; Meyer-Goßner/*Schmitt* 9; MüKo/*Teßmer* 43; *Pfeiffer* 3; KMR/*Plöd* 9; *Kurth* NJW **1978** 2482; KK/*Diemer* 11; vgl. auch *Sack* NJW **1976** 605.

28 Nach dem Gesetzeswortlaut „kann" auch bei Anwendung der Nr. 2 von der Verfolgung abgesehen werden. Hierin sieht die h.M. die Einräumung eines **Ermessens,**[84] das es Staatsanwaltschaft und Gericht gestattet, das Verfahren auch dann fortzusetzen, wenn feststeht, dass ein Urteil in angemessener Frist nicht erreichbar ist und dass alle Strafzwecke durch die Bezugssanktion (annäherungsweise) erreicht werden können. Ob diese Auffassung zutrifft, erscheint zweifelhaft,[85] ist aber wohl ohne praktische Bedeutung, weil wegen der Unbestimmtheit der vom Gesetz verwendeten Begriffe und des Prognosecharakters der erforderlichen Überlegungen ein weiter und unüberprüfbarer **Beurteilungsspielraum** besteht, der einer Ermessenseinräumung praktisch gleichkommt.[86]

29 **b) Kein Urteil in angemessener Frist.** Wegen der einzustellenden Tat darf ein Urteil nicht in angemessener Frist zu erwarten sein; auf den Eintritt der Rechtskraft kommt es dabei nicht an. Es muss sich dabei nicht um ein Sachurteil handeln, die Vorschrift ist auch anwendbar, wenn in Kürze lediglich ein Einstellungsurteil zu erwarten ist,[87] etwa weil nach § 78c Abs. 3 Satz 2 StGB Verjährung bevorsteht. Über die Gründe für die Verzögerung sagt das Gesetz nichts.[88] Doch folgt aus dem ultima-ratio-Charakter (Rn. 26), dass es sich um Ursachen handeln muss, die nicht durch andere Verfahrensgestaltung beseitigt werden können. Neben dem Ermittlungs- und Verfahrensaufwand gehört dazu beispielsweise auch der Zeitaufwand durch notwendige Ermittlungen im Ausland, Unerreichbarkeit wichtiger Zeugen, beschränkte Verhandlungsfähigkeit des Angeschuldigten, auch Überlastung[89] des zuständigen Spruchkörpers. Doch müssen die Gründe eine Beziehung zum jeweiligen Verfahren haben; mit Hilfe dieser Einstellungsvorschrift kann nicht die Gesamtbelastung der Strafverfolgungsbehörden und Gerichte reduziert werden, um infolge des verringerten Geschäftsanfalls eine schnellere Erledigung der verbleibenden Sachen zu erreichen; andernfalls verlöre das Verzögerungsmerkmal jede feste Begrenzung.[90]

30 Die **Angemessenheit** der Frist richtet sich nach den **Umständen des Einzelfalls.**[91] Sie ist zahlenmäßig nicht genau zu bestimmen; auch die Anknüpfung an Richtwerte für eine Untergrenze[92] oder grobe Schematisierungen[93] empfehlen sich nicht. Wann eine Frist noch angemessen ist, ergibt sich aus einer Gesamtbetrachtung unter Berücksichtigung der Bedeutung der Sache, des Ermittlungsaufwands, der verfahrenstypischen Normaldauer und der zu erwartenden Rechtsfolgen. Nicht mehr angemessen ist die Frist dann, wenn nach diesen Merkmalen die Verfahrensdauer diejenige wesentlich übersteigen würde, die bei vergleichbaren Verfahren dieser Art als unvermeidbar angesehen

---

84 BTDrucks. **8** 976 S. 40; OLG Frankfurt StV **1997** 345; *Grauhan* GA **1976** 241; KK/*Diemer* 15; Meyer-Goßner/*Schmitt* 12; *Kurth* NJW **1978** 2482; *Rose* 39; siehe auch KMR/*Plöd* 13; HK/*Gercke* 7.

85 *Pfeiffer* 4 (kein echter Ermessensspielraum).

86 *Fezer* 1/50; *Volk* NJW **1996** 880 Fn. 6; HK/*Gercke* 7; KMR/*Plöd* 13; vgl. auch *Haller/Conzen* 161.

87 Ausführlich *Rieß* NStZ **1984** 427; ebenso Meyer-Goßner/*Schmitt* 12; KMR/*Plöd* 11; Radtke/Hohmann/*Radtke* 25; SK/*Weßlau/Deiters* 21; **a.A.** LG Kaiserslautern NStZ **1984** 426.

88 Lediglich als Beispiele führt die Begründung (BTDrucks. **8** 976 S. 39) den besonderen Umfang oder die besondere Schwierigkeit der Ermittlungen an.

89 **A.A.** AK/*Schöch* 21.

90 **A.A.** *Kapahnke* 123 f.; *Keller/Schmid* wistra **1984** 203.

91 *Schmidt-Hieber* Verständigung im Strafverfahren (1986) 65; Radtke/Hohmann/*Radtke* 25; SK/*Weßlau/Deiters* 21; auch MüKo/*Teßmer* 44; KK/*Diemer* 13.

92 So z.B. *Grauhan* GA **1976** 227; *Kurth* NJW **1978** 2482.

93 Z.B. *Grauhan* aaO; *Kurth* aaO (für den Regelfall etwa 6 Monate; zust. KMR/*Plöd* 11); *Henneberg* BB **1979** 590 (18 Monate für Steuerstrafverfahren).

wird.[94] Dabei ist die Angemessenheit der Frist kürzer zu verstehen als in **Art. 6 Abs. 1 EMRK.** Würde sie gleich bemessen werden, so hätte dies, da die Einstellung zu unterbleiben hat, wenn die Strafzwecke die Verfahrensfortsetzung erfordern, die gesetzliche Anordnung zum Inhalt, ggf. den Anspruch des Beschuldigten auf Aburteilung innerhalb angemessener Frist im Sinne der EMRK zu verletzen.[95]

c) Einwirkung auf den Täter oder Verteidigung der Rechtsordnung. Auch wenn ein Urteil nicht in angemessener Frist zu erwarten wäre, darf von der Verfolgung nicht abgesehen werden, wenn die zu erwartenden Rechtsfolgen zur Einwirkung auf den Täter oder zur Verteidigung der Rechtsordnung erforderlich erscheinen. Damit sind Begriffe des materiellen Strafrechts verwendet worden (vgl. § 47 Abs. 1, § 56 Abs. 1, 3 und § 59 Abs. 1 Satz 1 Nr. 3 StGB), für die die materiell-strafrechtliche Auslegung mit heranzuziehen ist, die hier insbesondere die Strafzwecke der **Spezialprävention** (Einwirkung auf den Täter) und der **Generalprävention** (Verteidigung der Rechtsordnung) zu berücksichtigen gebietet. Doch ist damit für die Auslegung dieser Merkmale in § 154 die **Berücksichtigung der Schuld** als Einstellungshindernis **nicht ausgeschlossen.**[96] Die Vorschrift enthält vielmehr eine unvollständige **Verweisung auf alle Rechtsfolgenzwecke** des materiellen Strafrechts.[97] Deshalb kann auch das Bedürfnis nach Sühne für begangenes Unrecht und die Schwere der Schuld einem Absehen von der Verfolgung entgegenstehen.[98] 31

Wann ein Strafzweck die Verfolgung gebietet, ist nach den **Umständen des Einzelfalls** zu beurteilen. Die Verfolgung der in Frage stehenden Tat kann beispielsweise erforderlich sein, wenn nur sie die Verhängung bestimmter Maßregeln ermöglicht, die aus Präventionsgesichtspunkten notwendig sind. Die Verteidigung der Rechtsordnung erfordert es, die Verfolgung fortzusetzen, wenn anders der Eindruck entstehen würde, ein Täter brauche seine Tat oder seine Verteidigung nur geschickt und kompliziert genug anzulegen, um die Nichtverfolgung zu erreichen,[99] oder wenn dem Eindruck begegnet werden muss, nach einer bestimmten Menge von Straftaten könne man ungestraft weiter straffällig werden. 32

III. Absehen von der Verfolgung durch die Staatsanwaltschaft (Absatz 1)

1. Zeitpunkt. Vor der Anwendung des § 154 ist **keine Ausermittlung** des Sachverhalts bis zur Anklagereife erforderlich,[100] wie sich jetzt bereits aus dem Wortlaut ergibt, 33

94 Vgl. HK/*Gercke* 6; *Kapahnke* 126; *Pfeiffer* 3; KK/*Diemer* 14; auch Radtke/Hohmann/*Radtke* 25; SK/*Weßlau*/*Deiters* 21; SSW/*Schnabl* 6.

95 LR/*Rieß*[24] 24; vgl. auch AK/*Schöch* 20 (annähernde Ausschöpfung der Frist des Art. 6 Abs. 1 EMRK reiche); *Pfeiffer* 3; nach Radtke/Hohmann/*Radtke* 25 ist bei Erreichen dieser Frist jedenfalls die Angemessenheit überschritten.

96 *Ranft* 1184; *Schmidt-Hieber* (Fn. 91) 65; MüKo/*Teßmer* 46; **a.A.** z.T. SK/*Weßlau*/*Deiters* 22 (nicht als isolierter Faktor).

97 LR/*Rieß*[24] 25; zust. KK/*Diemer* 12; vgl. auch Bericht des BTRAussch. zum StVÄG 1979, BTDrucks. **8** 1844 S. 31.

98 *Burhoff* (Ermittlungsv.) 736; Meyer-Goßner/*Schmitt* 9, 12; MüKo/*Teßmer* 46; i.E. auch KK/*Diemer* 12; AnwK-StPO/*Walther* 18; KMR/*Plöd* 12; ebenfalls alle Strafzwecke einbeziehend *Grauhan* GA **1976** 241; *Kapahnke* 134; HK/*Gercke* 7; *Kurth* NJW **1978** 2482; *Pickert* 24 Fn. 105; *Schlüchter* 406.6; SSW/*Schnabl* 6; wohl auch Radtke/Hohmann/*Radtke* 26; **a.A.** (nur auf Präventionsgesichtspunkte abstellend) AK/*Schöch* 24; wohl auch *Bloy* GA **1980** 181; *Rudolphi* JuS **1978** 865.

99 AK/*Schöch* 25; *Römer* Verh. des 50. DJT (1974) Bd. II K 16.

100 Vgl. BTDrucks. **8** 976 S. 40; *Fezer* 1/49; *Henneberg* BB **1979** 589; HK/*Gercke* 8; SK/*Weßlau*/*Deiters* 25; Radtke/Hohmann/*Radtke* 30; *Kapahnke* 107 ff.; *Keller*/*Schmid* wistra **1984** 203; Meyer-Goßner/*Schmitt* 15;

nach dem von der „Verfolgung" abgesehen werden kann.[101] Die Staatsanwaltschaft kann daher bereits nach Absatz 1 verfahren, sobald erkennbar ist, dass die Einstellungsvoraussetzungen vorliegen würden, falls sich der Tatverdacht bestätigen würde. Auf diese Frage können sich die Ermittlungen konzentrieren, wenn sie nicht bereits aufgrund des vorhandenen Erkenntnisstandes beantwortet werden kann. Kommt eine Einstellung nach Absatz 1 Nr. 2 in Betracht, muss sich die Aufklärung auch darauf richten, ob ein Urteil nicht in angemessener Frist möglich ist. Namentlich bei einer Einstellung mit Rücksicht auf noch zu erwartende Rechtsfolgen muss die Staatsanwaltschaft jedenfalls die Beweise sichern, deren Verlust zu besorgen ist.[102] Ergeben die hiernach ohnehin erforderlichen Ermittlungen, dass kein hinreichender Tatverdacht vorliegt, so hat die **Einstellung nach § 170 Abs. 2 Vorrang;**[103] wären zur Klärung des Tatverdachts jedoch zusätzliche Ermittlungen erforderlich, so können sie in Hinblick auf die Einstellung nach § 154 Abs. 1 unterbleiben. Ob im Einzelfall der Gedanke des „fair-trial" und die Fürsorgepflicht es gebieten können, nahe liegende und wenig aufwendige Ermittlungen vorzunehmen, die den Tatverdacht zerstreuen können,[104] ist zweifelhaft und hier ebenso wie bei der Anwendung des § 153 Abs. 1 zu verneinen (näher § 153, 40).

34 **2. Zuständigkeit.** Zum Absehen von der Verfolgung ist nur die **Staatsanwaltschaft** befugt, in Steuerstrafsachen auch die **Finanzbehörde**, soweit sie nach § 386 AO das Steuerstrafverfahren selbständig durchführt.[105] Der Polizei steht diese Befugnis auch dann nicht zu, wenn sie nach § 163 im ersten Zugriff tätig wird.[106]

3. Verfahren und Entscheidung

35 **a) Verfahren.** Beabsichtigt eine Staatsanwaltschaft, in Hinblick auf ein bei einer anderen Staatsanwaltschaft geführtes Verfahren von der Verfolgung abzusehen, so ist durch ausreichende Abstimmung der beteiligten Staatsanwaltschaften sicherzustellen, dass nicht wechselseitig von § 154 Gebrauch gemacht wird und die über den Ausgang des nicht eingestellten Verfahrens erforderlichen Informationen gegeben werden,[107] was durch die Einrichtung des staatsanwaltschaftlichen Verfahrensregisters erleichtert wird (§ 492 Abs. 2 Satz 1 Nr. 5; vgl. auch § 153, 90). Das Absehen von der Verfolgung bedarf **keiner gerichtlichen Zustimmung**; es erfordert weder die vorherige Anhörung des Beschuldigten noch des Anzeigenden, auch nicht, wenn er durch die Tat verletzt ist. In Steuerstrafsachen ist jedoch vor der Einstellung die **Finanzbehörde** zu hören (§ 403 Abs. 4 AO).

KK/*Diemer* 17; KMR/*Plöd* 14; *Kurth* NJW **1978** 2483; *Rieß* wistra **1997** 139; *Schäfer* 667; *Schmidt-Hieber* (Fn. 91) 71; *Volk* NJW **1996** 880; vgl. auch Nr. 101 Abs. 1 RiStBV; **a.A.** *Baumann* Grundbegriffe 53; *D. Meyer* JurBüro **1978** 1052 (§ 154 setzt den Nachweis strafbaren Verhaltens voraus).

101 Die Frage war unter der bis 1978 geltenden Fassung streitig; vgl. LR/*Meyer-Goßner*[23] 9; zur Absicht des Gesetzgebers bei der Fassungsänderung BTDrucks. **8** 976 S. 40.

102 *Kapahnke* 110; Meyer-Goßner/*Schmitt* 15; *Kurth* NJW **1978** 2483; *Sack* NJW **1976** 605.

103 *Pfeiffer* 1; KMR/*Plöd* 14; AK/*Schöch* 25; KK/*Diemer* 17; SSW/*Schnabl* 9; AnwK-StPO/*Walther* 18; vgl. auch *Geppert* NStZ **1996** 63.

104 So *Kapahnke* 112; weitergehend *Gössel* § 9 B Ib (nur dann nicht, wenn noch umfangreiche Ermittlungen erforderlich, zur früheren Fassung der Vorschrift).

105 *Pfeiffer* 4; Radtke/Hohmann/*Radtke* 31; KMR/*Plöd* 14; SSW/*Schnabl* 7; SK/*Weßlau/Deiters* 23; MüKo/*Teßmer* 31; *Kurth* NJW **1978** 2483; KK/*Diemer* 16; vgl. *Henneberg* BB **1979** 589, auch zur Zusammenarbeit zwischen der gemeinsamen Strafsachenstelle und den Prüfdiensten.

106 HK/*Gercke* 8; *Kurth* NJW **1978** 2483; *Pfeiffer* 4; SK/*Weßlau/Deiters* 23; Radtke/Hohmann/*Radtke* 31; MüKo/*Teßmer* 30; zur Begrenzung des Ermittlungsaufwands in diesen Fällen vgl. § 152, 56; vgl. auch RiStBV Nr. 101 Abs. 1 Satz 3; KK/*Diemer* 16.

107 HK/*Gercke* 8.

b) Entscheidung. Sieht die Staatsanwaltschaft von der Verfolgung ab, so beendet sie das Verfahren durch eine **Einstellungsverfügung**, die auch dann nicht von „vorläufiger" Einstellung sprechen sollte, wenn die Nichtverfolgung in Hinblick auf erst zu erwartende Rechtsfolgen wegen einer anderen Tat ausgesprochen wird.[108] Die Verfügung muss den von der Einstellung umfassten Sachverhalt konkretisieren und die nunmehr ausgeschiedenen Taten so konkret beschreiben, dass keine Zweifel verbleiben, auf welche Taten sich die Einstellung bezieht.[109] Im Falle von gleichförmigen Serienstraftaten gelten jedoch keine höheren Anforderungen als in Bezug auf die Tatkonkretisierung in der Anklageschrift.[110] Die Angabe „soweit Straftaten vorliegen, die nicht von der Anklage erfasst sind" entspricht in der Regel nicht dem Gesetz,[111] ist aber hier, anders als bei § 154a, im Ergebnis unschädlich. Eine **Kostenentscheidung** ergeht regelmäßig nicht, doch ist, wenn § 154 Abs. 1 nach Klagerücknahme angewendet wird, aus den gleichen Gründen, die eine Kostenentscheidung bei gerichtlicher Einstellung erfordern (Rn. 48), § 467a anzuwenden. Zur Entschädigung für Strafverfolgungsmaßnahmen nach dem **StrEG** vgl. Rn. 49. 36

Die Einstellung ist dem Beschuldigten **mitzuteilen**, wenn die Voraussetzungen des § 170 Abs. 2 Satz 2 vorliegen (vgl. § 170, 33, 35). Auch der Anzeigeerstatter ist von der Einstellung zu benachrichtigen;[112] eine Rechtsmittelbelehrung (§ 171 Satz 2) unterbleibt auch dann, wenn er Verletzter ist (Rn. 38). Die Einstellungsmitteilung an den Anzeigenden ist zwar zu begründen (Nr. 89 Abs. 2, 101 Abs. 2 RiStBV), doch sollten dabei in Hinblick auf den Persönlichkeitsschutz für den Beschuldigten Einzelheiten der Bezugstaten nicht genannt werden.[113] 37

c) Anfechtung. Weder dem Beschuldigten noch dem Verletzten steht gegen die Anwendung oder Nichtanwendung des § 154 durch die Staatsanwaltschaft ein gerichtlicher Rechtsbehelf offen. Namentlich kann der Verletzte kraft ausdrücklicher gesetzlicher Vorschrift (§ 172 Abs. 2 Satz 3) nicht im Klageerzwingungsverfahren vorgehen; auch der Rechtsweg nach § 23 EGGVG ist ihm verschlossen.[114] Etwa erforderlich werdende Entscheidungen nach **§ 9 StrEG**,[115] nicht aber nach § 467a (§ 467a Abs. 3), sind dagegen mit der sofortigen Beschwerde anfechtbar. 38

4. Fortsetzung des Verfahrens. Die Staatsanwaltschaft kann das eingestellte Verfahren nach ganz h.M. jederzeit wieder aufnehmen, solange nicht Verjährung oder ein anderes Verfahrenshindernis entgegenstehen.[116] Man wird aber entsprechend der zu 39

---

108 Meyer-Goßner/*Schmitt* 6; KK/*Diemer* 18.

109 Vgl. BGH Beschl. vom 3.12.2013, 4 StR 461/13; Radtke/Hohmann/*Radtke* 32; SK/*Weßlau/Deiters* 27; zu den Anforderungen im Rahmen des § 154 Abs. 1: BGH NStZ-RR **2012** 50; NJW **2015** 181; Beschl. vom 13.8.2014, 2 StR 128/14.

110 Ebenso Meyer-Goßner/*Schmitt* 16b; vgl. auch BGH Beschl. vom 13.8.2014, 2 StR 128/14.

111 BGH NStZ **1981** 23; vgl. auch § 154a, 8 und zur Frage der alternativen Anwendung der §§ 154 ff. § 154a Rn. 12 f.

112 Vgl. § 171 Satz 1; Nr. 101 Abs. 2, 89 RiStBV; vgl. auch § 171, 5.

113 SK/*Weßlau/Deiters* 28; KK/*Diemer* 17; SSW/*Schnabl* 7.

114 Ganz h.M., vgl. KG Beschl. vom 31.5.2010; Radtke/Hohmann/*Radtke* 78; SSW/*Schnabl* 12; SK/*Weßlau/Deiters* 49; HK/*Gercke* 9; sowie die Erl. zu § 23 EGGVG; **a.A.** z.B. *Kalsbach* Die gerichtliche Nachprüfung von Maßnahmen der Staatsanwaltschaft (1967), 92 100; s. auch § 153, 49, 58.

115 OLG Düsseldorf JMBlNW **1979** 59; NJW **1981** 834; HK/*Gercke* 9; vgl. auch OLG Frankfurt JR **1984** 390 mit Anm. *Baukelmann*; AG Flensburg JurBüro **1978** 1051 mit Anm. *D. Meyer*.

116 OLG Karlsruhe NStZ-RR **1997** 14; OLG Hamm MDR **1986** 680; MüKo/*Teßmer* 67; HK/*Gercke* 10; Meyer-Goßner/*Schmitt* 15, 21a; Radtke/Hohmann/*Radtke* 54; *Pfeiffer* 4; *Pommer* Jura **2007** 666; *Schulenburg*

§ 153 vertretenen Ansicht zur Fortsetzung des Verfahrens auch hier einen **sachlich einleuchtenden Grund** voraussetzen müssen,[117] wenn dies auch für das Gericht nicht nachprüfbar ist[118] und Verfahrensfortsetzungen ohne einen solchen auch kaum vorkommen werden (§ 153, 60). Die Beschränkungen durch § 154 Abs. 3 und 4 beziehen sich jedoch nach ganz h.M. nur auf die gerichtliche Einstellung nach Absatz 2.[119] Weder ist die Staatsanwaltschaft an die dortigen Wiederaufnahmegründe gebunden,[120] noch gilt die Frist des § 154 Abs. 4,[121] und zwar auch nicht im Falle von Serienstraftaten, bei denen eine Meinung im Schrifttum die Anwendbarkeit des Absatzes 4 (zum Ausgleich des Wegfalls der fortgesetzten Tat) aus dem fair-trial-Grundsatz abzuleiten versucht hat, um den Beschuldigten vor ständig neuer Strafverfolgung zu schützen.[122] Mit dem Beschuldigten getroffene Absprachen über die Nichtfortsetzung des Verfahrens sind freilich einzuhalten (§ 153, 560; Einl. G 58 ff.). Geschieht dies, aus welchen Gründen auch immer, z.B. wegen eines Dissenses, nicht, so geht die Rspr. davon aus, dass zwar kein Verfahrenshindernis entsteht, aber ein wesentlicher Strafmilderungsgrund gegeben ist.[123]

40 Die **Verfahrensfortsetzung** ist nach dem **Legalitätsprinzip** sogar **geboten**,[124] wenn sich aufgrund der weiteren Entwicklung ergibt, dass die sachlichen Einstellungsvoraussetzungen nicht mehr vorliegen, etwa, weil die Bezugstat nicht zu der erwarteten Sanktion geführt hat, aber, wenn die Einstellung auf § 154 Abs. 1 Nr. 2 beruht, auch, wenn sich ergibt, dass entgegen der ursprünglichen Erwartung ein Urteil doch in angemessener Frist ergehen kann. Auch in solchen Fällen kann jedoch die Verfahrensfortsetzung unterbleiben, wenn eine Einstellung aus anderen Gründen (§ 153, § 170 Abs. 2) zu erwarten wäre.

IV. Einstellung durch das Gericht (Absatz 2)

41 **1. Zuständigkeit.** Die Nichtverfolgungsermächtigung des § 154 geht mit der Erhebung der öffentlichen Klage, unbeschadet des staatsanwaltschaftlichen Antragserfor-

---

JuS **2004** 769; *Vordermayer/v.Heintschel-Heinegg*, 3. Teil, 132; siehe auch unten Rn. 56; **a.A.** *Klein/Koll* StraFo **2011** 80 f.

117 *Rieß* NStZ **1981** 9; ebenso (im Anschluss an ihn) KK/*Diemer* 20; KMR/*Plöd* 15; AnwK-StPO/*Walther* 9; Radtke/Hohmann/*Radtke* 52; SK/*Weßlau/Deiters* 29; **a.A.** MüKo/*Teßmer* 68, der eine Bindung an den fair-trial-Grundsatz vorsieht und als Rechtsfolge bei Verstößen eine wesentliche Strafmilderung bis hin zu einem Verfahrenshindernis statuiert.

118 **A.A.** *Momberg* NStZ **1984** 538 (Einhaltung der rechtlichen Grenzen der Wiederaufnahme durch die Staatsanwaltschaft im Eröffnungsverfahren zu prüfen); in diese Richtung auch *Klein/Koll* StraFo **2011** 81.

119 BGHSt **30** 165 f.; BGH Beschl. vom 1.4.1953 – 3 StR 484/52; OLG Hamm MDR **1986** 680; LG München I NStZ-RR **2007** 20; *Feisenberger* 3, 1a; Radtke/Hohmann/*Radtke* 52; HK/*Gercke* 10; KMR/*Plöd* 15; *Krey* Bd. II 229; *Eb. Schmidt* 5; **a.A.** AK/*Schöch* 28 (aus Gründen des Vertrauensschutzes); *Momberg* NStZ **1984** 535; *Klein/Koll* StraFo **2011** 80.

120 KMR/*Plöd* 15; Radtke/Hohmann/*Radtke* 52; HK/*Gercke* 10; **a.A.** *Momberg* NStZ **1984** 536 sowie schon früher *Beling* 357 Fn. 3.

121 BGH NStZ **1986** 469; BGH Beschl. vom 13.6.1991 – 4 StR 202/91; HK/*Gercke* 10; *Pfeiffer* 4; Radtke/Hohmann/*Radtke* 52; vgl. aber BGH NJW **1984** 2169 f., wo im letzten Satz der Entscheidung in einem obiter dictum ausgeführt wird, dass es der Staatsanwaltschaft überlassen bleibe, das von ihr nach § 154 Abs. 1 eingestellte Verfahren in der Frist des § 154 Abs. 4 (!) wieder aufzunehmen; doch ist zweifelhaft, ob der Senat damit bewusst von der ganz h.M. abweichen wollte; vgl. LR/*Rieß*[24] 33 Fn. 73.

122 Meyer-Goßner/*Schmitt* 21a; **abl.** SK/*Weßlau/Deiters* 30, die nur einen Rückgriff auf den Rechtsgedanken des Rechtsmissbrauchs für ein „gewisses Schutzniveau" zulassen; krit. zur Bewältigung von Serienstraftaten durch § 154: *Erb* (LV zu § 152) 262; *ders.* GA **1995** 439 ff. („bestenfalls ein prozessualer Notbehelf"); *Geppert* NStZ **1996** 63 f.; *Ruppert* MDR **1994** 975; siehe aber auch BGHSt **40** 159 f.

123 BGHSt **37** 10 mit Anm. *Gatzweiler* NStZ **1991** 46; *Scheffler* wistra **1990** 319; *Weigend* JR **1991** 257; BGHSt **41** 194; KMR/*Plöd* 15; siehe auch *Beulke/Swoboda* 396; *Beulke/Satzger* JuS **1997** 1077; i. Erg. auch MüKo/*Teßmer* 68; KK/*Diemer* 21.

124 OLG Hamm MDR **1986** 680; HK/*Gercke* 10; LR/*Rieß*[24] 34; siehe auch *Niese* SJZ **1950** 897; *Eb. Schmidt* 5.

dernisses, auf das Gericht über. Zuständig ist das Gericht, bei dem das Verfahren anhängig ist. Wird die Entscheidung in der Hauptverhandlung getroffen, so wirken die Schöffen mit. Bei Entscheidungen während einer Unterbrechung der Hauptverhandlung ist zu berücksichtigen, dass die Mitwirkungsbefugnis der Schöffen nicht umgangen werden darf (s. § 153, 66). Die gerichtliche Einstellung ist **in jeder Lage des Verfahrens** zulässig, auch noch in der Rechtsmittelinstanz,[125] und zwar nach Urteilserlass nur durch das Rechtsmittelgericht,[126] auch nach Eintritt horizontaler Teilrechtskraft.[127] § 154 kann auch im Wiederaufnahmeverfahren nach den §§ 359 ff. angewandt werden, wenn nach § 370 Abs. 2 die Erneuerung der Hauptverhandlung angeordnet worden ist.[128] Eine Anwendung in der **Revisionsinstanz** kommt vor allem dann in Betracht, wenn in Bezug auf mehrere Taten Revision eingelegt ist und diese hinsichtlich der anderen Taten keinen Erfolg hat.[129] Es ist dann lediglich eine Zurückverweisung zur Neufestsetzung der Gesamtstrafe erforderlich; auch hiervon kann abgesehen werden, wenn das Urteil lediglich eine weitere Tat betrifft, da dann die verbleibende Einzelstrafe rechtskräftig wird, oder wenn die Einzelstrafe wegen der vom Revisionsgericht nach § 154 eingestellten Tat so geringfügig ist, dass sie die Höhe der Gesamtstrafe nicht beeinflusst haben kann. Eine Einstellung durch das Revisionsgericht in Hinblick auf eine anderweitig anhängige Tat ist zwar rechtlich möglich, dürfte aber kaum von praktischer Bedeutung sein.

2. Voraussetzungen. Neben den sachlichen Voraussetzungen[130] (Rn. 18 ff.) erfordert die Einstellung einen **Antrag der Staatsanwaltschaft**, der das Gericht allerdings auch dann nicht zur Einstellung zwingt, wenn es ihn selbst angeregt hat.[131] Will das Revisionsgericht einstellen, so ist der Antrag der bei diesem Gericht bestehenden Staatsanwaltschaft, beim BGH also des Generalbundesanwalts erforderlich; auf den der Staatsanwaltschaft beim Tatgericht kommt es nicht an. Der Antrag und der Einstellungsgrund (§ 154 Abs. 1 Nr. 1 oder Nr. 2) müssen übereinstimmen. Beantragt die Staatsanwaltschaft die Einstellung, weil die zu erwartende Sanktion nicht beträchtlich ins Gewicht falle, so kann das Gericht nicht die Einstellung darauf stützen, dass dies zwar nicht der Fall sei, aber die Voraussetzungen des § 154 Abs. 1 Nr. 2 vorlägen;[132] allerdings kann die Staatsanwaltschaft, da sie den abgelehnten Antrag alsbald mit einer anderen Begründung wiederholen könnte, hilfsweise die Einstellung auch nach § 154 Abs. 1 Nr. 2 beantragen. Eine Erklärung der Staatsanwaltschaft, sie stelle die Entscheidung in das Ermessen des Gerichts, reicht nicht aus;[133] eine Zustimmung aufgrund einer entsprechenden Anregung des Gerichts kann je nach Lage des Falles in einen Antrag umzudeuten sein. 42

Keine Voraussetzung ist die Zustimmung des Angeschuldigten oder des Nebenklägers, und zwar auch dann nicht, wenn der Nebenkläger allein ein Rechtsmittel eingelegt hat.[134] Der Angeschuldigte kann zwar auf eine Einstellung nach § 154 Abs. 2 durch einen 43

---

125 Die Anwendung in der Revisionsinstanz wurde früher (aufgrund der bis zum 3. StrÄndG geltenden Fassung des § 154 Abs. 2) teilweise verneint, so RGSt **59** 54 (zu § 153); **66** 327; OLG Karlsruhe JW **1933** 1671.
126 OLG Hamm MDR **1971** 1028; zust. HK/*Gercke* 11; Meyer-Goßner/*Schmitt* 16; SSW/*Schnabl* 8; Radtke/Hohmann/*Radtke* 7, 36; SK/*Weßlau/Deiters* 31.
127 BGH StraFo **2011** 184; **2014** 511; HK/*Gercke* 11; Meyer-Goßner/*Schmitt* 19; Einzelheiten bei § 153, 66 ff.; vgl. auch § 154a, 24.
128 LR/*Rieß*[24] 35; *Eb. Schmidt* 7; AnwK-StPO/*Walther* 20.
129 Vgl. *Dallinger* MDR **1966** 797.
130 SK/*Weßlau/Deiters* 32; LR/*Rieß*[24] 36.
131 *Pfeiffer* 5; AK/*Schöch* 29.
132 Ausführlich *Rieß* NStZ **1984** 427.
133 *Eb. Schmidt* 6.
134 BGHSt **28** 272; HK/*Gercke* 11; Meyer-Goßner/*Schmitt* 16; KMR/*Plöd* 17; AK/*Schöch* 29; SK/*Weßlau/Deiters* 32; für den Angeklagten BGH bei *Kusch* NStZ **1995** 18.

„Antrag" hinwirken, doch macht dieser den der Staatsanwaltschaft nicht entbehrlich; der Widerspruch des Angeschuldigten hindert rechtlich die Einstellung nicht.

3. Verfahren und Entscheidung

44 **a) Verfahren.** Liegt – was auch vom Gericht angeregt werden kann – ein staatsanwaltschaftlicher Einstellungsantrag vor, so sind bei einer **während der Hauptverhandlung** zu treffenden Entscheidung zu ihm die anwesenden Beteiligten (Angeklagter, Nebenkläger) zu hören (§ 33 Abs. 1), und zwar auch dann, wenn die Staatsanwaltschaft den Antrag bereits vor der Hauptverhandlung gestellt hatte, das Gericht aber die Entscheidung dieser vorbehält. Der Beschluss ergeht in öffentlicher Hauptverhandlung; bei Ausschluss der Öffentlichkeit ist diese wiederherzustellen.[135] Bei einer Entscheidung **außerhalb der Hauptverhandlung** (s.o. Rn. 41) bedarf es rechtlich der Anhörung des Angeschuldigten jedenfalls bei Einstellung des Verfahrens nicht.[136] Da ihn die Entscheidung nicht beschwert (Rn. 52), liegt kein Fall des § 33 Abs. 3 vor (vgl. auch § 153e, 16). Dies gilt jedoch insoweit nicht, als dem Angeklagten gem. § 467 Abs. 4 seine **notwendigen Auslagen** nicht ersetzt werden. In Bezug auf die Kostenentscheidung ist der Angeklagte daher anzuhören.[137] Auch ist es erforderlich, den Nebenkläger gemäß § 33 Abs. 3 zu hören, sofern die Einstellung die Tat betrifft, aus der sich seine Anschlussberechtigung ergibt; wird dies versäumt, so ist ggf. nach § 33a zu verfahren.[138] Vor der Einstellung ist über die Anschlussberechtigung des Nebenklägers zu entscheiden; das ergibt sich nunmehr eindeutig aus dem Gesetz (§ 396 Abs. 3), war aber nach umstrittener Ansicht schon bisher so und sogar vor der Einführung der Regelung durch das StPÄG 1964 anerkannt.[139]

45 **b) Ablehnender Beschluss.** Will das Gericht einem Antrag der Staatsanwaltschaft nicht folgen, so lehnt es diesen durch ausdrücklichen, zu begründenden (§ 34 2. Alt.) Beschluss ab und setzt das Verfahren fort.[140] Damit ist der Antrag erledigt; will das Gericht (etwa bei veränderter Sachlage) seinerseits nach § 154 verfahren, so ist ein erneuter Antrag der Staatsanwaltschaft erforderlich. Wird der Antrag in den Schlussvorträgen gestellt, so kann das Gericht, ohne den Antrag ausdrücklich abzulehnen und der Staatsanwaltschaft Gelegenheit zu weiteren Ausführungen zu geben, den Angeklagten auch insoweit freisprechen.[141]

46 **c) Einstellungsentscheidung.** Obwohl der Gesetzeswortlaut von einer „vorläufigen" Einstellung spricht, handelt es sich nicht um eine solche, die – wie die vorläufige Einstellung nach den §§ 153a, 154e, 205 – das Verfahren nur unterbricht und eine abschließende Entscheidung erfordert. Nach heute h.M. beendet die Einstellung das Verfahren **endgültig** – sofern es nicht nach § 154 Abs. 3 bis 5 wiederaufgenommen wird; man spricht daher auch von „(beschränkter) materieller Rechtskraft". Nur in diesem

---

135 BGH StV **2000** 248 (mit **abl.** Anm. *Venztke*), wo aber mangels Beschwer des Angeklagten offenbar das Beruhen des Urteils auf dem Verstoß ausgeschlossen werden soll.
136 BGH bei *Kusch* NStZ **1995** 18; Radtke/Hohmann/*Radtke* 42; SK/*Weßlau*/*Deiters* 32; weiter HK/*Gercke* 11, der mit Bezug auf BGH NStZ **1995** 18 generell die Notwendigkeit der Anhörung verneint.
137 OLG Dresden NStZ-RR **2015** 30; OLG Oldenburg StraFo **2010** 352; Meyer-Goßner/*Schmitt* 16; vgl. auch BGH NStZ **1995** 18.
138 Vgl. OLG Celle NStZ **1983** 329 mit Anm. *von Stackelberg*; SSW/*Schnabl* 8.
139 Vgl. RGSt **25** 186; *Feisenberger* § 396, 2; LR/*Rieß*[24] 38; LR/*Wendisch*[24] § 396, 16.
140 *Pfeiffer* 5; LR/*Rieß*[24] 39.
141 BGH NStZ **1984** 468.

Sinne ist die lediglich entstehungsgeschichtlich erklärbare Wendung „vorläufig" zu verstehen.[142] Anders als bei der vorläufigen Einstellung nach § 153a Abs. 3 und § 154e Abs. 3 sieht das Gesetz ein Ruhen der Verjährung nicht vor; wie sich aus § 154 Abs. 4 ergibt, geht das Gesetz davon aus, dass die Verjährung weiterläuft, auch § 78b StGB greift deshalb nicht ein.

Die **Einstellungsentscheidung ergeht durch Beschluss**. Die Bezeichnung der Einstellung als „vorläufig" ist weder erforderlich noch empfehlenswert.[143] Der Beschluss muss erkennen lassen, ob die Einstellung auf § 154 Abs. 2 i.V.m. Abs. 1 Nr. 1 oder Nr. 2 beruht.[144] Zudem muss er, wenn das Verfahren mehrere Taten zum Gegenstand hat und im Übrigen fortgesetzt wird, die Tat, hinsichtlich derer das Verfahren eingestellt wird, konkret bezeichnen. Hierbei genügt in aller Regel eine eindeutige Verweisung auf die Anklage oder im Rechtsmittelzug auf das Urteil.[145] Im Falle **gleichförmiger Serienstraftaten** ist dies besonders zu beachten. Sofern eine eindeutige Bezeichnung durch Bezug auf die Nummerierung in der Anklageschrift bzw. dem Urteil nicht möglich ist, kann sie durch die Angabe von Tatopfern, der Anzahl der auszuscheidenden Taten, der besonderen Tatmodalitäten oder -orte etc. erreicht werden.[146] Es sind jedoch keine höheren Anforderungen als bei der Tatkonkretisierung im Anklagesatz zu erfüllen.[147] Der Beschluss muss ferner, schon wegen der Wiederaufnahmeregelung in § 154 Abs. 3 und 4,[148] das (oder die) Verfahren eindeutig bezeichnen, das zu den rechtskräftigen oder zu erwartenden Bezugssanktionen geführt hat oder führen kann. Einer weiteren Begründung bedarf der Beschluss nicht.[149] Wird die Einstellung in den Schlussvorträgen beantragt, so kann er zusammen mit dem Urteil verkündet werden;[150] ansonsten ergibt sich schon gemäß § 33 Abs. 1, dass den Prozessbeteiligten zuvor rechtliches Gehör zu gewähren ist (Rn. 44).[151] Ergeht der Beschluss außerhalb der Hauptverhandlung, so ist er den Beteiligten bekanntzumachen; Zustellung ist nicht erforderlich (§ 35 Abs. 2 Satz 2). 47

d) Kosten- und Entschädigungsentscheidung. Ob die Einstellung nach § 154 Abs. 2 eine Entscheidung über die Kosten und ggf. über die Entschädigungspflicht nach dem StrEG enthalten muss, war lange umstritten. Die frühere Rspr. hat dies fast einhellig 48

---

142 BGHSt **10** 93; BayObLG MDR **1966** 1020; OLG Stuttgart Justiz **1981** 137; LG Hamburg NJW **1974** 373; HK/*Gercke* 13; *Kapahnke* 94; *Metten* NJW **1969** 687; Meyer-Goßner/*Schmitt* 17; KK/*Diemer* 24; *Mümmler* JurBüro **1989** 762; KMR/*Plöd* 17; LR/*Rieß*[24] 40; *Sieg* NJW **1975** 1397; AnwK-StPO/*Walther* 22; **a.A.** OLG München NJW **1975** 68; NStZ **1981** 234 mit Anm. *Meyer-Goßner* = JR **1981** 259 mit Anm. *K. Meyer*.

143 Auch Radtke/Hohmann/*Radtke* 37; SSW/*Schnabl* 8; Meyer-Goßner/*Schmitt* 16a, 17 f.; LR/*Rieß*[24] 40; **a.A.** *Eb. Schmidt* 18.

144 *Pfeiffer* 5; SK/*Weßlau/Deiters* 33.

145 Vgl. nur BGH NStZ-RR **2012** 50; NJW **2015** 181; Beschl. vom 3.12.2013, 4 StR 461/13; Beschl. vom 13.8.2014, 2 StR 128/14.

146 Vgl. auch SK/*Weßlau/Deiters* 33; Meyer-Goßner/*Schmitt* 16b jew. mit Beispielen.

147 Siehe BGH Beschl. vom 13.8.2014, 2 StR 128/14; HK/*Gercke* 12; SK/*Weßlau/Deiters* 32; Meyer-Goßner/*Schmitt* 16b.

148 *Schäfer* 1567; Radtke/Hohmann/*Radtke* 37; SK/*Weßlau/Deiters* 33; vgl. auch HK/*Gercke* 12.

149 *Pfeiffer* 5; das Fehlen jeglicher Begründung ist nach BGH NStZ-RR **2001** 175 mit der Verfahrensrüge geltend zu machen, siehe auch Rn. 86.

150 BGH NStZ **2001** 218; **1984** 468; zur Frage, ob nach Verkündung eines solchen Beschlusses unmittelbar vor dem Urteil erneut das letzte Wort zu gewähren ist, BGH NStZ **1983** 469; aufgegeben von BGH StV **2001** 437; verneinend auch BGH NStZ **2001** 218 (Anfragebeschluss); vgl. LR/*Gollwitzer*[25] § 258, 6 m.w.N.

151 Erfolgt dies nicht, kann die Revision aber dann nicht erfolgreich darauf gestützt werden, wenn der Angeklagte durch die Verfahrensweise nicht überrascht wurde und ihm dadurch keine effektiven Verteidigungsmöglichkeiten entgangen sind, BGH StV **1996** 297.

verneint,[152] nunmehr wird dies durchweg bejaht.[153] Wobei teilweise die bejahende Rechtsprechung die Kosten- und Entschädigungsentscheidung nur bei einer Einstellung in Bezug auf eine bereits rechtskräftig verhängte Sanktion (also wenn allein die Wiederaufnahmemöglichkeit nach § 154 Abs. 3 in Betracht kommt) für erforderlich hält, während bei einer Einstellung wegen einer erst zu erwartenden Sanktion die Kosten- und Entschädigungsentscheidung als isolierte nachträglich nach Ablauf der in § 154 Abs. 4 gesetzten Frist zulässig und geboten sein soll.[154] Der BGH versieht mittlerweile solche Einstellungen im Revisionsverfahren regelmäßig mit einer diese Tat betreffenden Kostenentscheidung.[155] Auch vom Schrifttum wird die Notwendigkeit einer Kosten- und Entschädigungsentscheidung nahezu einhellig bejaht.[156] Die Frage ist insoweit von praktischer Bedeutung, als bei Unzulässigkeit einer Kosten- und Entschädigungsentscheidung eine Erstattung der dem Angeschuldigten erwachsenen notwendigen Auslagen und eine Entschädigung nach dem StrEG nicht möglich wäre.

49 Zuzustimmen ist der Auffassung, dass die das Verfahren nach § 154 Abs. 2 einstellende Entscheidung eine **Kostenentscheidung** und ggf. auch eine Entschädigungsentscheidung **enthalten muss.** Das folgt aus § 464 bzw. § 8 StrEG. Denn die Einstellung schließt der Sache nach das Verfahren (vorbehaltlich der Wiederaufnahmemöglichkeiten gemäß § 154 Abs. 3 und 4) endgültig ab und ist damit eine die Untersuchung einstellende Entscheidung (vgl. Rn. 46). Die Gegenmeinung misst dem Wort „vorläufig" zu große Bedeutung zu. Dass der Gesetzgeber mit dieser Kennzeichnung der Einstellung bewusst die Anwendbarkeit des § 467 ausschließen wollte,[157] ist mit der Entstehungsgeschichte der unterschiedlichen Regelungen nicht vereinbar. Die Notwendigkeit einer Kostenentscheidung kann auch nicht damit verneint werden, dass es sich bei der Einstellungsentscheidung um keine „Ermessensentscheidung" im Sinne des § 467 Abs. 4 (§ 3 StrEG) handle, weil sie lediglich der Verfahrensökonomie diene.[158] Das eine hat mit dem anderen nichts zu tun, und es ist kein Grund erkennbar, einen Angeschuldigten durch die Unanwendbarkeit des § 467 Abs. 3, § 3 StrEG in Bezug auf seine Entschädigungs- und Auslagenerstattungsansprüche deshalb schlechter zu stellen, weil auch Gesichtspunkte

---

152 Nachw. bei OLG München NJW **1975** 68; LR/*K. Schäfer*[23] § 464, 8 ff.; LR/*Meyer-Goßner*[23] 20.

153 BGH NStZ-RR **2012** 159; OLG Celle NStZ-RR **2015** 30; NStZ **1983** 328 (für den Fall der rechtskräftig verhängten Sanktion); OLG Düsseldorf MDR **1988** 164; OLG Hamburg MDR **1972** 1048; OLG Koblenz MDR **1980** 779; OLG Schleswig SchlHA **1975** 14; OLG Stuttgart MDR **1981** 137; LG Bochum MDR **1986** 958; LG Flensburg StV **1990** 80; GA **1985** 329; LG Hamburg MDR **1974** 162 mit Anm. *Schätzler*; LG Hildesheim AnwBl. **1981** 26; **a.A.** noch OLG München NStZ **1981** 234 mit Anm. *Meyer-Goßner* = JR **1981** 259 mit Anm. *K. Meyer*; LG Berlin MDR **1983** 159; m.w.N. LR/*Rieß*[24] 41.

154 So vor allem OLG Karlsruhe NJW **1975** 321; JR **1976** 75 mit Anm. *K. Meyer*; MDR **1976** 70; NJW **1978** 231; Justiz **1980** 209; NStZ **1984** 330; LG Karlsruhe NJW **1974** 872; AG Hamburg-Wandsbek MDR **1983** 780; ebenso *Schoene* NJW **1974** 844; vgl. auch OLG Bremen NJW **1976** 2358; OLG Frankfurt JR **1984** 389 mit Anm. *Baukelmann*; OLG Schleswig MDR **1980** 70; OLG Stuttgart NStZ **1992** 137 (für die Entschädigungsentscheidung).

155 BGH NJW **1996** 2519; anders noch derselbe Senat in BGHR StrEG § 8 Verfahrensabschluss 1 für die Entschädigungsentscheidung.

156 *Giesler* Der Auschluß der Beschwerde gegen richterliche Entscheidungen im Strafverfahren (1981), 230 Fn. 5; HK/*Gercke* 13; SK/*Weßlau/Deiters* 35; Radtke/Hohmann/*Radtke* 38; SSW/*Schnabl* 8; Meyer-Goßner/*Schmitt* 18; *Meyer-Goßner* NStZ **1981** 235; *Metten* NJW **1969** 697; *Mümmler* JurBüro **1989** 762; *Pfeiffer* 5; KMR/*Plöd* 18; *Seier* NStZ **1982** 271; *Sieg* NJW **1975** 1398; MDR **1976** 117; *von Stackelberg* NStZ **1983** 330; **a.A.** *Meyer D.*, Strafrechtsentschädigung § 3, 20 ff. StrEG; *ders.* JurBüro **1978** 1052; *K. Meyer* JR **1976** 75; *Schäfer* 1567; *Schätzler* § 2, 19 ff.; *ders.* MDR **1974** 163.

157 So OLG München NJW **1975** 69; *K. Meyer* JR **1976** 76; ihm folgend LR/*K. Schäfer*[23] § 464, 15 a.E.; dagegen wie hier *Meyer-Goßner* NStZ **1981** 235; *Seier* NStZ **1982** 272.

158 OLG München NJW **1975** 69; *Schäfer* 1567; *Schätzler* MDR **1974** 163; dagegen OLG Celle MDR **1974** 688.

der Justizökonomie eine Rolle spielen. Da diese Entscheidungen keiner Beschwerde unterliegen (Rn. 53), lässt sich schließlich auch nicht einwenden, dass durch die Kostenentscheidung infolge der „Aufpfropfung" eines Rechtsmittelzugs der justizökonomische Nutzen des § 154 verfehlt werde.[159]

Fehlt eine Kostenentscheidung im Einstellungsbeschluss, so kann sie nicht, auch 50
nicht im späteren Urteil, nachgeholt werden.[160] Die Kosten und notwendigen Auslagen des Angeschuldigten fallen dann der Staatskasse zur Last.[161]

Inhaltlich richtet sich die Entscheidung nach § 467 bzw. § 3 StrEG.[162] Die Kosten des 51
Verfahrens trägt die Staatskasse, für die dem Angeschuldigten erwachsenen notwendigen Auslagen gilt § 467 Abs. 4.[163] Die Kosten des Nebenklägers können dem Angeschuldigten, soweit es der Billigkeit entspricht, ganz oder teilweise auferlegt werden (§ 472 Abs. 2 Satz 1).[164] Unzulässig ist es hingegen, die notwendigen Auslagen des Nebenklägers der Staatskasse aufzuerlegen. Ist dem Angeschuldigten eine Entschädigung gemäß § 3 StrEG gewährt worden und wird das Verfahren später wieder aufgenommen, so tritt die Entschädigungsentscheidung gemäß § 14 Abs. 1 StrEG außer Kraft.[165]

4. Anfechtung

a) Ablehnung des Antrags auf Einstellung. Der Beschluss, durch den der Antrag 52
der Staatsanwaltschaft auf Einstellung des Verfahrens abgelehnt wird, ist von keiner Seite mit der Beschwerde anfechtbar.[166] Das ergibt sich nach Eröffnung des Hauptverfahrens bereits aus § 305. Vor der Eröffnungsentscheidung ergibt sich die Unanfechtbarkeit zwar nicht daraus, dass es sich um eine Ermessensentscheidung des für das Hauptverfahren zuständigen Gerichts handelt,[167] es lässt sich aber aus dem Rechtsgedanken ableiten, der dem § 210 zugrunde liegt.[168]

b) Einstellungsbeschluss. Der **Einstellungsbeschluss** ist ebenfalls grundsätzlich 53
unanfechtbar, weil in § 154 Abs. 3 bis 5 andere Möglichkeiten der Überprüfung der Einstellungsentscheidung eröffnet sind, die einen Rechtsmittelzug ersetzen. Die Frage war früher streitig,[169] wird aber seit BGHSt **10** 88 überwiegend in diesem Sinne beantwortet.[170]

---

159 So aber *Schätzler* MDR **1974** 163 und § 2, 22 StrEG; wie hier schon LR/*Rieß*[24] 43; *Sieg* NJW **1975** 1398.
160 BGH NStZ-RR **2012** 159; KG Beschl. vom 18.11.2008, 1 Ws 354/08.
161 Insoweit **a.A.** LR/*Hilger* § 464, 24.
162 Radtke/Hohmann/*Radtke* 38; SK/*Weßlau/Deiters* 35 f.; KMR/*Plöd* 18; Meyer-Goßner/*Schmitt* 18; für § 3 StrEG zudem: OLG Stuttgart NStZ **1992** 137; SSW/*Schnabl* 8; **a.A.** (allenfalls nach § 4 StrEG) *D. Meyer* JurBüro **1978** 1052 mit der unhaltbaren Begründung, dass die Einstellung nach § 154 de facto auf einen Schuldspruch hinauslaufe.
163 OLG Celle MDR **1974** 686; OLG Hamburg MDR **1972** 1049; LG Flensburg StV **1990** 80; LG Frankfurt AnwBl. **1980** 203 (nur ausnahmsweise keine Übernahme der Auslagen auf die Staatskasse); AG Hamburg-Wandsbek MDR **1983** 780; *Haberstroh* NStZ **1984** 294; *Sieg* MDR **1976** 117; vgl. auch § 153, 80; **a.A.** LR/*K. Schäfer*[23] § 467, 65; *Schätzler* MDR **1974** 163.
164 Nachw. zur früheren Streitfrage bei LR/*Rieß*[24] 44 Fn. 98; vgl. auch § 153a, 147.
165 LR/*Rieß*[24] 44.
166 *Giesler* (Fn. 156) 215; SK/*Weßlau/Deiters* 52; KK/*Diemer* 35; HK/*Gercke* 14; Meyer-Goßner/*Schmitt* 20; *Pfeiffer* 8; SSW/*Schnabl* 13; **a.A.** (Beschwerdebefugnis für die Staatsanwaltschaft) KMR/*Plöd* 26; *Eb. Schmidt* 8.
167 So *Giesler* aaO; LR/*Meyer-Goßner*[23] 24.
168 Siehe auch § 153, 42, 49, 72, 85.
169 Nachw. bei BGHSt **10** 91 und BayObLGSt **1952** 11.
170 BGH Beschl. vom 7.7.2016, 2 Ars 209/16; BayObLGSt **1952** 11; OLG Celle NStZ **1983** 328 mit Anm. *von Stackelberg*; OLG Düsseldorf AnwBl. **1979** 40; NJW **1981** 834; JurBüro **1991** 854; JMBlNW **1994** 58; OLG Frankfurt JR **1984** 389; OLG Karlsruhe NJW **1978** 231; OLG München NStZ **1981** 235 mit Anm. *Meyer-Goßner*

Jedoch mehren sich die Stimmen, die dies in Frage stellen.[171] Für den **Angeschuldigten** ergibt sich die Unanfechtbarkeit auch daraus, dass er durch die Einstellung **nicht beschwert** ist; einen Anspruch auf Verfahrensfortsetzung, um vom Verdacht einer Straftat befreit zu werden, hat er nicht.[172] Wegen der für ihn weitergeltenden Unschuldsvermutung gilt dies auch dann, wenn der Einstellungsbeschluss, etwa weil das Verhalten eindeutig unter kein Strafgesetz fällt, greifbar gesetzwidrig ist.[173] Die Gegenauffassung rekurriert auf den Umstand, dass der Gesetzgeber eine dem § 153a Abs. 2 Satz 4 entsprechende Regelung in § 154 nicht eingefügt hat.[174] Dies war indes auch nicht notwendig, da mit § 154 Abs. 3 und 4 eine hinreichende Korrektur der Entscheidung gewährleistet ist, was freilich von der Gegenauffassung in Zweifel gezogen wird.[175]

54 Ausnahmsweise kann jedoch die **Staatsanwaltschaft** den **Einstellungsbeschluss** mit der (einfachen) Beschwerde **anfechten**, wenn er prozessordnungswidrig ergangen ist, etwa wenn ihr Antrag nicht vorlag, oder wenn andere prozessuale Voraussetzungen für die Einstellung, etwa die Zuständigkeit,[176] fehlten[177] (vgl. auch § 153, 86). Für den **Nebenkläger** ist der Beschluss dagegen gemäß § 400 Abs. 2 Satz 2 unanfechtbar (s. § 153, 87).

55 **c) Kosten- und Entschädigungsentscheidung.** Zur Anfechtbarkeit der Entscheidung über die Kosten und nach dem StrEG mit der (sofortigen) Beschwerde nach § 464 oder § 8 Abs. 3 StrEG gilt das zu § 153 Gesagte (§ 153, 88f.). Danach ist die Entscheidung über die Kosten unanfechtbar (§ 464 Abs. 3 Satz 1);[178] das hat auch für den Fall zu gelten, dass eine solche Entscheidung unterblieben ist.[179] Hingegen ist in den extremen Ausnahmefällen eines groben, anders nicht zu beseitigenden prozessualen Unrechts auch die Kostenentscheidung anfechtbar.[180] Für diesen Fall ist strittig, ob insoweit die einfa-

---

= JR **1981** 258 mit Anm. *K. Meyer*; OLG Schleswig SchlHA **1975** 14; LG Itzehoe SchlHA **1987** 96; *Baukelmann* JR **1984** 392; *Giesler* (Fn. 158) 216; HK/*Gercke* 14; Meyer-Goßner/*Schmitt* 20; *Pfeiffer* 8; KMR/*Plöd* 26; *Schäfer* 1567; *Eb. Schmidt* 9; KK/*Diemer* 35; SK/*Weßlau/Deiters* 50; **a.A.** OLG Zweibrücken NJW **1996** 866; Radtke/Hohmann/*Radtke* 84 (jedoch reduzierte Kontrolldichte aufgrund des Ermessenscharackters des § 154); *Peters* StV **1981** 412; *Schulz* StraFo **2006** 447.

171 Vgl. nur Radtke/Hohmann/*Radtke* 84; *Möller* StraFo **2013** 241 ff.; *Schulz* StraFo **2006** 444 ff.; *Fromm* StRR **2012** 204 ff.

172 BGH Beschl. vom 7.7.2016, 2 Ars 209/16; OLG Zweibrücken NJW **1996** 866; BayObLGSt **1952** 11; OLG Köln NJW **1953** 1444; OLG Bamberg StV **1981** 402 mit krit. Anm. *Peters* 411; so bereits LR/*Rieß*[24] 46; ebenso SK/*Weßlau/Deiters* 50, die insoweit lediglich von einem „Interesse" des Angeschuldigten sprechen; SSW/*Schnabl* 14; vgl. auch *Haberstroh* NStZ **1984** 291; **a.A.** *Möller* StraFo **2013** 242 f.

173 Insofern **a.A.** BGHSt **10** 93 (obiter dictum); BGH NStZ-RR **2007**, 21; OLG Düsseldorf JMBlNW **1994** 58 (bei eindeutigem Verstoß gegen das Willkürverbot); noch offen gelassen von OLG Düsseldorf JurBüro **1991** 854; vgl. auch OLG Düsseldorf JMBlNW **1990** 23 (Unanfechtbarkeit trotz Gesetzeswidrigkeit und grober Fehlerhaftigkeit); für Anfechtbarkeit bei Vorliegen eines Verfahrenshindernisses *Maatz* MDR **1986** 884; insoweit **abl.** AK/*Schöch* 33.

174 So beispielsweise *Möller* StraFo **2013** 442.

175 Vgl. Radtke/Hohmann/*Radtke* 84, der insoweit widersprüchlich in Rn. 87 die Kostenentscheidung gem. § 464 Abs. 3 Satz 1 Hs. 2 für nicht anfechtbar erklärt.

176 Vgl. OLG Hamm MDR **1971** 1028 (Einstellung durch den Tatrichter nach Urteilserlass).

177 OLG Celle NStZ **1983** 329 mit Anm. *von Stackelberg*; OLG Hamm MDR **1971** 1027; HK/*Gercke* 14; Meyer-Goßner/*Schmitt* 20; *Pfeiffer* 8; KMR/*Plöd* 26; SK/*Weßlau/Deiters* 50; AnwK-StPO/*Walther* 43; **a.A.** KG JR **1968** 348 (außer, wenn Antrag fehlte, ebenso LR/*Kohlhaas*[22] 7); *Eb. Schmidt* 9; weiter Radtke/Hohmann/*Radtke* 84 (Beschwerde immer statthaft).

178 BGH Beschl. vom 7.7.2016, 2 Ars 209/16; OLG Düsseldorf JurBüro **1991** 855; Radtke/Hohmann/*Radtke* 87; SK/*Weßlau/Deiters* 51; SSW/*Schnabl* 14; HK/*Gercke* 14; Meyer-Goßner/*Schmitt* 20; KMR/*Plöd* 26; Nachw. zum früheren Streitstand LR/*Rieß*[24] 48.

179 BGH NStZ-RR **2012** 159; KG Beschl. vom 18.11.2008, 1 Ws 354/08; OLG Hamm MDR **1986** 1048; KMR/*Plöd* 26; AnwK-StPO/*Walther* 46; SK/*Weßlau/Deiters* 51.

180 BVerfG NJW **1997** 46.

che Beschwerde[181] oder die sofortige Beschwerde[182] Anwendung findet. Angesichts der Schwere der Verstöße erscheint die Möglichkeit der einfachen Beschwerde ohne zeitliche Befristung sachgerechter. Werden dem Angeklagten gem. § 467 Abs. 4 die notwendigen Auslagen auferlegt, ist er zuvor zu höhren; eine unzulässige Beschwerde ist in diesem Fall als Gehörsrüge auszulegen.[183] Die Zulässigkeit einer sofortigen Beschwerde gegen die Entscheidung über eine Entschädigung ist hingegen heute unstrittig (§ 8 Abs. 3 StrEG).[184]

V. Folgen der Einstellung

1. Allgemeines. Sieht die **Staatsanwaltschaft** von der Verfolgung ab, so stellt sie das Verfahren ein. Damit ist es nicht mehr i.S.d. § 154e anhängig.[185] Die eingestellte Tat wird von der Anklage nicht erfasst,[186] ihre Einbeziehung durch das Gericht ist daher ohne neue Klage (ggf. als Nachtragsanklage nach § 266) nicht möglich, es sei denn, es ist irrtümlich (Rn. 17) nach § 154 Abs. 1 eingestellt worden, obwohl nur eine Tat vorlag und damit in Wahrheit eine Beschränkung nach § 154a vorgenommen worden war.[187] Die Verfahrenseinstellung durch die Staatsanwaltschaft nach § 154 Abs. 1 führt wegen der jederzeitigen Fortsetzungsmöglichkeit (Rn. 39) weder zu einem „echten Verfolgungshindernis", noch steht sie einem solchen „gleich".[188] Der Grundsatz ne bis in idem[189] gilt für nach § 154 Abs. 1 eingestellte Taten nicht.[190] Dementsprechend entsteht kein Verfolgungshindernis gemäß Art. 54 SDÜ.[191] 56

Mit der **Einstellung durch** das **Gericht** nach § 154 Abs. 2 entsteht dagegen ein von Amts wegen zu beachtendes **Verfahrenshindernis**, zu dessen Beseitigung ein förmlicher Wiederaufnahmebeschluss nach § 154 Abs. 5 erforderlich ist.[192] Die **Sperrwirkung** setzt voraus, dass Klarheit hinsichtlich der genau gemeinten Taten im prozessualen Sinne besteht. Da die Taten im prozessualen Sinn in der Anklageschrift umschrieben werden, muss diese herangezogen werden, wenn die aus § 154 Abs. 2 folgende Sperrwirkung ermittelt werden soll. Liegt keine wirksame, ausreichend konkrete Anklageerhebung vor, so kann es auch keine Sperrwirkung geben, wobei nach Ansicht der Rechtsprechung allerdings anders zu entscheiden sein soll, wenn der Fairnessgrundsatz einen besonderen Vertrauensschutz verlangt.[193] Werden einzelne Taten eines einheitlichen Verfahrens 57

181 Dafür OLG Celle NStZ **1983** 328.
182 Dafür *von Stackelberg* NStZ **1983** 330; *Maatz* MDR **1986** 884.
183 Vgl. OLG Oldenburg StraFo **2010** 352.
184 HK/*Gercke* 14; SK/*Weßlau/Deiters* 51; Radtke/Hohmann/*Radtke* 87; **a.A.** zur alten Rechtslage LR/*Rieß*[24] 48.
185 BGHSt **10** 88; MüKo/*Teßmer* 47; Radtke/Hohmann/*Radtke* 43.
186 BGH BGHR StPO § 264 Abs. 1 Tatidentität 24; vgl. auch BGH BGHR § 264 Abs. 1 Tatidentität 44; MüKo/*Teßmer* 47.
187 BGHSt **25** 388; BGH NStZ **1995** 541.
188 **A.A.** (zumindest der Formulierung nach) OLG Düsseldorf GA **1980** 395; VRS **88** (1995) 48 für den Fall der § 359 Nr. 2, § 364 Satz 1.
189 Zu dessen annähernd europaweiter Geltung siehe § 153c, 23 ff.
190 OLG Karlsruhe NStZ-RR **1997** 14; Meyer-Goßner/*Schmitt* 4; vgl. auch HK/*Gercke* 10; Radtke/Hohmann/*Radtke* 43; MüKo/*Teßmer* 49; zum SDÜ siehe § 153, 59.
191 Vgl. OLG Nürnberg StV **2011** 401; hierzu auch *Krenberger* DAR **2017** 192.
192 RGSt **59** 56; BGHSt **36** 363; **30** 198; BGH bei *Dallinger* MDR **1973** 192; GA **1981** 36 mit Anm. *Rieß*; BayObLG NStZ **1992** 403; MDR **1966** 1020; OLG Celle NStZ **1985** 218; OLG Düsseldorf NStZ-RR **1999** 306; OLG Frankfurt NStZ **1988** 329 mit Anm. *Dörr/Taschke*; OLG Schleswig SchlHA **1990** 117; HK/*Gercke* 15; Radtke/Hohmann/*Radtke* 44; SK/*Weßlau/Deiters* 37; MüKo/*Teßmer* 65; KK/*Diemer* 24; SSW/*Schnabl* 9; *Pfeiffer* 5; KMR/*Plöd* 17; vgl. auch Meyer-Goßner/*Schmitt* 16a.
193 BGH NStZ **2001** 655.

eingestellt, so tritt insoweit Verfahrenstrennung ein.[194] Die Einstellung hindert das Gericht jedoch nicht, in Eilfällen Verfügungen zu treffen, etwa Maßnahmen der Beweissicherung anzuordnen, ohne dass schon damit das Verfahren i.S.v. § 154 Abs. 3 bis 5 wieder aufgenommen wird.[195] Nach der Einstellung hinsichtlich einer Tat ist die Verhängung von Rechtsfolgen, wie beispielsweise Einziehung nach §§ 73, 73a StGB, im (subjektiven) Verfahren ohne Wiederaufnahme nach § 154 Abs. 3 nicht möglich.[196] Die Staatsanwaltschaft kann das Verfahren weder allein aufnehmen, noch die eingestellte Tat in einem anderen Verfahren anklagen;[197] die Anhängigkeit i.S.d. § 154e wird beseitigt.[198] Etwaige Rechtsmittel, Rechtsmittelverzichte und Rechtsmittelrücknahmen betreffen die eingestellten Taten jedoch nicht (mehr).[199] Ob nach Verfahrensbeendigung noch ein Pflichtverteidiger bestellt werden kann,[200] ist umstritten. Zumindest in den Fällen, in denen die Beiordnung vor Verfahrensbeendigung beantragt wurde und die Voraussetzungen der Beiordnung auch vorlagen, ist dies zu bejahen.[201] An dem Tatverdacht i.S.d. § 60 Nr. 2 StPO ändert sich durch die Einstellung nichts, so dass das Vereidigungsverbot für andere Verfahren bestehen bleibt.[202]

2. Zwangsmaßnahmen

58 **a) Beschlagnahme.** Da die Einstellung das Verfahren in der Regel endgültig abschließt, sind noch fortdauernde Zwangsmaßnahmen, die nur durch die eingestellte Tat gerechtfertigt waren, namentlich Beschlagnahmen, mit der Einstellung zu beenden; es gelten hierbei die gleichen Grundsätze, die auch sonst bei Verfahrenseinstellungen anzuwenden sind.[203] Dies gilt uneingeschränkt, wenn die Bezugstat rechtskräftig abgeurteilt worden ist. Ist die Einstellung in Hinblick auf zu erwartende Rechtsfolgen erfolgt, so wird man Staatsanwaltschaft und Gericht allerdings für berechtigt halten müssen, im Rahmen des Verhältnismäßigkeitsgrundsatzes – vgl. die Erl. zu § 94 – Beschlagnahmen und Sicherstellungen bis zur rechtskräftigen Aburteilung jener Tat aufrechtzuerhalten, wenn zu befürchten ist, dass die Freigabe zum Beweismittelverlust führen würde.[204]

---

194 OLG Koblenz StraFo **2001** 243. Nach LR/*Wendisch*[25] § 2, 62 bloße Verhandlungstrennung; **a.A.** (Sachtrennung) LR/*Erb* § 2, 19; *D. Meyer* JurBüro **1984** 803 mit Hinweis auf die gebührenrechtlichen Konsequenzen.

195 OLG Celle NStZ **1985** 219 mit Anm. *Schoreit*.

196 BGH NStZ **2003** 422 f.; vgl. auch BGH StraFo **2013** 25 zu § 54 Abs. 1 Nr. 1 WaffG.

197 BGHSt **30** 198; BGH NJW **1990** 1676; vgl. auch OLG Stuttgart Justiz **1981** 137.

198 BGHSt **30** 198; OLG Frankfurt NStZ **1988** 329; OLG Düsseldorf NStZ-RR **1999** 306; Radtke/Hohmann/*Radtke* 44; Meyer-Goßner/*Schmitt* 17 jew. m.w.N. **A.A.** LR/*Beulke*[26] 52 unter zweifelhaften Bezug auf BayObLG NStZ **1992** 403 („latente Gerichtshängigkeit"); vgl. auch *Dörr/Taschke* NStZ **1988** 330 sowie *Sieg* NJW **1975** 1398.

199 OLG Frankfurt NStZ **1988** 328 (Berufungsrücknahme geht „ins Leere"); Radtke/Hohmann/*Radtke* 44; **a.A.** *Dörr/Taschke* NStZ **1988** 330.

200 Verneinend OLG Düsseldorf StraFo **1996** 91; NStZ **1984** 43; vgl. auch BGH StV **1997** 238; BGH Beschl. vom 11.3.1981 – 4 StR 686/80.

201 LG Trier Beschl. vom 2.6.2015, 5 Qs 34/15 m. Anm. *Rueber-Unkelbach* jurisPR-StrafR 17/**2015** Anm. 17; LG Hamburg StV **2000** 16; ebenso LG Osnabrück StV **2001** 447 (beide zu § 154); LG Schweinfurt StraFo **2006** 25; LG Saarbrücken StV **2005** 82 f.; LG Berlin StV **2005** 83 f.; LG Bremen NStZ-RR **2004** 113; LG Aachen StV **2004** 125 f.; siehe auch OLG Koblenz StV **1995** 537 (zu § 458 Abs. 1).

202 BGH StV **2000** 117.

203 Vgl. OLG Hamm wistra **2014** 73 (noch zu § 111b a.F.); LG Halle wistra **2000** 279 (bestehender Arrestbefehl ist aufzuheben); Radtke/Hohmann/*Radtke* 45; SK/*Weßlau/Deiters* 38 f.; siehe im Einzelnen die Erl. zu § 98 und § 111b.; s. auch *Willisch* wistra **2013** 9 ff.

204 Ebenso OLG Frankfurt bei *Sieg* wistra **1984** 174; **a.A.** *Sieg* aaO; vgl. auch LR/*Schäfer*[24] § 98, 59.

b) Untersuchungshaft. Ein Haftbefehl, der eine nach § 154 Abs. 1 oder 2 eingestellte Tat zum Gegenstand hat, ist insoweit mit der Einstellung in jedem Fall aufzuheben. Für die Einstellung nach § 154 Abs. 2 folgt dies, da sie keine „vorläufige" i.S.v. § 153a, § 205 ist (vgl. Rn. 46), unmittelbar aus § 120 Abs. 1 Satz 2. Allerdings gilt diese Vorschrift nicht für die staatsanwaltschaftliche Einstellung. Anders als bei der Einstellung nach § 170 Abs. 2 (vgl. die Erl. zu § 120, 22) verneint die Staatsanwaltschaft in diesen Fällen auch nicht ohne weiteres den dringenden Tatverdacht. Aber die Aufrechterhaltung der Untersuchungshaft würde in solchen Fällen stets gegen das Verhältnismäßigkeitsprinzip und das Gebot der besonderen Beschleunigung von Haftsachen verstoßen. Es wäre widersprüchlich, mit der Einstellung nach § 154 Abs. 1 in Aussicht zu stellen, das Verfahren nicht durchzuführen, zugleich aber die Untersuchungshaft zur Sicherung dieses Verfahrens aufrechtzuerhalten. Entsprechendes gilt für die Anordnung einer isolierten Sperrfrist nach § 69a Abs. 1 Satz 3 StGB,[205] die **vorläufige Entziehung der Fahrerlaubnis** – vgl. die Erl. zu § 111a – und das **vorläufige Berufsverbot** (vgl. § 132a, 22). 59

Anrechnung von Untersuchungshaft aufgrund eines Haftbefehls, der allein auf der später nach § 154 eingestellten Tat beruhte, ist nach dem für § 51 StGB maßgebenden Grundsatz der Verfahrenseinheit immer dann möglich, wenn die eingestellte und die abgeurteilte Tat jedenfalls zeitweilig in einem Verfahren verbunden waren.[206] Ob darüber hinaus Untersuchungshaft, die wegen einer nach § 154 eingestellten Tat erlitten worden ist, auf die wegen der Bezugstat verhängte Strafe auch dann angerechnet werden kann, wenn bei Nichteinstellung über beide Taten in einer einheitlichen Hauptverhandlung hätte entschieden werden können, ist zwar umstritten, mit der wohl h.M. aber zu bejahen[207] und kann verfassungsrechtlich sogar geboten sein.[208] War der Verurteilte in dem eingestellten Verfahren nach § 81 zur Vorbereitung eines Gutachtens über seinen psychischen Gesundheitszustand untergebracht, so ist die Zeit der Unterbringung in entsprechender Anwendung des Rechtsgedankens des § 51 ebenfalls auf die Strafe anzurechnen, und zwar selbst wenn keine Verfahrensidentität bestand, mindestens dann, wenn die Erkenntnisse in dem anderen Verfahren verwertet wurden.[209] 60

3. Berücksichtigung eingestellter Taten und Tatteile

a) Allgemeines. Umstritten ist, ob die nach § 154 oder § 154a ausgeschiedenen Taten bzw. Tatteile bei der Beweiswürdigung oder Strafzumessung im Rahmen der übrigen Delikte strafschärfend berücksichtigt werden können.[210] Dieses Problem entsteht im Rahmen des § 154 auch dann, wenn es zunächst noch nicht zu einer endgültigen Einstel- 61

---

205 BGH NJW **2000** 3654; Radtke/Hohmann/*Radtke* 45; SK/*Weßlau/Deiters* 38.
206 Vgl. OLG Bremen NJW **1976** 2358; OLG Schleswig MDR **1980** 70.
207 OLG Düsseldorf StV **1994** 549; OLG Frankfurt StV **1981** 170; **1989** 490; OLG Naumburg NStZ **1997** 129; OLG Nürnberg NStZ **1990** 406; OLG Saarbrücken wistra **1996** 70; OLG Schleswig MDR **1980** 70; *Karl* NStZ **1988** 171; KMR/*Plöd* 18; Radtke/Hohmann/*Radtke* 38; SK/*Weßlau/Deiters* 39; *Maatz* MDR **1984** 712; *Paeffgen* NStZ **1990** 536; **a.A.** OLG Celle NStZ **1985** 168 mit **abl.** Anm. *Maatz*; OLG Düsseldorf StV **1997** 85; **1991** 267 mit **abl.** Anm. *Maatz*; NJW **1986** 268 mit krit. Anm. *Puppe* StV **1986** 394; OLG Hamburg NStZ **1993** 204; OLG Hamm NStZ-RR **1996** 378; NStZ **1981** 480; OLG Oldenburg MDR **1984** 772; OLG Stuttgart NJW **1982** 2083; LG München I NStZ **1988** 554; Schönke/Schröder/*Kinzig* § 51, 8; NK-StGB/*Kett-Straub* § 51, 10; MüKo-StGB/*Maier* § 51, 21 f.; offenlassend BGHSt **43** 116 mit Anm. *Stree* NStZ **1998** 136; OLG Karlsruhe MDR **1993** 66.
208 BVerfG NStZ **1999** 125; **2001** 501.
209 OLG Karlsruhe MDR **1994** 1032.
210 Vgl. zum Streit um die Berücksichtigung nicht rechtskräftig abgeurteilter Straftaten allgemein § 155, 4.

lung gekommen ist, das Verfahren aber wegen eines gleichartigen Tatvorwurfs mit dem Ziel einer „eventuellen Einstellung" abgetrennt worden ist.[211]

62 **b) Berücksichtigung im Rahmen der Strafzumessung.** Der **BGH und** die **h.M.**[212] **differenzieren zutreffend:** Sofern das Gericht kommentarlos einstelle (bzw. nach § 154a die Verfolgung beschränke) oder nach einem entsprechenden Vorgehen der Staatsanwaltschaft die Anklage in dem so eingeschränkten Umfang zulasse, dürfe der Beschuldigte darauf vertrauen, dass ihm die ausgeschiedenen Teile nicht mehr zum Nachteil gereichen. Nach Auffassung der Rspr. ist dieses Verbot der Berücksichtigung eingestellter Taten und Tatteile Ausdruck des **fair-trial-Gedankens**[213] und des Grundsatzes des rechtlichen Gehörs,[214] lässt sich allerdings auch ohne Rückgriff auf diese Begriffe innerprozessual aus Sinn und Zweck der §§ 154, 154a ableiten. Bei nach § 154a ausgeschiedenen Tatteilen folgt es schon daraus, dass jede Berücksichtigung im Strafmaß die „Beschränkung der Verfolgung" aufhebt.[215] Aber auch ansonsten wäre es ein **widersprüchliches Verhalten** des Gerichts, einerseits durch eine Entscheidung nach den §§ 154, 154a zum Ausdruck zu bringen, solche Umstände dem Angeklagten nicht vorwerfen zu wollen, dies aber dennoch durch eine Mitberücksichtigung zu seinen Lasten bei der Entscheidung zu tun;[216] deshalb kann es auch eine nach § 331 unzulässige **reformatio in peius** darstellen, wenn das Berufungsgericht die §§ 154, 154a anwendet, aber dieselbe Strafe verhängt, die das Erstgericht ohne Anwendung der §§ 154, 154a ausgesprochen hat.[217]

63 Dies gilt auch bei Anwendung des § 154a durch die Staatsanwaltschaft, weil das Gericht diese Beschränkung dadurch mit übernimmt, dass es die Anklage unverändert zur Hauptverhandlung zulässt.[218] Bei einer Einstellung selbständiger Taten nach § 154 durch das Gericht greift die „Verwendungssperre"[219] im Übrigen bei jeder **gerichtlichen Einstellung** ein, auch wenn der Einstellungsbeschluss von einem anderen Gericht erlassen worden ist.[220] Ob sie auch gilt, wenn bereits die Staatsanwaltschaft die Einstellung vorgenommen hat, ist zweifelhaft, aber wohl zu bejahen.[221] Stellt bereits die Staatsanwaltschaft eine Tat nach § 154 Abs. 1 ein, dann ist das Vertrauen des Angeklagten darauf, dass sie ihm nicht angelastet wird, eher noch größer.[222] Es dürfte nicht darauf ankommen, ob das Gericht diese Vertrauenslage geschaffen hat, sondern dass sie durch das zuständige Straf-

---

211 BGH NStZ **2004** 162.

212 Siehe beispielhaft nur Radtke/Hohmann/*Radtke* 46; MüKo/*Teßmer* 98; HK/*Gercke* 16; Meyer-Goßner/*Schmitt* 25.

213 Jetzt ganz h.M., vgl. zuerst BGH NStZ **1981** 100 mit Hinw. auf BGH Beschl. vom 19.10.1978 – 4 StR 549/78; StV **1981** 236; BGHSt **30** 197; **31** 302; BGH NJW **1985** 1479; wistra **2016** 502; *Bruns* NStZ **1981** 85; *ders.* StV **1982** 18; *Gillmeister* StraFo **1997** 11; *Hamm* FS Salger 275; *Marczak* Das Fairneßgebot im Prozeß (2000) 136; **abweichend** (in Begründung und teilw. Konsequenzen) *Vogler* FS Kleinknecht 436.

214 BGH StraFo **2001** 236; wistra **2016** 502; *Sander* StraFo **2004** 48.

215 LR/*Rieß*[24] 54.

216 LR/*Rieß*[24] 54; vgl. zu einer ähnlichen, dort für zulässig gehaltenen Praxis in England und den Niederlanden *Jescheck*/*Leibinger* (LV zu § 152) 128 ff., 568, 692.

217 OLG Düsseldorf StV **1986** 146.

218 BGHSt **30** 147; vgl. auch BGHSt **31** 302; *Rieß* GA **1980** 312 f.

219 LR/*Rieß*[24] 55; *Rieß* NStZ **1987** 134; vgl. auch *Pfeiffer* 8.

220 BGHSt **30** 197 = LM § 154 (1975) Nr. 2 mit Anm. *Schmidt*.

221 **Verneinend** BGHSt **30** 165 = LM § 154 (1975) Nr. 1 mit Anm. *Schmidt* = JR **1982** 247 mit Anm. *Terhorst* = StV **1982** 17 mit Anm. *Bruns*; **bejahend** BGH NStZ **1983** 20 mit Anm. *Bruns* StV **1983** 15 (jedenfalls für den Fall eines engen Zusammenhangs zwischen der eingestellten und der abgeurteilten Tat); BGH vom 17.4.1980 – 4 StR 116/80 (mitgeteilt bei *Mösl* NStZ **1981** 134 Fn. 35; *Rieß* GA **1980** 314); *Kapahnke* 149; *Sarstedt*/*Hamm* 1072, 1206; *Schlüchter* 406.6 Fn. 67k; *Theune* StV **1985** 166.

222 Vgl. *Terhorst* JR **1982** 248; zu den Konsequenzen auch *Bruns* StV **1983** 16.

verfolgungsorgan geschaffen worden ist und dass das nunmehr zuständige Gericht hiervon nicht einseitig und für den Angeklagten überraschend abrücken darf.[223]

Das Verbot der Berücksichtigung eingestellter Taten und Tatteile gilt **nach zutreffender h.M. und der Auffassung des BGH** dagegen nicht, wenn der Beschuldigte **ausdrücklich** darauf **hingewiesen** wurde, dass sein aus dem Verfahren ausgeschiedenes Verhalten im Rahmen der Strafzumessung Berücksichtigung finden und darauf eine Strafschärfung gestützt werden könne und das betreffende Tatgeschehen **prozessordnungsgemäß festgestellt** worden ist.[224] **Die Gegenauffassung,**[225] die eine strafschärfende Berücksichtigung **generell ablehnt,** überzeugt nicht.[226] Der **EGMR** hat diese nationale Rechtsprechung in dem Verfahren *Bikas* vs. Deutschland[227] als **konventionskonform**, insbesondere als vereinbar mit Art. 6 Abs. 2 EMRK angesehen.[228] Die Entscheidung steht im Einklang mit der im Verfahren *Böhmer* vs. Deutschland.[229] Dort hatte der EGMR klargestellt, dass eine Schuldfeststellung nur im Wege der tatrichterlichen Feststellung im Strafverfahren mit Art. 6 Abs. 2 EMRK vereinbar ist.[230] Eine solche Schuldfeststellung liegt bei der Berücksichtigung ausgeschiedener Taten oder Tatteile nach den §§ 154, 154a aber gerade nicht vor. Die Unschuldsvermutung gilt diesbezüglich weiterhin. Eine Verletzung von Art. 6 Abs. 2 EMRK kommt nur in Betracht, wenn das Urteil die Auffassung erkennen lässt, der Angeklagte sei schuldig, ohne dass der Beweis seiner Schuld erbracht worden ist.[231] Der EGMR gibt in beiden Entscheidungen den nationalen Gerichten somit eine sprachliche Klarheit auf,[232] setzt sich jedoch nicht selbst in einen dogmatischen Widerspruch. 64

Einer **formellen Wiedereinbeziehung** nach § 154 Abs. 5 oder § 154a Abs. 3 bedarf es nicht.[233] Der Hinweis ist in der Hauptverhandlung als wesentliche Förmlichkeit zu proto- 65

---

223 LR/*Rieß*[24] 55.
224 BGHSt **30** 147; **30** 165 mit Anm. *Bruns* = JR **1982** 247 mit Anm. *Terhorst*; **30** 197 = LM § 254 (1975) Nr. 2 mit Anm. *Schmidt*; **31** 202 = JR **1984** 170 mit Anm. *Terhorst*; bereits früher BGH bei *Holtz* MDR **1977** 982; GA **1980** 311 mit Anm. *Rieß*; NStZ **1981** 100; **1981** 22; StV **1981** 236; **1982** 523 mit Anm. *Bruns* StV **1983** 15; bei *Holtz* MDR **1983** 622; NStZ **1984** 20; StV **1984** 364; **1985** 221; **1986** 529; NStZ **1987** 134 mit Anm. *Rieß*; **1991** 182; **1994** 195; **1995** 227; StV **1995** 520; NStZ-RR **1998** 296; NStZ **2000** 594; StV **2000** 656; NStZ-RR **2012** 368; StV **2015** 552 m. abl. Anm. *Staudinger*; gebilligt von BVerfG NStZ **1995** 76; m.w.N. nicht veröffentlichter Entscheidungen bei *Mösl* NStZ **1981** 134; *Rieß* GA **1980** 312; *Terhorst* MDR **1979** 17; im Schrifttum im Wesentlichen zust. *Bruns* Recht der Strafzumessung² (1985) 226; *ders.* NStZ **1981** 81; *Huber* Das Strafurteil (1993) 147; Radtke/Hohmann/*Radtke* 46; MüKo/*Teßmer* 98; HK/*Gercke* 16; Meyer-Goßner/*Schmitt* 25; *Karl* NStZ **1988** 170; *Kramer* 274a; *Krey* Bd. II 229; *Maatz* MDR **1984** 715; *Pfeiffer* 7 sowie § 154a, 8; KMR/*Plöd* 29; *Ranft* 1193; *Ruppert* MDR **1994** 975; *Rüping* 343; *Sarstedt/Hamm* 1206 ff.; *Schäfer* 1572; *Schlüchter* 406.6; AnwK-StPO/*Walther* 34; wohl auch *Erb* GA **1995** 439 Fn. 38; KK/*Diemer* 38; *Streng* Strafrechtliche Sanktionen (1991) 39; krit. *Gillmeister* NStZ **2000** 346; *Geppert* Jura **1992** 601 f.; *ders.* NStZ **1996** 63; *Schmidt-Hieber* (Fn. 93) 67; *Terhorst* MDR **1979** 17; *ders.* JR **1982** 247; **1984** 171; verfassungsrechtliche Bedenken auch bei *Fezer* JZ **1996** 656 sowie bei *Pott* 142 ff., 153 (verfassungswidrig); ausführlich zum Ganzen m.w.N. *Appl* 153 ff.
225 LR/*Beulke*[26] 60; *Beulke/Swoboda* 340; *Beulke/Stoffer* StV **2011** 444 ff.; SK/*Weßlau/Deiters* 56 f.; ferner AK/*Schöch* 37; *Erb* (LV zu § 152) 261; i.E. auch *Appl* 133, 180ff.; *Haberstroh* NStZ **1984** 291; ähnlich *Sarstedt/Hamm* 1208.
226 **A.A.** LR/*Beulke*[26] 60.
227 EGMR NJW **2019** 203 ff.
228 EGMR NJW **2019** 203 ff.
229 EGMR NJW 2004, 43 ff.
230 EGMR (III Sektion), 37568/97 = NJW **2004** 43 ff.; hierzu SK/*Weßlau/Deiters* 57; *Stuckenberg* StV **2007** 662; *Sander* StraFo **2004** 51.
231 EGMR NJW **2019** 205 mit ausdrücklichem Bezug auf EGMR NJW **2004** 43.
232 So ausdrücklich EGMR NJW **2019** 205 („Wenn es um die Einhaltung des Grundsatzes der Unschuldsvermutung geht, ist die Formulierung der Entscheidung von wesentlicher Bedeutung für die Prüfung, ob die Entscheidung und ihre Begründung mit Art. 6 Abs. 2 EMRK vereinbar sind.")
233 Die frühere, auf die formelle Wiedereinbeziehung abstellende Rechtsprechung (BGH bei *Holtz* MDR **1977** 982) ist überholt; **a.A.** *Haberstroh* NStZ **1984** 291 f.; *Vogler* ZStW **94** (1982) 234 und FS Kleinknecht 438 (jew. unter Hinweis auf die Unschuldsvermutung); *Schlüchter* 406.6 a.E.

kollieren,[234] auch wenn dies in der jüngeren Rechtsprechung angezweifelt wird.[235] Entbehrlich ist er, wenn die Einstellung nach den Schlussvorträgen im Zusammenhang mit dem Urteil erfolgt;[236] dann ist dem Angeklagten jedoch erneut das letzte Wort zu gewähren.[237] Doch das Unterlassen des Hinweises kann revisionsrechtlich mangels Beruhens unschädlich sein, wenn die Anwendung der §§ 154, 154a unmittelbar vor dem Ende der Beweisaufnahme beantragt und beschlossen wird[238] oder wenn sonst klar erkennbar ist, dass der Angeklagte nicht darauf vertraut hat, dass ihm diese Umstände nicht angelastet würden, etwa wenn er zu ihrer Widerlegung Beweisanträge gestellt hat. Ein Hinweis auf die Verwertbarkeit ist also nur erforderlich, wenn durch die Einstellung ein „Vertrauenstatbestand" geschaffen wurde, d.h. der Beschuldigte muss sich durch die Einstellung in einer Situation befunden haben, die sein Verteidigungsverhalten beeinflusst hat und bei verständiger Würdigung der Verfahrenslage auch beeinflussen konnte. Dies muss in jedem Einzelfall geprüft werden.[239] Widerspricht die Verteidigung einer Verfahrenseinstellung nach § 154 Abs. 2 mit dem Ziel, einen Freispruch zu erreichen, so kann sie darauf vertrauen, dass der ausgeschiedene Verfahrensstoff ohne entsprechenden Hinweis nicht berücksichtigt wird.[240]

66 **c) Berücksichtigung im Rahmen der Beweiswürdigung.** Zudem können festgestellte Tatsachen, die den Vorwurf eines eingestellten Delikts rechtfertigen, im Rahmen der Beweiswürdigung (zur Schuldfrage, für die Feststellung der Täterschaft oder der Schuldfähigkeit) verwendet werden.[241] Der Bundesgerichtshof hat dies ursprünglich uneingeschränkt für zulässig gehalten,[242] vertritt aber inzwischen mit Recht die Auffassung, dass die Verwendung – jedenfalls ohne Hinweis – insoweit unzulässig sei.[243] Dem kann zugestimmt werden. *Müller-Christmann* meint, das Ergebnis lasse sich auch auf das Verbot „widersprüchlichen" Verhaltens stützen.[244] Demgegenüber ließe sich allerdings fragen, ob damit der der Rspr. zugrunde liegende Gedanke des Vertrauensschutzes nicht überdehnt wird. Denn mit der Einstellung bzw. Beschränkung wird dem Angeklagten lediglich zugesichert, dass sich diese Vorwürfe nicht auf die Art und Höhe der Rechtsfol-

---

234 *Rieß* NStZ **1987** 135; *Beulke/Stoffer* StV **2011** 443; **a.A.** *Pelchen* JR **1986** 167; *Schimansky* MDR **1986** 283.

235 BGH wistra **2010** 410; dies zu Recht ablehnend *Beulke/Stoffer* StV **2011** 443.

236 BGH bei *Holtz* MDR **1983** 622; weitergehend (maßgebend ist stets Verfahrenslage, aufgrund derer der Angeklagte infolge des Einstellungsbeschlusses verständigerweise in seinem Verteidigungsverhalten beeinflusst sein konnte) BGH NJW **1985** 1479; offenlassend NStZ **1994** 195.

237 Vgl. BGH NJW **1985** 1480 m.w.N. (wo die Frage offengelassen wird, weil das Beruhen im konkreten Fall verneint wird); siehe auch oben Rn. 47.

238 BGH NStZ **1984** 20; vgl. auch BVerfG NStZ **1995** 76 (offengelassen); BGH NJW **1985** 1479 verneint in einem solchen Fall zu Recht nicht nur das Beruhen, sondern schon den Rechtsverstoß; ebenso BGH bei *Kusch* NStZ **1992** 225; BGH NStZ **1987** 134 mit insoweit zust. Anm. *Rieß*.

239 BGH NStZ **2004**, 277; OLG Hamm NStZ-RR **2003** 368.

240 OLG Hamm NStZ-RR **2002** 14.

241 BGH NStZ **2018** 618 m. zust. Anm *Gubitz/Buchholz*; **2012** 709; wistra **2016** 502; StraFo **2013** 463; Radtke/Hohmann/*Radtke* 46; MüKo/*Teßmer* 98; HK/*Gercke* 16; Meyer-Goßner/*Schmitt* 25.

242 BGH NStZ **1981** 99; ebenso *Rieß* GA **1980** 313.

243 BGHSt **31** 302 = JR **1984** 170 mit Anm. *Terhorst*; BGH StV **1984** 364; **1988** 191; **1996** 585; **1998** 252; BGH wistra **2016** 502; StraFo **2013** 463; ebenso HK/*Gercke* 16; Radtke/Hohmann/*Radtke* 46; MüKo/*Teßmer* 98; Meyer-Goßner/*Schmitt* 25; *Schimansky* MDR **1986** 283; *Schäfer* 1572; vgl. auch BGH bei *Holtz* MDR **1983** 622; im Grundsatz auch BGH NStZ **1996** 507; offengelassen in BGH JR **1986** 165 mit Anm. *Pelchen*; zweifelnd LR/*Rieß*[24] 57; *Rieß* NStZ **1987** 134, unter Hinweis darauf, dass die Verwendungssperre einem Verwertungsverbot i.S.d. §§ 51, 52 BZRG nicht gleichstehe.

244 *Müller-Christmann* JuS **1999** 680.

gen der Tat auswirken werden.[245] Es ist deshalb nicht notwendig „widersprüchlich“, wenn die tatbegründenden Umstände der ausgeschiedenen Delikte nach §§ 154, 154a bei der Beweiswürdigung hinsichtlich ganz anderer Tatbestandsvoraussetzungen und hinsichtlich eines ganz anderen Delikts doch noch eine Rolle spielen. Deshalb kann ein sich auf die ausgeschiedene Tat beziehender Beweisantrag auch nicht wegen Bedeutungslosigkeit abgelehnt werden.[246] Freilich *kann* die Einstellung dahin missverstanden werden, und deshalb geht der Hinweis auf den Verfahrensgrundsatz des fair trial und die daraus folgende Hinweispflicht in die richtige Richtung.[247] Das gilt auch für bereits von der Staatsanwaltschaft nach §§ 154, 154a ausgeschiedene Taten bzw. Tatteile.[248]

VI. Wiederaufnahme des Verfahrens durch das Gericht

1. Allgemeines

a) Bedeutung und Reichweite. Während nach ganz h.M. (vgl. Rn. 39) ein durch die Staatsanwaltschaft nach § 154 Abs. 1 eingestelltes Verfahren ohne besondere Voraussetzungen fortgeführt werden kann, kann das durch die Einstellung nach Absatz 2 eintretende Verfahrenshindernis (Rn. 57) nur durch einen Wiederaufnahmebeschluss des zuständigen Gerichts (Rn. 72) beseitigt werden, für den Absatz 3 (für den Fall der bereits rechtskräftig verhängten Sanktion) und Absatz 4 (für den Fall einer erst zu erwartenden Sanktion) unterschiedliche Voraussetzungen enthalten. 67

Die **Beschränkung** der Wiederaufnahmemöglichkeit **betrifft** nur den Fall, dass die der Einstellung zugrunde liegende Prognose auf der Seite der **Bezugstat** eine Erschütterung erfährt; sie regelt nicht den Fall, dass bei unveränderter Prognose in Hinblick auf die Bezugstat eine Veränderung der Bewertung der eingestellten Tat eintritt, etwa weil sich herausstellt, dass der Schuldumfang wesentlich größer und damit die zu erwartende Sanktion erheblich höher ist und infolgedessen entgegen der ursprünglichen Annahme die Voraussetzungen von § 154 Abs. 1 Nr. 1 oder Nr. 2 nicht vorliegen. Die Frage ist in Schrifttum und Rspr. nur wenig erörtert,[249] wird aber nach den gleichen Grundsätzen zu behandeln sein, die für die Wiederaufnahme eines nach § 153 Abs. 2 eingestellten Verfahrens entwickelt worden sind (vgl. § 153, 93ff.), denn die Sachlage unterscheidet sich von der dort gegebenen in keinem wesentlichen Punkt.[250] 68

b) Entscheidung von Amts wegen. Nach heute unbestrittener Meinung kann das Gericht von Amts wegen die Wiederaufnahme beschließen, ein Antrag der Staatsanwaltschaft oder deren Zustimmung ist dazu nicht erforderlich;[251] die Wiederaufnahme kann auch beschlossen werden, wenn die Staatsanwaltschaft das Verfahren nicht weiter 69

---

245 LR/*Rieß*[24] 57.
246 BGH StV **1994** 356.
247 *Hamm* FS Salger 275; *Ranft* 1193; vgl. aber auch BGH JR **1986** 165 mit Anm. *Pelchen*; NStZ **1996** 507; StraFo **2001** 236, wo der BGH jeweils zugunsten der Berücksichtigung bei der Beweiswürdigung entschied, da berechtigtes Vertrauen in concreto nicht entstanden sein konnte.
248 HK/*Gercke* 16, der insofern zwischen Strafzumessung und Beweiswürdigung nicht unterscheidet; **a.A.** insoweit LR/*Rieß*[24] 57.
249 Vgl. *Meyer-Goßner/Schmitt* Einl. 182; *Eb. Schmidt* 15 (der auf die Erl. zu § 153 Abs. 2 verweist); wie hier wohl *Schäfer* 1639; ausführlich *Rieß* NStZ **1986** 37.
250 BGH NStZ **1986** 36 mit Anm. *Rieß*, wonach trotz Ablaufs der Frist des § 154 Abs. 4 die Wiederaufnahme einer als Vergehen nach § 244 StGB eingestellten Tat für zulässig gehalten wird, weil aufgrund neuer Tatsachen insoweit der hinreichende Verdacht eines Mordes bestand.
251 BGHSt **13** 44; **30** 198; HK/*Gercke* 17; *Pfeiffer* 6; KMR/*Plöd* 21; Radtke/Hohmann/*Radtke* 71; *Schäfer* 1566; *Eb. Schmidt* 12 (m.w.N. des früheren Streitstands).

durchführen will. War das Hauptverfahren noch nicht eröffnet, so kann die Staatsanwaltschaft allerdings auch schon vor dem Wiederaufnahmebeschluss die Anklage zurücknehmen und ihrerseits nach § 154 Abs. 1 verfahren. Umgekehrt ist das Gericht, anders als nach § 154a Abs. 3 Satz 2, auch bei einem Antrag der Staatsanwaltschaft nicht zur Wiederaufnahme verpflichtet.

70 c) **Entscheidungsmaßstab** für die Frage der Wiederaufnahme ist grundsätzlich, ob die Einstellungsvoraussetzungen weiterhin vorliegen. Das Gericht muss das Verfahren wieder aufnehmen, wenn durch eine Veränderung bei der Bezugssanktion oder (aufgrund neuer Tatsachen oder Beweismittel) durch eine andere Bewertung der eingestellten Tat (vgl. Rn. 68) angenommen werden kann, dass die Sanktion nunmehr beträchtlich ins Gewicht fallen würde.[252] Eine Wiederaufnahme aufgrund von Umständen, die dem Gericht wegen unzureichender Aktenkenntnis zum Einstellungszeitpunkt nicht bekannt waren, ist ausgeschlossen.[253] Das wird in den Fällen des § 154 Abs. 3 regelmäßig der Fall sein; es sei denn, dass die Bezugssanktion im Zeitpunkt ihres nachträglichen Wegfalls schon zu einem erheblichen Teil verbüßt war. In den Fällen des § 154 Abs. 4 ist aufgrund des Ausgangs des Bezugsverfahrens nach pflichtgemäßem Ermessen zu erwägen, ob die ursprüngliche Prognose, der eine bestimmte Erwartung über die im anderen Verfahren zu verhängende Sanktion zugrunde lag, sich bestätigt hat (Rn. 80). Auch hier wird regelmäßig die Wiederaufnahme geboten sein, wenn der Angeklagte im Bezugsverfahren nicht oder nur geringfügig verurteilt wird.[254]

71 Auch in diesen Fällen kann die **Wiederaufnahme unterbleiben,** wenn aus anderen Gründen eine beträchtlich ins Gewicht fallende Sanktion nicht zu erwarten ist, so, wenn inzwischen ein Verfahrenshindernis eingetreten ist[255] oder die Voraussetzungen einer anderen Ermesseneinstellung (außer der nach § 153a Abs. 2, dessen Anwendung zunächst eine Wiederaufnahme erfordert) vorliegen würden.[256] War das Verfahren vor Eröffnung des Hauptverfahrens eingestellt, so braucht es auch nicht wiederaufgenommen zu werden, wenn kein hinreichender Tatverdacht (mehr) vorliegt; ob es bei der Einstellung des Hauptverfahrens nur deshalb verbleiben kann, weil nunmehr aufgrund der Rechts- oder Beweislage mit einem Freispruch zu rechnen ist, erscheint dagegen zweifelhaft.

72 d) **Zuständigkeit.** Der Wiederaufnahmebeschluss muss von dem Gericht erlassen werden, das das Verfahren eingestellt hat,[257] ggf. also auch vom Revisionsgericht. Erfolgt die Einstellung in einem mehrere Taten umfassenden Verfahren in Hinblick auf die sonstigen in diesem Verfahren abzuurteilenden Taten und ist nunmehr im weiter betriebenen Verfahren ein anderes Gericht zuständig, so soll dieses für den Wiederaufnahmebeschluss in keinem Fall zuständig sein. Das gilt für die Berufungsinstanz, wenn das Amts-

---

252 Ähnlich SK/*Weßlau/Deiters* 44; Radtke/Hohmann/*Radtke* 58; auch MüKo/*Teßmer* 70 ff.; HK/*Gercke* 18 f.

253 Vgl. OLG Naumburg StV **2017** 662.

254 SK/*Weßlau/Deiters* 44; Radtke/Hohmann/*Radtke* 58; HK/*Gercke* 19; KK/*Diemer* 30; **a.A.** *Peters/Odinius* NZWiSt **2017** 426 (Anwendung des § 154 bei Einstellung des Bezugsverfahrens nach § 153a teilweise bejahend).

255 Insoweit **a.A.** *Eb. Schmidt* 13.

256 KMR/*Plöd* 21.

257 BGH bei *Dallinger* MDR **1973** 192; GA **1981** 36 mit Anm. *Rieß*; StV **2005** 532; OLG Hamm JMBlNW **1969** 258; OLG Koblenz StraFo **2001** 243; LG Heilbronn StV **1986** 52; HK/*Gercke* 17; Meyer-Goßner/*Schmitt* 22; SK/*Weßlau/Deiters* 45; Radtke/Hohmann/*Radtke* 70; SSW/*Schnabl* 11; KMR/*Plöd* 23; AK/*Schöch* 43; KK/*Diemer* 32; AnwK-StPO/*Walther* 30.

gericht wegen einer Tat das Verfahren eingestellt hatte,[258] für eine erstinstanzlich tätige Strafkammer, die ein beim Amtsgericht anhängig gewesenes und dort nach § 154 eingestelltes Verfahren zur gemeinsamen Verhandlung und Entscheidung bei sich verbinden will,[259] aber auch für ein aufgrund einer Verweisung nach § 270 (oder einer Übernahme nach § 225a) zuständig gewordenes Gericht, wenn bereits das verweisende Gericht die Einstellung ausgesprochen hatte.[260] In den beiden zuletzt genannten Fällen muss das Gericht, das die Fortführung des eingestellten Verfahrens für geboten hält, beim Ursprungsgericht auf die Wiederaufnahme und die Abgabe hinwirken.[261] Diese der Verfahrensökonomie nicht gerade dienliche Auffassung erscheint jedenfalls dann nicht zwingend, wenn nach vorangegangener Einstellung das weiterbetriebene Verfahren insgesamt nach den §§ 225a, 270 auf ein erstinstanzliches Gericht höherer Ordnung übergeht.

e) Verfahren und Entscheidung. Bei einer Einstellung in Hinblick auf eine erst zu erwartende Sanktion ist es die Aufgabe des zur Wiederaufnahme berechtigten Gerichts, durch geeignete Maßnahmen sicherzustellen, dass es rechtzeitig innerhalb der Wiederaufnahmefrist nach § 154 Abs. 4 über den Ausgang des Bezugsverfahrens unterrichtet wird,[262] doch hat auch die Staatsanwaltschaft im Rahmen ihrer allgemeinen Prozessförderungspflicht den Ausgang des Bezugsverfahrens zu überwachen und ggf. durch geeignete Anträge auf die Wiederaufnahme hinzuwirken. Auch das Gericht, bei dem das Bezugsverfahren anhängig ist, kann bei dem einstellenden Gericht einen Wiederaufnahmebeschluss anregen, namentlich, wenn es die wiederaufgenommene Tat übernehmen und mit aburteilen will.[263] War das Verfahren in Hinblick auf eine bereits rechtskräftig verhängte Sanktion eingestellt worden, so wird das Gericht davon ausgehen können, dass es hierbei bleibt; eine **Überwachungspflicht** hat es ebenso wenig wie die Staatsanwaltschaft, die allein für das eingestellte Verfahren zuständig ist. Vielmehr hat die Staatsanwaltschaft, die für das Bezugsverfahren zuständig ist, nach Wegfall der Sanktion das Gericht oder die Staatsanwaltschaft zu unterrichten, die das Verfahren eingestellt hat, was allerdings voraussetzt, dass sich aus den Akten dieses Verfahrens Hinweise darauf ergeben, dass ein anderes Verfahren nach § 154 eingestellt worden ist.[264] Dem Verletzten steht kein Recht auf Beantragung der Wiederaufnahme zu.[265] 73

Die Wiederaufnahme erfolgt durch **Beschluss des Gerichts** (Absatz 5); eine bloße Maßnahme des Vorsitzenden im Kollegialgericht reicht nicht aus. Eine besondere Form ist für den Beschluss nicht vorgeschrieben; nach Auffassung des OLG Celle[266] kann er deshalb auch durch eindeutiges schlüssiges Handeln erfolgen, doch ist diese Auffassung aus Gründen der Rechtsklarheit abzulehnen.[267] Das von Amts wegen zu beachtende Verfahrenshindernis ist also nur durch einen **förmlichen** Wiederaufnahmebeschluss des 74

258 OLG Hamm JMBlNW **1969** 258; Meyer-Goßner/*Schmitt* 22; Radtke/Hohmann/*Radtke* 70.
259 BGH GA **1981** 36 mit Anm. *Rieß*.
260 BGH bei *Dallinger* MDR **1973** 192; Meyer-Goßner/*Schmitt* 22.
261 BGH bei *Dallinger* MDR **1973** 192.
262 Vgl. *Burchardi/Klempahn* 421.
263 BGH bei *Dallinger* MDR **1973** 192; GA **1981** 36.
264 Zum Ganzen bereits LR/*Rieß*[24] 64.
265 OLG Hamm Beschl. vom 30.7.2015, III-1 Ws 305/15.
266 OLG Celle NStZ **1985** 218 mit **abl.** Anm. *Schoreit*.
267 BGH NStZ-RR **2007** 83; BayObLG NStZ **1992** 403; *Beulke* JR **1986** 51 f.; HK/*Gercke* 17; Meyer-Goßner/*Schmitt* 22; Radtke/Hohmann/*Radtke* 72; *Pfeiffer* 5; KMR/*Plöd* 19; KK/*Diemer* 32 (wegen § 35 Abs. 2); abschwächend LR/*Rieß*[24] 65 (Schriftform sei vorzugswürdig); vgl. auch OLG Schleswig SchlHA **1990** 117.

Gerichts, das die Einstellung vorgenommen hat, zu beseitigen.[268] Vor seinem Erlass sind nach § 33 Abs. 2 die Staatsanwaltschaft, sofern sie nicht ohnehin die Wiederaufnahme beantragt hat, und nach § 33 Abs. 3 der Angeschuldigte zu hören;[269] unterbleibt das versehentlich, so ist nach § 33a zu verfahren. Der Nebenkläger braucht vor der Wiederaufnahme nicht gehört zu werden, da die Fortsetzung des Verfahrens nicht zu seinem Nachteil ist. Der Wiederaufnahmebeschluss ist den Beteiligten bekannt zu geben; Zustellung ist nicht erforderlich (§ 35 Abs. 2 Satz 2). Wird er in der Hauptverhandlung gefasst, so wirken die Schöffen mit; die Anhörung richtet sich nach § 33 Abs. 1, die Bekanntgabe nach § 35 Abs. 1.

75 Nach dem Wiederaufnahmebeschluss wird das **Verfahren** in der Lage **fortgesetzt**, in der es sich bei der Einstellung befand. Es ist also nach den hierfür jeweils geltenden Verfahrensvorschriften die nunmehr erforderliche Prozesshandlung vorzunehmen,[270] also beispielsweise über die Eröffnung zu entscheiden, (erneut) Termin zur Hauptverhandlung anzuberaumen usw. Etwa notwendige, mit der Einstellung aufgehobene Zwangsmaßnahmen (vgl. Rn. 58 f.) sind ggf. erneut anzuordnen. Eine mit der Einstellung verbundene Kosten- und Entschädigungsentscheidung wird mit der Entscheidung nicht hinfällig, es ist vielmehr eine eigenständige Aufhebung erforderlich.[271]

76 **2. Wiederaufnahme nach Einstellung wegen rechtskräftig erkannter Rechtsfolgen (Absatz 3).** Die rechtskräftig erkannte Strafe oder Maßregel der Besserung und Sicherung muss weggefallen sein; teilweiser Wegfall reicht daher nicht.[272] Ebensowenig die mangelnde Vollstreckung aufgrund von Flucht.[273] Dass sie gemildert wird, reicht demzufolge ebenso wenig aus wie ihre Vollstreckung oder die Erledigung der Maßregel wegen Zweckerreichung oder Ablauf der Höchstfrist. Als Gründe für den Wegfall kommen Begnadigung, Amnestie und vor allem eine erfolgreiche Wiederaufnahme nach den §§ 359 ff. in Betracht.[274] Bei der **Wiederaufnahme** wird die Auffassung vertreten,[275] dass die Strafe erst mit Rechtskraft des neuen Urteils nach § 373 Abs. 1, dann aber unabhängig von seinem Inhalt, weggefallen sei, nicht jedoch schon mit dem Beschluss, der die Erneuerung der Hauptverhandlung nach § 370 Abs. 2 anordnet. Da das ursprüngliche Urteil aber bereits durch diesen Beschluss alle Wirkungen verliert (vgl. die Erl. zu § 370) und die erneute Hauptverhandlung nicht etwa seiner Überprüfung, sondern der Gewinnung einer selbständigen Entscheidung dient, erscheint das zweifelhaft. Allerdings wird, wenn nicht besondere Gründe, wie etwa drohende Verjährung, entgegenstehen, schon aus praktischen Gründen vor der Wiederaufnahme des eingestellten Verfahrens der Ausgang der nach § 373 erneuerten Hauptverhandlung abzuwarten sein, da ein sachlicher Grund für die Fortsetzung des eingestellten Verfahrens nicht besteht, wenn die neue Hauptverhandlung im Wesentlichen zur gleichen Sanktion führt.[276]

---

268 BGH NStZ **2007** 476; HK/*Gercke* 17; Meyer-Goßner/*Schmitt* 22; Radtke/Hohmann/*Radtke* 72; KMR/*Plöd* 19.

269 BGHSt **13** 45; Meyer-Goßner/*Schmitt* 22; Radtke/Hohmann/*Radtke* 76; für die Anhörung der Staatsanwaltschaft HK/*Gercke* 17; KMR/*Plöd* 21.

270 BGHSt **21** 329 f.; **22** 108.

271 Radtke/Hohmann/*Radtke* 77; SK/*Weßlau/Deiters* 47; wohl auch HK/*Gercke* 17 (die Nebenentscheidungen sind mitaufzuheben); KK/*Diemer* 34; **a.A.** LR/*Beulke*[26] 70.

272 *Pfeiffer* 6; KMR/*Plöd* 20; MüKo/*Teßmer* 70; SK/*Weßlau/Deiters* 41; Radtke/Hohmann/*Radtke* 59; *Eb. Schmidt* 14; AK/*Schöch* 44; KK/*Diemer* 29; AnwK-StPO/*Walther* 26; HK/*Gercke* 18.

273 Vgl. OLG Hamm StV **2009** 119 f.; MüKo/*Teßmer* 70; Meyer-Goßner/*Schmitt* 22.

274 HK/*Gercke* 18; Radtke/Hohmann/*Radtke* 60; SK/*Weßlau/Deiters* 40; SSW/*Schnabl* 10; *Pfeiffer* 6; KMR/*Plöd* 19; AK/*Schöch* 44; KK/*Diemer* 29; AnwK-StPO/*Walther* 25.

275 KG JR **1959** 472; LR/*Meyer-Goßner*[23] 32.

276 Ähnlich KMR/*Plöd* 20; MüKo/*Teßmer* 71; SK/*Weßlau/Deiters* 41; Radtke/Hohmann/*Radtke* 60.

Die Wiederaufnahme ist (anders als nach § 154 Abs. 4) an **keine Frist** gebunden. Sie ist jedoch ausgeschlossen, wenn, was das Gesetz überflüssigerweise hervorhebt, die eingestellte Tat verjährt ist. Auch der zwischenzeitliche Eintritt anderer Verfahrenshindernisse steht der Wiederaufnahme entgegen. Allein durch den Wiederaufnahmebeschluss wird die **Verjährung** der eingestellten Tat, die während der Einstellung nicht ruht, nicht unterbrochen; eine Unterbrechung kann jedoch durch eine infolge der Wiederaufnahme notwendig werdende richterliche Handlung, etwa die Eröffnung des Hauptverfahrens oder die Terminsanberaumung eintreten.[277] War das Verfahren nach Erlass eines Urteils eingestellt worden, so kann keine Verjährung eintreten (§ 78b Abs. 3 StGB). 77

3. Wiederaufnahme nach Einstellung wegen zu erwartender Rechtsfolgen (Absatz 4). Zulässig ist hier die Wiederaufnahme nur (vgl. aber Rn. 68) innerhalb von drei Monaten nach rechtskräftigem Abschluss des Bezugsverfahrens. Den im Gesetzeswortlaut allein genannten Urteilen stehen nach dem Sinn der Vorschrift verfahrensbeendende Beschlüsse (Ablehnung der Eröffnung des Hauptverfahrens, Einstellungen nach den §§ 153ff. oder wegen eines Verfahrenshindernisses nach § 206a) gleich,[278] nicht jedoch vorläufige Einstellungen nach § 205. Auch die staatsanwaltschaftliche Einstellung des bei ihr als Ermittlungsverfahren anhängigen Bezugsverfahrens setzt die Frist in Lauf;[279] sie beginnt, wenn kein Klageerzwingungsverfahren zulässig ist, mit der Einstellungsverfügung, andernfalls mit Ablauf der in § 172 gesetzten Fristen oder mit der Entscheidung nach § 174.[280] Ein Ausnahme gilt für § 154f aus den gleichen Gründen, aus denen § 205 die Frist nicht in Lauf setzt. Bei Einstellung wegen mehrerer Bezugstaten beginnt die Frist erst mit Abschluss des letzten Verfahrens.[281] Erfolgte die Einstellung **sowohl** in Hinblick auf bereits rechtskräftig erkannte **als auch auf noch zu erwartende Sanktionen**, so bleibt, auch wenn die Dreimonatsfrist nach § 154 Abs. 4 abgelaufen ist, die Wiederaufnahme nach § 154 Abs. 3 möglich.[282] Dieser ist auch analog anzuwenden, wenn eine im Zeitpunkt der Einstellung schon verhängte, aber noch nicht rechtskräftige Sanktion wegfällt oder die erwartete Sanktion zwar verhängt wird, aber später wegfällt,[283] so dass es in diesen Fällen auf die Frist nicht ankommt. 78

Die Dreimonatsfrist, auf die als Ausschlussfrist § 43 nicht anzuwenden ist,[284] bezeichnet nur den **Endzeitpunkt**, bis zu dem der Wiederaufnahmebeschluss wirksam erlassen sein muss; bis zu ihm ist die Wiederaufnahme jederzeit, auch schon vor einer Entscheidung im Bezugsverfahren, möglich.[285] 79

Die Zulässigkeit der Wiederaufnahme hängt nach dem Gesetzeswortlaut lediglich von der Einhaltung der Frist und nicht vom **Ergebnis des Bezugsverfahrens** ab. Dem 80

---

277 Vgl. § 78c Abs. 1 Satz 1 Nr. 7, 8 StGB; zur verjährungsunterbrechenden Wirkung einer während der Einstellung nach § 154 Abs. 2 vorgenommenen Eilmaßnahme OLG Celle NStZ **1985** 218 mit Anm. *Schoreit*.

278 RGSt **73** 309; *Beulke* JR **1986** 51; HK/*Gercke* 19; Meyer-Goßner/*Schmitt* 23; *Pfeiffer* 6; KMR/*Plöd* 22; *Eb. Schmidt* 15; KK/*Diemer* 31; Radtke/Hohmann/*Radtke* 64; SK/*Weßlau*/*Deiters* 43; MüKo/*Teßmer* 74; auch SSW/*Schnabl* 11.

279 **A.A.** OLG Düsseldorf StraFo **2008** 75 f.; MüKo/*Teßmer* 75; dies zutreffend widerlegend Radtke/Hohmann/*Radtke* 65.

280 KMR/*Plöd* 22; Radtke/Hohmann/*Radtke* 64; SK/*Weßlau*/*Deiters* 43; **a.A.** MüKo/*Teßmer* 75.

281 HK/*Gercke* 19; Meyer-Goßner/*Schmitt* 23; SK/*Weßlau*/*Deiters* 43; *Pfeiffer* 6; KMR/*Plöd* 22; KK/*Diemer* 31.

282 KK/*Diemer* 31; Radtke/Hohmann/*Radtke* 67.

283 KG JR **1959** 472; **a.A.** *Eb. Schmidt* 15.

284 RGSt **73** 308; vgl. LR/*Graalmann-Scheerer* Vor § 42, 5; **a.A.** *Eb. Schmidt* 15.

285 BayObLG **13** 135; OLG Celle NStZ **1985** 218; *Beulke* JR **1986** 51; AK/*Schöch* 46; KK/*Diemer* 31; MüKo/*Teßmer* 80; SK/*Weßlau*/*Deiters* 43; SSW/*Schnabl* 11; Radtke/Hohmann/*Radtke* 66; Meyer-Goßner/*Schmitt* 23; AnwK-StPO/*Walther* 28; KMR/*Plöd* 22.

wurde im Schrifttum z.T. die völlige Freiheit des über die Wiederaufnahme entscheidenden Gerichts entnommen, das also selbst bei eigentlich „ausreichender“ anderweitiger Verurteilung das Verfahren weiterbetreiben dürfe.[286] Insbesondere sei die Wiederaufnahme rechtlich nicht davon abhängig, dass die der Einstellung zugrunde liegende Sanktionserwartung sich nicht erfüllt hat.[287] Dies wird zu Recht nicht mehr vertreten weil zu weitgehend; denn soll die Bejahung einer „materiellen Rechtskraft“ (Rn. 46) überhaupt einen Sinn haben, so muss die Wiederaufnahme stets voraussetzen, dass die **Grundlage** des Einstellungsbeschlusses **nachträglich wegfällt.**[288] Das ist dahingehend zu konkretisieren, dass das Verfahren nur dann weiterbetrieben werden darf, wenn sich entweder bereits herausgestellt hat, dass die andere Tat nicht in ausreichendem Maße geahndet wird oder wenn zumindest eine dahingehende Gefahr besteht und bei Realisierung dieser Gefahr die weitere Strafverfolgung dann nicht mehr gesichert wäre, wobei dem Gericht diesbezüglich allerdings ein Beurteilungsspielraum einzuräumen ist.[289] Eine nicht ausreichende Ahndung liegt nur dann vor, wenn die verhängte Sanktion nicht dem zur ausreichenden Ahndung erforderlichen Maß entspricht. Ist dieses Maß zwar erreicht, scheitert aber die Vollstreckung, so ist eine Aufnahme nach Absatz 4 ausgeschlossen.[290] Stellt sich nachträglich heraus, dass die eingestellte Tat in wesentlichen Punkten anders zu bewerten ist, insbesondere, dass es sich um ein Verbrechen und nicht um ein Vergehen handelt, bleibt die Wiederaufnahme auch außerhalb des Absatz 4 möglich.[291] Gegen diese Auffassung wird angeführt, sie sei praxisuntauglich.[292] Vielmehr sei die Wiederaufnahme in einer analog der Situation des § 154 Abs. 1 Nr. 1 zu treffenden Entscheidung aufgrund des Ergebnisses des Bezugsverfahrens begründet.[293] Zuzugeben ist dem zwar, dass die Gründe für die Prognoseentscheidung, die zur Einstellung gem. § 154 Abs. 2 führten nicht umfassend in der Akte niedergelegt werden müssen. Indes liegt jeweils der staatsanwaltschaftliche Einstellungsantrag vor, der jedenfalls bei nicht einfach zu überblickender Sach- und Rechtslage begründet sein wird. Auch ist zu berücksichtigen, dass das einstellende Gericht mit dem wiederaufnehmenden identisch ist (vgl. Rn. 72). Ob die Ansichten zu abweichenden Ergebnisses führen bleibt letztlich abzuwarten; zu erwarten ist das wohl nicht.

4. Anfechtung

81 **a) Allgemeines.** Das frühere Schrifttum hat, teilweise von der heute überholten Rechtsauffassung ausgehend, dass der Wiederaufnahmebeschluss einen Antrag der Staatsanwaltschaft voraussetze (Rn. 73), allgemein angenommen, dass der Wiederaufnahmebeschluss ebenso wie die die Wiederaufnahme ablehnende Entscheidung vom Angeschuldigten und der Staatsanwaltschaft mit der Beschwerde angegriffen werden

---

286 KK/*Schoreit*[6] 40 f.; zurückhaltender LR/*Rieß*[24] 71 (in erster Linie nur bei Nicht- oder nicht beträchtlicher Verurteilung).
287 HK/*Krehl*[3] 18; LR/*Rieß*[24] 71 mit der Begründung, hiervon die Zulässigkeit der Wiederaufnahme abhängig zu machen, verbiete sich, weil die Einstellungsentscheidung, die nicht begründet zu werden brauche, sich dazu nicht äußere; ähnlich AK/*Schöch* 46, wonach ein Vergleich mit einer konkreten Sanktionserwartung nicht erforderlich ist und auch kaum möglich wäre.
288 In diesem Sinne auch BGHSt **10** 93; KMR/*Müller*[7] 24; vgl. auch RGSt **73** 308 (für den Fall des Freispruchs); SK/*Weßlau*/*Deiters* 44; Radtke/Hohmann/*Radtke* 69; HK/*Gercke* 19.
289 *Beulke* JR **1986** 51.
290 OLG Hamm StV **2009** 119.
291 Radtke/Hohmann/*Radtke* 69.
292 MüKo/*Teßmer* 76 ff.
293 MüKo/*Teßmer* 79.

könnten;[294] in der Rspr. wurde die Frage kaum behandelt.[295] Das Schrifttum ging bislang eher dahin, eine weitgehende Unanfechtbarkeit anzunehmen;[296] in jüngerer Zeit scheint sich dies jedoch in die Gegenrichtung zu verschieben.[297] Da eine ausdrückliche, auf diesen Fall bezogene gesetzliche Regelung fehlt, kann angesichts der Generalklausel in § 304 Abs. 1 die Unzulässigkeit der Beschwerde nur aus anderen gesetzlichen Vorschriften oder daraus hergeleitet werden, dass einer der Ausnahmefälle vorliegt, bei denen sich die Unanfechtbarkeit aus dem Zweck oder dem Inhalt der Entscheidung oder der Verfahrenslage ergibt. Daher ist zu unterscheiden:

b) Der die Wiederaufnahme des Verfahrens anordnende Beschluss ist unanfechtbar.[298] Das ergibt sich, wenn die Einstellung nach Eröffnung des Hauptverfahrens beschlossen war, aus § 305, weil es sich um eine Entscheidung des erkennenden Gerichts handelt, die der Urteilsfällung vorausgeht. War die Einstellung bereits im Zwischenverfahren beschlossen worden, folgt die Unanfechtbarkeit aus einer analogen Anwendung des den §§ 203, 210 zugrundeliegenden Rechtsgedankens. Angeklagter und Staatsanwaltschaft können, falls die gesetzlichen Voraussetzungen für die Wiederaufnahme nicht vorgelegen haben, das Verfahrenshindernis der fortbestehenden Einstellung im weiteren Verfahren geltend machen,[299] so dass es einer Beschwerdebefugnis nicht bedarf. 82

c) Für die **Ablehnung der Wiederaufnahme** ist ein ausdrücklicher Beschluss immer dann erforderlich, wenn von einem Prozessbeteiligten die Wiederaufnahme beantragt wird und das Gericht dem nicht entsprechen will.[300] Dieser Beschluss ist **für den Angeschuldigten** schon deshalb nicht anfechtbar, weil er durch die Nichtwiederaufnahme des Verfahrens nicht beschwert ist.[301] Dagegen ist umstritten, ob dem Staatsanwalt bzw. Nebenkläger (§ 401, § 397 Abs. 1, § 390 Abs. 1) in diesen Fällen die (einfache) Beschwerde zusteht. Eine verbreitete Meinung in Rspr.[302] und Literatur[303] verneint dies, indes zu Unrecht.[304] 83

---

294 *Dalcke/Fuhrmann/Schäfer* 3; *Erbs* StPO (1950) IV; *Feisenberger* 10; LR/*Kohlhaas*[22] 8, 10; *Eb. Schmidt* 17.

295 Vgl. aber KG JR **1959** 472; die bei *Erbs* angeführte Entscheidung aaO OLG Darmstadt HRR **1939** Nr. 1563 bezieht sich auf den Einstellungsbeschluss nach § 154 Abs. 2; eine Anfechtungsmöglichkeit durch Beschwerde verneinend z.B. OLG Frankfurt Beschl. vom 3.8.1983 – 3 Ws 503/83; OLG Stuttgart Beschl. vom 8.7.1983 – 1 Ws 214/83; bejahend OLG Hamm Beschl. vom 31.3.2017 – 4 Ws 27/17; StV **2009** 119 f.; OLG Oldenburg NStZ **2007** 167 f.

296 Vgl. Meyer-Goßner/*Schmitt* 24; HK/*Gercke* 20; MüKo/*Teßmer* 91; KK/*Diemer* 35; SSW/*Schnabl* 15.

297 Vgl. Radtke/Hohmann/*Radtke* 89; SK/*Weßlau/Deiters* 54; KMR/*Plöd* 28.

298 OLG Düsseldorf JR **1983** 471 mit Anm. *Meyer-Goßner*; OLG Karlsruhe NJW **1980** 2367; OLG München NJW **1978** 1449; OLG Stuttgart MDR **1984** 73; *Beulke* JR **1986** 51; *Giesler* (Fn. 158) 220; Meyer-Goßner/*Schmitt* 24; HK/*Gercke* 20; MüKo/*Teßmer* 90; KK/*Diemer* 35; SSW/*Schnabl* 15; *Momberg* NStZ **1984** 538; *Pfeiffer* 8; KMR/*Plöd* 27 f.; *Rieß* NStZ **1985** 40; *Schlüchter* 406.6; AK/*Schöch* 47; **a.A.** KG JR **1959** 472; *Eb. Schmidt* 17.

299 Vgl. mit Einzelbeispielen *Rieß* GA **1981** 37.

300 **A.A.** LR/*Meyer-Goßner*[23] 44; *Meyer-Goßner* JR **1983** 473.

301 *Rieß* NStZ **1985** 40; AK/*Schöch* 48; HK/*Gercke* 20; MüKo/*Teßmer* 91; SK/*Weßlau/Deiters* 54.

302 OLG Düsseldorf JR **1983** 471; OLG Frankfurt NStZ **1985** 39 mit Anm. *Rieß*; OLG Stuttgart MDR **1984** 73; LG Düsseldorf NJW **1983** 1008 Ls.

303 LR/*Meyer-Goßner*[23] 44; *Meyer-Goßner* JR **1983** 473; ihm folgend *Giesler* (Fn. 156), 221; ebenso Meyer-Goßner/*Schmitt* 24; HK/*Gercke* 20; MüKo/*Teßmer* 91; KK/*Diemer* 35; SSW/*Schnabl* 15; AnwK-StPO/*Walther* 47.

304 OLG Bamberg NStZ-RR **1997** 44; OLG Oldenburg NStZ **2007** 167 mit **abl.** Anm. *Meyer-Goßner* NStZ **2007** 421; *Pfeiffer* 8; KMR/*Plöd* 28; Radtke/Hohmann/*Radtke* 89; SK/*Weßlau/Deiters* 54; *Rieß* NStZ **1985** 40; *Schlüchter* 406.6; AK/*Schöch* 48.

84 Die für die Unanfechtbarkeit des Ablehnungsbeschlusses auch für die Staatsanwaltschaft vorgebrachten Gründe können nicht überzeugen. Die **Beschwerde** der **Staatsanwaltschaft** ist **zulässig**, allerdings ist die Prüfungsbefugnis des Beschwerdegerichts eingeschränkt. Dieses darf sein Ermessen insoweit nicht an die Stelle des Ermessens des erkennenden Richters setzen, als dieser allein beurteilen kann, ob die wegen der eingestellten und ggf. wiederaufzunehmenden Tat zu erwartenden Rechtsfolgen beträchtlich ins Gewicht fallen und, soweit dies der Fall ist, ob andere Gründe einer Wiederaufnahme entgegenstehen (vgl. Rn. 70f.). Das Beschwerdegericht kann aber prüfen, ob das Gericht sich bei der Ablehnung der Wiederaufnahme in den Grenzen dieses Ermessens gehalten hat. Erweist sich die Beschwerde insoweit als begründet, so darf das Beschwerdegericht entgegen der in § 309 Abs. 2 für den Normalfall getroffenen Regelung nun allerdings nicht durch eine Entscheidung in der Sache selbst die Wiederaufnahme anordnen, weil dies nur dem Gericht zusteht, das den Wiederaufnahmebeschluss erlassen hat (Rn. 72f.). Es muss sich daher auf die Aufhebung des ablehnenden Beschlusses beschränken, so dass das zuständige Gericht unter Berücksichtigung der der Beschwerdeentscheidung zugrunde liegenden Rechtsauffassung erneut über die Wiederaufnahme zu entscheiden hat.[305] Es sind durchaus Fälle denkbar, in denen das Gericht die Wiederaufnahme erneut zurückweist, unter gleichzeitiger Berücksichtigung der Rechtsauffassung des Beschwerdegerichts. Es ist nicht einzusehen, warum gerade bei dieser Ermessenentscheidung ein derartiger „Spielraum" nicht existieren sollte.[306]

VII. Revision

85 **1. Einstellung und Nichteinstellung nach Absatz 2.** Mit der Revision kann weder geltend gemacht werden, dass der Tatrichter § 154 Abs. 2 nicht angewandt hat, noch dass zu Unrecht nach § 154 Abs. 2 verfahren worden ist.[307] Auch eine unzulässige Verfahrenseinstellung ist keine Entscheidung, die im Sinne des § 336 Satz 1 dem Urteil vorausgeht (vgl. auch die Erl. zu § 336); sie führt vielmehr gerade dazu, dass wegen dieser Tat ein (mit der Revision angreifbares) Urteil nicht ergeht.

86 **2. Berücksichtigung eingestellter Taten im Urteil.** Mit der Revision kann geltend gemacht werden, dass der Tatrichter entgegen den hierfür geltenden Grundsätzen (Rn. 61ff.) eingestellte Taten oder Tatteile bei seiner Überzeugungsbildung oder bei der Strafzumessung zu Lasten des Angeklagten berücksichtigt hat, sofern das Urteil hierauf beruht.[308] Wegen des dieser Regelung zugrunde liegenden Vertrauensschutzgedankens dürfte § 339 anwendbar sein, so dass die Staatsanwaltschaft bei einer zuungunsten des Angeklagten eingelegten Revision einen Verstoß gegen die Verwendungssperre nicht geltend machen kann.[309] Der Verstoß ist mit einer (den Anforderungen des § 344 Abs. 2 entsprechenden) Verfahrensrüge geltend zu machen,[310] aus der sich auch ergeben muss,

---

305 So zuerst LR/*Rieß*[24] 75; *Rieß* NStZ **1985** 40; wie hier AK/*Schöch* 48; ohne diese Einschränkungen KMR/*Plöd* 28.

306 **A.A.** *Meyer-Goßner* NStZ **2007** 421.

307 Vgl. RGSt **66** 326; BGHSt **21** 329; SSW/*Schnabl* 16; Radtke/Hohmann/*Radtke* 91.

308 Vgl. dazu BGHSt NStZ **1983** 20 und Rn. 58 a.E; Meyer-Goßner/*Schmitt* 25; Radtke/Hohmann/*Radtke* 92; SK/*Weßlau*/*Deiters* 58.

309 LR/*Rieß*[24] 77.

310 BGH StV **1986** 528; NStZ **1993** 501 (unter Aufgabe früherer Rspr.); BGH NStZ-RR **2001** 174; s. ferner (auch für das Fehlen einer Begründung des Beschlusses nach § 154 Abs. 2) BGH NStZ-RR **2001** 175; *Jähnke* FS Meyer-Goßner 564; *Pfeiffer* 8; Meyer-Goßner/*Schmitt* 25; Radtke/Hohmann/*Radtke* 92; SK/*Weßlau*/*Deiters* 58; KMR/*Plöd* 29; *Rieß* NStZ **1987** 135; AnwK-StPO/*Walther* 36; offenlassend BGH NStZ

in welchem Verfahrensabschnitt die Einstellung erfolgte, um nachprüfen zu können, ob ein Vertrauenstatbestand (vgl. Rn. 65) geschaffen wurde.[311]

3. Wiederaufnahme des Verfahrens. Bei Wiederaufnahme des Verfahrens kann mit der Revision nicht geltend gemacht werden, dass das Gericht das ihm zustehende Ermessen anders hätte ausüben und deshalb die Wiederaufnahme ablehnen müssen.[312] Dagegen ist im Revisionsverfahren – als Verfahrenshindernis auch ohne besondere Rüge von Amts wegen – durch Einstellung des Verfahrens wegen dieser Tat zu berücksichtigen, dass der ursprüngliche Einstellungsbeschluss nicht wirksam durch einen Wiederaufnahmebeschluss beseitigt worden ist. Das ist der Fall, wenn ein Wiederaufnahmebeschluss überhaupt nicht ergangen ist,[313] von einem hierfür nicht zuständigen Gericht (vgl. Rn. 71) erlassen worden war[314] oder die gesetzlichen Voraussetzungen für ihn nicht vorlagen.[315] Ob eine eingestellte Tat hätte wiederaufgenommen werden müssen, kann das Revisionsgericht nicht prüfen.[316] 87

§ 154a
Beschränkung der Verfolgung

(1) [1]Fallen einzelne abtrennbare Teile einer Tat oder einzelne von mehreren Gesetzesverletzungen, die durch dieselbe Tat begangen worden sind,
1. für die zu erwartende Strafe oder Maßregel der Besserung und Sicherung oder
2. neben einer Strafe oder Maßregel der Besserung und Sicherung, die gegen den Beschuldigten wegen einer anderen Tat rechtskräftig verhängt worden ist oder die er wegen einer anderen Tat zu erwarten hat,
nicht beträchtlich ins Gewicht, so kann die Verfolgung auf die übrigen Teile der Tat oder die übrigen Gesetzesverletzungen beschränkt werden. [2]§ 154 Abs. 1 Nr. 2 gilt entsprechend. [3]Die Beschränkung ist aktenkundig zu machen.

(2) Nach Einreichung der Anklageschrift kann das Gericht in jeder Lage des Verfahrens mit Zustimmung der Staatsanwaltschaft die Beschränkung vornehmen.

(3) [1]Das Gericht kann in jeder Lage des Verfahrens ausgeschiedene Teile einer Tat oder Gesetzesverletzungen in das Verfahren wieder einbeziehen. [2]Einem Antrag der Staatsanwaltschaft auf Einbeziehung ist zu entsprechen. [3]Werden ausgeschiedene Teile einer Tat wieder einbezogen, so ist § 265 Abs. 4 entsprechend anzuwenden.

Schrifttum

Siehe bei § 154.

1987 134 mit Anm. *Rieß*; **a.A.** noch (Sachrüge) BGHSt **30** 147; 165; BGH bei *Holtz* MDR **1977** 982; NStZ **1983** 20; StV **1981** 236; **1984** 364; siehe auch (m.w.N.) *Schimansky* MDR **1986** 283 sowie LR/*Rieß*[24] 77, der diese Auffassung als dogmatisch bedenklich bezeichnet; vgl. auch BVerfG NStZ **1995** 76.

311 OLG Hamm NStZ-RR **2003** 368.

312 *Pfeiffer* 8; LR/*Rieß*[24] 78; AK/*Schöch* 51.

313 BGH Urt. vom 20.3.1980 – 2 StR 5/80 – mitgeteilt bei *Rieß* GA **1981** 37.

314 BGH bei *Dallinger* MDR **1973** 192; GA **1981** 36; OLG Hamm JMBlNW **1969** 258; BGH JR **2005** 168.

315 *Rieß* GA **1981** 37; vgl. auch – weitergehend – *Momberg* NStZ **1984** 538.

316 BGH bei *Dallinger* MDR **1970** 383; *Pfeiffer* 8; AK/*Schöch* 51; anders bei § 154a, vgl. § 154a, 47 ff.

https://doi.org/10.1515/9783110590098-012

Entstehungsgeschichte

Die Vorschrift wurde durch Art. 6 Nr. 1 StPÄG 1964 eingefügt. In der ursprünglichen Fassung fehlte in Absatz 1 Satz 1 die Nr. 2 und das Wort „beträchtlich“ vor „Gewicht“ sowie Satz 2; ein Absatz 4, der durch Art. 1 Nr. 39 1.StVRG gestrichen wurde, bezog sich auf die Voruntersuchung. Art. 21 Nr. 49 EGStGB 1974 passte den Wortlaut des Absatzes 1 an die neue Fassung des Strafgesetzbuches an („dieselbe Straftat“; „Besserung und Sicherung“). Durch Art. 1 Nr. 12 StVÄG 1979 erhielt Absatz 1 seine heutige Fassung. Von 1929 bis 1953 führte der jetzige § 154b und danach bis zum StPÄG 1964 der jetzige § 154d die Bezeichnung § 154a.

Übersicht

Alphabetische Übersicht

1. Bedeutung der Vorschrift. Die Vorschrift gestattet es, den Verhandlungsstoff bei der Aufklärung und Aburteilung einer einheitlichen prozessualen Tat zu beschränken; damit dient sie der Vereinfachung des Strafverfahrens und der Entlastung der Strafjustiz.[1] Sie ermöglicht ferner einen auf die wesentlichen Tatvorwürfe konzentrierten und damit verständlicheren Urteilsspruch. Vor ihrer Einführung durch das StPÄG 1964 wurde teilweise auf die heute von ihr erfassten Sachverhalte § 154 entsprechend angewandt.[2] § 154a schränkt den aus den § 155 Abs. 2, §§ 206, 244 Abs. 2, § 264 ableitbaren Grundsatz der umfassenden Kognitionspflicht ein, indem er gestattet, von der Aufklärung und Aburteilung minderwichtiger Aspekte einer einheitlichen prozessualen Tat abzusehen, wenn Gericht und Staatsanwaltschaft insoweit in der Beurteilung übereinstimmen. Er ändert jedoch nichts daran, dass diese Aspekte von der Klage ebenso erfasst werden wie von der Rechtskraft der Entscheidung. Eine Beschränkung des Anklagemonopols der Staatsanwaltschaft kann in der Vorschrift nicht gesehen werden.[3] Zur allgemeinen Bedeutung s. näher § 154, 1 ff., zum Verhältnis zu § 154 sowie zu den Möglichkeiten einer alternativen Anwendung der §§ 154, 154a und den Konsequenzen hieraus vgl. § 154, 14 ff. 1

Die **dogmatische Eigenart** des § 154a liegt darin, dass – im Gegensatz zu § 154 – die ausgeschiedenen Tatteile oder rechtlichen Gesichtspunkte Teile der weiterverfolgten Tat bleiben und ihr weiteres prozessuales Schicksal teilen. Auswirkungen des weiteren Verfahrensfortgangs auf die prozessuale Tat ergreifen deshalb auch die nach § 154a ausgeschiedenen Tatteile oder Gesetzesverletzungen.[4] Sie werden deshalb mit der Klageerhe- 2

1 Vgl. z.B. BGHSt **21** 328; BGH NJW **1984** 1365; BGH Beschl. vom 4.9.2014, 1 StR 70/17; BayObLG NJW **1969** 1186; *Beulke/Swoboda* 339; *Dallinger* MDR **1966** 797; *Lesch* 2/52; Meyer-Goßner/*Schmitt* 1; MüKo/*Teßmer* 1; SK/*Weßlau/Deiters* 1; *Pommer* Jura **2007** 666.
2 Vgl. LR/*Kohlhaas*[21] EB 1; *Kleinknecht* JZ **1965** 158; *Pickert* 11; *Eb. Schmidt* Nachtr. I 2.
3 Vgl. *Maiwald* JR **1984** 479.
4 Vgl. *Kleinknecht* JZ **1965** 158.

bung „latent“ mit der Folge anhängig, dass nunmehr die Befugnis zur Wiedereinbeziehung auch ohne staatsanwaltschaftlichen Antrag auf das Gericht übergeht, und sie werden vor allem von der die Tat betreffenden Rechtskraft erfasst (näher Rn. 45 f.).

2. Anwendungsbereich

3 **a) Allgemeines.** § 154a setzt voraus, dass es sich bei dem Auszuscheidenden um Teile einer einheitlichen prozessualen Tat handelt, unabhängig davon, ob materiellstrafrechtlich, was regelmäßig der Fall sein wird, eine Handlung (in Form der Bewertungseinheit,[5] der natürlichen Handlungseinheit oder der Idealkonkurrenz) oder ausnahmsweise mehrere Handlungen in Form von Realkonkurrenz vorliegen.[6] Wird nach § 154a verfahren, obwohl mehrere prozessuale Taten vorliegen, so handelt es sich in Wahrheit um eine Einstellung nach § 154, so dass für die Verfahrensfortführung die für diese Vorschrift geltenden Regeln anzuwenden sind (§ 154, 16). Die Vorschrift ermöglicht im Rahmen der einheitlichen Tat nicht jede beliebige Stoffbeschränkung, sondern nur das Ausscheiden einzelner abtrennbarer Teile der Tat (Rn. 6) oder einzelner von mehreren Gesetzesverletzungen (Rn. 7 f.).

4 Darunter fallen **nicht einzelne Tatbestandsmerkmale** eines Straftatbestandes,[7] etwa die Nötigungshandlung bei einem Raub unter Beschränkung der Verfolgung auf Diebstahl. Ebenso wenig ist es möglich, nach § 154a eine einzelne strafrechtliche Sanktion auszuscheiden; das ist nur für die gesetzlich vorgesehenen Fälle z.B. der §§ 421, 422, 423 unter den dort bestimmten Voraussetzungen möglich.[8] Allerdings kann das Ausscheiden einzelner Teile der Tat oder einzelner Gesetzesverletzungen zur Folge haben, dass damit auch die Grundlage für die Verhängung bestimmter Sanktionen entfällt, falls sich deren Berechtigung allein aus dem Ausgeschiedenen ergeben würde.[9]

5 Die Vorschrift gilt, wie sich aus § 385 Abs. 4 ergibt, grundsätzlich auch im **Privatklageverfahren.** Insoweit ging eine frühere Auffassung dahin, dass das Gericht zur Stoffbeschränkung weder der Zustimmung des Privatklägers noch der Staatsanwaltschaft bedürfe.[10] Das erscheint unzutreffend. Nach dem Gesetzeswortlaut ist *nur* § 154a Abs. 3 Satz 2 im Privatklageverfahren nicht anwendbar; der Gesetzgeber des StPÄG 1964 ist ausweislich der Begründung davon ausgegangen, dass an die Stelle der im Offizialverfahren erforderlichen Zustimmung der Staatsanwaltschaft die des Privatklägers tritt.[11] Zur Stoffbeschränkung bedarf das Gericht also der Zustimmung des Privatklägers.[12] Lediglich seinem Wiedereinbeziehungsantrag ist der zwingende Charakter genommen worden. Die bloße **Anschlussbefugnis für** einen **Nebenkläger** steht der Anwendung des § 154a an sich nicht entgegen. Durch das Ausscheiden eines rechtlichen Gesichtspunkts, der die Anschlussbefugnis vermittelt (etwa einer tateinheitlich mit einer Nötigung zusammentreffenden Beleidigung) kann aber diese nicht ausgeschlossen werden und die Beschränkung entfällt mit dem Wirksamwerden des Anschlusses (§ 395 Abs. 5

---

5 Diese hat weitgehend den Fortsetzungszusammenhang abgelöst; *Beulke/Swoboda* 522.

6 *Dallinger* MDR **1966** 798; ausführlich zum Problem der prozessualen Tatidentität bei Realkonkurrenz *Beulke* FS II BGH Bd. IV 781.

7 BGH NStZ **1981** 21; *Joecks* 3; Meyer-Goßner/*Schmitt* 5; AK/*Schöch* 5; KK/*Diemer* 3; AnwK-StPO/*Walther* 3; Radtke/Hohmann/*Radtke* 16; de lege ferenda für eine Erweiterung auf einzelne straferhöhende Umstände *Grünwald* 25 f.; vgl. Verh. des 50. DJT (1974) Bd. II K 98 ff., 271.

8 Meyer-Goßner/*Schmitt* 4; SK/*Weßlau/Deiters* 4.

9 BGHSt **41** 392; KMR/*Plöd* 3; vgl. auch Meyer-Goßner/*Schmitt* 4, 6 f.; SK/*Weßlau/Deiters* 4, 45.

10 LR/*Wendisch*[23] § 385, 14 m.w.N.

11 BTDrucks. **IV** 178 S. 44 f.; ebenso *Eb. Schmidt* Nachtr. I § 385, 5.

12 Wie hier jetzt MüKo/*Teßmer* 6; KK/*Senge* § 385, 9; KMR/*Stöckel* § 385, 7; LR/*Hilger*[25] § 385, 11.

und die Erl. dort, vgl. auch Rn. 28). Solange die Anschlussbefugnis besteht, bedarf eine Einstellung nach § 154a somit zur Wirksamkeit der Zustimmung des Nebenklägers.[13] Für das Jugendstrafverfahren und das Bußgeldverfahren siehe § 154, 6.

b) Abtrennbare Teile einer Tat sind Handlungen, die im natürlichen Sinne in tatsächlicher Hinsicht in gewissem Umfang in sich abgeschlossen sind, infolge der rechtlichen Beurteilung aber mit anderen Handlungen zu einer rechtlichen Einheit, der prozessualen Tat, zusammengefasst werden. Das entscheidende Kriterium der Abtrennbarkeit nach dieser Alternative liegt in der Möglichkeit selbständiger Beurteilung des realen, tatsächlichen Geschehens, ohne dass durch das Ausscheiden die Gesamtwürdigung der Tat erheblich beeinträchtigt wird. Nach de facto Aufgabe der fortgesetzten Handlung hat diese Alternative erheblich an Bedeutung verloren und sich der Schwerpunkt nun auf § 154 verlagert (§ 154, 14). In erster Linie kommen Einzelakte einer Bewertungseinheit in Betracht, ferner zeitlich herauslösbare Teile eines Dauerdelikts, selbständige Teile einer natürlichen Handlungseinheit, z.B. Teile einer falschen Zeugenaussage, sowie einzelne von mehreren zu einer prozessualen Tat zusammengefassten, materiellrechtlich in Realkonkurrenz stehenden Taten.[14] Eine exakte begriffliche Bestimmung der „Abtrennbarkeit" eines Tatteiles ist dem Schrifttum bisher noch nicht gelungen. Mit dem Ausscheiden eines Tatteils ist (etwa bei Teilen einer Bewertungseinheit oder einer Dauerstraftat) nicht notwendig das Ausscheiden einzelner Gesetzesverletzungen im Sinne der zweiten Alternative verbunden, doch kann dies der Fall sein, etwa wenn sich allein aus dem ausgeschiedenen Tatteil die Tatbestandsmerkmale eines idealkonkurrierenden Delikts ergeben würden oder wenn er eine materiell-rechtlich selbständige Straftat betrifft. 6

c) Mehrere Gesetzesverletzungen. Einzelne von mehreren Gesetzesverletzungen können im Falle der Tateinheit nach § 52 StGB ausgeschieden werden,[15] nicht dagegen bei bloßer Gesetzeskonkurrenz, weil dafür kein Bedürfnis besteht.[16] Es ist nicht notwendig, dass damit auch ein bestimmter Sachverhaltsausschnitt ausgeschieden wird. Auch wenn dies nicht der Fall ist, kann eine Konzentration der rechtlichen Beurteilung die Klarheit und Übersichtlichkeit des Anklagesatzes und des Urteilsspruchs erhöhen. Der Zweck der Stoffkonzentration wird aber nur erreicht, wenn durch das Ausscheiden einzelner Gesetzesverletzungen die Notwendigkeit entfällt, die tatsächlichen Grundlagen für Tatbestandsmerkmale festzustellen, die nur mit der ausgeschiedenen Gesetzesverletzung verbunden sind.[17] Dabei muss es sich nicht notwendig um abtrennbare Teile der Tat im Sinne der ersten Alternative handeln. Ob eine tatmehrheitlich (§ 53 StGB) mit einer weiterverfolgten Straftat zusammentreffende, prozessual eine Tat bildende Gesetzesverletzung nach dieser Alternative ausgeschieden werden kann, ist angesichts des auf dieselbe Straftat[18] abstellenden Gesetzeswortlauts zweifelhaft,[19] doch wird in solchen Fällen stets zugleich ein abtrennbarer Tatteil vorliegen. 7

---

13 OLG Hamm Beschl. vom 1.6.2017 – 1 Ws 151/17; MüKo/*Teßmer* 5; HK/*Gercke* 2; Radtke/Hohmann/*Radtke* 7; vgl. auch BGH Beschl. vom 12.6.2001 – 1 StR 190/01.

14 Meyer-Goßner/*Schmitt* 5; SK/*Weßlau*/*Deiters* 4; Radtke/Hohmann/*Radtke* 15 sowie § 264, 49 ff.; MüKo/*Teßmer* 12; AK/*Schöch* 4; KK/*Diemer* 3.

15 Meyer-Goßner/*Schmitt* 6; AK/*Schöch* 6; KK/*Diemer* 4; MüKo/*Teßmer* 14; Radtke/Hohmann/*Radtke* 17; HK/*Gercke* 4; SSW/*Schnabl* 5; SK/*Weßlau*/*Deiters* 5.

16 BGH NStZ **1981** 23; eine versehentliche Anwendung des § 154a wäre aber im Ergebnis unschädlich.

17 Vgl. Meyer-Goßner/*Schmitt* 8; MüKo/*Teßmer* 14; Radtke/Hohmann/*Radtke* 17.

18 Gemeint ist „eine und dieselbe Handlung" im Sinne des § 52 StGB; vgl. *Achenbach* MDR **1975** 21.

19 Bejahend KK/*Diemer* 4.

8 Bei vermehrt auftretenden Fällen massenhaft begangener gleichartiger Delikte (sog. **Serienstraftaten**), zumeist in Form von Betrugsdelikten, kann eine Anwendung des § 154a unter dem Gesichtspunkt mehrerer Gesetzesverletzungen in Betracht kommen. Jedoch dürfen hierfür der Wortlaut und die zuvor aufgezeigten Grundsätze nicht überspannt werden. Soweit der BGH[20] insoweit die Beschränkung auf Versuchstaten für zulässig erachtet, um etwa eine langwierige und komplizierte Beweisaufnahme zu den Schadenseintritten und jeweiligen Höhen zu vermeiden, ist dem eine Absage zu erteilen.[21] Dies gilt alleine schon deshalb, weil die Vollendung den immer mitverwirklichten Versuch konkurrenzrechtlich verdrängt und § 154a bei Gesetzeskonkurrenz nicht anwendbar ist (vgl. Rn. 7). Ähnliches gilt dann, wenn aus den möglichen gleichartigen Fällen nur einige zum Anklagevorwurf gemacht werden. Dies kann etwa mit Blick auf die gute Beweislage für diese wenigen Fälle sinnvoll sein. Stellen sich jedoch alle Fälle als gleichartig dar, so fällt jeder einzelne Fall als Tatteil gleich für die zu erwartende Strafe ins Gewicht. Einer Einstellung der verbleibenden Vielzahl der Fälle stünde somit bereits der Wortlaut des § 154a Abs. 1 entgegen.[22] Jedoch ist aufgrund der dem ausdrücklichen Regelungsgehalt des § 154a vergleichbaren Interessenlage sowie der bestehenden planwidrigen Regelungslücke die **analoge Anwendung des § 154a** zu bejahen.[23] Die planwidrige Regelungslücke begründet sich durch den vom Gesetzgeber nicht vorhergesehenen technischen Fortschritt, der die modernen Formen der Serienstraftaten erst ermöglicht und für die § 154a nicht vorgesehen waren.[24]

9 **d) Einzelne Tatteile oder Gesetzesverletzungen.** Aus der Fassung, dass „einzelne" abtrennbare Teile einer Tat oder „einzelne" von mehreren Gesetzesverletzungen ausgeschieden werden können, ließe sich schließen, dass das Auszuscheidende **positiv** beschrieben werden muss, so dass eine Negativumschreibung dergestalt unzulässig wäre; das Verfahren werde nach § 154a eingestellt, „soweit nicht Anklage erhoben ist".[25] Dem ist für den Regelfall zuzustimmen, bei dem sich das Ausscheiden auf einzelne Aspekte beschränkt. Jedoch kommt es nicht auf die Wortwahl an, sondern darauf, dass die das Ausscheiden bewirkende Prozesshandlung keinen Zweifel darüber lässt, in welchem Umfang Tatteile oder Gesetzesverletzungen nach dem Willen der zuständigen Strafverfolgungsbehörde nicht weiterverfolgt werden sollen. Dazu kann im Einzelfall auch eine **Negativformulierung** ausreichen, etwa wenn sich aus ihr eindeutig ergibt, dass nur einer oder wenige Einzelakte einer Bewertungseinheit abgeurteilt werden sollen (vgl. Rn. 11).[26] Ergibt sich der Umfang dessen, was von der weiteren Verfolgung ausgenommen werden soll, nicht hinreichend klar, so liegt keine wirksame Stoffbeschränkung vor.

---

20 Vgl. zu den Serienstraftaten und der Rechtsprechung des BGH nur BGHSt **58** 119; BGH NJW **2014** 459; hierzu *Beulke/Berghäuser* FS Breidling 13; *Heghmanns* ZJS **2013** 427; *Krell* NStZ **2014** 686; *Kuhli* StV **2016** 40.

21 **A.A.** SK/*Weßlau/Deiters* 5.

22 So schon *Krell* NStZ **2014** 689.

23 BGHSt **58** 119; BGH NJW **2014** 459; *Krell* NStZ **2014** 689; Meyer-Goßner/*Schmitt* 7a; **a.A.** *Beulke/Berghäuser* FS Breidling 13; *Kuhli* StV **2016** 43 mit Fn 46.

24 Vgl. *Krell* NStZ **2014** 689.

25 So BGH NStZ **1981** 23; Meyer-Goßner/*Schmitt* 7; *Pickert* 29; *Rieß* NStZ **1987** 135; AK/*Schöch* 2, 14; KK/*Diemer* 9; SSW/*Schnabl* 9; MüKo/*Teßmer* 24; HK/*Gercke* 9; vgl. aber OLG Schleswig SchlHA **1967** 128. Zum Ganzen auch *Niemöller/Lorenzen* wistra **2018** 331.

26 So hat der BGH (BGHSt **31** 303) auf der Grundlage der früheren Rspr. eine Stoffbeschränkung als wirksam betrachtet, bei der bei einer fortgesetzten Handlung das Verfahren auf die „Vorgänge in der Zeit vom 1.11.1980 bis 14.8.1981" beschränkt wurde; dazu krit. *Pickert* 29 Fn. 120; wie hier SK/*Weßlau/Deiters* 21; offen gelassen bei Radtke/Hohmann/*Radtke* 26.

3. Sachliche Voraussetzungen der Stoffbeschränkung

a) Allgemeines. Die sachlichen Voraussetzungen stimmen mit denen in § 154 Abs. 1 überein, so dass insoweit auf die dortigen Erläuterungen (§ 154, 18 bis 32) zu verweisen und hier nur darzustellen ist, was sich infolge der andersartigen Natur des Ausscheidens bei einer einheitlichen prozessualen Tat an Besonderheiten ergibt. 10

b) Nicht beträchtlich ins Gewicht fallende Rechtsfolgen. Erfasst werden alle Tatteile oder Gesetzesverletzungen, deren Berücksichtigung im Urteil keine beträchtliche (§ 154, 22ff.) Verschärfung der wegen der Tat zu erwartenden Sanktion herbeiführen würde. Dabei können diejenigen ausgewählt werden, deren Nichtaufklärung das größte Maß an Stoffkonzentration bewirken würde. Bei tateinheitlich zusammentreffenden Gesetzesverletzungen kann hierbei auch derjenige Tatbestand ausgeschieden werden, aus dem an sich nach § 52 Abs. 2 Satz 1 StGB die Strafe zu entnehmen wäre, wenn die dem Gesetz mit der milderen Strafdrohung zu entnehmende Rechtsfolge im konkreten Fall hierunter nicht beträchtlich zurückbleiben würde.[27] Die Verfolgung einer Dauerstraftat, von Serienstraftaten (vgl. Rn. 8) oder Bewertungseinheit etc. kann auf einen besonders gewichtigen Einzelakt beschränkt werden,[28] doch tritt auch in diesem Fall insgesamt Strafklageverbrauch ein (Rn. 45). Hängt die Anordnung einer Maßregel der Besserung und Sicherung, etwa die Entziehung der Fahrerlaubnis, oder einer Nebenstrafe oder Nebenfolge allein von der Verurteilung wegen eines bestimmten Tatteiles oder einer bestimmten Gesetzesverletzung ab, so kommt insoweit ein Ausscheiden nicht in Betracht, wenn gerade durch den Wegfall dieser Maßnahme die Beträchtlichkeitsgrenze überschritten würde.[29] Bleibt bei einem nach § 24 StGB strafbefreienden **Rücktritt** die Tat unter einem anderen rechtlichen Gesichtspunkt untergeordneter Art strafbar, so kann entgegen einer im materiellrechtlichen Schrifttum vertretenen Auffassung[30] nicht insoweit nach § 154a verfahren werden, da die Rechtsfolgen wegen der vom Rücktritt nicht erfassten Gesetzesverletzung dann die einzigen wegen der Tat zu erwartenden sind und deshalb die materielle Voraussetzung der Vorschrift nicht vorliegt (vgl. auch Rn. 37). 11

c) Stoffbeschränkung in Hinblick auf die Rechtsfolgen wegen einer anderen Tat (Absatz 1 Satz 1 Nr. 2). Von § 154a kann auch Gebrauch gemacht werden, wenn die dadurch eintretende Verringerung des Rechtsfolgenquantums zwar gegenüber den allein wegen dieser Tat dann noch zu erwartenden Rechtsfolgen beträchtlich ins Gewicht fallen würde, nicht mehr aber bei *zusätzlicher* Einbeziehung der Rechtsfolgen wegen einer anderen Tat, die bereits rechtskräftig verhängt oder zu erwarten sind.[31] Das ist namentlich dann von praktischer Bedeutung, wenn es aus spezial- oder generalpräventiven Gründen unvertretbar wäre, das neue Fehlverhalten gänzlich ohne Reaktion zu lassen, aber eine mehr symbolische Verurteilung ausreicht, oder wenn nur ein einzelner Teilakt oder rechtlicher Gesichtspunkt der neuen Tat abgeurteilt werden muss, weil nur er die Verhängung einer unerlässlichen Maßnahme (§ 11 Abs. 1 Nr. 8 StGB) ermöglicht. Unter den Voraussetzungen der Nr. 2 kann über das Maß an Auszuscheidendem hinausgegangen 12

---

27 Begr. zum RegE StVÄG 1979 BTDrucks. **8** 976 S. 46; *Kurth* NJW **1978** 2483; AK/*Schöch* 9; KK/*Diemer* 5; Meyer-Goßner/*Schmitt* 6.

28 *Kurth* aaO; KK/*Diemer* 5; vgl. auch Nr. 101a Abs. 2 Satz 1 RiStBV.

29 Vgl. auch SK/*Weßlau*/*Deiters* 6; Radtke/Hohmann/*Radtke* 18; MüKo/*Teßmer* 17; KMR/*Kulhanek* 13.

30 LK/*Vogler*[10] § 24, 204; ähnlich schon LK/*Busch*[9] § 46, 42; *Jescheck* § 51 VI 2 Fn. 44; wie hier jetzt Schönke/Schröder/*Eser*/*Bosch* § 24, 110.

31 BGHSt **41** 391; zur darüber hinausgehenden Berücksichtigung des Beschleunigungsgrundsatzes bei Einstellungen nach § 154a siehe BGH NStZ-RR **2009** 51.

werden, das eingehalten werden müsste, wenn allein die neue Tat abzuurteilen wäre; es kommt hier, ähnlich wie bei § 154, auf eine Gesamtabwägung der insgesamt zu erwartenden Rechtsfolgen an (§ 154, 20).[32]

13 Ob die **andere Tat** in dem gleichen oder einem anderen Verfahren abgeurteilt wird, ist rechtlich ohne Bedeutung. Im zweiten Fall sollte jedoch stets geprüft werden, ob es nicht verfahrensökonomischer ist, die an sich einer Teilreduzierung nach § 154a zugängliche Tat voll abzuurteilen und dafür die andere Tat insgesamt nach § 154 einzustellen, weil dadurch ein ganzes Verfahren eingespart werden kann. Vorsicht ist auch geboten, wenn die Stoffreduzierung in Hinblick auf die wegen einer anderen Tat erst zu erwartenden Rechtsfolgen vorgenommen wird; denn wenn sich erst nach Rechtskraft herausstellt, dass die Erwartung nicht eintritt, ist hier, anders als im Falle des § 154 (vgl. § 154 Abs. 4), eine Weiterverfolgung nicht möglich.

14 **d) Ausscheiden bei beträchtlich ins Gewicht fallender Rechtsfolgenerwartung (Absatz 1 Satz 2).** Die erweiterte Einstellungsmöglichkeit nach § 154 Abs. 1 Nr. 2 gilt für das Ausscheiden einzelner Tatteile oder Gesetzesverletzungen entsprechend, und zwar sowohl in Hinblick auf die wegen dieser Tat verbleibenden Rechtsfolgen (Satz 1 Nr. 1) als auch bei Einbeziehung der Rechtsfolgen wegen einer anderen Tat (Satz 1 Nr. 2). Quantitative Überlegungen spielen hierbei keine Rolle. Entscheidend ist, dass nur auf diese Weise ein Urteil in angemessener Frist (§ 154, 25) erreicht werden kann[33] und die Erreichung der Strafzwecke nicht gefährdet wird (§ 154, 27). Da bei Aburteilung einer einheitlichen prozessualen Tat die Möglichkeit der Verfahrenstrennung als Mittel der Entscheidung in angemessener Frist (§ 154, 29 f.) ausscheidet, stellt die entsprechende Anwendung des § 154 Abs. 1 Nr. 2 nicht selten die einzige Möglichkeit dar, bei Großverfahren, denen aus vielen Einzelakten zusammengesetzte Bewertungseinheiten zugrunde liegen und die wegen dieser Stofffülle nicht in angemessener Frist bis zur Aburteilung gefördert werden können, die notwendige Verfahrensstraffung zu erreichen.

15 **4. Einfluss der Stoffkonzentration auf die Zuständigkeit.** Das Ausscheiden von Tatteilen oder einzelnen Gesetzesverletzungen vor der Eröffnung des Hauptverfahrens kann die gerichtliche Zuständigkeit beeinflussen, wenn sämtliche Gesetzesverletzungen oder Tatteile ausgeschieden werden, die eine bestimmte Zuständigkeit begründen. Von praktischer Bedeutung sind hierbei drei Fallgruppen: (1) Ausscheiden der Tatbestände der §§ 129, 129a StGB, die allein die Zuständigkeit der Staatsschutz-Strafkammer nach § 74a GVG oder des Oberlandesgerichts im ersten Rechtszug (§ 120 Abs. 1 Nr. 6 GVG) begründen; (2) Ausscheiden von Tatbeständen, aus denen sich die Zuständigkeit der Wirtschaftsstrafkammer nach § 74c Abs. 1 Nr. 1 bis 6 GVG ergibt, und (3) Ausscheiden von Tatteilen, die der Angeschuldigte als Jugendlicher (Heranwachsender) begangen hat und aus denen sich die Zuständigkeit der Jugendgerichte ergibt, unter Weiterverfolgung der von ihm als Erwachsener begangenen Tatteile. In diesen Fällen ist zweifelhaft, ob bei der Bestimmung der gerichtlichen Zuständigkeit für das Hauptverfahren (§ 200 Abs. 1 Satz 2, § 207 Abs. 1, §§ 209, 209a) die ausgeschiedenen Tatteile oder Gesetzesverletzungen zu berücksichtigen sind oder außer Betracht zu bleiben haben. Weniger bedeutsam aber ebenso möglich sind die sonstigen Fälle, in denen die Einstellung nach § 154a die Delikte betrifft, die eine Zuständigkeit der in § 74e GVG genannten Spezialkammern oder des OLG nach § 120 GVG begründen würden.

---

32 Meyer-Goßner/*Schmitt* 12; Radtke/Hohmann/*Radtke* 18; AK/*Schöch* 11; vgl. auch *Kurth* NJW **1978** 2483; KMR/*Kulhanek* 11; SK/*Weßlau*/*Deiters* 7; KK/*Diemer* 6.
33 Vgl. BGH NStZ **2001** 104.

16 Im Anschluss an die Grundsatzentscheidung des BGH[34] vertritt die ganz h.M.[35] die Auffassung, dass das Ausscheiden von Tatteilen oder Gesetzesverletzungen eine **Veränderung der Zuständigkeit** bewirken kann. Sie bleiben bis zu einer etwaigen Wiedereinbeziehung (Rn. 17) für die gerichtliche Zuständigkeit stets außer Betracht. Auch für die Zuständigkeit der Jugendgerichte lässt sich eine andere Handhabung dogmatisch ebenso wenig begründen[36] wie etwa die Annahme, in solchen Fällen sei die Anwendung des § 154a unzulässig,[37] die im Gesetzeswortlaut keine Stütze findet. Doch dürfte sich in solchen Fällen eine zuständigkeitsverändernde Anwendung des § 154a regelmäßig nicht empfehlen. Scheidet bereits die Staatsanwaltschaft alle zuständigkeitsbegründenden Merkmale aus, so klagt sie bei dem Gericht niedrigerer Ordnung oder der in der Reihenfolge des § 74e GVG nachfolgenden Strafkammer an, deren Zuständigkeit sich aus den weiterverfolgten Tatteilen oder Gesetzesverletzungen ergibt, also etwa nach Ausscheiden des § 129a StGB bei einem damit rechtlich zusammentreffenden Mord nicht vor dem Oberlandesgericht, sondern vor der Schwurgerichtskammer. Beschränkt das Gericht bis zur Eröffnung des Hauptverfahrens (auch noch im Eröffnungsbeschluss nach § 207 Abs. 2 Nr. 2, 4) die Strafverfolgung, so eröffnet es vor dem nunmehr zuständigen Gericht niedrigerer Ordnung bzw. der in der Reihenfolge des § 74e GVG nachfolgenden Strafkammer.[38] Die Anwendung des § 154a nach der Eröffnung des Hauptverfahrens hat auf die Zuständigkeit keinen Einfluss (§ 269; § 47a JGG).

17 Die **Wiedereinbeziehung** nach Anklageerhebung, aber vor Eröffnung des Hauptverfahrens (§ 207 Abs. 2 Nr. 2 und 4) kann eine Vorlage gemäß § 209 Abs. 2 erfordern; aus der Wiedereinbeziehung nach der Eröffnung kann sich die Notwendigkeit der Verweisung an ein Gericht höherer Ordnung oder eine in der Reihenfolge des § 209a vorgehende Strafkammer nach den §§ 225a, 270 ergeben, wenn der wiedereinbezogene Tatteil oder die wiedereinbezogene Gesetzesverletzung in deren Zuständigkeit fallen würde. Für den Wiedereinbeziehungsbeschluss ist noch das zunächst mit der Sache befasste Gericht zuständig.[39] Voraussetzung für die Zuständigkeitsveränderung infolge der Wiedereinbeziehung ist, dass der Angeschuldigte auch hinsichtlich der wiedereinbezogenen Tatteile oder Gesetzesverletzungen mindestens hinreichend verdächtig ist.[40] Ist aufgrund der Wiedereinbeziehung die Zuständigkeit einer in der Reihenfolge des § 74e GVG vorgehenden Strafkammer, etwa der Staatsschutz-Strafkammer nach § 74a GVG oder der Wirtschaftsstrafkammer, gegenüber der mit der Sache befassten allgemeinen Strafkammer begründet, so ist eine Vorlage bzw. Verweisung nach § 225a Abs. 4, § 270 Abs. 1 Satz 2 nur möglich, wenn der Wiedereinbeziehungsbeschluss vor dem Beginn der Vernehmung des Angeklagten zur Sache ergeht und wenn der Angeklagte den Einwand der Unzuständig-

---

34 BGHSt **29** 341 = LM § 154a (1975) Nr. 3 mit Anm. *Schmidt* = NStZ **1981** 151 mit Anm. *Dünnebier*; **a.A.** OLG Köln JMBlNW **1977** 258.
35 *Dünnebier* JR **1975** 1; *ders.* NStZ **1981** 152; LR/*Rieß*[24] 15 Fn. 23; Meyer-Goßner/*Schmitt* 17; SK/*Weßlau/Deiters* 11; Radtke/Hohmann/*Radtke* 37; MüKo/*Teßmer* 21; KK/*Diemer* 10; KMR/*Kulhanek* 5; *Kurth* NJW **1978** 2483 f.; *Schlüchter* 406.6; wohl auch *Eb. Schmidt* Nachtr. I 16 a.E.; **a.A.** *Kleinknecht*[35] 17.
36 KMR/*Kulhanek* 5; AK/*Schöch* 25; KK/*Diemer* 10; Radtke/Hohmann/*Radtke* 38; nunmehr auch SK/*Weßlau/Deiters* 12; wie hier wohl BGHSt **29** 349 (unter cc); vgl. auch BGHSt **10** 65; **a.A.** *Drees* NStZ **1995** 481.
37 So möglicherweise BayObLGSt **1966** 119; *Eisenberg* § 103, 32; LR/*Meyer-Goßner*[23] 15; vgl. auch *Miehe* FS Stutte 249.
38 BGHSt **29** 341; vgl. auch § 209, 23.
39 BGHSt **29** 348 (unter bb); SK/*Weßlau/Deiters* 15; Radtke/Hohmann/*Radtke* 40; *Pfeiffer* 4; AK/*Schöch* 26; KK/*Diemer* 10.
40 BGHSt **29** 348; Radtke/Hohmann/*Radtke* 40; dazu auch *Schmidt* in LM § 154a (**1975**) Nr. 3 unter 4 zur Frage der Bindungswirkung des staatsanwaltschaftlichen Antrags in diesen Fällen.

keit erhebt;[41] dies gilt jedoch nicht, wenn sich infolge der Wiedereinbeziehung die Zuständigkeit eines Jugendgerichts gleicher Ordnung ergibt.[42]

5. Verfolgungsbeschränkung im Ermittlungsverfahren

18 **a) Zuständigkeit. Ermessen.** Stoffbeschränkungen im Ermittlungsverfahren nach § 154a stehen nur der Staatsanwaltschaft, nicht der Polizei zu.[43] In Steuerstrafsachen (§ 386 Abs. 2 AO) kann auch die **Finanzbehörde** vorläufig nach § 154a verfahren, doch trifft auch hier regelmäßig, wenn nicht die Finanzbehörde einen Strafbefehlsantrag stellt (§ 400 AO), die Staatsanwaltschaft mindestens stillschweigend die Entscheidung, weil sie sich bei der in ihrer Hand liegenden Anklageerhebung die Stoffbeschränkung zu eigen macht. Ob, wenn die Voraussetzungen des § 154a Abs. 1 vorliegen, eine Stoffbeschränkung vorgenommen werden soll, entscheidet die Strafverfolgungsbehörde nach pflichtgemäßem Ermessen.[44]

19 **b) Zeitpunkt.** Vor der Anwendung des § 154a bedarf es keiner vollständigen Aufklärung (vgl. Nr. 101a Abs. 1 iVm. Nr. 101 Abs. 1 RiStBV).[45] Die Stoffbeschränkung kann bereits vorgenommen und die weiteren Ermittlungen können auf die verbleibenden Reste der Tat konzentriert werden, sobald erkennbar ist, dass die Voraussetzungen der Vorschrift vorliegen werden.[46] Auch in Bezug auf die nicht weiterverfolgten Tatteile muss jedoch der Sachverhalt so weit aufgeklärt und müssen die Beweise so weit gesichert werden, dass bei einer notwendig werdenden Wiedereinbeziehung im gerichtlichen Verfahren Aufklärungsschwierigkeiten vermieden werden. Auch wenn das Ermittlungsverfahren eine umfassende Aufklärung erbracht hat, ist bei Klageerhebung eine Stoffbeschränkung in Betracht zu ziehen, wenn dadurch das gerichtliche Verfahren entlastet werden kann.

20 **c) Verfahren und Entscheidung.** Zur Stoffbeschränkung ist **keine** vorherige **Zustimmung** des Gerichts erforderlich (vgl. aber Rn. 33); auch der Anhörung oder Zustimmung des Beschuldigten oder als Nebenkläger anschlussberechtigten Verletzten bedarf es nicht. Liegt allerdings eine (erst mit Erhebung der öffentlichen Klage wirksam werdende) Anschlusserklärung bereits vor, so wäre in Bezug auf das sie vermittelnde Delikt eine Stoffbeschränkung kaum sinnvoll, da sie mit Erhebung der öffentlichen Klage kraft Gesetzes entfallen würde (§ 395 Abs. 5 Satz 2). In **Steuerstrafsachen** bedarf es von Gesetzes wegen keiner vorherigen Anhörung der Finanzbehörde nach § 403 Abs. 4 AO, da § 154a nicht zu einer Einstellung des Verfahrens führt.[47]

21 Die Stoffbeschränkung erfolgt durch eine **Prozesshandlung der Staatsanwaltschaft,** die nach Absatz 1 Satz 3 aktenkundig zu machen, also **schriftlich** festzuhalten

---

41 Vgl. § 6a Satz 3; BGHSt **29** 349; *Dünnebier* NStZ **1981** 153 Fn. 11; vgl. auch BGHSt **30** 187.

42 *Pfeiffer* 4; AK/*Schöch* 26.

43 *Pfeiffer* 1; KMR/*Plöd* 12; AK/*Schöch* 13; KK/*Diemer* 8; SK/*Weßlau*/*Deiters* 16; Radtke/Hohmann/*Radtke* 22; dass in der Neufassung des Absatzes 1 durch das StVÄG 1979 die Staatsanwaltschaft nicht mehr erwähnt wird, bedeutet keine Erstreckung auf die Polizei, *Kurth* NJW **1978** 2483 Fn. 34.

44 KMR/*Kulhanek* 14; MüKo/*Teßmer* 24; Radtke/Hohmann/*Radtke* 24; SK/*Weßlau*/*Deiters* 16.

45 *Burhoff* (Ermittlungsv.) 748; *Joecks* 9; *Schmidt-Hieber* Verständigung im Strafverfahren (1986) 71; SK/*Weßlau*/*Deiters* 17; HK/*Gercke* 9; KMR/*Kulhanek* 18; KK/*Diemer* 8; AnwK-StPO/*Walther* 7.

46 *Kurth* NJW **1978** 2483; vgl. auch Meyer-Goßner/*Schmitt* 18; *Pfeiffer* 4; *Pickert* 26; KK/*Diemer* 8; enger *Eb. Schmidt* Nachtr. I 7; vgl. auch Nr. 101a Abs. 1 RiStBV; **a.A.** *Marxen* Straftatsystem und Strafprozeß (1984) 390 f.

47 **A.A.** das steuerrechtliche Schrifttum, siehe nur MüKo/*Pflaum* § 403, 11 AO; Klein/*Jäger* § 403, 5; Erbs/Kohlhaas/*Hadamitzky*/*Senge* § 403, 6 AO. Wie hier Radtke/Hohmann/*Radtke* 26; SK/*Weßlau*/*Deiters* 20.

ist. Dabei sind in der Regel die ausgeschiedenen Tatteile oder Gesetzesverletzungen konkret zu bezeichnen (Rn. 9); eine **Begründung** schreibt das Gesetz nicht vor. Eine „stillschweigende" Stoffbeschränkung ohne schriftliche Festlegung in den Akten, etwa dadurch, dass bestimmte Gesetzesverletzungen oder Tatteile nicht in den Anklagesatz aufgenommen werden, stellt keine wirksame Stoffbeschränkung nach § 154a dar; sie lässt die Verpflichtung des Gerichts unberührt, auch ohne ausdrücklichen Wiedereinbeziehungsbeschluss seine Entscheidung auf diese Umstände zu erstrecken. In der Anklageschrift, im Strafbefehlsantrag und im Antrag auf Aburteilung im beschleunigten Verfahren ist auf die Stoffbeschränkung hinzuweisen.[48]

Eine **Mitteilung** der Entscheidung an den Beschuldigten, der von ihr durch Akteneinsicht oder durch Mitteilung der Anklage unterrichtet wird, oder an den Verletzten ist grundsätzlich nicht erforderlich, doch ist dies zulässig und kann in Einzelfällen aus der Fürsorgepflicht heraus geboten sein (vgl. § 171, 6). Eine **Kostenentscheidung**, auch eine solche nach § 467a, ergeht nicht; in besonders gelagerten Ausnahmefällen, etwa wenn eine Strafverfolgungsmaßnahme ihre Rechtfertigung nur in der ausgeschiedenen Gesetzesverletzung findet, kann eine Entscheidung über die Entschädigung für Strafverfolgungsmaßnahmen nach dem StrEG erforderlich werden; sie ist jedoch stets erst nach Rechtskraft der abschließenden Entscheidung über die Tat zu treffen.[49] 22

d) Wiedereinbeziehung. Folgen. Solange die Tat noch nicht gerichtlich anhängig geworden ist, kann die Staatsanwaltschaft jederzeit die Verfolgung wieder auf einzelne oder alle der ausgeschiedenen Tatteile oder Gesetzesverletzungen erstrecken, also die Stoffbeschränkung rückgängig machen.[50] Sie ist hierzu nach dem Legalitätsprinzip verpflichtet, sobald sich herausstellt, dass die Voraussetzungen der Vorschrift nicht (mehr) vorliegen (vgl. auch Rn. 37). Die Wiedereinbeziehung kann zwar auch durch konkludente Handlungen geschehen, etwa indem insoweit besondere Ermittlungen vorgenommen oder in die Klage die ursprünglich ausgeschiedenen Tatteile oder Gesetzesverletzungen wieder aufgenommen werden, doch empfiehlt sich im Interesse der Klarheit eine ausdrückliche, aktenkundig zu machende schriftliche Verfügung. Nach Klageerhebung kann die Staatsanwaltschaft zwar nicht von sich aus die ausgeschiedenen Tatteile oder Gesetzesverletzungen wieder einbeziehen; sie kann aber die Wiedereinbeziehung durch das Gericht durch einen Antrag erzwingen (Absatz 3 Satz 2). Zu den Folgen des Ausscheidens siehe Rn. 31. 23

6. Beschränkung durch das Gericht (Absatz 2)

a) Zuständigkeit und Geltungsbereich. Die Befugnis zur Stoffbeschränkung geht mit der Erhebung der öffentlichen Klage auf das Gericht über. Obwohl der Wortlaut der Vorschrift, anders als sonst in den §§ 153 ff., auf die Einreichung einer Anklageschrift und damit auf das Normalverfahren nach § 199 abstellt, hat das Gericht die Befugnis zur Stoffbeschränkung auch im Strafbefehlsverfahren,[51] im beschleunigten Verfahren und 24

---

48 § 200, 31; Nr. 101a Abs. 3 RiStBV; KMR/*Kulhanek* 17; KK/*Diemer* 9; SK/*Weßlau/Deiters* 20; SK/*Paeffgen* § 200, 12; MüKo/*Teßmer* 24.

49 Vgl. dazu (auch zur Frage der Zuständigkeit) OLG Düsseldorf JurBüro **1984** 85; *Meyer* JurBüro **1984** 343; *D. Meyer*, Strafrechtsentschädigung § 3, 18 StrEG.

50 *Fezer* 1/73; Meyer-Goßner/*Schmitt* 19; *Pfeiffer* 5; SK/*Weßlau/Deiters* 24; KMR/*Kulhanek* 19; *Eb. Schmidt* Nachtr. I 9; *Schulenburg* JuS **2004** 769; Radtke/Hohmann/*Radtke* 41.

51 AK/*Schöch* 16; Radtke/Hohmann/*Radtke* 27; MüKo/*Teßmer* 26; zur Anwendung des § 154a vor Erlass des Strafbefehls vgl. die Erl. zu § 408. Zweckmäßigerweise wird die Staatsanwaltschaft, die ja ohnehin der Stoffbeschränkung zustimmen muss, einen neuen Strafbefehlsantrag einreichen, der dies berücksichtigt.

im Sicherungsverfahren nach den §§ 413ff. sowie nach Klageerhebung durch Nachtragsanklage (§ 266). Für eine Nichtanwendung ist kein sachlicher Grund erkennbar; es handelt sich, zumal die Gesetzesmaterialien sich hierzu nicht äußern, ersichtlich um ein Redaktionsversehen. Die Beschränkung kann im **Eröffnungsverfahren** schon vor der Entscheidung über die Eröffnung und auch vor Zustellung der Anklage nach § 201 vorgenommen werden;[52] erfolgt sie gleichzeitig mit der Eröffnung, so ist nach § 207 Abs. 2 Nr. 2, 4 zu verfahren (§ 207, 20). Die **Befugnis endet** (unbeschadet einer Beschränkung durch das Rechtsmittelgericht) mit dem Erlass des Urteils,[53] doch kann der Tatrichter auch noch durch einen zusammen mit dem Urteil verkündeten Beschluss[54] die Stoffbeschränkung vornehmen. Eine Wiedereinbeziehung ist dann allerdings nur in der Rechtsmittelinstanz möglich, falls das Urteil nicht rechtskräftig wird. Hat das Gericht in diesem Fall die teilweise Beschränkung angeregt, diese dann aber nur in einem Teil der Fälle vorgenommen, so kann nach dem Gesichtspunkt des fairen Verfahrens ein Hinweis an den Angeklagten erforderlich sein.[55]

25 Grundsätzlich ist die Beschränkung auch noch in der Rechtsmittelinstanz und nach Zurückverweisung durch das Revisionsgericht möglich. Jedoch scheidet bereits mit Eintritt der **horizontalen Teilrechtskraft** eine Beschränkung aus.[56] Denn damit sind für das Rechtsmittelgericht und den neuen Tatrichter der Schuldspruch und die ihn bestimmenden, auch nur den Schuldumfang konkretisierenden Feststellungen bindend geworden (vgl. die Erl. zu § 318; § 344; § 353); jede Stoffbeschränkung nach § 154a würde aber einen Eingriff in diesen bindenden Teil der Entscheidung und der Feststellungen zur Folge haben.

26 **b) Voraussetzungen.** Neben den sachlichen Voraussetzungen (Rn. 10ff.) ist die **Zustimmung der Staatsanwaltschaft** erforderlich (zu den Einzelheiten vgl. § 153, 68ff.). Die Zustimmung des **Angeklagten** verlangt das Gesetz **nicht**; auch seiner Anhörung bedarf es nur in den Fällen des § 33 Abs. 1, nicht dagegen nach § 33 Abs. 3 bei einer Entscheidung außerhalb der Hauptverhandlung.[57] Der **Beschleunigungsgrundsatz** kann berücksichtigt werden.[58]

27 Nicht ausgeschlossen ist es auch in den zuvor genannten Fällen, Art und Umfang einer ins Auge gefassten Stoffbeschränkung mit dem Angeschuldigten und seinem Verteidiger zu erörtern, was häufig zweckmäßig sein wird.[59] Solche Gespräche können auch auf eine **Verständigung** gem. § 257c abzielen und die später tatsächlich vorgenommene Verfahrensbeschränkung nach § 154 Abs. 2 ein Teil einer solchen Verständigung sein.[60]

52 Vgl. Meyer-Goßner/*Schmitt* 22; KMR/*Kulhanek* 21; SK/*Weßlau*/*Deiters* 25; *Eb. Schmidt* Nachtr. I 12.

53 OLG Hamm MDR **1971** 1028 (zu § 154); vgl. auch OLG Hamm NJW **1967** 1433; SK/*Weßlau*/*Deiters* 25; Radtke/Hohmann/*Radtke* 27; AK/*Schöch* 17; KK/*Diemer* 11; KMR/*Kulhanek* 21; HK/*Gercke* 10; AnwK-StPO/*Walther* 9.

54 Wohl nicht im Urteil selbst, wie LR/*Meyer-Goßner*[23] 14 meint; vgl. aber auch BGH NStZ **1984** 468f., wonach es im Ergebnis ausreichen kann, dass das Gericht einen im Schlussvortrag gestellten Antrag der Staatsanwaltschaft auf Anwendung des § 154a Abs. 2 im Urteilsspruch verwirklicht; so auch AK/*Schöch* 17; wie hier hingegen BGH bei *Kusch* NStZ **1996** 324; SK/*Weßlau*/*Deiters* 25; Radtke/Hohmann/*Radtke* 27; SSW/*Schnabl* 10; KMR/*Plöd* 15; MüKo/*Teßmer* 27; KK/*Diemer* 11.

55 BGH NStZ **1999** 416.

56 OLG Köln VRS **110** (2006) 120; AK/*Schöch* 17; KMR/*Kulhanek* 21; MüKo/*Teßmer* 29; Radtke/Hohmann/*Radtke* 28; SK/*Weßlau*/*Deiters* 26; **a.A.** *Schäfer* 1553; zur umgekehrten Frage des Einflusses der Teilrechtskraft auf die Wiedereinbeziehung vgl. Rn. 34.

57 *Pott*, Außerkraftsetzung 86.

58 BGH NStZ-RR **2009** 51.

59 Vgl. *Keller*/*Schmid* wistra **1984** 208f.

60 BVerfG NStZ **2016** 422 m. zust. Anm *Bittmann*; **a.A.** BGH NStZ **2017** 244 m. abl. Anm. *Bittmann*; vgl. jedoch BGH NStZ **2016** 171 m. Anm. *Schneider*; hierzu auch *Niemöller* JR **2016** 146.

Dies verstößt im Grundsatz nicht gegen § 257c Abs. 2 Satz 3, was sich schon aus dem Umstand ergibt, dass eine Einstellung gem. § 154a sich auf die tatsächlichen Umstände und nicht auf den Schuldspruch bezieht.[61] Auch wird ein Schuldspruch in Bezug auf die ausgeschiedenen Tatteile gerade nicht gefällt.[62] Etwas anderes kann nur gelten, wenn die Voraussetzungen des § 154a nicht vorliegen und die Regelung des § 257c Abs. 2 Satz 3 umgangen werden soll.[63] Soweit sich die Einstellung nach § 154a Abs. 2 als Teil einer Verständigung darstellt, gelten die **Protokollierungs- und Mitteilungspflichten** der § 243 Abs. 4, § 273 Abs. 1 Satz 2. Ist dies nicht der Fall, bestehen ebenso wie bei § 154 (vgl. § 154, 10) diese Pflichten nicht.[64]

Die Anschlusserklärung eines **Nebenklägers**, nicht erst die nur deklaratorisch wirkende Entscheidung (vgl. die Erl. zu § 396) über sie, macht eine bereits vorgenommene Stoffbeschränkung unwirksam und steht einer beabsichtigten entgegen, soweit sie den Sachverhalt oder die Gesetzesverletzung betrifft, aus denen sich die Anschlussbefugnis ergibt (§ 395 Abs. 5 Satz 2). Doch können mit Zustimmung des Nebenklägers einzelne Tatteile oder Gesetzesverletzungen aus der anschlussbegründenden Tat ausgeschieden werden, wenn sich aus dem verbleibenden Rest noch eine Anschlussbefugnis ergibt;[65] so könnte etwa bei einer mit einer sexuellen Nötigung in Form der Vergewaltigung tateinheitlich zusammentreffenden Körperverletzung und Beleidigung mit Zustimmung des Nebenklägers die Beleidigung ausgeschieden werden. Eine Zustimmung des Nebenklägers zu einer Stoffbeschränkung, die seiner Anschlussbefugnis insgesamt den Boden entzieht, dürfte dagegen der in § 395 Abs. 5 Satz 2 getroffenen Regelung widersprechen; sie kann allenfalls im Einzelfall in einen Widerruf der Anschlusserklärung nach § 402 umzudeuten sein.[66] 28

c) Verfahren und Entscheidung. Die Beschränkung kann nur das Gericht, nicht etwa der Vorsitzende allein, vornehmen; sie erfordert einen **Beschluss**, der keiner Begründung bedarf. In der Hauptverhandlung ist er in das Protokoll aufzunehmen; ergeht er außerhalb der Hauptverhandlung, so ist er den Beteiligten (auch dem Angeschuldigten) bekanntzumachen, Zustellung ist nicht erforderlich. Da der Beschluss eine bloß vorläufige, regelmäßig das Verfahren nicht beendende Entscheidung darstellt, enthält er **keine Kostenentscheidung**; diese bleibt der das Verfahren abschließenden Entscheidung vorbehalten,[67] wobei das Ausscheiden von Tatteilen ggf. nach § 465 Abs. 2 Satz 2 zugunsten des Verurteilten zu berücksichtigen ist.[68] Ausnahmsweise ist jedoch eine Kostenentscheidung erforderlich, wenn, etwa nach Teilrechtskraft hinsichtlich der übrigen Tatteile, durch die Anwendung des § 154a das Verfahren insgesamt beendet wird.[69] 29

---

61 *Bittmann* NStZ **2017** 246 f.
62 *Bittmann* aaO.
63 BVerfG NStZ **2016** 424 f.
64 BVerfG NStZ **2016** 743 f.; BGH StraFo **2017** 504 unter Aufgabe BGH StraFo **2015** 515; **a.A.** *Bittmann* NStZ **2017** 247.
65 BGH VRS **45** (1973) 181; HK/*Gercke* 2; *Pfeiffer* 1; AK/*Schöch* 18; MüKo/*Teßmer* 31; Radtke/Hohmann/*Radtke* 32; vgl. auch SK/*Weßlau/Deiters* 27.
66 Radtke/Hohmann/*Radtke* 32; AK/*Schöch* 18; vgl. de lege ferenda auch *Rieß* Verh. des 55. DJT (1984) Bd. I Teil C 181 f.
67 BGH StV **1993** 135; OLG Stuttgart Justiz **1981** 137; *D. Meyer*, Strafrechtsentschädigung § 3, 18 StrEG; AK/*Schöch* 18; SK/*Weßlau/Deiters* 29; Radtke/Hohmann/*Radtke* 29; KK/*Diemer* 12; MüKo/*Teßmer* 33; AnwK-StPO/*Walther* 11; KMR/*Kulhanek* 23; vgl. auch Meyer-Goßner/*Schmitt* 22; **a.A.** *Lemke* NJW **1971** 1248.
68 OLG Düsseldorf MDR **1988** 796; SK/*Weßlau/Deiters* 29; Radtke/Hohmann/*Radtke* 29; KMR/*Kulhanek* 23.
69 BGHR StPO § 154a Kostenentscheidung 1; BGH StraFo **2016** 346; OLG Frankfurt MDR **1982** 1042; MüKo/*Teßmer* 33; Radtke/Hohmann/*Radtke* 29; KMR/*Kulhanek* 23; SK/*Weßlau/Deiters* 29; AnwK-StPO/*Walther* 14; KK/*Diemer* 12.

30 **d) Anfechtung.** Weder die Anwendung noch die Nichtanwendung des Absatzes 2 durch das Gericht können mit der Beschwerde angefochten werden.[70] Der Angeschuldigte ist an dem die Beschränkung herbeiführenden Verfahren nicht beteiligt und durch die Beschränkung selbst nicht beschwert. Auch die Staatsanwaltschaft hat nach Erhebung der öffentlichen Klage lediglich ein Recht der Zustimmung zur Beschränkung, aber kein mit der Beschwerde verfolgbares Antragsrecht; wird ohne ihre Zustimmung die Beschränkung vorgenommen, so hat sie die Möglichkeit des Wiedereinbeziehungsantrags nach Absatz 3 Satz 2 und damit einen anderen Rechtsbehelf, der die Beschwerde ausschließt. Schließlich steht der Beschwerde, wenn es sich um eine Entscheidung des erkennenden Gerichts handelt, auch § 305 Satz 1 entgegen.[71]

7. Folgen des Ausscheidens

31 **a) Allgemeines. Hinweise.** Werden Tatteile oder Gesetzesverletzungen nach Absatz 1 oder 2 ausgeschieden, so darf der Angeschuldigte während der Dauer der Beschränkung insoweit strafrechtlich nicht zur Verantwortung gezogen werden. Doch bleiben diese Teile bis zur Rechtskraft der gerichtlichen Entscheidung rechtshängig;[72] mit deren Eintritt erstreckt sich das Verfahrenshindernis der Rechtskraft auf sie (vgl. näher Rn. 45). Auch wenn bereits die Staatsanwaltschaft die Beschränkung vorgenommen hat, steht einer anderweitigen Klageerhebung die Rechtshängigkeit entgegen (Rn. 2). Das Ausscheiden von Tatteilen oder Gesetzesverletzungen berührt nicht die materiell-strafrechtliche Klammerwirkung der ausgeschiedenen Umstände, durch die mehrere sonst rechtlich selbständige Handlungen zur Tateinheit verbunden werden können.[73] Zu den Grenzen der **Berücksichtigung bei den weiterverfolgten Tatteilen siehe** § 154, 61 ff.; zum Einfluss auf die Zuständigkeit Rn. 15 ff.

32 **b) Die Unterbrechung der Verjährung** nach § 78c StGB erstreckt sich auch auf nach § 154a ausgeschiedene Tatteile oder Gesetzesverletzungen, auch wenn diese materiell-strafrechtlich selbständige Handlungen darstellen[74] und unabhängig davon, ob die ausgeschiedenen Gesetzesverletzungen einer kürzeren Verjährungsfrist unterliegen (vgl. auch § 33 Abs. 4 Satz 2 OWiG). Sie dürfen nur nicht bereits im Zeitpunkt der Unterbrechungshandlung selbst verjährt sein. Umgekehrt sind deshalb ausgeschiedene Teile eines Dauerdelikts wieder einzubeziehen, wenn dies zur Beurteilung der Verjährungsfrage erforderlich ist.[75]

8. Wiedereinbeziehung allgemein (Absatz 3)

33 **a) Grundsatz und Grenzen.** Die für das Ausscheiden einzelner Tatteile oder Gesetzesverletzungen maßgeblichen Prognoseerwägungen können sich im Laufe des Verfah-

---

70 *Drees* NStZ **1995** 481; *Giesler* Der Ausschluss der Beschwerde gegen richterliche Entscheidungen im Strafverfahren (1981) 223; *Joecks* 11; HK/*Gercke* 11; Meyer-Goßner/*Schmitt* 23; SK/*Weßlau/Deiters* 30; *Pfeiffer* 10; Radtke/Hohmann/*Radtke* 63; MüKo/*Teßmer* 50; KMR/*Kulhanek* 24; *Rüping* 354; *Eb. Schmidt* Nachtr. I 16; AK/*Schöch* 28, 29; KK/*Diemer* 13; AnwK-StPO/*Walther* 13; siehe auch § 153, 72, 85.

71 *Pott*, Außerkraftsetzung 87; SK/*Weßlau/Deiters* 30; Radtke/Hohmann/*Radtke* 63; MüKo/*Teßmer* 50; KK/*Diemer* 13; KMR/*Kulhanek* 24.

72 BGHSt **29** 316 = LM § 154a (1975) Nr. 2 mit Anm. *Pelchen*; BGH Beschl. vom 4.9.2014 – 1 StR 70/14; BayObLG JR **1990** 383 mit Anm. *Geerds*; OLG Frankfurt NJW **1987** 2754.

73 BGH StV **1983** 457 m.w.N.; NStZ **1984** 262; **1989** 20.

74 BGHSt **22** 105; **29** 316; BGH VRS **35** (1968) 113; *Bohnert* NStZ **2001** 193; *Pfeiffer* 9; AK/*Schöch* 27; **a.A.** früher z.B. OLG Schleswig SchlHA **1967** 128.

75 Vgl. für die fortgesetzte Tat BGHSt **29** 315.

rens ändern. Es kann sich herausstellen, dass infolge einer Veränderung des Schuldumfangs der weiterverfolgten Tatteile die Voraussetzungen für das Ausscheiden nicht mehr vorliegen, dass die ausgeschiedenen Umstände erwartungswidrig Einfluss auf die Gesamtwürdigung der Tat haben oder dass aus anderen Gründen die Nichtverfolgung unzweckmäßig erscheint. Deshalb kann grundsätzlich in jeder Lage des Verfahrens das mit der Sache befasste Gericht, bei dem auch die ausgeschiedenen Tatteile unabhängig davon anhängig sind, von wem das Ausscheiden vorgenommen worden ist, seine Kognitionspflicht durch eine Wiedereinbeziehungsentscheidung wieder auf die gesamte Tat erstrecken. Hierzu ist es nach pflichtgemäßem Ermessen stets von Amts wegen befugt; es ist dazu verpflichtet, wenn die Staatsanwaltschaft es beantragt, wenn es ohne die Wiedereinbeziehung zu einem Freispurch käme[76] oder wenn anders eine sachgerechte Aburteilung der Tat nicht möglich ist (Rn. 36). Sind mehrere abtrennbare Teile der Tat oder mehrere einzelne Gesetzesverletzungen ausgeschieden worden, so kann die Wiedereinbeziehung dabei auf Einzelne beschränkt werden.[77]

Die **Wiedereinbeziehungsbefugnis endet** für das jeweils mit der Sache befasste Gericht mit der abschließenden Sachentscheidung; danach kann sie nur noch durch das Rechtsmittelgericht ausgeübt werden, sofern dieses mit der Sache befasst wird. Spätestens mit dem Eintritt der Rechtskraft ist keine Wiedereinbeziehung mehr möglich; **horizontale Teilrechtskraft** in Hinblick auf die jeweilige prozessuale Tat reicht aus, wobei eine (auch in der Rechtsmittelinstanz) vorgenommene Stoffbeschränkung nach § 154a eine Beschränkung des Rechtsmittels auf den Rechtsfolgenausspruch nicht hindert.[78] 34

b) Zuständigkeit. Zuständig für die Wiedereinbeziehung nach Absatz 3 ist von der Anhängigkeit (§ 151, 12) des Verfahrens an das jeweils gerade mit der Sache befasste Gericht, also nach Erlass des erstinstanzlichen Urteils das Rechtsmittelgericht, soweit nicht bereits horizontale Teilrechtskraft eingetreten ist (Rn. 34). Die Wiedereinbeziehung kann auch im Eröffnungsbeschluss vorgenommen werden, dann ist nach § 207 Abs. 2 Nr. 2, 4, Abs. 3 zu verfahren (§ 207, 20). Unerheblich für die Zuständigkeit ist, anders als bei § 154 (vgl. § 154, 72), wer das Ausscheiden vorgenommen hat. Auch wenn bereits die Staatsanwaltschaft nach § 154a Abs. 1 vorgegangen ist, kann das Gericht wiedereinbeziehen; das gilt auch, wenn die Staatsanwaltschaft fehlerhaft nach § 154 Abs. 1 eingestellt hatte, sich aber nunmehr herausstellt, dass bei richtiger Betrachtung nur eine prozessuale Tat gegeben wäre,[79] während im umgekehrten Fall die bloße Wiedereinbeziehungsmöglichkeit nicht besteht, sondern eine Klageerhebung erforderlich ist. 35

c) Ermessen und Wiedereinbeziehungspflicht. Ob das Gericht ausgeschiedene Tatteile oder Gesetzesverletzungen wiedereinbeziehen will, liegt zunächst in seinem **pflichtgemäßen Ermessen**; der Antrag oder die Zustimmung anderer Prozessbeteiligter ist hierzu nicht erforderlich. Hierbei ist zu erwägen, ob die Voraussetzung für das Ausscheiden, dass die Sanktion dadurch nicht beträchtlich beeinflusst werden darf, im Zeitpunkt der das Verfahren wegen der Tat abschließenden Entscheidung noch vorliegt. Dabei kommt dem Gericht, sofern überhaupt eine Sanktion zu erwarten ist, ein erhebli- 36

---

76 BGHSt **22** 106; **29** 315; **32** 85; MüKo/*Teßmer* 37; SK/*Weßlau*/*Deiters* 33; KK/*Diemer* 15; Meyer-Goßner/*Schmitt* 24.
77 BGH NStZ **1982** 518.
78 BayObLG NJW **1969** 1185; OLG Hamm JMBlNW **1969** 140; Meyer-Goßner/*Schmitt* 28; vgl. zur Bedeutung der Teilrechtskraft für die Vornahme der Stoffbeschränkung Rn. 24.
79 BGHSt **25** 388 = LM § 154a Nr. 3 mit Anm. *Martin*; BGH JR **2005** 168 mit Anm. *Kudlich*; OLG Koblenz OLGSt § 154, 1; *Pfeiffer* 7; MüKo/*Teßmer* 38; SK/*Weßlau*/*Deiters* 42; Radtke/Hohmann/*Radtke* 48; AK/*Schöch* 19; KK/*Schoreit* 19.

cher, unüberprüfbarer Beurteilungsspielraum zu.[80] Auch andere verfahrensbezogene Gründe können Anlass für eine Wiedereinbeziehung sein, etwa die Notwendigkeit, auf die ausgeschiedenen Tatteile zur Beweiswürdigung oder zur Strafzumessung (§ 154, 62ff.) zurückgreifen zu müssen.

37 Aus § 244 Abs. 2, § 264 ergibt sich jedoch für das Gericht eine **Verpflichtung zur Wiedereinbeziehung** von Amts wegen, wenn es ohne Berücksichtigung der ausgeschiedenen Tatteile oder Gesetzesverletzungen zu einem Freispruch kommen würde.[81] Dies gilt auch für den Fall, dass die vorangehende Beschränkung durch die Staatsanwaltschaft fälschlicherweise nach § 154 erfolgt ist.[82] Ebenso ist zu verfahren, wenn es sonst zu einer Einstellung wegen Verjährung käme,[83] während bei Wiedereinbeziehung eine Verurteilung möglich erscheint. Gleiches wird für die Fälle anzunehmen sein, dass wegen der verfolgten Tatteile erwartungswidrig nur eine sehr geringfügige Sanktion in Betracht kommt, oder dass aufgrund des Verfahrensergebnisses erkennbar wird, dass die ausgeschiedenen Tatteile von so erheblichem Gewicht sind, dass die Voraussetzungen des § 154a nicht (mehr) vorliegen.[84] Die Wiedereinbeziehungspflicht **besteht** jedoch **nicht**, wenn nach der Beweislage eindeutig ist, dass wegen der ausgeschiedenen Tatteile oder Gesetzesverletzungen eine Verurteilung nicht in Betracht kommen würde,[85] etwa weil der auch diesen zugrundeliegende strafbarkeitsbegründende Grundsachverhalt nicht erweisbar ist oder ein die ganze Tat betreffender Rechtfertigungs- oder Schuldausschließungsgrund angenommen werden muss, oder wenn aus anderen Gründen trotz der Wiedereinbeziehung keine höhere Sanktion zu erwarten wäre.[86] In diesen Fällen ist es zweckmäßig, die Gründe für die Nichtwiedereinbeziehung in den Urteilsgründen darzulegen.[87]

38 Der **Einbeziehungsantrag der Staatsanwaltschaft**, der auf einzelne von mehreren ausgeschiedenen Tatteilen oder Gesetzesverletzungen beschränkt werden kann,[88] begründet stets die Verpflichtung zur Wiedereinbeziehung (Absatz 3 Satz 2; für den Antrag in der Revisionsinstanz vgl. Rn. 44). Das Gericht darf in diesem Fall auch dann nicht von der Wiedereinbeziehung absehen, wenn es nach der Beweislage eine Verurteilung für ausgeschlossen hält.[89] Der Antrag bindet das Gericht auch, wenn er unter der Bedingung gestellt wird, dass das Gericht den Angeklagten wegen der weiterverfolgten Tatteile freisprechen oder nur zu einer bestimmten Sanktion verurteilen will.[90] Im **Privatklagever-**

---

80 BGHSt **21** 327; **29** 397; *Pfeiffer* 7; KMR/*Kulhanek* 28; SK/*Weßlau/Deiters* 36; Radtke/Hohmann/*Radtke* 49; *Eb. Schmidt* Nachtr. I 14; AK/*Schöch* 19; vgl. auch *Bruns* NStZ **1984** 130; *Maiwald* JR **1984** 480.

81 BGHSt **22** 106; **29** 315; **32** 85; BGH bei *Dallinger* MDR **1974** 725; NStZ **1982** 517; BGHR StPO § 154a Beschränkung 3; § 154a Abs. 3 Wiedereinbeziehung 4; BGH NStZ **2002** 489 f.; BayObLG JR **1990** 383 mit Anm. *Geerds*; OLG Frankfurt NJW **1987** 2754; OLG Hamm NJW **1967** 1433; OLG Hamburg NStZ **1983** 170; OLG Stuttgart Justiz **1981** 137; *Pfeiffer* 7; MüKo/*Teßmer* 37; SK/*Weßlau/Deiters* 33; KK/*Diemer* 15; Meyer-Goßner/*Schmitt* 24.

82 BGH NStZ **1995** 541.

83 BGHSt **29** 315 = LM § 154a (1975) Nr. 2 mit Anm. *Pelchen*; BGH NStZ **1988** 322; BGHR StPO § 154 Abs. 3 Wiedereinbeziehung 2; HK/*Gercke* 14.

84 Ausdrücklich offengelassen in BGH NStZ **2002** 489 f.

85 BGHSt **21** 327; **29** 397; BGH NJW **1989** 2482; BGH bei *Nack* Urt. vom 26.10.93 – 1 StR 507/93; KG JR **1984** 249 (für den Fall der Bestätigung eines Freispruchs in der Revisionsinstanz); AK/*Schöch* 21; vgl. auch den eigenartigen Fall KG VRS **67** (1984) 123; für die dennoch bestehende Möglichkeit der Wiedereinbeziehung BGHR StPO § 154 Abs. 3 Wiedereinbeziehung 3.

86 BGH NStZ **1982** 517; AK/*Schöch* 21; vgl. auch KG VRS **67** (1984) 129.

87 LR/*Meyer-Goßner*[23] 24; vgl. auch Rn. 50.

88 BGH NStZ **1982** 518; vgl. auch Rn. 33, 49.

89 BGHSt **21** 327; **29** 397 = LM § 154a (1975) Nr. 4 mit Anm. *Heldenberg*; SK/*Weßlau/Deiters* 36; MüKo/*Teßmer* 40.

90 BGHSt **29** 396 = LM § 154a (1975) Nr. 4 mit Anm. *Heldenberg*; *Joecks* 15; Meyer-Goßner/*Schmitt* 25; MüKo/*Teßmer* 40; SK/*Weßlau/Deiters* 36; AK/*Schöch* 20; vgl. auch *Schäfer* 1569.

fahren löst der Antrag des Privatklägers diese Verpflichtung nicht aus (§ 385 Abs. 4); gleiches wird für den Antrag des Nebenklägers anzunehmen sein, soweit mit seiner Zustimmung einzelne Teile des nebenklagebegründenden Delikts ausgeschlossen worden sind (Rn. 28).

d) Verfahren und Entscheidung. Beabsichtigt das Gericht eine Wiedereinbeziehung, so hat es zuvor die Prozessbeteiligten zu hören, und zwar auch stets den Angeschuldigten, da diese Entscheidung zu seinem Nachteil ergeht.[91] Die Wiedereinbeziehung darf nicht erst zusammen mit dem Urteil erfolgen, weil dies dem Angeklagten das rechtliche Gehör verkürzt.[92] Die Entscheidung erfordert in aller Regel einen ausdrücklichen **Gerichtsbeschluss**, jedenfalls ist er im Interesse der Rechtsklarheit stets wünschenswert.[93] Die Rspr. lässt jedoch in Ausnahmefällen einen Hinweis im Rahmen des § 265 genügen, wenn damit für alle Verfahrensbeteiligten erkennbar ist, dass nach dem Willen des Gerichts die frühere Beschränkung wieder aufgehoben ist,[94] doch reicht eine prozessleitende Anordnung des Vorsitzenden im Kollegialgericht nicht aus, solange zweifelhaft ist, ob sie dem Willen des Gerichts entspricht. Auf jeden Fall ist die Möglichkeit einer Wiederaufnahme nur durch schlüssiges Handeln versperrt.[95] 39

Der Wiedereinbeziehungsbeschluss ist den Beteiligten **bekanntzugeben**, in der Hauptverhandlung durch Verkündung. Wird die Wiedereinbeziehung in der Hauptverhandlung beschlossen, so gilt nach Absatz 3 Satz 3 die Vorschrift des § 265 Abs. 4 entsprechend; das Gericht kann also nach pflichtgemäßem Ermessen zur genügenden Vorbereitung der Verteidigung die Hauptverhandlung unterbrechen oder aussetzen (vgl. die Erl. zu § 265). Darüber hinaus ist § 265 Abs. 1 bis 3 anzuwenden, wenn bereits von der Staatsanwaltschaft ausgeschiedene einzelne Gesetzesverletzungen wieder einbezogen werden sollen, denn diese sind in der zugelassenen Anklage nicht enthalten gewesen.[96] 40

Das **erneute Ausscheiden** von Tatteilen oder Gesetzesverletzungen durch eine Entscheidung nach Absatz 2 bleibt auch nach der Wiedereinbeziehung möglich, auch noch in der Rechtsmittelinstanz oder nach Zurückverweisung. Die früher vorgesehene Möglichkeit des Berufungsgerichts, die Sache bei einer Wiedereinbeziehung an das erstinstanzliche Gericht zurückzuverweisen, ist allerdings entfallen.[97] Zur Verfahrensweise bei einer **Zuständigkeitsveränderung** durch die Wiedereinbeziehung siehe Rn. 17. 41

e) Anfechtung. Der Wiedereinbeziehungsbeschluss unterliegt in keinem Fall der Beschwerde.[98] Gleiches gilt vollen Umfangs für die Ablehnung des staatsanwaltschaftlichen Wiedereinbeziehungsantrags **nach** Eröffnung des Hauptverfahrens, da hier § 305 Satz 1 entgegensteht. Dagegen soll der Staatsanwaltschaft die Beschwerde zustehen, 42

---

91 § 33 Abs. 3; vgl. *Eb. Schmidt* Nachtr. I 15.

92 BGH vom 7.6.1972 – 2 StR 206/72; NJW **1975** 1749; SK/*Weßlau/Deiters* 39; Ausnahme: das Gericht will freisprechen, BGHR StPO § 154a Abs. 3 Wiedereinbeziehung 2.

93 BGH NStZ **1996** 241; HK/*Gercke* 15; Meyer-Goßner/*Schmitt* 24; SK/*Weßlau/Deiters* 40; Radtke/Hohmann/*Radtke* 51; KK/*Diemer* 16; MüKo/*Teßmer* 43; weiter KMR/*Kulhanek* 29, wonach ein Beschluss stets alternativ zu einem Hinweis gewählt werden kann.

94 BGH NJW **1975** 1478; StV **1992** 452; NStZ **1994** 495; BayObLG MDR **1972** 1049; zustimmend Meyer-Goßner/*Schmitt* 24; SK/*Weßlau/Deiters* 40; MüKo/*Teßmer* 43; Radtke/Hohmann/*Radtke* 51; KMR/*Kulhanek* 29; AK/*Schöch* 22; KK/*Diemer* 18; krit. *Giesler* (Fn. 70) 222 Fn. 4.

95 So schon *Beulke* JR **1986** 51.

96 *Pfeiffer* 7; anders, wenn die Gesetzesverletzungen in der Anklageschrift selbst von der Verfolgung ausgeschieden wurden und umfassend dargelegt sind, dazu BGH NStZ **1985** 515.

97 Vgl. § 328 Abs. 2 Satz 2 a.F.; siehe Entstehungsgeschichte zu § 328.

98 *Giesler* (Fn. 70) 225; HK/*Gercke* 15; KK/*Diemer* 20; SK/*Weßlau/Deiters* 43; MüKo/*Teßmer* 51; *Pfeiffer* 10; *Eb. Schmidt* 16; AnwK-StPO/*Walther* 21.

wenn das Gericht ihren Wiedereinbeziehungsantrag **vor** Eröffnung des Hauptverfahrens ablehnt.[99] Dem kann nicht gefolgt werden, weil die Staatsanwaltschaft den Antrag im Hauptverfahren wiederholen kann.[100]

43 **9. Wiedereinbeziehung in der Revisionsinstanz.** Absatz 3 gilt auch für das Revisionsgericht, das die Wiedereinbeziehung von Amts wegen vornehmen kann und grundsätzlich (vgl. aber Rn. 44) auf Antrag der Staatsanwaltschaft vornehmen muss. Eine Verfahrensrüge ist hier, anders als wenn mit der Revision die Nichtwiedereinbeziehung durch den Tatrichter beanstandet wird (vgl. dazu Rn. 49), nicht erforderlich. Von Amts wegen kommt eine Wiedereinbeziehung insbesondere in Betracht, wenn das Revisionsgericht durch eine Entscheidung in der Sache selbst ein schwereres Delikt entfallen lässt und deshalb die vom Tatrichter angenommenen Voraussetzungen des § 154a nicht mehr vorliegen. Hier kann, sofern die tatrichterlichen Feststellungen ausreichen, gleichzeitig mit der Wiedereinbeziehung der ausgeschiedenen Gesetzesverletzung insoweit ein Schuldspruch durch das Revisionsgericht erfolgen.[101] In aller Regel werden aber bei einer Wiedereinbeziehung durch das Revisionsgericht die Voraussetzungen einer eigenen abschließenden Entscheidung nicht vorliegen und deshalb wird eine Zurückverweisung der Sache an den Tatrichter unter Aufhebung der Feststellungen erforderlich werden.[102] Das ist dann unbedenklich, wenn ohnehin eine Zurückverweisung erforderlich wird, es läuft aber dem verfahrensökonomischen Zweck der Vorschrift zuwider, wenn dadurch eine sonst mögliche abschließende Entscheidung der Sache verhindert wird.

44 Die Rspr. des BGH hat deshalb in einer dogmatisch nicht ganz unproblematischen Weise einerseits die **Bindung** an den **Wiedereinbeziehungsantrag gelockert**, andererseits den Umfang der Aufhebung der Feststellungen in Fällen der Wiedereinbeziehung beschränkt (dazu näher Rn. 51). Nach dieser Rspr. ist der erst in der Revisionsinstanz gestellte Antrag der Staatsanwaltschaft unbeachtlich, wenn er eine das Verfahren abschließende Entscheidung oder auch nur die Bestätigung eines rechtsfehlerfreien Schuldspruchs verhindern würde.[103] Man wird dem unter dem Gesichtspunkt des Rechtsmissbrauchs oder unter Anwendung des Verwirkungsgedankens wohl jedenfalls für den Fall zustimmen können, dass die Staatsanwaltschaft beim Tatgericht einen nahe liegenden, ggf. auch bedingt zu stellenden Wiedereinbeziehungsantrag nicht gestellt hat. Ein nach diesen Grundsätzen zu behandelnder, grundsätzlich bindender Wiedereinbeziehungsantrag liegt aber nur dann vor, wenn er von der **Staatsanwaltschaft beim Revisionsgericht** gestellt wird, beim BGH also vom Generalbundesanwalt. Dass die Staatsanwaltschaft beim Tatgericht ihn nach Urteilserlass stellt oder in der Revisionsbegründung das Unterlassen der Wiedereinbeziehung rügt, reicht nicht aus.[104] Denn als Antrag beim Tatgericht wäre er unbeachtlich, weil dieses nach Urteilserlass zur Wiedereinbeziehung nicht befugt

---

99 LR/*Meyer-Goßner*[23] 29; HK/*Gercke* 15; *Kleinknecht* 16 (bis zur 33. Aufl.); AnwK-StPO/*Walther* 21.
100 SK/*Weßlau/Deiters* 43; Radtke/Hohmann/*Radtke* 62; MüKo/*Teßmer* 51; im Ergebnis ebenso AK/*Schöch* 29; KK/*Diemer* 20.
101 So BGHSt **32** 180 f., wo die Verurteilung nach § 105 StGB aufgehoben, die tateinheitlich zusammentreffende nach § 125 StGB aber bestätigt und hierbei auch die vom Tatrichter ausgeschiedene Gesetzesverletzung nach § 240 StGB wieder einbezogen wurde; vgl. auch BGHSt **32** 86.
102 Vgl. OLG Stuttgart NJW **1973** 1387 mit Anm. *Kraemer/Ringwald*; vgl. auch KK/*Diemer* 15.
103 BGHSt **21** 326 = LM § 154a Nr. 1 mit Anm. *Martin*; BGH NJW **1984** 1365; bei *Miebach* NStZ **1988** 447; BGH NStZ **2014** 239; zust. HK/*Gercke* 14; KK/*Diemer* 15; Radtke/Hohmann/*Radtke* 47; SK/*Weßlau/Deiters* 38; LR/*K. Schäfer*[24] Einl. Kap. **6** 24 (unter Hinweis auf den „fair-trial-Gedanken"); **abl.** LR/*Meyer-Goßner*[23] 25; *Maiwald* JR **1984** 480 f.
104 Offengelassen in BGHSt **21** 326; vgl. auch OLG Hamm NJW **1967** 1433; **a.A.** *Maiwald* JR **1984** 481.

ist (Rn. 35); gegenüber dem Revisionsgericht kann die örtliche Staatsanwaltschaft keine Anträge stellen.

10. Strafklageverbrauch. Die Rechtskraft der die Tat betreffenden Entscheidung umfasst auch die ausgeschiedenen Tatteile und Gesetzesverletzungen, gleichgültig, wann und von wem sie ausgeschieden worden sind; sie sind danach nicht mehr verfolgbar.[105] Zur Wirkung der horizontalen Teilrechtskraft s. Rn. 34.[106] Dies gilt für einzelne Gesetzesverletzungen oder abtrennbare Teile einer Dauerstraftat auch, wenn der Angeklagte freigesprochen wird. Waren Teilakte einer **Bewertungseinheit** ausgeschieden worden, so umfasst der Strafklageverbrauch sie insgesamt, wenn der Angeklagte verurteilt wird, auch wenn das Verfahren auf einen einzigen Einzelakt beschränkt war.[107] Wird er freigesprochen, so ist insgesamt Strafklageverbrauch eingetreten.[108] 45

Auch die **beschränkte Rechtskraft** erfasst, soweit sie reicht, das Ausgeschiedene mit. Wird beispielsweise nach vorheriger Anwendung des § 154a nach § 153 Abs. 2 verfahren, so ist eine Weiterverfolgung nur möglich, wenn die Voraussetzungen für eine Überwindung der Sperrwirkung (§ 153, 93ff.) vorliegen;[109] bei einer Anwendung des § 153a müsste der ausgeschiedene Tatteil sich nachträglich als Verbrechen erweisen. Zu einer Ablehnung der Eröffnung des Hauptverfahrens kann es bei richtiger Rechtsanwendung nicht kommen, so lange noch hinsichtlich ausgeschiedener Tatteile oder Gesetzesverletzungen hinreichender Tatverdacht besteht, da das Gericht in diesem Fall zur Wiedereinbeziehung verpflichtet ist (Rn. 37). Ggf. würde auch für die ausgeschiedenen Tatteile die Sperrwirkung des § 211 gelten. 46

Strafklageverbrauch tritt nicht allein durch die (möglicherweise unrichtige) Anwendung des § 154a **ein**; sie bindet für das weitere Verfahren ebenso wenig wie die unrichtige Annahme einer einheitlichen Tat, namentlich der in Wahrheit nicht vorliegenden Bewertungseinheit in einem rechtskräftigen Urteil. Das ist im neuen Verfahren aufgrund der dann vorliegenden Erkenntnisse selbständig zu prüfen.[110] 47

11. Revision

a) Allgemein. Mit der Revision kann nicht geltend gemacht werden, dass die Staatsanwaltschaft oder der Tatrichter eine Stoffbeschränkung hätten anordnen sollen oder dass eine solche zu Unrecht angeordnet worden ist. Im zweiten Fall können mit der Revision lediglich Verstöße gegen die Wiedereinbeziehungspflicht gerügt werden (Rn. 49ff.). Werden ausgeschiedene Tatteile oder Gesetzesverletzungen ohne ordnungsgemäße Wiedereinbeziehungsentscheidung (Rn. 39) wieder einbezogen, so kann hierauf die Revision 48

---

105 BGHSt **21** 327; **29** 316; **32** 85; OLG Karlsruhe Justiz **1967** 244; OLG Stuttgart Justiz **1981** 137; AK/*Schöch* 23; *Dallinger* MDR **1966** 798; HK/*Gercke* 12; Meyer-Goßner/*Schmitt* 28; Radtke/Hohmann/*Radtke* 60; *Pickert* 141; KK/*Diemer* 14; vgl. auch für den Sonderfall der Klammerwirkung der §§ 129, 129a StGB, BGHSt **29** 288 = NStZ **1981** 72 mit Anm. *Rieß*; mittlerweile aufgegeben durch BGHSt **60** 308.

106 Zu den rechtspolitischen Überlegungen, bei solchen nach § 154a eingestellten Tatteilen die Rechtskraftwirkungen zu beschränken, und zu ihrer Bewertung m.w.N. die 23. Aufl., EB 10, 11 sowie (mit ausführlicher kritischer Auseinandersetzung) *Pickert* 143ff.; vgl. auch *Krauth* FS Kleinknecht 215ff.

107 Vgl. AK/*Schöch* 23; *Schoreit* NStZ **1992** 324.

108 So auch Radtke/Hohmann/*Radtke* 60; **a.A.** Meyer-Goßner/*Schmitt* 28; zur früheren Diskussion bei der fortgesetzten Tat siehe LR/*Rieß*[24] 43.

109 OLG Oldenburg OLGSt n.F. § 154a Nr. 1 (zu § 47 Abs. 2 OWiG); Radtke/Hohmann/*Radtke* 60.

110 Zur fortgesetzten Tat vgl. BGHSt **15** 270; **25** 390; **33** 122; OLG Düsseldorf StV **1984** 426; OLG Stuttgart Justiz **1981** 137; AK/*Schöch* 24; *Sack* ZRP **1976** 258.

mit der Verfahrensrüge gestützt werden.[111] Das Revisionsgericht berücksichtigt in einem späteren Verfahren auch ohne besondere Rüge von Amts wegen, dass der Weiterverfolgung einer vom Tatrichter fälschlich als selbständige Tat angesehenen und deshalb nach § 154 eingestellten Tatteils das Verfahrenshindernis der anderweitigen Rechtshängigkeit[112] oder des Strafklageverbrauchs entgegensteht, weil es sich in Wahrheit um eine Anwendung des § 154a handelte (§ 154, 16). Zur Revisibilität der Berücksichtigung eingestellter Tatteile bei der Strafzumessung oder Beweiswürdigung siehe § 154, 86.

49 **b) Unterlassene Wiedereinbeziehung.** Wenn der Tatrichter ausgeschiedene Tatteile oder Gesetzesverletzungen nicht wiedereinbezieht, so ist allein dadurch der Angeklagte nicht beschwert, er kann das Unterlassen folglich mit der Revision nicht geltend machen.[113] Dagegen steht der Staatsanwaltschaft (und dem Nebenkläger) die Revision zu, wenn der Tatrichter gesetzwidrig von einer gebotenen Wiedereinbeziehung abgesehen hat. Das Revisionsgericht prüft allerdings insoweit das Wiedereinbeziehungsermessen (Rn. 36) des Tatrichters nicht nach, sondern kontrolliert nur, ob er gegen die Wiedereinbeziehungspflicht (Rn. 37 f.) verstoßen hat.[114] Mit der Revision kann deshalb insbesondere gerügt werden, dass der Tatrichter ohne Wiedereinbeziehung zu einem Freispruch oder zu einer Einstellung gelangt ist, oder dass er einem bei ihm gestellten Wiedereinbeziehungsantrag der Staatsanwaltschaft entgegen Absatz 3 Satz 2 nicht entsprochen hat. Der Verstoß ist mit der Verfahrensrüge geltend zu machen.[115] Die Rüge kann auf die Nichtwiedereinbeziehung einzelner von mehreren ausgeschiedenen Tatteilen oder Gesetzesverletzungen beschränkt werden.[116] Zur Behandlung des erst in der Revisionsinstanz gestellten Wiedereinbeziehungsantrags siehe Rn. 44.

50 Voraussetzung für den Erfolg der Revisionsrüge ist stets, dass das **Beruhen des Urteils** auf der pflichtwidrigen Nichtwiedereinbeziehung nicht ausgeschlossen werden kann. Obwohl der Tatrichter einen Wiedereinbeziehungsantrag der Staatsanwaltschaft nicht ablehnen kann, weil nach der Beweislage trotz der Wiedereinbeziehung eine Verurteilung ausgeschlossen erscheint (Rn. 38), bleibt deshalb die Revision der Staatsanwaltschaft erfolglos, wenn für das Revisionsgericht unzweifelhaft erkennbar ist, dass die Wiedereinbeziehung am Urteil nichts geändert hätte.[117] Dagegen lässt sich die Einschränkung der Bindungswirkung des erst in der Revisionsinstanz gestellten Wiederein-

---

111 So der 4. Senat in BGH NStZ **1996** 241, der sich gegen die abweichende Ansicht des 1. Senats in BGH NStZ **1995** 541 wendet, welcher auch eine Sachrüge für eröffnet hält; KMR/*Kulhanek* 32; Meyer-Goßner/*Schmitt* 27; Radtke/Hohmann/*Radtke* 63; SK/*Weßlau*/*Deiters* 51.

112 Vgl. KG VRS **67** (1984) 124 (ausnahmsweise auch verfahrensbeendende Entscheidung im zweiten Verfahren möglich, wenn eine Wiedereinbeziehung des ausgeschiedenen Tatteils ausgeschlossen erscheint).

113 *Pfeiffer* 10; Meyer-Goßner/*Schmitt* 27; Radtke/Hohmann/*Radtke* 63; SK/*Weßlau*/*Deiters* 51; KMR/*Kulhanek* 32; AK/*Schöch* 32; **a.A.** *Bruns* NStZ **1984** 130 f., nach dem eine Wiedereinbeziehung zum Zwecke des Freispruchs auch dem „Rehabilitationsinteresse" des Angeklagten dient.

114 BGHR StPO § 154a Abs. 3 Wiedereinbeziehung 3; *Pfeiffer* 10; Meyer-Goßner/*Schmitt* 27; Radtke/Hohmann/*Radtke* 63; SK/*Weßlau*/*Deiters* 51; KMR/*Kulhanek* 32; AK/*Schöch* 33. Der Entscheidung des BGH JR **1984** 477 ist deshalb entgegen der Kritik von *Maiwald* JR **1984** 480 zuzustimmen, weil sich die Nichtwiedereinbeziehung durch den Tatrichter noch im Rahmen des Wiedereinbeziehungsermessens gehalten hat.

115 BGH NStZ-RR **2001** 263; BGHR StPO § 154a Abs. 3 Wiedereinbeziehung 3; Meyer-Goßner/*Schmitt* 27; Radtke/Hohmann/*Radtke* 63; SK/*Weßlau*/*Deiters* 51; KMR/*Kulhanek* 32.

116 BGH NStZ **1982** 517; KK/*Diemer* 20 a.E.

117 **A.A.** LR/*Meyer-Goßner*[23] 25, der in solchen Fällen eine Wiedereinbeziehung durch das Revisionsgericht und ein „Durchentscheiden" für geboten hält; wie hier SK/*Weßlau*/*Deiters* 52; Radtke/Hohmann/*Radtke* 64.

beziehungsantrags (Rn. 44) nicht auf den Fall übertragen, dass mit der Revision das Übergehen des in der Tatsacheninstanz gestellten Antrags gerügt wird.

Die **Entscheidung des Revisionsgerichts** bei begründeter Rüge kann darin bestehen, die Wiedereinbeziehung selbst vorzunehmen[118] und, falls hierfür die Voraussetzungen vorliegen, auch im Übrigen mindestens im Schuldspruch durchzuentscheiden; es kann aber auch unter bloßer Zurückverweisung dem Tatrichter der Weg zur Wiedereinbeziehung eröffnet werden.[119] War lediglich eine ausgeschiedene Gesetzesverletzung trotz eines Freispruchs nicht wieder einbezogen worden, so sollen nach der Auffassung des BGH rechtsfehlerfreie, den Freispruch tragende Feststellungen aufrechterhalten werden, so dass sich die neue Verhandlung und Entscheidung auf den Vorwurf der eingestellten Gesetzesverletzung beschränkt.[120] Eine solche Verfahrensweise ist sicher möglich, wenn hinsichtlich der wiedereinbezogenen Gesetzesverletzung keine weiteren Feststellungen erforderlich sind; sie läuft dann im Ergebnis auf eine Schuldspruchänderung durch das Revisionsgericht aufgrund der Wiedereinbeziehung hinaus. Im Übrigen dürfte sie nur möglich sein, wenn aus anderen Gründen ausgeschlossen werden kann, dass die noch zu treffenden Feststellungen mit den aufrechterhaltenen in Widerspruch geraten können. Das wird bei Wiedereinbeziehung abtrennbarer Tatteile anders als bei bloßen Gesetzesverletzungen kaum jemals der Fall sein.[121] 51

§ 154b
Absehen von der Verfolgung bei Auslieferung und Ausweisung

(1) Von der Erhebung der öffentlichen Klage kann abgesehen werden, wenn der Beschuldigte wegen der Tat einer ausländischen Regierung ausgeliefert wird.

(2) Dasselbe gilt, wenn er wegen einer anderen Tat einer ausländischen Regierung ausgeliefert oder an einen internationalen Strafgerichtshof überstellt wird und die Strafe oder die Maßregel der Besserung und Sicherung, zu der die inländische Verfolgung führen kann, neben der Strafe oder der Maßregel der Besserung und Sicherung, die gegen ihn im Ausland rechtskräftig verhängt worden ist oder die er im Ausland zu erwarten hat, nicht ins Gewicht fällt.

(3) Von der Erhebung der öffentlichen Klage kann auch abgesehen werden, wenn der Beschuldigte aus dem Geltungsbereich dieses Bundesgesetzes abgeschoben, zurückgeschoben oder zurückgewiesen wird.

(4) [1]Ist in den Fällen der Absätze 1 bis 3 die öffentliche Klage bereits erhoben, so stellt das Gericht auf Antrag der Staatsanwaltschaft das Verfahren vorläufig ein. [2]§ 154 Abs. 3 bis 5 gilt mit der Maßgabe entsprechend, daß die Frist in Absatz 4 ein Jahr beträgt.

Schrifttum

Bloy Zur Systematik der Einstellungsgründe im Strafverfahren, GA **1980** 161; *Böhm* Das neue Europäische Haftbefehlsgesetz, NJW **2006** 2592; *Deiters* Das Prinzip der stellvertretenden Strafrechtspflege als

118 So z.B. BGHSt **32** 84 = NStZ **1984** 129 mit Anm. *Bruns*; vgl. auch KMR/*Kulhanek* 31; SK/*Weßlau*/*Deiters* 53; Radtke/Hohmann/*Radtke* 65.
119 So z.B. BGHSt **29** 315, 317 = LM § 154a (1975) Nr. 2 mit Anm. *Pelchen;* BGH NStZ-RR **2001** 263; KMR/*Kulhanek* 31; SK/*Weßlau*/*Deiters* 53; Radtke/Hohmann/*Radtke* 65.
120 BGHSt **32** 84 = NStZ **1984** 129 mit Anm. *Bruns* = JR **1984** 478 mit Anm. *Maiwald*; vgl. auch LR/*Hanack*[25] § 353, 17; zust. Meyer-Goßner/*Schmitt* 27; AK/*Schöch* 33.
121 LR/*Rieß*[24] § 154, 49.

https://doi.org/10.1515/9783110590098-013

Strukturelement einer förderativen Strafrechtsordnung in Europa, ZIS **2006** 472; *Giesler* Der Ausschluß der Beschwerde gegen richterliche Entscheidungen im Strafverfahren (1981); *Hackner/Schomburg/Lagodny/Gleß* Das 2. Europäische Haftbefehlsgesetz, NStZ **2006** 663; *Heghmanns* Das Arbeitsgebiet des Staatsanwalts (2003); *Jung* Die Strafverteidigung eines Ausländers nach seiner Abschiebung und einige Hinweise zum geltenden Ausweisungsrecht, StV **2007** 106; *Lüttger* Lockerung des Verfolgungszwanges bei Staatsschutzdelikten? JZ **1964** 569; *Ratz* Zur Anwendbarkeit der §§ 154, 154b StPO bei Maßnahmen ausländischer Gerichte, NJW **1970** 1668; *Schmidt* Verteidigung von Ausländern (2001); *Weigend* Der Eckstein als Stein des Anstoßes, FS Jung (2007) 1069; *Wilkitzki* Der Regierungsentwurf eines Gesetzes über die internationale Rechtshilfe in Strafsachen (IRG), GA **1981** 361.

Entstehungsgeschichte

Die Vorschrift wurde 1929 als **§ 154a** durch § 50 DAG eingefügt, allerdings ohne den heutigen, die Abschiebung, Zurückschiebung und Zurückweisung betreffenden Absatz 3. Dieser wurde, neben der Einfügung der Worte „Maßregeln der Sicherung und Besserung“ in Absatz 2, erst durch Art. 2 Nr. 16 AGGewVerbrG geschaffen; das Absehen von der Klageerhebung war danach zulässig, „wenn der Beschuldigte aufgrund eines Strafurteils aus dem Reichsgebiet verwiesen wird“. Bereits durch das Gesetz über Reichsverweisungen vom 23.3.1934 (RGBl I S. 213) wurden die Worte „aufgrund eines Strafurteils“ in Absatz 3 gestrichen; dieser erhielt durch Art. 3 I Nr. 65 VereinhG und Art. 2 BleiRÄndG[1] seine heutige Fassung. Art. 21 Nr. 50 EGStGB 1974 passte den Wortlaut in Absatz 2 an den neuen Sprachgebrauch („Maßregel der Besserung und Sicherung“) an. Durch Art. 4 Nr. 20 des 3. StrÄndG hatte die Vorschrift bereits vorher die heutige Bezeichnung § 154b erhalten, weil dieses den jetzigen § 154d als § 154a einstellte. Durch das Gesetz zur Ausführung des Römischen Statuts des Internationalen Strafgerichtshofes vom 17.7.1998[2] wurde der Anwendungsbereich der Vorschrift in Absatz 2 Satz 1 um die Überstellung an einen internationalen Strafgerichtshof erweitert.

Übersicht

1 **1. Bedeutung der Vorschrift.** Die in der Praxis nicht ganz selten (vgl. § 152 Fn. 226) angewandte Vorschrift erfasst unterschiedliche Situationen mit der mehr äußerlichen Gemeinsamkeit, dass sich der Beschuldigte infolge Auslieferung aufgrund internationaler Auslieferungsabkommen[3] oder des IRG oder Überstellung an einen internationalen

---

1 BGBl. I **2015** S. 1386.

2 BGBl. I **2002** S. 2144.

3 Völkerrechtliche Auslieferungsverträge gehen dem IRG vor (§ 1 Abs. 3 IRG). Das IRG ist jedoch daneben weiterhin, besonders hinsichtlich des Verfahrens, anwendbar. Gemäß § 1 Abs. 4 IRG, welcher durch das Europäische Haftbefehlsgesetz (EuHbG) geändert wurde, sind im Verhältnis zu anderen Mitgliedstaaten der Europäischen Union die §§ 78, 80 ff. IRG gegenüber völkerrechtlichen Vereinbarungen vorrangig. Sie

Strafgerichtshof (Absatz 1 und 2) oder behördlicher Abschiebung, Zurückschiebung oder Zurückweisung nach den ausländerrechtlichen Vorschriften (Absatz 3) nicht mehr im Bundesgebiet aufhält und deshalb das Strafverfolgungsinteresse fehlt.[4] Absatz 1, der regelmäßig eine Auslandstat voraussetzt, ergänzt § 153c; Absatz 2 stellt eine Sonderregelung zu § 154 dar, während Absatz 3 eine selbständige und dem Wortlaut nach sehr weitgehende (vgl. Rn. 8) Begrenzung des Legalitätsprinzips enthält. Die Absätze 2 und 3 werden durch den § 456a (und den diesen für die Praxis konkretisierenden § 17 StrVollStrVO) ergänzt, der das Absehen von der Strafvollstreckung bei Auslieferung wegen einer anderen Tat oder Ausweisung gestattet.[5]

2. Anwendungsbereich

a) Allgemeines. Die Vorschrift kann in jeder Lage des Verfahrens angewendet werden. Obwohl sie nach ihrem Wortlaut keine Beschränkung auf Ausländer enthält, ist sie im Allgemeinen **nicht auf Deutsche** anwendbar.[6] Denn nach Art. 16 Abs. 2 Satz 1 GG ist die Auslieferung eines Deutschen grundsätzlich unzulässig, es sei denn die Ausnahme des Art. 16 Abs. 2 Satz 2 GG greift ein (Auslieferung an einen Mitgliedstaat der Europäischen Union nach §§ 80ff. IRG oder Überstellung an einen internationalen Gerichtshof nach §§ 2ff. IStGHG).[7] Bei deutschen Beschuldigten gibt es auch für die Ausweisung im Sinne des Absatzes 3 keine Rechtsgrundlage. **Unanwendbar** ist § 154b, wenn ein Beschuldigter den Geltungsbereich des Gesetzes **freiwillig verlässt**, also etwa ein Ausländer endgültig in seinen Heimatstaat zurückkehrt; da der Anwendungsbereich durch die hoheitliche Auslieferung oder Ausweisung gekennzeichnet ist, kommt auch eine analoge Anwendung nicht in Betracht.[8] Dagegen ist Absatz 3 anwendbar, wenn der Angehörige eines Entsendestaats nach dem NATO-Truppenstatut von diesem in sein Heimatland abgeschoben wird.[9] Die Vorschrift setzt stets voraus, dass eine in der Bundesrepublik verfolgbare Straftat vorliegt, mag sie auch im Ausland begangen sein (vgl. §§ 5 bis 7 StGB). 2

b) Vollzug der Auslieferung, der Überstellung oder der Ausweisung? Im Anschluss an RGSt **69** 54 aus dem Jahre 1934 wurde früher die Ansicht vertreten, dass die Anwendung des § 154b die tatsächliche Durchführung der Auslieferung, Überstellung 3

---

traten an die Stelle des zuvor geltenden EuAlÜbk. Zwar wurde das EuHbG (EuHbG I) vom 21.7.2004 (BGBl. I S. 1748) vom BVerfG (E **113** 273-348) wegen unverhältnismäßigen Eingriffs in Art. 16 Abs. 2 GG und Verstoßes gegen Art. 19 Abs. 4 GG für nichtig erklärt, am 2.8.2006 trat jedoch das neugestaltete EuHbG (EuHbG II) vom 20.7.2006 (BGBl. I S. 1721) in Kraft; vgl. zur neuen Rechtslage EuGH StraFo **2007** 238; OLG Stuttgart NJW **2007** 1702; NStZ **2007** 410; aus dem Schrifttum *Böhm* NJW **2006** 2592; *Deiters* ZIS **2006** 472; *Hackner/Schomburg/Lagodny/Gleß* NStZ **2006** 663; *Weigend* FS Jung 1069; vgl. zur früheren Rechtslage *v. Heintschel-Heinegg/Rohlff* GA **2003** 44; *Schünemann* ZRP **2003** 185; *Seitz* NStZ **2004** 546; *Wegner* StV **2003** 105.

4 SK/*Weßlau/Deiters* 1; Radtke/Hohmann/*Radtke* 1; MüKo/*Teßmer* 1; HK/*Gercke* 1; vgl. auch *Bloy* GA **1980** 181; **a.A.** wohl KMR/*Kulhanek* (Generalprävention sowie Justizentlastung).

5 Vgl. näher die Erl. zu § 456a; auch *Jung* StV **2007** 106f.; *Peters* § 78 III 3c.

6 MüKo/*Teßmer* 3; Radtke/Hohmann/*Radtke* 4; HK/*Gercke* 2. Zum früher umstrittenen Problem der Anwendbarkeit auf die Bürger der DDR und andere Fälle mit DDR-Bezug vgl. LR/*Rieß*[24] 3; AK/*Schöch* 5.

7 Zu der Auslieferung eines Deutschen an einen EU-Mitgliedstaat jüngst OLG Karlsruhe NStZ-RR **2019** 63f.

8 HK/*Gercke* 2; Radtke/Hohmann/*Radtke* 4; SK/*Weßlau/Deiters* 3; KK/*Diemer* 2; MüKo/*Teßmer* 2; LR/*Meyer-Goßner*[23] 3; AK/*Schöch* 6; vgl. auch *Lüttger* JZ **1964** 572; **a.A.** *Ratz* NJW **1970** 1969 mit unzutreffender Bezugnahme auf LR/*Kohlhaas*[22] 2; auch KMR/*Kulhanek* 5 (analoge Anwendung des § 154b Abs. 3).

9 Meyer-Goßner/*Schmitt* 1; AK/*Schöch* 4.

oder Ausweisung voraussetze, die Nichtverfolgung oder Einstellung also erst möglich sei, wenn der Beschuldigte das Bundesgebiet tatsächlich verlassen habe.[10] Es ist jedoch fraglich, ob dieser Entscheidung, die ihr allgemein beigelegte Bedeutung wirklich zukommt. Sie bezog sich lediglich auf einen Fall der Auslieferung nach Absatz 1, bei dem eine Einstellung nach § 154b überhaupt nicht vorlag, und hatte eine andere Rechtsfrage zum Gegenstand. Das Reichsgericht hat lediglich beiläufig ausgesprochen, dass nur die tatsächlich durchgeführte Auslieferung vom Verfolgungszwang befreie und daran die daraus nicht zwingend folgende und ebenfalls nicht tragende Bemerkung geknüpft, dass in dem von ihm zu entscheidenden Fall die Voraussetzungen für die Anwendung des § 154b nie gegeben gewesen seien.

4 Die früher h.M ist inzwischen zu Recht **aufgegeben.** § 154b ist bereits anwendbar, wenn die **Auslieferung, Überstellung oder Ausweisung bestandskräftig** angeordnet ist; dass sie bereits vollzogen ist, ist nicht erforderlich, dass lediglich ihre Voraussetzungen vorliegen, reicht nicht aus.[11] Diese Auffassung kann sich zunächst auf den **Gesetzeswortlaut** berufen, der das Absehen von der Verfolgung gestattet, wenn der Beschuldigte ausgeliefert, überstellt oder ausgewiesen *wird* und nicht erst wenn er ausgeliefert, überstellt oder ausgewiesen *worden ist.* Ferner führt die Gegenansicht zu erheblichen, teilweise unlösbaren **Fiktionen**, wenn sich der Beschuldigte im Strafverfahren in Untersuchungshaft befindet und eine gerichtliche Einstellung nach Absatz 4 in Betracht kommt.[12] Denn dann würde der Vollzug der Auslieferung, Überstellung oder Ausweisung die Aufhebung des Vollzugs des Haftbefehls voraussetzen, zu der die Staatsanwaltschaft den Richter nach Erhebung der öffentlichen Klage aber nicht zwingen kann. Andererseits ist nach Absatz 4 Satz 1 der Richter an den Einstellungsantrag der Staatsanwaltschaft gebunden (Rn. 10); das Gesetz geht also davon aus, dass die Staatsanwaltschaft zu entscheiden hat, ob von § 154b Gebrauch gemacht werden soll und der Richter dies nicht verhindern kann. Nach der hier abgelehnten Ansicht könnte dieser aber durch die Aufrechterhaltung des Haftbefehls den Vollzug einer Auslieferung, Überstellung oder Ausweisung und damit das Eintreten der Voraussetzungen des § 154b auch gegen den Willen der Staatsanwaltschaft verhindern. Damit würde die gesetzliche Kompetenzverteilung bei Anwendung der Vorschrift unterlaufen. Nach der hier vertretenen Meinung lösen sich diese Schwierigkeiten dadurch, dass der Richter bereits bei einer bestandskräftigen Auslieferungs-, Überstellungs- oder Ausweisungsentscheidung das Verfahren auf Antrag der Staatsanwaltschaft einzustellen hat, als Folge der Einstellung auch den Haftbefehl aufheben muss (§ 154, 54) und dass damit der Weg zum Vollzug der Entscheidung frei wird (vgl. auch Rn. 12).

5 Kommt es trotz der Bestandskraft **nicht** zum **Vollzug der Auslieferung,** Überstellung oder Ausweisung, so kann das Verfahren aufgrund eines dann gebotenen und mit der Beschwerde erzwingbaren (§ 154, 83f.) Wiederaufnahmebeschlusses fortgesetzt werden, so dass auch insoweit die hier vertretene Auffassung zu keinen Schwierigkeiten führt.

3. Sachliche Voraussetzungen

6 **a) Auslieferung (Absatz 1 und 2 Alt. 1).** Der Beschuldigte muss entweder wegen der Tat, die Gegenstand des Verfahrens ist (Absatz 1) oder wegen einer anderen Tat (Absatz 2

10 *Grützner* GA **1954** 384; LR/*Meyer-Goßner*[23] 2, 10; *Eb. Schmidt* 4, 7; KMR/*Kulhanek* 4 sieht dies auch heute noch als zweckmäßiger an.

11 OLG Karlsruhe NJW **2007** 617; so schon LR/*Rieß*[24] 5; ferner seither HK/*Gercke* 3; Meyer-Goßner/*Schmitt* 3; *Schmidt* 304; AK/*Schöch* 7; KK/*Diemer* 2; SK/*Weßlau/Deiters* 3; SSW/*Schnabl* 3.

12 AK/*Schöch* 7.

Alt. 1) einem ausländischen Staat ausgeliefert werden. Während im ersten Fall regelmäßig nur eine Auslieferung zur Strafverfolgung in Betracht kommt, kann im zweiten Fall sowohl diese als auch eine solche zur Strafvollstreckung in Frage stehen; Absatz 2 erwähnt ausdrücklich den Fall einer bereits im Ausland rechtskräftig verhängten Strafe. Absatz 2 setzt weiter voraus, dass gegenüber der Auslandsverurteilung die inländische Sanktion nicht ins Gewicht fällt; anders als bei § 154 Abs. 1 Nr. 1 kommt hier, wie bei § 153c Abs. 2, eine Anwendung nicht schon in Frage, wenn die inländische Sanktion zwar ins Gewicht fallen würde, dies aber nicht beträchtlich wäre (näher § 153c, 37).[13] Der Beschuldigte „wird" nach der hier vertretenen Auffassung (Rn. 4f.) ausgeliefert, wenn seine Auslieferung rechtlich sicher erscheint. Das ist der Fall, wenn sie nach den Vorschriften des IRG gerichtlich für zulässig erklärt (§ 12 IRG) worden ist oder der Verfolgte sich mit ihr einverstanden erklärt hat (§ 41 IRG) und wenn sie von der Bundesregierung bewilligt worden ist.[14] Der Auslieferung steht die Durchlieferung gleich. § 154b ist auch einschlägig, wenn sich der Beschuldigte zur Zeit der Einstellung bereits im Ausland befindet.[15]

b) Überstellung (§ 28 IStGHG, Absatz 2 Alt. 2). § 28 des Gesetzes über die Zusammenarbeit mit dem Internationalen Strafgerichtshof (IStGHG)[16] ergänzt den 1. Absatz um Überstellungen bezüglich der **Tat** nach Art. 5 des IStGH-Statuts, **die Gegenstand des Verfahrens ist**. Danach kann die Staatsanwaltschaft von der Verfolgung **einer Tat** absehen (§ 28 Abs. 1 Satz 1 IStGHG) oder das Gericht auf Antrag der Staatsanwaltschaft ein Verfahren vorläufig einstellen (§ 28 Abs. 1 Satz 2 IStGHG), wenn dies aus besonderen gegen die Strafverfolgung im Inland sprechenden Gründen des öffentlichen Interesses geboten erscheint. Damit wird dem **Komplementaritätsgrundsatz** Rechnung getragen, der für den Regelfall einer Strafverfolgung durch die Staaten den Vorrang einräumt gegenüber einer Strafverfolgung durch den Internationalen Strafgerichtshof. Von einer Einfügung in die Strafprozessordnung wurde aus Gründen des Sachzusammenhangs abgesehen.[17] Dass diese Vorschrift in der Praxis große Bedeutung erlangen wird, ist weniger wahrscheinlich, weil die Bundesrepublik Deutschland voraussichtlich eher den Weg der Aburteilung der Straftaten im Inland vorziehen dürfte. 7

Absatz 2 Alt. 2. Der Beschuldigte kann nach Absatz 2 Alt. 2 auch wegen einer **anderen** als der dem deutschen Strafverfahren zugrunde liegenden **Tat** an einen internationalen Strafgerichtshof überstellt werden. Voraussetzung dafür ist, dass die im Inland drohende Sanktion gegenüber der Auslandsverurteilung nicht ins Gewicht fällt. Schon der Gesetzgeber hat vermutet, dass im Verhältnis zu einem internationalen Gerichtshof der deutsche Strafvorwurf im Vergleich zu der dem Überstellungsgesuch zugrunde liegenden anderen Tat meist von wesentlich geringerem Gewicht sein wird.[18] Der Beschuldigte wird überstellt, wenn dies als rechtlich gesichert erscheint. Die Zulässigkeit der Überstellung richtet sich nach den §§ 2ff. IStGHG i.V.m. den Art. 89ff. IStGH-Statut. Erforderlich ist zwar nicht die tatsächliche Durchführung der Überstellung, jedoch sind die bestandskräftige Anordnung der Überstellungshaft durch das Oberlandesgericht nach §§ 10ff. IStGHG und ihre Bewilligung nach § 6 IStGHG zu fordern. Nur dann kann 8

13 KK/*Diemer* 5; Radtke/Hohmann/*Radtke* 10; AK/*Schöch* 8.
14 Zum Verhältnis von Zulässigkeitserklärung und Bewilligung vgl. *Schomburg/Lagodny/Gleß/Hackner* Einl. 17 ff.; *Wilkitzki* GA **1981** 369 f.
15 KK/*Diemer* 3; SK/*Weßlau/Deiters* 3.
16 BGBl. I **2002** S. 2144.
17 KK/*Diemer* 1.
18 BTDrucks. **14** 9527 S. 99.

eine hinreichende Überstellungsabsicht angenommen werden. Es genügt deshalb nicht, wenn lediglich die Voraussetzungen hierfür vorliegen. Die Überstellung ist zulässig, wenn der IStGH um Überstellung des Beschuldigten ersucht[19] und das Oberlandesgericht diese für zulässig erklärt[20] oder im Wege des vereinfachten Verfahrens sich der Verfolgte, gegen den ein Überstellungshaftbefehl gem. § 12 IStGHG besteht, mit der vereinfachten Überstellung einverstanden erklärt hat.[21]

9 **Internationaler Strafgerichtshof.** Die Überstellung muss **an einen internationalen Strafgerichtshof** erfolgen. Die Formulierung wurde dabei bewusst nicht auf den nach dem Römischen Statut errichteten Internationalen Strafgerichtshof (IStGH) beschränkt, sondern allgemein gefasst, so dass sie auch im Hinblick auf die Internationalen ad-hoc- Strafgerichtshöfe anwendbar ist, so zum Beispiel der mittlerweile in seiner Jurisdiktion beendete Internationalen Strafgerichtshof für Jugoslawien (IStGHJ)[22] und der Internationalen Strafgerichtshof für Ruanda (IStGHR).[23, 24]

10 **c) Ausweisung (Absatz 3).** Wann ein Beschuldigter ausgewiesen werden kann, richtet sich nach den ausländerrechtlichen Vorschriften (vgl. §§ 50 ff. AufenthG). Zur Ausweisung im Sinne des § 154b gehört nach dem Zweck der Vorschrift, die jedes Verlassen des Bundesgebiets aufgrund einer behördlichen Anweisung erfasst, auch die Abschiebung eines zum Verlassen des Bundesgebiets verpflichteten Ausländers nach § 58 AufenthG und die Zurückschiebung nach § 57 AufenthG.[25] Ob den Ausgewiesenen nach der Ausweisung in dem anderen Land eine Strafverfolgung erwartet, ist ohne Bedeutung. Der Beschuldigte „wird" richtiger Ansicht nach ausgewiesen, sobald die Ausweisungsentscheidung bestandskräftig ist; auf ihren Vollzug kommt es nicht an.

11 **Beschränkungen der Nichtverfolgungsermächtigung** nach Ausweisung bestehen nach dem Gesetzeswortlaut nicht; er würde bei einem schweren Verbrechen mit hohem Unrechts- und Schuldgehalt die Nichtverfolgung bei bloßer Ausweisung gestatten, selbst wenn feststünde, dass der Ausgewiesene im Ausland nicht verfolgt wird. Man wird jedoch aus dem Gesamtsystem der Nichtverfolgungsermächtigungen in den §§ 153 ff. und ihren Begrenzungen auch für diesen Fall Grenzen ableiten müssen. Das Absehen von der Verfolgung setzt voraus, dass kein öffentliches Interesse an der weiteren Strafverfolgung besteht, wobei in die hierbei erforderliche Bewertung der Umstand mit einzubeziehen ist, dass der Beschuldigte sich nicht mehr im Bundesgebiet aufhalten wird. Das öffentliche Interesse an der Strafverfolgung wird deshalb weniger häufig anzunehmen sein als etwa bei Anwendung des § 153. Entsprechend dem in § 153c Abs. 3 und in § 153d enthaltenen Gedanken lässt sich auch noch eine Anwendung des § 154b Abs. 3 für vertretbar halten, wenn der weiteren Strafverfolgung sonstige überwiegende öffentliche Interessen, namentlich die Gefahr eines schweren Nachteils für die Bundesrepublik Deutschland, entgegenstehen. Als **äußerste Grenze** für den Strafverfolgungsverzicht muss jedoch, entsprechend der in § 154 Abs. 1 Nr. 2 getroffenen Wertentscheidung, angenommen wer-

---

19 § 1 I IStGHG (Art. 1 des Gesetzes zur Ausführung des Römischen Statuts des Internationalen Strafgerichtshofes vom 17.7.1998, BGBl. I **2002** S. 2144). i.V.m. Art. 89 ff. IStGH-Statut.

20 §§ 6, 20 ff. IStGHG.

21 § 32 IStGHG i.V.m. Art. 92 Absatz 3 Satz 2 IStGH-Statut.

22 BGBl. I **1995** S. 485 f.

23 BGBl. I **1998** S. 843 f.

24 BTDrucks. **14** 8527 S. 99; KK/*Diemer* 1.

25 Radtke/Hohmann/*Radtke* 11; MüKo/*Teßmer* 6; HK/*Gercke* 6; KK/*Diemer* 6; einschr. SK/*Weßlau*/*Deiters* 6, die eine einschränkende Auslegung in der Form fordern, dass stets zu prüfen sei, ob das Strafverfolgungsinteresse entfalle.

den, dass eine Aufklärung und Aburteilung der Tat nicht wegen der Schwere der Schuld (§ 154, 27) oder zur Verteidigung der Rechtsordnung unerlässlich erscheint.

4. Absehen von der Erhebung der öffentlichen Klage durch die Staatsanwaltschaft. Trotz des historisch zu erklärenden Wortlauts der Absätze 1 bis 3 braucht die Staatsanwaltschaft nicht bis zur Anklagereife durchzuermitteln, sondern kann bereits von der Verfolgung absehen, sobald feststeht, dass die Anwendungsvoraussetzungen vorliegen.[26] Ob sie das tun will, steht in ihrem pflichtgemäßen Ermessen;[27] einer Zustimmung des Gerichts bedarf sie ebenso wenig wie der des Beschuldigten oder des Verletzten, dem auch das Klageerzwingungsverfahren nicht offen steht (§ 172 Abs. 2 Satz 3).[28] Der Staatsanwaltschaft ist es unbenommen, bei der Ausländerbehörde eine Ausweisung anzuregen, wenn sie eine Nichtverfolgung nach § 154b für wünschenswert hält. Zur Wahrnehmung des Ermessens haben die Länder Verwaltungsvorschriften erlassen, welche die Staatsanwaltschaften zumindest innerdienstlich binden.[29] Das von der Staatsanwaltschaft nach § 154b eingestellte Verfahren kann jederzeit wiederaufgenommen werden, solange die Tat noch verfolgbar ist;[30] ggf. kommt danach, wenn sich der Beschuldigte noch im Ausland aufhält, eine vorläufige Einstellung nach § 205 in Frage (§ 205, 5, 15). Die Staatsanwaltschaft ist auch nicht gehindert, trotz ursprünglicher Nichtverfolgung nach § 154b später die Auslieferung des Beschuldigten im Wege der internationalen Rechtshilfe zu betreiben. Siehe ergänzend die Erl. in § 154, 33ff. 12

5. Einstellung durch das Gericht (Absatz 4 Satz 1). Für die Einstellung des gerichtlichen Verfahrens nach Erhebung der öffentlichen Klage entspricht die Rechtslage weitgehend der bei § 154; auf die dortigen Erl. (Rn. 41 bis 66) wird daher verwiesen. Obwohl dies in Absatz 4 nicht ausdrücklich gesagt ist, kann auch von § 154b in jeder Lage des Verfahrens Gebrauch gemacht werden.[31] Anders als bei § 154 ist das **Gericht an** den staatsanwaltschaftlichen **Einstellungsantrag gebunden**, wie sich aus der abweichenden Fassung („stellt ... ein") ergibt.[32] Dem Gericht steht also insoweit kein Ermessensspielraum zu; es hat jedoch zu prüfen, ob die gesetzlichen Voraussetzungen vorliegen, dass der Angeschuldigte ausgeliefert oder ausgewiesen wird, in den Fällen des Absatzes 2 auch, dass die zu erwartende Sanktion nicht ins Gewicht fallen würde. Verneint es dies, so hat es den Antrag der Staatsanwaltschaft durch begründeten (§ 34) und von der 13

---

26 *Pfeiffer* 2; *Ranft* 1204; KK/*Diemer* 4; Radtke/Hohmann/*Radtke* 12; SK/*Weßlau/Deiters* 7; HK/*Gercke* 7; SSW/*Schnabl* 1; KMR/*Kulhanek* 7; **a.A.** nunmehr OLG Karlsruhe Beschl. vom 13.5.2013, 1 AK 63/12 (erst nach Erklärung der Zulässigkeit der Auslieferung durch das OLG).

27 SK/*Weßlau/Deiters* 7; Radtke/Hohmann/*Radtke* 12; LR/*Meyer-Goßner*[23] 8; *Eb. Schmidt* 8; *Schmidt* 305; Formularbeispiel bei *Vordermayer* in: Vordermayer/v. Heintschel-Heinegg, 3. Teil, 150.

28 SK/*Weßlau/Deiters* 17; Radtke/Hohmann/*Radtke* 18; MüKo/*Teßmer* 29; *Pfeiffer* 2.

29 Vgl. etwa Die Verwaltungsvorschrift Absehen von der Strafverfolgung und von der Strafvollstreckung bei Auslieferung und Ausweisung (§§ 154b, 456a StPO) des niedersächsischen Justizministeriums, NdsMBl **2015** 1258, sowie die Verwaltungsvorschrift des Justizministeriums über das Absehen von der Verfolgung gemäß § 154b StPO und von der Vollstreckung gemäß 456a StPO bei Ausländern, die ausgeliefert oder ausgewiesen werden sollen, des baden-württembergischen Justizministeriums, Die Justiz **2018** 488.

30 *Jung* StV **2007** 106; *Meyer-Goßner/Schmitt* 2; SK/*Weßlau/Deiters* 11; KMR/*Kulhanek* 7; AnwK-StPO/*Walther* 9; *Eb. Schmidt* 8; *Schmidt* 306; *Vordermayer/v. Heintschel-Heinegg*, 3. Teil, 148.

31 SK/*Weßlau/Deiters* 12; Radtke/Hohmann/*Radtke* 14; MüKo/*Teßmer* 22; KMR/*Kulhanek* 9.

32 OLG Karlsruhe JW **1933** 1671; HK/*Gercke* 8; Radtke/Hohmann/*Radtke* 14 (jedoch hinweisend auf den letztlich geringen Erzwingungsbereich); KK/*Diemer* 7; Meyer-Goßner/*Schmitt* 3; KMR/*Kulhanek* 9; MüKo/*Teßmer* 22; SK/*Weßlau/Deiters* 12; *Pfeiffer* 3; *Eb. Schmidt* 8; *Schmidt* 305; AnwK-StPO/*Walther* 5; ebenso AK/*Schöch* 10, der aber eine Lockerung der vollständigen Bindung des Gerichts befürwortet.

Staatsanwaltschaft mit der Beschwerde anfechtbaren[33] Beschluss abzulehnen. Wird ein Auslieferungs- oder Ausweisungsverfahren betrieben und ist deshalb zu erwarten, dass demnächst die Voraussetzungen des § 154b vorliegen werden und die Staatsanwaltschaft einen Einstellungsantrag stellen wird, so kann es zweckmäßig sein, mit der Durchführung der Hauptverhandlung kurzfristig zuzuwarten oder eine bereits begonnene nach § 228 Abs. 1 Satz 1 auszusetzen;[34] eine Einstellung nach § 154b, die zur Verfahrensfortsetzung einen ausdrücklichen Wiederaufnahmebeschluss erfordern würde, liegt in einem solchen Abwarten noch nicht.[35]

14 Die Einstellung erfolgt wie bei § 154 nach der hier vertretenen, umstrittenen Meinung durch einen das Verfahren beendenden, unanfechtbaren **Beschluss**, der mit einer **Kostenentscheidung** und ggf. einer Entscheidung nach dem StrEG zu versehen ist.[36] Für die Kostenentscheidung ist § 467 Abs. 4 anzuwenden, denn trotz der Bindung des Gerichts an den in deren Ermessen liegenden Antrag der Staatsanwaltschaft handelt es sich der Sache nach um eine Ermessenseinstellung im Sinne dieser Vorschrift.[37]

15 **6.** Die **Folgen der Einstellung** entsprechen im Wesentlichen denen der Einstellung nach § 154. Die Einstellung nach Absatz 4 Satz 1 begründet bis zum Wiederaufnahmebeschluss ein Verfahrenshindernis (§ 154, 57); zur Notwendigkeit der Aufhebung von Zwangsmaßnahmen siehe § 154, 58. Wird das Verfahren vor Vollzug der Auslieferung oder Ausweisung eingestellt und ist deshalb der **Haftbefehl aufzuheben** (§ 154, 59), so wird regelmäßig ein Auslieferungshaftbefehl (§§ 15 ff. IRG) oder Abschiebehaft (§ 62 AufenthG) zu vollstrecken sein.[38] Ggf. muss vor einer beabsichtigten Einstellung darauf hingewirkt werden, dass die Voraussetzungen für eine auslieferungs- oder ausländerrechtliche Freiheitsentziehung vorhanden sind; es ist jedenfalls nicht zulässig, nach einer Einstellung nach § 154b den Haftbefehl lediglich in Erwartung solcher Maßnahmen aufrechtzuerhalten.

7. Wiederaufnahme des Verfahrens durch das Gericht

16 **a) Allgemeines.** Nach Absatz 4 Satz 2 gilt für die Wiederaufnahme des vom Gericht eingestellten Verfahrens § 154 Abs. 3 bis 5 entsprechend, so dass grundsätzlich auf die dortigen Erl. (§ 154, 67 bis 84) zu verweisen ist. Aus den abweichenden Voraussetzungen und Folgen des § 154b ergeben sich jedoch einige **Besonderheiten.** Was die Wiederaufnahmevoraussetzungen angeht, so kann das Verfahren im Falle der Auslieferung wegen derselben Tat in der Regel auch dann wiederaufgenommen werden, wenn sie im Ausland abgeurteilt worden ist, weil die Auslandsverurteilung abseits von Art. 54 SDÜ meist keinen Strafklageverbrauch bewirkt (§ 153c, 23 ff.), doch wird hiervon regelmäßig abzu-

---

33 *Gössel* § 33 C IV b 3; HK/*Gercke* 8; Radtke/Hohmann/*Radtke* 19; SK/*Weßlau/Deiters* 18; MüKo/*Teßmer* 30; AK/*Schöch* 10; vgl. OLG Karlsruhe JW **1933** 1672.

34 *Grützner* GA **1954** 383; Meyer-Goßner/*Schmitt* 3; AK/*Schöch* 11.

35 RGSt **69** 54.

36 Vgl. § 154, 48 ff. m.w.N. des Streitstands; OLG Hamburg MDR **1981** 604 mit Anm. *zur Megede*; OLG Düsseldorf MDR **1990** 568; HK/*Gercke* 8; Radtke/Hohmann/*Radtke* 15; SK/*Weßlau/Deiters* 12; MüKo/*Teßmer* 23; D. *Meyer*, Strafrechtsentschädigung § 3, 19 StrEG; *Pfeiffer* 3; KMR/*Kulhanek* 9; KK/*Diemer* 9; AnwK-StPO/*Walther* 7; vgl. zur Anfechtbarkeit einer Unterlassung der Kostenentscheidung OLG Hamburg MDR **1985** 604 mit Anm. *Weber* MDR **1986** 74.

37 LR/*Hilger*[25] § 467, 63; Meyer-Goßner/*Schmitt* § 467, 19; ebendso auch zur Frage, ob § 2 StrEG oder § 3 StrEG anzuwenden ist zutreffend OLG Hamm Beschl. vom 3.3.2009, 4 Ws 48/09; **a.A.** *zur Megede* MDR **1981** 605.

38 AK/*Schöch* 11; vgl. Meyer-Goßner/*Schmitt* 3; Radtke/Hohmann/*Radtke* 16; SK/*Weßlau/Deiters* 14.

sehen sein, wenn die Voraussetzungen des § 153c Abs. 2 vorliegen.[39] Während für die Wiederaufnahme in den Fällen des Absatzes 2 die zu § 154 geltenden Regeln (§ 154, 70f.) weitgehend anwendbar sind, lassen sich aus der dortigen Regelung keine Wiederaufnahmemaßstäbe für die Fälle des Absatzes 3 gewinnen, da dieser auf keine zu vergleichende Sanktion abstellt. Nach dem kriminalpolitischen Zweck der Vorschrift wird in diesen Fällen eine Wiederaufnahme regelmäßig dann in Betracht kommen, wenn der Beschuldigte sich wieder im Bundesgebiet aufhält und nicht erneut ausgewiesen wird und wenn keine andere Nichtverfolgungsermächtigung eingreift. Bei einem weiterhin im Ausland befindlichen Beschuldigten wird eine Wiederaufnahme und ggf. ein Auslieferungsersuchen zu erwägen sein, wenn aufgrund neuer Tatsachen oder Beweismittel die nichtverfolgte Tat in einem wesentlich schwereren Licht erscheint (vgl. § 154, 68). Ein Antrag der Staatsanwaltschaft ist, trotz der gegenüber § 154 abweichenden Rechtslage bei der Einstellung, für die Wiederaufnahme wie bei § 154 weder Voraussetzung noch, wenn er gestellt wird, für das Gericht bindend.[40]

b) Die **Fristbestimmung** in § 154 Abs. 4, auf die Absatz 4 Satz 2 unter Verlängerung auf **ein Jahr** verweist, betrifft ihrem Wortlaut nach nur den Fall, dass wegen einer erst zu erwartenden Sanktion eingestellt und das Urteil nach der Einstellung rechtskräftig wird. Das ist bei § 154b in den Fällen der Absätze 1 und 2 bei einer Auslieferung zur Strafverfolgung der Fall, nicht bei einer Auslieferung zur Strafvollstreckung, die ein rechtskräftiges ausländisches Urteil voraussetzt und bei der die Wiederaufnahme nach dessen Wegfall ohne zeitliche Begrenzung möglich ist (§ 154 Abs. 3). 17

Für die **Ausweisungsfälle** nach Absatz 3 passen weder § 154 Abs. 3 noch Absatz 4, da hier die Einstellung nicht mit Rücksicht auf ein Urteil erfolgt, das wegfallen oder rechtskräftig werden kann. Daraus ließe sich schließen, dass in diesen Ausweisungsfällen die Wiederaufnahme, solange die Tat noch verfolgbar ist, jederzeit möglich wäre.[41] Jedoch ist zu bedenken, dass hier der Grund für die Nichtverfolgung die Erwartung ist, der Beschuldigte werde sich künftig nicht im Bundesgebiet aufhalten und aufhalten dürfen, und dass dies der Erwartung des § 154 entspricht, dass der Beschuldigte wegen einer anderen Tat verurteilt werde. Es ist weiter zu bedenken, dass die Ausweisung die Erteilung einer neuen Aufenthaltserlaubnis nicht in jedem Fall ausschließt. Da § 154 Abs. 3 bis 5 lediglich entsprechend gilt, erscheint die deshalb mit dem Gesetzeswortlaut noch vereinbare, dem Beschleunigungsgebot näher kommende und den Interessen des Beschuldigten und der Verfahrensklarheit dienende Auslegung vorzugswürdig, auf die Ausweisungsfälle § 154 Abs. 4 i.V.m. § 154b Abs. 4 Satz 2 mindestens analog anzuwenden und die **Jahresfrist für die erlaubte Wiedereinreise** gelten zu lassen. Bei einer Einstellung wegen Ausweisung kann nach dieser Auffassung das Verfahren bei unveränderter Sachlage in Bezug auf die eingestellte Tat (vgl. § 154, 68) nur innerhalb eines Jahres nach der Wiedereinreise des Beschuldigten aufgenommen werden. 18

8. Revision siehe § 154, 85ff. 19

---

39 HK/*Gercke* 9; ähnlich Meyer-Goßner/*Schmitt* 4; SK/*Weßlau*/*Deiters* 15; Radtke/Hohmann/*Radtke* 24.
40 *Giesler* 227 Fn. 5; ähnlich Radtke/Hohmann/*Radtke* 24.
41 So wohl HK/*Gercke* 7; SK/*Weßlau*/*Deiters* 15; Meyer-Goßner/*Schmitt* 4.

§ 154c
Absehen von der Verfolgung des Opfers einer Nötigung oder Erpressung

(1) Ist eine Nötigung oder Erpressung (§§ 240, 253 des Strafgesetzbuches) durch die Drohung begangen worden, eine Straftat zu offenbaren, so kann die Staatsanwaltschaft von der Verfolgung der Tat, deren Offenbarung angedroht worden ist, absehen, wenn nicht wegen der Schwere der Tat eine Sühne unerläßlich ist.

(2) Zeigt das Opfer einer Nötigung oder Erpressung oder eines Menschenhandels (§§ 240, 253, 232 des Strafgesetzbuches) diese Straftat an (§ 158) und wird hierdurch bedingt ein vom Opfer begangenes Vergehen bekannt, so kann die Staatsanwaltschaft von der Verfolgung des Vergehens absehen, wenn nicht wegen der Schwere der Tat eine Sühne unerlässlich ist.

Schrifttum

Arzt Notwehr gegen Erpressung, MDR **1965** 344; *Haug* Notwehr gegen Erpressung, MDR **1964** 548; *Heinz* Menschenhandel und Menschenschmuggel, GedS Vogler (2004) 127; *Krause* Kriminalpolitische Betrachtungen zur sog. Chantage, MSchrKrim. **1969** 214; *ders.* Gedanken zur Nötigung und Erpressung durch Rufgefährdung (Chantage), FS Spendel (1992) 547; *Kreusch* Die Bekämpfung des Erpressertums im neuen Strafrecht, Diss. Köln 1936; *Lehmann* Die Strafprozeßnovelle vom 28.6.1935, DJ **1935** 1004; *Morbach* Die Chantage – Rechtfertigungs- und Entschuldigungsgründe des sich wehrenden Opfers einer Schweigegelderpressung, Diss. Passau 2007; *Morschbach* Und noch einmal: § 154c StPO, NJW **1956** 940; *Rahn* Zweifelsfragen des Opportunitätsprinzips, in: Kriminalpolitische Gegenwartsfragen (1959), 227; *Schlüter* Die Strafprozeßnovelle vom 28.6.1935, JW **1935** 2329; *Schmöe* Nochmals: Gedanken und Vorschläge zu § 154c StPO, NJW **1956** 212; *Thoma* Strafverfahren gegen Frauenhändler, NKrimPol **2005** 52; *Willigmann* Gedanken und Vorschläge zu § 154c StPO, NJW **1955** 1747.

Entstehungsgeschichte

Der heutige Absatz 1 wurde als **§ 154b** durch Art. 4 Nr. 2 des Gesetzes zur Änderung von Vorschriften des Strafverfahrens und des Gerichtsverfassungsgesetzes vom 28.6.1935 (RGBl. I S. 844) geschaffen; damals lautete der letzte Satzteil: „wenn sie nicht zur Sühne und zum Schutz der Volksgemeinschaft unerläßlich ist". Dieser erhielt durch Art. 3 I Nr. 66 VereinhG seine heutige Fassung.[1] Art. 4 Nr. 20 des 3. StrÄndG gab der Vorschrift die Bezeichnung § 154c und Art. 21 Nr. 51 EGStGB 1974 fügte die Klammerverweisung auf §§ 240, 253 StGB ein. Durch Art. 2 Nr. 4 des 37. StrÄndG vom 11.2.2005 (BGBl. I S. 239) wurde der bisherige Text Absatz 1 und der 2. Absatz angefügt. Letzterer wurde durch Art. 4 des Gesetzes zur Verbesserung der Bekämpfung des Menschenhandels und zur Änderung des Bundeszentralregistergesetzes sowie des Achten Buches Sozialgesetzbuch vom 11.10.2016 (BGBl. I S. 2226) um den Begriff „oder eines Menschenhandels)" erweitert. Das Gesetz diente vorrangig der Umsetzung der Richtlinie 2011/36/EU des Europäischen Parlaments und des Rates vom 5.4.2011 zur Verhütung und Bekämpfung des Menschenhandels und zum Schutz seiner Opfer sowie zur Ersetzung des Rahmenbeschlusses 2002/629/JI des Rates (AblEU 2011 L 101, S. 1). Der Klammerzusatz erfasst nunmehr auch den zugleich geänderten § 232 StGB. Zudem wurde in sprachlicher Angleichung der Begriff „Straftat" hinter dem Klammerzusatz eingefügt.

1 Zur Entstehungsgeschichte der Neufassung, die im Gesetzgebungsverfahren umstritten war, vgl. *Willigmann* NJW **1955** 1748.

https://doi.org/10.1515/9783110590098-014

Übersicht

1. Bedeutung und Zweck. Die Vorschrift ist derzeit wohl von größerer dogmatischer und rechtspolitischer als von praktischer Bedeutung. Ihre Anwendungshäufigkeit ist gering;[2] jährlich werden kaum 100 Verfahren, zumeist weniger, aufgrund von §154c von der Staatsanwaltschaft nicht verfolgt.[3] Maßgebender Grund für die mit verhältnismäßig großen Erwartungen verknüpfte Einführung[4] war es, bessere Möglichkeiten zur Bekämpfung bestimmter Formen der Erpressung, der sog. Chantage,[5] zu schaffen; durch die Inaussichtstellung von Straffreiheit für den Erpressten sollte seine Anzeige- und Aufklärungsbereitschaft gesteigert werden. Insoweit gehört die Vorschrift, als erste dieser Art im deutschen Strafverfahrensrecht, im weiteren Sinne in den Formenkreis des „Kronzeugen".[6] Andere Regelungen mit ähnlicher kriminalpolitischer Zielsetzung finden sich heute in prozessualer Form z.B. in §153e sowie als materiell-strafrechtliche Regelungen in §46b StGB, §129 Abs. 7 StGB, §129a Abs. 7 StGB und §31 BtMG. Darüber hinaus geht es darum, dem Opfer zu helfen, sich vom Druck einer (andauernden) Erpressung oder aus der mit dem Menschenhandel verbundenen Zwangslage zu befreien.[7] Ob der Vorschrift auch der kriminalpolitische Sinn zukommt zu berücksichtigen, dass das Strafbedürfnis für die Tat des Genötigten oder Erpressten deshalb reduziert sein kann, weil ihn durch die Nötigung oder Erpressung seelische oder materielle Belastungen getroffen haben, ist umstritten,[8] aber wohl als Nebenzweck anzuerkennen, da die Anwendung der Vorschrift nicht davon abhängig ist, dass der Genötigte oder Erpresste zur Aufklärung tatsächlich beigetragen hat (vgl. Rn. 5). 1

2. Absatz 1

a) Nötigung oder Erpressung. Es muss eine – mindestens versuchte –[9] Nötigung oder Erpressung im Sinne der §§ 240, 253 StGB begangen worden sein. Dass diese Tatbe- 2

---

2 *Krause* FS Spendel 552; vgl. § 152 Fn. 226.

3 Vgl. § 152 Fn. 226; die geringe Anwendungshäufigkeit wird im Schrifttum allgemein hervorgehoben, vgl., auch zu den unterschiedlichen Vermutungen über die Gründe hierfür, z.B. *Gössel* § 9 B Vb; *Haug* MDR **1964** 549; *Krause* MSchrKrim. **1969** 215 f.; *Less* SJZ **1947** 556; *Morschbach* NJW **1956** 941; *Rahn* 234; *Rüping* 344; *Eb. Schmidt* 1.

4 Vgl. *Lehmann* DJ **1935** 1004; *Schlüter* JW **1935** 2331.

5 Näher *Krause* MSchrKrim. **1969** 214 m.w.N; vgl. dazu auch *Eggert* NStZ **2001** 227 ff.; insgesamt zur Chantage BGH NStZ **2003** 425 mit Anm. Erb NStZ **2004** 369; *Kaspar* GA **2007** 36; *Kroß* Notwehr gegen Schweigegelderpressung (2004); *Morbach* 1 ff.; *H.E. Müller* FS Schroeder 323; *Seeko* Notwehr gegen Erpressung durch Drohung mit erlaubten Verhalten (2004).

6 Vgl. *Jung* (LV zu § 152) 64 f.; Vergleich mit den eigentlichen Kronzeugenregelungen bei *Krause* FS Spendel 556; vgl. § 152 Rn. 61.

7 BTDrucks. **18** 9095, S. 47; krit. zur Begrenzung auf die genannten Delikte KMR/*Kulhanek* 2.

8 So LR/*Meyer-Goßner*[23] 8; *Morschbach* NJW **1956** 941; *Radtke* (LV zu § 153) 251; AK/*Schöch* 1; vgl. auch *Krause* FS Spendel 555; **a.A.** *Bloy* GA **1980** 182.

9 MüKo/*Teßmer* 6 HK/*Gercke* 2; Meyer-Goßner/*Schmitt* 1; SK/*Weßlau/Deiters* 2; Radtke/Hohmann/*Radtke* 6; SSW/*Schnabl* 2; *Morbach* 123; KMR/*Kulhanek* 5; *Radtke* (LV zu § 153) 252; *Eb. Schmidt* 3; *Schlüter* JW **1935** 2332; KK/*Diemer* 2; AnwK-StPO/*Walther* 1.

stände tateinheitlich mit anderen Straftaten zusammentreffen, reicht aus. Eine tatbestandsmäßige und rechtswidrige Nötigungs- oder Erpressungshandlung genügt; dass der Täter festgestellt und überführt wird, ist nicht erforderlich. Zweifelhaft und wohl eher zu verneinen ist, ob die Vorschrift auch (analog) angewandt werden kann, wenn der „Erpresste" irrig eine in Wahrheit nicht vorliegende Nötigung oder Erpressung angenommen hat. Zwar ist für ihn die psychologische Zwangslage ähnlich, aber der hauptsächliche kriminalpolitische Sinn der Vorschrift liegt nicht in der Berücksichtigung dieser Situation, sondern in der Verbesserung der Strafverfolgungsmöglichkeiten gegenüber Erpressern und erfordert deshalb auf der Seite des Nötigenden eine tatsächlich begangene rechtswidrige Tat. Dagegen wird man § 154c Abs. 1 (mindestens analog) anwenden können, wenn zweifelhaft und unaufklärbar bleibt, ob eine Nötigung oder Erpressung tatsächlich begangen worden ist; der mangelnde Aufklärungserfolg kann nicht ohne weiteres dem Genötigten zum Nachteil gereichen.[10]

3 **b) Drohung mit der Offenbarung einer Straftat.** Mittel der Nötigung oder Erpressung muss (mindestens auch) die Drohung sein, eine tatsächlich begangene **Straftat** zu offenbaren; es hindert die Anwendung nicht, wenn als Nötigungsmittel daneben noch andere empfindliche Übel angedroht werden. Die Drohung mit der Offenbarung einer **Ordnungswidrigkeit** führt dazu, dass nach den Maßstäben des § 154c Abs. 1 im Rahmen des pflichtgemäßen Ermessens gemäß § 47 Abs. 1 Satz 1 OWiG die Ordnungswidrigkeit nicht verfolgt wird.[11] Liegt in Wahrheit überhaupt keine Straftat vor, mag der Genötigte auch eine solche annehmen, so bedarf es des § 154c Abs. 1 schon deshalb nicht, weil dann auch von keiner Verfolgung abgesehen zu werden braucht. Die Straftat muss nicht von dem Bedrohten selbst begangen worden sein; es genügt, wenn sie von einer Person begangen worden ist, die dem Bedrohten so nahe steht, dass diese Drohung ihn unmittelbar berührt.[12]

4 Die Drohung muss die **Offenbarung** einer Straftat zum Inhalt haben. Das erfordert nicht die Inaussichtstellung einer Strafanzeige, vielmehr genügt jede an Dritte gerichtete Mitteilung des Sachverhalts, aus dem sich das strafbare Verhalten ergibt, sei es durch öffentliche Bekanntmachung, sei es durch Information des durch diese Straftat Verletzten oder auch durch Mitteilung an nächste Angehörige.[13] Dies gilt selbst dann, wenn der Bedrohte nicht befürchten muss, dass die angedrohte Offenbarung eine strafrechtliche Verfolgung nach sich zieht. Denn der Hauptzweck der Bestimmung besteht darin, dem Bedrohten die Scheu zu nehmen, sich wegen der Nötigung oder Erpressung an die Strafverfolgungsbehörden zu wenden, was notwendig die Gefahr der strafrechtlichen Verfolgung wegen der offenbarten Straftat mit sich bringt. Deshalb kommt es auch nicht darauf an, ob mit der Offenbarung der gesamten Tat gedroht und diese vom Drohenden oder Bedrohten rechtlich richtig qualifiziert wird.[14] Die richtige rechtliche Qualifikation und die Schwere der Tat spielt erst bei der Frage eine Rolle, ob die Anwendung des § 154c Abs. 1 nach seinem letzten Satzteil ausgeschlossen ist.

5 **c) Anzeige durch den Genötigten oder Erpressten?** Das Schrifttum ging vor Einfügung des Absatzes 2, anknüpfend an Äußerungen aus der Entstehungszeit der Vor-

---

10 Vgl. *Haug* MDR **1964** 554; *Willigmann* NJW **1955** 1748; **a.A.** Radtke/Hohmann/*Radtke* 6.

11 HK/*Gercke* 2; Radtke/Hohmann/*Radtke* 2; Meyer-Goßner/*Schmitt* 3; *Pfeiffer* 1; KMR/*Kulhanek* 7; AK/*Schöch* 3; KK/*Diemer* 2.

12 MüKo/*Teßmer* 7; HK/*Gercke* 2; *Pfeiffer* 1; *Eb. Schmidt* 4; AK/*Schöch* 3; KK/*Diemer* 2; SK/*Weßlau/Deiters* 3; AnwK-StPO/*Walther* 4.

13 HK/*Gercke* 2; Meyer-Goßner/*Schmitt* 1; *Morbach* 123 f.; *Pfeiffer* 1; AK/*Schöch* 3; KK/*Diemer* 2; AnwK-StPO/*Walther* 1; vgl. auch Radtke/Hohmann/*Radtke* 8; MüKo/*Teßmer* 8 f.

14 Teilweise abweichend LR/*Meyer-Goßner*[23] 6.

schrift,[15] überwiegend davon aus, dass § 154c Abs. 1 mindestens regelmäßig eine Anzeige gegen den Nötiger oder Erpresser verlange, die allerdings auch von einem Dritten ausgehen könne,[16] zumindest müsse ein ursächlicher Zusammenhang zwischen einer Mitteilung von Seiten des Opfers und der Aufdeckung der Erpressung (Nötigung) bestehen.[17] Das mag zwar der Regelfall sein, der dem Gesetzgeber bei Erlass der Vorschrift vor Augen gestanden hat; im Wortlaut des Absatzes 1 hat aber eine solche Einschränkung, im Gegensatz zu Absatz 2, keinen Ausdruck gefunden. Die Vorschrift ist deshalb auch dann anwendbar, wenn die Nötigung oder Erpressung von Amts wegen bekannt geworden ist,[18] selbst dann, wenn sie sich aufgrund einer Anzeige des Erpressers gegen den Täter der begangenen Straftat herausstellt.[19] Auch in diesen Fällen kann die Straffreiheit des Bedrohten die Überführung des Erpressers erleichtern, ganz abgesehen davon, dass die Vorschrift auch den Nebenzweck hat (Rn. 1), der verringerten Strafbedürftigkeit des Erpressungsopfers Rechnung zu tragen. Dem Grad der Mitwirkungsbereitschaft des Opfers an der Aufklärung der Nötigung oder Erpressung kann aber im Rahmen der Ermessensausübung (Rn. 11) Rechnung getragen werden.

d) Ausschluss der Nichtverfolgung. Von der Verfolgung der Tat, mit deren Offenbarung gedroht wurde, darf nicht abgesehen werden, wenn wegen der Schwere der Tat eine Sühne unerlässlich ist. Mit der aus der Entstehungszeit der Vorschrift erklärlichen, heute materiell-strafrechtlich nicht mehr zeitgemäßen Formulierung der „Sühne" wird ein Bezug zu den materiell-strafrechtlichen Strafzwecken hergestellt.[20] Ähnlich wie in § 154 Abs. 1 Nr. 2 (vgl. § 154, 31) liegt darin eine Verweisung auf alle Rechtsfolgenzwecke des materiellen Strafrechts, wobei hier der der **Generalprävention** zuzuordnende Gedanke der Verteidigung der Rechtsordnung eine besondere Bedeutung hat, aber nicht allein maßgebend ist.[21] Auch die Notwendigkeit des Ausgleichs besonders schwerer Schuld oder der Einwirkung auf den Täter (**Spezialprävention**) können die Verfolgung der Tat gebieten. Jedoch müssen die hierfür maßgebenden Umstände, da die Ausschlussklausel auf die Schwere der *Tat* abstellt, tatbezogener Art sein. Da das Gesetz Verbrechen nicht ausnimmt, ist die Deliktseinteilung nicht entscheidend. Auch wenn es sich bei der Tat des Genötigten oder Erpressten um ein Verbrechen handelt, ist das Absehen von der Verfolgung nicht ausgeschlossen, mag auch hier die Tatschwere häufiger als bei Vergehen zur Unerlässlichkeit der „Sühne" führen. Eine Relation zwischen der Tat des Bedrohten und der Schwere der Nötigung oder Erpressung sieht das Gesetz nicht vor (siehe auch Rn. 8). 6

Die Weiterverfolgung muss **unerlässlich** erscheinen; damit wird ein besonders hoher Grad von Notwendigkeit zum Ausdruck gebracht;[22] dass sie lediglich erforderlich oder wünschenswert ist, schließt die Nichtverfolgung nicht aus. Maßgebend sind die 7

---

15 *Lehmann* DJ **1935** 1004; *Schlüter* JW **1935** 2332.
16 So etwa *Pfeiffer* 1; AK/*Schöch* 4; KK/*Diemer* 3; SK/*Weßlau/Deiters* 4.
17 Vgl. LR/*Meyer-Goßner*[23] 8 (in der Regel).
18 Ebenso HK/*Gercke* 2; SK/*Weßlau/Deiters* 4; MüKo/*Teßmer* 9; *Morschbach* NJW **1956** 941; differenzierend KK/*Diemer* 3.
19 Insoweit **a.A.** LR/*Meyer-Goßner*[23] 8.
20 *Rieß* NStZ **1981** 6 mit Fn. 62; krit. zur Verwendung des Begriffs *Eb. Schmidt* 5; nach *Vogel* (LV zu § 153) 239 f. entspricht der Begriff dem des öffentlichen Interesses an der Strafverfolgung.
21 HK/*Gercke* 3; weitergehend (nur generalpräventive Erwägungen) *Eb. Schmidt* 5; LR/*Meyer-Goßner*[23] 9; AnwK-StPO/*Walther* 3; krit. AK/*Schöch* 6, der allein auf den Strafzweck des Schuldausgleichs i.S.v. § 46 Abs. 1 StGB abstellen will; dem ähnlich Radtke/Hohmann/*Radtke* 10; generell bezogen auf die Strafzwecke SK/*Weßlau/Deiters* 8; MüKo/*Teßmer* 13; KK/*Diemer* 5.
22 HK/*Gercke* 3; *Krause* MSchrKrim. **1969** 217; *Willigmann* NJW **1955** 1748; *Schlüter* JW **1935** 2332.

konkreten Umstände der Tat, die so beschaffen sein müssen, dass ein Sanktionsverzicht in Hinblick auf mindestens einen der anerkannten Strafzwecke schlechthin nicht mehr vertretbar erscheint. Deshalb ist es auch nicht begründet, bei den in § 138 StGB aufgeführten Delikten stets von einer Unerlässlichkeit der Weiterverfolgung auszugehen.[23]

8 Nach **Nr. 102 Abs. 1 RiStBV** soll § 154c grundsätzlich nur angewandt werden, „wenn die Nötigung oder Erpressung strafwürdiger ist als die Tat des Genötigten oder Erpressten“. Diese Fassung **entspricht nicht dem Gesetz** und ist deshalb unwirksam;[24] sie beschränkt sich nicht darauf, im Rahmen der gesetzlichen Anwendungsgrenzen das staatsanwaltschaftliche Ermessen durch zusätzliche Merkmale zu binden,[25] sondern ersetzt für den Regelfall das Unerlässlichkeitsmerkmal des Gesetzes durch ein davon verschiedenes, engeres, und verlangt eine vom Gesetz gerade nicht vorgesehene Abwägung zwischen der Strafwürdigkeit der Nötigung oder Erpressung und der Tat des Genötigten oder Erpressten.[26] Damit wird der allein entscheidende Maßstab der Schwere der Tat des Opfers der Nötigung oder Erpressung in unzulässiger Weise mit der Schwere der Tat des Nötigers oder Erpressers verknüpft, die das Opfer darüber hinaus überhaupt nicht zuverlässig einschätzen kann, wenn es sich in Hoffnung auf die Anwendung des § 154c zur Offenbarung seiner Tat entschließt.

9 **3. Absatz 2.** Absatz 2 hat einen gegenüber Absatz 1 erweiterten Anwendungsbereich, weil als Bezugstat auch der Menschenhandel aufgenommen wurde. Er eröffnet der Staatsanwaltschaft die Möglichkeit, auch dann von einer Strafverfolgung abzusehen, wenn die Nötigung oder Erpressung oder der Menschenhandel nicht durch die Drohung der Offenbarung einer Straftat begangen worden ist.[27] Hintergrund dieser Bestimmung, welche mit der Reform der Menschenhandelsdelikte durch das 37. StRÄndG[28] in die StPO Eingang fand, und später sinnhaltig wie aufgezeigt erweitert wurde,[29] ist die verbesserte Durchsetzung der Bestrafung wegen Menschenhandelsdelikten. Entsprechend der Grundsätze und Richtlinien der Vereinten Nationen zu Menschenrechten und Menschenhandel[30] ist der Schutz der Opferrechte vorrangig gegenüber der Bekämpfung des Organisierten Verbrechens.[31] Dem Genötigten oder Erpressten sowie dem Opfer des Menschenhandels kann wegen seines Verstoßes, gegen zumeist ausländer- und arbeitsrechtliche Vorschriften, Strafffreiheit in Aussicht gestellt werden, um so dessen Bereitschaft zur Anzeigeerstattung (§ 158) zu fördern.[32] Anders als bei der Einstellung nach Absatz 1

---

23 So aber *Krause* MSchrKrim. **1969** 217; *Rahn* 235.

24 *Radtke* (LV zu § 153) 252; AnwK-StPO/*Walther* 7; Radtke/Hohmann/*Radtke* 11; KK/*Diemer* 5; HK/*Gercke* 3; **a.A.** AK/*Schöch* 6; MüKo/*Teßmer* 13.

25 So aber *Morschbach* NJW **1956** 940.

26 Krit. zu dieser Fassung der RiStBV die ganz h.M., vgl. *Jeutter* (LV zu § 152) 73; *Jung* (LV zu § 152) 65 Fn. 96; Radtke/Hohmann/*Radtke* 11; KK/*Diemer* 5; HK/*Gercke* 3; *Krause* MSchrKrim. **1969** 217; Meyer-Goßner/*Schmitt* 3; *Pfeiffer* 2; *Rahn* 234; *Ranft* 1217; *Schmöe* NJW **1956** 212; *Vogel* (LV zu § 153) 241; *Willigmann* NJW **1955** 1749.

27 Meyer-Goßner/*Schmitt* 2; Radtke/Hohmann/*Radtke* 9; MüKo/*Teßmer* 10; AnwK-StPO/*Walther* 1.

28 BGBl. I **2005** S. 239; vgl. zu den materiell-rechtlichen Änderungen *Renzikowski* JZ **2005** 879; *Schroeder* NJW **2005** 1393.

29 Siehe Entstehungsgeschichte a.E.; siehe hierzu auch Richtlinie 2011/36/EU des Europäischen Parlaments und des Rates vom 5.4.2011 zur Verhütung und Bekämpfung des Menschenhandels und zum Schutz seiner Opfer sowie zur Ersetzung des Rahmenbeschlusses 2002/629/JI des Rates, AblEU 2011 L 101, S. 1.

30 Zusatzprotokoll zur Verhütung, Bekämpfung und Bestrafung des Menschenhandels, insbesondere des Frauen- und Kinderhandels zum Übereinkommen der Vereinten Nationen gegen die grenzüberschreitende organisierte Kriminalität v. 15.11.2000, BTDrucks. **15** 5150.

31 BTDrucks. **16** 4266 S. 1f.

32 *Thoma* NKrimPol **2005** 52.

kommt die Einstellung nur in Betracht, wenn der Genötigte oder Erpresste der Anzeigeerstatter ist, wobei es nach dem Sinn und Zweck der Norm ausreichen muss, wenn die Anzeigeerstattung in irgendeiner Weise unmittelbar oder mittelbar auf das Opfer der Nötigung oder Erpressung zurückgeht.

Ob die Schaffung dieser neuen Einstellungsmöglichkeit die Anzeigebereitschaft der 10 betroffenen Personen tatsächlich erhöhen wird, bleibt abzuwarten. Skepsis ist insoweit angebracht, weil die Zusicherung der Verfahrenseinstellung nach Nr. 102 Abs. 2 RiStBV dem Behördenleiter vorbehalten ist und weil dem Genötigten oder Erpressten zumeist nur unzureichender Schutz gewährt werden kann, da die Kriterien des Gesetzes zum Schutz gefährdeter Zeugen hinsichtlich der persönlichen Gefährdung sowie des wesentlichen Beitrags zu den Ermittlungen sehr hoch angesetzt sind.[33] In der Praxis wird sich der Erfolg nur einstellen, wenn auch eine professionelle Betreuung sowie Finanzierung des Aufenthalts und der Unterbringung der fast ausschließlich weiblichen Opferzeugen sichergestellt ist.[34] Wichtig ist auch, dass eine Einstellung nach dem ausdrücklichen Wortlaut des Absatzes 2 nur in Betracht kommt, wenn es sich um ein **Vergehen** des Opfers handelt. Ferner darf eine **Sühne** nicht wegen der **Schwere der Tat unerlässlich** sein. Insoweit gilt das für Absatz 1 Gesagte (vgl. Rn. 6f.).

4. Verfahren bei der Einstellung. Ob die Staatsanwaltschaft, wenn die Voraussetzungen des § 154c vorliegen, von der Verfolgung absehen will, entscheidet sie nach **pflichtgemäßem Ermessen.**[35] Hierbei kann auch berücksichtigt werden, in welchem Umfang das Opfer an der Aufklärung der Erpressung oder Nötigung mitgewirkt hat (Rn. 5, 9); auch ein sonstiges öffentliches Interesse an der Strafverfolgung (vgl. § 153, 29ff.), aus dem sich noch nicht deren Unerlässlichkeit ergibt, kann berücksichtigt werden.[36] Bis zur Anklagereife braucht die Tat des Genötigten oder Erpressten nicht aufgeklärt zu werden; doch muss ihr Schweregrad jedenfalls soweit festgestellt werden, dass beurteilt werden kann, ob die Anwendungsgrenzen der Vorschrift eingehalten werden können. Sieht die Staatsanwaltschaft von der Verfolgung ab, so stellt sie das Verfahren ein. Eine **Zustimmung des Gerichts** oder des Beschuldigten ist **nicht erforderlich.** Wünscht der Beschuldigte, dass das Verfahren gegen ihn durchgeführt wird, etwa weil er hofft, dass der Ausgang ihn rehabilitiert, so wird für die Staatsanwaltschaft regelmäßig keine Veranlassung bestehen, nach dieser Vorschrift, die den Interessen des Beschuldigten und nicht etwa der Justizökonomie dient, von der Verfolgung abzusehen. Das Klageerzwingungsverfahren ist ausgeschlossen (§ 172 Abs. 2 Satz 3). 11

Führt die **Finanzbehörde** nach § 386 Abs. 2 AO ein Steuerstrafverfahren selbständig 12 durch, so kann sie § 154c Abs. 1 anwenden; doch dürfte sich in solchen Fällen wegen der Verbindung mit der Nötigung oder Erpressung regelmäßig empfehlen, dass sie die Sache nach § 386 Abs. 4 AO an die Staatsanwaltschaft abgibt oder dass diese sie an sich zieht.[37] Letzteres kann auch geschehen, wenn die Staatsanwaltschaft entgegen der Meinung der Finanzbehörde die Nichtverfolgung für geboten hält. Sollte im Falle des § 154c Abs. 2 zunächst die Finanzbehörde die Anzeige erhalten, so muss sie das Verfahren umgehend an die Staatsanwaltschaft abgeben. Die Polizei ist nicht berechtigt, von sich aus von

33 Nach *Thoma* NKrimPol **2005** 54 wurden 2005 weniger als 2 %, nach *Heinz* GedS Vogler 139 weniger als 5 % in entsprechende Zeugenschutzprogramme aufgenommen.

34 Ausführlich *Heinz* GedS Vogler 138ff.

35 SK/*Weßlau*/*Deiters* 8; Radtke/Hohmann/*Radtke* 16; HK/*Gercke* 5; MüKo/*Teßmer* 14; *Morbach* 124; KMR/*Plöd* 4; AK/*Schöch* 5; krit. *Jeutter* (LV zu § 152) 70f.; **a.A.** (unbestimmter Rechtsbegriff) *Vogel* (LV zu § 153) 242.

36 *Eb. Schmidt* 6.

37 *Pfeiffer* 2; KMR/*Kulhanek* 3; Radtke/Hohmann/*Radtke* 14; SK/*Weßlau*/*Deiters* 7.

§ 154c Gebrauch zu machen; sie hat daher auch dann nach § 163 Abs. 2 Satz 1 die Staatsanwaltschaft von dem Tatverdacht gegen den Genötigten oder Erpressten zu unterrichten, wenn dieser sich ihr gegenüber offenbart und sie daraufhin die Nötigung oder Erpressung aufgeklärt hat.

13 Die Vorschrift schließt eine **Zusicherung der Nichtverfolgung** durch die Staatsanwaltschaft, auch nach vorangegangenen Verhandlungen, nicht aus;[38] insoweit behält Nr. 102 Abs. 2 RiStBV innerdienstlich die Entscheidung dem **Behördenleiter** vor.[39] Allerdings bedeutet es für den Beschuldigten ein erhebliches Risiko, derartige Verhandlungen einzuleiten, weil, wenn sich die Staatsanwaltschaft zu einer Zusage der Nichtverfolgung nicht in der Lage sieht, regelmäßig ein zu weiteren Ermittlungen Anlass gebender Anfangsverdacht entstanden sein wird. Reduziert werden kann diese Gefahr durch die Einschaltung des Verteidigers.[40] Eine rechtliche Bindung der Staatsanwaltschaft an ihre Nichtverfolgungszusage besteht, sofern ihr alle relevanten Tatumstände bekannt waren.[41] Ganz generell dürfen Strafverfolgungsorgane nicht ohne Grund von einmal getroffenen Absprachen abweichen (vgl. § 153, 60). Eine Bindungswirkung besteht nicht, wenn sich die nichtverfolgte Tat aufgrund neuer Tatsachen als strafwürdiger darstellt.

14 **5. Fortsetzung des Verfahrens.** Die Einstellung des Verfahrens hat keine Sperrwirkung; die Strafverfolgungsbehörden können die Strafverfolgung jederzeit wieder aufnehmen.[42] Dazu kann insbesondere dann Veranlassung bestehen, wenn sich aufgrund neu hervorgetretener Umstände ergibt, dass die Tat des Genötigten oder Erpressten wesentlich schwerer erscheint als im Zeitpunkt der Einstellung angenommen. Dass dieser Irrtum auf einer Täuschung durch den Beschuldigten beruht, ist nicht erforderlich, kann aber eine Fortsetzung des Verfahrens besonders nahe legen.[43] Nach dem Legalitätsprinzip ist die Staatsanwaltschaft zur **Verfahrensfortsetzung verpflichtet**, wenn sich, etwa im Verfahren gegen den Nötiger oder Erpresser, herausstellt, dass die Voraussetzungen der Vorschrift überhaupt nicht vorliegen. Eine Verfahrensfortsetzung bei unveränderter Beurteilungsgrundlage lediglich aufgrund einer anderen Bewertung entspricht nicht den Anforderungen an ein faires Verfahren (vgl. § 153, 60).[44]

15 **6. Keine gerichtliche Einstellung.** Abweichend von der Mehrzahl der neueren Nichtverfolgungsermächtigungen ermöglicht § 154c nicht die Einstellung des gerichtlich anhängigen Verfahrens durch das Gericht, und zwar auch dann nicht, wenn der Ange-

---

38 HK/*Gercke* 4; AK/*Schöch* 8; i. Erg. auch Radtke/Hohmann/*Radtke* 20; differenzierend MüKo/*Teßmer* 15; KK/*Diemer* 5.

39 Die Auffassung von LR/*Meyer-Goßner*[23] 11; *Morschbach* NJW **1956** 940, dass die Einstellungsentscheidung selbst durch die RiStBV dem Behördenleiter vorbehalten sei, findet im Wortlaut, der nur die *Zusicherung* betrifft, keine Stütze.

40 *Krey* 234; *Krause* FS Spendel 552; AK/*Schöch* 8; zur Vorgehensweise in solchen Fällen *Dahs* (Hdb.) 327; vgl. auch *Morschbach* NJW **1956** 941.

41 *Krey* 234; vgl. auch Meyer-Goßner/*Schmitt* Einl. 156 ff. mit Hinweis auf Fürsorgepflicht und Vertrauensgrundsatz; Radtke/Hohmann/*Radtke* 20 statuiert ein Verfahrenshindernis; zurückhaltender LR/*Rieß*[24] 11; **a.A.** SK/*Weßlau/Deiters* 9; KK/*Diemer* 4

42 *Krause* FS Spendel 553; KMR/*Kulhanek* 9; Meyer-Goßner/*Schmitt* 5; HK/*Gercke* 6; SK/*Weßlau/Deiters* 11; MüKo/*Teßmer* 17; **a.A.** Radtke/Hohmann/*Radtke* 23 (beschränkter Strafklageverbrauch).

43 AK/*Schöch* 9; vgl. *Krause* MSchrKrim. **1969** 217; *Schmöe* NJW **1956** 212.

44 LR/*Meyer-Goßner*[23] 15; ähnlich AK/*Schöch* 9; Meyer-Goßner/*Schmitt* 5; HK/*Gercke* 6; SK/*Weßlau/Deiters* 11; MüKo/*Teßmer* 17; LR/*Rieß*[24] 11; für eine noch weitergehendere Bindungswirkung *Radtke* (LV zu § 153) 255 ff., 388, der neue Tatsachen verlangt, die die Bestrafung des Genötigten als unerlässlich erscheinen lassen; vgl. auch Radtke/Hohmann/*Radtke* 23; de lege ferenda für eine Begrenzung der Befugnis zur Verfahrensfortsetzung z.B. *Schmöe* NJW **1956** 212.

schuldigte erst jetzt offenbart, dass er das Opfer einer Nötigung oder Erpressung geworden ist und zur Aufklärung dieser Tat beiträgt. Dem kriminalpolitischen Zweck der Vorschrift wird diese Beschränkung nicht gerecht. Solange die Staatsanwaltschaft die Klage nach § 156 zurücknehmen kann, kann diese Lücke dadurch geschlossen werden, dass sie hiervon Gebrauch macht und das Ermittlungsverfahren einstellt; im Übrigen werden ggf. die Einstellungsmöglichkeiten nach den §§ 153, 153a genutzt werden können.[45] De lege ferenda erscheint die Erweiterung der Vorschrift um eine gerichtliche Einstellung wünschenswert.[46]

§ 154d
Verfolgung bei zivil- oder verwaltungsrechtlicher Vorfrage

[1]Hängt die Erhebung der öffentlichen Klage wegen eines Vergehens von der Beurteilung einer Frage ab, die nach bürgerlichem oder nach Verwaltungsrecht zu beurteilen ist, so kann die Staatsanwaltschaft zur Austragung der Frage im bürgerlichen Streitverfahren oder im Verwaltungsstreitverfahren eine Frist bestimmen. [2]Hiervon ist der Anzeigende zu benachrichtigen. [3]Nach fruchtlosem Ablauf der Frist kann die Staatsanwaltschaft das Verfahren einstellen.

Schrifttum zu § 154d und § 154e

Groß Gegen den Mißbrauch strafrechtlicher Ermittlungen zur Vorbereitung eines Zivilverfahrens – Abgebrochene gesetzgeberische Vorüberlegungen, GA **1996** 151; *Haas* Ein Beitrag zur Auslegung des § 154d StPO, MDR **1990** 684; *Huber* Die falsche Verdächtigung im Verkehrsordnungswidrigkeitenverfahren, NStZ **2018** 248; *Isensee* Aussetzung des Steuerstrafverfahrens – rechtsstaatliche Ermessensdirektiven, NJW **1985** 1007; *Kaiser* Legalitätsprinzip und Ermessensspielraum – Probleme in Anlehnung an §§ 154a, 262 Abs. 2 StPO, NJW **1963** 1190; *Kern* Die Aussetzung des Strafverfahrens zur Klärung präjudizieller Fragen, FS Reichsgericht (1929) Bd. V 131; *Kohlmann* Aussetzung des Steuerstrafverfahrens gemäß § 396 AO und prozessuale Fürsorgepflicht, FS Klug (1983) 507; *Krause* Die Fristbestimmung nach § 154a StPO, SchlHA **1960** 158; *ders.* Die vorläufige Einstellung von Strafsachen praeter legem, GA **1969** 97; *Meyer* Gedanken zur Nachrangigkeit strafrechtlicher Ermittlungen, wenn wegen des gleichen Sachverhalts ein Zivilrechtsstreit geführt wird, JurBüro **1990** 1403; *Milzer* Ist die falsche Verdächtigung mit einem Privatklagedelikt immer von Amts wegen zu verfolgen? MDR **1990** 20; *Schneidewin* Das Klageerzwingungsverfahren nach Fristbestimmung gemäß § 154a StPO, JZ **1959** 307; *Werner* Der Einfluß des Verletzten auf Verfahrenseinstellungen der Staatsanwaltschaft (1986).

Entstehungsgeschichte

Die Vorschrift wurde 1931 mit dem heute noch geltenden Wortlaut als § 3 des Kap. 1 Teil VI der 2. AusnVO eingeführt. Das VereinhG (Art. 3 I Nr. 61) fügte sie als Absatz 3 in § 152 ein; durch Art. 4 Nr. 20 des 3. StrÄndG wurde sie zu einer selbständigen Vorschrift mit der Bezeichnung § 154a; durch Art. 6 Nr. 2 des StPÄG 1964 wurde sie in § 154d umbenannt.

---

45 *Meyer-Goßner/Schmitt* 4; LR/*Meyer-Goßner*[23] 13; KMR/*Kulhanek* 3; *Pfeiffer* 1; *Ranft* 1218.
46 Ebenso LR/*Meyer-Goßner*[23] 13; *Morschbach* NJW **1956** 941; *Ranft* 1218; *Schmöe* 212; AK/*Schöch* 5; **a.A.** *Krause* FS Spendel 557; (früher) *Schlüter* JW **1935** 2332.

https://doi.org/10.1515/9783110590098-015

Übersicht

1 **1. Bedeutung, Zweck und Inhalt der Vorschrift.** Die Vorschrift wurde 1931[1] in Anlehnung an den von Anfang an in der StPO enthaltenen § 262 Abs. 2 eingeführt.[2] Wie sich aus § 262 Abs. 1 ergibt, sind im Strafverfahren die Gerichte in der Beurteilung zivil- und öffentlich-rechtlicher Vorfragen grundsätzlich frei, soweit sich nicht aus besonderen Bestimmungen ausdrückliche Bindungen ergeben (vgl. die Erl. zu § 262). Diese selbständige Kognitionspflicht gilt notwendig auch für das Ermittlungsverfahren und die Abschlussentscheidung der Staatsanwaltschaft über den genügenden Anlass zur Erhebung der öffentlichen Klage. § 154d schränkt die Befugnis und die grundsätzliche Pflicht zur selbständigen Beurteilung solcher Vorfragen nicht ein;[3] er soll aber der Verlockung entgegenwirken, dass durch die Erstattung möglicherweise nicht begründeter Strafanzeigen Material für Zivilprozesse und öffentlich-rechtliche Verfahren unter Einsatz der Ermittlungsbefugnisse der Strafverfolgungsbehörden und damit unter „missbräuchlicher" Inanspruchnahme des Strafverfahrens beschafft wird.[4] Zum Teil wird vorgeschlagen, § 154d überhaupt nur auf Missbrauchsfälle anzuwenden.[5] Zum anderen wird darauf hingewiesen, dass es sich nicht um einen Missbrauch im engeren Sinne handeln könne, weil die Nutzung des Strafverfahrens zur Materialsammlung nicht dessen Zweck widerspreche.[6] Zudem stünde ein solches Verständnis mit der gegenwärtigen Entwicklung der Stärkung der Opferrechte nicht im Einklang.[7] Tatsächlich dient die Regelung somit vorrangig justizökonomischen bzw. prozessökonomischen Zwecken.[8] Darüber hinaus wird der Vorschrift auch noch der weitere Zweck beigelegt, eine unterschiedliche Beurteilung der gleichen Rechtsfrage durch die Strafjustiz und die in erster Linie zur Entscheidung berufenen Fachgerichte zu verhindern.[9] Die Praxis macht bedauerlicherweise von der Vorschrift noch immer verhältnismäßig wenig Gebrauch. Zwar ist ihr Anwendungsbereich zunächst angestiegen. So wurden in den Jahren 1981 ca. 5.893 Verfahren nach

---

1 Zu den Vorschlägen früherer Entwürfe vgl. *Kern* FS Reichsgericht 157 ff.

2 Vorher wurde teilweise die analoge Anwendung des § 262 Abs. 2 auf das Ermittlungsverfahren befürwortet, vgl. *Kern* FS Reichsgericht 136 f. m.w.N.

3 *Ranft* 1220.

4 *Bloy* GA **1980** 182; *Groß* GA **1996** 153; *Kaiser* NJW **1963** 1190; *Krause* SchlHA **1960** 158; HK/*Gercke* 1; Meyer-Goßner/*Schmitt* 1; *Eb. Schmidt* § 154a, 3; AK/*Schöch* 1; KK/*Diemer* 1; KMR/*Kulhanek* 1; vgl. auch *Linden* Verh. des 60. DJT (1994), Bd. II/2, M 41.

5 *Haas* MDR **1990** 684; hiergegen wendet sich *Meyer* JurBüro **1990** 1403.

6 *Kröpil* JA **1997** 783; AnwK-StPO/*Walther* 1.

7 SK/*Weßlau*/*Deiters* 2.

8 So zutreffend schon SK/*Weßlau*/*Deiters* 2; Radtke/Hohmann/*Radtke* 1; offenlassend MüKo/*Teßmer* 4; **a.A.** HK/*Gercke* 1; Meyer-Goßner/*Schmitt* 1.

9 LR/*Meyer-Goßner*[23] 5; *Bloy* GA **1980** 182; KMR/*Kulhanek* 1; **a.A.** *Ranft* 1220; SK/*Weßlau*/*Deiters* 3; Radtke/Hohmann/*Radtke* 2;

§§ 154d und 154e eingestellt, 1987 8.884, 1997 15.659 und 2005 17.074.[10] In jüngerer Zeit ging diese Zahl jedoch wieder zurück auf 9.690 in 2016.[11] Im Jahr 2017 betrug sie nur noch 8.963.[12] Allerdings wird im Schrifttum auch zu Recht darauf hingewiesen, dass eine Einstellung nach § 170 Abs. 2 näher liegt als ein Vorgehen nach § 154d, wenn die Beantwortung der bürgerlich-rechtlichen oder verwaltungsrechtliche Vorfrage so schwierig ist, dass im Einzelfall ein Tatbestands- oder Verbotsirrtum (§§ 16, 17 StGB) seitens des Beschuldigten nahe liegt.[13]

Die Vorschrift umfasst **inhaltlich zwei verschiedene**, aber aufeinander bezogene 2
Regelungen. Die Sätze 1 und 2, die der für das Gericht in § 262 Abs. 2 getroffenen Regelung entsprechen, gestatten der Staatsanwaltschaft, für die Austragung einer präjudiziellen Rechtsfrage eine Frist zu bestimmen; sie ermächtigen damit dazu, trotz des generellen Beschleunigungsgrundsatzes von der Förderung des Ermittlungsverfahrens einstweilen abzusehen. Damit ist notwendig die in § 262 Abs. 2 ausdrücklich normierte Befugnis verbunden, den Ausgang jenes Rechtsstreits abzuwarten, wodurch sich diese Befugnis insgesamt als eine solche zur vorläufigen Einstellung des Ermittlungsverfahrens darstellt. Darüber hinausgehend ermächtigt Satz 3 die Staatsanwaltschaft bei fruchtloser Fristsetzung zur endgültigen Einstellung des Verfahrens und enthält damit eine Einschränkung der dem Legalitätsprinzip entspringenden Erforschungspflicht (§ 160 Abs. 1). Die Vorschrift ist bei einer Vorlagefrage nach § 121 Abs. 2 GVG analog anzuwenden, wenn bereits in anderer Sache eine Vorlage erfolgt ist.[14]

2. Voraussetzungen

a) Vergehen. Die Vorschrift ist nur bei Vergehen (§ 12 Abs. 2, 3 StGB) anwendbar; für 3
Verbrechen gilt sie nicht. Dem kann die gesetzgeberische Wertentscheidung entnommen werden, dass bei dem Verdacht besonders schwerer Straftaten das strafprozessuale Aufklärungsinteresse Vorrang hat. Bei Vergehen mit besonders großem Unrechtsgehalt, etwa bei Anhaltspunkten für das Vorliegen eines besonders schweren Falles, ist zwar die Anwendung der Vorschrift nicht ausgeschlossen, dürfte aber nur unter engen Voraussetzungen in Betracht zu ziehen sein.[15] Ob die sinngemäße Anwendung der Sätze 1 und 2 bei der Verfolgung von **Ordnungswidrigkeiten** nach § 46 Abs. 2 OWiG rechtlich möglich ist,[16] ist angesichts der Entstehungsgeschichte der Vorschrift, die stets auf Vergehen beschränkt war und Übertretungen nicht einbezog,[17] zweifelhaft, aber wohl ohne praktische Bedeutung. Die Einstellungsbefugnis nach Satz 3 wäre ohnehin wegen § 47 Abs. 1 OWiG entbehrlich.

b) Vorfragen aus einem anderen Rechtsgebiet. Die Strafbarkeit – aber auch 4
schon die Verfolgbarkeit –[18] der Tat muss von einer Rechtsfrage abhängen, die nach bürgerlichem oder Verwaltungsrecht zu beurteilen ist. Darunter fallen auch Rechtsfragen,

10 Vgl. zu den Zahlen bis 2005 LR/*Beulke*[26] § 152, 43 mit Fn. 152; zu den jüngeren Zahlen auch § 152, 54 f. Fn. 224.
11 Statistisches Bundesamt, Rechtspflege, Staatsanwaltschaften 2016.
12 Statistisches Bundesamt, Rechtspflege, Staatsanwaltschaften 2017, S. 26.
13 *Heghmanns* Das Arbeitsgebiet des Staatsanwalts 713.
14 OLG Karlsruhe Beschl. vom 30.1.2017, 2 Rb 6 Ss 53/17.
15 Ähnlich AK/*Schöch* 3; Radtke/Hohmann/*Radtke* 5.
16 So Meyer-Goßner/*Schmitt* 2; MüKo/*Teßmer* 8; HK/*Gercke* 3; *Pfeiffer* 1; AK/*Schöch* 3.
17 Vgl. z.B. (auch zu den Gründen) LR/*Kohlhaas*[22] 4; *Eb. Schmidt* § 154a, 5.
18 Vgl. *Kern* FS Reichsgericht 134 mit dem Beispiel, dass die Wirksamkeit oder Notwendigkeit eines Strafantrags von der Angehörigeneigenschaft abhängt.

die von den Arbeits- und Sozialgerichten zu behandeln sind; entscheidend ist, dass es sich um eine Rechtsfrage nichtstrafrechtlicher Art handelt.[19] Das ist etwa dann der Fall, wenn das Strafgesetz in einem Tatbestandsmerkmal einen Rechtsbegriff verwendet, der ausschließlich nach Zivilrecht oder öffentlichem Recht zu beurteilen ist, wie etwa die Fremdheit der Sache bei den §§ 242, 246 StGB oder das fremde Jagdrecht in § 292 StGB, aber auch, wenn bei einem Vermögensdelikt der Beschuldigte einen Vermögensschaden bestreitet oder das Bestehen einer Gegenforderung behauptet.[20] Gleiches gilt bei Tatbestandsmerkmalen, die zivil- oder verwaltungsrechtsakzessorisch[21] ausgestaltet sind, wie z.B. das Merkmal „unbefugt" in § 324 StGB. Dagegen ist die Vorschrift unanwendbar, wenn der Rechtsbegriff eine spezifisch strafrechtliche Bedeutung hat; so kann bei dem Vorwurf einer fahrlässigen Körperverletzung der Anzeigende wegen des unterschiedlichen Fahrlässigkeitsbegriffs des Zivilrechts nicht darauf verwiesen werden, nach § 823 Abs. 1 BGB vorzugehen.

5 **Keine präjudiziellen Rechtsfragen,** die eine Anwendung des § 154d ermöglichen, liegen in der Regel vor, wenn die Strafverfolgungsbehörden ausnahmsweise an andere Hoheitsakte gebunden sind, etwa bei rechtsgestaltenden Urteilen oder Verwaltungsakten oder bei bloßer Tatbestandswirkung eines Hoheitsaktes (vgl. näher die Erl. zu § 262).[22] Solche bindenden Hoheitsakte hat die Staatsanwaltschaft ihrer Ermittlung und Abschlussentscheidung zugrunde zu legen. Hier wird allenfalls der Beschuldigte ein Interesse daran haben, durch eine Veränderung der die Strafbarkeit begründenden und für die Strafverfolgungsbehörden bindenden Hoheitsakte eine ihm günstige Entscheidung herbeizuführen. In solchen Fällen kommt weder eine Fristsetzung nach Satz 1 noch eine Einstellung nach Satz 3 in Frage, doch kann hier der der Vorschrift auch zu entnehmende Rechtssatz angewandt werden, das Ermittlungsverfahren bis zur Entscheidung dieses Rechtsstreits auszusetzen.[23] Zur Sachbehandlung durch die Staatsanwaltschaft, wenn diese eine entscheidungserhebliche Vorschrift für verfassungswidrig hält, vgl. § 170, 28f.

6 **c) Abhängigkeit.** Von der präjudiziellen **Rechtsfrage** muss die Entscheidung über die Erhebung der öffentlichen Klage abhängen, es muss sich also ohne ihre Klärung nicht beantworten lassen, ob hinreichender Tatverdacht besteht.[24] Freilich ist dies auf der Grundlage des für die Staatsanwaltschaft im Zeitpunkt der Anwendung des § 154d gegebenen Erkenntnisstandes zu beantworten; da nach dem Sinn der Vorschrift eine frühzeitige Anwendung geboten ist, kann es nur auf die **voraussichtliche** Abhängigkeit ankommen.[25] Diese liegt aber nicht vor, wenn bereits zu diesem Zeitpunkt erkennbar ist, dass hinreichender Tatverdacht nicht besteht und auch nicht durch die Klärung der präjudiziellen Rechtsfrage begründet werden kann, etwa weil sich der Beschuldigte auf je-

19 *Kaiser* NJW **1963** 1190; *Krause* GA **1969** 100 Fn. 15; Meyer-Goßner/*Schmitt* 3; HK/Gercke 3; Radtke/Hohmann/*Radtke* 9; *Pfeiffer* 1; *Ranft* 1220; AK/*Schöch* 5; KK/*Diemer* 4; MüKo/*Teßmer* 9; *Vordermayer*/v. Heintschel-Heinegg, 3. Teil, 154; AnwK-StPO/*Walther* 4; vgl. auch SK/*Velten* § 262, 16.

20 Vgl. *Krause* SchlHA **1960** 158; ähnlich AK/*Schöch* 4; KK/*Diemer* 2.

21 Radtke/Hohmann/*Radtke* 9.

22 HK/*Gercke* 3; SK/*Weßlau*/*Deiters* 6; Radtke/Hohmann/*Radtke* 11; SSW/*Schnabl* 3.

23 HK/*Gercke* 3; abw. Meyer-Goßner/*Schmitt* 3 (z.T. Zurückstellung der Entscheidung nach § 170, zum Teil wie hier); vgl. *Krause* GA **1969** 99f.; **a.A.** SK/*Weßlau*/*Deiters* 6 (analoge Anwendung des § 262 Abs. 2); ebenso SK/*Velten* § 262, 14.

24 *Eb. Schmidt* § 154a, 4; ähnlich HK/*Gercke* 3; *Schlüchter* 406.7 Fn. 67s (ausschlaggebende Bedeutung); vgl. auch KK/*Diemer* 2; MüKo/*Teßmer* 10; KMR/*Kulhanek* 5; Radtke/Hohmann/*Radtke* 12.

25 *Meyer* JurBüro **1990** 1403; MüKo/*Teßmer* 12 (hypothetische Tatsachengrundlage); AK/*Schöch* 4; Radtke/Hohmann/*Radtke* 7 (Ausschluss anderer Begründung eines hinreichenden Tatverdachts).

den Fall in einem seine Strafbarkeit ausschließenden Irrtum befunden hat. In solchen Fällen ist alsbald nach § 170 Abs. 2 das Verfahren endgültig einzustellen. **Keine Abhängigkeit** in diesem Sinne liegt nach der ganz h.M. vor, wenn von einem Zivil- oder Verwaltungsgerichtsprozess lediglich die Aufklärung von **Tatsachen** zu erwarten wäre, die auch für das Strafverfahren von Bedeutung sind, selbst wenn derselbe Lebenssachverhalt zu beurteilen ist.[26] Wieweit es zulässig ist, parallele Sachverhaltsaufklärung in anderen Verfahren (auch Strafverfahren) abzuwarten, beurteilt sich nicht nach § 154d, sondern nach den Grundsätzen und Grenzen der freien Gestaltung des Ermittlungsverfahrens (vgl. die Erl. zu § 160).

d) Für **Steuerstrafverfahren** enthält **§ 396 AO** eine vergleichbare Sondervorschrift. 7
Danach kann das Strafverfahren, auch das Ermittlungsverfahren, bis zum rechtskräftigen Abschluss des Besteuerungsverfahrens ausgesetzt werden, wenn die Beurteilung der Straftat als Steuerhinterziehung davon abhängt, ob ein Steueranspruch besteht, ob Steuern verkürzt oder ob nicht gerechtfertigte Steuervorteile erlangt sind. Eine Fristsetzung sowie die Möglichkeit einer endgültigen Einstellung entsprechend § 154d Satz 3 sieht § 396 AO nicht vor, dessen Zweck stärker darin zu sehen ist, divergierende Entscheidungen der Straf- und Finanzgerichte zu vermeiden.[27] Dennoch steht nach der heutigen Fassung[28] die Anwendung des § 396 AO im Ermessen der Staatsanwaltschaft und des Gerichts;[29] auch in steuerrechtlichen Vorfragen besteht keine Bindung. Der im Schrifttum teilweise vertretenen Auffassung, dass sich aus § 396 AO unter bestimmten Voraussetzungen eine Aussetzungspflicht ableiten lasse,[30] kann angesichts des Wortlauts und der Entstehungsgeschichte nicht ohne weiteres zugestimmt werden; allenfalls in besonders gelagerten Ausnahmefällen erscheint eine „Ermessensreduzierung auf Null" erwägenswert. Es kann auch nicht anerkannt werden, dass Staatsanwaltschaft und Strafgerichte weniger kompetent zur Beurteilung von steuerrechtlichen Vorfragen seien als von solchen aus anderen Rechtsgebieten.[31]

3. Fristsetzung

a) Allgemeines. Obwohl nach dem Gesetzeswortlaut die Frist zur „Austragung" der 8
präjudiziellen Rechtsfrage zu bestimmen ist, kann sie sich nach dem Zweck der Vorschrift nur auf die **Einleitung des Zivil- oder Verwaltungsprozesses** beziehen, nicht auf dessen Abschluss, auf den die Prozesspartei keine ausreichende Einwirkungsmög-

26 OLG Stuttgart NStZ-RR **2003** 146; *Kern* FS Reichsgericht 133; *Meyer* JurBüro **1990** 1404; *Krause* SchlHA **1960** 158; *Schlüchter* 406.7 Fn. 67s; *Eb. Schmidt* § 154a, 4; Radtke/Hohmann/*Radtke* 7; AK/*Schöch* 4; KK/*Diemer* 3; **a.A.** *Peters* § 23 IV 1c gg (S. 166); in diesem Sinne auch *Kaiser* NJW **1963** 1190.

27 So z.B. MüKo/*Pflaum* § 396, 1 AO; Klein/*Jäger* § 396, 1; *Isensee* NJW **1985** 1008; *Kohlmann* FS Klug 503.

28 Zur Entwicklung der Vorschrift ausführlich *Kohlmann* FS Klug 510 ff.

29 BGH NStZ **1985** 126; NJW **1987** 1274; Klein/*Jäger* § 396, 8; vgl. auch BVerfG (Vorprüfungsausschuss) NJW **1985** 1950 (Aussetzungsfrage ist nach pflichtgemäßem Ermessen von Amts wegen zu prüfen); vgl. zu dieser Entscheidung auch *Herden/Gmach* NJW **1986** 559.

30 *Kohlmann* FS Klug 523 unter Heranziehung der Fürsorgepflicht; *Isensee* NJW **1985** 1008 (aus verfassungssystematischen Gesichtspunkten); ähnlich *Meyer-Wegelin* DStR **1984** 248 (Ableitung aus dem Sinn des § 160 Abs. 2); *Scheurmann-Kettner* in: Koch/Scholtz § 396, 3 und *Schlüchter* JR **1985** 362 m.w.N. in Fn. 28.

31 **A.A.** *Isensee* NJW **1985** 1008 (wegen der akzessorischen Natur des Steuerstrafrechts) sowie diejenige Meinung, die wie z.B. *Ulsenheimer* NJW **1985** 1929 m.w.N. in Fn. 3 für das Steuerrecht einen „Interpretationsvorrang der Finanzverwaltung" postuliert; zum Ganzen auch *Brauns* StV **1985** 326; *Schlüchter* JR **1985** 360 ff.

lichkeit hat.[32] Hierfür muss sie zeitlich angemessen sein; sie ist zu verlängern, wenn sich nachträglich herausstellt, dass sie zu kurz bemessen war.[33] Eine Frist kann nicht gesetzt werden, wenn eine Klage nicht zulässig wäre;[34] stellt sich dies später heraus, so ist das Verfahren fortzusetzen und darf Satz 3 nicht angewandt werden. Mit der Fristsetzung kann (und sollte regelmäßig) die Verpflichtung verbunden werden, der Staatsanwaltschaft die Einleitung des Verfahrens mitzuteilen. Die Fristsetzung kommt regelmäßig nicht in Betracht, wenn das Verfahren zur Klärung der präjudiziellen Rechtsfrage bereits anhängig ist; in diesem Fall ist § 154d aber Grundlage für die Zulässigkeit der vorläufigen Einstellung des Ermittlungsverfahrens. Ausnahmsweise kommt eine Fristsetzung oder **erneute Fristsetzung** bei bereits anhängigen Verfahren in Frage, wenn derjenige, dem eine Frist gesetzt werden kann, in zurechenbarer Weise bewirkt, dass das Verfahren nicht betrieben wird.

9 **Adressat der Fristsetzung** kann sein, wer darauf hinwirken kann, dass der präjudizielle Rechtsstreit eingeleitet wird. Um den unmittelbar Klagebefugten braucht es sich nicht unbedingt zu handeln, etwa wenn der Anzeigeerstatter nicht der Verletzte ist.[35] In der Praxis wird § 154d regelmäßig in einem Verfahren angewendet werden, das aufgrund einer Strafanzeige nach § 158 eingeleitet worden ist. Es ist jedoch rechtlich nicht ausgeschlossen, dass die Staatsanwaltschaft in einem von Amts wegen eingeleiteten Ermittlungsverfahren dem möglicherweise Verletzten, der keine Anzeige erstattet hat, eine solche Frist setzt, um sich damit die Einstellungsmöglichkeit nach Satz 3 zu eröffnen, ohne den Sachverhalt aufgrund des Anfangsverdachts gemäß § 160 Abs. 1 erforschen zu müssen.

10 **b) Verfahren und Entscheidung.** Dem Zweck der Vorschrift entspricht es, wenn von ihr möglichst frühzeitig im Ermittlungsverfahren Gebrauch gemacht wird, doch muss der Sachverhalt mindestens soweit aufgeklärt werden, dass die voraussichtliche Erheblichkeit der präjudiziellen Frage beurteilt werden kann. Dazu wird regelmäßig eine Einlassung des Beschuldigten festgestellt werden müssen. Ob die Staatsanwaltschaft eine Frist setzen will, liegt in ihrem pflichtgemäßen Ermessen.[36] Dabei hat sie namentlich den Grad des Verdachts einer Straftat, den Unrechtsgehalt der möglicherweise begangenen Tat, die Bedeutung der präjudiziellen Vorfrage, aber auch maßgeblich die Zumutbarkeit einer zivilrechtlichen oder öffentlich-rechtlichen Auseinandersetzung für den mutmaßlich Geschädigten zu berücksichtigen. § 154d soll zwar nach zu bestreitender Ansicht den „Missbrauch" der Strafverfolgungsbehörden als Aufklärungsorgane für die Vorbereitung zivilrechtlicher Ansprüche verhindern (vgl. Rn. 1). Sie dient jedoch justizökonomischen Zwecken. Zutreffend darf daher die Regelung nicht dazu verwendet werden, dem Anzeigeerstatter die strafrechtliche Ermittlungsaufgabe aufzubürden. Maßgebend werden immer die Umstände des Einzelfalls sein.

11 Satz 2 schreibt die **Benachrichtigung** des Anzeigeerstatters von der Fristsetzung vor; Zustellung ist nicht erforderlich, zur Anfechtbarkeit siehe Rn. 19. Aus der Formulierung, dass der „Anzeigende" zu benachrichtigen sei, kann nicht geschlossen werden, dass die Frist nicht mitgeteilt zu werden brauche, wenn keine Strafanzeige i.S.d. § 158

32 SK/*Weßlau/Deiters* 10; MüKo/*Teßmer* 13; HK/*Gercke* 4; KMR/*Kulhanek* 7; *Eb. Schmidt* 7; AK/*Schöch* 6; SSW/*Schnabl* 4; wohl auch KK/*Diemer* 5.

33 KK/*Diemer* 5; HK/*Gercke* 4; *Pfeiffer* 2; KMR/*Kulhanek* 7; AnwK-StPO/*Walther* 5.

34 KMR/*Kulhanek* 7; SK/*Weßlau/Deiters* 10; MüKo/*Teßmer* 13.

35 Vgl. MüKo/*Teßmer* 15; KMR/*Kulhanek* 7; SK/*Weßlau/Deiters* 11; krit. in Bezug auf die Formulierung und Reichweite Radtke/Hohmann/*Radtke* 15 (rechtliche Möglichkeit der Verfahrenseinleitung) **a.A.** *Eb. Schmidt* 7.

36 *Krause* SchlHA **1960** 158; *Eb. Schmidt* § 154a, 7; *Vogel* (LV zu § 153) 236.

vorliegt.[37] Die Vorschrift hat erkennbar nur den Regelfall im Auge, dass ihrer Anwendung eine solche Anzeige vorangegangen ist. Eine Fristsetzung, von der derjenige nichts erfährt, der durch sie zur Vermeidung von Rechtsnachteilen zur Einleitung eines Verfahrens veranlasst werden soll, wäre sinnlos. Ist keine Strafanzeige erstattet worden, so hat die Staatsanwaltschaft denjenigen zu benachrichtigen, der nach dem Ermittlungsergebnis als möglicherweise Verletzter und zur Austragung der präjudiziellen Rechtsfrage Befugter anzusehen ist.

c) Folge der Fristsetzung. Die Fristsetzung hat zur Folge, dass das Ermittlungsver- 12
fahren vorläufig ruht. Die Staatsanwaltschaft braucht die Ermittlungen nicht fortzusetzen, wenn nicht aus Gründen der Beweissicherung Eilmaßnahmen erforderlich werden. Die Fristbestimmung bindet die Staatsanwaltschaft nicht; sie kann sie jederzeit aufheben und das Verfahren fortsetzen, auch durch schlüssige Handlungen, etwa wenn nachträglich neue Erkenntnisse die Tat gravierender erscheinen lassen oder wenn sich herausstellt, dass dem Anzeigenden die Durchführung des Rechtsstreits nicht zugemutet werden kann, aber auch, wenn sich zeigt, dass es auf die Rechtsfrage nicht (mehr) entscheidend ankommt.

4. Verfahren bei anhängigem präjudiziellem Rechtsstreit

a) Vorläufige Einstellung. Wird aufgrund der Fristsetzung der andere Rechtsstreit 13
in Gang gebracht, so stellt die Staatsanwaltschaft das Verfahren vorläufig ein. Das muss auch dann geschehen, wenn die Frist zwar nicht eingehalten worden ist, aber die Klage noch erhoben wird, bevor die Staatsanwaltschaft das Verfahren nach Satz 3 endgültig eingestellt hat. Die Befugnis zur vorläufigen Einstellung des Verfahrens ergibt sich zwar nicht aus dem Wortlaut der Vorschrift, die nur die Fristbestimmung und die Folgen des fruchtlosen Ablaufs regelt. Aber wenn die Vorschrift die Staatsanwaltschaft ermächtigt, die Austragung einer präjudiziellen Rechtsfrage zu verlangen, liegt darin notwendigerweise die Befugnis, mit dem Ermittlungsverfahren bis zum Ergebnis dieser Austragung zuzuwarten. Deshalb ist eine solche vorläufige Einstellung auch zulässig, wenn es keiner Fristsetzung bedarf, weil das der Klärung der präjudiziellen Rechtsfrage dienliche Verfahren bereits im Gange ist.[38] Die **Verjährung ruht** während der vorläufigen Einstellung **nicht**, da es sich nicht um einen Fall handelt, in dem die Verfolgung im Sinne von § 78b Abs. 1 StGB nicht fortgesetzt werden kann.[39]

b) Fortsetzung des Strafverfahrens. Die Staatsanwaltschaft kann das Verfahren 14
auch vor der rechtskräftigen Erledigung des präjudiziellen Rechtsstreits jederzeit fortführen. Sie muss dies tun, wenn sich die Unerheblichkeit des Rechtsstreits für das Strafverfahren herausstellt oder wenn das Gericht, bei dem der präjudizielle Rechtsstreit schwebt, sein Verfahren nach den hierfür maßgebenden Vorschriften[40] aussetzt, um den

---

37 So aber wohl LR/*Meyer-Goßner*[23] 10; *Eb. Schmidt* § 154a, 7.

38 HK/*Gercke* 4; *Eb. Schmidt* § 154a, 6; LR/*Meyer-Goßner*[23] 8; ebenso mit abweichender Begründung (§ 262 Abs. 2 analog) *Schlüchter* 406.7; Formularbeispiel für eine vorläufige Einstellung bei *Vordermayer*/v. Heintschel-Heinegg, 3. Teil, 160; vgl. auch MüKo/*Teßmer* 18; Radtke/Hohmann/*Radtke* 20; SK/*Weßlau*/*Deiters* 14.

39 MüKo/*Teßmer* 18; KMR/*Kulhanek* 10; Schönke/Schröder/*Bosch* § 78b, 4; vgl. auch die Sonderregelungen in § 154e Abs. 3 und § 396 Abs. 3 AO; dazu auch NK-StGB/*Saliger* § 78b, 5; abweichend für die frühere Fassung des § 69 StGB OLG Nürnberg OLGSt § 154d, 1.

40 Vgl. z.B. § 149 ZPO, der in der VwGO entsprechend anwendbar ist; § 114 Abs. 3 SGG.

Ausgang des Strafverfahrens abzuwarten,[41] was die Staatsanwaltschaft nicht verhindern kann. Dasselbe gilt, wenn eine strafrechtliche Verjährung droht (Rn. 13), da das Gericht den Rechtsstreit voraussichtlich nicht rechtzeitig klären wird, ohne dass denjenigen, dem die Frist gesetzt werden konnte, ein Verschulden daran trifft. Spätestens ist das Ermittlungsverfahren fortzusetzen, wenn, was festzustellen Aufgabe der Staatsanwaltschaft ist, der präjudizielle Rechtsstreit rechtskräftig abgeschlossen ist.[42] An dessen Ergebnis ist die Staatsanwaltschaft rechtlich nicht gebunden, sofern nicht Sondervorschriften etwas anderes bestimmen.

5. Endgültige Einstellung (Satz 3)

15 **a) Voraussetzung.** Die Staatsanwaltschaft kann das Verfahren endgültig einstellen, wenn die von ihr gesetzte Frist „zur Austragung" der präjudiziellen Rechtsfrage fruchtlos verstrichen ist. Das ist der Fall, wenn der präjudizielle Rechtsstreit nicht eingeleitet worden ist, aber auch wenn bei einem bereits anhängigen Verfahren eine zu seiner Förderung gesetzte Frist (Rn. 8) nicht genutzt worden ist. Als fruchtloser Fristablauf ist es auch anzusehen, wenn der Adressat der Fristsetzung noch während des Laufs der Frist erklärt, den Rechtsstreit nicht „austragen" zu wollen.[43] Die Einstellungsbefugnis besteht nicht, wenn sich herausstellt, dass der präjudizielle Rechtsstreit nicht durchgeführt werden kann. Stellt die Staatsanwaltschaft das Verfahren trotz Fristablaufs nicht endgültig ein, so muss sie die Ermittlungen fortführen; es ist unzulässig, das Verfahren einfach weiter ruhen zu lassen.

16 **b) Entscheidungsmaßstab.** Die Staatsanwaltschaft entscheidet nach **pflichtgemäßem Ermessen**, ob sie das Verfahren endgültig einstellt. Bei sachgerechter Anwendung der Vorschrift wird schon Satz 1 nur dann angewandt worden sein, wenn nach der damaligen Sachlage bei fruchtlosem Fristablauf eine Verfahrenseinstellung sachlich vertretbar erschien, so dass sich die jetzt anzustellende Abwägung mit der damaligen decken wird (vgl. Rn. 10). Zu berücksichtigen sind jedoch auch die der Staatsanwaltschaft bekannten Gründe dafür, warum der präjudizielle Rechtsstreit nicht eingeleitet worden ist; macht der Anzeigende etwa verständlich, dass und aus welchen Gründen ihm dies nicht zumutbar gewesen ist, so kann eine Fortsetzung des Ermittlungsverfahrens geboten und die Einstellung ermessensmissbräuchlich sein.[44]

17 **c) Verfahren und Entscheidung.** Die Staatsanwaltschaft braucht nach Fristablauf denjenigen, dem die Frist gesetzt wurde, nicht nochmals zu hören, wenn sie ihn bei Fristsetzung aufgefordert hatte, die Verfahrenseinleitung nachzuweisen;[45] es ist seine Sache, von sich aus ggf. Gründe für die Nichteinleitung des präjudiziellen Rechtsstreits vorzubringen (Rn. 16). War dagegen mit der Fristsetzung keine Mitteilungspflicht verbunden worden, so muss die Staatsanwaltschaft sich nunmehr zunächst Gewissheit über die Fruchtlosigkeit der Frist verschaffen. Für die Einstellung ist weder die Zustimmung des Gerichts noch die des Beschuldigten erforderlich. Für die Mitteilung der Einstel-

---

41 *Kaiser* NJW **1963** 1190; *Eb. Schmidt* § 154a, 6.
42 Formularbeispiel für eine Wiederaufnahme bei *Vordermayer*/v. Heintschel-Heinegg, 3. Teil, 164.
43 HK/*Gercke* 5; Radtke/Hohmann/*Radtke* 23; SK/*Weßlau*/*Deiters* 16.
44 AK/*Schöch* 6; Radtke/Hohmann/*Radtke* 24; ähnlich MüKo/*Teßmer* 19; **a.A.** KMR/*Kulhanek* 11; KK/*Diemer* 5; einschränkend SK/*Weßlau*/*Deiters* 16 (regelmäßig).
45 KMR/*Kulhanek* 11; Radtke/Hohmann/*Radtke* 26; SK/*Weßlau*/*Deiters* 17; einschränkend MüKo/*Teßmer* 19 (nicht vorgesehen aber sinnvoll).

lungsverfügung an den Beschuldigten gilt § 170 Abs. 2 Satz 2, an den Anzeigenden § 171. Ist dieser der Verletzte, so ist er nach § 171 Satz 2 zu belehren, da das Klageerzwingungsverfahren zulässig ist (Rn. 20).[46]

d) Verfahrensfortsetzung. Solange die Tat noch verfolgbar ist, kann die Staatsanwaltschaft das nach Satz 3 eingestellte Verfahren jederzeit wieder aufnehmen.[47] Dazu kann insbesondere dann Veranlassung bestehen, wenn der Verletzte oder Anzeigende nachträglich die präjudizielle Rechtsfrage „austrägt" und dieses Verfahren zuungunsten des Beschuldigten ausgeht. Aber auch andere Anhaltspunkte für ein strafbares Verhalten des Beschuldigten können ausreichen. 18

6. Klageerzwingungsverfahren. § 154d ist in § 172 Abs. 2 Satz 3 nicht genannt, so dass bei seiner Anwendung dem Anzeigenden, der zugleich der Verletzte ist, das Klageerzwingungsverfahren grundsätzlich offen steht.[48] Es ist jedoch **nicht gegen** die **Fristsetzung** nach Satz 1 **und die vorläufige Einstellung** (Rn. 13) zulässig, da hierin noch kein endgültiges Absehen von der Klageerhebung liegt.[49] Die Frage, ob eine unangemessen lange Frist ausnahmsweise in eine endgültige Einstellung umgedeutet werden kann,[50] ist zu verneinen, da der von ihr Betroffene dieser Fristsetzung dadurch entgegenwirken kann, dass er alsbald den präjudiziellen Rechtsstreit einleitet oder erklärt, dies nicht tun zu wollen (Rn. 15). Unbenommen bleiben in den Fällen der Fristsetzung und vorläufigen Einstellung dem Anzeigenden die Möglichkeiten der Gegenvorstellung und der Dienstaufsichtsbeschwerde.[51] 19

Gegen die auf Satz 3 gestützte **endgültige** Einstellung ist das **Klageerzwingungsverfahren zulässig.**[52] Jedoch kann mit ihm nur geltend gemacht werden, dass die rechtlichen Voraussetzungen der Einstellung nicht vorgelegen hätten; den Ermessensspielraum der Staatsanwaltschaft muss das Oberlandesgericht im Klageerzwingungsverfahren respektieren.[53] Der Prüfung des Oberlandesgerichts unterliegt aber beispielsweise, ob der Verdacht eines Verbrechens vorlag, ob präjudizielle Rechtsfragen im Sinne der Vorschrift gegeben sind (Rn. 4f.), ob die Frist zeitlich angemessen war und ob sie fruchtlos verstrichen ist. Das Oberlandesgericht kann auch prüfen, ob die Staatsanwaltschaft bei der Fristsetzung und bei der endgültigen Einstellung die **Grenzen des Ermessens** (Rn. 16) eingehalten hat. Hält das Oberlandesgericht die endgültige Einstellung für rechtlich fehlerhaft, so können sich, da der Sachverhalt regelmäßig nicht aufgeklärt und des- 20

---

46 Formularbeispiel für eine endgültige Verfahrenseinstellung bei *Vordermayer*/v. Heintschel-Heinegg, 3. Teil, 162.
47 *Ranft* 1221; *Vordermayer*/v. Heintschel-Heinegg, 3. Teil, 157.
48 *Werner* 58 will dieser Argumentation zwar nicht folgen, kommt aber zum gleichen Ergebnis.
49 Jetzt allg. M., OLG Hamm NJW **1959** 161; KG JR **1959** 29; OLG Köln NJW **1951** 932 (mit abw., zweifelhafter Begründung); OLG Nürnberg OLGSt § 154d, 2; OLG Stuttgart NStZ-RR **2003** 145 f.; *Kaiser* NJW **1963** 1191; Meyer-Goßner/*Schmitt* 4; SK/*Weßlau/Deiters* 19; Radtke/Hohmann/*Radtke* 28; KMR/*Kulhanek* 13; KK/*Diemer* 6; SSW/*Schnabl* 6; *Kohlhaas* GA **1954** 136; *Schlüchter* 406.7; *Vordermayer*/v. Heintschel-Heinegg, 3. Teil, 159; vgl. auch *Pfeiffer* 3 (nur Dienstaufsichtsbeschwerde); **a.A.** (früher) *Dallinger* JZ **1953** 440 Fn. 67; *Schneidewin* JZ **1959** 308.
50 Das erwägt KG JR **1959** 29; ebenso LR/*Meyer-Goßner*[23] 13; unklar OLG Nürnberg OLGSt § 154d, 2.
51 *Pfeiffer* 3; Meyer-Goßner/*Schmitt* 4; SK/*Weßlau/Deiters* 19; Radtke/Hohmann/*Radtke* 28; KMR/*Kulhanek* 13; KK/*Diemer* 6; SSW/*Schnabl* 6.
52 OLG Köln NJW **1951** 932; OLG Hamm NJW **1959** 161; OLG Nürnberg OLGSt § 154d, 2; HK/*Gercke* 5; Meyer-Goßner/*Schmitt* 4; *Pfeiffer* 3; SK/*Weßlau/Deiters* 19; Radtke/Hohmann/*Radtke* 29; KMR/*Kulhanek* 14; MüKo/*Teßmer* 20; KK/*Diemer* 6; SSW/*Schnabl* 6; AK/*Schöch* 8; *Werner* 59; offengelassen von KG JR **1959** 29.
53 OLG Nürnberg NStZ **2011** 211; HK/*Gercke* 5; Meyer-Goßner/*Schmitt* 4; Radtke/Hohmann/*Radtke* 29; SK/*Weßlau/Deiters* 19; LR/*Meyer-Goßner*[23] 14; KMR/*Kulhanek* 14; AK/*Schöch* 8; KK/*Diemer* 6; **a.A.** *Vogel* (LV zu § 153) 263.

halb nicht im Sinne des § 175 entscheidungsreif sein wird, Schwierigkeiten ergeben. Die umstrittene Frage, ob in solchen Fällen die Staatsanwaltschaft ausnahmsweise unter Aufhebung der Einstellungsverfügung zur Durchführung von Ermittlungen gezwungen werden kann, wird bei § 175, 16ff. erläutert.

§ 154e
Absehen von der Verfolgung bei falscher Verdächtigung oder Beleidigung

(1) Von der Erhebung der öffentlichen Klage wegen einer falschen Verdächtigung oder Beleidigung (§§ 164, 185 bis 188 des Strafgesetzbuches) soll abgesehen werden, solange wegen der angezeigten oder behaupteten Handlung ein Straf- oder Disziplinarverfahren anhängig ist.

(2) Ist die öffentliche Klage oder eine Privatklage bereits erhoben, so stellt das Gericht das Verfahren bis zum Abschluß des Straf- oder Disziplinarverfahrens wegen der angezeigten oder behaupteten Handlung ein.

(3) Bis zum Abschluß des Straf- oder Disziplinarverfahrens wegen der angezeigten oder behaupteten Handlung ruht die Verjährung der Verfolgung der falschen Verdächtigung oder Beleidigung.

Schrifttum

Siehe bei § 154d.

Entstehungsgeschichte

Bis zum 1.1.1975 bestimmte § 191 StGB für die Beleidigungsdelikte

> Ist wegen der strafbaren Handlung zum Zwecke der Herbeiführung eines Strafverfahrens bei der Behörde Anzeige gemacht, so ist bis zu dem Beschluß, daß die Eröffnung der Untersuchung nicht stattfinde, oder bis zur Beendigung der eingeleiteten Untersuchung mit dem Verfahren und der Entscheidung über die Beleidigung innezuhalten.

und regelte § 164 Abs. 3 (zwischen 1933 und 1959 Absatz 6) StGB für die falsche Anschuldigung

> Solange ein infolge der gemachten Anzeige eingeleitetes Verfahren anhängig ist, soll mit dem Verfahren und mit der Entscheidung über die falsche Anschuldigung innegehalten werden.

Diese der Sache nach verfahrensrechtlichen Vorschriften wurden durch den durch Art. 21 Nr. 52 EGStGB 1974 eingefügten § 154e ersetzt. Durch das 6. StRG vom 26.1.1998 wurde in § 154e Abs. 1 die Angabe „187a" durch „188" ersetzt.

Übersicht

https://doi.org/10.1515/9783110590098-016

1. Zweck, Bedeutung und Inhalt der Vorschrift. Wird jemand im Sinne der §§ 185ff. StGB dadurch beleidigt, dass ihm der Vorwurf eines strafbaren Verhaltens oder einer Verletzung seiner Dienstpflicht gemacht wird, oder wird jemand im Sinne des § 164 StGB zu Unrecht verdächtigt, so ist der dem Beleidigten oder Verdächtigten gemachte Vorwurf meist von präjudizieller Bedeutung für die Strafbarkeit des Beleidigers oder Verdächtigers; bei der Beleidigung gilt der Wahrheitsbeweis durch das Strafurteil wegen der behaupteten Tat als erbracht (§ 190 StGB).[1] Umgekehrt wird die mögliche Beleidigung oder falsche Verdächtigung für Strafverfolgungs- und Disziplinarbehörden nicht selten einen Anfangsverdacht im Sinne des § 152 Abs. 2 begründen, der zu einem Verfahren gegen den (möglicherweise) Beleidigten oder falsch Verdächtigten wegen des ihm vorgeworfenen Verhaltens führt. Vom Ausgang dieses Bezugsverfahrens hängt vielfach das Ergebnis des Verfahrens wegen falscher Verdächtigung oder Beleidigung ab, dessen Behandlung § 154e dahingehend regelt, dass das **Bezugsverfahren grundsätzlich Vorrang hat.** Zweck der Vorschrift ist es, widersprechende Feststellungen und Entscheidungen über denselben Lebenssachverhalt möglichst auszuschließen[2] sowie eine unnötige Doppelprüfung zu verhindern.[3] 1

Die Vorschrift ist systematisch nicht glücklich eingeordnet; denn sie enthält abweichend von den sonstigen Regelungen in den §§ 153ff. **keine Einschränkung** der dem **Legalitätsprinzip** entspringenden Erforschungs- und Anklagepflicht, sondern ordnet lediglich ein vorläufiges Innehalten mit dem Strafverfahren bis zum Abschluss des Bezugsverfahrens an;[4] sie stellt sich damit als **ergänzende Spezialvorschrift zu** der allgemein die vorläufige Einstellung regelnden Bestimmung des **§ 205** dar (vgl. § 205, 2) und normiert eine gesetzlich zulässige Einschränkung des Beschleunigungsgrundsatzes.[5] Absatz 1 regelt als Sollvorschrift die Befugnis und grundsätzliche Pflicht der Staatsanwaltschaft, bei anhängigem Bezugsverfahren mit der Klageerhebung zuzuwarten; Absatz 2 schreibt als zwingende Vorschrift dem Gericht vom Beginn der Anhängigkeit (§ 151, 12) an die vorläufige Einstellung vor und begründet damit ein vorübergehendes Verfahrenshindernis.[6] 2

---

1 NK-StGB/*Zaczyk* § 190, 1; Schönke/Schröder/*Eisele*/*Schittenhelm* § 190, 3.

2 BGHSt **8** 135; **10** 89; BGH GA **1979** 224; OLG Bremen StV **1991** 252; aus der früheren Rechtsprechung z.B. RGSt **8** 186; **26** 366; **59** 200; allg. M., z.B. HK/*Gercke* 1; Meyer-Goßner/*Schmitt* 1; KMR/*Kulhanek* 1 (jedoch mit Zweifeln an der Effektivität); AK/*Schöch* 1; KK/*Diemer* 1; AnwK-StPO/*Walther* 1; Radtke/Hohmann/*Radtke* 1; SSW/*Schnabl* 1; SK/*Weßlau*/*Deiters* 1; MüKo/*Teßmer* 2.

3 Radtke/Hohmann/*Radtke* 1; SSW/*Schnabl* 1; SK/*Weßlau*/*Deiters* 1; MüKo/*Teßmer* 2; HK/*Gercke* 1.

4 HK/*Gercke* 1; *Krey* 235; *Peters* § 23 IV 1c gg (Durchbrechung des Beschleunigungs-, nicht des Legalitätsprinzips); *Rieß* wistra **1997** 139; AK/*Schöch* 2; SK/*Weßlau*/*Deiters* 2; Radtke/Hohmann/*Radtke* 2.

5 SK/*Weßlau*/*Deiters* 2; Radtke/Hohmann/*Radtke* 1; vgl. auch *Kuhlmann* NStZ **1983** 131.

6 OLG Bremen StV **1991** 252.

2. Anwendungsbereich

3 **a) Allgemeines.** Die Vorschrift findet auf Strafverfahren mit dem Vorwurf einer Beleidigung oder falschen Verdächtigung Anwendung, wenn wegen des Lebenssachverhalts, der durch die Beleidigung oder Verdächtigung behauptet oder verbreitet wird, ein Straf- oder Disziplinarverfahren (das Bezugsverfahren) anhängig ist und solange dies der Fall ist. Aus welchen Gründen das Bezugsverfahren in Gang gekommen ist, ist ohne Bedeutung, namentlich kommt es nicht auf eine Anzeige des Beleidigers oder Verdächtigers an.[7]

4 **b) Falsche Verdächtigung oder Beleidigung.** Das vorläufig einzustellende Verfahren muss eine Tat zum Gegenstand haben, die sich als falsche Verdächtigung nach § 164 StGB oder als Beleidigung (§ 185 StGB), üble Nachrede (§ 186 StGB), Verleumdung (§ 187 StGB) oder politische Verleumdung oder üble Nachrede (§ 188 StGB) darstellt. Bei anderen Tatbeständen, bei denen, wie etwa bei den Aussagedelikten, ebenfalls Bezugsverfahren mit ähnlich präjudizieller Wirkung denkbar sind, ist § 154e **nicht analog** anwendbar. Die Frage ist vom Gesetzgeber bei der Schaffung der Bestimmung erörtert und negativ entschieden worden.[8] Verletzt die dem Beschuldigten zur Last gelegte Tat auch noch andere Strafgesetze, so hat dies die Anwendung des § 154e für die gesamte Tat zur Folge;[9] das Verfahren kann jedoch weitergeführt werden, wenn und solange die die Aussetzungspflicht begründenden Gesetzesverletzungen nach den §§ 164, 185 ff. StGB gemäß § 154a ausgeschieden werden.[10] Werden in einem einheitlichen Verfahren auch andere prozessuale Taten verfolgt, so können diese, wenn dies nach der Sachlage angezeigt ist, abgetrennt und weiterverfolgt werden.[11]

5 **c) Straf- oder Disziplinarverfahren (Bezugsverfahren).** Bei dem Bezugsverfahren muss es sich um ein **Strafverfahren** handeln, also um ein Ermittlungs- oder gerichtliches Verfahren wegen des Verdachts einer Straftat. Ein Sicherungsverfahren nach den §§ 413 ff. reicht aus; nicht dagegen ein **Bußgeldverfahren** wegen einer Ordnungswidrigkeit.[12] Jedoch ist § 154e anzuwenden, sobald das ursprünglich als Bußgeldverfahren eingeleitete Bezugsverfahren nach den §§ 41, 81 Abs. 1 Satz 2 OWiG in ein Strafverfahren übergeleitet wird. Ferner kommt als Bezugsverfahren ein **Disziplinarverfahren** in Betracht, also ein nach den besonderen Vorschriften des Beamten- oder Soldatenrechts[13] wegen eines Dienstvergehens durchgeführtes Verfahren.

6 **Andere behördliche Verfahren** und Untersuchungen mit dem Ziel, den behaupteten Sachverhalt aufzuklären, reichen im Gegensatz zum früheren § 164 Abs. 3 StGB nicht aus. Der Gesetzgeber hat § 154e bewusst auf Straf- oder Disziplinarverfahren beschränkt,

---

7 Die Frage war zu § 191 StGB umstritten, vgl. LK/*Herdegen*[9] § 191, 2; LR/*Meyer-Goßner*[23] 6 m.w.N.

8 Vgl. dazu erster Bericht des Sonderaussch. für die Strafrechtsreform, BTDrucks. **7** 1261 S. 28; *von Bülow* Prot. des Sonderaussch. für die Strafrechtsreform, 7 LegPer., 17. Sitzung S. 722; ebenso *Pfeiffer* 1; AK/*Schöch* 4; SK/*Weßlau/Deiters* 4; Radtke/Hohmann/*Radtke* 7; KMR/*Kulhanek* 2; vgl. auch MüKo/Teßmer 5.

9 RG DR **1941** 1403; MüKo/*Teßmer* 4; HK/*Gercke* 2; SK/*Weßlau/Deiters* 4; KMR/*Kulhanek* 2; AK/*Schöch* 3; KK/*Diemer* 2; einschränkend Radtke/Hohmann/*Radtke* 6 (Anwendbarkeit nur bei Schwergewicht der Katalogtaten).

10 LR/*Meyer-Goßner*[23] 4, der aber fälschlich auch § 154 heranzieht; wie hier LR/*Rieß*[24] 4; KMR/*Kulhanek* 2; SK/*Weßlau/Deiters* 4; Meyer-Goßner/*Schmitt* 8; KK/*Diemer* 4.

11 Meyer-Goßner/*Schmitt* 8; MüKo/*Teßmer* 5; Radtke/Hohmann/*Radtke* 6; HK/*Gercke* 2; AK/*Schöch* 3.

12 *Pfeiffer* 2; KMR/*Kulhanek* 3; SK/*Weßlau/Deiters* 5; Radtke/Hohmann/*Radtke* 12; MüKo/*Teßmer* 8.

13 Bundesdisziplinargesetz, Wehrdisziplinarordnung und die entsprechenden landesbeamtenrechtlichen Gesetze.

weil er der Auffassung war, dass die verwaltungsrechtlichen Verfahren sehr vielgestaltig sein können und mitunter nur geringe Anforderungen an die Förmlichkeiten stellen.[14] Diese Begründung allein trägt freilich weder für **Bußgeldverfahren** noch für **anwalts- und berufsgerichtliche Verfahren**, etwa gegen Rechtsanwälte nach den §§ 113 ff. BRAO, deren Rechtsgarantien und Förmlichkeiten hinter denen von Straf- und Disziplinarverfahren nicht zurückstehen. Dem Gesetzgeber ist indessen bei der Neufassung die Existenz solcher Verfahren und ihre Ausgestaltung bekannt gewesen, so dass in ihrer Nichterwähnung eine Entscheidung für die Nichtanwendbarkeit gesehen werden muss. Eine analoge Anwendung des § 154e scheidet folglich aus.[15]

3. Anhängigkeit des Bezugsverfahrens

a) Strafverfahren. Die Anhängigkeit **beginnt** mit jeder Tätigkeit der Strafverfolgungsbehörden, die aufgrund eines Anfangsverdachts nach § 152 Abs. 2 ausgelöst wird und sich auf den durch die falsche Verdächtigung oder Beleidigung „Verletzten" bezieht. Das ist für das staatsanwaltschaftliche – sowie in Steuerstrafsachen gemäß § 386 Abs. 1, § 402 AO finanzbehördliche – Ermittlungsverfahren unbestritten,[16] gilt aber auch für die polizeilichen Ermittlungen nach § 163 Abs. 1.[17] Denn diese Ermittlungen sind Teil des strafrechtlichen Ermittlungsverfahrens und ihre Nichteinbeziehung in den § 154e würde dem Sinn der Vorschrift nicht gerecht. Die rein praktische Schwierigkeit, dass Gerichte und Staatsanwaltschaften von solchen Ermittlungen nicht immer alsbald Kenntnis erhalten,[18] ist keine Besonderheit dieses Falles, sondern besteht auch bei Bezugsverfahren bei anderen Staatsanwaltschaften oder bei der Einleitung von Disziplinarverfahren. In der Rechtsprechung ist diese Frage noch nicht abschließend entschieden.[19] 7

Die bloße **Möglichkeit zur Privatklage** genügt für die Anhängigkeit nicht.[20] Hat daher der auf den Privatklageweg verwiesene Anzeigeerstatter tatsächlich keine Privatklage erhoben, so kann das gegen ihn gerichtete Verfahren wegen falscher Anschuldigung mangels eines i.S.v. § 154e Abs. 1 anhängigen Strafverfahrens nicht nach § 154e eingestellt werden. Eine Gegenansicht will unter Hinweis auf einen möglicherweise umfangreichen staatsanwaltlichen Ermittlungsaufwand in diesen relativ geringfügigen Fällen § 154e analog anwenden.[21] Selbst wenn alle Beteiligten durch Rücknahme ihrer Anzeigen ein fehlendes Interesse an der Strafverfolgung bekundet hätten, sei die Staatsanwaltschaft aufgrund des Legalitätsprinzips gehalten, ihre oftmals überlasteten personellen und sachlichen Mittel einzusetzen. Der Schutz der Rechtspflege vor Verleitung zu nutz- 8

---

14 Begr. zum RegE EGStGB 1974, BTDrucks. **7** 550 S. 300.

15 KMR/*Kulhanek* 3; SK/*Weßlau/Deiters* 5; Radtke/Hohmann/*Radtke* 12; MüKo/*Teßmer* 8; **a.A.** *Huber* NStZ **2018** 251 f.

16 BGHSt **8** 152; BGH GA **1979** 224; RG GA **48** (1901) 365; im Schrifttum allg. M.

17 Ebenso HK/*Gercke* 3; KMR/*Kulhanek* 3; SK/*Weßlau/Deiters* 6; *Ranft* 1135; AK/*Schöch* 6; AnwK-StPO/*Walther* 2; **a.A.** LR/*Meyer-Goßner*[23] 6; *Pfeiffer* 2; KK/*Diemer* 4.

18 Darauf stellt KK/*Diemer* 4 ab.

19 RG GA **48** (1901) 365 (nur Leitsatz) hat darauf abgestellt, dass die zur Einleitung des strafrechtlichen Verfahrens berufene Behörde tätig geworden sei und lediglich für „selbständig gepflogene Erörterungen von Hilfsorganen jener Behörden (z.B. Gendarmen)" eine Ausnahme gemacht; der Entscheidung BGHSt **8** 152, auf die BGH GA **1979** 224 lediglich Bezug nimmt, kann nur entnommen werden, dass *spätestens* mit Eingang bei der Staatsanwaltschaft das Verfahren als eingeleitet anzusehen ist, diese Voraussetzung lag im zu entscheidenden Fall vor; die eine „Einleitungsverfügung" verlangende Entscheidung RG Recht **1902** 536 Nr. 2527 ist durch BGHSt **8** 152 überholt.

20 Meyer-Goßner/*Schmitt* 2; KMR/*Kulhanek* 3; AnwK-StPO/*Walther* 3; SK/*Weßlau/Deiters* 7; Radtke/Hohmann/*Radtke* 13; **a.A.** *Milzer* MDR **1990** 20.

21 *Milzer* MDR **1990** 20.

losen Ermittlungsmaßnahmen, wie ihn § 164 StGB zum Ziel hat, gebiete gerade in solchen Fällen eine Einstellung des Verfahrens.[22] Der Gesetzeszweck[23] wie auch die Tatsache, dass es sich bei § 154e um eine eng auszulegende Ausnahmevorschrift handelt, sprechen jedoch gegen die Analogiefähigkeit des § 154e. So lehnt die h.M. sowohl hinsichtlich der Anwendung des § 154e auf andere Tatbestände mit vergleichbarer Präjudizwirkung (vgl. Rn. 4) als auch hinsichtlich seiner Anwendung auf andere als die erwähnten Bezugsverfahren (vgl. Rn. 6) eine Analogie ab. Das Argument der Gegenansicht, bei der Verfolgung von Vergehen nach §§ 164, 185ff. StGB sei das Legalitätsprinzip ohnehin von jeher durch die Einschränkungen der § 164 Abs. 6, § 191 StGB durchbrochen gewesen, verfängt schon deshalb nicht, weil es sich bei § 154e gerade nicht um eine Einschränkung der dem Legalitätsprinzip entspringenden Erforschungs- und Anklagepflicht handelt (dazu näher Rn. 2). Einem besonderen Unrechtsgehalt, den auch die falsche Verdächtigung aufweisen kann, trägt die Gegenmeinung nicht Rechnung. Fehlt ein solcher, kommt ein Vorgehen nach § 153 Abs. 1 in Betracht.[24]

9 Die **Anhängigkeit endet** beim staatsanwaltschaftlichen **Ermittlungsverfahren** mit seiner endgültigen Einstellung, in den Fällen des § 153a daher erst mit der Erfüllung der Auflagen und Weisungen (§ 153a, 117), in den Fällen des § 154d bei Anwendung des Satzes 3 dieser Vorschrift.[25] Wäre gegen die Einstellung das **Klageerzwingungsverfahren** statthaft, so endet die Anhängigkeit erst mit fruchtlosem Ablauf der Frist nach § 172 Abs. 1 bzw. Abs. 2 oder der Verwerfung des Antrags nach § 174.[26] Durch bloße Gegenvorstellungen oder Dienstaufsichtsbeschwerden bleibt die Anhängigkeit nicht erhalten;[27] eine erneute Strafanzeige wegen derselben Handlung reicht für sich allein nicht aus, das Hindernis wieder aufleben zu lassen.[28] Das **gerichtliche Verfahren** ist nicht mehr anhängig, wenn es durch ein rechtskräftiges Urteil oder einen Strafbefehl oder einen verfahrensbeendenden, nicht mehr anfechtbaren Beschluss nach den §§ 153ff., 204, 206a oder 206b abgeschlossen ist; auch die Einstellung nach § 154 Abs. 2 reicht aus.[29] Eine vorläufige Einstellung des Bezugsverfahrens nach § 205 (auch bei seiner analogen Anwendung durch die Staatsanwaltschaft) beendet die Anhängigkeit nicht;[30] sie entfällt auch nicht deshalb, weil der Durchführung des Bezugsverfahrens die parlamentarische Immunität des Beleidigten oder falsch Verdächtigten vorübergehend entgegensteht.[31]

10 **b) Disziplinarverfahren.** Die Anhängigkeit **beginnt** nach unumstrittener Meinung spätestens mit der Einleitung des gerichtlichen Disziplinarverfahrens nach §§ 52ff. BDG[32]

---

22 *Milzer* MDR **1990** 20; StA Mosbach NStE Nr. 1 zu § 154e StPO.
23 SK/*Weßlau/Deiters* 7; Radtke/Hohmann/*Radtke* 13; vgl. auch Rn. 1.
24 Radtke/Hohmann/*Radtke* 13; SK/*Weßlau/Deiters* 7.
25 Vgl. HK/*Gercke* 3; Radtke/Hohmann/*Radtke* 14; SK/*Weßlau/Deiters* 8; MüKo/*Teßmer* 9; KMR/*Kulhanek* 4; AK/*Schöch* 6; KK/*Diemer* 5.
26 BGHSt **8** 153; BGH GA **1979** 224; RG GA **39** (1891) 235; **57** (1910) 221; BayObLGSt **1955** 108; OLG Koblenz OLGSt § 191 StGB a.F. 2; Radtke/Hohmann/*Radtke* 14; SK/*Weßlau/Deiters* 8; MüKo/*Teßmer* 9; Meyer-Goßner/*Schmitt* 2; *Pfeiffer* 3; LK/*Ruß* § 164, 36; AK/*Schöch* 6; KK/*Diemer* 5; AnwK-StPO/*Walther* 4.
27 RG LZ **1916** 1037 Nr. 30.
28 BGH GA **1979** 224; MüKo/*Teßmer* 9; Radtke/Hohmann/*Radtke* 16; HK/*Gercke* 3; Meyer-Goßner/*Schmitt* 2; *Schlüchter* 406.7 Fn. 67; KK/*Diemer* 6.
29 BGHSt **10** 90; vgl. § 154, 40, 49; SK/*Weßlau/Deiters* 8; Radtke/Hohmann/*Radtke* 15; MüKo/*Teßmer* 9; HK/*Gercke* 3; KMR/*Kulhanek* 4; AK/*Schöch* 6.
30 SK/*Weßlau/Deiters* 8; KMR/*Kulhanek* 4; MüKo/*Teßmer* 9.
31 LK/*Herdegen*[9] § 191, 7; vgl. § 152a, 44 ff.
32 BDG vom 9.7.2001 BGBl. I S. 1510, zuletzt geändert durch Art. 3 des Gesetzes vom 19.10.2016, BGBl. I S. 2362; Zu den Übergangsregelungen siehe dort §§ 85ff. BDG. Die folgenden Rechtsprechungs- und Schrifttumsnachweise beziehen sich teilweise auf die Bundesdisziplinarordnung (BDO) in der Fassung der Bekanntmachung vom 20.7.1967, BGBl. I S. 751 mit späteren Ergänzungen.

(oder den entsprechenden landesrechtlichen Vorschriften). Darüber hinaus ist aber mit der überwiegenden Meinung bereits das behördliche Disziplinarverfahren nach §§ 17 ff. BDG als anhängiges Disziplinarverfahren anzusehen;[33] es entspricht nicht nur in seiner Funktion und Regelung dem strafrechtlichen Ermittlungsverfahren (§ 21 BDG), sondern ermöglicht sogar ohne gerichtliches Verfahren disziplinarrechtliche Sanktionen im Wege der sog. Disziplinarverfügung nach § 33 BDG. Soweit nach § 154e zu verfahren ist, darf das Disziplinarverfahren nicht nach § 22 BDG mit Rücksicht auf das laufende Strafverfahren wegen falscher Verdächtigung oder Beleidigung ausgesetzt werden; die Aussetzungspflicht nach § 154e geht vor.[34] Die **Anhängigkeit endet** mit der Einstellungsverfügung nach § 32 BDG sowie der nicht mehr anfechtbaren Entscheidung im gerichtlichen Disziplinarverfahren (Beschluss nach § 59 BDG oder Urteil nach § 60 BDG).

4. Absehen von der Erhebung der öffentlichen Klage (Absatz 1)

a) Allgemeines. Zeitpunkt. Absatz 1 schreibt der Staatsanwaltschaft (als „Sollvorschrift", vgl. Rn. 11) lediglich vor, bei anhängigem Bezugsverfahren von der **Klageerhebung** abzusehen; eine Einstellung des Verfahrens gegen den falschen Verdächtiger oder Beleidiger ist ihr nicht untersagt. Sie kommt freilich nach dem Sinn der Vorschrift regelmäßig nicht in Betracht, wenn zu diesem Zweck eine Aufklärung der Tat erforderlich wäre, die Gegenstand des Bezugsverfahrens ist. Die **Verfahrenseinstellung** gem. § 154e Abs. 1 ist nicht möglich, wenn ohne Rücksicht auf den Ausgang des Bezugsverfahrens feststeht, dass gegen den Beschuldigten kein hinreichender Tatverdacht begründet werden kann, etwa weil er in einem seine Strafbarkeit ausschließenden Irrtum gehandelt hat oder sich auf die Wahrung berechtigter Interessen (§ 193 StGB) berufen kann.[35] Vielmehr ist dann nach § 170 Abs. 2 zu verfahren.[36] Ermittlungen mit dieser Zielrichtung muss die Staatsanwaltschaft daher, soweit dafür Anhaltspunkte vorliegen, vornehmen. Im Übrigen ist sie nicht verpflichtet, das Ermittlungsverfahren bis zur Anklagereife zu betreiben, denn § 154e dient auch dazu, ein Nebeneinander von zwei gleichzeitig laufenden Ermittlungsverfahren über denselben Sachverhalt zu verhindern. Solche Ermittlungen kommen deshalb nur in „außergewöhnlichen Fällen"[37] in Betracht. 11

b) Sollvorschrift. Sofern mangels Präjudizialität des Bezugsverfahrens eine Verfahrenseinstellung in Betracht kommt, *soll* die Staatsanwaltschaft von der Erhebung der öffentlichen Klage absehen. Sie ist grundsätzlich verpflichtet, auch bei Anklagereife die Klageerhebung bis zur Erledigung des Bezugsverfahrens zurückzustellen; will sie ausnahmsweise vorher Klage erheben, so müssen hierfür besondere Sachgründe vorliegen.[38] Im Allgemeinen wird die Klageerhebung schon deshalb wenig sachgerecht sein, weil das Gericht alsbald nach ihrem Eingang das Verfahren ohnehin nach Absatz 2 aussetzen müsste. Ob die Klageerhebung rechtfertigende „außergewöhnliche" Fälle vorliegen, richtet sich nach den Umständen des Einzelfalls; die Staatsanwaltschaft kann dabei auch den Sachstand und die Beweislage des Bezugsverfahrens berücksichtigen. So wird 12

33 Vgl. BayObLGSt **1961** 80 (zu § 164 Abs. 3 StGB); OLG Bremen StV **1991** 253; Meyer-Goßner/*Schmitt* 3; *Pfeiffer* 2; SK/*Weßlau/Deiters* 9; Radtke/Hohmann/*Radtke* 17; MüKo/*Teßmer* 8; HK/*Gercke* 3; KMR/*Kulhanek* 4; KK/Diemer 7; **a.A.** LK/*Ruß* § 164, 36.

34 Vgl. BayObLG aaO; LR/*Meyer-Goßner*[23] 12.

35 Vgl. SK/*Weßlau/Deiters* 10; Radtke/Hohmann/*Radtke* 9, 20; MüKo/*Teßmer* 10; HK/*Gercke* 4.

36 So bereits SK/*Weßlau/Deiters* 10; Radtke/Hohmann/*Radtke* 9, 20; MüKo/*Teßmer* 10; HK/*Gercke* 4.

37 Begr. zum RegE EGStGB 1974, BTDrucks. **7** 550 S. 300; vgl. auch Meyer-Goßner/*Schmitt* 5.

38 Meyer-Goßner/*Schmitt* 5; LR/*Meyer-Goßner*[23] 13; SK/*Weßlau/Deiters* 11; Radtke/Hohmann/*Radtke* 20; HK/*Gercke* 4; KMR/*Kulhanek* 6; KK/Diemer 8; *Peters* § 23 IV 1c gg.

eine Klageerhebung bereits dann in Betracht zu ziehen sein, wenn das Bezugsverfahren mit negativem Ergebnis sachlich abgeschlossen ist und lediglich die Bestandskraft der Abschlussentscheidung aussteht. Einer gerichtlichen Kontrolle unterliegt die Staatsanwaltschaft hierbei nicht; namentlich ist das **Klageerzwingungsverfahren** unzulässig, da es sich bei dem Absehen von der Klageerhebung nur um eine vorläufige Maßnahme handelt.[39]

13 **c) Verfahren und Entscheidung.** Die Befugnis nach Absatz 1 steht nur der Staatsanwaltschaft zu. Die Polizei kann zwar, auch bei ihrem Vorgehen nach § 163 Abs. 1, nach Beweissicherung die Sache alsbald der Staatsanwaltschaft zur Entscheidung nach Absatz 1 vorlegen, sie ist aber nicht berechtigt, etwa die Aufnahme und Bearbeitung einer Strafanzeige unter Hinweis auf § 154e zu verweigern. Auch der Ermittlungsrichter darf Ermittlungshandlungen nicht mit der Begründung ablehnen, diese seien in Hinblick auf § 154e unzulässig.[40] Macht die Staatsanwaltschaft von Absatz 1 Gebrauch, so **stellt** sie das Verfahren durch eine ausdrückliche Verfügung **vorläufig ein**,[41] es sei denn, dass das Abwarten nach dem Stand des Bezugsverfahrens nur ganz kurzfristig sein wird (vgl. auch § 205, 8). Eine vorherige Anhörung des Beschuldigten und des Anzeigeerstatters ist nicht vorgeschrieben; einer Zustimmung des Gerichts bedarf die Staatsanwaltschaft nicht. Nach Nr. 103 RiStBV ist der Anzeigeerstatter von der vorläufigen Einstellung zu benachrichtigen. Jedenfalls wenn die Voraussetzungen des § 170 Abs. 2 Satz 2 vorliegen, ist auch eine Benachrichtigung des Beschuldigten erforderlich; er muss wissen, warum das Ermittlungsverfahren gegen ihn nicht gefördert wird. Zur Verfahrensfortsetzung siehe Rn. 19.

5. Vorläufige Einstellung des gerichtlichen Verfahrens (Absatz 2)

14 **a) Bedeutung. Vorübergehendes Verfahrenshindernis.** Absatz 2 enthält eine zwingende Vorschrift.[42] Sie verbietet die Weiterführung eines gerichtlich anhängigen Verfahrens, auch des Privatklageverfahrens, solange das Bezugsverfahren anhängig (Rn. 7 ff.) ist und sie ordnet an, dass diesem Weiterführungsverbot durch vorläufige Einstellung Rechnung zu tragen ist. Die dogmatische Konsequenz dieser Regelung ist ein vorübergehendes Verfahrenshindernis,[43] das in Bezug auf seine verfahrensmäßige Behandlung in § 154e Abs. 2 eine selbständige Regelung findet (vgl. auch Rn. 15). Es beginnt mit der Anhängigkeit des Bezugsverfahrens oder, falls diese bei Klageerhebung bereits gegeben war, mit der Anhängigkeit (§ 151, 12) des Verfahrens wegen falscher Verdächtigung oder Beleidigung; es endet mit dem Ende der Anhängigkeit des Bezugsverfahrens und es steht einer Sachentscheidung,[44] aber, sobald es bekannt ist, auch schon sachentscheidungsvorbereitenden Entscheidungen, entgegen (vgl. aber Rn. 15).

---

39 *Pfeiffer* 4; SK/*Weßlau/Deiters* 13; Radtke/Hohmann/*Radtke* 30; HK/*Gercke* 4; KMR/*Kulhanek* 6c; KK/*Diemer* 8; LR/*Meyer-Goßner*[23] 15; *Peters* § 57 IV; AK/*Schöch* 9; MüKo/*Teßmer* 19; *Vordermayer*/ v. Heintschel-Heinegg, 3. Teil, 172.
40 Meyer-Goßner/*Schmitt* 6.
41 Ausführlich LR/*Meyer-Goßner*[23] 14; ebenso Meyer-Goßner/*Schmitt* 7; MüKo/*Teßmer* 11; KMR/*Kulhanek* 6b; SK/*Weßlau/Deiters* 12; KK/*Diemer* 8; Radtke/Hohmann/*Radtke* 20; HK/*Gercke* 4; *Pfeiffer* 4; AK/*Schöch* 8.
42 Das war für § 164 Abs. 3, § 191 StGB umstritten, vgl. die Nachw. bei LR/*Meyer-Goßner*[23] 17.
43 BGHSt **8** 154; BGH GA **1979** 223; BayObLGSt **1958** 314; **1961** 80; OLG Koblenz OLGSt § 191 StGB a.F. 3; ebenso früher z.B. RGSt **31** 231; **41** 155; **59** 200; Meyer-Goßner/*Schmitt* 12; MüKo/*Teßmer* 14; KMR/*Kulhanek* 7; SK/*Weßlau/Deiters* 14; KK/*Diemer* 9; Radtke/Hohmann/*Radtke* 20; HK/*Gercke* 5; AnwK-StPO/*Walther* 9.
44 Auch einem Strafbefehl: BayObLG v. 21.9. 1976 – RReg 6 St 89/76; dagegen scheint Meyer-Goßner/*Schmitt* 12 sachentscheidungsvorbereitende Entscheidungen schlechthin für zulässig zu halten.

b) Verfahren und Entscheidung. Ob ein Bezugsverfahren anhängig ist, hat das mit der Sache befasste Gericht von Amts wegen zu prüfen und ggf. freibeweislich zu klären, wenn der Akteninhalt hierfür irgendwelche Anhaltspunkte ergibt.[45] Bleibt das vorläufige Verfahrenshindernis bis zur Rechtskraft der Entscheidung unerkannt, so berührt es ihre Wirksamkeit nicht. Vor der vorläufigen Einstellung sind die Prozessbeteiligten zu hören (§ 33); dazu gehört der Verletzte, der regelmäßig Betroffener des Bezugsverfahrens sein wird, nur dann, wenn er sich als Nebenkläger angeschlossen hat. Die **Entscheidung** ergeht stets **durch Beschluss**, der die vorläufige Einstellung ausspricht und das Bezugsverfahren angibt; in der Hauptverhandlung wirken die Schöffen mit.[46] Der Beschluss ist, da anfechtbar (Rn. 18), zu begründen (vgl. § 34); ergeht er außerhalb der mündlichen Verhandlung, so ist er den Beteiligten mitzuteilen, Zustellung ist nicht erforderlich (§ 35 Abs. 2 Satz 2). Da nur eine vorläufige Einstellung beschlossen wird, ist keine Entscheidung über die Kosten und eine Entschädigung für Strafverfolgungsmaßnahmen zu treffen.[47] Trotz der vorläufigen Einstellung bleibt der Vorsitzende zur **Sicherung der Beweise** befugt und ggf. verpflichtet; insoweit ist wegen der gleichen Sachlage § 205 Satz 2 analog anzuwenden (vgl. zu den Einzelheiten § 205, 49 ff.). 15

Die vorläufige Einstellung findet ihre **Rechtsgrundlage** stets **in § 154e Abs. 2**. Im Zwischenverfahren darf kein Nichteröffnungsbeschluss nach § 204, nach Eröffnung des Hauptverfahrens kein Einstellungsbeschluss nach § 206a und in der Hauptverhandlung kein Einstellungsurteil nach § 260 Abs. 3 ergehen.[48] **Prozesshandlungen**, die der abschließenden tatrichterlichen Sachentscheidung vorausgehen, **bleiben** auch dann **wirksam**, wenn im Zeitpunkt ihrer Vornahme das Bezugsverfahren bereits anhängig war und deshalb eine vorläufige Einstellung hätte erfolgen müssen.[49] Denn der Zweck der Vorschrift liegt darin, widersprüchliche Sachentscheidungen zu vermeiden, er erfordert es nicht, auch solche Entscheidungen als unwirksam zu behandeln, die diese Sachentscheidung lediglich vorbereiten. Deshalb bleibt ein einmal erlassener Eröffnungsbeschluss wirksam, auch wenn im Zeitpunkt seines Erlasses das Bezugsverfahren bereits anhängig war, dies aber nicht beachtet wurde. 16

c) Verfahren nach Erlass des erstinstanzlichen Urteils. Wird das Bezugsverfahren erst nach Erlass des erstinstanzlichen Urteils, aber vor seiner Rechtskraft anhängig, so ist das erstinstanzliche Gericht, anders als bei der Anwendung des § 206a (vgl. § 206a, 12 f.) nicht zur vorläufigen Einstellung befugt; sie wäre sinnlos, weil dem Gericht auch ein seiner Entscheidung widersprechender Ausgang des Bezugsverfahrens keine Möglichkeit zur Korrektur seines Urteils geben würde. Ist das Verfahren in der **Berufungsinstanz** anhängig, so stellt es das Berufungsgericht nach § 154e Abs. 2 vorläufig ein, unabhängig davon, ob der Tatrichter das Bezugsverfahren übersehen hatte oder ob es erst später anhängig geworden ist.[50] Auch im ersten Fall bedarf es keiner Aufhebung allein 17

45 Vgl. BayObLGSt **1958** 314.
46 *Pfeiffer* 5.
47 MüKo/*Teßmer* 15; SK/*Weßlau/Deiters* 14; KK/*Diemer* 10; Radtke/Hohmann/*Radtke* 24; HK/*Gercke* 5.
48 BGH GA **1979** 224; Radtke/Hohmann/*Radtke* 27; SK/*Weßlau/Deiters* 14; Meyer-Goßner/*Schmitt* 11; AK/*Schöch* 11; ausführlich LR/*Meyer-Goßner*[23] 20.
49 Vgl. BayObLG v. 21.9.1976 – RReg 6 St 89/76 – für den Fall eines Strafbefehls, dem nach Einspruch nur noch die Wirkung eines Eröffnungsbeschlusses zukomme; AK/*Schöch* 11; AnwK-StPO/*Walther* 15; wohl weitergehend Meyer-Goßner/*Schmitt* 12, der solche vorbereitenden Entscheidungen schlechthin für zulässig hält; krit. aber nicht ablehnend Radtke/Hohmann/*Radtke* 27.
50 SK/*Weßlau/Deiters* 16; KK/*Diemer* 11; Radtke/Hohmann/*Radtke* 23; HK/*Gercke* 5; Meyer-Goßner/*Schmitt* 13; AK/*Schöch* 12.

wegen dieses Rechtsfehlers;[51] vielmehr ist der Ausgang des Bezugsverfahrens bei der vom Berufungsgericht ohnehin zu treffenden Sachentscheidung (§ 328 Abs. 1) zu berücksichtigen. Ist infolge einer wirksamen Beschränkung der Berufung die Möglichkeit entfallen, abweichende Ergebnisse des Bezugsverfahrens zu berücksichtigen, so braucht das Verfahren nicht vorläufig eingestellt zu werden.

18 Wird das Bezugsverfahren erst nach Erlass des letzten tatrichterlichen Urteils anhängig, so ist das **Revisionsgericht** nicht zur vorläufigen Einstellung verpflichtet und nicht an einer Entscheidung über die Revision gehindert.[52] Da § 154e nur widersprüchliche tatsächliche Feststellungen verhindern will, gilt sein Absatz 2 im Ergebnis nur für die Tatsacheninstanz, zumal das Revisionsgericht in diesem Fall dem Ausgang des Bezugsverfahrens bei einer unbegründeten Revision auch bei einer vorläufigen Einstellung nicht Rechnung tragen könnte. Verweist das Revisionsgericht allerdings aus anderen Gründen unter Aufhebung der Feststellungen die Sache an den Tatrichter zurück, so hat dieser ggf. nunmehr das Verfahren nach Absatz 2 vorläufig einzustellen. Zur Revisibilität einer fehlerhaften Nichtanwendung des Absatzes 2 durch den Tatrichter s. Rn. 22f.

19 **d)** Die **Anfechtbarkeit** der vorläufigen Einstellung und der Ablehnung eines auf sie gerichteten Antrags richtet sich nach den für § 205 geltenden Grundsätzen; auf die dortigen Erl. (§ 205, 44ff.) wird verwiesen.

20 **6. Fortsetzung des vorläufig eingestellten Verfahrens.** Die Staatsanwaltschaft kann das nach Absatz 1 vorläufig eingestellte Ermittlungsverfahren auch vor Abschluss des Bezugsverfahrens wieder aufnehmen, wenn hierfür besondere Gründe (Rn. 11) vorliegen; das Gericht ist zu einer Verfahrensfortsetzung des nach Absatz 2 eingestellten Verfahrens vor Abschluss des Bezugsverfahrens nicht befugt. Eine Verfahrensfortsetzung liegt aber noch nicht in Beweissicherungsmaßnahmen. Staatsanwaltschaft und Gericht haben zu überwachen, ob das Bezugsverfahren noch anhängig ist. Sobald es nicht mehr anhängig ist (Rn. 8f.), ist das Verfahren von Amts wegen fortzusetzen. Die Verfahrensbeteiligten können hierauf durch Anträge hinwirken und, bei gerichtlicher Einstellung, bei Ablehnung des Antrags Beschwerde einlegen (§ 205, 47).

21 Die Verfahrensfortsetzung bedarf keiner ausdrücklichen **Entscheidung**,[53] wenn dies auch zweckmäßig ist.[54] Das Verfahren wird in der Lage fortgesetzt, in der es sich im Zeitpunkt der vorläufigen Einstellung befunden hat (vgl. Rn. 15), indem die nunmehr nach der Sache gebotene Prozesshandlung ergeht. Soweit das Ergebnis des Bezugsverfahrens bindende Wirkung hat, etwa nach § 190 StGB, ist dies bei der nunmehr zu treffenden Sachentscheidung zu berücksichtigen. So ist, wenn der Wahrheitsbeweis durch eine strafgerichtliche Verurteilung als erbracht gilt und nicht § 192 StGB eingreift, je nach Verfahrensstand das Ermittlungsverfahren einzustellen, die Eröffnung des Hauptverfahrens gemäß § 204 abzulehnen oder der Angeklagte durch Urteil freizusprechen.

22 **7. Verjährung.** Absatz 3 ordnet das Ruhen der Verjährung an. Für die Aussetzung des gerichtlichen Verfahrens würde sich dies infolge der zwingend vorgeschriebenen

---

51 AK/*Schöch* 12; vgl. auch Meyer-Goßner/*Schmitt* 13; *Pfeiffer* 5; zur Frage, ob § 328 Abs. 2 anwendbar ist, vgl. verneinend LR/*Meyer-Goßner*[23] 21; vgl. auch die Erl. zu § 328.

52 BGH GA **1979** 224; NJW **1966** 1278; RGSt **26** 365; RG GA **58** (1911) 475; BayObLGSt **1958** 315; LR/*Meyer-Goßner*[23] 22; *Pfeiffer* 5; *Ranft* 1138; Radtke/Hohmann/*Radtke* 23; HK/*Gercke* 4; Meyer-Goßner/*Schmitt* 7; KK/*Diemer* 11; KMR/*Kulhanek* 7.

53 LR/*Meyer-Goßner*[23] 26; KMR/*Kulhanek* 9; SK/*Weßlau*/*Deiters* 18; KK/*Diemer* 13.

54 Vgl. auch KMR/*Kulhanek* 9.

Einstellung auch aus § 78b Abs. 1 Nr. 2 StGB ergeben, jedoch ist die ausdrückliche Regelung in Hinblick auf die Sollvorschrift des Absatzes 1 erforderlich.[55] Das **Ruhen beginnt** mit dem Erlass der Entscheidung, die das Verfahren vorläufig einstellt, nicht schon, auch im Fall der gerichtlichen Einstellung, mit der Anhängigkeit des Bezugsverfahrens.[56] Es **endet**, d.h. die Verjährungsfrist läuft weiter, sobald das Bezugsverfahren nicht mehr anhängig ist (Rn. 8), auf eine erst später liegende tatsächliche Fortsetzung des eingestellten Verfahrens kommt es nicht an.[57] Setzt die Staatsanwaltschaft das Verfahren fort, obwohl das Bezugsverfahren noch anhängig ist (Rn. 19), so endet das Ruhen bereits mit der ersten neuen Verfolgungshandlung;[58] stellt sie später das Verfahren erneut ein, so ruht die Verjährung erneut. Nach dem Wortlaut des Absatzes 3 ruht nur die Verjährung der falschen Verdächtigung oder Beleidigung. Diese **Fassung** ist **zu eng**. Das Ruhen erstreckt sich auch auf andere, zu derselben prozessualen Tat gehörende Gesetzesverletzungen, da die vorläufige Einstellung insoweit nur einheitlich vorgenommen werden kann (Rn. 4).[59] Es erstreckt sich dagegen nicht auf strafbare Handlungen, die nach Verfahrenstrennung als selbständige prozessuale Taten weiterverfolgt werden könnten.

8. Revision. Hat der Tatrichter entgegen Absatz 2 trotz der Anhängigkeit des Bezugsverfahrens das Verfahren nicht vorläufig eingestellt, so liegt hierin grundsätzlich ein die Revision begründender Rechtsfehler. Er führt jedoch nicht zur vorläufigen Einstellung des Verfahrens durch das Revisionsgericht, sondern zur Aufhebung des tatrichterlichen Urteils mit seinen Feststellungen und zur Zurückverweisung, damit der Tatrichter das Verfahren nunmehr vorläufig einstellen und nach Abschluss des Bezugsverfahrens unter Berücksichtigung von dessen Ergebnissen neu in der Sache entscheiden kann.[60] Von Amts wegen und ohne ordnungsgemäße Rüge nach § 344 Abs. 2 Satz 2 ist der Verstoß entgegen der wohl noch h.M. vom Revisionsgericht nicht zu beachten.[61] Der Grundsatz, dass Verfahrenshindernisse in der Revisionsinstanz von Amts wegen zu beachten sind, findet seine Rechtfertigung nur in der Überlegung, dass sie auch in dieser nicht vorliegen dürfen; dies aber gilt für das vorläufige Verfahrenshindernis nach § 154e Abs. 2 gerade nicht (Rn. 17). 23

Das **Beruhen** des tatrichterlichen Urteils auf der unterlassenen Anwendung des Absatzes 2 lässt sich nicht ausschließen, wenn das Bezugsverfahren im Zeitpunkt der Revisionsentscheidung noch anhängig ist, weil es dann immer möglich ist, dass sein noch nicht feststehendes Ergebnis die neu zu treffenden tatrichterlichen Feststellungen beeinflussen kann. Anders kann es aber dann liegen, wenn im Zeitpunkt der Revisionsentscheidung das Bezugsverfahren rechtskräftig abgeschlossen ist. Zeigt dessen Ergebnis, das vom Revisi- 24

55 So Begr. zum RegE EGStGB 1974, BTDrucks. **7** 550 S. 300; KMR/*Kulhanek* 10; AK/*Schöch* 14; Radtke/Hohmann/*Radtke* 28; MüKo/*Teßmer* 17; zur früheren Rechtslage vgl. z.B. RGSt **66** 329.

56 Radtke/Hohmann/*Radtke* 28; HK/*Gercke* 6; Meyer-Goßner/*Schmitt* 14; MüKo/*Teßmer* 17; KMR/*Kulhanek* 10; AK/*Schöch* 14; AnwK-StPO/*Walther* 12.

57 Radtke/Hohmann/*Radtke* 28; HK/*Gercke* 6; Meyer-Goßner/*Schmitt* 14; MüKo/*Teßmer* 18; KMR/*Kulhanek* 10; *Pfeiffer* 6.

58 *Pfeiffer* 6; Radtke/Hohmann/*Radtke* 28; HK/*Gercke* 6; Meyer-Goßner/*Schmitt* 14; MüKo/*Teßmer* 18; KMR/*Kulhanek* 10; AK/*Schöch* 14.

59 HK/*Gercke* 6; Radtke/Hohmann/*Radtke* 28; MüKo/*Teßmer* 18; KMR/*Kulhanek* 10.

60 BGHSt **8** 133; **8** 154; BGH GA **1979** 224; RG GA **39** (1891) 236; BayObLGSt **1958** 314; OLG Karlsruhe JR **1989** 82; OLG Koblenz § 191 StGB a.F. 3; Meyer-Goßner/*Schmitt* 13; *Pfeiffer* 7; KMR/*Kulhanek* 7; *Ranft* 1138; Radtke/Hohmann/*Radtke* 23; HK/*Gercke* 4; KK/*Diemer* 11; AK/*Schöch* 13.

61 Der hier vertretenen Auffassung zuneigend BGH GA **1979** 224; LR/*Hanack*[25] § 337, 47; Radtke/Hohmann/*Radtke* 32; SK/*Weßlau/Deiters* 17; **a.A.** BayObLGSt **1961** 80; OLG Koblenz aaO; LR/*Meyer-Goßner*[23] 25; KMR/*Kulhanek* 7; MüKo/*Teßmer* 21; wohl auch KK/*Diemer* 11 (Revisionsgericht *muss* aufheben und zurückverweisen); ebenso SSW/*Schnabl* 8; offen gelassen OLG Bremen StV **1991** 252.

onsgericht bei der Beruhensprüfung freibeweislich verwertet werden darf, dass ein Widerspruch mit dem vom Revisionsgericht zu prüfenden Urteil wegen falscher Anschuldigung oder Beleidigung nicht besteht, so kann das Revisionsgericht die Revision mangels Beruhens verwerfen. Ergibt sich umgekehrt gemäß § 190 StGB aus der Bindungswirkung des inzwischen ergangenen Urteils im Bezugsverfahren, dass der wegen Beleidigung Verurteilte freigesprochen werden *muss*, so kann dies, da ohne weitere tatsächliche Erörterungen möglich, ggf. auch durch das Revisionsgericht nach § 354 Abs. 1 geschehen.

§ 154f
Einstellung des Verfahrens bei vorübergehenden Hindernissen

Steht der Eröffnung oder Durchführung des Hauptverfahrens für längere Zeit die Abwesenheit des Beschuldigten oder ein anderes in seiner Person liegendes Hindernis entgegen und ist die öffentliche Klage noch nicht erhoben, so kann die Staatsanwaltschaft das Verfahren vorläufig einstellen, nachdem sie den Sachverhalt so weit wie möglich aufgeklärt und die Beweise so weit wie möglich gesichert hat.

Schrifttum

Bittmann Perspektiven zum Opferschutz – Reform der Reform, ZRP **2009** 212; *Krause* Die vorläufige Einstellung von Strafverfahren praeter legem, GA **1969** 97; *Kunkel* Zur entsprechenden Anwendung des § 205 StPO bei nicht in der Person des Beschuldigten liegenden Hindernissen, DRiZ **1981** 263; *Schroth* 2. Opferrechtsreformgesetz – Das Strafverfahren auf dem Weg zum Parteienprozess? NJW **2009** 2916.

Entstehungsgeschichte

Die Vorschrift wurde durch Art. 1 Nr. 15 des Gesetzes zur Stärkung der Rechte von Verletzten und Zeugen im Strafverfahren (2. Opferrechtsreformgesetz) vom 29.7.2009 (BGBl. I 2280) neu eingefügt und ist zum 1.10.2009 in Kraft getreten. Sie beruht auf einem Formulierungsvorschlag, der bereits im Gesetzentwurf der Fraktionen der CDU/CSU und SPD vom 3.3.2009 (BTDrucks. **16** 1298 S. 5) enthalten war. Der demgegenüber unterbreitete Vorschlag des Bundesrates (BRDrucks. 178/09 S. 5), wonach das Ermittlungsverfahren nur dann durch die Staatsanwaltschaft vorläufig eingestellt werden sollte, wenn „der Fortführung oder dem Abschluss des Ermittlungsverfahrens" die Abwesenheit des Beschuldigten oder andere in dessen Person liegende Hindernisse entgegenstehen, hat sich im Ergebnis nicht durchsetzen können. Die Bundesregierung befürchtete, dass die vom Bundesrat vorgeschlagene Formulierung dazu führen würde, dass die Staatsanwaltschaften in allen Fällen, in denen die Ermittlungen inhaltlich abgeschlossen sind und der Beschuldigte Gelegenheit zur Stellungnahme hatte, Anklage zu erheben hätte, auch wenn der Beschuldigte etwa unbekannten Aufenthalts oder verhandlungsunfähig erkrankt ist und insoweit auch zukünftig keine Änderungen zu erwarten stehen (BTDrucks. **16** 12812 S. 19).

Übersicht

https://doi.org/10.1515/9783110590098-017

1. Hintergrund und Regelungszweck der Vorschrift. Mithilfe des im Jahr 2009 neu eingeführten § 154f hat der Gesetzgeber eine bislang bestehende **Regelungslücke** für den Bereich der vorläufigen Verfahrenseinstellung geschlossen.[1] Diese Regelungslücke bestand insoweit, als für die Situation des Vorliegens vorübergehender Verfahrenshindernisse mit § 205 lediglich für das Zwischenverfahren eine ausdrückliche Regelung existierte. Insofern behalf sich die Praxis bislang mit einer analogen Anwendung von § 205, soweit bereits im Ermittlungsverfahren erkennbar war, dass der Eröffnung oder Durchführung des Hauptverfahrens für längere Zeit die Abwesenheit des Beschuldigten oder ein anderes in seiner Person liegendes Hindernis entgegenstehen würde.[2] Für diese Fälle gilt nunmehr unmittelbar § 154f, der damit faktisch auch die auf der Grundlage von Nr. 104 Abs. 1 RiStBV praktizierte Vorgehensweise in den Rang formellen Strafverfahrensrechts erhebt. Insofern soll die neu geschaffene Bestimmung vor allem dem Interesse der Rechtssicherheit dienen.[3] Schließlich treten die entsprechenden Sachverhalte in der Praxis häufig schon vor Anklageerhebung auf, insbesondere wenn der aktuelle Aufenthaltsort des Beschuldigten nicht ermittelt werden kann. 1

Ebenso wie § 205 ermöglicht auch § 154f eine angemessene Berücksichtigung des **Beschleunigungsgrundsatzes** sowie des **Rechts auf Gewährung rechtlichen Gehörs.** Die Norm ist von dem allgemeinen Rechtsgedanken getragen, dass auf Verfahrensverzögerungen durch mittelfristig behebbare Hindernisse nicht durch bloße Untätigkeit der Strafverfolgungsbehörden reagiert werden darf, sondern hierfür eine förmliche Einstellungsentscheidung nach Sicherung der für eine spätere Verfahrensfortführung benötigten Beweise erforderlich ist.[4] Schließlich wird durch den Einstellungsvermerk dokumentiert, dass es sich um eine sachlich begründete Verzögerung handelt.[5] Insofern enthält § 154f eine Ausnahmeregelung zu dem aus dem Rechtsstaatsprinzip, Art. 6 Abs. 1 Satz 1 EMRK und zahlreichen Einzelregelungen der StPO abzuleitenden Grundsatz der Beschleunigung.[6] Andererseits sichert die Vorschrift den Anspruch des Beschuldigten auf rechtliches Gehör (Art. 103 Abs. 2 GG), da das Verfahren grundsätzlich nicht fortgesetzt wird, solange er durch in seiner Person liegende Gründe daran gehindert ist, der Hauptverhandlung zu folgen.[7] Damit wird zugleich den Erfordernissen eines fairen Verfahrens Rechnung getragen, da nur dem verhandlungsfähigen Beschuldigten eine effektive Ausübung der in Art. 6 Abs. 3 MRK normierten Rechte möglich ist.[8] 2

2. Materielle Anwendungsvoraussetzungen

a) Vorläufiges Hindernis. Der Eröffnung oder Durchführung des Hauptverfahrens muss für längere Zeit entweder die Abwesenheit des Beschuldigten oder ein anderes in seiner Person liegendes Hindernis entgegenstehen. Aus der Formulierung „für längere 3

1 BTDrucks. **16** 12098 S. 21; SK/*Weßlau/Deiters* 2; HK/*Gercke* 1; Radtke/Hohmann/*Radtke* 2; AnwK-StPO/*Walther* 1; SSW/*Schnabl* 1; *Schroth* NJW **2009** 2918.
2 LR/*Stuckenberg* § 205, 5; Radtke/Hohmann/*Radtke* 2; AnwK-StPO/*Walther* 2; *Krause* GA **1969** 99.
3 BTDrucks. **16** 12098 S. 21 f.; SK/*Weßlau/Deiters* 2; HK/*Gercke* 1.
4 Vgl. SK/*Weßlau/Deiters* 2; Radtke/Hohmann/*Radtke* 1.
5 SK/*Weßlau/Deiters* 2; Radtke/Hohmann/*Radtke* 1.
6 Radtke/Hohmann/*Radtke* 1; SK/*Weßlau/Deiters* 2.
7 HK/*Julius/Schmidt* § 205, 1.
8 Vgl. OLG Brandenburg NStZ-RR **2005** 49; HK/*Julius/Schmidt* § 205, 1.

Zeit" folgt, dass nach dem Kenntnisstand der Staatsanwaltschaft im Ermittlungsverfahren der weiteren Förderung des Verfahrens ein vorläufiges Hindernis entgegenstehen muss. Ein solches **vorläufiges Hindernis** ist in jedem rechtlichen oder tatsächlichen Umstand zu sehen, der dem Fortgang des Verfahrens entgegensteht, voraussichtlich mittelfristig behoben werden kann und in der Person des Beschuldigten begründet ist. In zeitlicher Hinsicht scheidet eine abstrakt-generelle Festlegung der erforderlichen Zeitdauer von vornherein aus.[9] Vielmehr ist hinsichtlicher der Frage der Vorläufigkeit im jeweiligen Einzelfall auf der einen Seite von bloß kurzfristigen und auf der anderen Seite von endgültigen Verfahrenshindernissen abzugrenzen. Bei **kurzfristigen Hindernissen**, beispielsweise kurzen Erkrankungen oder erkennbarem Zeitablauf der Abwesenheit des Beschuldigten, scheidet eine vorläufige Einstellung nach § 154f aus. Insofern ist vielmehr deren Behebung abzuwarten, sofern dies nicht als Verstoß gegen das Beschleunigungsverbot einzuordnen wäre.[10] Ist demgegenüber schon im Ermittlungsverfahren erkennbar, dass eine Behebung des Hindernisses bei verständiger Würdigung der Sachlage unmöglich oder doch zumindest sehr unwahrscheinlich ist, also in Wahrheit ein **endgültiges** Hindernis vorliegt, so ist das Verfahren nach § 170 Abs. 2 einzustellen.[11]

4 **b) Abwesenheit des Beschuldigten oder anderes Hindernis.** Der Gesetzeswortlaut lässt – wie bei § 205 – keinen Zweifel daran, dass es sich bei dem vorläufigen Hindernis um ein solches handeln muss, das in der Person des Beschuldigten wurzelt.[12] Insofern stellt die Abwesenheit des Beschuldigten lediglich einen besonders benannten Beispielsfall des „anderen in seiner Person liegenden Hindernisses" dar.[13] Von **Abwesenheit** ist nach der auch im Rahmen von § 154f heranzuziehenden Legaldefinition des § 276 auszugehen, wenn der Aufenthalt des Beschuldigten unbekannt ist oder wenn er sich im Ausland aufhält und seine Gestellung vor das zuständige Gericht nicht ausführbar oder nicht angemessen erscheint. Zu den **sonstigen, in der Person des Beschuldigten wurzelnden Hindernissen** zählt in der Praxis vor allem die **Verhandlungsunfähigkeit des Beschuldigten.**[14] Darüber hinaus kommen in Betracht: Fälle der parlamentarischen Immunität des Beschuldigten nach Art. 46 Abs. 2 bis 4 GG oder den entsprechenden landesverfassungsrechtlichen Bestimmungen vor Erteilung der Genehmigung zur Strafverfolgung, die völkerrechtliche Immunität nach den §§ 18, 19 GVG, sofern eine spätere Strafverfolgung nicht ausgeschlossen erscheint sowie der auslieferungsrechtliche Spezialitätsgrundsatz, wenn eine Strafverfolgung durch nachträgliche Bewilligung oder Wegfall des auslieferungsrechtlichen Schutzes infolge freiwilligen Verweilens im Bundesgebiet noch möglich erscheint.[15]

5 **c) In einer anderen Person begründetes oder sonstiges Hindernis.** Aufgrund des eindeutigen Wortlauts scheiden Hindernisse, die in einer anderen Person als dem Beschuldigten begründet sind oder sonstige Gründe, die der Eröffnung oder Durchführung des Hauptverfahrens entgegenstehen als Einstellungsgründe nach § 154f in direkter An-

---

9 LR/*Stuckenberg* § 205, 12; Radtke/Hohmann/*Radtke* 6; MüKo/*Teßmer* 3.

10 LR/*Stuckenberg* § 205, 12; SK/*Paeffgen* § 205, 4; HK/*Julius/Schmidt* § 205, 6; Radtke/Hohmann/*Radtke* 5; AnwK-StPO/*Kirchhof* § 205, 2; *Krause* GA **1969** 102.

11 Radtke/Hohmann/*Radtke* 7; vgl. auch Nr. 104 Abs. 2 RiStBV.

12 HK/*Gercke* 2; Radtke/Hohmann/*Radtke* 5; krit. *Bittmann* ZRP **2009** 213.

13 Radtke/Hohmann/*Radtke* 6.

14 Vgl. dazu die Erläuterungen bei LR/*Stuckenberg* § 205, 17 ff. m.w.N.; SK/*Paeffgen* § 205, 3 ff.; Meyer-Goßner/*Schmitt* 2; vgl. auch HK/*Gercke* 1; MüKo/*Teßmer* 3; SSW/*Schnabl* 2; SK/*Weßlau/Deiters* 3.

15 LR/*Stuckenberg* § 205, 31; Radtke/Hohmann/*Radtke* 7.

wendung aus.[16] Fraglich ist jedoch, ob insoweit eine **analoge Anwendung des § 154f** in Betracht kommt. Dies ist zu bejahen.[17] Die Gesetzesmaterialen verhalten sich hierzu nicht, sodass nicht ohne weiteres davon auszugehen ist, dass der Gesetzgeber der Einbeziehung in Kenntnis des Meinungsstandes zu § 205 der analogen Anwendung des § 154f eine bewusste Absage erteilt hat.[18] Vielmehr ist zu schließen, dass wenn der Gesetzgeber sich dieses Streitstandes bewusst gewesen wäre, er eine klare Regelung getroffen hätte. Aus diesem Grund ist eine **planwidrige Regelungslücke** anzunehmen. Auch besteht ein sachliches Bedürfnis für eine analoge Anwendung von § 154f. Zwar wird die Erhebung der öffentlichen Klage durch ein vorübergehend unerreichbares Beweismittel nicht in allen Fällen zwingend ausgeschlossen wird. Es darf daher nicht vorschnell ein Hindernis angenommen werden. Anders als z.B. bei Abwesenheit des Beschuldigten kann im Einzelfall durch prozessuale Maßnahmen (z.B. § 251) die Fortführung des Verfahrens erreicht werden. Nur wenn keine solche prozessualen Maßnahmen in Betracht kommen, gleichen sich die Situationen bei anderen Hindernissen und derjenigen, die in der Person des Beschuldigten begründet sind.[19] Das praktische Bedürfnis für eine analoge Anwendung – nunmehr von § 154f – dürfte allerdings gering sein. Zum einen muss die Staatsanwaltschaft für ihre das Ermittlungsverfahren abschließende Anklageentscheidung nach § 170 ebenso wie der Richter im Zwischenverfahren nach § 203 für den Erlass eines Eröffnungsbeschlusses den hinreichenden Tatverdacht bejahen können, so dass der Prüfungsmaßstab insoweit vergleichbar ist. Zum anderen dürfte es im Ermittlungsverfahren auch bei in der Person des Beschuldigten liegenden Hindernissen regelmäßig möglich und geboten sein, den Sachverhalt weiter aufzuklären. Auch ist zu berücksichtigen, dass ggf. kurzfristiges Zuwarten oder bei einem längerfristigen Hindernis eine Einstellung gem. § 170 Abs. 2 vorzunehmen sein kann.[20]

d) Hindernis für die Eröffnung oder Durchführung des Hauptverfahrens. Das vorläufige Hindernis muss allerdings auch konkret **der Eröffnung oder Durchführung des Hauptverfahrens entgegenstehen**. Insofern hat § 154f mit Blick auf seinen eindeutigen Wortlaut lediglich den Fortgang des Strafverfahrens dergestalt im Blick, als diesem im Zwischen- oder Hauptverfahren Hindernisse in der Person des Beschuldigten entgegenstehen. Mit der **Eröffnung des Hauptverfahrens** ist der Erlass des Eröffnungsbeschlusses gem. § 203 gemeint. Mit der ausdrücklichen Aufnahme dieses in § 205 bislang nicht enthaltenen Merkmals hat der Gesetzgeber klargestellt, dass eine vorläufige Verfahrenseinstellung auch dann möglich sein soll, wenn es um Hindernisse geht, die bereits der Zulassung der Anklage entgegenstehen. Auch insoweit wird allerdings nur die bisherige Rechtspraxis kodifiziert. Konkret geht es um Fälle, in denen der Beschuldigte nach der im Ermittlungsverfahren zu treffenden Prognose der Staatsanwaltschaft auch im Zwischenverfahren verhandlungsunfähig sein wird oder ihm die Anklage nicht zugestellt werden kann, weil sein Aufenthalt unbekannt und eine öffentliche Zustellung nicht 6

---

16 Radtke/Hohmann/*Radtke* 10.

17 Zum parallelen Streitstand bei § 205 in dem hier vertretenen Sinne vgl. LR/*Stuckenberg* § 205, 5 und 32 ff.; Meyer-Goßner/*Schmitt* § 205, 8; *Meyer-Goßner* JR **1986** 436 f.; HK/*Julius*/*Schmidt* § 205, 2; *Henkel* 315; *Ranft* 1133; *Schäfer* 673; *Schlüchter* 406, 1; *Krause* GA 1969, 99; *Kunkel* DRiZ 1981, 263; **a.A** OLG München NJW **1978** 176; OLG Frankfurt NStZ **1982** 218; OLG Düsseldorf JR **1984** 435; OLG Koblenz StV **1993** 513; OLG Stuttgart Justiz **2001** 552; LG Düsseldorf StV **2008** 348; LG Cottbus NStZ-RR **2009** 246; *Bloy* GA **1980** 167.

18 Vgl. Radtke/Hohmann/*Radtke* 10; Meyer-Goßner/*Schmitt* 5; die diese Frage jedoch abweichend von der hier vertretenen Meinung verneinen.

19 **A.A.** LR/*Zöller*[26] 5; Radtke/Hohmann/*Radtke* 10; MüKo/*Teßmer* 4; offen gelassen bei HK/*Gercke* 2; zum parallelen Streitstand bei § 205 in dem hier vertretenen Sinne vgl. Rn. 20.

20 So auch Radtke/Hohmann/*Radtke* 10.

möglich ist.[21] Die **Durchführung des Hauptverfahrens** umfasst sowohl ihre Vorbereitung nach den §§ 212 ff. als auch ihre sämtlichen Verfahrensabschnitte vom Aufruf der Sache bis hin zur Verkündung des Urteils. Dieses Merkmal bezieht sich auf solche Fälle, bei denen das Hindernis nach der Einschätzung der Staatsanwaltschaft im Ermittlungsverfahren entweder erst nach Eröffnung des Hauptverfahrens auftreten oder erst dann für die Hauptverhandlung bedeutsam werden wird. Zu denken ist etwa an Fälle, in denen es zu erwarten ist, dass ein gesundheitlich labiler Beschuldigter erst unter den Belastungen der Hauptverhandlung verhandlungsunfähig wird. Die Gefahr der Flucht während der Hauptverhandlung kommt demgegenüber nur dann in Betracht, wenn dieser nicht durch entsprechende Sicherungsmaßnahmen von Seiten der Justiz begegnet werden kann. Auch die Abwesenheit des Beschuldigten in der späteren Hauptverhandlung stellt nur dann einen Einstellungsgrund dar, wenn nicht ausnahmsweise (nach § 231 Abs. 2, §§ 231a, 231b, 231c, 232, 233, 247, § 329 Abs. 1, § 412) ohne den Angeklagten verhandelt werden kann.[22]

7 **e) Sachverhaltsaufklärung und Beweissicherung.** Die vorläufige Verfahrenseinstellung auf der Grundlage von § 154f ist auch bei Vorliegen der weiteren Normvoraussetzungen nur dann möglich, wenn die Staatsanwaltschaft den **Sachverhalt so weit wie möglich aufgeklärt und die Beweise so weit wie nötig gesichert** hat. Diese Voraussetzung übernimmt die entsprechende Formulierung aus Nr. 104 Abs. 1 RiStBV.[23] Insofern ist auch im Rahmen von § 154f davon auszugehen, dass eine förmliche Beweissicherung nach den §§ 285 ff. nur in wichtigen Fällen stattzufinden hat. Im Übrigen wird auf die – ohnehin aus dem Legalitätsprinzip und dem Ermittlungsgrundsatz folgende – Verpflichtung der Staatsanwaltschaft hingewiesen, vor einer Entscheidung nach § 154f sämtliche Ermittlungen vorzunehmen, denen das in der Person des Beschuldigten liegende Hindernis nicht entgegensteht.[24] Auf diese Weise wird sichergestellt, dass das Verfahren nach dem Wegfall des vorläufigen Hindernisses unmittelbar wieder aufgenommen und ohne Beweismittelverlust weitergeführt werden kann.[25] Insbesondere zu Zwecken der Beweissicherung ist daher an die Beantragung ermittlungsrichterlicher Vernehmungen und die Sicherstellung von Beweismitteln zu denken.[26] Die Durchführung erkennungsdienstlicher Maßnahmen ist bei Vorliegen der Voraussetzungen der entsprechenden Ermächtigungsgrundlage zulässig.[27]

8 **3. Anwendungsbereich.** In zeitlicher Hinsicht ist § 154f lediglich **im Ermittlungsverfahren bis zur Erhebung der öffentlichen Klage** anwendbar. Gem. § 170 Abs. 1 wird somit der Anwendungsbereich durch die Einreichung der Anklageschrift bei dem zuständigen Gericht markiert. Nach Erhebung der öffentlichen Klage gilt somit § 205 unabhängig davon, ob das Hauptverfahren bereits eröffnet wurde.[28] Allerdings greift § 154f auch dann wieder ein, nachdem die bereits erhobene Klage (zulässig) wieder zurückge-

21 LR/*Stuckenberg* § 205, 6.
22 Vgl. LR/*Stuckenberg* § 205, 8; Meyer-Goßner/*Schmitt* § 205, 3.
23 Vgl. BTDrucks. **16** 12098 S. 22.
24 Radtke/Hohmann/*Radtke* 8; MüKo/*Teßmer* 6; KK/*Diemer* 3; HK/*Gercke* 2; SK/*Weßlau*/*Deiters* 3; SSW/*Schnabl* 2; ebenso zu § 205 LR/*Stuckenberg* § 205, 49 ff.; SK/*Paeffgen* § 205, 18.
25 Radtke/Hohmann/*Radtke* 8; KK/*Diemer* 3.
26 Radtke/Hohmann/*Radtke* 8; LR/*Stuckenberg* § 205, 50.
27 Vgl. zu § 81b Sächsisches OVG Beschluss vom 24.2.2016 – 3 D 4/16.
28 BTDrucks. **16** 12098 S. 22; Radtke/Hohmann/*Radtke* 3; Meyer-Goßner/*Schmitt* 1; KK/*Diemer* 1; MüKo/*Teßmer* 2; AnwK-StPO/*Walther* 3.

nommen wurde (vgl. § 156).[29] Nicht erforderlich ist ein tatsächlicher Abschluss der Ermittlungen. Insofern kommt eine Einstellung nach § 154f auch dann in Betracht, wenn die Staatsanwaltschaft die Entscheidung, ob sie Anklage erheben soll, noch nicht getroffen hat.[30] Inhaltlich ist § 154f direkt auf in der Person des Beschuldigten liegende Hindernisse anwendbar; analog auf solche Hindernisse, die nicht in seiner Person liegen (Rn. 4f.).

4. Entscheidung der Staatsanwaltschaft

a) Ermessen. Der Gesetzgeber hat § 154f in Anlehnung an § 205 bewusst als **„Kann-Bestimmung"** ausgestaltet.[31] Es liegt somit im **pflichtgemäßen Ermessen der Staatsanwaltschaft**, ob sie bei Vorliegen der Normvoraussetzungen von der Möglichkeit der vorläufigen Verfahrenseinstellung Gebrauch macht oder sich dennoch für die Erhebung der öffentlichen Klage entscheidet.[32] Hierin ist ein gewisser Widerspruch zu § 170 Abs. 2 zu sehen, da es aufgrund des Hindernisses zumindest an einer gegenwärtigen Verurteilungswahrscheinlichkeit mangelt. Dies ist jedoch als bewusste gesetzgeberische Entscheidung hinzunehmen und führt aufgrund der Möglichkeit des § 205 zu keinen unzumutbaren Nachteilen für den Beschuldigten. 9

Eine Einstellung soll im Ermittlungsverfahren regelmäßig in Betracht kommen, wenn die Klage nicht erhoben werden kann, weil die Ermittlungen noch nicht abgeschlossen sind (z.B. wenn der Beschuldigte noch keine Gelegenheit zur Stellungnahme hatte).[33] Sofern die Erhebung der öffentlichen Klage möglich, jedoch erkennbar ist, dass das Hauptverfahren nicht eröffnet oder die Hauptverhandlung nicht durchgeführt werden kann, kann eine Anklageerhebung allerdings schon deshalb in Betracht kommen, weil die Unterbrechung der Verjährungsfrist nach § 78c Abs. 1 Satz 1 Nr. 10 StGB nur durch einen gerichtlichen Beschluss nach § 205 bewirkt wird.[34] Sofern das Verfahren gegen **mehrere Beschuldigte** geführt wird und nur hinsichtlich einzelner von ihnen die Einstellungsvoraussetzungen nach § 154f vorliegen, sind die diesbezüglichen Verfahren abzutrennen und vorläufig nach § 154f einzustellen. Das Verfahren gegen die übrigen Beschuldigten wird dann weiter betrieben.[35] 10

b) Form. Die Entscheidung über die vorläufige Verfahrenseinstellung nach § 154f erfolgt durch entsprechende **Verfügung** des sachbearbeitenden Staatsanwalts, die aktenkundig zu machen ist.[36] Um zeitnah zu erkennen und mit einer Fortsetzung des Verfahens reagieren zu können, wenn das vorläufige Hindernis wegfällt, ist das zur Einstellung führende Hindernis in der staatsanwaltschaftlichen Verfügung deutlich zu bezeichnen.[37] Diesbezüglich hat die Staatsanwaltschaft durch geeignete Aktenführung und 11

---

29 BTDrucks. **16** 12098 S. 22; SK/*Weßlau/Deiters* 3; KK/*Diemer* 1; MüKo/*Teßmer* 2; Radtke/Hohmann/*Radtke* 3; Meyer-Goßner/*Schmitt* 1; AnwK-StPO/*Walther* 3.

30 SK/*Weßlau/Deiters* 3; HK/*Gercke* 2; vgl. auch BTDrucks. 16 12812 S. 16; **a.A.** KK/*Diemer* 2.

31 BTDrucks. **16** 12098 S. 22; HK/*Gercke* 2; Meyer-Goßner/*Schmitt* 3; vgl. auch MüKo/*Teßmer* 5; SSW/*Schnabl* 3.

32 SK/*Weßlau/Deiters* 4; Radtke/Hohmann/*Radtke* 9; KMR/*Plöd* 2; HK/*Gercke* 2; Meyer-Goßner/*Schmitt* 3; MüKo/*Teßmer* 5; SSW/*Schnabl* 3.

33 BTDrucks. **16** 12098 S. 22.

34 BTDrucks. **16** 12098 S. 22; MüKo/*Teßmer* 5; KK/*Diemer* 4; SK/*Weßlau/Deiters* 4; HK/*Gercke* 2; Radtke/Hohmann/*Radtke* 9; Meyer-Goßner/*Schmitt* 3; AnwK-StPO/*Walther* 5.

35 Meyer-Goßner/*Schmitt* 4.

36 Radtke/Hohmann/*Radtke*11; MüKo/*Teßmer* 7.

37 Radtke/Hohmann/*Radtke* 11, 13.

Wiedervorlagefristen dafür Sorge zu tragen, dass sie ihrer Überwachungsfunktion hinsichtlich des Bestehens des Hindernisses gerecht werden kann. Aus der Verweisung in Nr. 104 Abs. 3 auf Nr. 103 RiStBV ergibt sich, dass eine vorläufige Einstellung nach § 205 dem Anzeigenden mitzuteilen ist. Diese **Mitteilungspflicht** ist sinngemäß auf Einstellungen nach § 154f zu übertragen.[38]

12 **5. Rechtsbehelfe.** In § 172 Abs. 2 Satz 3 sind Verfahrenseinstellungen nach § 154f nicht explizit aufgeführt. Allerdings ist anerkannt, dass das Klageerzwingungsverfahren im Geltungsbereich des Opportunitätsprinzips über die in § 172 Abs. 2 Satz 3 aufgeführten Vorschriften hinaus unzulässig ist. Dies gilt insbesondere für vorläufige Verfahrenseinstellungen, so dass der Antrag auf **gerichtliche Entscheidung** nicht statthaft ist.[39] Insofern bleibt lediglich die Möglichkeit der **Dienstaufsichtsbeschwerde.**[40]

§ 155
Umfang der gerichtlichen Untersuchung und Entscheidung

(1) Die Untersuchung und Entscheidung erstreckt sich nur auf die in der Klage bezeichnete Tat und auf die durch die Klage beschuldigten Personen.

(2) Innerhalb dieser Grenzen sind die Gerichte zu einer selbständigen Tätigkeit berechtigt und verpflichtet; insbesondere sind sie bei Anwendung des Strafgesetzes an die gestellten Anträge nicht gebunden.

Schrifttum zu § 155

Bauer Der prozessuale Tatbegriff, NStZ **2003** 174; *Beulke* Der prozessuale Tatbegriff, FS II BGH (2000) 781; *ders./Fahl* Prozessualer Tatbegriff und Wahlfeststellung – strafprozessuale Probleme bei alternativer Tatsachenfeststellung, Jura **1998** 262; *Gillmeister* Strafzumessung aus verjährten und eingestellten Taten, NStZ **2000** 344; *Hackner* Das teileuropäische Doppelverfolgungsverbot insbesondere in der Rechtsprechung des Gerichtshofs der Europäischen Union, NStZ **2011** 425; *Mösl* Tendenzen der Strafzumessung in der Rechtsprechung des Bundesgerichtshofs, DRiZ **1979** 165; *Ostendorf* Unschuldsvermutung und Bewährungswiderruf, StV **1990** 230; *Radtke* Der strafprozessuale Tatbegriff auf europäischer und nationaler Ebene, NStZ **2012** 479; *Schäpe* Die Mangelhaftigkeit von Anklage und Eröffnungsbeschluß und ihre Heilung im späteren Verfahren (1997).

Bezeichnung bis 1924: § 153.

Übersicht

---

38 Vgl. AnwK-StPO/*Walther* 6.
39 Radtke/Hohmann/*Radtke* 14; MüKo/*Teßmer* 9.
40 Radtke/Hohmann/*Radtke* 14; MüKo/*Teßmer* 9.

https://doi.org/10.1515/9783110590098-018

1. Bedeutung und Anwendungsbereich. Die Vorschrift gehört, zusammen mit den §§ 151, 206, 264, zu den grundlegenden, für das Prozessmodell des deutschen Strafverfahrens mit konstitutiven Bestimmungen, die die Anklageform mit der Instruktionsmaxime verbinden. § 155 bringt beide Elemente zum Ausdruck. Absatz 1 zieht als Umgrenzungsregel in notwendiger Ergänzung des § 151 aus der Anklageform die Konsequenz der thematischen Bindung des Gerichts.[1] Danach bestimmt die Klage durch die Bezeichnung von Tat und Täter den Prozessgegenstand.[2] Absatz 2 weist dem Gericht innerhalb dieses thematischen Rahmens die volle Entscheidungsfreiheit zu. Namentlich die Umgrenzungsregel schützt den Angeschuldigten gegen willkürliche Ausdehnung der gerichtlichen Untersuchung und „stellt einen besonders wichtigen Grundsatz rechtsstaatlichen Verfahrensrechts auf".[3] Andererseits wird der Schutz des später Verurteilten nach rechtskräftigem Verfahrensabschluss durch die Umgrenzungsregel auch beschränkt. Denn die materielle Rechtskraft bezieht sich nur auf die prozessuale(n) Tat(en), die zuvor nach den §§ 155, 264 den Untersuchungsgegenstand bildeten, so dass außerhalb dieses Rahmens eine weitere Strafverfolgung möglich bleibt.[4] 1

Die Vorschrift bezieht sich nur auf die das gerichtliche Verfahren in seiner Totalität erfassende gerichtliche Untersuchung **nach der Erhebung der öffentlichen Klage**, also auf die in Richtung auf ein Urteil zielende gerichtliche Tätigkeit. Doch gilt auch im Vorverfahren grundsätzlich die Regel (Ausnahme z.B. § 125 Abs. 1, § 165); dass das Gericht nur auf Antrag der Staatsanwaltschaft und nur innerhalb der von dieser gestellten Anträge (vgl. näher die Erl. zu § 162) tätig werden darf. In Bezug auf Absatz 2 wird das Gericht im Vorverfahren teilweise mit derselben Freiheit tätig (vgl. z.B. §§ 81, 125, 128), teilweise darf es nur die gesetzliche Zulässigkeit, nicht jedoch die Zweckmäßigkeit der beantragten Handlung nachprüfen (§ 162 Abs. 2), in einigen Fällen muss es dem Antrag der Staatsanwaltschaft entsprechen, wie bei Aufhebung des Haft- oder Unterbringungsbefehls (§ 120 Abs. 3, § 126a Abs. 3 Satz 3). 2

2. Thematische Bindung (Absatz 1)

a) In der Klage bezeichnete Tat ist im Sinne des **prozessualen Tatbegriffs** zu verstehen, nicht im Sinne der rechtlichen Beurteilung.[5] Maßgebend ist der in der Anklage beschriebene einheitliche Lebensvorgang, wie er sich nach dem Ergebnis der Untersuchung darstellt, auch wenn nur einzelne rechtliche oder tatsächliche Gesichtspunkte hervorgehoben sind[6] und ohne dass es insoweit auf den Verfolgungswillen der Staatsanwaltschaft ankommt.[7] Dieser soll dagegen dort maßgeblich sein, wo es sich um ein in der Anklageschrift nur beiläufig erwähntes, historisch selbständiges Geschehen handelt.[8] Nach ganz h.M. deckt sich der Tatbegriff des § 155 mit dem des § 264,[9] so dass wegen der Einzelheiten auf die Erl. zu § 264 zu verweisen ist. 3

---

1 *Eb. Schmidt* I 352; *Pfeiffer* 1.
2 BGHSt **30** 138; BGHR StPO § 264 Abs. 1 Tatidentität 18; *Beulke/Swoboda* 512; *Beulke* FS II BGH 781.
3 *Eb. Schmidt* I 353; vgl. auch *Beulke/Swoboda* 21; *von Hippel* 336; HK/*Gercke* 1; *Pfeiffer* 1; KK/*Diemer* 1; krit. SK/*Weßlau/Deiters* 1, die in der Weite des prozessualen Tatbegriffs das größte, strukturell bedingte Handicap für die Verteidigungschancen des Angeklagten sehen.
4 *Radtke* NStZ **2012** 480.
5 BGHSt **25** 389; OLG Köln NJW **1968** 1894; *Beulke* FS II BGH 782; *Joecks* 1; AnwK-StPO/*Walther* 2; SK/*Weßlau/Deiters* 3; Radtke/Hohmann/*Radtke* 4; SSW/*Ziegler* 2.
6 BGHSt **25** 389.
7 BGHSt **16** 200.
8 BGH LM § 264 Nr. 19; AK/*Schöch* 5; vgl. BGHSt **16** 202; *Beulke* FS II BGH 782.

4 **b) Strafzumessungssachverhalt.** Die Feststellung des Strafzumessungssachverhalts wird durch die Umgrenzungsregel des Absatzes 1 grundsätzlich nicht beschränkt;[10] das Gericht ist jedenfalls durch § 155 nicht gehindert, die Untersuchung auf alle rechtsfolgenrelevanten Umstände auch außerhalb des von der Klage erfassten historischen Geschehens zu erstrecken und dabei nach h.M. auch andere, noch nicht abgeurteilte Straftaten zu berücksichtigen, die entweder vor der angeklagten Tat[11] oder danach[12] begangen wurden, soweit sie dieselben oder verwandte Rechtsgüter betreffen oder Ausdruck einer allgemeinen Rechtsfeindschaft bzw. Rechtsgleichgültigkeit sind. Es bedarf jedoch einer prozessordnungsgemäßen Feststellung der weiteren Straftaten im laufenden Strafverfahren sowie eines entsprechenden gerichtlichen Hinweises.[13] Ob und welche Rückkoppelungen sich hierdurch in Bezug auf den Grundsatz des *ne bis in idem* bei der Aburteilung und Strafzumessung der weiteren Taten ergeben, ist umstritten.[14] Zu Tatvorwürfen, die gemäß §§ 154, 154a ausgeschieden worden sind, vgl. § 154, 56 ff.

5 **c)** Nur auf die **durch die Klage beschuldigten Personen** erstreckt sich die Aburteilungsbefugnis des Gerichts. Ein gerichtliches Verfahren „gegen Unbekannt" ist nicht möglich. Unschädlich ist es, wenn eine Namensverwechslung vorliegt, d.h. wenn die Person in der Klage mit einem falschen Namen bezeichnet wurde, sofern nur die Identität feststeht (vgl. § 200, 12). Gleiches gilt, wenn die Personalien unbekannt sind, jedoch feststeht, dass die in der Anklage bezeichnete Person und diejenige, gegen die die Hauptverhandlung durchgeführt wird, personenidentisch sind.[15] Das Verfahren richtet sich gegen die in der Anklageschrift gemeinte Person mindestens dann, wenn sie vor Gericht erscheint oder sonst im gerichtlichen Verfahren tätig wird.[16] Umstritten ist die Rechtslage, wenn in der Hauptverhandlung ein anderer, der fälschlich für den in der Klage Bezeichneten gehalten wird, erscheint und abgeurteilt wird (siehe Rn. 10).

6 **d)** Zur **Erweiterung** des sachlichen Gegenstands der gerichtlichen Untersuchung kann es nur durch eine neue Klage kommen. Diese kann bei einem bereits Angeklagten mit dessen Zustimmung in der Hauptverhandlung als Nachtragsanklage gemäß § 266 erhoben werden. Wenn deren Voraussetzungen nicht vorliegen, ist eine weitere Anklage und (ggf. nach ihrer Zulassung) eine Verbindung mit dem bereits anhängigen Verfahren möglich. Der personelle Gegenstand, also der Kreis der angeklagten Personen, kann

---

9 RGSt **8** 135; **56** 324; **61** 237; BGHSt **25** 389; **29** 292; **29** 342; **30** 166; vgl. auch RGSt **51** 242; **72** 105; *Beling* 114; *Beulke/Swoboda* 512; *Gössel* § 33 I; *Henkel* 388; *von Hippel* 373; Meyer-Goßner/*Schmitt* 1; *Oehler* GedS Schröder 443; *Pfeiffer* 1; *Pickert* (LV zu § 154) 96 ff.; KMR/*Plöd* 2; *Schlüchter* 362. 1; *Eb. Schmidt* I 295; KK/*Diemer* 2; **a.A.** *Peters* § 36 II, § 50 II, § 54 III 2 (bei § 155 umfassenderer, bei § 264 engerer „dynamischer" Tatbegriff); *Bauer* NStZ **2003** 174; siehe auch LR/*Kühne* Einl. K 60 ff.; zu den Implikationen supranationaler und internationaler Doppelverfolgungs- bzw. Doppelbestrafungsverbote siehe *Radtke* NStZ **2012** 479 ff.; *Hackner* NStZ **2011** 425 ff.

10 BGH NJW **1951** 770; OLG Oldenburg NdsRpfl. **1950** 63; *Eb. Schmidt* 5.

11 BGHSt **25** 64; BGH NStZ-RR **2015** 207; NStZ **1991** 18; StV **1994** 423; **1995** 132; **1995** 439; **1995** 520; **1998** 18; siehe auch *Gillmeister* NStZ **2000** 344; LK/*Theune*[12] § 46, 169 ff.

12 BVerfG NStZ **1991** 30; BGH GA **1986** 370; StV **1988** 385; NStZ **1998** 464; krit. *Ostendorf* StV **1990** 230; wie hier auch *Bruns* Strafzumessungsrecht[2] (1974) 562 ff.; *ders.* Recht der Strafzumessung[2] (1985) 225 ff.; NStZ **1981** 81: *Streng* Strafrechtliche Sanktionen (1991) 177; LK/*Theune*[12] § 46, 197 ff.; *Mösl* DRiZ **1979** 168; Schönke/Schröder/*Stree*/*Kinzig* § 46, 33.

13 BGH NStZ-RR **2015** 207 Ls.; Radtke/Hohmann/*Radtke* 6.

14 Vgl. nur *Staudinger* StV **2015** 553 ff.: Verfahrenshindernis; *Bruns* NStZ **1981** 83: Keine Rechtsfolgen; *Vogler* FS Kleinknecht 429.

15 So z.B. wenn nur ein Alias, nicht aber die tatsächlichen Personalien bekannt sind und ersterer in der Anklageschrift aufgeführt wird, SSW/*Ziegler* 2.

16 OLG Köln MDR **1983** 865; *Pfeiffer* 1; KMR/*Plöd* 3; *Peters* § 50 II 1a; *Schäpe* 53 f.; KK/*Diemer* 4.

nicht im Wege der Nachtragsanklage erweitert werden. Erforderlich ist stets eine weitere Anklage und, sofern die Voraussetzungen eines sachlichen Zusammenhangs (vgl. §§ 3, 4) gegeben sind, die Verbindung der Verfahren.[17]

3. Ermittlungs- und Entscheidungsfreiheit (Absatz 2)

a) Ermittlungsfreiheit. Die Vorschrift steht insoweit, als sie das Gericht zu einer 7
selbständigen Tätigkeit berechtigt und verpflichtet (1. Halbsatz), in enger Verbindung mit dem in § 244 Abs. 2 enthaltenen Amtsaufklärungsgrundsatz (vgl. auch §§ 202, 214 Abs. 1, § 221);[18] sie verpflichtet das Gericht, von Amts wegen und durch eigene Tätigkeit den Sachverhalt zu erforschen **(Untersuchungs- oder Instruktionsmaxime).** Das Gericht hat den Sachverhalt in jeder geeignet erscheinenden zulässigen Weise aufzuklären, also auch solche Belastungsbeweise zu benutzen, die von der Staatsanwaltschaft nicht vorgebracht werden und solche sich ihm aufdrängenden Entlastungsbeweise zu verfolgen, auf die sich der Angeschuldigte nicht beruft.[19] Weder die Staatsanwaltschaft noch der Angeschuldigte können (rechtlich) über den durch das Klagethema begrenzten Verfahrensstoff disponieren, mit der Ausnahme, dass der Angeschuldigte frei darüber entscheiden kann, ob er sich zur Sache äußern und damit zur Sachverhaltsaufklärung beitragen will.

b) Entscheidungsfreiheit. Die im zweiten Halbsatz eingeräumte Freiheit gegenüber 8
Anträgen entspricht den spezielleren Regelungen in den §§ 206, 264. Sie berechtigt und verpflichtet[20] im Wege der sog. „Umgestaltung der Strafklage" zur Verurteilung wegen eines schwereren Delikts, auch wenn die Staatsanwaltschaft nur eine solche wegen eines weniger schweren beantragt, zur Verurteilung wegen eines weniger schweren oder zu einem Freispruch selbst dann, wenn der Angeklagte einen solchen Antrag nicht stellt oder diesem entgegentritt. Die Wendung „bei Anwendung des Strafgesetzes" umfasst auch die Zumessung der Rechtsfolgen,[21] so dass das Gericht in Art und Maß der Strafe über die Anträge der Staatsanwaltschaft hinausgehen und hinter den geäußerten Vorstellungen des Angeklagten (Verteidigers) zurückbleiben darf und dies tun muss, wenn es dies nach seiner Überzeugung für geboten hält. Die Freiheit gegenüber prozessualen, das Verfahren betreffenden Anträgen der Prozessbeteiligten regelt § 155 Abs. 2 nicht; insoweit sind die – allerdings weitgehend zu gleichen Ergebnissen führenden – einzelnen Vorschriften des Verfahrensrechts maßgebend.[22]

c) Einschränkungen der Ermittlungs- und Entscheidungsfreiheit können sich aus 9
besonderen gesetzlichen Vorschriften oder aus einer besonderen prozessualen Lage ergeben. Wenn Teilrechtskraft (durch beschränkte Anfechtung oder infolge beschränkter Urteilsaufhebung unter Aufrechterhaltung einzelner Feststellungen) eingetreten ist, ist das Gericht, soweit die bindend gewordenen Feststellungen reichen, zu weiteren Ermitt-

---

17 Vgl. dazu auch HK/*Gercke* 2; AK/*Schöch* 5; Radtke/Hohmann/*Radtke* 8; SK/*Weßlau/Deiters* 6.
18 Vgl. BGHSt **3** 53; *Beulke/Swoboda* 21; *Joecks* 2; *Pfeiffer* 2; KMR/*Plöd* 4; *Eb. Schmidt* 7; AK/*Schöch* 2; KK/*Diemer* 6; SK/*Weßlau/Deiters* 7.
19 RGSt **6** 136; **13** 160; **14** 303; die neuere Rspr. hat erkennbar keine Veranlassung mehr, diesen heute selbstverständlichen Grundsatz zu betonen; AK/*Schöch* 7; KK/*Diemer* 6; Radtke/Hohmann/*Radtke* 10.
20 RGSt **3** 95; **4** 35.
21 KMR/*Plöd* 5; AK/*Schöch* 9; KK/*Diemer* 6; Radtke/Hohmann/*Radtke* 11; SK/*Weßlau/Deiters* 8; SSW/*Ziegler* 3.
22 Meyer-Goßner/*Schmitt* 4; *Pfeiffer* 3; KMR/*Plöd* 5; *Eb. Schmidt* 8; AK/*Schöch* 9.

lungen weder berechtigt noch verpflichtet.[23] Bei der Rechtsfolgenbemessung kann in höheren Instanzen oder nach Zurückverweisung das Verbot der reformatio in peius den Entscheidungsspielraum des Gerichts begrenzen. In einigen Fällen ist das Gericht kraft ausdrücklicher gesetzlicher Vorschrift verpflichtet, auch nach Klageerhebung einem Antrag der Staatsanwaltschaft zu entsprechen (§ 154a Abs. 3 Satz 2, § 154b Abs. 4 Satz 1), teilweise darf es ohne Antrag der Staatsanwaltschaft (§ 154 Abs. 2) oder ohne deren Zustimmung (§ 153 Abs. 2, § 153a Abs. 2, § 153e Abs. 2, § 154a Abs. 2) nicht in einem bestimmten Sinne entscheiden.[24] Zum Teil ist zusätzlich die Zustimmung des Angeschuldigten erforderlich (§ 153 Abs. 2, § 153a Abs. 2).

4. Verstöße, Revision

10 **a) Verstöße gegen Absatz 1.** Überschreitet das Gericht den durch die Klageerhebung vorgegebenen thematischen Rahmen, indem es seine Entscheidung auf nicht angeklagte Taten erstreckt oder Personen einbezieht, die in der Klage nicht beschuldigt sind, so fehlt es insoweit an der Verfahrensvoraussetzung der Klageerhebung,[25] so dass das Verfahren bis zur Rechtskraft der Entscheidung in jeder Lage von Amts wegen einzustellen ist, und zwar außerhalb der Hauptverhandlung durch Beschluss gemäß § 206a, in der Hauptverhandlung durch Urteil gemäß § 260 Abs. 3.[26] Im Sonderfall, dass für den Angeklagten ein anderer in der Hauptverhandlung erschienen ist und das Gericht diese Personentäuschung nicht bemerkt hat, liegt nach richtiger Ansicht ein nichtiges Urteil vor.[27] Ist hingegen zwar der richtige Angeklagte erschienen, jedoch unter falschem Namen, oder liegt eine bloße Namensverwechslung (Rn. 5) vor, handelt es sich um ein reines Schreibversehen, das nachträglich berichtigt werden kann.[28] Hat der Tatrichter die angeklagte Tat für nicht erwiesen gehalten, jedoch unter Verstoß gegen § 155 Abs. 1 wegen einer anderen, nicht angeklagten Tat verurteilt, so ist im Rechtsmittelverfahren das Verfahren bezüglich der nicht angeklagten Alternative einzustellen und bezüglich der nicht für erwiesen erachteten Tat ist auf Freispruch zu erkennen.[29]

11 **b) Verstöße gegen Absatz 2** können im Urteil zu materiell-rechtlichen oder verfahrensrechtlichen Fehlern führen, die im Allgemeinen unmittelbar mit der Revision geltend gemacht werden können. Wenn das Gericht seine Ermittlungsfreiheit (1. Halbsatz) verkennt und deshalb ihm mögliche Ermittlungshandlungen unterlässt, kann dies die Aufklärungsrüge begründen[30] oder zu lückenhaften Feststellungen führen, die auf die Sachrüge hin zur Aufhebung zwingen. Verkennt das Gericht seine Entscheidungsfreiheit

---

23 Vgl. näher die Erl. zu § 318, § 344.

24 KMR/*Plöd* 5; zur Bindung an die Bejahung des öffentlichen Interesses im Sinne des § 376 und des besonderen öffentlichen Interesses im Sinne der § 183 Abs. 2, § 230 Abs. 1, § 248a StGB vgl. § 206, 3; § 206a, 61.

25 Vgl. auch KMR/*Plöd* 2; KK/*Diemer* 1; SK/*Weßlau/Deiters* 10; Radtke/Hohmann/*Radtke* 14; SSW/*Ziegler* 4.

26 Vgl. LR/*K. Schäfer*[24] Einl. Kap. **12** I; RGSt **67** 59; BGHSt **15** 44.

27 *Beulke/Swoboda* 507; SSW/*Ziegler* 4; für weitgehende Unbeachtlichkeit des Urteils auch *Goldschmidt* 507; LR/*Gollwitzer*[25] § 230, 11; *Henkel* 258; *Niese* 101; *Peters* § 55 I 2; *Rosenfeld* 52; *Eb. Schmidt* I 256; SK/*Weßlau/Deiters* 11 (das Urteil muss nach § 458 für nicht vollstreckbar erklärt werden); ebenso Radtke/Hohmann/*Radtke* 16; **a.A.** AK/*Loos* § 264, 26 (der Erschienene ist als abgeurteilt anzusehen); LR/*Kühne* Einl. K 122; *Rüping* 559.

28 Vgl. BGH NStZ-RR **1996** 9; OLG Düsseldorf NStZ **1994** 355; siehe auch BGH NStZ **1990** 290.

29 BGHSt **35** 80; **38** 173; *Beulke/Swoboda* 521; *Beulke/Fahl* Jura **1998** 264; vertiefend *Dreyer* Wahlfeststellung und prozessualer Tatbegriff (1999).

30 *Pfeiffer* 4; AK/*Schöch* 10; SK/*Weßlau/Deiters* 12; Radtke/Hohmann/*Radtke* 16; vgl. RGSt **13** 159.

(2. Halbsatz) und verstößt es demzufolge gegen seine Pflicht zur Umgestaltung der Strafklage, so liegt darin ein sachlich-rechtlicher, den Schuldspruch betreffender Fehler. Ebenso liegt ein sachlich-rechtlicher, die Strafzumessung betreffender Mangel vor, wenn sich das Gericht insoweit unzutreffenderweise an die Anträge der Prozessbeteiligten zum Strafmaß gebunden glaubt.[31] Auf einer bloßen Verletzung des § 155 Abs. 2, die nicht zu selbständig mit der Revision erfassbaren materiell-rechtlichen oder verfahrensrechtlichen Fehlern führt, wird das Urteil regelmäßig nicht beruhen (§ 337), so dass für eine unmittelbar auf diese Vorschrift gestützte Revision meist kein Raum sein wird.

§ 155a
Täter-Opfer-Ausgleich

[1]Die Staatsanwaltschaft und das Gericht sollen in jedem Stadium des Verfahrens die Möglichkeiten prüfen, einen Ausgleich zwischen Beschuldigtem und Verletztem zu erreichen. [2]In geeigneten Fällen sollen sie darauf hinwirken. [3]Gegen den ausdrücklichen Willen des Verletzten darf die Eignung nicht angenommen werden.

Schrifttum zu den §§ 155a, 155b

Artkämper Perspektiven des Täter-Opfer-Ausgleichs aus Sicht der Staatsanwaltschaft, NJ **2002** 237; *Bals* Der Täter-Opfer-Ausgleich – Ein Weg zur (Wieder-)Herstellung von Verständnis und Sympathie? BewHi **2007** 258 ff.; *Bannenberg* Wiedergutmachung in der Strafrechtspraxis (1993); *Baumann u.a.* Alternativ-Entwurf Wiedergutmachung (1992); *Beckwermert* Täter-Opfer-Ausgleich in Düsseldorf, ZBlJugR (ZfJ) **1990** 436; *Beisel* Jugenddelinquenz – Eine Herausforderung für die Jugendhilfe-Erfahrungen mit einem kommunikativ-interaktiven Beratungs- und Mediationsangebot, ZBlJugR (ZfJ) **1994** 502; *Bemmann* Täter-Opfer-Ausgleich im Strafrecht, JR **2003** 226; *Beste* Probleme der Schadenswiedergutmachung im Zuge viktimisierter Kriminalpolitik, MSchrKrim. **1987** 336; *Blesinger* Zur Anwendung des Täter-Opfer-Ausgleichs nach § 46a StGB im Steuerstrafrecht, wistra **1996** 90; *Blum* Gerichtliche Zeugenbetreuung im Zeichen des Opferschutzes (2005); *Brauns* Die Wiedergutmachung der Folgen der Straftat durch den Täter (1996); *ders.* Zur Anwendbarkeit des § 46a StGB im Steuerstrafrecht, wistra **1996** 214; *Buhlmann* Die Berücksichtigung des Täter-Opfer-Ausgleichs als Verfahrensgrundsatz? (2005); *Busch* Täter-Opfer-Ausgleich und Datenschutz, NJW **2002** 1326; *ders.* Datenschutz beim Täter-Opfer-Ausgleich – eine teleologische Reduktion einer hypertrophen Regelung (§ 155b StPO), JR **2003** 94; *Dölling u.a.* BMJ (Hrsg.) Täter-Opfer-Ausgleich – Eine Chance für Opfer und Täter durch einen neuen Weg im Umgang mit Kriminalität (1998); *Dölling u.a.* BMJ (Hrsg.) Täter-Opfer-Ausgleich – Bestandsaufnahme und Perspektiven (1998); *Dölling* Zur Stellung des Verletzten im Strafverfahren FS Jung (2007) 77; *Dünkel* Möglichkeiten und Praxis des Täter-Opfer-Ausgleichs und Aspekte der Stellung des Opfers im Strafverfahren im Europäischen Vergleich, BewHi. **1985** 358; *Dünkel/Rössner* Täter-Opfer-Ausgleich in der Bundesrepublik Deutschland, Österreich und der Schweiz, ZStW **99** (1987) 845; *Feest* Schlichtung als Form der Opferhilfe – Theoretisches Potential, praktische Erfahrungen und einige Problembereiche, BewHi. **1988** 364; *Finger* Die strukturellen und finanziellen Voraussetzungen einer Anwendung des Täter-Opfer-Ausgleichs, ZRP **2002** 514; *Franke* Die Rechtsprechung des BGH zum Täter-Opfer-Ausgleich, NStZ **2003** 410; *Frehsee* Schadenswiedergutmachung als Instrument strafrechtlicher Sozialkontrolle (1987); *ders.* Zur Suche nach „alternativen Sanktionen" im Jugendstrafrecht, MSchrKrim. **1988** 281; *Frühauf* Wiedergutmachung zwischen Täter und Opfer (1988); *Götting* Schadenswiedergutmachung im Strafverfahren (2004); *Gregor* Täter-Opfer-Ausgleich unter besonderer Berücksichtigung weiblicher Opfer (2000); *Gutsche* Der Täter-Opfer-Ausgleich, BewHi. **1999** 91; *Gutsche/Rössner* (Hrsg.) Beiträge zur Theorie, Empirie und Praxis (2000); *Hamm* Täter-Opfer-Ausgleich im Strafrecht, StV **1995** 491; *A. Hartmann* Schlichten oder Richten. Der Täter-Opfer-Ausgleich und das (Ju-

31 *Pfeiffer* 4.

https://doi.org/10.1515/9783110590098-019

gend)Strafrecht (1995); *ders.* Forschungsbericht: Die Entwicklung des Täter-Opfer-Ausgleichs im Spiegel der „Bundesweiten TOA-Statistik" (1995); *U. Hartmann* Täter-Opfer-Ausgleich im Spannungsfeld von Anspruch und Wirklichkeit (1995); *ders.* Staatsanwalt und Täter-Opfer-Ausgleich (1998); *Hassemer/Marks/Meyer* (Hrsg.) Zehn Jahre Täter-Opfer-Ausgleich und Konfliktschlichtung (1997); *Heinz* Neues zur Diversion im Jugendstrafverfahren – Kooperation, Rolle und Rechtsstellung der Beteiligten, MSchrKrim. **1993** 355; *Hering/Rössner* (Hrsg.) Täter-Opfer-Ausgleich im allgemeinen Strafrecht (1993); *Hering/Sessar* Praktizierte Diversion (1990); *Hertle* Schadenswiedergutmachung als opfernahe Strategie (1993); *Herz/Marks/Pieplow* Täter-Opfer-Ausgleich, BewHi. **1986** 185; *Hirsch* Wiedergutmachung des Schadens im Rahmen des materiellen Strafrechts ZStW **102** (1992) 534; *Holz* Justizgewährungsanspruch des Verbrechensopfers (2007); *Jung* Täter-Opfer-Ausgleich – Anmerkungen zu seiner Bedeutung für das Rechtssystem, MSchrKrim. **1993** 50; *Janssen* Opferfeindlich oder opferfreundlich? Widersprüche in Tendenzen aktueller Kriminalpolitik, BewHi. **1989** 340; *Kaiser* Täter-Opfer-Ausgleich als moderne Konfliktlösungsstrategie, GedS Zipf (1999) 105; *Kaspar* Wiedergutmachung und Mediation im Strafrecht (2004); *Kerner/Hassemer/Marks/Wandrey* (Hrsg.) Täter-Opfer-Ausgleich – auf dem Weg zur bundesweiten Anwendung? (1994); *Kerner/Hartmann* Täter-Opfer-Ausgleich in der Entwicklung (2005); *Kilchling* Opferinteressen und Strafverfolgung (1995); *ders.* Aktuelle Perspektiven für Täter-Opfer-Ausgleich und Schadenswiedergutmachung im Erwachsenenstrafrecht, NStZ **1996** 309; *ders.* Was soll Strafe? ZStW **111** (1999) 144; *Klaiber* Mitwirkungsbefugnisse des Bürgers auf Seiten der Strafverfolgungsorgane in Deutschland und in Spanien im Rechtsvergleich (2006); *Kondziela* Täter-Opfer-Ausgleich und Unschuldsvermutung, MSchrKrim. **1989** 177; *ders.* Strafverfahren oder Diversion? Diss. Bielefeld 1990; *Korth* Rahmenbedingungen beim Täter-Opfer-Ausgleich, ZBlJugR (ZfJ) **1996** 166; *Kube* Täter-Opfer-Ausgleich – Wunschtraum oder Wirklichkeit, DRiZ **1986** 121; *Kubink* Neue Konzepte des Täter-Opfer-Ausgleichs im Zeichen eines aufgewerteten Opferschutzes, DRiZ **2008** 345; *Kuhn/Rössner* Konstruktive Tatverarbeitung im Jugendstrafrecht – „Handschlag" statt Urteil, ZRP **1987** 267; *Kurze* Täter-Opfer-Ausgleich und Allgemeines Strafrecht (1997); *Loos* Zur Kritik des „Alternativentwurfs Wiedergutmachung", ZRP **1993** 51; *ders.* Bemerkungen zu § 46a StGB, FS H.J. Hirsch (1999) 851; *Lüderssen* Opfer im Zwielicht, FS H.J. Hirsch (1999) 879; *Ludwig* Diversion: Strafe im neuen Gewand (1989); *Marks/Schreckling/Wandrey* (Hrsg.) Wiedergutmachung und Strafrechtspraxis (1993); *Marks/Rössner* (Hrsg.) Täter-Opfer-Ausgleich (1989); *Meier* Täter-Opfer-Ausgleich und Wiedergutmachung im allgemeinen Strafrecht, JuS **1996** 436; *ders.* Konstruktive Tatverarbeitung im Strafrecht – Bestandsaufnahme und Reformperspektiven, GA **1999** 1; *ders.* Strafrechtliche Sanktionen (2001); *Messmer* Unrechtsaufarbeitung im Täter-Opfer-Ausgleich (1996); *Michaelis* Mediation im Strafrecht – der Täter-Opfer-Ausgleich, JA **2005** 828; *Netzig* „Brauchbare" Gerechtigkeit (1999); *Noltenius* Kritische Anmerkungen zum Täter-Opfer-Ausgleich, GA **2007** 518; *Chr. Pfeiffer* (Hrsg.) Täter-Opfer-Ausgleich im Allgemeinen Strafrecht (1997); *ders.* Täter-Opfer-Ausgleich – Das trojanische Pferd im Strafrecht? ZRP **1992** 338; *Püschel* Täter-Opfer-Ausgleich – Gestaltungsmöglichkeiten des Verteidigers, StraFo **2006** 261; *Rautenberg* Täter-Opfer-Ausgleich im Land Brandenburg, NJ **1994** 300; *Rieß* Zur Beteiligung des Verletzten im Strafverfahren, FS Jung (2007) 751; *Rössner* Strafrechtsfolgen ohne Übelszufügung – Zur Reform der Sanktionen ohne Freiheitsentzug, NStZ **1992** 409; *Rössner/Wulf* Opferbezogene Strafrechtspflege (1984); *Roxin* Strafe und Wiedergutmachung, FS Lorenz (2001) 51; *Sarhan* Wiedergutmachung zugunsten des Opfers im Lichte strafrechtlicher Trennungsdogmatik (2006); *Schabel* Erneut: Zur Anwendbarkeit des § 46a StGB im Steuerstrafrecht, wistra **1997** 201; *Schädler* Den Geschädigten nicht nochmals schädigen – Anforderungen an den Täter-Opfer-Ausgleich aus der Sicht der Opferhilfe, ZRP **1990** 150; *ders.* Nicht ohne das Opfer? Der Täter-Opfer-Ausgleich und die Rechtsprechung des BGH, NStZ **2005** 366; *Schaffstein* Überlegungen zum Täter-Opfer-Ausgleich und zur Schadenswiedergutmachung, FS Roxin (2001) 1065; *Schimmel* Täter-Opfer-Ausgleich als Alternative? (2000); *Schöch* Empfehlen sich Änderungen und Ergänzungen bei den strafrechtlichen Sanktionen ohne Freiheitsentzug? Gutachten für den 59. DJT, Verh. des 59. DJT, 1992, Bd. I Teil C; *ders.* Täter-Opfer-Ausgleich und Schadenswiedergutmachung gemäß § 46a StGB, FS II BGH (2000) 309; *ders.* Wege und Irrwege der Wiedergutmachung, FS Roxin (2001) 1044; *Schork* Die Stellung des Opfers im Strafverfahren, Jura **2003** 304; *Schreckling* Täter-Opfer-Ausgleich im Jugendstrafrecht – Gehversuche und Stolpersteine auf dem Weg in den Justizalltag, ZBlJugR (ZfJ) **1990** 626; *ders.* Bestandsaufnahmen zur Praxis des Täter-Opfer-Ausgleichs in der Bundesrepublik Deutschland, 3. Aufl. (1992); *Schreckling/Pieplow* Täter-Opfer-Ausgleich – Eine Zwischenbilanz nach zwei Jahren Fallpraxis beim Modellprojekt „Die Waage", ZRP **1989** 10; *Schwedhelm/Spatschek* Täter-Opfer-Ausgleich und Schadenswiedergutmachung im Steuerstrafrecht, DSteuerR **1995** 1449; *Seelmann* Paradoxien der Opferorientierung im Strafrecht, JZ **1989** 670; *Sessar* Wiedergutmachung oder strafen: Einstellungen in der Bevölkerung und der Justiz (1992); *Steffens* Wiedergutmachung und Täter-Opfer-Ausgleich im Jugend- und Erwachsenenstrafrecht in den neuen Bundesländern (1999); *Stein* Täter-Opfer-Ausgleich und Schuldprinzip, NStZ **2000** 393; *Stehle* Das Strafverfahren als immaterielle Wiedergutmachung (2007); *Tolmein* Neue Hoffnung für den Täter-Opfer-Ausgleich, ZRP **1999** 408; *Tränkle* Im Schatten des Strafrechts (2007); *Trenczek* Täter-Opfer-Ausgleich – Grundgedanken und Mindeststandards, ZRP **1992** 130; *Viehmann* Täter-Opfer-Ausgleich. Zwischenbilanz und Perspektive – ein Symposium in Bonn, BewHi. **1989** 355; *Voß* Anzeigemotive, Verfahrenserwartungen und die Bereitschaft von Geschädigten zur informellen Konfliktregelung – Erste Ergebnisse einer Opferbefragung, MSchrKrim. **1989** 34; *Walter u.a.* in: BMJ (Hrsg.) Täter-Opfer-Ausgleich aus der Sicht von Rechtsanwälten (1999); *Walter* Kriminalität, Kriminalpolitik und Täter-Opfer-Ausgleich – Auffassungen, Einschätzungen und Erfahrungen Kölner Rechtsanwälte, StraFo **1998** 83; *ders.* Täter-Opfer-Ausgleich: Vermittler im Zeugenstand? ZRP **1997** 395; *ders.* Strafverteidigung zwischen Beschuldigten- und Opferinteressen, StraFo **2005** 452; *ders.* Interessen und Rechtsstellung des Verletzten im Strafverfahren, JR **2008** 405; *Weigend* Wiedergutmachung als, neben oder statt Strafe, FS Müller-Dietz (2001) 975; *Weimer* Probleme mit der Handhabung des § 155a StPO in der strafgerichtlichen Praxis, NStZ **2002** 349; *Werner* Täter-Opfer- Ausgleich und Strafverteidigung, StraFo **1999** 190; *Wu* Die Rechtsstellung des Verbrechensopfers im staatlichen Strafverfahren am Beispiel der Nebenklage (2007); *Zinn* Mediation im strafrechtlichen Ermittlungsverfahren (2007).

Entstehungsgeschichte

Die Vorschrift wurde (zusammen mit § 155b und § 153a Abs. 1 Satz 2 Nr. 5) eingefügt durch Art. 1 Nr. 2 des Gesetzes zur strafrechtlichen Verankerung des Täter-Opfer-Ausgleichs usw. vom 20.12.1999 (BGBl. I 2 S. 491; siehe dazu auch schon zur Entstehungsgeschichte bei § 153a) und ist seit 28.12.1999 in Kraft. Durch Art. 1 Nr. 21 des Gesetzes zur Neuregelung der Telekommunikationsüberwachung vom 21.7.2007 (BGBl. I S. 3198) wurde in § 155b der Begriff „Informationen" durch „Daten" ersetzt. Zuletzt wurde durch Art. 1 Nr. 17 des Gesetzes zur Einführung der elektronischen Akte in der Justiz und zur weiteren Förderung des elektronischen Rechtsverkehrs vom 5.7.2017 (BGBl. I S. 2208) in § 155b Abs. 1 Satz 2 die Wendung „Die Akten können der beauftragten Stelle zur Einsichtnahme auch übersandt werden", durch die eindeutigere Formulierung „Der beauftragten Stelle kann Akteneinsicht gewährt werden", ersetzt.

Übersicht

1. Bedeutung und rechtspolitischer Zweck

a) Allgemeines. Die Vorschrift ist im Zusammenhang mit der Verfahrenseinstellung 1 nach § 153a Abs. 1 Satz 2 Nr. 5 bei Vergehen zu lesen, wonach Staatsanwaltschaft (§ 153a Abs. 1) und Gericht (§ 153a Abs. 2) dem Beschuldigten die Weisung erteilen können „sich ernsthaft zu bemühen, einen Ausgleich mit dem Verletzten zu erreichen (Täter-Opfer-Ausgleich) und dabei seine Tat ganz oder zum überwiegenden Teil wieder gut zu machen oder deren Wiedergutmachung zu erstreben", und mit § 46a Nr. 1 StGB, der nahezu[1] wortgleich formuliert ist und es dem Gericht (bei einem Vergehen oder Verbrechen) erlaubt, die Strafe zu mildern bzw. unter der Voraussetzung, dass keine höhere Strafe als Freiheitsstrafe bis zu einem Jahr oder Geldstrafe bis zu dreihundertsechzig Tagessätzen verwirkt ist, von Strafe abzusehen. Auch wenn eine Verfahrenseinstellung nach § 153a Abs. 1 Satz 2 Nr. 5 ausscheidet, weil es sich nicht um ein Vergehen handelt, kann für Gericht und Staatsanwaltschaft noch immer im Hinblick auf § 46 Abs. 2, § 46a StGB Anlass bestehen, auf einen Täter-Opfer-Ausgleich hinzuwirken. Mit dem § 155a ist die „prozessuale Grundnorm“ für die Anwendung des Täter-Opfer-Ausgleichs im Strafverfahrensrecht geschaffen worden, durch die der im materiellen Strafrecht etablierte Täter-Opfer-Ausgleich „verfahrensrechtlich verankert“ und gestärkt werden sollte.[2] Zudem dient er der Justizentlastung.[3] Die Vorschrift ist anders als § 153a und § 46a StGB („kann“) bewusst als **„Soll“-Vorschrift** ausgestaltet worden, um es dem Gericht nicht nur, wie bei § 46a StGB, zu ermöglichen, einen erfolgten Ausgleich nachträglich zu honorieren, sondern selbst im Hinblick auf das Ziel „initiativ“ bzw. „aktiv“ zu werden,[4] was freilich schon nach § 153a nicht ausgeschlossen war. Indem § 155a es den Staatsanwaltschaften und Gerichten in diesem Bereich sogar zur **Pflicht** macht, wo immer möglich, darauf hinzuwirken, einen Ausgleich zu erreichen, verstärkt er den Druck auf die Strafverfolgungsorgane und nimmt den Ausgleichsbemühungen jede Anrüchigkeit (§ 153a, 42). Eingeführt durch das Opferrechtsreformgesetzes,[5] soll der Beschuldigte ferner in geeigneten Fällen gemäß § 136 Abs. 1 Satz 6 StPO auf die Möglichkeit eines Täter-Opfer-Ausgleichs hingewiesen werden.[6] Die Rechtsanwälte werden zunehmend durch gebührenrechtliche Anreize für den Täter-Opfer-Ausgleich gewonnen.[7]

2 Von detaillierten verfahrenstechnischen Vorgaben ist bewusst abgesehen worden, um insoweit Raum für **landesrechtliche Regelungen** zu lassen,[8] die den landesspezifischen Gegebenheiten und schon entwickelten Konzepten zur Durchführung des Täter-Opfer-Ausgleichs Rechnung tragen.[9] Die Vorschrift verfolgt damit in erster Linie den rechtspolitischen Zweck, den bislang schon möglichen, aber nach Auffassung des Gesetzgebers[10]

---

1 Krit. im Hinblick auf die unterschiedlichen Formulierungen und die Systematik *Weber* DRiZ **2000** 43.

2 BTDrucks. **14** 1928 S. 6, 8; HK/*Gercke* 1; skeptisch SK/*Weßlau/Deiters* 2; *Weber* DRiZ **2000** 42; *Stein* NStZ **2000** 394 (für sich allein noch kein Durchbruch); *Tolmein* ZRP **1999** 409; *Schöch* FS Roxin 1062; generell krit. gegenüber dem Täter-Opfer-Ausgleich *Hirsch* ZStW **102** (1992) 534; *Loos* ZRP **1993** 51; *Rieß* FS Jung 759 (Tragfähigkeit und praktische Reichweite bedürfen weiterer Diskussion); *Schaffstein* FS Roxin 1070; positiver *Lüderssen* FS H.J. Hirsch 892.

3 *Kaspar* 11 f.; HK/*Gercke* 2; *Roxin* FS Lorenz 55; *Schork* Jura **2003** 309; SK/*Weßlau/Deiters* 2; vgl. auch *Noltenius* GA **2007** 519.

4 BTDrucks. **14** 1928 S. 6, 8; KMR/*Plöd* 2; SK/*Weßlau/Deiters* 3; zu den Anwendungsschwierigkeiten in der gerichtlichen Praxis vgl. *Weimer* NStZ **2002** 349 ff.

5 Gesetz zur Verbesserung der Rechtsstellung der Verletzten im Strafverfahren (OpferRRG) vom 24.6.2004 (BGBl. I S. 1354); zum Inhalt *Ferber* NJW **2004** 2562 ff.; *Hilger* GA **2004** 478 ff.; *Neuhaus* StV **2004** 620 ff.; *Rauschenberger* Krim. **2004** 564 ff.

6 Meyer-Goßner/*Schmitt* 1; *Püschel* StraFo **2006** 261.

7 Vgl. Gebührenanspruch nach den Nrn. 4102 Ziff. 4, 4103 VV RVG; vgl. AnwK-StPO/*Walther* 3; zu den Voraussetzungen an die Entstehung des Gebührenanspruchs siehe LG Kiel Beschl. vom 28.1.2010 – 36 Qs, 9/10; AG Schwäbisch Hall Justiz **2011** 347.

8 BTDrucks. **14** 1928 S. 6; Meyer-Goßner/*Schmitt* 1; *Noltenius* GA **2007** 520; krit. zum Fehlen jeglicher Vorgaben *Busch* NJW **2002** 1326; *König* StV **2001** 475; *Tolmein* ZRP **1999** 409. Zu den Schiedsstellengesetzen der neuen Bundesländer siehe § 153, 4.

9 Gesetzesbegründung BTDrucks. **14** 1928 S. 6; vgl. dazu inzwischen etwa den Runderlass des Justiz- und Innenministeriums Nordrhein-Westfalen vom 1.6.2000, JMBlNRW **2000** 158; Richtlinie für den Täter-Opfer-Ausgleich im allgemeinen Strafrecht – TOA-Richtlinie Niedersachsen NdsRpfl **2016** 189; für Brandenburg JMBl **2000** 117, mehr siehe KK/*Diemer* 6.

10 BTDrucks. **14** 1928 S. 1.

und der Literatur[11] zu selten praktizierten Täter-Opfer-Ausgleich durch die gesetzliche Anerkennung aufzuwerten und in den Blickpunkt der Gerichte zu rücken. Die Rechtspraxis schöpft dennoch das Potenzial des Täter-Opfer-Ausgleichs nicht annährend aus.[12] Der Täter-Opfer-Ausgleich erfährt zwar möglicherweise eine psychologische Aufwertung, verleiht aber dem Beschuldigten kein Recht auf Durchführung des Ausgleichs und auch die Pflicht, die er den Staatsanwaltschaften und Gerichten auferlegt, dürfte sich kaum als justiziabel erweisen.[13] Im Gesetzgebungsverfahren ist daher nicht ganz zu Unrecht bezweifelt worden, ob für die **„Appellnorm"** ein echtes verfahrensrechtliches Bedürfnis bestehe.[14] Immerhin wird der Großteil der durchgeführten Täter-Opfer-Ausgleiche in der Hauptsache durch Staatsanwaltschaften, zum Teil auch durch Gerichte initiiert, so dass § 155a zumindest funktionell den gesetzgeberischen Zweck erfüllt.[15]

b) Prüfungs- und Hinwirkungspflicht. Die Vorschrift statuiert eine „Prüfungs-" 3
(Satz 1) und eine „Hinwirkungspflicht" (Satz 2). Fällt die Prüfung positiv aus, so wird letztere nicht schon durch den bloßen Hinweis an den Beschuldigten und den Verletzten auf die ihnen möglicherweise nicht bekannten Möglichkeiten und strafrechtlichen Folgen eines Täter-Opfer-Ausgleichs erfüllt, auch wenn darin häufig ein erster Schritt liegen wird.[16] Als weitere Maßnahmen kommen nach den Vorstellungen des Gesetzgebers „die unmittelbare Vermittlung zwischen Beschuldigtem und Verletztem zur Erreichung eines Ausgleichs", die Einschaltung einer Ausgleichsstelle zu diesem Zweck oder die direkte Anweisung über § 153a in Betracht.[17]

Ob und inwieweit das Gericht oder die Staatsanwaltschaft im Einzelfall sogar in der 4
Lage sind, einen Ausgleichsversuch unter **eigener Regie an Ort und Stelle** (im Gerichtssaal) vorzunehmen, ist zweifelhaft. Das erscheint nur in Ausnahmefällen denkbar, so z.B. bei der Staatsanwaltschaft, wenn es sich bei dem Staatsanwalt um eine mit der Durchführung von Täter-Opfer-Ausgleichsverfahren erfahrene Person handelt[18] oder eine solche hinzugezogen wird. Auch vor Gericht erscheint das nicht von vornherein ausgeschlossen, wenn die Sachlage einfach ist und es an dem Ausgleichswillen aller Beteiligten keinen Zweifel gibt. Im Regelfall wird hingegen zwischen dem „Hinwirken", das gesetzlich den Gerichten und Staatsanwaltschaften aufgegeben ist, und der „Durchführung" zu unterscheiden sein (vgl. § 155b Abs. 1 Satz 1). Letztere sollte den dafür geeigneten Stellen überlassen werden.[19] In diesem Fall erschöpft sich die Mitwirkungspflicht von

---

11 *Meier* GA **1999** 1; *Stein* NStZ **2000** 393, der für das Jahr 1998 immerhin von ca. 15.000 Fällen (bei stark steigender Tendenz) ausgeht.

12 Vgl. nur im Überblick *Kubnik* DRiZ **2008** 345 f. m.w.N.; *Kerner/Hartmann* 29; *Franke* NStZ **2003** 410; zu den Effekten des Täter-Opfer-Ausgleichs siehe MüKo-StGB/*Franz/Streng* § 46b, 2–4 m.w.N.

13 Vgl. *Tolmein* ZRP **1999** 409, der meint, § 155a regele „tatsächlich nichts"; siehe auch Rn. 15.

14 Siehe BTDrucks. **14** 2258 S. 8; eher positiv *Lilie* Verh. des 63. DJT (2000) Bd. I Teil D 117; *Pfeiffer* 1 und § 153a, 1. Vgl. *Tolmein* ZRP **1999** 409.

15 Nach dem Bericht Täter-Opfer-Ausgleich in Deutschland des Bundesministeriums für Justiz und Verbraucherschutz für die Jahre 2015 und 2016 gaben für 2015 74,6 % der Ausgleichsstellen an, ihre Fälle immer oder meistens von Staatsanwaltschaften zu erhalten. Für 2016 liegt die Quote bei 63,2 %. Für die Gerichte liegt sie bei deutlich geringeren 5,1 % (2015) bzw. 3,2 % (2016); *Hartmann/Schmidt/Kerner*, Täter-Opfer-Ausgleich in Deutschland 2018 22.

16 BTDrucks. **14** 1928 S. 8; *Pfeiffer* 3; KMR/*Plöd* 4; zum Pflichtenkreis auch Radtke/Hohmann/*Radtke* 7; MüKo/Teßmer 11–20.

17 BTDrucks. **14** 1928 S. 8; *Pfeiffer* 3; MüKo/*Teßmer* 11; Radtke/Hohmann/*Radtke* 7; SK/*Weßlau/Deiters* 4; zweifelnd, ob sich der Gesetzgeber hinsichtlich der Überlastung der Staatsanwaltschaften und des Mangels an Sozialarbeitern die richtigen Vorstellungen gemacht habe, KMR/*Plöd* 2.

18 So beispielsweise in Person eines sog. TOA-Koordinators in NRW, hierzu *Kubnik* DriZ **2008** 347.

19 Vgl. BTDrucks. **12** 6853 S. 8 und 22; BayObLG NJW **1995** 2120; *Artkämper* NJ **2002** 237 f.; *König/Seitz* NStZ **1995** 2; **a.A.** Schönke/Schröder/*Stree/Kinzig* § 46a, 2 (geht aus dem Gesetz nicht hervor). Für ein

Staatsanwaltschaft und Gericht aber nicht in der Übergabe an die beauftragte Stelle, sondern umfasst neben der für § 153a in dessen Absatz 1 Satz 3 bis 6 geregelten Überwachungspflicht auch die Pflicht, der durchführenden Stelle die dazu erforderlichen personenbezogenen Daten zu übermitteln (siehe § 155b, 4).

2. Anwendungsbereich

5 **a) Verfahrensstadien.** Anwendbar ist die Vorschrift in jedem Stadium des Verfahrens,[20] sogar bevor das Verfahren bis zu dem für § 153a genügenden Stadium „ausermittelt" ist (§ 153a, 39f.), jedoch muss in diesem Fall mindestens die Rollenverteilung zwischen Täter und Opfer konsentiert sein, d.h. es muss unabhängig von der Verurteilungswahrscheinlichkeit feststehen, dass der Beschuldigte die ihm zugewiesene Täterrolle auch akzeptiert, was freilich anders als im Jugendstrafrecht (§ 10 Abs. 1 Satz 3 Nr. 7, § 45 Abs. 3 Satz 1, § 47 Abs. 1 Satz 1 Nr. 3 JGG) kein uneingeschränktes Geständnis voraussetzt.[21] Auch einem zur Tat schweigenden Beschuldigten – nicht jedoch dem explizit bestreitenden – steht die Möglichkeit eines Ausgleichs zu.[22] Allerdings verlangt der BGH bei Gewaltdelikten und Delikten gegen die sexuelle Selbstbestimmung regelmäßig ein umfangreicheres Geständnis des Täters.[23] Aufgrund des ausdrücklichen Wortlauts ist die Anwendung des § 155a auch nicht dadurch ausgeschlossen, dass erst sehr spät im Verfahren, z.B. im Rahmen der Hauptverhandlung, die Durchführung eines Täter-Opfer-Ausgleichs in Betracht kommt.[24] Im Gesetzgebungsverfahren ist die Möglichkeit des Täter-Opfer-Ausgleichs in der Revisionsinstanz diskutiert und letztlich verneint worden.[25]

6 **b) Adressaten.** In personaler Hinsicht beschränkt sich der Anwendungsbereich auf Staatsanwalt und Gericht. Auch für den in § 155a nicht erwähnten Verteidiger lässt sich dieser neuen Regelung entnehmen, dass Aktivitäten aller Verfahrensbeteiligten in Richtung auf einen Täter-Opfer-Ausgleich erwünscht sind, so dass auch der Verteidiger dahingehend tätig werden und sich zwecks Zahlung eines Schmerzensgeldes mit dem Opfer in Verbindung setzen darf, selbst wenn letzteres als Hauptbelastungszeuge im Prozess auftreten soll.[26] Das entspricht im Übrigen auch seiner Funktion im Straf-

---

„förmliches Verfahren" unter Einschaltung eines „Mediators" *Tolmein* ZRP **1999** 410; **abl.** SK/*Weßlau*/*Deiters* 9 (die im Übrigen aber die Vermittlung durch Gericht oder StA strikt ablehnen); Meyer-Goßner/*Schmitt* 3 (können „in geeigneten Fällen" selbst vermitteln); siehe auch *Brauns* wistra **1996** 218; KMR/*Plöd* 4; MüKo/*Teßmer* 11 ff., wonach bei fehlender anwaltlicher Vertretung des Geschädigten und verteidigtem Täter eine Ausgleichsstelle oder die Staatsanwaltschaft einzubeziehen ist; krit. auch Radtke/Hohmann/*Radtke* 7 (nur in seltenen Ausnahmefällen).

20 *Dölling* FS Jung 80; auch im beschleunigten Verfahren, siehe *Herzler* NJ **2000** 404.

21 BGH NStZ **2003** 199; *Meier* GA **1999** 10; vgl. auch Runderlass des Justiz- und Innenministeriums Nordrhein-Westfalen, JMBlNRW **2000** 159 (setzt die Bereitschaft des Beschuldigten voraus, Verantwortung zu übernehmen); enger SK/*Weßlau*/*Deiters* 5, die „Anklagereife" und hinreichenden Tatverdacht voraussetzt; ähnlich KK/*Diemer* 17 (Schuld des Täters praktisch geklärt bei gerichtlichem Hinweis); *MüKo*/*Teßmer* 11–19 entwickelt gar einen umfassenden Kriterienkatalog.

22 *Bemmann* JR **2003** 229; *Götting* StraFo **2003** 253; Meyer-Goßner/*Schmitt* 3; AnwK-StPO/*Walther* 4; Ausschluss bei bestreitendem Täter: SSW/*Ziegler* 3.

23 BGHSt **48** 134 = JR **2003** 423 mit krit. Anm. *Kaspar* = StraFo **2003** 248 mit krit. Anm. *Götting*; *Michaelis* JA **2005** 830; *Schädler* NStZ **2005** 368; vgl. *Bemmann* JR **2003** 229 f. zur Problematik des falschen Geständnisses.

24 BGH NStZ-RR **2009** 18.

25 BTDrucks. **14** 2258 S. 8.

26 BGHSt **46** 56; *Walther* StraFo **2005** 453 f.; vgl. *Püschel* StraFo **2006** 263 ff. zu den Möglichkeiten und der inhaltlichen Ausgestaltung von vom Verteidiger unmittelbar ausgehandelten Ausgleichsvereinbarungen.

verfahren.[27] Die Initiative kann ferner vom Beschuldigten, von Angehörigen, dem Nebenklägervertreter oder dem Beistand des nebenklageberechtigten Verletzten ausgehen.[28]

c) Geeignete Fälle. Das Gesetz enthält keine Konkretisierung, welche Fälle „ausgleichsgeeignet" sind,[29] es sieht aber auch keine Einschränkung dahingehend vor, dass der Täter-Opfer-Ausgleich nur bei bestimmten Deliktsgruppen anwendbar oder auf bestimmte Tatbestände von vornherein nicht anwendbar wäre.[30] Dem Gesetzeswortlaut lässt sich nur entnehmen, dass überhaupt ein Verletzter, in § 153a Abs. 1 Satz 2 Nr. 5 (wenn auch dort nur im Klammerzusatz) und § 155b auch „Opfer" genannt, vorhanden sein muss. Man wird daraus schließen müssen, dass ein Täter-Opfer-Ausgleich mangels „Opfers" bei den sog. **„opferlosen" Delikten**, bei denen keine bestimmte natürliche Person materiell oder immateriell geschädigt wurde, ausscheidet.[31] Eine sog. „symbolische" Wiedergutmachung einer Tat ohne Opfer, wie in § 1 Abs. 1 Satz 3 des Alternativentwurfs Wiedergutmachung[32] vorgesehen und im Gesetzgebungsverfahren zu § 46a StGB diskutiert,[33] kommt, jedenfalls als Täter-Opfer-Ausgleich, nicht in Betracht. Insofern bietet § 153a Abs. 1 Satz 2 jedoch mit der Wiedergutmachung des Schadens nach Nr. 1 (etwa bei Umweltdelikten), der Erbringung gemeinnütziger Leistungen (Nr. 3), der Geldzahlung zugunsten gemeinnütziger Einrichtungen (Nr. 2) oder den „unbenannten" Auflagen (s. § 153a, 69), die als „symbolische" Wiedergutmachung verstanden werden können, genügend Anknüpfungspunkte, so dass die materiell-rechtliche Frage im Verfahrensrecht weniger drängend ist. 7

Auch bei **Steuerdelikten** besteht in der Regel für die Weisung nach § 153a Abs. 1 Satz 2 Nr. 5 kein Raum. Zwar betrifft die Hinwirkungspflicht des § 155a sowohl den Täter-Opfer-Ausgleich im Sinne von § 46a Nr. 1 StGB als auch die Schadenswiedergutmachung im Sinne von § 46a Nr. 2 StGB, weil der Gesetzgeber letztere insoweit nur als Unterfall des allgemeinen Täter-Opfer-Ausgleichs einstuft[34] und § 46a Nr. 2 StGB nach h.M. auch auf Steuerdelikte anwendbar ist.[35] Gleichwohl wird man die Verpflichtung im Sinne von § 155a hier zumeist mangels „Geeignetheit" ablehnen. 8

---

27 Einzelheiten *Beulke* FS Roxin 1192; *Kempf* AnwBl. **2000** 603 (für den DAV); krit. zur Rolle der Anwaltschaft *Werner* StraFo **1999** 190.

28 BGHSt **48**, 140; *Joecks* 3; Meyer-Goßner/*Schmitt* 3; *Pfeiffer* 3.

29 *Stein* NStZ **2000** 394.

30 BGH NStZ **1995** 492; *Meier* GA **1999** 7 f. (zu § 46a StGB); anders der SPD-Entwurf zu § 46a StGB, vgl. BTDrucks. **12** 6141 S. 4, 10; weiterführend zu § 46a StGB *Loos* FS Roxin 851.

31 *Lilie* Verh. des 63. DJT (2000) Bd. I Teil D 118; *Lackner/Kühl/Heger* § 46a, 1b; *Michaelis* JA **2005** 830; *Schöch* FS II BGH Bd. IV 333 f. m.w.N. (zu § 46a StGB). Sofern gelegentlich der Versuch hierunter gefasst wurde, gilt allerdings, dass der Täter-Opfer-Ausgleich hier durchaus in Betracht kommt, vgl. auch Runderlass des Justiz- und Innenministeriums Nordrhein-Westfalen, JMBlNRW **2000** 159; **a.A.** *Bemmann* JR **2003** 230.

32 *Baumann u.a.* Alternativ-Entwurf Wiedergutmachung 39 ff; ausführlich *Laue* Symbolische Wiedergutmachung (1999). Dabei ist schon der Ausdruck „symbolische Wiedergutmachung" nicht unproblematisch, vgl. *Schaffstein* FS Roxin 1074.

33 Vgl. BTDrucks. **12** 6141 S. 4, 10.

34 Vgl. BTDrucks. **14** 2258 S. 10.

35 BGH NStZ **2001** 201; BayObLG NStZ **1997** 33; NStZ-RR **1997** 342; *Schöch* FS II BGH 334; siehe auch *Harms/Jäger* NStZ **2001** 187; differenzierend *Lackner/Kühl/Heger* § 46a, 1b (nach Einzelfall); für uneingeschränkte Anwendbarkeit des § 46a StGB: *Brauns* wistra **1996** 219; *von Briel* NStZ **1997** 33; *Schwedhelm/Spatschek* DSteuerR **1995** 1449; für generelle Unanwendbarkeit: *Blesinger* wistra **1996** 90; *Meier* GA **1999** 9; *Schabel* wistra **1997** 201; unentschieden Schönke/Schröder/*Stree/Kinzig* § 46a, 1.

9 Handelt es sich bei dem Opfer um eine **juristische Person**[36] so dürfte der Fall häufig ebenfalls ungeeignet sein. Völlig ausgeschlossen ist ein Ausgleich im Sinne von § 155a hingegen nicht[37] und zwar insbesondere dann nicht, wenn ein *personales* Opfer erkennbar ist, z.B. der Alleingesellschafter und Geschäftsführer einer sog. Ein-Mann-GmbH.[38] Differenziert betrachten muss man auch die Lage bei einer **großen Anzahl von Opfern** (Freiheitsberaubung an den Passagieren eines Kreuzfahrtschiffes). Können diese sich auf einen Repräsentanten ihrer Interessen einigen, so steht einem Täter-Opfer-Ausgleich die Vielzahl der Beeinträchtigungen nicht im Wege. Dies wird aber die Ausnahme sein.

10 Deshalb verbleiben **im Wesentlichen Körperverletzungs- und Ehrdelikte, auch Freiheitsdelikte, Sachbeschädigungsdelikte sowie Diebstahl und Unterschlagung**,[39] bei denen eine natürliche Person oder wenige natürliche Personen „verletzt“ (geschädigt oder gefährdet) wurden;[40] diese aber (wegen § 46 Abs. 2, § 46a StGB) auch dann, wenn es sich bei der Tat um ein Verbrechen handelt oder § 153a Abs. 1 Satz 2 Nr. 5 aus einem anderen Grunde ausscheidet. Bejaht hat der BGH die Möglichkeit eines Ausgleichs bei räuberischer[41] sowie schwerer räuberischer Erpressung,[42] bei Vergewaltigung,[43] bei schwerer Vergewaltigung jedoch nur in Ausnahmefällen,[44] bei sexuellem Missbrauch von Kindern[45] und bei Untreue.[46] Vorstrafen oder ein bereits in einem früheren Verfahren gescheiterter Täter-Opfer-Ausgleich schließen einen erneuten Ausgleichsversuch nicht von vornherein aus.[47] Es bedarf für eine offensichtliche „Geeignetheit“ des Falles

---

36 Zur Anwendbarkeit des § 46a StGB auf diese BGH NStZ **2000** 205 mit Anm. *Dierlamm* S. 536; siehe zum Streit auch *Steffens* 178 ff.; Schönke/Schröder/*Stree*/*Kinzig* § 46a, 4a.

37 BTDrucks. **14** 2258 S. 9 nennt die Reparatur von im städtischen Schwimmbad beschädigtem Inventar als Beispiel für einen gelungenen Täter-Opfer-Ausgleich; **a.A.** *Lilie* Verh. des 63. DJT (2000) Bd. I Teil D 118.

38 *Meier* JuS **1996** 440; *ders.* GA **1999** 9.

39 Nach dem Bericht Täter-Opfer-Ausgleich in Deutschland des Bundesministeriums für Justiz und Verbraucherschutz für die Jahre 2015 und 2016 gaben die Beteiligten Ausgleichsstellen an, dass 2015 insgesamt 52,9 % der Fälle dem Deliktsbereich der Straftaten gegen die körperliche Unversehrtheit entstammten, 17,9 % dem der Beleidigung, 15,1 % dem der Straftaten gegen die persönliche Freiheit und 8,1 % dem des Diebstahls und der Unterschlagung. Für 2016 lagen die Quoten bei 51,5 %, 17,4 %, 14,9 %, 12,1 % und 8,2 %.; *Hartmann*/*Schmidt*/*Kerner*, Täter-Opfer-Ausgleich in Deutschland 2008 44. Nach *Schreckling*/*Pieplow* ZRP **1989** 12 waren 3/4 der dem Kölner Projekt „Die Waage“ zugewiesenen Fälle Körperverletzungen, Sachbeschädigungen, Diebstahl/Unterschlagung und Raub/räuberische Erpressung. Die Zahlen stimmen in etwa mit den von *Hartmann*/*Stroezel* in: Dölling (Hrsg.) (Bestandsaufnahme) 162 = *Dölling* (Chance) 56 ermittelten Häufigkeitswerten überein. Darin entfielen auf die Körperverletzungsdelikte 63,6 %, auf die Sachbeschädigung 14,5 %, auf Diebstahl/Betrug/Raub und Erpressung zusammen 20,2 % und auf die Gewaltdelikte insgesamt 73,3 %; vgl. auch die beispielhafte Aufzählung von Deliktsgruppen in den Richtlinien zur Förderung des Täter-Opfer-Ausgleichs im allgemeinen Strafrecht, AmtsBl. M-V **2000** 1362, sowie im Runderlass des Justiz- und Innenministeriums Nordrhein-Westfalen, JMBl NRW **2000** 159 (wonach ein Täter-Opfer-Ausgleich im Übrigen unverständlicherweise nur in Betracht zu ziehen sein soll, soweit Verletzte nicht auf den Privatklageweg zu verweisen sind, der erfolgreich durchgeführte Täter-Opfer-Ausgleich dagegen gerade ein Grund dafür sein soll, nach § 376 StPO das öffentliche Interesse an der Klage entfallen zu lassen); vgl *Götting* 95 ff. zur bundesweiten TOA-Statistik.

40 Das ist auch bei Delikten gegen die Allgemeinheit nicht notwendig ausgeschlossen, *Meier* JuS **1996** 440; *ders.* GA **1999** 9: durch einen Verkehrsrowdy gefährdeter Fußgänger, von einer Widerstandsleistung betroffener Polizeibeamter, siehe auch *Stein* NStZ **2000** 397 (Straftatbestände, die wie §§ 113, 114 oder § 316 StGB keinen unmittelbar persönlich Verletzten haben); *Schöch* FS II BGH 334.

41 BGH NStZ-RR **1998** 297; StV **2001** 345.

42 BGH NJW **2001** 2557.

43 BGH StV **2001** 457.

44 BGH StV **1995** 464.

45 BGH StV **2000** 129.

46 BGH StV **2001** 110.

47 Vgl. Runderlass des Justiz- und Innenministeriums Nordrhein-Westfalen, JMBlNRW **2000** 159.

ferner eines noch lebenden Opfers und der Möglichkeit einer räumlichen Zusammenführung.[48]

Schließlich ist zu bedenken, dass **Bagatellen**, die nach § 153 zu erledigen sind, aus dem Anwendungsbereich der Vorschrift auszuscheiden haben. Den Beteiligten hier trotz Geringfügigkeit die mit dem Ausgleichsverfahren verbundenen Belastungen abzuverlangen, würde dem Verhältnismäßigkeitsprinzip widersprechen.[49] 11

d) Inhaltliche Vorgaben. Der Täter-Opfer-Ausgleich verlangt einen kommunikativen Prozess zwischen Täter und Opfer, wofür jedoch weder zwingend die Vermittlung durch einen neutralen Dritten, noch ein persönlicher Kontakt zwischen Täter und Opfer erforderlich ist.[50] Die Rechtsprechung folgt dabei einem offenen Kommunikationsbegriff, der allen Kommunikationsformen zur Schadenswiedergutmachung Raum lässt.[51] Die Anforderungen an den kommunikativen Prozess bestimmen sich nach dem Delikt, dem Umfang der beim Opfer eingetretenen Schäden und dem Grad der persönlichen Betroffenheit des Opfers.[52] Ein Täter-Opfer-Ausgleich liegt nicht vor, wenn Ausgleichsbemühungen gänzlich von einem Dritten übernommen werden, wie beispielsweise bei Leistung einer Haftpflichtversicherung an das Opfer aufgrund vertraglicher Verpflichtungen.[53] Auch ein einseitiges Wiedergutmachungsbestreben des Täters ohne Einbeziehung des Opfers, wie ein einfaches Entschuldigungsschreiben, genügt nicht, ist jedoch im Rahmen der Strafzumessung zu berücksichtigen.[54] Zudem muss das Opfer die Wiedergutmachungsleistung als friedensstiftenden Ausgleich akzeptieren.[55] 12

e) Wille des Verletzten. Anders als bei der Verfahrenseinstellung nach § 153a Abs. 1 Satz 2 Nr. 5, der theoretisch weder die fehlende Bereitschaft zur Mitwirkung des Opfers noch die Erfolglosigkeit des Täter-Opfer-Ausgleichs (vgl. die Erl. zu § 153a) entgegensteht, hat der Gesetzgeber es in § 155a für nötig gehalten, dem „Opfer"-Willen mehr Rechnung zu tragen. Die Gesetzesmaterialien begründen dies (richtig) damit, dass die Durchführung eines Ausgleichsverfahrens in diesen Fällen regelmäßig auch nicht Erfolg versprechend erscheinen werde.[56] Gegen den ausdrücklichen Willen des Verletzten darf danach die „Eignung" (i.S. des Vorliegens eines „geeigneten Falles", s.o. Rn. 7 ff.) nicht angenommen werden. Die engstmögliche Interpretation, wonach Satz 3 nur die Hinwirkungspflicht nach Satz 2 suspendiert, der endgültigen und vorläufigen Verfahrenseinstellung nach § 153a Abs. 1 Satz 2 Nr. 5 aber nicht entgegensteht, dürfte jedoch kaum dem Willen des Gesetzgebers entsprochen haben. Ursprünglich mit einem „soll" ausgestattet, wurde die Vorschrift auf Drängen des Rechtsausschusses zu einem **Verbot** („darf ... nicht") umgestaltet.[57] Die Fraktion der CDU/CSU meinte, dies bedeute, dass eine Einstellung nach § 153a immer dann nicht in Betracht komme, wenn ein solcher entgegenste- 13

48 Vgl. Runderlass des Justiz- und Innenministeriums Nordrhein-Westfalen, JMBlNRW **2000** 159 (die persönliche Begegnung sei anzustreben); siehe auch *Dölling/Henninger* in: Dölling (Hrsg.) (Bestandsaufnahme) 204.

49 *Meier* GA **1999** 8; vgl. auch BTDrucks. **11** 5829 S. 17 (für das JGG); siehe auch Runderlass des Justiz- und Innenministeriums Nordrhein-Westfalen, JMBlNRW **2000** 159, wonach § 153 Vorrang hat.

50 BGH StV **2002** 651.

51 BGHSt **48** 139; *Schädler* NStZ **2005** 367 f.

52 BGHSt **48** 140; Meyer-Goßner/*Schmitt* 3; *Pfeiffer* 3.

53 BayObLG NStZ **1998** 356 f; BGH NStZ **2006** 275.

54 BGHSt **48** 142; OLG Köln NStZ-RR **2004** 71; *Franke* NStZ **2003** 412 f.; *Joecks* 3.

55 BGH StV **2002** 646 mit krit. Anm. *Kaspar;* kritisch auch *Franke* NStZ **2003** 412 f.; *Noltenius* GA **2007** 530 f.; *Pfeiffer* 3.

56 BTDrucks. **14** 1928 S. 8; KMR/*Plöd* 3; MüKo/*Teßmer* 12.

57 BTDrucks. **14** 2258 S. 4, 8.

hender Wille des Opfers geäußert werde“, sah den „Opferschutzgedanken“ damit bestätigt und meinte, damit sei dem im Gesetzgebungsverfahren vom Ausschuss für Familie, Senioren, Frauen und Jugend geäußerten Kritikpunkt Rechnung getragen, „dass nicht das Bemühen um einen Ausgleich allein ausreichend für eine Verfahrenseinstellung gemäß § 153a StPO sein könne“.[58] Es ist jedoch zu bezweifeln, dass § 155a Satz 3 über § 153a hinausgeht. Auch dort wird man die „Eignung“ i.S. der Geeignetheit, „das öffentliche Interesse an der Strafverfolgung zu beseitigen“, nur annehmen können, wenn sich das Opfer nicht von vornherein dagegen sperrt. Denn das öffentliche Interesse kann ebenfalls nur durch die Wiederherstellung des Rechtsfriedens im Wege des Ausgleichs mit dem Verletzen beseitigt werden. Umgekehrt schränkt § 155a Satz 3 die in § 153a getroffene Regelung aber auch nicht ein, d.h. dass das Verfahren nach dieser Vorschrift auch dann (endgültig) eingestellt werden darf, wenn der Verletzte im Laufe des Täter-Opfer-Ausgleichs seine Meinung ändert und ausdrücklich widerspricht. Dann zählt für die Frage, ob die Weisung erfüllt wurde, nur das „ernsthafte Bemühen“ des Beschuldigten.[59] Zwar darf „gegen den ausdrücklich erklärten und fortbestehenden Willen“ des Verletzten kein Täter-Opfer-Ausgleich mehr fortgeführt werden,[60] der endgültigen Einstellung des Verfahrens steht der Verletztenwillen aber nicht entgegen (vgl. § 153a, 62ff.).

14 Wenn es im Gesetzestext heißt, dass gegen den **ausdrücklichen Willen** des Verletzten die Eignung nicht angenommen werden dürfe, so bedeutet dies nicht, dass dieser Wille schriftlich dokumentiert sein müsse, auch eine mündliche Weigerung ist beachtlich. Entgegen dem Gesetzeswortlaut muss auch ein konkludent geäußerter Wille Beachtung finden, sofern er nur **eindeutig** ist. In der Praxis ist dem durch Erstellung eines entsprechenden Aktenvermerks Rechnung zu tragen, in dem der entgegenstehende Wille des Verletzten und ggf. die Umstände, aus denen sich dieser erschließt, niedergelegt sind. Äußert sich der Verletzte nicht zur Möglichkeit des Täter-Opfer-Ausgleichs ist hingegen nicht davon auszugehen, dass er einen Ausgleich von vornherein ablehnt.[61]

15 Aus § 155a Satz 3 lässt sich im Übrigen folgern, dass der Verletzte nicht lediglich im Hinblick auf die Abgabe einer ausdrücklichen Erklärung zu befragen ist, sondern dass er auch die entscheidungserheblichen Informationen erhalten muss, indem ihm die Vor- und Nachteile des Verfahrens erläutert werden. Ein gezieltes „Hinwirken“ auf die Durchführung eines Täter-Opfer-Ausgleichs ist aber trotz § 155a Satz 3 zulässig. Die Beratung darf also **ergebnisorientiert** in Richtung auf den Täter-Opfer-Ausgleich hin erfolgen.[62] Die Formulierung schließt es auch nicht aus, dass sich der Verletzte zunächst nicht einverstanden erklärt, nach einer Erläuterung, z.B in einem Gespräch mit einem Schlichter, über Wesen und Zweck des Täter-Opfer-Ausgleichs, dann aber doch zustimmt.[63] Der Verletzte darf aber nicht unter Druck gesetzt oder mit dem Vorschlag im Gerichtssaal oder anlässlich seiner Zeugenvernehmung bei der Staatsanwaltschaft regelrecht „überfallen“ werden, indem eine sofortige Entscheidung verlangt wird. Gegebenenfalls ist dem Ver-

---

58 BTDrucks. **14** 2258 S. 8.

59 Offen lassend (für § 46a StGB) BGH StV **2001** 448. In etwa der Hälfte der Fälle, in denen der Täter-Opfer-Ausgleich scheitert, konnte daher in Modellprojekten dennoch eingestellt werden, vgl. *A. Hartmann* Schlichten oder Richten 251; *Dölling/Henninger* in: Dölling (Hrsg.) (Bestandsaufnahme) 210.

60 Vgl. BTDrucks. **14** 2258 S. 10.

61 BGHSt **48** 144 nach einem bereits erfolgten kommunikativen Prozess; *Schädler* NStZ **2005** 367.

62 Vgl. dazu das Merkblatt für den Täter-Opfer-Ausgleich, das in geeigneten Fällen schon von der Polizei an die Beteiligten ausgehändigt wird, abgedruckt als Anlage zum Runderlass des Justiz- und Innenministeriums Nordrhein-Westfalen, JMBlNRW **2000** 160; **a.A.** KK/*Diemer* 17 (Wille des Tatopfers unbedingt zu achten); wohl auch SSW/*Ziegler* 5.

63 Vgl. BTDrucks. **14** 2258 S. 10.

letzten eine Bedenkzeit oder die **Rücksprache mit einem Rechtsanwalt** zu ermöglichen, falls er dies wünscht.

3. Revision. Differenzierend zu beantworten ist die Frage, ob die Revision auf die Verletzung des § 155a gestützt werden kann. Die Nichteinhaltung von Satz 1 und 2 als Sollensvorschriften sind einer Verfahrensrüge nicht grundsätzlich unzugänglich.[64] Soweit ein Verstoß gegen die Prüfungspflicht aus Satz 1 gerügt wird, ist ein Beruhen des Urteils auf dem Verstoß jedoch ausgeschlossen.[65] Lagen die Voraussetzungen des § 46a StGB tatsächlich nicht vor, so hätte die ordnungsgemäße Wahrnehmung der Prüfungspflicht aus Satz 1 zu keinem abweichenden Ergebnis geführt. Waren die Voraussetzungen des § 46a StGB gegeben, so beruht das Urteil nicht auf der Verletzung der Prüfungspflicht aus Satz 1, sondern – wenn überhaupt – auf der Verletzung der hieraus folgenden Hinweispflicht des Satzes 2. Auf einer Verletzung Letzterer wiederum kann das Urteil beruhen.[66] Denn ist das gezielte Hinwirken auf einen Täter-Opfer-Ausgleich auch bei entgegenstehendem Willen des Verletzten zulässig (Rn. 15), so kann im Einzelfall nicht ausgeschlossen werden, dass ein solches Hinwirken zum Erfolg geführt hätte und der Täter-Opfer-Ausgleich durchgeführt worden wäre. Dies hätte Relevanz für die Rechtsfolgenentscheidung. Gleiches gilt, wenn erst durch das Hinwirken die Kenntnis der Möglichkeit eines Täter-Opfer-Ausgleichs bei dem Täter oder dem Verletzten geschaffen worden wäre. Indes sind diese Umstände im Rahmen der Verfahrensrüge auch nach den allgemeinen revisionsrechtlichen Regeln[67] darzulegen und zu belegen. Ein solcher Vortrag wird dem Verurteilten, gerade in Bezug auf die Einstellung des Opfers und dessen Beeinflussbarkeit in Richtung des Täter-Opfer-Ausgleichs, kaum möglich sein. Letztlich ist die Verfahrensrüge in Bezug auf § 155a Satz 2 damit zwar nicht rechtlich, aber faktisch ausgeschlossen. Haben Staatsanwaltschaft oder Gericht auf einen Täter-Opfer-Ausgleich hingewirkt, obwohl die Voraussetzungen des § 46a StGB nicht vorlagen, liegt kein Verstoß gegen § 155a Satz 2 vor, weil dieser nur die positive Hinwirkungspflicht statuiert. Ausgeschlossen wiederum ist die Verfahrensrüge in Bezug auf die Verletzung von Satz 3. Kommt es gegen den Willen des Opfers zur Einstellung, so gibt es mangels Urteils auch keine Revision. Wird trotz des entgegenstehenden Willens des Verletzten ein Täter-Opfer-Ausgleich durchgeführt und die Strafe daraufhin gemildert oder von Strafe abgesehen, so verhindert § 400 Abs. 1, dass der Verletzte, der zugleich Nebenkläger ist, das Urteil mit der Sachrüge der Verletzung der §§ 46, 46a Nr. 1 i.V.m. § 49 StGB mit dem Ziel angreifen kann, dass eine andere Rechtsfolge verhängt wird. Eine auf die Verletzung von Satz 3 gestützte Verfahrensrüge der Staatsanwaltschaft ist ebenfalls erfolglos, weil eine Verletzung der Prüfungspflicht aus Satz 1 schon nicht vorliegt. Es wurde, jedoch mit unzutreffenden Ergebnis, geprüft. Gegen die Hinweispflicht aus Satz 2 wurde aus den zuvor 16

64 SK/*Weßlau/Deiters* 12; *Weimer* NStZ **2002** 350 f. mit dem Hinweis darauf, dass der Wortlaut des § 337 StPO nicht zwischen Kann-, Muss-, Ordnungs- oder Sollvorschriften unterscheidet; KK/*Gericke* § 337, 13 (Differenzierung nach Art der verfahrensrechtlichen Aufgabe); **a.A.** Meyer-Goßner/*Schmitt* § 337, 4; vgl. auch die Erläuterungen zu § 337.

65 SSW/*Ziegler* 8; Radtke/Hohmann/*Radtke* 11; SK/*Weßlau/Deiters* 12; HK/*Gercke* 4; KMR/*Plöd* 2 (bloße Ordnungsvorschrift, deren richtiger Standort die RiStBV wäre); Meyer-Goßner/*Schmitt* § 337, 4; AnwK-StPO/*Walther* 7; **a.A.** *Weimer* NStZ **2002** 350 f.; offen gelassen jedoch mit Tendenz zur Zulässigkeit OLG Karlsruhe Beschl. vom 16.11.2015 – 2 (7) Ss 571/15; offen gelassen BGH Beschl. vom 4.11.2010 – 1 StR 551/10.

66 *Weimer* NStZ **2002** 350 f., **a.A.** noch LR/*Beulke*[26] 15; MüKo/*Teßmer* 22; Radtke/Hohmann/*Radtke* 11; SK/*Weßlau/Deiters* 12; HK/*Gercke* 4; KMR/*Plöd* 2; SSW/*Ziegler* 8; Meyer-Goßner/*Schmitt* 6; AnwK-StPO/*Walther* 7; offen gelassen jedoch mit Tendenz zur Zulässigkeit OLG Karlsruhe Beschl. vom 16.11.2015 – 2 (7) Ss 571/15; offen gelassen BGH Beschl. vom 4.11.2010 – 1 StR 551/10.

67 Siehe hierzu die Erläuterungen zu § 344; vgl. auch OLG Karlsruhe Beschl. vom 16.11.2015 – 2 (7) Ss 571/15.

genannten Gründen nicht verstoßen. Zudem wäre ein Beruhen besonders dann ausgeschlossen, wenn das Gericht die Strafe wegen der Ausgleichsbemühungen des Täters zu Recht gemäß §§ 46, 46a, 49 StGB gemildert bzw. von Strafe abgesehen hat und wegen des der Durchführung eines Täter-Opfer-Ausgleichs von Anfang an entgegenstehenden Willen des Opfers lediglich die Vorschrift des § 155a Satz 3 verletzt ist. Von der Frage der Revisibilität von Verstößen gegen § 155a unabhängig zu beantworten ist die Frage der Möglichkeit einer Sachrüge in Bezug auf § 46a StGB. Diese ist bei durchgeführtem Täter-Opfer-Ausgleich trotz Nichtvorliegen der Voraussetzungen nach allgemeinen Kriterien gegeben.[68]

4. Konflikte mit anderen Verfahrensgrundsätzen

17 **a) Beschleunigungsgebot (Art. 20 Abs. 3 GG, Art. 6 Abs. 1 Satz 1 EMRK).** Die Vereinbarung eines Täter-Opfer-Ausgleichs bzw. ein entsprechendes Bemühen kann zu Verzögerungen beim Abschluss eines Ermittlungs- oder Strafverfahrens führen. Da der Täter-Opfer-Ausgleich einen hinreichend aufgeklärten Sachverhalt erfordert, ist ein darauf gerichtetes Hinwirken der Staatsanwaltschaft und des Gerichts – mit Ausnahme des Hinweises, der bereits früher erfolgen kann – erst nach Abschluss der Ermittlungen bzw. nach Anklageprüfung möglich.[69] Nicht nur im Hinblick auf die Fristen der § 121 Abs. 1, § 122 Abs. 2 und 3 stellt sich die Frage, ob der Beschuldigte zur Ausgleichsvereinbarung eine zeitliche Verschiebung der Anklageerhebung bzw. der Haftprüfung beantragen kann. Da das Beschleunigungsgebot neben dem Schutz des Betroffenen[70] durch seine wahrheitssichernde Funktion auch dem öffentlichen Interesse dient,[71] kann der Beschuldigte über diesen Verfahrensgrundsatz nicht disponieren. Dennoch ist dem Täter-Opfer-Ausgleich, auf den Staatsanwaltschaft und Gerichte hinzuwirken verpflichtet sind (Satz 2), größtmögliche Geltung zu verschaffen. Dies kann aber nicht so weit gehen, dass dem Beschuldigten – obwohl der Beschleunigungsgrundsatz dessen aktive Kooperation nicht verlangt – eine Ausgleichsmöglichkeit zeitlich unbegrenzt zur Verfügung steht.[72] In einzelfallbezogener Abwägung der Intensität der Betroffenheit des öffentlichen Interesses mit den berechtigten Interessen des Beschuldigten müssen notwendige Verzögerungen durch das Bemühen um einen Täter-Opfer-Ausgleich hingenommen werden. Jedoch darf dieses Instrument weder zur Prozessverschleppung noch zum Missbrauch des Strafverfahrens benutzt werden.[73]

18 **b) Konzentrationsmaxime.** Eng verknüpft mit dem Beschleunigungsgebot, besagt das Prinzip der Konzentration, dass die gesamte Hauptverhandlung als Einheit anzusehen ist und in einem überschaubaren Zeitraum vonstattengehen soll.[74] Ein Bedürfnis der Verlängerung der **Verfahrensunterbrechung** (§ 228 Abs. 1 Satz 1 Alt. 2, § 229 Abs. 1 und 2) für das Hinwirken auf einen Täter-Opfer-Ausgleich besteht nicht, da lediglich die Dauer einer einzelnen Unterbrechung, nicht jedoch die Anzahl der während einer Verhandlung möglichen Unterbrechungen durch § 229 beschränkt wird, da eine Hauptverhand-

---

68 Vgl. BGH NJW **2003** 1466; MüKo/*Teßmer* 23; Radtke/Hohmann/*Radtke* 11 f.; HK/*Gercke* 4; *Joecks* 5; Meyer-Goßner/*Schmitt* 6.
69 *Buhlmann* 155; *Meier* (Sanktionen) 328 f.; *Michaelis* JA **2005** 830; *Weimer* NStZ **2002** 352 f.
70 KK/*Pfeiffer* Einl. 11; Meyer-Goßner/*Schmitt* § 121, 1.
71 BVerfG NJW **1981** 1723.
72 *Buhlmann* 156; *Weimer* NStZ **2002** 352 f.
73 *Weimer* NStZ **2002** 353 unter Bezugnahme auf *Kröpil* AnwBl **1999**, 15 ff.; *ders.* JR **1997** 315 ff.
74 *Beulke/Swoboda* 26; KK/*Fischer* Einl. 38.

lung mehrfach unterbrochen werden kann.[75] Wegen des Ausnahmecharakters der Aussetzung darf auf den Täter-Opfer-Ausgleich allein keine **Aussetzung der Hauptverhandlung** (§ 228 Abs. 1 Satz 1 Alt. 1, § 229 Abs. 4), gestützt werden.[76] Die Funktion der Konzentrationsmaxime, den Eindruck der mündlichen Verhandlung nicht abzuschwächen und die Zuverlässigkeit der Erinnerung an die Vorgänge in der Hauptverhandlung nicht zu beeinträchtigen,[77] kann dem Beschuldigten über die Möglichkeit eines Täter-Opfer-Ausgleichs nicht zur Disposition gestellt werden.

c) Unschuldsvermutung (Art. 6 Abs. 2 EMRK). Gegen den Täter-Opfer-Ausgleich 19 wird eingewandt, er wirke sich im Falle eines Scheiterns nachteilig auf die Verteidigungsmöglichkeiten des Beschuldigten aus und berühre daher das Prinzip der **Unschuldsvermutung** (Art. 6 Abs. 2 EMRK).[78] Zunächst ist festzustellen, dass der Täter-Opfer-Ausgleich hauptsächlich auf der Rechtsfolgenseite angesiedelt ist und daher die Unschuldsvermutung nur mittelbar betroffen ist. Ein Verstoß kommt allenfalls in Betracht, wenn der Beschuldigte geständig ist oder die Verantwortlichkeit des schweigenden Täters durch andere Umstände genügend belegt ist.[79] Die prozessuale Garantie der Unschuldsvermutung ist, ebenso wie das Recht zu schweigen, nicht auf ein Verfahren zugeschnitten, in dessen Mittelpunkt die Anerkennung der Tatfolgen und das Bemühen um ihre Beseitigung stehen.[80] Der Verzicht des Täters auf diese Rechte, auch wenn seine Motivation primär darauf ausgerichtet sein mag, dem Strafverfahren zu entgehen, erfolgt aufgrund eigenverantwortlicher, freiwilliger Entscheidung. Der Täter-Opfer-Ausgleich erweitert somit die Handlungsmöglichkeiten des Tatverdächtigen.[81] Dies begründet insbesondere in durch Staatsanwaltschaft und Gericht angeregten Ausgleichsfällen deren Belehrungspflicht über die Freiwilligkeit der Mitwirkung, da in dieser Ausgleichssituation leicht der fehlerhafte Eindruck entstehen könnte, zum Täter-Opfer-Ausgleich verpflichtet zu sein.[82]

5. Vereinbarkeit mit den geltenden Strafzwecken. Dem Strafzweck des **Schuldausgleichs** ist durch den Täter-Opfer-Ausgleich Genüge getan, da neben dem passiven 20 Erleiden eines Strafübels (malum passionis) auch die aktive, freiwillige Leistungserbringung (bonum actionis) den Erfolgs- und Handlungsunwert der Tat durch Verantwortungsübernahme und Anerkennung der Rechtsordnung zu kompensieren vermag.[83] Im Hinblick auf den Strafzweck der **Generalprävention** ist deren negativer Aspekt der Abschreckungswirkung des Täter-Opfer-Ausgleichs auf die Allgemeinheit vermehrt in Frage gestellt worden.[84] Eine freiwillige Wiedergutmachung mag nur eine geminderte Abschreckungswirkung haben, dennoch darf nicht übersehen werden, dass die Täterleistung im

---

75 *Buhlmann* 157 f.; KK/*Diemer* 19.
76 BGH NStZ **1996** 545; SK/*Weßlau/Deiters* 11; Meyer-Goßner/*Schmitt* 3; Radtke/Hohmann/*Radtke* 7; vgl. auch KK/*Gmel* § 228, 15; **a.A.** *Buhlmann* 159; *Weimer* NStZ **2002** 353 will die Unterbrechung der Hauptverhandlung auf gut begründete Fälle beschränken.
77 BGHSt **23** 226.
78 *Loos* ZRP **1993** 54 f.; *Hirsch* ZStW **102** (1990) 545; vgl. auch *Noltenius* GA **2007** 527.
79 *Finger* ZRP **2002** 516; *Michaelis* JA **2005** 832.
80 *Meier* (Sanktionen) 330 f.
81 *Bemmann* JR **2003** 229; *Finger* ZRP **2002** 516; *Michaelis* JA **2005** 832; KK/*Diemer* 17; **a.A.** *Noltenius* GA **2007** 527.
82 *Bemmann* JR **2003** 229; SK/*Weßlau/Deiters* 8; MüKo/*Teßmer* 11.
83 *Bemmann* JR **2003** 228; *Buhlmann* 127; *Meier* (Sanktionen) 338 f.; *Roxin* FS Lorenz 55; *Stein* NStZ **2000** 396; *Walther* JR **2008** 407; zweifelnd *Weigend* FS Müller-Dietz 980.
84 Hirsch ZStW **102** (1990) 545 f.; *Lampe* GA **1993** 491; *Loos* ZRP **1993** 53 f.; *Stein* NStZ **2000** 395; *Weigend* FS Müller-Dietz 980.

Eindruck eines sonst drohenden Strafverfahrens erfolgt.[85] Auch haben empirische Rückfalluntersuchungen die generalpräventive Wirkung bestätigt.[86] Der Einwand, das Opfer erhalte Schadensersatz, zu dem der Täter ohnehin zivilrechtlich verpflichtet sei, überzeugt nicht, da der Täter-Opfer-Ausgleich in Art und Umfang über zivilrechtliche Ansprüche hinausgeht[87] und diese vielfach infolge der Bestrafung des Täters nicht durchsetzbar sind.[88] Auch ist ein Lern-, Vertrauens- und Befriedigungseffekt als positiver Aspekt der Generalprävention gegeben, da der Täter-Opfer-Ausgleich durch die Verantwortungsübernahme des Täters das Normvertrauen der Allgemeinheit wiederherstellt.[89] Die Anforderungen an die individuelle Abschreckung und damit einhergehende Resozialisierung des Täters als negativ **spezialpräventive Wirkung** sind durch die mittels der Opferbegegnung regelmäßig ausgelöste innere Betroffenheit erfüllt.[90] In positiv spezialpräventiver Hinsicht verdeutlicht die Konfrontation mit dem Opfer dem Täter die Folgen seiner Tat, so dass dieser sich nicht mehr in sog. Neutralisierungsmechanismen, mit denen er sein Verhalten vor sich selbst rechtfertigt oder die Tat verdrängt, flüchten kann. Daher wird der Täter-Opfer-Ausgleich sogar als Anleitung zu sozialem Lernen verstanden, der zur Anerkennung von Normen und Rechten Anderer führt.[91]

§ 155b
Durchführung des Täter-Opfer-Ausgleichs

(1) [1]Die Staatsanwaltschaft und das Gericht können zum Zweck des Täter-Opfer-Ausgleichs oder der Schadenswiedergutmachung einer von ihnen mit der Durchführung beauftragten Stelle von Amts wegen oder auf deren Antrag die hierfür erforderlichen personenbezogenen Daten übermitteln. [2]Der beauftragten Stelle kann Akteneinsicht gewährt werden, soweit die Erteilung von Auskünften einen unverhältnismäßigen Aufwand erfordern würde. [3]Eine nicht-öffentliche Stelle ist darauf hinzuweisen, daß sie die übermittelten Daten nur für Zwecke des Täter-Opfer-Ausgleichs oder der Schadenswiedergutmachung verwenden darf.

(2) [1]Die beauftragte Stelle darf die nach Absatz 1 übermittelten personenbezogenen Daten nur verarbeiten und nutzen, soweit dies für die Durchführung des Täter-Opfer-Ausgleichs oder der Schadenswiedergutmachung erforderlich ist und schutzwürdige Interessen des Betroffenen nicht entgegenstehen. [2]Sie darf personenbezogene Daten nur erheben sowie die erhobenen Daten verarbeiten und nutzen, soweit der Betroffene eingewilligt hat und dies für die Durchführung des Täter-Opfer-Ausgleichs oder der Schadenswiedergutmachung erforderlich ist. [3]Nach Abschluß ihrer Tätigkeit berichtet sie in dem erforderlichen Umfang der Staatsanwaltschaft oder dem Gericht.

---

85 *Buhlmann* 126; *Meier* (Sanktionen) 339 f.; *Roxin* FS Lorenz 56 f.

86 So *Knoerchen* Schadenswiedergutmachung über anwaltliche Schlichtungsstellen (2005) 43; *Meier* (Sanktionen) 340; *Roxin* FS Lorenz 57.

87 *Kaspar* 35 f.; *Michaelis* JA **2005** 832; *Walther* JR **2008** 407.

88 *Bemmann* JR **2003** 227.

89 *Bemmann* JR **2003** 227; *Buhlmann* 126 f.; *Kaspar* 48 ff., 133 f.; *Marks/Rössner* 39 ff.; *Meier* (Sanktionen) 340; *Sessar* 88 ff., 122 ff.; *Roxin* FS Lorenz 57; *Weigend* FS Müller-Dietz 980.

90 *Bemmann* JR **2003** 228; *Marks/Rössner* 25; vgl. *Bals* BewHi **2007** 258 ff. Zu Untersuchungen der möglichen Effekte des Täter-Opfer-Ausgleichs auf das Befinden und die Haltung von Beschuldigten und Geschädigten gegenüber der jeweils anderen Partei.

91 *Bemmann* JR **2003** 227; *Buhlmann* 126; *Kaspar* 13 f.; *Marks/Rössner* 25; *Meier* (Sanktionen) 341; *Michaelis* JA **2005** 832; *Roxin* FS Lorenz 56.

https://doi.org/10.1515/9783110590098-020

(3) Ist die beauftragte Stelle eine nicht-öffentliche Stelle, finden die Vorschriften des Dritten Abschnitts des Bundesdatenschutzgesetzes auch Anwendung, wenn die Daten nicht in oder aus Dateien verarbeitet werden.

(4) [1]Die Unterlagen mit den in Absatz 2 Satz 1 und 2 bezeichneten personenbezogenen Daten sind von der beauftragten Stelle nach Ablauf eines Jahres seit Abschluß des Strafverfahrens zu vernichten. [2]Die Staatsanwaltschaft oder das Gericht teilt der beauftragten Stelle unverzüglich von Amts wegen den Zeitpunkt des Verfahrensabschlusses mit.

Schrifttum

Siehe bei § 155a.

Entstehungsgeschichte

Siehe ebenda.

Übersicht

1. Zweck und Bedeutung. Die Vorschrift trägt in erster Linie **datenschutzrechtlichen** Belangen Rechnung,[1] die lange die Durchführung des Täter-Opfer-Ausgleichs belasteten,[2] indem sie die Übermittlung (§ 155b Abs. 1), Verarbeitung und Nutzung (§ 155b Abs. 2 Satz 1) sowie die Erhebung personenbezogener Daten (§ 155b Abs. 2 Satz 2) und schließlich deren Vernichtung (§ 155b Abs. 4) regelt. Sie gibt aber auch zusätzlichen Aufschluss darüber, wie sich der Gesetzgeber die „Durchführung" des Täter-Opfer-Ausgleichs (Beauftragung einer externen Stelle) vorgestellt hat, konkretisiert und ergänzt die in § 155a Satz 2 normierte „Hinwirkungspflicht" der Strafverfolgungsbehörden zu einer „Mitwirkungspflicht" (Übermittlung der nötigen personenbezogenen Daten) und regelt teilweise die Befugnisse (Datenerhebung) und Pflichten (Berichtspflicht) der Täter-Opfer-Ausgleichsstellen (§ 155b Abs. 2 Satz 2 und 3). 1

Durch das Inkrafttreten der **Datenschutzgrundverordnung (DSGVO)** ergeben sich Änderungen sowohl in den Begrifflichkeiten wie auch inhaltlicher Art. Zunächst sind die Begriffe der personenbezogenen Daten sowie deren Erhebung, Verarbeitung und Nutzung nach den Legaldefinitionen des Art. 4 DSGVO zu bestimmen (Rn. 4). Darüber hin- 2

1 *Pfeiffer* 1; SK/*Weßlau*/*Deiters* 1. Die Bundesregierung spricht von der Schaffung „aus datenschutzrechtlichen Gründen gebotenen bereichsspezifischen Regelungen", vgl. BTDrucks. **14** 1928 S. 14; gefordert etwa von *Meier* GA **1999** 17; positiv auch *Busch* JR **2003** 94; *Schöch* FS Roxin 1064 Fn. 138.
2 *Stein* NStZ **2000** 394.

aus stellt die DSGVO geänderte Anforderungen an eine Einwilligung (Rn. 10). Letztlich ist die Verweisung des § 155b Abs. 3 durch die Neufassung des BDSG hinfällig und aufgrund der DSGVO auch obsolet (Rn. 18).

2. Übermittlung personenbezogener Daten (Absatz 1)

3 **a) Voraussetzungen. Beauftragte Stelle.** Für den Fall, dass die Staatsanwaltschaft oder das Gericht den in § 155a angesprochenen Täter-Opfer-Ausgleich nicht unmittelbar selbst vornehmen (§ 155a, 4), sondern, was der Regelfall sein wird, das Verfahren vorläufig gegen die Auflage eingestellt haben, dass der Beschuldigte sich einem Täter-Opfer-Ausgleich bei einer damit beauftragten Stelle unterzieht (§ 153a Abs. 1 Satz 2 Nr. 5), gestattet Absatz 1 Satz 1 Staatsanwaltschaft und Gericht die Übermittlung personenbezogener Daten an die von ihnen beauftragte öffentliche oder nicht-öffentliche Stelle. Das sind auf öffentlicher Seite z.B. die Sozialen Dienste der Justiz.[3] Nicht-öffentliche Stellen, also freie Träger, machten zunächst nur etwa 25 % der Ausgleichsstellen aus,[4] waren aber an vielen wichtigen Modellprojekten beteiligt, z.B. an dem Projekt „die Waage" in Köln[5] und Hannover,[6] „Handschlag" in Reutlingen,[7] „Ausgleich" in München und Landshut.[8] Zwischenzeitlich ist ihr Anteil deutlich angestiegen. So weist die Liste der Ausgleichsstellen des Servicebüros Täter-Opfer-Ausgleich des DBH-Fachverbandes für Soziale Arbeit, Strafrecht und Kriminalpolitik[9] insgesamt 254 Stellen aus, von denen ein Großteil in freier Trägerschaft steht. Auch der Bericht Täter-Opfer-Ausgleich in Deutschland für die Jahre 2015 und 2016,[10] der im Auftrag des Bundesministeriums der Justiz und für Verbraucherschutz erstellt wurde, gibt einen deutlich höheren Anteil von Ausgleichsstellen in freier Trägerschaft an. Danach lag die Quote bei 89 % in 2015 bzw. 90,2 % in 2016. Der Bericht bezieht sich jedoch nur auf die in der Statistik erfassten Ausgleichsstellen und bietet daher keinen repräsentativen Blick.[11] Die Gesetzesmaterialien erwähnen außerdem ausdrücklich die in Modellversuchen zur Schadenswiedergutmachung eingerichteten anwaltlichen Schlichtungsstellen.[12]

4 **b) Personenbezogene Daten. Übermitteln.** Mit den Begriffen wird an die Begrifflichkeit des Bundesdatenschutzgesetzes a.F. angeknüpft.[13] Nach Inkrafttreten der Daten-

---

3 Der Runderlass des Justiz- und Innenministeriums Nordrhein-Westfalen, JMBlNRW **2000** 159 erwähnt: Gerichtshilfe, Bewährungshilfe, Soziale Dienste des Strafvollzuges sowie Schiedsleute; zu letzteren *Rieß* SchAZtg **2000** 315 f. In den neuen Bundesländern kann sinnvollerweise auf die bestehenden Schiedsstellen (siehe § 153, 4) zurückgegriffen werden, vgl. etwa § 37 des neugefassten Brandenburgischen Schiedsstellengesetzes v. 21.11.2000, GVBl. 158, geändert durch Art. 1 des Gesetzes vom 23.11.2004, GVBl. 254, wonach die Schiedsstellen den Täter-Opfer-Ausgleich durchführen können; zur Praxis im Land Brandenburg *Rautenberg* NJ **1994** 301.

4 *Wandrey/Weitekamp* in: Dölling (Hrsg.) (Bestandsaufnahme) 140; nach *Steffens* 356 waren es in den neuen Bundesländern 52,1 %.

5 Dazu *Schreckling/Pieplow* ZRP **1989** 10.

6 *Netzig* 72.

7 Dazu *Kuhn/Rössner* ZRP **1987** 267; *Dölling/Henninger* in: Dölling (Hrsg.) (Bestandsaufnahme) 203 ff.

8 Dazu *A. Hartmann* Schlichten oder Richten; *ders.* Forschungsbericht; *Dölling/Henninger* in: Dölling (Hrsg.) (Bestandsaufnahme) 242 ff.

9 Die Liste ist einsehbar über die Internetpräsenz des Servicebüros unter https://www.toa-servicebuero.de/service/fachstellen/konfliktschlichter.

10 *Hartmann/Schmidt/Kerner* Täter-Opfer-Ausgleich in Deutschland 2018 9.

11 *Hartmann/Schmidt/Kerner* Täter-Opfer-Ausgleich in Deutschland 2018 2.

12 BTDrucks. **14** 1928, S. 11; siehe ferner *Werner* StraFo **1999** 191. Ob auch der einzelne Anwalt (Verteidiger) in Betracht kommt, so SK/*Weßlau/Deiters* § 155a, 9, ist aber zweifelhaft.

13 § 155b Abs. 1 Satz 1 war lex specialis zu §§ 15, 16 BDSG a.F., von denen fraglich war, ob sie die Datenübermittlung, insbesondere an nicht öffentliche Stellen, deckten, vgl. (bejahend) *Rössner/Klaus* in:

schutzgrundverordnung[14] sind sie im Lichte dieser Verordnung auszulegen. **Personenbezogene Daten** sind danach alle Informationen, die sich auf eine identifizierte oder identifizierbare natürliche Person beziehen (vgl. Art. 4 Nr. 1 DSGVO zur Legaldefinition). Dabei handelt es sich in erster Linie um die im Strafverfahren gesammelten Daten über den Beschuldigten und die Tat, aber auch über den Verletzten, die ebenfalls in den Strafakten enthalten sind. Die DSGVO hat die im BDSG a.F. vorgenommene Dreiteilung von Erfassung, Verarbeitung und Nutzung der Daten aufgegeben und nunmehr den einheitlichen Oberbegriff der Verarbeitung eingeführt.[15] Dieser umfasst den gesamten Umgang jeglicher Art mit Daten. Die in der dortigen Legaldefinition aufgeführten Beispiele sind nicht enumerativ, so dass das **Übermitteln** ebenso wie die **Nutzung** (Absatz 2) als Unterfall des **Verarbeitens** zu verstehen sind.[16] Unter einem Verarbeiten ist jeder mit oder ohne Hilfe automatisierter Verfahren ausgeführten Vorgang oder jede solche Vorgangsreihe im Zusammenhang mit personenbezogenen Daten wie das Erheben, das Erfassen, die Organisation, das Ordnen, die Speicherung, die Anpassung oder Veränderung, das Auslesen, das Abfragen, die Verwendung, die Offenlegung durch Übermittlung, Verbreitung oder eine andere Form der Bereitstellung, den Abgleich oder die Verknüpfung, die Einschränkung, das Löschen oder die Vernichtung (vgl. Art. 4 Nr. 2 DSGVO) zu verstehen. Enthalten sind die personenbezogenen Daten insbesondere, wie sich aus Satz 2 ergibt, in den **Akten.** Das Übermitteln kann nach § 155b Abs. 1 Satz 1 von Amts wegen oder, da die Initiative (in den Fällen des § 153b oder § 46a StGB) zur Durchführung eines Täter-Opfer-Ausgleichs auch von den anderen Verfahrensbeteiligten ausgehen kann,[17] auf einen Antrag der beauftragten Stelle erfolgen.[18] Den Verfahrensbeteiligten selbst steht hingegen kein Antragsrecht gegenüber Gericht und Staatsanwaltschaft zu; entsprechende Anträge sind als Anregung zu verstehen, die Übermittlung ist von Amts wegen vorzunehmen.

Die **Akten** dürfen zur Einsichtnahme übersandt werden, *soweit* die Erteilung von 5
einzelnen Auskünften einen unverhältnismäßigen Aufwand erfordern würde. Das Gesetz geht damit in Satz 2 von dem **Vorrang** der (mündlichen oder schriftlichen) **Auskunftserteilung vor der Versendung** zur Einsichtnahme aus. Das (vom Rechtsausschuss eingefügte) Wörtchen „auch" in § 155 Abs. 1 Satz 2 a.F. sollte verdeutlichen, dass die (bereits nach § 155b Abs. 1 Satz 1 a.F. mögliche) Übersendung von Akten in den Fällen, in denen es erforderlich ist, nicht beschränkt werden sollte.[19] Dies hat auch in der präzisierenden Neufassung bestand.

Trotz der Formulierung „können" dürfen Staatsanwaltschaft und Gericht die erfor- 6
derlichen Daten nicht nur übersenden, sondern sind dazu sogar im Hinblick auf § 155a Satz 2 StPO **verpflichtet**. Insofern ergänzt die Vorschrift die in § 155a Satz 2 normierte „Hinwirkungspflicht" (§ 155a, 4).

Dölling (Hrsg.) (Bestandsaufnahme) 69 f.; zu den Begrifflichkeiten des BDSG a.F. und ihrer Bedeutung für die StPO LR/*Hilger*[25] Vor § 483, 8 ff.

14 Verordnung (EU) 2016/679 des Europäischen Parlaments und des Rates vom 27.4.2016 zum Schutz natürlicher Personen bei der Verarbeitung personenbezogener Daten, zum freien Datenverkehr und zur Aufhebung der Richtlinie 95/46/EG (Datenschutz-Grundverordnung); ABlEU **2016** L 119.

15 *Reimer*, in: Sydow (Hrsg.) Europäische Datenschutzgrundverordnung, Art. 4, 44; Ehmann/Selmayr/*Klabunde* DSGVO, Art. 4, 23; *Gola* DSGVO, Art. 4, 31.

16 *Reimer*, in: Sydow (Hrsg.) Europäische Datenschutzgrundverordnung, Art. 4, 43; Ehmann/Selmayr/*Klabunde*, DSGVO, Art. 4, 23; *Gola*, DSGVO, Art. 4, 30 f.

17 Vgl. BTDrucks. **14** 1928 S. 8.

18 BTDrucks. **14** 1928 S. 8; SSW/*Ziegler* 2; *Joecks* 2; Meyer-Goßner/*Schmitt* 3; krit. KK/*Diemer* 2.

19 BTDrucks. **14** 2258 S. 10; vgl. die Stellungnahme des Bundesrates, BTDrucks. **14** 1928 S. 11; nach SK/*Weßlau*/*Deiters* 2 muss die Übersendung u.U. auch „bereinigter" Akten die Ausnahme bleiben; ähnlich KK/*Diemer* 3 (möglichst vermieden werden); *Busch* JR **2003** 94 will die Vorschrift dahingehend teleologisch reduzieren, dass die Akten öffentlichen Stellen immer übersandt werden dürfen.

7 **c) Zweckbindung.** Über allem steht die Zweckbindung (nur zum Zweck des Täter-Opfer-Ausgleichs oder der Schadenswiedergutmachung), auf die eine nicht-öffentliche Stelle bei der Übermittlung (schriftlich oder bei der mündlichen Auskunftserteilung auch mündlich) **hinzuweisen** ist. Die Hinweispflicht entspricht § 16 Abs. 4 Satz 2 BDSG a.F.[20] Die DSGVO sieht eine solche Hinweispflicht in dieser Form nicht mehr vor, weil die DSGVO die öffentlichen und die nichtöffentlichen Stellen weitgehend gleichstellt. Die Hinweispflicht steht jedoch nicht in Widerspruch mit der DSGVO, so dass sie auch weiterhin gegenüber nichtöffentlichen Stellen zu beachten ist. Bei öffentlichen Stellen entfällt der Hinweis, da der Gesetzgeber davon ausging, dass diesen der Grundsatz der strikten Zweckbindung bekannt ist, kann aber, wenn er etwa auf einem Formblatt enthalten ist, auch nicht schaden. Der im ursprünglichen Regierungsentwurf nicht enthaltene Zusatz „oder der Schadenswiedergutmachung" ist erst nachträglich durch den Rechtsausschuss eingefügt worden, um durch die ausdrückliche Erwähnung im Gesetzestext stärker zu verdeutlichen, dass Daten auch für diesen Zweck übermittelt werden dürfen.[21] Bedeutung hat dies für die Durchführung des Täter-Opfer-Ausgleichs im Rahmen von § 46a StGB, wo unter der Nr. 2 die **Schadenswiedergutmachung** ausdrücklich erwähnt ist und als eine Unterart des Täter-Opfer-Ausgleichs verstanden wird,[22] nicht aber für die in § 153a Abs. 1 Satz 2 Nr. 1 erwähnte „Wiedergutmachung", da es sich dabei nicht um einen Ausgleich handelt, mit dem eine externe Stelle zu beauftragen wäre.

8 **d) Entscheidung über die Einleitung eines Ausgleichsverfahrens.** Die Übermittlung von personenbezogenen Daten ist auch zu dem Zwecke möglich, von fachkundiger Seite abklären zu lassen, ob die Einleitung eines Ausgleichsverfahrens möglich erscheint.[23] Im Gesetzgebungsverfahren war der Bundesrat für die Anfügung eines klarstellenden § 155b Abs. 5 eingetreten.[24] Auch die Bundesregierung hielt es für zulässig, dass personenbezogene Daten aus der Strafverfahrensakte für die Prüfung übermittelt würden, ob ein Ausgleichsverfahren eingeleitet werden könne. Sie befürchtete aber unerwünschte Umkehrschlüsse durch die Aufnahme einer ausdrücklichen Vorschrift, da auch andere datenschutzrechtliche Vorschriften, die eine Datenübermittlung für Aufgaben des Empfängers zuließen, den Fall erfassten, dass die übermittelnde Stelle die Erforderlichkeit nicht abschließend beurteilen kann und eine Überprüfung der Daten durch den Empfänger für erforderlich hält.[25]

9 **3. Verarbeitung und Nutzung (Absatz 2 Satz 1).** Danach darf die beauftragte Stelle die nach § 155b Abs. 1 übermittelten personenbezogenen Daten nur **verarbeiten** und **nutzen**, soweit dies für die Durchführung des Täter-Opfer-Ausgleichs oder der Schadenswiedergutmachung erforderlich ist und schutzwürdige Interessen des Betroffenen nicht entgegenstehen. Die Begriffe des Verarbeitens und Nutzens bezogen sich, wie auch die der personenbezogenen Daten und des Übermittelns auf die im BDSG a.F. legaldefinierten Begriffe (verarbeiten: speichern, verändern, übermitteln, sperren und löschen, vgl. § 3 Abs. 4 Satz 1 BDSG a.F.; nutzen: jede Verwendung, soweit es sich nicht um Verarbeitung handelt, vgl. § 3 Abs. 5 BDSG a.F.). Auch hier wurde die Rechtslage durch das

---

20 BTDrucks. **14** 1928 S. 8; *Pfeiffer* 3; KMR/*Plöd* 3.
21 BTDrucks. **14** 2258 S. 10; KMR/*Plöd* 1.
22 Vgl. BTDrucks. **14** 2258, S. 10; BTDrucks. **14** 1928 S. 11 (Stellungnahme des Bundesrates), S. 14 (Gegenäußerung der Bundesregierung); unklar KMR/*Plöd* 1.
23 BTDrucks. **14** 1928 S. 8; *Pfeiffer* 1; KMR/*Plöd* 1; HK/*Gercke* 1; **a.A.** SK/*Weßlau*/*Deiters* 1 und § 155a, 6.
24 BTDrucks. **14** 1928 S. 12.
25 BTDrucks. **14** 1928 S. 14.

Inkrafttreten der DSGVO in der Form umgestaltet, dass nunmehr auf die dortige Legaldefinition des Oberbegriffs **Verarbeiten** zurückzugreifen ist (Rn. 3). Die **Erforderlichkeit**, die den Umfang der erlaubten Verarbeitung absteckt, ist wiederum an denselben Zwecken zu messen, die schon in § 155b Abs. 1 (Rn. 6) aufgeführt wurden. **Schutzwürdige Interessen** sind vor allem das Geheimhaltungsinteresse des Beschuldigten und des (möglicherweise in seiner Geschlechtsehre betroffenen oder durch die Tat anderweitig peinlich berührten) Verletzten, der insbesondere davor geschützt werden soll, dass die Tat durch das Täter-Opfer-Ausgleichsprogramm an die Öffentlichkeit gezerrt wird. Trotz des Singulars ist mit dem „Betroffenen" nicht nur der Beschuldigte, sondern auch der Verletzte gemeint,[26] da die übermittelten Akten regelmäßig auch personenbezogene Daten über ihn enthalten. In der Regel wird ein hinreichender Schutz der Geheimhaltungsinteressen allerdings schon durch die Schranke der Erforderlichkeit gewährleistet. Was schutzwürdige Interessen verletzen würde, wird regelmäßig auch nicht erforderlich sein. Sollte es ausnahmsweise anders sein, so müsste konsequenterweise die Durchführung des Täter-Opfer-Ausgleichs daran scheitern und so wäre, wenn dies absehbar ist, schon die Geeignetheit des Falles im Sinne des § 155a Satz 2 zu verneinen.

4. Erhebung durch die beauftragte Stelle (Absatz 2 Satz 2). Die Ausgleichsstelle 10
darf personenbezogene Daten auch **selbst erheben,**[27] d.h. beschaffen (vgl. § 3 Abs. 3 BDSG a.F.), aber nur soweit der Betroffene (Beschuldigter und Verletzter) eingewilligt hat und dies für die Durchführung des Täter-Opfer-Ausgleichs oder der Schadenswiedergutmachung erforderlich ist. Die oben angesprochene strikte Zweckbindung (Rn. 6) gilt damit auch für die Erhebung personenbezogener Daten. Unter der **Einwilligung des Betroffenen** ist die vorherige Zustimmung zu verstehen, die die Anforderungen des Art. 7 DSGVO erfüllen muss.[28] Sie muss nicht schriftlich vorliegen,[29] muss nicht einmal ausdrücklich, sondern kann auch konkludent erteilt werden, sie muss aber freiwillig[30] sein und darf nicht erzwungen oder durch Täuschung erschlichen werden.

Unter denselben Voraussetzungen (Einwilligung, Erforderlichkeit) darf die Aus- 11
gleichsstelle die von ihr **erhobenen Daten** auch **verarbeiten und nutzen**. Dies ergibt sich schon daraus, dass die Erhebung und Nutzung als Unterfälle des Verarbeitens anzusehen sind (Rn. 3). Die „schutzwürdigen Interessen", die die Verarbeitung in § 155b Abs. 2 Satz 1 begrenzen, sind hier durch die „Einwilligung" ersetzt. Der Gesetzgeber geht in diesem Fall davon aus, dass der Betroffene über seine schutzwürdigen Interessen

---

26 *Busch* NJW **2002** 1327; Meyer-Goßner/*Schmitt* 4. Der Bundesrat hatte deshalb für den Plural „die Betroffenen" plädiert, BTDrucks. **14** 1928 S. 11, was aber nach Meinung der Bundesregierung zu unerwünschten Umkehrschlüssen hätte führen können, da das BDSG den Begriff stets im Singular verwende, BTDrucks. **14** 1928 S. 14.

27 Das ergab sich für öffentliche Stellen schon bisher aus § 13 BDSG a.F. Gefolgert wurde es für nicht öffentliche Stellen aus dem Fehlen einer die Erhebung betreffenden Vorschrift, so *Rössner/Klaus* in: Dölling (Hrsg.) (Bestandsaufnahme) 67 unter Hinweis auf § 28 Abs. 1 Satz 2 BDSG a.F. bzw. auf § 28 Abs. 1 Satz 1 Nr. 2 BDSG a.F.; vgl. *Dölling* (Chance) 31. Zur (ungeklärten) Frage der Belehrungspflicht *Schöch* FS Roxin 1063; zur Frage eines Zeugnisverweigerungsrechts des Vermittlers *Walther* ZRP **1997** 395; *Werner* StraFo **1999** 191; siehe auch SK/*Weßlau/Deiters* 6 a.E. Der 62. DJT in Bremen hat sich 1998 dagegen ausgesprochen.

28 Zu den Wirksamkeitsvoraussetzungen siehe *Gola* DSGVO, Art. 7, 21–40; *Ingold* in: Sydow (Hrsg.) Europäische Datenschutzgrundverordnung, Art. 7, 14–44; Ehmann/Selmayr/*Heckmann/Paschke* DSGVO, Art. 7, 31–66.

29 Ehmann/Selmayr/*Heckmann/Paschke* DSGVO, Art. 7, 35; *Gola* DSGVO, Art. 7, 41; *Ingold* in: Sydow (Hrsg.) Europäische Datenschutzgrundverordnung, Art. 7, 22; Buchner/*Kühling* DSGVO, Art. 7, 27.

30 Vgl. Art. 7 Abs. 4 DSGVO (Umkehrschluss) sowie Erwägungsgrund 42; hierzu *Gola* DSGVO, Art. 7, 21; Buchner/*Kühling* DSGVO, Art. 7, 41.

selbst wachen wird. Von dem Einwilligungserfordernis versprach sich die Bundesregierung zudem eine besondere Förderung des Täter-Opfer-Ausgleichs, da sie den Beteiligten die Entscheidung erleichtere, sich der mit der Durchführung beauftragten Stelle auch hinsichtlich solcher Umstände zu offenbaren, an deren Geheimhaltung sie interessiert sein könnten.[31] Dies entspricht auch dem Datenschutzrecht unter dem Regime der DSGVO.

5. Berichtspflicht (Absatz 2 Satz 3)

12 **a) Adressat.** Nach Abschluss ihrer Tätigkeit berichtet die Ausgleichsstelle, auch wenn sie nicht von diesen eingeschaltet worden ist,[32] der Staatsanwaltschaft oder dem Gericht. Ist das Verfahren nach **§ 153a Abs. 1 Satz 2 Nr. 5** von der Staatsanwaltschaft vorläufig eingestellt worden, so ist dieser zu berichten, hat das Gericht die vorläufige Einstellung beschlossen, so ist das Gericht der richtige Adressat. Entsprechendes gilt im Falle der angestrebten Einstellung gemäß **§ 153b** nach vorangegangenem Täter-Opfer-Ausgleich. Für die Ausgleichsstelle wird sich die Frage, wem zu berichten ist, zumindest aus praktischer Sicht zumeist schon danach beantworten, wer ihr die nötigen Daten übermittelt hat. Dem Übermittelnden ist auch zu berichten.

13 **b) Umfang.** Was berichtet werden muss, ergibt sich aus den jeweiligen Gesetzesvorschriften. Ist das Verfahren nach **§ 153a** vorläufig eingestellt, so umfasst die Berichtspflicht alle Daten, die erforderlich sind, um festzustellen, ob die Auflage erfüllt wurde (§ 153a Abs. 1 Satz 3). Im Fall des Gelingens des Täter-Opfer-Ausgleichs genügt es, das Ergebnis mitzuteilen.[33] Sind Schadenswiedergutmachungen erfolgt oder vereinbart worden, ist auch darüber zu berichten. Im Falle des Nichtgelingens muss darüber informiert werden, ob sich der Beschuldigte ernsthaft um einen Ausgleich „bemüht" hat (§ 153a, 61) und ob er die Wiedergutmachung, falls diese nicht ganz oder zum überwiegenden Teil gelungen ist, wenigstens „erstrebt" hat. Ist dem Täter-Opfer-Ausgleich keine ausdrückliche Entscheidung i.S. von § 153a Abs. 1 Satz 2 Nr. 5 ggf. i.V.m. Abs. 2 Satz 1 vorausgegangen, so kann die Ausgleichsstelle in der Regel nicht ermessen, welche konkreten Auswirkungen der Täter-Opfer-Ausgleich auf den weiteren Entscheidungsprozess haben wird. Denkbar erscheint auch, dass es später darauf ankommt, ob die Voraussetzungen des Strafmilderungsgrundes des § 46 Abs. 2 Satz 2 StGB bzw. die Voraussetzungen des **§ 46a Nr. 1 (Täter-Opfer-Ausgleich) bzw. Nr. 2 (Schadenswiedergutmachung) StGB** vorliegen. Deshalb ist der Ausgleichsstelle zu empfehlen, hier möglichst umfangreich alle Täter-Opfer-Aspekte zur Sprache zu bringen, insbesondere für den Fall der Schadenswiedergutmachung auch darüber zu berichten, ob und in welchem Umfang das Opfer entschädigt wurde und ob und inwiefern die Schadenswiedergutmachung vom Beschuldigten erhebliche persönliche Leistungen oder persönlichen Verzicht erfordert hat.

14 **c) Zustimmung der Betroffenen.** Einer gesonderten Zustimmung des Verletzten oder Beschuldigten zu dem Bericht bedarf es nicht. Allerdings darf die Ausgleichstelle nur in dem Umfang berichten, in dem die Betroffenen die in § 155b Abs. 2 Satz 2 voraus-

31 BTDrucks. **14** 1928 S. 9.

32 SK/*Weßlau/Deiters* 7 („beauftragt" ist eine Stelle auch, wenn die Initiative von einem anderen Verfahrensbeteiligten ausgegangen ist).

33 *Pfeiffer* 4; KMR/*Plöd* 4; Radtke/Hohmann/*Radtke* 6; MüKo/*Teßmer* 18; HK/*Gercke* 2; skeptisch SSW/*Ziegler* 3 (keine floskelhaften Wendungen).

gesetzte und auch von der DSGVO geforderte Einwilligung erteilt haben.[34] Das ergibt sich daraus, dass alles, worüber die Ausgleichsstelle berichten könnte und das ihr nicht schon nach § 155b Abs. 1 von Staatsanwaltschaft und Gericht übermittelt worden ist, nur personenbezogene Daten im Sinne des § 155b Abs. 2 Satz 2 sein können, die sie selbst (mit Einwilligung des Betroffenen) erhoben hat. Der Vorschlag des Bundesrates ging dahin, in Satz 3 die Worte „unabhängig von einer erteilten Einwilligung" einzufügen, um klarzustellen, dass die Unterrichtung der Staatsanwaltschaft oder des Gerichts nach Abschluss der Ausgleichsmaßnahme auch insoweit möglich sei, als die in § 155b Abs. 2 Satz 2 vorausgesetzte Zustimmung nicht vorliege.[35] Die Bundesregierung befürchtete aber, dass notwendige Angaben zurückgehalten werden würden, wenn in den Bericht der Ausgleichsstelle Daten auch ohne Einwilligung des Betroffenen aufgenommen werden dürften.[36] Nach Inkrafttreten der DSGVO wäre eine nationale Regelung in der Form, in der sie der Bundesrat vorgeschlagen hat aufgrund einer Kollision mit der DSGVO unzulässig.

Hat der **Verletzte** seine Einwilligung zur Erhebung der ihn betreffenden personen- 15
bezogenen Daten nicht erteilt, so darf die Ausgleichsstelle diese Daten weder verarbeiten noch Staatsanwaltschaft und Gericht darüber berichten. Aus § 155a Satz 3 ergibt sich außerdem, dass gegen den ausdrücklichen Willen des Verletzten der Täter-Opfer-Ausgleich auch nicht mehr fortgeführt werden darf (§ 155a, 12). Der Verletzte kann aber weder durch den dadurch erzwungenen Abbruch des Täter-Opfer-Ausgleichs noch durch die Verweigerung der Zustimmung zu der Erhebung seiner personenbezogenen Daten durch die Ausgleichsstelle verhindern, dass diese dem Gericht oder der Staatsanwaltschaft über das ernsthafte Bemühen des Beschuldigten berichtet. Dies gilt, da diese, ausschließlich den Beschuldigten betreffende personenbezogene Information, zu ihrer Erhebung nur der Einwilligung des Beschuldigten bedürfen. Hat der Verletzte in die Erhebung eingewilligt und will er lediglich den Bericht an das Gericht oder die Staatsanwaltschaft verhindern, so ist ihm dies nur möglich, wenn er insoweit keine Einwilligung erteilt hat.[37]

Der **Beschuldigte** wird freilich schon im eigenen Interesse einwilligen. Erteilt der 16
Beschuldigte seine Einwilligung nicht und ist es der Ausgleichsstelle daher nicht erlaubt, dem Gericht oder der Staatsanwaltschaft zu berichten, so werden diese das Verfahren nicht (endgültig) einstellen bzw. von Strafe absehen, die Strafe mildern oder einen Strafzumessungsgrund finden können, wenn ihnen die dazu benötigten Daten fehlen.

6. Anwendung datenschutzrechtlicher Vorschriften (Absatz 3). Die Vorschrift 17
war deshalb erforderlich, weil die Vorschriften des Bundesdatenschutzgesetzes ohne weiteres nur auf öffentliche Stellen (vgl. §§ 12ff. BDSG a.F.) und auf nicht-öffentliche Stellen nur anwendbar waren, soweit personenbezogene Daten „unter Einsatz von Datenverarbeitungsanlagen" oder „in oder aus nicht automatisierten Dateien" verarbeitet, genutzt oder dafür erhoben wurden (§ 27 Abs. 1 Satz 1 BDSG a.F.). Die Vorschriften galten nicht für die Verarbeitung und Nutzung personenbezogener Daten außerhalb von nicht automatisierten Dateien, soweit es sich nicht um personenbezogene Daten handelte, die

34 MüKo/*Teßmer* 16; Radtke/Hohmann/*Radtke* 6; *Joecks* 3; SK/*Weßlau*/*Deiters* 6, die für ein Verwertungsverbot bei Verstoß hiergegen eintreten.

35 BTDrucks. **14** 1928 S. 12.

36 BTDrucks. **14** 1928 S. 14.

37 Radtke/Hohmann/*Radtke* 6; HK/*Gercke* 2; SSW/*Ziegler* 3; MüKo/*Teßmer* 18; Meyer-Goßner/*Schmitt* 4; **a.A.** noch in der Vorauflage LR/*Beulke*[26] 14.

offensichtlich aus einer automatisierten Verarbeitung entnommen wurden (§ 27 Abs. 2 BDSG a.F.). Eine aktenmäßige Verarbeitung und Nutzung unterlag danach nicht dem Bundesdatenschutzgesetz.[38] Die Beschränkung auf den Dritten Abschnitt des Bundesdatenschutzgesetzes (§§ 27 bis 38a BDSG a.F.) fand ihre Erklärung darin, dass dort die Anwendung auf nicht-öffentliche Stellen geregelt war. Die Anordnung bedeutete aber nicht, dass alle Vorschriften des Dritten Abschnitts für die beauftragte nicht-öffentliche Stelle galten. Die Vorschriften waren vielmehr nur anwendbar, soweit § 155b **keine Sonderregelung** traf.[39] Die Entwurfsbegründung der Bundesregierung zeigt, dass es dem Gesetzgeber vor allem um die Kontrolle nach **§ 38 BDSG a.F.** durch die Aufsichtsbehörde gegangen ist.[40] Darüber hinaus dürfte die Vorschrift des § 33 BDSG a.F. über die Benachrichtigung des Betroffenen (vgl. aber § 33 Abs. 2 BDSG a.F., wonach diese entfiel, wenn der Betroffene auf andere Weise Kenntnis bekommen hatte), des § 34 BDSG a.F. über die Auskunft an den Betroffenen auf sein Verlangen und des § 35 BDSG a.F. über die Berichtigung, Löschung und Sperrung personenbezogener Daten anwendbar gewesen sein. Da die strikten Zweckbindungsregelungen des § 155b eine Sonderregelung darstellten, standen der Ausgleichsstelle die Befugnisse zur zweckändernden Verwendung nach § 28 BDSG a.F. aber **nicht** zu.[41]

18 Mit Inkrafttreten der DSGVO ist § 155b Abs. 3 **obsolet** geworden. Die Verweisung auf den Dritten Abschnitt des BDSG ist schon deshalb unwirksam, weil nach der Neufassung des BDSG ein solcher Abschnitt **nicht mehr existiert.** Mit der Aufgabe der Trennung von öffentlichen und nicht-öffentlichen Stellen durch die DSGVO ist Absatz 3 zudem **sachlich überholt.** Er wäre im Rahmen erforderlicher Umsetzungsmaßnahmen in Bezug auf die DSGVO aufzuheben gewesen. Dies sollte durch den Gesetzgeber baldmöglichst nachgeholt werden.

19 **7. Vernichtung personenbezogener Daten (Absatz 4).** § 155b Abs. 4 Satz 1 regelt die Vernichtung sämtlicher Unterlagen mit personenbezogenen Daten im Verfügungsbereich der mit dem Täter-Opfer-Ausgleich befassten Stelle nach einem Jahr seit Abschluss des Strafverfahrens,[42] d.h. im Falle der Einstellung durch die Staatsanwaltschaft seit Abschluss des Ermittlungsverfahrens,[43] wobei der Abschluss in der Regel in der (endgültigen) Verfahrenseinstellung liegt.[44] Damit kein Zweifel aufkommen und die Vernichtung fristgerecht erfolgen kann, bestimmt Satz 2, dass Staatsanwaltschaft oder Gericht der beauftragten Stelle von Amts wegen unverzüglich nach Abschluss den genauen Zeitpunkt des Verfahrensabschlusses mitteilen.

20 **8. Revision.** Auf den Verstößen gegen die Vorschrift wird das Urteil regelmäßig nicht beruhen.

---

38 *Pfeiffer* 5; SK/*Weßlau*/*Deiters* 8.
39 BTDrucks. **14** 1928 S. 9; *Pfeiffer* 5; AnwK-StPO/*Walther* 5.
40 BTDrucks. **14** 1928 S. 9.
41 BTDrucks. **14** 1928 S. 9; MüKo/*Teßmer* 20; HK/*Gercke* 3; Meyer-Goßner/*Schmitt* 5; *Pfeiffer* 5; SSW/*Ziegler* 4; KMR/*Plöd* 5; AnwK-StPO/*Walther* 5; SK/*Weßlau*/*Deiters* 9.
42 Siehe dazu BTDrucks. **14** 1928 S. 9; frühere landesrechtliche Regelungen sahen z.T. auch schon die Vernichtung nach einem Jahr, allerdings nach Abschluss des Ausgleichsverfahrens, vor, vgl. *Werner* StraFo **1999** 191. Zur Aufbewahrung zu Dokumentations- und Forschungszwecken SK/*Weßlau*/*Deiters* 9 f.
43 KMR/*Plöd* 6.
44 KMR/*Plöd* 6.

§ 156
Anklagerücknahme

Die öffentliche Klage kann nach Eröffnung des Hauptverfahrens nicht zurückgenommen werden.

Schrifttum

Fülber/Putzke Ist die Staatsanwaltschaft Herrin des Beschleunigten Verfahrens? DRiZ **1999** 196; *Ortloff* Gerichtshängigkeit der Strafverfolgung und ihre Rechtsfolgen, GerS **59** (1901) 341; *Schroeder* Der Geltungsbereich des Legalitätsprinzips, FS Waltos (2000) 493; *ders.* Das Immutabilitätsprinzip als Merkmal des inquisitorischen Strafprozesses, GA **2011** 501; *Schröer* Das beschleunigte Strafverfahren gemäß §§ 417 ff. StPO (1998).

Entstehungsgeschichte

Bis 1942 lautete die Vorschrift dahin, dass die öffentliche Klage „nach Eröffnung der Untersuchung" nicht zurückgenommen werden könne. Art. 3 der VO über die Beseitigung des Eröffnungsbeschlusses vom 13.8.1942 (RGBl. I S. 512) erweiterte die Rücknahmemöglichkeit „bis zum Beginn der ersten Hauptverhandlung"; Art. 3 I Nr. 67 VereinhG schloss sie „nach Eröffnung der Voruntersuchung oder des Hauptverfahrens" aus. Mit der Abschaffung der Voruntersuchung erhielt die Vorschrift durch Art. 1 Nr. 40 des 1. StVRG ihre heutige Fassung. Bezeichnung bis 1924: § 154.

Übersicht

1. Bedeutung und Grundsatz. Die Vorschrift enthält den das deutsche Strafverfah- 1
rensrecht mit kennzeichnenden Grundsatz, dass die Staatsanwaltschaft nach Eröffnung des gerichtlichen Verfahrens die Dispositionsbefugnis über den Verfahrensgegenstand verliert; sie ist Ausdruck des teilweise so genannten Immutabilitätsprinzips.[1] Dieser Verlust tritt jedoch noch nicht mit der Erhebung der öffentlichen Klage ein; die Rücknahmebefugnis erlischt regelmäßig erst mit der Eröffnung des Hauptverfahrens,[2] in besonderen Verfahrensarten mit dem gleichstehenden Zeitpunkt, in dem die Rechtshängigkeit (vgl. § 151, 12 f.) eintritt. Das Prinzip unterliegt jedoch in beiden Richtungen gewissen Ausnahmen (siehe Rn. 7 ff.).

1 *Henkel* 103; *Kramer* 280; *Roxin/Schünemann* § 14, 28; *Schlüchter* Strafprozeßrecht, Kernwissen (1999) 169; *Schroeder* FS Waltos 497; zu den Gründen *Beling* 211; Mot. *Hahn* 147. Ob dieser Grundsatz eine notwendige Folge des Legalitätsprinzips ist (so z.B. Meyer-Goßner/*Schmitt* 1; *Rosenfeld* Reichsstrafprozeßrecht[5] (1912) 55; *Roxin/Schünemann* aaO; AK/*Schöch* 1), ist zweifelhaft; **abl.** z.B. *Schroeder* GA **2011** 501 f.

2 Wie hier BGH wistra **2000** 473; *Gössel* § 10 C IV; AnwK-StPO/*Walther* 1; siehe aber auch *Roxin/Schünemann* § 40, 10, die demgegenüber schon mit der Klageerhebung die Rechtshängigkeit eintreten und die Verfahrensherrschaft übergehen lassen wollen.

https://doi.org/10.1515/9783110590098-021

2. Maßgeblicher Zeitpunkt

2 **a) Eröffnung des Hauptverfahrens.** Im Normalverfahren endet die Rücknahmebefugnis mit dem Erlass des Eröffnungsbeschlusses (vgl. § 207, 39). Danach kann die angeklagte prozessuale Tat auch nicht unter Mitwirkung von Gericht und Staatsanwaltschaft „ausgewechselt" werden, so z.B. durch Änderungen des Tatzeitraums.[3] Nur solange der Beschluss über die Eröffnung des Hauptverfahrens noch nicht wirksam, d.h. dem nunmehr Angeklagten zugestellt worden ist (vgl. § 33, 12),[4] ist die Klagerücknahme möglich, auch wenn das Gericht bereits einzelne Handlungen zur Vorbereitung der Eröffnungsentscheidung getroffen hat.[5] Der Eröffnungsbeschluss steht der Rücknahme auch dann entgegen, wenn er infolge Fehlerhaftigkeit als Verfahrensvoraussetzung unwirksam ist und deshalb nach den §§ 206a, 260 Abs. 3 zur Einstellung des Verfahrens zwingt (vgl. § 207, 48ff.). Dagegen bleibt die Rücknahmebefugnis erhalten, wenn irrtümlich überhaupt kein Eröffnungsbeschluss ergangen ist.[6] Sie lebt wieder auf, wenn das Verfahren wegen eines mangelhaften Eröffnungsbeschlusses unter Beschränkung auf die Eröffnungsentscheidung und das ihr nachfolgende Verfahren eingestellt wird (vgl. dazu § 207, 85ff.).

3 **b) Besondere Verfahrensarten.** Für das **Sicherungsverfahren** nach den §§ 413ff. gilt § 156 entsprechend für die Antragsschrift nach Eröffnung des Verfahrens.[7] Bis zu welchem Zeitpunkt im **beschleunigten Verfahren** Anklage und Antrag auf Entscheidung im beschleunigten Verfahren zurückgenommen werden können, ist umstritten. Nach wohl h.M. erlischt die Rücknahmebefugnis mit Vernehmung des Angeschuldigten zur Sache.[8] Bereits dadurch werde deutlich, dass das Gericht in eine sachliche Prüfung des Tatvorwurfs nach den Regeln des beschleunigten Verfahrens eintreten will. Das entspreche der Prozesssituation nach Erlass eines Eröffnungsbeschlusses. Das ist aber nicht richtig.[9] Denn mit Beginn der Vernehmung hat der Richter noch keinen hinreichenden Tatverdacht bejaht. Mangels eindeutiger entgegenstehender gesetzlicher Regelung und mangels einer genauen Konkretisierung des Zeitpunktes, von dem an auch das Gericht von einem hinreichenden Tatverdacht ausgeht, muss die Befugnis, den Antrag nach § 417 zurückzunehmen, bis zur Verkündung des Urteils bestehen. Noch in der Hauptverhandlung kann sich ergeben, dass sich die Sache nicht für das beschleunigte Verfahren eignet. Es entspricht der geteilten Verantwortlichkeit von Gericht und Staatsanwaltschaft für den Sonderweg des beschleunigten Verfahrens, dass nicht nur der Richter die Entscheidung im beschleunigten Verfahren bis zur Verkündung des Urteils gemäß § 419

---

3 BGHSt **46** 130, 135.

4 Vgl. zur Frage, wann die Eröffnung exakt erfolgt ist (Unterschrift des Richters, Zugang bei der Geschäftsstelle, Zustellung des Beschlusses an die Beteiligten) KMR/*Plöd* 2; KMR/*Ziegler* Vor § 33, 2–5; SSW/*Ziegler* 2; *Meyer-Goßner* JR **1986** 471f.; BGHSt **33** 230.

5 Die Frage war bei der früheren, von der Eröffnung einer gerichtlichen Untersuchung sprechenden Fassung strittig; wie hier schon damals RGSt **42** 5; **45** 175; **59** 60 und überwiegend das Schrifttum; **a.A.** *Ortloff* GerS **59** (1901) 346.

6 KMR/*Plöd* 2; Radtke/Hohmann/*Radtke* 3; MüKo/*Teßmer* 9; SK/*Weßlau/Deiters* 3.

7 SSW/*Ziegler* 5; MüKo/*Teßmer* 12; SK/*Weßlau/Deiters* 6; vgl. auch Erl. zu § 414; KK/*Maur* § 414, 1, 5; *Peters* § 64 II 3.

8 OLG Oldenburg NJW **1961** 1127; Radtke/Hohmann/*Radtke* 6; AK/*Loos* § 418, 14; *Mayer* JuS **1993** 498; Meyer-Goßner/*Schmitt* § 417, 12; *Meyer-Goßner* JR **1984** 76; *Pfeiffer* § 417, 2; KMR/*Plöd* 5; LR/*Rieß*[24] § 212a, 2 und § 212, 20; *Schröer* 108; *Treier* NStZ **1983** 234; wohl auch KMR/*Metzger* § 417, 1.

9 BayObLG NJW **1998** 2152; OLG Celle NStZ **1983** 233 mit **abl.** Anm. *Meyer-Goßner* JR **1984** 76; *Fülber/Putzke* DRiZ **1999** 200f.; SK/*Paeffgen* § 417, 11; SSW/*Ziegler* 4; KK/*Scheuten* § 12, 3; AnwK-StPO-*Walther* 6; MüKo/*Teßmer* 13; vertiefend dazu § 417.

Abs. 2 Satz 1 ablehnen kann, sondern dass auch der Staatsanwaltschaft eine entsprechende Rücknahmebefugnis zusteht. Erst mit Verkündung des Urteils tritt somit die Rechtshängigkeit ein (vgl. § 151, 12f.). Einer vorhergehenden, durch die Antragsablehnung auflösend bedingten Rechtshängigkeit bedarf es nicht.[10] Auch im vereinfachten Jugendverfahren ist auf den Beginn der Urteilsverkündung abzustellen.[11] Die Rücknahme der **Nachtragsanklage** nach § 266 ist bis zum Erlass des funktionell dem Eröffnungsbeschluss entsprechenden Einbeziehungsbeschlusses möglich.

Im **Strafbefehlsverfahren** kann die Staatsanwaltschaft, in Steuerstrafverfahren in den Fällen der §§ 400, 406 Abs. 1 AO auch die Finanzbehörde, den Strafbefehlsantrag und damit die öffentliche Klage bis zum Erlass des Strafbefehls zurücknehmen (vgl. § 407 Abs. 1 Satz 4). Ist der Strafbefehl erlassen und gegen ihn Einspruch eingelegt worden, so ist die Rücknahme der Klage kraft ausdrücklicher gesetzlicher Vorschrift (§ 411 Abs. 3 Satz 1) bis zum Beginn der Verkündung des erstinstanzlichen Urteils zulässig. Dies gilt jedoch nur, sofern der Einspruch nicht auf den Rechtsfolgenausspruch beschränkt wurde.[12] Vom Beginn der Hauptverhandlung an ist die Rücknahme nur mit Zustimmung des Angeklagten (§ 411 Abs. 3 Satz 2 in Verbindung mit § 303) möglich. Ist der Strafbefehl im Verfahren nach § 408a (Übergang vom normalen Strafverfahren in das Strafbefehlsverfahren) erlassen worden, so kann die Klage nicht zurückgenommen werden (§ 411 Abs. 3 Satz 3). Zweifelhaft ist, ob die im Strafbefehlsantrag liegende öffentliche Klage auch zurückgenommen werden kann, wenn nach § 408 Abs. 3 Satz 2 Hauptverhandlung anberaumt wird oder wenn der Strafbefehl bereits erlassen, aber gegen ihn noch kein Einspruch eingelegt worden ist. Siehe dazu § 411. 4

Im gerichtlichen **Bußgeldverfahren** nach Einspruch gegen den Bußgeldbescheid kann die Staatsanwaltschaft die Klage (vgl. § 152, 9) infolge der Verweisung auf die Vorschriften über das Strafbefehlsverfahren in § 71 OWiG wie in diesem zurücknehmen.[13] Zweifelhaft ist, ob sie dies auch noch kann, wenn durch einen Hinweis nach § 81 OWiG eine **Überleitung ins Strafverfahren** vorgenommen worden ist. Es erscheint trotz der Verwendung des Begriffs Angeklagter in § 81 Abs. 2 Satz 2 OWiG fraglich, ob allein dieser Hinweis die Wirkung eines Eröffnungsbeschlusses hat.[14] Jedoch soll nach der Rechtsprechung des Bundesgerichtshofs[15] die Befugnis zur Einspruchsrücknahme mit dem Hinweis nach § 81 Abs. 1 OWiG entfallen. Wer dieser Auffassung folgt, wird in einem solchen Fall auch die Rücknahme der Klage für unzulässig halten müssen, während die Gegenmeinung[16] mit der Einspruchsrücknahme auch die Klagerücknahme für zulässig halten muss. 5

Im **Privatklageverfahren** gilt § 156 nicht, der nach seinem Wortlaut nur die Rücknahme der öffentlichen Klage regelt. Die Rücknahme der Privatklage ist nach § 391 in weiterem Umfang möglich. Zur Nebenklage siehe § 402, zum Entschädigungsantrag des Verletzten § 404 Abs. 4. 6

---

10 **A.A.** BayOblG OLGSt N.F. StPO § 212 mit Anm. *Rieß*; siehe auch LR/*Rieß*[24] § 212a, 2 sowie LR/*Gössel*[25] § 417, 21.

11 KK/*Scheuten* § 12, 3; SSW/*Ziegler* 4; Ostendorf/*Sommerfeld* (Jugendstrafrecht) §§ 76–78, 3 JGG; i. Erg. ähnlich MüKo/*Teßmer* 13 (bis zur Entscheidung über den Antrag auf Entscheidung im beschleunigten Verfahren) **a.A.** *Brunner/Dölling* §§ 76–78, 9; *Meier/Rössner/Trüg/Wulf/Buhr*, § 76, 12; *Eisenberg* §§ 76–78, 13 (Vernehmung des Angeschuldigten zur Sache); ebenso Radtke/Hohmann/*Radtke* 6.

12 SK/*Weßlau/Deiters* 4; § 411, 21.

13 Radtke/Hohmann/*Radtke* 10; MüKo/*Teßmer* 15; AK/*Schöch* 3; Einzelheiten bei *Göhler/Seitz/Bauer* § 81, 13–19; vgl. BayObLG NJW **1973** 2312; OLG Celle NdsRpfl. **1978** 174.

14 Dafür KK-OWiG/*Lutz* § 81, 28; MüKo/*Teßmer* 15; dagegen HK-OWiG/*Lemke* § 81, 19f.

15 BGHSt **29** 305; zum früheren Meinungsstand *Göhler/Seitz/Bauer* § 81, 19.

16 *Göhler/Seitz/Bauer* § 81, 19 und *Göhler* JR **1976** 210; *Rebmann/Roth/Herrmann* § 81, 5; siehe auch *Krenberger*/Krumm, OWiG, § 81 Rn. 3.

3. Ausnahmen

7 **a) Rücknahmesperre vor Eröffnung.** Hat das Gericht die **Eröffnung** des Hauptverfahrens nach § 204 **abgelehnt**, so kann die Staatsanwaltschaft die Klage auch vor Rechtskraft dieses Beschlusses nicht mehr zurücknehmen.[17] Dies ergibt sich zwar nicht ausdrücklich aus § 156, die gerichtliche Entscheidung über die Sache durch den Ablehnungsbeschluss darf jedoch nicht durch eine staatsanwaltschaftliche Rücknahmeerklärung gegenstandslos gemacht werden, zumal dadurch der Angeschuldigte den Schutz der Sperrwirkung des § 211 verlieren würde. Der **Nichteröffnungsbeschluss** ist insoweit als **negativer Eröffnungsbeschluss** zu behandeln.[18] Keine Umgehung des § 211 stellt der noch im Beschwerdeverfahren gestellte zulässige Antrag der Staatsanwaltschaft auf Eröffnung des Sicherungsverfahrens (§ 413) trotz Ablehnung der Eröffnung des Hauptverfahrens dar, wenn die Eröffnung gerade deshalb abgelehnt worden ist, weil der Betroffene sich bei Begehung der Tat im Zustand der Schuldunfähigkeit befand oder dessen Verhandlungsunfähigkeit der Durchführung des Strafverfahrens entgegenstand.[19] Zu den Grenzen der Klagerücknahme nach erfolgreichem Klageerzwingungsverfahren vgl. die Erl. zu § 175, 10.

8 Ob ein **Missbrauch der Rücknahmebefugnis** durch die Staatsanwaltschaft die Rücknahme unzulässig macht, erscheint zweifelhaft. Der Bundesgerichtshof hat dies für den Fall erwogen, dass die Klage in der Absicht, sie vor einem anderen Gericht zu erheben, zurückgenommen wird, um damit eine im Zwischenverfahren deutlich gewordene ungünstige Auffassung des zuerst angerufenen Gerichts zu umgehen, weil darin eine Entziehung des gesetzlichen Richters liegen könne.[20] Im Schrifttum wurde teilweise die Auffassung vertreten, dass eine Rücknahme allein mit dem Ziel, das Verfahren nach § 153 Abs. 1 einzustellen, wegen der Umgehung der beschränkten Rechtskraftwirkung des § 153 Abs. 2 unzulässig sei.[21] Doch braucht die Staatsanwaltschaft den Grund für die Klagerücknahme nicht anzugeben; das Gericht hat keine Befugnis, ihn zu würdigen. Auch eine missbräuchliche Klagerücknahme berührt daher ihre Wirksamkeit nicht, kann aber Konsequenzen für den weiteren Verfahrensfortgang haben. So könnte etwa in dem vom Bundesgerichtshof erwogenen Fall, wenn der Angeschuldigte durch die Klagerücknahme seinem gesetzlichen Richter entzogen wird, dieser Umstand einer neuen Klage vor einem anderen Gericht entgegenstehen und in jenem Verfahren zu berücksichtigen sein.

9 **b)** Die **Rücknahmebefugnis nach der Eröffnung** ist nur kraft ausdrücklicher gesetzlicher Vorschrift in den Fällen des § 153c Abs. 4, § 153d Abs. 2 und des § 153f Abs. 3 und nur zu dem Zweck gegeben, das Verfahren einzustellen. Davon abgesehen ist eine Rücknahme der Klage nach dem maßgeblichen Zeitpunkt (Rn. 2) auch dann nicht zulässig, wenn der Angeklagte und das Gericht damit einverstanden sind[22] oder wenn sich

---

17 OLG Frankfurt JR **1986** 470 mit zust. Anm. *Meyer-Goßner* und *Temming* StV **1986** 331; HK/*Gercke* 1; *Mayer* JuS **1993** 497; Meyer-Goßner/*Schmitt* 1; KMR/*Seidl* § 204, 21; AK/*Schöch* 2.; vgl. auch SK/*Weßlau*/*Deiters* 10; MüKo/*Teßmer* 10; Radtke/Hohmann/*Radtke* 4.

18 MüKo/*Teßmer* 10;

19 BGH JR **2002** 473 mit Anm. *Weßlau*

20 BGHSt **14** 17; zust. (mit Einschränkungen) KK/*Diemer* 3; AK/*Schöch* 5; vgl. auch BGH NStZ **1984** 132 mit Anm. *Hilger* (Rücknahme wegen bloß geschäftsplanmäßiger Unzuständigkeit der angerufenen Strafkammer); dazu auch LR/*Stuckenberg* § 200, 51.

21 *Kleinknecht/Meyer* (bis zur 36. Aufl.) 5; dagegen Meyer-Goßner/*Schmitt* 2; Radtke/Hohmann/*Radtke* 13; SSW/*Ziegler* 7; *Pfeiffer* 3; KMR/*Plöd* 1; AK/*Schöch* 5; KK/*Diemer* 2.

22 OLG Schleswig bei *Ernesti/Jürgensen* SchlHA **1976** 170.

zweifelsfrei die Unschuld des Angeklagten oder das Vorliegen eines Verfahrenshindernisses herausstellt; im zweiten Fall ist, worauf auch die Staatsanwaltschaft hinwirken kann, nach den §§ 206a, 260 Abs. 3 zu verfahren.

4. Rücknahme der Klage

a) Gründe. Für die Rücknahme der Klage können unterschiedliche Gründe in Betracht kommen. Sie kann mit dem Ziel der Einstellung des Verfahrens nach § 170 Abs. 2 oder nach den §§ 153 ff. vorgenommen werden, wenn sich nachträglich, etwa durch die Äußerung des Angeschuldigten nach § 201 oder durch Ermittlungen nach § 202 herausstellt, dass kein hinreichender Tatverdacht vorliegt oder die Schuld gering ist und das öffentliche Interesse an der Strafverfolgung fehlt;[23] damit kann die Staatsanwaltschaft auch einer bevorstehenden Ablehnung der Eröffnung zuvorkommen. Ebenso kann sie die Anklage zurücknehmen, um bei mangelnder Bereitschaft des Gerichts zur Einstellung nach den §§ 153 ff. in den Fällen der zustimmungsfreien Einstellung die Mitwirkung des Gerichts zu umgehen.[24] Auch der Angeschuldigte kann, ggf. im Wege der Dienstaufsichtsbeschwerde, auf die Rücknahme hinwirken.[25] Die Rücknahme kann auch, ggf. auf Anregung des Gerichts, den Zweck haben, umfangreiche Nachermittlungen mit ungewissem Ausgang vorzunehmen, für die sich das Verfahren nach § 202 nicht eignet (§ 202, 4). 10

Möglich ist auch die Rücknahme mit dem Ziel, die **Klage vor einem anderen Gericht** neu zu erheben (vgl. aber § 200, 51), etwa um dort eine Verbindung mit einer bereits anhängigen oder anzuklagenden Sache herbeizuführen,[26] einer Erklärung der örtlichen Unzuständigkeit zuvorzukommen[27] oder vor einem Gericht höherer Ordnung anzuklagen, weil nunmehr die besondere Bedeutung im Sinne des § 74 Abs. 1 Satz 2 GVG bejaht wird.[28] Im umgekehrten Fall kann die Staatsanwaltschaft auch statt der Rücknahme und Neuanklage vor einem Gericht niedrigerer Ordnung durch einen zusätzlichen Antrag bei dem zuerst angegangenen Gericht darauf hinwirken, dass dieses von seiner Eröffnungsmöglichkeit nach § 209 Abs. 1 Gebrauch macht. Die Rücknahme der Klage ist auch angebracht, wenn die Staatsanwaltschaft in einer **anderen Verfahrensart** vorgehen will, etwa um einen Strafbefehlsantrag zu stellen oder unter Rücknahme dieses Antrags im ordentlichen Verfahren Anklage zu erheben. Will die Staatsanwaltschaft nach im Normalverfahren erhobener Anklage im beschleunigten Verfahren vorgehen, so bedarf es der Rücknahme nicht, vielmehr genügt es, den selbständigen Antrag auf Eröffnung des Hauptverfahrens (§ 199 Abs. 2 Satz 1) durch den auf Aburteilung im beschleunigten Verfahren zu ersetzen.[29] 11

Eine Rücknahme mit dem Ziel der alsbaldigen **neuen Anklage vor dem gleichen Gericht** ist im Allgemeinen kaum sinnvoll. Sie kann aber im Einzelfall zweckmäßig sein 12

---

23 *Joecks* 2; Meyer-Goßner/*Schmitt* 2; Radtke/Hohmann/*Radtke* 13; SSW/*Ziegler* 7; *Pfeiffer* 3; KMR/*Plöd* 1; AK/*Schöch* 5; KK/*Diemer* 2.

24 Ebenso LR/*Meyer-Goßner*[23] 13; KK/*Diemer* 2; AnwK-StPO/*Walther* 3; zweifelnd LR/*Rieß*[24] 10 Fn. 13.

25 AK/*Schöch* 5; *Peters* § 57 IV (zweite Verteidigungsmöglichkeit neben der Äußerung nach § 201).

26 BGH NStZ **1996** 447.

27 Meyer-Goßner/*Schmitt* 2; KMR/*Plöd* 1; SK/*Weßlau/Deiters* 12; Radtke/Hohmann/*Radtke* 13; zur beschränkten Wirkung einer aus diesem Grunde im Bußgeldverfahren vorgenommenen Klagerücknahme vgl. BayObLG NJW **1973** 2312.

28 Vgl. BVerfGE **18** 428 (selbst bei sachwidrigem Vorgehen der Staatsanwaltschaft kein Verfassungsverstoß); AK/*Schöch* 5; KK/*Diemer* 1. Das bedeutet allerdings nicht, dass die Staatsanwaltschaft ein freies Wahlrecht hätte, vielmehr ist sie verpflichtet, bei dem höheren Gericht anzuklagen, wenn die Voraussetzungen vorliegen, *Beulke/Swoboda* 45; *Schroeder/Verrel* 165.

29 Vgl. LR/*Gössel*[25] § 417, 13.

oder notwendig werden, wenn die zuerst erhobene Anklage erhebliche formelle Mängel aufweist (vgl. § 200, 82–85) und der Vorsitzende eine Nachbesserung anregt.

13 **b) Umfang der Rücknahme.** Die Rücknahme kann in Bezug auf die gesamte Klage oder in Bezug auf einzelne von mehreren (prozessualen) Taten und/oder Angeschuldigten erklärt werden. Im zweiten Fall bleibt die erhobene Klage im Übrigen wirksam; es bedarf keiner Gesamtrücknahme und einer Neuerhebung mit reduziertem Inhalt, die allenfalls bei komplizierten Sachverhalten aus Klarstellungsgründen zweckmäßig sein kann. In Bezug auf einzelne tateinheitlich oder tatmehrheitlich zusammentreffende Gesetzesverletzungen oder einzelne abtrennbare Teile der Tat ist bei einheitlicher prozessualer Tat eine Klagerücknahme nicht möglich.

14 **c) Form der Rücknahme.** Die Zurücknahme ist eine einseitige, empfangsbedürftige Prozesshandlung in Form einer Bewirkungshandlung. Sie ist dem Gericht gegenüber zu erklären, bei dem die Sache anhängig ist, auch wenn dieses zur Entscheidung in der Sache örtlich oder sachlich unzuständig wäre.[30] Wirksam wird sie mit dem Eingang der Erklärung bei Gericht. Für die Rücknahmeerklärung ist Schriftform angebracht und üblich, doch ist auch eine mündliche Rücknahmeerklärung, die aktenkundig zu machen ist, beachtlich.[31] Soll, soweit dies noch möglich ist, eine Klagerücknahme in der Hauptverhandlung erklärt werden, so geschieht dies mündlich und ist als wesentliche Förmlichkeit zu protokollieren.

15 **d) Wirkung der Rücknahme.** Durch die Rücknahme der Klage wird das Verfahren in den Stand des Ermittlungsverfahrens zurückversetzt, die Anhängigkeit bei Gericht entfällt. Eines besonderen Gerichtsbeschlusses bedarf es nicht; das Gericht verständigt die übrigen Prozessbeteiligten, soweit sie Kenntnis von der Anklageerhebung haben, und gibt, wenn die Anklage insgesamt zurückgenommen wird, die Akten der Staatsanwaltschaft zurück.[32] Wird die Anklage nur hinsichtlich einzelner Taten oder Angeschuldigter zurückgenommen, im Übrigen aber aufrechterhalten, so sind diese Taten nicht mehr Gegenstand des Verfahrens. Der Eröffnungsbeschluss umfasst sie nicht, auch wenn er die Anklage ohne eigene Zusätze zulässt; bei der Verlesung des Anklagesatzes in der Hauptverhandlung (§ 243 Abs. 3 Satz 1) lässt der Staatsanwalt sie weg. Soll das gerichtliche Verfahren nach Klagerücknahme fortgesetzt werden, so bedarf es einer neuen Klageerhebung in der Form des § 200[33] und (im Normalverfahren) einer Entscheidung über die Eröffnung, vor der regelmäßig auch das Verfahren nach § 201 erneut durchzuführen ist. Es reicht nicht aus, dass der Staatsanwalt in der Hauptverhandlung die zurückgenommene Anklage verliest.[34]

16 Mit der Klagerücknahme als solcher ist **keine Kostenentscheidung** verbunden, weil hierdurch das Verfahren noch nicht endgültig abgeschlossen wird.[35] Erst wenn die Staatsanwaltschaft das Verfahren nach der Rücknahme einstellt, ist auf Antrag nach § 467a zu entscheiden; vgl. auch § 9 Abs. 3 StrEG.

17 **e) Weiteres Verfahren.** Das mit der Klagerücknahme wieder bei der Staatsanwaltschaft, in den Fällen des § 400 AO bei der Finanzbehörde, anhängige Ermittlungsverfah-

---

30 OLG Celle VRS **55** (1978) 285; AK/*Schöch* 4.
31 HK/*Gercke* 2; SK/*Weßlau/Deiters* 14; Radtke/Hohmann/*Radtke* 15; MüKo/*Teßmer* 2.
32 SK/*Weßlau/Deiters* 14; *Pfeiffer* 3; *Eb. Schmidt* 7; AK/*Schöch* 4; KK/*Diemer* 1.
33 HK/*Gercke* 3; Meyer-Goßner/*Schmitt* 2.
34 RGSt **77** 21; *vgl. auch* HK/*Gercke* 3; Meyer-Goßner/*Schmitt* 2.
35 Radtke/Hohmann/*Radtke* 18; MüKo/*Teßmer* 5; *Pfeiffer* 3.

ren muss von dieser nach den hierfür geltenden Vorschriften abgeschlossen werden; die Staatsanwaltschaft unterliegt dabei wieder dem Legalitätsprinzip.[36] Es ist also, ggf. nach weiteren Ermittlungen, entweder erneut die öffentliche Klage zu erheben oder das Verfahren nach den §§ 153ff., 170 Abs. 2, § 376 einzustellen.

5. Unzulässigkeit der Rücknahme. Erklärt die Staatsanwaltschaft die Rücknahme 18
der Klage zu einem Zeitpunkt, in dem dies nicht mehr möglich ist, so ist die verspätete Rücknahme unwirksam und für das Gericht unbeachtlich. Das Verfahren bleibt anhängig und wird vom Gericht fortgesetzt. Einer besonderen Entscheidung über die Unwirksamkeit der Rücknahme bedarf es nicht; doch ist es zweckmäßig, dass das Gericht die Staatsanwaltschaft hierauf hinweist.[37] Dass die Klage nicht mehr zurückgenommen werden kann, hindert die Staatsanwaltschaft nicht, im weiteren Verfahren Anträge auf Freispruch oder Einstellung des Verfahrens zu stellen; sie kann hierzu aufgrund ihrer Objektivitätsverpflichtung gehalten sein. Hält das Gericht die rechtzeitige Klagerücknahme irrig für unbeachtlich, fehlt es an einer wirksamen Anklage, so dass das Verfahren von Amts wegen einzustellen ist.[38]

6. Anfechtung und Revision. Da auf eine Rücknahme hin kein gesonderter Ge- 19
richtsbeschluss ergeht, besteht auch keine Anfechtungsmöglichkeit. Behandelt das Gericht irrtümlich eine wirksame Rücknahme der Klage als unwirksam und setzt es deshalb das Verfahren fort, so fehlt es an der Verfahrensvoraussetzung einer Klage, so dass das Verfahren, auch noch in der Revisionsinstanz, von Amts wegen einzustellen ist. Hierauf können alle Prozessbeteiligten, auch die Staatsanwaltschaft, durch Anträge hinwirken. Behandeln Staatsanwaltschaft und Gericht irrtümlich eine unwirksame Klagerücknahme als wirksam, so bleibt das Verfahren bei Gericht anhängig und ist, falls der Irrtum aufgedeckt wird, fortzusetzen, sofern nicht inzwischen anderweitige Rechtshängigkeit, Strafklageverbrauch oder Verjährung eingetreten ist.

§ 157
Bezeichnung als Angeschuldigter oder Angeklagter

Im Sinne dieses Gesetzes ist
Angeschuldigter der Beschuldigte, gegen den die öffentliche Klage erhoben ist,
Angeklagter der Beschuldigte oder Angeschuldigte, gegen den die Eröffnung des Hauptverfahrens beschlossen ist.

Entstehungsgeschichte

Durch Art. 2 der VO über die Beseitigung des Eröffnungsbeschlusses im Strafverfahren vom 13.8.1942 (RGBl. I 512) waren die Worte „Eröffnung des Hauptverfahrens“ durch „Anordnung der Hauptverhandlung“ ersetzt worden. Art. 3 Abs. 1 Nr. 67 VereinhG stellt die ursprüngliche Fassung der Vorschrift wieder her. Bezeichnung bis 1924: § 155.

36 HK/*Gercke* 3; Meyer-Goßner/*Schmitt* 2; *Eb. Schmidt* 3; KK/*Diemer* 2; zur Zulässigkeit des Klageerzwingungsverfahrens nach Anklagerücknahme und Einstellung siehe bei § 172.
37 *Eb. Schmidt* 7; weitergehend (Mitteilung erforderlich) LR/*Meyer-Goßner*[23] 3.
38 AnwK-StPO/*Walther* 10; SK/*Weßlau*/*Deiters* 15.

https://doi.org/10.1515/9783110590098-022

1 Die Vorschrift enthält **terminologische Bestimmungen**, die an die verschiedenen Stufen des Verfahrens anknüpfen und für den Beschuldigten (im weiteren Sinne) vom Zeitpunkt der Erhebung der öffentlichen Klage bzw. der Eröffnung des Hauptverfahrens an andere Bezeichnungen festlegen. Obwohl die StPO diese nicht ausnahmslos und konsequent verwendet, bildet die Wortwahl eine Auslegungshilfe für die Bestimmung der Reichweite der jeweiligen Vorschrift,[1] doch bedarf das dabei gefundene Ergebnis regelmäßig zusätzlicher Bestätigung durch andere Auslegungsmethoden. Die Begrifflichkeiten der EMRK weichen von denen der StPO ab, was bei Auslegung der Konventionsbestimmungen zu berücksichtigen ist.[2]

2 § 157 definiert den Begriff des **Beschuldigten** nicht,[3] sondern setzt ihn voraus. Namentlich der Beginn der Beschuldigteneigenschaft und die Abgrenzung vom bloß Tatverdächtigen (vgl. z.B. § 163b) ist umstritten; die Frage ist bei § 163a zu erläutern. Regelmäßig verwendet die StPO, wenn sie vom Beschuldigten spricht, diesen Begriff als **Oberbegriff** in einem weiteren, den Angeschuldigten und den Angeklagten mit einschließenden Sinne[4] (vgl. z.B. §§ 81, 99, § 111a Abs. 1, § 112 Abs. 1, § 137), nur ausnahmsweise in einer Bedeutung, die den Angeschuldigten und Angeklagten ausschließt (vgl. z.B. § 153a Abs. 1 im Gegensatz zu § 153a Abs. 2).

3 Als **Angeschuldigter** wird der Beschuldigte bezeichnet, gegen den die öffentliche Klage (durch Einreichung einer Anklageschrift, Strafbefehlsantrag oder mündliche Anklage im beschleunigten Verfahren) erhoben, der Eröffnungsbeschluss aber noch nicht ergangen ist; mit der Eröffnung des Hauptverfahrens wird der Beschuldigte als **Angeklagter** bezeichnet.[5] Die Bezeichnung als Angeschuldigter umfasst in der Regel den Angeklagten mit. Die Bezeichnung für den rechtskräftig Verurteilten ist unterschiedlich; überwiegend wird in der StPO der Ausdruck **Verurteilter**[6] oder **Freigesprochener**[7] verwendet, daneben aber auch der Ausdruck Angeklagter.[8]

4 Die Bezeichnungen in den besonderen Verfahrensarten richtet sich nach den maßgebenden Zeitpunkten der Anhängigkeit und Rechtshängigkeit (§ 156, 3). Im **Strafbefehlsverfahren** wird der Beschuldigte mit der Stellung des Strafbefehlsantrags zum Angeschuldigten; er ist als Angeklagter zu bezeichnen, sobald der Strafbefehl erlassen oder nach § 408 Abs. 3 Satz 2 Hauptverhandlungstermin anberaumt worden ist.[9] Wann der Beschuldigte im **beschleunigten Verfahren** Angeklagter wird, ist mangels Vorliegens eines Eröffnungsbeschlusses zweifelhaft. Bis zur Verkündung des Urteils gibt es keine Zäsur, durch die erkennbar wäre, dass das Gericht nunmehr hinreichenden Tatverdacht bejaht. Auch kann bis zur Verkündung des Urteils nicht nur das Gericht die Entscheidung im beschleunigten Verfahren ablehnen (§ 419 Abs. 2 Satz 1), sondern auch die

---

1 *Henkel* 170.

2 AnwK-StPO/*Walther* 1; SK/*Weßlau/Deiters* 1, vgl. *Schroeder* FS 140 Jahre GA 205 ff.

3 Vgl. *Hahn* 1474 f.; ausführlich *Beulke/Swoboda* 110–112; *Schroeder/Verrel* 69 f.; *Gundlach* Die Vernehmung des Beschuldigten im Ermittlungsverfahren (1984) 5 ff.

4 Abweichende Terminologie bei *Peters* § 28 I, Beschuldigter im weiteren Sinne jeder Tatverdächtige, im engeren Sinne der Betroffene während des gesamten Strafverfahrens; wie hier Meyer-Goßner/*Schmitt* 4; SK/*Weßlau/Deiters* 2; Radtke/Hohmann/*Radtke* 2; HK/*Gercke* 1; *Joecks* 1; SSW/*Ziegler* 1; MüKo/*Teßmer* 2; KK/*Diemer* 1.

5 Kritisch zum Sprachgebrauch *von Hippel* 273 Fn. 5; *von Kries* 218.

6 Vgl. z.B. §§ 359, 364a, 371, 373, 450a, 453b, 455, 462a.

7 Vgl. z.B. § 362 Nr. 4.

8 Vgl. z.B. §§ 362, 366, 369, 450, 453.

9 Vgl. z.B. einerseits § 407 Abs. 2 Satz 2, Abs. 3, § 408b Satz 1, andererseits § 408a Abs. 1 Satz 1, § 409, §§ 410, 411. Durch das StVÄG 1987 wurden Bezeichungsänderungen vorgenommen, mit denen der bisher nicht ganz einheitliche Sprachgebrauch dem § 157 angepasst wurde.

Staatsanwaltschaft die Klage zurücknehmen.[10] Somit tritt erst mit Verkündung des Urteils Rechtshängigkeit ein und entsprechend wird der Beschuldigte erst in diesem Zeitpunkt Angeklagter. Angeklagter wird er auch, wenn die Entscheidung im beschleunigten Verfahren abgelehnt wird und das Gericht die Eröffnung des Hauptverfahrens beschließt (§ 419 Abs. 3). Im **Sicherungsverfahren** nach den §§ 413 ff. ist nur vom Beschuldigten die Rede. Im **Wiederaufnahmeverfahren** wird neben dem Verurteilten auch vom Angeklagten gesprochen (§ 359).

Im **Privatklageverfahren** wird die erhobene öffentliche Klage voraussetzende Bezeichnung Angeschuldigter nicht verwendet: im Übrigen unterscheidet der Sprachgebrauch der StPO dort korrekt zwischen dem umfassend verstandenen Beschuldigten[11] und dem Angeklagten,[12] wenn allein der Zeitraum nach dem Eröffnungsbeschluss gemeint ist.[13] 5

In die Strafprozessordnung findet zunehmend der Begriff des **Täters** Eingang.[14] So steht beispielsweise im Rahmen des § 153a Abs. 1 Satz 2 Nr. 5 der „Täter-Opfer-Ausgleich" in Rede und nicht der „Beschuldigten-Opfer-Ausgleich", obwohl das Verfahren sich zunächst doch nur gegen einen Beschuldigten richtet. Damit diese Regelungen nicht als Verstoß gegen die Unschuldsvermutung (Art. 6 Abs. 2 EMRK) einzustufen sind, müssen sie verfassungskonform interpretiert werden.[15] Nach Ansicht des BVerfG[16] ist die Unschuldsvermutung jedenfalls nicht verletzt, solange das Gesetz von einer hypothetischen Schuldbeurteilung wie in § 153 („wenn die Schuld des Täters als gering anzusehen wäre") ausgeht. Sollte das Gesetz hingegen den Indikativ gebrauchen, wie in § 383 Abs. 2 („ist die Schuld des Täters gering"), so muss sie gleichwohl wie eine hypothetische Schuldbeurteilung gehandhabt werden. So sind sämtliche im Indikativ gefasste Vorschriften vor Schuldspruchreife als Potentialis zu verstehen. Nach erfolgter Schuldfeststellung ist es hingegen legitim vom Täter zu sprechen, wie in den § 129 Abs. 6, § 129a Abs. 7 StGB, 31 BtMG, wo die Möglichkeit einer Strafmilderung oder das Absehen von Strafe vorgesehen ist. 6

Die Vorschrift wendet sich auch an die Gerichte und Staatsanwaltschaften. In deren **Entscheidungen** sollten daher die korrekten Beschuldigtenbezeichnungen verwendet werden.[17] Daher ist beispielsweise in der Anklageschrift, bei Entscheidungen im Eröffnungsverfahren und im Beschluss, durch den die Eröffnung abgelehnt wird, der Beschuldige als Angeschuldigter, im Eröffnungsbeschluss und im Urteil als Angeklagter zu bezeichnen. Verliest die Staatsanwaltschaft den Anklagesatz in der Hauptverhandlung (§ 243 Abs. 3 Satz 1), so ist es sachgerecht, hierbei die bei Anklagerhebung korrekt gewesenen Bezeichnung Angeschuldigter durch die der nunmehrigen Verfahrenslage entsprechende Bezeichnung Angeklagter zu ersetzen.[18] Eine unzutreffende Bezeichnung ist aber unschädlich.[19] 7

---

10 KK/*Scheuten* § 12, 3; SSW/*Ziegler* 4; i. Erg. ähnlich MüKo/*Teßmer* 13 (bis zur Entscheidung über den Antrag auf Entscheidung im beschleunigten Verfahren); siehe auch § 156, 3.

11 §§ 375, 379, 382, 383 Abs. 1 Satz 1, §§ 388, 394.

12 § 383 Abs. 1 Satz 2, § 386 Abs. 2, § 387 Abs. 2, 3, § 391.

13 Die Auffassung, dass die technischen Ausdrücke im Privatklageverfahren nicht gelten (LR-*Meyer-Goßner*[23] 5; *Eb. Schmidt* 10) oder nicht exakt verwendet seien, trifft nicht zu; wie hier Radtke/Hohmann/*Radtke* 5.

14 So in den §§ 98a, 100a, 111, 153, 153a Abs. 1 Satz 2 Nr. 5, 153e, 155b, 163d, 163e, 383 Abs. 2; ausführlich *Schroeder* NJW **2002** 2483.

15 Für Rechtswidrigkeit aber *Bernsmann/Jansen* StV **1998** 217; *Diercks* AnwBl **1999** 312; *Zaczyk* StV **1993** 491.

16 BVerfGE **74** 373.

17 *Pfeiffer* 1.

18 Statt vieler *Rautenberg* NStZ **1985** 256; *Weiland* JuS **1986** 291.

19 MüKo/*Teßmer* 15; Radtke/Hohmann/*Radtke* 7; AnwK-StPO/*Walther* 6.

Sachregister

Die fetten Zahlen verweisen auf die Kapitel der Einleitung bzw. auf die Paragraphen, die mageren auf die Randnummern.

https://doi.org/10.1515/9783110590098-023